国家电网公司年鉴

State Grid Corporation
of China's Yearbook 2015

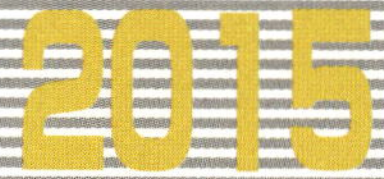

《国家电网公司年鉴》编辑委员会

图书在版编目（CIP）数据

国家电网公司年鉴.2015/《国家电网公司年鉴》编辑委员会编.—北京：中国电力出版社，2015.10（2015.11重印）

ISBN 978-7-5123-7987-9

Ⅰ.①国… Ⅱ.①国… Ⅲ.①电力工业-工业企业-中国-2015-年鉴 Ⅳ.①F426.61-54

中国版本图书馆CIP数据核字（2015）第148496号

中国电力出版社出版、发行
（北京市东城区北京站西街19号 100005 http://www.cepp.sgcc.com.cn）
北京盛通印刷股份有限公司印刷
各地新华书店经售

*

2015年10月第一版 2015年11月北京第二次印刷
787毫米×1092毫米 16开本 36.5印张 1158千字
印数5001—12700册 定价**238.00**元

《国家电网公司年鉴》编辑委员会

《国家电网公司年鉴（2015）》

主　编　王　敏

副主编　张　宁　伍　萱　李　凯　石玉东

《国家电网公司年鉴》编辑部

主　任　刘广峰

副主任　张　涛　姜丽敏

编　辑　王春娟　刘　薇　刘丽平　易　攀

肖　敏　滕　芸　胡　晗

编辑说明 From Editor

《国家电网公司年鉴》是由国家电网公司编纂的企业年鉴。作为关系国家能源安全和国民经济命脉的国有重要骨干企业，国家电网公司肩负着十分重要的经济责任、政治责任和社会责任。《国家电网公司年鉴》突出表现企业特色和时代特征，真实反映和记载国家电网公司改革发展的历史进程和运行轨迹，是一部集史实性、资料性、连续性、综合性及权威性为一体的大型工具书，具有重要的实用价值、史料价值和参考价值，起到记录历史和启迪未来的“存史资治”作用。

《国家电网公司年鉴》于2006年开始出版。本卷是第十卷，资料时间范围为2014年1月1日至12月31日。本年鉴框架结构由篇目、栏目、条目三个层次组成。本卷设16个篇目，即特载、公司概况、电网发展、企业管理、安全生产、电网运行与电力市场、科技信息、国际化发展、党的建设和精神文明建设、公司分部、省电力公司、公司直属单位、公司荣誉及人物、大事记、重要文献、统计资料，共100个栏目767个条目。本卷采用文章和条目两种体裁，以条目体为主，并选配具有一定史料价值的图片共189幅，力求做到图文并茂（所刊载图片未署名的均为英大传媒投资集团有限公司或撰稿单位提供）。为方便读者检索查阅，正文前有中、英文目录，正文后附有内容索引。

《国家电网公司年鉴》的编纂工作是在编辑委员会的领导下进行的。由国家电网公司各部门、各单位确定专人撰稿，撰稿部门或单位负责人审核，《国家电网公司年鉴》编辑部编辑，副主编、主编审阅定稿。

本年鉴的编纂工作，得到了国家电网公司各部门和各单位的高度重视和大力支持，在此谨致谢意，并欢迎提出改进意见。

《国家电网公司年鉴》 编辑委员会

2015年6月

经营指标

资产总额
单位：亿元
25701
28929
2013
2014

利润总额
单位：亿元
706
812
2013
2014

营业收入
单位：亿元
20498
20914
2013
2014

最大负荷
单位：亿kW
6.540
6.600
2013
2014

城市供电可靠率
99.956%
99.967%
2013
2014

农网供电可靠率
99.852%
99.878%
2013
2014

跨区跨省
输送电量
单位：亿kWh
6473
7246
2013
2014

110(66)kV及以上
输电线路长度
单位：万km
77.1
109.5
2013
2014

110(66)kV及以上
变电设备容量
单位：亿kVA
30.3
34.3
2013
2014

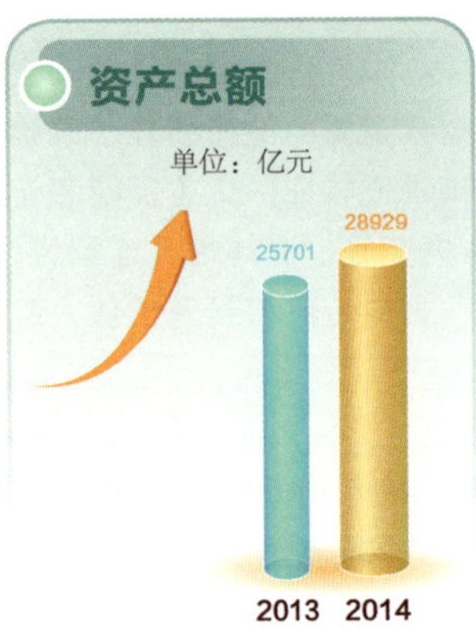

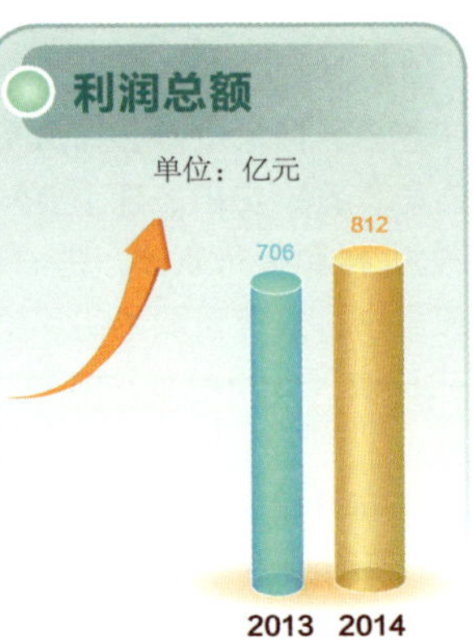

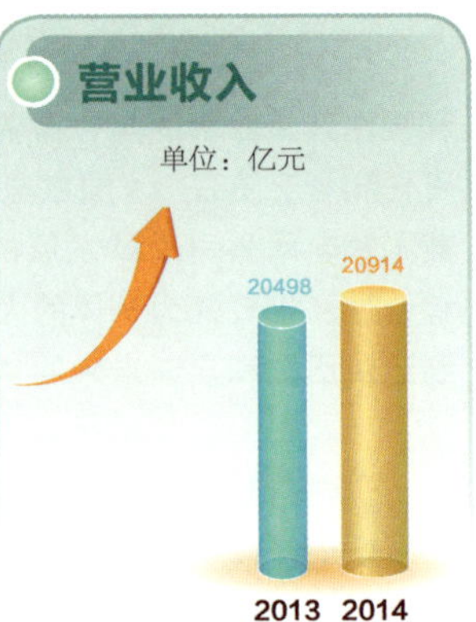

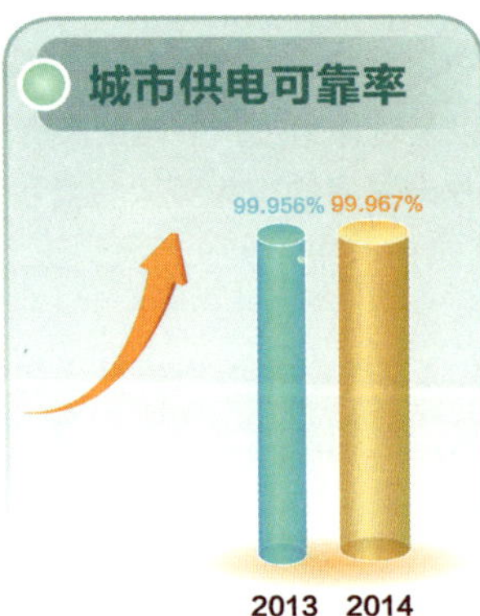

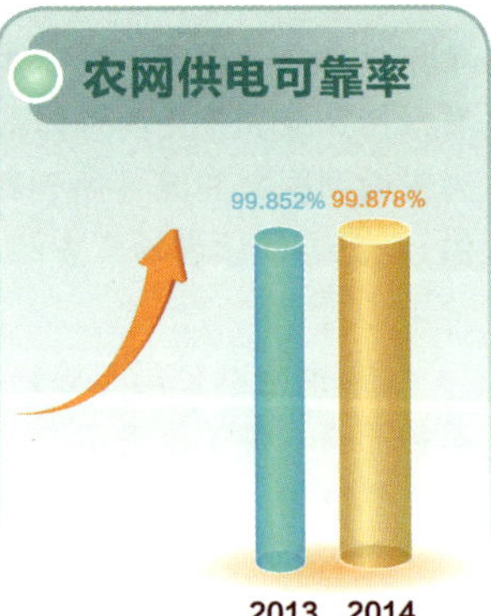

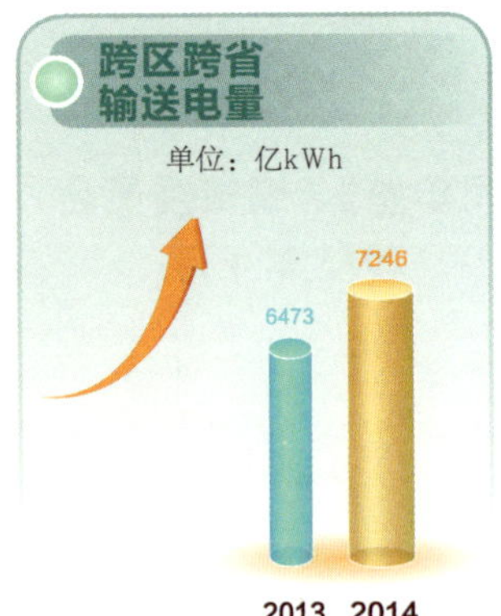

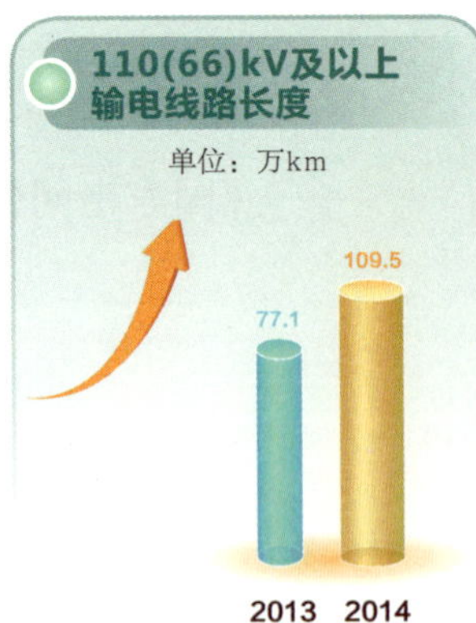

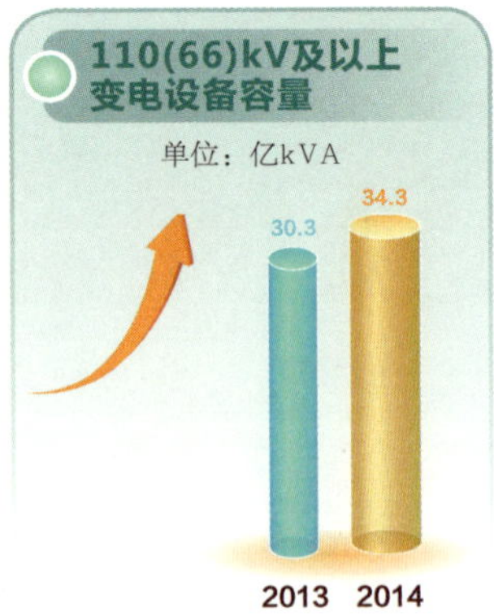

电网发展方式转变

全球能源互联网

创新提出构建全球能源互联网战略构想，开辟解决全球能源和环境问题的新途径；落实国家“一带一路”战略，推进与周边国家电网互联互通。

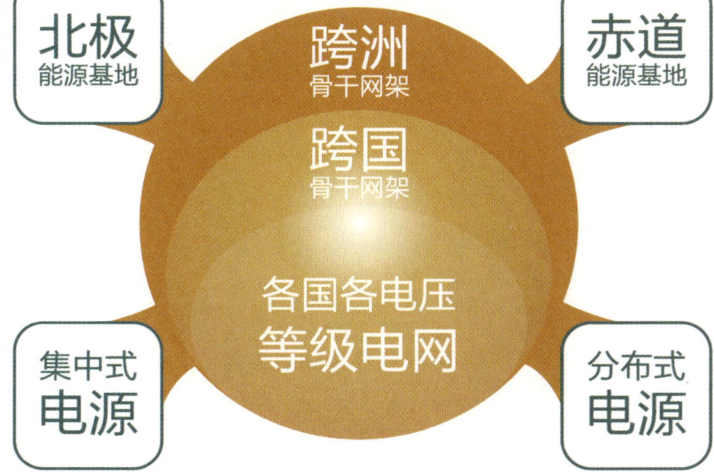

功能

将风能、太阳能、海洋能等可再生能源输送到各类用户。

优势

服务范围广、配置能力强、安全可靠性高、绿色低碳。

特征

网架坚强、广泛互联、高度智能、开放互动。

特高压电网建设

特高压进入全面提速、大规模建设的新阶段，2014 年“一交两直”（浙北—福州特高压交流，溪洛渡左岸—浙江金华、哈密南—郑州特高压直流）工程建成投运，“两交一直”（淮南—南京—上海、锡盟—山东特高压交流，宁东—浙江特高压直流）工程开工建设，蒙西—天津南特高压交流工程获得核准，累计建成“三交四直”特高压工程。

浙北—福州1000kV特高压交流输变电工程

12月26日建成投运。

线路长度：2×603km　变电容量：1800万kVA

哈密南—郑州±800kV特高压直流输电工程

1月27日建成投运。

线路长度：2209km　输送能力：800万kW

溪洛渡左岸—浙江金华±800kV特高压直流输电工程

7月3日建成投运。

线路长度：1669km　输送能力：800万kW

智能电网建设

建成公司节能服务体系，全面加强新能源接入服务全过程管理，成为世界风电并网规模最大、光伏发电增长最快的电网。全面提升电网运行效率与安全水平，在智能电网理论研究、试验体系、工程实践等方面处于世界领先地位。2014 年，13 个国家级智能电网项目通过验收，智能电网创新工程荣获国家科技进步一等奖。

积极支持风电等清洁能源并网发电。

促进环境绿色发展。

12月16日，北京怀柔区雁栖湖坝体太阳能光伏发电站正式并入国家电网。该站为国内最大的坝体太阳能光伏发电站，总容量为3500kW。

7月4日，世界上电压等级最高、端数最多、单端容量最大的多端柔性直流输电工程——浙江舟山±200kV五端柔性直流输电科技示范工程正式投运。

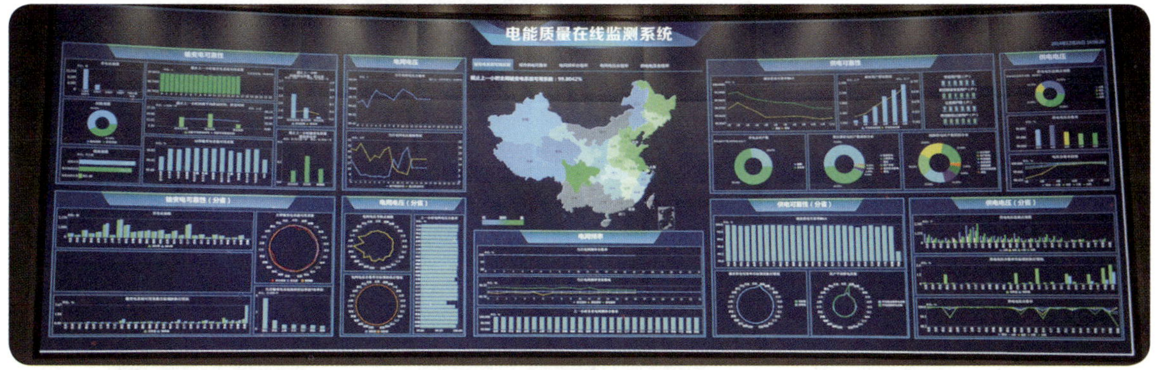

12月24日，国家电网公司电能质量在线监测系统建成投运，在世界上首次实现了对供电用户电能质量指标的集中采集和在线监测，强化公司电能质量监督管理，辅助电网规划决策，提升电网安全运行和优质服务水平。

两个替代

应对全球能源危机，关键是加快能源生产和消费革命，大力推进清洁替代和电能替代（“两个替代”）。“两个替代”是世界能源发展的必然趋势，是安全、清洁、高效、可持续发展的必由之路。2014 年实施电能替代项目 13000 余个，替代电量 503 亿 kWh。

国网四川电力利用富余水电替代燃煤自备电厂，替代自备机组54万kW，全年替代交易电量22亿kWh。

清洁替代

能源开发以清洁能源替代化石能源，走低碳绿色发展道路，实现化石能源为主向清洁能源为主转变。

电能替代

能源消费以电代煤、以电代油，提高电能在终端能源消费的比重，减少化石能源消耗和环境污染。

国网福建电力推广制茶项目实现以电代煤。

风能、太阳能、海洋能等清洁能源将成为世界主导能源。
电能作为优质、清洁、高效的二次能源，是未来最重要的能源形式。

国网冀北电力推广皮带廊传输项目实现以电代油。

国网江苏电力推广港口岸电项目实现以电代油。

国网天津电力推广高频电炉项目实现以电代煤。

科技创新

电网技术实现了从引进到输出、从跟随到引领的重大转变，攻克并掌握了特高压、智能电网、大电网安全、清洁能源并网等核心关键技术，在世界电网科技领域实现了“中国创造”和“中国引领”。

在世界上首次研制成功特高压有载调压变压器，为特高压电网运行提供了灵活的电压控制手段，已成功应用于皖电东送特高压交流输电工程皖南站。

世界上容量最大的双绕组特高压直流换流变压器，应用于哈密南—郑州±800kV、8000MW特高压直流输电工程。

世界首套1000MW/±320kV柔性直流换流阀及阀基控制设备。

公司全面攻克了同塔双回路特高压交流输电系统的规划设计、设备制造、施工安装、试验检测、调试运行等一系列世界级难题。

公司发展方式转变

"三集五大"体系建设

"三集五大"体系历时五年全面建成，转变公司发展方式实现具有里程碑意义的重大突破。"五位一体"建设加快推进，梳理核心业务流程 1300 项，发布公司标准 484 项、通用制度 452 项，废止相关标准 49330 项，初步建成通用制度体系。

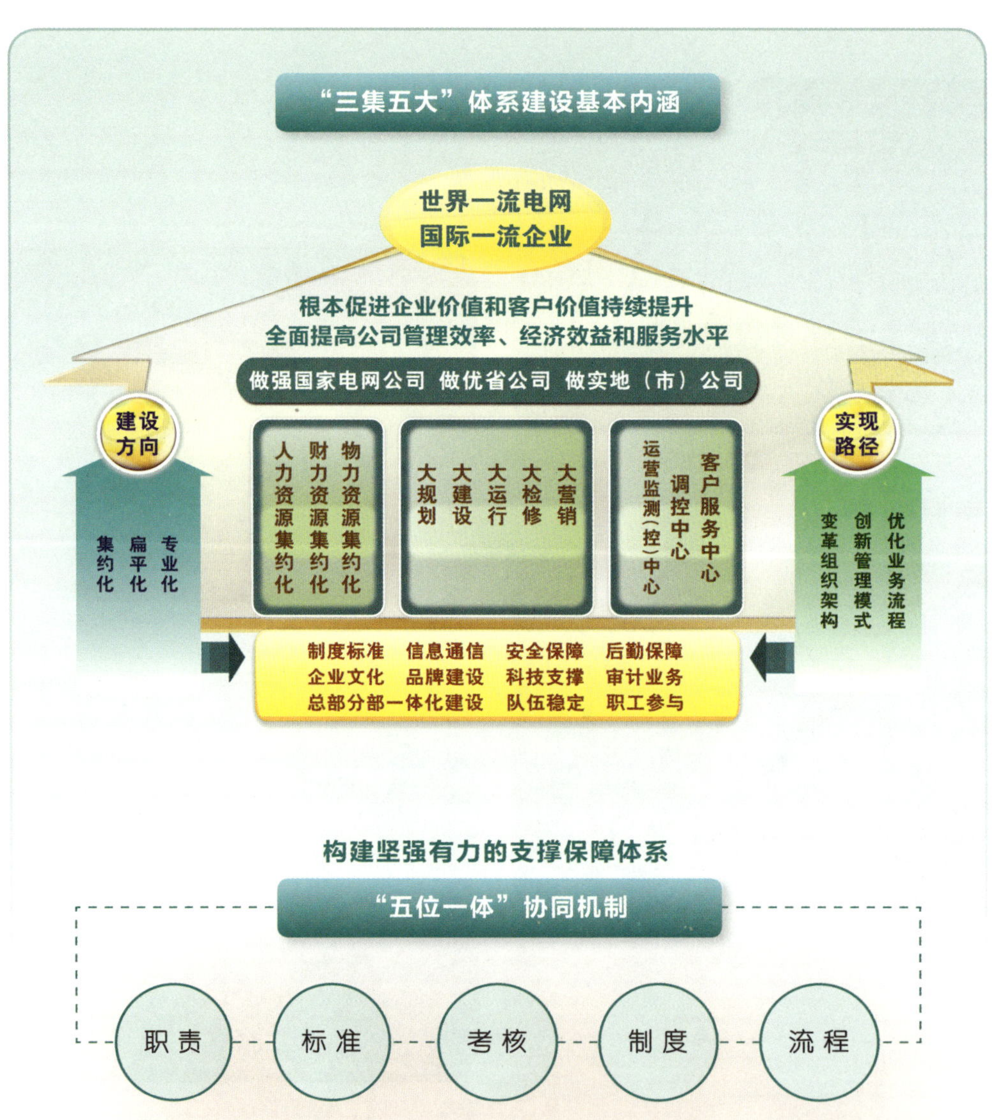

国际化

公司加快国际化步伐，积极开拓国际市场，特高压输电技术实现“走出去”，境外资产总额翻番、利润翻番，与周边国家电网互联互通快速推进，国际交流高效务实，公司国际化取得丰硕成果。

7月17日，在两国元首见证下，公司与巴西国家电力公司签署《巴西美丽山特高压输电项目合作协议》。

12月14日，公司与哈萨克斯坦萨姆鲁克—卡泽纳国家主权基金股份公司签署战略合作协议。

7月31日，公司与意大利存贷款公司在意大利总理府签署协议，收购意大利存贷款公司旗下能源网公司35%股权。

11月10日，舒印彪总经理代表公司在2014年APEC工商领导人峰会上发言。

葡萄牙国家能源网公司塔维拉变电站。

菲律宾国家电网公司多乐莱斯变电站。

稳健运营

- 菲律宾国家电网公司
- 国家电网巴西控股公司
- 葡萄牙国家能源网公司
- 澳大利亚南澳输电网公司、澳大利亚国网澳资公司、澳大利亚澳网公司
- 意大利存贷款能源网公司
- 香港港灯公司

党的群众路线教育实践活动

深入开展党的群众路线教育实践活动，围绕“为民务实清廉”主题，对照“三严三实”，坚决整改“四风”问题。

10月10日，公司召开党的群众路线教育实践活动总结大会。

深入基层一线调研。

教育实践活动扎实开展

01	建立联系点省、直属单位 883 个，地市公司 9239 个，县级公司 15834 个
02	广泛征求建议 2.9 万条，归纳需解决问题 4300 余个
03	制定专项整治措施 2832 项、整改措施 5060 项、制度建设计划 360 项
04	开展 1362 期培训班，6.8 万余名领导干部认真贯彻习总书记系列重要讲话精神
05	54.9 万余名党员参加了民主评议，86.4% 评议为“优秀”
06	5000 余名督导组成员与干部群众座谈 17.2 万人次

教育实践活动取得重要成效

- 宗旨意识和群众观念增强，党员干部作风明显转变
- 专项治理成效突出，“四风问题”有效遏制
- 党内生活更加严格，党组织建设全面加强
- 坚持“你用电、我用心”，优质服务水平明显提升
- 群众基础不断夯实，干群关系更加密切
- 强化制度建设执行，健全作风建设长效机制
- 各项工作扎实推进，“两个转变”取得新进展

党的建设

加强公司党的建设，深化电网先锋党支部创建、共产党员服务队竞赛等活动，基层党组织战斗堡垒作用和广大党员先锋模范作用进一步发挥。

国网安徽电力共产党员服务队走进山区。

国网甘肃电力共产党员服务队开展“爱电暖春”活动。

国网新疆电力天山雪莲共产党员服务队深入田间地头。

国网吕清森共产党员服务队巡线保安全。

国网上海电力共产党员服务队。

国网蒙东电力共产党员服务队排查农业用电设备安全隐患。

国网宁夏电力共产党员服务队开展爱心助学活动。

企业文化建设

抓住“一条主线”，把握“两个原则”，实施“三大工程”，注重“四个融入”，落实“五统一”要求，推进卓越文化建设，为创建“两个一流”提供精神动力、思想保证和文化支撑。

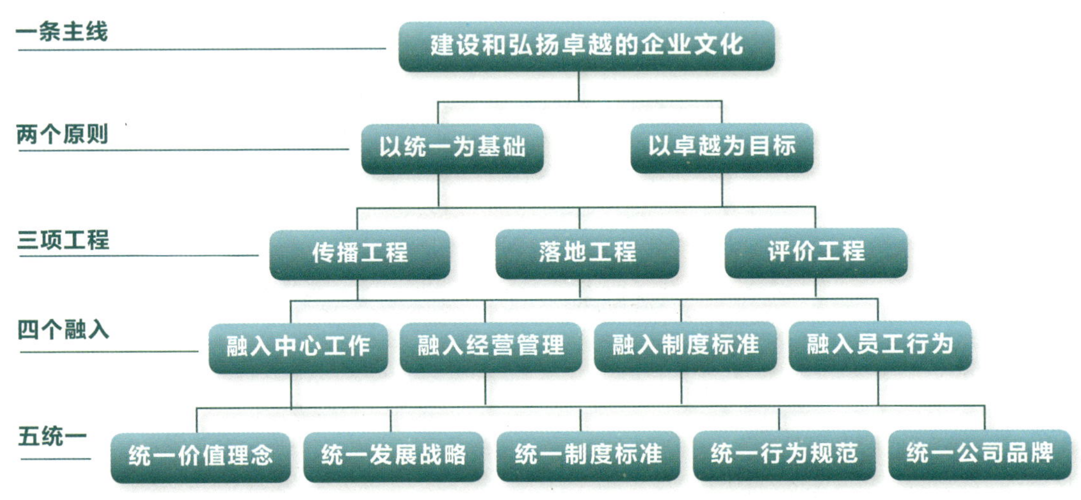

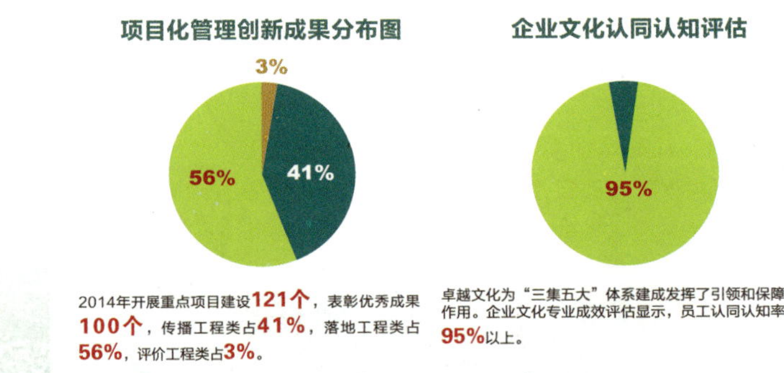

2014年开展重点项目建设121个，表彰优秀成果100个，传播工程类占41%，落地工程类占56%，评价工程类占3%。

卓越文化为“三集五大”体系建成发挥了引领和保障作用。企业文化专业成效评估显示，员工认同认知率95%以上。

鲁能泰山足球队勇夺2014中国足协杯冠军。

队伍建设

深入学习贯彻党的十八大、十八届三中全会精神，紧紧围绕深化“两个转变”、全面建成“一强三优”现代公司的战略目标，加强思想政治建设、专业能力建设、行为规范建设、作风纪律建设、文化道德建设，推动企业持续健康发展。

公司团委举行“奋斗的青春最美丽——走进团校”主题分享活动。

选树宣传100名“为民务实清廉”先进典型。

举办第二届供电服务技能竞赛。

国网管理学院进行爱国主义教育。

国网河南电力举办职工岗位成才故事班（站）巡讲。

国网山东电力开展班组安全大讲堂。

你用电 · 我用心

大力实施“你用电 · 我用心”为民服务工程，实现 95598 全网全业务集中，为 11 亿人口提供“全业务、全天候”供电服务，服务方式不断创新，新型业务稳步推进，服务效率大幅提升，客户满意度同比提高 2 个百分点，社会各界对公司供电服务认可度持续提升。

国网陕西电力建立一支水上流动供电服务队，方便群众交电费。

创新构建包括网站、微博、微信、短信、第三方平台、APP在内的“六位一体”互动服务平台，方便客户办电。

国网江苏电力打造“全民付”交费圈，推广自助交费点。

国网95598客服专员认真做好第八届夏季“达沃斯”论坛服务。

国网北京电力圆满完成2014年中国APEC会议保电服务。

Sections 篇 目

特载	Special Contributions
公司概况	Corporate Profile
电网发展	Power Grid Development
企业管理	Enterprise Management
安全生产	Safety and Production
电网运行与电力市场	Power Grid Operation & Power Market
科技信息	Science & Technology Information
国际化发展	Internationalization Development
党的建设和精神文明建设	CPC Party Construction & Spiritual Civilization Construction
公司分部	Subsections of SGCC
省电力公司	Provincial Subsidiaries of SGCC
公司直属单位	Subsidiaries directly under SGCC
公司荣誉及人物	Corporation Honors & Vanguard
大事记	Key Events
重要文献	Important Documents
统计资料	Statistics

目 录 Contents

编辑说明

■ 特 载

工作报告 …… 2
强化改革创新 深化“两个转变” 为加快建成“一强三优”现代公司而奋斗 ——刘振亚董事长在国家电网公司二届五次职工代表大会暨2014年工作会议上的报告（摘要） …… 2
凝心聚力 科学发展 坚定不移推进“两个转变” ——刘振亚董事长在国家电网公司2014年年中工作会议上的报告（摘要） …… 6
坚持改革创新 深化“两个转变” 为全面建设“一强三优”现代公司而奋斗 ——刘振亚董事长在国家电网公司二届六次职工代表大会暨2015年工作会议上的报告（摘要） …… 10

专论 …… 15
加快发展智能电网 承载和推动第三次工业革命——访全国政协委员刘振亚 …… 15
践行社会主义核心价值观 推动企业改革发展——刘振亚 …… 18
为可持续发展建设全球能源互联网 ——刘振亚 …… 20

要事特辑 …… 21
公司二届五次职工代表大会 …… 21
“三集五大”体系建设 …… 22
加强政企合作促进电网发展 …… 23
管理提升活动 …… 24
“五位一体”协同机制建设 …… 25
特高压电网建设 …… 26
坚强智能电网建设 …… 28
服务新能源发展 …… 29
抗击自然灾害保供电 …… 30
国际化战略实施 …… 31
95598全网全业务集中 …… 32
信息化SG-ERP工程建成 …… 33
党的群众路线教育实践活动 …… 34

■ 公司概况

公司介绍 …… 37
公司简介 …… 37
电网概况 …… 37
公司战略体系 …… 41
社会责任观 …… 41

组织机构 …… 42
公司领导 …… 42
公司总部分部组织机构图 …… 43
公司各单位组织机构图 …… 43

■ 电网发展

规划与发展 …… 45
“大规划”体系建设 …… 45
国家电网“十三五”发展规划 …… 45
电网发展重大专题研究 …… 46
特高压电网项目前期工作 …… 47
常规电网项目可研与管理 …… 48
配电网规划管理 …… 49
抽水蓄能发展 …… 50
节能减排管理 …… 51

特高压电网 …… 52
特高压关键技术研究 …… 52
浙北—福州1000kV特高压交流输变电工程 …… 53
淮南—南京—上海1000kV特高压交流输变电工程 …… 54
锡盟—山东1000kV特高压交流输变电工程 …… 55

哈密南—郑州±800kV 特高压直流输电工程 …… 56
溪洛渡左岸—浙江金华±800kV 特高压直流输电工程 …… 57
灵州—绍兴±800kV 特高压直流输电工程 …… 58

智能电网 …… 59
智能电网创新示范工程建设 …… 59
新一代智能变电站示范工程 …… 61
智能电网关键技术研究 …… 62

农网发展 …… 64
农村电网改造升级 …… 64
无电地区电力建设 …… 65
农电供电保障工作 …… 66
农网供电质量和“低电压”治理 …… 67
县供电企业管理体制机制 …… 68
县供电企业和乡镇供电所管理提升 …… 69
公司总部定点扶贫 …… 69

工程建设与管理 …… 70
“大建设”体系建设 …… 70
基建工程管理 …… 71
基建标准化建设 …… 73
基建信息化建设 …… 74
电网工程建设新技术推广应用 …… 74

重点工程 …… 75
川藏电力联网工程 …… 75
重点 750kV 输变电工程 …… 77
重点 500kV 输变电工程 …… 78

■ 企业管理

计划与统计管理 …… 81
计划管理 …… 81
投资管理 …… 82
“援藏”投资管理 …… 83
统计管理 …… 84

人力资源管理 …… 85
领导班子和干部队伍建设 …… 85
人才队伍建设 …… 87
职工教育培训 …… 88
劳动组织管理 …… 89
人力资源计划管理 …… 90
业绩考核与绩效管理 …… 91
收入分配管理 …… 92
离退休工作 …… 94

财务与资产管理 …… 95
公司经营与财务状况 …… 95
财务集约化、信息化管理 …… 95
预算与成本管理 …… 96
会计管理 …… 97
资产产权管理 …… 97
资金管理 …… 98
电价管理 …… 99
基建财务管理 …… 99
稽核内控与风险管理 …… 100
财税管理 …… 100

物资管理 …… 101
物力集约化管理 …… 101
物资计划管理 …… 102
招标采购管理 …… 102
物资质量管理 …… 103
物资供应管理 …… 104
物资信息化建设与应用 …… 106
物资标准化建设与应用 …… 106
物资监察管理 …… 107

运营监测（控）中心建设 …… 108
三级运监中心建设 …… 108
综合计划与预算在线监测试点验证 …… 109
监测业务运行 …… 110
运营数据资产管理 …… 112
运营分析 …… 113
公司级信息通信系统监控 …… 114
协调控制 …… 115

体制机制创新 …… 115
改革重大课题研究 …… 115
推进厂办大集体改革 …… 116
管理创新 …… 116
对标管理 …… 117
社团管理 …… 117

依法治企 ………… 118
依法治企综合检查 ………… 118
审计监督工作 ………… 119
经济法律研究与配合立法工作 ………… 120
法律保障工作 ………… 121
法律风险防范及普法工作 ………… 123

安全生产

安全管理 ………… 126
安全生产与监督管理 ………… 126
安全隐患排查治理与风险管控 ………… 127
可靠性管理 ………… 129
资产全寿命周期管理 ………… 129
安全长效机制建设 ………… 130
重要活动保电 ………… 131
工程建设安全管理 ………… 132
农电安全管理 ………… 133

运检管理 ………… 134
输变电设备专业管理 ………… 134
生产技术改造 ………… 135
状态检修工作 ………… 137
电力设施保护 ………… 138
配电管理 ………… 139
“大检修”体系建设 ………… 140
设备隐患排查治理 ………… 141
运维检修信息化建设 ………… 142
防汛与大坝安全管理 ………… 142
直升机作业管理 ………… 144

电网运行与电力市场

电力供需形势 ………… 147
2014 年电力供需形势分析 ………… 147
2015 年电力供需形势预测 ………… 148

电网调度运行 ………… 148
电网调度管理 ………… 148
“大运行”体系建设 ………… 150
节能调度 ………… 151
跨区电网运行 ………… 152
调度生产运行 ………… 154
电力燃料供应 ………… 158

电力市场建设和运营 ………… 158
电力市场建设和管理 ………… 158
电力市场运营 ………… 159
电力市场服务 ………… 160

电力市场营销 ………… 161
“大营销”体系建设 ………… 161
电能替代与市场开拓 ………… 163
营销专项活动 ………… 164
电能计量 ………… 165
电动汽车智能充换电服务网络建设运营 ………… 166
电力需求侧管理 ………… 167

科技信息

科技创新 ………… 170
科技发展战略 ………… 170
重大科技攻关 ………… 170
科技创新体系建设 ………… 173
技术标准工作 ………… 174
科技成果与奖励 ………… 174
环保工作 ………… 175

信息与通信 ………… 176
信息化支撑“三集五大”建设 ………… 176
信息通信支撑智能电网建设 ………… 178
通信网建设 ………… 179
信息系统深化应用与安全运行 ………… 179
信息通信安全防护 ………… 181
信息通信技术与标准 ………… 181
信息通信精益管理 ………… 182

国际化发展

国际化运营 ………… 186
海外资产经营 ………… 186
国际重点项目前期工作 ………… 187
国际能源合作 ………… 187
海外工程承包、设备出口及技术咨询 ………… 187

国际交流与合作 ………… 187
主要外事活动 ………… 187

国际组织和国际标准制定 …… 188
课题研究与国际信息 …… 188
外事管理工作 …… 188

■ 党的建设和精神文明建设

党建工作 …… 191
组织建设 …… 191
党风廉政建设 …… 191
思想政治工作 …… 192
精神文明建设 …… 193
团青工作 …… 194
企业文化建设 …… 195

品牌建设 …… 196
对外传播 …… 196
社会责任管理 …… 197
公益事业 …… 198
品牌管理 …… 199
工作联动 …… 199

工会工作 …… 200
职工民主管理 …… 200
班组建设 …… 200
职工劳动竞赛 …… 201
弘扬劳模精神 …… 201
职工文化建设 …… 202
工会组织建设 …… 203

■ 公司分部

国家电网公司华北分部
（华北电网有限公司） …… 205
分部概况 …… 205
电网概况 …… 205
电网调度 …… 205
电力交易 …… 205
分部管理 …… 205
科技管理 …… 206
党群工作 …… 206

国家电网公司华东分部
（华东电网有限公司） …… 206
分部概况 …… 206
电网概况 …… 206
电网调度 …… 207
电力交易 …… 207
分部管理 …… 208
科技管理 …… 208
党群工作 …… 208

国家电网公司华中分部
（华中电网有限公司） …… 208
分部概况 …… 208
电网概况 …… 208
电网调度 …… 209
电力交易 …… 209
分部管理 …… 210
科技管理 …… 210
党群工作 …… 210

国家电网公司东北分部
（东北电网有限公司） …… 210
分部概况 …… 210
电网概况 …… 211
电网调度 …… 211
电力交易 …… 211
中朝界河电厂 …… 212
分部管理 …… 212
科技管理 …… 213
党群工作 …… 213

国家电网公司西北分部
（西北电网有限公司） …… 213
分部概况 …… 213
电网概况 …… 213
电网调度 …… 214
电力交易 …… 215
分部管理 …… 215
科技管理 …… 216
党群工作 …… 216

国家电网公司西南分部 …… 217
分部概况 …… 217
分部管理 …… 217

■ 省电力公司

国网北京市电力公司 …… 219
企业概况 …… 219
电网概况 …… 219
人力资源 …… 219
电网建设与发展 …… 219
经营管理 …… 220
安全生产 …… 220
APEC 保电工作 …… 221
营销工作 …… 221
农电工作 …… 221
科技与信息化 …… 222
优质服务 …… 222
党的建设和精神文明建设 …… 223

国网天津市电力公司 …… 223
企业概况 …… 223
电网概况 …… 224
人力资源 …… 224
电网建设与发展 …… 224
经营管理 …… 224
安全生产 …… 225
营销工作 …… 225
科技与信息化 …… 226
优质服务 …… 226
党的建设和精神文明建设 …… 226

国网河北省电力公司 …… 227
企业概况 …… 227
电网概况 …… 227
人力资源 …… 227
电网建设与发展 …… 227
经营管理 …… 228
安全生产 …… 228
APEC 保电工作 …… 228
营销工作 …… 228
科技与信息化 …… 229
优质服务 …… 229
党的建设和精神文明建设 …… 230

国网冀北电力有限公司 …… 230
企业概况 …… 230
电网概况 …… 230
人力资源 …… 230
电网建设与发展 …… 230
经营管理 …… 230
安全生产 …… 231
营销工作 …… 231
农电工作 …… 231
科技与信息化 …… 231
优质服务 …… 232
党的建设和精神文明建设 …… 232

国网山西省电力公司 …… 232
企业概况 …… 232
电网概况 …… 232
人力资源 …… 233
电网建设与发展 …… 233
经营管理 …… 234
安全生产 …… 234
营销工作 …… 234
科技与信息化 …… 235
优质服务 …… 235
党的建设和精神文明建设 …… 235

国网山东省电力公司 …… 236
企业概况 …… 236
电网概况 …… 236
人力资源 …… 236
电网建设与发展 …… 237
经营管理 …… 237
安全生产 …… 238
营销工作 …… 238
农电工作 …… 238
科技与信息化 …… 239
优质服务 …… 239
党的建设和精神文明建设 …… 239

国网上海市电力公司 …… 239
企业概况 …… 239
电网概况 …… 239
人力资源 …… 240
电网建设和发展 …… 240
经营管理 …… 240
安全生产 …… 240

营销工作 …… 241
科技与信息化 …… 241
优质服务 …… 241
党的建设和精神文明建设 …… 242

国网江苏省电力公司 …… 242
企业概况 …… 242
电网概况 …… 242
人力资源 …… 242
电网建设与发展 …… 243
经营管理 …… 243
安全生产 …… 244
第二届夏季青年奥林匹克运动会保电工作 …… 244
营销工作 …… 244
科技与信息化 …… 245
优质服务 …… 245
党的建设和精神文明建设 …… 246

国网浙江省电力公司 …… 246
企业概况 …… 246
电网概况 …… 246
人力资源 …… 247
电网建设与发展 …… 247
经营管理 …… 247
安全生产 …… 248
营销工作 …… 248
科技与信息化 …… 248
优质服务 …… 249
党的建设和精神文明建设 …… 249

国网安徽省电力公司 …… 249
企业概况 …… 249
电网概况 …… 249
人力资源 …… 250
电网建设与发展 …… 250
经营管理 …… 250
安全生产 …… 250
营销工作 …… 250
科技与信息化 …… 251
优质服务 …… 251
党的建设和精神文明建设 …… 251

国网福建省电力有限公司 …… 251
企业概况 …… 251
电网概况 …… 252
人力资源 …… 252
电网建设与发展 …… 252
经营管理 …… 253
安全生产 …… 253
营销工作 …… 254
科技与信息化 …… 254
优质服务 …… 254
党的建设和精神文明建设 …… 254

国网湖北省电力公司 …… 255
企业概况 …… 255
电网概况 …… 255
人力资源 …… 255
电网建设与发展 …… 256
经营管理 …… 256
安全生产 …… 256
带电作业 …… 257
营销工作 …… 257
科技与信息化 …… 257
优质服务 …… 257
党的建设和精神文明建设 …… 258

国网湖南省电力公司 …… 258
企业概况 …… 258
电网概况 …… 258
人力资源 …… 258
电网建设与发展 …… 259
经营管理 …… 259
安全生产 …… 259
营销工作 …… 259
农电工作 …… 260
科技与信息化 …… 260
优质服务 …… 260
党的建设和精神文明建设 …… 260

国网河南省电力公司 …… 261
企业概况 …… 261
电网概况 …… 261
人力资源 …… 261
电网建设与发展 …… 261
经营管理 …… 261
安全生产 …… 262

营销工作 …… 262
农电工作 …… 263
科技与信息化 …… 263
优质服务 …… 263
党的建设和精神文明建设 …… 263

国网江西省电力公司 …… 264
企业概况 …… 264
电网概况 …… 264
人力资源 …… 264
电网建设与发展 …… 264
经营管理 …… 265
安全生产 …… 265
营销工作 …… 266
农电工作 …… 267
科技与信息化 …… 267
优质服务 …… 268
党的建设和精神文明建设 …… 268

国网四川省电力公司 …… 269
企业概况 …… 269
电网概况 …… 269
人力资源 …… 269
电网建设与发展 …… 270
川藏联网和甘孜“电力天路”工程 …… 270
经营管理 …… 270
安全生产 …… 271
营销工作 …… 271
农电工作 …… 272
科技与信息化 …… 272
优质服务 …… 273
党的建设和精神文明建设 …… 273

国网重庆市电力公司 …… 273
企业概况 …… 273
电网概况 …… 273
人力资源 …… 274
电网建设与发展 …… 274
经营管理 …… 275
安全生产 …… 275
营销工作 …… 276
科技与信息化 …… 276
优质服务 …… 276
党的建设和精神文明建设 …… 277

国网辽宁省电力有限公司 …… 277
企业概况 …… 277
电网概况 …… 277
人力资源 …… 278
电网建设与发展 …… 278
经营管理 …… 278
安全生产 …… 279
营销工作 …… 279
农电工作 …… 279
科技与信息化 …… 279
优质服务 …… 280
党的建设和精神文明建设 …… 280

国网吉林省电力有限公司 …… 280
企业概况 …… 280
电网概况 …… 281
人力资源 …… 281
电网建设与发展 …… 281
经营管理 …… 281
安全生产 …… 282
营销工作 …… 282
科技与信息化 …… 282
优质服务 …… 283
党的建设和精神文明建设 …… 283

国网黑龙江省电力有限公司 …… 283
企业概况 …… 283
电网概况 …… 283
人力资源 …… 283
电网建设与发展 …… 284
经营管理 …… 284
安全生产 …… 284
营销工作 …… 285
科技与信息化 …… 285
优质服务 …… 286
农电工作 …… 286
国际业务 …… 286
党的建设和精神文明建设 …… 287

国网内蒙古东部电力有限公司 …… 287
企业概况 …… 287

电网概况 …… 287
人力资源 …… 287
电网建设与发展 …… 288
经营管理 …… 288
安全生产 …… 288
极寒气候下保电工作 …… 288
营销工作 …… 289
科技与信息化 …… 289
优质服务 …… 289
党的建设和精神文明建设 …… 289

国网陕西省电力公司 …… 290
企业概况 …… 290
电网概况 …… 290
人力资源 …… 290
电网建设与发展 …… 290
经营管理 …… 291
安全生产 …… 291
营销工作 …… 291
农电工作 …… 292
科技与信息化 …… 292
优质服务 …… 293
党的建设和精神文明建设 …… 293

国网甘肃省电力公司 …… 293
企业概况 …… 293
电网概况 …… 293
人力资源 …… 294
电网建设与发展 …… 294
经营管理 …… 295
安全生产 …… 295
营销工作 …… 296
优质服务 …… 296
科技与信息化 …… 297
党的建设和精神文明建设 …… 297

国网青海省电力公司 …… 297
企业概况 …… 297
电网概况 …… 297
人力资源 …… 298
电网建设与发展 …… 298
经营管理 …… 299
安全生产 …… 299
营销工作 …… 300
科技与信息化 …… 300
优质服务 …… 301
党的建设和精神文明建设 …… 301

国网宁夏电力公司 …… 301
企业概况 …… 301
电网概况 …… 302
人力资源 …… 302
电网建设与发展 …… 302
经营管理 …… 303
安全生产 …… 303
营销工作 …… 303
科技与信息化 …… 304
优质服务 …… 304
党的建设和精神文明建设 …… 304

国网新疆电力公司 …… 304
企业概况 …… 304
电网概况 …… 304
人力资源 …… 304
电网建设与发展 …… 305
经营管理 …… 305
安全生产 …… 305
营销工作 …… 305
党的建设和精神文明建设 …… 306

国网西藏电力有限公司 …… 306
企业概况 …… 306
电网概况 …… 306
人力资源 …… 307
电网建设与发展 …… 307
经营管理 …… 307
安全生产 …… 307
营销工作 …… 308
科技与信息化 …… 308
优质服务 …… 309
党的建设和精神文明建设 …… 309

■ 公司直属单位

中国电力科学研究院 …… 311
单位概况 …… 311

人力资源 …… 311
经营管理 …… 311
科技创新 …… 311
支撑服务 …… 312
国际化工作 …… 312
党的建设和精神文明建设 …… 312

国网北京经济技术研究院 …… 313
单位概况 …… 313
人力资源 …… 313
经营管理 …… 313
电网规划 …… 313
设计咨询 …… 314
评审评价 …… 314
技经研究 …… 314
科研创新 …… 314
党的建设和精神文明建设 …… 315

国网能源研究院 …… 315
单位概况 …… 315
人力资源 …… 315
经营管理 …… 315
课题研究 …… 316
党的建设和精神文明建设 …… 317

国网智能电网研究院 …… 317
单位概况 …… 317
人力资源 …… 317
经营管理 …… 317
海外研究院建设 …… 318
科研工作 …… 318
党的建设和精神文明建设 …… 318

国家电网管理学院
（中共国家电网公司党校） …… 319
单位概况 …… 319
人力资源 …… 319
经营管理 …… 319
培训与研究 …… 320
领导力开发研究 …… 320
党的建设和精神文明建设 …… 321

国家电网公司高级培训中心 …… 321
单位概况 …… 321
人力资源 …… 321
经营管理 …… 321
教学与培训 …… 322
优质服务水平 …… 323
党的建设和精神文明建设 …… 323

国网技术学院
（国家电网公司团校） …… 323
单位概况 …… 323
人力资源 …… 324
经营管理 …… 324
教学与培训 …… 324
党的建设和精神文明建设 …… 324

国家电网公司运行分公司 …… 325
单位概况 …… 325
人力资源 …… 325
安全生产 …… 325
运检管理 …… 325
专业支撑 …… 326
经营管理 …… 326
党的建设和精神文明建设 …… 327

国家电网公司直流建设分公司 …… 327
单位概况 …… 327
人力资源 …… 327
经营管理 …… 327
工程建设 …… 328
安全管控 …… 328
物资监造管理 …… 328
技术支撑 …… 328
科技工作 …… 328
党的建设和精神文明建设 …… 328

国家电网公司交流建设分公司 …… 329
单位概况 …… 329
人力资源 …… 329
经营管理 …… 329
工程建设 …… 329
统筹支撑 …… 330
科技创新 …… 330
党的建设和精神文明建设 …… 331

国家电网公司信息通信分公司 …… 331
单位概况 …… 331
人力资源 …… 332
安全生产 …… 332
调度监控 …… 332
运维检修 …… 332
工程建设 …… 332
技术保障 …… 333
科研工作 …… 333
基础管理 …… 333
党的建设和精神文明建设 …… 333

国家电网公司客户服务中心 …… 334
单位概况 …… 334
人力资源 …… 334
经营管理 …… 334
95598 业务运营 …… 334
党的建设和精神文明建设 …… 335

南瑞集团有限公司
（国网电力科学研究院） …… 335
单位概况 …… 335
人力资源 …… 335
经营管理 …… 335
生产管理 …… 336
产业发展 …… 336
科技创新 …… 337
国际化工作 …… 337
党的建设和精神文明建设 …… 337

中国电力技术装备有限公司
（国家电网公司工程管理分公司） …… 338
单位概况 …… 338
人力资源 …… 338
经营管理 …… 338
市场开发及项目履约 …… 338
国际化交流 …… 339
党的建设和精神文明建设 …… 339

鲁能集团有限公司
（都城伟业集团有限公司） …… 339
单位概况 …… 339
人力资源 …… 339
经营管理 …… 340
产业发展 …… 340
党的建设和精神文明建设 …… 340

国网新源控股有限公司 …… 341
单位概况 …… 341
人力资源 …… 341
发展规划 …… 341
经营管理 …… 341
生产运行 …… 341
工程建设 …… 341
科技工作 …… 342
党的建设和精神文明建设 …… 342

国网国际发展有限公司 …… 342
单位概况 …… 342
人力资源 …… 342
经营管理 …… 343
绿地项目开发 …… 343
海外资产运营 …… 343
党的建设和精神文明建设 …… 344

国网通用航空有限公司 …… 344
单位概况 …… 344
人力资源 …… 344
经营管理 …… 345
电力巡线 …… 345
直升机放线施工 …… 345
安全管理 …… 345
科技创新 …… 346
党的建设和精神文明建设 …… 346

国网物资有限公司 …… 346
单位概况 …… 346
人力资源 …… 347
经营管理 …… 347
集中招标代理 …… 347
物资供应保障 …… 348
物资质量和供应商关系管理 …… 348
党的建设和精神文明建设 …… 348

国网中兴有限公司 …… 349
单位概况 …… 349

人力资源 …… 349
安全生产 …… 349
经营管理 …… 349
后勤保障 …… 350
综合服务 …… 350
党的建设和精神文明建设 …… 350

英大传媒投资集团有限公司 …… 350
单位概况 …… 350
人力资源 …… 351
经营管理 …… 351
服务公司软实力建设 …… 351
党的建设和精神文明建设 …… 352

许继集团有限公司 …… 352
单位概况 …… 352
人力资源 …… 353
经营管理 …… 353
生产管理 …… 353
科技创新 …… 354
党的建设和精神文明建设 …… 354

平高集团有限公司 …… 354
单位概况 …… 354
人力资源 …… 355
经营管理 …… 355
生产管理 …… 355
科技创新 …… 356
党的建设和精神文明建设 …… 356

山东电工电气集团有限公司 …… 356
单位概况 …… 356
人力资源 …… 357
经营管理 …… 357
生产管理 …… 357
科技创新 …… 357
党的建设和精神文明建设 …… 358

国网节能服务有限公司 …… 358
单位概况 …… 358
人力资源 …… 358
经营管理 …… 358
节能服务 …… 358
生物质产业 …… 358
电力环保 …… 359
国际能源利用与开发 …… 359
党的建设和精神文明建设 …… 359

国网英大国际控股集团有限公司 …… 359
单位概况 …… 359
优化布局 …… 360
经营管理 …… 360
本部建设 …… 360
党的建设和精神文明建设 …… 360

中国电力财务有限公司 …… 360
单位概况 …… 360
人力资源 …… 360
经营管理 …… 361
风险内控 …… 361
党的建设和精神文明建设 …… 361

英大泰和财产保险股份有限公司 …… 362
单位概况 …… 362
人力资源 …… 362
经营管理 …… 362
客户服务 …… 362
风险管控 …… 362
党的建设和精神文明建设 …… 363

英大泰和人寿保险股份有限公司 …… 363
单位概况 …… 363
人力资源 …… 363
经营管理 …… 364
党的建设和精神文明建设 …… 364

英大长安保险经纪集团有限公司 …… 364
单位概况 …… 364
人力资源 …… 364
客户服务 …… 364
业务发展 …… 365
经营管理 …… 365
党的建设和精神文明建设 …… 365

英大国际信托有限责任公司 …… 366
单位概况 …… 366
人力资源 …… 366
经营管理 …… 366

重点工作 …… 367
党的建设和精神文明建设 …… 367

英大证券有限责任公司 …… 368
单位概况 …… 368
人力资源 …… 368
经营管理 …… 368
党的建设和精神文明建设 …… 369

■ 公司荣誉及人物

公司荣誉 …… 371
国家电网公司获 2014 年“全国五一劳动奖状”名单 …… 371
国家电网公司获 2014 年“全国五一劳动奖章”名单 …… 371
国家电网公司获 2014 年“全国工人先锋号”名单 …… 372
国家电网公司获“全国三八红旗集体”名单 …… 373
国家电网公司获“全国三八红旗手”名单 …… 373
国家电网公司获“全国巾帼文明岗”名单 …… 373
国家电网公司获“全国巾帼建功标兵”名单 …… 374
国家电网公司获“全国巾帼建功先进集体”名单 …… 374
国家电网公司获“全国示范性劳模创新工作室”名单 …… 374
国家电网公司获“千人计划”“万人计划”人选名单 …… 375
国家电网公司入选“国家有突出贡献中青年科学、技术专家”名单 …… 375
国家电网公司入选“百千万人才工程”国家级人选名单 …… 375
国家电网公司入选“创新人才推进计划”中青年科技创新领军人才名单 …… 375
国家电网公司获“中华技能大奖”名单 …… 375
国家电网公司获“全国技术能手”名单 …… 375
国家电网公司获“中央企业技术能手”名单 …… 375
国家技能人才培育突出贡献单位及个人名单 …… 375
“讲理想、比贡献”活动获奖单位及个人名单 …… 375
国家电网公司获中央企业“一先两优”称号名单 …… 376
国家电网公司获“首届中国青年志愿服务项目”金奖名单 …… 376
国家电网公司获“全国青年安全生产示范岗”名单 …… 376
国家电网公司获第十八届“中国青年五四奖章”名单 …… 376
国家电网公司获“全国青年岗位能手/标兵”名单 …… 376
国家电网公司获“全国五四红旗团委（团支部）”名单 …… 377
国家电网公司技能竞赛获奖单位及技术能手名单 …… 377
国家电网公司获 2014 年“国家科学技术奖”名单 …… 378
国家电网公司获 2014 年“中国电力科学技术奖”名单 …… 379
国家电网公司获 2014 年“中国专利奖”名单 …… 384

电网先锋 …… 385
吴　灏 …… 385
王　猛 …… 385
孙立臣 …… 386
陈继祥 …… 386
林　丽 …… 386
伍建明 …… 387
周义民 …… 387
周红亮 …… 387
韦　鹏 …… 388
贺之渊 …… 388

■ 大事记

2014 年大事记 …… 390
2014 年重要会议 …… 392

■ 重要文献

公司领导重要讲话 …… 401

公司董事长、党组书记刘振亚在公司党的群众路线教育实践活动总结大会上的讲话（摘要）（2014 年 10 月 10 日） …… 401

公司董事、总经理、党组成员舒印彪在公司第二届职工代表大会第六次会议暨 2015 年工作会议上的总结讲话（摘要）（2015 年 1 月 18 日） …… 406

公司副总经理、党组成员郑宝森在公司 2014 年基建工作会议上的报告（摘要）（2014 年 1 月 24 日） …… 410

公司副总经理、党组成员陈月明在国家电网公司 2014 年人力资源工作会议上的讲话（摘要）（2014 年 2 月 21 日） …… 416

公司副总经理、党组成员杨庆在公司 2014 年营销工作会上的讲话（摘要）（2014 年 1 月 18 日） …… 420

公司副总经理、党组成员曹志安在公司“五位一体”协同机制推广实施工作电视电话会上的讲话（摘要）（2014 年 10 月 30 日） …… 427

公司副总经理、党组成员栾军在公司 2014 年调度控制工作会议上的讲话（摘要）（2014 年 1 月 24 日） …… 430

公司总会计师、党组成员李汝革在公司 2014 年度财务决算会议上的讲话（摘要）（2014 年 12 月 4 日） …… 433

公司党组成员、中央纪委驻公司纪检组组长潘晓军在公司 2014 年反腐倡廉建设工作会议上的工作报告（摘要）（2014 年 2 月 24 日） …… 438

公司副总经理、党组成员王敏在公司 2014 年经济法律工作会暨“三年目标”迎检动员电视电话会议上的讲话（摘要）（2014 年 6 月 12 日） …… 444

公司副总经理、党组成员帅军庆在公司 2014 年迎峰度夏总结电视电话会议上的讲话（摘要）（2014 年 9 月 16 日） …… 447

公司党组成员、工会主席刘广迎在公司班组建设现场经验交流会议上的讲话（摘要）（2014 年 11 月 20 日） …… 451

公司重要文件 …… 456

中共国家电网公司党组关于加强队伍建设推动企业持续健康发展的意见（国家电网党〔2014〕1 号） …… 456

国家电网公司关于以改革创新精神深入推进“两个转变”的意见（国家电网办〔2014〕1 号） …… 458

国家电网公司关于进一步做好基层减负工作的意见（国家电网办〔2014〕1409 号） …… 459

国家电网公司关于印发推进电能替代促进雾霾治理行动计划的通知（国家电网营销〔2014〕492 号） …… 462

国家电网公司关于深化“你用电我用心”大力提升优质服务水平的意见（国家电网营销〔2014〕104 号） …… 465

国家电网公司关于简化业扩手续提高办电效率深化为民服务的工作意见（国家电网营销〔2014〕1049 号） …… 467

国家电网公司关于印发 2014 年“三集五大”体系建设主要任务的通知（国家电网体改〔2014〕262 号） …… 470

国家电网公司关于开展农村“低电压”常态化综合治理工作的通知（国家电网农〔2014〕450 号） …… 472

国家电网公司关于印发加强集体企业依法治企工作指导意见的通知（国家电网产业〔2014〕550 号） …… 473

■ 统计资料

国家电网公司经营区域发电生产情况（分地区） …… 478

国家电网公司经营区域发电设备容量 …… 480

国家电网公司经营区域发电量（全口径） …… 482

国家电网公司经营区域全社会用电分类 …… 484

国家电网公司经营区域用电情况 …… 486

国家电网公司经营区域电缆长度 …… 488

国家电网公司经营区域架空线路回路长度 …… 490

国家电网公司经营区域架空线路条数及杆路长度 …… 492

国家电网公司经营区域公用变压器（交流在运） …… 494

国家电网公司经营区域公用变压器（直流） …… 496
国家电网公司经营区域企业自备变压器（在运） …… 498
国家电网公司换流站换流容量及直流输送能力 …… 500
附录 A　国家电网公司 2014 年内部对标标杆单位 …… 501
附录 B　2014 年公司企业标准目录 …… 502
索引 …… 516

Table of Contents

From Editor

Special Contributions

Work Reports ·· 2

Strengthening reform and innovation, and deepening "two transformations" making all efforts to accelerate the construction of a modernized company with strong and smart Grid, excellent assets, service and performance
——delivered by Chairman Liu Zhenya at the fifth session of the second SGCC staff congress and SGCC annual conference 2014 (Abstract) ······ 2

Uniting together, developing in a scientific way, and firmly pushing ahead with "two transformations"
——delivered by Chairman Liu Zhenya at SGCC's mid-year conference in 2014 (Abstract) ········ 6

Sticking to reform and innovation, deepening "two transformations" making all efforts to build a modernized company with strong and smart grid, excellent assets, service and performance in an all-around way
——delivered by Chairman Liu Zhenya at the sixth session of SGCC's second staff congress and SGCC annual conference 2015(Abstract) ·············· 10

Specials ·· 15

Accelerating development of the smart grid, undertaking and facilitating the third industrial revolution
——interview with CPPCC member Liu Zhenya ·· 15

Practicing the core socialist values, facilitating enterprise's reform and development
——Liu Zhenya ································ 18

Building a global energy network to strengthen sustainable development
——Liu Zhenya ································ 20

Features ·· 21

The fifth session of the second SGCC staff congress ·· 21

"Three intensive and five big issues" system building ·· 22

Strengthening cooperation between government and enterprises to advance power grid development ·· 23

Management improvement activities················· 24

Building of the synergistic mechanism to "promote economic, political, cultural, social, and ecological progress" ································ 25

UHV grid construction································ 26

Building of the Strong & Smart Grid ·············· 28

Supporting development of new energy ·········· 29

Fighting against natural disasters and guarantee power supply ···································· 30

Implementation of the Internationalization Strategy ·· 31

95598 intensive operation of all businesses of the entire grid ·· 32

Building-up of the information-based SG-ERP project ·· 33

Educational and practicing activities of CCP's "Mass Line" ···································· 34

Corporate Profile

Corporate Introduction ···························· 37

Brief Introduction to the Corporation ·············· 37

Power grid overview································ 37

Corporate strategy system································ 41

Social responsibility ································ 41

Organizational Structure 42
Corporate executives 42
Organization structure of the corporation's headquarters and branches 43
Organization structure of the corporation's subsidiaries 43

Power Grid Development

Planning and Development 45
"Big Planning" system building 45
State Grid Development Plan in the 13th Five-year Plan Period 45
Study on key issues found in power grid development 46
Preliminary preparation of UHV Power Grid Projects 47
Feasibility study and management on the regular power grid projects 48
Planning and management of distribution network 49
Development for water pumped power storage plants 50
Energy conservation and emission reduction management 51

UHV Grid 52
Research on UHV Grid Key Technology 52
Zhebei-Fuzhou 1000kV UHV AC power transmission and transformation project 53
Huainan-Nanjing-Shanghai 1000kV UHV AC power transmission and transformation project 54
Ximeng-Shandong 1000kV UHV AC power transmission and transformation project 55
South Hami-Zhengzhou ±800kV UHV DC transmission project 56
Xiluodu West Side-Jinhua Zhejiang ±800kV UHV DC transmission project 57
Lingzhou-Shaoxing ±800kV UHV DC transmission project 58

Smart Grid 59
Construction of smart grid innovation demonstration project 59
Demonstration project of the new generation of smart transformer substation 61
Study on key technology of smart grid 62

Rural Grid Development 64
Innovation and upgrading of rural grid 64
Electric power construction in regions without electricity 65
Power supply guarantee in rural grid 66
Resolution of the issues of power supply quality and "low voltage" in rural grid 67
County power supply enterprise management system and mechanism 68
County power supply enterprise and township power supply station management enhancement 69
Corporate effort of targeted poverty alleviation 69

Project Construction and Management 70
"Grand Construction" system building 70
Infrastructure project management 71
Standardized construction of infrastructure 73
Informationization in infrastructure development projects 74
Extensive application of new technology in power grid building 74

Key Projects 75
Sichuan-Tibet power grid connection project 75
750kV transmission project 77
500kV transmission project 78

Enterprise Management

Planning and Statistics Management 81
Planning management 81
Investment management 82
"Tibet-Assistance" investment management 83
Statistical management 84

Human Resource Management 85
Executive and management team building 85
Talent team building 87

Employee education and training ······ 88
Labor organization management ······ 89
Human resource plan management ······ 90
Achievement assessment and performance management ······ 91
Income distribution management ······ 92
Resignation and retirement ······ 94

Financial and Asset Management ······ 95
Company operation and financial condition ······ 95
Intensive and informationized management of finance ······ 95
Budget and cost management ······ 96
Accounting management ······ 97
Asset and property management ······ 97
Fund management ······ 98
Electricity price management ······ 99
Financial management of infrastructure construction ······ 99
Internal audit and control as well as risk management ······ 100
Finance and taxation management ······ 100

Material Resources Management ······ 101
Intensive management of material resources ······ 101
Material resources planning management ······ 102
Tendering and purchasing management ······ 102
Material resources quality management ······ 103
Material resources supply management ······ 104
Development and application of material resources informationization ······ 106
Material resources standardization development and application ······ 106
Material resources monitoring management ······ 107

Building of Operation Monitoring Center ······ 108
Building of three levels of operation monitoring centers ······ 108
Pilot verification of the on-line monitoring of comprehensive planning and budgeting ······ 109
Business operation monitoring ······ 110
Asset management on operational data ······ 112
Operation analysis ······ 113
Monitoring on company-level information and communication systems ······ 114
Coordination and control ······ 115

Institutional and Mechanistic Innovation ······ 115
Study on the major issues in reform ······ 115
Promoting reform of collectively owned factories operated by state-owned enterprises ······ 116
Management innovation ······ 116
Benchmarking management ······ 117
Community management ······ 117

Corporation Management under the Rule of Law ······ 118
Comprehensive examination of corporation governance in accordance with law ······ 118
Audit supervision work ······ 119
Economic law study and support for legislative work ······ 120
Legal safeguard work ······ 121
Legal risk prevention and law popularization ······ 123

■ Safety and Production

Safety Management ······ 126
Safe production and monitoring management ······ 126
Potential safety hazard investigation and risk control ······ 127
Reliability management ······ 129
Assets full life cycle management ······ 129
Building a long-term mechanism for safety ······ 130
Power guarantee for important activities ······ 131
Safety management of engineering projects ······ 132
Safety management of rural power supply ······ 133

Management on Operation and Maintenance ······ 134
Specialized management of power transmission and transformation facilities ······ 134
Upgrading of production technologies ······ 135
Status inspection and maintenance ······ 137

Protection of power facilities ························ 138
Electricity distribution management ··············· 139
Building of "Grand Inspection and Maintenance" system ··· 140
Tracing and settlement of potential risks of facilities ··· 141
Construction of information-based operation & maintenance ······································ 142
Safety management of flood control and dams ··· 142
Management of helicopter operation ··············· 144

Power Grid Operation & Power Market

Power Supply and Demand Status ············ 147
Power supply and demand analysis in 2014 ······ 147
Prediction on power supply and demand trends in 2015 ··· 148

Power Grid Dispatching and Operation ··· 148
Power grid dispatching management ··············· 148
Building of "Grand Operation" system ············ 150
Power conservation dispatching ····················· 151
Trans-regional power grid operation ··············· 152
Production dispatching operation ·················· 154
Fuel supply for electricity production ············ 158

Electric Power Market Construction and Operation ······································ 158
Electric power market construction and management ·· 158
Electric power market operation ·················· 159
Electric power market service ····················· 160

Electric Power Marketing ······················· 161
Building of "Grand Marketing" system ··········· 161
Alternative energy and market development ······ 163
Special sales activities ····························· 164
Electricity metering ································ 165
Building and operation of smart charging network for electric automobiles ···························· 166
Electricity demand side management ·············· 167

Science & Technology Information

Science & Technology Innovation ············ 170
Science & Technology Development Strategy ··· 170
Breakthrough in key problems in science & technology ·· 170
Scientific and technological innovation system building ·· 173
Standardization ·································· 174
Science & technology achievements and rewards ·· 174
Environment protection ····························· 175

Information and Communication ··············· 176
Informationization supporting on the construction of "Three Intensive and Five Big Issues" System ·· 176
Smart grid construction supported by information communication ································· 178
Communication network construction ·············· 179
Further application of information technology and operation security ······························· 179
Safety and protection of the communication system ·· 181
Technology and standard on communication ······ 181
Lean management on communication ··············· 182

Internationalization Development

Internationalization Operation ················· 186
Overseas assets operation ························· 186
Preliminary preparation on key international projects ·· 187
International cooperation in the field of energy ·· 187
Contraction of overseas projects, Export of facilities and technology consulting ······················· 187

International Exchange and Cooperation ·· 187
International activities ····························· 187

International organizations and establishment of international standards 188
Projects research and international information ... 188
Management of international affairs 188

CPC Party Construction & Spiritual Civilization Construction

CPC Construction 191
Organization building 191
Strengthening of integrity of the Party 191
Ideological and political work 192
Spiritual civilization development 193
Building of Communist Youth League of China ... 194
Corporate culture development 195

Brand Construction 196
External communication 196
Social responsibility management 197
Programs for public service 198
Brand management 199
Coordination with other parties 199

Labor Union Affairs 200
Democratic management of staff 200
Building of working groups or teams 200
Staff contests 201
Promotion of the values embodied by Model Staff 201
Employee culture building 202
Labor union building 203

Subsections of SGCC

North China Subsection of SGCC (North China Power Grid Company Ltd.) 205
Profile 205
Power grid overview 205
Power grid dispatching 205
Electric power transactions 205
Subsection management 205
Science and technology management 206
Party-masses working 206

East China Subsection of SGCC (East China Power Grid Company Ltd.) 206
Profile 206
Power grid overview 206
Power grid dispatching 207
Electric power transactions 207
Subsection management 208
Science and technology management 208
Party-masses working 208

Center China Subsection of SGCC (Center China Power Grid Company Ltd.) 208
Profile 208
Power grid overview 208
Power grid dispatching 209
Electric power transactions 209
Subsection management 210
Science and technology management 210
Party-masses working 210

Northeast Subsection of SGCC (Northeast Power Grid Company Ltd.) 210
Profile 210
Power grid overview 211
Power grid dispatching 211
Electric power transactions 211
Yalu River Power Plant 212
Subsection management 212
Science and technology management 213
Party-masses working 213

Northwest Subsection of SGCC (Northwest Power Grid Company Ltd.) 213
Profile 213
Power grid overview 213

Power grid dispatching ······ 214
Electric power transaction ······ 215
Subsection management ······ 215
Science and technology management ······ 216
Party-masses working ······ 216

Southwest Subsection of SGCC ······ 217
Profile ······ 217
Subsection management ······ 217

Provincial Subsidiaries of SGCC

State Grid Beijing Electric Power Company ······ 219
Profile ······ 219
Power grid overview ······ 219
Human resource ······ 219
Grid building and development ······ 219
Business management ······ 220
Safety production ······ 220
APEC power guarantee ······ 221
Marketing ······ 221
Rural power supply ······ 221
Science, technology and informationization ······ 222
Quality service ······ 222
CPC and spiritual civilization development ······ 223

State Grid Tianjin Electric Power Company ······ 223
Profile ······ 223
Power grid overview ······ 224
Human resource ······ 224
Grid building and development ······ 224
Business management ······ 224
Safety production ······ 225
Marketing ······ 225
Science, technology and informationization ······ 226
Quality service ······ 226
CPC and spiritual civilization development ······ 226

State Grid Hebei Electric Power Company ······ 227
Profile ······ 227
Power grid overview ······ 227
Human resource ······ 227
Grid building and development ······ 227
Business management ······ 228
Safety production ······ 228
APEC power guarantee ······ 228
Marketing ······ 228
Science, technology and informationization ······ 229
Quality service ······ 229
CPC and spiritual civilization development ······ 230

State Grid Jibei Electric Power Company ······ 230
Profile ······ 230
Power grid overview ······ 230
Human resource ······ 230
Grid building and development ······ 230
Business management ······ 230
Safety production ······ 231
Marketing ······ 231
Rural power supply ······ 231
Science, technology and informationization ······ 231
Quality service ······ 232
CPC and spiritual civilization development ······ 232

State Grid Shanxi Electric Power Company ······ 232
Profile ······ 232
Power grid overview ······ 232
Human resource ······ 233
Grid building and development ······ 233
Business management ······ 234
Safety production ······ 234
Marketing ······ 234
Science, technology and informationization ······ 235
Quality service ······ 235
CPC and spiritual civilization development ······ 235

State Grid Shandong Electric Power Company ······ 236
Profile ······ 236
Power grid overview ······ 236
Human resource ······ 236

Grid building and development ······ 237
Business management ······ 237
Safety production ······ 238
Marketing ······ 238
Rural power supply ······ 238
Science, technology and informationization ······ 239
Quality service ······ 239
CPC and spiritual civilization development ······ 239

State Grid Shanghai Municipal Electric Power Company ······ 239
Profile ······ 239
Power grid overview ······ 239
Human resource ······ 240
Grid building and development ······ 240
Business management ······ 240
Safety production ······ 240
Marketing ······ 241
Science, technology and informationization ······ 241
Quality service ······ 241
CPC and spiritual civilization development ······ 242

State Grid Jiangsu Electric Power Company ······ 242
Profile ······ 242
Power grid overview ······ 242
Human resource ······ 242
Grid building and development ······ 243
Business management ······ 243
Safety production ······ 244
Power guarantee for the 2nd Summer Youth Olympic Games ······ 244
Marketing ······ 244
Science & technology and informationization ··· 245
Quality service ······ 245
CPC and spiritual civilization development ······ 246

State Grid Zhejiang Electric Power Company ······ 246
Profile ······ 246
Power grid overview ······ 246
Human resource ······ 247
Grid building and development ······ 247
Business management ······ 247
Safety production ······ 248
Marketing ······ 248
Science, technology and informationization ······ 248
Quality service ······ 249
CPC and spiritual civilization development ······ 249

State Grid Anhui Electric Power Company ······ 249
Profile ······ 249
Power grid overview ······ 249
Human resource ······ 250
Grid building and development ······ 250
Business management ······ 250
Safety production ······ 250
Marketing ······ 250
Science, technology and informationization ······ 251
Quality service ······ 251
CPC and spiritual civilization development ······ 251

State Grid Fujian Electric Power Company ······ 251
Profile ······ 251
Power grid overview ······ 252
Human resource ······ 252
Grid building and development ······ 252
Business management ······ 253
Safety production ······ 253
Marketing ······ 254
Science, technology and informationization ······ 254
Quality service ······ 254
CPC and spiritual civilization development ······ 254

State Grid Hubei Electric Power Company ······ 255
Profile ······ 255
Power grid overview ······ 255
Human resource ······ 255
Grid building and development ······ 256
Business management ······ 256
Safety production ······ 256
Live working ······ 257
Marketing ······ 257

Science, technology and informationization …… 257
Quality service …… 257
CPC and spiritual civilization development …… 258

State Grid Hunan Electric Power Company …… 258
Profile …… 258
Power grid overview …… 258
Human resource …… 258
Grid building and development …… 259
Business management …… 259
Safety production …… 259
Marketing …… 259
Rural power supply …… 260
Science, technology and informationization …… 260
Quality service …… 260
CPC and spiritual civilization development …… 260

State Grid Henan Electric Power Company …… 261
Profile …… 261
Power grid overview …… 261
Human resource …… 261
Grid building and development …… 261
Business management …… 261
Safety production …… 262
Marketing …… 262
Rural power supply …… 263
Science, technology and informationization …… 263
Quality service …… 263
CPC and spiritual civilization development …… 263

State Grid Jiangxi Electric Power Company …… 264
Profile …… 264
Power grid overview …… 264
Human resource …… 264
Grid building and development …… 264
Business management …… 265
Safety production …… 265
Marketing …… 266
Rural power supply …… 267
Science, technology and informationization …… 267
Quality service …… 268
CPC and spiritual civilization development …… 268

State Grid Sichuan Electric Power Company …… 269
Profile …… 269
Power grid overview …… 269
Human resource …… 269
Grid building and development …… 270
Sichuan-Tibet grid connection and Ganzi "Power Road" project …… 270
Business management …… 270
Safety production …… 271
Marketing …… 271
Rural power supply …… 272
Science, technology and informationization …… 272
Quality service …… 273
CPC and spiritual civilization development …… 273

State Grid Chongqing Electric Power Company …… 273
Profile …… 273
Power grid overview …… 273
Human resource …… 274
Grid building and development …… 274
Business management …… 275
Safety production …… 275
Marketing …… 276
Science, technology and informationization …… 276
Quality service …… 276
CPC and spiritual civilization development …… 277

State Grid Liaoning Electric Power Company …… 277
Profile …… 277
Power grid overview …… 277
Human resource …… 278
Grid building and development …… 278
Business management …… 278
Safety production …… 279
Marketing …… 279
Rural power supply …… 279
Science, technology and informationization …… 279

Quality service ···· 280
CPC and spiritual civilization development ···· 280

State Grid Jilin Electric Power Company ···· 280
Profile ···· 280
Power grid overview ···· 281
Human resource ···· 281
Grid building and development ···· 281
Business management ···· 281
Safety production ···· 282
Marketing ···· 282
Science, technology and informationization ···· 282
Quality service ···· 283
CPC and spiritual civilization development ···· 283

State Grid Heilongjiang Electric Power Company ···· 283
Profile ···· 283
Power grid overview ···· 283
Human resource ···· 283
Grid building and development ···· 284
Business management ···· 284
Safety production ···· 284
Marketing ···· 285
Science, technology and informationization ···· 285
Quality service ···· 286
Rural power supply ···· 286
International business ···· 286
CPC and spiritual civilization development ···· 287

State Grid East Inner Mongolia Electric Power Company ···· 287
Profile ···· 287
Power grid overview ···· 287
Human resource ···· 287
Grid building and development ···· 288
Business management ···· 288
Safety production ···· 288
Power guarantee under extreme cold weathers ···· 288
Marketing ···· 289
Science, technology and informationization ···· 289
Quality service ···· 289
CPC and spiritual civilization development ···· 289

State Grid Shaanxi Electric Power Company ···· 290
Profile ···· 290
Power grid overview ···· 290
Human resource ···· 290
Grid building and development ···· 290
Business management ···· 291
Safety production ···· 291
Marketing ···· 291
Rural power supply ···· 292
Science, technology and informationization ···· 292
Quality service ···· 293
CPC and spiritual civilization development ···· 293

State Grid Gansu Electric Power Company ···· 293
Profile ···· 293
Power grid overview ···· 293
Human resource ···· 294
Grid building and development ···· 294
Business management ···· 295
Safety production ···· 295
Marketing ···· 296
Quality service ···· 296
Science, technology and informationization ···· 297
CPC and spiritual civilization development ···· 297

State Grid Qinghai Electric Power Company ···· 297
Profile ···· 297
Power grid overview ···· 297
Human resource ···· 298
Grid building and development ···· 298
Business management ···· 299
Safety production ···· 299
Marketing ···· 300
Science, technology and informationization ···· 300
Quality service ···· 301
CPC and spiritual civilization development ···· 301

State Grid Ningxia Electric Power Company ······ 301
Profile ······ 301
Power grid overview ······ 302
Human resource ······ 302
Grid building and development ······ 302
Business management ······ 303
Safety production ······ 303
Marketing ······ 303
Science, technology and informationization ······ 304
Quality service ······ 304
CPC and spiritual civilization development ······ 304

State Grid Xinjiang Electric Power Company ······ 304
Profile ······ 304
Power grid overview ······ 304
Human resource ······ 304
Grid building and development ······ 305
Business management ······ 305
Safety production ······ 305
Marketing ······ 305
CPC and spiritual civilization development ······ 306

State Grid Tibet Electric Power Company ······ 306
Profile ······ 306
Power grid overview ······ 306
Human resource ······ 307
Grid building and development ······ 307
Business management ······ 307
Safety production ······ 307
Marketing ······ 308
Science, technology and informationization ······ 308
Quality service ······ 309
CPC and spiritual civilization development ······ 309

Subsidiaries directly under SGCC

China Electric Power Research Institute ······ 311
Profile ······ 311
Human resource ······ 311
Business management ······ 311
Scientific and technological innovation ······ 311
Support services ······ 312
International Business ······ 312
CPC and spiritual civilization development ······ 312

State Grid Beijing Economic & Technical Research Institute ······ 313
Profile ······ 313
Human resource ······ 313
Business management ······ 313
Grid planning ······ 313
Design and consulting ······ 314
Review and evaluation ······ 314
Technical and economic research ······ 314
Research and innovation ······ 314
CPC and spiritual civilization development ······ 315

State Grid Energy Research Institute ······ 315
Profile ······ 315
Human resource ······ 315
Business management ······ 315
Topic research ······ 316
CPC and spiritual civilization development ······ 317

SGCC Smart Grid Research Institute ······ 317
Profile ······ 317
Human resource ······ 317
Business management ······ 317
Overseas research institute construction ······ 318
Scientific research ······ 318
CPC and spiritual civilization development ······ 318

Management Institute of SGCC (Party School of SGCC) ······ 319
Profile ······ 319
Human resource ······ 319
Business management ······ 319
Training and research ······ 320
Leadership capacity development research ······ 320
CPC and spiritual civilization development ······ 321

Senior Training Center of SGCC ············ 321
Profile ············ 321
Human resource ············ 321
Business management ············ 321
Teaching and training ············ 322
High quality service level ············ 323
CPC and spiritual civilization development ······ 323

State Grid Technology College (SGCC Youth League School) ············ 323
Profile ············ 323
Human resource ············ 324
Business management ············ 324
Teaching and training ············ 324
CPC and spiritual civilization development ······ 324

Grid Operation Branch of SGCC ············ 325
Profile ············ 325
Human resource ············ 325
Safety production ············ 325
Operation and maintenance management ········ 325
Professional support ············ 326
Business management ············ 326
CPC and spiritual civilization development ······ 327

DC Construction Branch of SGCC ············ 327
Profile ············ 327
Human resource ············ 327
Business management ············ 327
Engineering construction ············ 328
Safety management and control ············ 328
Material manufacturing supervision and management ············ 328
Technical support ············ 328
Scientific research ············ 328
CPC and spiritual civilization development ······ 328

AC Construction Branch of SGCC ············ 329
Profile ············ 329
Human resource ············ 329
Business management ············ 329
Engineering construction ············ 329
Coordinated support ············ 330
Science and technology innovation ············ 330
CPC and spiritual civilization development ··· 331

State Grid Information and Communications Branch ············ 331
Profile ············ 331
Human resource ············ 332
Safety production ············ 332
Dispatching monitoring ············ 332
Operation, maintenance and repair ············ 332
Engineering construction ············ 332
Technical guarantee ············ 333
Scientific research ············ 333
Fundamental management ············ 333
CPC and spiritual civilization development ······ 333

SGCC Customer Service Center ············ 334
Profile ············ 334
Human resource ············ 334
Business management ············ 334
95598 business operation ············ 334
CPC and spiritual civilization development ······ 335

Nari Group Corporation (State Grid Electric Power Research Institute) ············ 335
Profile ············ 335
Human resource ············ 335
Business management ············ 335
Production management ············ 336
Industrial development ············ 336
Science & technology renovation ············ 337
International business ············ 337
CPC and spiritual civilization development ······ 337

China Electric Power Technology and Equipment Company Ltd. (SGCC Engineering Management Company) ······ 338
Profile ············ 338
Human resource ············ 338
Business management ············ 338
Market development and contract fulfillment ······ 338
International exchange ············ 339
CPC and spiritual civilization development ······ 339

Luneng Group Co., Ltd (Ducheng Weiye Group Co., Ltd.) …… 339
Profile …… 339
Human resource …… 339
Business management …… 340
Industrial development …… 340
CPC and spiritual civilization development …… 340

State Grid Xinyuan Company Ltd. …… 341
Profile …… 341
Human resource …… 341
Development planning …… 341
Business management …… 341
Production operation …… 341
Engineering construction …… 341
Scientific research …… 342
CPC and spiritual civilization development …… 342

State Grid International Development Co., Ltd. …… 342
Profile …… 342
Human resource …… 342
Business management …… 343
Greenland project development …… 343
Overseas assets operation …… 343
CPC and spiritual civilization development …… 344

State Grid General Airline Company Ltd. …… 344
Profile …… 344
Human resource …… 344
Business management …… 345
Transmission line inspection …… 345
Laying out of transmission line by helicopter …… 345
Safety Management …… 345
Science and technology renovation …… 346
CPC and spiritual civilization development …… 346

State Grid Material Co., Ltd. …… 346
Profile …… 346
Human resource …… 347
Business management …… 347
Centralized bidding agency …… 347
Material supply guarantee …… 348
Material quality and supplier relationship management …… 348
CPC and spiritual civilization development …… 348

State Grid Zhongxing Co. Ltd. …… 349
Profile …… 349
Human resource …… 349
Safety production …… 349
Business management …… 349
Logistics …… 350
Integrated service …… 350
CPC and spiritual civilization development …… 350

Yingda Media Investment Corporation …… 350
Profile …… 350
Human resource …… 351
Business management …… 351
Soft power construction for the services company …… 351
CPC and spiritual civilization development …… 352

XJ Group Co., Ltd. …… 352
Profile …… 352
Human resource …… 353
Business management …… 353
Production management …… 353
Science & technology renovation …… 354
CPC and spiritual civilization development …… 354

Pinggao Group Co., Ltd. …… 354
Profile …… 354
Human resource …… 355
Business management …… 355
Production management …… 355
Science and technology renovation …… 356
CPC and spiritual civilization development …… 356

Shandong Electrical Engineering and Electricity Group Co., Ltd. …… 356
Profile …… 356
Human resource …… 357
Business management …… 357

Production management ······ 357
Scientific & technological innovation ······ 357
CPC and spiritual civilization development ······ 358

State Grid Electricity Conservation Services Co. Ltd. ······ 358
Profile ······ 358
Human resource ······ 358
Business management ······ 358
Energy conservation service ······ 358
Biomass industry ······ 358
Electrical environment protection ······ 359
International resource utilization and development ······ 359
CPC and spiritual civilization development ······ 359

Yingda International Holdings Corporation Limited ······ 359
Profile ······ 359
Optimized layout ······ 360
Business management ······ 360
Corporation development ······ 360
CPC and spiritual civilization development ······ 360

China Power Finance Co., Ltd. ······ 360
Profile ······ 360
Human resource ······ 360
Business management ······ 361
Inner control of financial risks ······ 361
CPC and spiritual civilization development ······ 361

Yingda Taihe Property Insurance Co., Ltd. ······ 362
Profile ······ 362
Human resource ······ 362
Business management ······ 362
Customer service ······ 362
Risk control ······ 362
CPC and spiritual civilization development ······ 363

Yingda Taihe Life Insurance Co., Ltd. ······ 363
Profile ······ 363
Human resource ······ 363
Business management ······ 364
CPC and spiritual civilization development ······ 364

Yingda Chang'an Insurance Brokers Co., Ltd. ······ 364
Profile ······ 364
Human resource ······ 364
Customer service ······ 364
Business development ······ 365
Business management ······ 365
CPC and spiritual civilization development ······ 365

Yingda International Trust Co., Ltd. ······ 366
Profile ······ 366
Human resource ······ 366
Business management ······ 366
Work in focus ······ 367
CPC and spiritual civilization development ······ 367

Yingda Securities Co., Ltd. ······ 368
Profile ······ 368
Human resource ······ 368
Business management ······ 368
CPC and spiritual civilization development ······ 369

Corporation Honors & Vanguard

Corporation Honors ······ 371
SGCC on 2014 National May 1st Labor Award List ······ 371
SGCC on 2014 National May 1st Labor Medal List ······ 371
SGCC on 2014 Nationwide Workers Vanguard Award List ······ 372
SGCC on National March 8th Red Flag Community List ······ 373
SGCC on "National March 8th Red-banner Holder" Award List ······ 373
SGCC on "National Women's Civilization Post" Award List ······ 373
SGCC on "National Heroine Pacesetter Post" Award List ······ 374

SGCC on the list of "National Heroine Advanced Collective" ········ 374
SGCC on the list of "National Demonstration Worker Model Innovation Studio" ········ 374
SGCC on the list of candidates of Recruitment Program of Global Experts and National Special Support Program of High Quality Professionals ········ 375
SGCC on the list of "National Young and Middle Aged Scientific and Technical Specialists with Outstanding Contributions" ········ 375
SGCC on the list of country-level candidate of "National Grand Talents Project" ········ 375
SGCC on the list of "Innovative Professionals Popularization Plan-Young and Middle Aged Leading Personnel in Scientific and Technological Innovation" ········ 375
SGCC on the list of "China Big Prize for Skills" ········ 375
SGCC on the list of "National Technical Experts" ········ 375
SGCC on "State-owned Enterprise Technical Experts Award" list ········ 375
SGCC on the list of "Entity and Individual with Outstanding Contributions for National Skilled Talents Training" ········ 375
Winning entity and individual of "Ideal Promotion and Contribution Comparison" activity ········ 375
SGCC on the list of "One Advanced and Two Excellent" national enterprise ········ 376
SGCC on the list of Gold Award for the "1st Session of China Youth Volunteer Service Project" ········ 376
SGCC on the list of "National Youth Safety Production Demonstration Post" ········ 376
SGCC on the list of the 18th Session of "China Youth May 4 Medal" ········ 376
SGCC on the list of "National Youth Expert or Demonstration Worker" ········ 376
SGCC on the list of "National May 4 Red Flag Youth League Committee (Youth League Branch)" ········ 377
SGCC on the list of Winning Unit of Skill Contest and Technical Expert ········ 377
SGCC on the list of 2014 "National Science and Technology Award" ········ 378
SGCC on the list of 2014 "China Power Science and Technology Award" ········ 379
SGCC on the list of 2014 "China Patent Award" ········ 384

Grid Pioneers ········ 385
Wu Hao ········ 385
Wang Meng ········ 385
Sun Lichen ········ 386
Chen Jixiang ········ 386
Lin Li ········ 386
Wu Jianming ········ 387
Zhou Yimin ········ 387
Zhou Hongliang ········ 387
Wei Peng ········ 388
He Zhiyuan ········ 388

Key Events

Key events in 2014 ········ 390
Important conferences in 2014 ········ 392

Important Documents

Important Speeches by Corporation Leaders ········ 401
Address by Chairman and Secretary of Party Committee Liu Zhenya at the Corporation's Summary Conference of the Party's Mass Line Education and Practical Activities (Abstract) (Oct. 10, 2014) ········ 401
Summing up address by Shu Yinbiao, Director, President and Member of the Party Committee Branch, at the Sixth Session of the Second Staff Congress and 2015 Working Conference (Abstract) (Jan. 18, 2015) ········ 406
Report by Zheng Baosen, DeputyPresident and Member of the Party Committee Branch, at 2014 Capital Construction Working Conference (Abstract) (Jan. 24, 2014) ········ 410
Address by Chen Yueming, Deputy President

Member of the Party Committee Branch, at 2014 HR Working Conference (Abstract) (Feb. 21, 2014) ············ 416
Address by Yang Qing, Deputy President and Member of the Party Committee Branch, at 2014 Marketing Work Conference (Abstract) (Jan. 18, 2014) ············ 420
Address by Cao Zhi'an, Deputy President and Member of the Party Committee Branch, at the Corporation's "Five-In-One" Cooperation Mechanism Popularization and Implementation Video and Telephone Conference (Abstract) (Oct. 30, 2014) ············ 427
Address by Luan Jun, Deputy President and Member of the Corporation's CPC Leadership Group at the Corporation's 2014 Conference on Dispatching Control (Abstract) (Jan. 24, 2014) ········· 430
Address by Li Ruge, the Chief Accountant and Member of the Corporation's CPC Leadership Group at the Corporation's 2014 Accounting Settlement Meeting (Abstract) (Dec. 4, 2014) ············ 433
Report by Pan Xiaojun, Member of the Party Committee Branch, and Director of the Discipline Inspection Group of the Commission for Discipline Inspection of the Central Committee in the Corporation, at 2014 Working Conference on Anticorruption and Integrity Upholding (Abstract) (Feb. 24, 2014) ············ 438
Address by Wang Min, Deputy President and Member of the Party Committee Branch, at 2014 Economic Law Working Conference and Videophone Conference on Inspection Welcoming Mobilization of the "Three-year Objectives" (Abstract) (Jun. 12, 2014) ············ 444
Address by Shuai Junqing, Deputy President and Member of the Party Committee Branch, at 2014 Summing-up Videophone Conference on Power Supply Guarantee in the Peak Power Consumption Hours in Summer time (Abstract) (Sep. 16, 2014) ············ 447
Address by Liu Guangying, Member of the Party Committee Branch and Chairman of the Labor Union, at the Corporation's Party Building Practical Experience Exchange Meeting (Abstract) (Nov. 20, 2014) ············ 451

Important Documents ············ 456
Opinions of SGCC Party Committee Branch on Strengthening Team Development and Promoting the Company's Sustained and Sound Development (GJDWD [2014] No. 1) ············ 456
Opinions of SGCC on Deeply Strengthening "Two Transformations" with the Spirit of Reform and Innovation (GJDWB [2014] No. 1) ········· 458
Opinions of SGCC on Further Alleviating the Burden of Grass-roots level (GJDWB [2014] No. 1409) ············ 459
Notice of SGCC on Printing and Distributing the Plan for Strengthening the Use of Electric Energy to Promote Haze Treatment (GJDWYX [2014] No. 492) ············ 462
Opinions of SGCC on "Putting My Mind to Ensure Your Power Utilization" to Vigorously Promote the High-quality Service Level (GJDWYX [2014] No. 104) ············ 465
Opinions of SGCC on Simplifying Power Operation Expansion Formalities to Improve the Power Use Efficiency and the Service Level to People (GJDWYX [2014] No. 1049) ············ 467
Notice of SGCC on Printing and Distributing the Primary Mission in Building the Three Intensive and Five Big Issues System in 2014 (GJDWTG [2014] No. 262) ············ 470
Notice of SGCC on the Comprehensive Treatment of Normalized Low Voltage in Rural Districts (GJDWN [2014] No. 450) ············ 472
Notice of SGCC on Printing and Distributing the Guiding Opinions on Strengthening the Governance of Collective Enterprises According to Law (GJDWCY [2014] No. 550) ············ 473

Statistics

Power generation in SGCC operating regions (classified by regions) ······ 478

Installed capacity of power generation in SGCC operating regions ······ 480

Power output in SGCC operating regions (full coverage) ······ 482

Classification of power consumption in SGCC operating regions ······ 484

Electricity usage in SGCC's operating regions ··· 486

Total cable length in SGCC operating regions ··· 488

Overhead line circuit length in SGCC operating regions ······ 490

Number of overhead lines and pole line length in SGCC operating regions ······ 492

Common transformers in SGCC operation regions (AC under operation) ······ 494

Common transformers in SGCC operation regions (DC) ······ 496

Corporate-owned transformers in SGCC operation regions (under operation) ······ 498

Measuring of the current transformation volume and DC transmitting capacity of converter stations ······ 500

Appendix A SGCC 2014 Internal Benchmark Model Units ······ 501

Appendix B SGCC 2014 Catalogue of Enterprise Standards and Codes ······ 502

Index ······ 516

特　载

工 作 报 告

强化改革创新 深化“两个转变”
为加快建成“一强三优”现代公司而奋斗

——刘振亚董事长在国家电网公司二届五次职工代表大会暨2014年工作会议上的报告（摘要）

（2014年1月6日）

这次会议的主要任务是：深入学习贯彻党的十八届三中全会、中央经济工作会议精神，落实中央企业负责人会议部署，总结2013年工作，分析形势，安排2014年任务，以改革创新精神全面深化“两个转变”，加快建设坚强智能电网，承载和推动第三次工业革命；全面建成“三集五大”体系，加快建设“一强三优”现代公司，努力创建世界一流电网、国际一流企业，开创公司和电网发展新局面。

一、2013年工作回顾

2013年是全面贯彻党的十八大精神的开局之年，是公司创新奋进、很不平凡的一年。公司认真落实中央决策部署，深入开展党的群众路线教育实践活动，直面挑战、攻坚克难，全面完成二届三次、四次职代会确定的目标任务，各项工作取得新成绩。公司连续9年三个任期获得国资委业绩考核A级，获得第三任期业绩优秀企业奖、科技创新企业奖。世界500强排名保持第7位。连续9年名列中国服务业企业500强榜首。获得2013中国企业社会责任特别大奖。第六次荣获“中华慈善奖”。

（一）电网安全和优质服务全面提升

始终把安全放在首位，深入开展安全大检查，强化隐患排查治理和设备运维管理，全过程防控安全风险，全力应对地震、洪水、台风、雨雪冰冻等自然灾害和雾霾、高温等恶劣天气，在新能源发展迅猛、电力装机持续增加、电网建设任务繁重情况下，确保了电网安全运行和电力可靠供应。迎峰度夏期间，多地负荷连创历史新高，充分发挥特高压大电网优化配置资源作用，有力缓解了供需紧张矛盾。特高压交流和直流示范工程分别安全运行5年和3年半，累计输电1120亿kWh。发挥集团优势，健全应急体系，保障抗灾抢险用电，完成灾后电网恢复重建。圆满完成全国两会、十八届三中全会、“嫦娥三号”发射等重大保电任务。

● 1月6~8日，国家电网公司第二届职工代表大会第五次会议暨2014年工作会议在北京召开。（杜 平 摄）

全面落实国家能源战略和节能减排、大气污染防治措施，出台新能源、分布式电源并网意见，落实风电、光伏发电优先上网、全额保障性收购政策，建立全过程服务新机制。累计消纳电量1290亿kWh，同比增长37.4%，节约标准煤5212万t，减排二氧化碳10 127万t。国家电网风电和光伏发电并网装机分别达到7037万kW和1546万kW，同比增长24%和360%，成为世界风电并网规模最大、光伏发电增长最快的电网。实施供电服务提升工程，解决突出问题、提升客户满意度。积极服务“三农”，加快无电地区电力建设，解决了16.7万户70万人通电问题。

（二）体制机制创新取得重大进展

坚持集约化、扁平化、专业化方向，全面推进“三集五大”体系建设，初步建立科学的组织架构和新型管控体系。全面深入调研，优化总体设计，解决影响新体系运转的突出问题。总部分部一体化运作持续深化。以优化流程、完善制度为重点，推进“五位一体”协同机制建设，发布第一批48项通用管理制度。

统筹加快“三个中心”建设，建成功能完整、国际先进的电网调控中心，三级运营监测（控）中心投入运行，客户服务中心实现6家省公司全业务集中、21家省公司5项业务集中。“三个中心”在集约调控资源、深化专业管理、提高管理效率、提升服务质量等方面成效显著。

（三）电网发展取得重大突破

坚持以科学战略引领电网发展，推动以电代煤、以电代油、电从远方来。完成国家电网发展规划（2013~2020年）、电网智能化规划和配电网滚动规划，提高了规划科学性、适应性。特高压发展取得新突破。自主建成投运世界首个同塔双回皖电东送特高压交流工程，累计建成“两交两直”特高压工程。“一交两直”正在建设，“三交三直”获得路条。在运在建特高压线路长度超过1万km，变电（换流）容量超过1亿kVA（kW）。哈密南—郑州特高压直流工程将在春节前投产，额定输送容量达到800万kW。向家坝—上海特高压直流工程通过国家验收。青藏联网工程荣获国家优质工程金奖。新疆与西北第二通道工程、玉树与青海联网工程建成投产，西北750kV主网架进一步完善。750kV及以下变电站实现无人值班。开展配电网诊断分析，提升发展理念，完善技术标准，简化设备选型，全面推进标准化建设。厦门柔性直流输电科技示范工程获得核准。福建仙游抽水蓄能电站建成投产。吉林敦化、河北丰宁、安徽绩溪抽水蓄能电站、国家风光储输二期工程加快建设。依托重大项目实施电网智能升级。建成4项智能电网综合示范工程、6座新一代智能变电站和20座装配式变电站。累计安装智能电能表1.82亿只，实现1.91亿户用电信息自动采集（覆盖率56.7%）。220kV及以上设备和30个重点城市配电网实现电能质量在线监测。加快电动汽车服务网络建设，累计建成400座充换电站、1.9万个充电桩。

（四）经营管理水平全面提升

积极应对宏观形势变化，深化经营诊断分析，开源节流、提质增效，经营业绩再创历史最好水平。开展管理提升活动，深化同业对标，着力强化“三基”（基层、基础、基本功），推进管理创新。制定落实“二十四节气表”，年度重点工作推进机制初步形成。实施东西帮扶，解决内部发展不平衡问题，增强了集团发展协调性。推进电能替代、大力增供扩销，完成替代电量140亿kWh。完成资产全寿命周期管理试点工作。

始终坚持依法从严治企，制度建设和内控体系建设取得新成效。完成依法治企综合检查，深入查找问题、严肃整改。完成主多分开“回头看”。清理规范小型基建项目和办公用房。积极配合审计署西电东送工程审计。

金融、直属产业发展态势良好。直属单位功能定位、核心业务和发展目标进一步明确，落实深化改革、强化管理各项措施，支撑服务能力持续提升。

国际业务取得新突破。加强境外融资，公司获得国际三大评级机构国家主权级评级，实现首次境外发债，开辟了低成本融资新渠道，增强了国际业务发展能力。在两国元首见证下，公司与俄罗斯统一电力国际公司签署扩大电力合作协议。中标埃塞俄比亚500kV、波兰400kV输变电工程，实现总承包业务在非洲和欧洲零的突破。菲律宾、巴西、葡萄牙等海外资产稳健运营。与国际电工委员会（IEC）成功举办2013国际智能电网论坛，特高压和智能电网发展成果得到高度评价，国际影响力不断提升。

（五）科技创新取得丰硕成果

落实“一流四大”科技发展战略，在特高压输电、大电网安全、智能电网、新能源利用等领域继续走在世界前列。科研单位按照需求导向、全面支撑、在线服务的要求，进一步明确定位、完善规划、优化布局。44项电网发展重大专项研究取得重要成果。世界首个五端柔性直流输电工程——浙江舟山直流示范工程进入设备安装阶段。±1100kV特高压直流工程穿墙套管等4个项目成功申报国家863项目。“SG会视通”系统投入使用。信息化建设和应用水平全面提升，信息系统安全防护水平国内领先。在特高压交直流电网、智能电网与第三次工业革命等方面推进理论创新，公司重大战略课题研究持续深化，获得国家管理创新成果一等奖两项、二等奖12项。公司获得国家科学技术进步特等奖1项、一等奖1项、二等奖3项。公司专利数量和质量同步提升，获得国家专利金奖1项、优秀奖7项，累计拥有专利2.8万余项，累计专利数量、年度发明专利申请数量和获奖数量均为央企第一。主导编制国家和行业标准累计899项。公司成为国家专利运营试点企业、智能电网综合标准化试点企业和全国企事业知识产权示范创建单位，获准建立国际标准化创新示范基地。

（六）“三个建设”为公司发展提供了坚强保证

总部（分部）高度重视、精心组织，扎实开展党的群众路线教育实践活动，认真做好各环节工作，取得明显成效。公司党组带头听取意见，聚焦“四风”问题，召开专题民主生活会，认真开展批评和自我批评，制定并实施整改方案。公司上下严格落实中央八项规定精神和公司30条实施细则，坚持边学边查边改，整顿会风文风，改进调查研究，厉行勤俭节约。认真贯彻党的十八届三中全会和习近平总书记系列讲话精神，开展集中学习和宣传宣讲。全面加强领导干部思想道德作风纪律建设，领导力和执行力不断增强。严格执行党风廉政建设责任制，开展中央八项规定精神落实情况监督检查，反腐倡廉取得明显成效。开展党员承诺践诺、“中国梦·国网情”主题学习、共产党员服务队竞赛等活动，发挥党员先锋模范作用。组织处级及以上干部轮训，完成县供电企业负责人及供电所长集中培训 837 期、3.8 万人。制定实施员工奖惩规定。落实职工民主管理纲要，完善职代会、厂务公开等制度，民主管理进一步加强。加强信息网络条件下的保密管理，未发生失泄密事件。

2013 年，公司获得全国厂务公开民主管理先进单位和全国企业文化建设优秀成果奖。公司系统 20 个单位、38 名同志获得全国五一劳动奖状、奖章，63 个集体获得“全国工人先锋号”荣誉称号；30 个集体被评为中央企业先进集体，50 名同志被评为中央企业劳动模范。离休干部解黎明同志当选全国道德模范，6 名同志获得提名；22 个集体获得“全国五四红旗团委（团支部）”“全国青年文明号”荣誉称号。

二、深化改革、强化创新，推动“两个转变”再上新台阶

党的十八届三中全会对全面深化改革作出重要部署，国有企业改革发展面临新的重大机遇。当前，我国新型工业化、信息化、城镇化、农业现代化深入推进，能源和电力需求持续增长，环境污染、产能过剩等问题日益突出；新能源快速发展，能源转型和结构优化对电网发展提出新的要求；公司改革发展备受社会关注，电网发展、安全质量、科技创新、管理提升、队伍建设还面临艰巨任务。

在新的形势下，我们要胸怀全局、把握大势、抓住机遇、迎难而上，以改革创新精神坚定不移推进“两个转变”。从现在到 2020 年，是必须牢牢抓住的重要战略机遇期。要把握改革创新这个主题，坚持市场化改革方向，落实国企改革工作部署，实施创新驱动发展战略，以改革创新的思路、方法和举措推进各方面工作，解决制约科学发展的突出问题。要坚持“两个转变”这条主线，以建设坚强智能电网、承载和推动第三次工业革命为重点，加快转变电网发展方式；以建设“三集五大”体系、推进企业治理结构和治理能力现代化为重点，加快转变公司发展方式。要抓住队伍建设这个根本，坚持控制总量、优化结构、提升素质，激发和调动干部员工的创造活力和工作热情，推动“两个转变”再上新台阶，实现全面建成“一强三优”现代公司的奋斗目标。

（一）贯彻落实中央改革部署

党的十八届三中全会强调，必须毫不动摇巩固和发展公有制经济，坚持公有制主体地位，发挥国有经济主导作用；必须充分发挥市场在资源配置中的决定性作用。中央企业负责人会议对国资国企改革作出总体安排。面对新形势新任务，我们要以对国家和事业高度负责的精神，支持改革、推动改革，积极探索、勇于创新，推动公司和电网科学发展。

要发展混合所有制经济。国有资本、集体资本、非公有资本等交叉持股、相互融合的混合所有制经济，是基本经济制度的重要实现形式，对于放大国有资本功能、保值增值、提高竞争力具有重要意义。要把上市作为发展混合所有制经济的重要形式，提高国有资本控制力和运营效率。

要完善现代企业制度。不断创新体制机制，加快建立科学的治理架构，深化劳动用工、绩效考核、薪酬分配制度改革，实现管理人员能上能下、员工能进能出、收入能增能减。

要积极推动电力改革。从国情出发，遵循电力发展规律，以确保安全为前提，以满足经济社会发展需要为首要任务，坚持电网调度交易一体化和输配一体化，严格政府监管、社会监督、企业自律，实现提高效率、改善服务、科学发展的目标。

要加快建设全国统一电力市场。统一电力市场是现代市场体系的重要组成部分，是充分发挥电网优化资源配置作用的必然要求。建设全国统一电力市场的“硬件”初步具备，但市场规则和电价机制“软件”依然缺乏。要坚持市场化方向，以建立市场规则、健全电价体系为重点，放开两头、监管中间，构建统一开放、竞争有序的全国电力市场体系。

（二）全面建成“三集五大”体系

当前，国家电网进入了以特高压交直流电网和智能化为特征的新阶段，传统的生产组织方式和管理模式已无法适应电网发展和安全运行的要求。同时，全球化、信息化、网络化快速发展，带来管理理念、管理方式、商业模式的重大变化，对公司构建科学的现代企业治理架构，提高治理能力和水平提出新的要求。

2014 年主要是全面落实建设方案，建立“五位一体”新机制，建成“三个中心”，实现新体系高效运转。要统筹加强总部建设和基层管理，解决横向协同难点问题，做到职责明晰、流程顺畅，将集团化运作、集约化发展、精益化管理和标准化建设向纵深推进，确保全面建成“三集五大”体系。

（三）加快建设坚强智能电网

以电为中心、清洁化和智能化为特征的新一轮能源革命正在世界范围兴起，推动第三次工业革命孕育发展。我们要顺势而为、应势而动，抓住历史机遇，利用公司在能源电力领域的技术优势和创新能力，努力占领新一轮能源革命制高点，以坚强智能电网承载

和推动第三次工业革命。

坚强智能电网是网架坚强、广泛互联、高度智能、开放互动的能源互联网。网架坚强是指电网规划科学、结构合理、安全可靠、运行灵活，适应新能源和分布式电源大规模接入，具有强大能源转换、输送功能和资源配置能力。广泛互联是指跨洲、跨国、跨区域大电网以及配电网、微电网等协调发展、紧密衔接，电网与物联网、互联网相互融合，构成广泛覆盖、功能强大的社会公共服务平台。高度智能是指利用信息网络、广域测量、高速传感、智能控制、云计算等技术，实现发、输、变、配、用、调各环节高度智能化，具有自动分析、识别、预判、自愈故障的能力。开放互动是指构建统一开放、竞争有序的电力市场体系，促进用户与电网双向互动，灵活适应各类电源并网和客户多样化需求。

当前，东中部地区雾霾不断加剧，新能源和分布式电源迅猛发展，西南弃水和西北、东北、内蒙古弃风弃光矛盾日益突出，加快电网发展的要求十分紧迫。我们要把建设坚强智能电网、承载和推动第三次工业革命作为重大战略任务，在重点领域和关键环节实现突破，促进安全发展、清洁发展、环保发展、友好发展。要大力实施“一特四大”和“电能替代”战略。统筹推进西部、北部大型能源基地集约开发，充分发挥特高压大电网作用，向东中部负荷中心大规模输电；加快推进以电代煤、以电代油、电从远方来，提高电能在终端能源消费中的比重。要全面提高电网智能化水平。大力推进新能源协调控制、新一代智能变电站、配电自动化、智能电表技术创新，全面提升电力系统安全水平和运行效率，满足能源转型、能效管理、信息服务等需要，提高服务质量和水平。

（四）依法依规从严治企

依法依规是企业管理必须坚持的基本原则，是公司安全健康发展的根本保证。依法治企虽然取得显著成效，但问题和风险不容忽视，特别是“习惯性违章”较为普遍。究其根源，主要是法制观念和纪律意识淡薄、心存侥幸，法规制度形同虚设，监督考核流于形式，顶风违纪、疏于问责。“习惯性违章”是管理顽疾，必须下决心尽快解决。

每位干部员工都要学法、懂法、守法，自觉落实党组决策部署，自觉遵章守纪，严格落实制度。要始终把制度建设作为公司的基本建设，加快建立健全通用实用管用、一贯到底的制度体系，着力解决制度束之高阁和执行不严不力的问题，真正做到用制度管人、管权、管事、管企业。要严肃整改突出问题，限期完成，不留死角和后患。

（五）领导干部要发挥表率作用

以为民务实清廉为主要内容的党的群众路线教育实践活动，对领导干部作风建设提出了明确要求。当前，公司深化改革、强化创新、依法治企、加快发展的任务十分艰巨和繁重，领导干部必须在四个方面做好表率。

一要勇于负责。权力就是责任，只重权力而忽视责任就是失职。各级领导干部要切实增强事业心和责任感，各司其职、各负其责，不等不靠、主动作为，做好分内的事，为企业排忧解难，为国家多作贡献。二要敢于担当。习近平总书记指出：“坚持原则、敢于担当是党的干部必须具备的基本素质。担当大小，体现着干部的胸怀、勇气、格调，有多大的担当才能干多大事业。”每位领导干部都要有担当精神，做到“三吃一担”，在大是大非面前旗帜鲜明，对重大问题不消极躲避，对歪风邪气要坚决斗争，越是紧要关头越要发挥关键作用。三要严抓严管。严格管理意味着多付出、多奉献，还会让人“不舒服”，产生反作用力，但这是对干部员工的关心和对企业的负责。各级领导干部要坚持“三严一常”，坚决杜绝有令不行、有禁不止，力戒大而化之、漂浮随意。四要自警自律。打铁还要自身硬。要求员工做到的，领导干部必须先做到。每位领导干部都要以身作则，时刻自重自省、慎独慎微、慎始慎终，自觉接受纪律和制度约束。无论想事做事都要出于公心、公私分明，决不能把个人和局部利益凌驾于企业和国家利益之上。要增强法制意识和纪律观念，办任何事情都要依法合规，严禁突破法纪红线和道德底线，做到干事干净。

三、2014 年重点工作

2014 年是全面贯彻党的十八届三中全会精神的第一年，也是完成“十二五”规划目标的关键一年。总的要求是，认真贯彻中央决策部署，深入开展党的群众路线教育实践活动，以确保安全稳定和优质服务为前提，以提高队伍素质和质量效益为关键，深化改革、强化创新、精益管理、依法治企，加快建设坚强智能电网，全面建成“三集五大”体系，推动“两个转变”再上新台阶，更好地服务经济社会发展。

重点做好九个方面工作：一是优质高效建成“三集五大”体系；二是着力解决电网“两头薄弱”问题；三是全力保障安全可靠供电；四是大力提升优质服务水平；五是全面加强人力资源管理；六是全面提高经营管理绩效；七是深化改革、强化创新；八是统筹推进国际化和产业、金融发展；九是深入开展党的群众路线教育实践活动。

凝心聚力　科学发展
坚定不移推进“两个转变”

——刘振亚董事长在国家电网公司2014年年中工作会议上的报告（摘要）

（2014年7月7日）

这次会议的主要任务是：认真贯彻党中央、国务院决策部署，落实公司二届五次职代会暨2014年工作会议精神，总结上半年工作，安排下半年任务，分析形势，明确目标，凝心聚力，深入开展党的群众路线教育实践活动，坚定不移推进“两个转变”，加快电网发展，建成“三集五大”体系，确保公司安全健康发展，为经济社会发展作出积极贡献。

一、上半年工作回顾

2014年以来，面对复杂的外部形势和艰巨的改革发展任务，公司上下全面落实年初职代会、二季度工作会和安全稳定优质服务电视电话会议部署，改革创新、攻坚克难，各项工作取得新成绩和新突破。公司连续10年获得国资委业绩考核A级。

（一）电力供应安全可靠

认真贯彻国家安全生产工作部署，深入开展安全生产月活动，扎实开展春检工作，排查治理各类隐患，在自然灾害频发、新设备大量投运情况下，确保了电网安全稳定运行。构建全面覆盖地（市）公司的电网风险预警平台，安全风险辨识和预控水平进一步提升。顺利完成溪洛渡—浙西特高压直流送受端配套工程建设和重要断面增容改造，保障度夏期间西南水电消纳送出。加快重点城市配网建设和改造，城乡电网供电可靠性进一步提高。开展迎峰度夏联合反事故演习，提高了应急处置能力。圆满完成春节、全国两会、上海亚信峰会等重大保电任务。

（二）电网发展步伐加快

特高压电网建设全面提速，哈密南—郑州、溪洛渡—浙西±800kV特高压直流工程建成投运，浙北—福州特高压交流工程进展顺利。公司“四交四直”8项特高压工程和3条常规输电通道纳入国家大气污染防治行动计划。公司先后与11个省（区、市）党委政府就能源电力保障和加快特高压电网建设举行战略会谈，进一步凝聚共识和发展合力。前期工作加快推进，淮南—南京—上海特高压交流工程获得核准，锡盟—山东特高压交流、宁东—浙江特高压直流工程上报核准申请，蒙西—天津南特高压交流工程完成可研。川藏联网工程取得重要进展。青藏联网工程荣获第三届中国工业大奖和第八届中华宝钢环境大奖。

世界首个五端柔性直流输电工程——浙江舟山柔性直流输电科技示范工程建成投运。山东文登、河南天池、重庆蟠龙抽水蓄能项目获得核准，河北丰宁二期、湖南平江抽水蓄能项目取得路条。启动6类16项智能电网创新示范工程。大力支持清洁能源发展，国家电网新增并网风电517万kW、光伏发电212万kW，累计并网容量分别达到7554万、1758万kW。新装智能电表2872万只，累计安装2.1亿只，实现2.2亿户用电信息自动采集。新建充换电站142座、充电桩3308台。建成北京、上海、杭州电动汽车互动服务平台。积极推进京港澳、京沪等高速公路快充站规划建设。解决了2.9万户12.2万无电人口通电问题。

● 7月7~8日，国家电网公司2014年年中工作会议在北京召开。

（杜　平　高志星　摄）

（三）经营管理成效显著

在电量增速下滑、成本刚性增长、电网发展任务繁重的情况下，深化经营诊断分析，加大管理挖潜力度，增供扩销、降本增效，实现良好经营绩效。创新开展电网基建工程投资预算管理，全面推行基建标准成本，严格工程造价和费用管理。

大力推进电能替代，争取

出台相关财政补贴和电价支持政策，开拓电窑炉、港口岸电等电能替代新领域。实施电能替代项目3528个，完成替代电量242亿kWh。制定钢铁、电解铝、水泥等高耗能企业电费回收“一户一策”方案，防范了欠费风险。积极推动出台燃煤机组环保电价、水泥行业差别电价、水电分类标杆上网电价政策，北京、天津、上海等省（市）燃气电价矛盾得到疏导。

积极配合国家审计署开展经济责任审计，对发现的问题严肃整改。首次开展公司人力资源专项审计和劳动用工摸底调查，限期整改突出问题，劳动用工专项治理取得明显成效。加强集体企业规范管理，强化预算和投资管控，防范经营风险，增强持续发展能力。巩固管理提升成果，公司荣获国资委管理提升先进单位和全面预算、物资招投标、信息化管理提升专项奖。

金融单位经济效益稳步增长，服务支撑能力持续提升。深化直属产业资源整合、股权清理和资本运作，产业集中度和竞争力不断提高。天津装备制造产业基地、智能电网科研产业（南京）基地二期加快建设。推进商业模式创新，电子商务平台建设稳步推进。

（四）改革创新加快推进

“三集五大”体系建设取得新进展。发布三批256项通用制度，“五位一体”协同机制加快建设。国调分调一体化、调控一体化深入推进；三级运营监测（控）体系基本建立，实时监测、在线分析能力明显提高；客户服务中心实现16家单位95598全业务集中，南北园区加快建设。“三个中心”功能不断增强。全国统一电力市场技术支撑平台在国网山西、安徽、甘肃电力上线模拟运行。向社会开放分布式电源并网、电动汽车充换电设施市场，支持社会资本参与抽水蓄能、储能装置项目投资。

特高压设备研制、受端电网分层接入等关键技术研究加快推进，设备技术规范进一步完善。大电网优化协调控制等8个重大专项研究成果投入应用。加强基础前瞻技术研究，发布首批10项重大项目。在电力行业率先规模应用下一代互联网（IPv6）技术。

（五）国际业务不断突破

在两国元首见证下，与俄罗斯电网公司签署战略合作协议。中标巴西美丽山水电特高压直流送出工程，特高压技术实现“走出去”。公司连续两年获得国际三大评级机构国家主权级信用评级。稳健运营菲律宾、巴西、葡萄牙、澳大利亚等国电网资产。强化驻外机构规范管理，公司巴西本土化运营管理获得联合国全球契约组织“社会责任管理最佳实践奖”。公司发起的国际电工委员会（IEC）“微电网特别工作组”获准成立，三项特高压交流国际标准获得电气与电子工程师学会（IEEE）批准，国际影响力进一步增强。

（六）教育实践活动深入开展

各部门、各单位认真落实公司教育实践活动实施方案和第一批活动“两方案一计划”整改要求，上下联动，边查边改，成效显著。积极开展第二批教育实践活动，各级领导班子强化学习教育，广泛听取意见，深入查摆问题。国网河北、辽宁电力等单位把活动开展与强化管理、降本增效、便民利民等工作紧密结合，做到了两手抓、两促进。各级督导组从严从实督导、恪尽职守，发挥了重要作用。公司党组同志分别到基层联系点调研指导，参加专题民主生活会，促进了活动扎实开展。各部门、各单位严格落实中央要求，着力解决服务群众“最后一公里”问题，深入开展“你用电我用心”为民服务工程，整改突出问题150多项，服务水平和客户满意度进一步提升。公司工作得到中央教育实践活动办公室和中央第13巡回督导组的肯定。

认真学习贯彻习近平总书记系列重要讲话精神，举办6期局级干部、209期处级干部轮训班，累计培训12 000余人。落实中央八项规定精神，扎实开展公务用车、办公用房和小型基建突出问题治理整改。深入推进反腐倡廉建设，严格落实党风廉政建设责任制，专项治理取得实效。推动设立特高压奖学基金。召开公司工会二届一次委员会和第二次团代会，选举产生了工会新一届领导机构和共青团第二届委员会。组织开展职工代表和总经理联络员巡视检查。加强网络信息安全和保密管理，强化信访维稳工作，确保了企业安全和队伍稳定。公司系统23个单位、37名个人获得全国五一劳动奖状、奖章，62个集体获得“全国工人先锋号”荣誉称号。20个集体获得“全国五四红旗团委（团支部）”“全国青年文明号”荣誉称号。

二、坚定信心、乘势而上，深入推进“两个转变”

国家电网公司正处于改革发展的关键时期。十年拼搏奋斗换来公司巨变，我们越来越接近“两个一流”的目标，完全有条件、有能力尽早实现这个目标。之所以取得今天的成就，最重要的是我们把握了正确的前进方向，贯彻了科学的发展战略，选择了正确的发展道路。这就是以“三个建设”为保证，全面推进“两个转变”，加快建设“一强三优”现代公司。实践证明，这个方向、这一战略、这条道路符合中央精神，符合国情企情网情，必须一以贯之、坚定不移地走下去，无论遇到多大困难和挑战都不能动摇。2014年以来，宏观形势发生新的变化，全面深化改革加快推进，党风廉政建设和依法治企要求更加严格，公司改革发展任务十分艰巨。我们要把握大局、乘势而上，抓住机遇、迎接挑战，以更坚定的信念、更进取的精神、更有力的措施，继续奋力推进“两个转变”。

（一）把握电网发展重大机遇

6月13日，习近平总书记在中央财经领导小组第六次会议上指出，要推动能源消费革命、供给革命、技术革命和体制革命，强调建设以电力外送为主的千万千瓦级大型煤电基地，发展远距离大容量输电技术。这为我国能源和电力科学发展指明了方向。

自2004年公司提出发展特高压电网以来，“十年磨一剑”，实现了“中国创造”和“中国引领”。目前，公司已建成投运“两交四直”特高压工程，在运在建特高压线路长度超过1万km，变电（换流）容量超过1亿kVA（kW）。根据国家能源委员会第一次会议精神，列入大气污染防治行动计划的特高压“四交四直”工程将加快推进，标志着特高压电网从技术创新、工程示范、形成共识阶段进入全面大规模建设的新阶段。在这一阶段我们将面临新的挑战和考验，最重要的任务是安全、优质、高效地把坚强智能电网建设好、运行好，实现我国能源安全发展、清洁发展、环保发展、友好发展的目标。安全发展，就是要通过特高压电网，把西部、北部大型能源基地的电力安全高效地输送到东中部地区，以输电代替输煤，缓解煤炭大规模远距离运输压力，提高我国能源安全保障能力，从根本上解决煤电运紧张问题。清洁发展，就是要依托特高压技术，建设大通道、构建大电网、发展大市场，实现西部、北部的水能、风能、太阳能等清洁能源大规模开发和大范围优化配置，以清洁能源替代化石能源，使清洁能源逐步成为未来主导能源。环保发展，就是要实施“以电代煤、以电代油、电从远方来”，改善能源结构，提高电气化水平，有效解决东中部地区大气、水质、土壤污染问题。友好发展，就是基于坚强智能电网构建友好、互动、开放的智能化服务平台，适应各类电源和负荷灵活接入与互动，满足客户多样化需求。

现阶段，发展特高压电网要求更高、责任更大、任务更艰巨。一是规划和前期工作量大。公司统筹能源发展和电力需求，在“四交四直”基础上加快推动“五交五直”特高压工程。要持续优化特高压电网规划，创新系统设计，在提升特高压直流输送容量、优化特高压直流接入方式、应用大容量变压器、特高压交流变电站与直流换流站合建等方面尽快取得突破。二是工程建设任务重。从现在到2015年上半年将开工“四交四直”特高压工程。要抓好项目开工这个关键，优化完善“总部统筹协调、属地省公司建设管理、专业公司技术支撑”的组织模式，建立规范、有序的市场竞争机制，统筹配置建设管理、物资供应和工程设计、施工、监理等资源，提高建设能力和水平，满足大规模建设需要。三是质量管控要求严。提高质量的关键是按照优质精品工程的目标，贯彻资产全寿命周期管理要求，抓好可研、设计、制造、施工、调试、运行全过程质量管控，重点强化设计源头、设备质量和工程验收管理。加大技术创新、管理创新和市场竞争力度，全面推进特高压“三通一标”应用和建设管理精益化，严格控制工程造价。处理好安全、质量、进度的关系，确保特高压工程建成一项、安全投运一项，实现又好又快的目标。四是安全运行标准高。安全事关特高压电网发展全局。随着特高压工程大规模建设和投运，亟需深入研究特高压交直流混合大电网安全稳定运行机理，有效解决特高压网架形成初期电磁环网问题，不断创新运维检修管理模式和技术手段，构建安全可靠的综合防御体系，提高国家电网优化配置能力和安全经济水平。

这里特别强调，越是建设和发展任务重，越要高度重视做好安全、稳定和优质服务工作。否则，加快发展的基础就不牢固，特高压电网发展的目标也难以实现。

（二）深化改革面临新形势

2014年以来，全面深化改革步伐加快，发改委就深化电力改革听取各方意见，国资委专题研究国资国企改革。公司“三集五大”体系建设也进入全面建成的重要阶段。在内外部改革相互交织、全面推进的新形势下，统一认识、明确方向、把握关键尤为重要。

要凝聚改革共识。要坚决贯彻中央决策部署，以对国家和事业负责的精神，做坚定的改革推动者和实践者。要坚持以安全稳定和优质服务为前提，深化改革问题研究，认真提出意见建议，营造良好改革环境。要积极推动电力改革。坚持市场化方向和电网调度交易一体化、输配一体化要求，按照“放开两头、监管中间、构建全国统一电力市场”的基本思路，加快构建有效竞争的市场体系，推动完善市场规则和电价机制，实现保障安全、提高效率、改善服务、促进发展的目标。深化售电侧放开等问题研究，加强与有关部门汇报沟通。推动抽水蓄能电站、调峰调频储能项目实行投资放开。积极推进混合所有制经济，推动具备条件的企业上市。按照国家要求积极稳妥推进集体企业改制重组。要着力深化企业改革。坚持集约化、扁平化、专业化方向，加快“三集五大”体系建设，巩固成果、完善提升，保证新体系落地生根、高效运转，全面提升管理效率、经济效益和发展质量。要进一步深化总部分部一体化运作，优化定位和流程，增强工作协同性。适应电网规模扩大、技术水平提升和全国电力市场建设的新形势，加快国调分调一体化，提高资源配置效率和大电网安全管控水平。推进地调县调一体化，深化调控融合，健全技术支撑和标准体系，提高专业化水平。

（三）坚持依法从严治企

依法治企是深入推进“两个转变”的根本立足点，是公司强化管理一贯坚持的基本方针，也是这些年我们不断查找问题、解决问题，保障公司安全健康发展的关键所在。近期，习近平总书记、李克强总理等中央领导同志在国有企业领导人员经济责任审计报告上作出重要批示，国务院常务会议对整改审计查出问题作出工作部署，中组部、国资委对进一步加强国有企业监督管理提出明确要求。目前正在公司开展的例行经济责任审计，既是对公司近年来改革发展、经营管理成效的一次全面检验，也是揭示隐患、防范风险的重要契机，更是对干部员工一次严肃的法治教育。我们要通过这次审计和整改，将公司依法治企提高到新的水平。

强化依法治企要从严从实，务必筑牢思想、制度、管控和惩戒“四道防线”，说到底就是要在练内功、强素质上下功夫。首先是解决认识问题。要按照建设法治企业的要求，树立法治思维，时刻紧绷遵纪守法这根弦，保持警醒、自觉自律，坚决摒弃侥幸思想和法不责众心理。根本是强化制度落实。要加快形成全面覆盖、通用性强的制度体系，强化制度执行、评估、考核、改进闭环管理，加大违章处理力度，保证依法合规。重点是严管关键环节。管控要覆盖所有业务领域、贯穿各层级，通过事前控制、事中监督、事后考核，消除管理盲区和监督空白。要强化对贯彻中央决策部署、落实公司党组工作要求、履行“三重一大”决策程序、人财物管理的监督检查，尤其是重点人员、重要岗位的监督，做到事事有人管、处处有监督。当务之急是解决突出问题。要高度重视应用审计成果，举一反三、立行立改，不留死角和后患。对违规行为和违纪违法案件，发现一起查处一起，决不姑息。

（四）进一步加强队伍建设

要坚定发展信心。我们的信心来自公司十年发展取得的巨大成就，来自对建设“一强三优”现代公司、创建“两个一流”的执着追求，来自我们这支勇于攻坚、敢打硬仗的员工队伍。面对新的形势和复杂环境，机遇与挑战并存。能否抢抓机遇、加快发展，关键是要增强责任感、树立必胜的信念。公司上下要把履行“三大责任”作为立身之本，坚定中国特色社会主义的道路自信、理论自信、制度自信，坚定搞好国有企业的信心，坚定建成“一强三优”现代公司的信心。“两个转变”明确了公司和电网科学发展的战略途径，是创建“两个一流”的必由之路。每一位干部员工都要坚定战略自信，保持工作定力，排除各种干扰，矢志不渝地推进“两个转变”再上新水平。

要弘扬“两越”精神。十年艰辛历程，我们打造以“努力超越、追求卓越”精神为核心的优秀企业文化，为公司事业快速发展提供了强大精神动力。“两越”精神的本质是与时俱进、开拓创新、超越自我，坚持、坚守、坚韧、坚强，不断向更高标准看齐、向更高目标迈进。越是任务重、挑战大、要求高，越要知难而进、迎难而上，这是国家电网干部员工应当具备的素质。国家电网的事业，就是党和人民的事业；发展好国家电网公司，就是为了国家富强和人民幸福。要继续弘扬“两越”精神，克服消极懈怠和厌战情绪，在急难险重任务面前挺身而出、勇挑重担，敢于“三吃一担”，为公司发展多做工作，为经济社会发展多作贡献。

要强化作风建设。这些年，我们始终倡导求“三实”（实干、实用、实效）、戒“三表”（表面、表层、表演），这完全符合习近平总书记“三严三实”的要求。作风建设永远在路上。各级领导干部要进一步增强作风建设的自觉性，大力学习弘扬焦裕禄精神，克服骄傲自满、安逸享乐思想，坚持“两个务必”（务必保持谦虚、谨慎、不骄、不躁的作风，务必保持艰苦奋斗的作风），管好自己、带好队伍。全体员工都要自觉加强思想道德修养，不强势张扬、不惹事添乱，维护公司良好发展局面。

要做到干事干净。这是对公司领导干部的基本要求。干事、干净就像两面镜子，每一位领导干部都要时常照一照、净化心灵，这样才能行得端走得正。各级领导干部要常思发展重任、常想组织重托，勇于负责、敢于担当、甘于奉献，一心一意干事、踏踏实实工作。要始终慎独慎微，对权力心存敬畏，依规用权、秉公用权、谨慎用权，自觉接受纪律和制度约束，不越“红线”和“底线”。

公司各级领导干部特别是主要负责同志，要有强烈的责任感、危机感和紧迫感，切实发挥表率作用。要带头贯彻落实中央精神和公司党组各项部署，要求员工做到的自己首先做到，要求员工不做的自己首先不能做。要正确对待和行使手中的权力，办事出于公心，为人公道正派，弘扬新风正气，抵制歪风邪气，团结带领广大员工不断开创公司发展的新局面。

三、下半年重点工作

下半年工作总的要求是：认真贯彻党中央、国务院决策部署，扎实开展党的群众路线教育实践活动，紧紧围绕“两个转变”这条主线，在“三集五大”体系建设、坚强智能电网发展上实现新突破，在依法治企、队伍建设上实现新提升，努力提高发展质量和经济效益，确保安全稳定和优质服务，确保完成全年目标任务，更好地服务经济社会发展。

重点做好九个方面工作：一是统筹推进各级电网协调发展；二是高质量建成“三集五大”体系；三是确保电网安全和优质服务；四是进一步提高经营绩效；五是从严治企、深化改革；六是加快国际化和产业、金融创新发展；七是强化科技创新和人才建设；八是进一步加强党风廉政建设；九是深入开展教育实践活动。

坚持改革创新　深化“两个转变”
为全面建设“一强三优”现代公司而奋斗

——刘振亚董事长在国家电网公司二届六次职工代表大会暨2015年工作会议上的报告（摘要）

（2015年1月16日）

这次会议主要任务是：认真贯彻中央决策部署，分析形势，总结2014年工作，部署2015年任务，坚持改革创新，深化“两个转变”，完成“十二五”发展目标，基本建成“一强三优”现代公司，在创建世界一流电网、国际一流企业征程中迈上新台阶、再创新佳绩。

一、2014年工作回顾

2014年，面对复杂的外部环境和艰巨的改革发展任务，公司上下认真贯彻党的十八大和十八届三中、四中全会精神，全面落实二届五次职代会暨2014年工作会议部署，深入推进“两个转变”，各方面工作取得新成绩、新突破。公司连续10年、3个任期被评为中央企业业绩考核A级企业。世界500强排名保持第7位。连续10年名列中国服务业企业500强榜首。

（一）党的群众路线教育实践活动成效显著

认真学习贯彻习近平总书记系列重要讲话精神，在思想上、政治上、行动上坚决与党中央保持高度一致。聚焦“四风”问题，边查边改、立行立改。落实中央要求，“三公”经费等21项专项治理取得实效。公司班子成员率先垂范，深入基层调研指导、听取意见，促进活动深入开展。各单位扎实开展学习教育、查摆问题、整改落实各环节工作。各级领导班子和基层党组织认真召开专题民主（组织）生活会，严肃认真开展批评和自我批评，以“钉钉子”精神狠抓问题整改。各级督导组严格把关、认真履责，确保了活动实效。把解决服务群众“最后一公里”问题作为贯彻群众路线的切入点，开展明察暗访，整改报装难、缴费难等突出问题150多项。精简服务流程，办电时间缩短20%，缴费方式增加至25种，新增缴费网点18.6万余个，客户满意度明显提高。解决了10个“孤网”运行、38个县域电网与主网联系薄弱问题；完成336万户“低电压”治理，21万户、87万无电人口实现通电。通过教育实践活动，广大党员干部的宗旨意识、群众观念显著增强，作风明显改进。选树了100名“为民务实清廉先进典型”。公司教育实践活动得到中央教育实践活动办公室、第38督导组和第13巡回督导组的肯定。

加强公司党的建设，深化电网先锋党支部创建、共产党员服务队竞赛等活动，基层党组织战斗堡垒作用和广大党员先锋模范作用进一步发挥。落实党风廉政建设责任制，开展重点领域监督，加大违规违纪行为查处力度，反腐倡廉进一步加强。内部人力资源市场优化配置3.2万人，全员培训360万人次、培训率94%。实施《职工民主管理纲要》，公司民主管理和职代会建设经验在中央企业交流推广。特高压等主题传播成效突出。加强信息安全和保密管理，强化维稳工作，确保了企业安全和队伍稳定。

（二）安全供电水平不断提升

把保障大电网安全作为重中之重，加强隐患排查和专项治理，强化风险预警和应急处置，保持了安全良好局面。汛期复奉、锦苏、宾金三大特高压直流满功率运行，向华东送电2160万kW、同比增长69%，消纳西南水电900亿kWh、同比增长85%，均创历史新高，保障了西南水电开发外送和华东地区电力可靠供应。特高压跨区跨省输送电量1367亿kWh，同比增长88%。特高压在远距离大规模输电和能源资源优化配置中的作用充分发挥，促进了东部雾霾治理和西部清洁能源开发利用。建成电能质量在线监测系统，实现电能质量数据自动采集和在线分析。落实第二次中央新疆工作座谈会精神，制定支持新疆发展稳定20条措施，得到中央和新疆自治区党委政府的肯定。大力开展四川康定地震抢险救灾，及时恢复受损供电设施。圆满完成APEC峰会、亚信峰会、青奥会等重大活动保电任务。

● 2015年1月16日，国家电网公司第二届职工代表大会第六次会议暨2015年工作会议在北京召开。（杜 平 摄）

落实国家节能减排政策，消纳清洁能源发电9218亿kWh，替代标煤3亿t，减排二氧化碳7.4亿t。积极支持新能源发展，累计并网装机1.2亿kW，风电、光伏发电量同比增长13%和172%，风电并网规模、太阳能发电增速保持世界领先。开放分布式电源并网和电动汽车充换电市场，分布式电源并网5883户、163万kW；新建电动汽车充换电站218座，“两纵一横”高速公路城际互联快充网络基本建成。

（三）电网发展实现重大突破

创新提出构建全球能源互联网战略构想，开辟了解决全球能源和环境问题的新途径，得到国内外能源和电力同行的广泛认同。落实国家“一带一路”战略，积极推进与周边国家电网互联互通。服务川藏水电开发外送，优化完善了电网规划。特高压进入全面提速、大规模建设的新阶段。浙北—福州特高压交流，溪洛渡—浙西、哈密南—郑州特高压直流工程建成投运，淮南—南京—上海、锡盟—山东特高压交流，宁东—浙江特高压直流工程开工建设。蒙西—天津南特高压交流工程获得核准。累计建成“三交四直”特高压工程，在运在建特高压线路、变电（换流）容量超过1.5万km和1.5亿kVA（kW），输电量超过2800亿kWh。贯彻中央西藏工作部署，服务藏区经济发展和社会稳定，克服高寒缺氧、生态脆弱、自然灾害多发等重重困难，挑战极限、冲破禁区，提前半年建成川藏电力联网工程，解决了西藏昌都、四川甘孜严重缺电和无电地区通电问题，为西藏水电开发创造了条件。三峡地下电站送出工程通过国家验收。西北750kV主网架等重点工程加快推进。兰新二线等国家重大铁路配套供电工程按期投运。文登、沂蒙、天池、蟠龙、金寨抽水蓄能项目获得核准。世界首个五端柔性直流——浙江舟山科技示范工程建成投运，厦门柔性直流示范工程开工建设。13个国家级智能电网项目通过验收。智能电网创新工程荣获国家科技进步一等奖。淮南—浙北—上海、锦屏—苏南特高压工程获得国家优质工程金奖。公司连续三年蝉联中国标准创新贡献一等奖，荣获国际电气与电子工程师学会（IEEE）标准协会2014年度“企业卓越贡献奖”。累计拥有专利40 646项，连续四年居央企第一位。

（四）“三集五大”体系全面建成

“三集五大”体系历时五年全面建成，转变公司发展方式实现具有里程碑意义的重大突破。“五位一体”建设加快推进，梳理核心业务流程1300项，发布公司标准484项、通用制度452项，废止相关制度标准49 330项，初步建成通用制度体系。“三个中心”建设不断深化。国分调、地县调一体化深入实施，调控运行能力显著增强。总部、省、地（市）三级运营监测（控）中心加快导入综合计划和预算，主营业务、核心资源、关键流程在线监测能力明显提升。客户服务中心实现95598全网全业务集中，服务效率、质量进一步提高。研究制定规范农电用工管理方案。注册成立西南分部。

（五）经营管理绩效显著提升

强化综合计划、预算执行跟踪分析和监督检查，加强电能替代、成本管控和电费风险防范，利润创历史最好水平，居央企前列。创新投资预算管理，竣工项目决算比概算降低 15.5%。实施电能替代项目 13 000 余个、替代电量 503 亿 kWh。总（分）部及 20 家省公司电力交易平台上线运行。建立了覆盖各业务的统一标准成本。完成人力资源专项审计和劳动用工摸底调查，人力资源“三全”管理取得实效，“三定”“三考”不断深化。19 家省公司开展资产全寿命周期管理取得实效。积极配合审计署开展经济责任审计，及时整改发现的问题。SG-ERP 工程提前一年建成，信息化建设和安全防护能力达到国际先进水平。公司荣获中央企业管理提升先进单位称号，“特大型电网企业以三集五大为核心的管理变革”“分布式光伏发电并网接入服务创新与实践”获国家级管理创新一等奖。

金融和产业单位努力开拓市场，优化业务布局，加快转型升级，发展质量明显提升。

国际化取得新突破。发挥公司技术和管理优势，成功中标巴西首个特高压直流输电项目——美丽山水电送出工程。分别与俄罗斯电网公司、哈萨克斯坦国家主权基金、埃及电力和能源部签署能源合作协议。稳健运营菲律宾、巴西、葡萄牙、澳大利亚等境外项目。公司国际化发展得到中央领导肯定，在国资委中央企业负责人会议上作典型经验交流。

2014 年，公司系统涌现出一批先进集体和个人。23 家单位、37 名职工获得全国五一劳动奖状、奖章，62 个集体获得“全国工人先锋号”称号。4 个基层党组织、7 名共产党员荣获中央企业“一先两优”称号。17 家劳模创新工作室被命名为首批“全国示范性劳模创新工作室”。9 个集体被评为全国五四红旗团委（团支部），1 名职工获得中国青年五四奖章，23 名职工获得全国青年岗位能手、标兵称号。1 个集体和 1 名老同志获全国离退休干部“双先”表彰。108 项成果获得全国电力职工技术成果奖。公司评选出 10 名特等劳动模范、100 名劳动模范、100 个先进集体、120 个先进班组、100 名优秀班组长。52 家单位、103 名职工被评为“三集五大”体系建设先进集体和先进个人。

回顾不平凡的发展历程，公司坚持国家利益高于一切、使命责任重于泰山，把握企业定位，明确战略目标，励精图治科学发展，矢志不渝追求卓越，走出了一条中国特色的电网企业创新发展之路。这条道路就是以建设“一强三优”现代公司为目标，以“两个转变”为主线，以“三个建设”为保证，创建世界一流电网、国际一流企业之路。沿着这条道路，我们十年磨一剑，建设了坚强智能的新型国家电网。特高压实现历史突破，抢占了世界能源技术制高点，实现了“中国创造”和“中国引领”；“三集五大”体系全面建成，科学管理架构基本确立，实现了向现代企业的战略转型；“走出去”成果丰硕，国际化开辟公司发展新天地。从公司成立之初的 2003 年到 2014 年，资产总额、营业收入、利润分别增长 1.75 倍、3.3 倍、12.6 倍，净资产收益率从 0.57% 上升到 4.98%，资产负债率从 62.2% 下降到 56.2%。发展速度、质量效益、创新能力、综合实力和国际影响力大幅提升，在落实国家能源战略、保障能源安全、服务人民群众、实现国有资产保值增值中的价值和作用充分彰显。沿着这条道路，广大干部职工牢记使命责任，勇于“三吃一担”，坚持、坚守、坚韧、坚强，只争朝夕开拓奋进，谱写了国家电网发展的新篇章。我们创造了巨大物质财富，凝聚了强大精神力量，培育了“努力超越、追求卓越”的企业精神和“诚信、责任、创新、奉献”的核心价值观，打造了一支特别能担当、特别能战斗、特别能吃苦、特别能奉献的干部职工队伍。

二、依法治企、改革创新、科学发展，推动“两个转变”再上新台阶

以习近平同志为总书记的党中央对全面建成小康社会、全面深化改革、全面依法治国、全面从严治党作出重大部署。当前，世界经济处于国际金融危机后的深度调整期，我国经济发展进入新常态。从世界范围看，经济全球化、社会信息化、能源清洁化深入发展，国家之间、企业之间的竞争日趋激烈，创新能力、发展质量和队伍素质成为制胜的关键因素。

按照公司“十二五”规划，2015 年将基本建成“一强三优”现代公司、初步建成世界一流电网、国际一流企业。从现在到 2020 年，仍是必须牢牢抓住的战略机遇期。我们要以加快发展为第一要务、以改革创新为动力、以队伍建设为根本、以依法治企为保障，深化“两个转变”，加快建设坚强智能电网，实现电网发展现代化；加快建设法治企业和国际化企业，确保“三集五大”体系高效运转，实现公司治理现代化，到 2020 年全面建成“一强三优”现代公司、实现“两个一流”奋斗目标。

（一）深化改革强化创新

当前，全面深化改革不断加快，创新竞争向高层次、多领域、跨行业、全球化方向发展。我们要主动改革、锐意创新，在更高起点上推进“两个转变”，全面提高发展质量、工作效率和经济效益。

要坚定不移深化改革。电力改革将对电力发展、

市场交易、企业经营、安全管理、优质服务等产生深刻影响。要按照国家电力改革的统一部署，坚持市场化方向，着力构建主体多元、竞争有序的电力市场格局。加快建设全国统一电力市场是深化电力改革的重点。目前，全国电网实现了互联（除台湾地区外），电力市场交易平台建设取得重要进展，全国统一电力市场的物质基础已经具备。要推动建立有效的市场准入、交易、监管和信息公开规则，促进电力市场规范运作。推动建立科学的上网电价、输配电价和销售电价机制，发挥电价调节供需、提高效率、促进发展的重要作用。售电侧改革是深化电力改革的着力点。公司上下要增强市场意识和进取意识，主动作为，加强售电侧放开试点方案研究，积极稳妥处理各种新情况、新问题，做好售电侧改革工作。积极发展混合所有制是深化改革的重要内容。完善现代企业制度，深化劳动用工、绩效考核、薪酬分配制度改革，逐步实现管理人员能上能下、职工能进能出、收入能增能减，形成科学的管理体制和机制。

要大力推进创新发展。要坚持解放思想、敢为人先、创新驱动，完善创新体系，健全创新机制，以持续创新增强动力，以全员创新激发活力，以全面创新提升核心竞争力。战略创新要根据"两个一百年"奋斗目标，面向"两个一流"，深化能源革命、清洁发展、国资国企和电力改革等重大问题研究，完善全球能源互联网、"两个替代"理论框架，丰富战略体系，引领公司可持续发展。管理创新要基于"三集五大"管理体系，紧紧围绕安全、质量、效率、效益目标，持续推进体制机制变革，以信息化促进管理精益化，在集约管控、资源调配、专业协同、资本运作、激励约束等方面创新突破，实现公司治理现代化，创造国际一流业绩。科技创新要围绕相关重点方向，强化机制保障、人才培养和科技投入，深化产研联合攻关，提高投入产出率，多出快出国内外领先成果、抢占制高点，做到研发一批、应用一批、储备一批，巩固扩大公司技术优势。建立可持续的科技成果转化应用机制，推动先进技术成果转化为国家和国际标准。文化创新要深入践行社会主义核心价值观，丰富企业文化内涵，以优秀文化提升职工素质和企业素质。要强化创新意识，倡导创新精神，激发广大职工创造热情和创新活力，努力营造崇尚创新、勇于创新、激励创新的良好氛围，增强企业软实力。

（二）进一步转变电网发展方式

全面建成小康社会，实现"两个一百年"奋斗目标，我国能源和电力需求仍将持续增长。随着电网技术的发展，特别是电网与信息化深度融合，电网的功能作用发生了深刻变化。坚强智能电网以特高压电网为骨干网架，集电能传输、资源配置、市场交易、智能互动于一体，综合价值巨大，作用日益凸显。

一是优化能源配置。我国能源资源与需求逆向分布，西电东送、北电南供、能源大范围优化配置将是我国能源发展的基本格局。特高压±800kV 直流工程输送容量和经济输送距离可达到 1000 万 kW 和 2500km，±1100kV 直流工程可达到 1200 万 kW 和 5000km。"强交强直"特高压电网完全能满足远距离、大容量资源优化配置需要。

二是实现清洁发展。当前，高消耗、粗放型的发展方式已使我国环境承载能力达到或接近上限。清洁发展是解决我国能源问题的必由之路，也是世界能源发展的方向。防治环境污染、修复生态环境，根本要靠"两个替代"：能源开发实施"清洁替代"，以清洁能源替代化石能源，实现能源结构转为清洁能源占主导；能源消费实施"电能替代"，以电代煤、以电代油、电从远方来、来的是清洁电，提高电能在终端能源消费中的比重。预计 2020 年，我国水电、风电、太阳能发电装机将分别达到 3.5 亿、2.4 亿、1 亿 kW；2030 年分别达到 4.8 亿、5 亿、3 亿 kW。这些清洁能源大多分布在西部、北部地区，受市场容量等因素制约，难以就地消纳，只有通过坚强智能电网实现互补互济、打捆外送，才能大规模开发和利用。

三是带动经济增长。电网投资需求大、产业链长、带动性强，对电源、电工装备、用能设备、原材料等上下游产业都有带动作用。到 2020 年，公司带动电源及相关产业投资约 3 万亿元，每年可拉动 GDP 增长 0.8 个百分点以上；同时有利于消化钢铁、水泥等过剩产能，增加就业，促进区域经济协调发展。

四是实现互联互通。落实国家"一带一路"战略部署，加快电网互联互通，提出构建全球能源互联网战略构想，建设以特高压电网为骨干网架、输送清洁能源为主导、全球互联泛在的坚强智能电网。构建全球能源互联网，能够将具有时区差、季节差的不同国家和地区电网联接起来，促进新能源大规模开发利用和大范围协调互济，推动能源革命和可持续发展。

面向"十三五"，进一步推动电网发展方式转变，要坚持以科学规划为统领，以解决"两头薄弱"问题为重点，加快建设坚强智能电网，实现电网发展现代化，到 2020 年全面建成世界一流的国家电网。

要加快建成特高压骨干网架。为适应川藏水电开发送出需要，规划建设西藏统一电网，与川、渝电网相联，构建西南同步电网。华北、华中、华东电网都是受端电网，水火互济、风光互补效益显著。构建“三华”特高压同步电网，网间联系更加紧密，能够大幅提高东中部负荷中心接受区外来电能力和清洁能源消纳能力，有效解决短路电流超标、多直流馈入引发的安全稳定等问题。

要全面加强配电网建设。随着特高压电网的加快发展，新型城镇化、农业现代化步伐加快，新能源、分布式电源、电动汽车、储能装置快速发展，终端用电负荷呈现增长快、变化大、多样化的新趋势，加快配电网改造升级的任务更加紧迫。配电网在发展规划、建设、运行、管理、标准等方面不适应的问题日益突出，影响供电安全性、可靠性、经济性，制约了电网整体功能作用发挥。要在深入开展配电网诊断分析基础上，科学制定发展规划，明确年度目标和重点项目，坚持问题导向，推广统一标准，提高投资效率，增强建设改造的针对性。要加快解决县域电网与主网联系薄弱、无电地区电力建设、农村“低电压”等问题，全面提高城乡供电质量。

（三）进一步转变公司发展方式

当前，全面依法治国、适应经济发展新常态对转变企业发展方式提出新要求。要加快推进公司治理现代化，依法依规从严治企、强化管理、提升素质、提高效益，不断增强企业活力、控制力、影响力、抗风险能力。现阶段的主要任务是，巩固提升“三集五大”体系，努力建设法治企业和国际化企业，全面提升队伍素质和企业素质，把国家电网公司建成战略先进、治理科学、文化优秀、实力强大的国际一流企业。

要实现“三集五大”体系高效运转。构建“三集五大”体系是转变公司发展方式的核心任务。2010 年以来，公司整体推进、全员参与，攻坚克难、不懈努力，全面建成“三集五大”体系。这是一场深刻的管理变革和复杂的系统工程。今后重点是全面深化、持续提升，实现融合贯通、高效运转。提升“三集”管理要以标准化、信息化为手段，拓展广度深度，强化全面管控、在线监控和风险预控，加大量化考核力度，提高管控实效性，实现管理精益化。提升“五大”体系，要发挥“五位一体”关键作用，以流程为主线、效率为导向、制度为保障，坚持统一性、兼顾差异性，破除各业务横向协同障碍，深化业务融合，消除管理壁垒。要围绕解决总部分部一体化、国调分调一体化、地调县调一体化、各级调控融合，以及地县公司核心业务集约融合等问题，健全标准制度、技术支撑和信息系统，动态评估、持续改进，实现公司安全质量、效率效益、服务水平显著提升。

要加快建设法治企业。落实全员守法、全面覆盖、全程管控的要求，实现依法治理、依法决策、依法运营、依法监督、依法维权。依法治理就是要依据国家法律法规，完善与现代电网发展相适应的管理集中高效、资源集约共享、业务集成贯通、组织机构扁平的治理体系，推进治理方式制度化、规范化。依法决策就是要健全规范重大事项决策程序，强化过程管控、合规审查、责任落实，实施集体决策、民主决策、科学决策。依法运营就是要将法律规定融入企业规章制度，在公司各层级、各环节合规运作、规范管理、照章办事，确保公司安全健康运营。依法监督就是要完善监督体系，增强监督合力，充分发挥监督效能，违规必责，违法必究。依法维权就是要构建多层次、全方位维权体系，推动形成有利于企业发展的政策和法治环境，保障企业和职工合法权益。

要加快建设国际化企业。加快“走出去”步伐，推进发展战略、业务布局、管理理念、人才队伍、企业文化和品牌形象国际化。以“三电一资”为重点，依托特高压、智能电网等核心技术和公司管理优势，积极开拓国际市场，安全稳健运营境外资产。要完善境外项目在线管理平台，强化投资并购、资产运营、工程建设全过程管控，切实防范风险。要加快国际化人才培养、引进，加强激励约束机制建设，支撑国际业务发展。积极参与能源、电力国际标准制定，增强国际影响力。

要全面提升队伍素质。队伍素质决定发展质量，是企业素质的根本所在。当前，新的形势、新的任务对干部职工的思想作风、工作态度、专业能力、个人素养都提出了更高的要求。广大干部职工要始终保持良好状态和过硬作风，不断提高综合素质。自觉提高政治素质。这是对国有企业干部职工的基本要求。要坚持道路自信、理论自信和制度自信，坚定搞好国有企业的信心和决心，爱党爱国、忠诚企业、奉献社会，认真贯彻执行公司党组各项决策部署。自觉提高道德素质。要注重提高道德修养，践行社会主义核心价值观，端正价值追求，扬正气、干正事、走正道，自觉抵制个人主义、享乐主义、拜金主义等不良风气的影响。自觉提高法治素质。要牢固树立法治思维，增强学法、懂法、用法、守法的主动性，用法规、制度约束自己的言行。自觉提高职业素质。要立足本职，加强学习、勇于实践，干一行、爱一行、专一行，潜心钻研专业知识和技能，努力提高解决问题的能力和水平，成为技术能手和业务骨干，创造一流的工作业绩。

各级领导干部要按照“三严三实”的要求修身做人、履职尽责、干事创业，在各方面发挥示范带头作用。要严明政治纪律和政治规矩，在思想上、政治上、行动上坚决与党中央保持高度一致，自觉维护党中央权威和党的团结，坚定正确的政治方向和政治立场，作讲规矩、守纪律的表率。要严格遵守党的政治纪律、组织纪律、财经纪律、工作纪律、生活纪律，遵循组织程序，服从组织决定，管好亲属和身边工作人员，坚守“底线”、不碰“红线”。要勇于担当和负责，始终保持强烈的事业心、责任感，在困难和挑战面前，自我加压、敢于拼搏，主动为企业排忧解难，为国家多作贡献。要抓好班子带好队伍，加强各级领导班子思想、作风和能力建设，从严管理、从严律己，坚决抵制歪风邪气，弘扬新风正气。

三、2015 年重点工作

2015 年是完成“十二五”发展目标的收官年，是全面深化改革的关键年。面对新形势，公司 2015 年工作总的要求是，全面贯彻党的十八届三中、四中全会和中央经济工作会议精神，落实国资委工作部署，以改革创新为动力，眼睛向内、苦练内功，依法治企、强化管理，着力解决电网和管理“两头薄弱”问题，提升发展质量和经营绩效，确保安全、稳定和优质服务，深入推进“两个转变”，基本建成“一强三优”现代公司。

重点做好八个方面工作：一是确保安全供电和优质服务；二是推进各级电网协调发展；三是全面提高经营管理水平；四是持续深化改革；五是坚持依法从严治企；六是推进产业、金融和国际业务；七是提升科技创新和信息化水平；八是进一步加强“三个建设”。

专　论

加快发展智能电网 承载和推动第三次工业革命[1]

——访全国政协委员刘振亚

一、智能电网是功能强大的现代化电网

记者：目前，世界主要国家都非常重视智能电网发展，但大多数的公众并不清楚智能电网是一个什么样的电网，作为国家电网公司的董事长，请您为我们作一介绍。

刘振亚董事长在全国政协十二届二次会议第二次全体会议上做大会发言。　（新华社 提供）

刘振亚：智能电网是从本世纪初开始发展的，主要是基于新能源发电技术、特高压输电技术、信息网络技术、智能控制技术的快速突破，和传统的电网相比，智能电网具有网架坚强、广泛互联、开放互动、高度智能四个显著特点，是面向未来的现代化大电网。

网架坚强，主要指电网具有强大的资源配置能力和抵御风险能力，能适应清洁能源大规模开发的新要求，我国的智能电网是以特高压为骨干网架的坚强智能电网。广泛互联，主要指电网的联网规模越来越大，而且电网可以与物联网、互联网等网络互联融合，既能配置能源资源，也能配置其他公共服务资源。开放互动，主要指以智能电网为平台，构建开放统一、竞争有序的电力市场体系，用户可与电网双向互动，灵活适应各类电源并网和客户多样化需求。高度智能，主要指电网对各类故障具有强大的适应能力，能够自动处理故障、防范风险。

二、发展智能电网是解决我国能源突出问题的根本途径

记者：我国《国民经济和社会发展“十二五”规划纲要》对发展智能电网作出了部署，您对此是如何理解的。

刘振亚：在“十二五”规划纲要中，明确将发展特高压、智能电网作为推动我国能源生产和利用方式变革的重要举措。我认为，智能电网是保障国家能源供应的重要基础设施，能够解决我国能源发展面临的突出问题，促进我国能源安全、清洁、环保、友好发展。

我国能源发展面临四大问题。一是总量供应问题。

[1] 本文发表于 3 月 6 日《人民政协报》。

2013 年我国能源消费总量达到 37.6 亿 t 标准煤，其中煤炭 35 亿 t（相当于 25 亿 t 标准煤），石油、天然气对外依存度分别超过 60%、30%。要满足经济社会发展的需求，今后较长时期能源供应都面临较大压力。二是资源配置问题。我国能源资源与生产力分布不均衡，全国 70% 以上的煤炭、水电、风能、太阳能资源都集中在西部、北部地区，距离东中部负荷中心，一般都在 800~4000km，依靠传统电网，难以大规模开发。三是能源效率问题。我国能源在开发环节，集约化程度偏低；在传输环节，过度依赖输煤，消耗高品质能源来输送低品质能源；在使用环节，大量煤炭仍然直接燃烧，整体能效偏低。能源开发利用全过程效率都需要提高。四是生态环境问题。我国能源结构以煤为主，能源发展长期追求就地平衡，带来土壤、水质、大气污染等突出问题。

发展以特高压为骨干网架的坚强智能电网，能够有效解决我国能源发展面临的四大问题，实现能源安全发展、清洁发展、环保发展、友好发展。安全发展，就是以智能电网为市场载体和配置平台，统筹利用国际国内资源，促进能源大规模集约开发，保障能源供应总量。清洁发展，就是通过智能电网促进清洁能源和分布式电源发展，改善能源结构，最大限度降低对化石能源的依赖。环保发展，就是充分发挥智能电网作用，统筹利用全国环境容量，实现以电代煤、以电代油、电从远方来，大幅度减少东中部地区燃煤排放。友好发展，就是基于智能电网开放互动优势，灵活适应各类电源发电上网和客户多样化用电需求，使能源开发和消费方便快捷，让生活更加舒适、经济。

三、特高压是构建坚强智能电网的关键

记者：您刚才提到，国家电网公司正在建设以特高压为骨干网架的坚强智能电网，特高压在智能电网中有着什么样的重要地位？

刘振亚：发展特高压是建设坚强智能电网的关键，在优化资源配置、确保电网安全方面具有不可替代的作用。

一是大幅提高电网配置资源的能力。1000kV 特高压交流的输电功率约为 500 万 kW，是 500kV 交流输电的 5 倍；±800kV 特高压直流的输电功率达到 800 万 kW，是±500kV 高压直流的 2.6 倍；±1100kV 特高压直流的输电功率达到 1400 万 kW，为±500kV 高压直流的 4.7 倍。我们规划到 2020 年建成“五纵五横”特高压交流骨干网架和 27 回特高压直流工程，届时特高压电网输电能力将达到 4.5 亿 kW。

二是大幅拓宽电网配置资源的范围。1000kV 特高压交流的经济输电距离可达 1500km，为 500kV 交流输电的 3 倍。±800kV 特高压直流的经济输电距离达到 2500km，为±500kV 高压直流的 2.5 倍；±1100kV 特高压直流的输电距离可达到 5000km。通过特高压交直流输电，可以构建覆盖全国范围的能源配置网络，并将周边国家能源资源纳入我国市场进行配置。从长远看，还可以实现洲际输电。

三是大幅提升电网安全承载能力。2013 年底我国发电装机已经达到 12.5 亿 kW，现有的 500kV 电网已不能适应发展的需要，加快建设特高压电网已经刻不容缓。预计到 2020、2030、2050 年，我国发电装机容量将分别达到 20 亿、28 亿、40 亿 kW 左右，只有发展特高压电网，才能适应装机快速发展的需要、确保电网安全。

四、建设特高压电网需要协调推进特高压交直流发展

记者：我们了解到，目前有一种观点认为应当优先或者重点发展特高压直流，您怎样看待这个问题？

刘振亚：要建设一个安全、承载能力强、资源配置能力强的特高压电网，必须要推进特高压交直流协调发展。

在电网中，交流和直流功能不同。交流具有输电和构建网架的双重功能，电力的接入、传输和消纳十分灵活，是构建电网的前提，也是电网安全运行的基础。直流的主要优势是送电距离更远、输送功率更大，主要用于大型能源基地的送出，不能形成网络。作个简单的比喻，特高压直流好比万吨巨轮，而特高压交流电网好比深水港，要发展万吨巨轮，就必须建设深水港。我们规划特高压电网发展时，对特高压交流和直流的发展规模、时序都进行了大量的仿真模拟，结果表明：只有特高压交直流协调发展，建设“强交强直”特高压电网，才能最大限度提高特高压电网的安全性、经济性，目前的主要问题是特高压交流发展严重滞后，当务之急是加快建设“三华”特高压交流电网。

五、我国智能电网发展处于世界先进行列

记者：我国智能电网发展目前处于什么水平，国家电网公司开展了哪些工作？

刘振亚：我国的智能电网发展总体处于世界先进行列，其中在特高压输电、智能变电站和智能电表、电动汽车智能充换电服务网络、大规模接入新能源、大电网控制等领域处于世界领先水平。近几年，国家电网公司主要开展了以下工作。

一是加快建设特高压骨干网架。已建成并投运了2项1000kV交流工程和3项±800kV直流工程，均保持安全稳定运行。正在建设1项±800kV直流工程和1项1000kV特高压交流工程。同时还在推进±1100kV直流工程建设，将为构建跨地区、跨国、跨洲输电通道创造条件。

二是大力提升电网智能化水平。已建成智能变电站843座，正在建设新一代智能变电站。在30个重点城市核心区建成技术领先、灵活可靠的智能配电网。到目前累计安装智能电表1.82亿只，实现客户用电信息采集1.91亿户。建成电动汽车充换电站400座、充电桩1.9万个，在环渤海、长三角地区形成了城际充换电服务网络。

三是积极推动清洁能源发展。截至2013年底，国家电网公司经营区域内水电装机近1.9亿kW、风电并网装机超过7000万kW，均位居世界第一；光伏发电装机超过1500万kW。目前，我们在新能源接入检测、运行调度等方面的技术都处于世界先进水平。在张北建成风光储输工程，这是世界上第一个集风力发电、光伏发电、储能系统、智能输电于一体，综合开发利用新能源的创新工程。

四是着力提升自主创新能力。建成世界上最完善的高水平试验研究体系，全面掌握了特高压交、直流输电核心技术和整套设备制造能力。在大电网控制保护、智能电网、清洁能源接入等领域取得一批世界级的创新成果。建立了系统的特高压与智能电网技术标准体系，制订国家标准66项，编制20项国际标准，特高压交流电压成为国际标准电压。

六、智能电网将承载和推动第三次工业革命

记者：您前不久在《科技日报》发表署名文章，指出发展智能电网是承载和推动第三次工业革命的必由之路，您作出这个判断主要基于什么考虑？

刘振亚：通过对前两次工业革命的深入研究，可以发现这样一个突出特征，就是能源革命对工业发展具有决定性、全局性影响，既推动新兴工业行业出现，也推动传统工业行业升级，是工业革命的根本动力。第一次工业革命，是蒸汽机的发明与广泛应用推动了近代工业大发展。第二次工业革命，是电的发明与广泛应用推动了现代工业大发展。我认为，智能电网是承载第三次工业革命的基础平台，对第三次工业革命具有全局性的推动作用。

第一，智能电网是新一轮能源革命的基础。新一轮能源革命特征是大规模发展清洁能源，方向是从以化石能源为主、清洁能源为辅，向以清洁能源为主、化石能源为辅转变，清洁能源占据全球能源主导地位只是时间问题。应该说，这一轮能源革命在资源上是具备条件的。世界能源理事会估算，全球太阳能资源超过100万亿kW，陆地风电资源超过1万亿kW。比如，北极的风电资源十分丰富，利用小时数能够达到4000小时，接近常规火电的利用小时数；赤道附近的太阳能资源也非常丰富，光伏发电利用小时数一般在2000小时以上。此外，全球还有丰富的海洋风能、水能、生物质能、潮汐、地热资源，都可以转化为电能利用。要大规模开发清洁能源，关键在于建设网架坚强、广泛互联、开放互动、高度智能的智能电网，才能够适应风电、太阳能间歇性、随机性特征，解决清洁能源并网、配置和消纳难题。总之，智能电网是清洁能源发展的基础，是新一轮能源革命的关键。

第二，智能电网对战略性新兴产业具有广泛的带动作用。与传统的互联电网相比，智能电网技术密集型特征更加突出，对新能源、新材料、智能装备、电动汽车、新一代信息产业，具有很强的带动作用。欧美发达国家已将发展智能电网纳入国家战略，欧盟将发展智能电网作为新兴经济的重要支柱，估算未来20年的建设投资规模将达到5000亿欧元；美国将智能电网作为实现经济复苏的战略性基础设施，估算未来20年的建设投资规模达到1.5万亿美元。我国规划确定的20项战略性新兴产业重大工程，绝大多数与智能电网密切相关。

同时，智能电网与物联网、互联网等深度融合后，将构成价值无法估量的社会公共平台，可以支撑智能家庭、智能楼宇、智能小区、智慧城市建设，推动生产生活智慧化。

七、把握历史机遇，为实现中华民族伟大复兴作出积极贡献

记者：下一步，国家电网公司对智能电网建设还有哪些部署？同时，作为来自能源领域的政协委员，您对国家在支持智能电网发展方面有何建议？

刘振亚：能否发展好智能电网、牢牢把握住第三次工业革命的历史机遇，将很大程度上决定我国在未来全球竞争中的地位。在前两次工业革命中，中华民族都落后了，追赶了二百多年。机遇稍纵即逝，面对第三次工业革命，国家电网公司有这样一种责任感和紧迫感，就是努力占领新一轮能源革命制高点，为中华民族伟大复兴作出积极贡献。下一步，我们将重点抓好三个方面的工作。

一是推进两大战略实施。深入推进“一特四大”

战略，通过坚强的智能电网，促进大型煤电、大型水电、大型核电、大型可再生能源发电基地集约化建设，向东中部负荷中心地区大规模、远距离输电。全面实施电能替代战略，把工业锅炉、居民取暖厨炊等用煤改为用电，大幅减少直燃煤污染；大力发展电动汽车、电气化轨道交通等，减少燃油排放，实现“以电代煤、以电代油、电从远方来、来的是清洁电”。二是加快发展特高压。到2015年、2017年和2020年分别建成“两纵两横”、“三纵三横”和“五纵五横”特高压骨干网架和7回、13回、27回特高压直流工程。到2020年，具备4.5亿kW电力大范围配置能力，满足5.5亿kW清洁能源送出和消纳的需要。三是提升电网智能水平。全面建设现代智能配电网，增强配电网安全承载能力，适应分布式电源、微电网、电动力车加快发展的需要。建设智能用户管理与双向互动平台，让普通家庭能够通过智能电网实现用户能源管理、移动终端购电、综合信息服务、远程家电控制等，全面提高百姓生活的智能化水平。

从国家层面看，我建议做好五个方面的工作。一是战略引领，从国家层面制定智能电网发展战略，把智能电网作为第三次工业革命的先导产业，放在突出重要的位置优先发展。二是科学规划，抓紧制定国家级智能电网发展规划，统筹智能电网与能源创新发展，统筹智能电网与生态文明建设，统筹智能电网与新型工业化、新型城镇化工作。三是突破关键，进一步加大对特高压的支持力度，重点要加快建设特高压骨干网架，更好地服务和支撑新能源开发、并网与消纳，从根本上破解我国面临的能源难题和雾霾困局。四是自主创新，整合各方面的科技资源，强化企业在技术创新中的主体地位，集中力量攻克新能源发电、大规模储能、多网融合、智能装备关键技术。五是加快走出去，鼓励企业积极参与全球竞争，加快技术与装备出口，振兴民族工业。积极参与国际标准制定，为我国智能电网的技术、产品参与全球竞争打好基础。

践行社会主义核心价值观 推动企业改革发展[1]

刘振亚

党的十八大以来，习近平总书记发表了一系列重要讲话，对培育和践行社会主义核心价值观作出重要论述、提出明确要求，为我们在新的历史起点上实现新的奋斗目标提供了思想保证和行动指南。深入学习领会习近平总书记系列重要讲话精神，积极践行社会主义核心价值观，推动公司科学发展、创新发展，是公司当前和今后一个时期重要的政治任务。

一、准确把握社会主义核心价值观的丰富内涵和本质要求

习近平总书记在主持中央政治局第十三次集体学习时强调，要把培育和践行社会主义核心价值观作为凝魂聚气、强基固本的基础工程，不断夯实中国特色社会主义的思想道德基础。“三个倡导”的24字社会主义核心价值观，传承中华优秀传统文化，吸收世界文明成果，体现时代精神，从国家、社会、公民三个层面，提出了从宏观到微观、从整体到个体应该坚守的共同价值要求和需要践行的道德行为准则，科学回答了我们要建设什么样的国家、建设什么样的社会、培育什么样的公民的重大问题，为坚持和发展中国特色社会主义指明了方向，提供了精神动力和价值遵循。

（一）社会主义核心价值观是坚定理想信念、实现中华民族伟大复兴中国梦的精神引领

富强、民主、文明、和谐是国家层面的价值目标，是全党全国各族人民的共同价值追求。回首中国近代史，国家积贫积弱、任人宰割，中国人民饱尝屈辱和苦难。我们伟大的祖国经历了鸦片战争以来的百年风云激荡，经历了60多年的社会主义革命和社会主义建设，经历了30多年的改革开放。历史和实践证明，只有社会主义才能救中国，只有中国特色社会主义才能发展中国。民族复兴的中国梦是中华民族魂牵梦绕的历史情愫，是中国人民根本利益的“最大公约数”和时代最强音。

（二）社会主义核心价值观是凝聚价值共识、建设既充满活力又和谐有序社会环境的价值标准

自由、平等、公正、法治是社会层面的价值取向，反映了社会进步的发展方向，引领时代进步潮流。当前，我国已进入改革发展的关键时期，经济体制深刻变革，社会结构深刻变动，利益格局深刻调整，社会思潮多元多样多变，各种观念相互交织、碰撞、影响，迫切需要主流价值观的引领、新风正气的形成。构建具有强大感召力的核心价值观，关系社会和谐稳定，关系国家长治久安，必须抢占价值体系的制高点，以自由、平等、公正、法治的价值取向，广泛凝聚共识，发挥核心价值观的社会稳定器作用。

[1] 文章发表于7月17日《人民日报》。

（三）社会主义核心价值观是建设优秀文化、全面提升企业软实力的理论支撑

爱国、敬业、诚信、友善是公民层面的价值准则，涵盖了社会公德、职业道德、家庭美德、个人品德，是国有企业加强企业文化建设，培育和造就一支高素质的干部员工队伍的根本。国家电网公司把培育和践行社会主义核心价值观融入到公司和电网发展全过程，坚持继承与创新相结合，自觉履行肩负的责任和使命，深刻把握能源电力发展规律和企业发展规律，提出了以“三个建设”（党的建设、企业文化建设、队伍建设）为保证，深化“两个转变”（转变公司发展方式、转变电网发展方式），建设“一强三优”（电网坚强、资产优良、服务优质、业绩优秀）现代公司的总战略，培育了“努力超越、追求卓越”的企业精神和“诚信、责任、创新、奉献”的公司核心价值观，形成了具有国家电网特色的优秀企业文化。

二、坚持社会主义核心价值观，推动企业改革发展

国家电网公司经营业务联系各行各业，服务千家万户，社会关注度高、影响力大，在培育和践行社会主义核心价值观中发挥着重要的示范带动作用。公司坚持经济行为与价值导向相统一，经济效益与社会效益相统一，积极践行社会主义核心价值观，确立了公司的奋斗目标、价值追求和精神境界，以强烈的责任意识和担当精神，推动企业改革发展，为经济社会发展提供更安全、更高效、更清洁、更友好的电力服务。

（一）深入推进“两个转变”，着力促进科学发展

转变电网发展方式，就是统筹推进特高压骨干网、现代配电网建设和智能化升级，大幅提升优化配置资源能力和安全供电水平。公司立足于转变能源和电力发展方式，大力推进“一特四大”战略，提出以智能电网承载和推动第三次工业革命。目前，已建成投运“两交四直”特高压工程，在运在建特高压线路长度超过1万km，变电（换流）容量超过1亿kVA（kW）。

转变公司发展方式，就是创新管理模式、再造业务流程、变革组织架构，大力实施国际化经营，推动企业治理结构和治理能力现代化。目前，公司初步建立“三集五大”体系，形成了职责、流程、制度、标准、考核“五位一体”，管理效率和经济效益不断提升。我们充分发挥公司技术、管理、品牌等方面优势，大力开展国际能源合作与交流，稳健运营海外资产，特高压电网实现“走出去”，公司境外资产超过1000亿元。

（二）促进清洁能源发展，服务生态文明建设

发展清洁能源和可再生能源，建设资源节约型、环境友好型社会，是中央企业践行社会主义核心价值观，服务生态文明建设的题中应有之义。国家电网公司秉承“奉献清洁能源、建设和谐社会”的企业使命，坚持从国情出发，全面实施电能替代战略，大力推进“以电代煤、以电代油、电从远方来、来的是清洁电”，依托特高压电网，建设大通道、构建大电网、发展大市场，推动能源资源的大范围优化配置和高效利用，加快坚强智能电网建设，全面推进电能替代。

（三）切实改进工作作风，提升优质服务水平

习近平总书记强调，作风问题核心是党同人民群众的关系问题，必须使改进作风的过程成为贯彻执行党的理论和路线方针政策的过程，成为推动改革开放和社会主义现代化建设顺利进行的过程。我们紧紧抓住服务群众这个着力点，在增强服务意识、提高服务能力上下功夫，努力提高供电保障能力，始终把安全放在首位，积极应对自然灾害、高温负荷、突发事件等影响，圆满完成抗灾救灾、重点工程、重大保电任务，确保电网安全运行和电力可靠供应。

持续提升服务质量和效率，坚持“你用电、我用心”，深化供电服务提升工程，打造95598业务集中运营平台，实行“首问负责”“限时办结”“首到必修、修必修好”，努力让人民群众用上放心电、满意电。

持续创新服务方式和手段，积极发展社会化代收模式，提供移动终端、网络缴费、手机提醒等服务，开设缴费网点46.76万个，初步建成城市“十分钟缴费圈”，实现农村“村村有缴费点”。

持续加强服务窗口建设，坚持一口对外，进一步规范行为、简化手续、优化流程，缩短业扩报装时限，解决好联系服务供电客户“最后一公里”问题。

（四）积极履行社会责任，服务保障和改善民生

保障和改善民生，促进社会公平正义，是社会主义核心价值观最为现实和最为集中的体现。国家电网公司坚持从党和人民的利益出发，认真落实国家西部大开发战略，加大对口援助与电力帮扶，投资建设新疆与西北电网联网工程、青藏电力联网工程、川藏电力联网工程，实现除台湾地区外的全国联网，促进边疆地区经济发展、民族团结和社会和谐。深入实施“户户通电”工程，加快无电地区电力建设，累计解决170万户657万无电人口通电问题。积极服务新型城镇化和农业现代化发展，全力保障各地电力需求，实现城乡用电同网同价，推动经济更有效率、更加公平、更可持续发展。

（五）弘扬优秀企业文化，提升员工队伍素质

近年来，国家电网公司坚持把社会主义核心价值体系融入思想政治工作、企业文化和队伍建设之中，大力弘扬“努力超越、追求卓越”的两越精神，使之真正成为干部员工的普遍共识、自觉行动和精神力量，涌现出了一批社会公认、感人至深的道德模范和先进典型。公司紧紧围绕社会主义核心价值观，始终在落细、落小、落实上下功夫，不断提升员工队伍素质和道德水平，注重宣传教育，注重示范引领，注重实践养成。

我们将在以习近平同志为总书记的党中央坚强领导下，深入贯彻落实党的十八大和十八届二中、三中全会精神，将社会主义核心价值观融入企业改革发展，融入企业文化和员工队伍建设，为全面建成小康社会、实现中华民族伟大复兴中国梦作出新的更大贡献。

为可持续发展建设全球能源互联网[1]

刘振亚

世界各国领导人本周齐聚纽约联合国，探讨一个困扰各国政府的两难问题，即如何既保障能源供应，又减少环境污染。地球虽然拥有丰富的清洁能源，但要把这些能源送到数百甚至数千英里外的人口密集地区却不是一件容易的事。

如果能够将清洁能源和我们的距离拉近，帮助政府在为城市供电的同时减少排放，那样的情景又是怎样呢？这正是中国所开发的新技术的应用目的。

这项技术名为特高压输电技术。它可解决一些长期困扰能源界的问题。首先是如何开发利用由风能和太阳能这样高度不稳定的可再生能源所发的电；另外，是如何在把电力由偏远地区传送至高电力消耗的地方并确保没有大量电力损耗。目前，燃煤发电厂大都设置在城市附近，在支持经济发展的同时也造成了严重的空气污染。

解决这些问题对拯救人类及令亿万人摆脱大气污染和气候变化起着至关重要的作用。时至今日，我们过于依赖的能源制造大量空气污染物并引致哮喘这样的呼吸系统疾病。从物理学和经济学的角度而言，所有传输系统都有损耗问题，传输的路程越远，损耗越多。因此，经济原因限制了大部分传输系统的输送距离，迫使城市依赖着较近的电力来源。

特高压能够帮助中国解脱对此类能源的依赖。特高压技术将输电电压提高到 1000kV，其输电电压是当前美国远距离输电电压的两倍，能够大幅减少输电损耗。

目前为止，中国已能通过传输系统有效地将电力传送至 2500km 外，并计划延长至 5000km。将来燃煤发电站可建在煤源附近，远离人口密集的地区，从而减低排放和污染物散播。更令人感到振奋的是，这意味着我们现在可以认真考虑将太阳能、风能及水能发电大规模接入电网。这样的工作不仅只在中国展开。在巴西，国家电网公司已与 Eletrobras 公司进行合作，巴西政府授予我们和其他成员公司组成的集团 30 年经营权，在巴西建造及营运一条长达 2000km、±800kV 的特高压输电线路。此线路可将巴西北部的美丽山水电站生产的电力传送至巴西东南部。

有人担心营运特高压传输系统将面临技术性挑战，然而所有创新都面对同样问题。应对这些挑战的最佳方法就是依靠精心设计的输电网络、完美的控制技术和科学的运营管理。

特高压输电的效率高、单位输电成本低。中国的工程实践已经证明输送相同的电力，与超高压相比，特高压节省投资超过四分之一。而且，可再生能源的利用，大大减轻日益严峻的雾霾天气，所带来的价值是无法估量的。

未来 25 年全球人口预计增加 20 亿人，用电需求将增加 90%。能源排放带来的环境污染及全球气候变暖是我们必须共同面对的问题。我们可以共同分享解决方案。发展中国家对技术创新的需求尤其强烈，未来 30 年的需求增长大多来源于这些国家。亚太地区的人均用电量预计将增加一倍。

特高压技术让我们以可持续及高效率的方式引入再生能源。出于环境污染和巨大能源需求的原因，中国较早介入特高压技术领域。如果各国可在能源生产及传输上开展合作从而形成一个全球能源互联网，人类的生活环境会变得更加美好。特高压技术将帮助我们将利用极地风能和沙漠地区太阳能所发的电变成可供大家享用的清洁能源。

现在该是我们认真考虑这个课题的时候。联合国又一次把各国首脑和商业领袖们聚集在一起讨论如何战胜全球气候变暖这一严峻挑战。我们应该尽快展开多方合作，为了实现更有效的能源传输、交易，利用太阳能及风能造福人类的目的建造一个全球能源互联网。

[1] 文章发表于 2014 年 9 月 18 日《福布斯》。

要 事 特 辑

【公司二届五次职工代表大会】 1月6~8日，公司召开第二届职工代表大会第五次会议暨2014年工作会议。这次会议是在深入推进“两个转变”、建设“一强三优”现代公司的关键阶段召开的一次重要会议。公司系统441名职工代表肩负全体职工的重托，充分行使民主权利，共商公司发展大计。

这次会议的主要任务是贯彻党中央、国务院的决策部署，总结2013年工作，分析形势，安排2014年任务，以改革创新精神深化“两个转变”，加快建设坚强智能电网，承载和推动第三次工业革命；建成“三集五大”体系，加快建设“一强三优”现代公司，创建“两个一流”，服务经济社会发展。党中央、国务院对公司和电网发展给予充分肯定，并提出了新的期望和要求。中华全国总工会副主席、书记处书记李世明出席会议并讲话，对公司工作提出希望和要求。中央党的群众路线教育实践活动第38督导组成员、国资委监察局副局级纪律检查员、监察专员姜力，中国能源化学工会分党组成员、巡视员王书强，国资委研究局巡视员赵欣，中国电力企业联合会常务副理事长、党组书记孙玉才出席会议。中组部、国资委、国务院派驻国家电网公司监事会有关领导出席会议。

会上，公司董事长、党组书记刘振亚同志作了题为《强化改革创新、深化“两个转变”，为加快建成“一强三优”现代公司而奋斗》的工作报告。报告总结公司2013年工作，分析面临的机遇和挑战，对深化改革、加快发展、依法治企和队伍建设等作了阐述，安排部署了2014年重点工作。

会议听取审议了工作报告、公司二届三次职代会提案处理和二届五次职代会提案立案情况的报告、民主管理制度的报告，以及2013年综合计划执行情况和2014年综合计划安排的报告、2013年预算执行情况和2014年预算安排的报告、建成“三集五大”体系的报告等12个专题报告；审议通过了《关于国家电网公司第二届职工代表大会第五次会议暨2014年工作会议工作报告的决议》等14项决议。会议印发了《国家电网公司党组关于加强队伍建设推动企业持续健康发展的意见》（国家电网党〔2014〕1号）和《国家电网公司关于以改革创新精神深入推进“两个转变”的意见》（国家电网办〔2014〕1号），以及安全生产、业绩考核、对标情况简报。会议宣读了《国家电网公司关于表彰公司劳动模范、先进班组和优秀班组长的决定》和《中共国家电网公司党组关于表彰2013年度国家电网十佳共产党员服务队、优秀共产党员服务队和竞赛优秀组织单位的决定》，为公司特等劳动模范颁奖，为十佳共产党员服务队颁牌。国网安质部等8个部门和单位作了大会发言。全体职工代表观看了职工文艺成果展示，向公司广大职工发出了倡议。

● 1月8日，国家电网公司第二届职工代表大会第五次会议暨2014年工作会议现场。（牛　路摄）

会议认为，2014年公司和电网发展成效显著，队伍素质、经营绩效、创新能力、品牌价值全面提高，各项工作取得新成绩。会议明确公司推进国企改革、加快构建全国统一电力市场的方向和重点，指明建设“三集五大”体系、推进公司发展方式转变的目标方向和实现路径，揭示坚强智能电网与能源革命、工业革命的内在联系，强调新形势下依法依规从严治企的严肃性、紧迫性，明确消除“习惯性违章”、提高管理规范化水平的硬约束、硬要求，对2014年公司重点工作进行全面系统的部署和安排。

会前，印发征集提案的通知，明确提案征集内容、原则、程序和要求。各单位组织职工代表深入基层、调查研究。广大职工代表立足公司改革发展大局，开展调查研究和建言献策，提出了200件提案，经过分类整理、初步审查、征求意见、公司提案工作委员会审核等工作程序，完成了全部提案的审查工作。通过本次职代会决议，确定将“强化‘五位一体’协同，发挥‘三中心’作用，深入推进‘三集五大’体系建设”“强化电网运行安全管理，提升电力设备和信息化安全水平”等12项（33件）提案立案，将“研究新能源和电力负荷变化趋势，拓展智能电网运行功能”等112件提案列为建议，将“加强集体企业分类管理”等55件提案列为意见。大会组织了职工代表培训工作，提高了职工代表参与民主决策、民主管理、民主监督的能力，增强了职工代表的大局意识、责任意识和民主意识。会议期间，代表们审议报告和文件，提出了意见和建议。

会议从筹备到召开，严格落实中央八项规定精神，会前多次组织召开党组会、务虚会、座谈会，开展专题调研和书面调研，研究公司和电网发展有关重大问题，听取意见和建议，讨论修改工作报告等会议文件。

（文祥云　马鹏飞）

【“三集五大”体系建设】 1月6~8日，公司召开二届五次职代会暨2014年工作会议，会上宣读并印发公司1号文件《关于以改革创新精神深入推进“两个转变”的意见》。会议要求全面深化“两个转变”，全面建成“三集五大”体系。

落实建设方案。2月11日，公司印发《关于“三集五大”体系建设主要任务的通知》，安排部署83项重点建设任务。2月19日，以国网新疆电力完成地县公司机构人员调整为标志，27家省公司机构人员调整全部到位。3月7日，公司组织召开“三集五大”体系建设工作推进电视电话会议，5个分部、27家省（直辖市）公司及所属地（市）公司参会，明确目标，落实责任。各单位贯彻落实总部决策部署和要求，细化年度任务，明确责任分工，优化业务流程，试点“五位一体”，落实通用制度，清理下线自建信息系统，深化地县公司协同化运作，推进“三集五大”体系向供电所、班组覆盖延伸。4月15日，国网体改办在公司二季度会上作《关于高质量建成“三集五大”体系的报告》。二季度，公司以“五位一体”建设为龙头，推进各专业体系整体集成；深化“三个中心”建设，驱动体系建设完善；强化“三基”管理，夯实“三集五大”体系的基础。6月，“三集五大”体系建设方案规定的各项要求基本落实到位。

开展成效评估。4月9日，公司召开“三集五大”体系建设领导小组办公室会议，讨论“三集五大”体系建设成效评估方案和指标体系，研究形成包含任务完成、工作效果、效率、效益、安全服务、运营能力6个维度，覆盖省、地、县公司及省公司部分直属单位的评价指标体系。6月10日，公司召开成效评估试测布置电视电话会议，组织27家省公司全面开展成效评估试测。7月14日，公司印发《关于印发“三集五大”体系建设成效评估方案的通知》。各单位开展成效评估，总部采取现场调研、视频督导、资料复核等方式，开展抽查复查。9月30日，领导小组办公室就“三集五大”体系建设成效评估进行专题汇报。11月10日，公司印发《“三集五大”体系建设成效评估整改意见的通知》，安排布置问题整改和完善提升工作。

总结建设成果。四季度，公司组织各专业、各单位系统梳理5年来建设情况，总结经验、分析成效、研究问题，开展总结工作。11月27日，公司组织国网山东、江苏电力等10个省公司召开“三集五大”体系专题调研座谈会，提出将新体系管理理念、工作要求融入到每一位职工思想和岗位的工作思路，推进“三集五大”体系扎根落地、持续提升。国网体改办初步完成《国家电网公司“三集五大”管理变革探索与实践》理论书籍初稿，共分为四篇、九章，约33.5万字。12月31日，形成《国家电网公司“三集五大”体系建设工作总结报告》，“三集五大”体系在国家电网公司全面建成。

“三集五大”体系建设成效。2014年底，公司建成“三集五大”体系，确立新型现代电网管理体系。建成统一规范的公司组织架构、统一集约的资源管控模式、统一高效的业务组织模式、统一完备的制度标准和业务流程体系、统一透明的运行监控体系、统一坚强的支撑保障体系，实现“六统一”。战略管控、财务管控、经营要素管控明显增强，运营监测（控）中心、调控中心、客户服务中心功能作用得以充分发挥，总部统领地位加强，公司战略实施、资源配置、风险防控能力提升，集团管控深入到全部县公司、乡镇供电所和基层班组。电网规划更加科学系统，单位电网投资增售电量较体系建设前提高27%。电网建设效率和质量明显提升，220kV及以上优质工程率由建设前的85%提升到100%。特高压、智能电网等关键技术取得重大突破，坚强智能电网加快建设，电网跨区资源配置能力提升。各级累计精简机构 8700 余个，精简率 37.2%；全员劳动生产率从体系建设前的 40.3 万元/人年，提高到 64.4 万元/人年。公司利润由建设前的 451 亿元提高到 810 亿元，EVA（经济增加值）从 59 亿元上升到 180 亿元，效益贡献水平和价值创造能力步入央企前列。城市形成“十分钟交费圈”，农村用电交费实现“村村设点”。实现 95598 全网全业务集中，统一服务标准，提升服务水平。公司连续 10 年名列中国服务业 500 强榜首，被世界品牌实验室连续评为中国最具价值品牌第 2 名，获得标普等三大国际评级机构国家主权信用评级，为全球电力行业最优等级。境外资产达到 298 亿美元，逐步具备一流企业的国际影响力。

（王志毅　林　森）

【加强政企合作促进电网发展】 1 月 27 日，公司董事、总经理、党组成员舒印彪在京会见新疆自治区党委常委、常务副主席黄卫。双方对哈密南—郑州 ±800kV 特高压直流输电工程正式投运表示祝贺，并就加快新疆电网建设、服务地方经济社会发展交换意见。

1 月 28 日，国务委员王勇一行来到国家电力调度控制中心，检查指导公司春节安全生产工作、慰问公司员工。公司董事长、党组书记刘振亚及全体党组成员陪同。

3 月 3 日，公司董事长、党组书记刘振亚在北京与四川省委副书记、省长魏宏一行举行会谈，双方就加快推进特高压电网、跨省区联网工程及四川各级电网建设、促进水电资源优势转化、藏区电网建设等内容，交换意见。公司董事、总经理、党组成员舒印彪参加会谈。

3 月 4 日，公司董事长、党组书记刘振亚在北京与山西省委书记、省人大常委会主任袁纯清，山西省委副书记、省长李小鹏一行举行会谈。双方就加快山西电网发展达成共识，强调要推进特高压等各级电网发展，拓宽“晋电外送”通道，助力山西转型发展、跨越发展。公司董事、总经理、党组成员舒印彪参加会谈。

3 月 8 日，公司董事长、党组书记刘振亚在北京与甘肃省委副书记、省长刘伟平一行举行会谈。双方就加快特高压电网建设，促进甘肃风电、煤电大规模开发外送等内容进行交流。公司董事、总经理、党组成员舒印彪参加会谈。

3 月 8 日，公司董事长、党组书记刘振亚在北京与中共中央政治局委员、新疆维吾尔自治区党委书记张春贤，自治区党委副书记、主席努尔·白克力一行举行会谈。双方就加快新疆电网发展达成共识，表示要推进特高压等各级电网发展，拓宽“疆电外送”通道，共同推动新疆跨越式发展和长治久安。公司董事、总经理、党组成员舒印彪参加会谈。

3 月 10 日，公司董事长、党组书记刘振亚在北京与江西省委书记、省人大常委会主任强卫，江西省委副书记、省长鹿心社一行举行会谈。双方就加快江西电网发展达成共识，强调要加快推进特高压入赣，为江西经济社会发展提供可靠的能源保障。公司董事、总经理、党组成员舒印彪参加会谈。

3 月 14 日，公司董事长、党组书记刘振亚在北京与陕西省委副书记、省长娄勤俭一行举行会谈。双方交流陕西省电力工业发展有关情况，并就共同推进陕西电网发展，加快特高压建设步伐，加大陕西煤电外送力度等问题达成共识。公司董事、总经理、党组成员舒印彪参加会谈。

6 月 9 日，公司董事长、党组书记刘振亚在天津与中共中央政治局委员、天津市委书记孙春兰，天津市委副书记、市长黄兴国举行会谈。双方就推进特高压发展达成共识，强调加快“外电入津”，推动美丽天津建设。

6 月 10 日，公司董事、总经理、党组成员舒印彪在西安与陕西省省长娄勤俭举行会谈。双方就陕西电网发展达成共识，特别是列入大气污染防治行动计划的“四交四直”特高压工程建设，以及共同促进陕西电网和电力事业又好又快发展，更好地服务陕西经济社会发展等方面。

6 月 12 日，公司董事长、党组书记刘振亚在上海与中央政治局委员、上海市委书记韩正，上海市市长杨雄举行会谈。双方就推进特高压发展、引进清洁能源、落实国家大气污染防治计划等达成共识，强调将加快上海各级电网建设，建成“智能、高效、可靠”的一流城市电网。

6 月 13 日，公司董事、总经理、党组成员舒印彪在宁夏银川与宁夏回族自治区党委书记、人大常委会主任李建华会谈。双方肯定“十一五”以来宁夏电网发展成就，就加快推进特高压电网建设达成共识，强调要拓展“宁电外送”通道，就加快宁夏各等级电网建设、推进智能电网发展、服务地方经济社会发展等交换意见。

6 月 13 日，公司董事长、党组书记刘振亚在南京与江苏省委书记罗志军，省委副书记、省长李学勇举行会谈。双方就推进特高压发展达成共识，强调加快“外电入苏”，推动美好江苏建设。

6月14日，公司董事长、党组书记刘振亚在济南与山东省委书记姜异康、省长郭树清举行会谈。双方就加快特高压电网建设，推进“外电入鲁”达成共识，表示将共同努力，保障山东能源安全可靠供应和实现节能减排目标，为推进美丽山东、生态山东建设做出贡献。

6月17日，公司董事长、党组书记刘振亚在太原与山西省委书记袁纯清、省长李小鹏举行会谈。双方就推进特高压建设达成共识，将拓宽“晋电外送”通道，助力山西转型发展、跨越发展。

6月18日，公司董事长、党组书记刘振亚在石家庄与河北省委书记、省人大常委会主任举行会谈。双方就加快特高压电网建设，推进“外电入冀”达成共识，表示将共同努力，为保障河北能源电力安全可靠供应和京津冀大气污染防治做出贡献。

6月23日，公司董事长、党组书记刘振亚在北京与中共中央政治局委员、北京市委书记郭金龙，市委副书记、市长王安顺举行会谈。双方就加快北京电网发展达成共识，强调要加快特高压电网建设，大力实施电能替代，推进能源结构调整，为北京市经济社会发展提供更可靠的能源保障。

6月26日，公司董事、总经理、党组成员舒印彪在杭州与浙江省省长李强举行会谈。双方就加快建设特高压电网，推进“外电入浙”达成共识，表示要共同努力，保障浙江能源安全可靠供应，实现节能减排目标。

6月27日，公司董事、总经理、党组成员舒印彪在合肥与安徽省委副书记、省长王学军举行会谈。双方就共同推动特高压电网发展、电源项目建设、抽水蓄能电站建设和农网改造升级工程建设等达成共识，表示将共同努力，促进安徽电网和电力事业又好又快发展，为推进美好安徽建设做出贡献。

7月22日，公司董事、总经理、党组成员舒印彪在呼和浩特与内蒙古自治区党委书记王君、自治区主席巴特尔举行会谈。双方就加快蒙东电网发展达成共识，强调要加快特高压电网建设，促进资源优势转化，为内蒙古自治区经济社会发展提供更可靠的能源保障。

8月20日，公司董事长、党组书记刘振亚在拉萨与西藏自治区党委书记陈全国，自治区党委副书记、主席洛桑江村举行会谈。双方就西藏电力发展达成共识，强调要推动西藏水电开发和外送，建立西藏电网发展长效机制。

8月25日，公司董事长、党组书记刘振亚在成都与四川省委书记、省人大常委会主任王东明，省委副书记、省长魏宏举行会谈。双方谋划了“十三五”四川电网发展，就加强合作，加快四川电网建设特别是特高压通道建设、推进疆电和藏电入川等问题达成共识。

10月24日，公司董事长、党组书记刘振亚在北京与安徽省省长王学军一行举行会谈。双方就加强合作，加快安徽电网特别是特高压电网建设、抽水蓄能电站项目建设等问题达成共识。

12月8日，公司董事长、党组书记刘振亚在北京与吉林省委书记、省人大常委会主任巴音朝鲁，吉林省委副书记、省长蒋超良一行举行会谈。双方就加快吉林电网发展达成共识，强调要推进特高压等各级电网发展，解决风电外送和消纳问题，为吉林经济社会发展提供更可靠的能源保障。

12月8日，公司董事长、党组书记刘振亚在北京与黑龙江省委副书记、省长陆昊一行举行会谈。双方就加快特高压及各级电网建设、促进风电外送和消纳、农村电网建设等内容交换意见。

12月12日，公司董事长、党组书记刘振亚在乌鲁木齐与中共中央政治局委员、新疆维吾尔自治区党委书记张春贤，自治区党委副书记、自治区主席努尔·白克力举行会谈。双方就加快新疆电网发展达成共识，强调落实“一带一路”战略部署，加快推进特高压等各级电网发展，实现更大规模的疆电外送，为新疆社会稳定和长治久安提供更可靠的能源保障。

（卢江水）

【管理提升活动】 开展管理提升活动是国资委推进中央企业实施“十二五”改革发展总体战略的重要部署。自2012年3月活动启动以来，公司以科学发展为主题，以深化“两个转变”为主线，以解决管理中存在的突出问题和薄弱环节为重点，坚持“人人都是管理的主体、事事都有提升的空间”，按照“变革创新+持续改进”的工作思路，深度融合、系统诊断、科学评价、专项提升，完成活动各项任务。

2014年1月16日，公司贯彻落实国资委《关于做好中央企业管理提升活动评价工作的通知》（国资厅发改革〔2013〕81号）的有关要求，在系统内开展管理提升活动总结评价工作，公司管理提升活动领导小组办公室印发《国家电网公司关于做好管理提升活动总结评价工作的通知》（国家电网总师〔2014〕105号），遵照“全面系统、突出重点、客观公正”原则，根据《国家电网公司管理提升活动评价体系》，从活动组织推进、专项提升及成效、综合成效三个方面开展评价工作。

1月27日，各单位根据《国家电网公司管理提升活动评价指标体系》的指标和标准，结合各单位实际，完成管理提升活动自评打分工作，并向公司管理提升活动领导小组办公室提交总结报告。

2月27日，公司管理提升活动领导小组办公室协调总部相关部门和单位，完成对各单位管理提升活动的评价打分工作。

3月31日，公司管理提升活动领导小组办公室汇总分析评价结果，结合相关部门和单位的考评意见，评选出公司开展管理提升活动先进单位，报送公司管理提升活动领导小组审定，并做相关总结表彰工作。

4月23日，国资委召开中央企业管理提升活动总结视频会议，公司被国资委授予“管理提升活动先进单位”称号，全面预算、采购管理、管理信息化获管理提升专项奖，国网总师办梁旭明主任被评为“中央企业管理提升活动先进工作者”。

4月29日，公司召开管理提升活动总结表彰电视电话会议。会议全面总结公司管理提升活动经验。

公司完成管理提升各阶段任务，实现了活动之初确定的4个方面、12项工作目标。公司基础管理加强。实施资产全寿命周期管理，统筹电网安全、经济效益、技术装备等要求，强化全程管控、闭环管理，提升国家电网的整体功能、建设质量和运营效率。建成覆盖公司全业务、全流程的标准体系，形成公司制度标准一体化体系，实施通用管理制度，日常管理和各项工作的规范化、制度化和标准化水平提高。管理现代化水平明显提升。建成电力调度控制中心，完善调度管理体制，统一技术支持平台，电网驾驭能力、新能源服务能力和应急预警指挥能力增强。运营监测（控）中心建成投运，实现主营业务、核心资源、关键流程在线监测监控，为提升集约化管理水平打下基础。公司客户服务中心基本建成，集中运营成效明显，95598服务实现新跨越。公司信息化SG-ERP工程推进，建成一体化企业级信息系统，电网智能化和管理现代化水平提升。管理创新机制完善。建成公司管理创新体系，实施重大管理创新工程，带动公司全员立足岗位创新创造。人财物等核心资源实现集约化管理，严控用工总量和人工成本，深化资金集中统一运作，实施物资采购一级集中管控。“大规划、大建设、大运行、大检修、大营销”五大体系实施，初步建立科学的组织架构和新型管控体系。健全协同监督机制、考核机制和全面风险管理机制，发挥审计、法律、财务、纪检监察等协同作用，开展依法治企综合检查，防范和化解各类风险。综合绩效改善，公司连续9年三个任期获得国资委业绩考核A级，未发生影响电网安全和优质服务的重特大事故，未发生影响央企形象的不和谐事件。

会议宣读了《国家电网公司关于表彰管理提升活动先进单位的通知》，国网北京、天津、山东、上海、江苏、福建、江西、四川、重庆、辽宁、陕西、甘肃电力等12家省电力公司和国网国际公司、鲁能集团、南瑞集团、国网信通公司、中国电科院、国网经研院、国网能源院、中电财等8家直属单位获得“国家电网公司管理提升活动先进单位”荣誉称号。6家单位做管理提升经验交流，公司各分部、省（区、市）电力公司及直属单位相关人员在66个分会场参加会议。

会议对管理提升活动下阶段工作提出总体要求，公司将重点做好坚持依法治企、推进制度标准一体化、加强基层管理、深化同业对标、推行精益化管理、完善激励约束机制等六个方面工作，着力构建管理提升长效机制，提高管理效率和经济效益，保障公司安全健康发展。

（杜　娟）

【“五位一体”协同机制建设】“五位一体”是基于岗位职责、流程优化和科学考核的新型管理模式。“五位一体”以流程为主线，将企业管理中最核心的“职责、流程、制度、标准、考核”等五大基础要素融合在一起，旨在更精准、更系统地回答“做什么，谁来做，怎么做，做到什么程度，评价做得怎么样”等一系列精益管理问题。

1. 建设背景

2010年以来，公司深化人财物核心资源的集约化管理，强化规划、建设、运行、检修、营销等业务的专业化建设，变革组织架构、创新管理模式、优化业务流程，建成“三集五大”体系。新体系在生产经营实践中存在着一些问题，主要体现在：专业之间存在协同界面不清晰、信息数据不兼容、标准不统一、职责与流程不衔接等现象；新体系在基层的贯彻落实还不到位，五大专业体系在基层的融合也不充分。

为解决上述问题，公司党组于2013年提出了建设“五位一体”的战略部署，并在国网天津、江苏、四川电力开展试点建设工作。2014年公司系统总结试点建设经验，开展顶层设计与全面推广工作，基本建设了具有统一规范、协同开放、资源共享、信息交互特征的“五位一体”，促进“三集五大”体系扎根落地和高效运转。

2. 主要工作

强化全局最优理念，构建标准流程体系。“五位一体”顶层设计，克服了传统职能驱动模式下，因缺乏统一设计和充分沟通，产生流程重复、职能交叉、协同不畅等问题的弊端，采用业务驱动模式，从全局最优的角度出发，打破壁垒，规划供电业务的运行框架，遵循统一标准，形成了跨越部门、贯通层级、取得各方共识的标准流程体系，包括覆盖供电核心业务的标准流程1300项。在实际应用中，各单位平均引用标准流程1262项，引用率97%，增强了各项业务的规范化与集约化水平，强化了业务模式的一致性。

以标准流程为核心，实现多管理体系融合。在“五位一体”建设中，各单位以业务流程为核心，建立2.28万个角色，平均关联岗位2512个，拆分制度403项，梳理和识别各类标准8366个，匹配1707个流程绩效指标和2430个流程关键环节绩效指标，识别业务风险点3655个，控制点4331个。通过将以上要素匹配至业务流程，实现了职责、制度、标准、考核、风控与标准流程体系的有机融合。

开发应用信息平台，助力“五位一体”推广应用。公司以各单位“五位一体”建设成果为基础，开发应用“五位一体”信息平台。平台面向公司全体员工，实现三方面功能。展现“五位一体”，使员工全面了解供电企业业务运行模式与运行规则。查询员工自身岗位“五位一体”信息。员工登录“五位一体”平台，可以查询学习本职岗位相关的“五位一体”信息，支撑员工更好地履职尽责。落实“五位一体”自我完善机制。平台提供意见反馈功能，员工可以对“五位一体”提出意见建议，直接反馈至相关责任部门，促进“五位一体”不断完善。

3. 建设与应用成效

促进“三集五大”体系扎根落地。“五位一体”通过构建完善的标准流程、岗位职责和绩效考核指标等体系，有效助力“三集五大”建设。将每一项业务固化至流程，每一个环节细化到角色，实现业务工作的标准化和精益化。明确各业务之间的分工与协同关系，界面更清晰，要求更明确，保证每一项业务、每一个环节、每一条规定都落实到单位、部门和岗位。在绩效指标中融入过程考核因素，提高考核的全面性和科学性，促进员工养成良好的行为习惯。

加强各专业间的协同融合。“五位一体”建设在顶层设计阶段，就以消除流程重复点、空白点和断点为目标，采用流程接口、端到端梳理等流程优化方法，清理重复性流程396项，从源头上减少各专业间的冲突点，提高协同性。应用“五位一体”，日常工作全部按照岗位职责，执行统一的流程、制度与标准，专业管理各项要求落实到基层员工，解决长期以来专业管理向末端延伸和各专业业务在班组层面末端融合的难题。

提高工作质量与效率。“五位一体”将各项业务工作具体化为标准业务流程，形成分工明确的协同关系，解决管理工作中流程不完善、职责不明确、协同不顺畅等问题。各单位落实“五位一体”要求，按照“规定动作”开展业务工作，提高工作熟练程度和工作质量。同时，通过运营监控深化“五位一体”应用，对比分析流程运行时间、运行结果等信息，实施流程绩效考核，促进相关业务开展。

（陈春武　张振兴）

【特高压电网建设】

一、特高压交流工程建设

1. 浙北—福州特高压交流输变电工程建成投运

12月26日工程建成投运，各项性能指标符合设计预期，安全质量优良。工程是特高压交流规模化建设的示范工程，是华东特高压交流骨干网架的重要组成部分。工程有以下特点。

按计划完成现场建设任务，工程沿线地形、气候复杂，大山和重冰特点突出；全线2/3线段为山地和高山大岭，中重冰区占71%，海拔最高达1600m；2014年夏，连续遭遇海贝斯和麦德姆两次台风及浙江丽水“8·16”50年一遇特大暴雨及洪水灾害，严重

● 12月26日，浙北—福州1000kV特高压交流输变电工程正式投运。

（吴石光 摄）

损害了施工现场和大件运输通道。攻克高山大岭和无人区特高压线路大规模基础施工与组塔、放线难题，突破特高压变压器、高压并联电抗器大件运输难关，攻克高温、高湿、多雨、多蚊虫复杂环境下大规模集中安装特高压设备的质量控制难题，成功应对强台风、强降雨、洪涝灾害的多次冲击，用不到两年完成建设任务，实现“质量零缺陷、安全零事故、工期零延误”目标。

创新示范建设管理模式，工程创新采用“总部统筹协调、属地省公司建设管理、专业公司技术支撑”建设管理模式，总部统筹相关科研、设计、设备、试验单位，调整职责分工、整合各方优势，构建分工协作、优势互补的建设组织体系，建立了较为完备的制度体系和工作机制，并实现有效运转。

建立实施设备质量控制体系，组织相关科研、物资供应单位，研究提出一揽子特高压设备质量管控“刚性措施”和开关金属异物专项整治活动，并印发《特高压交流设备质量管控刚性措施》（国家电网交流〔2014〕520号），成功攻克特高压设备一次试验合格率不高的难题，实现国产特高压设备的批量稳定制造。

2. “两交”工程开工

2014年，纳入大气污染防治行动计划的“两交”工程（淮南—南京—上海、锡盟—山东特高压交流工程）开工，按计划稳步建设。

淮南—南京—上海特高压交流工程于4月21日获得核准，工程起于淮南变电站（扩建），经南京、泰州和苏州变电站，至沪西变电站（扩建），新增变电容量1200万kVA。线路全长759km，其中723km同塔双回路架设，36km同塔四回路架设，途经安徽、江苏、上海三省（市）。

工程拟分阶段带电投运。计划淮南、沪西变电站2016年底建成带电，淮南—泰州段线路（含南京、泰州变电站）和苏州变电站2016年3月建成带电，泰州—上海段线路（不含苏通大跨越）2016年9月竣工验收，力争2017年底苏通大跨越建成，工程整体建成投运。

淮南变电站至平圩电厂三期扩建工程的1000kV平圩三期送出工程，是我国首个发电厂直接升压1000kV接入电网的工程，扩建淮南变电站1个1000kV出线间隔，新建同塔双回线路5km，2014年6月获得核准，计划2015年4月建成投运。

锡盟—山东特高压交流工程于2014年7月12日获得核准，工程起于锡盟变电站，经承德串补站、北京东（廊坊）变电站，至济南变电站。新增变电容量1500万kVA，新建输电线路2×730km，其中锡盟—北京东段线路加装40%串补，途经内蒙古、河北、天津和山东四省（市、区）。工程计划2016年7月完成调试并投入运行。

锡盟—山东1000kV特高压交流工程济南变电站主控楼桩基施工现场。（陈 彬 摄）

3. 后续工程前期工作

2014年，完成蒙西—天津南、榆横—潍坊工程前期专题评估工作，获得前期各项评估批复文件，支撑工程申请核准。牵头制定公司《国家重大电网项目开工准备管理暂行规定》，为特高压创新发展创造基本制度条件。工程建设各项准备工作已启动。

蒙西—天津南特高压交流工程起于蒙西变电站，经晋北、北京西（保定）变电站，至天津南变电站。新增变电容量2400万kVA，新建输电线路2×623km。工程途经内蒙古、山西、河北和天津四省（市、区）。

榆横—潍坊特高压交流工程起于榆横开关站，经晋中、石家庄、济南（扩建）变电站，至潍坊变电站。新增变电容量2400万kVA，新建输电线路2×1048.5km。工程途经陕西、山西、河北和山东四省。

4. 关键技术研发和重大装备创新

特高压断路器、高性能硅钢片、出线装置和油纸绝缘套管的国产化研制与应用方面取得实质性突破。

在浙北—福州工程中，深入研究系统集成特高压交流单、双回路示范工程核心技术，在重冰区、高边坡线路设计、扩径导线应用、直升机应用、索道运输、超长横担铁塔组立等方面取得创新成果。

针对后续特高压交流工程的特点，开展特高压设备抗震能力提升、特高压环网运行与控制技术、大容量可解体变压器、高压并联电抗器噪声抑制技术、可投切高压并联电抗器断路器试验技术等关键技术研究。

3月26日，我国首个重大工程标准化示范项目——特高压交流输变电国家重大工程标准化示范项目，通过了国家标准化管理委员会组织的专家组现场验收，专家组认为该项目具有完全自主知识产权，是世界上首套特高压标准体系。

此外，特高压工程获得了电力行业和公司多项奖励，皖电东送工程获国家优质工程金质奖、公司年度科技进步特等奖。特高压交流串补项目获得中国电力行业科技进步一等奖。

二、特高压直流工程建设

2014 年，公司完成了哈密南—郑州、溪洛渡—浙江特高压直流输电工程“两投运”和宁东—浙江特高压直流工程“一开工”建设任务。完成开工准备工作，积极推进准东—华东±1100kV 等其他特高压直流输电工程前期工作。2014 年汛期，向家坝—上海、锦屏—苏南、溪洛渡左岸—浙江金华 3 回直流工程连续满负荷运行，向华东地区输电功率达 2160 万 kW，全年输送电量高达 1200 亿 kWh。

1. 完成特高压直流工程建设任务

哈密南—郑州±800kV 特高压直流工程（简称哈郑工程）、溪洛渡左岸—浙江金华±800kV 特高压直流工程（简称溪浙工程）2 回±800kV、800 万 kW 特高压直流工程按计划投运。哈郑工程于 2014 年 1 月 27 日投入运行。溪浙工程于 2014 年 7 月 3 日投入运行。这两回±800kV、800 万 kW 特高压直流工程刷新了直流输电工程输送容量、送电距离和建设效率的世界纪录。

完成灵州—绍兴±800kV 特高压直流输电工程（简称灵绍工程）建设里程碑计划。工程于 2014 年 8 月 5 日获得核准，11 月 4 日正式开工建设。截至 2014 年底，所有设备和施工采购完毕，750kV GIS 和交流滤波器小组断路器通过型式试验，除换流变压器外的直流主设备均已完成设计冻结，换流站“四通一平”基本完成，土建施工进场，线路基础完成 35%。

2. 后续特高压直流输电工程建设

根据国家能源发展战略和公司发展规划，后续将陆续开工建设酒泉—湖南、锡盟—江苏、上海庙—山东、山西—江苏等±800kV 和准东—华东±1100kV 直流工程。其中，酒泉—湖南、晋北—南京、锡盟—泰州、上海庙—山东等四项直流工程全面开展开工技术准备。换流站方面确定了换流变压器阻抗、无功分组等重要技术原则，完成了成套设计、初步设计专题审查；用地手续办理、四通一平施工方案等各项前期准备工作加快推进。输电线路完成终勘定位和基础施工图纸。公司针对直流输电工程的技术方案、管理模式、里程碑计划等进行分析研究，开展大量建设准备工作。

3. 特高压直流工程技术创新

完成交流侧电压和直流电流提升技术研究，具备了工程实施条件。实现了±800kV 特高压直流送端直接接入 750kV 交流电网、受端分层接入 500/1000kV 交流电网和容量提升至 1000 万 kW 等重大创新技术突破，攻克了 6250A 换流变压器阀侧套管研发、网侧 750kV/1000kV 换流变压器研发等多项世界级难题，形成了完整的换流变压器现场组装工程方案，具备了工程实施的技术条件。±1100kV 直流场和阀厅空气间隙等关键技术研究深入推进，编制完成容量提升至 1200 万 kW 的设备研制技术规范。

大力推广应用新技术、新工艺、新材料。全面完成 1250mm^2 大截面导线研发相关工作，形成了适用于灵州—绍兴等工程应用的导线及配套金具系列技术条件。研发了卷筒槽底直径为 1850mm 张力机、导线轮槽底直径为 1000mm 滑车等张力放线设备，形成施工工艺导则。提出并开展免横担组合绝缘子研究工作，完成了电气试验和真型塔试验，形成施工和运维方案，并将在灵州—绍兴工程宁夏段试用。推广机械化施工，推行机械洛阳铲基础作业，开展旋挖钻机试点，提高施工安全系数和基础成孔质量。

4. 特高压直流工程建设管理

“集约化、专业化、属地化”相结合的特高压直流工程建设管理模式日臻成熟，公司总部、直属公司和属地公司的分工定位明确，以“集团化运作”为基础的管理体制和机制运转高效。换流站联合业主项目部发挥了直属公司和属地公司的优势。环境保护和水土保持评价和验收单位提前参与工程初步设计，实现闭环管理。

（盛　夏　王　庆）

【坚强智能电网建设】 2014 年，公司深化“两个转变”，实施“一特四大”发展战略，全年完成电网投资 3855 亿元，同比增长 14.1%；开工 110（66）kV 及以上线路 5 万 km、变电（换流）容量 3.2 亿 kVA（kW）；投产 110（66）kV 及以上线路 5.2 万 km、变电（换流）容量 2.8 亿 kVA（kW）。截至 2014 年底，公司 110（66）kV 及以上线路 83.4 万 km、变电（换流）容量 33.2 亿 kVA（kW），分别是 2010 年的 1.4 倍和 1.5 倍。

特高压进入大规模建设的新阶段。浙北—福州特高压交流，哈密南—郑州、溪洛渡—浙西特高压直流工程建成投运，累计建成“三交四直”工程，特高压

● 浙江舟山±200kV 五端柔性直流科技示范工程海底电缆敷设现场。

（徐俊钐 摄）

工程全年输送电量 1367 亿 kWh，同比增长 88%。“四交四直”工程纳入国家大气污染防治行动计划，其中淮南—南京—上海、锡盟—山东、蒙西—天津南、榆横—潍坊交流工程，宁东—浙江、酒泉—湖南、山西—江苏直流工程开工建设。酒泉—湖南直流工程进入国家核准评估程序。国家电网在运在建特高压线路超过 1.5 万 km、变电（换流）容量超过 1.5 亿 kVA（kW）。

750kV 及以下各级电网协调发展。建成兰州东—天水—宝鸡、巴州—库车等 750kV 工程，西北 750kV 电网已累计投运“35 站 78 线”，线路长度 1.4 万 km、变电容量 7160 万 kVA，坚强送端电网基本形成。提前半年建成川藏电力联网工程，解决西藏昌都、四川甘孜严重缺电和无电地区通电问题，服务川藏水电加快开发。张北风电送出等一批 500kV 项目建成投运。截至 2014 年底，公司经营区域 500kV 线路长度 11 万 km、变电容量 7.4 亿 kVA。持续加大城乡配电网投入力度，全年完成投资 1858 亿元，配电网结构日趋合理，装备水平大幅提高，供电质量明显改善。截至 2014 年底，35~110kV 线路 65.3 万 km、变电容量 12.3 亿 kVA。配电自动化覆盖率达到 13%。2014 年城网、农网用户平均停电时间分别为 2.9、10.7 小时，同比下降 25% 和 18%，电压平均不合格时间分别为 1.6、104.4 小时，同比下降 65% 和 17%。综合治理农村“低电压”336 万户，解决 10 个“孤网”运行、38 个县域电网与主网联系薄弱，21 万户 87 万无电人口用电问题。

电网智能化水平显著提高。建成投运世界首个五端柔性直流浙江舟山科技示范工程，开工建设厦门柔性直流示范工程。风光储输示范工程（二期）6 万 kW 光伏并网发电，40 万 kW 风电机组全部建设完成。启动实施 6 类 41 项公司智能电网创新示范工程，其中 9 项工程实现与国家科技项目的对接。智能电网创新工程荣获国家科技进步一等奖，13 个国家级智能电网项目通过验收。加快新一代智能变电站建设，首批投运的 6 个示范站安全稳定运行；累计安装智能电能表 2.48 亿只，实现 2.56 亿户用电信息自动采集，覆盖率达到 68%；累计建成电动汽车充换电站 618 座、充电桩 2.4 万个，形成世界上最大的充换电服务网络，“两纵一横”高速公路城际互联快充网络基本建成。

坚强智能电网技术创新取得重大进展。加快推进特高压输电、大电网控制技术、智能电网等领域研发工作。完成世界上规模最大的分层分级交直流紧急协调控制系统，建立首个特高压交流套管全工况试验研究平台，研制了世界首套具有同轴电极结构的 1000kV 气体绝缘的罐式电容式电压互感器；研制了±800kV（6000V/1500A）换流变压器油浸真空式有载分接开关，自主研制的±800kV 换流变样机成功投入运行，完成哈密南—郑州特高压直流工程换流阀改造；研制 1250mm^{2}大截面系列导线及配套金具、施工机具并在宁东—浙江±800kV 特高压直流输电工程中得到应用，完成 1000MW/±320kV 柔性直流换流阀研制及试验并在福建厦门柔性直流示范工程中应用，研制具有自主知识产权的±200kV 混合式柔性直流断路器样机，完成特高压等电位屏蔽电容式电压互感器样机研制；研制 150kHz~10MHz 跨频带认知电力线载波通信系统，完成国产首台大型抽水蓄能机组静止变频器的研制并投入运行。

（赵红嘎）

【服务新能源发展】 截至 2014 年底，国家电网调度范围并网风电 8790 万 kW，2014 年发电量 1452 亿 kWh；并网光伏发电 2445 万 kW，2014 年发电量 227 亿 kWh。

新能源送出工程建设。截至 2014 年底，公司累计投资 795 亿元，建成新能源并网及送出线路 4 万 km，其中风电 3.7 万 km、太阳能发电 2625km。公司调度范围风电新增项目 378 个，新增并网容量 1752 万 kW；光伏发电新增项目 603 个，新增并网容量 899 万 kW。2014 年 1 月，哈密南—郑州±800kV 特高压直流工程建成投运，是我国第一个风电、光伏发电、火电打捆大规模、远距离送出工程，输送容量 800 万 kW。

新能源并网工作。9 月，印发《风电、光伏发电接入系统工程项目管理规范》（国家电网发展〔2014〕1166 号），将风电、光伏发电接入系统工程优先纳入电网建设年度综合计划和预算，充分预留调整裕度；对于计划外新增项目，备案后即可实施。按照国家能源局下达的 2014 年光伏发电年度新增建设规模要求，协调落实 2014 年光伏发电年度新增备案项目，做好并网服务工作。

● 已投运的国家风光储输示范工程二期工程光伏区。（杨建校 摄）

优化运行方式安排，挖掘系统调峰能力，促进新能源消纳。坚持以风电等新能源为中心，统筹安排火电、水电机组配合运行，最大限度消纳新能源。2014 年京津唐电网风电大发期间，安排常规火电机组深度调峰 100 余台次。西北全网安排 30 万 kW 以上火电机组停备 92 台次，为新能源腾出发电空间约 28 亿 kWh。东北电网充分发挥抽水蓄能作用，全年抽蓄电站共启动 3928 次，多消纳风电 22 亿 kWh；节假日安排 60 万 kW 火电机组轮停 25 台次，多消纳风电 25 亿 kWh。

发挥大电网优势，尽最大可能利用现有跨省跨区线路输电能力。利用国家电网公司电力交易平台，鼓励风电、光伏等新能源企业参与外送。2014 年跨区年度交易中，共有 200 多家风电、光伏企业参与，全年新能源跨省跨区交易电量 190 亿 kWh，同比增长 90%。通过提高高岭背靠背直流低谷时段送电功率，华北消纳东北风电 60 亿 kWh，占东北风电年发电量的 16%；利用蒙西外送通道低谷富余容量，增加风电电量送出，华北电网消纳蒙西风电 54 亿 kWh，占蒙西风电年发电量的 23%；通过哈密南—郑州特高压直流工程，新疆风电外送电量达到 22 亿 kWh。

履行分布式电源服务承诺。加强公司系统服务行为考核，在接入方案制定、并网验收调试、合同签署、电费结算等环节，履行公司承诺，提高服务效率。12 月，印发《关于分布式光伏发电项目补助资金管理有关意见的通知》（国家电网财〔2014〕1515 号），开展补贴资金转付工作。2014 年底，公司经营区域分布式光伏累计并网 6936 户，是 2013 年的 6.5 倍；累计并网容量 265 万 kW，同比增长 130%。

新能源标准体系建设。推动新能源标准体系建设，先后编制修订新能源企业标准 53 项，涵盖系统接入、调度运行、并网检测等关键环节，形成完善的企业标准体系。参与并推动新能源行业和国家标准出台，其中，电力行业标准编制 42 项，国家标准编制 24 项，有效解决风电等新能源建设没有规范、接入电网没有标准等问题。主导编制 1 项国际标准《公共接入的光伏逆变器低电压穿越测试规程》，参与近 20 项国际标准的编制。

重大问题研究。开展可再生能源配额制、“十三五”新能源开发与消纳对电网发展影响、分布式发电政策及对公司和电网发展影响等研究，分析新能源发展和对电网发展的影响，及时向国家有关部门提出建议，推动新能源和电网协调发展。

（张风营　王　基）

【抗击自然灾害保供电】 2 月 7 日、13 日和 16 日，南方地区连续出现三次较大范围雨雪冰冻天气过程，湖北、湖南、江西、四川、重庆、安徽、江苏等电网运行和用户供电受到影响，共有 987 条 10kV 及以上线路停运，其中，500kV 线路 8 条、220kV 线路 6 条、110kV 线路 12 条、35kV 线路 34 条、10kV 线路 927 条，影响 1.62 万个台区、132 万用户。

在受灾单位中，灾情最重的是国网湖北电力，有 686 条 10kV 级以上线路停运，影响 1.07 万个台区、81.3 万用户。国网江西电力有 177 条 10kV 及以上线路、3702 个台区、29.4 万用户，国网安徽电力有 105 条 10kV 及以上线路、1407 台区、19.6 万用户受灾停电。国网重庆、陕西电力受灾较轻，分别有 1.3 万用户和 4000 用户停电。另外，国网湖南电力虽然没有线路和用户停运，但线路覆冰情况非常严重，10kV 以上 397 条线路先后发生过覆冰（±800kV 3 条，±500kV 1 条，500kV 交流 15 条，220kV 81 条，110kV 83 条，

35kV 82 条，10kV 132 条），多条跨区输电线路覆冰，威胁到华东及华南地区电力供应。

灾情发生后，公司部署抗冰保供电工作，各单位将应对雨雪冰冻灾害作为头等大事，一线抢修的干部员工克服风雪严寒、山高路险、道路覆冰等重重困难、创造条件开展抢修施工。国网湖北电力跨区调配 6 支 674 人的应急抢修队伍支援重灾区抢修工作，调配应急发电车 6 台、小型发电机 265 台，为居民生活密切相关的用户提供临时电源。累计出动抢修人员 56 700 人次、车辆 7500 台次，安全顺利完成抢修任务。国网湖南电力平均每日出动 3700 人，830 辆车开展冰情监测、线路融冰和人工除冰工作，共计对 79 条次 10kV 及以上线路采取短路融冰或负荷融冰，对 53 条次农配网 10kV 线路开展停电人工除冰，第一时间消除雨雪冰冻对电网和设备的威胁。至 2 月 20 日 18 时，各单位停运线路、台区及用户全部恢复正常供电。

● 7 月 31 日，国家电网公司在意大利总理府签约收购意大利存贷款能源网公司部分股权。

● 电网员工积极应对湖北电网雨雪冰冻灾害。

（李　季　摄）

（李　涛）

【国际化战略实施】 公司加快国际化步伐，开拓国际市场，特高压技术实现“走出去”，境外资产总额翻番、利润翻番，与周边国家电网互联互通快速推进，工程总承包和电工装备出口量质齐升，国际交流高效务实，公司国际化取得丰硕成果。

境外电网投资。中标巴西美丽山水电±800kV 特高压直流送出项目特许权。完成收购新加坡能源国际澳洲资产公司 60% 股权、新加坡能源澳网公司 19.9% 股权、香港电灯有限公司 20% 股权和意大利存贷款能源网公司 35% 股权。境外资产运营稳定、收益良好。

与周边国家电网互联互通。公司已建成 18 条与周边国家互联互通输电线路，与俄罗斯、蒙古、哈萨克斯坦、巴基斯坦等周边国家建立紧密的合作联系。在国家领导人的见证下，与俄罗斯电网公司签署《战略合作协议》《关于开展电网设施改造和新建项目的合作协议》，与哈萨克斯坦国家主权基金签署《战略合作协议》。完成俄罗斯叶尔科夫齐煤电输一体化项目预可研报告。2014 年完成俄罗斯向中国供电 34 亿 kWh，累计完成 143 亿 kWh。

工程总承包和电工装备出口。中标埃塞俄比亚国家电力调度控制中心和首都轻轨配套电力系统、波兰国家电网公司输变电工程、委内瑞拉输电网扩建和国家电力调度控制中心等工程总承包项目。2014 年公司新签约境外工程、装备出口、技术咨询服务项目 435 个，合同金额达到 35.94 亿美元。

参与国际组织和国际标准制定。刘振亚董事长在联合国气候变化峰会、APEC 能源部长与企业家会议等多个国际会议上阐述构建全球能源互联网的战略构想。增设驻日本办事处，成立智能电网研究院美国分院和欧洲分院。国际电工委员会正式发布由公司发起的《物联网之无线传感器网络》白皮书，成立由公司主导的“微电网系统评估组”，分别立项1项和发布3项国际标准。公司主导的三项特高压交流标准由电气与电子工程师学会发布出版。电气与电子工程师学会向公司颁发“企业卓越贡献奖”。

（李向阳　张　义）

【95598全网全业务集中】 公司历时2年5个月，分9批实现95598全网全业务集中，世界规模最大、服务人口最多、服务功能最全的电力客户服务中心基本建成。

1. 95598全网全业务集中建设

搭建组织架构。国网客服中心内设两级机构，通过招聘、选拔等方式，分五批到位管理人员300人。以公司2011年95598业务量为基数，综合考虑服务客户数量及增长情况、业务种类、人员工效、忙闲时段差异等因素，按照业务集中计划，截至2014年底，共招聘客服人员4500人。省、市（县）公司通过内部人力资源市场、转岗培训再上岗等方式，完成省客户服务中心、市（县）公司远程工作站、调控（分）中心职责调整后的人员配置，确保队伍和谐稳定。

建设统一的“服务平台”。建设安全、高效、稳定的基础通信网络，连通国网客服中心南（北）分中心到各省（市）公司、北京亦庄灾备中心的通信网络，开通27家省（市）公司至南（北）分中心的应急语音链路。

建设“话务统一接入、结构坚强稳定”的呼叫平台，南北基地均采用双平台热备部署模式和高可靠性设计，支撑1560路中继接入、4400个座席同时在线，每日可承载80万电话量。

建设集成贯通的95598业务支持系统、基础支撑平台，实施省公司营销系统适应性改造，实现跨地域、跨系统的业务工单流转，支撑服务全流程在线管控，扩展故障短信回访、业扩回访、停电信息流程化报送等功能，日受理工单量超过18万个。

建设南北“基地”。按照“统一平台、分区受理、互为备用”的原则，建设国网客服中心南北基地（南北基地建筑面积分别为15.88万、21.6万m^2，占地面积分别为529、1073亩），南北基地设置生产运行、业务培训、专业展示和后勤辅助四大功能区，集生产、展示、办公、生活、后勤配套等于一体，按照“日常和迎峰度夏（度冬）话务量尽量均衡、方言语系尽量接近、季节性自然灾害同时发生地区相对分离”的原则，高效开展分区运营，互为容灾备用。

● 国网客服中心北方分中心。　（吴宣述 摄）

实施95598全业务集中。分析“投诉、举报、意见、建议、表扬、咨询、故障报修”七类基本业务集中的各类风险，按照“稳中求进、稳中求好、稳中求快、成熟一家集中一家”的工作原则，制定“三年三步走”的95598业务集中分步实施方案，于2014年10月24日完成全网27个省（区、市）公司95598电话和网站业务全面集中，为客户提供故障报修、资费交纳、咨询查询、信息发布等7×24小时不间断在线服务，实现为3.6亿电力客户开展“全业务、全天候”的服务目标。

2. 构建新型客户服务体系

再造服务流程。建立“四级”纵向贯穿服务体系，再造五项关键业务流程，梳理供电服务流程7大类86项，实现了“服务受理、业务分类、工单处理、质量检测、客户回访、服务评价”的“六统一”。

构建服务协同机制。建立了95598服务协同运作机制、供电服务问题协同解决机制、上下联动的一体化保电协同机制以及业扩报装分层集约的协同管理机制，实施营配贯通，融合营销和生产的基础信息，提高客户需求响应速度。

建立服务评价监督机制。建立常态抽查和95598典型投诉挂牌督办机制，常态开展基于服务薄弱环节的明察暗访工作，统一开展客户满意度调查，建立基于客户诉求的全流程穿透服务改进机制。

拓展服务渠道，创新服务方式。构建集95598电话、网站、微信、移动客户端、数字电视、短信“六位一体”的全新智能互动服务平台，建立互动化智能营业厅，线上线下渠道的服务协同，为客户用能提供增值互动服务。

实施国际标准认证的95598运营管理体系。以CC-CMM呼叫中心国际标准认证为抓手，建立统一的95598业务运营机制、集约式服务评价机制、集中监控的服务监督机制、一体化信息系统保障机制以及业务运营支撑机制，保证客户服务质量持续提升。

3. 取得的成效

集中运营成效显著。实施95598全网全业务集中，推动了客户服务水平的提高，各单位在重视服务指标排名的同时，更加注重工作质量的改善提高。投诉、举报平均处理时长分别缩短13.9%、31.8%。工单派发及时率提升24个百分点，95598电话人工服务接通率98.56%，高出行业标准13.6个百分点。

管控能力增强。以统一的服务平台为支撑，建立起公司与客户之间的高效联系渠道，供电服务受理、流转、处理和反馈情况实时在线，基层单位普遍性、敏感性、苗头性问题，在第一时间真实地反映到公司层面。总部全方位闭环管控直接贯穿到底，优质服务受到重视，基层一线从客户最关心的地方做起，从客户不满意的地方改起，一些长期存在的服务突出问题得到解决。公司满意度测评提高了近两分。95598业务处理满意率达到98.48%，座席服务满意率由96%上升至99.4%。

服务标准更加统一。建立健全工作标准58项，明确业务处理方式520项，统一话务受理、业务处理、质量评价的标准和对外答复口径，健全完善申诉机制，明确最终答复标准，基本消除地域间的服务差异。

（季 旭）

【信息化SG-ERP工程建成】 信息化SG-ERP工程是国家电网公司“十二五”期间信息化建设项目的统称，2014年底，SG-ERP总体规划的各项任务提前一年完成。与“十一五”期间建设的信息化SG186工程相比，信息系统新增功能点23 300余项，同比增长4.3倍；新增系统流程900余条，同比增长1倍；非计划停运时长下降到年平均每套0.3小时，同比缩短90.8%。

SG-ERP工程的实施，实现了公司信息化从SG186“填补空白式”向SG-ERP“全面集中集成式”跨越，经项目后评估测评，信息化对国家电网公司的综合贡献率为主营业务收入的1.2%，2011~2013年信息化投入产出比为1∶3.36。

构建一体化信息集成平台，软硬件支撑能力增强。信息网络支撑能力提升，实现县公司、变电站、供电所和营业网点的基层通信网络100%覆盖。容灾备份能力坚强可靠，建成集中式信息系统灾备中心，实现数据级灾备和应用级灾备。建成涵盖公司总部、灾备中心和各省（自治区、直辖市）电力公司的软硬件资源池，实现服务器资源的集中管理和灵活调度。数据管理能力全面增强，建成结构化、非结构化、地理空间、海量历史/准实时四大数据资产管理平台及公共数据资源池，为企业级数据资源共享奠定基础。信息集成及展现能力提升，建成统一的应用开发、流程管理、数据交换、应用集成、权限管理支撑平台，实现信息系统开发实施的快速与柔性；建成统一的企业门户、视频监控、移动应用支撑平台，实现支持桌面终端、移动终端、互动大屏等多渠道的信息展现。

建成新一代业务应用，支撑“三集五大”和智能电网建设。完善人财物信息系统，建成企业级人资管理、财务管理、电子商务平台等系统，完成人资、财务、物资与相关系统的集成。支撑“五大”体系建设，建成规划计划、基建管理、营销稽查监控等系统。支撑“两中心”建立，建成三级运营监测（控）系统，覆盖780个监测场景，满足公司对生产运营情况24小时在线监测分析和智能决策的需要；建成一级部署的95598业务系统，有力支撑国内首个集约化、专业化公用事业服务平台的运行。支撑智能电网建设，建成输变电状态监测、电能质量在线监测、用电信息采集等系统，实现国内最大规模设备运行信息采集和统一监控。推进协同综合业务系统的拓展和集中部署，强化直属单位业务系统建设，完成协同办公、经济法律等系统的一级部署建设或改造，以及生产制造管理、直升机调度、英大金融网等系统建设。

实现“数据深度共享、流程高度贯通”，支撑应用融合和智能决策。完成资产全寿命、能量全过程、客户全方位等方面涵盖物资供应链、电力市场交易、客服中心等16条业务主线共3040项需求的数据共享与业务融合，是“十一五”期间总和的4倍。推进消除数据重复录入工作，减轻基层负担。构建以运营监测、五位一体、全面风险、配网抢修指挥等为支撑的辅助分析体系，为各级人员提供智能决策支撑。

建成信息通信“两级调度、三层检修，一体化运行”的调运检体系。建成总部、省两级信通调控中心、客服中心和统一的三线技术支持中心，形成总部—省—地（县）纵向联动和信息系统调运检、客服、三线支持横向协同的运维新格局，实现对公司121万台套信息设备和24万台套通信设备运行状态的实时监控和调度检修管理，日均开展信息通信检修600余次、受理客服话务量8000余个，信息系统运行可用率达99.93%。

建成信息安全主动防御体系，安全防护自主可控能力提升。制定“1+5+N”的信息安全总体设计，建成主动智能的信息安全防护体系。深化信息安全技术支撑，以网络隔离、安全接入、漏洞扫描、保密检查等为手段，形成覆盖网络、终端、应用与数据的监测体系。开展智能电网通信装置专用安全芯片等方面研究，提升信息安全自主化水平。在中央企业率先建立信息安全“红蓝”对抗体系，以实战促完善，提升对抗外界高危攻击的能力。

信息化专业管理更规范、更精益，管控能力增强。统一规范信通机构设置，优化各级信通公司运行管理模式，建立总分一体化信通运维服务体系。加强信息化项目投资费用标准定额和集团化采购，信息化软硬件一级采购率达100%。构建信通制度标准体系框架，制定公司通用管理制度42项，完成5项国家标准、7项行业标准、79项企业标准的编制或修订。全面实施信息化架构体系，解决了信息技术与业务需求割裂、系统设计与实现不符等难题。强化信息化建设、运行、安全评价，实施业绩考核、同业对标以及信息化实施管控评价、厂商服务质量评价等机制。

自主技术创新研究取得进展，信息化驱动创新发展能力增强。建成全国最大的电力下一代互联网实验网络，并在电网统一视频、输变电状态监测、95598智能互动网站中示范应用。完成公司大数据应用顶层设计，覆盖电网生产、经营管理和优质服务领域，有力支撑配网抢修、95598等业务创新。基于云计算完成云资源管理等产品的自主研发。推进电力物联网技术在用电信息采集、配电自动化等领域的应用。完成移动作业平台的顶层设计，推广生产和物资移动终端分别达8000余台和1000余台。

（樊　涛　柏峻峰　游龙勇）

【党的群众路线教育实践活动】 深入开展党的群众路线教育实践活动，是党的十八大作出的重大战略决策。国家电网公司党组落实中央决策，围绕“为民、务实、清廉”主题，按照“照镜子、正衣冠、洗洗澡、治治病”的总要求，聚焦“四风”问题，开展党的群众路线教育实践活动。活动分两批开展，从2013年6月开始，总部（分部）229个党组织4588名党员，参加第一批教育实践活动；从2014年2月开始，公司所属27个省公司、34个直属单位（含中国电机工程学会）、661个地市级公司（含省公司其他二级单位、集体企业）、1778个县级公司，共29 184个党组织566 406名党员参加第二批教育实践活动。

活动期间，习近平总书记在河南兰考县调研指导工作时，亲切接见了公司“焦裕禄式的好干部”代鑫波。李克强总理在写给内蒙古翁牛特旗太平村村民的回信中，对电网建设给农村建设带来的变化和成效给予了充分肯定。中央教育实践活动领导小组办公室、中央第三十八督导组、中央第十三巡回督导组多次莅临公司总部和国网河北、山东、江苏、福建、黑龙江、内蒙古、湖北、新疆电力等单位调研督导，第三十八督导组组长张俊九、第十三巡回督导组组长张玉台对公司教育实践活动取得的成效给予高度评价。公司董事长、党组书记刘振亚在中管金融企业和中管企业教育实践活动座谈会、中央企业党委（党组）中心组学习座谈会上分别作经验交流，并在《人民日报》发表《践行社会主义核心价值观　推动企业改革发展》的署名文章。中央教育实践活动《简报》、中央第十三巡回督导组《简报》和新华社、中央电视台等媒体，多次报道公司活动开展情况和解决服务群众“最后一公里”问题、推动企业科学发展取得的成效。

● 公司“焦裕禄式的好干部”代鑫波（左一）在工作现场为群众解决问题。（杜远龙 提供）

1. 教育实践活动的开展

成立以公司董事长、党组书记刘振亚为组长的领导小组，下设办公室和统筹协调组、综合服务组、督导联络组、材料组、整改落实组、宣传组6个工作组。各级单位分别成立以党政主要负责同志为组长的领导小组和办事机构。公司建立联系点22个，省公司、直属单位建立883个，地市级公司建立9239个，县级公司建立15 834个，层层落实责任，高标准高质量开展活动。

组织党员干部学习研读中央指定书目，组织观看《周恩来的四个昼夜》《焦裕禄》等教育影片和电视片。公司党组中心组集中（扩大）学习13次，累计学习11天；总部（分部）开展10次以上集中学习讨论；各级单位领导班子集中学习讨论9天以上，各级党支部集中学习7天以上。组织1362期轮训班，6.8万余名领导干部参加学习。依托报刊、网站、微信、微博等交流平台，创新学习载体，开展电网先锋讲坛等特色学习活动。

公司党组听取职工代表意见，广泛征求总部分部、基层单位的意见和经营区内26个省（区、市）政府、5大发电集团、38家重要电力客户意见共计541条。各级单位广泛征求意见建议2.9万余条，归纳需解决的问题4300余个。通过群众提、自己找、上级点、互相帮、集体议等方式，总部（分部）查摆突出问题15个；省公司、直属单位领导班子平均查摆40个；地市级公司平均查摆43个；县级公司平均查摆18个。对照征求意见和查摆问题，党员干部剖析原因，撰写并修改完善对照检查材料。

2506个各层级领导班子全部召开专题民主生活会。会前，落实中央“四必谈”要求，深入开展谈心谈话。会上，以整风精神严肃开展批评和自我批评，从理想信念、宗旨意识、党性修养、政治纪律等方面剖析，提出明确方向和改进措施。会后及时通报情况，主动接受监督。

以“钉钉子”精神狠抓整改落实，建立整改台账，实行销号管理。公司223项整改任务全面高质量完成；各级单位5060项整改落实措施、2832项专项整治措施、360项制度建设计划，逐项明确责任主体、完成时限和整改要求。开展整改落实“回头看”，深化整改成效，200 120名党员干部完成整改任务，占总数的99.85%。公司党组制定印发《关于深化“四风”整治、巩固和拓展党的群众路线教育实践活动成果的意见》，推进作风建设常态化长效化。

组建总部（分部）层面督导组8个、省公司（直属单位）层面168个、地市级公司层面863个，督导组成员5000余名，统一制定《督导工作方案》和《督导工作手册》，严格审核对照检查材料，紧紧抓住重点开展督导。

2. 教育实践活动成效

宗旨意识和群众观念得到增强，党员干部作风转变。理想信念更加坚定，群众观念牢固树立，表率作用充分发挥。

专项治理成效突出，“四风”问题有效遏制。会议数量下降23%，文件数量下降40%；评比表彰活动减少27%，各类领导小组和议事协调机构减少26%；“三公经费”同比下降20%；清理规范小型基建、办公用房、培训中心。加强监督管理，清理调整“裸官”21人，查处违反八项规定精神问题68起，给予党纪政纪处分56人、组织处分75人。

党内生活更加严格，党组织建设全面加强。民主（组织）生活会更加规范，各级领导班子建设加强，基层党组织战斗力提升。

坚持“你用电、我用心”，优质服务水平提升。加快无电地区电力建设，解决21万户87万无电人口通电问题。城市和农村客户平均停电时间下降26%和44%，故障抢修和投诉处理时长分别缩短20%和27%；新增便民措施18 605项，解决服务群众“最后一公里”的优质服务突出问题27 224个，95598热线服务满意率达99%。

群众基础不断夯实，基层实际困难得到解决。班组减负取得实效，基层数据重复录入率减少95%，班组不合理考核指标取消6028项，班组台账记录清理精简2.3万个。落实公司《职工民主管理纲要》，群众诉求渠道更加畅通。

制度建设逐步完善。发布五批452项通用制度，制订非通用制度实施细则和补充制度271项，实现有效衔接、全面覆盖。加强制度执行的监督、检查、考核、评价闭环管理，制度执行力和约束力增强。

“两个转变”取得进展。转变电网发展方式实现突破，转变公司发展方式取得成效，公司管理效率、经济效益和服务质量提升，利润创历史最好水平，连续10年获中央企业业绩考核A级，连续4年名列世界500强第7名。公司教育实践活动民主测评满意率达到98.9%。

（李　萌）

国家电网
STATE GRID
国家电网公司
STATE GRID CORPORATION OF CHINA

公司概况

2015 国家电网公司年鉴

公 司 介 绍

【公司简介】 国家电网公司成立于2002年12月29日，作为关系国家安全和国民经济命脉的特大型国有重点骨干企业，以建设运营电网为核心业务，承担着保障更安全、更经济、更清洁、可持续的电力供应的基本使命。公司按集团公司模式运作，经营区域覆盖26个省（自治区、直辖市），覆盖国土面积的88%以上，供电人口超过11亿人。公司稳健运营在菲律宾、巴西、葡萄牙、澳大利亚、意大利等国家的海外资产。公司连续10年、3个任期获评国务院国资委业绩考核A级企业，连续4年保持世界500强排名第7位，连续10年名列中国服务业企业500强榜首。

2014年，面对复杂的外部环境和艰巨的改革发展任务，公司上下贯彻党的十八大和十八届三中、四中全会精神，深入推进“两个转变”，全面建成“三集五大”，在创建世界一流电网、国际一流企业的道路上迈出坚实步伐，各方面工作取得新成绩、新突破。

党的群众路线教育实践活动。公司学习贯彻习近平总书记系列重要讲话精神，在思想上、政治上、行动上坚决与党中央保持高度一致。聚焦“四风”问题，边查边改、立行立改。落实中央要求，“三公”经费等21项专项治理取得实效。把解决服务群众“最后一公里”问题作为贯彻群众路线的切入点，开展明察暗访，整改报装难、缴费难等突出问题150多项。精简服务流程，办电时间缩短20%，交费方式增加至25种，新增交费网点18.6万余个，客户满意度明显提高。解决了10个“孤网”运行、38个县域电网与主网联系薄弱问题，完成336万户“低电压”治理，21万户87万无电人口实现通电。

安全供电。公司把保障大电网安全作为重中之重。汛期复奉、锦苏、宾金三大特高压直流满功率运行，向华东送电2160万kW、同比增长69%，消纳西南水电900亿kWh、同比增长85%，均创历史新高。全年特高压跨区跨省输送电量1367亿kWh，同比增长88%。大力开展四川康定地震抢险救灾，及时恢复受损供电设施。圆满完成APEC峰会、亚信峰会、青奥会等重大活动保电任务。支持新能源发展，累计并网装机1.2亿kW，风电并网规模、太阳能发电增速保持世界领先。开放分布式电源并网和电动汽车充换电市场，分布式电源并网5883户、163万kW；新建电动汽车充换电站218座，“两纵一横”高速公路城际互联快充网络基本建成。

电网发展。创新提出构建全球能源互联网战略构想。特高压进入全面提速、大规模建设的新阶段。浙北—福州特高压交流，溪洛渡左岸—浙江金华、哈密南—郑州特高压直流工程建成投运，淮南—南京—上海、锡盟—山东特高压交流，宁东—浙江特高压直流工程开工建设。累计建成“三交四直”特高压工程，在运在建特高压线路、变电（换流）容量超过1.5万km和1.5亿kVA（kW），输电量超过2800亿kWh。建成川藏电力联网工程。世界首个五端柔性直流——浙江舟山科技示范工程建成投运。13个国家级智能电网项目通过验收。智能电网创新工程荣获国家科技进步一等奖。累计拥有专利40 646项，连续四年居央企第一位。

“三集五大”体系。“三集五大”体系历时五年全面建成。“五位一体”建设加快推进，梳理核心业务流程1300项，发布公司标准484项、通用制度452项，废止相关制度标准49 330项，初步建成通用制度体系。“三个中心”建设不断深化。国分调、地县调一体化深入实施，总部、省、地（市）三级运营监测（控）中心加快导入综合计划和预算。注册成立西南分部。

经营管理。强化综合计划、预算执行跟踪分析和监督检查，加强电能替代、成本管控和电费风险防范，利润创历史最好水平，居央企前列。金融和产业单位努力开拓市场，优化业务布局，加快转型升级，发展质量明显提升。国际化取得新突破，成功中标巴西首个特高压直流输电项目，公司国际化发展得到中央领导肯定，在国资委中央企业负责人会议上作典型经验交流。

【电网概况】

1. 国家电网基本情况

截至2014年底，公司系统主要电网（国调直调、华北、华东、华中、东北、西北，下同）装机容量1 001 617.62MW，其中火电713 505.7MW，常规水电142 830.64MW，抽蓄16 930MW，核电13 014.58MW，风电87 898.8MW，光伏24 453.6MW。公司主要电网220kV以上交流降压变电容量2 389 744MVA，同比增长10.15%；220kV以上交流输电线路长度464 825km，同比增长6.98%。换流变压器容量136 679.8MVA，同比增长16.06%。

2014年是国家电网快速发展的一年，特高压浙福工程、宾金直流双极投产、清洁能源迅猛发展，特高压天中、锦苏直流输电能力大幅提升，电网结构、电源结构、运行特性深刻变化。截至2014年底，新投产

表 1

截至 2014 年底国家电网公司系统统调装机容量

电网名称	总容量		火电		常规水电		抽蓄		核电		风电①		光伏①		其他②	
	台数（座数）	容量（MW）	台数	容量（MW）	台数	容量（MW）	台数	容量（MW）	台数	容量（MW）	座数	容量（MW）	座数	容量（MW）	台数	容量（MW）
国调直调	70（0）	47 480	3	1980	67	45 500	0	0	0	0	0	0	0	0	0	0
华北	943（473）	263 277.82	849	218 644.9	43	2097.9	20	4570	1	25	346	32 722.8	127	4704.9	30	512.32
华东	920（76）	242 800.2	675	206 040.1	202	8711.6	30	6980	13	10 752	66	6534.2	10	3782.3	0	0
华中	1508（39）	193 457.44	374	126 065.7	1090	59 243.04	16	3790	0	0	37	2657.5	2	777.2	28	924
东北	480（249）	107 705.28	357	75 158	96	5475.1	6	1500	2	2237.58	245	22 525.9	4	452.7	19	356
西北	1596（498）	146 896.8	456	85 617	1097	21 803	4	90	0	0	187	23 458.5	311	14 736.3	39	1192
合计	5517（1335）	1 001 617.62	2714	713 505.7	2595	142 830.64	76	16 930	16	13 014.58	881	87 898.8	454	24 453.6	116	2984.3

注：① 风电场、光伏电站按座数统计，表 2 同。

② 其他类型的机组是指地热、秸秆发电等电源，表 2 同。

表 2

2014 年内国家电网公司系统新增统调装机容量

电网名称	总容量			火电			常规水电			抽蓄			核电			风电			光伏			其他		
	台数（座数）	容量（MW）	增幅（%）	台数	容量（MW）	增幅（%）	台数	容量（MW）	增幅（%）	台数	容量（MW）	增幅（%）	台数	容量（MW）	增幅（%）	座数	容量（MW）	增幅（%）	座数	容量（MW）	增幅（%）	台数	容量（MW）	增幅（%）
国调直调	14（0）	9180	20.31	3	1980	28.7	11	7200	18.8	0	0	0	0	0	0	0	0	0	0	0	0	0	0	0
华北	63（154）	25 082.7	10.50	60	16 202.2	8.10	0	0	0	1	300	4.70	0	0	0	76	5475.5	20.80	78	3081	196	2	24	1.30
华东	61（31）	19 417.4	7.89	56	12 592.7	6.61	2	66.6	0.45	0	0	0	3	3267	43.65	21	1027.1	20.80	10	2464	187	0	0	0
华中	94（16）	9622.3	4.94	9	4270	3.51	80	3584.6	6.44	0	0	0	0	0	0	16	946.7	85.01	0	590	315	5	231	33.33
东北	2（33）	4386.09	3.83	8	1765	2.35	−13	−611.7	−11.1	0	0	0	1	1118.7	100	32	1635	7.57	1	359	382	6	120	1.21
西北	52（87）	19 038	16.50	24	7885	13.90	27	1226	5.60	0	0	0	0	0	0	48	7434	47.50	39	2463	20	1	30	2.6
合计	286（321）	86 727.2	9.48	160	44 694.9	6.68	107	11 465	8.73	1	300	1.80	4	4385.8	51	193	16 519	23.14	128	8957	58	14	405	15.70

220kV 以上输电线路 30 424.4km（1143 条），同比增长 6.98%，变电容量 220 278MVA（770 台），同比增长 10.15%，新增统调装机 86 727.2MW，同比增长 9.48%。大电网资源优化配置与清洁能源消纳成效显著，公司跨国跨区输电能力达 64 660MW，同比增长 20.12%；2014 年，公司区域内水电年发电量累计完成 6149 亿 kWh，同比增长 14%（增加 732 亿 kWh）；风电并网容量超过 87 000MW。

华北 500kV 主网省间联络结构较 2013 年维持不变，无新投工程。各省网内部 500kV 基建项目多数为电厂送出或线路破口工程。华东电网宾金直流及其配套工程投产，浙江南部电网长期以来受电能力不足的问题得到极大缓解；浙北—福州交流特高压工程投产，福建外送能力、浙江南北电网交换能力大幅提高；上海外二厂—杨行双线串联电抗器工程投产，上海电网短路电流超标问题大幅缓解。华中电网 500kV 孱陵变电站Π接入江复双回线，孱陵变电站新建一台主变压器，荆州地区供电能力得到加强，有利于鄂西电网开环；新建 500kV 沙星Ⅱ回线，加强了湘中地区从湘北电网的受电能力；溪复双回线改接为溪宾三回线、宾叙双回线、宾复双回线，优化了溪洛渡、向家坝水电基地近区网架结构。东北电网新建张台变电站Π接入 500kV 徐辽线、徐王线，新建吉林东变电站Π接入 500kV 平包线；丰满电厂三期机组通过切改后的 220kV 松明线、松磐线直送磐桦电网，吉林中部交流联络线电磁环网解环运行，东北电网主要北电南送输电断面全部实现电磁环网解环运行。西北电网陕甘联网第二通道东麦宝输变电工程、新疆乌昌 750kV 小环网和 750kV 库车输变电工程、陕西关中 750kV 南山及信义第二台主变压器输变电工程、宁夏 750kV 黄河、贺兰山第二台主变压器及 750kV 黄贺第二回线输变电工程的建成投产，750kV 主网架进一步加强；特高压天中直流配套电源的投产，西北电网外送规模进一步增大，外送型电网特征进一步明晰；甘青断面、关中西部、河西等地区实现 750/330kV 电磁环网解环或分片运行。

表 3　截至 2014 年底国家电网公司系统 220kV 及以上统调降压变电容量

电网名称	总计		1000/750kV		500kV		330kV		220kV	
	台数	容量（MVA）	台数	容量（MVA）	台数	容量（MVA）	台数	容量（MVA）	台数	容量（MVA）
国调直调	23	60 000	19	57 000	4	3000	0	0	0	0
华北	2820	634 045	2	6000	270	222 860	0	0	2548	405 184.93
华东	2946	704 531	0	0	290	252 950	0	0	2656	451 581
华中	2355	540 531	0	0	259	218 351	0	0	2096	322 180
东北	1105	216 820	0	0	96	81 291	0	0	1009	135 528.8
西北	764	233 817	47	85 100	0	0	358	92 000	359	56 717
合计	10 013	2 389 744	68	148 100	919	778 452	358	92 000	8668	1 371 192

表 4　2014 年内国家电网公司系统新增统调变电容量

电网名称	总计			1000/750kV			500kV			330kV			220kV		
	台数	容量（MW）	增幅（%）	台数	容量（MW）	增幅（%）	台数	容量（MW）	增幅（%）	台数	容量（MW）	增幅（%）	台数	容量（MW）	增幅（%）
国调直调	6	18 000	42.86	6	18 000	46.15	0	0	0	0	0	0	0	0	0
华北	205	55 119	9.60	0	0	0	28	25 250	12.60	0	0	0	177	29 869	7.90
华东	188	54 653	8.41	0	0	0	22	21 400	9.30	0	0	0	166	33 253	7.94
华中	218	43 234	8.7	0	0	0	13	11 950	5.79	0	0	0	205	31 284	10.76
东北	55	12 802	4.16	0	0	0	5	5010	3.94	0	0	0	50	7792.3	4.45
西北	98	36 470	18.70	10	17 400	23.00	0	0	0	48	11 410	14.30	40	7660	20.40
合计	770	220 278	10.15	16	35 400	31.41	68	63 610	8.90	48	11 410	14.16	638	109 858.3	8.71

表 5　　截至 2014 年底国家电网公司系统 220kV 及以上统调线路长度

电网名称	总计		1000/750kV		500kV		330kV		220kV	
	条数	长度（km）	条数	长度（km）	条数	长度（km）	条数	长度（km）	条数	长度（km）
国调直调	84	10 059	14	3116.5	69	6942.3	1	0.1	0	0
华北	3679	108 499	0	0	375	31 723.2	0	0	3304	76 775.8
华东	4279	99 121	0	0	478	28 635.0	0	0	3801	70 485.6
华中	3623	120 396	0	0	445	36 420	0	0	3178	83 976
东北	1660	64 115	0	0	162	16 511.6	0	0	1498	47 603.3
西北	1234	62 634	83	14 174	0	0	572	25 547	579	22 913
合计	14 559	464 825	97	17 290.5	1529	120 231.9	573	25 547	12 360	301 754

表 6　　2014 年内国家电网公司系统 220kV 及以上新增统调线路长度

电网名称	总计			1000/750kV			500kV			330kV			220kV		
	条数	长度（km）	增幅（%）	条数	长度（km）	增幅（%）	条数	长度（km）	增幅（%）	条数	长度（km）	增幅（%）	条数	长度（km）	增幅（%）
国调直调	12	1393.8	16.1	6	1173.5	60.4	6	220.3	328.00	0	0	0	0	0	0
华北	288	7673.5	8.60	0	0	0	25	2291.2	7.70	0	0	0	263	5382.3	7.50
华东	248	4276.5	4.51	0	0	0	40	1642.3	6.39	0	0	0	208	2634.2	3.90
华中	355	9821.3	8.87	0	0	0	21	1313.8	3.69	0	0	0	334	8507.5	11.3
东北	60	1238.3	2.37	0	0	0	3	42.0	0.23	0	0	0	57	1196.3	3.14
西北	180	6021	10.10	9	1449	11.40	0	0	0	104	2719	11.60	67	1853	8.80
合计	1143	30 424.4	6.98	15	2622.5	17.88	95	5510	4.8	104	2719	11.91	929	19 574	6.94

2. 国家电网调度装备和运行指标

2014 年，公司系统继电保护工作水平和保障电网安全能力进一步加强。截至 2014 年底，国家电网 220kV 及以上系统继电保护装置达到 143 803 台，同比 2013 年（130 162 台）增加 13 641 台，增幅为 10.48%，保护双重化率达到 98.96%，同比 2013 年（98.16%），双重化率提高 0.80 个百分点；微机型保护装置 143 723 台，微机化率为 99.93%，同比 2013 年（99.78%），微机化率提高 0.15 个百分点。光纤通道在 220kV 及以上系统中得到广泛应用，所占比例达到 88.63%，同比提高 1.99 个百分点。2014 年，国家电网 220kV 及以上交流系统继电保护正确动作率达到 99.950%，高压直流输电系统继电保护正确动作率达到 99.68%。继电保护的可靠运行、正确动作和快速切除故障，为电网的安全运行提供了坚强保障。

截至 2014 年底，国调、网调、省调、地调和县调五级调度建设运行的自动化系统主站系统有：智能电网调度控制系统共 90 套，包括 33 套省级以上调度的系统和 57 家地调系统；独立建设的 SCADA/EMS 系统共有 774 套，包括网调 1 套、省调 12 套、地调 279 套、县调 482 套；动态稳定监测预警系统（简称 DSA）共有 8 套，包括省调 4 套、地调 4 套；广域相量测量系统（简称 WAMS）共有 7 套，包括省调 7 套；调度计划系统（简称 OPS）共有 25 套，包括国调 1 套、省调 3 套、地调 21 套；电能量计量系统（简称 TMR）共有 235 套，包括国调 1 套、网调 1 套、省调 18 套、地调 146 套、县调 69 套；调度员培训仿真系统（简称 DTS）共有 195 套，包括网调 1 套、省调 11 套、地调 183 套；调度管理系统（简称 OMS）共有 130 套，包括网调 1 套、省调 4 套、地调 125 套；雷电定位系统（简称 LLS）共有 9 套，包括国调 1 套、省调 8 套；保护管理系统共 6 套；水调自动化系统共有 31 套；集控站监控系统 67 套。

调度数据网络情况：调度数据网规模达 43 375 个节点，较 2013 年增长 24%，110（66）kV 厂站的网络覆盖率达 95.99%，35kV 厂站的网络覆盖率达 81.73%。

二次系统安全防护设备情况：在各级调度机构、110kV 及以上变电站和统调发电厂中，共部署内网安全监视功能应用 180 套；升级和部署新一代电力调度数字证书系统 283 套，部署电力专用横向隔离装置（包括正向和反向型隔离装置）2600 台、电力专用纵向加密认证装置 28 996 台、电力专用加密卡 179 块、电力专用安全拨号装置 252 台、硬件防火墙 6039 台、入侵检测装置 399 台。通过内网安全监视功能监视各类安全防护设备 26 252 台（套），其中电力专用纵向加密认证装置 21 861 台、电力专用横向隔离装置 410 台、硬件防火墙 3648 台、入侵检测装置 118 台。

厂站系统和设备概况：公司调度管辖范围内 110kV 及以上电压等级厂站监控系统和设备 RTU 共 2889 套，厂站监控系统 17 793 套，电能量远方终端 11 846 套，PMU 2301 套。

2014 年，国家电网公司省级以上电力调度自动化系统总体运行平稳，统计的 9 项运行指标中，有 4 项指标高于 2013 年，1 项持平，3 项降低，其中遥测估计合格率指标继续稳步提升。各项指标情况见表 7。

表 7　2014 年省级以上电力调度自动化系统主要运行指标

指标名称	2014 年	2013 年
子站设备可用率（%）	99.993	99.952
数据通信系统可用率（%）	99.993	99.994
计算机系统可用率（%）	100.00	100.00
事故遥信动作正确率（%）	100.00	99.915
AGC 功能投运率（%）	98.460	99.996
AGC 控制合格率（%）	98.295	99.907
状态估计可用率（%）	99.780	99.873
遥测估计合格率（%）	99.81	98.75
调度员潮流合格率（%）	100.00	100.00

（叶　俭　车文妍　王永福）

【公司战略体系】

公司使命——奉献清洁能源、建设和谐社会

公司宗旨——“四个服务”（服务党和国家工作大局、服务电力客户服务发电企业、服务经济社会发展）

核心价值观——诚信、责任、创新、奉献

企业精神——努力超越、追求卓越

战略愿景——“两个一流”（建成世界一流电网、国际一流企业）

战略目标——“一强三优”现代公司（电网坚强：电网规划科学、结构合理、安全可靠、绿色环保、智能高效，技术装备水平和主要运行指标达到国际先进水平，大范围优化能源资源配置能力和抵御风险能力强。资产优良：资产结构合理、布局优化、质量好，盈利和偿债能力强，无形资产价值高，内部资源配置效率高。服务优质：保障安全、经济、清洁、可持续的电力供应，提供规范高效的能源综合服务，理念先进、体系完备、规范高效，品牌形象好，利益相关方综合满意度高，服务水平在社会公共服务行业中处于领先地位。业绩优秀：安全、质量、效益指标在国内外同业中领先，经营业绩优秀，创新成果突出，带动能力强，企业健康发展，综合价值高，社会贡献大。现代公司：建立完善的现代企业制度和科学的集团管理体系，治理结构完善，业务流程顺畅，管理集约高效，自主创新能力和信息化水平高，队伍素质好，企业软实力、社会影响力和国际竞争力强）

战略途径——“两个转变”（转变电网发展方式：实施“一特四大”战略，建设以特高压为骨干网架、各级电网协调发展，具有信息化、自动化、互动化特征的智能电网，大范围优化配置能源资源，促进清洁能源的开发利用，将国家电网建设成为网架坚强、广泛互联、高度智能、开放互动的能源互联网。转变公司发展方式：建设“三集五大”管理体系，持续推进管理变革，促进电网、产业、金融协同发展，全方位推进国际化，创建一流人才队伍，培育统一企业文化，将公司打造成为具有核心竞争力和全球影响力的现代化大型能源企业集团）

基本方针——“四化”方针（集团化运作、集约化发展、精益化管理、标准化建设）

工作思路——“三抓一创、内质外形”（“三抓一创”：抓发展、抓队伍、抓管理、创一流；“内质外形”：全面提高安全素质、质量素质、效益素质、科技素质和队伍素质；塑造认真负责的国企形象、真诚规范的服务形象、严格高效的管理形象、公平诚信的市场形象、团结进取的团队形象）

【社会责任观】 国家电网公司认为，企业社会责任，是指企业通过透明和道德的行为，有效管理自身决策和活动对利益相关方、社会和环境的影响，追求经济、社会和环境综合价值最大化的意愿、行为和绩效。其强调企业社会责任的三方面内涵：

以综合价值创造结果和透明度作为判断企业社会责任的科学标准。企业社会责任，简言之，就是对社会负责任的企业行为。按照社会责任国际标准 ISO 26000 的观点，对社会负责任的核心是保证企业行为的透明和道德。因此，判断企业行为是否对社会负责任，除了考虑道德动机和履责意愿，还必须坚持两个基本标准：一是要看绩效结果，即企业行为能否促进社会资源的更优配置，最大限度地为社会创造综合价值；二是要看透明度，即企业行为能否保证必要的透明度。

实践企业社会责任的完整逻辑，是实现企业社会责任意愿、行为和绩效的统一。衡量对社会负责任的企业行为的唯一标准就是对“可持续发展”贡献的最大化。可持续发展的涵义是“既满足当代人需要又不危及后代人满足其需要的能力的发展。”“可持续发展事关高品质生活、健康、繁荣和社会正义的协调及维护地球支撑生物多样性的能力。这些社会、经济和环境目标是相互依存和相辅相成的。它从整体上表达了社会的广泛期望。”国家电网公司认为，对社会负责任的企业行为，源于使命、成于机制，始于战略、成于管理，本于制度、成于文化，并最终体现为追求经济、社会和环境的综合价值最大化的绩效结果。

企业社会责任必须从管理入手，核心是有效管理好企业决策和活动对利益相关方、社会和环境的影响。“影响”是指“组织决策和活动所引致的社会、经济或环境的积极或消极变化”，包括社会影响、经济影响、环境影响；积极影响（引致的社会、经济、环境的积极变化）、消极影响（引致的社会、经济、环境的消极变化）；直接影响、间接影响（如价值链的影响）等。企业社会责任是一种管理实践，旨在通过有效的社会责任管理，最大限度地增加企业决策和活动对利益相关方、社会和环境的积极影响，最大限度地减少消极影响。

责任源于使命，始于战略。公司社会责任战略核心是，推动公司、产业、社会的社会责任。战略目标是，确保企业经营可持续，追求综合价值最大化，争取社会认同和信赖。战略重点是，以建设坚强智能电网为中心，推进能源社会责任；以高效运营和科技创新，保障可靠可信赖的能源供应；以优质服务，高质量地满足经济发展对电力的需求；以透明运营和接受各界监督，赢得社会认同；善用公司产业带动力，推动产业社会责任；善用公司社会影响力，促进社会的社会责任。战略途径是，加快转变电网发展方式，建设坚强智能电网，实现电网发展现代化；加快转变公司发展方式，确保“三集五大”体系高效运转，实现公司治理现代化。

责任植于管理，成于机制。通过“三集五大”体系全面建设为公司更好履责奠定坚实基础，根本促进企业价值和客户价值持续提升，全面提高公司管理效率、经济效益和服务水平，构建良性健康的企业生态系统。通过持续优化履责内容和履责行为，推动利益相关方参与，推进社会责任的全员参与、全过程融合、全方位参与，社会责任管理体系不断健全。

组 织 机 构

【公司领导】

截至 2014 年底，公司领导共 11 位：

刘振亚　国家电网公司董事长、党组书记

舒印彪　国家电网公司董事、总经理、党组成员

陈月明　国家电网公司副总经理、党组成员

杨　庆　国家电网公司副总经理、党组成员

曹志安　国家电网公司副总经理、党组成员兼直属党委书记

栾　军　国家电网公司副总经理、党组成员

李汝革　国家电网公司总会计师、党组成员

潘晓军　国家电网公司党组成员，中央纪委驻国家电网公司纪检组组长

王　敏　国家电网公司副总经理、党组成员

帅军庆　国家电网公司副总经理、党组成员

刘广迎　国家电网公司党组成员、工会主席

【公司总部分部组织机构图】

国家电网公司

- 国家电网公司总部（32个部门）
  - 办公厅
  - 总师办公室
  - 研究室
  - 发展策划部
  - 财务资产部
  - 安全监察质量部
  - 运维检修部
  - 营销部
  - 农电工作部
  - 科技部（智能电网部）
  - 基建部
  - 交流建设部
  - 直流建设部
  - 信息通信部
  - 物资部（招投标管理中心）
  - 产业发展部
  - 对外联络部（品牌建设中心）
  - 国际合作部
  - 审计部
  - 经济法律部
  - 人事董事部
  - 人力资源部
  - 体制改革办公室
  - 离退休工作部
  - 后勤工作部
  - 思想政治工作部（与公司团委、直属党委合署办公）
  - 监察局（与中纪委驻公司纪检组合署办公）
  - 工会
  - 国家电力调度控制中心
  - 国家电网运营监测（控）中心
  - 国家电网电力交易中心
  - 企业管理协会
- 国家电网公司分部（6个）
  - 华北分部
  - 华东分部
  - 华中分部
  - 东北分部
  - 西北分部
  - 西南分部

【公司各单位组织机构图】

国家电网公司

- 华北（6个）
  - 国网北京市电力公司
  - 国网天津市电力公司
  - 国网河北省电力公司
  - 国网冀北电力有限公司
  - 国网山西省电力公司
  - 国网山东省电力公司
- 华东（5个）
  - 国网上海市电力公司
  - 国网江苏省电力公司
  - 国网浙江省电力公司
  - 国网安徽省电力公司
  - 国网福建省电力有限公司
- 东北（4个）
  - 国网辽宁省电力有限公司
  - 国网吉林省电力有限公司
  - 国网黑龙江省电力有限公司
  - 国网内蒙古东部电力有限公司
- 华中（6个）
  - 国网湖北省电力公司
  - 国网湖南省电力公司
  - 国网河南省电力公司
  - 国网江西省电力公司
  - 国网四川省电力公司
  - 国网重庆市电力公司
- 西北（6个）
  - 国网陕西省电力公司
  - 国网甘肃省电力公司
  - 国网青海省电力公司
  - 国网宁夏电力公司
  - 国网新疆电力公司
  - 国网西藏电力有限公司
- 产业公司（13个）
  - 国网国际发展有限公司
  - 鲁能集团有限公司（都城伟业集团有限公司）
  - 南瑞集团有限公司（国网电力科学研究院）
  - 中国电力技术装备有限公司（国家电网公司工程管理分公司）
  - 国网新源控股有限公司（国网新源水电有限公司）
  - 国网通用航空有限公司
  - 国网物资有限公司
  - 国网节能服务有限公司
  - 英大传媒投资集团有限公司
  - 国网中兴有限公司
  - 许继集团有限公司
  - 平高集团有限公司
  - 山东电工电气集团有限公司
- 专业公司（6个）
  - 国家电网公司运行分公司
  - 国家电网公司直流建设分公司
  - 国家电网公司交流建设分公司
  - 国家电网公司信息通信分公司
  - 国家电网公司客户服务中心
  - 国家电网公司国际业务服务分公司
- 科研教培单位（7个）
  - 中国电力科学研究院
  - 国网北京经济技术研究院
  - 国网能源研究院
  - 国网智能电网研究院
  - 国家电网管理学院（中共国家电网公司党校）
  - 国家电网公司高级培训中心
  - 国网技术学院（国家电网公司团校）
- 金融企业（7个）
  - 国网英大国际控股集团有限公司
  - 中国电力财务有限公司
  - 英大泰和财产保险股份有限公司
  - 英大泰和人寿保险股份有限公司
  - 英大长安保险经纪集团有限公司
  - 英大国际信托有限责任公司
  - 英大证券有限责任公司

电网发展

规划与发展

【“大规划”体系建设】 按照“三集五大”体系建设工作总体部署，如期完成“大规划”建设任务，全面建成“大规划”体系。2014年，电网项目可研工作平均时间、前期工作平均时间分别较体系建设前缩短37%、22%，单位电网投资增售电量较体系建设前提升27%。

推进“大规划”体系建设。细化研究建设任务，从推进体系全覆盖、持续提升规划设计支撑能力、加强和提升经研院所管理水平、提高配电网规划能力等4个方面，研究提出2014年“大规划”体系建设主要任务，明确工作重点和关键时间节点计划，随《国家电网公司关于印发2014年“三集五大”体系建设主要任务的通知》（国家电网体改〔2014〕262号）印发实施，确保建设目标落地。跟踪指导大规划建设，建立信息月报制度，密切掌握各单位“大规划”体系建设进展情况，遇到重大问题及时反馈公司“三集五大”领导小组办公室；指导各单位落实“大规划”体系建设方案，突出解决经研院所资质和能力提升、加强配电网规划管理、加快信息化建设等问题，使体系在运转中不断完善提升。开展大规划成效评估，研究提出“大规划”体系建设成效评估指标，随《国家电网公司关于印发“三集五大”体系建设成效评估方案的通知》（国家电网体改〔2014〕905号）印发实施；组织27家省级公司发展部门开展成效评估宣贯培训，帮助各单位深入理解“大规划”体系建设成效指标的内涵、计算方法、评分标准；归集各单位“大规划”体系建设成效基础数据，组织开展成效数据审核和指标评价，以及成效情况复查抽查，督导推进“大规划”体系建设；研究提出各单位“大规划”体系建设存在的主要问题及整改要求，印发《国网发展部关于报送“大规划”体系建设成效评估整改情况的通知》（发展能源〔2014〕177号），加强问题整改的业务指导和督导检查，巩固体系建设成果。总结提炼大规划工作，总结5年来“大规划”体系建设工作，形成总结报告，把零散的、感性的认识上升为系统的、理性的认识；组织开展“大规划”体系建设最佳实践总结推广，引导各单位加强经验交流，提升体系建设质量。

推进“大规划”体系全覆盖。拓展“大规划”体系建设的深度和广度，将“大规划”体系建设要求贯彻落实到县级公司各项规划计划的具体工作中，确保“大规划”业务的全面落地。对控股和代管县供电企业部署实施“大规划”体系建设，着力解决控股、代管县供电企业基础条件差、管理水平落后、人员短缺、业务技能低等困难，实现“大规划”体系在公司各层级和规划、前期、计划、投资、统计等“大规划”全业务领域的全覆盖。

提升规划设计支撑能力。开展分层次、分专业的业务培训，加强上级经研院对下级经研院所的业务指导交流；组织下级经研院所人员到上级经研院挂职锻炼，在具体业务工作中加强人才培养；落实资质提升规划和实施计划，加快经研院所咨询、设计资质的提升。在咨询设计资质整体偏低、人员尚未完全到位的情况下，各级经研院所承担公司系统全部电网规划编制、发展诊断分析等业务，承担公司系统约73%的220、110（66）kV电网项目的可研编制。2012~2014年，累计提升咨询资质172家（逐年分别为46、64、62家）、设计资质64家（逐年分别为16、30、18家）。截至2014年底，27家省公司全部成立了省级经研院，其中6家资质达“双甲”；除甘肃临夏和甘南、湖北神农架3个供电公司外，其余260家地市公司全部成立了地级经研所，其中66家资质达“双乙”及以上。

（余秋霞）

【国家电网“十三五”发展规划】

一、规划过程

6月，国家能源局召开全国“十三五”能源规划工作会，印发《“十三五”能源规划工作方案》，启动国家能源规划编制工作，公司启动“十三五”电网规划工作。

7月，成立“十三五”电网规划领导小组和办公室等专门工作机构。

7~8月，就电力需求、电源结构及布局、电力流向与规模、清洁能源开发消纳等重大问题，在已有成果基础上进行深化研究，明确电网规划主要边界条件。

8~10月，广泛征求各方意见并组织中国电力科学研究院、国网北京经济技术研究院、国网能源研究院、27个省级电力公司等单位，对国家电网规划格局和构建方案、特高压电网的安全性与经济性等重大问题进行研究和论证，完成《川藏水电开发外送和西南电网构建方案》《国家电网“十三五”骨干网架构建方案》。

12月，组织27个省级电力公司完成省级电网规划报告，配合省级能源主管部门开展省级能源电力规划编制工作。

2015年1月，编制完成《国家电网公司“十三五”电网发展规划（建议稿）》和13项专题研究报告，报送国家能源局。

二、主要规划成果

1. 电力需求预测

考虑我国经济发展新常态的特点，借鉴发达国家的发展经历和经验，综合经济发展环境、产业结构调整、技术进步、能源替代、节能减排等影响电力需求增长的因素，预测中长期电力需求。预计2020年全国全社会用电量8.4万亿kWh、最大负荷14.1亿kW，“十三五”年均增长7.2%和7.8%；2030年全社会用电量11.7万亿kWh、最大负荷20.0亿kW，2021～2030年均分别增长3.4%、3.6%。

2. 电源结构和布局

预计到2020年，全国装机容量达到20.6亿kW，“十三五”新增装机5.6亿kW。从电源结构看，清洁能源装机比重将由2014年的约31.6%提高到2020年的35.1%，煤电装机比重由2014年的约63%下降到2020年的58%，电源结构得到优化，预计2020年清洁能源发电量占全国发电量的26%，计及其他可再生能源，非化石能源消费量占一次能源消费比重将达15%。从煤电布局看，晋、陕、蒙、宁、新5省区煤电装机占全国的比重由2014年的23%提高到2020年的36%，新增煤电主要布局在国家规划的西部、北部能源基地，东中部常规煤电建设得到控制。

3. 电力流优化

根据送端能源基地电力送出能力、受端省份电力市场空间，优先考虑开发清洁能源并实现高效消纳，统筹跨区跨省输电走廊和路径，对西部北部送端各能源基地到东中部受端各省市的电力流进行优化，经电力电量平衡，到2020年，公司经营区东中部12省（市）受入电力3.1亿kW，其中新增电力流2.0亿kW。

4. 主网架方案论证

根据我国“西电东送、北电南供”电力流特点，国家电网发展呈现东北、西北、西南为送端，华北、华中、华东为受端的基本格局。

未来华北、华中、华东主网架构建主要有三种方案：“华北、华东、华中”特高压异步电网、“华北—华中、华东”特高压异步电网和“三华”（华北、华东、华中）特高压同步电网。中国电力科学研究院采用电网仿真系统，对三种方案进行计算分析和安全性比较。研究表明，“三华”特高压同步方案为东中部负荷中心地区接受区外来电开辟了更为安全可靠的特高压交流通道，区外电力分别通过特高压交流和特高压直流送入，形成“强交强直”格局，一方面可以从根本上解决制约电网自身发展的短路电流增长问题，另一方面解决了多直流馈入受端电网引起的电压不稳定问题，满足规划设计标准要求。综合安全性、经济性研究结论，推荐“三华”特高压同步方案作为国家电网规划方案。

（谷　毅）

【电网发展重大专题研究】 2014年6月，按照国家“十三五”能源电力规划总体部署，公司组织科研设计单位和27个省级电力公司，对电力需求、电力流、清洁能源发展等重大问题进行了系统研究，形成13项专题研究报告。2015年1月，主要研究成果报送国家能源主管部门。

电力需求总量及分布研究。在总结分析国内外典型工业化、城市化发展阶段电力需求基本特征的基础上，根据“十八大”确定的发展目标，对我国2020年及中长期电力需求进行研究，预计2020年全国全社会用电量8.4万亿kWh，“十三五”年均增长7.2%；2030年全社会用电量11.7万亿kWh，2021～2030年年均增长3.6%。

大型煤电基地开发规模及外送潜力研究。综合考虑煤炭资源、水资源、当地用电增长等因素，对我国西部、北部7个煤炭主产区可支撑煤电装机规模和外送潜力进行研究，预计2020年、2030年，分别可支持煤电装机5.2亿、7.5亿kW，外送潜力3.5亿、5.1亿kW。

清洁能源基地开发及外送研究。对我国水电、风电、太阳能发电等清洁能源资源开发和外送条件进行综合分析，提出2020年我国风电装机2.4亿kW，其中跨区外送1亿kW；太阳能发电装机1亿kW，其中跨区外送700万kW。2030年，风电装机4.3亿kW，其中跨区外送1.8亿kW；太阳能发电装机3亿kW，其中跨区外送5000万kW。

电力流规模和流向研究。综合考虑我国一次能源开发布局、送受端负荷需求，生态环境约束等因素，提出2020年，公司经营区域电力流总规模将达3.8亿kW，其中，东中部受入3.1亿kW，包括煤电2.5亿kW（打捆风电约1亿kW）、水电0.6亿kW。随着西部、北部能源基地加快开发，从长期看，电力流规模还将扩大。

适应清洁能源发展的调峰电源规划研究。在调研我国抽水蓄能、燃气电站基本情况基础上，结合我国清洁能源规划，研究提出我国“十三五”清洁能源和调峰电源发展方案。到2020年，我国清洁能源装机7.22亿kW，为满足调峰运行需要，抽水蓄能电站装机需达4938万kW、占发电总装机的2.4%；燃气电站装机需达8637万kW、占发电总装机的4.2%。

特高压直流输送清洁能源的合理配套规模研究。按照合理控制弃风弃光规模、优先利用送端配套火电调峰能力、保证直流远距离输电安全及经济性满足要求的原则，提出特高压直流配套清洁能源规模优化计算方法，以酒泉—湖南、哈密南—郑州特高压直流工程为例，通过生产运行模拟，研究确定风、光、火电合理的打捆外送规模。

四川水电开发利用及电力供应保障研究。根据四川“丰余枯缺”结构性特点，提出丰水期四川主要流域水电站的汇集及外送方案、枯水期留存合理比例，以及接受西藏、新疆区外电力等保障措施。

多重故障冲击下“三华”特高压同步与异步方案风险评估。通过计算分析在遭受地震、大风等严重自然灾害时抵御故障冲击的能力，结果表明，“三华”特高压同步方案解决了因交直流系统相互作用而引发的华东电网电压不稳定问题，电网安全性、运行可靠性和抗故障冲击能力比特高压异步方案大幅提高，满足DL 755—2001《电力系统安全稳定导则》规定的安全稳定标准要求。

“三华”特高压同步电网第三道防线设置及交直流协调控制研究。“三华”特高压同步电网承受潮流转移和抵御多重严重故障能力强，系统失稳概率低，在同时失去多个特高压交流通道时，依靠解列、低频减载、低压减载等“第三道防线”措施，可以成功解列同步电网，解列后电网可维持安全稳定运行。

特高压电网规划方案经济性研究。从投资、年费用、平均输电价格等方面，对“三华”特高压同步和异步方案的经济性进行比较，“三华”特高压同步方案投资省、年费用小、平均输电价格低，具有较强的财务生存能力，电价竞争力强，社会综合效益显著，投入产出效益好。

电能替代对大气污染治理的作用研究。在分析我国大气污染、雾霾污染、电力行业环境污染的基础上，综合考虑经济性、技术进步、环保等因素，研究提出电能替代能够明显改善我国京津冀、华东、华中等地区的空气质量。与现状相比，SO_2、NO_x、$PM_{2.5}$浓度将明显下降，大多数城市主要污染物浓度降低10%以上，最多可达20%以上。

能源电力行业大气污染减排措施及对电网发展的影响研究。通过环保集中治理，电力行业常规大气污染物排放呈下降趋势，但由于基数高，电力行业污染物排放量仍占有较高比重，30万kW及以下火电机组$PM_{2.5}$排放量占电力行业总排放量的41%。研究结果表明，未来电力行业实现大气污染物减排的主要举措应是关停改造小火电、严格执行火电排放新标准、实施电能替代等。

分布式电源发展规划及对电网发展的影响研究。综合我国分布式电源的发展条件，预计2020年、2030年分布式电源装机将分别达到1.87亿、5.05亿kW，届时将占全国发电总装机的9.1%、17.3%，占比年均增加近1个百分点。

（赵　良）

【特高压电网项目前期工作】

一、特高压工程前期进展

1. 特高压成为国家能源战略重点

4月18日，国务院总理李克强主持召开国家能源委员会第一次会议，明确提出按规划开工建设包括特高压在内的一批重大项目。6月7日，《国务院办公厅关于印发能源发展战略行动计划（2014~2020年）的通知》（国办发〔2014〕31号），明确提出“发展远距离大容量输电技术，扩大西电东送规模，实施北电南送工程”。6月17日，习近平总书记主持召开中央财经领导小组第六次会议，强调建设以电力外送为主的千万千瓦级大型煤电基地，继续发展远距离大容量输电技术。

2. “四交四直”特高压工程纳入国家大气污染防治行动计划

2月12日，中国国际工程咨询公司印发《关于大气污染防治行动计划重点输电通道研究论证报告的评估报告》（咨能发〔2014〕222号）。5月16日，国家能源局下发《国家能源局关于加快推进大气污染防治行动计划12条重点输电通道建设的通知》（国能电力〔2014〕212号），将淮南—南京—上海、锡盟—济南、蒙西—天津南、榆横—潍坊特高压交流，宁东—浙江绍兴、锡盟—江苏泰州、晋北—江苏南京、上海庙—山东临沂±800kV特高压直流“四交四直”8项特高压工程，纳入国家大气污染防治行动

● 11月4日，国家电网公司“两交一直”（淮南—南京—上海、锡盟—山东、宁东—浙江）特高压工程开工动员大会在北京召开。（高志星 摄）

计划。

3. “两交一直”特高压工程获得核准并开工建设

4月21日，淮南—南京—上海特高压交流工程获得《国家发展改革委关于淮南—南京—上海1000kV交流特高压输变电工程核准的批复》（发改能源〔2014〕711号）。7月12日，锡盟—济南交流工程获得《国家发展改革委关于锡盟—山东1000kV特高压交流输变电工程核准的批复》（发改能源〔2014〕1643号）。8月5日，宁东—浙江绍兴直流工程获得《国家发展改革委关于宁夏宁东—浙江绍兴±800kV特高压直流输电工程项目核准的批复》（发改能源〔2014〕1796号）。11月4日，淮南—南京—上海、锡盟—济南特高压交流工程、宁东—浙江绍兴特高压直流工程开工建设。另外，榆横—潍坊特高压交流工程和酒泉—湖南湘潭±800kV特高压直流工程也落实了各项核准支持性文件，具备核准条件。

二、与各级地方政府协同联动

2014年，公司分别与18个省（区、市）党委政府就能源电力保障和特高压电网建设举行战略会谈。分别与大气污染防治行动计划“四交四直”工程相关的天津、山西、山东、河北、内蒙古、上海、江苏、浙江、安徽、陕西、宁夏等11个省（区、市）政府，成立特高压工程建设领导小组，建立各方沟通和联动机制，共同推进特高压工程建设。在公司内部，建立周例会和简报制度，加强前期工作检查督促，协调解决难点问题，通报工作进展情况。

三、推进特高压工程可研设计

重点针对“四交四直”特高压工程可研，公司在机制建设、技术把关、造价控制、协议落实等方面提高可研设计质量。定期召开可研工作检查会，沟通工作情况，协调存在问题。开展系统论证、站址选择、路径优化等工作，不定期召开专题会议，研究确定重大技术原则和设计方案。以最新的招标价计列特高压主设备价格，争取政策支持，控制工程造价水平。调动各方力量，突破项目外部条件等瓶颈制约，每月印发特高压工程可研设计简报，及时通报进展情况，明确下一步工作重点。

锡盟—济南、榆横—潍坊特高压交流工程，锡盟—江苏泰州、上海庙—山东临沂、晋北—江苏南京特高压直流工程等纳入国家大气污染防治行动计划的“四交四直”特高压工程，以及张北—南昌交流、酒泉—湖南湘潭特高压直流工程完成可研。

（刘增训　时洪基）

【常规电网项目可研与管理】

1. 配合国家行政审批制度改革

公司参加国家项目核准制度改革工作组，开展电网项目核准制度改革研究，提出取消、简化、规范前置审批合理化建议，促请国家精简电网项目前置审批条件，规范中介服务。10月，《国务院关于发布政府核准的投资项目目录（2014年本）的通知》（国发〔2014〕53号）正式发布，明确“跨境、跨省（区、市）±500kV及以上直流项目，跨境、跨省（区、市）500、750、1000kV交流项目，由国务院投资主管部门核准；其余项目由地方政府核准。”12月，《国务院办公厅关于印发精简审批事项规范中介服务实行企业投资项目网上并联核准制度工作方案的通知》（国办发〔2014〕59号）发布，明确将精简与项目核准相关的行政审批事项，只保留规划选址、用地预审两项前置审批，其他审批事项并行办理。同月，《国家发展改革委 中央编办关于一律不得将企业经营自主权事项作为企业投资项目核准前置条件的通知》（发改投资〔2014〕2999号），明确将可行性研究报告审查意见、银行贷款承诺等企业经营自主权事项不再作为企业投资项目核准的前置条件。

2. 加快电网前期工作进度

2014年，公司累计获得核准330kV及以上项目185项，线路长度2.2万km、变电容量2.1亿kVA，其中地方发改委核准175项，线路长度1.4万km、变电容量1.5亿kVA。按照突出重点、合理有序的原则，公司下达2014年特高压和跨境跨省500kV及以上交直流项目前期工作计划。配合电力规划设计总院开展一批电网项目咨询评估，750kV新疆准北等24个项目纳入国家规划。加快电铁配套外部供电工程可研审批，保障了兰新二线等国家重特大铁路按期带电。批复完成公司新一代智能变电站扩大示范工程可研。

3. 优化电网项目可研管理

在500（330）kV可研批复环节，继续加强可研设计质量管控，对工程建设规模、系统方案、投资估算等进行重点把关。下放部分220、110（66）kV电网项目的可研评审和批复权限。全年公司批复500（330)kV输变电工程可研146项，线路长度1.0万km、变电容量1.2亿kVA；批复220kV电网项目和110（66）kV特殊电网项目791项，线路长度1.96万km，变电容量1.06亿kVA。

4. 绥中电厂改接工程获得国家核准批复

5月，国家能源局印发《关于加快推进大气污染防治行动计划12条重点输电通道建设的通知》（国能电力〔2014〕212号），明确绥中电厂2×100万kW机组改接入高岭换流站华北侧。绥中电厂改接工程按照电厂改接至高岭换流站华北侧和高岭—天马500kV线路改造两个工程进行实施。7月，落实电厂接入系统设计评审意见；8月，落实改接工程可研评审意见；11月，线路改造工程按照技改项目完成可研并进行了评审；12月，线路改接工程获得《省发展改革委关于国网辽宁省电力有限公司绥中电厂改接高岭换流站华北侧工程核准的批复》（辽发改能源〔2014〕1145号）。

5. 推进特高压交直流配套工程前期工作

4、7、8月，淮南—南京—上海、锡盟—济南特高压交流、宁东—浙江绍兴特高压直流工程分别获得国家发改委核准。公司推进相关配套和电源送出工程可研和前期工作。3月，安徽平山电厂500kV送出工程获得安徽省发改委核准。6月，平圩电厂三期送出工程获得《国家能源局关于安徽淮南平圩电厂三期1000kV送出工程项目核准的批复》（国能电力〔2014〕247号）。8、12月，绍兴换流站500kV配套工程、宁东换流站750kV配套工程分别获得浙江省、宁夏自治区发改委核准。8月，苏州、南京、江苏、泰州特高压站500kV配套工程获得上海市和江苏省发改委核准。12月，济南特高压站500kV配套工程获得山东省发改委核准。

（刘增训　王雅丽）

【配电网规划管理】

1. 建立各专业横向协同、各层级纵向联动的常态规划机制

加强顶层设计。公司系统梳理配电网规划核心业务，提出加强配电网规划管理和规划工作的具体措施，建立发展部门归口管理、专业部门协同配合、技术单位支撑保障的规划管理体系，规范规划研究、编制、审查、批复、调整等各环节工作流程，明确职责分工和工作要求。

加强统一规划。开展2015~2020年配电网滚动规划，形成公司、省、地市、县四个层面的配电网滚动规划报告，以及相关专题研究报告（共约2500册），并按照国家要求完成农村电力发展“十三五”规划研究报告。同步开展通信网、电网智能化等电网发展专项规划，统筹考虑配电自动化、配电通信网等发展需求，确保规划之间相互衔接。

2. 完善技术标准体系

以《配电网规划设计技术导则》为基础，建立覆盖规划建设全过程、全方位的技术标准体系，落实先进规划理念。印发《配电网典型供电模式》，结合供电区域划分，对规划技术原则进行细化，提出适用于不同地区和各类用户的29种配电网典型供电模式方案，推动配电网规划建设标准化、模块化。编制《电网设施布局规划内容深度规定》《10kV及以下电网工程可行性研究深度规定》《城市综合管廊电力舱规划建设指导意见》，规范电网设施布局规划和中低压配电网工程可研编制要求，明确城市综合管廊电力舱规划建设原则。编制配电自动化、通信网、调度自动化等规划设计技术导则和内容深度规定，明确相关二次系统的建设模式、主要功能和设备配置等规划技术原则。完成《配电网规划设计手册》，为规划工作人员提供参考工具书，指导规划研究和编制工作规范开展。

3. 提高规划队伍水平

举办覆盖全系统、贯通各层级的配电网规划培训班，总部直接培训学员300余人，省、地市、县公司逐级开展全员培训，通过课堂授课、专家答疑、交流研讨、网络课件等方式，宣贯配电网发展理念、技术标准、管理规范、工具方法，提升规划人员的理论水平和业务素质。

10月30日，公司举办首次配电网规划专业调考，随机抽取的270名考生整体成绩良好，达到"以考促培、以考促学、以考促用"的目标。

4. 加强规划信息化建设

完善一体化电网规划设计平台、配电网规划计算分析软件系统功能，加快部署推广应用，实现配电网规划可靠性计算、方案经济比选等量化分析，提升规划工作精益化水平。

在天津、湖南、河北等地开展配电网规划数据集成试点，加强基础数据积累，夯实规划管理基础，为实现各专业之间横向融合、纵向贯通创造条件。

（王　哲）

【抽水蓄能发展】

1. 抽水蓄能项目前期工作管理

国家出台相关政策，下放简化抽水蓄能核准审批工作。10月，《国务院关于发布政府核准的投资项目目录（2014年本）的通知》（国发〔2014〕53号），明确抽水蓄能电站由省级政府核准。11月，《国家发展改革委关于促进抽水蓄能电站健康有序发展有关问题的意见》（发改能源〔2014〕2482号），规定抽水蓄能电站以电网经营企业全资建设和管理为主，逐步建立引入社会资本的多元市场化投资体制机制；在具备条件的地区，鼓励采用招标、市场竞价等方式确定抽水蓄能电站项目业主，按国家规划和政策要求独立投资建设抽水蓄能电站。

公司制定印发《国家电网公司抽水蓄能及常规水电项目前期管理规定》（国家电网企管〔2014〕1208号），规定了前期工作的具体内容和职责分工，形成国网发展部归口、总部相关部门参与，国网新源公司为主、省级公司配合、设计单位支撑的完整的前期工作体系；明确了前期工作流程，规定了抽水蓄能项目从项目选点规划、预可研、可研，直到项目核准开工的实施主体和任务目标；对队伍机构建设、工作月报、考评等方面的保障措施提出了要求。

公司适应项目由省级政府核准的新要求，优化调整公司抽水蓄能项目前期工作管理。国网新源公司负责开展项目可研，将可研审查意见报公司批复；国网发展部提出批复意见，报公司审定后印发。国网新源公司根据前期工作计划，在取得可研批复后，按照国家项目核准相关规定，直接向省级政府上报核准（路条）申请。

2. 推进抽水蓄能前期工作

2014年，开工建设抽水蓄能1项（黑龙江荒沟），装机120万kW；取得核准批复5项（山东文登、河南天池、重庆蟠龙、山东沂蒙、安徽金寨），总装机660万kW；完成核准申请评估2项（山东沂蒙、安徽金寨），总装机240万kW；取得开展前期工作的批复2项（湖南平江、丰宁二期），总装机320万kW；完成项目建设必要性论证3项（辽宁清原、浙江缙云、浙江宁海），总装机500万kW。

2月，国家能源局印发《国家能源局关于同意河北丰宁抽水蓄能电站二期工程开展前期工作的复函》（国能新能〔2014〕86号）。

● 5月8日，黑龙江荒沟抽水蓄能电站工程开工建设动员会召开。（吴金良 摄）

4月，国家能源局印发《国家能源局关于同意湖南平江抽水蓄能电站开展前期工作的复函》（国能新能〔2014〕154号），公司印发《国家电网公司关于终止辽宁桓仁抽水蓄能电站前期工作有关问题的批复》（国家电网发展〔2014〕439号）。

6月，国家发展改革委印发《国家发展改革委关于山东文登抽水蓄能电站项目核准的批复》（发改能源〔2014〕1275号）、《国家发展改革委关于河南天池抽水蓄能电站项目核准的批复》（发改能源〔2014〕1276号）、《国家发展改革委关于重庆蟠龙抽水蓄能电站项目核准的批复》（发改能源〔2014〕1277号）。

8月，国家能源局印发《国家能源局关于安徽金寨抽水蓄能电站项目核准的批复》（国能新能〔2014〕396号）。

9月，国家能源局印发《国家能源局关于山东沂蒙抽水蓄能电站项目核准的批复》（国能新能〔2014〕413号）、《国家能源局综合司关于落实抽水蓄能电站选点规划进一步做好抽水蓄能电站规划建设工作的通知》（国能综新能〔2014〕699号），公司印发《国家电网公司关于明确山东文登等抽水蓄能电站股权比例的通知》（国家电网发展〔2014〕1191号）。

12月，公司印发《国家电网公司关于印发2015年抽水蓄能电站项目前期工作计划的通知》（国家电网发展〔2014〕1608号）。

（栾凤奎）

【节能减排管理】

1. 制定印发公司节能减排管理规定

为加强公司节能减排管理，国网发展部组织制定并印发了《国家电网公司节能减排管理规定》（国家电网企管〔2014〕1208号），明确公司节能减排工作的主要指标，提出公司系统节能减排领导小组及其办公室、成员部门的设置和职责分工，规定节能减排规划计划管理、工作报告管理的具体内容，并对监督检查、工作宣传、考核管理等保障措施提出要求。

2. 主要节能减排指标完成情况

线损率指标。公司线损率6.81%，同比下降0.46个百分点，比国资委第四任期（2013~2015年）考核目标（7.25%）低0.44个百分点。线损率下降节约电量171亿kWh，相当于节约标煤550万t、减排二氧化碳1370万t。

万元产值综合能耗指标。公司综合能源消费量3283.8万t标煤，万元产值综合能耗0.144 7t标煤（可比价），同比下降1.63%，比国资委第四任期考核目标（0.18t标煤）低0.035 3t标煤。

3. 服务电力行业和社会节能减排

贯彻国家方针政策，落实节能减排要求。建设坚强智能电网，加强城市配电网建设，促进能源资源优化配置。配合政府部门建立发电机组脱硫脱硝在线监控系统，加强脱硫脱硝设施投运率和效率监测。按照国家批复电价，对完成脱硝改造的发电企业支付脱硝除尘电费215亿元。严格落实可再生能源补贴政策，向可再生能源发电企业（除水电）转付可再生能源补贴资金328亿元。

加强坚强智能电网建设，提升电网节能减排能力。加快推进特高压等骨干电网建设，累计建成“三交四直”工程，特高压工程全年输送电量1367亿kWh，同比增长88%，保障能源安全、改善环境、服务民生。“四交四直”工程纳入国家大气污染防治行动计划。电网智能化水平显著提高，累计建成电动汽车充换电站618座、充电桩2.4万个，形成世界上最大的充换电服务网络，“两纵一横”高速公路城际互联快充网络基本建成。安装智能电表2.48亿只，实现2.56亿户用电信息自动采集，覆盖率68%。

支持新能源和分布式电源发展。国家电网调度范围新能源并网容量达到1.2亿kW，增速29%，继续保持了较高速增长。新增分布式光伏申请户数6475户，同比增长2.4倍。风电消纳水平持续向好，全年弃风比例同比下降2个百分点，弃风电量减少16亿kWh。做好新能源窗口、结算服务工作，在22 544个营业窗口基础上，开通95598电话、网站、微博、微信等并网咨询平台，对属于小微企业的分布式光伏发电项目免征增值税。

优先调度水电、新能源，开展发电权交易，促进电力系统节能减排。继续组织国网江苏、河南、四川电力等单位开展节能发电调度试点，节约标煤370万t，减排二氧化碳962万t。统调水电发电量6149亿kWh，同比增长13.5%；节水增发电164.46亿kWh，同比增加6.7亿kWh，水能利用提高率继续保持在7.0%的高水平。发电权交易电量1168亿kWh，同比增长2.6%，节约标煤695万t，减排二氧化碳1812万t。

实施电能替代战略、清洁发展机制（CDM）项目。在京津冀鲁、长三角等污染严重地区推广电锅炉、热泵等经济效益好的替代技术。开辟新领域，推广家庭电气化分散式替代应用。实施电能替代项目 1.3 万个，完成替代电量 503 亿 kWh。在联合国成功注册的清洁发展机制项目达到 14 个，减排二氧化碳 270 万 t，为参与国际国内碳市场交易积累了经验。

加强节能减排宣传，倡导节能低碳理念。6 月 8~14 日，公司落实国家节能宣传周和低碳日活动要求，围绕“携手节能低碳，共建碧水蓝天”的宣传主题，开展了节能宣传活动。深入基层社区，宣传“以电代煤、以电代油、电从远方来”的能源发展理念，向电力用户宣传和普及节能节电知识，倡导节能低碳的消费模式和生活习惯，提高能效，节约用电。

● 6 月 8~14 日为国家节能宣传周，公司为响应国家节能减排的号召，以“携手节能低碳，共建碧水蓝天”为主题开展大型宣传活动。

（李　强 摄）

（栾凤奎）

特高压电网

【特高压关键技术研究】

1. 大电网控制技术

中国电科院等单位首次研究并建立了世界上规模最大的（包括 9 回直流、7 回交流通道）分层分级交直流紧急协调控制系统，并完成系统联调及试验验证，解决了大容量直流闭锁故障对交流通道输电能力的约束问题。

2. 特高压交流输电技术

建立国际上首个特高压交流套管全工况试验研究平台，可对多支特高压套管及 GIS 设备开展全电压全电流联合试验，平台额定电压 1100kV、额定电流 8000A，升流系统额定容量 3040kVA，为特高压套管的工程应用提供技术支撑。研制了国内外首套具有同轴电极结构的 1000kV 气体绝缘的罐式电容式电压互感器，解决了大尺寸电极同心度加工问题，样机通过了型式试验和长期带电考核。

● 国际首个特高压交流套管全工况试验研究平台。

3. 特高压直流输电技术

研制了国内首套最大额定级电压 6000V、最大额定通过电流 1500A 的±800kV 换流变压器油浸真空式有载分接开关；研制了国内首套最大额定级电压为 4000V、最大额定通过电流 2400A 的±500kV 换流变压器油浸式有载分接开关。样机通过型式试验和出厂试验，填补国内空白。自主完成了±800kV 高端换流变压器样机研制，并在溪洛渡—浙西特高压直流输电工程金华换流站投入运行，实现了特高压直流输电工程高端换流变压器的国产化。针对哈密南—郑州±800kV 直流输电工程，采用公司自主知识产权的换流阀技术，完成对西门子技术路线换流阀的改造，并通过出厂试验和型式试验，进一步彰显了公司在特高压直流输电核心技术上的实力。成功研制了特高压直流工程用 1250mm^{2}大截面系列导线及其配套金具、施工机具。研制了钢芯铝绞线、钢芯成型铝绞线、铝合金芯成型铝绞线等 5 种 1250mm^{2}大截面导线，研发了 1250mm^{2}大截面导线配套金具、施工机具。研究成果在灵州—绍兴±800kV 特高压直流输电工程中得到应用。

4. 柔性直流输电技术

浙江舟山多端柔性直流工程成功投入运行，工程采用的±200kV 柔性直流换流阀及控制保护全部为国产设备，具有全部自主知识产权，使我国在柔性直流输电技术方面取得突破。

突破了电工领域高端电力装备技术，完成国际上电压等级最高、开断电流最大的高压直流断路器的研制并通过型式试验验证，实现了大功率绝缘栅双极型晶闸管（IGBT）组件15kA电流分断（设备额定电压200kV；通态电流1.2kA；开断电流15kA；动作时间2ms），解决了直流短路电流开断的难题。

● ±200kV混合式柔性直流断路器。

针对世界电压等级最高、容量最大的厦门柔性直流科技示范工程，成功解决了高电压、大电流、强电磁场环境下的系列难题，完成±320kV/1000MW换流阀产品研制并通过型式试验，阀控设备能够满足复杂目标的控制要求，具备工程应用条件。

● ±320kV/1000MW柔性直流换流阀。

（修　建）

【浙北—福州1000kV特高压交流输变电工程】 2014年12月26日，浙北—福州1000kV特高压交流输变电工程正式投运。该工程由中国自主设计、制造和建设，是继1000kV晋东南—南阳—荆门特高压交流试验示范工程、皖电东送淮南—上海特高压交流输电工程之后，中国投资建设的第三个特高压交流工程，是华东特高压交流主网架的重要组成部分。

1. 工程概况

工程途经浙江、福建两省，起于浙北变电站（位于浙江湖州安吉县，在皖电东送工程浙北变电站的基础上扩建），经浙中变电站（位于浙江金华兰溪市）、浙南变电站（位于浙江丽水莲都区），止于福州变电站（位于福建福州闽侯县）。工程系统标称电压为1000kV，最高运行电压为1100kV，变电容量为18 000MVA，线路全长2×603km，其中浙江境内2×428km，福建境内2×175km。

全线87%的地形为山地及高山大岭，76%线路为中重冰区，9km线路穿越无人区。在交通困难、地质条件较差的山区或重覆冰区等地段采用两个单回路角钢塔架设，长度2×442.5km，其余地段采用同塔双回路钢管塔架设，长度2×160.5km。

2. 工程建设情况

工程于2013年3月18日获得国家核准，4月11日开工建设。2013年底，线路基础浇筑基本完成、进入组塔阶段，变电站土建施工全面展开。2014年按照建设“安全可靠、自主创新、经济合理、环境友好、国际一流”的优质精品工程的总体目标，加快推进工程建设。

2014年6月5日，工程启动验收委员会第一次会议召开，安排部署启动调试工作。9月24日，浙北站扩建工程完成启动验收。9月30日，线路工程全线架通。11月3日完成线路参数测试。11月5日、6日，浙江段和福建段线路工程分别完成启动验收。11月8日，浙中站、浙南站和福州站工程完成启动验收，11月9日，系统通信工程完成启动验收。11月10日，工程建成。

11月15日，启动验收委员会第二次会议召开，工程通过公司组织的竣工验收和电力建设工程质量监督总站的质量监督检查。11月19日~12月5日，按照全面严格考核的原则，进行了6大类36项系统调试，工程各项功能指标符合设计预期。12月12日，投入168小时试运行。12月19日，完成168小时试运行。12月20日，福建与浙江省间断面的输电功率达到6800MW的历史最高水平，检验了规划设计的输电能力。12月26日，工程正式投入运行。

● 浙中特高压变电站。

● 6月29日，电网员工在浙江段浙北—福州1000kV特高压交流输变电工程第五标段架设线路。

（郭　斌 摄）

3. 建设成效

创造特高压工程建设的新纪录。克服高山大岭和无人区特高压线路大规模施工困难，突破特高压大件设备运输难关，攻克高温、高湿、多雨等复杂环境条件下特高压设备大规模集中安装的质量控制难题。

取得特高压装备技术的新突破。工程全部特高压设备均由国内企业研制供货，国产化率超过95%。实现了国产特高压成套设备的大批量稳定制造，通过联合攻关有效控制了金属异物引发的开关异常放电风险，形成了特高压设备质量特别控制体系；掌握了所有特高压关键件、原材料的设计与制造技术并实现工程应用，示范应用全自主化断路器、出线装置和油纸绝缘套管，实现从整机国产化到整机与关键件全面国产化的重要跨越。

促进特高压设计技术的新发展。系统集成特高压交流单、双回路示范工程核心技术，在重冰区线路设计、变电站优化设计、特高压设备抗地震、扩径导线研制与应用方面取得进展。形成了特高压交流工程的通用设计、通用设备、通用造价和标准工艺，通过工程实践检验。

推动特高压施工技术的新突破。成功研制特高压GIS移动式全封闭安装厂房，实现特高压开关现场安装工厂化。应用直升机解决高山大岭无人区最艰难塔位的物料运输，开发适应山区多种地形的系列特高压铁塔组立装备，系统规范索道设计、加工、检测和运行管理标准，有效解决困难山区特高压线路施工的关键难题。

实现特高压工程建设管理水平的新提升。为确保大规模、高强度建设任务的顺利实施，工程首次采用“总部统筹协调、属地省公司建设管理、专业公司技术支撑”的建设管理新模式，发挥工程参建单位各方的优势。建立新模式下的组织体系、管理体系、制度体系和工作机制，成为特高压电网大规模建设的样板。

4. 功能作用

工程与皖电东送淮南—上海特高压交流输电工程和向家坝—上海、溪洛渡—浙西、锦屏—苏南等特高压直流工程相互支撑，在华东地区初步形成“强交强直”电网格局，可显著提升华东电网接收区外来电的能力和区内资源优化配置的能力，提高电网运行的安全稳定水平，促进沿海核电群建设和水电等清洁能源的开发利用。

工程大幅度提高了华东电网浙北—福州断面的输电能力，近期可达6800MW，远期可达10 500MW以上，可满足福建电网电力送出需要，也为福建电网远期接受外来电力创造了条件。

（吕　铎）

【淮南—南京—上海1000kV特高压交流输变电工程】 淮南—南京—上海1000kV特高压交流输变电工程是列入国家大气污染防治计划的“四交四直”工程中首个核准的特高压交流工程，是华东特高压主网架的重要组成部分，是特高压进入全面提速、大规模建设新阶段的标志。工程将与已经建成的皖电东送淮南—皖南—上海工程一起，形成贯穿皖、苏、浙、沪负荷中心的华东特高压环网。工程 2014 年 4 月获得核准，11 月正式开工建设，计划 2017 年 12 月全部建成投运。

同期建设的安徽淮南平圩电厂三期 1000kV 送出工程（简称平圩三期送出工程），是我国第一个发电厂直接升压 1000kV 接入电网的工程。工程 2014 年 6 月获得核准，计划 2015 年 4 月建成投运。

1. 工程建设规模

工程起于安徽淮南变电站，经江苏南京、泰州和苏州变电站，止于上海沪西变电站，跨越淮河和长江，变电容量 1200 万 kVA，线路全长 759.4km，其中 723.8km 同塔双回路架设，35.6km 同塔四回路架设。由国网安徽、江苏和上海电力共同出资建设。

平圩三期送出工程在淮南站扩建 1 个 1000kV 出线间隔，新建同塔双回（本期单侧挂线）1000kV 线路约 5km。由国网安徽电力出资建设。

2. 工程建设组织

工程建设采用总部统筹管控、属地省公司建设管理、专业公司技术支撑模式。国网交流公司负责淮南和沪西变电站扩建工程建设管理，并承担专业技术支撑职责。国网江苏电力负责境内 3 站和线路工程建设管理。国网安徽、上海电力分别负责境内线路工程建设管理。工程拟分阶段带电投运，计划淮南—泰州段线路工程 2015 年 12 月竣工，新建变电站 2016 年 3 月建成带电，泰州—上海段线路工程（不含苏通大跨越）2016 年 9 月竣工，力争 2017 年底苏通大跨越建成，工程整体投运。

3. 工程建设进展

由于与其他交直流特高压工程投产时间接近，工程建设面临批量设备的质量管控压力大。苏通大跨越尚未取得行政审批，成为制约工程建设的关键路径。另外，上海段线路需利用在运的 500kV 走廊（20km）建设，泰州变电站交直流合建，以及南京变电站交直流相邻建设等因素，给工程建设管理带来很大挑战。

工程共开展了 24 项设计专题和 37 项科研专题攻关。5 月完成工程初设评审，7 月完成平圩三期送出工程初设评审。11 月审定南京变电站交直流相邻建设原则，12 月审定泰州变电站交直流合建具体设计和建设方案。2014 年底变电施工图完成 47%，一般线路及淮河大跨越施工图全部完成，交付进度满足现场建设需要。

为确保特高压交流变电设备批量生产的质量稳定性，开展了批量设备生产质量控制活动，4 月颁布设备质量管控刚性措施，12 月建立设备质量三级管控体系。2014 年底变电设备材料及钢管塔物资（除苏通大跨越）、线路和变电监理施工招标已全部完成。变电工程 43 相特高压断路器（共 102 相，42%）、2 台主变压器（共 15 台，13%）、1 台高压并联电抗器（共 27 台，4%）通过出厂试验。输电全线（除苏通大跨越）29.6 万 t 铁塔供货完成 30%。

2014 年底南京、泰州、苏州变电站完成场平，开始土建施工。淮南变电站、沪西变电站扩建工程进行电气安装。线路基础浇筑完成 73%，开始铁塔组立。平圩三期送出线路组塔全部完成，正在架线。淮南变电站扩建完成第一阶段启动验收及调试，设备通过 24 小时试运行考核。现场安全质量局面保持可控在控。

（乔振宇）

【锡盟—山东 1000kV 特高压交流输变电工程】

锡盟—山东 1000kV 特高压交流输变电工程是落实国家大气污染防治行动计划重点建设的 12 条输电通道之一，是特高压骨干网架的重要组成部分。工程可促进锡盟能源基地开发，加快内蒙古资源优势向经济优势转化，满足京津冀鲁地区用电负荷增长需求，改善生

12 月 11 日，电网员工在江苏扬州夏集镇境内淮南—南京—上海特高压工程七标段组立钢管塔。（濮良平 摄）

态环境质量。

工程于2014年7月12日获得国家核准，随后开工建设并按计划有序推进，计划2016年7月建成投运。

1. 工程概况与特点

工程新建锡盟站（位于内蒙古锡林郭勒盟多伦县）、北京东站（位于河北廊坊三河市）、济南站（位于山东济南济阳县）3座变电站和承德串补站（位于河北承德隆化县），新增变电容量15 000MVA，新建输电线路2×730km，其中锡盟—北京东段线路加装40%串补。工程途经内蒙古、河北、天津和山东四省（市、区），内蒙古境内2×20km、河北境内2×481km、天津境内2×149km、山东境内2×80km，两个单回路架设2×316km，同塔双回路架设2×414km，沿线平地约60%、河网泥沼约3%、丘陵约7%、一般山地约19%，高山大岭约11%。工程估算动态总投资178亿元。

工程建设面临新的技术挑战和困难。锡盟站地处低温地区，极端温度达到-40℃，年有效施工期仅6个月，对现场建设形成强制约。大件运输公路运输距离超过1500km。北京东站站址地震基本烈度为8度，基本加速度达0.2g，为目前特高压变电站之最，抗震设计、设备制造难度极大。沿线自然条件恶劣，低温、高海拔、山地、林区、复杂地质特征突出，交叉跨越多，穿越环渤海经济带，建设实施难度大。

2. 工程建设情况

工程采用“总部统筹协调、省公司建设管理、专业公司业务支撑”的建设管理模式。国网天津、河北、冀北、山东电力按属地原则负责现场建设管理，国网交流公司负责锡盟站现场建设管理，并负责现场建设“技术统筹、管理支撑”。

8月11~12日，完成工程初步设计评审，9月11日完成初步设计批复。9月中旬，招标确定线路施工和监理队伍。9月19日，召开工程现场建设协调领导小组首次会议，部署并推进现场开工准备工作。9月27日，线路工程试点开工。10月，4个变电站（串补站）全部取得国土资源部先行用地批复。11月4日，公司召开“两交一直”工程建设动员会，工程全面开工建设。12月，完成变电站一、二次主要设备及线路铁塔招标采购。

截至2014年底，变电站全面启动“四通一平”施工，线路基础完成35%。

● 11月，锡盟—山东1000kV特高压交流输变电工程全面开工建设。（陈 彬 摄）

（张甲雷）

【哈密南—郑州±800kV特高压直流输电工程】

哈密南—郑州±800kV特高压直流输电工程是落实中央战略、实施“疆电外送”的首个特高压工程，起于新疆哈密南换流站，止于河南郑州换流站，工程于2014年1月27日正式投入运行。

1. 工程概况与特点

工程输送容量首次提升至800万kW，线路工程完成了“双800”第二代直流相关线路6×1000mm^{2}导线设计优化工作，完成了极间距优化、绝缘配合等关键技术研究，并在工程中实施应用。哈郑工程的投运，促进了新疆能源资源优势向经济优势转化，大幅增加了投资、就业和税收。根据测算，工程输送电量送到河南的落地电价低于目前河南煤电标杆上网电价，有效抑制受端地区电价增长。与运煤相比，产业链得到进一步延伸，资源附加值更高，可直接拉动投资，增加就业岗位，增加地方政府税收。

2. 工程建设情况

为提高特高压直流系统安全可靠性、确保电网安全稳定运行，公司组织开展了特高压直流工程多种换流阀技术路线集成，全面落实大电网安全稳定措施，防止特高压直流工程单双极闭锁措施和直流偏磁治理等方面的研究。并在哈密南换流站开展换流阀技术完善改造试点，在近一年的时间内先后完成了技术改造方案的试验研究及方案审定，并完成了哈密南换流站一个换流器（极Ⅱ低端换流器）的改造实施工作。哈密南极Ⅱ低端改造工程换流阀通过系统调试和168小时试运行，已经投入运行，并正式移交生产。

（王 庆）

● 哈密南换流站。（吴石光 摄）

（额定 8000MW）、额定电流更大（5kA）、气象条件更复杂（线路经冻雨多发区和 50mm 覆冰区）；本线路工程优化塔头尺寸和塔身高度，挖潜建设投资，全面应用大规格 Q420 高强角钢。

直流线路工程完成十字双拼组合角钢真型试验研究工作，创新提出十字双拼角钢截面形式，保障新材料、新技术、新工艺在工程中安全可靠应用。完成湘江、赣江大跨越工程舞动治理研究，首次为 4×JLHA1/G4A－900/240 型导线设计满足技术条件的大跨越防振防舞方案。完成外绝缘与绝缘子关键技术研究、±800kV 直流线路极间距离、对地高度和走廊宽度优化研究、±800kV 直流工程线路过电压研究，并在工程中实施应用。完成提高特高压直流线路建设质量与使用寿命研究，制定提高线路建设质量指导意见，为工程的设计、施工和运行提供技术支撑。

经济效益显著。溪浙工程的建成投运，对于将西部资源优势转化成经济优势，实现区域经济协调发展，推动我国能源生产和利用方式变革具有重要意义。工程自投运后，即实现了 800 万 kW 满负荷运行，占到浙江省 2014 年预计最大负荷的 12%。该工程每年可向浙江地区输送清洁水电约 400 亿 kW·h，相当于节省标煤 1228 万 t，减排二氧化碳超过 3400 万 t。

为后续开发的西部电力送出奠定技术基础。我国可开发水电资源近三分之二分布在西部的四川、云南、西藏三省区，煤炭保有储量的三分之二分布在山西、陕西、内蒙古三省区，建设溪浙工程，可为后续开发的电源基地大规模外送在输电系统设备研制、开发、设计、运行等多方面奠定基础，同时，也可为解决特高压输电线路跨越高海拔、重覆冰地区，以及电磁环境、工程造价等问题积累工程经验。

2014 年 2 月，溪浙工程启委会第一次会议确定了站系统调试和第一阶段（双极低端）系统调试项目和工作进度计划。5 月工程第二次启委会会议审议通过了第二阶段（双极高端）系统调试方案和工作进度计划。2014 年 2 月完成换流站交流及双极低端部分土建及设备安装；3 月完成换流站土建施工；6 月完成换流站设备安装；6 月按计划完成全部 147 项站系统调试，

【溪洛渡左岸—浙江金华±800kV 特高压直流输电工程】 溪洛渡左岸—浙江金华±800kV 特高压直流输电工程（简称溪浙工程）是公司建设的第四回特高压直流输电工程，承担着溪洛渡水电的送出任务。工程于 2012 年 7 月 6 日取得国家发展改革委核准，7 月开工建设，2014 年 7 月 3 日投入运行。

1. 工程概况与特点

溪浙工程起于四川宜宾换流站，止于浙江金华换流站，途经四川、贵州、湖南、江西、浙江五省市，全长 1652km。溪浙工程直流主设备国产化率达到 84%，首次实现了高端换流变压器自主研发和设计制造。溪浙工程输送容量更大，技术水平更先进，国产化水平更高，是±800kV 直流输电技术进入规模应用的标准化工程。工程自投运后，即实现了 800 万 kW 满负荷运行，占到浙江省今年预计最大负荷的 12%，这在世界特高压工程运行史上绝无仅有。工程建成后，每年可向浙江地区输送清洁水电约 400 亿 kWh，相当于节省标煤 1228 万 t，减排二氧化碳超过 3400 万 t。建设溪洛渡左岸—浙江金华±800kV、8000MW 直流工程，可为后续开发的电源基地大规模外送在输电系统设备研制、开发、设计、运行等多方面奠定基础，同时，也可为解决特高压输电线路跨越高海拔、重覆冰地区，以及电磁环境、工程造价等问题积累经验。

2. 工程建设情况

工程技术复杂，建设水平高。溪浙工程线路工程在技术水平和经济性方面要求更高。其输送容量更大

570 项系统调试项目。调试过程中，系统控制平稳、设备状态正常，电磁环境指标符合设计预期，工程实现了预期设计功能和建设目标，系统技术和设备能力得到了验证和确认。

工程投入商业运行后，经历了长时间额定功率运行，运行稳定可靠，取得了经济社会综合效益。

● 溪洛渡左岸—浙江金华±800kV 特高压直流输电线路施工。（郑贤列 摄）

（宋胜利）

【灵州—绍兴±800kV 特高压直流输电工程】 灵州—绍兴±800kV 特高压直流输电工程（简称灵绍工程）是落实国家大气污染防治行动计划重点建设的 12 条输电通道之一，工程起于宁夏灵州换流站，止于浙江绍兴换流站（以下简称灵绍直流工程），是特高压骨干网架的重要组成部分。工程对于促进宁夏煤电资源开发，加快宁夏资源优势向经济优势转化，满足浙江省用电负荷增长需求，改善生态环境质量，具有重要意义。工程于 2014 年 8 月 5 日获得国家核准，11 月 4 日开工建设，计划 2016 年 9 月建成投运。

1. 工程概况与特点

工程途经宁夏、陕西、山西、河南、安徽、浙江 6 省（自治区），线路全长 1720km，工程额定电压±800kV，额定输送功率 800 万 kW，首次采用 6×1250mm^{2}大截面导线。工程以宁夏电网和浙江电网为依托，新建±800kV 换流站 2 座、±800kV 直流线路 1 回及 OPGW 光缆及二次系统。工程可研估算静态总投资 228.97 亿元，动态总投资 237.32 亿元，其中灵州换流站、接地极及其线路工程和境内线路工程由国网宁夏电力投资，绍兴换流站、接地极及其线路工程和国网宁夏电力境外线路工程由国网浙江电力投资。

灵绍直流工程送端灵州换流站首次直接接入 750kV 交流系统，承担着高压直流输电技术突破的重要任务，技术要求高，全部设备面向国内采购，需要开发研制网侧 750kV 的特高压换流变压器、750kV/63kA 的组合电器和罐式断路器、75mH/5000A 干式平波电抗器以及 750kV 滤波器等设备，对设备制造和工程设计提出更高要求。

2. 工程建设情况

灵绍工程直流线路委托沿线省公司负责建设管理，在国网直流部的总体组织协调下，推进“总部统筹组织，直属公司专业化与沿线省公司属地化”的建设管理模式，各属地省公司及参建单位以里程碑计划为主导，克服困难，依照政策法规，密切联系地方政府，有序推进线路施工。

2014 年全面完成了灵绍工程铁塔及防坠落装置、地脚螺栓及斜插角钢、架线材料（导地线、金具、绝缘子、OPGW）招标工作。细化物资供应管理协调，加大了现场需求计划与供应计划的对接落实，确保供应满足线路工程里程碑计划。线路工程于 2014 年 10 月开始施工。

换流站采用“总部统筹协调、属地公司与专业公司相结合负责建设管理、专业公司业务支撑”的建设管理模式。国网直流公司负责送端灵州换流站现场建设管理，并负责现场建设“技术统筹、管理支撑”；国网宁夏、浙江电力按属地原则负责送端接地极及其线路工程、受端换流站工程现场建设管理。2014 年 9 月招标确定了场平施工单位，11 月初招标确定了土建施工单位。11 月 4 日，公司召开“两交一直”工程建设动员会，工程开工建设。

在工程进度方面，换流站工程建设进展顺利，现场建设管理单位以里程碑计划为主导，克服了冬季施工、施工缺水等不利因素、外围协调等诸多困难，换流站场平施工按计划完成。灵州、绍兴换流站场平主体工程于 12 月交付土建。

在工程设计方面，灵绍直流工程初步设计阶段高度重视技术管理工作，结合工程实际开展 19 项专题研究，完成了包括送受端安全稳定、大件运输桥梁加固等多项专题研究。推行三维设计，结合土建和电气安装施工设计组织编制三维设计技术规范，在设备采购和施工图设计两方面同步开展三维设计。2014 年 8 月，完成灵绍直流工程成套设计评审、换流站和线路工程初步设计评审，确定交直流系统主要技术指标、建筑和电气工程技术方案，审议确定了工程投资规模。

● 灵州—绍兴±800kV 特高压直流输电线路施工。（李 季 摄）

在主设备研发方面，灵绍直流工程加强技术管理，在编制设备采购技术规范过程中征询设备厂家研发技术研究情况，从工程应用条件、技术标准等方面进行专题研究。2014 年底换流站主设备研发开始，12 月完成了灵州换流站和绍兴换流站换流阀主要性能参数和布置尺寸，审议通过了设备研制设计原则、元器件配置方案、试验项目和标准，制定了高低端换流设备生产供货进度计划。

在工程设备物资方面 2014 年 10 月底招标确定了主设备供货商，除送端 750kV 高端换流变压器设备引用国外技术支持以外，换流站设备均为国内制造，进一步提升了国产化比例。

截至 2014 年 12 月底，换流站工程“四通一平”施工基本完成，线路基础完成 35%。

（赵大平）

智 能 电 网

【智能电网创新示范工程建设】 启动实施 6 类 41 项公司智能电网创新示范工程，着力打造一批国际领先的智能电网精品工程和亮点工程。工程可研和建设方案全部通过评审。强化试点工程的科研项目支撑，以科研成果支撑试点工程建设，以试点工程建设促进科研成果转化，41 项工程中有 9 项工程实现与国家科技项目的对接。

1. 支持新能源开发工程

风光储输示范工程（二期）。在冀北加快建设风光储输示范工程（二期），扩建风电、光伏和储能系统，开展电池梯次利用的研究与建设，充分发挥电网友好型新能源电站的示范作用。6 万 kW 光伏并网发电，40 万 kW 风电完成吊装，梯次利用电池储能系统完成实施方案。

● 8 月 7 日，在国家风光储输示范工程二期工程风电项目建设现场，工作人员正在吊装风机叶片。（杨建校 摄）

海上风电并网技术研究。开展海上风电检测基地的建设，研制海上风电检测设备，具备海上风电并网检测能力，服务国家海上风电发展。依托国家科技支撑计划项目，开展海上风电并网的现场调研，完成海上风电并网检测能力建设方案，完成国家科技支撑技术项目的可研报告和任务书。

风电与城市供热联合调度运行示范工程。在吉林开展风电与城市供热联合调度运行示范工程建设，建设覆盖 4 座风电场、2 座热电厂、5 座电热锅炉、1 个储热罐和 1 个地市热网的联合优化系统，实现风电与热负荷的协调运行，提高电网消纳风电的能力。依托国家科技支撑计划项目，完成可研报告和任务书，开发系统平台，吉林省调已与供热公司达成联合控制协议，可控对象包括白城储热式电采暖供热站及供热负荷、长春热电厂及供热负荷等。

2. 支撑分布式电源应用工程

分布式电源多能互补示范工程。在北京、上海、江苏的国家分布式光伏示范区开展 3 个分布式电源多能互补示范工程建设，建设光伏、风电、冷热电三联供等分布式电源并网工程，采用智能接口设备、安全保护装置，满足渗透率超过 25% 的分布式电源接入电网需要，示范高渗透率分布式电源的友好并网。完成建设方案和工程选址，北京华商园工程的分布式光伏进行屋顶基础和支架施工，开展并网线路前期工作；上海崇明岛工程安装分布式风电和锂电储能系统；江苏南通工程的分布式光伏进行现场调试，并网线路完成杆塔基础施工。

微电网协调运行示范工程。在天津、上海、江苏开展3个微电网协调运行示范工程建设，建设包括光伏、风电、热泵等多类型能源的微电网，安装有源滤波器和无功补偿装置，建立微电网运行调控平台，实现联络线有功、无功和电能质量的精确控制，示范微电网与大电网的协调运行。建成客服中心南北园区主体工程；上海崇明岛陈家镇微电网工程已建成分布式光伏、风电、储能系统。

3. 促进便捷用电工程

智能小区示范工程。在北京建设智能小区示范工程，重点实现100户居民用户的智能电能表与家庭网关的紧密结合，配置智能用电互动服务软件，支持居民通过电脑、手机等对智能家电的远程控制，为用户提供智能用电和互动服务的全新体验。完成北京四合上院小区的智能用电改造方案和用户征集方案。

智能楼宇示范工程。在北京、江苏开展2个智能楼宇示范工程建设。在北京选择1栋公共楼宇，安装智能传感器和智能终端，实现冷、热、电等多种能源联合优化运行，实现楼宇用能全景监测和能效分析，提高楼宇能源利用效率；在江苏选择100栋楼宇，开展楼宇空调的负荷调控终端改造，部署自动需求响应控制装置，示范楼宇负荷参与电网调峰。开展北京华北电力大学15栋楼宇的空调改造施工准备工作，进行楼宇空调控制系统原型设计；南京和苏州100栋商业楼宇空调智能化改造，完成10栋楼宇。

智能园区示范工程。在山东、甘肃开展2个智能园区示范工程建设，开展园区全部工业企业的负荷流程优化及自动化改造，建设用能策略数据分析平台，实现高峰负荷削减率15%，示范电能的高效利用。完成山东淄博高新区和甘肃金昌市的工业园区内大用户征集，实施单位招标工作。

智能港口示范工程。在河北、浙江、重庆开展3个智能港口示范工程建设。部署新型船舶岸电供电设施，建设港口船舶智能用电支撑平台，实现船舶与电网双向互动，探索实践“以电代油”的新模式。完成河北黄骅港、浙江宁波港、重庆江北港的岸电设施选址，完成双电压双频率的新型船舶岸电设备研制。宁波港启动工程实施，开展黄骅港、江北港设备招标。

4. 推动电动汽车发展工程

电动汽车与电网互动示范工程。在北京、天津、上海建设3个电动汽车与电网互动示范工程，建设集成充、放、发、储“四位一体”的电动汽车充电站，部署成本更低、快慢一体化的充电设施，实践电动汽车与电网的双向互动，引领电动汽车充电设施发展方向。依托北京延庆、天津生态城创新示范区，由社会主体投资的北京延庆八达岭和天津生态城V2G电动汽车充电站示范工程完成工程选址；依托国家863计划项目，优化提升上海嘉定电动汽车充换电站增加储放功能，完成设备安装，进行控制系统联调。

5. 服务智慧城市建设工程

智能电网创新示范区。在北京、天津选择新能源和智能电网基础条件较好的区域，开展智能电网创新示范区建设，与国内企业和研究机构开展广泛合作，突出前沿技术的融合，推动新能源、分布式电源的开发应用，探索智慧服务模式，建设能源优化配置网络和智慧公共服务网络，实现能源的互联与服务的互动，示范城市“能源互联网”。完成北京延庆和天津生态城创新示范区建设方案，建立多方参与的建设模式，开展合作协议签订工作，分布式光伏、储能等电源侧工程由社会投资，主动配电网、控制系统等由公司投资，超前启动相关系统平台的开发。

智能电网支撑智慧城市示范工程。在山东青岛、浙江嘉兴等地区开展8个智能电网支撑智慧城市示范工程建设。集成已建和在建智能电网单项工程，提高智能电网相关项目覆盖率，加强综合应用；建设融合云计算、物联网、大数据等技术的智能电网数据挖掘平台，支撑智慧城市公共服务和产业优化。完成智能电网支撑智慧城市的建设方案和系统平台设计，完成招标技术规范书审查，开展系统开发单位的招标工作。

6. 提升电网智能化工程

500、330kV新一代智能变电站示范工程。在冀北、陕西开展500、330kV新一代智能变电站建设，采用整体集成设计方案，应用集成化智能设备、一体化业务系统，推动新一代智能变电站技术在更高电压等级变电站中应用。完成冀北500kV廊坊南和陕西330kV富平新一代智能变电站可研和初设，进行关键智能化设备招标。

柔性直流输电示范工程。在浙江、福建开展2个柔性直流输电示范工程建设。按期建成舟山±200kV多端柔性直流输电工程，包括5座换流站和141km直流电缆；加快建设厦门±320kV柔性直流输电工程，包括2座换流站和10km直流电缆，建成国际领先的柔性直流输电工程，引领柔性直流输电技术进步。浙江舟山柔性直流输电工程建成投运；福建厦门柔性直流输电工程进行换流站主体施工，开展直流电缆设备研制。

● 1月22日，浙江舟山多端柔性直流输电工程送出线路输电铁塔架线施工。（李　彦　摄）

智能输电线路示范工程。在山东、江苏等6个地区开展智能输电线路示范工程建设，采用复合材料杆塔、新材料导线、低噪声金具、复合基础等设备装置，开展重载线路的动态增容和输电线路智能巡检，综合应用状态监测、安全预警等技术，建设安全可靠、信息融合、灵活高效、节能环保的输电线路。完成山东220kV智能输电线路的建设方案，正在进行设备招标和线路施工。

直流配电系统研究。开展直流配电系统研究，采用光伏和储能等直流电源设备，建设包括空调、照明、数据服务器等用电设备的直流配电系统。依托国家863计划项目，完成可研报告，编制任务书，提前开展直流控制保护技术的研究。

（王　伟）

【新一代智能变电站示范工程】 2014年1月8日，舒印彪总经理主持召开了新一代智能变电站示范工程投运总结会。国网发展部、安质部、运检部、科技部（智能电网部）、基建部、物资部、国调中心等部门，国网北京、天津、上海、湖北、重庆电力，中国电科院，国网经研院等单位参加了会议。新一代智能变电站着力提高设备稳定性和系统集成度，重点突破整体集成设计、关键智能设备制造与检测、模块化建设三大技术，促进了技术标准统一，为安全运行、运维便利奠定了基础。6座示范站站控层、间隔层设备种类分别减少50%和30%，占地面积最大减少46%，建筑面积最大减少64%，二次屏柜平均减少30%。

印发指导意见和技术要求。制订印发《2014年新一代智能变电站扩大示范工程建设指导意见》和《2014年新一代智能变电站扩大示范工程技术要求》等指导性文件，明确总部层面工作组织机构，确定2014年50个扩大示范工程项目，统一建设标准和技术原则，对确保示范站稳定运行、推进扩大示范提出工作要求，对工程建设时间节点进行总体安排。

确保示范站稳定运行。做好新一代智能变电站示范工程运维管理，发挥相关部门、省公司人才优势和技术管理经验，完善运维管理措施及故障应对预案，发挥科技创新优势，依托科技项目，开展隔离断路器带电自动化检修平台等运维工器具的研制工作，确保变电站安全可靠运行。在运行过程中考察设备可靠性与运维便利性，提出设计和设备优化建议，发挥示范作用。

完成扩大示范工程方案技术符合性审查。在固化2013年建设成果的基础上，吸取各方面意见，对50个扩大示范工程方案进行优化，并完成技术符合性审查、可研复核及初设审查，在主接线形式、智能一次设备、保护系统、预制舱、装配式建筑、变电站平面布置等关键技术方面贯彻新一代智能变电站的技术要求，体现新一代智能变电站的技术特征。

编制完成新一代智能变电站典型设计方案。总结工作经验，吸取2013年新一代智能变电站示范工程成果，多次召开专家研讨会，收集完善48座220、110kV新一代智能变电站信息，最终形成6个新一代智能变电站典型设计方案，满足2014年扩大示范工程设计需求。

有序开展设备研制和检测。组织有关单位优化提升126kV和252kV隔离断路器技术方案，研制出363kV隔离断路器和全光纤电流互感器的集成设备，并通过检测，性能指标达到国际领先水平，打破国际企业的垄断，采购价格大幅度下降。

组织制定详细周密工作计划和检测方案，严格控制检测时限和检测过程，按时高质量完成所有检测任务，检测设备包括：集成式智能隔离断路器16种型号；智能化组合电器10种型号；电子式互感器18个

● 新一代智能变电站6座示范站之一——湖北武汉未来城110kV变电站。（邹小民 摄）

厂家60种型号；各类保护装置6个厂家180种型号；自动化设备及系统11个厂家175种型号；电能计量设备13个厂家57种型号。监督厂家完成技术设备改进，并通过复测，为扩大示范工程实施提供保障。

完成电子式互感器长期带电考核平台建设，编制考核方案，发挥平台的作用，对电子式互感器长期运行过程中的测量准确度、抗干扰能力和供能可靠性等重点方面进行考核，强化电子式互感器的性能检测。

启动设备招标。修编新一代智能变电站关键设备招标技术规范书，涵盖智能高压开关（含电子式互感器）、智能变压器及保护、测控、计量、智能辅助控制系统、一体化电源等一、二次设备。稳步开展招标工作，完成智能一次设备招标，其中126、252kV隔离断路器价格较2013年分别下降了36%、60%。

完成6座示范站运行1年评估总结工作。投运1年以来，6座新一代智能变电站没有发生非计划停运事故，电网发生区内故障3次，保护均正确动作，未发生误动、拒动。设备总体运行情况良好。其中，全新研制的隔离断路器共操作33次，运行正常；多功能测控装置、保测一体装置等设备全部零缺陷；一体化业务系统、辅助控制系统等运行平稳，顺序控制、智能告警等高级应用功能实用化水平提高，运行控制效率提升。实现了“系统高度集成、结构布局合理、装备先进适用、经济节能环保、支撑调控一体”的总体目标。

（李震宇）

【智能电网关键技术研究】 2014年，公司在智能电网领域继续取得丰硕成果。大电网控制技术方面，首次研究完成了世界上规模最大的分层分级交直流紧急协调控制系统，开展安全控制系统联调试验验证，解决大容量直流闭锁故障对交流通道输电能力的约束问题。输变电技术方面，完成1000MW/±320kV柔性直流换流阀研制及试验，并在福建厦门柔性直流输电示范工程中应用。成功研制了具有自主知识产权的±200kV混合式柔性直流断路器样机，实现了大功率IGBT组件15kA电流分断。首次完成了特高压等电位屏蔽电容式电压互感器样机研制，相关技术达到国际领先水平。其他技术方面，成功研制了10~150kHz跨频带认知电力线载波通信系统，性能指标达到国际领先水平。完成国产首台大型抽水蓄能机组静止变频器的研制并投入运行，打破国外厂家的长期垄断，我国已具备该类装置自主设计和制造能力。

1. 国家级智能电网课题研究

2014年，公司相关单位继续推进863计划先进能源技术领域智能电网关键技术研发（一期）课题科研工作。为加强863课题管理，国网科技部印发了《国家级智能电网科技项目2014年督导计划》《关于开展国家863计划“智能电网关键技术研发（一期）”相关课题验收准备工作的通知》，并召开专题会议部署课题验收准备工作。“提升电网安全稳定和运行效率的柔性控制技术”“大电网运行状态感知、风险评估、故障诊断”“智能配用电信息及通信支撑技术研究与开发”等课题研究成果获得国家科技部验收专家组高度评价。

国网科技部组织召开“风光水气多种能源发电联合运行控制关键技术研究及示范”和“含高比例间歇式能源的区域型智能电网集成综合示范项目”国家科技支撑计划项目中期检查会议。梳理阶段各课题考核指标完成情况，交流课题技术研究及管理经验，明确后续工作计划。

● 1月21日，国家863课题鹿西岛并网型微网示范工程成功送电，投入试运行。（孙 鸣 摄）

2. 新一代智能变电站关键技术研究

2014年是公司6个新一代智能变电站示范工程投运的第一年，也是50个扩大示范工程的启动年。国网智能部围绕做好6座示范站安全稳定运行和推进扩大示范工程建设两条工作主线，坚持科研全方位支撑示范工程的工作机制，发挥首批试点单位的技术、管理优势，深化关键技术研究和关键设备检测，完善技术标准体系，加强新技术、新设备运行情况动态评估，优化提升新一代智能变电站技术方案，针对隔离断路器自动化检修平台、电子式互感器长期带电考核展开专题研究。

隔离断路器自动化检修平台。针对应用隔离断路器可能造成的母线陪停问题，公司组织国网湖北电力、重庆电力和上海交通大学研制隔离断路器带电自动化检修平台，开展隔离断路器与母线连接标准化设计、适合机器臂自动操作的插拔式金具研发、带电拆装隔离断路器的工器具研发，从设计、装备选型、工器具研制等三个方面解决隔离断路器检修需求。通过带电情况下自动拆接隔离断路器与母线之间连接线接头的方式，有效解决母线陪停问题。平台投入使用后可实现母线不停电检修，提高供电可靠性。隔离断路器自动化检修平台的工作原理是将视觉辅助远程快速定位技术与机械手臂结合，使用强电磁场环境下无线遥控与通信技术，实现远程控制机器人带电操作，对配套新型连接金具的隔离断路器进行检修维护，从而替代基于绝缘操作杆的人工作业方式。

电子式互感器长期带电考核。电子式互感器是智能变电站关键智能设备，新一代智能变电站特别注重解决电磁兼容问题，以有效提升可靠性和稳定性。通过强化专业检测，制定了较原有国标更加严格的检测标准，增加暂态地电位耐受检测及与一次设备联调试验，引导厂家改进产品设计，有效提高电子式互感器的运行稳定性，新一代智能变电站运行中未出现电磁兼容问题。公司在武汉建设电子式互感器长期带电考核平台，开展带电运行考核，以及时发现电子式互感器的缺陷，提升设备稳定性。长期带电考核平台可模拟现场运行工况，对电子式互感器开展隔离开关操作抗干扰、温度循环、供能可靠性等试验。

3. 智能电网创新工程荣获国家科学技术进步一等奖

9月25日，公司申报的“国家电网智能电网创新工程”通过国家科学技术奖励委员会评审，被评为2014年度国家科学技术进步奖企业技术创新工程一等奖。

系统优化科技资源。针对智能电网建设难点，结合自身特点，公司从强化创新组织管理和优化研发资源布局入手，推进体制、机制和平台建设。发挥集团化运作的优势，构建贯穿各管理层级的智能电网创新管理体系。首次在能源企业总部成立智能电网管理部门，从全局统筹推进智能电网建设。省级公司、直属单位均相应设立智能电网管理机构，负责组织实施智能电网研究与建设的各项计划和重点任务。发挥专业体系健全的优势，构建贯穿完整创新链条的智能电网创新研发体系。通过3次大规模科研产业重组，实现优势力量聚集，直属科研单位、直属产业单位、省属科研单位、海外研发机构、外部科技资源五类创新主体发挥各自优势，协同开展攻关。

超前开展顶层设计。公司提出了以特高压为骨干网架、各级电网协调发展，具有信息化、自动化、互动化特征的坚强智能电网理念，并形成了系统的战略框架。在国际上率先发布智能电网发展战略及整体规划，并落实为《国家电网智能化规划（2009～2020年）》《国家电网公司“十二五”电网智能化规划》、各省电网智能化规划等建设规划和《智能电网技术标准体系规划》《智能电网关键设备（系统）研制规划》等技术规划，形成了完整的智能电网顶层设计体系。

全面推进科技创新。公司牵头成立产业、技术联盟，联合地方政府、科研院所、装备企业等国内各方力量，依托智能电网领域国家863、科技支撑计划及公司级重大科研攻关项目，共同完成了7个领域28类关键装备的研制，实现技术创新向设备制造的快速转化。特高压交流输电技术获得国家特等奖，相关技术和装备填补了该领域的国际空白，灵活交流输电、柔性直流输电等技术打破了国外垄断，大电网安全控制和变电站智能化等关键技术和装备取得突破，新能源并网、电动汽车换电等方面保持国际领先，智能电网核心技术和装备整体上实现从“技术跟随”到“技术引领”的跨越。

统筹实施工程建设。公司统一部署智能电网试点示范、验收评价及推广应用工作。通过逐层管控，确保规划目标、建设方案、技术标准得到贯彻落实。公司智能电网建设与实践在经营区域内全面推进，覆盖发电、输电、变电、配电、用电、调度、信息通信各环节，承担了64项国家发改委、能源局、科技部、国标委的国家级智能电网试点项目，累计建成29类298项公司级智能电网试点项目。建成了世界上首个投入商业运行的1000kV特高压交流输变电试验示范工程和世界上首个电压等级最高、容量最大的±800kV特高压直流输电示范工程，新能源并网、输变电设备状态监测、智能变电站、配电自动化、用电信息采集、

● 10月30日，首都机场电动汽车充电站正式投入运营。该站是国内首座机场电动汽车充电站，可为APEC会议使用新能源车、首都机场摆渡电动客车和社会电动车辆提供充电服务。

（李婕茜 摄）

智能用电服务、电动汽车充换电服务网络、智能电网调度技术支持系统等成熟技术（装备）实现推广应用，促进电网智能化水平提升。

积极输出理念技术。公司多次受邀参加智能电网国际高端会议并发表主旨演讲，IEC、IEEE 主动与公司联合举办了国际智能电网论坛。公司发起成立 IEC 智能电网领域的 3 个分技术委员会，主导制定 19 项国际标准。与俄罗斯电网企业、美国电力公司签署智能电网战略合作协议，在南美、南亚、非洲实现智能电表、特高压开关设备、电网调度系统等装备的海外输出，国际影响力不断提升。

（李　刚）

农网发展

【农村电网改造升级】 2010~2014 年，公司累计下达农网改造升级工程投资计划 2298.51 亿元，截至 2014 年底，累计完成投资 2268.02 亿元，占投资计划的 98.7%。农网改造升级工程实施以来，共建成投运 35kV 及以上输电线路 7.34 万 km、变电站 6289 座、变电容量 10.6 万 MVA，新建改造 10kV 线路 36.3 万 km、配电变压器 40.6 万台、容量 5.6 万 MVA，新建改造低压线路 54 万 km，改造户表 1927.06 万户。2014 年当年的下达投资计划完成 349.79 亿元，完成比例为 92.3%，高于年初确定的 80% 目标，同比提高 5.1 个百分点。2013 年投资计划项目进入竣工验收阶段，国网新疆电力等 11 个单位 2013 年农网改造升级工程通过省级发改委组织的总体验收。

2014 年公司系统完成农网改造升级工程投资 394.27 亿元（含以上年度结转投资），建成投运 35kV 及以上输电线路 10 580km、变电站 1019 座、变电容量 15 941MVA，新建改造 10kV 线路 69 857km、配电变压器 79 537 台，新建改造低压线路 99 744km，改造户表 189.6 万户。解决公司经营区域内 38 个与主网联系薄弱的县域电网问题和四川 10 个孤网运行的县域电网问题，西藏自治区新增 6 个县、累计 51 个县实现大电网覆盖。农村户均配电变压器容量 1.57kVA，户均供电能力提高 19%。

公司加强农网改造升级工程项目管理，结合依法从严治企，切实加强内控机制建设，严格执行基本建设程序和相关管理制度，保障工程有序实施。

坚持协同工作机制，加强工程组织协调。组织召开 5 次农网改造升级工作领导小组办公室会议，召开农网专项工程视频推进会，及时研究解决影响工程建设的关键问题，协调落实重点事项。农电、发展、财务、物资和运检等部门联合开展农网工程专项工作调研，研究部署超前启动农网工程前期、调增农网物资招标批次、加强农网标准化建设等工作。强化过程管控，按月通报工程进展，对进度落后单位重点督导，推进工程进度。

坚持强化过程管控，依法规范工程管理。开展农网工程资金使用及管理自查所发现问题的整改，加强工程结余资金管理，出台有关管理办法，推进工程结算、决算工作。组织两期农村电网标准化建设培训班，对县供电公司分管农网改造的副经理及相关人员近 160 人进行培训，重点宣贯国家农网改造升级有关政策，公司标准化建设相关技术标准、典型设计、农网适用技术等。选派第三批 36 名农网工程管理人员支援西藏公司，加强西藏公司农网工程管理。

推进农网标准化建设，深化农网配电工程设计标准化、物料成套化、采购超市化、施工装配化、工艺规范化。开展农网优质工程创建，组织省公司之间互查调研，完成农网“百佳工程”评选，组织编制“百佳工程”图册，推广先进管理模式和施工工艺，促进提高建设质量和工艺水平，农网工程优质率超过 90%。

开展农网发展现状调研和农村供电能力调查分析。完成农网改造升级工程实施效果评估。开展服务新型城镇化与美丽乡村建设供电保障能力研究，分区分类提出农村电网建设模式和供电服务保障能力目标。开展对西藏、青海、四川等地农村电网和无电地区电力建设工作调研。完成“十三五”农村电力发展规划研究，提出农网发展问题有关建议，争取农网“十三五”发展政策。

● 9月12日，国网员工在山东文登地区进行农网升级改造。（宋英红 摄）

开展农网适用技术研究和推广应用。推广应用高过载能力配电变压器，制定并印发《农网高过载能力配电变压器技术导则》和高过载配电变压器推广应用意见。对挂网运行的539台高过载能力配电变压器的运行分析。推进农网35kV标准配送式变电站深化研究，调研无电地区35kV标准配送式变电站试点建设情况，总结试点项目建设经验，组织开展农网35kV变电站装配式建筑物可行性研究。完成标准配送式变电站通用设计、变电站招标用技术规范。

（陈俊章）

【无电地区电力建设】 国家“十二五”规划纲要提出“十二五”期间要实现“全部无电人口用上电”的目标，公司推进无电地区电力建设任务。2014年公司完成无电地区电力建设投资87.4亿元，为21.4万户86.6万人口解决了无电问题，比计划多解决无电户5008户11 100人。2014年国网新疆、青海、甘肃电力完成大电网范围内户户通电。各单位完成情况见表1。

表1　各单位完成情况

单位	完成通电户数（户）	完成通电人口（人）
国网四川电力	63 319	273 543
国网青海电力	12 660	50 932
国网甘肃电力	4452	19 300
国网新疆电力	107 683	428 594
国网西藏电力	25 943	93 745
合计	214 057	866 114

注：西藏完成通电户数为由其他供电方式转为大电网供电的户数。

● 11月，青海省海南藏族自治州同德县秀麻乡老虎村牧民普华杰家里亮起了明亮的灯光。

（马旭升 摄）

截至2014年底，除国网四川电力（尚余无电户4.5万户，计划2015年解决）以外，公司系统其余各单位均已完成无电地区电力建设任务。2014年是《全面解决无电人口用电问题三年行动计划（2013～2015年）》的第二年，国网农电部、发展部、财务部、物资部等相关部门密切配合，国网新疆、四川、西藏、青海、甘肃电力等公司积极推进工程建设步伐。

加强组织领导。对国网新疆、西藏、四川、青海电力等公司进行现场工作督导。各级领导靠前指挥，及时研究解决工程建设与管理过程中的问题，加强工程管理。各基层单位紧盯工作目标，倒排工期，统筹推进工程建设，确保工程建设规范有序实施。

加强人财物保障。坚持“三优先”，在人力配备优先，配足、配强无电地区电力建设工程管理和施工力量，2014年安排第三批36名农网工程管理人员（三年累计安排88人）帮助国网西藏电力加强工程管理。国网四川、新疆电力等省公司开展省内地区间对口帮扶和人力援助。财力保障优先，做好中央资金的请领工作，优先保障无电地区电力建设资金。物力供应优先，物资部门开辟绿色通道，做好物资的催交工作，优先供应无电地区电力建设工程所需物资。

加强施工安全管理。无电地区电力建设工程地处偏远、海拔高，施工难度大、管控困难大。公司加强对基层单位现场安全督查力度，各单位建立健全安全风险管理和控制体系，落实建设单位和施工单位责任，强化风险控制，把好工程建设安全关，防止人身伤害事故、杜绝群伤群亡事故。在高海拔地区施工，采取措施落实人员生命保障机制和物质基础，以确保施工人员健康。

积极采用适用技术。针对无电地区地处偏远，人口居住分散、负荷小的特点，组织研究应用35kV配电化和配送式变电站技术，并在部分地区开展试点应用。因地制宜推广应用35kV配电化等方式，提高工程建设效率。推广应用通用设计，开展优质工程创建。

做好新通电地区电网运维工作。组织对新通电地区农户进行回访，了解用电情况，征求客户的意见，解决用电存在的问题，做好服务工作。调查新通电地区农村用电、经济发展和农民生活变化情况，完成通电前后情况比较。通过发放安全用电、缴费用电宣传手册、宣传漫画等，增强农民群众的安全用电、依法用电、科学用电意识，使他们用上电、用好电。根据2014年公司开展的2011~2013年无电地区新通电客户回访，新通电地区农村经济社会快速发展，农牧民生产生活明显改善，年人均收入由通电前一年的3924元提高到通电后一年的5167元，年均增长14.5%；平均每百户家庭拥有电视机、电冰箱、洗衣机、电炊具分别为74、26、26、31台，很多农户购买抽水泵、磨面机、鼓风机和搅拌机等加工机械，很多家庭办起家庭养殖厂、加工厂等农副产品加工企业。

（王全宇）

【农电供电保障工作】

1. 春节保供电

加大农网建设改造投入力度，解决农村配网薄弱问题。利用农网改造升级资金，多渠道筹措电网技改、大修、东西帮扶等企业自有资金，加大对农配网投资倾斜力度，加快实施农网升级改造工程，提高供电保障能力。强化协同，对于涉及春节保供电的工程，如增加配电台区布点、提高配电变压器容量（户均容量低于1kVA的优先安排）、更换较大截面导线等农配网建设改造项目，倒排工期，抓紧实施，确保在春节前建成投运，在春节期间发挥作用。掌握农网公用变压器台区负荷变化特点，指导农网台区建设和改造工作，加大高过载能力配电变压器推广应用力度。

加强农网运行管理和物资配置，做好应急抢修工作。强化农网设施运维工作，确保中低压配网设备健康稳定运行。加强电压无功调度运行管理，发挥系统调压及无功补偿设备作用，及时调整变电站母线电压，检查配电变压器调压分接头状态，调整运行挡位，满足末端用户供电电压需求。调配一定数量的配电变压器、熔丝等抢修必需物资，充实到配电抢修中心或乡镇供电所材料库。统筹应急抢修管理，加强供电企业和供电所各级应急抢险人员、物资、车辆的统一调配管理，推行网格式分区抢修协同模式，建立抢修快速反应机制，确保应急抢修及时高效。

加大春节保供电宣传力度，赢得政府和社会各界的理解和支持。加强用电需求侧管理，完善春节期间有序用电方案。做好正面宣传引导工作，通过当地电视、广播、网站等主流媒体，介绍近年来本地区春节期间务工人员集中返乡、用电负荷激增对农村供电带来的压力，配网设备用电高峰时期的过载安全风险，以及供电企业采取的应对措施等，以获得社会和客户对春节保供电的理解和支持。针对可能出现的重过载配电台区，深入农村，逐户摸清家用电器使用情况，指导客户制定用电高峰期间错避峰方案，做好大功率家用电器分片错峰使用解释说明工作，降低大功率家用电器使用同时率。

加强工作督导，要求各单位落实农网春节保供电工作措施。印发提前做好2015年春节期间农村供电保障工作的通知，部署工作要求。国网农电、运检、安质部等部门，分别组织有关专家，采取直接查看现场、查验资料、实地抽测、交流座谈、电话回访、走访用户等多种方式，对各单位春节保供电工作进行重点督查，确保工作落实到位，责任落实到人。春节前夕，提前分析天气变化情况，指导落实春节保供电措施，完善应急抢修体系，强化设备运维管理，加大宣传，做好节日值班。节前，召开电视电话会议，对做好春节期间供电保障工作进行再动员、再部署。同时，指导各单位有序做好迎峰度冬供电保障工作，密切跟踪华中、华东地区雨雪和冰冻天气，督导相关单位开展抗灾保供电，制定应对恶劣气候有关措施，确保农网工程和抢修作业的安全。据统计，农网共计投入168亿元，增容改造配电变压器6.5万台、10kV线路2.6万km、低压线路7.7万km；发放宣传材料5962万份、发送短信1.6亿条、通过主流媒体宣传1.2万次；成立应急抢修服务队2.1万支、抢修人员18.3万人，春节期间出动应急抢修队伍16.7万人次；安排春节期间值班人员25.1万人。

2. 农网迎峰度夏抗旱保供电

夏季，东北、西北、华北、黄淮及长江上中游部分地区降水偏少，部分省区发生严重干旱。辽宁、河南、吉林等多地接连遭遇63年来最严重干旱，农业灌溉和居民生活用水告急，群众生产生活遭受严重威胁。据统计，农作物受旱面积7499万亩（多年同期平均值1.2亿亩）。公司跟踪旱情，组织所属国网河北、山西、山东、安徽、湖北、河南、四川、辽宁、吉林、黑龙江、陕西、甘肃电力等相关单位，做好抗旱灌溉用电保障工作。实地察看和指导河南平顶山抗旱保供电。建立抗旱服务供电保障体系，加强电力调度和电网运维管理，做好抗旱期间负荷预测，发挥大电网跨区优化资源配置优势，合理调配电力资源，确保人畜饮水工程及设施用电需要，优先满足灌溉用电需求。加强对涉及人畜饮水、水利设施建设和抗旱灌溉用电的供电设施巡视，开展拉网式摸底排查，及时消除设备缺陷和隐患。结合农网改造升级工程，优先改造农村抗旱用电“卡脖子”线路、过载配电变压器，保证抗旱期间电力供应。成立抗旱保供电服务队，配足抢修人员、车辆、物资、备品备件，深入田间地头开展抗旱保电工作。简化抗旱临时用电办理手续，加快报装速度，针对打井用电需求开辟用电绿色通道，当日完成报装申请受理和现场勘查，实现报装、施工、验收、送电、保修“一条龙”服务，快速解决饮水及灌溉用电问题。加强农村抗旱安全用电知识宣传，确保抗旱用电安全。期间，公司系统累计投入抗旱保电服务队9430支，出动抗旱保电人员328 389人次，消除灌溉设施缺陷69 446处，提供抗旱发电机2621台/243 129kW，新增排灌用变压器10 001台/594 681kVA，临时架设10kV线路5509.2km，低压线路15 529.2km，共投入资金55 711.2万元。帮助灌溉耕地8573.8万亩，打井10 815眼，解决1400.9万人的饮水问题，有力保障了抗旱用电需求。

● 7月28日，国网农电员工帮助农户对挂果期的果树进行重点浇灌，减少农户损失。

（朱　军　余国太）

【农网供电质量和“低电压”治理】

1. 农网供电质量管理

加强农网供电质量完成情况过程控制。定期分析农网“两率”（农网供电可靠率、供电电压合格率）计划完成情况，查找工作薄弱环节，指导有关单位加强供电质量管理，确保完成农网“两率”综合计划目标。推进农网供电电压在线监测系统建设，申报2015年信息化建设储备项目，配合完成农网供电电压在线监测系统建设项目可研评审工作。按照“三集五大”专业化管理要求，做好农网“两率”统计管理移交相关工作。2014年，农网供电可靠率提升至99.878%，综合供电电压合格率达到98.808%，同比提高0.026个百分点、0.241个百分点，户年均停电时间、电压不合格时间减少至10.687、104.42小时，同比减少2.278小时/户、21.11小时/点，相比2009年分别减少了23.039、136.48小时，压减幅度达到68.31%、56.65%。

2. 农村“低电压”综合治理

公司连续五年开展农村“低电压”治理工作。2014年，结合农网建设改造升级工程，采取技术和管理措施并举的方式，重点推进农村“低电压”常态化综合治理，全年解决了336.3万户“低电压”问题，超额完成273万户的年度治理目标。

公司总部部署、组织开展农村“低电压”综合治理工作。开展农村“低电压”现状调查摸底，利用农村配网运行监测系统、用电信息采集系统和人工测量等，开展高峰负荷期间农村供电电压质量监测，掌握农村“低电压”现状。分解下达季度农村“低电压”治理目标。根据各单位2014年农网建设和技改计划，按季度分解落实年度综合治理目标计划，研究制定综合治理措施。建立农村“低电压”综合治理常态工作机制。印发《关于开展农村“低电压”常态化动态治理工作的通知》，从加强电压质量监测、加大治理力度、落实资金保障、加强督导检查、强化责任考核等方面，督促各单位建立农村“低电压”常态化治理机制，开展常态化综合治理。推进农网供电电压在线监测系统建设，为常态化开展农村“低电压”治理提供信息支撑。落实责任，加强工作督导与考核。跟踪督导各单位农村“低电压”治理进度情况。定期通报农村“低电压”目标计划完成情况，按时提报重点督办工作进展情况。对重点省份开展农村“低电压”治理工作督导检查。选派检查组对国网湖南、河南、黑龙江、四川、安徽、江西、辽宁电力等农村“低电压”治理重点单位开展专项督查。跟踪落实95598农网供电电压质量属实投诉整治情况，快速整治迎峰度夏期间严重影响农民生产生活用电的“低电压”问题。开展农村“低电压”情况排查。根据公司四季度工作会议部署，于11月在公司系统再次开展农村用户“低电压”情况调查，据统计，在完成2014年农村“低电压”治理目标后，公司系统还有农村“低电压”客户847.6万户，占农村客户总数的3.75%。其中，长期“低电压”客户448.8万，占“低电压”总数的52.95%；短时“低电压”客户398.8万，占“低电压”总数的47.05%。做好2015、2016年农村“低电压”专项治理前期工作。研究制定《开展农村“低电压”专项治理工作的通知》，明确专项治理工作思路和目标，提出工作原则，强调工作要求。配合专业部门，研究制定2015年农村“低电压”专项治理计划和资金预算，制定《配网“低电压”治理技术原则》等。

公司系统各单位采取措施推进农村“低电压”治理工作。国网山东、吉林电力召开全省电视电话会议专项部署农村“低电压”治理行动，成立以总经理为组长，分管副总经理为副组长的生产、营销、调度三个专业领导小组，形成了专业协同、各负其责的工作机制。国网天津电力将“低电压”用户整治工作纳入公司“世界一流城市供电网发展行动计划”，作为年度112号任务进行督办考核。国网陕西电力将农村“低电压”治理列为“挂牌督办”工作，按月督办工作进度。国网甘肃电力将供电质量投诉事件和及时整改率指标纳入同业对标体系进行考核，加大“低电压”投诉整治力度。国网浙江、湖南电力按照一个台区一套治理方案的原则，分析“低电压”形成原因，开展“低电压”问题综合治理。加大投资力度，提高供电电压保障能力。国网安徽电力2014年在国家下达3.4亿元中央资本金的基础上，自筹2.8亿元资本金，并落实25.8亿元配套贷款，共计投资31亿元开展农网升级改造和农村“低电压”治理。国网河南电力紧急调增7.5亿元农网建设资金，用于重点解决10kV线路过载、配电台区布点不足和配电变压器过载造成的“卡脖子”“低电压”问题。国网湖北电力在农网改造升级工程的基础上，自筹20亿元重点解决由于中低压线路供电半径大、导线截面偏小、户均配电变压器容量较小引起的“低电压”问题。国网四川电力专项增补安排2015年农网春节保电“低电压”治理项目资金5.46亿元。国网山东电力加快推进农配网建设改造，开展“农网深耕”工程，实施“村村强网”，居民户均供电容量达到1.05kVA，同比增加23.53%。低压线路平均供电半径420m，同比缩短了35.38%，配网供电能力和台区设备状况显著改善。国网甘肃电力充分利用自筹、自有和东西部帮扶资金，加大农村“低电压”治理的投资力度。

加强农配网“低电压”监测，提高治理精准度。国网福建电力提出配电台区电压损耗计算模型，开展穿透性分析，映射实测电压数据，绘制台区电压分布曲线图，分析电压降原因，精确直观展现“低电压”治理薄弱环节，从管理和技术措施两方面研究制定治理对策。国网湖北电力充分利用营销信息采集系统，组织开发“农村电网在线分析系统”，实现全省农网12万个配电变压器台区“省市县所”四级管控，努力将农村“低电压”“事后治理”转变为“事前预防”。国网山西电力探索农村配电网在线监测技术，按照“数据集约化、功能实用化、应用全面化”的原则，部署农村配电网运行监测系统，实时监控和统计分析农村台区，快速定位“低电压”用户，制定综合治理措施，通过曲线图对比展示整治效果。国网山东电力利用智能电表数据，建立全省低压居民电压合格率监控系统，实现省、市、县、供电所、线路、台区电压合格率的分级分类统计和透明化监视，全省62.2%低压用户实现了在线监测。国网重庆、浙江、湖南、天津、江西电力等公司，利用用电信息系统、电压监测网络、智能公用配电变压器监测系统、95598信息平台等渠道，收集电压信息，变“被动接受投诉”为“主动排摸检查”的方式，开展迎峰度夏期间“低电压”高发区域的摸底排查，及时掌控“低电压”变化发展情况，为“低电压”治理提供信息支撑。

因地制宜推广应用农村“低电压”综合治理典型措施，提高农村“低电压”治理成效。各单位推进农村“低电压”治理14项典型方法，多措并举开展综合治理工作。国网江苏、安徽、福建、湖南、河南、江西电力推广应用高过载能力配电变压器，提高农网高峰负荷期间抗过载能力。国网重庆电力在巫山试点开展35kV配电化建设，缩短10kV供电半径。国网辽宁电力在辽阳开展集电压、无功、三相不平衡、线损监测为一体的综合性监测管理平台建设，研发低压台区移动式数据监测系统，对症解决“低电压”问题。国网四川电力在眉山推广采用有载调容配电变压器，有效治理负荷峰谷差大产生的“低电压”问题。

（朱　军）

【县供电企业管理体制机制】 2014年，公司根据地方政府意愿，严格按照国务院国资委有关产权划转的规范要求，落实管理责任，强化过程管控，严格工作审核，完成河南、甘肃两省共计149个代管县供电企业地方产权无偿划转。代管县供电企业上划后，深化“三集五大”体系建设，全面贯彻执行公司统一的规章制度、管理流程和工作要求，推动城乡电网的统一建设发展，企业管理水平和优质服务能力得到显著提升。

加强西藏农电代管工作。按照公司与西藏自治区政府达成的协议，2014年完成新增18个代管县供电企业，累计代管26个县。选派中东部地区14名业务骨干赴藏，帮助建立完善各项规章制度，规范代管县供电企业管理工作，西藏农村电网安全生产和优质服务能力得到显著提升。

（张　东）

【县供电企业和乡镇供电所管理提升】 为解决县供电企业和乡镇供电所管理中存在的突出矛盾和问题，全面提升管理水平，2013年初，公司党组决定开展为期两年的县供电企业及供电所管理提升工程（简称“两个提升”工程）。公司扎实推进各项工作并取得成效。

1. 推进“两个提升”工程

健全组织，制订管理提升指标。公司总部成立了由杨庆副总经理担任组长，国网农电部、发展部、财务部、安质部、运检部、营销部、基建部、信通部、物资部、人资部、体改办、政工部、国调中心等13个部门负责人为成员的“两个提升”工程领导小组，建立协同机制，明确工作重点；制定并逐省下达了县供电企业13个方面79项管理提升指标。

统筹协调，推进专业重点工作。公司5次召开领导小组会议，多次针对专业管理延伸、农网工程、乡镇供电所办公营业用房和生产服务用车等工作召开专题会议，研究部署阶段性重点工作。国网农电部每月印发通报，定期开展指标分析，制订改进措施。

强化服务意识、解决基层问题。公司先后组织了24个调研组对全部省公司进行了督导检查，调研范围涉及103个县供电企业147个乡镇供电所，掌握基层情况，制定措施，指导帮助基层单位解决实际困难和问题。

丰富工作载体、开展重点帮扶。开展县供电企业、乡镇供电所同业对标和县供电企业综合实力评价，发挥先进单位的示范引领作用。通过公司总部重点帮扶、省市公司定点帮扶、县公司结对帮扶和人员交叉挂职等方式，开展“抓两头、带中间”活动。

逐级落实责任，注重管理成效。各省公司建立健全组织机构，逐级分解指标计划，查找管理薄弱环节，制定提升方案，提高工作的针对性和实效性。定期开展督导检查，严格考评考核，部分单位将管理提升工程纳入企业年度业绩考核，加强工作过程管控。实施过程中注重科技引领和管理创新。

2. “两个提升”工程取得成效

各单位实现县供电企业管理提升13项79个指标任务。各类县供电企业“三集五大”管理体系建设任务完成；全员绩效管理覆盖率100%，县级层面完成培训99.8万人次，全员培训率97.68%。撤并县供电企业银行账户1014个，银行账户管控标准达标率100%。县供电企业物资类采购管控覆盖面达到100%，县域电网投资计划完成率、项目计划执行准确率均达到100%。县供电企业信息网络连通率100%；业务应用系统覆盖率99.96%；35kV变电站光纤覆盖率99.64%。35kV变电站集中监控率95.23%；10kV线路故障停运率7.32次/百千米年；运维检修隐患排查治理率提高至99.06%；电费回收率达到100%。农网综合电压合格率提高至98.808%，农网供电可靠率提高至99.878%。“三重一大”制度执行落实率100%。

县供电企业完成“三集五大”体系机构调整和人员配置工作，财务管理各项要求全面覆盖至各类县供电企业，风险防控能力增强。县供电企业物资供应与项目建设实现有机衔接，县公司库存物资管理持续优化。加快县域电网发展，提高综合计划管理水平，加强统计分析工作。规范农网工程现场管理。县公司调度专业管理职能全部集约至市公司，县调专业化管理水平和应急处置能力提升。配网故障次数逐年下降，配网健康水平稳步提升。县供电企业95598电话实现全集中，部分县公司智能电表实现全覆盖，服务质量显著提高。健全安全生产保证体系和监督体系，领导干部和管理人员到岗到位情况良好。

在县供电企业和乡镇供电所层面，建立与“三集五大”体系相适应的新的管理机制和工作流程，贯彻落实标准制度和管理要求。各类县供电企业“七大”“五小”信息系统得到全面应用。实现基层党组织和工作的全覆盖，提升企业凝聚力。增强县供电企业依法治企意识，落实惩防机制，加大重点领域和关键环节管控力度。

乡镇供电所基础资料由171项精简至53项，推广应用乡镇供电所一体化信息系统，减轻基层负担。统筹解决供电所办公营业用房短缺和生产服务用车不足问题。

（田　峰　薄　博）

【公司总部定点扶贫】 2014年公司共安排4.3亿元支持湖北“三县一区”（秭归县、长阳县、巴东县、神农架林区）进行农村配电网改造升级，同时向“五县区”（湖北“三县一区”、青海玛多县）无偿捐赠扶贫资金1880万元、带动地方投入1810万元，实施扶贫项目29个。

规范扶贫管理。建立总部、省、地（州）、县四级扶贫工作责任机制，公司系统深入现场调研检查指导204人次，引导扶贫工作进入制度化、常态化管理。建立扶贫工作进度月报制度，掌握工作进展，协调解决出现的问题。公司每年召开各县政府主管领导和扶贫办主要负责人参加的定点扶贫工作座谈会，2014年召开首个扶贫日调研座谈会，沟通扶贫思路，了解工作进展，研究推进举措。修改发布《国家电网公司总部定点扶贫管理办法》。调整扶贫工作重点，先后制定了湖北“三县一区”第五期定点扶贫规划、2014年滚动修编计划、青海省玛多县第一期扶贫援助规划。启动项目后评价机制，对2012、2013年使用公司扶贫资金较多的12个产业扶贫项目进行扶贫成效后评价。

突出产业扶贫。实施产业扶贫项目13个，总投资2195万元，投入国家电网扶贫资金620万元。新建茶叶基地600亩，改造常规茶园2800亩、观光茶园300亩。建成茶叶加工厂房900m^2，购置茶叶加工设备10台套，完成500亩有机茶园土壤、苗树优化改良工作。发展优质核桃基地1800亩、高山蔬菜基地1000亩、乌红、红乌杂交天麻种子基地100亩。建设蔬菜基地200亩、烟叶基地300亩。建成无菌魔芋加工厂房900m^2。为种植业配套新建、改造田间道路11.96km。新建规模化养猪场4792m^2，圈养草坪1000亩。神农架林区生态养猪项目已申请注册“高山湿地跑跑猪”商标。国家电网扶贫资金100万元的神农架下谷坪乡无菌魔芋种源基地项目带动1629户5800多农民年人均增收800元。

深化教育扶贫。实施科教扶贫项目11个，总投资465万元，使用国家电网定点扶贫资金370万元。宣传普及安全用电、农业科技和医疗卫生知识；长阳县开展魔芋、核桃、生猪养殖等农村实用技术培训73场，累计培训4000余人；长阳县津洋口中心小学运动场硬化5500m^2，新建跑道300m，完善排水系统和照明系统。玛多县民族寄宿制小学建成10m电动大门一座、围墙600m、室外排污管网550m、化粪池一座30m^3、校园道路及场地硬化2600m^2。2014年帮助100名贫困学子顺利实现上大学的梦想。2003～2014年，公司向中国扶贫基金会“新长城”助学项目捐资240万元，每年资助100个、累计资助了1365个贫困学生圆了大学梦。不少受助学生成为社会经济发展的骨干，对所在家庭脱贫的带动作用明显。

完善基础设施。2010~2014年，公司累计投入10.7亿元对长阳县、巴东县和神农架林区电网进行改造升级，加快电网发展，重点提高电网供电能力，解决电网“卡脖子”和“低电压”问题。2011～2014年公司累计投入2158万元帮助玛多县发展电力，帮助藏族群众解决供电问题，促进了藏区社会稳定和民族团结。2014年投入640万元在果洛州建设黄河源游客接待中心，因选址变化，调整项目建设方案并进行设计完善。

改善医疗卫生条件。实施医疗卫生扶贫项目1个，使用国家电网定点扶贫资金30万元。为巴东县东瀼口镇卫生院购置500mA X光机、光电遥测监护仪、半自动生化分析仪等医疗设备，有效缓解东瀼口镇26 000人看病难的问题。

（邓汉万）

工程建设与管理

【“大建设”体系建设】

2014年，公司“大建设”体系围绕“三集五大”体系建设任务，合理界定建设核心任务，深化经研院“一体化”动作，推进施工企业转型研究，扎实开展“五位一体”机制建设，不断提高体系运行效率。

1. 开展送变电施工企业转型研究

开展专项调研。对7家省级送变电公司开展实地调研，听取省级送变电公司“大建设”体系运转情况与生产经营状况，分析省级送变电企业发展面临的主要障碍和问题，探讨促进其转型发展需要的机制和政策支持，形成相应的意见和建议。编制书面调研提纲，了解公司系统29家省级送变电公司的基本情况和意见建议。

编制施工企业建设方案。明确要遵循电网和企业发展规律，以建设“管理型、专业型、监理型”施工企业为方向，坚持安全稳定、市场导向、循序渐进、整体协同的基本原则，通过明晰核心业务范围，优化组织架构、合理控制人员规模，分阶段有步骤地将省送变电公司由电网工程施工企业，逐步调整为从事电网工程项目管理、现场监督管理和核心业务施工的综合型企业。

2. 经研院“一体化”协同运作

2~4月对5家省经研院“一体化”协同运作情况开展督导和调研，并结合“大建设”专业评估和综合验收，组织国网江西、重庆电力总结、提炼，推进省经研院“一体化”运作经验，并在各单位推广。指导各单位借鉴典型经验，查找不足，针对性开展整改、完善、提升工作。各省中心设计院、监理单位与经研院基本实现财务、党群、后勤等公共业务部门的一体化运作。

3. 梳理主要业务与外委业务界面

研究电网建设业务，明确电网建设专业核心业务与非核心业务名录，根据核心业务不可外包，非核心业务采用专业分包和劳务分包的原则，提出各工作分包方式及分包范围意见及方案。在2013年底发布《国家电网公司输变电工程施工分包管理办法》通用制度的基础上，研究制定《国家电网公司供电业务外包管理暂行办法》，明确分包管理的相关要求，完成建设主要业务与外委业务界面研究。

4. 基建管理培训

按照2014年培训计划安排和基建“百千万”培训工程，组织开展基建企业负责人、基建管理人员和特高压建设管理人员培训。

组织基建企业负责人培训班，参加人员为公司系统各省级送变电公司企业主要负责人，各省送变电公司总会计师，省经研院建设管理中心负责人和省监理公司负责人，共计 102 人。培训内容主要涉及工程与企业规范管理、企业工程资金管理、基建计划和招投标管理、基建安全质量管理、企业工程审计管理、公司电网发展规划、“大建设”体系建设、基建工程法律法规和管理沟通与协调等。

组织基建管理人员培训班，参加人员为公司系统各省级送变电企业财务、审计部门负责同志，施工、监理项目经理，共 120 人。课程涉及工程与企业规范管理、企业工程资金管理、企业工程审计管理、基建计划和招投标管理、基建技术管理、基建安全质量管理、基建工程法律法规和管理沟通与协调等内容，共 24 课时。

组织特高压建设管理人员培训班，参加人员为 2015 年上半年开工建设的特高压工程属地省公司建设管理人员，共 109 人。包括省公司建设部、经研院建设管理中心、省电科院、属地地市公司和送变电公司相关人员。由总部交、直流部，国网经研院、中国电科院和交、直流公司的专家和领导进行授课。课程内容主要为特高压交、直流工程基础知识。

5. 通用制度建设

发布 27 项基建通用制度的基础上，开展通用制度应用分析和验证工作，跟踪通用制度执行情况，形成制度编制、试行、反馈、完善的闭环流程，确保建成“实用、管用、好用”的基建通用制度体系。

开展制度宣贯与培训。1 月，统一编制 27 项基建通用制度的培训课件，并在 3 月份组织公司系统对基建管理通用制度开展培训工作，同时，结合基建“规范管理年”活动，强调“规范管理年”即制度落实年，要求各单位要采取现场会议、网络大学、视频教学等方式，宣贯制度和文件要求。

推进制度完善提升。制定并印发《深入推进基建通用制度试点及完善的工作方案》，创新建立通用制度试点研讨和跟踪反馈工作机制，按专业分别选取 2~3 家制度应用分析重点单位和配合单位，组织开展省、市、县公司层面的专项调研，对制度落实过程中相关意见与建议进行讨论，分析通用制度执行情况和完善的意见建议，组织开展通用制度相关内容的深化完善工作，于 11 月底汇总通用制度运行情况意见和建议，并完成通用制度的修订。

6. “五位一体”机制流程建设

按照“五位一体”协同机制建设的工作要求，对业务流程进行梳理。以内控流程体系（51 项流程）为基础，结合“三集五大”体系完善提升工作和通用制度体系建设的最新管理要求，对流程进行补充和完善。形成省公司层面，涵盖项目、安全、质量、技术、造价和队伍管理，覆盖工程建设全过程、各管理层级的 56 项业务流程，且每项业务流程均与基建管理通用制度相对应，无非通用流程。

7. 最佳实践案例评选

明确最佳实践主要内容和评选原则，主要体现“大建设”体系建设在某方面的特色做法和典型经验，或“大建设”体系建设具体做法为各专业带来效益效率的提高。按照以上要求，组织省公司对报送的 345 个“大建设”体系实践案例进行梳理和筛选形成 135 个实践案例，并进一步筛选形成 45 项“大建设”体系最佳实践案例库。

8. “大建设”体系成效评估

建立成效评估指标。总结“大建设”体系建设经验和成果，分析体系建设实际效果，按照电网建设工作特点和指标全面性、系统性、完整性、差异性原则，分别设置省、市、县和省经研院评估指标，经过各单位两次试测后，完善指标内容，形成各层面成效评估指标体系。

编制复查抽查工作方案，加强过程指导。采用资料调阅、书面报告、实地督导、信息系统线上检查、查阅历史数据和数据复查与核实等方式，补充了解各单位“大建设”体系建设和运行状况，确认存疑的指标数据信息，掌握和分析公司“大建设”体系建设成效和重点任务执行情况，编制复查抽查工作方案，组织各单位报送“大建设”体系成效评估周报，了解体系建设成效，动态掌握评估工作进程和经验亮点。

总结体系建设成果，编制成效评估分析报告。通过成效评估督查抽查工作，完善“大建设”体系建设总结，掌握公司三级建设管理体系建立与运行、工程建设管理模式、经研院一体化运作、基建管理培训工作开展、通用制度落实和应用等情况，丰富体系建设经验亮点，分析指标变化，总结各单位体系建设亮点，提出改进建议，编写“大建设”体系成效评估分析报告。

（易建山　李东亮　陈　晖　齐文婷）

【基建工程管理】 2014 年，公司坚持“依法开工、有序推进、均衡投产”，一至四季度分别完成投产任务的 25%、56%、81%、100%。完成电网基建投资 3370 亿元，110（66）kV 及以上交流工程开工 4.8 万 km、3 亿 kVA，投产 5 万 km、2.6 亿 kVA。特高压直流工程开工 1720km、1600 万 kW，投产 1653km、2400 万 kW。

1. 电网工程建设

溪洛渡—浙西±800kV特高压直流输电工程建成投产，首次实现单回路800万kW满负荷、840万kW过负荷试运行，创造了直流输电容量新纪录。集成特高压交流输电核心技术，高质量、高标准建成浙北—福州1000kV特高压交流输变电工程，推动特高压输电交流技术和装备水平迈上新台阶。提前半年投运川藏电力联网工程，彻底结束西藏东部和四川甘孜南部孤网运行历史。建成投运兰州—天水—宝鸡、冀北御道口、江苏盐城南、兰新二线电铁配套、西藏藏木送出等一大批重点工程。洪屏、仙居、绩溪、丰宁等抽水蓄能电站建设完成里程碑计划，丰满重建工程实现大坝主体开工、下游围堰合龙。三峡地下电站送出等工程通过国家验收，为2015年整体验收奠定基础。

2. 基建安全质量管理

开展安全管理提升活动和“强管理、抓落实、防事故”基建安全专项活动，强化重点工程、重要节点监督检查，强化薄弱环节治理，全年未发生公司负主要责任的基建安全人身死亡事故和六级以上电网事件。推进基建安全质量通用制度宣贯执行，加强施工方案安全措施编制执行检查，每月召开基建安全质量视频点评会议。开展“四不两直”安全随机检查，实时监控重大施工安全风险进程，做好节假日不停工现场安全稳定工作，做好迎峰度夏和基建工程防汛安全管理分包管控不断深入，机制不断健全。安全文明施工标准化、风险管理、标准工艺应用等更加规范，工程建设安全质量过程管理得到强化。组织“加强工程质量管理决定”三年“回头看”活动，推动各电压等级工程全面应用标准工艺，2571项工程全部达到优质工程标准，2项工程荣获国优金奖、9项荣获国优银奖、2项荣获鲁班奖。

3. 工程建设技术创新

推进直流电流、网侧交流电压、直流电压“三提升”，±800kV、1000万kW、受端分层接入进入工程设计阶段，晶闸管、直流套管等关键元件通过试验验证，换流阀、换流变压器等关键设备形成技术方案。成功研制额定容量150万kVA、全解体特高压交流变压器，实现全自主化特高压GIS开关工程应用，打破高性能硅钢片等关键部件国外垄断，实现设备国产化重要突破。智能变电站模块化建设取得突破，输电线路全过程机械化施工形成系列成果。青藏联网直流工程、特高压交流串联补偿项目荣获2014年中国电力行业科技进步一等奖。

4. “大建设”体系建成

完成体系建设任务。吸收各单位差异条款，修订完善27项通用制度，基本建成实用、管用的制度体系。形成覆盖建设全过程的56项通用业务流程，流程引用率、制度匹配率达到100%。整合省经研院财务、党群、后勤等公共职能部门，提高一体化运作水平。梳理体系建设典型经验，形成45项最佳实践案例。

专业管控机制不断完善。完善均衡投产管控机制，科学制订进度计划，定期协调重点工程建设，及时准确统计工程进度，基本实现月度均衡。建立工程设计全过程管控机制，工程前期推行设计策划，初步设计阶段强化重大问题沟通，竣工后开展设计质量考核，按年度发布承包商资信评价结果，持续提高设计质量、服务能力。强化工程造价管理，建立“事前信息价指导、事中三算控制、事后造价分析”的闭环管理机制，不断丰富造价管理内涵。

深化应用基建管控系统。完成新平台上线及平稳过渡，推进跨专业信息共享融合、加快特高压工程一体化管理、实现信息系统与基建业务融合。公司各管理层级、各项目部应用水平持续提升。

5. 特高压工程管理

特高压属地管理模式。总结国网浙江、福建电力等公司经验，优化完善“总部统筹协调、属地省公司建设管理、直属建设公司技术支撑”的管理模式。总部层面强化统筹管控，专业公司带动、指导、支撑省公司属地化管理。省公司发挥属地管理主体作用，负责现场建设管理和所辖区域工程属地协调。

特高压工程前期进度管控。总部建立前期工作周协调机制，协调各部门工作进度。淮南—南京—上海、锡盟—济南、宁东—浙江特高压工程获得核准并开工。蒙西—天津南特高压工程获得核准。榆横—潍坊特高压工程具备核准条件。酒泉—湖南特高压工程进入核准评估程序。

特高压标准化建设。形成特高压“三通一标”技术成果，79项特高压交流国家标准、行业标准通过国家验收，特高压系统过电压与绝缘配合等标准上升为国际标准。

重大施工装备配置。提前完成特高压施工重大装备采购、操作培训。创新管理模式，将339家施工企业装备纳入租赁平台，推进装备集约化配置、专业化管理、市场化租赁。

6. 工程造价管控

2014年共完成35kV及以上初步设计评审2412项，批复2776项，批复概算总投资2991亿元，初设概算较可研估算节约208亿元，下降6.5%。全年完成工程结算2105项，结算金额1362亿元，结算较概算下降4.7%。

控制工程造价。专项研究巴西美丽山水电送出工程造价，建立输变电工程技术经济指标体系，制定工程量清单计价规范，修订勘察设计取费标准，规范其他费用计列与使用，加强工程造价各环节管控。

加强初步设计评审管理。以工程造价控制线为宏观管理标尺，以通用造价和信息价为具体指导，严格审查设计方案合理性、技术经济指标先进性，提高初步设计质量。

严格工程结算管理。加强合同履约管理，依法合规结算。统一工程结算编制标准，执行结算通用格式，规范结算报告内容要求。严控设计变更和现场签证，减少费用变更。开展分部结算，及时确认关键节点工程量，确保工程结算按期完成。

7. 基建“规范管理年”活动

规范工程建设关键环节管理。开展工程招标、施工分包专项督查，排查不规范行为。各单位严格落实活动方案，深入排查4395项工程，发现并整改8方面36类2054个问题。

施工分包管理持续规范。发布分包管理“十条禁令”，明确管理红线。强化分包准入管理和动态管控，合格分包商减少至两千余家，合格分包商应用率100%，同比提升30%，分包违规现象大幅减少。

依法治企及审计问题整改。组织开展专项督查，确保问题闭环整改，规范建设管理。

8. 基建队伍建设

加强基建专业培训交流。以满足特高压大规模建设、规范管理为重点，完成建设管理、施工、监理企业骨干人员培训。推广机械化施工技术成果，完成重大装备8期508人次培训。完成设计评审技术调考。总部、各单位按照计划，开展安全质量管理等337期共34 545人次培训。针对省公司建设管理、公司系统设计单位，完成设计管理、设计技术培训共计520人次。

合理界定基建管理核心业务。梳理电网建设业务，划分建设管理、设计评审等环节的核心与非核心业务。研究非核心业务分包方式、范围，明晰主要业务与外委业务界面。

加强公司所属建设队伍管理。培育地市层面建设队伍，提高市场竞争能力，更多参与更高电压等级工程建设。推进建设队伍专业信息系统研发，按季度收集基础信息，优化调整评价指标。

9. 技术及设计管理

强化工程设计质量全过程管理。制定颁布《国家电网公司输变电工程设计质量管理办法》等5项规章制度，从工程设计策划到竣工投产，规范各环节管理及技术要求，细化设计质量评价考核。推行设计策划，引导工程设计优化和技术创新。针对安全运行、关键性能、设备选型、智能化技术、新技术应用等，发布“设计质量控制技术问题清单”（2014年版）。

引领设计创新和设计单位能力提升。根据智能电网建设需要，选取8项、52项工程，在公司层面、省公司开展设计竞赛，在智能变电站技术提升、线路优化设计、节能环保等方面，形成大量设计创新成果，同时激发了设计人员创新能力提升。2014年37项线路、53项变电工程获得国家电网公司优秀设计工程。完成年度共266家甲、乙级设计单位资信评价。分变电一次、二次、土建，线路电气、结构等五个专业，组织公司系统设计评审技术调考，共6家省公司获团体奖，13人获个人奖。

建立智能变电站调试管理体系，加强智能变电站调试专业化管理。对150人次调试专业人员进行理论培训、操作实训。根据专业能力、技术装备、专业人员配备等条件，对调试资格进行分类、分级管理。智能变电站调试资格分为现场调试、二次系统集成测试、系统动模试验共3类。

（李　明　张　强　苏朝晖　徐志军
吴至复　甘　羽　吕洪林　李东亮）

【基建标准化建设】 2014年，公司继续推进基建标准化建设，加强“三通一标”（通用设计、通用设备、通用造价、标准工艺）标准化成果建设工作，提高工程技术、安全、质量和工艺水平。发布《标准化建设成果（通用设计、通用设备）应用目录（2014年）》，完善应用机制，推进标准化建设成果应用。

1. 通用设计

总结模块化建设技术创新和工程试点等成果，在现行智能变电站通用设计基础上，遵照“标准化设计、工厂化加工、模块化建设”原则，研究编制110（66）kV智能变电站模块化建设通用设计，涵盖66、110kV电压等级，22个技术方案组合，包括户外AIS、户外GIS、户内GIS等变电站类型，变电站占地面积、建筑面积等技术指标优化显著。

启动西藏电网输变电工程通用设计修编工作。确定变电站通用设计技术方案组合8个（500kV 2个、220kV 2个、110kV 4个），涵盖户外HGIS站、户内GIS站。确定线路杆塔通用设计模块16个（500kV 4

个、220kV 8 个、110kV 4 个）。

完成新疆大风地区输电线路通用设计增补。增补大风区杆塔系列，综合考虑通用性、经济性及工程需求等情况，规划 220kV、750kV 通用设计杆塔系列 5 个，其中 750kV 线路 1 个杆塔系列、17 种塔型，220kV 线路 4 个杆塔系列、72 种塔型，满足新疆大风地区线路工程建设需求。

2. 通用设备

完成 110（66）~750kV 智能变电站通用设备修订完善。深入调研电网发展需要、设备制造能力，在现行通用设备基础上，增加 220kV/240MVA 高阻抗变压器等 10 种设备。根据近年来通用设备“四统一”（统一技术参数、电气接口、二次接口、土建接口）执行情况，对结构较复杂的成套设备（组合电器等）电气接口、土建接口进行了统一规范、修订完善。

加强通用设备标准化应用全过程管控。在工程设计、安装、验收等各环节，建立设备技术资料确认、设计技术联络及评价机制，加强通用设备应用。对于外部接口较多、协调配合工作量较大的设备，省公司要组织开展设计技术联络，组织开展设计技术联络，落实通用设备“四统一”要求，确保设备配置、布置等满足工程要求。加强到货设备的检查、试验，对设备供应商通用设备履约情况进行评价，落实设备厂家的质量责任。

3. 通用造价

研究建立输变电工程技术经济指标体系，制定工程量清单计价规范，修订勘察设计取费标准，规范其他费用计列与使用，加强工程造价各环节管控。滚动修订形成《国家电网公司输变电工程通用造价（2014 年版）》，覆盖 35~750kV 各电压等级输变电工程。规范费用计列标准，制定大件设备运输方案设计内容深度规定（试行）和费用计列指导依据，发布 4 期 2014 年电网工程主要设备材料信息价，测定 2014 年电力工程、配电网工程、电网技改检修工程的概预算定额价格水平调整和电力建设建筑工程施工机械台班价格。

4. 标准工艺

制定颁布《国家电网公司基建安全管理规定》《国家电网公司基建质量管理规定》《国家电网公司输变电工程安全文明施工标准化管理办法》《国家电网公司输变电工程施工安全风险识别、评估及预控措施管理办法》《国家电网公司输变电工程建设监理管理办法》《国家电网公司输变电工程施工分包管理办法》《国家电网公司输变电工程验收管理办法》《国家电网公司输变电工程标准工艺管理办法》《国家电网公司输变电优质工程评定管理办法》《国家电网公司输变电工程流动红旗竞赛管理办法》共 10 项通用制度。发布《发施工分包管理十条规定》《输变电工程设备安装质量管理重点措施（试行）》和《电力电缆及通道工程施工安全技术措施》。按季度滚动修订年度安全质量策划。

（张　强　苏朝晖　吴云喜　甘　羽　郭艳霞　刘　薇　曲　辉　何　波　彭开宇）

【基建信息化建设】 采用建设和应用多元化举措，完成基建信息化“深化完善”阶段的建设与应用目标。加强基建系统对管理工作的支撑，加强对施工现场业主、施工、监理三个项目部标准化的支撑，开展参建队伍管理、现场模块优化等系统任务的建设，满足基建各专业的业务需求，促进职能管理、队伍管理与建设过程管理信息的纵向互动，建立分析查询体系，增强信息系统对各级基建管理决策的支撑力度。

加强跨专业、部门业务衔接，共享发展、物资等部门的业务信息，集成 ERP 等系统信息，消除部门间的信息壁垒，适应“大建设”体系运转需要，提高跨部门间的沟通效率，提升大建设体系的管理水平，推进基建信息化应用水平迈上新台阶。融合特高压工程管理流程，消除特高压工程管理“功能重复建设，数据重复录入”的问题，实现“大建设”体系工程管理数据的统一。

开展基建管理系统集中部署，实现全网工程管理标准统一、平台统一、数据集中存储。截至 2014 年底，系统覆盖输变电工程 11 290 个，覆盖在建工程现场项目部 15 388 个，在建工程变电容量 1441.20 万 kVA，线路总长度 2952.07km。

（吴　迪）

【电网工程建设新技术推广应用】

1. 基建新技术研究和应用

输电线路节能导线技术。选取 500 项试点工程，推进钢芯高导电率铝绞线、铝合金芯高导电率铝绞线和中强度铝合金绞线三种节能导线研究和试点。明确设计选型原则，制定配套施工工艺，规范导线压接和紧线施工工艺。相比于普通钢芯铝绞线，节能导线平均降低输电阻损耗 2%~9%。

预制舱式二次组合设备。选取 15 座新建智能变电站开展模块化建设，户外站应用预制舱式二次组合设备。舱内集成二次设备及辅助设施，在厂内完成安装、配线、调试工作，整舱配送、吊装、就位，避免了以往安装调试过程中灰尘等对二次设备的潜在影响，提高二次设备寿命和系统质量，提高工程建设效率。

大荷载输电铁塔。应用 Q420 高强钢铁塔约 122 万 t，钢管塔 2000 余基。相同荷载条件下，采用 Q420

高强角钢比普通钢材可降低塔重6%~8%，降低铁塔本体造价2%~6%。采用钢管塔降低塔重15%~20%，节省基础混凝土用量约20%。

落地抱杆组塔技术。在500kV及以上电压等级线路及大跨越高塔组立施工中，应用落地抱杆100余台次。应用专业化落地抱杆，提高人身安全、施工效率，减少配套工器具、人员投入、施工占地。

物料机械化运输技术。在高山、深谷、河流等复杂地形地区，共应用2千余条索道进行工程物料运输，减少环境破坏，提高运输安全、效率。平均较人工运输节省500元/t。

变电站电力设施隔震减震技术。选取25座变电站试点应用，减少运行噪声，提高电网抗震能力。

耐候钢在输电铁塔中的应用技术。开展耐候钢关键技术研究，细化耐候钢生产工艺、质量检测技术要求，开展耐蚀性能、力学性能试验、工程应用原则研究。

变电站标准化组合大钢模板应用。结合通用设备应用，总结部件尺寸规律，合理划分模数，形成标准化组合大钢模板技术方案。创新采用门式支架自支撑支护方式，混凝土一次浇筑成型。在15个110~500kV变电站试点应用，完成65面防火墙浇筑施工，工艺简便，质量、效率有效提升。

2. 依托工程基建新技术研究应用集中管理

强化新技术研究计划管理。2014年公司确定变电设计、线路设计、施工技术等共53项依托工程基建新技术研究项目，统一组织研究。加强依托工程基建新技术研究质量、进度管理。抓好立项评审、合同签订、过程管理、项目验收、成果总结等关键环节管理，定期协调检查。加强基建新技术推广应用。2014年持续发布设计新技术推广应用实施目录，分为推广应用类和发布应用类，共114项技术成果，明确了新技术特点、适用范围和应用方法。

3. 基建类技术标准管理

加强技术标准编制质量和进度管控。根据公司2014年度技术标准制（修）订计划，对其中95项基建类技术标准，定期组织基建技术标准编制工作协调，推进落实，确保质量和进度。规范技术标准立项、起草、征求意见、送审、报批等环节，落实公司技术标准制修订原则。完善“大建设”技术标准体系。梳理有关国标、行标和企标，形成2014版“大建设”技术标准体系，指导公司基建技术标准化工作。

4. 施工技术研发及租赁平台管理

创新研发施工装备。针对不同地质、地形条件，着眼施工全过程，开展施工装备工业化、标准化、系列化研究，制定施工装备标准化配置体系。创新系列化专用旋挖钻机，研发首批4台综合型专用旋挖钻机（200kN·m），应用于试点工程建设。完成架空货运索道标准化，统一设计、部件配置。开展大截面导线放线滑车技术研究，通过工程现场展放试验、滑车与导线性能试验，提出1250mm^{2}大截面导线展放适应滑车类型。

开展线路机械化施工工艺创新和应用。针对线路建设全过程各阶段，制定完成旋挖掏挖基础、岩石锚杆基础、挤扩支盘桩基础、灌注桩基础机械化施工工艺导则，以及接地网非开挖施工工艺导则，规范应用。

深化施工创新成果交流和应用。发布2014年版施工科技创新成果推广目录和成果汇编。涵盖特高压交、直流工程，750kV工程，智能变电站，新能源项目等，包括施工技术、施工装备、施工调试、施工管理共4类、18个专业技术领域及150项创新成果。

深化施工装备平台租赁管理提升机械化施工水平。将天津、江苏、湖北装备租赁公司，省级送变电公司重大装备纳入租赁平台，支撑公司重点工程建设。制定国家电网公司《关于进一步规范施工装备配置工作的通知》等管理制度，规范平台运作。2014年纳入平台的装备有抱杆等8大类、27 570台套。租赁平台为锡盟—山东、浙北—福州、淮南—上海特高压交流，灵洲—绍兴、溪洛渡左岸—浙江金华特高压直流等重点工程，及220~750kV重点工程提供装备支撑。

（张　强　郭艳霞　丁士君）

重点工程

【川藏电力联网工程】 川藏电力联网工程是落实中央支持藏区发展战略部署的“德政工程”和“民心工程”，也是服务川藏两省（区）经济社会发展，促进当地资源优势转化为经济优势的绿色工程、创新工程。党中央、国务院高度重视，全国政协主席俞正声多次作出重要批示，指导工程建设。公司发挥集中力量，精心组织，科学实施，确保工程如期建成。

1. 工程概况

川藏电力联网工程途经的西藏昌都、四川甘孜，地处横断山脉和三江（金沙江、澜沧江、怒江）流域。由于昌都电网规模较小，本期和远期2020年前的交换容量也较小，工程线路按500kV架设，本期降压为220kV运行。

工程新建四川巴塘、西藏昌都2座500kV变电站

（本期均只建设220kV变电站部分），西藏邦达、玉龙2座220kV变电站，乡城—巴塘—昌都双回500kV线路2×(191+309)km（本期降压至220kV运行），昌都—邦达220kV线路2×62km，昌都—玉龙220kV线路2×190km。工程总投资66.3亿元。

2. 建设进展

2013年8月，国家发改委批复了川藏电力联网工程项目建议书；8月6日，川藏电力联网工程建设指挥部进驻巴塘，组织开展施工准备工作。2014年1月22日国家发改委批复可研；3月18日开工建设；11月20日举行投运仪式。

3. 建设单位

设计单位：西南电力设计院、四川电力设计咨询有限责任公司、中南电力设计院、甘肃省电力设计院、青海省电力设计院、陕西省电力设计院、国核电力规划设计研究院、西北电力设计院。

监理单位：北京华联电力工程监理公司、辽宁电力建设监理有限公司、重庆市渝电工程监理咨询有限公司、四川电力工程建设监理有限责任公司、湖南电力建设监理咨询有限责任公司、山西锦通工程项目管理咨询有限公司、青海智鑫电力建设监理有限公司、甘肃光明电力工程咨询监理有限责任公司、成都勘测设计研究院、昆明勘测设计研究院、西藏信和监理咨询有限公司。

施工单位：四川电力送变电建设公司、黑龙江省送变电工程公司、湖北省送变电工程公司、湖南省送变电工程公司、四川蜀能电力有限公司、吉林省送变电工程公司、江西省送变电建设公司、山西送变电工程公司、河南送变电工程公司、甘肃送变电工程公司、西藏电力建设有限公司、武警水电第二总队、青海送变电工程公司、山西省电力公司供电工程承装公司、华东送变电工程公司、陕西送变电工程公司。

4. 工程建设难度

工程地处川藏高原山区，沿线高寒缺氧、地质复杂，技术难度大，建设任务十分艰巨。工程沿线平均海拔3850m，最高海拔近5000m，昼夜温差很大，含氧量只有内地的50%左右，极易引发肺水肿、脑水肿等高原疾病，生命健康安全保障困难。川藏高原气候恶劣，每年有效施工期很短。沿线地质条件复杂，穿越巴楚河、金沙江、澜沧江等河谷和高山丛林，相对高差大，施工十分困难。沿线没有铁路和高速公路，主要依靠国道公路、乡村土路运输。沿线道路经常因塌方、泥石流等地质灾害中断，且部分地段没有通信信号。全线绝大部分都是高山峻岭，施工材料及机具运输只能依靠运输索道，难度大，风险高。

5. 工程建设成果

两万余名建设者弘扬“努力超越、追求卓越”的精神，坚持“严密组织、精心设计、安全建设、保障有力、平安环保、拼搏奉献”的建设方针，提前半年实现工程竣工。

坚强有力的组织保障体系。公司与四川、西藏两省区政府联合成立工程建设领导小组，刘振亚董事长任组长，两省区副省长（常务副主席）任副组长。在四川巴塘设立工程建设总指挥部，在西藏昌都、四川巴塘设立工程项目部，发挥集团优势，统筹建设资源。

全过程安全质量工艺控制。严格执行安全质量工艺措施，推行基建标准化作业。做到建设标准高起点、施工过程严要求、评估验收严把关，实现高质量建设。

关键技术攻关和成果应用。完成科研课题15项，形成标准规范5项，申报专利20项，发表论文100余篇，成功研制并实际应用自控型循环式索道等5种新型施工机具，管理创新和科技创新取得显著成果。

严密的物资供应保障措施。保障措施精确到站点、贯穿全线、覆盖全程。建立了兵站式运输管理和道路保通工班机制，与地方交通实现联动管控，保证物资运输的可控、在控。架设索道900余条（1100多km），安全运送物资40万t，累计运输里程达450余万km。

依法规范建设管理。严格落实国家法律、法规要求，加强对资金、技经、合同及分包管理，建立“四级”技经管理模式和过程“三控”机制，引入第三方造价咨询机构，确保了费率标准、合同签订、资金支付等环节规范实施。

健全生命健康保障体系。设立2个保障医院、14个一级医疗站、6个二级医疗站、4个三级医疗站，158名医护人员在沿线累计诊治7万余人次，100%治愈高原脑水肿、肺水肿27例，实现“零死亡、零伤残、零疫情”目标。

工程沿线的生态环境保护。强化环保工作体系，委托专业机构全程监督。组织地质环保专家，逐站逐基落实环保水保措施，落实各类自然保护区环保方案，通过配备施工草垫、草皮剥离保护、垃圾集中清运等措施，确保河流水源不被污染，野生动物生息不受影响，生态环境得到了有效保护。

民族团结与和谐稳定。工程选线选站主动避让神山及寺庙。组织开展进藏教育，引导全体参建人员尊重当地宗教信仰和民风民俗。依靠各级党委政府开展协调工作，积极开展助学助困助医活动，赢得沿线群众赞誉支持，保证工程和谐推进。

彰显良好央企形象。在工程建设中全体参建者不仅展现了电力铁军风采，更传达了党中央对藏区经济社会发展、民生福祉改善的关心和重视。中央媒体、川藏两省区主流媒体和各大网络媒体累计报道、转载工程建设信息30余万条次，新华社、中央电视台等主要媒体对工程进行了现场专题报道。

● 川藏电力联网工程线路穿越高山大岭。

（易建山）

【重点750kV输变电工程】 2014年公司投产750kV输变电工程2项。

一、兰州东—天水—宝鸡750kV输变电工程

该工程是加强陕甘电网电能输送、强化特高压送端电网结构、服务陕甘两省社会经济发展的重要工程。

1. 工程概况

新建天水750kV变电站，扩建兰州东750kV变电站、宝鸡750kV变电站，新建兰州东—天水—宝鸡Ⅰ、Ⅱ回线路。线路长度783km，变电容量210万kVA。其中天水750kV变电站是甘肃省电力公司首座750kV智能变电站。

2. 建设进度

工程于2012年8月核准，9月批复初步设计，11月开工。2014年6月26日投运。

2014年6月，天水750kV变电站获得公司安全质量管理流动红旗。12月，工程被命名为公司2014年度优质工程。

3. 建设单位

业主单位：国网陕西省电力公司、国网甘肃省电力公司。

设计单位：西北电力设计院、国核电力规划设计研究院、陕西省电力设计院、甘肃省电力设计院。

监理单位：陕西诚信电力工程监理公司、辽宁电力工程监理公司、甘肃光明监理公司、北京华联电力工程监理公司。

施工单位：青海送变电工程公司、新疆送变电工程公司、甘肃送变电工程公司、辽宁省送变电工程公司、华东送变电工程公司、宁夏送变电工程公司、河南送变电工程公司、陕西送变电工程公司、湖南省送变电工程公司。

4. 工程建设亮点

工程开工前下发《工程建设管理纲要》《创优策划》《安全文明施工总体策划》《标准工艺应用策划要求》等策划文件，根据工程的特点组织开展《利用机械旋挖机挖孔桩基础施工》《利用机械洛阳铲挖孔桩基础施工》《斜柱斜面基础施工》《碎石挤密桩地基基础施工》《临近带电体采用落地双平臂抱杆组立铁塔》《素土/灰土挤密桩施工》《750kV构架吊装》《HGIS设备安装》等特殊方案编制，形成标准的作业文件，并在工程开工及分部工程开工前，组织参建单位开展标准工艺应用及特殊工艺专项培训，在工程施工过程中以“样板引路，示范先行”的原则，形成“施工标准工艺作业控制卡”，细化到每道工序，随时查阅质量工艺控制要点。

发挥党建联动机制，施工现场各单位健全党组织机构，加强与地方各级党组织沟通协调，有效推进工程建设，顺利完成张家川回族自治县少数民族聚居区通道清理工作。

为保证标准工艺的实施效果，线路工程组织研制大板基础全新施工方法，采用镜面清水覆膜板木结构安装式模板开展斜柱大板基础施工，保证基础混凝土施工质量。陕甘交界的老爷岭山区重冰区段施工时采用索道运输，节约人力、物力，提高运输安全和施工效率。在组塔施工过程使用安全自锁器和速查自控器、视频监控系统、在起吊抱杆上安装电子倾角监测仪、高塔上下通信采用无线耳麦对讲系统等系列措施，保证铁塔施工安全和质量；架线施工中应用无人直升机、动力伞进行牵引绳展放，既解决山区、林区放线困难，减少植被破坏的问题，又保证工程质量。变电站工程采用设备基础倒角工艺、防火墙清水混凝土工艺、CAD排砖技术、利用三维数字化设计，对全站电缆进行了精细化的敷设等有效控制手段。

组织开展《750kV线路降低电晕电阻损耗优化设计研究》《750kV变电站导体选型及降噪研究》《天水750kV变电站工程特殊地基灰土—素土挤密桩施工的应用》成果研究，两项成果分别获得“全国电力职工技术成果”三等奖和省公司科技进步二等奖。建设过程中开展了“提高750kV兰天宝线路工程直螺纹钢筋套筒连接一次合格率”“邻近750kV带电线路组立铁塔新技术”“改进现浇混凝土防火墙施工工艺提高防火墙成型质量”“HGIS 设备底座化学锚栓固定安装”等 QC 活动，成果获得了中国电力建设企业协会等部门的奖励，工程建设过程中发表了《750kV 输电线路次档距振荡的研究》等多篇论文。

● 兰州—天水—宝鸡 750kV 输电线路建设。

二、新疆库车—巴音郭楞 750kV 输变电工程

1. 工程概况

该工程是新疆骨干电网伊犁—库车—巴州—乌鲁木齐—伊犁 750kV 大环网的一部分，体现贯彻落实党中央国务院实施“西部大开发”“一带一路”的战略目标，能够提高北疆电网向南疆电网的送电能力以及新疆与西北主网之间供电的可靠性。

库车变电站新建 150 万 kVA 主变压器 1 组，750kV 出线 1 回；220kV 出线 8 回。巴音郭楞变电站扩建 150 万 kVA 主变压器 1 组。库车—巴音郭楞线路途经阿克苏地区的库车县、巴音郭楞自治州的轮台县、库尔勒市、焉耆县等三县一市，线路全长 286.647km，铁塔 588 基。

2. 建设进度

2013 年 8 月 27 日获国家发改委核准；10 月 19 日开工；2014 年 8 月 30 日正式投运。

库车 750kV 变电站荣获 2014 年国网第二批流动红旗称号。

3. 建设单位

项目法人（投资方）：国网江苏省电力公司。

建设单位：国网新疆电力公司。

设计单位：西北电力设计院、中南电力设计院、华东电力设计院、新疆电力设计院。

监理单位：新疆电力工程监理有限责任公司、山西锦通工程项目管理咨询有限公司。

施工单位：新疆送变电工程公司、山西送变电工程公司、甘肃送变电工程公司、华东送变电工程公司、陕西送变电工程公司、宁夏送变电工程公司。

4. 工程建设亮点

全站采用联合构架，与常规构架形式相比，可以节省钢材 15% 左右，节省相应基础混凝土。站址所处高地震烈度区，高压并联电抗器和主变压器基础设计采用橡胶隔振支座基础形式，可有效减小地震对设备带来的影响，此项技术在国网系统首次应用。750kV 设备间连线大量采用管母、特制防晕型金具，有效降低电晕，减小噪声，模拟噪声控制在 45dB 以下。全站采用 LED 照明以及智能辅助控制系统。站用电量与常规相比同比可减少 15.8%，全寿命费用可减少 304 万元。组织参建单位开展科技攻关，“增加在砂卵石等地区接地极安装一次合格率”“减少混凝土道路开裂频次”2 项创新成果获得省（部）级 QC 成果奖。

（李　明　吴至复　李明华　张友富　鄂广全）

【重点 500kV 输变电工程】 2014 年公司投产 500kV 输变电工程 71 项，总规模 6500km、6138 万 kVA。

一、福建沿海第二通道 500kV 输变电工程

1. 工程概况

福建沿海第二通道 500kV 输变电工程横跨泉州、福州、宁德 3 地近 20 县市，包括宁德核电—笠里、笠里—东台、笠里变电站、燕墩变电站等 9 条线路、3 座新建变电站，新建主变压器 4 组，共 400 万 kVA，线路总长 1092km，新建铁塔 1110 基，是福建省“全省环网、沿海双廊”500kV 骨干网架的重要组成部分。工程的建成投产，可以加强福建沿海 500kV 输电主干通道，提高电网的潮流送电能力和安全稳定水平，较好地适应近期福建中北部电源集中投产后的“北电南送”需要，加强电网抵御严重自然灾害的能力，有效满足宁德、福清核电厂等清洁能源送出需要。

2. 建设进展

“沿海二通道”相关输变电工程于 2010 年 12 月 16 日起陆续核准，2014 年 9 月 29 日全面建成投产。

3. 建设单位

设计单位：福建省电力勘测设计院、福建永福工程顾问有限公司。

监理单位：福建闽能咨询有限公司、湖南电力建设监理咨询有限责任公司、达华集团北京中达联咨询有限公司、中国超高压输变电建设公司。

施工单位：福建省送变电工程有限公司。

4. 建设亮点

笠里（福州西）变电工程是福建省首座500kV智能变电站，并获得2013年度中国电力优质工程奖、2012~2013年度国家优质工程奖、2012年度福建省重点建设项目优胜奖。

宁德核电—笠里线路工程首次采用4×JL/LB20A-720/50铝包钢芯铝绞线，分裂间距为500mm，为福建地区首次采用最大导线截面，并获得国网公司2012年度（第三次）“线路工程安全管理流动红旗”、2013年度福建省重点建设项目优胜奖。

莆田—园顶Ⅰ、Ⅱ回线路工程获得国网公司2013年度（第一次）“线路工程质量管理流动红旗”。

笠里—东台线路工程首次采用“遥控双摇臂内抱杆”自主科技创新技术在闽江边组立146.2m高的闽江第一高塔，并实现组立塔全程视频监控。该塔总重522.3t，单管最重3.38t、最长11.47m，该技术比常规立塔工期缩短25天、工效提高45%。工程获得国网公司2013年度（第二次）“线路工程安全管理流动红旗”。

二、北京海淀500kV输变电工程

1. 工程概况

海淀500kV输变电工程满足首都市区不断增加的用电负荷需求，完善北京500kV环网，减少向市区供电的低压线路数量，节省220kV的输电走廊，优化通道资源，同时为市区220kV变电站提供了重要的电源支撑作用。

● 建设中的海淀500kV变电站外景。

变电站用地面积10 530m²，总建筑面积7521m²。本期站内安装120万kVA主变压器2组，500kV进线2回；220kV电缆进出线6回。

架空线路路径长度16.887km，新立铁塔49基，其中耐张塔27基、直线塔22基。

电力隧道西起电缆终端站，东至海淀变电站，全长6.2km。500kV电缆长度2×6.7km。

2. 建设进度

2009年4月28日土建开工；2014年6月25日竣工投产。

3. 建设单位

业主单位：国网北京市电力公司。

设计单位：国网北京电力经济技术研究院。

监理单位：北京吉北电力工程咨询有限公司、北京致远工程建设监理有限责任公司。

施工单位：高碑店建筑企业集团公司、中铁十四局集团有限公司、北京市政建设集团有限责任公司、北京中铁隧建筑有限公司、中铁四局集团有限公司、北京电力工程公司。

4. 建设特点

变电站建筑为国内首座由两个贴建的独立建筑物组成的全户内500kV变电站，其中变电综合楼基础筏板采用“大体积混凝土温度监测和控制”新技术。首次采用地源热泵空调系统。电气设备500kV GIS设备安装1套超高频局部放电在线监测装置。66kV设备采用LBS负荷开关，以满足电容电流的投切要求。

电缆隧道工程是首次在北京市采用ϕ5.4m（管片）盾构进行电力隧道的施工，盾构隧道为“十字”型内部结构。

电缆工程为国内第二个城市内长距离500kV电缆工程，为国内首个使用500kV国产电缆、国产附件工程，为国内首次采用1.7U_0交流耐压试验验证的长距离500kV电缆工程。

该工程变电、线路部分曾先后获得国家电网公司安全、质量流动红旗。

（李　明　吴至复　李明华　张友富　鄂广全）

国家电网公司
STATE GRID CORPORATION OF CHINA
国家电网
STATE GRID

企业管理

2015 国家电网公司年鉴

计划与统计管理

【计划管理】 2014 年，公司积极应对电量增速下滑不利影响，加快电网发展，强化经营管理，提升供电服务水平，综合计划执行情况总体良好，各项任务全面完成。

一、2014 年计划执行主要特点

2014 年，完成固定资产投资 4044 亿元，同比增长 12.2%，其中电网投资 3855 亿元；110（66）kV 及以上输电线路开工 5.0 万 km，投产 5.2 万 km；变电（换流）容量开工 3.2 亿 kVA，投产 2.8 亿 kVA。完成售电量 34 694 亿 kWh，增长 3.0%；国家电力市场交易电量 6789 亿 kWh，增长 12.8%。营业收入 20 961.1 亿元，增长 5.2%。利润总额 812.1 亿元，增加 106.3 亿元；资产总额 28 929.7 亿元。资产负债率 56.1%，下降 0.9 个百分点。全员劳动生产率 64.4 万元/人年，同比增长 5.7%。

1. 售电增速有所回落

2014 年，公司售电量完成 34 694 亿 kWh，增长 3.0%，增速为公司成立以来最低。分区域看，西北地区由于高耗能行业集中，售电增速降幅最大，下降 10.5 个百分点，其他区域下降幅度也基本在 4 个百分点以上。分省看，仅西藏增速超过 10%，19 家公司增速低于 5%，其中甘肃、上海、山西为负增长。分结构看，大工业、一般工商业及其他、居民售电量同比分别增长 2.7%、3.4%、1.8%，增速同比分别下降 5.0、5.2、9.6 个百分点。由于售电增长缓慢，大工业、居民售电占比分别下降 0.1、0.2 个百分点。

2. 国家电力市场交易电量增长较快

2014 年，国家电力市场交易电量 6789 亿 kWh，同比增长 12.8%。其中，特高压输电交易电量 1367 亿 kWh，同比增长 88.3%。通过跨区交易累计向“三华”地区输送电量 3912 亿 kWh，减少“三华”地区标煤燃烧 13 301 万 t，减少二氧化碳排放 34 582 万 t，减少烟尘排放 131 万 t，减少灰渣排放 3724 万 t。通过跨区交易向北京、上海输送电量 379 亿 kWh、380 亿 kWh，减少当地标煤燃烧 1289 万 t、1294 万 t，减少当地二氧化碳排放 3352 万 t、3364 万 t，烟尘排放 12.7 万 t、12.8 万 t，灰渣排放 361 万 t、362 万 t。

3. 重要电网项目加快推进

特高压进入全面提速、大规模建设的新阶段，浙北—福州特高压交流工程，溪洛渡—浙西、哈密南—郑州特高压直流工程建成投运，淮南—南京—上海、锡盟—山东特高压交流工程，宁东—浙江特高压直流工程开工建设。蒙西—天津南特高压交流工程获得核准。提前半年建成川藏电力联网工程。兰新二线等国家重大铁路配套供电工程按期投运。文登、沂蒙、天池、蟠龙、金寨抽水蓄能项目获得核准。世界首个五端柔性直流——浙江舟山科技示范工程建成投运，厦门柔性直流示范工程开工建设。

● 11 月 20 日，川藏电力联网工程提前半年建成投运。（曾 林 摄）

4. 经营效益实现较大增长

2014 年，公司各单位进一步加强经营管理，努力增收节支、持续降本增效，优化成本结构，提高投入产出效率。认真落实中央八项规定，“三公”及会议经费同比进一步下降超过 20%，公司主要效益指标再创历史新高，经营发展情况良好。全年实现利润 812.1 亿元，同比增加 106.3 亿元；实现 EVA（经济增加值）188 亿元，增加 31 亿元；净资产收益率 5.18%，提高 0.36 个百分点；流动资产周转率 7.05 次，同比持平；资产负债率 56.1%，较 2013 年末下降 0.9 个百分点。

二、计划管理有关措施

健全制度标准。结合“三集五大”体系建设，修订印发了《国家电网公司综合计划管理办法》（国家电网企管〔2014〕1215 号），进一步规范“三上三下”管理流程，细化指标和项目双维度管理，建立项目储备机制、应急项目增补机制、打包下达分批分解机制，完善计划管理信息化支撑手段。根据新办法，修订再版《综合计划管理手册》，详解计划管理体系十要素（1 个主体、2 个维度、3 项保障、4 个环节），指导各级、各专业、各环节计划工作开展。在统一编码、统一建项基础上，进一步完善项目分类及限额标准，制定印发公司项目命名规则，对 15 个专项、42 个类别项目名称进行统一与规范，改变了项目名称由项目单位按各自习惯分别起名的做法，促进项目规划、计划、执行等各阶段的统一管理。

充分发挥储备库作用。强化综合计划项目储备库管理。各级专业管理部门按照公司相关专业管理办法，严格把好项目入库条件关，只有完成可研（方案）批复的项目才能成为储备项目，并按照轻重缓急排序，形成储备项目年度评级分析报告，并将储备项目统一纳入公司综合计划项目储备库。2014 年 5 月统一启动项目储备，按月开展检查通报，及时发现和解决储备深度不够、立项界面混淆、个别专项过度储备等问题，共核减不符合要求的储备项目 2906 项，严把入口关，确保项目规范。

创新管理机制。创新计划下达方式，限下、零星项目按单项储备论证、编制计划，按类别打包下达、分批分解实施，在 35kV 及以下电网基建项目进行试点，适应个别项目实施条件、实施时序、实施方案优化的变化，解决分布式光伏、风电新能源并网、业扩等临时新增项目应急需要。充分发挥应急项目增补机制作用，满足调度运行、安全生产需要。

提升计划管控手段。改进投资统计，强化统计对计划的闭环反馈，实现投入统计从总量统计细化到项目统计，从投资统计扩展为包含成本投入在内的全口径统计，将项目执行结果统计延伸到项目执行各环节的全过程统计。融合共享专业信息系统数据，开展比对检查。

加大支撑力度。作为专业评审单位，各级经研院（所）配合专业管理部门，对电网基建、技改、大修、营销、信息化等专项项目，开展可研论证、方案审查，优化排序。严格按照公司管理要求和专业咨询评判标准，审核委托评审的项目，准确审核项目的必要性、可行性及估算依据，提出明确的评审意见。

（冯星光）

【投资管理】 公司落实国资委的工作要求，提升依法治企水平，贯彻科学发展观，突出投资重点，优化投资结构，实现各级电网协调发展；加强调查研究，开展电网发展诊断分析，围绕投资效益，优化管理流程，提高管理效率；完善规章制度，规范投资管理，全面控制风险，加强投资全过程管控，提升发展质量。

一、投资计划安排及完成情况

1. 固定资产投资

2014 年初安排固定资产投资计划 4035 亿元。计划执行过程中，结合电力供需形势和电网发展需要，不断优化投资方案，将全年投资计划调整为 4032 亿元（开工、投产规模也相应调整）。全年固定资产投资完成 4044 亿元，比 2013 年增加 439 亿元，完成年计划的 100.2%。其中，电网投资完成 3855 亿元，占总投资的 95.3%；产业投资完成 104.4 亿元，占总投资的 2.6%；小型基建投资完成 70.7 亿元，占总投资的 1.7%。

2. 电网开工规模

2014 年开工 110（66）kV 及以上输电线路 5.0 万 km、变电（换流）容量 3.2 亿 kVA，其中：1000kV 线路 3032km、变电容量 2700 万 kVA，750kV 线路 1192km、变电容量 2580 万 kVA，500kV 线路 4459km、变电容量 7750 万 kVA，330kV 线路 1469km、变电容量 774 万 kVA，220kV 线路 1.6 万 km、变电容量 8824 万 kVA，110（66）kV 线路 2.27 万 km、变电容量 7646 万 kVA；直流线路 1720km、换流容量 1600 万 kW。开工的重点项目有淮南—南京—上海、锡盟—山东特高压交流工程、宁东—浙江特高压直流工程。

3. 电网投产规模

2014 年投产 110（66）kV 及以上输电线路 5.2 万 km、变电（换流）容量 2.8 亿 kVA，其中：1000kV 线路 1206km、变电容量 1800 万 kVA，750kV 线路 1314km、变电容量 660 万 kVA，500kV 线路 6052km、变电容量 6180 万 kVA，330kV 线路 1202km、变电容量 741 万 kVA，220kV 线路 1.75 万 km、变电容量 9727 万 kVA，110（66）kV 线路 2.3 万 km、变电容量 6981 万 kVA；直流线路 1653km、换流容量 2400 万 kW。投产的重点项目有浙北—福州特高压交流工程，哈密南—郑州、溪洛渡—浙西特高压直流工程。

二、重点工作

1. 提升投资决策水平

结合公司发展和电网发展新形势，多层次、多方位开展调研分析，促进公司电网投资决策能力提升。深入开展 2014 年电网发展诊断，优化完善指标体系、构建诊断数据库，对每个省公司开出“处方”。重点开展向家坝—上海特高压直流工程，德阳—宝鸡、宁夏—山东直流工程等重要电网项目后评价，完成配电网投资与效果调研，按国家能源局要求组织开展典型电网工程投资成效分析，围绕投资效益，总结经验、查找不足，及时反馈有关部门和单位。深入省、市、县公司与各级基层单位沟通交流，全面掌握第一手资料，征询意见和建议，制定改进措施，提高电网投资管理水平。

2. 增强投资管控能力

科学安排投资计划，履行国家监管程序，完善规章制度，规范投资管理，加强项目全过程管控。组织编制公司年度电网基建、零星购置专项投资计划及总部投资项目资金计划，细化里程碑节点，加强计划执行跟踪分析。完善投资管理、后评价、零星购置、总部投资计划管理等制度和办法，构建从规划库、储备库到计划安排、统计分析的投资项目全过程管控机制。根据国资委、财政部要求，加强电网投资企业内部控制，加强风险管理。强化新开工项目会审机制，严格审核物资招标计划，确保电网建设依法合规。

3. 加强电网民生投入

加大电网投资力度，全力服务民生和战略新兴产业。争取国家资金支持，缓解电网建设资本金不足的矛盾。编制上报农村电网改造升级工程、无电地区电力建设、川藏联网、西藏大型光伏送出等工程中央投资项目计划，2014 年共落实中央投资 115 亿元。落实国家“十二五”末全部无电人口用上电的要求，推动无电地区户户通电工程建设。做好新疆、西藏及藏区电网投资计划安排，加大对口援助西藏阿里措勤县力度，投产措勤县供电工程。公司在国家对口援藏工作 20 周年电视电话会议上作为先进单位代表发言。

● 7 月 20 日，电网员工为石渠“查加部落”的牧民安装电能表。（陈红梅 摄）

4. 鼓励社会资本投资

公司坚决贯彻党中央、国务院加快投融资体制改革战略部署，推进在电网项目中引入社会投资，专门组织研究，深入开展方案论证，提出电网项目引入社会投资的方案。研究制定分布式电源并网、电动汽车充换电实行市场开放，抽水蓄能电站、调峰调频储能项目实行投资开放的具体方案，并向国资委、国家发改委、国家能源局沟通汇报。召开“开放分布式电源并网工程、电动汽车充换电设施市场”新闻发布会，公布了在相关领域开放市场的重大举措，并向社会正式发布《关于做好分布式电源并网服务工作的意见》（修订版）。

（李　健　张　全）

【“援藏”投资管理】 2014 年，公司贯彻党中央、国务院第五次西藏工作座谈会推进西藏实现跨越式发展和长治久安的战略部署，落实中央对口支援西藏工作 20 周年电视电话会议精神，继续对西藏自治区阿里地区措勤县开展对口援助工作。公司全年共安排对口援助资金 2550 万元，优先支持改善教育民生、提高农牧业产业化水平、增强农牧民生产就业技能、加强经济技术交流合作的援助项目，促进措勤县经济发展和社会进步。

1. 措勤县微电网示范工程

11 月 11 日，由国家电网公司对口援建的措勤县微电网示范工程建成投产。该工程是西藏最先进的智能微电网，集合水电 960kW、光伏发电 440kW、风电 60kW、电池储能 27kAh、柴油应急发电 300kW，配套建设智能调度系统。同步建成 1 座 10kV 配电站和配套 10kV、0.4kV 配电线路，电网辐射县城主要街道和周边村镇，为学校、医院、政府和 4000 多城镇、工商、牧民用户提供电力供应，初步形成供电可靠、检修灵活的县域电网。2014 年冬季，措勤县供电负荷最高达到 500kW 以上，大幅超过微电网示范工程投产前规

● 11 月 11 日，由国家电网公司对口援建的措勤县智能微电网示范工程建成投产。（嘎玛益西 摄）

模，改善农牧民用电条件。

2. 农牧民安居工程

为改善农牧民居住环境和牲畜饲养条件，公司援建了江让乡、磁石乡、达雄乡、曲洛乡、措勤镇安居工程260套。其中，40m^{2}安居房130套，60m^{2}安居房130套，按照1000元/m^{2}标准建设，解决了260户牧民群众在冬季转场期间居住困难问题，提高畜牧产业的抗病防冻能力。

3. 改善措勤县基础教育条件

措勤县集中办学工程已建成可容纳2000名中小学生就读的学校，解决了四乡一镇偏远牧区适龄学童的上学难问题。为进一步改善教学环境，2014年公司继续援助开展集中办学学校附属工程的建设，主要包括电力设施、上水工程、厕所、食堂、操场及道路，实施路面硬化及场地整治工程。按照《西藏自治区普通中小学幼儿园基本办学条件标准（试行）》，新建40套中小学教职工周转宿舍，总面积1000m^2，改善中小学教师住宿条件，稳定教师队伍。维修中小学教师和学生宿舍供电设施，保障学校正常供电。

4. 措勤县卫生和体育基础设施建设

措勤县卫生院长期以来缺乏消毒设施，无法进行外科手术。2014年，公司援建县卫生院消毒室，总面积140m^2，其中消毒室40m^2、有菌储存间20m^2、无菌储存间20m^2、蒸馏装置室40m^2、办公用房20m^2，购置相应设备，满足医疗设施消毒需要。对医院内主要道路、花坛和绿化带周边进行硬化。消毒室建成以后，措勤县卫生院具备了开展基本外科手术的能力。按照西藏自治区体育总局统一标准，建设措勤县全民健身馆。场馆占地面积400m^2，健身大厅高6m，内部安置多种健身器械，可一次容纳30人健身锻炼。

5. 农牧民技术培训中心援建

为满足全县牧民扶贫项目技术轮流培训的需要，公司援建措勤县农牧民培训中心，新增教室4间，配备教学设施。分阶段开展转移劳动力技能培训，促进退牧还草、劳动力转移就业试点政策的实施。建设措勤县武装部240m^{2}温室和果蔬培训实验基地，开展农业技能培训，把传授科技知识纳入到民兵工作主体内容之中。实施党校房屋维修工程，修缮教学场所、维护和新增教学设备，为党校教育培训增加现代化教学手段。

6. 措勤县安全稳定保障援助

国家电网公司援助建设了公安警备仓库。工程建筑面积151m^2，具备储备警用器械、维稳应急设备器材的能力，提高了措勤县安全稳定保障能力。在公司对口援助资金支持下，措勤县安监系统开展了应急演练等工作，配置安全生产监管执法设备，编印《安全生产宣传手册（藏汉双语）》，促进措勤县社会稳定和民族团结。

（张鹏飞　张　全）

【统计管理】 2014年，公司强化统计归口管理，建成国家电网统计“一库三中心”，统计服务质量和管理水平有所提升。

1. 月度年度统计

及时完成统计快报。统计人员每月2日准时完成统计快报编制，及时为公司月度例会提供基础信息，为领导决策提供科学依据。

分类发布统计月报。按时报送投资、生产、能耗等月度数据，保证公司分门别类地统一发布电网发展、公司生产、电力供需、节能减排、公司经营等12分册统计月报，提升数据发布时效。

统一编印统计年报。编写《国家电网公司2013年统计资料汇编》和《国家电网公司2003~2013年度统计指标手册》并出版。

组织开展经济普查。根据国务院统一部署，开展公司第三次经济普查工作，组织各级单位及所属的全资、控股企业，对本单位的基本情况、组织结构、财务状况、生产经营、能源消费等情况进行全面普查。

2. 统计标准制度建设

加强统计管理，科学组织开展统计工作，避免重复统计，发布《国家电网公司统计管理办法》《国家电网公司统计会审管理规定》和《国家电网公司统计信息发布管理规定》。统一各单位统计数据管理，确保统计信息准确、唯一和权威。

发布《国家电网公司统计统一指标体系规范》，构建公司层面综合的统一指标体系框架，形成公司统一的统计指标解释和数据应用规范。

创新研究布置县公司生产经营一套表，统一规范基层源头数据。推广月度分析机制，引导基层用数据说话，支撑配电网诊断，辅助线损精益管理，促进县公司提质增效。

3. 建成统计“一库三中心”

依托统一数据资源库，历时半年，组织完成自公司成立以来省市公司的月度、年度核心指标数据的审定入库，确保历史指标完整全面、数据台账准确可靠，丰富统计积淀，推进基础台账管理系统化。

拓展统计服务领域，践行统计信息职能。落实公司精益化管理要求，开展设备运行明细统计，逐站、逐线、逐台区梳理重载、高损、负损情况，服务春秋季检修和配网项目安排。以浙江为试点，打造上下贯通、标准统一的省级统计产品系列，定点定时发布，创建全网统一发布平台。

开展统计分析，跟踪经济形势变化，坚持电力数据月度分析专报国务院、发改委，反映行业经济用电特点；开展“中国区域经济与电力发展形势”专题研究，为未来趋势研判和发展规划提供重要基础。制定标准模板，组织各单位开展生产经营和电网发展专题研究，为“十三五”公司和电网规划奠定基础。

4. *统计监督新模式探索*

贯通项目统计主线，强化公司计划管控。通过推进业务融合、数据共享与系统集成，初步建成“全口径接入、全链条贯通、全过程管控”的项目统计体系。通过“正向追踪”，开展对项目建项、招标、入账、开工、建设、投产等建设过程环节监控，及时发现 ERP 自行建项、违规开工、随意变更需求提报、入账超期、工程烂尾等现象。通过“逆向溯源”，开展各单位 ERP 执行项目与综合计划下达项目匹配工作，追踪计划外实施项目。依托全口径全过程项目统计系统，公司检查预安排计划执行情况、计划分解落实情况、项目编码应用情况和计划项目执行进度，并按季度发布公司综合计划执行情况通报，全口径全过程项目统计已成为综合计划闭环管控的有力抓手。

紧扣指标统计主线，强化线损精益管理。按照指标“全自动生成、全过程记录、全方位监督”的思路，研究利用智能电表实施电量与线损同期统计管理。在北京、山西、浙江、上海、福建等地区调研和研讨的基础上，开展同期线损管理顶层设计，开发一体化电量与线损管理系统，协同营销、运检、调度等专业开展数据集成规范和业务协同方案研究。

5. *经济活动分析*

组织召开公司经济活动分析会议，根据职责分工，总部各部门分专题开展经济活动分析工作，持续跟进各专题工作进展。组织各单位开展经济活动分析工作，按季度集中审查经济活动分析报告，系统梳理各单位经济运行情况，提炼有效的建议和措施。

6. *发展业务信息化建设*

推进“规划计划信息管理系统”二期实施和三期研发建设。新增电源接入管理、新能源及分布式电源管理、固定资产零购管理、全口径全过程项目统计、农电统计、经济活动分析等 6 项业务功能模块，优化完善公司规划、电网规划、前期管理、综合计划、投资计划、统计分析等 12 项业务功能模块，支撑发展业务管理工作开展。

推进“一体化电网规划设计信息系统”二期研发建设。新增电网发展诊断模块，优化完善规划信息库、输电网规划、配电网规划、输电网成果管理和配电网成果管理等模块，提高规划发展工作质量和效率。

（张　健）

人力资源管理

【领导班子和干部队伍建设】 2014 年，公司党组贯彻党的十八大、十八届三中、四中全会精神，坚持党管干部原则、坚持树立正确导向、坚持完善选用机制、坚持培养教育、坚持从严管理监督，完善干部培养、选拔、管理、监督的机制和措施，建设各级政治强、业务精、作风硬的领导班子和干部队伍，为公司和电网发展提供保障。

1. *树立正确用人标准和导向*

贯彻中央选人用人标准。按照习近平总书记提出的好干部标准，公司大力培养选拔信念坚定、为民服务、勤政务实、敢于担当、清正廉洁的优秀干部，要求领导干部讲政治、顾大局，讲党性、讲原则，守纪律、懂规矩，廉洁自律、克己奉公，端正价值追求，始终坚持党的群众路线，牢固树立正确的世界观、人生观、价值观，在思想上、政治上、行动上始终与党中央保持高度一致。

坚持立足事业发展选人用人。干部选拔任用关系公司战略实施。公司在加快发展的进程中，面临前所未有的巨大挑战，要求领导干部发扬“四坚”（坚持、坚守、坚韧、坚强）精神，勇于攻坚克难，敢于开拓创新，积极主动破解发展中的各种困难和问题。这对领导干部的思想作风和素质能力，对公司干部队伍的总量和结构都提出了更高要求。公司始终把服务党和国家工作大局、推动公司和电网发展作为选人用人的出发点和落脚点，坚持“好不好不用找、亲不亲工作分、行不行看水平”，考察干部更加注重攻坚克难的能力和勇于吃苦、吃亏、吃气、担风险的品质。结合事业发展需要，对急需和紧缺人才，加大引进力度，做好 25 位“千人计划”专家的管理和任用。

把提高干部队伍整体素质作为根本任务。针对公司干部队伍结构不够合理、干部队伍整体素质仍需提高等问题，充分考虑各区域、各年龄段、各专业干部的统筹任用，更加注重发挥领导班子整体合力，更加注重提升领导干部全局观念、领导能力、管理水平、工作业绩和作风形象，更加注重从基层一线，从条件艰苦、工作困难、情况复杂的岗位选拔业绩突出、能打硬仗的干部。2014年新提任干部83%有基层一线工作经历，58%是从中西部地区和直属单位提任的。干部知识结构明显优化，本科以上学历比例从公司成立之初的85.4%提高到97.9%。

2. 完善选人用人机制

建章立制。贯彻中央《党政领导干部选拔任用工作条例》，强化党组织领导和把关作用，改进民主推荐、民主测评、竞争性选拔方式方法，优化领导班子和领导干部考核工作，坚决防止唯票、唯分、唯年龄取人等问题。及时修订干部管理制度，制定《干部选拔任用工作有关事项报告办法》等7项通用制度，完善系统完备、科学规范、有效管用、简便易行的选人用人制度体系。

严把关口。坚持用程序规范行为，靠民主赢得民心，以公开促进公正，严格执行民主推荐、组织考察、个别酝酿、集体决定、任前公示等干部选任程序，按程序办事，靠制度选人，严把动议提名关、考察考核关、程序步骤关，防止带病提拔、带病上岗。保障干部群众的知情权、参与权、选择权、监督权，2014年在公司组织的干部考察中，4千余人参加个别谈话。

常态交流。立足于优化各单位领导班子结构、加强反腐倡廉建设、推进企业集团化运作和协调发展、推动公司发展方式和电网发展方式转变，完善干部交流常态机制，加大总部与各单位之间、东西部地区之间、不同业务板块之间干部交流力度。总部各部门、各单位领导班子中88.8%的正职为交流干部，总部部门正职中有27位同志有二级单位正职工作经历、占比71%，二级单位正职中近一半的同志有两个及以上单位主要领导工作经历。干部交流保持合理周期，既保证工作稳定性，又增强班子活力。

严格监督。落实中央办公厅、中组部干部选拔任用监督工作要求，不断强化选人用人工作监督机制。严格执行领导干部选拔任用工作纪实办法，如实记录选拔任用干部的推荐提名、考察、酝酿、讨论决定等情况，做到全程可追溯，为监督提供依据；对群众举报选人用人违规问题线索，及时立项督查，对违规责任人严肃处理。严格开展“一报告两评议”自查、报告领导干部个人有关事项等工作，认真治理“裸官”，全面清查领导干部在企业兼职情况，完成退休领导干部在上市公司和社会团体兼职、领导干部参加高收费培训项目的清理工作。规范县公司干部配备。开展严禁超职数配备干部专项整治，组织全面自查，逐一制定方案，加强过程管控，确保完成整改任务。

3. 干部教育培养

抓好理论教育和党性教育，提高干部队伍思想政治素质、道德品质。突出抓好习近平总书记系列重要讲话精神的学习，精心组织6期局级干部轮训班，公司主要领导作专题辅导报告，公司系统全部732名局级干部参加培训。全面指导开展公司系统处级干部集中轮训，举办培训班213期，培训1.11万人次，干部队伍思想理论素养得到全面提升。

强化干部队伍宗旨意识、公仆意识。认真贯彻中央“八项规定”，大力整治“四风”问题，持续抓好第一批活动整改落实、建章立制、巩固成果工作；在2.9万个基层党组织、56.6万名党员中，开展第二批教育实践活动。坚持从严从实、突出问题导向、贯彻整风精神，公司广大党员干部的宗旨意识、群众观念显著提升，作风改进，涌现出100名“为民务实清廉”先进典型。坚持“两手抓、两促进”，把教育实践活动与党风廉政建设、依法治企、为民服务、迎峰度夏等工作相结合，取得明显成效，得到中央教育实践活动办公室、第38督导组和第13巡回督导组的肯定。

提高干部队伍专业素质，适应现代电网、现代企业发展要求。以党和国家重大战略部署、现代企业管理、前沿技术等为主要内容，有针对性地加强各级领导干部培训。首次统一组织545名地市供电企业党政主要负责人轮训和490名优秀县供电企业党政主要负责人培训，有效提升各级干部履职能力。

加强后备人才培养。落实优秀年轻干部双向挂职、轮岗培训制度，2014年公司总部共组织314名年轻干部参加了省公司与直属单位间、总部与基层间、专业专项等交流锻炼；开展第八、第九批西部局级干部和后备干部到东部挂职工作，目前共有63名干部参加了挂职；完成第二批16名青年干部援藏援疆挂职工作，选派22名干部赴西藏、新疆、蒙东公司开展第三批挂职。

4. 打造干事干净的干部队伍

选拔任用具有强烈事业心、高度责任感的干部。2014年，公司在电网建设、经营管理、变革创新、安全生产任务繁重的情况下，实现又好又快发展，形成想干事、肯干事、能干事、干成事的良好氛围，各级领导干部在发展特高压电网、构建“三集五大”体系中攻坚克难、开拓创新；在川藏联网等重大工程建设和重要保电任务中勇挑重担、冲锋在前，发挥了表率作用。

多措并举强化干部队伍廉政建设。逐级签订党风廉政建设责任制，纳入各企业负责人年度业绩考核并与薪酬分配兑现挂钩。严格执行领导干部个人重大事项报告、述职述廉、民主评议和“三项谈话”等制度。连续三年在工程建设、财务管理、招标采购等重点领域开展专项检查，着力消除滋生腐败的土壤。坚持“三严一常”方针（建立严密规章、发扬严细作风、实施严格管理，做到常抓不懈），具有电网特色、覆盖所有业务领域，贯穿各管理层级的反腐倡廉工作体系和惩防体系持续完善。

（王宇宾）

【人才队伍建设】 围绕公司发展战略，公司创新人才选拔培养机制，加强人才梯队建设，开展人才专项培训、紧缺人才培养引进、人才帮扶等工作，人才队伍结构持续改善，整体质量不断提升。截至 2014 年底，公司通过评选推荐共产生四级四类人才 41 395 人，其中国家级 307 人，公司级人才 4113 人，省公司级人才 13 744 人，地市公司级 23 231 人。

1. 创新人才选拔培养机制

人才选拔培养机制。推进人才通用制度建设，制定公司科技领军人才、专业领军人才、优秀专家人才、优秀专家人才后备管理办法，明确各级各类人才定位、评选条件和评选程序，形成公司各类人才管理的完整制度体系；创新人才培养形式，设计培养方案，统一组织定期轮训，调动各级各类人才积极性和创造力。

人才评价考核标准。遵循“统一标准、分类评价、以用为本”原则，制定公司人才业绩评价标准，注重业绩导向，科学设计考核维度、指标、权重和周期，优化各类人才选拔、培养与聘任的业绩评价标准体系。

人才激励待遇标准。规范各级各类人才待遇标准，采取当期和长期激励相结合的方式，当期激励体现履职期内人才的业绩贡献，长期激励体现人才的能力素质提升及对企业的长期贡献，实现人才的激励与企业效益同步。

2. 国家级人才推荐

密切跟踪国家重大人才工程实施进度，积极向国家主管部门汇报工作，反映情况，争取名额指标。根据国家重大人才工程建设要求，推荐在特高压、智能电网等重点发展领域做出突出贡献、取得优异成绩的公司优秀人才参加国家有关评选。2014 年，新增国家级人才 13 人，其中，国家“千人计划”人选 3 人，国家“万人计划”人选 1 人，有突出贡献的中青年科学技术专家 1 人，“百千万人才工程”国家级人选 1 人，创新人才推进计划“中青年科技创新领军人才”3 人，“中华技能大奖”获得者 1 人，全国技术能手 3 人。

截至 2014 年底，公司共有两院院士 6 人，国家“千人计划”人选 25 人，国家“万人计划”人选 1 人，有突出贡献的中青年科学、技术专家 12 人，享受国务院政府特殊津贴人员 129 人，“百千万人才工程”国家级人选 23 人，创新人才推进计划“中青年科技创新领军人才”4 人，“中华技能大奖”获得者 3 人，全国技术能手 59 人，全国青年岗位能手 45 人。拥有省部（行业）级优秀人才 1548 人，其中：省级有突出贡献的中青年科学、技术专家 58 人，“百千万人才工程”省级人选 80 人，中央企业技术能手 28 人，全国电力行业技术能手 408 人，省级技术能手 669 人，省级青年岗位能手 305 人。

3. 公司内部各类人才选拔培养

根据《国家电网公司科技领军人才管理办法》，开展公司科技领军人才评选工作。制定科技领军人才业绩评价标准，成立专家评审委员会，采用评审方式评选产生 10 名公司科技领军人才。依据《国家电网公司专业领军人才管理办法》，按照“统一组织、逐级选拔”原则，通过业绩评价、笔试、面试三个环节，逐级选拔产生 506 名公司级优秀专家人才，组织各单位选拔产生 977 名省公司级专业领军人才。完成 1047 名公司级专业领军人才和 708 名公司级优秀专家人才人选的集中培训。

4. 培养引进高层次紧缺人才

为适应公司各项业务快速发展对人才队伍提出的新要求，公司加快特高压、智能电网等领域高层次紧缺人才的培养引进步伐，通过强化培训、项目培养、人才引进等方式，培养引进了 1000 名特高压、智能电网等专项紧缺人才。2014 年，在公司层面组织开展了 28 期特高压及智能电网紧缺人才培训班，培训内容涵盖工程管理、工程设计、建设施工、安全控制技术、带电作业，以及智能电网战略规划、智能变电站技术、新能源并网等方面，培训人数达 1496 人，为公司特高压电网和智能电网建设提供了有力支撑。

5. 西部电力企业人才培养帮扶

组织开展 2014 年西部电力企业青年管理和技术骨干赴东部电力企业实践锻炼工作，加快西部电力企业优秀人才的培养。完成了 60 名西部五省和西藏电力公司优秀青年骨干赴东部省电力公司为期半年的实践锻炼培养工作。加大对国网西藏电力人才帮扶的工作力度，从公司系统 29 家单位选派 99 名专业技术管理人员进藏开展为期一年半的“三集五大”体系建设、川藏电力联网工程、柴达木—拉萨直流系统运维、农网建设、农电代管以及四川、甘肃、青海三省藏区供电企业管理提升专项帮扶工作。组织公司有关单位选拔培训师进藏实施人才帮扶培训。2014 年先后实施了“配电设备运检援藏培训班”“处级干部援藏培训班”“安全监督管理及农电安全知识援藏培训班”3 个培训项目，为国网西藏电力培训 218 名专业人员。通过东西部电力企业人才交流培训机制，充分利用先进电力企业的优质资源培养人才，提升西部电力企业的专业管理水平。

（李　鹏　曹爱民　高　潋　李　峥）

【职工教育培训】 公司加强培训“五统一”管理（统一培训计划管理、统一课程开发、统一师资管理、统一题库建设、统一人才培养），打造网络大学培训平台，提升职工能力素质和工作业绩，完成年度工作目标和年度任务，全年共组织完成各类人员培训 360 万人次，同比增加 5.8%，全员培训率达到 94.30%，同比提高 0.3 个百分点。

1. 培训计划管控

计划编制管理。适应公司“三集五大”体系建设要求，按照“统一编制、统一上报、统一下达、统一调整”原则，通过“三上三下”流程，组织各单位开展计划编制。

计划执行情况监控及考核。对培训计划执行情况开展在线监测，建立月报分析制度，按月推进计划执行。将计划完成指标纳入同业对标及企业负责人年度业绩考核，考核各单位培训投入、培训人次计划完成情况，确保培训计划有效落实。公司级、省公司级、地市公司级培训项目分别培训 4.6 万、72.6 万、302.2 万人次，分别占总培训人次的 1.22%、19.13%、79.65%。

2. 全员培训

现场培训常态机制。组织各单位通过师带徒、作业前培训、工作室培育、对抗赛、事故预想、反事故演习等多种方式，开展现场培训，建立“问、练、查、评”的常态机制。

地市、县公司负责人轮训。首次统一组织 545 名地市供电企业党政主要负责人轮训和 490 名优秀县供电企业党政主要负责人管理能力提升培训，提升基层干部队伍履职能力。

新员工集中培训。优化培训组织形式，紧密结合生产经营实际，分专业、分类别共培训新员工 1.43 万人次，培训质量显著提升。

竞赛调考。总部组织开展了 220kV 架空输电线路

● 公司在国网技术学院举办新员工培训班技能竞赛，以检阅实训教学成果。（刘　岩　摄）

带电作业、供电服务、内控知识等 3 项竞赛，组织人力资源、物力集约化、配电网规划等 10 项调考。组队参加 2014 年中央企业职工互联网网络安全技能大赛，取得个人一银二铜团体赛第三名的好成绩，成为三大电信运营商外唯一的获奖集体。组织各单位规范竞赛集中训练，杜绝调考集中培训，逐级严控竞赛调考数量，减轻基层工作负担，各级竞赛调考数量同比减少 21%。

● 配网运检“三位一体”技能竞赛配电比武现场。（王幕宾　朱日彬摄）

3. 网络大学上线应用

平台开发部署。分三批完成网络大学分布式系统部署和 ERP 在册员工账号梳理，在公司 60 家单位实现门户集成和单点登录，实现推送学习、在线培训、网络考试、专家在线、题库自测等功能，构建了“一套平台、三全覆盖、七大模块”的功能架构体系，达到了满足 200 万用户注册、10 万用户同时在线、1 万用户并发的设计要求。

网络培训资源建设。初步建成基于公司标准岗位

的培训规范、教材、课件、题库等结构化培训资源体系。开发并陆续上线经营、管理、技术、技能类网络培训课件3150个，技能岗位试题18.2万道，管理岗位试题5.1万道，技能岗位能力培训规范58册、教材66册，管理成果及典型案例850个。《国家电网公司生产技能人员岗位能力培训规范》作为国家电网公司技术标准印发。

运营管理体系构建。印发《国家电网公司网络大学管理办法》，组织制定培训资源、培训业务管理流程以及培训积分、客户服务管理规范。设立领导力、人力资源、财务审计、物资管理、规划计划、工程建设、电网运行、电网检修、电力营销、信息通信、国际商务、金融、安全等13个专业学院和60个省直分院，成立网络大学运营管理中心和专业学院、省直分院运管团队，形成职责清晰、流程规范、运营有序的管理机制。

推广应用。分阶段实施总部系统压力测试和3批推广应用工作。截至2014年底，累计举办专业领军人才选拔笔试、人资专业调考、物资专业调考、合同调考等各级各类考试项目345个、推送学习项目113个，参加考试17 665人次，登录学习55万人次，单次考试最大规模突破2000人。

4. 培训教育机构管理

规范培训机构设置和运营。做优公司直属培训机构，规范省公司和地市公司培训机构设置。截至2014年底，公司共有直属培训机构3个（管理学院、高培中心、技术学院），省公司（直属单位）直接管理的培训机构41个（综合培训中心18个、技术技能培训中心12个、管理培训中心11个）。

规范职业院校招生、优化专业。按照加强资源共享，实现专业设置与公司和社会发展对接，课程内容与职业标准对接，教学过程与生产过程对接，毕业证书与职业资格证书对接，做精高职学历教育。截至2014年，公司13所高职院校在校生37 334人，设置专业58个，2014年毕业14 065人。

专兼职培训师队伍建设。优化培训机构队伍结构，提高专职培训师占比，继续开展兼职培训师认证，提升专兼职培训师队伍素质。截至2014年底，公司共有专职培训师3119人（管理类793人，技术技能2326人），其中，双师型专职培训师1210人，占38.79%；具有高级职称1454人，占46.62%。兼职培训师15 357人，其中，双师型兼职培训师2216人，占14.43%；具有高级职称5305人，占34.54%。

（李　鹏　曹爱民　刘　严　郭方正）

【劳动组织管理】

1. 完成“三集五大”体系全面建设阶段机构设置和人员配置

组织指导各省公司按照批复方案开展“三集五大”体系机构设置和人员配置工作，全过程协调解决各单位在方案执行中存在的问题，各层级单位机构设置和人员配置基本到位。省公司及所属各级单位累计精简内设机构1.47万个，精简率37.2%。压减各级负责人职数4.14万人，精简28.7%。组织开展“三集五大”体系建设人力资源专业最佳实践案例评选工作，引导各单位向先进学习，提升“三集五大”体系建设质量和水平。开展“三集五大”体系建设成效评估工作，针对成效评估中发现的问题，组织各省公司开展整改，补漏纠偏，落实体系建设方案，实现“三集五大”体系建设的全面覆盖。总结5年来“三集五大”体系建设工作，形成工作总结报告，提升公司上下对“三集五大”体系的认识，促进体系成果固化。

2. 供电企业劳动定员和岗位管理

实施内控对标版《供电企业劳动定员标准》，覆盖电网企业全口径业务，加强定员管理专业分工和协同配合，细化各专业定员考核评价指标，提高企业劳动效率和经济效益。组织各专业部门加强定员台账管理，完成2014年度供电企业劳动定员测算、核定、下达等工作。组织各单位将核定定员分解落实到单位、部门、班组和岗位，为内部人力资源市场建设、人员调配等工作提供支撑。会同运检、营销、信通等部门，开展定员标准修订工作。以“五位一体”机制建设为基础，优化单位、部门、岗位三级职责体系，实现职责与业务流程体系的有机整合，构建业务协同、责任明确、界面清晰的职责体系。公司申报的《电网企业岗位责任体系建设实践》项目获得2014年度电力行业企业管理创新成果一等奖。加强关键岗位人员交流，各省公司按照统一要求，开展关键岗位梳理、制度建设和人员交流工作。加强岗位管理信息化建设，通过关键指标、管理报表等方式，增强信息系统统计分析与监控预警功能，为干部职数管理、招聘配置、薪酬管理等工作提供基础支撑。

3. 直属单位“三定”管理

推进直属单位“三定”管理标准化、制度化建设。印发完成《国家电网公司直属单位机构编制管理办法》《国家电网公司直属单位定员管理办法》《国家电网公司直属单位岗位管理暂行办法》，编制完成《直属单位典型业务标准岗位名录》，机构定员管理实现对直属单位各板块业务的全覆盖，为直属单位规范机构、压缩编制、提高效率提供制度保障。严格直属单位“三定”（定编、定员、定岗）管理。按照直属单位功能定位，先后完成国网管理学院、高培中心、技术学院、经研院等11家直属单位机构、定员调整审批工作，支撑业务发展。修改完善直属单位章程。按注册类型研究制定了直属单位章程模板（试行），指导直属单位规范章程格式，完成都城伟业、国网通航、中电装备公司等4家单位章程修订批复工作。

（陈春武　郭松山　王浩锐　赵　濛）

【人力资源计划管理】 公司落实“三全”（全员、全额、全口径）管理要求，深化全口径用工总量和人工成本计划管控，建成内部人力资源市场，依法规范各类劳动用工，推进ERP人力资源模块一级部署，加强管控力度。

1. 人力资源计划管理体系

加强人力资源计划管理，完善计划指标体系。按照全口径用工“一体化”管理、全口径人工成本“一本账”管理的思路，以控制总量、优化结构、提升素质为目标，核定下达37项人力资源计划，覆盖全资、控股、代管单位和集体企业等各类单位，涵盖用工总量、人工成本、专项补员、培养开发、劳动效率等各项指标，引领各项人力资源业务开展。优化需求预测模型，完善人力资源需求预测机制。制定下发《关于深化人力资源需求预测机制建设的意见》，以劳动定员管理为基础，以计划管控与内部市场调控为手段，统筹业务类型、效益效率、劳动定员等因素，按用工总量、用工方式、专业结构、人员素质等维度，定期开展人力资源需求预测，直接采集源头数据编制各单位用工总量计划，指导各单位编制盘活存量计划和专项招聘计划。完善工资总额决定机制。根据公司“三全”管理要求，将各类企业（全资控股、代管单位、集体企业）、各类用工（职工、农电用工、劳务派遣用工等）工资总额纳入管控范畴，结合业务特点、功能定位、市场化程度、经营管理等情况，确定分类管理、绩效导向的工资总额计划决定机制。强化各单位工资总额及人均工资“双控”管理，加大与利润总额、经济增加值、营业收入、净资产收益率等效益指标挂钩力度。优化市场化金融、产业单位人工成本核定模型，完善人工成本倒逼用工总量的决定机制。明确职责分工，完善工资计划管理流程，建立工资总额管理台账，加强考核与监督，实现工资总额计划管理的规范化、制度化和科学化。

2. 高校毕业生招聘管理

建立高校毕业生“订单+定向”培养模式。针对西藏、新疆、青海、蒙东、四川和甘肃藏区等艰苦边远地区长期人才缺乏、流失等问题，与上海电力学院、山东电力高等专科学校等系统内外高等院校合作，选拔当地生源“定向”培养、工科专业在校学生进行“订单”培养，提前锁定优质学生扎根艰苦偏远地区生产一线，为当地电网发展提供人力资源保障。2014年累计培养人选126人，其中电工类专业2015届在校生41人，其他专业2016届在校生85人，全部安排到艰苦偏远地区单位生产一线工作。优化招聘高校毕业生考试机制。落实国家关于国有企业公开招聘人员的政策要求，修订完善公司招聘高校毕业生管理办法，开展主干专业优秀人才校园招聘，筛选2.76万名毕业生进行统一考试，全年按“六个优先”原则核准录用1.75万人。开展在京直属单位新录用人员集中实习工作。采用定岗实习和轮岗实习的方式，组织13家在京直属单位近三年录用人员，到国网北京、冀北电力的生产一线岗位实习，学习了解电网主营业务知识和技能，提升在京直属单位新录用人员素质。

● 10月20日，在京直属单位新录用人员集中实习工作拉开序幕，为期3个月，国网北京、冀北电力承担了首批13家在京直属单位青年员工的轮岗、定岗实习培训任务。（逄　建 提供）

3. 内部人力资源市场建设

开展内部市场建设。在总结试点建设经验基础上，坚持以控总量、调结构、提素质为导向，以盘活存量、解决超缺员为重点，全面开展内部市场建设，构建一个平台（内部人力资源供需平台），完善三个体系（组织、运行、保障），推行六种方式（岗位竞聘、人才帮扶、劳务协作、临时借用、挂职挂岗锻炼、组织调配），健全十项制度（六种配置方式、退出岗位、转岗培训、激励考核、工作规范），全面建成统一规范、流动有序的内部人力资源市场，引导员工正向有序流动，促进公司范围内人力资源优化配置、高效利用。各单位通过内部市场累计优化配置4.76万人（岗位竞聘2.26万人、组织调配1.25万人、劳务协作0.59万人、临时借用0.31万人、挂职锻炼0.27万人、人才帮扶0.08万人），解决超员1.9万人。完成供需平台二期建设及推广应用。遵循统筹设计、系统规范、优化完善原则，组织开展内部市场供需平台二期建设，先后完成系统研发、部署上线、功能完善、推广应用等工作，实现超缺员实时分析、人员内部流动等功能，基本建成覆盖公司系统各级单位的统一的内部市场供需平台。

4. 劳动用工规范管理

组织开展各类企业劳动用工摸底调查。下发统一要求，部署各单位逐级梳理排查问题，整理完善基础信息库，填报“六张调查表”，基本摸清了公司系统各级各类企业用工底数，并通过开展劳动用工专项治理，累计清理规范6.91万人。开展农电用工调研工作。组织对26家省公司农电用工管理情况进行调研，并依据国家法律法规，结合各单位实际，组织研究提出规范农电用工的“三种基本模式、三种过渡方案”。落实公司党组部署，制定《关于进一步规范农电用工管理的意见》和用工、薪酬、培训、考核等制度体系，部署各单位开展农电用工规范工作。规范劳务派遣用工。制定并下发《劳务派遣用工管理暂行办法》《劳务派遣用工适用岗位指导名录》，通过多种措施，规范减少劳务派遣用工3.1万人，派遣比例下降3.07个百分点。依据公司各类企业劳动用工摸底调查发现的问题，以及人力资源专项审计成果，结合集体企业改革改制和依法治企管理要求，研究制定主业支援集体职工规范管理方案和不在岗职工规范清理工作意见，消除用工管理薄弱环节。

5. ERP人力资源模块一级部署

完成一级部署试点验证。组织国网天津、上海、蒙东电力3家单位开展一级部署试点建设，6月底，3家单位系统上线，经过3个月的双轨验证和2个月的单轨运行，各试点单位累计完成人员调动18677人次、工资核算及过账发放628笔、教育培训开班5130班次。经验证，一级部署技术路线成熟、实施方法科学、应用效果良好。推进一级部署第一批推广实施。在试点单位经验基础上，组织国网华北分部和国网冀北、安徽、湖南、重庆、辽宁、吉林、黑龙江、西藏电力等9家单位开展一级部署第一批推广实施。9家推广单位已全部完成差异分析、蓝图设计、数据迁移和转换，实现整体功能上线。超前筹备其他单位推广实施工作。指导国网北京、河北、山西电力等54家单位开展ERP基础数据全覆盖，将全部单位ERP系统中的组织、员工、教育培训等数据导入一级部署系统，开发接口实现数据自动同步。并以一级部署系统为数据源，自动生成2014年人力资源统计年报。

（刘　博　杜　健　刘浩杰　陈　琦
任　远　齐全昌　刘昱阳）

【业绩考核与绩效管理】 公司创新建设企业负责人业绩考核和全员绩效管理体系，全面强化考核结果应用，规范建立员工奖惩制度，深化完善激励约束机制，有效激发各级单位和员工队伍的积极性、创造性。

1. 企业负责人业绩考核

对所属各单位强化分类管理和差异化考核，修订印发《国家电网公司企业负责人年度业绩考核管理办法》及《市场化产业公司企业负责人年度业绩考核管理办法》《市场化金融企业负责人年度业绩考核管理办法》，分省（自治区、直辖市）电力公司、科研教培、专业公司、产业公司、金融企业、市场化产业公司和市场化金融企业7个板块制定各单位2014年度业绩考核指标、目标值和评价标准，强化效益导向和短板考核，加大对利润总额、经济增加值和亏损企业的考核力度，市场化产业公司和金融企业经营效益指标考核权重达到80%，提高考核的针对性和导向性。公司组织各单位签订业绩考核责任书，各级单位落实考核目标和责任，强化业绩看板制度，深化业绩指标执行监控，按季编制业绩分析报告，提出改进建议。公司超额完成国资委各项年度经营业绩考核目标，连续第10年获得中央企业业绩考核A级单位。

2014年，经考核，省（自治区、直辖市）电力公司、科研教培、专业公司、产业公司、金融企业共五类、47家单位中，业绩A级单位13家，业绩B级单位23家，业绩C级单位10家，业绩A级单位为：国网江苏、浙江、山东、天津、福建、冀北、四川电力和国网能源院、国网高培中心、国网交流公司、中国电财、国网英大集团公司、国网新源公司。市场化产业公司共7家，考核最高分119.800分（平高集团），最大分差11.61分。市场化金融企业共6家，考核最高分115.058分（英大信托），最大分差7.458分。

2. 全员绩效管理

公司持续深化全员绩效管理，落实“五位一体”建设要求，建立流程绩效指标体系，顶层设计各类流程绩效指标1700余项、关键环节绩效指标2400余项，建立覆盖全部业务、层级清晰的流程绩效指标体系，通过对业务流程和关键流程环节的量化考核，促进岗位职责有效落实、业务流程密切协同，保证公司战略目标层层分解落实。试点开展管理机关、一线员工绩效考核模式优化完善工作，管理机关强化对关键业绩指标和完成重点工作任务的数量、质量进行考核，一线员工基于作业工时制定统一工作积分标准，建立统一积分考核、定额薪酬兑现的绩效薪酬激励机制。制定印发《深化绩效考核结果应用的指导意见》，加大考核结果在薪酬分配、岗级晋升、评先评优、培训开发、人才评价等方面的应用力度，充分发挥绩效管理的激励约束作用。组织开展各单位年度全员绩效管理工作评价，发现、改进管理短板，公司全员绩效考核覆盖率达到99.4%。

3. 员工奖惩管理

印发《国家电网公司表彰奖励工作管理办法》，实行表彰项目“四级四类”管理，逐级开展表彰项目报备审批，严格控制表彰数量和评选比例，2014年公司系统先进集体和先进个人表彰同比减少26.8%和27.2%。印发《国家电网公司员工违规违纪行为惩处细则》，统一惩处标准，实现通用制度、通用标准、通用处理，强化对违规违纪行为的纪律约束。

（鞠宇平　邵红山　刘　辉）

【收入分配管理】 2014年，公司以创新薪酬分配制度为重点，建立体现岗位、绩效和能力的工资制度，优化完善薪酬结构，加强人工成本管控，深化福利保障管理，充分发挥收入分配的激励约束作用。

1. 全口径人工成本管理

分类建立全口径人工成本总额预算核定模型。省公司、科研教培和非市场化产业单位，侧重于提升人工成本投入产出效率，促进资源的高效配置；金融和市场化产业单位，以市场化为导向，以提高效益和效率为目标，以分类管理为基础，以控人工成本总额、控人均人工成本水平、控用工总量为重点；集体企业，按照遵循“尊重历史，平稳过渡”的基本原则，体现公司对集体企业的经营管理导向，充分考虑不同用工方式的差异性，形成人工成本对用工总量的“倒逼机制”；农电用工，划分为人工成本基数、人工成本增量两部分，并分别进行核算，侧重于合理控制农电用工总量，促进各单位实现农电用工定员达标，同时有助于提升人工成本投入产出效率。构建人工成本监控预警体系。根据各单位人工成本情况开展执行结果分析、原因分析、合理性分析，将人工成本效率划分为五个等级，对人工成本管理中存在的问题提出警示，实现各单位人工成本预算执行情况的有效跟踪。促进人工成本管理提升。组织指导各单位建立人工成本计划台账，定期与财务部门核对人工成本数据，加强人工成本预警，加强人工成本计划执行过程监控，定期分析人工成本执行情况，促进各单位持续改进人工成本管理水平，形成人工成本的闭环管理机制。

公司全口径人工成本管控体系已基本确立，人工成本投入产出效率指标持续向好，人事费用率7.94%，同比降低0.03个百分点；劳动分配率28.88%，同比降低2.57个百分点；人工成本利润率46.96%，同比增加3.57个百分点。

2. 薪酬分配机制建设

加强制度设计。总结岗位技能工资制度成效和存在的不足，结合华东片区单位岗位薪点工资制度的多年实施经验，以统一工资结构、岗级薪级、套改标准为目标，组织设计岗位绩效工资制度及五项福利性补贴、工资项目名录、岗位等级序列、薪档动态调整等配套办法，制定各级各类人才和派援艰苦边远地区人员的薪酬待遇标准。岗位绩效工资制度主要由岗位薪点工资、绩效工资和辅助工资三个单元构成，与岗位价值、绩效贡献和能力素质三个要素紧密挂钩。岗位薪点工资主要体现岗位价值、职工绩效和能力积累贡献，设置26个岗级、56个薪级，岗位薪点工资根据岗位薪点数和薪点点值确定。绩效工资主要体现职工实际工作业绩贡献，包括绩效考核兑现和专项奖。辅助工资包括年功工资、加班工资、表彰奖励、五项福利性补贴、人才津贴和其他津补贴。按单位分类设定工资单元占比，非市场化单位岗位薪点工资30%～40%，绩效工资50%左右；市场化单位岗位薪点工资10%～20%，绩效工资70%左右；各单位辅助工资一般不超过15%。开展试点和全面测算。组织各省公司64家地市公司、24家县公司、4家专业公司共5.8万人进行工资套改测算，国网四川、重庆、甘肃、天津电力等17家单位完成制度试点推广，大部分单位“双轨模拟运行”。从试点和套改测算情况看，新工资制度与“三定”管理、人员配置、绩效考核、教育培训、人才队伍建设等工作协同实施，提高岗位薪点工资和绩效工资占比，精简津补贴，取消部分专项奖，有利于体现岗位价值、能力素质和业绩贡献，更好发挥激励约束作用。

3. 福利保障管理体系

完善福利保障制度建设。制定印发《国家电网公司福利保障管理办法》，优化福利保障管控界面，明晰福利保障管理职责，建立覆盖福利项目管理、标准管理、需求管理、计划管理、实施管理、考核评价及经费管理的福利项目闭环管理机制，明确住房公积金、企业年金及企业补充医疗保险管理要求，为全面提升公司福利保障管理水平奠定坚实基础。推进福利项目标准化建设。建立属地政策福利项目标准选录与滚动修编机制，收集汇总各地5大类福利项目政策标准，分类编录覆盖公司全部营业区域的福利项目标准名录，提升福利项目管理的标准化和规范化水平。制定福利保障通用管理流程。坚持顶层设计，按照集约化、专业化的管理思路，制定涵盖福利、住房公积金管理的32个福利保障通用管理流程，打破层级堵塞与专业壁垒，促进福利保障管理纵向贯通和横向协同，提升福利保障管理效率。加强福利计划管控。建立福利计划与福利项目标准协调联动机制，强化福利计划刚性。组织国网天津、上海、蒙东电力开展福利项目过程管控试点，以信息化手段，实现福利项目管控各环节的有效衔接。定期开展福利计划执行情况诊断分析，强化福利项目实施监控管理。

4. 社会保险管理

按时足额缴纳各项社保资金。督导各单位加强社会保险资金的征缴管理，按时足额代收代缴基本养老、基本医疗、失业、工伤、生育等社会保险资金，禁止欠缴、少缴，防止随意扩大资金来源渠道或提高缴费标准，确保职工社会保障水平。加强社保资金安全管理。组织各单位加强社保资金收支管理，不得超范围、超标准开支费用。社保资金账户开立要纳入本单位财务部门统一管理，实行专户存储、专款专用、独立核算，不得挤占、截留、挪用或私存，严禁对外拆借、担保或抵押、质押。规范社保资金利息管理。对各单位社保资金在归集暂存期间产生的利息收益，地方政府社保主管部门政策规定上缴的，指导相关单位按时足额缴纳；无明确要求的，相应利息应纳入相关单位社保账户核算管理，用于规定的用途或支出范围，不得挪作他用。

5. 企业年金管理

加强制度建设。制定下发《国家电网公司企业年金管理办法》通用管理制度，规范、统一公司企业年金管理制度，确保各单位对国家政策法规的理解掌握准确、到位。强化绩效管理。按季度对各投资管理人的投资绩效进行跟踪分析，做好运营风险防控；按年度对各管理机构的服务质量和运营业绩等从多个角度进行绩效评估，对评估结果进行量化，对10家机构进行约谈、诫勉，将评估结果在公司系统内及时公布，指导各单位做好年金机构监督管理和资产配置策略研究。注重管理创新。针对扩大年金投资范围、发行养老金产品、个税递延等新政的出台，组织各单位年金业务人员进行集中专题培训，确保各项政策得到及时有效执行；建立企业年金信息平台，在公司系统内定期发布《国网年金资讯》，为各单位提供年金管理投资咨询和政策解读，帮助各单位提高投资决策水平，促进各单位加强投资研究，履职尽责。规范业务标准。按照“五位一体”建设标准，组织研究《国家电网公司企业年金业务规范》，以此延伸工作重心，由前端管理（研究制定管理制度）向过程管理（监督规范管理工作）深入，加快构建全业务覆盖、全过程管控的业务管理标准体系，分别确立管理职责和内控机制建设标准、业务流程和工作完成质量标准、履职责任监督与考核评价标准，强化国家年金管理政策，贯彻落实公司管理制度。创新直属单位企业年金集合计划管理模式。组织27家直属单位成立集合计划监督管理委员会并选举产生第一届监督委员和执行委员，加强集合计划企业年金基金的运营监督和投资管理，全年实现综合收益率16.98%。

6. 住房公积金管理

及时落实住房公积金缴存和提取要求，完善住房公积金缴存标准省级单位审批、公司备案机制，完成2014年度住房公积金缴存标准调整工作。组织在京缴存单位核实住房公积金基本信息，建立缴存标准重点抽查督导机制，制定督查指导实施方案，组织118个缴存单位开展非现场互查督导，强化住房公积金统一政策的贯彻落实。

7. 收入分配秩序规范

加强制度建设。制定下发《工资收入管理办法》，建立工资内外收入管理通用制度，指导各单位贯彻落实制度要求，规范收入分配管理。规范工资列支渠道。组织各单位严格按照薪酬管理有关政策、规定和财务制度进行工资核算，开展工资集中审核发放试点。按照“依法从严治企、提升管理层级、规范发放流程、分类审核监控”的原则，加强全口径用工工资发放规范管理，其中：省公司，由地市公司本部集中发放地市、县公司长期职工、直签合同农电用工工资，集中审核劳务派遣用工工资；直属单位，由本部集中发放所有长期职工工资，集中审核劳务派遣用工工资；集体企业，由主办单位集中审核所有用工工资。通过组织9家单位完成试点，以地市公司、直属单位本部为工资审核发放主体，对工资支出的项目、渠道、标准和对象实施集约管控，打破了工资分散发放的传统格局，统一规范工资列支渠道、发放标准、发放进度。

加强监督检查。贯彻执行国家收入分配政策，开展人力资源专项审计，配合做好国家审计署经济责任审计，组织各单位对检查发现的问题逐项制定整改方案，督促指导限期整改，整顿和规范收入分配秩序，建立收入分配规范管理长效机制。

（张鹏辉　李　青　梁奕庆
李　斌　霍爱敏　周培煌）

【离退休工作】 加强离退休人员思想政治建设。以离退休党支部为载体，组织离退休人员学习贯彻党的十八届三中、四中全会和习近平总书记系列讲话精神，学习公司“两会”等重要会议精神，组织召开形势报告会，加强学习辅导，转化学习成果，教育引导老同志讲政治、讲忠诚、讲奉献，在思想上、行动上自觉与党中央保持高度一致，自觉支持拥护公司党组决策部署。组织开展总部离退休人员“两优一先”和文明个人标兵评选表彰活动，实现“五好”离退休党支部创建工作常态化。开展“学习解黎明、热爱国网、奉献社会”活动，号召老同志学习先进典型，发挥自身优势，在热爱国网、奉献社会中实现人生价值。加强老同志思想动态分析，开展有针对性的思想政治工作。

● 公司开展“学习解黎明、热爱国网、奉献社会”活动，图为国网山东电力离退休老同志交流现场。（段德咏 摄）

落实离退休各项政策待遇。严格落实老同志政治待遇，继续抓好离退休干部阅读文件、听报告、参加重要会议与活动等工作，在政治上关心尊重老同志。严格按政策落实老同志生活待遇，为老同志提供方便，确保养老金按时足额发放，医疗费按规定及时报销。严格落实中央和北京市出台的离休干部护理费调整等政策。完成离退休老同志健康体检和健康休养工作。组织开展丰富多彩的文体活动，举办了以“热爱国网、奉献社会”为主题的老同志书画展。开展“见证特高压”系列活动，组织老同志现场参观国家电网仿真中心和特高压直流试验基地，开展专题巡回讲座，凝聚老同志对特高压发展的共识。

重视发挥离退休人员优势和作用。坚持围绕中心、服务大局，着眼于发挥老同志的政治优势、经验优势，推荐部分老同志纳入公司电力体制改革专家顾问团队，建立健全老同志专家人才信息库，并通过组织专题调研、专题讨论会、技术咨询会等多种形式，鼓励他们各展所长、各尽所能，写见解观点、谈感受认识，主动为电网发展和公司发展建言献策，为特高压电网发展实现突破和电力体制改革、“三集五大”体系建设取得重大进展做出贡献。公司系统各单位积极为老同志投身社会公益活动搭建平台，开展了“同心共筑中国梦”“中国梦、国网情、夕阳红”“爱心助学结对帮扶”“银龄行动”“老人互助”等活动，离退休老同志热情参与、积极作为，弘扬主旋律，传播正能量，涌现出了全国道德模范解黎明等一大批热心公益事业的先进典型，并有 1 个集体、1 名个人受到全国离退休干部“双先”表彰大会表彰，提升了“国家电网”品牌形象和美誉度。

提升离退休服务管理水平。坚持“三走进”、“三必到”，认真执行重大节日走访慰问制度，形成了富有公司特色的离退休服务常态工作机制。春节前夕走访慰问 13 位老领导、10 位老红军、253 位老同志，形成尊重、关心、爱护老同志的良好氛围。加强学习活动阵地建设，公司系统共有离退休人员活动场所 2166 个、老年大学 56 所，建筑面积超过 50.5 万 m^2，为老同志增长知识、交流感情、锻炼身体、发挥作用创造了良好的环境。

加强离退休部门建设。加强制度建设，修编发布了离退休信息统计、待遇落实督导 2 项通用制度。强化信息化建设，完善提升离退休管理信息系统实施。加强队伍建设，举办公司离退休工作部门负责人培训班 1 期、信息统计业务培训班 3 期。坚持离退休党支部联络员工作制度，密切与老同志的联系。针对离退休工作面临的新形势新要求，围绕 5 大课题开展工作调研，提升离退休工作队伍政策理论水平。1 项调研报告获中组部一等奖，离退休信息统计工作被中组部评为全优报表单位。

（刘　东）

财务与资产管理

【公司经营与财务状况】 2014年，公司强化经营管控，增收节支、挖潜增效，经营业绩再创历史最好水平。售电量34 694亿kWh，同比增长3%。利润812.1亿元，增加106.3亿元。EVA（经济增加值）188亿元，增加31亿元。净资产收益率5.21%，提高0.36个百分点。资产总额28 929亿元，增加3228亿元。资产负债率56.1%，下降0.9个百分点。

提升经营效益和质量。克服售电增速大幅下滑、融资难融资贵等各种困难，完成国资委“保增长”任务，利润连续四年每年新上百亿元台阶，经营发展能力增强，抵御各种风险的基础更加稳固。连续10年、3个任期被评为中央企业业绩考核A级企业，连续4年获得国资委财务绩效评价A级，连续2年被三大国际评级机构授予国家主权级信用等级。效益结构持续改善，国网江苏、山东电力，国网国际公司实现利润超过60亿元，国网浙江电力、南瑞集团利润超过50亿元，国网河南、陕西、新疆电力等单位利润大幅提升。持续开展经营诊断整改，累计亏损单位从18家减少到8家。

加强财务集约化管控。全年统一发行债券1050亿元，内部融资746亿元，实现资金运作效益126亿元。建立健全投资能力管控机制及投资回报挂钩机制，促进需求与能力双向平衡，投入与产出更加匹配。加强项目预算管理，开展项目可研经济性与财务合规性评价，推进预算闭环管控。从严从紧安排各类支出，加强过程控制与分析，确保预算执行规范有序、可控在控。

深化资源统筹调控。加强资源统筹配置，保障特高压、配网改造、国际业务等重点项目，持续提升投入产出效率。开展东西帮扶，安排资金开展电网援建及帮助困难单位电表改造。加强资本集中运作，优化产业、金融等资本布局，完成国网甘肃、河南电力149户农电企业上划。

争取政策支持。解决脱硝除尘电价矛盾，申请出台京、津、沪燃气电价政策，国网河南电力等部分单位电网环节电价矛盾同步得到疏导。新建居民小区供电配套工程收费政策扩至24个省。争取到农网改造、国有资本预算等各项财政支持资金257亿元。申请财政部、国家税务总局出台促进企业重组所得税政策，支持公司深化集团化运作。

规范经营管理。落实中央“八项规定”“三公”等经费同比下降超过20%。创新开展电网基建工程投资预算管理，严格控制工程费用支出，竣工项目决算比概算降低。基本建成全业务、跨层级、端到端的内部控制体系。开展在线稽核，覆盖省市县各级单位。基本完成土地权属清理完善工作。

（袁勇刚　娄欣轩）

【财务集约化、信息化管理】

1. 财务集约化

自推行财务集约化以来，公司坚持“六统一、五集中”工作思路，按照“深化应用、提升功能、实时管控、精益高效”总要求，建立集中、统一、精益、高效的现代化财务管理体系，实现公司财务体制机制重大转型，提升经营效益、企业实力和财务管理的标准化、信息化、集成化、集约化水平。

坚持价值导向，提升经营效益和经济实力。建立健全投资能力管控机制及投资回报挂钩机制，促进需求与能力双向平衡，投入与产出更加匹配。严格成本费用管控，“三公”等消耗性费用持续大幅下降。深入开展经营诊断分析，公司上下成本效益意识明显增强。优化企业负责人业绩考核体系，更加突出效益导向。

坚持集团化集约化运作，促进协调发展。坚持财务“一盘棋”运作，强化目标总控，引导经济资源向重点领域聚集。通过东西帮扶等多种途径，改善内部发展不平衡状况。完成主辅分离、主多分开、农电上划、科研产业整合、总分部一体化等资产重组近万亿元，公司产权级次压缩到5级。充分发挥集团“资金池”功能，资金集中度超过99%。推行统一融资，五年来累计发行各类债券4750亿元，实现资金运作收益466亿元。连续两年发行境外美元债，发行利差均创同期中资企业最低。

坚持依法从严治企，加强财务规范化管控。集中开展财务专项检查，及时消除“出血点”和“发热点”。基本建成全业务、跨层级、端到端的内部控制体系。开展在线稽核，覆盖省市县各级单位。强化项目与资金一体化管控，初步形成全过程闭环管理链条。清理历史遗留担保，基本完成土地权属清理完善工作。推行电网基建工程投资预算，严格规范工程费用管理，防范财务风险。

争取价格财税政策，营造良好经营发展环境。疏导脱硝、除尘电价矛盾，协助建立居民阶梯电价。配合出台风电、光伏、生物质发电等上网标杆电价政策，完善抽水蓄能两部制电价。稳步开展大用户直购电试点。新建居民小区供电配套工程收费政策拓展至24个省，供电延伸服务收费政策拓展至15个省。争取到国家完善可再生能源补助政策。争取国家出台接收用户资产免征所得税政策。争取到电网新建项目“三免三减半”优惠政策。争取中央财政对特高压、农村电网等资金支持。

建立政策标准体系和一体化财务信息工作平台，提升财务管理现代化水平。实现公司会计政策、会计科目和财务信息标准的全面统一。发布财务通则、34项通用制度和53项操作规程。建立11大类223项财务管控标准流程，实现全业务、全层级的在线应用和实时监测。建立覆盖电网、产业、金融全业务及生产、基建全环节的统一标准成本，年节约成本超过100亿元。“一键式”会计报表常态化应用。财务信息化基本实现横向集成、纵向贯通，深化与各业务集成应用，逐步消除信息壁垒，增强集中管控能力。

2. 财务信息化

公司围绕财务集约化“实时管控”要求，针对系统性能、用户体验等突出问题，从对业务全过程的信息实时反映、过程实时控制和结果实时监督三个方面深化应用、提升功能，加强组织、制度和技术保障。财务信息系统更加安全稳定、实用易用，有效支撑财务集约化管理的全面建设。

信息实时反映。创新会计基础工作管控手段，完成国网山西、福建电力业务凭据电子化的试点应用。加强财务与物资校核，组织各单位完成合同信息校验以及剩余物资退库数据校验功能应用，规范剩余物资管理流程，促进账实相符。完善信息标准，完成人资与财务组织架构系统衔接管理功能的部署应用，固化组织架构标准对应。完成分布式光伏发电项目管理、电费结算和财政补助资金管理功能的部署应用，实现对常规可再生能源和分布式光伏发电项目的集中管理。提升财务业务数据质量，梳理财务管控模块数据质量要求，完善系统功能，开展前端业务数据质量要求梳理工作。

过程实时控制。支撑项目预算全过程管理，推动PMS、营销等专业系统与财务管控模块关于项目信息的集成应用。落实预算闭环管控机制，完善预算编制、项目定义创建及预算执行年度强控等系统功能。加强送变电等关联单位资金管理能力，完成对外支付合规性校验、现金支出控制、资金支付与业务凭据电子化集成、大额支付短信提醒等资金收支管控功能的开发工作。推进营财一体化工作，组织国网湖南、重庆电力完成营财一体化试点建设工作。提升购售电预测能力，搭建购售电综合预测模型，为经营预测、投资能力测算、工程项目经济效益评价等提供分析基础。加强工程项目管控信息系统支撑，组织各单位完成投资预算系统功能部署，搭建工程项目目标进度、成本、资金曲线模型，强化对工程项目进度、成本及资金支出的实时管控。集成生产系统设备信息，完成跨区跨省线站资产价值信息展示主题功能的部署工作，提升公司总部资产划拨决策、优化资产配置能力。

结果实时监督。完善风控系统功能，完成与财务风险防控相关的风险点、预警指标及规则的设计。整合风险管理模块，编制财务流程监控系统与风控信息系统整合的技术方案。完成业务预算执行监控点的分析，形成基建全过程管控、项目全过程闭环管理等稽核专题。

保障措施。开展系统性能优化工作，评估财务管控模块系统性能情况，重点解决系统升级后问题反复、海量数据查询等问题。提高财务信息系统用户体验，制定员工报销、资金支付融合方案，并在国网河北电力完成试点应用。评估资金结算系统安全应用现状，提高系统安全等级。制定并下发《关于加强国家电网公司财务信息化项目管理的指导意见》，强化财务信息化项目管理。

（袁勇刚　张兴华）

【预算与成本管理】 2014年，公司着力深化资源统筹调控，强化项目预算闭环管控，夯实预算管理基础，健全预算管理体系和工作机制，预算管控效率和效果提升，公司主要经营指标创历史最好水平，完成国资委“保增长”任务，预算管理获中央企业管理提升活动专项奖第一名。

预算方案安排。根据公司经营目标，结合内外部形势，统筹安排年度预算方案，按时保质完成2014年预算下达、调整和2015年预算编制工作。面对电量增速持续下滑的严峻形势，深化月度跟踪，加强动态预调预控，多次组织开展效益预测，及时采取增收节支、降本增效措施，保障了经营效益持续提升和财务状况稳健。编制国资委年度预算，落实“保增长”工作部署，完成企业负责人业绩考核目标，连续10年保持业绩考核A级。

预算闭环管控。制定《项目可研经济性与财务合规性评价指导意见》，开展项目储备联合审查，提升项目储备质量。开发财务管控与业务系统集成接口，初步实现项目信息在线流转、集成共享。深化财务管控与ERP系统的融合应用，实现预算支出系统强控。推广应用项目全链条管控工具，全面覆盖基层单位，按月通报项目执行进度，促进项目支出规范有序。开展2013年预算执行情况审核，查找分析单控费用和项目预算执行中存在的问题，严格预算考核，增强预算执行刚性。公司基本形成“把入口，细安排，盯过程，审结果”的闭环链条。

成本费用管控。修订公司《成本管理办法》，健全完善标准成本体系，实现标准成本在各业务板块、各管控层级全面覆盖。严格落实中央“八项规定”和国家财经法规，从严从紧控制一般性和非生产性支出，强化“三公”等费用的单项管控，并严格纳入企业负责人年度业绩考核。“三公”经费同比下降超过20%。

巩固预算管理基础。修订公司《全面预算管理办法》，健全项目储备管理、投资能力管控、投资与回报挂钩、标准成本管理、经济资源集中调配五大统筹平衡机制，夯实预算管理基础。完善公司业绩考核财务指标和计分办法，反映贡献差异，强化激励约束作用。提升直属单位全面预算管理水平。做好总部预算及资金支付审核工作。

（袁勇刚　娄欣轩）

【会计管理】 以财务集约化和信息化优化提升为重点，公司夯实会计基础管理、健全会计政策标准体系、深化“一键式”报表应用、强化决算审核监督，提升会计规范化水平和反映监督能力。

核算规范化。及时研究财政部最新发布的八项会计准则变化，深入分析对公司财务状况、经营成果影响，重点围绕公司电力增值业务、产业金融创新、境外投资及国际化经营等新增业务，研究制定相关业务核算标准，完成公司《会计核算办法2014》制定并印发执行。完善会计政策标准体系，对应规范119类业务事项、统一会计政策标准370项，实现会计处理标准高度统一。深化会计科目体系，公司统一管理会计科目达2643个，细化科目维度管理，持续对接预算管理体系，推进会计核算与预算执行闭环管理。

会计监督。深化报表功能应用，财务决算报表自动取数生成指标占比达68%，全面应用“一键式”报告功能，搭建决算文档数据信息与报表联动编审平台，实现账务、报表、文档联动审核，提升财务决算编审效率。持续完善财务报告管理体系，严格决算备案制度，强化重大财务事项管控。强化决算审核，以决算数据在线审核、事务所现场审计为重点，把好决算最后一关，提升会计信息质量。

会计基础管理。加强会计通用制度建设。修订并印发《会计基础工作规范实施办法》，明确信息化条件下会计基础工作各要素的管理要求；强化重点业务、关键环节管控，印发《报销管理办法》，明确会议、差旅、业务招待等费用的报销管理流程，严格重点费用报销管理；印发《往来款项管理办法》，明确往来款项全过程管控职责和要求；印发《原始凭证管理办法》，覆盖收入、成本等6个方面359项具体业务核算对应的内外部原始凭证规范。试点原始凭证电子化管理，支撑重要原始凭证的追溯查询和在线审核。完成第一批会计规范化评估，优化评价指标体系，评价重点覆盖会计核算、财务报告、会计档案等会计基础管理全过程。强化分支机构资金管理，严格按照收支两条线原则，强化各分支机构现金流量管理，提升总部资金周转效率。组织开展总部及各分支机构财务自查工作，排查可能的风险点，防范总分机构核算风险，并完成审计相关配合工作。落实总部税收优惠政策。加强各分支机构税收管控，按照“三免三减半”税收优惠政策规定，梳理符合条件的新增输变电资产166项，向国税局报备并做好税收优惠争取工作。

（李经彩　李明毅）

【资产产权管理】 围绕财力集约化管理，公司深化重组整合、强化资本运作、推进资产精益管理，优化产权结构和资本布局，提高资产管理水平。

优化产权布局。理顺农电产权关系，优化电网资产布局。组织清产核资审计、担保清理转移等工作，确保划转资产质量。规范履行国资委审批程序，完成甘肃、河南等省149户农电企业产权上划工作。优化电网企业产权模式，推进县公司子改分工作。截至2014年底，公司系统县供电分公司已达727户，占全部县级供电企业的52%，资源统筹配置能力增强。推进资产并购重组，促进直属单位发展。组织完成国能生物控股权收购、国网管理学院分立、都城伟业集团上划、国网计量中心股权划转等工作，完成东海证券股权转让挂牌工作，促请证监会加快证券重组期货事项审批进程，提升直属单位发展能力。清理低效无效投资，分单位下达任务目标，密切跟踪督导，全年完成投资清理26项，涉及资产总额6.6亿元。

深化资本运作。加强顶层设计，组织开展电力上市公司诊断，以及产业、金融上市资源分析工作，分类研究提出战略定位与发展方向，为上市公司可持续发展和下一步深化重组奠定基础。深化产业上市公司资产重组，推进广宇发展和置信电气资产注入与定向增发工作，增强上市公司发展能力，提高国有资本控制力。组织开展湘财证券股权重组工作，通过资本运作发现股权价值，提升股权活力。优化境外投融资平台管理运营模式，充实境外投资平台功能，为国际化发展提供支撑。研究办理巴西TP、巴西美丽山输电特许权、埃塞俄比亚EPC等境外项目融资担保事项，保障公司国际化发展。组织开展电子商务、第三方支付、互联网金融等新兴产业模式研究，把握市场发展规律，提高金融服务和市场竞争能力。

资产精益管理。优化电网资产界面，组织完成哈郑直流部分资产上划公司总部、湟源—德令哈330kV输变电工程资产划转青海公司工作，涉及资产账面价值82.2亿元。深化设备资产联动，优化套装软件与PMS2.0系统、信息运维综合监管系统（IMS）和通信管理系统（TMS）集成接口，实现相关设备资产数据互联互通。提高资产辅助分析能力，制订公司总部、省公司两个层面资产辅助决策三年工作计划，开展500kV及以上电压等级跨区域线站资产统计分析。深入开展资产数据治理工作，完成信息通信资产清查，统一设计开发套装软件资产数据质量控制功能，审核完善资产主数据9万余条。专题研究技改资产报废、核算、完工后年限重估等问题，探索建立技改资产规范管理机制。

改革政策研究。密切跟踪国资国企改革政策及动态，结合公司实际，就完善国有资产管理体制、发展混合所有制经济、组建国有资本运营投资公司等事宜进行分析，做好政策储备。就国资委简政放权、促进产权流转等政策，提出公司加强管控意见并组织贯彻落实。全面梳理公司“三重一大”决策事项，分类研究提出审批标准及决策程序，为公司完善“三重一大”决策制度和分级授权体系建设奠定基础。参与公司集体企业改革改制方案研究，就资产财务相关问题提出意见建议，防止国有资产流失，确保改革平稳有序推进。

夯实管理基础。持续推进土地权属清理完善，解决历史遗留问题，防范物权风险，累计完善土地权属3.17万宗，总体完善率达99.12%。清理遗留担保，分单位下达任务目标，加强督导考核，全年清理解除对无资本纽带关系企业担保1.13亿元，累计完成应清理总额的88%。基本完成未建立资本纽带企业清理整合工作，涉及未建立资本纽带企业123户，资产总额46.5亿元。加强沟通协调，推动有关方面就马头、宝二、大坝电厂股权转让事项达成一致意见，妥善解决647万kW发电资产遗留问题。梳理历史资产产权重组事项，配合做好经济责任审计工作。根据管理提升和新业务发展需要，修订或制定固定资产、无形资产、股权投资、产权转让、产权划转、改制重组、对外担保、资产评估、节能项目审批管理等9项通用制度，健全资产产权管理制度体系。

（黄　捷　王学亮）

【资金管理】 公司应对复杂多变的货币市场形势，围绕资金保障和资金集约化两大重点任务，拓宽融资渠道，创新融资方式，加强资金集中管理，提升运作效益，防范资金风险，资金管理各项工作取得成效。

境内发债工作。分析境内外融资形势，研究制定未来五年融资保障方案，建立中长期融资保障机制。合理安排发债规模，优化债券期限品种结构，保障公司发展资金需要。全年累计发行各类债券700亿元，存续期可节约利息支出25.6亿元，其中：企业债200亿元，中期票据200亿元，短期及超短期融资券300亿元，担保支持中国电财发行金融债130亿元。获批300亿元企业债和350亿元中票及短券发行额度，为后续债券发行奠定基础。

多渠道融资。克服年初融资成本全面上升，发债利率高出贷款基准利率的困难，争取各大合作银行信贷支持，总部筹集统借统还资金258亿元，保障支付需求。引入其他低成本资金，争取川藏电力联网项目优惠利率贷款33亿元，利率比同期限银行贷款基准利率低1.98个百分点。与中国人寿、中国平安签署60亿元保险资金债权投资计划，首期引入16亿元支持特高压工程建设。

境外发债工作。科学安排年度信用跟踪评级和境外发债工作，于4月28日发行35亿美元债券，其中：5年期12.5亿美元，发行利率2.95%；10年期16亿美元，发行利率4.26%；30年期6.5亿美元，发行利率4.938%。发行利差继续保持同期中资企业境外发债最低水平，扩大公司在国际资本市场的品牌影响力。制定意大利能源网股权并购项目过桥融资和欧元债券发行方案，做好国际公司境外发行10亿欧元债券的相关准备工作。组织境外投融资平台梳理业务流程、健全规章制度，研究通过投融资平台引入境外低成本资金。

资金归集和统一运作。强化资金集中管理，公司资金归集率保持在99.60%以上。开展商业银行综合贡献度评价，依据评价结果统筹配置公司存贷款资源。优化资金运作模式，加大资金运作力度，公司全年内部融资746.1亿元。全年累计实现运作收益126亿元。

资金管理基础工作。修订印发了《资金管理办法》及相关配套管理细则、《资金安全管理办法》。实施新的账户管控标准，完成新上划农电企业、重组并购单位的账户清理和集团账户挂接工作，推行账户开立、变更、撤销的全寿命周期管理。研究制定规范银行承兑汇票管理的指导意见，加强银行承兑汇票全过程管控，防范汇票风险，提高资金周转效率。加强债务管理，及时完成企业债、中期票据、银行贷款等各类债务的还本付息工作。强化金融衍生业务管理，严格执行审批程序，有效管控风险。

资金在线监控平台建设。组织山东公司开发资金风险在线监控平台，全面实时监控所属各级单位的账户、资金、预算执行及融资信息，提升资金集约化、精益化管理水平。

（金小伟　王晓燕）

【电价管理】 围绕“推改革、建机制、提水平、防风险、强管理”的目标，构建支持坚强智能电网和新兴业务发展的价费体系，疏导电价矛盾，配合推进输配电价改革，配合完善现行电价机制，提升电价管控能力。

争取电价政策。申请国家发展改革委出台京津沪燃气电价政策，解决燃气价格上涨、燃气机组投运较多积累的电价矛盾。申请国家发改委利用煤价下降空间，适当下调燃煤机组上网电价，总体解决了脱硝、除尘等环保电价矛盾。争取国家核定哈郑直流工程各环节价格，合理分配价差空间，支持送受端电力建设，保障电力稳定可靠供应。申请国家发展改革委出台电动汽车用电价格政策，明确充换电服务按目录电价收取电费并按政府指导价收取服务费，促进新兴业务健康发展。分析公司现有收费业务管理中存在的薄弱环节，配合有关地方政府部门扩大新建小区供电配套工程收费和供电延伸服务收费政策范围，规范政策执行。

推进电价改革。加强电价理论研究，配合国家能源局完成跨区跨省输电工程定价关键参数研究。配合国家发展改革委开展跨区跨省输电价格传导机制研究。推进输配电价改革，配合国家发展改革委开展电价改革相关问题研究，完善深圳输配电价改革试点方案和配套成本监审办法，推动合理确定改革路径、方法和关键参数。与国家发展改革委沟通汇报，申请加快核定和调整电力用户与发电企业直接交易输配电价标准，更好支持全国统一电力市场建设。

完善电价机制。完善上网电价机制，推动国家发展改革委出台水电分省分类标杆上网电价、海上风电标杆上网电价政策，适当下调陆上风电标杆上网电价标准，按两部制方式完善抽水蓄能电价机制，建立气电联动机制并下放燃气机组上网电价定价权限，完善上网电价政府定价体系。推动出台并贯彻落实燃煤发电机组环保电价和环保设施监管办法。完善销售电价机制，推动出台水泥行业分工艺类型的差别电价政策。指导各省市电力公司配合省级价格主管部门落实销售电价分类结构调整政策。

强化电价管控。应对外部监管，配合国家能源局开展输配电成本、抽水蓄能电站等专项监管。加强薄弱环节管理，规范自备电厂自发自用电量管理，加强系统备用费、政府性基金及附加征收管理，规范两部制电价政策执行。完善可再生能源补助资金管理，争取国家有关部门完善分布式光伏发电补助资金管理相关政策，申请财政部等部门明确资金缺口来源，按时拨付资金，向发电企业及时结算支付。部署建设可再生能源补助资金管理信息系统。夯实电价管理基础，指导国网湖南、重庆电力开展营财一体化建设试点，推动财务总账和营销明细账核算同质化。开发电价分析模块并试点应用。优化购售电预算模块功能，简化购售电预算流程。

（吕　栋　陈世剑）

【基建财务管理】 公司创新开展电网基建工程投资预算管理，深化电网投资能力研究与应用，完善工程财务薄弱环节治理，强化工程成本费用管控，支撑电网投资决策，提升基建财务管理水平。

电网基建工程投资预算管理。实施投资预算管理，控制投资规模，降低工程成本。公司2014年下达总投资预算、年度投资预算较工程概（估）算、年度投资计划均有较大幅度下降。严格投资预算执行，做到无预算不开支、有预算不超支，2014年已竣工投产项目竣工决算较总投资预算及概算均明显下降。通过投资预算管理促进工程全过程协同管理，加强工程招标采购、工程实施、工程结算和竣工决算等环节管理，提升资源统筹调配能力和效益引导作用。

电网投资能力管理研究与应用。健全完善电网投资能力管理体系，分析公司投资安排方式和内外部经营环境，明确投资能力管理优化方向。构建投资结构和时序安排测算模型，将投资能力测算由规模总额细化至工程类型，由单一年度延展至中长期。编制《投资能力测算模型应用手册》，完善测算模块系统功能，增强工作指导与支撑。按照公司“十三五”电网规划编制工作要求，测算确定各单位2016~2020年电网投资能力。完成各省、市、县公司2015年电网投资能力测算，将投资能力设定为投资安排的前置环节和必要步骤。建立工程经济效益评价体系，开发信息系统功能模块，应用实际工程数据测算验证和调整优化，开展电网工程可研批复财务审查，对经济效益、工程成本等进行重点审核。

其他费用财务管理。将工程其他费用纳入全面预算管理，明确费用开支范围，取消和调整部分费用安排方式，规范费用开支渠道。根据各项费用可控程度，设定内控系数上限，从严从紧控制。通过分类管理、分项管控，提高工程其他费用财务管理的针对性、适用性和标准化水平。

送变电施工企业财务管理。强化送变电施工企业财务集约化管理，要求加强招投标管理和结算审核，规范管理行为。系统开展送变电施工企业财务专项整治和物资、设计、监理企业财务管理自查，加强依法理财培训，排查整改薄弱环节，建立健全长效机制。

基建财务基础管理。强化组织协调、报告编制、审核审批、评价监督，提升竣工决算管理标准化水平。完成省公司上报竣工决算的审核审批，实现审批常态化。清理长期挂账在建工程，分析影响决算转资制约因素，推动久拖未决项目竣工决算编制和转资入账。彻底整改西电东送审计反映相关问题，开展三峡输变电工程经济效益测算，完成整体验收各项配合工作。

（胡明安　赵志刚）

【稽核内控与风险管理】 公司加强风险管控，健全内部控制体系，深化稽核评价管理，完成通用制度建设，配合外部监督检查，完成迎审任务。《国家电网公司内部控制体系建设与实施》荣获2014年度公司管理创新成果一等奖、电力行业企业管理创新成果一等奖，财务绩效连续4年获得A级（优秀），企业年度工作报告连续4年获得“填报及时企业”和“填报工作优秀企业”称号。

建成公司内部控制体系。在十大经营与管控类业务完成内控建设的基础上，将内控建设范围拓展到人力资源管理、设备运检等专业领域，实现公司内控体系全业务覆盖。梳理“三集五大”核心业务和支撑业务主要风险，编制完成《风险管理与评价指南》，为公司各专业风险防控提供指导。落实国资委要求，完成公司首次内部控制评价，编报完成公司2014年全面风险管理报告。

建立健全风控信息系统。实现任务在线派发、内控评价与风险评估在线开展、缺陷在线整改等功能。推动流程在线监控，在原有73个流程监控基础上，完成27个新增监控流程联调测试与上线部署工作，拓展流程监控范围。加强风险管理宣传与培训，举办公司内部控制知识竞赛，普及风险管理知识，增强员工风险管理意识。

依法治企综合检查。结合公司管控重点和外部监管重点，从物资管理、“三公”经费、电价电费等方面梳理公司经营政策32项，查找制度缺陷和执行风险，提出改进建议，有效防范经营风险。对公司合并报表编制情况以及总部报表合并单位开展检查，完成公司依法治企专项检查任务。规范清理电力体制改革遗留的原基建办、大楼办账套，推进补办西单办公大楼、跨区输变电资产涉及的土地房屋权证29项。组织开展公司依法治企综合专项检查“回头看”，全面完成财务问题整改。

财务稽核监督。完善财务稽核管理体系，编写稽核实务指南、财务典型案例精选和在线稽核应用手册，夯实财务监督基础。围绕基建工程、物资、银行账户、预算执行等七类关键领域，对公司所属3160个会计主体深入开展在线稽核，在线督导各单位整改。组织各单位围绕资金管理、会计基础等重点业务，开展周巡查、月稽核、季报告。加强县供电企业财务管理，组织23家省公司1708家县供电企业开展经营诊断分析，查找薄弱环节，加强经营管理。完成县供电企业财务管理提升任务。

绩效评价与对标评价。公司在国资委财务绩效评价中连续四年获得A级（优秀），是电力行业唯一连续四年获得A级的中央企业。围绕项目预算管理、内部控制建设等五个方面，组织开展典型经验对标，激励各级单位创先争优。

财务通用制度体系建设。按照“财务通则+管理办法+操作规程”三级通用制度体系框架，制定发布1项财务通则、34项财务专业通用制度和53项操作规程，建成由上而下、统一通用的财务管理制度体系，确保总部财务管控的要求一贯到底。加强通用制度宣贯执行，按照“六统一、五集中、三加强”的工作思路，梳理财务集约化制度建设，明确制度管控思路和管控重点，解读管理规定，提升财务规范化管理水平。

配合开展监督检查。与监事会协商沟通，配合完成对11家省电力公司和12家直属单位的调研检查，呼吁解决公司特高压建设、疏导电价矛盾等方面面临的政策性难题。配合监事会赴巴西开展中央企业境外资产检查，推介公司海外经验，为国有企业海外事业管理提供先进经验和做法。编报完成2014年度企业工作报告，连续四年被国资委评为“填报及时企业”和“填报工作优秀企业”。配合审计署完成经济责任审计。

（张伯凝　李新伟）

【财税管理】 以基础建设为根本，公司争取财税政策，提升财税管控能力，防控财税风险，为公司经营发展创造良好的财税政策环境，拓宽电网建设的资金来源。

财税基础建设。修订《国家电网公司纳税管理办法》等制度，强化税收和财政性资金管理。组织实施“三免三减半”所得税减免测算，实现大批量、捆绑项目应纳税所得额和所得税的集中测算，支持跨区电网和农网等新建项目所得税减免优惠政策申报。

争取财政资金。争取国有资本预算资金35亿元，支持溪洛渡—浙西、浙北—福州等特高压电网项目建设，有效拓展电网发展资金来源。争取财政部基建贷款贴息2050万元，支持抽水蓄能和风电发展。争取西藏户表改造资金10亿元，支持西藏户表改造建设，缓解西藏低压电网改造资金困难。组织国网福建、江苏、北京、山东、江西、重庆、河南电力等单位积极争取地方财政贴息、教育费附加返还、城市公用事业费附加返还等多项资金超过20亿元。

推动财税优惠政策落地实施。组织公司各单位认真落实电网新建项目“三免三减半”优惠政策。组织开展公司系统财税优惠政策梳理，推进普遍适用性财税政策的推广应用。国网河南、江苏、浙江、上海电力等单位利用节能设备抵免企业所得税政策，抵免企业所得税。

提高财税风险防控能力。组织各单位与税收管理部门沟通，确保资产划转、农网还贷资金等涉税事项得到及时处理，不发生系统性风险。组织各单位开展税务遵从责任报告编制工作，提高企业税务遵从度。

强化财政预算执行管理。严格财政预算执行进度考核，将各单位财政预算的综合执行情况纳入集约化考评，推动各单位强化财政预算执行管理。加强与财政部汇报沟通，合理安排预算指标下达，配合开展财政资金检查审计工作，确保资金使用合规。

（杨　果　吴　清）

物 资 管 理

【物力集约化管理】 2014年，公司以“精益管理年”活动为主线，全面建成物力集约化管理体系。公司荣获国资委“采购管理提升先进单位”、中国设备监理协会“优秀会员单位”等荣誉称号。

1. “精益管理年”活动

围绕“管理精细、运作高效、服务优质”的活动主题，按照“整体推进、统筹协调、突出重点、全面提升”的原则，制定活动方案，明确深化物力集约化管理体系等6大方面和理清业务界面，健全制度体系，推进采购标准固化应用等70项重点工作任务，坚持夯实基础和管理创新相结合，实现管理更精细、运作更高效、服务更优质。

强化检查督导，定期进行通报，建立跟踪管控工作机制，逐项落实组织体系、制度标准、集中采购、物资供应、质量监督、风险防控、信息化建设等各项工作。结合每月度专业工作电视电话会议，及时掌握各单位活动开展情况，协调解决推进中的问题，部署阶段工作重点，动态细化措施，确保各项工作按期完成。

系统梳理物力集约化管理特色实践和典型经验，遴选具有典型性和指导性的典型经验进行汇编并推广应用，巩固管理成果。加强宣传引导，充分发挥报纸、网站等载体作用，丰富宣传内容和形式，促进信息交流，共享实践成果，营造精益管理年活动良好氛围，共发布11期活动情况通报，刊登2期《国家电网工作动态》活动专刊和10个《国家电网报》活动专版。

2. 物力集约化管理体系建设

按照“三集五大”体系建设总体要求，完善物资部统一管理、物资公司（中心）业务支撑、专业部门横向协同的组织架构，优化“一级平台管控、两级集中采购、三级物资供应”业务运作模式，形成各层级职责明确、界面清晰、标准统一、流程科学的管理体系。加强统筹协调，强化过程管控，推进体系纵向深化和专业横向协同，实现物力集约化体系由集中建设向常态运行的平稳过渡。

按照公司“五位一体”工作要求，加强物资管理顶层设计，健全规章制度，形成通则、办法、细则、规范为一体的制度体系。完成物资管理通则等36项通用制度的审核与发布，跟踪审批68项差异条款，梳理完成业务流程并与制度匹配，确保覆盖各专业领域、业务环节，确保一贯到底、执行到位。

根据公司“三集五大”体系建设成效评估方案要求，组织开展物力集约化体系建设成效自评估和“上评下”工作，落实物资管理年度7项重点任务，4项关键指标评价。对各单位提出54项整改意见，编写《物力集约化体系建设成效评估分析报告》及《国家电网公司“三集五大”管理变革探索与实践》物力集约化内容。

3. 物资队伍建设

认真贯彻落实中央“八项规定”及公司实施细则，严格执行公司物资从业人员与供应商接触廉洁行为“八不准”。推进关键岗位轮岗交流，组织公司物资系统15 000余人签订《廉洁自律承诺书》。开展廉洁从业专题党课，强化廉洁自律教育，增强物资从业人员廉洁自律意识。加大专业培训力度，举办两期高级物资管理人员培训班，共131名物资管理人员参加培训。有序推进网络大学物资管理学院建设，组织完成2014年物资管理专业课件开发和录制工作。首次组织公司物资系统专业调考，共计571人参加，涵盖物力集约化管理、招标采购等六个专业，以考促学、以学促用，提升物资队伍专业素质和履职能力。

（司为国　黄　裙）

【物资计划管理】 2014年公司不断强化物资计划常态管理，合理有序安排重大项目采购需求，全年共安排集中采购1376批次。

1. 统筹安排全年采购计划

坚持“一级平台管控、两级集中采购”管理要求，在保持两级采购范围相对稳定的基础上，完善公司集中采购目录，确保覆盖公司电网建设、生产经营所需主要物资及服务。按照“精简归并批次，错峰安排业务，优先保障总部”的原则，合理安排年度采购计划。加强对技术条件特殊、无采购标准、采购规模较小物资的采购引导，在不影响采购效果的情况下实施并包采购。

2. 协调重大项目采购需求

落实公司党组重大决策部署，加强与专业管理部门和公司相关单位沟通，坚持月度协调例会制度，加强需求计划统筹管理，有序安排公司重大项目采购计划，保障了特高压建设项目、北京APEC会议配套项目、南京青奥会保电配套项目、中央预算内资金农村电网升级改造、高速公路电动汽车充换电网络建设等重点项目物资的采购需求。加强与发展、财务等部门的协同，及时安排2014年新增零购计划（办公计算机和仪器仪表）和2015年预安排项目采购。

3. 加强需求计划管理

加强“总部统一组织监控、省公司/直属单位具体实施”采购计划审核，加强电源项目和辅助类物资管控，建立计划审核、总结分析、情况通报常态机制，及时总结分析计划申报、文件审查以及招标采购过程中的问题，完善明确采购范围和具体申报要求。加强批次外采购管控，规范紧急物资采购流程，较好解决因自然灾害、电网安全隐患、经济发展与社会进步和管理原因等造成的临时物资需求问题。

4. 提升统计分析工作

制定统计工作完善提升方案，从业务规模和管理效能两个维度，构建了21项重点统计指标体系。建立健全工作机制，明确数据统计范围、上报和审批流程、职责分工，统一统计口径，梳理形成物资全供应链综合统计分析报表。定期完成月度公司集中采购简报、农网物资采购供应简报编制工作。做好审计署联网和数据采集的配合工作，完成2005年以来集中采购数据的统计与核对。与运监中心建立数据质量管理和数据分析的协同工作机制，确保物资指标的四个100%。

5. 做好同业对标等专项管理工作

坚持同业对标对管理的促进导向。落实公司关于加强和改进对标工作的意见，做好物资专业同业对标指标的编制、修订、统计及核对工作。推进“五位一体”业务流程体系构建。按期完成81个ARIS流程的绘制和优化完善工作。开展了流程接口和协同关系的梳理确认工作，完成表单和信息系统的挂接及制度与流程的匹配工作。组织实施管理咨询和重大管理创新项目。完成2013年管理咨询项目优秀成果申报材料编写、报送工作，协调部门重大管理创新项目实施工作，物资需求预测研究项目获公司管理咨询项目成果二等奖。

（商　皓　刘俊杰）

【招标采购管理】 2014年，公司全年完成集中采购3690亿元，同比增长10.4%，节约资金350亿元，有力保障公司发展和电网建设物资需求，集中招标采购取得良好的社会效益和经济效益。

1. 推进集中采购全覆盖

贯彻落实公司“进一步扩大采购范围，将技改、大修、零购等全面纳入集中招标”的工作部署，专题调研分析公司技改、大修、零购等物资及服务采购情况，研究制定《国家电网公司关于集中采购全覆盖工作的意见》，理清集中采购职责界面，优化采购组织方式，缩短采购供应周期、提高采购效率效益，在巩固提升现有集中采购工作的基础上，全面应用批次采购、协议库存采购、超市化采购、框架协议或定点采购等覆盖全面的采购策略，将技改、大修、零星物资与服务全面纳入集中采购范围，实现两级集中采购全口径、全覆盖。

2. 强化集中采购管控

统一并固化工作标准。统一制定采购工作规范，编制各类物资、服务采购指导标准，明确责任分工，严格招标程序，规范采购过程。制定应用各类物资和服务的采购文件范本，全面引用标准，并固化在信息系统中，以“选填制”杜绝技术文件内容不一致和随意添加的情况，提高招标文件质量。

加强评标全过程管控，严把招标文件审查、评标专家抽取、开标、评标、定标等关键环节关，严禁未招先定或先开工后招标等虚假招标行为，严格非招标方式的适用情形，加大招标事项公开力度，推进异地专家参与评标委员会，严格执行招标限额内中标人排序第一的法定规则。加强招标评标过程信息保密管理，所有信息实行权限隔离管理。优化明确招投标档案、资料归档移交工作流程及内容。

加强专项业务管控，制定省公司、直属单位集中采购管控方案，印发指导意见，加强新建居配工程、客户委托业扩工程及集体企业物资和服务采购管控。开展招标代理业务评价，规范提升招标代理机构行为。

3. 优化集中采购策略

倡导合理有序竞争。分设备材料类别，从产品的功能性、适用范围、全寿命周期管理等方面，设定可量化的评审规则，增强评标的针对性和可操作性。合理设置价格评审中基准价的计算方法，减少不规范、不合理投标报价，切实防范串标围标风险。注重投标人项目团队人员结构评审，杜绝违规转包、主体分包现象。综合考虑市场竞争、采购成本、供应周期、履约生产能力等因素的影响，不断优化调整技术和商务评分细则，合理确定标包划分和中标限额。

降低工程造价。开展采购成本分析研究，完善集中采购策略，以合理低价规则引导投标人报价。适度降低高压等专有设备及服务招标资格条件，培育充分信任的新合格投标主体，增大投标竞争性。严格通用设计应用，简化选型，提高物资通用互换水平。选用有相应资质的造价咨询单位编制最高招标限价，按照专业部门批准的概算，严控最高投标限价来源及依据。

追求质量实现共赢。强化“质量优先、价格合理、诚信共赢”采购理念，优化调整评分规则，突出产品、服务质量导向，加大投标人技术实力、试验能力、组部件档次等事项的评审，坚持选强选优，严把设备入网质量关。主动践行央企社会责任，创造公平竞争的采购环境，引导供应商更新技术，提升产品质量，实现企业经济效益与社会效益的和谐统一。

（谢全涛　李　奇　李阿勇　龙　磊　屠卫华　储海东）

【物资质量管理】 2014年，公司坚持按照“突出生产厂家，联合专业部门，依靠业主单位”的思路，落实供应商质量主体责任和各级物资质量监督责任，加强检测能力建设，强化质量管理成果应用，提高入网设备质量。

1. 物资质量管理体系建设

夯实物资质量管理基础。针对省公司及地市公司物资质量检测中心检测能力不足的现状，组织各单位制定方案，加快提升检测能力和水平。开展物资质量管理诊断分析，总结近年物资质量管理工作，针对问题和不足，制定改进措施。编制2014年质量重点监控目录，涵盖了9类物资、30个重点关注的工艺环节，41类原材料/组部件以及109家供应商。

深化物资质量标准化建设。拓展物资质量管理范围，新编22类配网物资、7类二次及通信设备抽检作业规范，以及输电线路材料试验检验作业指导书，加强对低电压物资的质量管理。对20类物资的抽检策略进行优化，制定不同的抽检项目和判定标准，加强抽检的针对性。

加强与外部的合作交流。会同国家质检总局召开“重质量、讲诚信”倡议活动推进会，宣传公司在技术监督、招标采购、质量管理等方面的措施，推动质量诚信体系建设。共与950家供应商签订了“重质量、讲诚信”承诺书。与27家国家级试验检测机构召开座谈会，签订合作备忘录，建立与第三方检测机构的常态联系合作机制。

● 6月11日，国网物资部在北京召开27家国家级检验检测机构座谈会。

2. 物资抽检及监造

加强物资质量抽检。扩大抽检范围，确保覆盖公司系统招标采购的主要输变电及配网设备材料，重点对配电变压器、电力电缆等20类产品进行了检测。加强抽检针对性，对变压器、组合电器、电流互感器、导线、铁塔、开关柜、电力电缆、配电变压器等抽检问题多、缺陷检出率和故障率高的8类物资、59家供应商进行专项检查，共抽检设备材料688台/件。约谈抽检发现问题的供应商65家，处理问题严重的供应商14家，有力保障了入网设备质量。

深化监造管理。开展总部直管工程主要设备监造，总结分析出现的质量问题，督促供应商、监造单位落实各项质量管控措施。保障特高压主要设备材料供货质量，全年监造特高压工程主要设备共计 105 台/件，涉及供应商 30 家，监造发现并处理主要问题 201 起。加强主设备监造，全年共监造完成 220kV 及以上变压器 416 台、电抗器 34 台、组合电器 1099 间隔，330kV 及以上断路器 81 台，发现并处理主要质量问题 614 起。拓展监造范围，开展加强主设备重点原材料/组部件（包括绝缘件、电磁线、套管、盆式绝缘子、罐体等）质量管控措施的研究，通过完善合同条款，推动供应商对其上游外购原材料组部件进行监造，确保关键原材料组部件的质量。

● 专家组赴组合电器生产厂家进行监造。

3. 供应商关系管理

开展供应商资质能力核实。修订《国家电网公司供应商资质能力核实标准》，创新核实工作组织模式，建立过程交叉互查、结果随机复核工作机制，加强核实过程管控，确保核实结果准确性。全年完成公司总部 22 类物资 1886 家次供应商资质能力核实，并组织省公司完成 23 类物资 7089 家次供应商核实。对供应商资质能力核实结果进行公示，向满足核实标准的供应商发放证明，建立供应商信息库。

开展供应商绩效评价。编写《供应商绩效评价管理细则》，优化评价方案、评分细则以及评价范围，创新“两级评价”模式，将评价主体向地市县公司延伸。组织省公司对 35kV 及以上主设备材料和电能表、用电信息采集系统等 49 类、2734 家供应商开展绩效评价工作，并将评价结果与招标采购联动。

构建供应商质量问题响应机制。将质量问题一对一告知供应商总经理，促进供应商提高质量责任意识。对于重大质量问题，向供应商下达警示单。2014 年公司总部共向 1454 家供应商一对一告知 4647 起主要质量问题，约谈问题突出的供应商 98 家次。

加大供应商不良行为处理力度。开展非正常投标活动专项治理，加大供应商不诚信行为责任追溯和处罚力度。细化供应商不良行为工作处理流程，完成 10 批次供应商不良行为处理工作。严格处理标准，根据不良行为严重程度，由公司总部和省公司两个层面在招标采购中分别采取扣减评标分值、暂停授标、列入黑名单的处理措施，处理结果在网上公示，引导供应商保证产品质量、诚信履约。

加强供应商窗口服务建设。统一制定《供应商服务管理工作规定》，明确服务标准和职责。加强两级供应商服务中心的软硬件建设，完善呼叫中心功能，建设网上服务大厅，开通“国网供应商服务微信公众号”。通过在线咨询、问卷调查、举办座谈会和培训等方式了解供应商服务诉求，受理业务 360 543 件，同比增长 98%。

（赵海纲　樊　炜）

【物资供应管理】 2014 年，公司以供应需求为导向，开展管理制度完善、供应计划统筹、协议库存分配管理、盘活利库“回头看”和仓库标准化建设改造、物资调配平台建设等工作，完成各级电网建设和生产经营物资供应任务，提升物力资源管理效益和供应保障能力。

1. 特高压等重点工程物资供应

创新物资供应模式。主动适应特高压建管模式的变化，超前谋划“总部统筹，专业公司和省地（市）公司分工负责、协同运作”的物资供应新模式。

● 特高压工程现场换流变压器交接。

统筹物资供应安排。研究制定“九交九直”特高压工程物资供应计划，统筹安排物资供应进度，完成川藏电力联网、溪洛渡左岸—浙江金华、浙北—福州等重点工程物资供应任务。每月梳理重点物资供应计划，加强物资供应全过程管控，综合平衡主要供应商产能，强化重要设备、材料供应高峰时段协调，保障电网建设进度，全年完成物资供应 1982.12 亿元。

深化物资调配中心建设。完成 26 家省公司（西藏公司除外）物资调配信息平台建设及验收，发布重点工程、关键设备供应监控预警 116 万条。发挥物资调配中心窗口作用，总部统筹协调平高电气、西开电气等重点供应商履约问题 94 项，省公司协调解决 7210 项。

统筹大件设备铁路运输计划。建立运输计划统筹机制，并按月滚动修订。加强大件运输过程管控，审核大件运输方案，借助 GPS 等先进手段实时跟踪大型重要物资在途运输状况。协调铁路大件运输资源，全年完成特高压及 750kV 工程设备铁路大件运输任务 32 台次。

2. 物资合同精益化管理

完善公司物资统一合同文本。组织修订涵盖物资、服务采购的统一合同文本共计 109 套（其中电网物资 86 套、抽水蓄能和风力发电设备 14 套、非电网物资 6 套、协议库存货物 2 套、物资超市化采购合同文本 1 套），强化统一合同文本应用，提高合同签订效率。

加强物资合同集中管控。持续推进物资合同集中签订与结算，推进物资到货后及时结算。2014 年公司完成物资合同签订 15.64 万份，签约金额 2033.2 亿元，完成资金支付 1260.90 亿元，到货款支付完成率 90.03%。推行物资供应省级集中管控，重点加强供应计划、图纸交付、交接验收、现场服务、合同变更等环节的管控力度，深化“一单一评价”，物资配送按期到货率达 98.4%。

12 月 8 日，国网北京市电力公司工作人员监控物资到货情况。（杜 敏 王聪超 摄）

严格协议库存、超市化采购执行管理。实行协议库存实际需求计划集中管理，每月对物资需求进行汇总、审核和分配，合理归并同类物资计划，明确分配规则，严格分配结果审批。加强超市化采购执行的跟踪落实，及时协调解决超市供应商履约问题，做好供应商在交货准确、产品质量、价格执行和服务质量等方面的评价。

加强供应业务诊断分析。加强系统数据真实性、准确性质量管理，坚持“月度分析、双月通报”工作机制，每月统计合同签订与执行数据，双月召开物资供应管理例会，开展合同履行、协议库存、超市化采购供应专项诊断分析，查找管理薄弱环节，明确改进措施和要求。

3. 仓储体系建设

完成仓储网络规划。合理规划仓储网络，形成国网储备库、省中心库、地（市）周转库、县公司和专业支撑机构仓储点为节点的仓储网络布局。明确仓库建设改造标准，开展仓库硬件与信息系统标准化改造提升工作。完善仓库信息档案，建立涵盖仓库名称、规模、地址、设施信息的资料信息库，形成“一张地图、一本图册”的仓库信息档案。截至 2014 年底，公司系统仓库 1972 个，仓储面积 623.31 万 m^2，较 2013 年仓库数量减少 31.57%，面积减少 23.2%。

深化库存“一本账”管理。编制 ERP 系统实体库和虚拟库应用规范，组织开展盘活利库“回头看”，对仓库标准化建设改造情况、业务操作规范性、仓储运维管理、账卡物一致性等方面进行检查，交叉互检仓库数量 1462 个，覆盖注册仓库比例达 74%，抽查核对账卡物台账、作业单据 5 万余条目。

完善物资储备策略。组织修订并形成《国家电网公司库存物资储备定额（2014 年版）》，安全定额 25.15 亿元，最高定额 41.62 亿元，最高库存较 2013 年降低 14%。组织国网上海、江苏、浙江、福建电力等 12 家单位试点开展供应商寄存业务，降低库存资金占用 11.88 亿元，库存周转率由 3.3 次/年提高到 4.2 次/年，提高物资供应的及时性。编制并形成寄存业务指导意见和信息化建设方案，逐步推广应用。

4. 废旧物资处置管理

组织开展废旧物资处置数据诊断分析，了解掌握废旧物资处置集中度、竞价成功比率、回收商竞价参与度、流标物资种类及原因、竞价成交金额分布等情况，挖掘数据背后隐藏的管理问题，明确改进措施。

组织开展电子商务平台废旧物资网上竞价处置，

进一步规范容易产生风险的回收交接、入库保管、底价保密、履行结算等关键环节，实现处置过程实时监督，确保程序规范、过程透明。2014 年共处置废旧物资 1611 批次（包），成交金额合计 7.96 亿元，平均溢价率为 27.16%。

统一组织废旧物资回收商资质审查，建立统一回收商信息库，完成 1557 家电子商务平台废旧物资回收商注册，定期更新回收商信息，准确记录合同履行评价和不良行为。扩大回收商竞价范围，加强合同履责与竞价结果间的联动。

（韩文德　王　欢）

【物资信息化建设与应用】 2014 年，按照“稳定运行为主，优化完善为辅”的优化提升思路，公司不断优化系统功能，提升系统性能，理顺系统应用保障机制，深化物力集约化“四个机制建设”（集中采购机制、供应保障机制、质量管控机制、风险防控机制）。

1. 完善电子商务平台功能

6、9、12 月，先后完成电子商务平台 3 个更新版本的部署和 277 项功能检测项的完善。累计处理专家出席次数管控等 214 项优化建议，消除采购申请无法二次退回等 139 项系统 BUG，解决 Sotower 与 Ariba 主数据不一致等 7 项技术瓶颈问题。优化细化测试脚本，涵盖各业务模块共计 558 类测试场景，13 026 项测试用例条目。每次更新前进行项目组和用户两次全量测试，保证平台更新质量。

2. 创新物资信息化项目实施管控机制

建立项目进度质量周协调例会制度，确定以进度监管、研发监管、测试监管为核心，辐射项目实施所有环节的全体系质量管控模式。采取“旁站式”监管方式，即时发现风险，研究制定应对措施。2014 年项目监理队伍提前预警 240 个开发风险点和 158 个测试风险点，保障项目的整体质量与进度。

3. 开展电子商务平台电子招标投标检测认证

根据国家发展改革委、中国招标投标协会的安排，对公司电子商务平台进行试点检测认证工作，为国家发展改革委已颁布的《电子招投标系统检测认证办法》和即将颁布的《电子招投标交易平台检测认证技术规范》提供基础依据。

4. 强化物资辅助决策系统对业务的支撑作用

构建全面、科学、精确、有序供应链全过程指标体系，明确 1633 个统计项的定义、口径、频度及用途，并在系统中对指标内容、数据统计逻辑进行丰富和调整。持续建设和优化专题统计分析功能，完成 4 大项、9 小项同业对标指标的计算逻辑及查询功能调整。完成监造抽检业务统计分析主题和年度需求计划上报统计等功能建设。开展监督管控平台优化提升工作，丰富业务规范的监控内容，优化风险事件的统计逻辑，提升系统监督管控能力。搭建总部物资调配框架，建设物资供应业务的资源统筹、监控预警等功能，深化调配统计分析能力。开展物资与发展、财务、安质、基建、营销等数据共享工作，完成项目储备库、项目前期进度信息等数据接入和采购合同信息推送，满足公司专业间信息协同处理的需要。

5. 开展电工装备交易平台二期建设

12 月，直属装备制造单位电工电气交易平台二期上线运行，扩展电工装备交易平台供应商管理、专家管理和报表管理功能模块，完成与国网主数据平台的集成，实现采购主数据统一管理，开展与制造单位 ERP 系统在采购计划提报、采购结果回传和合同执行状态跟踪环节的集成，实现采购业务全流程贯通，推进各单位两级集中采购业务开展。

6. 协调物资信息化系统应用保障

开展电子商务平台内部用户和外部用户培训各 14 期，提高平台用户操作水平。推动运维工单闭环管理，做到有据可查，2014 年共处理系统运维工单 1543 个，业务运维工单 33 502 个。整理分析运维常见问题定期公布，降低用户误操作风险。开展电子商务平台账号清理工作，定期通报账号登录情况，敦促各单位清理无用账号，2014 年累计冻结账号 5254 个。

（张正凯　宋述贵）

【物资标准化建设与应用】 2014 年，公司继续完善物资采购标准体系建设，开展物资采购标准转化公司技术标准，提高设备的通用互换水平，推进物资采购标准深化应用，开展物资技术规范书固化 ID 推广应用工作，服务基层单位技术规范书编报。

1. 发布企业标准版物资采购标准

组织开展物资采购标准转化为企业技术标准工作，将物资采购标准首次纳入公司技术标准体系。组织开展 2014 版物资采购技术标准编写，并于 11 月底出版发行，涉及一次设备、二次设备、智能电网二次设备、装置性材料 4 个大类 41 个中类 330 个小类约 2470 万字。

2. 滚动修订增补物资采购标准

根据特高压“三通一标”典设成果，组织开展 1000kV、±800kV 特高压工程物资采购范本的制、修订，做好特高压物资大规模采购的技术准备。组织开展电表箱等物资采购标准制、修订。组织开展碳纤维导线、大屏幕、仪器仪表、常规车辆等物资采购范本的评审、发布工作，规范、明确技术要求，为辅助零购物资的批量采购提供技术支撑。

3. 修编设计施工监理招标文件范本

4月，国网物资部联合国网基建部，在国网物资部2009年版设计施工监理招标文件范本的基础上，组织开展新版设计施工监理招标文件范本的专家评审工作。7月完成范本发文应用，11月底委托中国电力出版社公开出版发售，进一步规范公司系统设计、施工、监理招标文件编制。

4. 开展技术规范书固化（通用）ID应用工作

形成技术规范书固化ID的滚动修订工作机制，规范采购物资技术需求，简化编制、审批环节工作流程，提高采购效率。按照技术规范书“选用为主、编制为辅”的思路，开展技术规范书固化（通用）ID应用工作，规范配网物资选型及采购，支撑配网标准化工作。2014年，完成35~750kV电网工程设备、材料，计算机协议库存、高过载配电变压器、10kV配网标准化等技术规范书等11 600余条固化ID成果编制、审批、宣贯、发布及应用。跟踪固化ID成果应用情况，完成零星金具、部分新型节能导线等品类的固化ID增补及绝缘子、变压器等固化ID修订。

5. 组织220/380V配网物资技术规范编制

5月，国网物资部联合国网运检部，研讨220/380V配网典设与物资采购标准对接工作，推进220/380V配网物资标准化选型和通用互换工作。参与220/380V配网标准化典设编制，并根据初设成果组织开展220/380V配网物资梳理及技术规范编制，形成12类1100余条配网固化ID成果，并顺利应用于集中采购招标。

6. 完善物资主数据发布模式及沟通渠道

梳理、修订、完善物资标准化管理制度、流程，完善申报、审查、发布制度。根据“五位一体”建设要求，完成物资标准化制度和管理细则的制订及发布。采用批次审批、集中下发的模式进行主数据发布，加强主数据管理的计划性，推行批次（月度）主数据审批管理。要求明确各单位物资主管部门物资标准化的专（兼）职人员和岗位职责，完善沟通协调机制，建立物资标准化QQ群，试行实时沟通。

7. 深化装备制造产业物资采购标准体系

根据《国家电网公司电工电气装备制造产业物资标准化体系建设工作方案》，推进装备制造业单位的物资标准化体系建设。根据《国家电网公司电工电气装备制造业物资分类标准》，组织许继、南瑞等开展电工电气制造板块物资分类及特征项、特征值的标准化梳理，完成4家单位十类总部集采物资的物料主数据对比、梳理工作，并在电工装备物料主数据管理平台完成部署，组织许继、南瑞等单位研究物料主数据运维管控机制，满足电工电气集采需求。

（王培龙　陈少兵）

【物资监察管理】 2014年，公司配合完成公司经济责任审计物资管理部分组织协调工作，推进公司各单位内部评标场所建设与完善，加强关键业务、关键环节的监督管控，加强评标专家管理，风险防控能力持续增强。

1. 专业监督检查

加强现场监督检查。选派监督人员220人次、物资督察员372人次，对公司总部全年148个招标与非招标项目评标专家抽取、评标现场工作及2014年供应商资质业绩核实工作进行全程监督。形成监督报告142份。委派25个省市公司136名纪检监察、评标专家和物资督察员，对四个批次的协议库存招标工作进行交叉监督。对投诉质疑反映问题较为突出的单位进行重点监督检查，发现并分析问题，指导整改落实。

开展在线实时监督检查。利用监控平台监测招标采购、合同管理、专家管理等关键业务高风险事件及不规范操作行为，定期向业务处室反馈，及时加以预警和纠正。通过远程视频监控系统随机对各单位招标评标工作进行实时抽查，对组织不严谨、管理不到位的单位予以通报批评。对平台监控发现的突出问题，与相关部门和单位充分沟通、共同分析、通报情况并明确整改措施和要求。

2. 物资风险管控

加强廉洁从业警示教育。利用各类教育培训机会，重申物资管理岗位纪律及廉洁自律要求，组织公司物资系统近1.5万余人签订《廉洁自律承诺书》。分析物资部门各处室及岗位风险点，有针对性地进行教育，督促开展敏感岗位交流，强化岗位责任落实。在内部评标场所、供应商服务大厅张贴悬挂公司《物资从业人员与供应商接触廉洁行为“八不准”》。总部和各单位结合实际开展专题党课、警示教育等各具特色的教育活动，落实公司反腐倡廉建设各项工作任务。

开展招标采购风险防控研究。分析物力集约化管理中潜在的法律、廉洁、舆情、履约、效率等各类风险，明确各类风险易发环节、易发岗位，梳理出230个风险点，分别制定了323条风险防控措施，制作涵盖9大业务39个工作环节的112张《风险防范控制卡》和22张《物力集约化标准化作业指导工作票》，提出风险应对策略和内控管理方法，并融入各项业务之中，完成《物力集约化风险防控策略研究报告》，建立物力集约化风险防控长效机制。

加强内部评标场所建设管理。组织对大雁楼评标现场实施严格规范化管控，提高使用效率与效益。督促指导各单位利用现有资源，推进内部评标场所改造，落实“封闭管理、集中监控、全程受控”的要求，确保所有采购活动全部在内部评标场所完成。年底前，20家省市公司已完成内部评标场所的建设与改造并投入使用。严格执行评标前约谈组长、评标室集中实时监控、小组讨论驻组监督等管控措施。

3. 评标专家及专家库管理

加强评标专家管理。印发《公司关于进一步加强公司评标专家管理工作的意见》，明确总部各部门、招标代理机构、省公司（直属单位）职责分工，围绕专家遴选、使用、管理，以及加强现场监督和履责评价、组织教育培训、健全考核奖惩机制等方面提出明确措施和要求。优化专家抽取策略，限制专家评标出席次数，完善评标专家入库、退出管理。12月，公司招投标领导小组会议专题研究专家管理工作，明确加强评标专家管控的重点与要求。

优化评标专家库。研究确定各单位专家及专业人数的最低限额，充实、优化评标专家库。组织开展四批次评标专家入库与信息更新工作，调整与优化评标专业、组织架构、专家信息等，补充紧缺专业专家，全年新增评标专家6100余名，专家库总人数达38 293名。结合风险防控管理要求，对现有专家管理系统进行全面诊断分析，提出优化与完善措施并部署实施。

开展评标专家教育培训及评价工作。公司连续组织三批、近6000名评标专家参加的视频远程教育培训，讲授专业知识与操作要点，解析难点问题，剖析典型案例，增强专家廉洁自律意识，提升实际操作技能。各单位针对新入库专家、专家组长组织相应培训。重视评标专家现场培训，制作统一的视频课件，教育培训采用标准化模式。对参加公司总部和各省市公司（直属单位）招标采购项目的评标专家从业务能力、工作态度、廉洁纪律三个方面进行评价，督促专家严格履责。

4. 审计及投诉举报管理

配合完成经济责任审计物资管理协调工作。结合2013、2014年公司内外部审计检查发现的物资管理问题，组织各单位开展审前自查自纠，并进行交叉检查，做好问题的分析与预判。紧密跟踪审计过程，严格资料提供流程，加强与审计人员沟通与交流。针对审计关注的问题，分析原因、落实责任，限期整改，提出12项加强管控的具体措施。

（熊汉武　王延海）

运营监测（控）中心建设

【三级运监中心建设】 2014年，公司建成三级运营监测（控）体系，总部、省、地市公司三级运监体系协同运转，初步实现对公司主营业务、核心资源、关键流程的在线监测。2014年，运营监测（控）体系与模型研究及系统开发应用项目获得公司年度科技进步一等奖，并已申报中国电机工程学会科技奖项目。截至2014年底，18家单位获得省部级企业管理现代化创新成果一等奖。

1. 完善运监工作机制

健全运监制度体系。先后印发《运营监测（控）工作管理办法》《运营数据资产管理办法》和《数据质量管理办法》，明确三级运监中心工作职责、核心任务及工作流程，从公司数据资产的形成、运维、应用、考核与评价四方面对数据资产管理进行清晰界定，制定数据质量通报评价指标体系，开展数据质量管理，基本实现运监工作有规可依、有章可循。

强化纵向联动。通过运监信息系统二期建设和拓展，三级运监中心统一信息平台、统一工作机制，实现业务管理与数据信息纵向贯通，异动问题联动处理，协调控制流程在线流转，运监工作效率得到提升。

加强队伍能力建设。沟通人资管理部门，建立运监人员参与各专业培训、人才选拔与使用的通道。总部、省公司组织运监人员培训422期，培训1.3万人次。

2. 省公司运监中心建设运行综合验收

5~9月，组织开展省公司运监中心建设运行综合验收工作。成立以国网运监中心主任为组长、副主任为副组长，各处处长为成员的验收领导组，负责统一领导验收工作，明确“目标导向、统一规范、注重实效、鼓励创新”的验收原则，制定涵盖组织体系建设、大厅及场地建设、支撑系统建设、数据接入及质量、业务运行、员工能力建设、创新与实践、地市抽查情况、国网运监中心综合评价等九方面的验收标准，确保验收工作顺利推进。

验收采用自验收与综合验收相结合、远程验收与现场验收相结合、统一组织与交叉验收相结合、全面检查与随机抽查相结合等方式统筹开展。根据直辖市和省公司两类运监业务运行模式，前期选取国网北京、浙江、冀北电力作为试点，开展试点验收工作。依据3家试点单位在自验收和对地市公司验收过程中发现的问题及提出的建议，修订完善验收标准，固化验收模式，为整体验收工作打下基础。

通过核查勘验，27家省公司均达到验收标准，符合中心初步建成、业务常态运行、作用初步发挥的要求，全部通过验收。

● 国家电网运营监测（控）中心监测大厅。

3. 做实地市公司运监中心

地市层面是公司业务的执行层及业务数据产生的源头，运监中心把做实地市公司运监中心、提升公司生产经营一线管理水平作为重要工作内容。

界定工作职责。地市运监中心负责对本单位及所属县公司全部经营业务活动的合规性、准确性、及时性进行监测、分析与控制，重点包括业绩考核与同业对标指标，以及电力购销、供电服务及电能质量监测等，并为总部和省公司开展监测与分析提供业务执行层面的基础支撑。

加强数据源头治理。通过地市运监中心对业务源头性数据质量进行验证、核查、评价、考核，强化业务系统实用化水平的管理，发现解决部分业务系统数据线上、线下双轨运行、事后补录和人为干预失真等现象，就地落实整改，提升终端基础数据的唯一性、准确性、完整性和及时性。

业务运行突出实效。突出地市运监中心异动问题管理发现准、处理快、效果实的特点，推进监测分析工作紧贴一线主营业务。如在“量价费损”专项监测中，针对地市公司生产经营中的薄弱环节，基于海量用电信息采集数据，设置量损监测、营销业务监测和配网运行监测，解决大量用户实现远程集抄后用户现场检查薄弱而导致用户超容、异常用电发现周期长、损失电量大等问题，发现和整改大量容量错误、倍率错误、台区与线路对应错误等基础管理问题。

（李光星　张丽丽）

【综合计划与预算在线监测试点验证】 在公司二季度会及年中工作会上，公司党组提出“拓展运营监测（控）中心功能，全面导入综合计划与预算，强化典型引导、动态预警和及时纠偏，提高在线监测的及时性、有效性”的工作部署。

5~7月，调研综合计划与全面预算涉及的14个部门及其信息支撑系统，组织公司系统业务专家集中开展监测方案设计，与相关业务部门开展多层面、多轮次的交流研讨，8月形成涵盖91项监测主题的综合计划与全面预算监测业务框架及工作推进计划。综合计划与预算在线监测项目内容主要分为：指标监测、项目监测和其他收支类监测三个部分。为确保业务设计实际、实用、实效，开展试点验证工作。

1. 指标、项目类监测业务

指标监测业务方面，主要对综合计划和预算指标层层向下分解，从执行进度、趋势研判和效率效益三方面开展在线监测，覆盖指标的执行和评价环节，实时掌握公司各层级、各单位计划和预算执行情况，及时定位影响因素。选取国网山东电力作为试点单位，开展指标监测业务设计深化及验证工作，10月试点工作正式启动，计划2015年3月完成。截至12月底，国网山东电力采用单指标监测、指标关联监测、指标分群监测三种监测方式设计思路，以挖掘指标内涵、掌握业务关联、发现经营特征为目标，完成相关指标执行进度监测、重点指标趋势研判及问题指标根因分析业务设计工作。

项目监测业务方面，主要对综合计划中16类发展投入项目，从执行进度、趋势研判和合法合规三个监测视角开展监测工作，发现项目管理过程进度及合法合规问题，控制项目执行风险，推动跨环节业务协同运转。选取国网上海电力和国网江苏电力作为项目监测综合试点单位，国网安徽电力、江西电力作为项目监测中计划执行和预算执行监测试点单位，国网山东、四川电力作为项目监测中合法合规监测试点单位。10月试点工作正式启动，计划2015年3月完成。截至12月底，6家试点单位完成开工及时性、投产及时性、即开即投趋势预警、预算完成情况（含需求提报、招标采购、合同签订、物资到货、物资领用、财务入账、项目结算和项目决算8项内容）、计划预算比对、合同支付、已决算仍列支费用等14个监测主题业务设计及验证工作，形成57条监测规则，为推广计划预算监测分析工作奠定基础。

2. 其他收支类监测业务

梳理主营业务收支及其他业务规章制度、标准、流程、组织与考核等业务管理现状，结合业务系统支撑情况，分批推进监测分析主题设计、验证等工作，监测业务包括购售电、农网运维费、折旧费、单项控制费等方面。

购电业务监测，完成10项监测主题的业务设计，以国网河北、浙江电力作为试点单位，开展2项主题11类判定规则的业务验证，确认有效异动数量32条。售电业务监测，完成13项监测主题的业务设计，以国网浙江、青海电力作为试点单位，开展5项主题16类判定规则的业务验证，确认有效异动数量9416条，通过根因分析，主要为业务人员操作失误、内部管理不规范等。农维费业务方面，完成5项监测主题的业务设计，以国网四川、宁夏电力作为试点单位，对2项主题9类判定规则进行业务验证，确认有效异动数量9条。折旧费用业务监测，完成6个监测主题的业务设计，以国网福建、天津电力作为试点单位对2项主题6类判定规则进行业务验证，发现1438条疑似异动问题，逐条核实有效异动数量1050条。单项控制费用监测，完成8项监测主题的业务设计，以国网四川、宁夏电力作为试点单位，对2项主题7类判别规则进行业务验证，发现148条疑似异动问题，逐条核实有效异动数量54条。

3. 系统支撑保障监测

以推进“业务在线、系统实用”为目标，建立业务系统应用成熟度评价体系，构建应用监测模型，开展系统应用监测工作。建立并完善业务系统应用监测模型，在人员、权限、功能、流程、数据五要素基础上，建立涵盖23项监测主题的系统应用监测模型；开展系统应用成熟度评价体系研究，构建以系统功能管理、人员权限管理、业务流程管理、数据资产管理、运行支持管理五个管理域为核心的评价模型；按照综合计划与预算工作安排，开展试点单位业务系统应用监测工作，完成监测分析报告和指南编制，发现系统应用异动3238个。

3月，选取国网山东、上海、重庆电力三家试点单位，分别针对财务管控、ERP、基建管理和生产管理系统开展模拟监测，完成相关信息系统应用监测分析报告编制。5月，推进业务系统账号权限开通工作，建立业务系统访问权限集中管控机制，开展总部业务系统权限开放常态巡检。6月，组织国网上海电力及外部科研单位研究并建立系统应用监测模型，确定“五域”系统应用成熟度评价体系。10月，根据公司综合计划与预算在线监测工作安排，组织国网河北、青海电力等五家试点单位开展物力集约化、大建设、大检修相关信息系统应用监测分析。12月，开展信息系统运营方式研究，通过大数据分析等数据分析手段，对业务系统的运行、应用、业务三层相关指标进行关联分析。开展国网青海电力生产管理系统运营方式编制，分析2014年系统应用的规律和特性，并对2015年系统应用监测工作提出指引和预判。

（梁云丹　杨　芳　秦　萱　周春雷）

【监测业务运行】

1. “量价费损”在线监测

在运监中心二期国网湖北电力鄂州公司“量价费损”在线监测试点的基础上，剖析技术及业务支撑实际情况，以基层单位实际业务运行产生的大量明细数据为基础，针对生产经营一线管理中的重点、难点和薄弱点，分3个批次推进“量价费损”在线监测工作。3月，在国网天津、冀北、山东、山西、江苏、浙江、福建、湖北、湖南、江西、四川、宁夏电力12家单位完成“量价费损”在线监测轻量级工具部署工作，4月第一批12家单位开展监测工作；6月，在国网北京、河北、上海、安徽、河南、重庆、辽宁、黑龙江、甘肃电力9家单位完成“量价费损”在线监测轻量级工具部署工作，7月第二批9家单位开展监测工作；7月，在国网吉林、蒙东、陕西、青海、新疆、西藏电力6家单位完成“量价费损”在线监测轻量级工具部署工作，8月第三批6家单位开展监测工作。通过“量价费损”在线监测，截至12月末累计发现计量装置安装差错和运行故障8612起，超容、失压、断流、窃电等异常用户10 237户，追补电量8788.78万kWh，追补电费8580.08万元。发现用户基础管理信息问题91 425个，推动地市公司量损、营销和配网运行管理提升。

2. 营销稽查监控

1月，试点单位国网上海、四川电力运监系统与营销稽查监控系统集成接口正式运行，采用营销稽查监控系统实现营销业扩报装、计量装置、“量价费损”、电费回收、客户服务等业务异动的自动生成和分析处理，通过集成接口将营销异动信息实时传递至运监系统，由运监系统生成协调督办单，实现异动信息的闭环管理。2月，组织国网四川电力结合营销稽查监控业务实际开展情况，梳理营销稽查监控系统中132个稽查主题，形成29个重点稽查主题，编制营销稽查监控业务运行监测指南。4月，组织部分省（市）公司专家对《指南》进行研讨和完善，4月底正式发布。5月，组织国网四川电力结合营销稽查监控业务运行监测情况，编制培训资料，统一对地市公司营销稽查人员进行业务培训。6月，组织27家省公司重点开展营销抄核收、业扩报装、计量资产等29个营销稽查主题监测运行工作。7月起，汇总编制公司营销稽查业务运行半月报，截至年底共发布12期营销稽查监控运行半月报，汇总形成2701个典型案例组成的案例库。12月，组织部分单位结合营销稽查业务运行情况，编制典型经验交流材料，并采用远程视频方式召开经验交流会议，国网冀北电力等3个省公司、国网湖北武汉公司等5个地市公司作营销稽查业务运行典型发言，整体提升营销稽查业务运行水平。截至12月底，各省公司发现窃电、电价执行不规范、高价低接违约、用电异常、估抄漏抄等疑似问题479万条，生成有效异动49万条，完成整改41万条，共追补电量2.09亿kWh，挽回经济损失1.92亿元。

3. 供电服务流程监测

以“10kV及以上业扩报装、故障报修、投诉、举报”业务为重点，以明细数据为基础，关注供电服务流程核心关键环节的业务开展情况，发现供电服务工作中存在问题，提升供电服务工作管理效率及质量，提高客户服务水平。1~4月，国网浙江绍兴、山东青岛供电公司和国网重庆电力3家试点单位对业务设计及系统功能实现开展核查验证，启动营销接入数据质量核查。5~6月，完成27个省电力公司系统部署、权限配置及功能验证；试点单位深入开展数据质量核查，并跟踪整改完成情况；3家试点单位启动业务试运行。7~9月，梳理总结明细数据质量核查方法，编制《国家电网供电服务流程数据质量核查方案》；完成国网浙江、山东、重庆、河北、江西电力5个省公司全省推广，22家省市44个地市业务试运行；完成《地市级供电服务流程监测业务指南》编制并下发。10~12月，启动《国家电网运营监测（控）供电服务流程监测报告》《运营监测（控）供电服务流程数据质量报告》编制；200家地市开展常态业务运行。截至12月底，累计发现业扩报装超长、超短工单1万个，故障报修到达现场超短工单2.8万个，投诉举报处理不及时工单133个，促进公司供电服务工作质量持续提升。

4. 物资供应链监测

围绕项目物资供应保障，从执行进度、质量效率、规范合理等方面，重点针对物资采购、履约到货、资金支付、库存积压等影响项目进展的物资供应关键节点，开展基于明细数据的监测分析，掌握项目物资保障各环节执行情况，分析进度滞后、过程风险及专业协同的重要影响因素，提出改进建议。

3~4月，组织省公司梳理物资供应链监测主题、监测内容、监测方式、监测规则及取数逻辑，编制《物资业务深化监测指导方案》。5~6月，试点单位依据业务指导方案，对物资供应及时情况、物资到货资金支付情况等6项监测主题开展深化监测，发现问题、协同分析原因，形成《物资业务深化监测报告》。7~8月，依据业务实际，对下发的业务指导方案验证、补充、完善，形成《物资专业深化监测业务指南》。9月，征求各单位对《物资专业深化监测业务指南》的建议和意见并完善下发，指导相关监测工作常态化开展。10~12月，参照业务指导方案，结合本单位工作实际，拓展相关监测，固化监测模式并试点应用，编制形成相关监测报告。累计监测物资供应计划189.7万条，发现供应计划未完成项目5.7万条；监测物资采购订单6.7万条，发现未按期支付订单0.9万条。

5. 项目全过程监测

4月，以固化业务模式、发现电网基建项目在流程衔接和关键环节的问题、提升基建项目全过程监测业务有效性为目的，在前期项目全过程流程监测工作基础上，组织国网冀北、北京、安徽、四川电力4个单位开展项目全过程业务深化工作，对电网基建项目全过程相关监测主题、监测规则、监测方法结合业务运行进行业务验证与梳理，形成有效业务机制。6月，4单位完成相关业务深化工作，编制并下发《项目全过程流程监测业务指南》，指导公司各级运监中心项目全过程监测工作的开展。各单位对公司系统110kV及以上电网基建项目，从项目前期、工程前期、工程建设和项目评价四个环节常态化开展全过程监测工作，全年共发现110kV及以上电网基建项目开工延期项目395个，投产延期项目161个，并对项目延期根因进行深入分析，深层次定位问题，促进跨部门业务流程间协同，促进公司“三集五大”体系顺畅运行。

6. 配电网运行效率在线监测

针对配电网规划、建设、运行、管理现状，构建配电网运行效率量化评价模型，开展配网运行效率在线监测分析工作。开展调研和意见征求，组织30余个地市公司进行数据验证，优化完善配网运行效率评价模型，构建涵盖设备至系统、纵向协调与横向均衡的综合评价体系，为配网运行效率量化评价提供科学依据。按照分区（A+～E）分阶段（初期、建设期和完善期）的思路，针对配电设备效率、系统效率、系统协调度等，制定初步评价指导意见。开展配网运行效率监测分析系统功能设计，形成“两级部署、三级应用”的部署应用方式，完成负荷监测、效率监测、协调度监测、统计分析、模拟预测等20余项功能开发。选取国网江苏泰州和徐州、福建厦门、四川成都供电公司作为试点单位，开展系统部署、接口开发、数据接入、处理与计算、功能验证等工作，接入142项数据字段，涉及6个源业务系统业务信息，推进试点验证与系统功能完善。梳理配电网管理等方面存在的问题，开展配网运营监测分析顶层设计，形成10个方向监测主题，为提升配网精益化管理提供支撑。

7. 全景展示

开展总部、省及地市公司三级运监中心全景展示业务。1月，27个省公司运监中心完成运营监测（含异动告警、运营动态、经营绩效、项目与物资、计划与预算、购售电）、专题监测（同业对标、企业负责人绩效）和参观展示三大类9个全景展示场景优化完善工作。3月，255家地市公司运监中心完成运营监测（含异动告警、运营动态、经营绩效、项目与物资、计划与预算、购售电、供电服务）、专题监测（同业对标、企业负责人绩效）和参观展示三大类10个全景展示场景建设工作。4～6月，国网运监中心采用远程调阅方式，从功能、数据及展示效果等方面，统一对各单位开展全景展示场景配置及业务开展的核查工作，并对发现的问题同步整改完善。2014年，国网运监中心接待国资委、三峡集团等单位参观42批490人次，省及地市公司运监中心共计接待参观2356批近1.4万人次。

● 5月，国网浙江电力运监中心工作人员在线监测分析各单位运营情况。

（范鹏展　梁云丹　杨　芳　赵永良　刘鸿斌）

【运营数据资产管理】

1. 提升数据质量

运营数据接入。按照运营监测（控）中心二期建设数据需求表，常态开展指标数据和明细数据接入工作。同时，结合项目全过程、物资供应链、“量价费损”、电费退补、电价优惠等专题监测业务，梳理明细数据扩展接入需求，编制运营明细数据扩展接入方案，联合国网信通部与相关部门沟通明细数据接入需求，拓展明细数据溯源分析，形成392项明细数据接入需求并开展数据接入，实现对主要业务（资金收支、营销、基建、物资、生产、供电服务、人资）明细数据实时在线获取。截至2014年底，共接入22个专业、1652项指标数据，以及27个省公司、6个专业、132套系统明细数据，累计接入指标数据4.31亿条、明细数据64.37亿条。

运监数据质量核查。5月，阶段总结运监数据质量核查月度通报工作，组织国网浙江、福建、重庆电力梳理数据质量管理优化思路，完善数据质量通报模板。6月底，向总部相关专业、各省公司征集意见与建议，以数据疑似明细问题等方式反映数据情况，并跟踪数据问题整改情况，增强数据问题整改的有效性。1～12月，累计核查发现数据不完整、业务逻辑不准确等问题数据123.36万条，督促完成整改121.65万条。同时，面向总部相关专业、省公司共发布10期、20份数据质量管理通报，有力促进数据质量提升。截至2014年底，指标数据接入率、及时率、完整率分别为99.46%、99.11%、98.74%，明细接入率、及时率分别为99.81%、99.97%。

优化完善数据质量规则。根据数据质量核查情况以及各省公司反馈的数据质量规则应用问题，3月和6月，分别组织国网山东、浙江电力等部分省电力公司专家对指标数据和明细数据质量核查规则进行完善，形成数据质量规则明细表，征询总部相关部门及27个省公司建议与意见，优化形成10 805条指标核查规则、2168条明细数据核查规则，并根据规则梳理情况，编制数据接入及质量核查培训材料，包括数据质量核查规则、工作台监测场景数据核查、数据资源管理工具功能、数据流转及明细数据等方面，通过视频PPT讲解、示例教学、远程支持等方式开展应用培训。

完善和提升数据资源管理工具功能。根据总部相关部门和各省公司在数据资源管理工具应用过程中反馈的完善建议，完善数据资源管理工具，增加数据流转链路各区域核查、指标数据明细查询、各省公司实时查询一级部署系统接入数据等功能。

运营大数据挖掘。应用大数据挖掘研究成果，应用成熟挖掘工具和查询工具（TABLEAU），研发大数据分析应用模型和功能，开发通用自定义查询功能，实现海量明细数据实时获取、实时分析，以及非常规应急监测和分析主题的自主式拖放生成，增强在线计算、在线分析和在线监测能力。

2. 数据资产管理研究

运营数据资产管理模式研究。3 月，成立运营数据资产管理模式研究工作组，制定研究方案和研究计划。4~6 月，调研国内外数据资产管理现状，收集数据资产管理相关基础资料。7~10 月，开展运营数据资产管理模式理论研究，编制研究报告初稿。10~12 月，组织专家讨论并完善研究报告，形成《国家电网运营数据资产管理机制研究总报告》《国内外先进管理企业运营数据应用和管理现状调研分册》《国家电网数据资产管理体系规划分册》《企业数据资产价值评估模型研究分册》以及《数据资产化实证研究报告分册》等成果。12 月底，组织专家对研究成果进行评审验收，专家认为研究具有创新性，研究结论可行，可为公司数据资产管理提供参考和依据。

发布《数据资产管理办法》。2 月成立工作组，研究运营数据管理现状，重点研究与信息管理部门、业务部门、技术支撑单位等职责界面及工作流程。5 月，根据研究调研成果，结合公司发展形势与需求，形成《数据资产管理办法》初稿。6 月，组织部分单位讨论、完善。8 月，向各省公司征集《数据资产管理办法》意见与建议，收集有效反馈意见 60 条。9 月，向总部各相关业务部门征求意见，收集有效反馈意见 37 条，根据反馈意见进行修订和完善。10 月，《数据资产管理办法》通过公司规章制度委员会审查，12 月予以发布。《数据资产管理办法》明确了各相关单位及部门的数据资产管理职责，以及运营数据资产管理形成、运维、应用等过程的管理内容和机制。

运营数据资产管理试点与探索。6 月，梳理运营数据资产管理框架，编制运营数据资产管理试点工作方案，指导运营数据资产管理试点工作。7 月，组织国网山西、山东、浙江、福建、江西、四川电力等试点单位研讨运营数据资产管理试点工作方案。8 月，发布运营数据资产管理试点工作方案。9 月起，各单位开展运营数据资产管理试点工作，并不定期开展试点工作交流。12 月，形成数据资产台账格式、数据资产分类框架、数据溯源方法及数据字典管理方法等工作成果。

（刘夫新　周春雷）

【运营分析】

1. 运营分析业务

组织开展指标关联库、分析主题库、成果共享库、分析模型库等“四库”建设，为运营分析工作开展提供支撑。加强运营分析制度体系建设，明确三级运监中心运营分析业务的职责分工、业务管理、工作机制，实现运营分析工作的规范化和制度化。组织开展公司管理创新项目《全面深化运营分析，有效提升运营监测（控）决策支撑作用的实践探索》，获公司 2014 年度管理创新成果二等奖。组织开展管理咨询项目《分析技术和分析方法在公司部分运营领域风险评价中的应用研究》，结合公司风险管理实践和运监业务开展，识别公司运营中存在的主要风险点，提出风险评估方法，分析风险成因。加强运营分析能力建设，组织开展公司系统运营分析能力建设培训班，涵盖人力资源管理、全面预算与财务管理、特高压电网、电网运行管理、电力交易管理、审计案例等专业内容，加强各单位间的业务交流，提高整体分析业务水平，为开展运营分析工作提供支持。

2. 分析模型开发

组织完成 EVA、量本利、电网线损分析、电力资源优化配置、输变电工程造价、资产质量指数分析、服务渠道利用效率、终端能源消费结构分析等 8 个分析模型的试点运行、系统完善、上线部署工作；组织国网青海、冀北、辽宁、湖北电力等试点单位完成分析报告编写；组织各省电力公司开展分析模型培训、数据及功能验证、深化应用工作。服务渠道、工程造价分析模型被推荐为 2014 年“三集五大”最佳实践案例。

组织启动离线分析平台项目，建立基于网络的一体化运营分析工具库、知识库、案例库；完成运营绩效分析、电力供需预测、购电价测算、销售电价测算等第一批分析模型的设计工作，组织开展相应系统开发；启动人财物核心资源分析等第二批分析模型设计。

研发形成以电网、资产、服务、绩效为主题的运营分析模型库，包括电网设备缺陷、电网业务收入、客户用电行为、综合绩效分析等 26 个业务模型；筛选提炼季节指数预测、趋势分析、回归分析、关联分析等 12 个数据分析工具模板，支撑各级运监中心的运营分析工作。

3. 专题分析

重点关注“决策层关注、部门需要协同、基层单位难点”等问题，加强专题分析工作。每月定期开展核心绩效指标执行进度综合分析，采用历史数据拟合趋势等方法，对执行进度偏离历史趋势较大的指标及时预警。开展缴费渠道效率分析，发现利用效率低的缴费类型，提出加快推广移动在线缴费渠道等建议。开展物资效率分析，通过对不同地区仓库、不同类型物资的库存时长、周转速度以及利用效率的监测分析，发现虚拟物资占比偏高、物资积压风险较大、物资退库较频繁等问题，提出强化项目与物资协同、优化物资配置等建议。开展配网运行效率分析，优化完善配电网运行效率评价分析模型，抽取地市公司配网样本数据进行验证，发现运行效率低的线路、变压器，协调性较差的供电片区，提出提升配网运行效率及协调性等建议。开展特高压运维专业人员需求分析，针对特高压快速发展的新形势，分析特高压运维检修的岗位标准、能力要求和成长规律，提出人才分类储备建议。开展输变电设备缺陷趋势分析，基于公司系统主要设备缺陷明细数据，挖掘设备缺陷变化规律和发展趋势，分析设备缺陷与采购价格、生产厂商及运行年限的相关性，提出建立缺陷预警机制、完善采购策略等建议。

（梁云丹）

【公司级信息通信系统监控】

1. 信息通信系统监测

开展公司级信息通信系统监测，在线监测公司十大类千余套信息系统和一二级通信骨干网。3 月，通过与专业部门及支撑单位的沟通协调、优化监测手段、强化过程管控和核心系统监测，解决系统监控覆盖面不足问题，初步构建三级运监中心联动工作机制，确保信息通信系统异动的及时发现及有效处置。4 月，结合公司 2014 年信息系统运行方式，梳理分析总部及 27 个省公司、29 类 747 套主要信息系统运行隐患，并协同专业部门进行处置，健全巩固信息系统基础架构。5 月，完成《公司级信息和通信系统监测工作管理办法》及其配套细则发布，规范系统异动处置原则和业务流程，为监测工作提供制度保障。7 月，组织开展公司信息化考核指标和内网违规外联专项分析工作，从管理、技术等角度进行多维分析，及时掌握公司信息化考核指标和内网违规外联管理和相关技术应用现状，提出优化建议，降低基层单位负荷。8 月，采用新型工具对公司外网网站进行实时状态监测，组织开展公司总部、省、市三级 293 个业务系统应用监测终端部署工作，实现对各单位网络性能和系统状态的实时监测，将监测视角延伸到基层，提升三级运监建设水平和效果。12 月，运用大数据技术，对全年公司级信息通信系统监测情况进行总结分析，深度挖掘系统运行、检修管理、信息安全、系统应用等专业方面隐患。

及时监测发现信息通信系统运行异动 870 次，涉及 41 家单位；协同专业部门、省运监中心等处置重大信息通信系统运行异动 28 次；开展公司 75 套外网网站运行监测，协调督办网站运行安全处置；完成 7417 余项信息通信系统检修执行监视。监测和预警互联网与公司相关的信息安全漏洞 20 项，完成 4 项重大信息风险处置；及时发现并纠正内网违规外联事项。协同专业部门建立月度沟通机制，累计召开 12 期月度分析会，明确 30 余项工作要求。累计发送重大系统异动工作联络单 9 张、系统运行风险预警通知 2 次，提升系统监控水平和风险隐患预警力度。2014 年以来，公司系统异动次数按月呈降低趋势，系统运行水平逐步提升。同时，充分利用大数据分析手段开展 2014 年公司信息通信系统运行异动和检修关联分析，完成《公司信息系统建设成效和应用分析报告》《公司信息化考核指标分析报告》《公司内网违规外联专项分析报告》《2014 公司级信息通信系统监测分析总结报告》《2014 年国庆期间公司级信息通信系统监测分析报告》等专项分析报告编制。

2. 外部信息采集

外部信息采集，有利于公司及时洞悉国家政策方向、监管部门和能源行业动态等信息，建立公司企业级运营数据资产管理体系、提升公司经营决策水平。每日针对关键信息，录入运营监测（控）工作台，按周编制社会公布信息采集周报，与各级运监中心开展互联网发布停电信息核实。

3 月，开展天气水情、污染物排放、上市公司、停电信息等专题信息采集。5 月，扩充信息采集力量，组织国网河北、浙江、福建、湖北、四川电力共同开展社会公布信息常态采集。6 月，组织国网天津、宁夏电力完成社会公布信息数据订阅数据调研工作，梳理各领域的数据需求，明确数据主要来源。9 月，为提升工作效率，将每日采集信息进行存储、查询，设计并开发部署公司社会公布信息采集系统，实现信息采集、批量导入、日报生成、工作台导入数据生成、统计查询等功能；依据运营监测（控）指标体系设计思路，初步形成涵盖 435 项指标的社会公布数据采集指标体系；对信息发布频度固定、格式规范的数据实现自动采集和存储，日均采集信息 3 万余条。12 月，组织国网能源院、国网北京运监中心围绕 2014 年经济与全社会用电量、“一带一路”战略对我国电力消费及公司发展影响分析专题报告。

截至2014年底，数据采集来源网站扩充至200余个，共人工收集社会公布信息15 000余条，社会公布数据采集周报50期。

（周春雷）

【协调控制】 健全督办闭环管理机制。针对监测、分析发现的业务异动和问题，三级运监中心全年累计发起协同工作单31 540份，累计应办结31 593份，实际办结31 286份，当期办结率99.03%。推动运监平台与运营协同模块集成，促进异动问题在线协调督办控制，2014年已完成省、地市公司试点实施工作，将提升问题跟踪和解决的工作效率。建立基层反映问题的闭环管理机制，逐项登记、安排专人负责解决，跟踪核查问题解决情况，为省、地市运监中心服务。

统筹重点工作计划与安排。2014年初，国网运监中心以文件形式编制下发年度运监工作要点，明确全年的工作思路、工作目标、重点工作任务及时间进度安排，指导三级运监工作开展。编制2014年重点工作任务分解表，共计11项工作重点、40项工作任务，76项工作子任务，并明确责任处室和责任人，细化工作目标和完成时间节点，实现运监工作事前有计划、过程有监督、成效有评估。

开展现场业务调研。结合运监体系建设工作的重点和难点，主要开展“量价费损”在线监测试点项目建设调研、运监中心功能拓展调研、地市级运监中心作用发挥调研、综合计划和预算在线监测调研四项调研工作。调研总结分析当前运监业务建设运行中存在的突出问题，总结成效经验，收集和整理完善中心功能建设的思路与建议，支撑三级运营监测（控）中心建设、业务管理水平提升。

定期开展协调控制通报。每月定期收集各省公司协调控制月报，并在此基础上按时发布总部协调控制月报，在运监工作平台上进行通报。月报主要从协调控制工单的总体情况、监测分析发现的主要问题、协调控制成效等三方面对每月协调控制工作进行梳理和总结，反映各省公司运监业务的运转情况，促进各单位之间的经验交流与学习，推动运监业务水平的整体提升。

（李光星）

体制机制创新

【改革重大课题研究】 2014年初，中央全面深化改革领导小组明确由经济体制和生态文明体制小组主导深化电力体制改革任务。公司组织开展电力体制改革重要观点研究梳理，并明确由国网体改办牵头，国网研究室、发展部、财务部、安质部、营销部、农电部、科技部、产业部、外联部、国际部、法律部、人资部、监察局、交易中心、国调中心、国网能源院等17个部门和单位共同参与。其围绕“放开两头，监管中间，构建统一开放、竞争有序的全国统一电力市场体系”，研究论证一系列重要观点，涉及电力行业结构、电力市场机制、电价机制、电力监管、国际经验、国企改革、电力服务、电网发展与新能源及其他等十大类别。

研究改革有关重大问题。体改办会同相关部门和单位开展电力体制改革重大问题的研究并取得丰硕成果：会同国网能源院开展《自然垄断企业的监管和可竞争性业务相关问题研究》；研究起草《关于电力体制改革有关意见和建议的汇报》《关于深化国有企业改革有关建议的汇报》；关注国际电力市场化改革研究动态，整理美国前能源部部长文章；组织撰写日本和俄罗斯电力体制改革材料；翻译并提炼2014年诺贝尔经济学奖获得者梯若尔有关电力改革观点，指出零售电力市场竞争中也存在市场失灵现象；以《增量改革理论及运行机制在电力市场化改革中的应用研究》为载体，结合改革动态和公司实际，组织公司内外部专家进行研讨，形成改革共识；制定《学习宣传电力体制改革研究观点工作方案》，举办公司系统体制改革业务知识培训班，宣传公司改革观点，统一思想认识。

2014年初，政府有关部门启动研究起草《关于进一步深化电力体制改革的若干意见》。为使改革意见充分尊重电网企业的发展规律和基本特性，公司主动与国家发展改革委等政府部门建立沟通协调工作机制。5月22日，公司领导参加国家发展改革委电力体制改革座谈会，向政府部门提出公司关于电力体制改革目标、改革基本思路、改革主要任务等的具体建议。

7月，政府部门制定了《关于进一步深化电力体制改革的若干意见（征求意见稿）》并向公司征求意见，公司的反馈意见肯定了征求意见稿中的改革思路符合中国基本国情，符合当前的实际，符合电力工业的发展规律和技术特性，具有十分明显的社会效益，同时建议改革方案中应重点考虑售电侧改革顺利实施的必备条件及放开次序、交易机构定位等问题。电力体制改革方案经12月24日国务院常务会审议通过。

（黄李明　李丹升）

【推进厂办大集体改革】 3月7日，国资委印发《关于进一步推进中央企业厂办大集体改革工作有关事项的通知》（国资分配〔2014〕112号）后，公司党组要求抓紧时间，立足前期研究成果，结合最新政策要求、形势变化和公司实际，研究提出厂办大集体改革的总体思路。国网体改办会同有关部门，立即启动厂办大集体改革深化研究工作，对推进改革的必要性、改革思路、改革方式、改革时机、操作程序、风险防控等问题进行了专项研究。

为全面了解情况，探索厂办大集体改革的可行方式和路径，7~8月，国网体改办、产业部、财务部、人资部等部门对东北、华东、华北、西北、华中地区及直属单位集体企业基本情况作了调研，对厂办大集体改革有关重大问题进行研究，形成《国家电网公司厂办大集体改革调研报告》，提出通过改革改制，实现对集体企业的清理、重组、整合、规范及加强管理的目的。此后，公司两次召开专题会议，研究厂办大集体改革及农电用工规范管理等工作，经反复论证，认为公司集体企业总体经营情况较好，有存续下来继续发展的基础，且有利于统筹解决农电用工问题，确立集体企业“改革改制、重组整合、强化管理、健康发展”十六字方针。

根据十六字方针，国网体改办研究形成《关于集体企业有关问题的汇报》，并于9月5日向公司第27次党组会作专题汇报，会议审议并原则通过。随后，在深化研究的基础上，10月23日，再次向公司第35次党组会作了《关于推进集体企业改革工作的汇报》，会议审议并原则通过了《国家电网公司厂办大集体改革总体方案》。

《总体方案》贯彻《国务院办公厅关于在全国范围内开展厂办大集体改革工作的指导意见》（国办发〔2011〕18号），紧密结合公司实际，提出通过实施清算关闭、社会化改制、公司化改制，将集体企业改制为主营业务突出、管理规范科学、依法独立运作的法人实体和市场主体，实现持续健康发展，待将来条件成熟时，通过深化改革，彻底解决集体资产归属问题，促进实现更高水平的持续健康发展。其中，“清算关闭”是指将停产歇业、经营亏损、资不抵债的集体企业，清算关闭或依法破产。“社会化改制”是指将从事电网非（弱）关联类业务的集体企业，通过合资合作出售等方式，改为外部投资者或该企业员工持股的社会化企业。“公司化改制”是指将从事电网辅助服务类业务的集体企业，按照现代企业制度要求，进行改制、重组、规范，形成产权分层清晰、业务按板块集中、治理结构规范的管理架构。

10月27日，根据公司党组决策，国网体改办在公司学习贯彻党的十八届四中全会精神暨第四季度工作会议上，作了《关于推进集体企业改革发展工作的报告》，部署了该项工作。12月4日，以《国家电网公司关于开展厂办大集体改革工作的请示》（国家电网体改〔2014〕1420号），正式将《国家电网公司厂办大集体改革总体方案》报国资委、人社部审批，财政部备案。12月25日，国资委下发《关于国家电网公司厂办大集体改革方案的批复》（国资分配〔2014〕1194号），正式批复同意公司厂办大集体改革总体方案。

（蓝国青　田　超）

【管理创新】 2014年，公司共形成管理创新成果168项，其中，国家级一等奖成果2项、二等奖16项；行业级一等奖成果10项、二等奖10项。

实施“重大管理创新示范项目”，引领和示范管理创新工作。以解决阻碍企业发展的总体性、关键性、深层次问题为重点，围绕公司发展重点领域，开展重大管理创新实践活动。印发“重大管理创新示范项目实施方案”，加强重点培育，制定具体项目实施方案，细化项目内容，落实责任主体，分阶段组织项目实施。强化项目过程管控督导，评估评价和结项验收，提升项目质量。

实施“管理创新成果推广项目”，加强成果推广应用。公司总部建立最佳实践库，汇编最佳成果集，统一组织编制优秀成果培训课件，拓展成果推广载体和渠道，实现创新成果全公司系统共享。以近三年公司优秀管理创新成果为示范载体，以机制建设为目标，以各单位为主要对象，实施“管理创新成果推广项目”，推动成果与实践相融合，强化全过程管控，推进管理创新成果落地，实现管理创新成果价值最大化，推动公司管理水平提升。

创新工作机制，规范公司管理创新工作。创新工作流程、制度建设等方面，建立完善组织保障、运行体系、过程管控、评价激励、信息化应用等创新管理常态工作机制，落实各项保障措施，实现创新工作的规范化管理。按照“统一组织，分级管理”的原则，加强管理创新工作的领导。编制并实施《国家电网公司管理创新工作管理办法》，细化工作流程，理清管理界面，明确管理创新组织体系、工作职责、主要内容、基本方法和检查考核，指导管理创新活动。深化信息化应用，建设管理创新信息系统，涵盖立项申报、项目管理、成果管理等功能，实现管理创新日常工作的信息化管理。

对外推荐，扩大公司成果影响力。加强管理创新成果对外申报管理，规范公司系统优秀成果对外申报工作，统一组织、积极协调组织公司系统成果申报国家级、电力行业级管理创新成果，扩大公司管理创新成果影响力，集中展示公司管理水平。“十二五”以来，累计获全国企业管理现代化创新成果奖51项，其中，“特大型电网企业以‘三集五大’为核心的管理变革”等7项优秀成果获一等奖，“大型电网企业技能人员能力培训体系构建与实施”等44项优秀成果获二等奖；获得电力行业级管理创新成果称号302项，其中，一等奖成果59项，二等奖成果125项，三等奖成果103项，优秀奖成果15项。

（王　健）

【对标管理】 2014年，公司加强和改进对标工作，实施管理提升，推动“两个转变”。

1. 加强改进内部对标

改进工作机制。针对教育实践活动和基层反映的对标工作问题，制订实施《国家电网公司关于加强和改进对标工作的意见》以及配套的《国家电网公司对标工作管理办法》，明确加强对标工作的十条措施，改进工作机制，发挥对标“找标杆、学经验、促提升”的作用。

精简指标数量。省公司对标指标由134个优化为95个，分拆取消复合型指标120个，压减42%；大型供电企业对标指标由44个优化为35个，压减20%，减轻了基层负担。

提高数据质量。严格指标审核监督，杜绝根据不同需要报送不同指标数据的现象；指标设计时同步明确数据来源，提高自动采集指标比例；加快对标信息系统建设，推进数据自动采集，减少人为干预。

突出对标实效。定期发布对标指标，发挥标杆引领作用。深化诊断分析，提升短板指标。2014年，公司安全生产、效益效率等指标均有大幅度提高。

深化基层对标。国网江苏、天津电力将指标分析和提升责任分解落实到部门、岗位，开展月度点评，抓管理薄弱环节。国网浙江电力以指标认领为核心，完善对标提升机制。国网山东电力将对标延伸到工区班组，突出核心业务，注重减负增效。国网北京电力将指标影响因素与专业管理事项建立关联，加强过程管控，促进指标提升。国网湖北、河南、吉林电力等单位健全对标责任体系，强化管理提升措施的落实。

2. 推进国际国内对标

与国际国内相关企业（电网）开展对比分析，发现优势，查找差距，明确改进提升方向。在公司层面，编制发布公司2014年度国际对标分析报告和国内对标分析报告。与世界500强企业前10名相比，受资产构成、电价管制等因素影响，公司除资产负债率指标水平居中外，净资产收益率、销售利润率、人均营业收入等指标均较为落后。与国际能源电力企业前10名相比，公司发展指标、企业规模、资产负债率、总资产周转率具有明显优势；电价水平、净资产收益率、销售利润率指标居中，资产回报水平不高；人均营业收入指标较为落后。与主要国家（地区）电网相比，公司安全运行水平、技术创新、电压等级、智能电表覆盖率、清洁能源（不含核电）并网容量、跨区（国）输送电量等指标优势明显，主要差距集中在综合线损率、用户平均停电时间等。在专业层面，组织开展营销管理与供电服务国际对标，准备输变电运维绩效对标，破解专业管理难题，增强专业管理优势。在省公司层面，组织开展典型企业国际对标。国网江苏电力借鉴英国供电安全标准，按负荷组大小提出不同设防标准，统筹网架与运行检修、二次等专业要求。国网浙江电力吸收转化国际领先实践，完成业扩报装流程并行的优化改造并在全省推广应用，10kV高压用户平均接电时间同比下降26%，提高了优质服务水平。

（崔　炜）

【社团管理】 围绕公司“两个一流”战略目标，按照集团运作、归口管理、对口联系、协调服务原则，公司加强行业社团引导，促进行业科学发展；利用社团资源，服务公司改革发展；坚持集团主导，统筹协调社团组织活动；理顺管理关系，加强企协分会建设。

1. 社团组织管理

贯彻《国家电网公司社团组织管理办法》，执行社团组织审批程序，严格落实重大事项报告制度。做好重大活动的统一协调组织，将社团活动纳入公司24节气表，促进社团管理规范化、有序化。坚持集团主导原则，公司统筹协调各类社团活动，各部门、各单位按照公司统一要求参加。规范社团组织管理，开展社团作用评估。严格执行社团准入和会费预算制度，组织开展社团作用发挥的评估工作，建立作用发挥不明显社团组织的退出机制，规范社团组织管理，巩固社团规范清理工作成果，建立并完善社团统一审批、公文统一管理、活动统一组织的长效工作机制，理顺公司与行业社团和全国性社团的关系。

2. 社团组织活动

加强与国家级重要社团的交流与合作，在诉求表达、资质认定、奖项评审等方面发挥积极作用。加强与外部协会的沟通合作，协调工经联、中企联、中质协、中电联等国家、行业社团，在企业评级、资质认证、规划论证、项目评审、咨询服务、奖项评选等方面，支持公司工作。组织申报世界500强、中国服务企业500强等活动。公司位列2013中国企业500强第三名，中国服务企业500强第一名。公司连续三年获得中国企业500强第三名，连续九年获得中国服务业500强第一名。借助社团平台传播公司理念与战略，宣传公司发展业绩和在服务经济社会发展中做出的突出贡献。2014年加入"金砖国家工商理事会""中意企业家委员会"等国际社团组织，营造良好的国际发展环境；加入"中国企业法律顾问协会""中国能源法研究会""中国企业家联合会维权工委会"等法律社团组织，营造良好外部法律环境。

组织公司相关单位参加2014中国清洁电力峰会暨中国国际清洁能源博览会。博览会主要展示了清洁电力、智能电网、风电、太阳能光热、生物质、分布式能源及储能等七大领域的发展成果和先进技术装备，展会同期还召开中国清洁电力峰会和专业论坛等活动。组织公司参加2014年经济形势与电力发展分析预测会。展望未来一年经济、能源、电力运行总体情况及发展态势，电力体制改革形势，清洁能源发展和电力节能减排情况。参与编写《中国企业年鉴2014》，增强公司与国内外同行的联络，提升公司的影响力。

3. 专项技术服务

组织公司经营区域内电力行业统计工作，协调公司相关部门编撰《中国电力行业年度发展报告2014》（国家电网公司部分）。发挥行业社团的优势，从重大课题研究、体制改革研究、国际化服务、节能减排及环保研究、职能转变、自律机制建设、重要诉求落实情况、搭建行业对标平台、信用体系建设、社会公益事业典型建设、行业企业现代化管理研究等11个专业领域与中电联签订了专项服务合同的补充协议，涉及9个专业领域45个服务项目，扩大服务范围，增强服务的针对性和实效性。

（王海波）

依法治企

【依法治企综合检查】 贯彻落实公司建立依法治企常态检查机制的决策部署，3~4月，国网审计部会同国网人资部、财务部、农电部、产业部、英大集团公司等有关部门和单位，集中抽调920人，组成43个审计组，重点对公司人力资源管理情况等开展依法治企综合检查。本次共检查公司总部、5家分部、所属59家二级单位本部及所属372家支撑单位、334家地（市）公司（占80%）和211家同层级的其他单位、397家县公司和38家同级单位；延伸审计479家集体企业和多经企业。

刘振亚董事长及公司党组高度重视公司依法治企综合检查工作，专题听取检查汇报，肯定了检查结果，并要求将检查结果在公司2014年二季度工作会议上进行通报。国网审计部以专题报告形式，在二季度工作会上通报了依法治企综合检查结果和人力资源管理存在的主要问题，剖析问题原因，提出整改要求，落实整改责任。

认真履行审计检查监督职责。审计组对被检查单位人力资源管理情况、2013年依法治企综合检查整改落实情况、西电东送工程审计整改情况开展检查，重点检查被检查单位的人力资源基础管理、机构设置、干部配备、劳动用工、人工成本和培训管理等6个方面。检查期间，加强过程管控，建立并落实总部层面协同推进、审计联络员、审计信息共享、审计工作周报等四项工作机制，加强与审计组和总部部门的沟通联系，及时掌握审计进展情况；深入现场督导，分批次、分阶段组织听取检查组工作情况汇报，及时协调解决检查过程中的相关问题；强化审计质量控制，严格落实检查组长负责制，督促审计组执行三级复核和内审要情专报制度，梳理发现问题，对重大问题及时上报内审要情。各检查组坚持现场审计要真查，发现问题要真改，审计成果要真用的原则，严格按照检查方案开展现场检查，检查组长靠前指挥，仔细审核发现问题，及时与被检查单位沟通，提出整改要求，最大限度提高检查成果利用效率。开展后续检查，实行闭环管理，持续跟踪并督促发现问题的整改落实。

落实协同监督机制。推动审计监督与业务部门、纪检监察部门的信息共享、成果共用、重点项目共同实施、整改问责共同落实，形成审计监督与专业管理合力。加强对审计发现问题梳理分析，客观界定问题性质，提炼发现问题类型，提出整改措施和建议，并按专业归类发送公司总部相关部门，为业务部门改进管理提供帮助；协同专业部门加强审计整改专业指导，充分发挥专业部门促进问题彻底整改的能动性；加强审计发现重大问题的梳理提炼，为纪检监察部门加强对责任人的问责处理提供线索和建议，防止屡查屡犯。

检查成果得到较好运用。公司系统高度重视审计整改，根据“谁的问题谁整改”的原则，及时下达审计整改意见，各单位狠抓整改，落实审计整改一把手负责制，对重大问题实现“一把手”亲自抓、亲自管。将问题整改同改进管理相结合，注重完善各类制度规范，健全内部控制措施，优化业务管理流程，发挥整改长效作用。截至 2015 年 1 月底，整改率达到 99.32%。在抓牢源头整改和部门专业指导的同时，坚持将检查发现问题及整改与年终党风廉政建设和企业负责人年度业绩考核挂钩，整改情况在年度财务预决算中予以落实。

（黄玉梅）

【审计监督工作】 2014 年公司在做好审计署对公司经济责任审计的同时，坚持“全面审计、突出重点”，深化审计工作创新，注重加强审计队伍履职能力建设，共完成审计项目 2.57 万项，出具审计签证 16 万份；促进增收节支和核减工程支出 61.06 亿元；提出的 2.8 万条审计建议基本都被采纳，全面完成全年各项审计计划任务。

1. 外部各项迎审迎检配合

完成国家审计署对公司经济责任审计配合工作。2014 年，国家审计署组织上海、太原、武汉、兰州、哈尔滨等 17 个特派办共 220 余人，历时半年多，对刘振亚董事长 2004 年 10 月~2013 年 12 月任职期间公司财务收支以及有关经济活动的真实、合法和效益情况进行审计。审计组重点审计了公司总部，国网山东、上海、江苏、浙江、河南和四川电力等 6 家省公司，以及鲁能集团、山东电工电气、平高集团、许继集团、南瑞集团、中电财、英大集团、国网物资公司、国网国际公司、英大传媒等 10 家直属单位，延伸审计了国网北京、安徽、重庆、新疆电力，中国电科院、国网管理学院、国网直流公司、英大信托、英大证券等 9 家单位，各有关单位积极配合，完成迎审工作任务。

加强迎审日常工作组织，协同国网财务部、办公厅、发展部、营销部、物资部、产业部、国际部、人事部、人资部、后勤部、信通部等相关部门，发扬“三吃一担”精神，齐心协力、配合到位，及时准确提供审计所需资料，做好审计访谈工作，耐心解答审计组提出的问题。加强对有关重大问题的分析研究和研判预判，公司领导、各部门、各单位分层分级，及时向审计署和审计组做好公司依法治企开展情况和成效、审计发现问题整改及进展等工作的汇报解释，加强正面宣传，争取审计署和审计组理解与支持。

公司党组坚持边查边改、立行立改的工作要求，对审计提出的公司经营管理中存在的问题，组织相关部门和单位立即整改，对有关责任人员进行党纪政纪处分，对有关单位进行问责处理，审计结果纳入年终党风廉政建设和企业负责人年度业绩考核。收到国家审计署审计报告后，公司立即召开专题会议部署整改，提出整改要求。

2. 审计署联网和数据采集协调配合

4 月，审计署对包括公司在内的 12 家央企开展联网和数据采集工作，旨在搭建联网审计环境，定时、持续获取有关财务、人事、营销、公文、交易、调度、物资和合同等 8 类业务数据，实现对公司经营全过程远程监控，及时发现公司经营管理问题，评判公司经营管理效果。公司已按审计署要求完成数据报送平台建设，并将通过平台向审计署推送财务、营销等电子数据。

3. 拓展审计监督领域

公司各单位创新审计方式方法，拓宽审计监督覆盖面，保质保量完成了年度各类审计计划。

抓好经济责任审计。坚持离任审计与任中审计相结合，做到离任即审和离任必审，推行经济责任审计与专项审计统筹开展，探索对关键岗位人员开展经济责任审计。公司系统各单位共开展 1278 项领导干部经济责任审计（其中离任审计 1083 项，任中审计 195 项），其中国网审计部组织开展了对国网华北分部、国网天津电力、英大集团公司等 22 家单位 23 位原主要负责人的离任审计，完成了对 2013 年 15 家单位原主要负责人经济责任审计的后续审计。通过经济责任审计，强化领导干部权力制约和监督，促进“四好”领导班子建设，提升公司各级领导干部的执行力。

开展工程投资审计。适应公司加强电网投资建设与管理要求，加强电网基建项目、抽水蓄能电站、农网改造升级工程、技改大修和小型基建项目投资审计，对部分重点工程投资实施全过程跟踪审计，促进工程成本控制和规范实施，提高工程项目建设管理水平。2014 年公司共开展工程投资审计 2.16 万项，审减资金 52.88 亿元。

组织开展专项审计。围绕经营管理关键领域、关键环节，关注倾向性、苗头性问题，立足防范风险和规范经营，积极拓展审计内容和范围，共组织开展营销服务、科技经费、集体企业、“三公”消费、EPC 工程、金融业务等专项审计 2000 余项，努力实现审计全覆盖。

4. 深化审计成果运用

完成国家审计署西电东送工程审计整改。公司系统相关部门和单位落实国家审计署和公司审计整改要求，完成整改工作。公司标本兼治，专项治理突出问题，制（修）订了28项工程建设、招投标、物资管理等方面的规章制度，加强内控。

构建审计整改落实长效机制。完善通报、约谈、销号和考核机制，建立审计整改台账，实行销号管理；对重大违纪违规问题进行问责处理；落实考核问责，兑现企业负责人业绩考核；开展问题整改“回头看”，形成闭环管理，实现整改全面彻底。

审计成果转化运用成效显著。各单位积极采纳审计意见和建议，开展专项或综合分析，针对问题产生原因，健全工作机制，优化工作流程、完善管理制度，加强过程管控，审计成果得到很好运用。

5. 审计工作创新

加强审计工作标准化。按照公司建立“五位一体”协同机制要求，开展审计业务标准流程顶层设计和推广应用。完成公司财务收支、工程项目审计、审计统计报表管理办法和重大审计事项报告制度等11项通用审计制度的修订印发。着力加强标准化成果应用，完成制度培训课件开发、视频录制宣贯和试题库建设等工作。

提升审计手段信息化。完成管控业务审计系统（财务和营销审计模块）在全部省（市）公司的推广实施和上线运行。组织开展智能持续审计系统研究与建设，完成系统需求调研论证、关键流程梳理分析、功能需求制定、技术设计和原型开发等工作，为试点建设和全面推广奠定基础。坚持“以用促建”，加强系统深化应用水平，优化在用审计信息系统功能，实现用好和建好的相互提升；积极开展在线审计，增强审计工作时效性和穿透力。

深化审计资源集约化。完成“三集五大”审计业务体系建设，地（市）公司独立设置了审计部，明确各级单位审计职责。公司系统优化整合审计资源，强化总分部审计一体化运作，对大型、重点审计项目坚持采取跨部门、跨专业联合实施的组织方式，巩固和加强纵向联动、横向联合工作机制，保障公司重点审计任务的完成。

6. 审计履职能力建设

开展审计理论研讨。总结审计经验，参加中国内部审计协会理论研讨，2014年，公司共有12篇论文获得中国内部审计协会理论研讨二、三等奖。开展审计课题研究，推动审计创新，指导审计实践，总部审计部《应用信息技术提升内部审计履职能力》论文，荣获2014年度全国电力企业优秀管理论文一等奖；组织完成《基于风险导向的公司国际业务审计管控研究》课题。

加强审计队伍业务培训。坚持把审计人员业务培训作为保障公司审计工作可持续发展的重要手段，注重审计人员对国家法律法规、总部制度办法以及各部门主要业务流程和工作要求的学习、理解和掌握，提升审计人员的预判能力、研判能力、裁判能力。采取分层分类培训，提高培训的针对性和时效性，探索构建总部、分部、各单位三级培训体系，坚持“以审代培”，提高审计队伍的实战能力，提升审计工作水平和履职能力。

探索开展审计人员考试和考核工作。鼓励审计人员积极获取各种执业资格，研究审计人员调考方式方法，推动审计人员业务能力和执业水平的提高。

（黄玉梅）

【经济法律研究与配合立法工作】

1. 开展经济法律研究

运用法治思维与方式，解决电力改革、国际发展、能源政策、基础管理等方面难题。2014年，围绕公司业务发展需要，完成共计14项涉法课题研究工作。

由公司总部组织完成的课题有2项：《中外电网企业侵权责任比较及应对策略分析研究》《基于通用制度规范下的合同履行法律风险动态管控研究》。

各单位组织完成的课题有12项：国网浙江电力完成《民营资本投资电网项目法律问题与应对措施》《企业借工法律问题研究》《集体企业关联交易法律分析与风险规避》等相关课题研究；国网四川电力完成《触电人身损害赔偿法律适用研究》；国网青海电力完成《新形势下电力法律风险防控措施研究》；国网山西电力完成《供电企业经营管理法律难点问题处置指南》的编制工作；国网天津电力启动《涉电地方性法规对公司发展经营可能构成的影响》课题研究；国网湖北电力启动《电力企业授权委托管理》课题研究；国网重庆电力围绕劳动用工、营销管理、电网建设及安全运维等热点、难点问题开展相关法律课题研究；中电装备公司完成《国际EPC工程项目法律与合同风险管理手册》的编制工作；国网国际公司启动《不同海外项目的法律协议风险研究》课题；国网能源院持续开展《国家安全政策法规研究》课题研究。

2. 参与国家立法工作

组织开展核心法律问题研究，分析全国各省 82 项涉电地方性法规与政府规章等工作，为国家层面立法配合工作提供支撑，为《中华人民共和国电力法》修订工作奠定基础。就《大气污染防治法》《安全生产应急管理条例》《不动产登记条例》《基础设施和公共事业特许经营管理办法》《电力建设工程施工安全监督管理办法》《工程建设项目招标范围和规模标准规定》《国资委关于建立国有企业经营投资责任追究制度的意见》《国有建设用地划拨目录》《行政诉讼法》《核电管理条例》《环境保护法》《居住证管理办法》《可再生能源电力配额考核办法》《立法法》《企业信用信息公开条例》《全国社保基金条例》《商标法实施条例》《审计法实施条例修正案》《外国投资法》《重大设备建立条例》等20余部法律法规复函全国人大法工委等单位。

3. 配合地方立法

公司各单位高度重视配合地方电力立法，推动地方政府完善电力法规体系。国网天津、河北、山西、浙江、四川电力和河南电力等单位分别推动《天津市电力设施保护条例》《河北省电力条例》《山西省电力设施保护条例》《浙江省电网设施建设保护和供用电秩序维护条例》《四川省电力设施保护和供用电秩序维护条例》《河南省供用电条例》等综合性电力法规出台，多方面实现了对《电力法》的有益补充，完善了电力保护法律体系。国网安徽、湖北电力推进《安徽省电力建设促进条例》《湖北省电力设施建设土地占用补偿办法》等电力专项法规的立法进程，完善电力法规体系，促进地方电力发展。

（田志平　刘树根　赵荣生）

【法律保障工作】

1. 合同管理“六统一”保障公司发展

主要工作情况。2014 年，公司系统全年共签订合同 1585.3 万件（不含劳动合同），涉及金额 2.22 万亿元。其中，财务资产金融类合同、购售电输电类合同、工程建设类合同、买卖类合同、供用电类合同，占合同总金额 94.68%。合同金额同比增长最大的是运维检修类合同，增幅为 178.8%。全年公司系统未发现因合同签订不当给公司带来重大经营损失的情形，合同风险总体可控、能控、在控。集中对供用电类、购售电输电类、建设工程类、物资采购类合同文本进行完善，经新修订和新编共形成公司统一合同文本 218 个，实现公司主营业务及重要领域全面覆盖，公司统一合同文本体系基本建成。公司统一合同文本使用率在 95% 以上，使用反馈整体情况较好。实施合同管理通用制度，审核批复差异条款，组织并实施公司首次合同专项调考，全系统 27 家省公司和 31 家直属单位万余人参加培训和普考。加快合同全过程管理应用系统的上线推广，实现总部及 27 家省公司、2 家直属单位实现上线运行。2014 年，总部完成固定授权同比增加 17%，授权内容的计划性、针对性和实用性增强；专项授权同比减少 34%，主要集中于授权参加股东会议、签订境外发债协议及战略合作协议等非常态化工作。

主要工作成效。推进合同管理通用制度落地，一贯到底的合同管理制度体系基本建成。继续巩固合同管理通用制度建设成果，在实现省公司落地实施的基础上，克服直属单位业务范围广、管理要求高、发展变化快等难点，通过“逐家面谈、逐条议定”的方式确定差异内容，完成全部直属单位差异条款的批复，成为通用制度落地实施典范。

实施合同全过程管理信息系统一级部署，企业级合同管理平台初步建成。加快合同全过程管理应用系统的上线推广，强化上线前培训，完善运维体系建设，总部及 27 家省公司、2 家直属单位实现上线运行，系统上线使用单位数量连年攀升。沟通总部相关业务部门，完成合同系统与 ERP、ECP 平台的集成对接和数据共享，从技术上保障了合同管理与业务的横向协同，达到“横向集成、纵向贯通”的目标，实现合同流转和监测的双螺旋管控。

统一合同文本修编形成常态，覆盖广泛、精简实用的文本体系基本建成。建立统一合同文本修编、使用及反馈全过程管理工作机制，公司合同文本年度修编常态化。紧紧围绕国家新出台法律及公司重要通用制度，集中对供用电类等 4 类合同文本进行完善，完善公司统一合同文本，公司统一合同文本体系基本建成。

法定代表人授权管理体系成熟稳定，管理质效增强。公司法定代表人授权管理已形成与“三集五大”相适应的管理模式和流程体系。随着通用制度体系初步建成、“五位一体”协同机制的推进，各部门、各单位、各专业岗位职责和配套制度相对固化，增强了对常规业务的预判精度。以总部为例，2014 年度固定授权同比增加 17%，剔除被授权人人事变动较大因素，授权内容的计划性、针对性和实用性增强；专项授权同比减少 34%，主要集中于授权参加股东会议、签订境外发债协议及战略合作协议等非常态化工作，因超固定授权范围或金额而申请的专项授权数量极少。

2. 增强商务及法律保障能力

参与公司重大改革、重大决策和重点业务活动，扩展法律保障的广度和力度。完成公司境外发债国际和国内律师选聘，全程跟踪提供法律服务，确保境外发债成功发行。开展公司章程、劳务派遣用工、农电改革、PPP 项目、大用户直接交易、供电业务外包管理、分布式能源并网服务、企业信息公示等政策及相关法律问题研究，为公司经营决策提供客观依据。参与界河流域公司的组建、一般职工持股社会化企业处置等工作，全程提供法律支撑与保障。加强对特高压电网工程、信息化采购、国际化业务、跨区跨省电能交易等合同的履行风险管控，防范违约风险。与工商管理部门沟通，研究和办理企业信息公示以及原国家电力公司注销等相关事宜。

3. 招标活动法律保障

2014 年，公司招标活动法律保障为 35kV 及以上输变电工程设备材料、配网设备材料协议库存、输变电项目设计、施工、监理、营销类、信息化、电源及辅助类等全部 12 大类批次项目以及特高压物资、服务所有单独批次项目的招标采购活动提供全过程法律保障。全年共参加各项法律保障活动 197 次，出具法律审核意见书 266 份，为逾 2000 亿元国有采购资金的规范使用提供了支撑。法律保障活动次数同比有所减少，集中体现了公司归并优化招标项目计划安排的成效；而出具的法律意见书数量同比则增加近三分之一，反映出总部招标采购项目数量增加、法律参与管理事项决策论证显著增多的趋势。

法律保障工作以电网建设项目为重心，全年共参加特高压工程相关的法律保障活动 52 次，约占全年总体工作量四分之一，与历年相比明显增加。

各单位执行“专业服务、集中调派、全程保障”的法律保障工作原则，统筹本单位法律资源，规范使用外聘律师，27 家省公司法律机构共参加评标/谈判评审活动 4109 次，出具法律意见书 2949 份；31 家直属单位法律机构共参加评标/谈判评审活动 2826 次，出具法律意见书 1907 份。

为履行法律保障职能提供制度依据。匹配两级集中招标运作模式要求，建立总部统筹、两级保障的法律保障管理模式，总部与各单位法律部门按照公司集中招标的实施模式，分别管理本级招标活动的法律保障工作并履行相应的职责。通过明确职责、统一内容、规范流程，推动各单位法律保障工作的标准化。以招标业务的需求为导向，优化法律保障工作机制，形成法律保障与招标业务工作的合力。在法律服务范围、时限、法律意见反馈等具体事项的规定上，通用制度体现以公司利益为宗旨、以业务工作规范高效运作为目的的建章立制原则，使法律保障工作的独立价值统一于公司物力集约化管理要求。

参与深化集中招标管理工作，发挥法律审核把关和决策支撑作用。根据公司扩大集中招标采购范围的要求，跟进新纳入项目的管理、实施工作。协助招投标管理部门做好技改、大修、零购等新项目的集中管控，为采购方案制定、文件编写、项目组织实施等各环节提供法律论证意见，确保依法合规。配合招投标管理部门优化集中采购策略工作，为提高集中采购效率效益出谋划策。发挥法律专业优势，对推行电子化单轨制招标、输变电工程设计施工监理项目评标规则优化等新举措涉及的法律问题，专门进行研究并提出解决方案，保证采购策略优化取得成效。

巩固创新招标法律保障常态机制，法律保障服务可靠高效。开设特高压等重点项目的法律保障“绿色通道”，遴选资深法律顾问参与法律保障工作，改进招标文件审查方式、加快流转会签进度，推动重点工程建设项目物资、服务招标活动顺利实施。发挥月度会议制度的诊断提升作用，召开 9 次招标活动法律保障工作讨论会，组织法律、招投标管理部门、国网物资公司以及部分在京单位专家，集中开展典型案例分析，统一法律问题处理标准。

加强专业指导，提升两级法律保障水平。更新修订既有法律业务工作指导成果，组织力量对 2012 年编写出版并在公司系统获得良好反响的《国家电网公司招标活动法律保障实务指南》进行修订，重点体现近两年实施的《电子招标投标办法》等规范性文件的最新立法规定，集中解答公司招投标管理工作中的新发问题。修订实务问答 104 个、案例 19 个，新增实务问答 11 个、案例 10 个，更新内容占比达到 50%。创新基层单位招标法律保障人员培养方式，结合通用制度实施后对省公司一级法律保障工作提出的新要求，开展选调基层法律顾问到总部接受短期培训的试点工作，提升基层单位对法律保障工作职责、业务标准、流程机制等的认识。

（吴伟伟　沈　磊）

【法律风险防范及普法工作】

1. 健全法律风险防范体系

重视法律风险防范工作，围绕“三集五大”体系建设要求，推进通用制度体系建设，形成以452项通用制度为主，以公司非通用制度和各级单位辅助性制度为补充的规章制度体系。完成国资委央企法制工作“三年目标”建设，加强运营过程风险管控，实现制度、决策、合同、招标法律审核100%，实现法律机构设置、法律业务管理机制及法律管理体系不断健全，巩固公司“以事前防范、事中控制为主，事后救济为辅”的法律风险防范机制，提升依法治企水平。

2. 初步建成制度体系

根据公司制度标准一体化建设的总体安排，至2014年底，以通用制度为统领，以非通用制度和各单位辅助性制度为补充的新型制度体系初步建成，制度“一元订立”模式基本落实，“一体运作”全局闭环管控机制已渐成形，“一管到底”普遍通用的制度管理内容得到有效执行，为优化、固化和深化“三集五大”成果做出贡献。

建成新的制度体系，实现全职责、全业务、全流程的三全覆盖。在公司1585项适宜制度化管理的具体业务中，1483项业务实现规范性文件管理覆盖，1371项业务实现规章制度管理覆盖，以通用制度一管到底的业务达1223项，公司业务规范化管理率达到94%，制度化管理率达到87%，通用制度管理率达到77%，基本实现公司系统主营业务的顶层设计、总部统领，依法治理，并一贯到底的建设要求。

通用制度建设过程坚持科学民主，集百家之言、集全网智慧。公司先后组织53次规委会审议通用制度；五批通用制度，起草人724人，审核人526人，审稿专家1216人；公司总部研究并回复各单位所提5830项意见建议。

通用制度建设共计替代废止各单位制度标准64 462项，打通了公司主营业务的管理层级。

3. 法律纠纷与协调处理

2014年，各省（自治区、直辖市）公司及其下属单位（以下合称“供电企业”）新发案件2151起。各单位主动维权意识增强，主动维权标的额较2013年增加27.83%。其中，供电企业主动维权案件较2013年增加42.90%，标的额较2013年增加47.53%，多为起诉欠费企业的供用电合同纠纷，通过发送律师函或主动起诉等方式追缴电费，胜诉率较高。总结典型案例分析经验，促进与公司主营业务融合。围绕《中华人民共和国电力法》修订工作热点，结合典型案例分析，为修法工作提供相关实践案例支撑。

案件管理制度体系初步建立，“集中管控”管理思路得到有效落实。修订并发布《国家电网公司法律纠纷案件管理办法》。确立了“集中管控、分级负责”的案件管理思路。

总部组织编写《劳动争议案件处理实务问答》；国网辽宁电力印发防范触电和火灾事故法律风险等指导意见。国网北京电力统一编发内部应诉通知书，严把案件处理费用收支关；国网江苏电力对省内案件实行跨单位案件集中处理协调机制，打破案发地公司单独处理格局，根据案件类型集中调配优势资源处理；国网天津电力将案件管理思路从“全过程跟进”优化为“结案后的评价和监督”；国网新疆电力建立健全重大法律纠纷责任追究制度；国网宁夏电力实行逐案总结评析制度，深查发案根源，提出措施建议。国网天津、江苏电力改变从“案由分类”的传统分析模式，转为以公司各主营业务为划分标准的案件分析模式，提高案件管理与主营业务的契合度及效果；国网山西电力结合《山西省电力设施保护条例》修订发布，集中清理整顿线下房、线下树以及线下施工等问题。

4. 普法宣传工作

编印出版“六五”普法读本。从法制宣传、制度建设、合同管理、案件管理、立法配合、法律研究等六个方面，收集了108项法律业务管理案例、57项法制宣传典型经验和43项法律研究成果，汇编成册，整理出版，为各级单位开展工作提供参考，增进业务交流，推进法治工作水平提升。加强普法宣传阵地建设。各单位利用传统媒体与网络新媒体资源，提升法制宣传教育效果。

国网四川电力制作普法汉藏双语宣传挂图，为藏区群众解读电力法规。国网安徽、江西、甘肃电力编印《制度体系建设周报》，大力宣贯依法依规办事理念。国网河南电力编发《员工普法问答350问》，深化基层员工普法效果。国网国际公司编制《法律实务与研究》专业期刊，利用交流园地促进法律工作水平提升。创新开展法制宣传教育活动。各单位结合当地实际和具体情况，创新普法形式，丰富普法内容，深化普法宣传效果。国网河北电力组织全体员工参加“百家网站暨中国普法官方微博宪法知识竞赛活动”，进一步提升员工法律意识。国网江西电力组建公司“六五”普法巡讲团，开展基层普法活动。国网上海电力组建“青年法学会”，持续打造特色普法文化产品。国网陕西电力组织开展“安全生产法大讲座”。国网青海电力设立基层单位标准化法律园地“开放日”和法律顾问“坐班制”。国网新疆电力举行“与法同行万人宣讲活动”。

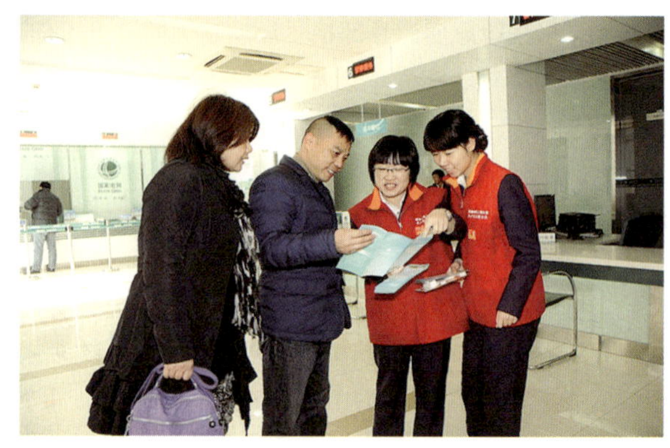

● 12月4日，国网上海市南供电公司党团员志愿者在供电营业厅内向用户宣传宪法。 （龚黎翔 摄）

（刘树根　田志平　张　宙　赵荣生）

安全生产

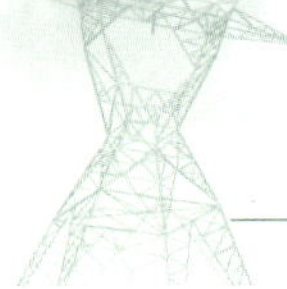

安 全 管 理

【安全生产与监督管理】 2014 年，公司开展安全管理提升活动，突出预防为主，深化安全生产策划管控，电网保持安全稳定运行。全年没有发生一般及以上电网和设备事故；发生生产人身事故 3 起，死亡 3 人；发生五级电网事件 13 起、六级电网事件 2 起，发生五级设备事件 1 起、六级设备事件 2 起。

1. 安全生产策划管控

强化生产秩序管控，制定 2014 年安全工作意见，组织省、市、县公司、生产性直属单位建立安全生产月、周、日例会制度，形成常态风险协调管控机制，组织落实“二十四节气表”工作，加强议定事项监督执行，落实日常工作职责，强化春（秋）检、迎峰度夏（冬）具体措施。

2. 安全管理提升活动

开展安全管理提升活动，做好全年安全工作的组织、策划、督导、落实，为“三集五大”体系建设和坚强智能电网发展提供安全保障。完成 42 项主要内容，组织春（秋）检预试、迎峰度夏（冬）、安全生产月、打非治违专项行动、重要活动保电等工作。贯彻新《中华人民共和国安全生产法》，培训 120 余万人次。开展春（秋）检、基建工程等安全检查和配电设备、供电服务等质量督查，稽查作业现场 8.6 万个，发现问题 1.5 万余项。推进隐患排查治理“全覆盖、勤排查、快治理”，排查隐患 8.2 万项，整改完成率 95.5%。开展新一代智能变电站、分布式电源、新能源等安全技术调研，提出 74 条安全技术措施和 16 个方面的管理工作建议。

3. 构建风险管控体系

按照“总部示范先行、全面规范实施”的思路，制定《直调系统、各级电网运行风险预警管控工作规范》，建成覆盖国（分）调、省调、地（县）调各级电网运行风险预警管控体系，利用安全例会和安监一体化信息系统“两个平台”，规范风险辨识、预警、预控、反馈等各环节工作，公司系统共发布 3494 项预警，保障了各级电网检修和施工安全，特别在迎峰度夏复奉、锦苏、宾金三大特高压直流满功率运行，复奉、天中等跨区电网检修、调试、试验期间，强化专业协同，落实预控措施，提升工作效率，取得了安全和效益的双赢。

4. 电网运行安全管理

应对山火、雾霾、覆冰等灾害影响，采取断面控制等措施，保障各级电网运行安全。组织迎峰度夏工作，安排柴拉直流双极不平衡试验、宾金直流大负荷试验、长南特高压交流 530 万 kW 大负荷运行，全面核查低频（压）减载、高频切机和解列装置，开展跨区直流专项督查。加强复奉、锦苏、宾金三大特高压直流满功率安全运行，组织沿线 9 个省（市）公司建立风险管控协同机制，加强 62 个高风险区段、27 个中风险区段运维保障，保障了清洁能源大规模送出和电力负荷中心的可靠供应，全网没有拉闸限电。国家电网全年消纳清洁能源发电量 9627 亿 kWh，新能源消纳总量创历史新高。

5. 设备健康水平管理

加强跨区电网运维管理，开展特高压变电站专项带电检测，完成 3257 台设备 36 104 项次检测，处置 186 项缺陷。开展直流换流站专项隐患排查，落实防止直流闭锁 223 项问题。首次采用等电位带电作业完成复奉直流绝缘子更换和宾金直流缺陷处置。深化变电精益化管理，完成 249 座 330kV 及以上变电站精益化评价，组织 3.4 万项设备带电检测。建成山火智能检测预警中心和覆冰预测预警中心，发现 500kV 及以上线路火点 1.48 万个，实现沿江 11 省（市）覆冰长、中、短期预测。完成 11 家省公司差异化防雷评估系统部署。开展直升机航巡 9.13 万 km，发现缺陷 1.5 万余处。配置变电站机器人 150 台，现场人工巡视强度明显降低。推进配电网标准化建设，完成配电网不停电作业 27.8 万次，同比增加 7.8 万次，减少停电 1900 万时户。

● 6 月 2 日，变电检修员工在山东文疃 35kV 变电站开展避雷器缺陷处理工作。 （夏文龙 摄）

6. 基建、产业等安全管控

梳理全年791项重点工程和重大施工作业，全部实行“挂牌督查”，逐月统计分包、组塔放线、跨越施工等薄弱点、高风险作业，开展“四不两直”督查。开展施工承包商及其分包单位“安全承载力”分析，推行施工项目部安全例会制度。试点开展川藏联网工程建设安全工作提前策划、过程管控、事后评估，保障安全建设、按期投产。落实农电人身安全风险管控8条强制性措施，强化农网改造工程建设和检修作业管理。开展调度通信大楼供电、消防安全隐患排查，发现问题3322项，整改完成1496项。推进产业安全标准化和规范化管理，强化丰满大坝重建及6个抽水蓄能电站建设、发电厂大修、煤矿安全生产、通航作业等高危领域风险管控。制定并落实集体企业同部署、同检查、同考核一体化管理要求，组织集体企业安全检查。开展装备制造企业粉尘爆炸专项整治。

7. 抗灾救灾保供电

加强应急基础管理，制定防范大面积停电、自然灾害等32项典型突发事件应急处置卡，明确关键环节和重要措施，落实到各个岗位、各个专业，在公司系统推广应用。完成总部应急指挥中心搬迁，实现四级应急指挥中心互联互通。建立供电企业应急能力评估指标和方法体系，开展突发事件事后评估调查。及时发布灾害预警，统筹应急资源调配，高效处置年初南方大范围雨雪冰冻、寒潮，夏季台风，部分地区暴雨洪涝，华西秋汛，地震等灾害影响。做好涉疆、涉藏电力反恐工作。公司系统累计出动60万人次，完成春节、全国两会、上海亚信峰会、南京青奥会、北京APEC峰会等重大保电任务。

（杨怀慧）

【安全隐患排查治理与风险管控】 2014年，公司贯彻落实新《中华人民共和国安全生产法》和国家安监总局、国资委、国家能源局提出的隐患排查治理工作要求，开展“安全管理提升”活动，除隐患、控风险、防事故，保障了国家电网安全可靠运行。

1. 安全隐患排查治理

修订公司《安全隐患排查治理管理办法》，组织开展宣贯学习，结合全国“安全生产月”活动，开展“安全隐患随手曝”，发动员工人人参与隐患排查，促进形成隐患排查治理“全覆盖、勤排查、快治理”工作格局。各省、地市、县级公司执行公司二十四节气表，做好季节性专项隐患排查和月度定期评估，隐患排查工作覆盖各层级、各时段；各省公司组织开展230次专业隐患排查，覆盖电网运行维护、检修试验、电力建设、信息通信以及产业等各专业领域；重点抓好电网迎峰度夏（冬）、三大特高压直流满功率运行和调度通信大楼消防安全隐患排查治理，对短期内无法消除的隐患根据其危害性适时发布隐患风险提示；组织国网四川、浙江、福建电力等单位结合川藏联网、浙福特高压工程进展，开展施工安全隐患排查；组织国网江苏、北京电力等承担青奥会（南京）、APEC峰会（北京）等重要保电任务的单位，开展供用电安全隐患排查；组织国网湖北、重庆、四川电力开展±800kV复奉、锦苏和宾金特高压直流系统专项隐患排查，发现并消除±800kV复奉线2125、690和903号以及±800kV锦苏线400号塔等处重大隐患，保障跨区输电线路安全运行。

7月17日，负责青奥会南京体育学院赛点的国网江苏电力保电工作人员在开幕式前进行联调联试。

（张 强 摄）

2. 电网安全风险管控

完善公司安全风险管理制度，建立覆盖各专业、各层级的安全风险辨识、预警、预控全过程闭环机制。制定电网运行风险管理办法，建立风险预警发布机制。按照风险等级划分，直调、分调系统管控五级以上电网安全风险，省级管控六级以上电网安全风险，市级管控七级以上电网安全风险，各层级四级以上电网安全风险报公司总部。按照时间节点划分，建立“年、月、周、日”电网安全管理制度，抓好“年度分析、月计划、周安排、日管控”的有序衔接。严格生产秩序管理，落实各环节风险管控要求，组织省、市、县公司、生产性直属单位建立安全生产月、周、日例会制度，形成常态风险协调管控机制。按照“总部示范先行、全面规范实施”的思路，制定直调系统、国家电网运行风险预警管控工作规范，覆盖总部、5个分部、27家省公司、394家地市公司，构建纵向贯通、横向协同、责任明确、闭环落实的国家电网运行风险预警管控机制。利用安全例会和安监一体化信息系统“两个平台”，规范风险辨识、预警、预控、反馈等各环节工作。组织各单位做好应急准备，制定完善的事故处置和抢修预案，检查联络线断路器和备自投装置，提高事故处置、抢修和恢复速度，最大限度减小停电损失和影响。2014 年公司系统共发布 3494 项预警，保障了 3639 项重要检修和施工的安全实施。

3. 安全隐患专项治理

施工调试安全隐患排查治理。组织各省公司督促所属电力施工企业开展隐患排查治理，各工程业主、施工项目部开展作业现场隐患排查治理，对高处作业、近电作业、交叉作业、跨越施工等进行梳理分析，逐月发布在建跨越施工信息，掌握安全隐患和风险，督促制定针对性防范措施，预防作业人身安全事件；督促施工单位和设备厂家做好设备技术交底、培训，严格安装、调试和验收把关，及时消除设备隐患，实现“零缺陷”移交运行。

输配电线路外部环境隐患排查治理和监控。治理输配电线路外部隐患，对有外部隐患苗头的缩短巡视周期，多次、反复排查，在巡查中与沿线村民和线路附近人员进行交流或远程视频监视，必要时重点地段派人驻点看护，及时了解线路周边环境和发展趋势，动态掌握线路运行情况，防患于未然。

调度通信大楼供电和消防安全隐患排查治理。吸取“9·12”和“9·23”调度通信大楼供电和消防安全事件教训，组织开展为期一个月的专项治理行动。总部、5 个分部、27 家省（自治区、直辖市）电力公司以及国网中兴公司、运行公司、信通公司共 35 家单位，针对各级调度通信大楼、备用调度等重点场所，各级自动化机房、通信机房、信息机房等重要部位，从安全管理、设备状况、运行维护、应急处置、反事故措施落实等 13 个方面，进行供电及消防安全检查和督导，累计排查一般隐患 3322 条，完成整改 2811 条，逐条建档登记未完成整改的隐患，制定整改计划和预控措施。抓好整改工作，落实相关标准、制度以及反事故措施要求，切实保障各级调度通信大楼供电和消防安全。

组织开展电力安全工器具专项隐患排查治理，范围覆盖电力生产、检修试验、施工安装、科研院所、培训中心、装备制造、集体企业，以及承担公司系统检修、施工作业的外来施工队伍，以“六查”（查管理、查采购、查试验、查配置、查保管、查使用）为重点，梳理电力安全工器具采购、配置、检验、使用、报废等全过程中存在的问题和不足，排查可能导致人身伤害事故的安全隐患并及时治理。排查对象包括绝缘安全工器具、登高工器具、个体防护装备、安全围栏（网）和标识牌四大类安全工器具。公司总、分部结合秋季检查安全生产督查、县级供电企业管理提升工程验收调研和跨越施工现场安全督查等进行抽查，共发现安全隐患 7593 项，完成整改 6425 项。

督促治理 859 项电网隐患、7787 项防误闭锁隐患。对于需要纳入电网规划建设进行治理的电网专项隐患，与规划建设部门沟通协调，加快立项、建设进度，同时做好治理完成前的风险防控措施和应急处置方案，防范隐患风险。

涉网设备隐患排查治理。吸取“7·1”青海电网高压用户变电站故障和“7·9”新疆石河子电网自备电厂故障教训，各单位督促电网内的高压电力用户开展自备电厂与用户变电站隐患排查和治理，督促用户加强安全管理，健全运行维护规程，严格执行国家、行业标准和《国家电网公司电力安全工作规程》，落实《防止电力生产事故的二十五项重点要求》，防止用户设备故障或违章等原因影响电网安全。

4. 安全隐患管理

国网北京电力以“隐患排查任务单”为载体，通过公司下达排查任务到基层单位反馈排查结果，基层上报隐患到公司核定安排治理工作形成隐患治理闭环管理；国网天津电力开展各专业常态化排查隐患，实现隐患排查治理单位全覆盖、专业全覆盖、排查手段全覆盖、工作流程全覆盖、专项排查活动全覆盖。国网重庆电力创新提出“AAR”（after action review，行动后反思）班组事故隐患排查治理工作机制，利用班组每周安全日活动，将隐患排查治理工作在班组层面固化、形成常态，营造群策群力查找隐患氛围。国网江西电力抓现场、抓过程、抓联动、抓激励，确保隐患排查工作效果。国网辽宁电力以建机制、查隐患、抓治理、防事故为主线，落实“全覆盖、勤排查、快治理”要求，强化安全隐患排查、评估、治理、防控、督办考核等环节的过程管控，多渠道排查防遗漏，多手段治理安全隐患，将隐患排查治理、安全风险管理和安全风险预警三项常态工作有机结合，对隐患排查基础数据实施有效的安全风险管控。国网浙江杭州供电公司运用“望闻问切”方法排查治理设备隐患，严查细听，追根问底，切准要害，提升安全隐患排查治理工作绩效。

2014 年，公司系统所属各级单位累计排查安全隐患8.2万项，治理消除7.8万项，整改完成率达95.5%。公司没有发生大面积停电事故，没有发生重特大人身伤亡事故和设备事故，电网和设备安全事件同比减少。

（王学军）

【可靠性管理】 按照公司“安全管理提升”活动的工作安排，巩固可靠性管理工作基础，开展管理创新，深化指标分析应用和过程管控，提升可靠性管理工作水平。截至12月底，公司系统城市、农网用户供电可靠率分别为99.967%、99.878%，同比分别提高0.011、0.496个百分点；城市、农网用户平均停电时间分别为2.891、10.687小时/户，同比分别下降25%、17.6%。220kV及以上电压等级输变电系统可用系数达到99.691%，其中，输电回路和变电回路分别达到99.675%和99.718%。110（66）kV及以上电压等级架空线路、变压器和断路器可用系数分别为99.612%、99.902%和99.941%。直流输电系统全年累计输送电量2379.39亿kWh，同比增加555.13亿kWh，平均能量可用率为93.20%，同比下降0.55个百分点。

1. 可靠性基础管理

进行可靠性数据对应工作以及台账数据梳理工作，并根据新的管理工作要求优化工作流程，完成25万条调度台账、546万条营销用户、445万条生产设备台账与可靠性台账的正确对应。强化数据审核工作力度，明确对于自动采集数据忽略、修改的三级审核要求，并下发忽略原因分析报告，将对自动采集数据的忽略与修改纳入数据质量考核体系，提高数据质量。组织国网浙江、天津、河南和湖北电力编制“输变电设施可靠性管理”“供电系统用户供电可靠性管理”“可靠性管理理论”“输变电系统可靠性管理”等网络大学培训课件。

2. 过程管控和指标分析

完善输变电系统可靠性统计评价体系，开展输变电系统可靠性评价工作。以目标管理和输变电系统可靠性统计为切入点，强化停电计划的综合协调和刚性管理，控制重复停电，加强新投设备质量分析、检修质量管理等相关过程指标分析和管理评价，推进状态检修、带电作业和抢修管理。以同业对标和业绩考核为抓手，强化指标偏差率考核，细化量化专业过程考核，建立可靠性管理良性激励机制，同时对指标瞒报虚报行为加大处罚力度。深化可靠性专业管理日常工作质量考核评价，促进可靠性管理工作开展。加强可靠性指标分析工作的针对性，利用电能质量在线监测系统为支撑挖掘指标潜力，拓宽分析工作的深度和广度。

3. 可靠性评估方法和指标体系研究

为加强输变电可靠性和用户供电可靠性数据对公司安全质量监督工作的支撑力度，发挥可靠性管理的目标管控作用，实现可靠性管理从事后统计向事前评估的转变，公司组织国网湖南、重庆电力分别牵头开展输电网可靠性和配电网评估方法和指标体系研究工作。国网重庆电力提交《中压配电网可靠性评估导则》送审稿。国网湖南电力完成《大电网可靠性评估导则》初稿编制工作。

4. 可靠性检查和督查

按照督查和总部复查两个阶段组织开展供电服务及电能质量专项督查工作。各单位按照公司供电服务及电能质量督查工作要求，加强组织、明确责任、制定方案、严格落实；各级督查组通过听取汇报、查阅资料、实地检查、交流座谈等方式开展督查。通过督查发现了存在的问题和不足，推进各单位电力可靠性管理工作的深入开展，促进供电服务质量管理工作水平提高，加快电能质量在线监测系统建设步伐，加深了各单位、各级人员间的学习交流。

5. 技术支撑和管理创新

电能质量在线监测系统建设是公司电能质量管理在管理理念和技术手段上的创新。公司总部成立电能质量在线监测系统建设工作领导小组，强化系统建设统一领导。总部各相关部门推进系统推广实施工作，组织完善系统主站功能，优化系统性能，落实项目资金计划和费用，组织完成集成接口改造工作和装置更换工作。公司各单位加强工作组织，细化工作计划安排，结合实际情况推进系统推广实施工作。组织开展电能质量监控分析工作，利用数据挖掘技术，进行海量数据分析，采用地理图、图形、表格等模式，构建总计249个监测与分析专题模块，实现频率、电压、可靠性数据的在线监测。截至12月底，总部及公司系统全部29家省（市）公司系统已全面建成，系统实现对110（66）kV及以上电压等级15.3万个主网回路、256万台设备和2.1万个电网电压考核点的运行数据小时级自动采集；实现城市范围158万和农村地区95万用户采集装置（覆盖约1.6亿低压用户）停电事件以及约5万个供电电压监测点的按日自动采集。

（王宏刚）

【资产全寿命周期管理】 2014年，按照职责、流程、制度、标准、考核五位一体的工作要求，借鉴PAS 55国际资产管理标准和方法，创新开展具有公司特色资产全寿命周期管理工作体系建设工作，取得阶段性成果。

1. 资产全寿命周期管理体系建设

总部相关部门密切配合，做好本专业领域的关键业务试点推广实施工作。修编国家电网公司《资产全寿命周期管理体系规范》技术标准，编制《资产全寿命周期管理规定》《资产全寿命周期管理评价办法》两项通用制度，公司资产全寿命周期管理标准制度体系基本形成。制定印发体系建设推广实施方案和工作指南，完善业务体系、落实管理职责、梳理业务流程、健全考核评价机制等主要工作任务和要求，在公司系统启动体系建设工作。强化指标考核管理，结合资产全寿命周期管理特点和要求，制定考核指标，激励和引导各单位抓好资产全寿命周期管理体系建设。

组织国网经研院、南瑞集团开展公司各单位体系建设工作督导，及时发现和解决体系建设中存在的突出问题。针对部分工作进度慢、质量不达标的单位，国网安质部下发工作督办单，确保完成公司资产全寿命周期管理体系建设总体目标。开展国网西藏电力对口帮扶，部分体系建设先进单位抽调体系建设主要专业的核心骨干 20 人，帮助国网西藏电力掌握体系建设的目标、思路和方法，指导其开展体系建设工作。

按照“评价标准的系统性、一致性、严肃性”等要求，制定评价工作方案，完善评价验收标准，细化评价验收工作流程、评价细则，完善评价组组建模式，保证各单位体系评价验收标准一致、规范实施。在国网经研院成立管理评价中心，成立专职评价队伍；通过开展省公司体系评价员集中培训，培养省公司兼职评价员队伍，为评价验收提供专业技术支撑，保证评价验收工作的专业性。

公司各单位均成立以主要领导或分管领导为组长的领导小组。国网山东、江苏电力等 19 家单位通过总部组织的正式评价验收，均达到“成熟级”水平。

2. 体系建设落地

① 夯实基础管理。各单位开展主、配网“账、卡、物”一致性清查，主网设备账、卡、物一致率基本达到 100%，配网设备账、卡、物一致率基本达到 80% 以上。② 体系与业务融合。公司各单位开展体系建设与实际业务相融合的探索，解决资产管理体系要求的落地实施与推广应用问题。国网江苏电力在青奥保电、特高压直流安全运行、特高压工程建设、配电网建设等工作中，运用资产管理体系建设成果，做到管理目标、计划、策略执行、风险控制等方面与资产管理体系有效契合，提升资产管理工作水平。③ 优化体系。从资产管理体系建设的符合性、实物资产管理的规范性、资产管理活动在各项业务中落地应用的有效性等方面进行“量化评价”，建立常态化资产管理体系评价改进机制，促进体系持续优化。国网山东电力结合提升供电可靠性终端采集准确性，提高资金管理的可视化、智能化，降低配网故障率等工作要求，突出“问题导向”，合理设置资产管理关键绩效目标和执行目标值，量化评价，保证体系建设成效落到实处。④ 体系建设机制落地。公司各单位总结资产管理核心要求与本质特征，构建资产管理组织模式，完善工作机制，确保资产管理理念与体系要求落实。国网浙江电力围绕可落地实施、可量化评价、可推广应用的建设原则，以横向协同、两头闭环、风险预控为切入点，建立健全三项工作机制，形成以“一标三制”为核心内容的资产管理体系机制。

3. 技术支撑体系

国网经研院成立管理评价中心，南瑞集团组建了 100 多人的专业咨询团队，各省公司培养了一批资产全寿命周期管理技术人才，支撑公司体系建设和评价工作。

4. 知识产权保护

组织国网能源院、南瑞集团和国网经研院分别从资产全寿命周期管理理论建设、体系建设和体系评价的角度开展研究，做好资产全寿命周期管理理论和实践创新成果总结，形成《深化资产全寿命周期管理研究与实践》成果报告，荣获公司管理创新成果一等奖，并由公司推荐申请中电联“2014 年度中国电力创新奖”。

（张兴辉）

【安全长效机制建设】 公司以“大安全”理念为引领，开展“安全管理提升”活动，建立完善安全风险管理体系、应急管理体系、事故调查体系，构建事前预防、事中控制、事后查处的工作机制，梳理安全工作流程，健全管理制度标准，夯实安全基础管理，推进安全工作机制创新，提升全安全管理水平。

1. 完善安全管理制度

坚持安全第一、稳定至上、服务为本，强化“大安全”理念，构建“大安全”工作格局。落实各级主要负责人为安全生产第一责任人。安全保证体系和安全监督体系相互协同，按照“谁主管、谁负责，谁组织、谁负责，谁实施、谁负责”的原则，保障安全组织、人员和投入，确保“大安全”目标实现。

结合“五大”体系建设，梳理安全流程、界面、职责，做好规程、制度、标准修订，推进安全管理标准化、制度化建设。组织修编《国家电网公司安全工作规定》《国家电网公司安全工作奖惩规定》《国家电网公司安全生产反违章工作管理办法》《国家电网公司隐患排查治理管理办法》《国家电网公司电力安全工器具管理规定》《国家电网公司建设起重机械安全监督管理办法》《国家电网公司质量监督工作规定》《国家电网公司资产全寿命周期管理暂行规定》《国家电网公司资产全寿命周期管理评价办法》《国家电网公司应急工作管理规定》《国家电网公司应急预案管理办法》《国家电网公司应急预案评审管理办法》《国家电网公司安全工作规程（配电部分）（试行）》《国家电网公司安全职责规范》《国家电网运行风险预警管控工作规范（试行）》《国家电网直调系统电网运行风险预警管理规范（试行）》《国家电网公司境外单位安全管理规范（试行）》《国家电网公司装备制造业安全设施标准化建设验收评价大纲（试行）》等安全管理规程、制度、规范，完善公司管理制度。

2. 安全基础管理

推进安全生产标准化建设，加大安全技术投入和科技投入，提升安全设施建设和安全工器具配备水平。开展反违章工作，建立安全纵深防御体系，注重从源头抓安全。鼓励班组创新实践，推进企业文化建设和安全管理中的实践。开展“安全管理提升”活动。围绕“梳理流程、防控风险、夯实基础、推进创新”主题，制订42项活动主要内容，抓好活动策划、组织实施、监督考核。

3. 全员安全培训

完善管理教育实训基地，强化实际操作培训、现场培训。组织举办安监管理人员培训班，抓好《国家电网安全电力安全工作规程》（简称《安规》）和“两票三制”的执行，组织开展《安规》调考、培训，参加《安规》考试43万人次。推行员工岗位安全等级培训、考核和认定工作，提高员工安全操作技能和自我保护能力。完成总部应急指挥中心搬迁，实现四级应急指挥中心互联互通。建立供电企业应急能力评估指标和方法体系，开展突发事件事后评估调查。

（杨怀慧）

【重要活动保电】

1. 亚信峰会保电

5月20~21日，2014年亚信峰会（亚洲相互协作与信任措施会议第4次峰会）在上海举行，46个国家和国际组织领导人、负责人或代表参会，其中包括11位国家元首、2位政府首脑及10位国际组织负责人。公司以“最高标准、最严要求、最实作风、最强措施”实现“零差错、零闪动、零投诉”和“三个确保”保电目标。

公司超前谋划、主动作为。国网安质部、运检部、营销部，国调中心安排部署并现场检查各项措施落实情况。国网上海电力加强内外部协调联动，提前2个月召开保电专题会议，数十次向市领导汇报工作，提前督促各场馆做好保电准备。

公司确立“国网保华东、华东保上海、上海保核心”的原则，重点保障包括特高压交直流通道在内的“四交四直”来电通道安全。优化调整220kV以上电网运行方式，确保西郊宾馆、上海大剧院、豫园、上海世博中心、国际会议中心等重要场馆分别由不同的500kV分区安全供电，所有保电场所均由两个以上220kV变电站送电。按照“一馆一方案”原则对峰会每个保电场馆建立用户专档，按照“双电源+末端快速自切+自备电源+UPS”模式，完成世博中心、上海大剧院、西郊宾馆、国际会议中心、豫园5个最重要保障场所临时UPS和应急发电车接口加装工作。

亚信峰会期间，总部、华东分部和各参与单位应急指挥中心互联互通，总部相关部门和参与单位主要领导参加保电值班，实时做好保电指挥协调。国网上海、江苏、浙江、安徽电力监视电网运行状态，提前采取预控措施；调动专业巡检和安全保卫力量，对重点站线和重点场所实行全天候巡视值守和定点看护；优化抢修布点，安排抢修队伍、车辆随时待命，做好应急物资准备，确保随时处置各类突发事件。国网上海电力出动供电保障人员13 561人、保电车辆1083辆，对422条线路、104座变电站、5个重要场所、17个重要客户实施保电；国网江苏、浙江、安徽电力共出动1559人、车辆121辆，对31条线路、6个变电站实施保电。

2. 南京青奥会保电

8月16~28日，第二届夏季青年奥林匹克运动会在南京举行，这是继2008年北京奥运会后，在我国举办的又一项具有国际影响的奥林匹克盛事。国网江苏电力及相关单位完成赛会开闭幕式及29个比赛项目、国家重大外事活动以及系列文化交流活动的供电保障任务，实现重大活动供电保障“零差错、零闪动、零投诉”目标。

国网安质部组织国网运检部、营销部，国调中心等部门，研究制定保电方案，并多次赴南京现场检查督导，确保各项措施落实到位。国网江苏电力和南京供电公司分别成立以党政主要负责人为组长的青奥会供电保障领导小组，统筹推进供电保障各项工作。2012 年 5 月，国网江苏南京供电公司开展“七彩供电 靓青奥”供电保障千日行动计划，对保电工作进行细化管控。为了保证青奥会供电，建设了 21 项 110kV 及以上青奥电网配套工程、12 项场馆外部电源加强工程、15 项涉及青奥会业扩工程，累计增加南京电网供电能力 224.3 万 kVA。

国网江苏电力制定实施保电工作方案 530 余项，13 个地市公司保电队伍按照统一部署进驻各场馆值守，33 辆应急发电车驻点待命；涉奥的 96 座变电站和 738 条线路实行全天候“一杆一人”“一站一组”的巡视和定点看护，并协调 223 名武警和保安进行武装值守。赛会期间累计出动保电人员 70 716 人次，保电车辆 7775 车次，开展特巡 29 247 次，每天有 2.1 万余名应急抢修人员保持“热备用”待命状态。

国网安徽电力配合南京青奥保电工作，做好外电入苏“两线两站”的值守和巡视，赛会期间两座涉奥 500kV 变电站恢复有人值班，两条涉奥 500kV 线路每个杆塔区间段安排 2 名专业人员及 4 名群众护线员巡视看护。累计投入保电人员 1496 人次，保电车辆 118 车次。

3. APEC 会议保电

11 月 11 日，2014 年亚太经合组织（APEC）领导人会议周活动落幕，至此，从 2013 年 12 月开始的 APEC 系列活动落下帷幕。公司在 11 个月的 APEC 保电期间，保障安全供电各类活动 300 余场，完成了 APEC 供电保障任务，实现重大活动供电“零闪动、零差错、零投诉”的目标。

公司党组高度重视 APEC 会议保电工作，公司董事长、党组书记刘振亚多次听取保电工作汇报并提出要求。总部有关部门组织协调国网华北分部和国网北京、冀北电力超前谋划、精心组织，从 2013 年 7 月开始，开展各项保电准备工作。

公司对相关区域的电网结构和系统运行方式进行优化完善，确保电网安全稳定运行。针对怀柔地区电网相对薄弱的情况，新建 220kV 怀柔北和 110kV 会都等 6 项输变电工程，新增变电容量 66 万 kVA，线路 89.5km，确保雁栖湖地区上级电源来自不同 500kV 供电分区，雁栖岛重要客户实现三路外电源供电；公司根据“全网保华北、华北保北京”的原则，优化系统运行方式，对可能出现的局部雨雪冰冻等强对流天气等可能威胁电网安全稳定的情况，做好应对准备；国网北京、冀北电力加强设备运行维护，开展 108 座变电（开闭）站，535 条主、配网线路的状态检测工作，梳理 46 个重要保电客户的内外部电源和用电安全状况，确保设备健康水平；主动服务用电客户，提升优质服务水平；完善应急措施，提升突发事件处置能力。公司发挥集团优势，调集国网山东电力 22 辆发电车支援北京，满足奥运中心区的 55 个临时用电点、8500kW 的用电需求，实施应急发电保障，连续发电 22 天，累计发电 23.1 万 kWh。

公司共投入电力抢修、线路巡视、变电运行、安保看护等各类保电人员 17698 人、车辆 1309 辆、应急发电车 64 辆，共计出动 14.24 万人次、1.09 万车次，对 108 座重点变电站（含开闭站）、535 条输电线路进行重点看护，保障了奥运中心区、怀柔雁栖湖、首都机场等 16 个重要场所，19 个经济体官员驻地宾馆的平稳供电。

（李　涛）

【工程建设安全管理】 基建安全管理标准化体系。开展“安全管理提升”活动和“强管理、抓落实、防事故”基建安全专项活动，结合公司“两会”精神和“二十四节气表”重点工作安排，组织开展安全年度策划，滚动修订推进重点工作。完成《基建安全管理规定》《施工安全风险管理办法》《安全文明施工标准化管理办法》《施工分包管理办法》《流动红旗竞赛管理办法》等基建安全通用制度修编；制定统一的培训教材，完善基建安全考试题库，组织各管理层级开展培训。

施工分包管控。完善分包管理机制，开展两次调研，掌握分包管理的基本数据及形势、现状和存在的问题，制定加强分包管理的工作计划；发布《施工分包管理十条规定》，编制施工分包合同范本，启动分包队伍选择和结算细则的制定工作，联系经法、财务、审计等部门研究分包问题，初步形成全方位、多专业协同抓分包管理的局面，提高各单位依法依规进行分包管理的主动性。开展两次施工分包专项检查，结合安全大检查、流动红旗评比、川藏联网和特高压等重点工程专项督查、交叉互查等工作开展分包管理检查，督促各单位开展日常分包管理巡查，对突出问题进行整改治理。通过资质审查、网上核查等手段加强分包商资质管理，通报分包商不良行为，完善合格分包商名录；在基建信息管理系统中建立分包信息管理体系，每月汇总分包队伍和分包人员动态信息，分析并通报分包管理薄弱环节；监督指导工程项目规范应用合格分包商名录，2014 年合格分包商名录应用率达到 100%。

基建安全风险管理。落实“挂牌督查”机制，组织基建管理人员“挂牌督查”重大风险作业，明确存在重大施工安全风险作业工程的安全督查责任人，跟踪监督施工方案编制和实施、管理人员到岗到位监护、风险控制手段和结果，督办工程安全管理主要流程运转、重点工作执行和各类安全问题整改闭环。实时跟踪600项重大风险作业进程，避免发生较大人身事故。把控重大活动和重要节假日期间施工安全稳定局面，加强十八届四中全会、APEC领导人和财长非正式会议、亚信峰会及春节、国庆假期重要时段基建安全管理。

基建安全评价机制。建立基建安全月度分析点评工作机制，每月召开基建安全分析和点评会议，总结评价本月安全工作效果，交流先进管理经验，对比管理差距、曝光突出问题，通报安全稳定事件，查找内部管理不足；研判下月基建安全形势和主要风险，超前部署落实重大风险防控措施。

工程建设防灾避险、电网预警监控长效机制。跟踪监控工程建设防灾避险工作，指导各单位、工程项目落实防灾避险控制措施，4~10月，组织排查2019个驻地和作业点，对可能受灾害影响的2283个作业点和驻地制定并落实控制措施。建立半月报机制，组织排查可能影响水电输送大通道和重要联络线运行安全的施工作业共计15项，加强电网预警监控，强化监督责任落实，确保不发生基建引起的电网安全事件。

基建安全检查监督。加强现场监督管控，开展“四不两直”安全随机督查27次，开展安全生产大检查、交叉互查及突出环节治理的专项安全检查4295项次，全年安全检查工作基本覆盖各省公司和直属公司。落实国务院安委会、国家能源局关于开展工程建设领域预防坍塌事故专项整治“回头看”要求，开展起重机等高大施工机械、高耸排架安全检查，消除安全隐患；组织开展施工安全管理及风险控制方案、施工方案安全措施专项检查，治理问题近2.5万条；制定《电力电缆及通道工程施工安全技术措施》，组织对照开展专项检查。

基建安全管理竞赛培训。组织两次国家电网公司输变电工程安全管理流动红旗竞赛活动，监督指导省公司开展低电压工程竞赛活动，17个省公司的20个项目，以及川藏联网线路和巴塘变电站工程得到表彰。开展年度基建安全管理培训和领军人才培训，全年本部培训基建管理人员300余人。分析掌握当前不同区域输变电工程建设为缩小差距所开展的工作，组织学习借鉴，提升工程项目安全管理水平。

（徐志军　吕洪林　彭开宇）

【农电安全管理】 农网安全风险管控。强化农网安全保证体系的主体责任，按照“五大体系”建设要求，明确专业管理部门农电安全管理职责，各级专业管理部门的农电安全责任意识增强。强化农电现场作业安全风险管控，组织举办农网工程现场安全管理培训班，开展农村配网工程施工安全风险辨识与控制研究，组织推广应用《农村配网工程施工安全风险辨识与控制手册》。指导研发农网工程现场安全管控模块，在国网四川、江西、河北电力试点应用。督促国网河南、甘肃、黑龙江、湖南电力等单位加强代管县供电企业的农网检修作业现场安全管理。结合驻点调研，组织开展农网工程施工安全督查，强化安全风险管控。对甘肃、青海、蒙东、山东、河北、河南、福建、江西等省开展农网工程和农村用电安全督查，并指导对问题的整改。农网工程全年保持零事故。

农村用电安全管理。健全农村用电技术、管理标准及制度，发布《国家电网公司农村用电安全工作管理办法》通用制度，制定印发《剩余电流动作保护器选型技术原则和检测技术规范》及《剩余电流动作保护器防雷技术规范》2个企业标准。完善行业标准《剩余电流动作保护器通信规约》《农村低压安全用电规程》《农村住宅电气工程技术规范》。结合西藏、四川藏区、青海藏区无电地区电力建设，组织编写《农村用电安全常识》《农村用电安全常识——中小学生读本》（藏汉对照版）两本书，发放给藏区居民，宣传普及新通电藏区群众的用电安全知识和用电技能。推进“你用电，我用心，实施农村用电安全强基固本工程”，督促各单位配合地方政府，构建政企联动、乡村实施、电力服务共建机制，强化农村用电安全管控及用电秩序管理，建立进村服务农事安全用电的机制。浙江、江苏、河北、山东、四川、青海等省按照公司部署开展农村用电安全强基固本工程，结合农村发展水平，推进“三级漏保”的安装应用，开展农村用电安全知识宣传，提升农户用电安全意识和用电技能。9月，开展农村用电安全管理知识和技能调考，抽考人员涉及公司系统26个省公司、215个地市公司、378家县级供电企业的223个相关管理部室和245个乡镇供电所，共468人。

小水电站防汛安全管理。跟踪天气变化，制定应对暴雨、台风等恶劣气候的措施，指导有关单位做好防汛排涝、防台风和救灾保供电工作。落实公司防汛工作要求，指导国网四川电力县供电企业所属小水电站安全度汛，督促小水电站定期开展安全自查和评级工作。组织专家现场督查蓄水式小水电站防汛安全工作落实情况。2014年汛期，国网四川电力重点督查广元、巴中、遂宁、南充、自贡、资阳6个市公司的11个中型水库小水电站防汛工作，整改发现的问题。年底，对国网四川电力县供电企业管理的小水电站进行全面摸底调查，了解227座小水电站资产管理、运维生产管理、小水电站防汛工作情况，分析46座蓄水式小水电站安全风险点，指导国网四川电力制定加强小水电站资产管理、提高小水电站整体安全运行水平的工作措施。

（余国太　朱建军）

运 检 管 理

【输变电设备专业管理】

1. 输变电设备主要运行指标

2014年公司未发生四级以上输变电设备事故，复奉、锦苏和宾金三大特高压直流持续大负荷稳定运行3216小时。29座直流换流站发生单阀组闭锁2次，单极闭锁8次，平均单极闭锁0.27次/极年，同比降低0.14次/极年。发生330kV及以上变电设备故障跳闸28次，同比降低6次。其中，330kV及以上变压器故障跳闸4次，故障跳闸率0.137次/百台年，同比降低53.6%；330kV及以上断路器（含组合电器）故障跳闸18次，故障跳闸率0.322次/百台年，同比增加15%。

2. 特高压及跨区电网运检

构建特高压及跨区电网运检管控体系，总部直接管控特高压交直流线路。督导各单位落实特高压及跨区电网运维责任，开展防雷击、防舞动、防覆冰等专项治理工作，提高输电线路和通道的安全防护水平，推进特高压及跨区线路分级管控，确定103条跨区线路。加强特高压输变电设备年度检修管理，明确检修工作要求，建立检修日报制度，协调解决停电等相关问题，保证检修质量。组织开展特高压变电站和直流换流站带电检测18 640项，发现设备异常138起。其中，国网上海、浙江、安徽电力采用带电检测、在线监测等技术发现并处理1000kV主变压器、高压电抗器和GIS等设备5起异常事件；国网运行公司、国网宁夏电力等发现并处理换流变压器异常产气、换流变压器套管电压致热、开关柜局部放电超标、GIS设备漏气、直流光TA外绝缘严重放电、直流分压器微水超标等异常事件，避免设备损坏和直流闭锁的发生。健全责任体系，逐线、逐塔、逐台设备落实措施，开展巡检16万人次，三大特高压直流大负荷稳定运行4个多月，为保障西南水电外送和华东电力供应发挥作用。做好宾金直流、川藏联网、浙福交流等重点工程生产准备，组织国网浙江、福建电力技术骨干全程参与设计、制造、安装、调试，落实反措和隐患排查成果，制订《浙福工程运维保障方案》，开展工程试运行和大负荷运维保障，部署专项带电检测和精益化自评价，保障特高压浙福工程投运。

3. 变电专业精益化管理评价

3~9月，各省（自治区、直辖市）公司组织完成本省（区、市）1/3的330kV及以上变电站（含换流站）精益化管理自评价工作。5~11月，总部组织对27座换流站、7座1000kV特高压变电站和26座330~750kV变电站开展抽查复评，共发现问题29.7万项。12月，组织专家归类整理问题，形成《精益化管理评价典型问题2500例》。各单位制订整改措施、落实整改，整改率达60%。

4. 输电线路“六防”专项工作

防外破方面：推行线路通道属地化管理，印发《关于加强重要输电通道运维保障和护线工作的通知》，加强山火隐患应对工作，截至2014年底，申请对220kV及以上交直流线路采取降压、停运和退重合闸等应急措施101条次，其中锦苏和宾金直流降压2次。防风偏方面：开展综合分析与研究，采取加装导线重锤、预绞式防振锤和间隔棒、防风偏绝缘子、防风拉线等措施综合治理，降低风偏故障。其中国网江苏电力完成500kV东三线绝缘子单串改双串并加挂重锤658基，实施绝缘裹覆75基。防冰害方面：完成各类抗冰改造大修技改、融冰装置检修维护、修订交直流融冰方案并开展融冰演练；结合预测预警系统发布的信息，监控覆冰变化，实施融冰、降压等措施，确保电网运行安全。防雷击方面：发布2014年雷电活动白皮书，推行差异化防雷工作，落实《架空输电线路差异化防雷工作指导意见》和《110（66）kV及以上输电线路差异化防雷改造指导原则（暂行）》，安装45 000余套线路避雷器，累计动作44 000余次；安装±500kV直流线路避雷器162套。公司“电网雷击防护关键技术与工程应用”获得中国电力科学技术进步奖一等奖。防鸟害方面：制订《输电线路涉鸟故障分级和风险分布图绘制方法》行业标准，开展鸟害运行分析，实施柴拉直流防鸟害与观鸟周报制度，开展高海拔地区直流线路鸟粪闪络机理研究。防污闪方面：修订交流系统污区分布图（2014版），规范直流污秽监测点设置和测试工作，检查公司系统近三年防污闪工作；梳理防污闪技术标准，修订防污闪涂料技术条件；规范复合绝缘子抽检试验。

5. 电缆及通道专业管理

将电缆通道纳入主设备管理范畴，实行电缆通道设备主人制；开展重要电缆通道安全风险评估，按照影响电网安全运行和所带用户的重要程度，实施“差异化”运维策略。推进电缆带电检测和在线监测应用，国网北京电力等六家单位完成电缆在线监测系统接入PMS系统的首批试点工作，印发《电缆线路局部放电缺陷检测典型案例和图谱库（第二版）》。

6. 智能机器人巡检

完成220台机器人采购，组织项目实施。编制《变电站智能巡检机器人验收细则》，从巡检覆盖率、表计识别率、后台系统应用等6个方面细化验收内容，坚持覆盖率和识别率100%。组织中国电科院检测11个厂家的变电站巡检机器人。已配置机器人的变电站，员工赴现场巡视次数及常规的抄表、测温等日常工作量均大幅减少，减轻运行班组工作负担。

● 7月11日，在山西大同雁同500kV变电站内，一台智能巡检机器人对电力设备进行测温和数据采集等。该站的智能巡检机器人预计在7月底代替运维人员巡检设备。（赵志宏 摄）

7. 特高压换流站属地化运维

制定特高压换流站属地化调整方案，组织国网浙江、运行公司细化措施、落实责任，完成特高压金华换流站设备、资料、项目、财务移交，完成人员关系、调度关系调整，12月1日完成安全责任移交。明确在建换流站运维属地化方案，选拔国网运行公司骨干参与属地换流站工程设计评审等前期工作，保障属地化后工作水平不降低。

（张 民 孙 扬 彭 波）

【生产技术改造】

一、生产技术改造完成情况

2014年，公司完成生产技术改造项目投资247.4亿元。改造35kV及以上输电线路（含电缆）6235km，变压器492台，断路器（含高压开关柜）10 898台；改造10kV及以下配电线路16 619km，配电变压器18 580台，柱上开关11 135台；改造二次系统设备29 484套，通信线路6703km。

二、生产技术改造工作

1. 输电生产技术改造

输电线路专项治理。完成差异化防雷评估系统，对雷害较重的线路进行排查评估，开展加装避雷器、降低塔基电阻等整治工作，完成输电线路杆塔防雷改造20 031基。通过开展冰灾预测、加装输电线路覆冰在线监测装置、加固铁塔、安装融冰装置等措施，抑制导线覆冰舞动等危害，2014年共完成输电线路防覆冰、舞动治理3494km。开展线路走廊内线路对树竹、建筑物、大地、边坡风偏情况排查，实测线路的大风区段风速，制定并落实线路防风偏治理方案，2014年完成防风偏改造421.2km。加强山火、施工等线路周边环境监测，采取铁塔加高加固等措施，减小线路外力破坏停电风险。

输电线路差异化改造。对跨越主干铁路、高等级公路等重要设施的线路进行独立耐张段改造，共改造杆塔2477基；对采用拉门（V）塔线路进行分段改造，共改造杆塔2379基。

导线改造。应用耐热导线和大截面导线，更换锈蚀导线和地线，更换不符合安全运行要求的老旧线路，解决因输电设备容量不足造成的电网“卡脖子”问题，确保电力“送得出、落得下、用得上”，2014年完成提高电网输送能力线路改造1228km。

2. 变电生产技术改造

重点设备（设施）整治。落实各项反措要求，改造抗短路能力不满足电网安全运行要求的主变压器、断路器等设备。2014年，共改造不满足安全运行要求的铝绕组变压器59台、薄绝缘变压器49台、抗短路能力不足变压器302台。集中开展SAS550型电流互感器家族性缺陷设备整治，共更换电流互感器800台。

综合改造。改造14座变电站高型、半高型装置构支架；为限制接地电容电流加装消弧线圈498台；无功补偿设备改造982套；“五防”系统改造更新829

套；加装在线监测装置 2076 套；改造不满足运行要求的电流、电压互感器 8163 只。

● 11 月 13~29 日，电网员工对运行了 15 年的湖北宜昌楼子河 220kV 变电站刀闸进行更换及大修。

3. 配网改造

公司加大配网重过载线路和变压器改造力度，采取优化网络结构、分装配电变压器、提前调整负荷等措施，增强配网转供互供能力，解决配网季节性大负荷问题。共完成 10（20）kV 及以下配网线路缩短供电半径、优化配网联络和分段比例改造 8945.5km，防过载配电变压器增容改造（含配电变压器新增布点）13 184 台；更换或改造不满足安全运行要求的多油、少油断路器 6124 台、无功补偿设备改造 3117 套，配电线路绝缘化改造 4541.4km，S7（含 S8）型及以下高损配电变压器 5396 台，提高配网供电可靠性和运行经济性。

4. 二次系统改造

公司完成不满足安全运行要求继电保护及安全控制装置更新改造 9554 套，改造厂站自动化设备 2651 套、调度自动化系统（含调控一体化）1507 套、通信设备 8412 套、通信线路 6702.8km。针对河南菊城 500kV 智能变电站因合并单元缺陷导致差动保护误动的问题，在公司系统开展智能变电站相关反措专项治理活动。

5. 发电改造

根据公司隐患治理要求，对投运时间长、设备老化严重、安全隐患较多的水电站，特别是对运行 20 年以上水电机组实施安全整治。开展水电站机组自动化、水调自动化、观测自动化、梯调自动化等系统的技术改造工作，开展水电站监控、继电保护、励磁、调速、直流等系统的改造治理工作。

6. 重大保电项目改造

按期完成 2900 余项迎峰度夏项目，资金规模达到 26 亿元，重点解决电网设备重载、过载等“卡脖子”问题。结合设备运行管理要求，总部直接组织协调青藏直流工程防鸟害治理和扩容、±800kV 溪浙特高压直流工程相关直流偏磁改造等 36 项重大应急项目立项，资金规模 6.4 亿元。在入夏前完成 500kV 洪板Ⅰ、Ⅱ线增容改造，提高川渝电网输电能力 97 万 kW，缓解四川水电消纳和重庆电网负荷高峰期间电力供需矛盾。完成 2014 年亚太经济合作组织领导人会议（APEC）13 项重点保电项目立项实施。为国网江苏电力增配 44 台套带电检测和故障抢修装备，保障南京青奥会供电。

三、生产技术改造管理

1. 健全生产技术改造管理体系

以建立统一组织、分级审批、集中备案体系为目标，完成生产技改大修项目《可研编制与评审管理办法》等 5 项通用制度修订工作，明确项目全过程中前期、立项、实施、竣工、结算（决算）等关键环节的管理要求和管理责任。

2. 过程管控

印发 2014 年生产技改大修管理指导意见，部署全年工作。深化项目里程碑计划管理，按照前期、招标采购、合同签订、到货、实施、投运、结算 7 个环节，对项目实施进行跟踪考评，建立月度通报和季度专题视频会议推进制度。完善 PMS 生产技改大修管理模块，固化项目计划审批流程节点，将项目编审、计划编制全部纳入在线管理。会同信通部开发部署 PMS 与 ERP 系统集成接口，实现项目形象进度和资金支出进度逐项跟踪。

3. 项目储备管理

以系统性解决电网重大问题为目标，组织编制电网设备三年整治计划，建立中长期项目储备。从年初开始按月组织项目可研编制、审核和批复工作，避免突击编审对项目质量的影响。9 月底，公司完成储备项目 6.4 万项，资金 543.2 亿元，为 2014 年计划资金的 1.3 倍，其中总部直接组织审查的限上项目和总部、分部、省属委托运维资产项目规模达 45.2 亿元，项目储备均衡性提高。在项目储备的基础上，编制完成 2014 年生产技改大修计划调整和 2015 年计划建议，依据资产规模，综合电量增长、投资能力、专项整治需求和工作质量等因素测算各单位资金投入，落实公司电网投资能力测算与总控目标安排。为保障 2015 年迎峰度夏项目实施，会同发展、财务部门提前下达预安排项目13 605项、资金109.5亿元，占2015年总控目标（不含配网电压治理专项）的25.5%。

（杨本渤　刘　昊）

【状态检修工作】 2014年，公司以状态检修技术标准、管理标准和工作标准为基础，以设备运行状态管理为核心，以专家队伍建设、检测装备和信息化平台开发为保障，提升状态检修质量。输变电状态检修设备涵盖输电线路、变压器、断路器等19类电网主设备。从主网到配网，从省检修公司到乡镇供电所输、变电和配电设备全部实现状态检修。

1. 完善状态检修标准体系

做好技术标准的统筹编写、阶段审查、报批和宣贯等方面工作。发布《国家电网公司电网设备状态检修管理规定》《国家电网公司电网设备状态监测系统管理规定》《国家电网公司变电（直流）设备检修管理规定》《国家电网公司架空输电线路检修管理规定》《国家电网公司配电检修管理规定》《国家电网公司电缆检修管理规定》和《国家电网公司水电设备检修管理规定》七项通用制度，指导状态检修工作。

2. 运检装备配置

制订并发布《国家电网公司运检装备配置使用管理规定》通用制度，为运检装备配置工作提供指导。开展运检装备配置及使用情况调研，针对发现问题采取应对措施，形成公司运检装备配置情况专项调研报告，为运检装备配置提供基础依据。会同物资部组织开展带电检测仪器和变电设备在线监测装置性能检测工作，共检测78个供应商208套在线监测装置；完成126个厂家1863套带电检测仪器的性能检测，涵盖红外热像仪、电缆护层电流监测装置、SF_6微水检测仪等带电检测仪器。加大超高频、超声波局放检测、SF_6气体检测、暂态地电压局部放电检测等带电检测仪器的配置力度。深化变电站智能巡检机器人远程巡视、红外精确测温、抄录表计读数、判别分合闸状态、远程确认异常告警、协助应急事故处理及数据自动分析等功能应用，减轻班组负担。应用输电线路直升机、无人机和人工协同巡检，掌握设备运行状态。

3. 推广电网设备带电检测技术

推行设备状态检测工作，提升状态管控力，制定《变电设备带电检测工作指导意见》，建立从中国电科院到设备运维班组的分层、分级检测体系和装备配置体系。完善带电检测类仪器技术规范和现场应用导则，建立在用带电检测仪器定期校验及比对机制。组织编制《国家电网公司电网设备状态检修丛书　电网设备带电检测技术》及《国家电网公司电网设备状态检修丛书　电网设备状态检测技术应用典型案例（2011~2013年）》。结合PMS系统，每季度收集带电检测、在线监测典型案例，对重大缺陷及潜伏性故障的发现人员进行表彰奖励，提升现场人员状态检测技术应用的积极性。加强状态检测数据鉴别和应用，加强在线监测装置管理，规范装置校验、维修和故障处理等工作。推行现场标准化检测，编制现场作业标准化指导书，统一带电检测试验记录模板，明确各类检测项目和作业要求。委托国网技术学院组织开展状态检测人员培训工作，举办培训班30期，培训2500人。对师资队伍、实训设施和培训环境建设进行能力验收，并试点开展培训，逐步实施“分区域推广，集中考试取证”。协调做好教材编写、场地设置、教师选聘、必备检测设备购置等前期工作。

● ±800kV天中线特高压直流输电线路红外测温。

（陶留海　摄）

4. 状态检修工作质量评价

依照各单位主动申请、公司集中组织的方式开展状态检修工作质量评价。2014年完成国网浙江、湖南、天津、河北、福建、江苏、冀北、辽宁、重庆、陕西、安徽、宁夏、上海、山西和甘肃电力15家单位的现场检查工作，对提升工作方案中22项重点措施进行检查，并将发现的问题反馈各单位，按照要求整改。

5. 加强运检保障

开展线路直升机、无人机和人工协同巡检试点，直升机和无人机航巡100 000km，发现缺陷1.5万项。配置变电站智能巡检机器人150台，人工工作量大幅减少，巡检质量提升。建成覆冰、山火监测预警中心，实现11省（市）覆冰长、中、短期预测。部署差异化防雷评估系统。提升输电线路在线监测装置质量。推行水电机组标准化检修。推广应用配网建设“三通一标”，典型设计应用率和物料采购标准化率 90% 以上。配电自动化覆盖 78 个地市。完成配网不停电作业 27.8 万次，同比提高 40%，减少停电 1900 万时户数。推行配网“网格化”抢修，提升配网供电可靠性和优质服务水平。

（吕　军　邵　进）

【电力设施保护】

1. 电力设施安全保护

落实《2014 年全国电力电信广播电视设施安全保护工作要点》的通知（公通字〔2014〕12 号），年初召开公司 2014 年电力设施安全保护工作电视电话会议，总结电力设施安全保护工作经验，分析存在的问题，落实“三电”设施保护联席会议相关工作要求，部署 2014 年电力设施安全保护工作。参加各级政府电力设施保护领导小组和“三电”设施安全保护联席会议，推进电力设施安全保护政企共建、警企共建和群防群治工作，加强电力设施安全保卫工作。

建立公司总部、省、地（市）、县（区）四级电力设施保护工作体系，明确各单位、部门管理职能，规范电力设施保护工作流程。推行电力设施保护区内施工申报、许可制度。经过优化整合，共构建电力设施保护机构 1097 个，设置专（兼）职治安保卫人员 4849 人；组建专（兼）职巡护队伍 3261 支，配备队员 42 434 人。全年共有 6018 个电力设施保护区内施工项目进行申报并得到许可；签订联防协议 75 077 份，组织义务巡护队员 97 322 人。

2. 打击盗窃破坏电力设施违法行为

按照《关于对“三电”问题突出的重点地区进行挂牌整治的通知》（公治〔2014〕135 号）要求，公司所属各级电网企业配合各级公安机关，开展电力设施保护专项斗争，及时通报相关案件，重点打击外力破坏、盗窃电力设施和窃电行为。2014 年全年共发生输变配电设施盗窃破坏事件 2366 起，同比减少 79 起；造成直接经济损失 2896 万元，同比减少 455 万元。

3. 安全大检查和隐患大整改活动

根据《“三电”设施安全保护工作安全大检查隐患大整改活动实施方案》的通知（公治〔2014〕141 号）要求，开展拉网式隐患排查。从规章制度和治安保卫机构是否建立健全，电力设施安全防护人员配备，工作责任逐级落实，人防、物防、技防措施，联防联动机制等方面排查存在的问题和不足，制定整改措施。2014 年公司累计排查并治理隐患 8356 项，其中重大隐患 793 项、严重隐患 1054 项、一般隐患 6509 项。投入电力设施保护资金 36 604 万元，新增防范设施 20 824 套。

4. 安全防护设施评级及排查整改

对照《电力设施治安风险等级和安全防护要求》（GA 1089—2013），开展视频安防监控系统、入侵报警系统、出入口控制系统、车辆阻挡装置、电子巡查系统、停车库管理系统、防盗安全门、防盗栅栏等设施的排查。针对安全防范设施不满足相应风险等级要求的水电厂、变电站、调控中心，根据轻重缓急制订整改计划。加强新投安防设施标准化建设，确保安防设施与新（扩、改）建电力工程同规划、同设计、同施工、同验收、同投运。组织 5 个分部、27 家省（区、市）公司、2 家直属单位对公司系统 71 座水电站、6 座火电厂、18 699 座变电站（含开关站和换流站）以及 325 个调控中心进行安全评级。国网北京电力建设安保监控中心及监控平台，实现变电站报警信息、视频信息的集中监控与管理。

5. 重大活动保电

针对北京 APEC 会议、南京青奥会等重大活动，增加变电站和输配电线路的特巡频次，开展设备运行状态检（监）测，对重点站、线实行全天候检（监测，进行一塔一人”“一站一组”的巡视和定点看护。共出动保电人员 176 904 人次，保电车辆 15 629 台次，开展线路（变电站）特巡、夜巡 6.95 万次，完成线路（变电站）测温 18 400 多条（座）次。

● 公司针对北京 APEC 会议开展线路夜巡。

6. 电力设施保护宣传

根据《2014 年部际联席会议办公室宣传工作安排》（公治〔2014〕139 号），开展电力设施安全保护宣传月活动，推动电力设施安全保护工作开展。2014 年公司系统各单位共设置宣传点 7 万余个，出动宣传人员 12 万余人次，新刷宣传标语 22 万余条，播放广告10万余条次，发放宣传资料564万余份，发放宣传物品163万余件，发送宣传短信100万余条。

（张祥全　彭　波）

【配电管理】

1. 配网装备水平和运检管理指标

截至2014年底，公司系统有10（6）~20kV配网线路320万km，同比增长4.2%，配电变压器358.7万台，容量8.3亿kVA，同比增长4.1%。其中城市配电网线路67.9万km，配电变压器98.8万台，容量4.0亿kVA；农村配网线路252.1万km，配电变压器259.9万台，容量4.3亿kVA。6~500kV电缆线路44.3万km，同比增长20.4%。其中6~35kV电缆线路42.5万km，同比增长20.9%。6~20kV配网故障停电11.4万次，同比降低43.3%；开展不停电作业27.7万次，同比增加7.4万次。城市综合电压合格率99.982%，同比提高0.033个百分点。

2. 配网标准化建设

印发《关于全面推进配电网建设管理工作的意见》，发布10kV配网典型设计、通用造价、标准物料目录、19类设备选型检测标准、17项检修工艺规范等标准化系列成果。组织完成3期共300人次配网规划、建设、运维、物资等专业人员的标准化系列成果培训。完成配网工程设计软件开发，组织国网浙江、福建、江西、河南电力开展试点应用工作。组织编制380/220V典型设计和通用设备，开展380/220V标准物料梳理。

3. 城市配电网建设改造

按照公司城市配电网建设改造工作意见，组织北京等30家直辖市、省会城市完成了核心区配电网建设改造，核心区10kV配网架空线路联络率、绝缘化率、“N-1”比例及电缆环网率100%，设备状态评价、不停电作业、标准化抢修和配电自动化实现全覆盖，用户平均故障停电时间降至5分钟以内。河北保定等30个非省会城市完成差异化配电网建设改造阶段工作，建设区内A类区域用户故障平均停电时间小于50分钟；B类区域用户故障平均停电时间小于90分钟；C类区域用户故障平均停电时间小于120分钟；建设区域内配电架空线路联络率N-1 90%以上，电缆环网率70%以上，绝缘化率80%以上，线路故障率同比降低15%以上。

4. 配电自动化建设应用

修订《配电自动化技术导则》等5项企业标准，编制《配电自动化典型设计方案》、主站和配电终端技术规范。完成公司配电自动化应用分析系统开发，29家省会（计划单列市）城市和9家非省会城市接入系统，接入率82.6%。完成国网浙江嘉兴供电公司等19家单位工程验收和国网安徽合肥供电公司等26家单位实用化验收。开展配电自动化现场功能测试9次、离线数据分析42次、应用抽查10次。举办6期316人次配电自动化专业培训。召开配电自动化应用提升推进会，部署下一阶段重点工作。组建配电自动化专业协作组，依托国网技术学院，完成公司配电自动化实训基地建设。组织开展配电终端专项检测，完成252台设备性能检测。

5. 配网安全运行管理

颁布公司配网、电缆、抢修、配电自动化等通用管理制度6项。印发《关于开展配电架空线路设备治理工作意见》，共完成故障率较高配电线路综合治理21 117条，实现治理后的配电线路故障率下降50%以上。印发《关于推进县域电网设备运维检修专业化管理的工作意见》，以“三统一”（统一技术标准体系、统一信息平台建设、统一绩效考核指标）为抓手，实施“三延伸”（延伸作业方式、延伸检修方式、延伸技改大修项目管理）和“三加强”（加强基础管理、加强运检质量、加强现场作业安全管控），提升县域电网设备运检管理水平。组建公司不停电作业协作组，编制完成不停电作业综合评估报告。组织开展对国网河北石家庄供电公司等9家单位不停电作业数据核查和现场作业安全工作检查。强化“网格化”抢修建设，新增城市配网抢修驻点194个，抢修驻点平均服务半径5.85km。印发《关于进一步加强消弧线圈设备运维管理工作的通知》，加强设备运维管理，防止因接地电弧引发的设备故障。加大95598抢修类投诉事件跟踪分析，建立月度通报机制，督导落实整改措施。发布配网标准化建设、城市配电网建设改造、配电自动化建设应用提升和不停电作业等21项典型经验和配网运检技术创新成果103项。

6. 城市电缆通道建设管理

印发《关于进一步加强电缆及通道运维工作的通知》和《电力电缆及通道运维检修综合管理指导意见》，规范电缆通道选型原则和建设标准，加强规划设计、竣工验收、运维、技改大修管理，并将电缆通道纳入主设备管理范畴。建立电缆通道运维责任人体系，开展3329段557km重要电缆通道的安全风险评估和编制相关运维人员信息手册。完成电缆通道隐患排查和资源普查，通报电缆隧道综合整治有关情况。动态更新并发布电缆带电检测典型案例和图谱库。

7. 营配数据贯通工作

印发《关于加快开展营配数据贯通工作的通知》，明确工作目标和工作重点，规范数据采录模板，组织30家非省会（含计划单列市）城市以及国网山东、上海、江苏、浙江、福建、湖南电力6家公司全部地市、其他省（区、市）公司50%地市公司开展营配数据贯通工作，实现“站—线—变—户”准确关联关系。制定信息系统改造方案和PMS1.0、GIS与营销系统过渡改造方案，完成功能测试和部署，为营配数据的整理和录入提供信息平台。组织国网天津、河北、湖北、重庆、吉林电力的技术人员进行GIS平台低压模块功能测试，并对存在的问题限期整改。推进PMS2.0配电模块建设，按照PMS2.0系统整体建设方案，完成接口标准制订、业务规范编写、工作流程梳理及系统测试工作。

（周新风　徐剑青）

【“大检修”体系建设】

1. 建设成效

按照公司“三集五大”全面建设阶段工作部署和要求，对2011年印发的《“大检修”体系建设方案》进行修订。按照“做强国家电网公司、做优省公司、做实地（市）公司”的建设要求，坚持“五化”建设方向，建立“五统一”运转机制，实现新体系的全面覆盖、上下贯通、横向协同、运转高效和闭环管理。

截至2014年6月，各单位“大检修”体系全面建成。① 组织机构全部调整到位。构建了省公司“一部一公司一中心”、地（市）公司“一部一公司”和县公司“一部一工区”的运检组织架构，实现机构扁平、岗位规范、流程科学、管理集约的目标。② 提升运检人员效率。通过开展运维一体化、检修专业化、状态检修、技术培训、业务外包等手段，提高自动化水平，开展内部挖潜，提高人员素质水平，人员效率逐年提升。体系建设后，输电人员效率0.34百千米/人，变电人员效率3.37万kVA/人，配电人员效率0.30百台/人，分别较体系建设前提高0.02百千米/人（提高6.3%）、1.36万kVA/人（提高67.7%）、0.09百台/人（提高42.9%）。③ 提升专业管理。变电站全面实现无人值守，公司系统共实现554座330kV及以上变电站、27 129座220kV及以下变电站撤人。推进变电运维一体化，由变电运维班（站）统一实施设备巡视、现场操作、常规带电检测、不停电清扫、消缺、易损易耗件更换等业务。建立三级护线机制，落实输电线路通道属地化管理要求，全面建立第一责任人、属地化管理、群众护线三级护线机制。实施检修专业化，公司系统110kV及以上变电设备全面实现专业化检修，35kV及以下设备实现轮换式检修，变电检修队伍专业化率、检修人员专业化率、检修标准化率分别达到98.1%、93.8%、99.5%。仅2014年上半年，累计发现严重、危急缺陷71 017个，消除70 485个，消除率99.31%，发布公司状态检测技术应用成功案例702个，通过设备状态评价、状态检测、在线监测等手段，发现并消除各类设备隐患。推广直升机、无人机、人工协同巡检模式，组织跨区重要输电线路直升机巡视，巡线5.2万km，发现缺陷8261处。运检专业管理向县公司延伸，县公司生产管理系统（PMS）推广应用率100%、生产技改大修项目统一纳入公司综合计划统一管理，贯彻落实公司配网运检通用制度标准。④ 提高优质服务水平。2014年上半年，公司系统各单位10kV城市配网开展不停电作业28.7万次，同比增加6.5万次，增长50%，减少停电时户数约为1383.7万时户，多供电量16.1亿kWh；带电作业化率为90.2%，同比提高8.6个百分点。构建400V～20kV配网网格化抢修模式，各地（市）、县公司共成立4250个抢修点，配网抢修网格平均面积为109.5km^2/个。完成技改大修项目2.1万项，储备项目6.4万项，提前落实迎峰度夏技改项目。制定设备三年整治计划，修订技改检修预算定额，完成技改项目造价分析、后评价和电网实物资产评价。优化技改大修集中招标，推广服务类框架协议采购。健全备品备件管理机制。加强运维保障能力建设，配置检测装备6000台、生产服务用车7000辆。统一县供电企业运检管理信息平台，PMS2.0上线试运行。

2. 体系专业评估

2014年，国网运检部根据“三集五大”体系建设任务要求和工作重点，在成效评估指标的基础上，细化“大检修”体系建设专业评估指标，以定量定性相结合，从各级运检机构设置、人员配置、管理职责、专业管理、专业协同和保障措施等方面进行专业评估，重点评价各网省公司“大检修”体系建设质量。7月，国网运检部开展成效指标宣贯培训。

为确认和补充“大检修”体系建设方案落实、重点任务执行、建设取得成效等数据信息，公司开展“大检修”体系建设评估情况复查抽查。① 信息系统查询方式。通过查阅相关系统，复查各单位专业指标情况。② 电子文档核对方式。通过查阅各单位“大检修”体系建设工作机制等文件、资料，复查业务界面等评估指标。③ 现场抽查方式。8 月 25 日~9 月 3 日，组织对国网山西、安徽、湖北、吉林、陕西电力 5 家单位的“大检修”体系建设评估情况进行现场检查，通过听取汇报、查阅资料、指标核查和交流座谈等方式，按照省、地、县 3 个层面分别对省公司、省检修公司、1 家地市公司和 1 家县公司开展现场检查。

3. “大检修”体系通用制度建设

截至 2014 年 9 月底，运检专业 37 项通用制度发布完成。运检专业通用制度建设以服务“大检修”体系建设为出发点，立足于固化改革成果，保障新管理模式的平稳落地和新业务的运行；通过建设“纵向贯通、横向协同、全面覆盖、内容精要”的通用制度体系，使公司系统运检专业各项活动“事事有规矩、步步有准则、同岗同标准、同职同规范”。在原总部规章制度和管理要求的基础上，吸收借鉴省、地（市）、县公司各层面制度内容，落实“大检修”体系建设方案，明晰运检专业与相关部门的业务界面和职责分工，避免业务交叉、责任缺失和管理真空，体现各专业之间相互交叉部分的有机融合和横向贯通。统一启动制度编制、审查、征求意见及会签工作，保证各项制度进度可控、形式规范、内容深度协调一致。

4. “五位一体”协同机制建设

国网运检部完成运检专业共计 81 项业务流程的梳理，通用制度、要素与流程环节的匹配等工作；对 24 家省公司开展“五位一体”协同机制建设情况人工评价工作，总结亮点、排查问题，为“五位一体”协同机制运转打下基础。

5. 强化保障工作

做实总部、省公司、地市公司各级技术支撑机构，实施与各级运维检修部业务及纵向之间的一体化运作，健全相应工作机制，提升状态管理整体技术实力；升级构建功能完备的生产管理信息系统，开展设备（资产）运维精益管理系统（PMS2.0）建设，实现全公司统一平台，实现全业务上线、全流程固化、各种信息一键生成、各种运检资源在线管控；按照“分级储备、分区管理、全公司调用”的原则，明确两级评价中心、两级检修公司、县检修工区、各专业班组装备配置标准和差异化配置要求，推广应用先进、适用、高效的检测仪器仪表、专用作业车辆和作业机具，建设总部级、省级、地市级、分级调配支援机制，提升“单兵作业”和“协同作战”能力；健全“运维一体化”现场标准化作业、持证上岗和薪酬激励等保障机制，加快培养“一专多能、一岗多能”人才队伍，促进变电运行维护业务的加速融合。加快推进工厂化检修基地标准化建设，健全检修基地运转机制，利用内外装备制造资源，提高主设备集约化、轮换式、工厂化检修比例；规范运检业务外委（包），培育成熟的业务外包市场，强化外包监督管控，促进运检人员从日常维护型向检测诊断型转变，在保证运检工作质量的同时提高运检劳动效率。

技术监督工作以落实资产全寿命周期管理要求为指导，以“促规范、强监督、破难题”为重点，规范各阶段、各专业技术监督，夯实基础、完善机制、加大监督检查力度，提高技术监督的针对性和有效性。完善技术监督工作例会协调机制，提高技术监督支撑能力，成立总部技术监督专家库；按照技术监督工作实际需要，提出各专业技术装备配置标准及各层级详细配置清单，通过技术装备配置专项调研，摸清基层装备需求；开展安徽孔店 500kV 变电站安装调试阶段专项技术监督效果良好。

（彭　江　邵　进）

【设备隐患排查治理】

1. 变电站（换流站）设备隐患排查治理

公司对 66kV 及以上 15 438 座变电站（换流站）开展直流电源系统全面排查和专项治理，共发现隐患 16 167 处。国网浙江电力开展金属监督，发现并及时更换特高压 GIS 材质不合格连杆，对 8 座特高压换流站主通流回路上 16 102 个接头开展逐一排查，对 18 类载流密度不满足要求的 3034 个接头进行改造。开展直流偏磁专项治理，国网浙江电力安装 53 套直流偏磁抑制装置，国网新疆电力开展变压器耐受直流偏磁能力校核，其他省（区、市）公司加强直流偏磁监测。开展上海 MWB 电流互感器家族缺陷治理工作。组织编制变电专业三年整治计划，对不满足反措的内容按照轻重缓急的程度进行重点治理。组织开展直流场中性母线冲击电容耐受能力、MRTB 避雷器容量等专项校核，开展滤波器开关性能评估，完成共用接地极检修策略研究，提升系统可靠性。组织开展换流站隔直装置可靠性提升，校核变压器耐受偏磁能力，编制偏磁抑制装置相关技术规范。

2. 输电线路隐患排查治理

印发《关于开展重要输电通道风险评估工作的通知》，确定公司重要输电通道 23 个、8488km，省（区、市）公司重要输电通道 76 个、8726km，组织各单位按照山火、冰害等 11 个技术要素开展重要通道风险评估，确定高风险段 70 个、637km，中风险段 61 个、1093km。国网安徽电力设置 15 个高、中风险火点隐患瞭望哨，砍伐隔离带 400 亩，修筑隔离墙 1200m，植被置换 150 亩。国网湖南电力采取通道硬化、租赁、签订林木改种协议等措施，根除高风险山火点 463 处。国网湖北电力投入专项资金近亿元，砍伐防山火通道 589 处、面积 1037 万 m^2，防范山火危害。

3. 配网隐患排查治理

公司组织各单位开展配网隐患排查综合治理工作，降低配网设备跳闸率，提高设备运行健康水平。建立三级配网隐患排查组织体系，明确工作思路和工作重点，落实责任，按照部署、排查、整改、检查、总结五个环节，强化隐患排查闭环管理。梳理架空线路、环网柜、分支箱、箱式变压器、柱上变压器、柱上开关、杆塔、配电室等设备中存在的主要问题和薄弱环节，制定和完善具体实施方案和细则。建立配网设备隐患排查治理常态机制，强化隐患排查力度和深度，结合春、秋季检修对设备进行排查，按照时间节点制定整改措施。利用红外测温、放电检测等带电测试技术，加强设备带电检测，实施设备状态管理。2014 年，公司系统 6~20kV 城市配网累计发现隐患 1.8 万项，治理 1.5 万项，隐患治理率 79.4%；6~20kV 县域配网累计发现隐患 8.8 万项，治理 7.7 万项，隐患治理率 87.8%。共完成故障率较高配电线路综合治理 21 117 条。

（孙　扬　刘敬华　徐剑青）

【运维检修信息化建设】

1. 设备（资产）运维精益管理系统（PMS2.0）建设

完成系统开发测试，组织试点单位及国网浙江电力等 5 家单位 143 名关键用户开展 4 轮功能测试，共提出 967 项问题及建议，在公司总部专题演示系统 17 个业务场景，提出 106 项功能问题及建议，解决影响系统应用的问题；印发系统与安监一体化平台、雷电系统、直升机调度指挥系统、输电线路覆冰及山火监测预警系统 5 项集成规范，完成系统与 ISC、BPM、数据中心、调度管理系统、营销业务系统等 7 套系统现场接口联调测试；完成系统数据迁移工具开发测试，审定系统安全防护方案，编制系统应用培训教材及试题库，储备两级培训讲师 415 人，建立系统常态培训机制，搭建问题管理平台，实现系统问题全过程闭环管理，缩短现场问题分析处理时间，试点单位完成系统测试及培训环境搭建、正式环境软硬件搭建、基础数据准备、关键用户培训、系统初始化配置等工作。

2. 生产管理信息系统应用互评

公司建立系统应用互评机制，线上评价数据质量问题有效性，客观反映各单位系统基础数据质量，提高系统应用评价水平，在此基础上重点评价新投设备台账、危急严重缺陷、设备故障等数据准确性、完整性及业务合理性，自 4 月优化系统应用评价方法以来，累计发现 1297 条问题，相关问题均已整改，提升系统应用水平。

3. 输变电设备状态监测系统应用

修订印发输变电设备状态监测系统功能需求规范及输电电缆状态监测数据接入规范，在此基础上完善系统功能，拓展输电电缆监测功能，强化状态监测装置管理，提升状态监测数据应用功能，目前已在各单位完成程序部署，并接入国网北京、上海、浙江（杭州）、福建（福州）、湖北（武汉）、四川（成都）电力等 6 家单位 22 类 3577 套输电电缆状态监测装置，实时接入率达 95%。

4. 信息系统数据录入

根据运检业务信息系统数据过渡录入整治工作要求，梳理分析生产管理信息系统报表模块应用现状以及 2013 年运检专业报表报送情况，形成运检业务信息系统报表固化方案，完善生产管理信息系统报表模块，报表自动生成数从 42 个提高到 85 个，数据项自动生成数从 1424 个提高到 9172 个，减少数据重复录入，减轻基础运检人员工作负担，促进系统应用。

5. 县供电企业运检信息平台建设

除国网黑龙江电力外，其他 26 家省级电力公司统一了县供电企业运检信息平台，并完成相关县供电企业运检人员培训、10kV 及以上设备台账等数据规范性清理，为运检专业全口径管理创造条件。

（周宏宇　项　薇）

【防汛与大坝安全管理】

1. 防汛工作部署

2014 年 3 月，公司印发《国家电网公司关于做好 2014 年防汛及大坝安全工作的通知》，对防汛和大坝安全工作提出明确要求；3~5 月完成公司生产管理信息系统防汛管理模块调整完善，确保防汛信息及时、准确报送；5 月末，编制完成公司 2014 年防汛工作手册，明确防汛组织机构及防汛值班管理；6 月 5 日，组织召开公司系统防汛办公室负责人视频会议，部署

2014年防汛重点工作。各单位按照公司统一部署，加强防汛工作组织领导，根据机构和人员变动情况调整防汛组织机构；按防汛工作标准化、规范化、制度化的要求，落实防汛工作责任制，为确保大坝和输变电等重要电力设施安全度汛奠定基础。

2. 防汛检（督）查

开展汛前防汛检查。4~6月，公司组织供电和水电共10个检查组，按区域开展防汛互查工作。检查组就防汛组织体系建立与责任制落实情况、防汛建章立制情况、防汛管理措施、技术措施和工程措施落实情况、防汛物资及后勤保障情况、防汛预案完善及演练情况等内容进行重点检查，并对检查出的问题提出整改意见。各单位组织落实，在汛前完成整改工作，消除一批防汛隐患。开展抽水蓄能电站工作抽查。5~6月，公司组织对泰山、天荒坪、仙游、洪屏和仙居蓄能电站进行防汛工作现场检查，重点对电站防汛组织机构、责任制落实、制度建设、措施落实、物资储备、预案演练、自查开展等情况进行检查和评估，确保各项防汛措施得到落实。开展水电站防汛督查。5~6月，公司组织开展丰满电厂、白山电厂、丰满建设局、新安江电厂、富春江电厂和水口电厂防汛工作督查，重点对水电厂生产管理、防洪度汛以及运检管理质量等情况进行督查。

3. 抢险抗灾

汛期，台风、局地强降雨等极端灾害性天气及其引发的泥石流、滑坡等次生灾害频发，给电网安全运行带来不利影响。在应对强台风期间，公司及时启动防台应急响应，发布预警通知，加强防汛值班，关注台风走向变化。国网山东、江苏、浙江、安徽、福建、江西和辽宁电力启动应急机制，利用台风登陆前的有限时间，加强对输电线路、变电站的巡视检查，确保防洪排涝设备正常供电。在汛期，国网北京电力建立防汛隐患档案，编制《防汛一点一案》1570项；在公司指挥系统地理信息图释中标注各级防汛指挥部、泵站、水闸等198个防汛重点客户以及公司各级防汛保障物资及队伍的地理位置和管理信息。汛情处置中，通过800M的GPS定位功能，实时掌握抢修队伍应急响应部署情况，实现抢修力量快速部署。安徽、湖北、湖南、四川和重庆等地发生暴雨和泥石流灾害后，各单位启动应急预案，第一时间掌握灾情，优化抢修方案，集中调动抢险人员和技术人员参加抢修与重建工作。7月下旬~8月上旬，吉林中西部地区出现不同程度的伏旱，全省干旱最重时，旱田受旱面积达到1437万亩。国网吉林电力投入抗旱近2000人次、抢修车辆177辆，组织安装抗旱灌溉电力设施，保障全省抗旱工作的开展。

在2014年汛期抗灾抢修工作中，公司系统累计投入抢修人员5.7万人次、抢修车辆1.1万台次。

7月16日，湖南局部地区出现雷暴雨天气，电网员工快速赶赴现场冒雨抢修。

4. 大坝安全管理

各单位汛前组织设备维护，提高设备健康水平，汛期开展大坝巡视检查，加强大坝监测，保证大坝泄洪设施和备用电源安全可靠运行，并定期向大坝中心报送监测数据。各单位加强对水库大坝和水工建筑物的监测管理工作，制定汛期大坝加密观测方案，加密重要观测项目的观测频次和现场检查频率，完善观测项目。丰满发电厂执行丰满水电站全面治理（重建）工程施工期水库调度方案，发挥水库发电、供水、灌溉和航运等综合运用效益，确保丰满重建工程三期电站改造工程顺利进行。

5. 水库调度管理

入汛以来，各单位和调度部门强化水库调度管理，加强与气象部门会商，科学预测水库来水，及时调整调度方式，主动与地方政府沟通，服从有管辖权的地方政府防汛指挥部的统一调度指挥，发挥水库在防洪、发电等方面的综合效益。国网浙江电力在紧水滩流域普降暴雨到特大暴雨情况下，加强与丽水市防指沟通，市防汛指挥部考虑丽水城区及瓯江沿岸防汛形势，利用紧水滩水电站拦蓄流域上游来水，实行错时错峰调度，泄洪瞬时最大洪峰流量5140m^3/s（8月20日5时），全力避峰运行，保证下游丽水城市防洪安全。国网湖南电力在流域持续暴雨的情况下，与省防汛指挥部沟通，按照省防汛指挥部部署，柘溪水库泄洪1

次，最大入库洪峰流量为 9110m³/s（7 月 15 日 14 时）；凤滩水库泄洪 3 次，最大入库洪峰流量为 9517m³/s（7 月 17 日 08 时）。电厂加强与气象、水文部门的联系，关注天气情势，强化实时调度；汛末及时拦蓄洪尾，发挥水库防洪、灌溉、发电等综合运用效益，减轻灾害损失。国网福建电力服从福建省防汛指挥部的指挥，水口水库遵循水库防洪及设计调度原则，根据 2014 年洪水特点，实施"洪前发电腾库、洪峰削减流量、退水拦蓄洪尾"等调度措施，平均削峰率达 25.7%。在 2014 年发生的 10 场洪水中，有 7 场洪水实施了汛期水位动态控制运行，共计利用汛限水位 61.0m 以上的防洪兴利库容多蓄水 13.93 亿 m³，实现增发电量约 18 240 万 kWh。富春江水电厂服从浙江省防汛指挥部的指挥，开展雨水情测报，提前满发预泄腾库，最大一场洪水洪峰流量 11 300m³/s，总泄洪水量 48.68 亿 m³，泄洪总历时 539.5 小时，增发电量 3055 万 kWh。泄洪前发布预警，实施安全有序泄洪，保证下游船闸扩建工程施工设备、设施及人员安全。新安江水库流域汛期 4~9 月来水量 101.7 亿 m³，较多年同期来水量偏多 38.0%。电厂服从浙江省防汛指挥部的指挥和华东分部的调度，依靠气象预报系统和水情自动测报系统，准确地开展水库调度工作，在没有弃水的情况下，实现了发电和蓄水的双赢。

6. 应急演练

各单位根据公司要求修编和完善应急预案，组建应急队伍，开展应急演练。国网福建电力开展以水口发电公司所属各电站的水库防御超标洪水应急演练。通过应急演练，检验应急指挥机构对应急事故的协调处理能力，检验防汛预警、指挥、调度各部门处理超标洪水的能力，为减少洪灾损失提供保障。国网江苏电力集中采购和储备移动发电车、冲锋舟、水陆两栖车等各种防汛抢险装备，为台风等灾害情况下的应急抢险工作提供重要物质保障。国网青海电力在主汛期来临之前，组织开展公司系统防汛应急演练，分别以输电线路、配电变台和变电站受洪水袭击为场景，通过演练查找应对突发事件处理中存在的问题，提高突发事件中各单位组织管理和应急处置能力。国网新源公司成立华东和东北应急抢险基干分队，公司防汛办公室和国网安质部指导各单位按照应急预案做好防汛和抗台工作。

7. 防汛值班管理

公司制定防汛值班表，落实带班领导、值班人员和联系方式，严格报汛制度，建立快捷的防汛信息报告渠道。各单位汛前完成防汛组织机构、防汛值班信息在防汛管理系统中的录入工作，掌握本地区汛情、灾情并按要求上报；公司防汛办及时编制汛情日报、防汛周报及防汛专报；针对台风、暴雨等灾害性天气，公司防汛办利用办公系统短信平台和邮件系统发布 16 次汛情报送信息，督促相关单位实时掌握灾情变化并及时上报电力设施损失情况；汛期，公司防汛办对各单位防汛值班情况进行了两轮抽查，各单位防汛值班人员均能保证到岗到位，并准确掌握本单位汛情信息。

（荆岫岩　朱德康　陈伟勇）

【直升机作业管理】 截至 2014 年底，公司现有直升机 22 架。全年累计巡视电网线路 11.48 万 km，同比增长 34%；发现缺陷 20 974 处，其中严重以上缺陷 455 处；安全飞行 10 948 小时，安全起降 6265 架次，未发生飞行等级事故。

1. 提升安全作业水平

组织开展飞行训练、带电作业等项目风险评估。开展"4E"行动计划，累计排查隐患 19 项，整改率 100%。深化应急机制建设，编制《应急工作手册》，开展危化车辆突发事件等应急演练。加强夏、冬季集中安全教育，组织培训 30 余次，各专业《安规》考核合格率达 97%。组建飞行调度控制、机务维修、飞行训练三个中心，飞行、机务、运行专业化管理水平提升。初步形成静态、动态、机组三级运行控制体系，作业组织、计划管理、调度指挥、机组管控水平提高，实现年度巡视任务零结转，机组执行任务强度得到控制。

2. 支撑电网发展

统筹内外资源，强化外包任务管理，提升作业能力。完成青藏线西藏段巡视，长南荆线路红外测温以及锦苏、复奉、宾金直流夏季大负荷特巡等任务，保障电网安全稳定运行。完成激光扫描作业 6907km。深化激光扫描数据应用，完成国网安徽电力通道走廊运行分析报告，实现扫描数据的转换应用。完成 1000kV 浙北—福州特高压工程直升机吊运项目，实现单日最大吊运量 152.86t 的纪录，累计运输物资 2403t，解决特高压电网建设无人区运输困难。配合中央电视台完成《超级工程》航拍任务，展示特高压输电领域的技术创新和建设成就。

3. 直升机专业保障工作

协调 180 多个军民航单位的任务申报，重选、新选起降点 80 多个。外籍飞行员在定陵机场执行带飞任务首次获得总参、民航局批准，上海等空域繁忙地区任务协调取得突破，国网通航公司成为华北首家获取塔台无线电台执照的通航企业。成立飞行技术考评委员会，新授权机长6人，机长人数达18人。严格飞行训练管理，全年累计组织飞行训练123场次、799小时，自行开展机型改装理论培训612小时。取得CCAR145部维修资质，完成3架直升机适航审定，全年完成100小时及以上定检265次，其中独立开展1200小时大型定检6次，消除缺陷故障108次，飞机可用率100%。

完成26架次航空器地面运输保障，加油车、保障车安全行驶近74万km，保障航空煤油供应约733t。签订消防共建协议，增设消防设施及防恐防爆类安保器具。完成机场给排水、场坪等大修技改项目，增加护栏网、安防监控等系统，修订完善《机场手册》，提高通用机场管理标准化水平。

完成基地建设进度和投资计划优化调整。华中（仙桃）基地正式开工建设。浙江（千岛湖）基地已具备生产运行条件，青海（格尔木）基地完成项目和财务交接。安徽（合肥）基地转入可研评审。华东（德清）基地落实场址可行性。西北（白银）基地、新疆（哈密）基地、四川（眉山）基地正在进行可研完善。

4. 科技创新

引进转化新西兰直升机带电作业技术，完成500kV线路吊篮（索）法作业培训与演示，掌握实操工艺。推进直升机组塔、牵放导引绳研究，组织S-64、Mi-26机型合作洽谈，创新研制专用机具，完成工程技术方案制定。成功申报《特高压交直流输电线路吊索法吊篮法带电检修技术研究》科研项目。《输电线路直升机电力作业技术的探索与应用》获得第四届全国电力行业设备管理创新成果特等奖。

编制《科学技术进步奖励办法》，探索建立技术创新激励机制。完成《直升机激光扫描输电线路技术规范》等2项电力行业标准申报，发布公司企标《架空输电线路直升机巡检作业规范》，推进建立《直升机电力作业安全规程》民航标准。新获专利授权2项。开展公司牵头科技项目自查，并通过专家组检查。

开发直升机调度指挥工期、客户关系管理、信息运维综合监管、员工关爱等信息系统，完成运控大厅监控大屏幕建设、首都基地办公区信息网络改扩建，推进信息安全治理，信息系统对业务的支撑作用增强。

5. 直升机、无人机、人工协同巡检模式试点工作

统一直升机巡检计划管理，组织编制巡检作业需求年度计划，平衡后发布执行。加强巡检质量和进度管控。对无人机配置的全过程实施技术管控，组织开展无人机现场测试，初步建成小型多旋翼和固定翼无人机的检测环境，并开展实际检测。完成两批次招标采购，并组织开展统一集中到货验收。加大无人机现场巡检应用力度，落实无人机巡检作业管控措施，加强班组建设，强化作业计划管理。2014年完成无人机巡检杆塔4500余基、线路通道巡检3400km，发现缺陷1100余项，保障线路安全运行。针对不同线路通道和地形确立协同巡检模式。直升机巡检对象主要为特高压、跨区直流和500kV及以上重要线路；中型无人机作为直升机巡检范围和周期的补充，在220kV及以上交直流线路上开展巡检作业；小型无人机作为便携式巡检工具，与人工巡检相结合，应用于线路单塔巡视、故障巡视和小范围通道检查，在铁塔瓶口以上缺陷巡视查找方面作用明显；固定翼无人机用于通道巡视、灾情普查和灾后电网评估等。执行国家无人机驾驶员管理及培训相关政策，通过国家AOPA（中国航空器拥有者及驾驶员协会）培训机构和教员认证，建立公司培训平台，编制各类型无人机培训教材，组织完成三期无人机操作员集中培训。组织编制无人机巡检6项技术标准。

利用直升机进行间隔棒更换带电作业。

（邹小民 摄）

（王　剑　刘敬华）

电网运行与电力市场

2015 国家电网公司年鉴

电力供需形势

【2014 年电力供需形势分析】

一、电力消费情况

2014 年，受工业产能过剩、房地产市场调整以及国际经济复苏较慢等因素的影响，我国经济下行压力较大。中央统筹稳增长、促改革、调结构、惠民生、防风险，在财政、金融、外贸等方面采取一系列宏观调控和体制改革举措，国民经济在“新常态”下平稳运行。全年 GDP 实现 63.6 万亿元，同比增长 7.4%，增速同比降低 0.3 个百分点，为 1990 年以来的最低增速。

1. 全社会用电

全社会用电量增长缓慢。2014 年，国家电网公司经营区域全社会用电量 43 636 亿 kWh，同比增长 2.8%，增速同比下降 4.9 个百分点。四个季度用电量增速分别为 4.9%、4.5%、-0.5% 和 2.7%，由于夏季气温偏低和经济增长放缓，三季度用电增速同比大幅下降 12.8 个百分点。

三次产业和居民生活用电增速全面回落，其中居民生活用电增速大幅下降。第一产业用电同比减少 1.3%，增速同比下降 1 个百分点；第二产业用电同比增长 2.9%，增速同比下降 4.1 个百分点；第三产业用电同比增长 5.9%，增速同比下降 5.4 个百分点；居民生活用电同比减少 0.4%，增速同比下降 9.7 个百分点。

2. 工业用电

工业用电增长明显放缓，重工业用电增速降幅较大。工业用电量 31 569 亿 kWh，同比增长 2.9%，增速同比下降 4.1 个百分点，工业用电占全社会用电的比重为 72.3%，同比提高 0.1 个百分点。其中，重工业、轻工业用电量分别为 5015 亿和 26 554 亿 kWh，均同比增长 2.9%，增速同比分别下降 2.9 和 4.3 个百分点。

高耗能行业用电增长乏力，黑色金属行业用电量为负增长。黑色、有色、化工、建材四大高耗能行业合计用电量合计 13 289 亿 kWh，同比增长 2.4%，增速同比下降 3.1 个百分点。四大高耗能行业合计用电量占全社会用电量的比重为 30.5%，比 2013 年下降 0.1 个百分点。其中，化工、有色金属和建材行业用电增速分别为 3.0%、4.5% 和 4.8%，增速同比分别下降 1.7、0.8、0.7 个百分点；黑色金属行业用电增速为-0.8%，增速同比降低 7.1 个百分点。

3. 分地区用电

各区域用电增速均有所回落，华东、华中和西北回落幅度较大。2014 年，华北、华东、华中、东北、西北地区用电量同比分别增长 2.1%、2.2%、2.2%、2.3% 和 6.7%，增速同比分别下降 4.0、5.8、4.9、2.4 和 7.3 个百分点。其中，华东、华中降温负荷占比较高，受气温因素影响明显，西北受高耗能行业用电下滑影响显著，三个区域用电增速降幅超过其他区域。

二、电力供应情况

1. 电源

新增装机容量保持较大规模。2014 年，公司经营区域新增装机 7252 万 kW，同比减少 172 万 kW。其中，水电新增 1301 万 kW，同比减少 198 万 kW；火电新增 3657 万 kW，同比增加 100 万 kW；核电新增 318 万 kW，同比增加 109 万 kW；新能源装机新增 1975 万 kW，同比减少 157 万 kW。分区域看，华北、华东、华中、东北、西北新增装机容量分别为 974 万、1715 万、1874 万、502 万和 2188 万 kW。

清洁能源装机比重上升。截至 2014 年底，国家电网公司经营区域发电装机容量 104 838 万 kW，同比增长 9.1%。其中，水电 19 882 万 kW，同比增长 7.3%；火电 73 955 万 kW，同比增长 6.5%；核电 1275 万 kW，同比增长 50.3%；风电 7552 万 kW，同比增长 26.7%；太阳能发电 2118 万 kW，同比增长 48.2%。非化石能源装机比重达到 29.5%，同比提高 1.7 个百分点。

2. 发电量

火电发电量增长缓慢，非化石能源发电量快速增长。2014 年，公司经营区域发电量 42 948 亿 kWh，同比增长 3.0%。其中，水电、火电、核电、风电、太阳能发电量分别为 6804 亿、33 917 亿、783 亿、1216 亿和 204 亿 kWh，增速分别为 13.3%、0.1%、20.4%、13.7% 和 161.9%。火电发电量占全部发电量的 79.0%，较 2013 年同期低 2.3 个百分点。

3. 发电设备利用小时

水电设备利用小时数上升，其他类型发电设备利用小时数均下降。受电力需求增长乏力及装机快速增加的影响，2014 年，公司经营区域发电设备平均利用小时数为 4280 小时，同比减少 256 小时。其中，因来水情况较好，水电设备利用小时数 3563 小时，同比增加 148 小时；火电设备利用小时数 4727 小时，同比减少 286 小时；因部分核电机组检修及停机调峰，核电利用小时数6963小时，同比减少1207小时；因风能资源弱于同期，风电利用小时数1839小时，同比减少174小时；太阳能利用小时数1220小时，同比减少139小时。

三、电力供需形势

2014年，公司经营区域电力供需总体平衡，仅部分地区受天气、机组检修以及局部电网受限等因素影响，出现电力供需紧张情况。公司经营区域日最大错避峰电力540万kW。其中，山东日最大错避峰电力360万kW、河北239万kW、江苏112万kW、陕西116万kW。

（冯　义）

【2015年电力供需形势预测】 2015年，中央经济工作会议制定了以“坚持稳中求进”为核心的经济工作总基调。基础设施建设投资保持较快增长，但受制于制造业和房地产仍然增长乏力，投资增速继续放缓；收入分配改革不断深入，消费基础设施逐渐完备，消费增速稳中有升；“一带一路”战略以及中国稳增长促外贸政策效果的显现，出口增速有望回升。总体来看，中国经济将在“新常态”下平稳运行。

1. 公司经营区域电力供需形势预测

2015年，预计公司经营区域全社会用电量将达到4.51万亿~4.6万亿kWh，同比增长3.1%~5.1%，增速比2013年回升0.3~2.3个百分点。

2015年，预计公司经营区域新增装机容量7290万kW。考虑退役机组后，预计年底公司经营区域装机容量达到11.2亿kW，同比增长7.0%。其中，水电、火电、核电、风电、太阳能发电装机容量分别为20 831万、77 441万、1702万、9148万和3027万kW。非化石能源装机比重达到31%，同比提高1.5个百分点。

2. 分地区电力供需形势预测

2015年，由于电力需求中速增长，加之装机投产规模保持稳定、电煤供应状况较好，预计公司经营区域电力供需总体平衡，局部地区在高峰时段存在少量电力缺口。分区域看，华北电网电力供需偏紧，华东、华中电网电力供需平衡，东北、西北富余电力保持较大规模。

华北电网电力供需偏紧。其中，京津唐电网电力供需平衡偏紧；河北南网电力供需紧张，电力缺口280万kW；山东电网电力供需紧张，电力缺口540万kW；山西、蒙西电网电力供应富余。

华东电网电力供需平衡。其中，江苏电网电力供需偏紧、安徽电网电力供需基本平衡；上海、浙江、安徽电网电力供需平衡，福建电网电力供需平衡有余。

华中电网电力供需平衡。其中，江西、湖北、湖南、重庆电网电力供需平衡；河南电网考虑三峡及哈郑直流送电等区外来电，电力供需平衡有余；四川电网由于大量水电集中投产、负荷增长低于预期，电力供应富余，即便是在火电最小开机、最大能力外送情况下，预计仍将有100亿kWh以上的富余电量无法消纳。

东北电网电力供应富余。其中，辽宁电网电力供应富余约500万kW；吉林电网电力供应富余约500万kW；黑龙江电网电力供应富余约300万kW；蒙东电网电力供应富余约400万kW。

西北电网电力供应富余。其中，宁夏、西藏电网电力供需基本平衡；甘肃、陕西和新疆电网电力供应分别富余700万、500万和500万kW；青海电网枯平水期电量有缺口，其他时段平衡有余，全年富余电力370万kW。

（冯　义）

电网调度运行

【电网调度管理】 公司特高压交直流电网建设提速，“两直一交”（宾金、天中，浙福）投产，“两交一直”（淮南-南京-上海、锡盟-山东，宁东-浙江）开工建设；汛期复奉、锦苏、宾金三大特高压直流持续满功率运行，宾金直流创下单一工程输送容量世界纪录（800万kW）。

1. 安全基础管理

强化主网管控。深化主网稳定特性分析，细化电网运行方式管理，强化重要输电断面控制。落实提高交直流混合电网安全稳定性和防止特高压直流闭锁工作方案要求，开展整改。加强运行隐患排查，地级以上调控机构全面建立运行风险预警机制，全年发布预警单1.87万张。编制《特高压直流保护风险辨识库》，完成宾金特高压直流57项风险点排查，保障工程安全投运和满功率运行。配合特高压工程停电施工、重要大修技改项目开展、电流互感器家族性缺陷治理等工作，加强调度计划管理，保障1.73万余项主网设备检修的安全实施。强化主网运行管控，滚动开展安全校核，优化运行控制策略，开展在线联合计算，共同防范电网风险。

保障电网安全发展。合理安排调度计划，细化安全措施，强化运行实时协同，保障重点基建工程的安全投产。宾金直流提前投运，缓解了汛期西南水电送出压力。统筹安排配套电源启动调试，天中直流输电能力提升；安排柴拉直流大负荷试验，提前开展川藏联网工程调度准备，保障西藏电力的可靠供应。发挥跨区、跨省资源配置能力，缓解华北地区机组环保集中改造期间电力平衡困难局面，完成279台、8341万kW机组环保改造任务。

夯实安全基础。开展“安全生产反违章活动”，强化自身安全管理及内部安全监督，加强关键环节和重点岗位的安全监控。健全调控安全保障长效机制，完善《省级以上调度安全保障能力评估标准》。落实《电力监控系统安全防护规定》，加强二次系统安全防护体系建设，升级调度数字证书系统，夯实网络安全基础。

完善备用调度体系。建成公司省级以上调度备用体系，实现实时数据采集、电网运行监控和调控场所的备用。推进地级备调建设，年内63家地级备调建成投运，累计完成199家地级备调建设，其中河北、山西、重庆、陕西等13家单位地级备调全部投入运行。常态开展备调切换演练，重点检验实时调度业务能力、日前业务支撑能力和备用场所保障能力。

提升调度应急能力。规范故障处置预案编制及演练管理，针对灾害性天气和冬夏季电网运行特点，落实重大工程、重要事件和重点检修要求，开展预案编制和反事故演练，省级以上调度全年编制专项预案2600余项、开展反事故演习424次，其中编制联合预案256项，开展系统性演练18次。强化应急协同机制，各级调度协调配合，有效处置了“5·1”500kV郑州变电站和“5·13”500kV安源变电站TA闪络多重故障、“7·31”宾金直流闭锁等较大电网故障106起。完成亚信峰会、青奥会、十八届四中全会、APEC峰会等重大保电任务。

电力燃料管理。规范电力燃料统计管理，实现省级以上燃煤电厂全覆盖。配合开展电煤价格监测、全国煤炭市场体系建设相关工作，跟踪分析电煤供应情况，及时开展电煤电量平衡预测，为发电计划安排提供支撑。

2. “大运行”体系构建

国分调一体化建设。各单位落实实施方案，各项重点工作按期完成并通过公司验收，实现主网运行方式、调度计划的统一管理和电网实时运行的高效协同。优化调整国（分）省调调管范围，完成54座电厂、69座500（330）kV变电站、184条500（330）kV输电线路的调管范围调整和8座750kV变电站的监控业务转移。

实施调控一体化。完成30 090座变电站监控业务平稳交接，集中监控覆盖率99.96%，电网运行和设备运行业务实现深度融合。按照远方操作指导意见和技术规范要求，开展线路故障远方试送和开关常态化远方操作，提高运行操作效率。开展开关远方操作174万台次，占全部开关操作的40.7%。开展重合闸、备自投、定值区切换等继电保护远方操作，累计达4万余次。梳理优化变电站集中监控信息，提高监控信息质量，日均告警信息同比减少40%。完善监控运行分析制度，强化“大运行”和“大检修”间相互协调，上海、浙江、福建、湖南完成OMS与PMS互联互通试点，实现信息共享和设备缺陷管理流程的闭环贯通。

地县调一体化建设。规范地县调岗位职责、工作标准及业务流程，将县域电网年度方式、停电计划、保护定值审批等6项核心业务集约到地调，统一开展专业管理。完成地县一体化调度控制系统建设，按期完成配抢指挥业务交接，实现地县调控运行与配抢指挥业务一体化运作；开展配抢指挥业务，实现10（20、6）kV配网主干线调控范围全覆盖。

3. 清洁能源消纳

截至年底，公司电网清洁能源并网装机容量达3.3亿kW，其中风电8790万kW，光伏2445万kW，国家电网已成为世界上水电、风电并网规模最大，光伏增速最快的电网。调控系统落实优先调度规范，加大消纳力度，支撑清洁能源的发展。

水电消纳。发挥大电网资源配置优势，强化水电调度管理，统筹全网调峰资源，挖掘消纳潜力，全年消纳水电6804亿kWh，创历史最高纪录。三大直流跨大区外送四川水电900亿kWh，约占四川水电发电量的38%。

新能源消纳。执行新能源并网和调度运行有关规定，创新调控手段，研究市场化机制，推动清洁能源消纳，全年消纳风电1452亿kWh，同比增长12.6%；消纳光伏226.8亿kWh，同比增长171.5%。公司系统发挥通道输送能力，利用辅助服务市场化机制，实施风光火置换交易，多措并举，全年增发风电104亿kWh。

4. 专业管理工作

建成通用制度体系。根据公司通用制度管理要求，梳理管理制度框架，编制完成42项通用制度，固化“大运行”体系建设的经验和成效，统一规范专业管理和业务模式，实现核心管理制度的一贯到底。完成《国家电网调度控制管理规程》修订，实现主网调控管理“一本规程”。

健全技术标准体系。完成《电力系统通用告警格式》1项国家标准和《电力系统自动低压减负荷技术规定》等3项行业标准的编制报批；完成《风电有功功率自动控制技术规范》《分布式电源调度管理规程》《调度控制远方操作自动化技术规范》等44项公司技术标准的编制工作。

统一核心业务流程。推进省级以上调度规范化运作、同质化管理，制定"年、月度调度计划管理""在线安全稳定分析"等11个流程及标准操作程序（SOP），将标准规范、指标体系、工作要求量化分解到各流程节点，完成典型设计、实现上线运行。针对已上线流程，开展统计分析、审计监督、定期评估，提高业务流程运转效能。

5. 提升调控技术支撑能力

提高调度自动化水平。完成省级以上调度D5000平台软件版本升级，实现国、分调千兆网互联。加强厂站自动化设备维护与改造，基础数据质量提升，状态估计遥测合格率99.5%。综合智能告警、在线安全分析、调度计划及安全校核等核心应用功能，在省级以上调度全面部署并逐步实用。落实国家环保治理计划，26家省调完成火电机组烟气排放（脱硫、脱硝和除尘）监测平台建设。

完善调度运行功能应用。统一建设电网调度运行智能辅助决策功能，实现稳定规定、安控策略与实时运行工况、方式安排的自动匹配，提升调度决策的智能化水平。统一部署主网运行协同管理平台，实现内部运行及外部环境信息的全网共享。开展联合在线安全分析，掌握系统运行薄弱环节，实现风险预控协同。建设运行方式协同计算平台，实现多人异地分布式快速仿真计算，支撑公司主网运行方式的统一分析决策。

科研工作成果。围绕特高压交直流电网、清洁能源消纳、调度运行管理提升等重点，开展技术研究，调控系统全年共获得公司和省部级以上科技进步奖146项、专利成果490项。完成8项大电网规划与运行控制技术深化研究重大专项课题验收。国网浙江电力"宾金直流应急管控体系"项目，创新了直流大功率运行的实时风险控制模式。国网甘肃电力"新能源有功智能控制系统"项目，挖掘风电光伏消纳空间，促进了新能源调控精益化管理。

6. 调度队伍建设

落实党的群众路线教育实践活动要求，开展第一批教育实践活动整改提升，完成第二批活动任务。强化年度培训考试管理，坚持以考促学，全年开展培训考试187次。组织新能源基础知识培训及普考、安全分析工程师调考，省级以上调控机构34个单位2500余人参加，业务能力提升。开展安全知识培训考试，公司系统县级以上调控机构39 877名在职人员参加考试，强化安全意识。2014年，各级调度荣获公司和省部级以上表彰奖励的先进集体194个，先进个人271人，2人被评选为公司优秀青年岗位能手。

（赵大钧）

【"大运行"体系建设】 按照公司统一部署，深化专业纵向集约，优化地县调控层级，实施地县调集约统筹运作；加强业务横向协同，完善设备监控与运维流程，统筹协调配网抢修指挥业务；强化技术手段建设，改进技术服务和技术支撑，提升调控业务在线化、精益化水平。开展国（分）调一体化、地县调集约统筹建设，将配网抢修指挥业务纳入"大运行"体系建设。

"大运行"全面建设。1月，制定"大运行"全面建设重点工作计划并挂网督办，完成组织机构和人员调整；3月，开展地县调及配网运行情况常态统计分析；4月，研究制定地县一体化制度框架；5月，完成配网抢修指挥业务交接；6月，完成全面建设任务，制定"大运行"体系全面建设成效评估方案，印发《大运行体系建设评估实施细则》；7~8月，组织各单位开展专业评估培训及自评估工作；8~9月，审查各单位自评估报告，编制国调中心大运行专业评估报告，完成"大运行"体系建设成效评估；9~11月，总结2014年度"大运行"体系管理创新成果，提炼全面建设阶段典型经验。

国（分）调一体化运作。实施国（分）调运行业务一体化运作，通过统一核心业务、统一制度标准、统一技术手段、优化调控范围，调控业务实现深度集约，运行管理实现统筹协同，大电网安全保障能力提升；编制《省级及以上调控机构流程及SOP综合查询功能规范》，编制、下发20个业务流程及标准操作程序（SOP）典型设计，完成11个国（分）调核心业务流程及标准操作程序编制并上线运行；编制发布《国家电网公司调度计划管理规定》《国家电网运行方式规定》《电网调度运行业务实时协同工作规范》等国（分）调一体化相关的9项制度规定和3项技术标准。

地县调集约统筹建设。完成地调专业管理职责调整，统一归口地县调岗位职责、制度标准、业务流程、业务评价、安全管理和专业培训等专业管理职能，县调6项核心业务向地调集约；规范配网调控管理，编制《10（20、6）kV配网电子化接线图管理办法》，以10kV公网配电变压器高压侧为分界点，实现配网调控范围全覆盖，总体覆盖率99.3%；国网浙江电力加强对配网分支线的调控管理，国网上海电力将配网调管范围延伸至400V，初步建立跨营销、运检、调控的配网设备异动管理机制，配网调控管理日趋精益化；在OMS中建立统计分析应用模块，在线督导地县调专业管理集约、核心业务上收和调度范围调整工作；制定地县调管理规范及相关细则框架目录，推进地县调规范化管理；赴天津、冀北、河北、山西、山东、江苏、浙江、安徽、福建、湖北、河南、江西、四川、吉林、陕西、甘肃、青海、新疆等地的省、地、县级调控机构，调研地县调一体化、配电抢修指挥业务交接等情况，听取基层意见、协调解决存在问题。

配网抢修指挥业务交接。推进配网抢修指挥业务转型升级，将配网抢修指挥业务统一纳入“大运行”体系。截至5月底，公司范围内310个地调、1174个县调完成配网抢修指挥业务交接工作，实现市、县供电公司电网调控运行、配网抢修指挥业务一体化运作，提升电网生产运行业务跨专业协同能力。制定配网抢修指挥业务管理规范以及各单位配网抢修指挥管理细则，明确配网抢修指挥工作职责和标准，规范业务操作流程，建立配网抢修指挥与配网调度间的沟通协调机制。推广现场抢修班组远程现场终端部署，初步实现工单在线流转和现场填单回单，开展配网抢修智能手机APP应用试点，由抢修指挥人员代填工单的现象逐步减少；建立涉及营销、运检、调度等部门的跨专业配网设备异动管理规定及工作流程，营、配、调信息基本实现同步更新，全面建立配网抢修指挥业务跨专业协同机制，公司系统各地县调均制作了涵盖电气一次接线图、终端用户信息、现场抢修责任区的0.4~10kV配网抢修指挥业务信息图（表），基本可确保图物相符，责任明确。国网浙江电力建成省地县一级部署的故障研判技术支撑系统，利用营配信息全贯通的成果，实现异常信息采集、故障主动推送、智能研判分析和停电分析到户等功能，配网故障平均处理时间由2010年的314分钟缩短至2014年的131.5分钟，抢修效率提升58%。国网江苏电力将配网抢修指挥业务相关指标纳入同业对标指标体系；在地县调层面实施配抢指挥“日分析、周简报、月例会”常态化管理及周晨会通报制度，提升专业管理水平。

（李　晨）

【节能调度】 贯彻《国务院办公厅关于转发发展改革委等部门节能发电调度办法（试行）的通知》（国办发〔2007〕53号）精神，推进节能发电调度。公司调度系统利用大电网资源配置能力和特高压大容量、远距离输送能力，坚持清洁能源优先调度原则，保障清洁能源多发满发，促进节能减排。

1. 主要措施

公司调度系统优先调度新能源，制订新能源优先调度工作规范，优化计划编制流程，科学调度抽水蓄能，优化常规电源运行方式。公司调度范围新能源发电量2089亿kWh，同比增长23%，其中，风电1452亿kWh，同比增长13%；光伏发电227亿kWh，同比增长1.7倍；分布式光伏发电13.5亿kWh，同比增长5.7倍。

水电消纳。2014年，西南水电集中投产，用电需求增速放缓，就地消纳面临困难。公司开展流域梯级优化调度，统筹安排火电开机和电网运行方式，全力消纳水电清洁能源。2014年，公司区域内统调水电发电量6149亿kWh，同比增长13.5%，增速为2013年的3倍；节水增发电164.46亿kWh，同比增加6.7亿kWh，水能利用提高率达7.0%。

发电权交易。挖掘发电权交易潜力，开展关停机组指标替代和在役机组发电权交易，实现节能减排。开展跨区跨省发电权交易，组织陕西锦界、府谷发电厂替代河北南网火电机组的跨区发电权交易，完成交易电量9.0亿kWh。2014年，公司经营区域完成发电权交易电量1168亿kWh，同比增长2.6%，相当于节约标煤695万t，减排二氧化碳1812万t、二氧化硫15万t。

优先调用大容量高效机组。2014年，大容量火电机组利用小时数相对较高，1000、600MW机组分别达到5129、4818小时，明显高于300MW及以下容量级机组的利用小时数。

2. 试点工作成效

公司系统江苏、河南、四川三省实施节能发电调度试点，江苏省按照“年预排、月调整、日跟踪”操作原则，以开展发电权交易为抓手，发挥“分月电力电量平衡、分月发电量计划”对日常节能发电调度的指导作用，挖掘在役机组节能潜力。河南省以月度发电综合方案为依据，优化全网开机方式，制定公用火电机组轮停备用方案，减少火电旋备容量，提高机组负荷率。四川省加强对节能发电调度实施规则的研究，结合四川水电占比大、资源季节性强的特性，研究制定一整套适应丰、枯、平水期的节能发电调度规则，在枯水期实施火火替代发电、丰水期实施水火替代发电。2014年，三试点省累计节约标煤370万t、减排二氧化碳962万t、二氧化硫5万t。

（马　珂　梁志峰）

【跨区电网运行】

一、2014 年国家电网结构变化

2014 年，跨区联网系统得到加强，大范围资源优化配置能力提高，主要结构变化分述如下。

1. 华北电网

2014 年，华北 500kV 主网省间联络结构不变。各省网内部 500kV 基建项目多数为电厂送出或线路破口工程，主要变化如下。① 京津唐地区：新建昌黎变电站及昌黎变电站至天马变电站双回线，新建御道口变电站及金山岭变电站至御道口变电站一回线，新建海淀变电站破口入门昌一回线。② 山西地区：新建固贤变电站及固贤变电站至吕梁变电站双回线路，山西北部恒北热电厂及恒雁一线投产，山西北部电源送出结构变化，新建太二七期电厂破入侯原一回线，新建大同东变电站及大同东至雁同双回线。③ 山东地区：新建岱宗变电站破入郓城至泰山第二回线，新建蟠龙变电站破入长清至济南双回线，新建核阳双、核崂双和核泽双回线。④ 蒙西地区：新建武川变电站破入坤旗双回线，新建察右中至武川双回线，蒙西内部断面呼丰断面增至七回线，新建呼和浩特抽水蓄能电站，新建呼和浩特抽水蓄能电站至武川变电站一回线，新建察右中变电站及察汗双回线。

2. 华东电网

2014 年，华东电网主要投产工程有宾金直流及其配套工程，浙福特高压及其配套工程，外二厂-杨行双线串抗工程，双草变电站升压工程，访仙变电站升压工程，杨行、三林、吴宁、夏金、沙河、孔店变电站工程、玉融核电送出工程等。

宾金直流及其配套工程投产，金华换流站开断环入双龙-万象双线、双龙-宁德双线，形成金华-万象双线、金华-宁德双线、金华-双龙四回线，并新建金华-丹溪双线，浙江南部电网长期以来受电能力不足的问题得到缓解。

浙北-福州交流特高压工程投产，新建榕城、莲都、兰江共三个 1000kV 特高压变电站，新建 1000kV 安吉-兰江-莲都-榕城线路，福建外送能力、浙江南北电网交换能力大幅提高。

上海外二厂-杨行双线串抗工程投产，上海电网短路电流超标问题大幅缓解，在江苏太仓主变压器投产前，上海仅需采取“两出串”的短路电流控制措施。

江苏双草变电站升压工程投产，并新建潘荡-双草-仲洋双线，苏北连云港地区富余电力送出能力大幅提高。福建玉融核电送出工程投产，保障玉融核电机组并网发电。

3. 华中电网

2014 年，华中 500kV 省间断面无新建工程。湖北电网 500kV 孱陵变电站 π 接入江复双回线，孱陵变电站新建一台主变压器，荆州地区供电能力得到加强，有利于鄂西电网开环；凤磁Ⅰ回线改接至光谷变电站形成光磁线，提高武汉江南地区的受电能力。河南电网新建浉春Ⅰ、Ⅱ回线、庄圣Ⅰ、Ⅱ回线、仓卫Ⅰ、Ⅱ回线；新建春申两台主变压器、圣临一台主变压器、卫都两台主变压器，庄周、花都各扩建一台主变压器，加强地区供电能力。湖南电网新建 500kV 沙星Ⅱ回线，加强湘中地区从湘北电网的受电能力。四川电网 500kV 溪复双回线改接为溪宾三回线、宾叙双回线、宾复双回线，加强溪洛渡、向家坝水电基地外送能力；巴中变电站 π 接入巴达线，新建巴达二回线；新建康蜀三、四回线，加强康定地区的水电外送能力；新建泉榄二回线，加强攀枝花地区 500kV 电网结构。新建 500kV 巴中变电站及其两台主变压器，康定扩建一台主变压器，加强地区供电及水电通道外送能力。

4. 东北电网

2014 年，东北电网 500kV 主网省间互联无新建工程。辽宁电网新建张台变电站 π 接入 500kV 徐辽线、徐王线，吉林电网新建吉林东变电站 π 接入 500kV 平包线。丰满电厂三期机组通过切改后的 220kV 松明线、松磐线直送磐桦电网，吉林中部交流联络线电磁环网解环运行，东北电网主要北电南送输电断面全部实现电磁环网解环运行。

5. 西北电网

2014 年，西北电网迎来 750kV 网架建设高峰，750kV 陕甘联网第二通道东麦宝输变电工程，新疆乌昌 750kV 小环网和 750kV 库车输变电工程，陕西关中 750kV 南山及信义第二台主变压器输变电工程，宁夏 750kV 黄河、贺兰山第二台主变压器及 750kV 黄贺第二回线输变电工程建成投产，750kV 主网架加强；特高压天中直流配套电源投产，西北电网外送规模增大，外送型电网特征明晰；甘青断面、关中西部、河西等地区实现 750/330kV 电磁环网解环或分片运行，电网特性及稳定水平发生较大变化。

二、二次系统运行

1. 继电保护

推进直流专业管理业务转型，深化特高压直流风险管控，完成宾金特高压直流 57 项风险点排查；完善直流在线监视与分析功能，实现在运直流工程故障录波的远方调阅率100%的目标。

强化设备管理全过程闭环管控手段。完善设备技术标准，实现10kV及以上各电压等级继电保护和安全自动装置“六统一”标准化；完成9个批次、28个种类、285种型号保护装置的检测工作，完成220kV及以上电压等级保护的专业检测工作；加强继电保护软件版本管控工作，新投运设备的保护软件版本由“六统一”前的5000多个减少到100多个，为设备运行、缺陷管理奠定物质基础，提升继电保护设备管理精益化水平。

推进继电保护远方操作研究试点。适应调控一体化要求，开展继电保护远方操作调研，组织福建、上海、河北等单位加快继电保护远方操作“双确认信息”的技术研究，完善身份认证、权限认证等加密认证，提升继电保护专业对调控一体化的支撑能力。

部署继电保护定值在线校核与预警。各分中心和省调全面完成继电保护定值在线校核与预警模块的建设和上线运行，提高继电保护定值管理风险管控水平。

2014年公司直调系统220kV及以上交流系统共有继电保护装置2104台，高压直流系统继电保护装置692台、保护主机482台。全年直调系统继电保护（含交流和直流）总共动作799次，正确动作797次，正确动作率99.750%，故障快速切除率100%。

2. 电网调度自动化

2014年，33家省级以上调度基于D5000平台的智能电网调度控制系统全部成为主用，为调控业务一体化运行提供技术支撑；国网华北、华东、华中分部及国网天津、河北、上海、江苏、浙江、安徽、福建、四川、河南、江西、辽宁、陕西、宁夏电力16家单位完成智能电网调度控制系统实用化互查工作，提升电网调度控制系统实用化应用水平。

2014年，公司省级以上电力调度自动化系统总体运行平稳，统计的9项运行指标中，有4项指标高于2013年，1项持平，3项降低，详见表1。

表1　各分调、省调电力调度自动化系统运行指标同比情况表

序号	指　　标	2014年	2013年
1	子站设备可用率（%）	99.993	99.952
2	数据通信系统可用率（%）	99.993	99.994
3	计算机系统可用率（%）	100.00	100.00
4	事故时遥信动作正确率（%）	100.00	99.915
5	AGC投运率（%）	98.460	99.996
6	AGC控制合格率（%）	98.295	99.907
7	状态估计可用率（%）	99.780	99.873
8	遥测估计合格率（%）	99.810	98.75
9	调度员潮流合格率（%）	100.00	100.00

三、2014年电网运行特点

2014年，特高压浙福工程、宾金直流双极投产、清洁能源快速发展，特高压天中、锦苏直流输电能力提升，电网结构、电源结构、运行特性深刻变化。电网主要运行特点如下：

1. 电网结构增强，跨区、跨省输电能力提高

2014年，天中、宾金、浙福“两直一交”跨区输电大通道工程投产，西南水电、辽宁、福建核电等清洁能源外送工程和负荷中心加强工程投产，系统结构加强；公司跨国跨区输电能力达64 660MW，同比增长20.12%。

2. 短路电流超标问题突出

2014年，公司系统共有41个330kV以上变电站短路电流超标（2013年为37个）。电网运行采取了拉停线路及主变压器、线路出串等28项临时控制措施（2013年为25项）。

3. 交直流耦合关系密切

2014年，电网交直流耦合关系更加紧密，受端直流落点密集地区交流故障引发多回直流同时发生换相失败甚至闭锁风险增大。汛期，四川富裕水电通过交流通道接力东送、北送方式下，宾金、锦苏、复奉任一特高压直流闭锁后，过剩功率将大幅转移至外送交流通道，川渝、渝鄂断面、特高压交流联络线等通道转移能力不足，极端情况下，120万kW过剩功率将导致川渝相对华中失步，“强直弱交”特性突出。

4. 电网故障对安全供电造成较大压力

2014年，220kV及以上线路故障跳闸1429次，同比减少149次，自然灾害依然是引发故障的主要因素，占比约56%。分故障类型看，相间及以上故障共109次，占比7.6%；发生N-2及以上故障17次，同比减少2次。220kV及以上厂站全停故障14起，同比增加3起；母线失压故障28起，同比减少5起；局部电网解列故障14起，同比增加4起。落实提高交直流

混合电网安全稳定性工作方案，直流双极闭锁故障同比减少3起。但直流扰动仍然多发，公司在运直流系统共发生换相失败175次，再启动38次，单极闭锁23次。

5. 部分地区对安控系统依赖度高

三大特高压直流满送期间，如果安控拒动，川渝相对主网失步解列后，川渝电网孤网运行，同时华中、华北失步解列，华北、华中东四省各自独立运行。川渝电网孤网运行方式下，有功大量过剩，频率可升高到52Hz以上，可能引起高周切机动作，产生联锁反应，川渝电网面临垮网风险。

四、跨区送电

2014年，公司经营区域跨区交易电量4292.73亿kWh，同比增长21.69%。长南荆特高压交流输电交易电量133.74亿kWh，同比增加8.43%，其中，华北送华中完成电量102.51亿kWh，同比减少5.17%；华中送华北完成电量31.23亿kWh，同比增加104.82%。特高压直流输电交易电量1047.36亿kWh，同比增加91.7%。其中，复奉、锦苏、宾金直流输电交易电量915.3亿kWh，同比增加67.92%；天中直流输电交易电量132.06亿kWh，同比增加10 249.1%。东北送华北完成电量217.38亿kWh，同比增长19.58%；西北送华中完成电量127.09亿kWh，同比减少21.09，华中送西北完成电量45.49亿kWh，同比增加24.87%；华中送华东完成电量10.49亿kWh，同比减少67.52%；银东直流完成电量282.13亿kWh，同比减少0.77%；蒙西送华北完成电量898.66亿kWh，同比减少2.23%；国网送南方完成电量149.04亿kWh，同比增加16.57%。

三峡上网电量978.42亿kWh，同比增加19.34%；阳城电厂上网电量161.97亿kWh，同比减少2.74%；锦界电厂上网电量157.52亿kWh，同比增加13.61%；府谷电厂上网电量75.49亿kWh，同比增加9.89%；锦屏官地电站上网电量469.6亿kWh，同比增加106.26%；向家坝电厂上网电量286.32亿kWh，同比增加56.5%；溪洛渡电厂上网电量257.78亿kWh，同比增加308.81%；南湖电厂上网电量10.52亿kWh；花园电厂上网电量3.84亿kWh。

（万 雄　王 震　车文妍　王永福　张剑云　叶 俭　贺静波　熊华强）

【调度生产运行】

1. 发用电情况

2014年，受宏观经济、夏季气温偏低等因素影响，电量同比低速增长。全国发电量累计完成54 489.85亿kWh，日均149.29亿kWh，同比增长3%，增幅较2013年下降4.90个百分点。公司电网（含蒙西）调度发受电量完成43 931.2亿kWh，日均120.36亿kWh，同比增长2.52%，增幅较2013年下降6.05个百分点。全国最高日发电量178.59亿kWh（7月22日），同比增长1.94%。

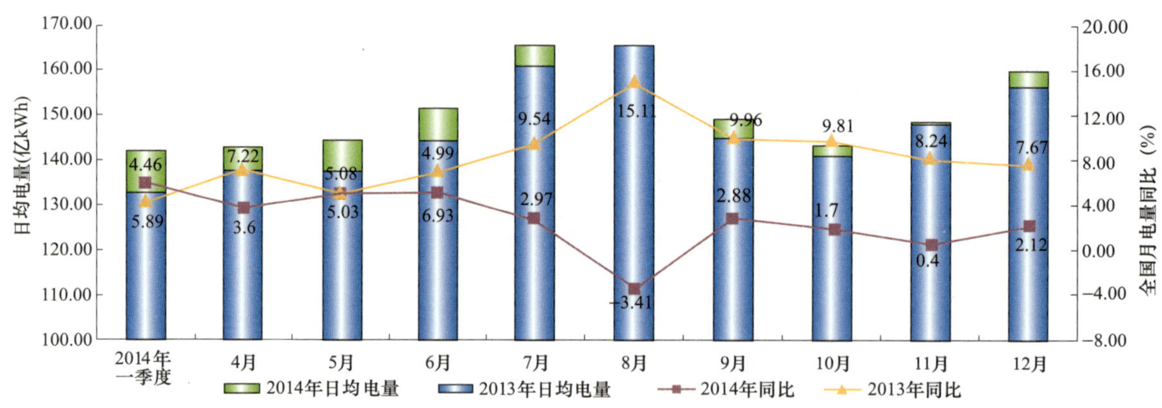

● 2014年全国日均电量。

2014年，公司各分区电网调度发受电量增幅同比依次为西北（8.14%）、华北（2.78%）、华东（1.79%）、东北（1.15%）、华中（0.52%）。除甘肃（-3.61%）、上海（-2.66%）、湖南（-1.35%）、山西（-1.27%）、冀北（-0.86%）、辽宁（-0.27%）、湖北（-0.20%）7个省级电网发受电量同比负增长外，公司经营区域内其他21个省级电网发受电量均为正增长，其中新疆（22.86%）、西藏（12.8%）同比增幅超过10%。

2. 水电运行

2014年，公司经营范围内重点水电厂水库来水整体与常年持平，华中、东北地区普遍降水偏少。金沙江下游干流、第二松花江、赣江、钱塘江、汉江、清

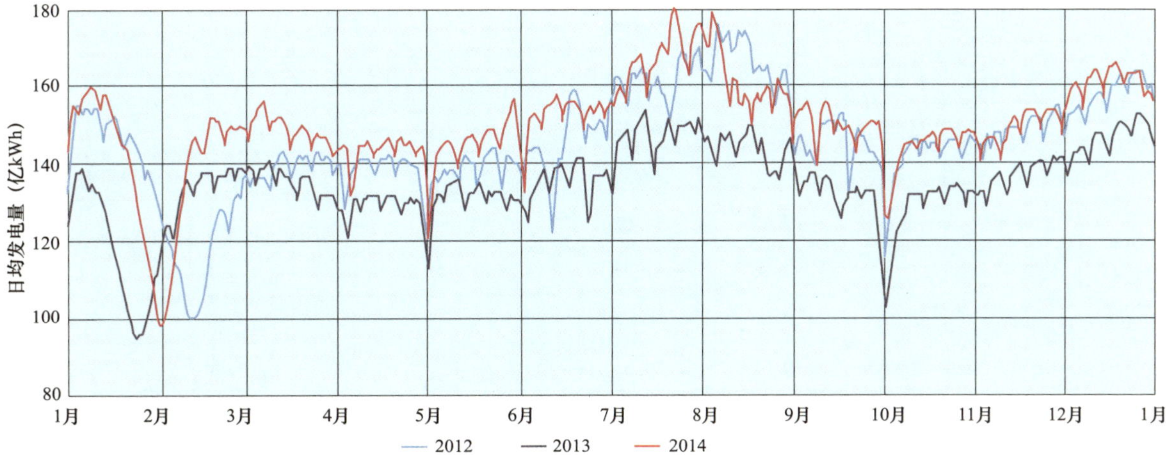

● 近3年全国日电量曲线。

江偏枯一至二成，鸭绿江偏枯五成，长江上游干流、雅砻江、岷江、黄河上游干流、乌江下游、嫩江持平，大渡河、闽江、湘江偏丰。

2014年，公司区域内重点水电厂总可调水量为1066亿m^3，总蓄能值为259亿kWh，同比分别增加87亿m^3和41亿kWh。其中，公司直调水电厂可调水量为269.0亿m^3，总蓄能值为83.26亿kWh，同比分别增加27.4亿m^3和19.6亿kWh。

2014年公司电网水电运行呈现如下特点：

（1）全国降水略偏丰，“南涝北旱”特征突出。全国平均降水量636.1mm，略多于常年（629.9mm），但时空差异明显。东北大部、华北、西北地区西部降水偏少。

（2）台风活动偏少，但登陆台风强度大，超强台风“威马逊”造成灾害重。与常年相比，2014年生成（23个）和登陆（5个）的台风个数分别较常年偏少3.5个和2.2个。8月，仅有1个从中太平洋移入的台风，生成和登陆个数均为1949年来同期最少。虽然台风活动偏少，但登陆台风强度大，9号台风“威马逊”登陆海南时中心附近最大风力达17级以上（70m/s），为1949年以来登陆我国的最强台风。

（3）西南水电集中投产，全网水电量继续增长。公司经营范围内重点水电厂水库来水与常年持平，较2013年偏多13%。分区域来看，华东偏丰12%、华中偏枯6%、东北偏枯17%、西北偏丰7%。年内西南水电集中投产9043MW，调度采取多项措施促进水电消纳，截至12月底，公司区域内水电量继续增长，累计完成6149亿kWh，同比增长14%。

（4）发挥水库作用，保障下游防汛安全。2014年暴雨日数多，汛期（5~9月）全国出现53次暴雨过程，较2014年增加20场，主要集中在6~8月，四川、湖南、重庆等地洪涝和山洪地质灾害较重。8月，四川出现2次特大暴雨过程，持续强降雨造成多地发生山洪、滑坡、泥石流、大桥垮塌等灾害，其中二滩、瀑布沟、龚咀等电厂出现大规模弃水。7月，湖南出现3次特大暴雨过程，五强溪等电厂也出现弃水。相关电网调度机构密切监视流域水雨情变化，严格执行防汛调令，发挥水库拦洪蓄洪作用，减轻下游的防洪压力。

（5）西藏羊湖电站水位回蓄较少。2014年，西藏羊湖电站以调相运行为主，配合柴拉直流和藏中电网相关设备检修、投产等工作，共安排计划发电5轮，全年电量637.05MW时，同比减少85%。受气候干旱、蒸发偏大等因素影响，羊湖水位汛期只回蓄0.56m，年内最高水位4435.74m，同比低0.05m。

表1　2014年国家电网统调水电运行情况

统计内容			直调	华东	华中	东北	西北	国网合计
来水情况	比2013年	%	10.61	26.83	39.78	-51.00	5.90	12.85
	比多年	%	-2.04	12.28	-6.00	-17.19	7.47	-0.83

续表

统计内容			直调	华东	华中	东北	西北	国网合计
发电情况	发电量	亿 kWh	2002.86	547.26	4501.51	117.96	929.09	6149.33
	比 2013 年	亿 kWh	53.95	4.89	23.00	-44.39	-4.21	13.52
		%	269.01	106.63	426.11	88.16	176.16	1066.07
年末蓄水蓄能情况	可调水量	亿 m^3	27.37	24.62	101.01	-89.75	23.64	86.89
	比 2013 年	亿 m^3	83.26	17.24	105.57	9.28	43.97	259.32
	蓄能量	亿 kWh	19.60	3.53	23.28	-13.60	7.87	40.68
	比 2013 年	亿 kWh	10.61	26.83	39.78	-51.00	5.90	12.85

3. 风电运行

2014 年，公司经营区域内风电装机稳步增长，电力电量维持高比例运行，风电并网容量达到 87 898.8MW，同比增加 16 519MW，增长 23.14%，占总装机容量的 18.79%。“三北”地区风电并网容量达 78 707MW，占总并网容量的 89.5%，其中，冀北、蒙西、蒙东、辽宁和甘肃五个地区风电占比超过 20%，且有 13 个省级电网的风电成为第二大装机电源。2014 年公司累计消纳风电量 1410.42 亿 kWh，同比增长 9.57%，占公司总发电量的 3.20%。截至 9 月底，公司经营区域内风电累计利用小时数达到 1839 小时，由于风资源同比减少近一成半、减少 174 小时，减少 8.64%。通过开展新能源优先调度工作，加之部分地区送出工程投产（改造），年累计弃风电量同比降低 14%，其中通道受阻约占全部弃风电量的四分之三。分月来看，风电发电量季节差异明显，春冬风电发电量较大，夏秋较小。最大月电量出现在 12 月，为 168.5 亿 kWh。华北、东北、西北电网风电月最大电量分别为 76.8 亿、41.9 亿、34.6 亿 kWh。

2014 年公司电网风电运行呈现以下特点：

（1）装机规模增长，电力电量高比例运行。2014 年以来，公司区域风电最大电力达到 34 810MW（同比增长 31%），最大日电量达到 7.45 亿 kWh（同比增长 18.3%），出力占负荷最大比例和日发电量占用电量最大比例分别为 7.48% 和 6.2%（同比分别增加 1.18、0.86 个百分点）。蒙东风电出力占发电最大比例和日发电量占用电量最大比例高达 40.03% 和 81.25%，甘肃和吉林风电出力占负荷最大比例和日发电量占用电量最大比例均超过 30%。

（2）来风偏少偏弱，风能资源较差。1 ~ 12 月，公司经营区域内 10m 高度月平均风速为 5.92m/s，同比减少 4.6%。华北、东北和西北月平均风速分别为 5.83、5.82m/s 和 6.15m/s，其中华北、东北同比分别下降 6.5% 和 6.89%，西北同比基本持平。2014 年以来，公司区域风能资源同比减少约 13.1%，其中华北降低 18.2%，东北降低 19.1%，西北同比基本持平。受风资源减少近一成半影响，公司区域风电（含蒙西）年累计利用小时为 1876 小时，同比减少 165 小时，降低 8%。

（3）大部分地区弃风情况有所缓解。2014 年，公司经营区域内累计弃风电量为 96.65 亿 kWh，同比减少 15.78 亿 kWh，下降 14.03%；年累计弃风比例为 7.53%（不含蒙西），同比下降 1.98 个百分点。其中，西北累计弃风 38.06 亿 kWh，占公司总弃风电量的 39.4%。弃风原因为网架约束和调峰困难，网架约束占四分之三。12 月，因调峰困难弃风 5.36 亿 kWh，占 41%，因网架结构弃风 7.78 亿 kWh，占 59%。其中，冀北和西北地区网架矛盾较为突出，合计弃风 6.55 亿 kWh，占公司弃风电量的 50%。

4. 光伏运行

2014 年，公司系统光伏装机容量达到 24 453.6MW，同比增长 58%，其中西北地区并网光伏容量 14 736.3MW，占公司系统并网光伏总装机的 60.26%。其中甘肃光伏并网容量 5172.6MW，同比增加 20%；新疆光伏并网容量 3260.3MW，同比增加 18%；宁夏光伏并网容量 1737.3MW，同比增加 12%；青海光伏并网容量 4114.5MW，同比增加 18%。2014 年，公司区域内光伏年累计发电量达到 227 亿，同比增长 171.5%；年累计发电利用小时数为 1255 小时，同比减少 8.1%；年累计弃光电量达到 24.55 亿 kWh，弃光率达到 9.8%。

公司系统弃光基本集中在西北地区。甘肃河西光伏长期受制于通道送出能力不足制约（主要为 110kV 以下电压等级），年累计弃光电量 23 亿 kWh，弃光率高达 36.5%；青海光伏年初主要受制于 330kV 汇明主变压器上网容量制约，迎峰度夏前受制于 330kV 柴达木主变压器检修制约，年累计弃光电量 0.87 亿 kWh，弃光率 1.5%；新疆光伏主要受制于多类电源共用通道送出制约，年累计弃光电量 0.67 亿 kWh，弃光率 1.6%。

5. 电力供需

2014 年，公司系统共有 21 个省级电网用电负荷创历史新高（2013 年所有省级电网均创新高）。25 个省级电网最高用电负荷超过 10 000MW，仅新疆、蒙东 2 个省级电网最大负荷增幅大于 10%，较 2013 年减少 15 个。

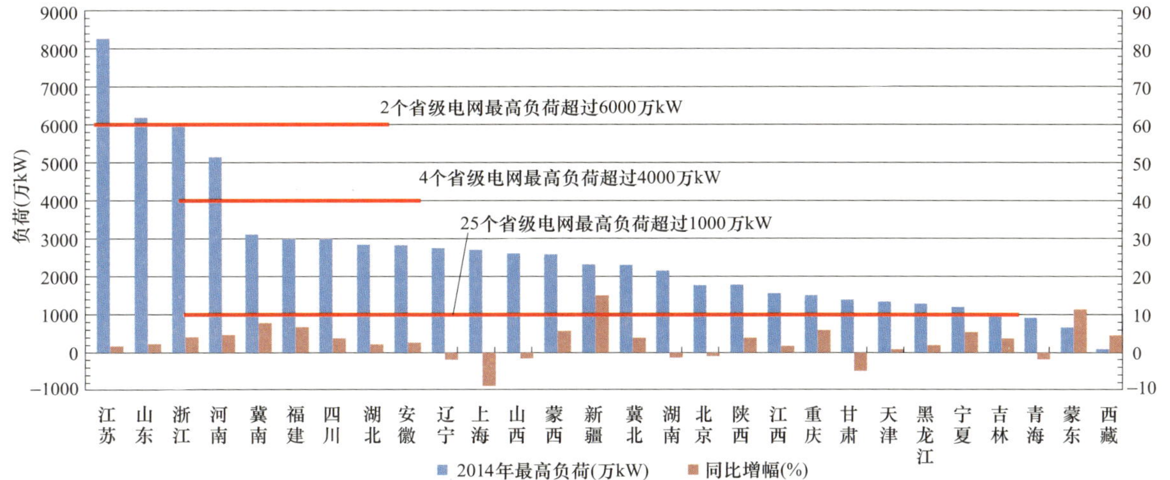

● 2014 年省级电网最高用电负荷。

2014 年，各分区电网负荷水平增长总体放缓。西北电网最高发受电力同比增幅超过 15%，其余分区电网调度最高发受电力同比增幅均未超过 10%。

表 2　　公司系统主要电网调度最高发受电力

电网名称	调度最高发受电力（MW）	同比增长（%）	出现日期
华北	192 067	3.15	7 月 21 日
华东	220 744	2.66	8 月 5 日
华中	150 525	0.92	8 月 4 日
东北	54 619	-0.05	12 月 16 日
西北	71 469	3.67	12 月 15 日

2014 年，公司经营区域电力供需总体平衡，受机组非计停、环保改造及断面受限等因素影响，共有山东、河北、江苏、陕西等 10 个省级电网出现供需紧张情况，公司区域日最大电力缺口为 457 万 kW（7 月 21 日）。

6. 迎峰度夏

（1）电力电量增幅较低，夏季电力供应情况良好，但存在局部性、时段性供需紧张。

6~8 月，全国发电量同比增长 1.31%，增幅比上半年（5.21%）下降 3.9 个百分点，比 2013 年同期（11.06%）下降 9.75 个百分点。相比于 2013 年夏季的持续高温大负荷，2014 年夏季用电高峰出现日期迟、持续时间短，全国日电量首次创新高时间（7 月 21 日）是 2000 年以来最晚的一次，比 2013 年晚 33 天，日电量超过 2013 年峰值的天数累计仅 6 天，是 2008 年以来最少的一年。进入 8 月中旬后，随着降雨增多、气温降低，用电水平加速回落。

迎峰度夏期间，华北、华东、华中、西北 4 个区域电网和 17 个省级电网负荷创出新高，较 2013 年减少 6 个，新高增幅超过 10% 的省级电网仅新疆、蒙东 2 个，较 2013 年减少 12 个；公司区域供需形势总体良好，但受机组环保改造、局部断面受限等因素影响，山东、冀北、河北南网、天津、江苏、福建、河南、陕西 8 个省级电网出现供需紧张形势，公司区域日最大电力缺口为 457 万 kW（7 月 21 日）。

（2）跨区电网资源配置作用增强。7 月初，特高压宾金直流投产，国家电网跨区送电能力由 2013 年同期 5003 万 kW 增加至 6163 万 kW，增长 23%；6~8 月，跨区输送电量达 969 亿 kWh，同比增长 33%，跨区最大送电电力 5717 万 kW，比同比增加 27%，跨区系统在保障“三华”负荷中心的电力供应和清洁能源的可靠送出方面发挥重要作用。

（3）清洁能源消纳成效显著，火电发电矛盾突出。2014 年以来，向家坝、溪洛渡、锦屏等大型水电基地机组陆续投产，公司区域新增水电装机 780 万 kW，汛期西南等地出现多轮集中强降雨，水电持续大发；年内新增风电装机 561 万 kW、光伏 261 万 kW，清洁能源发电能力增强。6~8 月，全网共消纳水电 2140 亿 kWh，同比增长 10.17%，其中四川地域水电发电 776 亿 kWh，同比增长 33.1%；消纳风电、光伏电量 268 亿、55 亿 kWh，同比分别增长 1%、189%。

由于用电需求增长乏力，水电、光伏持续大发挤压了火电机组电量空间，夏季火电发电量出现负增长。6~8 月，公司区域火电发电量 9090 亿 kWh，同比下降 2.48%，增幅比水电低近 13 个百分点。

（4）落实公司安全工作部署，全面加强安全管理。6 月 10 日上午，公司组织举行 2014 年迎峰度夏联合反事故演习，提高迎峰度夏期间国家电网事故应急处置能力。6~8 月省级以上电网发布预警通知单 513 个，加强对重要通道、关键设备的巡视、运维，保障公司电网平稳运行；落实特高压宾金、锦苏、复奉直流满送方式下运行控制措施，强化电网方式校核，除短时紧急消缺外三大直流基本保持满功率平稳运行，同时满送时间超过 700 小时。

度夏期间，甘肃、青海、宁夏、新疆等地区发生多起变电站全停、局部电网解列并损失负荷的严重故障，对电网运行构成较大威胁。针对电网结构、设备质量、用户涉网安全管理等方面存在的问题，各单位强化安全隐患排查力度，落实整改措施，保障电网安全稳定运行和电力有序供应，完成迎峰度夏安全生产任务。

（万　雄　王　震　马　珂
梁志峰　叶　俭　贺静波）

【电力燃料供应】 2014 年，国网统调电厂累计供煤 15.61 亿 t，同比下降 1.77%，累计耗煤 15.46 亿 t，同比下降 2.25%，12 月 31 日电煤库存 12 250 万 t，同比增加 2185 万 t。

从需求侧看，在“三期叠加”的大背景下，受工业产能过剩、房地产市场调整、地方债务到期、要素驱动力减弱等因素的影响，我国经济下行压力不断加大，国民经济增速放缓，带动电力及电煤需求增速下滑，电煤供需总体呈供应宽松格局。

从供应侧来看，前两年煤矿大量投资带来产能大规模释放，尽管受到资源整合和安全整顿的影响，但产能充裕；受煤炭价格持续下降影响，全国煤炭产量与销量比 2013 年略有回落；铁路、港口的煤炭运力进一步增强，全国电煤供应能力满足需求。分季度来看，一季度全国大部分地区出现持续性严寒低温天气，带动电煤消费较快上升，电煤库存持续下降但仍处于基本合理水平，3 月份电煤库存降至 8699 万 t，可用天数为 20 天，为年内最低水平；二季度，经济复苏缓慢，且水电发电量快速增长，电煤消费呈现出较为明显的淡季特征，电煤库存缓慢上升，6 月末为 10 239 万 t，可用天数升至 24 天。三季度，受“凉夏”天气的影响及新能源加大出力，电煤库存迅速增至 11 275 万 t，可用天数为 28 天；四季度，尽管宏观经济持续低迷，但由于西南地区水电减少，“西电东送”量减少，火电压力相应加大，沿海、沿江很多电厂耗煤数量明显提高，电煤库存先升后降，12 月末达到 12 250 万 t，可用天数为 24 天，库存处于高位。

（黄　忠）

电力市场建设和运营

【电力市场建设和管理】

1. 健全市场化交易机制

做好全国统一电力市场研究和建设工作。组织研究编制大用户直接交易规则、大用户直接交易准入规则、安全校核规则、跨区跨省交易规则，以及大用户直接交易合同范本等建议稿，并向政府有关部门提出建议。组织全国统一电力市场交易平台试点单位和推广单位结合实际，完成本省交易细则编制工作，为大用户直接交易的规范开展和交易平台的有序运营提供保障。国网安徽、山西、甘肃、新疆电力在交易平台上组织发电企业与大用户直接交易 5 次，达成交易 70 多笔，成交电量 75 亿 kWh，促进交易公开公平开展，提升市场效率和服务质量，获得地方政府、电力用户和发电企业的肯定。

健全电力交易机制。研究提出四川水电送华东的三条特高压直流事故支援及电力优化调整的有关意见，促进特高压直流安全平稳运营。研究编制宾金特高压直流、浙福特高压交流输电工程交易组织要点，确定川藏联网工程送电交易安排。探索促进新能源大范围消纳的市场化交易机制。根据用户、发电企业和社会节能减排的需求，主动创新交易方式，促成能源监管机构出台有关办法，组织北京集中式电采暖试点项目与东北低谷富余风电开展直接交易，既支持北京雾霾治理，又促进东北清洁能源的消纳。国网西北分部开展跨省风电替代交易，促进甘肃风电消纳。

加强电力市场管理。制定出台《国家电网公司电力市场建设管理办法》和《国家电网公司电力交易平台市场成员管理办法》，促进市场建设和市场成员注册等工作的规范开展。完成公司经营区域内 23 268 家市场成员（含非直调发电企业）的注册工作，加强市场成员注册信息的核对和管理工作。

2. 电力市场交易平台建设

坚持整体规划、顶层设计的原则，遵循统一市场、两级部署的思路，构建覆盖总（分）部和 20 个省公司的电力市场交易平台。公司成立以舒印彪总经理为组长的全国统一电力市场建设领导小组，在领导小组办公室内设立技术支撑平台建设工作小组和市场规则建设工作小组。领导小组研究确定交易平台的建设方案、工作计划、技术路线和技术标准。制定沟通协调机制，召开双周推进会和周电话会议，强化过程管控和督导，优化有关业务流程和工作机制，协调解决市场规则和机制建设中出现的问题，推进交易平台建设。

平台标准化设计研发。依托 SG-ERP 建设成果，调研分析电力交易业务需求，吸收业务管理实践经验，组织开展需求规格设计、概要设计、详细设计、数据模型设计及代码标准设计，统一系统功能、界面和数据结构，完成 13 个功能模块、787 项业务功能、4792 个功能点的设计开发工作，实现一期功能 3 月底上线、二期功能 10 月底上线的目标任务。南瑞集团和中国电科院完成 208 万行代码软件产品研发，形成需求规格、概要设计、详细设计、数据模型、代码标准 5 套、28 个分册的标准化设计成果。

平台试点建设及推广。按照“试点先行，有序推广”的原则，2014 年 1 月 15 日，启动试点单位交易平台建设工作，3 月底，三家试点单位交易平台全部上线运行。总结试点经验后分三批开展平台建设推广，2014 年 12 月底，三批推广单位全部上线运行。平台可以支撑大用户直接交易、发电权交易、抽水蓄能招标等多品种交易，同时实现市场成员注册、合同管理、计划编制、电能结算、信息发布、运营分析等交易业务管理。国网安徽电力按照平台建设方案总体部署，强化管控、率先完成平台建设，发挥试点示范作用。国网山西电力加强统筹协调，注重平台功能及数据验证，精益化开展平台建设质量和进度控制，在较短的时间内提升平台实用化水平，确保大用户购电上平台交易。国网江西电力在前期数据集成上，按照“谁的数据、谁负责”的要求，完成平台与经法、营销、财务、调度等相关系统联调测试工作。在后期数据验证上，开展“一对一”数据验证工作，完成所有发电企业和大用户集中注册及企业相关信息维护，夯实平台安全运行基础。

强化问题闭环管理。多轮次用户测试和试点运行相结合，问题收集与整改反馈相结合，引入敏捷开发等创新模式，交易平台每 10 天发布一个新版本，快速响应用户需求，解决系统运行中发现的问题 3332 项，提高交易平台对各单位电力交易业务的支撑能力。国网湖南电力开展平台功能验证，召开现场专题分析会梳理核心业务差异化需求，提升平台对交易业务的支撑能力。

（李　竹　刘永辉　庞　博　张　显）

【电力市场运营】 2014 年，公司围绕能源资源大范围优化配置，发挥特高压远距离、大容量输送优势，加大跨区跨省交易组织力度，推进电力交易合同管理工作，促进清洁能源消纳，保障各地电力供应。国家电力市场交易电量完成 6789 亿 kWh，同比增长 12.80%。

一、电力交易运营

跨区跨省交易运营。通过电力交易平台，首次以市场化方式大规模开展主要跨区年度交易，达成交易结果 632 亿 kWh，同比增加 2.4 倍。2014 年，跨区跨省交易电量共完成 7252.16 亿 kWh，同比增长 12.03%。其中，跨区交易电量完成 4292.73 亿 kWh，同比增长 21.69%；跨省交易电量完成 2959.43 亿 kWh，同比增长 0.46%。跨省交易中，华北电网跨省交易电量 797.77 亿 kWh，同比增长 7.58%；华东电网跨省交易电量 946.08 亿 kWh，同比下降 4.11%；华中电网跨省交易电量 338.31 亿 kWh，同比下降 6.48%；东北电网跨省交易电量 719.29 亿 kWh，同比下降 5.53%；西北电网跨省交易电量 157.98 亿 kWh，同比增长 55.08%。从各区域交易电量所占比例来看，华北、华东、华中、东北和西北跨省交易电量分别占跨省总交易电量的 26.96%、31.97%、11.43%、24.30% 和 5.34%。

保障电力供应。利用输电通道空间，组织短期交易支援京津唐、河北南网、重庆等地区用电需要。灵活安排丰枯交易方式转换，组织四川水电和西北风电支援华北 APEC 会议用电需要，会议期间华北电网受入外来电量 32 亿 kWh，减少标煤消耗 107 万 t，减排二氧化碳、烟尘 278 万 t 和 1 万 t，缓解大气污染压力。

发电侧购电交易。2014 年，公司向发电侧购电 36 343.34 亿 kWh。其中，总购电量排名前五位的省公司依次为国网江苏、山东、浙江、河南和辽宁电力，分别为4481.1亿、3206.36亿、3191.73亿、2335.38亿kWh和1824.9亿kWh。

发电权交易。2014年，公司完成发电权交易电量1167.85亿kWh，同比增长2.58%，实现节约标煤694.81万t，分别减少SO_2和CO_2排放14.91万t和1812.34万t。其中，小火电机组关停发电权交易电量455.87亿kWh，占总交易电量的39.03%，在役机组发电权交易711.98亿kWh，同比增长近3成。组织陕西锦界、府谷电厂跨区发电权交易，完成交易电量9亿kWh；组织华北、华东、东北跨省发电权交易，完成交易电量48亿kWh。

二、清洁能源消纳

清洁能源购电。安排交易计划，保障清洁能源上网消纳，全年消纳清洁能源发电9218亿kWh，占全部发电量的21.5%。其中，消纳水力、风能、太阳能发电分别增加828亿、151亿、138亿kWh，同比增长14.6%、12.1%、169.9%。

消纳四川水电。2014年四川境内向家坝等大水电全部投产，全省水电装机在2013年增加1334万kW的基础上，又增加1026万kW，水电消纳难度加大。公司汛前提早组织外送，消落水库水位，减轻汛期压力；汛中统筹考虑水电特性与负荷特点，开展三峡、向家坝、溪洛渡等大水电置换交易，利用外送通道空间组织短期交易，全年共消纳四川水电2023亿kWh，其中跨区跨省外送1122亿kWh、同比增长62.3%，复奉、锦苏、宾金三大特高压直流实现满功率外送，向华东最大送电2160万kW、同比增长69%。

消纳新能源。挖掘输电通道潜力，组织风电、太阳能与火电打捆外送，全年风电、太阳能等新能源跨区跨省外送电量达到190亿kWh，同比增长近一倍。探索清洁能源跨区消纳新机制，创新开展东北低谷富余风电与北京集中电采暖项目的直接交易，促进京津冀地区大气污染防治和减少低谷弃风。

三、形成中长期交易机制

2014年，国家电力市场共签订年度及以上电能交易合同615份，备案率100%。建立水电中长期合同交易机制，首次签订全部6个总部直调大水电2014~2016年中长期合同，总规模近6000亿kWh。公司各分部、省公司与直购电厂全部签订购售电合同，新签订年度合同3044份，并按照能源监管机构要求，完成合同备案工作。

国网北京、河北、冀北、山西、山东、浙江、安徽、福建、湖北、湖南、江西、四川、重庆、吉林、黑龙江、陕西、甘肃、新疆电力18家单位与非直购电厂共签订购售电合同17 266份，促进电力交易规范化。

印发《国网办公厅关于使用风力发电场、光伏电站购售电合同示范文本的通知》（办交易〔2014〕46号），规范风电、光伏电站等新能源购售电合同签订工作。

（谢　文　吕巧珍　徐　亮　汤洪海　周　琳　李增彬　严　宇）

【电力市场服务】

一、电力交易与市场秩序管理

规范电力交易行为。坚持依法合规、公开透明运营，维护电力市场秩序，未发生对公司利益和形象造成重大影响的事件。主动接受监管监督。做好电力交易与市场秩序驻点华中等专项监管检查配合工作，全过程做好迎检准备、跟踪汇报、沟通反馈等，确保监管报告平稳发布，同时逐条制定整改措施，落实监管意见。定期开展分析评价。按时报送电力交易与市场秩序年（季）度监管报表，向监管机构客观反映电力交易情况。突出重点，公司总部集中开展电力交易与市场秩序分析评价，对8个方面12类问题进行通报，强化内部监督和自律管理。公司系统开展内部分析评价工作，发现问题160项，主动进行规范，化解监管风险。

二、提升市场服务水平

加强交易信息公开。按照《国家电网公司电力市场交易信息发布管理规定》的要求，开展年、季、月度信息发布工作，按季度召开信息发布会，编印电力交易动态；按月更新电力市场交易信息发布网站；通过电力交易大厅大屏幕滚动显示电力交易信息。组织各单位开展交易信息发布情况自查，主动收集各方对信息发布工作的需求，促进信息发布工作完善提升。编制发布《国家电网公司2013年电力市场交易年报》。

电力交易服务技术支撑。开展电力交易服务管理标准化与实践研究，编制形成电力交易服务规范指引和总部全国统一电力市场交易平台服务指南。组织开展全国统一电力市场交易平台“服务窗口管理”模块需求调研，完成相关功能开发并上线运行，交易服务平台化取得阶段性成果。

发挥电力交易大厅窗口作用。按照新“三个十条”的要求，统一规范交易大厅服务管理，在电力交易大厅公示公司调度交易服务“十项措施”，完善服务环境和硬件设施，加强服务人员业务技能、礼仪素质培训。截至年底，公司系统共有30家单位设置电力交易大厅专职服务人员63名，电力交易大厅来访接待量合计65 713次，开展“一站式”电力交易服务的单位达到25家。

问询答复服务。通过设置问询答复电话、传真和电子邮件等形式，为市场各方提供电力市场交易问询答复优质服务。2014年，公司系统问询答复总次数为26 062次，问询答复率100%。

加强网厂沟通联络。坚持电力交易联络员制度，及时沟通、交流电力交易情况。2014年，公司系统共设立电力联络员2477人，共组织召开联络员座谈会等交流活动164次。

三、电力交易基础管理

电力交易业务管理。加强电力交易各项业务的规范管理，提升电力交易日常工作水平。加强交易结算管理，确保交易结算准确率、及时率均为100%。做好经济责任审计相关配合工作。

建立电力交易“五位一体”新机制。完成14项电力交易管理通用制度建设，构建形成包含33项业务流程的标准流程体系。组织编写内控风险与评价操作指南，组织开展内控风险评价工作。优化调整购电合同完成率评价标准，加强月度数据报送、季度考核点评、年度综合考核管理。

加强交易中心建设。组织公司电力交易员调考，国网上海电力、国网华东分部、国网江苏、国网甘肃电力取得优异成绩。公司系统面向市场人员开展电力市场交易培训181次，累计9416人次，提升电力交易队伍业务素质。

（童永红　刘瑞丰　顾宇桂）

电力市场营销

【“大营销”体系建设】

1.“大营销”体系建设完成情况

完善大营销组织架构。① 落实“大营销”建设方案，建立四级（国网、省、地市、县）客户服务中心服务体系，强化营销“五位一体”机制建设，解决传统营销工作管理链条长、管理层级多、运行效率不高问题；强化各层级营销业务支撑，支撑业扩报装、分布式电源并网服务等业务开展。② 推进“大营销”体系向县公司及乡镇供电所覆盖延伸。2014年完成307个县及4200个乡镇供电所延伸覆盖，“大营销”体系已覆盖1590个县公司及17 038个乡镇供电所，统一和优化了县公司及乡镇供电所营销业务流程和管理模式，基本实现城乡营销一体化管理。

完成95598全网全业务集中。利用两年时间分9批完成了27家省级电力公司95598全网全业务集中，实现全网客户服务业务7×24小时不间断在线服务和实时管控；对抢修、咨询、投诉、举报等业务开展工单研判、在线监控、过程管控、评价考核等实现全过程管理，增强对基层服务的管控力和穿透力。

简化业扩报装流程。简化业扩报装和分布式电源并网服务手续流程，精简申请资料种类50%。推行业扩核心流程“串改并”，业扩报装流程压缩20%，供电方案编审实现网上会签、集中会审。报装接电速度大幅加快，高压客户平均接电时间缩短3.5天。

推进营配调业务贯通。初步实现了营配调数据信息的跨专业互联互通和资源共享。建立“站—线—变—箱—户”准确关联关系的线路13.4万条，配电变压器287.76万台，低压电能表箱5597.61万只，低压用户1.19亿，支撑95598全网全业务集中运营。探索“大营销”体系下的营配末端融合，实现工单统一受理、集中指挥的高效业务运作模式。国网福建、浙江、辽宁电力在地市公司层面组建调控、营销、配电联合值班的配电抢修中心，提高客户诉求响应速度。国网浙江电力在乡镇供电公司台区管理推行“1+1”（一名营业服务人员和一名设备运维管理人员），实行营配合一模式，统一协调解决现场问题。开展计量类故障由抢修班组先行换表复电，营销人员事后进行计量加封及电费追补，提高抢修效率。

用电信息采集系统建设应用。强化“大营销”体系下计量集约化、专业化管理，实现所有省公司计量器具集中检定，23个省计量中心“四线一库”自动化生产系统投运，公司总部和27个省公司计量生产调度平台全部上线运行，实现计量生产业务全过程可视化管控，计量设备从采购到货、设备验收、检定检测、仓储配送、设备安装、设备运行、设备拆除、资产报废全过程管理。用电信息采集系统完成2.56亿户的推广工作，公司系统全口径采集覆盖率69%，支撑营销管理体制机制变革。

2.“大营销”体系实践

拓展客户服务渠道。① 公司拓宽业务办理渠道，开通了95598网站、电话、手机客户端等业务办理渠道，推广应用自助服务终端，推行客户资料电子化管理，为客户提供选择多样、方便快捷、智能互动的用电服务，减少客户往返次数和全过程临柜次数，实现同一地区跨营业厅受理用电申请，为特殊需求客户群体提供用电预约上门等服务。推广应用手机APP服务，利用微信等现代信息传播渠道，为客户提供线上信息查询、充值缴费及业扩报装预受理等服务，满足客户个性化新需求。② 为给大客户提供差异化服务，地市、县公司营销部（客户服务中心）设立大客户服务室，采取提前介入、全程跟踪等服务方式，了解大客户用电项目实施过程中存在的问题并协调解决。研究推广大客户个性化供电服务举措，为大客户量身打造服务方式，从业扩报装现场勘查、图纸审查至后期投运，全程跟踪服务，助推大客户项目早建快投，确保客户受电工程与电网工程同步投运。

业扩报装“提速”。① 公司构建以客户需求为导向，“一口对外、流程精简、协同高效、全程管控”的业扩服务新模式，简化业扩手续，优化办电流程，完善服务机制，打通服务群众“最后一公里”，实现供电服务便民、为民、利民。针对以往用电申请环节多、职责不明确等问题，公司规范统一专业部门工作职责，简化供电方案编审，实行会签和会议审批制度。推进营配贯通实用化应用，提高一次性容量开放权限，提供供电方案标准化模板，推行供电方案典型设计，提高业扩报装效率。② 推行业务办理一次性告知，最大限度减少客户申报资料，低压居民客户从4种精简到2种，低压非居民客户从6种精简到3种，高压客户从9种精简到4种。推行现场申请免填单及远程申请电子化填单服务，减少需客户提交的资料种类与数量。实施业扩流程“串改并”，并行处理营业收费、配表装表、工程检查、合同签订（含调度协议和电费结算协议签订）等环节。客户工程竣工检验同步完成计量表计安装工作。③ 明确各单位根据配网结构情况，合理确定可开放容量。确定各级电网的免审批容量标准原则上不低于315kVA，0.4kV业扩项目直接开放容量。0.4kV以上业扩项目，具备营配贯通条件的单位，通过系统集成实时共享可开放容量信息。优化供电方案审批流程，免审批容量范围内的业扩项目直接编制方案、答复客户。10kV（超出免审批容量范围的）、35kV业扩项目，在规划和可开放容量范围内的，直接编制供电方案（含接入系统方案）并网上会签；超出规划或可开放容量范围的，委托经研院（所）编制供电方案（含接入系统方案），每周集中审查。110kV及以上业扩项目，合并接入系统方案和供电方案编审环节，由客户委托具备相应资质的单位开展接入系统设计，委托经研院（所）编制供电方案（含接入系统方案），实行相关专业部门联合审查。④ 公司推进供电方案标准化建设，按照电压等级、容量审批权限，编制供电方案标准化模板。深化营销业务应用、营销GIS、生产PMS等系统集成应用，依托信息技术手段，实现供电方案辅助制定。实行供电方案统一编码（二维码）管理和网上审核会签，编码和时间戳系统自动生成，供电方案信息系统打印并答复客户，提高供电方案制定效率。⑤ 修订发布《分布式电源并网服务管理规则》《电动汽车充换电设施用电报装服务意见》，规定关键环节业务办理时限，精简业扩报装手续，并行受理申请与现场勘察、计量装置安装与合同协议签署，提高业务办理效率，服务分布式电源并网和电动汽车充换电报装。

完善“一口对外”协同机制。① 公司应用信息系统推动业扩报装“一口对外”协同化，以营销业务应用系统为信息支撑，建设业扩报装全过程协同管理信息模块，实现新装、增容业务流程与协同办公信息系统有效对接。通过公司统一门户，将营销业务应用系统发起的业扩报装各项待办任务推送至专业协同部门，系统自动记录办理时间节点，实现业务协同由手工到信息化、由专业到全公司的流程化作业。② 公司以精益化管理为抓手，量化业扩服务时限、全程监督考核，全面提高工作质量。强化业扩报装全过程管控，明确每一个业务环节的责任部门、交互资料和时限考核要求，利用营销业务系统中的业扩全过程管控模块，实时跟踪与督办业扩报装各环节工作时限，到期业务实行分级预警催办，协同工作实行流程接收提醒，实现业扩报装全过程的实时跟踪、督办、统计、分析和考核，实现业扩报装信息完整记录并做到工作质量全过程可溯源追究。③ 公司深化营配调业务贯通和数据共享，开展数据质量核查与治理专项提升工程，推动站、线、变、箱、户信息实时交互、异动同步，强力支撑业扩报装、故障抢修、停电计划安排、供电质量监测等业务。

提升窗口“同质服务”水平。统一规范和发布公司系统营业窗口服务提供标准和质量标准，统一编制《窗口服务岗位操作手册》，统一窗口服务环境建设，统一推行营业窗口首问责任工作制。公司开展形势与思想教育，组织各层级“服务之星”评比评选，推进规范化（示范）窗口、标准化供电所等创建与复查活动，基于服务流程开展全过程满意度调查，在广大员工心目中树立“你用电，我用心”理念，增强员工的使命感和责任感。强化依法依规服务，信守服务承诺，执行收费标准，杜绝业扩报装“三指定”。发挥95598全网全业务集中运营优势，常态开展明察暗访和客户投诉督查督办；严格执行《供电服务奖惩规定》，按照“管专业必须管服务、奖惩并举和专业管理与分级负责”的原则，严肃处理供电服务不规范行为。

（郭 朋）

【电能替代与市场开拓】 2014年，公司贯彻电能替代战略部署，推进“以电代煤、以电代油”重点项目，累计推广实施电能替代重点项目1.3万余个，其中推广电锅炉替代燃煤锅炉1.1万t/h，推广热泵应用面积11388万m^2，推广实施电蓄冷项目1300个，完成替代电量503亿kWh，超计划103亿kWh，对公司售电增长的贡献率达到49.8%。完成的电能替代电量相当于在消费端减少直燃煤2380万t，减排二氧化碳4238万t，减排二氧化硫、氮氧化物、粉尘等91万t。

1. 组织策划

总部印发《加大电能替代力度促进节能减排》《推进电能替代促进雾霾治理行动计划》两个纲领性文件，明确电能替代工作目标、措施及要求。开展电能替代潜力调查，摸清电锅炉、电窑炉等9类替代设备推广领域及替代潜力，制订2014~2016年电能替代推广计划，设定分年度替代容量和电量目标，为推进电能替代指明了工作方向。选定北京、上海等12个特高压落点的东中部省市为电能替代重点区域，召开两次电能替代工作座谈会。出版《电能替代和节能技术典型案例集》，收录28个典型案例；汇编省市电能替代支持政策，重点推介15项代表性政策。

2. 争取支持政策

开展发电侧与需求侧实施相匹配的峰谷电价等4项政策研究，各省市公司加强与政府职能部门沟通汇报，23个公司促请出台支持政策121项。①推动电能替代纳入城市建设和大气污染防治规划。结合雾霾治理、节能减排工作需求，主动向各级政府汇报电能替代优势，实现电能替代工作与政府规划有机结合。国网福建、冀北电力等公司通过助力生态文明示范区建设、与政府签订电能替代战略合作协议等方式，向省政府领导专题汇报实施电能替代的重要意义和预期效果，推动实施电能替代工程，将电能替代纳入城市长期发展规划，融入城市建设。②推动出台财政补贴和电价支持政策。测算电能与其他可替代能源建设及运营成本，主动与各级财政、环保、物价部门沟通，实施补贴建设及改造成本、实施特殊电价降等政策。国网上海、北京电力等公司推动政府出台燃煤锅炉煤改电专项资金扶持，对电锅炉实施峰谷分时电价政策，对煤改电引起的配电网改造投资给予30%的财政补贴，对居民电采暖用户执行居民分时优惠等电价政策。③配合支持国家出台环保、安全强制性退出政策。结合国家大气污染防治和安全隐患治理强制性关停有利时机，利用电能排放少、安全性高的突出优势，主动做好用能客户服务，实现规模化应用。国网陕西、甘肃、宁夏电力等公司配合政府开展餐饮业瓶装气安全隐患治理，完成火锅店电磁炉改造，在餐饮业推广应用电能替代技术。国网天津电力以“小站电代煤工程”为电能替代示范项目，推动政府淘汰小站地区3个村、76家阀门企业的77个燃煤窑炉，改为电窑炉生产。

3. 健全工作机制

整合内外部资源，探索运营模式创新，实现电能替代工作各业务链条的协调联动，为电能替代工作提供支撑和服务。①拓展商业运营新模式。研究通过市场竞争获得弃风电量、冗余发电等低价电资源，支持电能替代项目运营。国网吉林、蒙东电力针对风电夜间发电量大、弃风严重的实际情况，利用弃风电量推广蓄热式电锅炉，既解决了风电弃风矛盾，又以购电模式创新推进了电能替代工作。②完善协同联动工作机制。整合内部资源，建立协同高效的工作机制。国网上海、江苏、福建电力针对电锅炉初始投资高的问题，组织所属节能公司整合电能替代相关厂商等资源，成立由节能公司牵头的电能替代推广联盟，以合同能源管理等市场化方式实施电能替代项目。在用户用电增容方面，开辟电能替代绿色通道，为用户提供上门办理用电或增容申请等服务，实现电能替代工程从业扩报装到送电全过程“一站式”服务，试点尝试对用户电锅炉报装接入工程项目减半收取供电配套费的优惠措施。

4. 推进项目建设

推广应用热泵、蓄能等传统成熟电能替代项目，试点港口岸电等电能替代新领域。①推进传统领域电能替代项目。发挥传统领域替代项目经济性突出的优势，以点带面，在京津冀、环保重点关注区域开展大型电能替代工程。截至2014年5月底，公司共推广热泵项目1218个，推广电蓄冷项目容量308万kW。国网山东电力加强与青岛市政部门沟通，促成政府建设新区供热非煤化示范区，新建海水源、污水源热泵面积达到 1830 万 m^2。国网宁夏电力建成系统内锅炉煤改电替代项目 10 个，蒸发量达 101 蒸吨。国网江西电力在萍乡市新政府办公大楼实施水源热泵区域供冷供热。② 开拓电能替代新领域。改进传统作业模式，推动利用新技术在新领域开展试点。国网江苏电力与连云港港口开展“绿色港口”科技创新活动，为其率先建成可供 8 个泊位使用、容量 8000kW 的高压岸电替代系统。国网辽宁电力主动对接石油钻井公司，改变柴油发电机驱动钻井传统方式，在钻井现场由网电取代柴油发电机驱动。③ 推广家庭电气化分散式替代应用。倡导“智能环保零排放”家庭生活理念，拓展居民客户与家电厂商间的购销渠道，推介普及节能家电设备。国网重庆电力服务“中小学生营养促进工程”及“高山移民民生工程”，全市新、扩建的 2357 个学生食堂电气化，在 55 万人的移民安置点推广厨电、空调和取暖器，年增售电量达到 1 亿 kWh。

● 国网浙江省电力公司全面推广“以电代柴”项目。

5. 开展项目宣传

依托报刊、电视、网络等新闻媒介，以及供电营业窗口、居民社区、农村集镇等传播渠道，开展电能替代理念和工作成效宣传，引导全社会自觉运用电能替代高污染、低效率能源。① 传播电能替代成效。向国家报送 3 次电能替代工作情况专报，提出加大政策支持力度的建议。总部层面组织两期《国网动态》专刊，集中宣传先进单位成功做法。与《国家电网报》共同合作，创建电能替代专栏，持续宣传报道“以电代煤、以电代油，电从远方来，来的是清洁电”实践；举办“寻找实践典范——电能替代主题传播活动”。各省市公司在省级以上媒体刊发电能替代典型案例、工作成效，在《人民日报》《中国电力报》等主流媒体刊发稿件 297 件。国网上海电力电锅炉示范工程在央视新闻联播播出。国网山东电力港口轮胎吊油改电示范工程被新华社内参刊用。国网浙江电力利用微信等新兴传播手段，宣传电能工作成效。② 开展宣传活动。统一设计并公开发行电能替代宣传手册、单页、张贴画。各省市公司组织开展进社区、进学校、进农村、进企业等活动，采取发放宣传单页、张贴宣传画、现场咨询及演示、参观示范项目等方式，宣传电能替代理念、技术及设备，累计发放宣传品 64.3 万册。国网河南电力通过开展“绿色电能服务万家”“低碳消费共享蓝天”宣传周活动，组织开展“五走进”系列活动，带动工业企业实施煤窑炉改电，增加用电 13.6 万 kWh。

（张兴华）

【营销专项活动】

1. 客户满意度调查

6~10 月，公司组织开展客户满意度调查，范围覆盖公司所属 27 个省级电力公司。调查采用国际通用规则，累计拨打电话 144 592 个，完成调查总有效样本 42 336 个，调查内容涵盖业扩报装、供电质量、抄表收费、营业厅、95598 服务、故障抢修、投诉举报 7 个服务环节，涉及用电申请、稳定供电等 14 个专业方向。调查结果显示，各省公司提供的供电服务与客户期望基本相符，满足广大电力客户的基本用电需求。通过开展客户满意度调查，广泛听取社会各界意见建议，准确定位客户关注点和服务短板，为公司制定供电服务策略提供决策依据。

2. 供电服务技能竞赛

9 月 24 ~ 26 日，在国网浙江电力培训中心举办“国家电网公司第二届供电服务技能竞赛”，竞赛内容涵盖窗口服务、业扩报装和电能计量三个专业，竞赛形式包括理论笔试、技能操作和现场竞答三个部分。国网山东电力等 6 家单位分别获得第二届供电服务技能竞赛团体一、二、三等奖，李晓冉、王春雷、杨建立等 30 名同志分别获得窗口服务、业扩报装、计量专业个人前 10 名；国网天津电力等 6 家单位获得优秀组织奖。

3. 重大活动保电服务

历次重大活动前，公司组织开展高危及重要客户和重点公共场所用电安全隐患排查治理，做好客户普遍服务。应急抢修人员 24 小时值守，及时应对突发事件。各级客服中心满座席运行，确保客户诉求在第一时间得到响应。公司完成春节、全国两会、亚信峰会、南京青奥会、“嫦娥五号”、北京 APEC 会议等重大活动保电任务，取得抗击“海贝思”“麦德姆”台风等自然灾害的胜利。

4. 服务监督

公司制定《国家电网公司供电服务奖惩规定》，统一供电服务奖惩标准，建立健全供电服务激励约束机制，落实供电服务责任追究，规范和加强供电服务监督管理工作。

2014 年，公司组织开展四次供电服务实地暗访，覆盖 25 家省公司，共计核实客户投诉 170 起，面访投诉客户 66 人、电话访问投诉客户 104 人，暗访城市营业厅 114 个、乡镇供电所 107 个，走访居民小区 153 个、村镇 113 个、新装客户 58 户，随机访问普通客户 1152 人。针对暗访发现问题，约谈有关单位负责人，通报问题，督促整改，促进供电服务质量的提升。

2014 年，公司定期核查 95598 客户投诉工单，抽取客户反映强烈、处理结果可疑的投诉，跟踪核实问题后续解决情况，电话回访投诉客户，对典型投诉挂牌督办，发现并制止处理过程中存在的超期办结、隐瞒问题等行为。全年累计抽查投诉工单 3369 件，跟踪核实投诉工单 595 件，电话回访投诉客户 541 次，挂牌督办 219 起。实现客户投诉闭环管理，规范基层投诉处理行为，确保客户诉求得到及时响应。建立供电服务问题协同解决机制，每月将投诉反映的电能质量、故障抢修等问题，按专业类别流转至有关部门，协同解决问题，共同提高供电服务效率。

（李　旭）

【电能计量】

1. 电能计量

计量自动化检定。国网山西、江苏、湖北、湖南、辽宁、吉林、黑龙江、蒙东、甘肃、宁夏、新疆电力 11 个单位投运自动化检定系统和智能化仓储系统，累计共 23 个省计量中心、189 条自动化检定流水线建成投运，智能电能表自动化检定占比超过 80%，电能表检定能力居世界第一，实现了检定自动化、仓储智能化、配送物流化，支撑“大营销”体系高效运转。

计量资产全寿命周期管理。国网、省两级计量生产调度平台（MDS）全部上线，实现计量业务全过程、全方位实时管控和计量资产全寿命周期管理，计量检定质量提升；省内计量资产统一调配机制有效运行，省间计量资产应急调配获得国家质检总局认可，实现计量资源高度共享；完善计量生产调度平台功能，清理计量设备资产信息，实施关键字段逻辑校验，共清理计量业务关键字段 1419 个，涉及计量资产档案数

● 智能电能表自动化检定流水线。

据 7.78 亿条，各业务环节数据 123 亿条，实现电能表表龄、库龄统计分析。

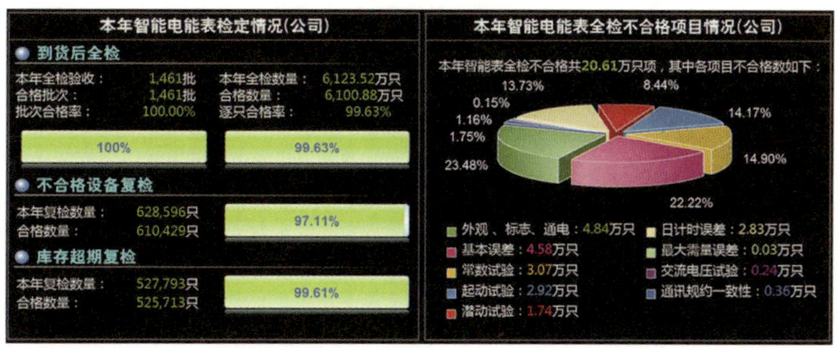

● 国网计量生产调度平台监控页面。

计量标准化建设。制定发布计量专业通用制度 16 项，涵盖计量管理、体系建设、质量监督等计量领域，参加国家标准制定 3 项、行业标准制定 18 项，制定公司企业技术标准 20 项，智能电能表系列标准获得中国标准创新贡献一等奖。

计量优质服务。加强电能表现场装接管理工作，建立新装用户的户表核对机制，“每户必查、逐户核对”，减少计量串户情况发生；规范电能表申校工作流程，明确各工作环节时间节点和责任人，确保兑现 5 个工作日内出具检定报告的服务承诺；制定《电能表故障甄别和处置手册》，提高故障处置质量效率。

计量监督管理。加强智能电能表质量监督检测，完成电能表供货前全性能试验 959 批、供货前样品比对 959 批、到货后抽样验收 3826 批 82.1 万只，完成电能表逐只检定 7213.7 万只；完成 6.8 万只运行电能表抽检，合格率 99.85%。组织开展关口计量装置现场检测和智能电能表运行抽检工作。国网计量中心建立了电能表元器件、低压电流互感器、低压计量箱、电能计量封印检测能力，提高计量监督水平。组织开展计量装置施工质量问题治理工作，发现计量装置缺陷问题 225.1 万个，完成整改 223.5 万个，问题整改率达到 99.3%。

2. 用电信息采集系统建设

智能电能表推广应用。实施电能表建设里程碑计划管控，规范工程管理，严控建设质量和作业安全，全年安装智能电能表6600万只，采集系统累计覆盖2.56亿户，采集覆盖率为69%，其中10个省级电力公司实现全覆盖，采集系统用户规模居世界第一位。23个省级电力公司实现全口径范围专用变压器用户采集覆盖率100%，19个省级电力公司实现全口径范围公用变压器台区采集覆盖率100%。公司用电信息采集系统整体日均采集成功率达97.77%，同比提升1.56个百分点；其中23个省级电力公司日均采集成功率96%以上。全面实现城市范围供电可靠性用户停电事件采集，完成采集主站停电事件甄别功能部署，采集终端软件升级88万台，实现全部15 948个B、C类电压监测点电压合格率数据的采集，推送停电事件记录678.7万条。

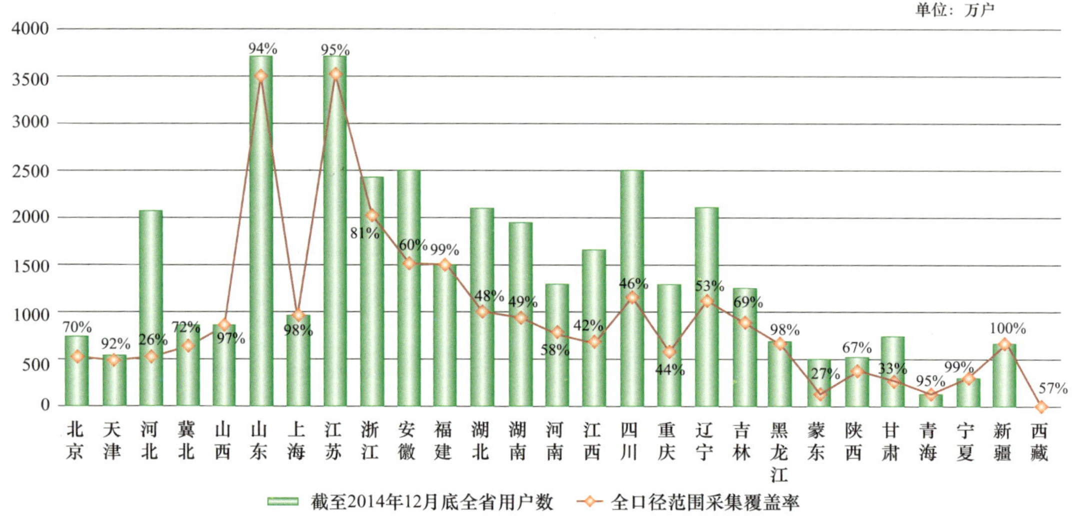

● 全口径范围采集覆盖情况。

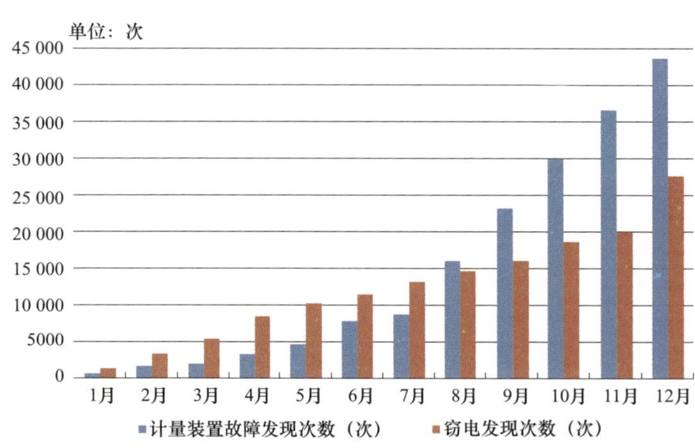

● 计量装置在线监测功能深化应用成效。

用电信息采集数据应用。制定《计量装置在线监测与智能诊断模型》，修订《用电信息采集系统主站软件标准化设计（2014年修订版）》。开展计量装置在线监测，甄别计量故障4.37万次，发现用户窃电27 525次。完成智能电能表双向互动模块、交互网关及掌上电力手机APP软件双向互动功能开发、测试和验证工作。制定《电能表外置负荷开关技术规范》，年度累计执行远程跳合闸操作1288万次。研究利用采集终端停电事件主动上报功能，辅助故障抢修、保供电，平均故障排查时间减少30分钟，故障处理效率提升15%以上。

（彭楚宁　周　晖）

【电动汽车智能充换电服务网络建设运营】 充换电设施建设运营。全年建成充换电站218座、充电桩5007个，累计建成充换电站618座、充电桩2.4万个。累计提供充换电服务488万次，充换电量2.96亿kWh，服务车辆行驶3.4亿km。减少油耗8.12万t，减排二氧化碳20.87万t。在京沪、京港澳（北京—咸宁）、青银（青岛—石家庄）等高速公路建设快充站133座、快充桩532个，覆盖34座城市，续行里程达2900km，建成京沪、青银、京港澳“两纵一横”高速公路城际快充网络，实现我国充换电设施建设由点到面、由城市扩展到城际的发展。

充换电业务发展研究。建设高速公路城际快充网络。完善高速公路发展规划，优化快充站布点和建设时序，规划到 2020 年，建成“四纵四横”高速公路快充网络，覆盖 135 座城市，续行里程达 2 万 km。完成公司管理创新项目《电动汽车与智能电网互动化业务发展模式创新》，发布《国家电网公司电动汽车智能充换电服务网络建设管理办法》和《国家电网公司电动汽车智能充换电服务网络运营管理办法》，强化充换电设施建设运营管理的规范化和工作流程的标准化。

完善充换电设施标准体系。完成 10 项国家标准、3 项行业标准和 9 项企业标准，组织召开两次 IEC PT 62840 工作组会议，完成 2 项国际标准表决草案，完善充换电设施标准体系。与国内外多家主流车企进行技术交流及 20 余次对接测试，提出交直流充电接口标准完善方案，完成企业标准修订。以公司企业标准为基础修订完善相关 4 项国家标准并纳入免征购置税检测标准目录，推进公司标准转化升级。宣传中国标准，参加中德电动汽车充电项目研讨会、APEC 电动汽车对话会并做主题发言，促使国外车企执行或承诺执行中国标准。

充换电技术研究成果。完成充电塔、立体充电车库、城际互联快充站典型设计，研发大功率、宽电压、交直流、快慢充一体化智能充电桩，完善充换电建设模式。建成 4 个试点城市电动汽车互动化服务平台。电动汽车充电接口与通信协议等 4 项标准获中国标准创新贡献二等奖。“智能充换电服务网络建设运营管理体制与运行机制研究”获公司科技进步三等奖。在第二十届亚太电协会议发表《电动汽车、分布式电源与家庭用电互动研究》等 3 篇论文。

开放充换电设施市场。支持社会资本投资建设，出台《关于做好电动汽车充换电设施用电报装服务的意见》（国家电网营销〔2014〕526 号），简化办电手续、缩短报装流程，做好充换电设施接电服务。截至 2014 年底，公司共受理报装申请 3140 件，报装容量 11.39 万 kW，完成送电 2826 户，接电容量 9.57 万 kW。

国内外交流宣传。组织召开充电标准研讨会、充电与服务专委会工作会议。与德国经济技术部、宝马、比亚迪、富士康等开展交流，完成宝马电动汽车实路测试。召开开放充换电市场新闻发布会，参加中央电台“电动汽车”专题直播。

● 电动汽车高速公路快充站。

（史双龙　马建伟）

【电力需求侧管理】 公司全年累计完成节约电力 614 万 kW，节约电量 238 亿 kWh，折合标准煤 810.6 万 t，减排二氧化碳 2021.6 万 t，超额完成节约电力电量年度任务目标。

建设节能服务体系。① 加强节能服务市场拓展。2014 年，加大公司系统节能服务公司建设力度，开拓节能服务市场，全年签订节能项目合同 433 个，其中合同能源管理项目 192 个，总投资 12.5 亿元。② 发挥能效服务网络节能宣传推广作用。在公司经营区域成立 659 个能效服务小组，吸收 5834 家工业企业成员，举办政策研讨、节能交流等活动 1659 次，促进和帮助企业客户落实国家节能减排政策。③ 规范节能服务项目管理。公司于 7 月组织开展节能项目互查、抽查，夯实节约电力电量考核工作，规范节能项目节约电力电量统计，促进节能公司开拓外部市场。

建设电力需求侧管理平台。① 完成电能服务管理平台（简称电能平台）建设。完成第二批 5 个省级电能平台建设，在总部和 26 个省级电力公司建成两级部署电能平台，实现 DSM 目标责任考核、节能业务管理、有序用电管理、售电市场分析等 7 个功能模块应用，支持节能服务业务的发展，并依托电能平台开展政府电力需求侧管理平台建设。② 开展电平台功能完善工作。结合实际业务需求，完善原有平台“用户用能管理及用能采集管理模块”“宏观经济分析模块”“有序用电管理模块”和“需求响应模块”等模块功能，支撑政府、用能企业及电网公司的应用要求。③ 承担国家发展和改革委的国家电力需求侧管理平台（简称国家平台）建设任务。完成国家平台功能设计、软件开发、软硬件部署、安全测评等工作，在 6 月实现国家平台的上线，并完成国家平台展示厅的建设，支撑政府宏观经济分析、电力需求侧管理等工作。

开展有序用电。超前组织开展2014年迎峰度夏（冬）电力供需平衡预测，形成报告报送国家发展和改革委、国家能源局和国资委，并对社会公布。组织各单位配合政府编制省、市、县三级有序用电方案，优先保障居民生活、重要用户和抗旱排涝用电，重点控制高耗能、高排放和产能过剩企业用电。公司系统共计安排有序用电方案用户39万户，可调控负荷1.68亿kW。各地有序用电方案负荷为最大负荷的20%以上，且完全覆盖预测缺口。迎峰度夏期间，公司系统实施有序用电累计29天，涉及8个省份，单日最大错避峰540万kW（7月21日），保障了居民生活、重要用户和排涝抗旱的可靠用电。

（张兴华）

科技信息

科 技 创 新

【科技发展战略】 谋划“十三五”科技布局。组织启动公司“十三五”及中长期科技战略研究，总结“十二五”期间公司科技成果，梳理未来五年公司和电网发展需求，完成“十三五”科技架构顶层设计，提出“十三五”及中长期科技攻关方向和重点科技任务，为制定公司“十三五”科技规划奠定基础。强化跨领域、跨专业协同攻关能力，结合热点问题，设置全球能源互联网、电能替代、智能电网、云计算与电力大数据4个专题。根据专业管理需要，设置技术标准、新技术推广、实验室、知识产权、科技奖励5个专项。将原26个技术领域凝练聚焦为17个，初步提出“十三五”及中长期科技战略研究报告初稿。

组织策划指南项目。① 坚持目标导向，统筹“攀高峰”和“接地气”项目、国家项目、成果培育、攻关团队、实验室建设等诸多需求，创新项目组织策划方式，强化项目策划的针对性和时效性，满足现实及未来发展需要。② 注重立项流程的依法合规，加大预审、论证深度，严控科研经费预算，提升科技项目质量。逐步扩大对外采购规模，鼓励外部优势技术单位参与公司科研攻关。对外发布2015年项目78项，同比增加80%；对外发布项目经费占指南项目经费的17.31%，同比增加2.9个百分点。③ 优化指南发布方式。对公司系统内部单位细分为省级公司、直属单位两大类，增强竞争的有效性和合理性；采用定向与竞争相结合的方式，既考虑了技术研究的持续性，又兼顾了控制经费的需求。

支撑构建全球能源互联网。抓住国家“一带一路”战略历史机遇，启动《全球能源互联网关键技术与设备重大专项研究框架》（简称《框架》）编制工作，从构建全球能源互联网技术需求出发，按照科技研发适度超前的原则，分阶段安排构建全球能源互联网技术支撑工作。框架重点围绕构建全球能源互联网，提出技术实现路径和研究框架，明确重大攻关方向，梳理需要解决的技术及装备问题，并提出研究计划建议。启动2015~2020年第一阶段研发工作，在战略规划、输变电技术、输变电装备、运营控制和前瞻技术5个方向部署36个项目、98个课题。经公司二届六次职代会审议通过并进入实施阶段。

人才队伍建设。组建公司第三批23支攻关团队，攻关方向覆盖电网稳定分析等传统优势领域，也兼顾了新材料、大功率电力电子器件、生物质乙醇等前瞻新兴技术领域。围绕公司重点发展方向，团队建设与实验室建设相结合，合理布局攻关团队。根据团队依托单位功能定位不同，第三批团队申报采取双通道方式，两条通道独立开展评选。通道一面向公司直属科研、产业单位，定位于攻关基础前瞻、重大共性和核心关键技术；通道二面向公司直属专业公司和省公司，定位于解决生产一线问题的实用关键技术。共有11支通道一团队、12支通道二团队成为公司科技攻关团队。

（周　翔）

【重大科技攻关】

1. 大电网重大专项研究

截至2014年底，大电网重大专项累计完成论文309篇，技术报告127本，申请专利135项，开发软件、系统、装置20多套。项目研究在特高压电网规划方法、电网扰动冲击与振荡传播机理、风光储中长期仿真模型、电网在线趋势分析、发电机组优化协调控制及大电网紧急控制六大领域取得阶段性成果：提出负阻尼振荡与强迫振荡的辨识方法和扰动源定位方法，揭示大电网扰动冲击与振荡传播的机理，分析四川尖山故障导致特高压长治—南阳联络线解列的原因并提出抑制方法；提出符合实际特性的主要类型风电模型以及风电模型参数实测方法，为实际风电场模型参数的建立奠定基础；开发电网状态变化趋势在线分析系统，提升对电网运行状态变化的预防预控和应对能力，并在华中电网和黑龙江电网开展示范应用；提出励磁系统及PSS参数优化方法，并应用于淮南—上海特高压工程；无功电压紧急控制技术在酒泉、嘉峪关风电基地开展示范应用。

2. 特高压输电技术研究及核心设备研制

研制出具有完全自主知识产权的±1100kV直流转换开关、直流旁路断路器和隔离/接地开关，掌握切滤波器断路器核心技术。研制出±800kV高端换流变压器样机，通过型式试验，成功应用于溪洛渡—浙江±800kV特高压直流输电工程浙江金华站。研究建立特高压交流套管全工况试验研究平台，具备对特高压交流套管（2支油—空气套管、2支油—SF_6套管）及特高压GIS设备开展长期带电考核试验和模拟过电压试验的能力，为国内特高压套管性能考核和可靠性研究提供试验手段。完成特高压变电站多层水平分层大地里接地网雷电冲击入地暂态电磁问题研究，首次提出并实现基于考虑电磁波传播效应的高频电磁场理论的场路结合数值计算方法，可以模拟计算变电站接地网的雷电冲击电磁暂态过程；首次提出动态和准静态场路的结合计算方法，可计算分析变电站接地网的雷电冲击电磁暂态过程的差异。完成单回±800kV 与双回交流线路同塔多回线路的雷电性能计算分析，提出适合超特高压杆塔交流—交流同塔多回线路杆塔的防雷计算和设计方法，提出超特高压交流—交流同塔多回线路的不同电压等级线路的绝缘水平。

● ±800kV 直流换流变压器油浸真空有载分接开关。

3. 智能电网关键技术研究及核心设备研制

研究建立基于分层递阶控制的含分布式电源/微电网/储能装置的配电网自愈控制体系，提出配电网运行状态评估方法和配电网快速网络重构优化方法，构建保护测试、三相潮流仿真的数模混合仿真与试验平台。提出融合海量多类型终端特征的统一安全接入与传输技术，以及智能电网业务应用数据防泄漏技术，从终端、网络和存储等层面构建智能电网业务应用敏感数据防泄漏和隐私保护模型，实现智能电网业务应用敏感信息的风险控制。研制出具备有序充电控制的交流充电桩和能量管理终端系统，开发电动汽车数据采集软件和虚拟充电站管理平台，研制出非接触式充电系统样机，开展电动汽车与智能电网融合示范工程建设。构建自动智能调度体系总体技术框架，制定自动智能调度体系研究的总体技术路线。提出基于多场景设计的需求响应负荷优化潜力评估方法和计及强不确定因素的“源—网—荷”互动建模方法，设计多时空尺度滚动协调的电力负荷调度模式，构建需求响应调度的总体技术框架。

4. 电网防灾减灾技术

完成电网覆冰长中期综合预报方法研究，开发电网覆冰综合预报系统，实现基础气象数据的自动收集和覆冰的综合预报。研制出特高压导线直流融冰装置整流器，提出特高压地线直流融冰方案，可满足100km 长度的特高压线路融冰要求。完成分裂导线电流转移循环融冰方法的基本原理和控制要求研究，研制出分裂导线电流转移融冰装置。研制出安全环保化的电网雨凇人工干预气溶胶焰剂配方、气溶胶火箭弹，完成电网雨凇特征区域野外人工干预试验。建立涵盖电网衍生灾害（舞动、覆冰、污闪）及电网常规灾害的综合气象预警系统，构建点（地面杆塔边坡在线监测）、线（输电线路通道重点区段）、面（多灾害地区重点观测区域）三位一体的输电走廊滑坡泥石流灾害监测预警体系。

5. 输变电运行新技术研究与应用

开展低温环境下输变电设备的电气性能试验体系建设，研制出适应超低温环境极端温差（-50~38℃）的 800kV 工频谐振耐压试验装置，可满足 500kV 及以下电压等级输变电设备在低温下的交流耐压试验。在海拔 2000、3000、4300m 地区开展 750、±400、330kV 和 220kV 输电线路真型塔上带电作业试验研究，提出最小安全距离、最小组合间隙距离、带电作业工具最小绝缘长度，填补国内外高海拔地区带电作业相关研究的空白。研制出接地系统运行状态综合测试与评估平台，具备接地参数测试、测试数据修订、分流计算、土壤分析、测试线互感分析与处理等功能，实现接地系统状态测试与评价的智能一体化。研制出植物绝缘油变压器（10kV/100kVA 和 35kV/6300kVA），通过出厂试验及相关型式试验，并在内蒙古赤峰以及湖北黄冈挂网试运行。建立交直流激励下的电流互感器等效模型，完成直流偏磁下测量系统数据处理、信号提取及误差分析的模型和方法研究，研制出直流偏磁下电流互感器误差校验装置。研制出变压器老化状态评估与寿命管理系统，实现对变压器老化状态、绝对寿命、经济寿命、可靠性寿命的科学评估，基于研究可制定合理的检修与退役策略。研制出智能组件综合测试标准平台样机，覆盖智能组件所使用的主要传感器，建立各类智能传感器的检测系统，完善智能高压设备用传感器的校验与评估体系。

6. 配用电及分布式电源技术研究

提出配电网可靠性规划评价指标体系和评估方法，提出基于可靠性的馈线系统优化规划方法和预想事故

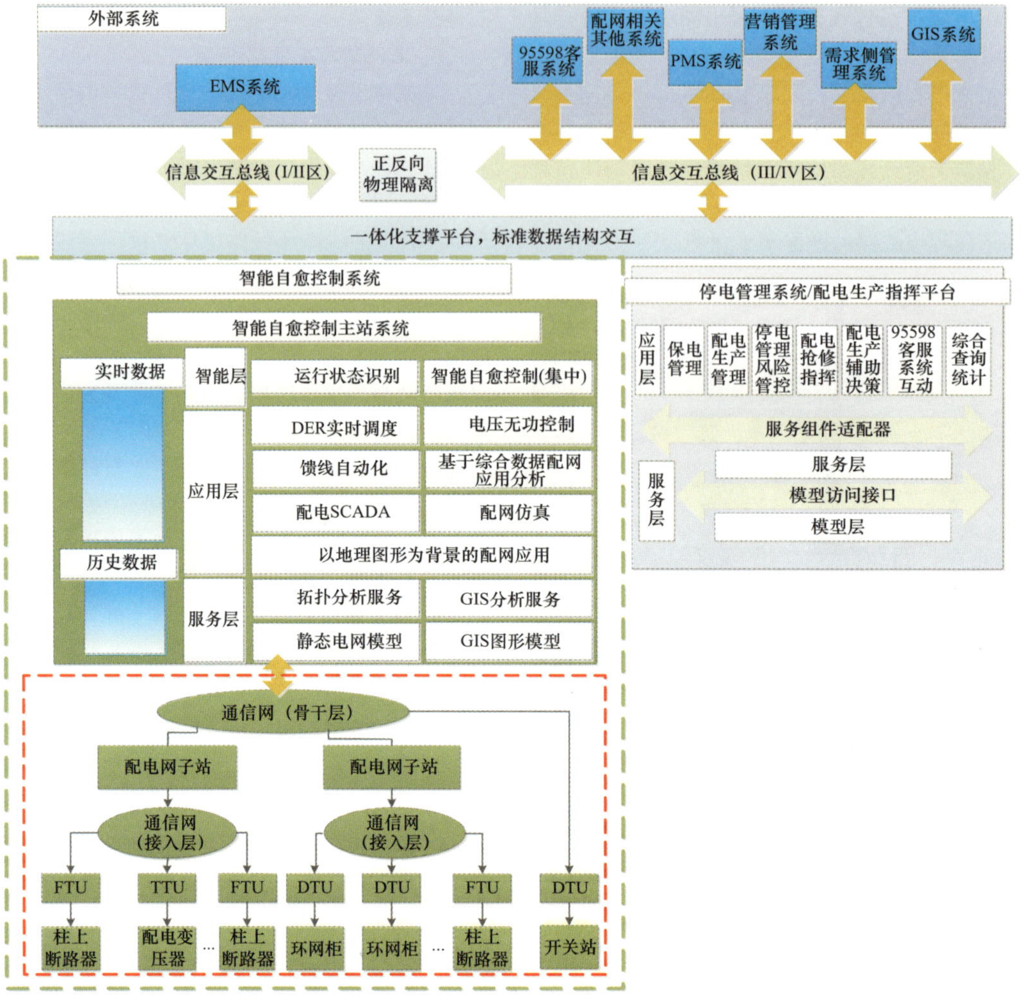

外部系统
EMS系统
95598客服系统
配网相关其他系统
PMS系统
营销管理系统
需求侧管理系统
GIS系统
信息交互总线（I/II区）
正反向物理隔离
信息交互总线（III/IV区）
一体化支撑平台，标准数据结构交互
智能自愈控制系统
智能自愈控制主站系统
实时数据
历史数据
智能层
应用层
服务层
运行状态识别
智能自愈控制(集中)
DER实时调度
电压无功控制
馈线自动化
基于综合数据配网应用分析
配电SCADA
配网仿真
以地理图形为背景的配网应用
拓扑分析服务
GIS分析服务
静态电网模型
GIS图形模型
停电管理系统/配电生产指挥平台
应用层
保电管理
配电生产管理
停电管理风险管控
配电抢修指挥
配电生产辅助决策
95598客服系统互动
综合查询统计
服务组件适配器
服务层
服务层
模型访问接口
模型层
通信网（骨干层）
配电网子站
配电网子站
通信网（接入层）
通信网（接入层）
FTU
TTU
FTU
DTU
DTU
FTU
DTU
柱上断路器
配电变压器
柱上断路器
环网柜
环网柜
柱上断路器
开关站

● 智能配电网自愈控制系统功能结构图。

上级管理系统
GPRS/3G
车载充电机
能量管理终端
动力电池（含BMS系统）
CAN总线（车内）
GPS定位

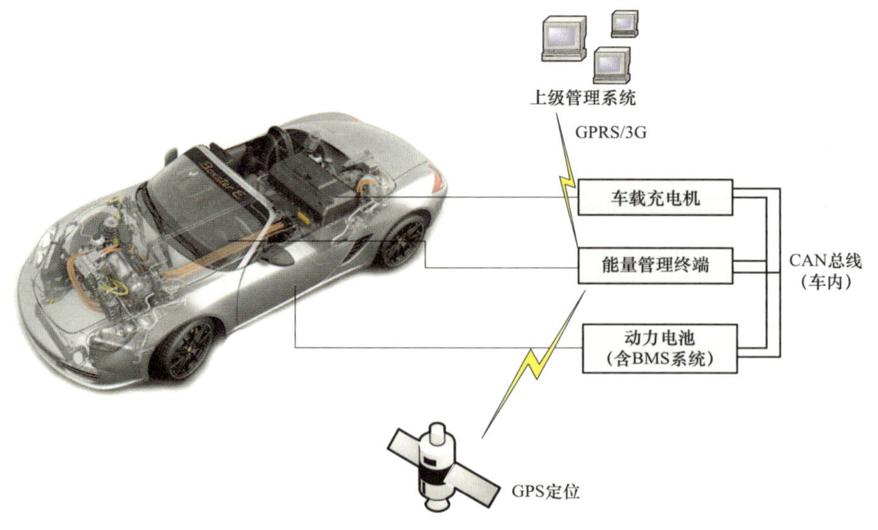

● 融合智能电网的电动汽车能量管理终端网络框架。

● 特高压导线大电流融冰装置。

● 输变电设备低温运行研究实验场。

● 投入运行的户内/户外 10kV/100kVA 植物油变压器。

支持策略。提出基于多目标优化的分布式电源容量和位置优化规划技术，分析分布式电源及微电网对电网运行、管理、调度及经营的影响，建立分布式电源并网运行技术标准体系。提出中压直流配电典型网络接线方式，搭建交、直流混合配电网仿真分析模型，在上海曹溪 220kV 变电站进行试点应用。提出分布式电源接入系统工程送出线路的优化设计方案，编制分布式电源接入配电网的设计规范、深度规定、经济评估导则等企业标准。提出微电网典型供电模式，建立多微电网互联及微电网联络线控制方法，提出微电网能量优化策略，实现微电网不同运行模式下的优化控制。

7. 电力电子及新材料关键技术研究

建立京沪高铁电能质量监测系统，预测及分析评估高速铁路投运前的电能质量，提出电气化铁路电能质量综合治理关键技术方案，为未来高速铁路供电方案的制定及其电能质量监测、评估、治理提供经验。提出统一电能质量调节器（UPQC）的主电路拓扑结构、暂态与稳态数学模型、主电路参数优化设计方法，研制出 UPQC 工业样机，完成北京和厦门两个优质电力园区的示范工程建设。完成 IGBT 芯片的自主设计，制定芯片制造工艺流程，研制出 1700V/100A 和 3300V/50A IGBT 芯片，实现 1700V/400A 和 3300V/1200A IGBT 模块封装。研制出 1250mm^{2}级大截面铝合金芯成型铝绞线，已成功应用于灵州—绍兴、锡盟—泰州±800kV 特高压直流输电工程。

（张晓东　周　俊）

【科技创新体系建设】 创新体系构架。2014 年，公司规范各单位功能定位，明确公司直属和省属科研单位的技术指导关系，形成层级清晰、分工明确，利于各自优势充分发挥，便于业务协同的组织架构。确定直属科研单位是公司创新和支撑的骨干力量，包括中国电科院、国网经研院、国网能源院和智能电网研究院。直属产业单位是公司创新和支撑的重要力量，包括南瑞、许继、平高和山东电工电气等集团。省属科研单位是公司创新和支撑的基本力量，包括省属电科院、省属经研院等。海外研发（检测）机构是公司创新和支撑的延伸力量，为公司国际化战略和业务提供支撑服务。外部科技资源是公司创新和支撑的协同力量，按公司两级管理架构，分层开展重大项目协同研发。

海外研究院建设。美国研究院自 2013 年 12 月 26 日挂牌，承担智能芯片、电力大数据、超导传输和电池储能等项目的研发任务，建设智能芯片和电力大数据等实验室。2014 年 6 月，欧洲研究院在德国柏林挂牌成立，启动直流电缆、氢储能、相变储能和提高风机效率等项目研发。

信通专业整合。中国电科院主要开展质量监督、试验检测、分析评估、标准化等技术支撑服务和测试仿真方面的技术研究。国网智研院主要开展基础性、前瞻性、战略性技术研究和信息安全技术支撑。国网经研院主要开展公司信息与通信规划编制及相关专题研究，信息化建设项目评审与运维成本评审等业务。按照各单位定位，公司组织对相关单位的业务和人员进行调整。完成整体划转工作，相关业务、人员管理权和安全责任全面移交、平稳过渡。

实验室管理。完善实验室管理制度，修订公司实验室管理办法，明确公司实验室管理工作的组织管理体系与职责，规范实验室的申报与命名、管理、运行与共享、考核与评价、变更与调整等方面的工作要求，强调实验资源共享与协作等。提升实验室管理手段，建立实验室管理信息系统，实现国家级、公司级和各单位级实验室信息化管理。提出规范的评估流程和科学的评价指标，制定专家评估工作手册，组织专家完成对第一、第二批共52个实验室的评估工作，首次实施实验室淘汰制，降级1个重点实验室，约谈7个实验室并纳入待考核淘汰范围。完善共享措施，面向系统公开公司实验室的重要设备、代表性实验和可共享资源方式等信息，印发《国家电网公司实验室资源共享指南》。加强国家重点实验室申报策划，拓宽申报渠道，加强国家重点实验室申报组织，加强申报材料编制，通过专家评审与集中工作提升申报材料质量，从国资委、北京市等渠道完成多个国家重点实验室的申报，并全部通过形式审查和初评。

新技术推广。加强新技术推广应用工作。① 成立新技术推广应用工作协调小组，加强统筹领导与跨部门协调工作。② 印发《国家电网公司新技术推广应用管理办法》和《公司新技术（产品）挂网试运行实施细则》两项通用制度，规范相应工作流程。③ 组织修编《国家电网公司新技术目录（2014年版）》和《国家电网公司重点推广新技术目录（2014年版）》（简称《两个目录》），于8月面向全社会进行宣贯。④ 完善新技术公开征集的渠道，形成实时受理、及时评估的常态机制。针对已征集到的536项新技术（系统外技术成果153项），结合《两个目录》的滚动修编，完成其中461项新技术的专家评估，并将符合条件的新技术纳入相应目录。2014年，公司新技术目录推荐应用的新技术中，88%以上得到应用或推广。

（罗 湘 张晓东）

【技术标准工作】 公司企业标准工作。完善公司技术标准管理体制机制，优化调整公司技术标准专业工作组（公司级标委会），设立公司技术标准创新贡献奖并纳入公司科技奖励体系。在标准体系建设上，组织编制973项物资采购技术标准，初步建成公司物资采购技术标准子体系。发布公司资产全寿命周期管理技术标准体系，完成公司“五大”技术标准体系修订。加强标准质量和流程管控，全年共发布公司技术标准484项，创历史最高水平，累计有效企业标准达1317项。公司特高压、智能电网技术方面企业标准分别累计发布177项、440项，推进107项、180项相关国家和行业标准发布实施。推进科技研发、标准制定和工程应用一体化工作。组织完成《电动汽车换电设施标准国际化研究》《用户侧分布式电源与电网互联技术标准研究》等重大专项研究课题，推进相关标准国际化进程。《国家电网技术标准实施评价体系研究》取得进展，为2015年建成技术标准实施评价体系并示范应用奠定基础。Q/GDW 354—2009《智能电能表功能规范》等39项标准荣获2014年度中国标准创新贡献奖，公司标准连续第三次蝉联该标准化领域的最高等级奖励。

参与国家和行业标准化工作。2014年，由公司申请的全国智能用户接口标准化技术委员会和全国电力储能标准化技术委员会正式成立，秘书处设在中国电力科学研究院，是“十二五”期间国家标准化管理委员会批准在电力行业中新成立的首批全国标准化技术委员会。公司系统单位承担的电力相关各级标准化技术委员会（或工作组）秘书处累计达32个，约占全部电力相关标准化技术委员会（或工作组）秘书处总数的60%。编制发布《电动汽车充电站设计规范》《电动汽车电池更换站设计规范》等144项国家标准和行业标准，累计制订、修订国家和行业标准1295项。牵头编制《110（66）kV～220kV智能变电站设计规范》《330kV～750kV智能变电站设计规范》等智能电网相关核心国家标准。《高压直流换流站损耗确定》等223项标准制订、修订项目纳入国家和行业标准制订、修订计划。落实国家标准化管理委员会、中电联工作要求，推进智能电网综合标准化示范试点工作，结合张北国家风光储输示范工程、华中智能电网调度技术支持系统工程、山东青岛薛家岛充换储放一体化示范工程等初步建成新能源发电、智能变电站、智能调度等5个技术领域的标准综合体。国家重大工程标准化示范项目——“晋东南—荆门1000kV特高压交流试验示范工程”通过国家标准委验收，获得较高评价。

（赵海翔）

【科技成果与奖励】

1. 科技奖励工作

公司共获国家科学技术进步一等奖1项、二等奖1项，获国家技术发明二等奖1项，中国专利奖16项，中国标准创新贡献一等奖1项、二等奖1项，中国电力科学技术奖39项，省部级科学技术奖147项。

国家科学技术进步奖。“国家电网智能电网创新工程”被评为2014年度国家科学技术进步奖企业技术创新工程一等奖。“±660kV直流架空输电线路带电作业技术和工器具创新及应用”项目获得国家科学技术进步二等奖。该项目创新研制出系统的±660kV带电作业工法和系列工器具，编制完成首个《±660kV直流输电线路带电作业技术导则》行业标准，形成系统的±660kV直流输电带电作业体系，填补世界技术空白。国网山东电力王进为2014年度国家科学技术奖励最年轻的获奖者，参加了在中南海举行的科技工作者座谈会。

国家技术发明奖。公司参与的“气体绝缘装备特高频局部放电监测关键技术及其应用”项目获国家技术发明二等奖。

中国专利奖。公司共有“一种高压绝缘光纤柱”等14项发明专利获中国专利优秀奖，“电动商用车换电机器人”等2项外观设计专利获中国外观设计优秀奖，获奖数创公司历史最高，再次名列央企第一。

标准创新。《智能电能表功能规范》等系列公司企业标准获中国标准创新贡献奖一等奖，是公司企业标准连续第三次获中国标准创新贡献奖的最高级别奖励。公司参与的“电动汽车传导充电用连接装置”等系列国家标准获中国标准创新贡献奖二等奖。

中国电力科学技术奖。公司获奖39项数量取得历史最好成绩，其中，“青藏电力联网工程”“电网雷击防护关键技术与工程应用”“大型抽水蓄能电站机组关键技术、成套设备及工程应用”“特高压串补关键技术研究、装置研制及工程应用”“大容量风光储联合发电关键技术研究及示范应用”“智能配用电示范工程研究与实践”6个项目获一等奖，“直流输电换流阀试验方法研究及成套试验装置研制”等7个项目获二等奖，“家电智能控制装置研制及应用”等19个项目获三等奖。公司另有7个参与项目分别获一等奖1项、三等奖6项。

省部级科学技术奖。公司系统共获得省部级科学技术奖147项，其中一等奖10项，国网山东、安徽、河南、四川、吉林、陕西、青海电力，中国电科院、国网智研院、平高集团10个单位获得所在省（自治区、直辖市）科学技术奖一等奖。获奖数量、获奖单位范围、获奖成果质量均有提升。

公司内部科技奖励。公司科学技术进步奖共评出120项，其中，特等奖2项、一等奖16项、二等奖42项，三等奖60项。获得特等奖的2个项目中，皖电东送工程项目推动公司掌握特高压同塔双回输电核心技术，扩大公司在特高压技术领域的国际领先优势；抽水蓄能重大装备研制项目打破国外垄断，实现核心装备国产化。公司专利奖共评出42项，一等奖5项。

2. *知识产权工作*

专利创造能力持续增强，发明专利申请占比增加，专利质量提高。2014年共申请专利16 719项，其中发明专利7970项，占当年全部专利申请总量的48%，年度发明专利申请量排名央企第一。

2014年获得授权专利10 475项，其中发明专利1709项，占当年全部专利授权量的16.3%。截至年底，公司累计拥有专利40 646项，其中发明专利6080项。累计拥有有效专利量排名央企第一。

国际专利工作。2014年公司重点围绕特高压输变电技术、新能源发电及接入技术、电力电子技术、智能变电站技术、智能调度技术、智能用电及通信技术六大技术领域开展国际专利申请。全年申请国际专利138项，获得国际专利授权4项。截至年底，公司累计拥有有效国际专利25项。

出版科技论著89部，发表科技论文4778篇，其中发表在SCI、EI、ISTP和ISR源刊上的论文1186篇。

选定柔性直流换流阀等10项重点产品以及大电网仿真技术等10项关键技术开展专利导航分析工作，分析重点领域的技术发展趋势，明确重点技术发展脉络，掌握国内外优势企业的研发动态，制定公司在各重点领域的专利布局规划，提出时间计划，完善公司的专利布局，优化专利申请策略及地域选择，为后续专利申请指明方向。

公司完成系统内既有专利价值评价工作（其中发明专利4269项，实用新型专利24 174件，外观设计专利1081件），系统评价专利的技术价值，提出具体应用建议，为专利运营提供依据。

（高海峰　盛　兴）

【环保工作】 2014年，公司完善环保监督管理体系，深化电网建设项目过程管控，推进电网环保技术监督，增进对外沟通交流，促进环保科研和新技术推广，环保工作水平稳中有进。

环保基础管理。修订并印发《公司环保监督规定》、环保工作考核办法和环保技术监督规定。完善电网环保管理子系统功能，六氟化硫、重点污染源、电磁环境与噪声等专项数据库初步建成，分批次录入330kV及以上电网建设项目环评和竣工环保验收信息。开展安徽省孔店500kV变电站工程安装调试阶段环保技术监督，促进监督工作向基建期延伸。完成环保技术监督装备配置情况调研，提出省电科院、地市公司监测仪器设备配置建议。组织年度电网环保工作自查和华北、华东区域现场互查。

电网建设项目环保管理。完善环保部审批的电网建设项目环评和验收调查报告内审机制，明确审查要点、规范工作流程、严格质量把关，报批质量明显提高。编制印发《公司 2014 年 330kV 及以上电网建设项目竣工环保验收计划》，每季度召开一次协调电话会，检查督导环保验收工作。公司系统全年新开工 110kV 及以上电网建设项目 1902 项，环评率连续六年保持 100%；通过竣工环保验收的 110kV 及以上电网建设项目 1610 项，验收率连续两年实现 100%。开展环保验收遗留问题处置，强化对部分重点、难点项目的协调督办。推动纳入国家大气污染防治行动计划的 11 条重点输电通道环评和水保工作。完成溪洛渡—浙西特高压直流、浙北—福州特高压交流和川藏联网工程环保水保专项检查。

在第八届中华宝钢环境奖评选中，青藏交直流联网工程建设总指挥部和国网山东电力分别获得生态保护类大奖和企业环保类优秀奖，实现历史性突破。

5 月 12 日，青藏交直流联网工程建设总指挥部获得生态保护类大奖。

环保宣传与培训。与环保部共同编写《电网环保 ABC》宣传手册。配合中央电视台“焦点访谈”制作播出《变电站、高压线有辐射吗》节目，正面回应公众关切问题。围绕电网发展、节能减排、输变电电磁环境等内容，利用“六·五”世界环境日等时机开展科普宣传活动。举办电网环保管理与监督培训班，邀请环保部、中国环境科学研究院以及系统内知名专家授课。联合环保部环境工程评估中心，连续第三年举办电网建设项目环境监理人员培训班，累计 323 人取得环境监理岗位证书。全年公司系统共举办各类环保培训班 118 个，培训人员 4730 人次。

温室气体减排和环保治理。推进省级六氟化硫气体回收处理中心建设。国网天津、山西、上海、江苏、浙江、福建、河南、江西、辽宁、吉林、黑龙江、蒙东、青海、新疆电力 14 家单位回收处理中心建成并通过正式验收。全年累计回收处理六氟化硫气体 46.6t，相当于减排二氧化碳 111.4 万 t。全年投入环保治理资金 3186 万元，完成 29 座噪声超标变电站治理。国网上海、安徽、湖北电力开展含多氯联苯电容器封存点环境无害化处置。

环保科技创新。启动“十三五”电网环保发展战略研究。加强在研项目的进度跟踪和质量管控，部分环保科技项目和“输变电工程环保投资标准及效益分析研究”管理咨询项目通过验收。组织申报国家环保科技奖，《特高压交流输电工程电磁环境特性及试验技术研究》等 5 个项目获三等奖。

（汪美顺）

信息与通信

【信息化支撑“三集五大”建设】

1. 一体化信息平台建设

资源池建设。软硬件资源池完成推广实施，入池设备占可入池设备的 93.7%，实现设备资源的集中管理和灵活调度，设备资源利用率提升。公共数据资源池完成关于人资、财务、营销、电子商务等 36 套系统共享数据的接入，统一视图模型数据覆盖度达 63.7%，支撑运监、电力交易等 16 个共享融合场景；梳理规划计划、基建管理等 41 套业务系统数据字典及数据中心数据资源台账，初步建成公司数据资产台账，为数据资源的统一集约使用奠定基础。共享应用服务池开展关键技术试点验证。

数据平台建设。完善结构化、非结构化、地理空间、海量历史准实时四类数据资产管理平台，拓展平台应用范围。结构化平台开展公共数据资源池建设；非结构化平台拓展应用范围至网络大学、电子商务、基建管理的外网应用，并构建公司级统一影像智能化组件，支持财务原始凭证、营销档案的影像处理；地理空间平台通过低压设备管理等功能的拓展和升级，以及同步完成县级以上全部单位高精度影像地图的导入，实现运检、调控、营销专业系统间的流程贯通，并作为统一建设的重要基础应用平台；应用海量历史准实时数据平台，扩大用电信息采集、电能计量等实时数据的接入范围，累计实现接入测点 1.9 亿个，完成地区负荷统计分析、配电变压器统计分析等大数据分析场景应用建设。

集成服务建设。流程管理与监控（BPM）新增140个企业级流程，支撑营配调一体化、资产全寿命、“五位一体”的流程贯通。实现对43套业务系统用户权限的统一管理，覆盖公司所有信息系统用户。

应用服务建设。统一应用开发平台（SG-UAP）拓展功能，融合BPM和统一权限，支撑电力交易等61个项目；第三方支付平台开展研发工作。

信息展现建设。在国网天津电力等9家第一批推广单位完成企业门户版本升级。在国调中心、国网运监中心等场所完成统一视频扩展应用，集成业务系统总数达251套，接入监控视频总数达24.2万个点位，视频在线率从92.46%提升到99.32%。

集中式数据（灾备）中心建设。完成灾备中心局域网优化，国网河北电力等8家单位开展信息网络第二汇聚点的切换和演练；国网山西、福建电力等4家省公司单位和英大期货、英大长安2家直属金融单位完成应用级灾备试点；电子商务、营销管理等系统开展应用级灾备推广实施，提升信息系统灾难应对能力。

2. “三集”信息化建设

ERP集中部署。国网蒙东电力实现全业务试点上线，国网天津、上海、吉林电力等11家单位实现ERP人资模块集中部署上线试运行，公司其余单位完成人资基础数据全覆盖。

人资信息化。内部人力资源市场、网络大学和综合报表等模块完成建设，全员绩效管理完成试点验证，福利保障和辅助决策完成功能深化与推广实施，“五位一体”协同管理完成研发及在24家省（自治区、直辖市）电力公司推广实施。强化人资与财务管理、主数据、非结构化等外围系统的集成共享。

财力信息化。以项目预算闭环管理为主线，完成企业级编码器、财务管控、ERP与相关业务应用的集成；电网基建工程投资预算工作完成投资预算发布、执行与分析的功能研发及部署实施；国网湖南、重庆电力完成营销财务一体化试点建设；电力需求预测、投资结构决策、投资时序决策等分析功能完成建设，实现从价值角度对业务进行事前预测、事中监控和事后分析；全面风险管理与内部控制拓展风险预警等功能，支撑公司风险评估与内控评价。

物资信息化。通过物资供应链上下游信息共享联动工作，实现与规划、基建、营销等系统数据共享；完善电子商务平台功能，强化物资服务集中采购业务的全过程管理；许继集团等4家电工装备制造单位实现集中采购业务全流程贯通。

3. “五大”体系信息系统建设

“大规划”信息化。完成规划计划二期、规划设计二期研发及推广实施，完成规划计划与营销、调度等系统关于统计数据集成的试点实施，完成一体化电量与线损管理研发。

“大建设”信息化。基建管理集中部署在27家省（自治区、直辖市）电力公司推广实施，与ERP、规划计划等14个业务系统集成，支持特高压交直流管理业务。

“大运行”信息化。完成全国统一电力市场技术支撑平台功能研发，实现在国网安徽电力等3家试点单位和国网北京电力等17家推广单位的上线运行。

“大检修”信息化。完成设备（资产）运维精益管理（PMS2.0）设计研发，实现电网运维检修全业务覆盖，设备管理与电网GIS图形高度融合，并在国网上海、福建、湖南电力试点上线；建设实施电能质量在线监测，成为国内外规模最大的小时级电能质量海量数据管理平台，数据采集时间由七天缩短至最快一小时；完成资产全寿命周期管理设备招标采购、设备检修及设备退役处置三个关键业务环节资产辅助分析的构建，建成资产全寿命周期管理评价体系。

“大营销”信息化。总部营销业务管控和营销稽查二期部署上线，实现总部、省、地市、县、所各级单位的营销全业务管控；优化完善27家省（自治区、直辖市）电力公司营销业务应用与营销分析辅助决策；电能服务管理二期在26家省（自治区、直辖市）电力公司部署上线；营销移动作业在国网江苏电力等5家省（自治区、直辖市）电力公司推广实施；营销业务应用在班组层面优化功能并在国网安徽电力等4家单位试点实施。

4. 运监中心及客服中心信息化建设

运监中心信息化。运监系统二期和地市运监系统开展建设实施，完成项目全过程等6个企业级流程明细接入，完成省（自治区、直辖市）、地市电力公司展示主题，共计525个监测主题，累计集成业务系统38个、接入指标1582个。

客服中心信息化。21家省（自治区、直辖市）电力公司95598信息系统完成割接，公司95598全网全业务实现集中运营；国网商城系统开展设计研发工作。

5. 协同办公信息化建设

协同办公集中部署分三批在国网北京、浙江电力等12家省（自治区、直辖市）电力公司推广实施，共计16家省（自治区、直辖市）电力公司及其下属1702家单位实现上线应用，日均公务办理量超过1万份，在线用户数超过7万。

电子文件管理扩大系统接入范围，完成12类业务系统868种电子文件集成，实现公司各单位核心业务全覆盖。

6. 综合管理信息化建设

舆情监测在27家省（自治区、直辖市）电力公司及33家直属单位推广实施，实现全公司互联网新闻、微博等舆情的采集、分析与处置。ERP业务审计在许继集团等17家直属单位第二批推广实施，管控业务审计完成集中部署改造及推广实施。企协管理开展同业对标、制度标准、管理创新的一体化设计与开发。公司各单位推广实施统一车辆管理，实现全口径16余万辆车的生命周期管理，在10余万台车安装应用车载监控终端，全过程在线管控车辆。后勤管理开展非生产性房产资源、小型基建项目等功能建设，同步推进智能卡在后勤管理的应用。经济法律集中部署在公司各省（自治区、直辖市）、地市、县电力公司推广实施；设计研发纪检监察信访案件模块。

7. 基层信息化建设

ERP、生产管理、营销管理等核心业务系统在新上划县供电企业延伸，县供电企业信息系统整体覆盖率99%，直供直管和控股县供电企业覆盖率100%，代管县供电企业覆盖率93%。乡镇供电所及班组一体化信息系统在26家省（自治区、直辖市）电力公司推广实施，在5.2万余个供电所、运检和营销班组应用，个性化桌面、多账号切换等功能提升系统易用性。集体企业业务应用在国网浙江电力等9家试点单位正式运行，在国网天津、江苏电力和国网新源公司等20家单位上线试运行，形成满足公司规范集体企业管理要求的信息化支撑体系。

8. 直属单位信息化建设

国网国际公司部署实施境外资产运营管理，实现澳洲、巴西等境外公司人资和财务数据接入；鲁能集团完成ERP、协同办公、经济法律的适应性调整及财务管控部署实施；南瑞集团实现制造执行系统试点上线；国网通航公司实现直升机调度指挥系统上线；中国电科院推广实施科研管理系统，实现科研项目全过程管理；国网管理学院开展ERP等项目建设；国网国际公司、国网新源公司、国网技术学院建设运监类系统；中国电财完成资金调控中心支撑系统二期建设；英大人寿实现资金管理一期上线；金融单位优化完善核心业务系统。

（樊　涛　柏峻峰　游龙勇）

【信息通信支撑智能电网建设】 云计算研究与应用。开展应用服务资源池概要设计和原型系统研发。10月，在国网河北电力试点验证，为业务系统提供公共业务组件和运行所需的标准化运行环境（应用服务器、数据库、负载均衡器），实现应用服务资源共享、自动化部署和弹性调度功能。11月，利用已有测试资源和相关腾退设备，以中国电科院为主节点、省级电力公司为一级节点、南瑞集团和国网信通公司为二级节点，完成公司各单位133台测试设备接入测试云，初步建成公司信息系统测试云，实现测试资源跨地域调度和测试业务线上管理。印发《国家电网公司云计算应用指导意见》，明确云计算应用的总体原则及发展目标，制定顶层设计、技术研究、示范工程建设等各项任务，明确各部门职责分工，建立云计算统筹协调机制，推动云计算在公司的有序合理应用。

物联网研究与应用。开展10余项国家级重大项目和多项公司科技项目研究，开发无线温度传感器等多项国内领先的核心产品，申请专利500余项，为公司电力物联网关键技术研发及产业化奠定基础。10月，完成国网福建、河南、黑龙江、宁夏电力4家省公司全部物联网典型示范应用建设，开展物联网技术在输变电状态监测用电信息采集、配电自动化和电动汽车运营等12个典型领域试点应用。印发《国家电网公司物联网应用指导意见》，完成试点工程建设评估报告编制。

大数据研究与应用。融合数据整合、存储、计算和挖掘四类关键新技术，构建与现有信息化平台相融合的大数据平台，开发实现公司典型大数据应用，同步建立相适应的标准规范和运行维护体系，增强公司内外部数据资源整合处理和价值挖掘能力，支撑并驱动管理提升和业务创新。开展七大领域17个方向的试点研究和大数据平台关键技术选型测试，并确定13项开源技术产品。组织中国电科院、南瑞集团及部分省公司围绕绩效提升和业务创新两条主线，在电网生产、经营管理和优质服务三大领域，挖掘形成35个典型应用场景并试点研究通过终期成效评估。12月，完成大数据平台总体设计研发，率先在总部、国网上海电力和国网客服中心上线运行，支撑上海配网抢修精益化管理和95598客服业务水平创新提升。印发《国家电网公司大数据应用指导意见》。

移动互联研究与应用。开展移动互联顶层设计，推进关键技术研究和公司移动互联应用支撑平台的建设，统筹公司生产、营销、物资、财务、人资等业务需求，统一组织开展生产管理、电费收缴、故障抢修、物资盘点、资产盘点等移动应用的试点及推广建设。完成移动互联应用支撑的需求规范编制和公司统一移动互联应用支撑的总体方案设计工作，并同步完成公司信息外网移动交互平台原型系统设计和研发。在国网江苏电力完成信息外网移动交互平台原型系统的试验运行，开展信息内网移动作业平台功能提升和设计研发，支撑多专业典型移动应用需求，推进公司运检、营销、物资等各专业领域的移动应用水平。开展营销移动作业和95598故障抢修移动应用试点和推广建设。完成公司移动互联应用总体设计，形成应用、平台、网络、终端、安全五个设计分册；开展27家省（自治区、直辖市）电力公司外网移动交互平台原型部署。12月，完成《国家电网公司移动互联应用指导意见》编制。

下一代互联网建设。完成国家发展和改革委专项项目——下一代互联网技术在智能电网应用关键技术研究与示范工程建设，率先在中央企业形成规模应用。5月，完成公司下一代互联网仿真及测试实验室迁移。9月，完成国网山西、江苏、辽宁、青海、宁夏电力试点电网统一视频监控及输变电状态监测示范应用的信息安全等级保护测评。12月，在公司总部、国网客服中心、国网信通公司和六家省公司完成试点网络建设，并通过国家发展和改革委正式验收，获得发明专利授权3项、受理6项、实用新型授权2项、标准5项、软件著作权3项、平台装置3套，发表论文17篇，实现三类典型业务系统的示范应用。

电力无线虚拟专网。国网冀北、江苏、浙江、福建、湖北电力5家单位开展电力无线虚拟专网试点建设，利用运营商网络资源，采用成熟可靠的隧道技术，实现公司接入管理信息大区的无线业务在各省公司统一汇聚接入的总体技术架构，应用范围涉及公司物资、营销、生产、基建等多种业务。完成5家试点单位工程建设方案的编制和评审。完成《国家电网公司电力无线虚拟专网总体设计方案》编制和评审，开展无线网络关键技术研究和电力无线虚拟专网顶层设计。11月，完成运行支撑模块原型设计并在5家试点单位部署试运行。12月，完成电力无线虚拟专网在5家试点单位工程建设。

（曾　楠　郝悍勇）

【通信网建设】 公司系统通信光缆、设备、站点和业务通道同比分别增长9.46%、10.37%、4.78%和11.02%。220kV及以上变电站光纤覆盖率保持100%。直管控股范围内110/66、35kV变电站光纤覆盖率分别达到99.2%、99%。361家县公司带宽实现提升。以溪浙、浙福特高压和川藏联网工程为代表的1985项各级输变电配套通信工程按期完成，实现建设质量“零缺陷”、施工安全“零事故”的目标。一体化电视电话会议系统竣工验收。启动省级数据通信网优化整合改造工作。完成公司行政电话交换网、终端通信接入网、通信频率同步网等总体设计，转入试点建设。通信管理系统二期工程竣工验收。公司骨干通信网络结构持续增强，业务网建设更加规范，终端通信接入网建设加快，县公司通信网带宽和35kV变电站光纤覆盖率提升。

1. 省级及以下数据通信网

省级及以下数据通信网络优化整合改造是公司数据通信网整体演进改造“两步走”计划的第二步，在2013年骨干侧技术改造的基础上，开展省级及以下数据通信网优化整合改造工作。形成《国家电网公司省级及以下数据通信网络优化整合总体设计方案》，确定网络融合、业务适配和管理集约的总体原则，制定技术标准延伸和网络架构延伸两阶段工作计划，统一网络技术体制、优化整合网络层级、全面适配业务应用、明晰运维职责定位。27个省（自治区、直辖市）电力公司完成第一阶段数据通信网核心参数配置和业务承载规范工作。

2. 行政电话交换网

开展行政电话交换网全网规划设计、技术标准编制、主流厂商设备摸底测试等工作，确定将IMS（IP多媒体子系统）技术作为公司行政电话交换网的演进方向，在国网天津、山东、江苏电力开展IMS设备现网试点及互连互通测试工作。制定《国家电网公司IMS行政交换网建设指导意见》和《国家电网公司IMS行政交换网总体设计》，规范公司行政电话交换网演进和建设工作，为设备采购、规划设计、网络建设和系统运维等方面提供技术依据。国网天津电力、国网信通公司等单位开展试点建设。

3. 通信频率同步网

开展公司通信频率同步网优化研究工作。完成现状调研、技术论证、设备测试等，制定《国家电网公司通信频率同步网建设指导意见》，确定公司通信频率同步网采用骨干频率同步网和省内频率同步网二层架构，规范同步网同步方式选择、同步区划分、同步网架构及网管部署方式等。制定2015年骨干频率同步网优化实施方案。

（常　宁　杨　琦）

【信息系统深化应用与安全运行】

1. 深化应用

自建系统清理。6月，公司完成功能重复的自建系统清理任务，各单位清理自建系统4361套，另有

130套拟保留自建系统，纳入IMS系统统一监控。梳理拟保留自建系统需求，部分需求纳入公司信息化建设需求。

班组深化应用。以专项工作为抓手，综合采用“数据共享和业务融合、消除数据重复录入、消除数据过度录入与频繁拓展、拓展数据自动录入”等9项工作措施，对20类业务65套信息系统（模块）进行优化提升，累计整改重复与过度录入、自动录入、性能优化、缺陷及新增需求等问题4044项。畅通基层单位关于信息系统应用问题（建议）的提报渠道，理顺各方职责及分工，建立健全问题处理机制及相关流程。开展班组信息系统界面融合，乡镇供电所及班组一体化信息系统推广覆盖至5.2万个班组。在营销、运检、物资管理等业务领域应用物联网、移动信息化等技术，减少手工录入数据量，提高操作的便捷性。完善信息通信基础设施，制订基层班组（供电所）计算机配置标准及管理规范，面向基层班组、供电所集中更换、增配计算机数万台。采用数据网络自建与租用相结合的模式，实现乡镇供电所、营业厅光纤及数据网通信全覆盖。通过综合采取各项措施，提升信息系统使用效率和易用化水平，减少用户直接数据录入量，支撑基层业务开展。

2. 安全运行

信息通信安全运行。强化各级信息通信调度生产核心作用，修订信息通信运行安全事件即时报告制度，严肃调度纪律，开展调度机构评价；完成各类重大保障工作，包括全国“两会”、南京青奥会、上海亚信峰会、北京APEC峰会等国家重大活动保障，迎峰度夏、迎峰度冬及重要节假保障，复奉、锦苏、宾金三大直流满送保障、国（分）调和省调调控管辖范围调整及95598全业务割接保障等；完成全年各项安全检查，包括春检、秋检，信息通信系统隐患排查，账号权限梳理及排查等；完成国网山东、江苏、浙江、安徽、福建、四川、重庆、辽宁、黑龙江、宁夏电力10家省级单位信息通信调度集约化试点工作。在确保生产安全稳定的基础上，提高信息通信调度的专业化、标准化水平，保障系统安全稳定运行。

国网信通部会同国调中心于2012年组织开展为期三年的220kV及以上保护安控单通道隐患整治专项活动，截至2014年12月，按期完成886项隐患治理，解决一批历史遗留问题，消除一批可能造成事故的安全隐患，涉及17个省网、4个区域电网及国调直调系统，提升国家电网220kV及以上保护和安控系统的运行可靠性。

总部分部一体化信息通信运维服务。7月，5个分部信息通信调控业务正式移交至国网信通公司，各分部信息通信系统正式纳入国网信通公司一体化调控运行，实现总部分部信息通信调度一体化运作、制度流程统一。

信息通信隐患治理。组织开展重要信息系统及信息通信基础设施供电消防隐患排查治理工作。制定重要信息系统隐患排查与整改工作指导意见、排查标准等5个指导性文件，对数据中心、统一权限、ERP、生产管理、营销管理、95598、协同办公等10个重要信息系统和信息通信基础设施的隐患进行排查，累计排查各类隐患2227项，完成整改1550项，整改完成率70%。每套信息系统平均非计划停运时长同比缩短90.8%，提高系统运行稳定性。

信息通信运检。印发建转运实施细则，强化运行提前介入建设过程，实现在建项目的运行生产准备；创新设置系统检修窗口，优化检修时长标准，增强系统检修灵活性，提升检修周期与业务周期吻合度；实现22 200余台信息主设备纳入状态评价，建立设备信息采集、状态评价、风险评估、检修策略、检修计划、检修实施及评估分析的工作模式；印发《集中部署信息系统运维管理细则》，加快建立“集中部署、两级运维”的管理模式；完成信息通信客服顶层设计，一体化客服系统初步上线；建立620余个用户体验基层测试点，主动监测发现问题863个，解决833个，解决率96.5%。

信息系统灾备运行。完善灾备“同步检修、同步验证”15项检修项和15项作业标准。制订指导方案，组织各单位累计完成121次灾备数据验证和应用级灾备切换验证演练工作。优化京、沪、陕三地数据中心机房布局规划，17家在京直属产业单位和金融单位生产中心开展搬迁工作。开展电子商务平台一级（集中）部署系统轮换运行保障机制研究和应用级灾备验证测试工作，推进电子商务平台主备轮换运行。

信息通信应急演练。印发应急演练工作方案、工作模板及演练评价手册，提升演练工作标准化、实用化水平。各单位梳理网络与信息系统现场故障处置应急预案共1345个，完善应急预案库。全年共开展网络与信息系统常态应急演练169次，其中实操演练90次，桌面及模拟演练79次。开展公司范围内营销、生产、ERP系统双机切换演练，共完成演练81次，系统双机切换成功率100%。开展涵盖三大特高压直流通信系统（复奉、锦苏、宾金）、二级通信网、95598信息系统群等重要信息通信系统的反事故演习，规范信息通信系统应急处置流程，提升各相关单位应急响应速度和联合处置能力。

（程志华　崔丙锋　常　宁　杨　斌）

【信息通信安全防护】 信息安全保障。加强安全新技术研究和应用，完善新技术安全防护研究与安全架构设计体系。组建信息安全“红蓝队”，开展常态漏洞挖掘与攻防演练工作。加强信息安全督查工作，开展针对新信息技术应用及智能电网新业务安全防护等的专项督查。加强安全通报与风险处置工作，提高在线处置的实时性、敏捷性和精准性，提升风险处置能力。完善信息安全评价指标体系，加强研发、运行、督查全环节安全对标评价，推进安全评级工作。在信息化后评估中落实安全评价工作，提升公司信息安全工作水平。

信息安全治理提升。制定《国家电网公司信息安全工作纲要》，从“管理体系、技防体系、技术措施”全方面巩固安全治理提升工作，深化信息安全反违章治理。组建信息安全专家委员会，强化信息安全防护方案的审查机制。建立研发环节安全管控体系，加强安全测试单位对信息系统测评与上线监督管理；深化安全基线达标规范；深化网络准入备案机制；强化数据保护管理策略。开展电网工控终端安全监测专题研究和原型开发，深化工控系统安全检测和防护工作。制定信息化新技术应用信息安全防护若干要求，加强新技术安全研究和应用，重点开展云计算、物联网、大数据、移动互联和无线接入等新技术安全防护策略研究。制订通信网安全防护方案。

信息安全保障能力建设。组织研究国内外信息安全形势及新信息技术发展趋势，围绕加快智能电网建设、提升优质服务的业务需求，完善新技术安全防护研究与安全架构设计体系，开展信息安全规划研究工作。围绕信息化发展保障需要，重点开展大数据、云计算、移动互联、无线接入等新技术安全防护策略研究，出台新技术应用安全解决措施，指导各单位开展新技术应用和防护工作。

信息安全保密工作。提升信息安全保密支撑能力，围绕“人、机、技、防”四个方面提升信息化条件下保密防范水平，巩固公司现有信息安全保密基础。通过桌面推送屏保、壁纸等方式推进保密宣传。深化保密检测措施的应用，加强对办公计算机、互联网出口及内外网邮件等敏感信息检查。公司外网邮件系统完成安全升级改造。

信息安全督查工作。公司信息安全督查工作延伸至信息系统生命周期各环节、各业务，涵盖直属单位、基层单位和信息系统研发单位。各单位完成新技术、新业务安全防护等专项督查。完成全国“两会”、青奥会、十八届四中全会期间信息安全专项检查，直属单位、基层单位信息安全专项检查工作。公司加强督查工作的跨单位协作，成立8个协作组，制定协作组工作方案。

通报预警及应急机制建设。公司落实信息安全通报机制，召开信息安全月度态势分析例会，及时掌握信息安全动态，分析公司网络信息安全风险，制定相应对策。全年，公司转发国家各类通报，印发信息安全态势分析报告，下发预警通知单、漏洞整改通知单，及时通报事件和问题。防范各类潜在风险。公司加强通报预警规范建设，落实工作的责任主体、通报事项、时效要求和应急处置。通报预警机制工作掌握公司网络信息安全状况，实现对网络安全风险和漏洞的监测，及时防范各类潜在威胁，加强公司信息安全保障能力。

（刘　莹）

【信息通信技术与标准】

1. 新技术研究框架

编制发布《国家电网公司2014年信息通信新技术研究框架》。公司年度信息通信新技术前期研究计划涉及集中式数据中心技术、信息安全技术、通信研究及应用技术、信息通信融合技术、智能电网应用技术5大类共13项课题。由国网北京、天津、冀北、上海电力等10家单位和多家研发单位承担和开展课题研究。11月，公司信息通信新技术课题通过评审，其中7项研究评定为优质研究项目，共形成专利4项、技术规范4项、技术标准2项、发表技术论文5篇、专题性研究报告19篇。

2. 自主可控技术研发

推进自主可控信息技术研发工作，满足IT基础架构优化、安全可控能力提升、建设运维成本可控等方面需求。6月，公司确定第一批包括设备定制化、分布式存储、关系数据库、虚拟化软件、中间件软件、桌面操作系统、数据复制软件七大基础性重点研发计划，在部分信息化项目建设中试点应用。其中，自主关系数据库在对标管理信息系统、职工书屋信息化管理系统、统一数据保护与监控平台等14个业务系统中进行试点应用；自主虚拟化软件在国网江苏、安徽、江西电力等6个省公司试点应用，管理224台服务器。

3. 信息通信标准化建设

6月，公司发布《国家电网公司信息通信标准体系（2013 版）》。参与编制《电力系统应用软件安全开发 第 1 部分：指南》等 10 项国家标准、《电力系统集中式数据灾备系统技术规范 第 1 部分：系统存储监控》等 13 项行业标准、《国家电网通信管理系统运行维护 第 1 部分：系统运维》等 45 项公司企业标准及《电力大数据基础框架与应用规范》等 52 项专业规范。

4. 信息化架构总体设计

在 IT 基础架构优化设计方面，公司开展 x86 集群、分布式存储、数据库软件、中间件软件等共 14 个课题的研究，提出包括基础硬件层、数据服务层、应用服务层的三级层级框架，明确公司下一代信息基础架构，统一承载电网各类应用。公司总结信息系统灾备建设成果，从多个层面研究灾备优化策略和技术路线，提出典型设计方案、演进路线和实施路径。公司开展营销业务信息化架构优化设计工作，分析营销核心业务（业扩、计量、电费+客服），梳理业务对象，生成业务模型，构建数据模型，应用公司信息化顶层架构设计成果，完成营销信息化总体 IT 架构框架优化设计工作。

5. 信息化架构管控

开展信息化架构管控工作。1 月，修编《2014 版信息化企业架构蓝图设计》。10～12 月，编制《国家电网公司信息通信技术政策要点》3 期，并根据技术发展情况滚动更新，覆盖基础硬件、基础软件、一体化平台、灾备系统、信息安全五大领域共 109 条。年内，全部新建信息化项目进行系统架构评审，项目概要设计质量提升。

6. 信息化技术督查

信息技术督查工作增加数据消重与共享融合督查，深化架构督查，促进标准制（修）订质量提升，加强研发管控。公司建立完善的督查组织体系，形成涵盖省（自治区、直辖市）电力公司、直属单位、中国电科院、承建单位共 367 人的信息化技术督查队伍，明确总部、中国电科院、其他相关单位在督查工作中的职责和评价体系。全年共开展 12 期常态督查，2 次专项督查，发现问题 200 余项。针对标准进度滞后情况、标准内容格式问题、架构不遵从等情况，督促各单位进行整改。年内完成信息通信标准制（修）订总计 131 项。各单位架构完成率平均值达到 91.19%。公司全年开展 2 次信息化架构督查培训（300 人次），促进各单位标准化工作和架构管理工作。

7. 通信专业管理

开展通信运行维护和工程建设体系研究工作，对通信运维和建设环节组织架构、人员岗位、职责分工、工作流程、资金费用、标准制度等进行全方位的调研，提出通信运维和建设方面存在的问题，研究通信运维和工程工作的体系架构模型，构建管理制度和技术标准体系，制定标准制度制、修订工作计划。

（曾 楠 常 宁 高灵超 杨 琦）

【信息通信精益管理】

1. 2014 年信息通信工作会议

1 月 23 日，公司 2014 年信息通信工作会议在北京召开。会议要求加强信息化建设管控，建成 SG—ERP 系统；适应智能电网快速发展，提高通信骨干网光纤覆盖，加大通信接入网建设力度；提升信息通信运行集约化、精益化管理水平，保障系统安全运行；加强信息安全保障，增强意识，确保安全；健全深化应用协同推进机制，提高系统实用化水平；超前谋划信息通信“十三五”规划，推进新技术应用；落实“二十四节气表”常规重点工作，提升专业管理水平；对“十一五”以来的所有信息化项目开展后评估。

2. 信息通信规划研究

开展“十三五”信息化规划前期研究，完成信息化支撑智能电网、信息安全、信息运维及云计算、大数据、物联网、移动互联新技术等专题研究报告。开展“十三五”通信网规划前期研究，完成业务带宽预测、骨干传输网、接入网、无线通信、分布式能源站点通信接入等专题研究报告。完成“十二五”信息化规划滚动修编，开展信息化规划执行和投资分析，完成规划报告调整。完成公司发展规划（2015～2017 年）三年规划滚动修编中信息化规划内容修编工作。完成 2015～2020 年通信网滚动规划和配电通信网滚动规划编制，研究提出“通信网规划设计导则”。开展 2015～2017 年通信专业电网设备三年整治计划编制工作。

3. 信息化前期管理

健全完善信息化项目可研工作制度，修订《国家电网公司信息化项目可研编制与评审管理办法》，完成《国家电网公司信息系统硬件需求测算标准规范（试行）》。完善信息化项目可研工作机制。可研编制支撑单位成立专门工作组，明确职责与分工，梳理历史项目并汇编成册。完善相关管理制度和标准规范。提升信息化需求质量。深化需求审查、答辩与固化机制，编制并依据信息化统建项目需求审核原则，对统建信息化项目原始需求进行合并和核减。加强信息化项目可研深度。细化和完善可研编制模板，建立可研预审机制，提升可研编制质量，按照可研编制模板，完成信息化统建项目可研编制。

4. 信息计划管控

健全措施和手段，加强信息化计划编制和计划执行工作。① 提出信息化建设投资总控目标，完成年度公司信息化专项计划和预算（草案）。② 通过信息化专项计划落实年度重点任务。③ 完善信息通信业务管理系统（IRS），实现计划编制全过程信息化、自动化，实现计划和预算“一发两收”和“一键报送”。④ 加强信息化计划执行跟踪与分析，建立周跟踪、月报表、季分析和年度总结工作机制，实现信息化专项计划执行情况与公司同业对标、业绩考核项结合，督促各单位规范运作，按计划完成建设任务和年度预算安排。⑤ 实现信息化专项计划执行与信息通信管理系统（IRS）使用相结合，公司系统年度执行情况通过信息系统管理。公司系统信息化项目建设进度提升、投资完成率提高、项目验收工作加强。

5. 信息化工作获奖

1 月 24 日，中国计算机用户协会在北京召开第二届电子信息技术应用成果发布与推介活动暨信息技术应用大奖表彰会。公司“特大型电力集团一体化信息系统工程关键技术与应用”被授予第二届信息技术应用大奖。

11 月 12 日，由中国电力企业联合会主办的 2014 年全国电力行业两化融合推进会暨全国电力企业信息化大会在武汉召开，公司“面向智能电网的信息安全边界接入技术研究与应用”获 2014 年度电力行业信息化优秀成果奖一等奖。

6. 培训与对标

技术人员实训。11 ~ 12 月，开展信息通信技术人员实训工作。分别在国网技术学院及其成都分院、苏州分院建立信息通信实训基地。建立覆盖信息通信岗位的标准化实训课程体系，开发实训教材。全年共开展三期信息通信运维人员实操技能培训工作。

管理业务培训。5 月，开展信息通信职能部门、省信通公司负责人管理培训工作，重点提高管理人员素质，加快中层管理人才队伍建设。年内共开展三期信息通信管理与业务培训工作。

专业调考。开展信息通信系统建设与安全运行调考工作。各省（自治区、直辖市）电力公司、国网信通公司、中国电科院部分信息通信人员参加。调考内容涵盖信息通信调度、通信运维、信息安全督查及信息建设管理四大类专业。

领军人才培养。开展信息通信专业领军人才选拔培养工作。设置开发以能力提升为导向、理论和实践相结合的结构化培训课程，建立领军人才培养的标准化课程体系。

专业人才培养锻炼。2014 年 5 月 ~ 2015 年 1 月开展专业人才培养锻炼，参加单位涵盖 27 家省（自治区、直辖市）电力公司及南瑞集团、国网信通公司和中国电科院 3 家直属单位。采用集中培训、内部培养、外部深造三种方式，综合发挥系统内、外两个平台的作用。

同业对标。公司融合信息与通信评价指标，将对标、考核指标细化、拆分，涵盖信息通信各关键环节，规范数据的统计、确认、申诉、评价和发布等流程，拓展指标数据公布渠道，促进各单位发现工作中的短板，整改问题；公司开展 2013 ~ 2014 年度信息通信工作先进单位、先进集体和先进个人评选工作，表彰先进单位 12 家、先进集体 60 家、先进个人 100 名。

7. 信息通信精益化管理研究

两化融合。国网山东、上海、江苏、浙江、福建电力、国网大连供电公司 6 家单位入选工信部两化融合管理体系首批贯标试点单位，南瑞集团、英大长安入选工信部两化融合管理体系贯标咨询机构。各试点单位按照工信部要求及公司统一部署，推进各项贯标工作的开展。

前瞻性专题热点研究。围绕互联网思维、第三次工业革命、智慧企业等热点主题，结合电力信息通信实际，研究电力信息通信在其中的发展机遇与路径，研究成果在公司相关媒体平台进行宣传交流。

信息化建设业务准备成熟度评估体系研究。首次将成熟度理论引入业务准备评估工作，梳理归纳信息化项目业务准备七要素，提出业务准备成熟度评估体系模型，形成一套全面的业务准备成熟度评估体系。

信息化工程项目技术经济管理体系研究。完善公司信息化工程项目工作量核定规范，创新设计涵盖功能点字典库、基础数据库和指标库的基准数据库模型，形成信息化项目工作量测算闭环流程。构建以 WBS 为基础、以基于基准数据库的全过程造价控制为模式，以信息化工程造价管理系统为手段的全过程技术经济管理体系。

“2014 年度企业信息化登高行动”征文活动。组织公司各单位开展主题征文活动，并参加国资委“2014 年度企业信息化登高行动”主题征文比赛，在公司系统内共征集 214 篇论文。在国资委企业信息化登高行动第 17 期（企业信息安全）、第 18 期（供应链管理）专题研讨班上，国网浙江电力、南瑞集团中电普华公司分别做“加强全生命周期管控，全面保障公司信息安全”“国家电网电子集中采购成功经验介绍”的发言。

8. 信息通信制度体系建设

按照“完善体系、颁布制度、执行落地”工作思路，推进信息通信管理制度建设工作。完善以通用制度作为公司信息通信管理规范统一表述形式的制度标准一体化体系，依据信息化建设、通信建设、信息通信调度运行、信息系统深化应用、网络与信息安全五大业务条线，分批次制定并颁布全套通用制度。对各级单位信息通信业务条线的工作目标、职责分工、工作要求进行培训宣贯，加强制度落地。

（汪 峰 吴 伟 崔丙锋 范金锋 赵一斌）

国际化发展

国际化运营

【海外资产经营】 2014年，公司中标巴西美丽山水电特高压直流送出特许经营权项目，接管运营澳大利亚SPI项目、香港港灯项目、意大利CDP项目3个新增境外资产。

1. 中标巴西特高压工程

2月7日，公司与巴西国家电力公司组成联营体，中标美洲第一个特高压工程——巴西美丽山水电±800kV特高压直流送出特许经营权项目。7月，在中巴两国领导人见证下，公司与巴西国家电力公司签署了《巴西美丽山特高压输电项目合作协议》。

2. 运营菲律宾国家电网公司

2014年，菲律宾国家电网公司（NGCP）夯实基础工作、加强员工培训、引入先进技术、加强管理创新；坚持标准先行、提高公司管理水平和电网运营水平。2014年监管考核指标达到菲律宾历史最高水平。2009~2014年，NGCP连续6年获得菲律宾能源监管委员会（ERC）电网运营绩效考核奖励，停电次数逐年下降，吕宋电网的频率合格率连续五年保持100%，全网电压合格率近三年均在99.88%以上，百公里线路跳闸率逐年下降。2014年菲律宾电网共经历19次台风和数次地震、水涝、火山爆发等自然灾害。NGCP建立全国范围的三级灾害应急指挥体系及应急响应机制，完成抢修送电工作。

● 1月24日，山东电工电气集团有限公司总承包的菲律宾230kV圣·埃斯特变电站项目一期工程投运。图为工程施工现场。 （师维艺 摄）

3. 运营国家电网巴西控股公司

2014年，国家电网巴西控股公司开展本土化运营，电网运营水平居于巴西电力行业前列。优化应急预案，构建保电体系，完成2014年世界杯和总统大选保电任务。赞助中巴文化体育交流和巴西贫困阶层青少年教育项目，树立公益形象。国家电网巴西控股公司获得联合国全球契约组织“2014社会责任管理最佳实践奖”，并被巴西权威媒体评为“巴西电力行业最佳公司”。

4. 运营葡萄牙国家能源网公司

配合葡萄牙国家能源网公司（REN）和葡萄牙政府完成其11%剩余国有股份私有化工作，协助完成欧盟委员会和葡萄牙政府对REN输电/输气系统运营商（TSO）认证。分析研究REN新的公司治理架构和管理模式，选聘REN新任CEO。研究葡萄牙政府征收2014年度能源行业特别贡献税情况和新颁布的输电业务监管规则，维护公司投资权益。

5. 运营澳大利亚南澳输电网公司

2014年，公司通过参加澳大利亚南澳输电网公司董事会、股东会及有关专委会，从决策层面对其进行战略管控，参与制定未来五年商业计划，配合澳大利亚税务局处理税务审计事宜，完成继任CEO选聘和交接工作，确保稳定运营。

6. 运营澳大利亚国网澳资公司

项目于1月正式交割。公司向澳大利亚国网澳资公司（SGSPAA）派驻董事并任命高管人员，组织参加董事会及下属委员会会议，与新加坡方股东加强协调沟通，落实公司大股东管控，实现财务并表。推进SGSPAA配电业务2015~2020年监管申请工作，组织研究SGSPAA资本结构优化工作。

7. 运营澳大利亚澳网公司

项目于1月正式交割。公司通过参加澳大利亚澳网公司（AusNet）董事会，从决策层面参加公司治理，完成2014~2017年输电资产监管收入重置，确定未来五年商业计划，终止管理层与新方的管理服务协议，实现管理层内化，确保AusNet稳定运营。组织AusNet高管团队来华进行技术交流，参观相关电力设施。

8. 运营意大利存贷款能源网公司

7月31日，公司与意大利存贷款公司（CDP）签署协议，收购其旗下能源网公司（CDP RETI）35%股权。11月27日，完成项目交割，同时派出董事和高管参与其运营管理。

9. 运营香港港灯公司

公司作为基石投资者认购香港港灯公司18%股份，于1月29日完成交割，其后又增持股权至20%，并向香港港灯公司派驻董事及高管团队。

（汪文安　李　明　马海洋　薛美琳）

【国际重点项目前期工作】 5月和10月，在中俄两国领导人见证下，公司与俄罗斯电网公司签署有关协议，明确在俄罗斯境内和其他国家实施电网设施改造和新建项目，并在电网技术、电工装备制造和工程总承包等上下游产业链开展合作。

公司组织专家参加巴西美丽山水电送出Ⅱ期项目的前期可研。关注北美电力领域投资项目机遇，与美国ITC公司等北美电力企业探讨合作项目。

（赵　儆　韩　勇　吕　昕　马海洋）

【国际能源合作】 落实中央“一带一路”战略，推进与周边国家基础设施互联互通，组织有关科研、设计单位，根据国家战略、外交、经济需要，综合考虑双方合作意愿、前期工作基础、工程实施条件等因素，研究提出国家电网与俄罗斯、蒙古、哈萨克斯坦和巴基斯坦等国电网互联互通方案。

推进中俄电力合作，2014年公司从俄购电33.8亿kWh。中俄双方完成俄罗斯叶尔科夫齐煤电输一体化项目预可研工作，开展可研工作。

12月14日，在李克强总理和哈萨克斯坦总理马西莫夫的共同见证下，公司与哈萨克斯坦萨姆鲁克—卡泽纳国家主权基金股份公司在阿斯塔纳签署了战略合作协议。根据该协议，双方将共同推进中哈电网互联互通，研究在哈萨克斯坦建设大型煤电和可再生能源基地的可能性，利用特高压输电等先进技术，实现从哈萨克斯坦向中国和其他国家输送电能。

2014年，蒙古国有关议员、能源部副部长、能源部部长先后访问公司，希望继续推进蒙古锡伯敖包项目，实现中蒙双方在能源领域的互利共赢合作。公司启动了锡伯敖包项目预可研补充完善工作。

（赵　儆　韩　勇　沈　亮　黄　哲）

【海外工程承包、设备出口及技术咨询】 公司开拓南美国家电力市场，推进厄瓜多尔国家电力公司230kV输电一揽子项目、亚马逊石油公司138kV输电工程项目，与厄瓜多尔国家电力公司签署人员培训和技术交流谅解备忘录。与委内瑞拉国家电力公司签署委内瑞拉国家电力调度系统自动化改造项目。与埃塞俄比亚电力公司签订轻轨配套输变电项目承包合同。签署《中国国家电网公司与埃及电力和可再生能源部关于在埃及电力工业发展方面合作的备忘录》，计划由公司承担埃及国家电网升级改造项目。中标波兰电网公司两个输变电工程总承包业务。

2014年，公司新签境外工程承包、设备出口和技术咨询服务项目共计435个，合同金额约36亿美元。

（赵　儆　黄　哲　吕　昕　赵　晔　马海洋）

国际交流与合作

【主要外事活动】 5月，刘振亚董事长赴莫斯科参加全球可持续电力合作组织（GSEP）2014领导人峰会，并首次提出“全球能源互联网”发展构想。

9月，联合国气候峰会在美国纽约召开，来自83个国家的政府首脑、企业家和商界领袖约350位高层出席会议。刘振亚董事长应联合国秘书长潘基文和全球契约组织总干事科尔邀请，出席企业论坛并在午餐会上做“构建全球能源互联网、促进绿色低碳发展”的主题发言。

1. 公司重要出访活动

2月，参加新西兰、澳大利亚APEC中国工商理事会交流。

3月，参加澳大利亚特大电网运行机构理事会。

4月，在美国执行境外发债路演。

5月，参加俄罗斯全球可持续电力合作组织2014年领导人峰会。

6月，瑞士IEC高层会议。

7月，与意大利存贷款公司的签约仪式。

9月，出席联合国气候峰会进行项目合作交流。

10月，参加中国工业经济联合会团组赴德国、意大利参加第六届汉堡峰会和第十届环球中国商务会议。

10月，参加韩国第20届亚太电协大会并参加与韩国电力公司第九次定期交流活动。

11月，参加美国世界可持续发展工商理事会年会。

12月，参加秘鲁《联合国气候变化框架公约》第20次缔约方会议（COP20）并赴巴西与巴西国家电力调度中心交流。

2. 重要外事会见

2月19日，郑宝森副总经理会见阿尔斯通公司董事长兼首席执行官柏柯龙一行。

2月24日，刘振亚董事长会见美国前财政部长、原高盛集团董事长、芝加哥大学保尔森中心主席保尔森一行。

3月6日，舒印彪总经理会见英国能源和气候变化部常务次官史蒂芬一行。

3月7日，舒印彪总经理会见埃塞俄比亚财政和经济发展部部长一行。

3月14日，舒印彪总经理会见美国AES公司董事长罗塞蒂一行。

3月21日，舒印彪总经理会见澳大利亚大使孙芳安一行。

3月27日，舒印彪总经理会见花旗集团首席执行官高沛德一行。

4月8日，刘振亚董事长会见意大利电力公司总经理兼首席执行官孔狄一行并签署双方合作协议。

6月11日，刘振亚董事长会见意大利电力公司新任首席执行官斯塔雷斯一行。

同日，陈月明副总经理会见通用电气公司（GE）公司董事会成员、GE金融董事长兼首席执行官谢林一行。

6月25日，刘振亚董事长会见联合国全球契约组织总干事科尔一行。

6月26日，李汝革总会计师会见通用电气公司（GE）高级副总裁贝格一行。

7月9日，舒印彪总经理会见西门子股份公司董事会成员及基础设施与城市业务领域首席执行官博乐仁博士一行。

7月23日，刘振亚董事长会见意大利CDP公司董事长巴萨尼尼一行。

7月24日，舒印彪总经理会见俄统国际公司副总裁沙洛夫一行。

9月4日，刘振亚董事长会见世界可持续发展工商理事会（WBCSD）主席兼首席执行官贝克一行。

9月4日，栾军副总经理会见阿尔卡特朗讯集团首席执行官康博敏一行。

10月20日，陈月明副总经理会见美国万通人寿保险公司执行副总裁、美国万通国际公司董事长萨辛斯基一行。

11月4日，李汝革总会计师会见摩根士丹利全球投资银行部主管佩蒂盖斯一行。

11月6日，舒印彪总经理会见ABB首席执行官史毕福一行。

11月14日，刘振亚董事长会见国际能源署（IEA）署长范德胡芬一行。

3. 重要国际会议

2月17~21日，参加瑞士IEC执委会议和标准管理局会议。

6月17~22日，参加德国、瑞士IEC高层管理会议。

11月9~15日，参加日本IEC第78次大会和高层管理会议。

5月14~16日，参加科特迪瓦非洲电工标准化委员会组织的首届非洲智能电网论坛。

（夏　雪　徐建军　闫　雨　毕　元　范建斌　王晓刚　毕研秋　胡　浩）

【国际组织和国际标准制定】 在第78届国际电工委员会（IEC）年会上，IEC正式发布由公司发起的《物联网之无线传感器网络》白皮书，并要求IEC所有国家委员会宣传白皮书并推进相关工作。由公司主导的微电网系统评估组正式成立，负责编制微电网领域的标准路线图。由公司在IEC发起的《电动汽车换电系统　第一部分：系统描述与通用要求》国际标准于1月正式立项。由公司主导的《高压直流线路电磁环境限值》《用户能源管理系统和电网能源管理系统接口　第10-1部分：自动需求响应》和《智能电网用户接口——接口综述及各国观点》IEC国际标准正式发布。

公司有9人成为国际大电网委员会（CIGRE）专业委员会委员。在CIGRE变电站专业委员会中发起并成立《低压辅助系统可靠性分析与设计导则》新工作组。

2014年6月，公司在电气与电子工程师学会（IEEE）主导编制并发布《1000kV及以上特高压交流系统过电压与绝缘配合》等三项特高压交流标准，荣获2014年度IEEE标准协会的“企业卓越贡献奖”。

国家标准化管理委员会于10月17日在北京召开国有企业国际标准化工作座谈会，公司做经验交流发言。12月24日，在国际标准化组织技术机构负责人秘书处工作会议上，公司以“国际标准化创新示范基地建设”为主题做典型发言。

（范建斌　王晓刚　毕研秋　胡　浩）

【课题研究与国际信息】 开展《俄罗斯送电中国的经济社会效益综合分析》课题研究，从政治效益、社会效益和经济效益等方面评估项目可行性，提出有关政策建议。组织搜集、编译、整理国际主要电力企业及各国电力体制概况，更新《国际电力同业概况》。2014年共收集出国总结（报告）109篇，实现公司系统网上共享73篇。

（韩　勇　薛美琳）

【外事管理工作】 2月26日，在北京召开国际合作工作座谈会，总部部分部门和国际业务相关单位进行交流。会议分析了公司国际业务面临的形势，研究部署了公司国际化发展的重点工作。

12 月 27 日，外交部组织的中央企业外事工作会议在北京召开，公司在大会作交流发言。

2014 年，公司完成国际业务信息化建设一期项目验收，启动国际合作管理系统二期建设。优化驻外机构布局，设立公司驻日本办事处，加强对公司驻外办事处和驻外高管团队的管理，发挥公司驻外办事处对各级驻外机构的统筹协调作用，保障公司驻外机构协调高效运转。

（李向阳　张　义　文如娟　翁　强　贾灵苗）

党的建设和精神文明建设

党建工作

【组织建设】 截至12月31日，公司系统党组织总数31 323个，其中：党组55个、党委1974个、党总支2065个、党支部27 229个。党员总数596 598名，其中：在岗党员472 690名、离退休党员121 359名、学生党员1159名、其他党员1390名。

公司系统党建工作。①思想建党与制度建党相结合。在思想教育方面，举办两期处级干部学习贯彻十八大精神培训班，组织开展学习弘扬焦裕禄精神、践行“三严三实”活动，依托党组（党委）理论学习中心组、“三会一课”“道德讲堂”“网络大学”等阵地，深化学习教育，增强学习效果。在制度建设方面，修订印发《电网先锋党支部创建工作管理办法》通用制度，推动创建工作制度化、规范化；围绕集体企业改革改制、规范农电用工管理等重点工作，研究制定《加强供电服务公司党组织建设的意见》《加强集体企业党建工作的意见》，为改革发展提供组织保障。②解决基层基础薄弱问题。开展整顿软弱涣散基层党组织工作，调查摸底、分析原因、分类施策，加强公司基层党组织和党员队伍建设。一年来，公司4个基层党组织、4名党员、3名党务工作者获得中央企业“一先两优”荣誉称号。③作风建设。2.57万个基层党支部全部召开专题组织生活会；54.9万名党员参加民主评议，其中，评议为“优秀”的党员47.43万余名（占86.4%），评议为“一般”的党员7.46万余名（占13.6%），评议为“差”的党员29名。依据中央《关于做好处置不合格党员工作的通知》要求，对不合格党员进行组织处理。④党建理论研究。完成国有企业党建研究专业委员会《坚强高效党组织建设的实践与思考》课题研究任务；组织指导公司党建专业领军人才开展新形势下提升党建科学化水平课题研究。

直属党委工作。①党组织建设。根据公司《关于调整鲁能集团有限公司、都城伟业集团有限公司管理体制的通知》（国家电网人资〔2014〕622号）和鲁能集团、都城伟业集团的请示，经商山东省直机关工委同意，鲁能集团直属党委组织关系整体划转公司直属党委管理，并更名中共都城伟业集团有限公司直属委员会。督促指导国网节能服务公司、国家电网管理学院成立直属党委、纪委，指导国家电网客户服务中心成立直属临时党委、纪委。在第二批教育实践活动8个派出督导组、特高压和川藏联网等重点工程、APEC峰会等重大保电任务中成立临时党支部。总部物资部党总支以及发展部、农电部、科技部、外联部、国际部、人资部、体改办、工会党支部共9个党组织完成换届改选、委员增补，国网国际公司、国网物资公司、国网新源公司、中国电财、英大人寿、国网智研院、英大财险、国网冀北电力共8个单位完成直属党委负责人调整、委员增补，夯实组织基础。②党员队伍教育管理。制定并落实2014年度发展党员计划，2014年公司直属党委共发展党员200名，其中总部发展党员6名，预备党员转正5名。落实《2014～2017年全国党员教育培训工作规划》，做好党员教育管理工作，围绕为民务实清廉主题，印发《直属党委关于开展“七一”纪念活动的通知》，组织指导直属单位开展纪念活动。落实中央第38督导组关于督促省部级单位开好2014年度领导班子民主生活会的各项工作要求，做好公司领导班子专题民主生活会征求意见工作。完成2014年度党内统计工作。加强党内关怀，春节期间走访慰问生活困难党员和老党员52名，发放慰问金9.6万元，帮助解决实际问题。③总部作风建设。做好总部教育实践活动“两方案一计划”整改落实工作，推动总部作风建设常态化、长效化。组织召开总部2014年度先进表彰电视电话会议，评选表彰总部（分部）先进集体52个、先进个人198名，推荐产生公司劳模5名、先进集体5个。

（李　萌）

【党风廉政建设】 2014年，公司贯彻落实十八届中央纪委三次、四次全会和中央企业反腐倡廉建设工作会议精神，落实党风廉政建设主体责任和监督责任，坚持“三严一常”根本措施，纠正“四风”问题，加大违规违纪行为查处力度，加强权力运行监督制约。

落实党风廉政建设“两个责任”。在公司2014年反腐倡廉建设工作会议和第四季度工作会议上对落实党风廉政建设主体责任和监督责任、完善协同监督机制作出具体部署。印发《关于落实党风廉政建设主体责任和监督责任的意见》，制定《贯彻落实〈建立健全惩治和预防腐败体系2013～2017年工作规划〉实施办法》。各单位党组（党委）通过建立“职责清单”“履责卡片”等方式强化主体责任和“一岗双责”落实。公司系统各级党组（党委）会议专题研究反腐倡廉建设工作8080次。落实中央纪委“三转”要求，驻公司纪检组长不兼任其他职务、不分管其他业务；驻公司纪检组、公司监察局强化各室办案职能，增加办案力量；省公司和部分直属单位纪检组长（纪委书记）不再兼任其他职务，切实履行好监督责任。各级纪检监察部门贯彻党组（党委）和上级纪检组（纪委）工作部署，强化监督执纪问责。按照公司《党风廉政建设责任制实施办法》及考核细则，严格“两个责任”考核。

落实八项规定精神。公司党组印发《关于进一步贯彻落实中央八项规定精神加强协同监督工作的意见》，提出规范经费管理及会议活动等八个方面的重点工作和具体措施。印发公司《落实中央八项规定精神制度手册》，强化对八项规定精神落实情况的监督检查。清理整顿培训中心、会议中心等内部场所，组织开展专项清理整顿，整改存在的突出问题。在公司二届五次职代会暨2014年工作会议上专题报告贯彻中央八项规定精神和公司实施细则的执行情况。对照中央教育实践活动部署的21项专项整治任务，组织各单位针对会风文风、供电服务等方面问题，制订专项整治措施2832项、整改落实措施5060项，加强对整改落实情况的督促检查。

查办信访案件。以零容忍态度惩治腐败，公司各级纪检监察部门完善信访举报三级排查和信访案件协同查办机制，查处反映重点领域和关键环节的信访问题。驻公司纪检组、公司监察局采取直接调查、协同查办等方式查处信访件，加大信访核查力度。按照中央纪委明确的五类处置方式和相应处置标准处置反映问题线索，对典型问题给予通报批评，并对相关责任人进行问责。

协同监督工作。发挥监督工作委员会的作用，强化各职能部门纵向监督职责。组织各单位围绕作风建设、人财物重点领域开展协同监督，集中力量解决突出问题。公司系统共召开协同监督工作会议1396次，对发现问题及时提出整改意见，并督促完成整改。建设车辆管理信息系统，加强车辆调度、使用监督，查处违规配车、公车私用等违规违纪问题。加大招标采购活动现场监督力度，落实异地监督、交叉监督工作措施。对总部集中规模招标采购项目，派技术评标专家及物资督察员参加现场监督；对省公司招标采购项目实行异地交叉监督。

廉洁从业教育。通过公司纪检监察信息化平台和廉政教育基地，开展面向全体干部员工的廉洁从业教育。公司各单位党政主要负责人讲党课或做反腐倡廉建设工作专题报告1.9万人次，围绕廉洁自律和作风建设开展党风廉政教育4.4万次。组织廉洁文化进班子、进部室、进班组、进家庭活动3.5万次。结合依法治企和违法违纪典型案例，开展警示教育，在公司二届六次职代会暨2015年工作会议上作典型案例通报。开展纪检监察干部教育培训。推荐纪检监察干部参加中央纪委、国资委纪委培训班；公司举办两期纪检监察综合业务培训班和两期信访案件、招标监督专题培训班，培训657人次；公司系统开展纪检监察业务培训619次，培训1.5万人次。

反腐倡廉制度建设。制定和修订公司纪检监察信访举报处理办法、效能监察办法等8项通用制度，梳理党风廉政建设责任制考核等15项业务流程，规范岗位职责和工作程序。执行纪检组长（纪委书记）定期报告工作制度。公司各单位纪检组长（纪委书记）向驻公司纪检组报告工作118人次。公司系统开展下级纪检组（纪委）向上级纪检组（纪委）报告工作2315人次。

廉政风险防控。开展廉政风险季度排查预控工作，组织各单位梳理评估廉政风险，预警并及时处置风险。完善廉政风险信息库及相关业务手册。组织开展物资管理风险防控工作，制订风险防控措施，提出风险应对策略和内控管理方法，建立物力集约化风险防控长效机制。

效能监察和纠风工作。围绕供电服务统一立项开展效能监察，组织公司各单位自主立项1555项，落实监察建议1.9万条。评选效能监察优秀项目155项。驻公司纪检组、公司监察局组织对9个省公司开展行风和供电服务暗访，及时反馈意见并督促整改。公司各级纪检监察部门开展明察暗访，检查服务窗口3.4万个，全部完成整改建议。

（苏文治）

【思想政治工作】 学习型党组织建设。组织干部员工学习习近平总书记系列重要讲话精神和十八届三中、四中全会等重要会议精神。制订公司党组理论学习中心组2014年度学习计划，以理论学习推进实践创新。公司党组理论学习中心组带头集中学习，开展实地调研，撰写心得体会。各单位党组（党委）落实学习制度，通过中心组学习、领导干部轮训、专家讲座等开展经常性集中学习，增强各级党员干部的政治意识、责任意识和创新意识。教育实践活动期间，公司党组中心组集中（扩大）学习13次，累计学习11天；总部（分部）开展10次以上集中学习讨论；各级单位领导班子集中学习讨论9天以上，各级党支部集中学习7天以上。组织1362期轮训班，6.8万余名领导干部学习贯彻习近平总书记系列重要讲话精神。组织观看《周恩来的四个昼夜》《焦裕禄》等8部影片和电视系列片《践行群众路线的好榜样》。7月17日，刘振亚董事长撰写学习贯彻习近平总书记系列重要讲话精神署名文章《践行社会主义核心价值观　推动企业改革发展》，在《人民日报》《学习与研究》上发表。

“中国梦·国网情”主题活动。部署公司“中国梦·国网情”主题活动，各单位党组织统一开展岗位建功行动、先进典型选树宣传和多种形式的学习宣传教育活动，激发干部员工深化“两个转变”、建设“一强三优”现代公司、实现中华民族伟大复兴中国梦的热情。在公司教育实践活动简报、《国家电网报》和公司内网专栏，集中宣传100名“为民务实清廉”先进典型。

● 9月28日，国网重庆永川供电公司举办“国网情中国梦”2014国庆职工文艺汇演。（艾　黎　摄）

宣传先进典型。印发《国家电网公司先进典型选树宣传管理办法》，使先进典型选树宣传工作有章可循、有规可依。分别在公司“两会”、国网四川电力、国网西藏电力举办川藏联网工程先进事迹报告会，宣传公司践行社会主义核心价值观、履行社会责任、促进藏区经济社会发展作出的贡献。6月5日，公司在部分中央企业典型宣传工作座谈会上作了交流发言。

形势任务教育。开展公司二届五次职代会暨2014年工作会议、二季度工作会议、年中工作会议、四季度工作会议以及其他重要会议精神的学习宣传，制作宣传动漫4期。贯彻落实公司党组2014年1号文件《关于加强队伍建设推动企业持续健康发展的意见》，加强思想政治建设、专业能力建设、行为规范建设、作风纪律建设、文化道德建设。组织订阅使用共产党员微信、共产党员易信，教育引导广大党员增强党性观念、宗旨意识。

宣传思想工作。开展《新形势下国家电网公司思想政治工作的实践与探索》研究。开展“依法从严治企”“网络新媒体背景下职工的认知观念和行为模式”两个专题的思想动态调研，了解干部职工法治观念、自律意识，探索加强思想道德作风纪律建设的新途径、新方法。开展宣传思想工作调研，了解各单位特色做法、典型经验，推动公司党组决策部署贯彻落实。开展突出问题查摆整改“驻点”调研，针对基层员工来信反映的情况，制订完善相关工作措施，分析和研究解决员工的思想问题。11月28日，公司在中央企业宣传思想文化工作调研座谈会上作交流发言。贯彻中央及国资委610办公室有关精神，落实三年教育转化决战目标责任，健全防控常态机制，抓好春节、两会、国庆、APEC等敏感时期重点防范工作。组织观看党内参考片《较量》，维护企业与社会和谐稳定。

（杨志宏）

【精神文明建设】 社会主义核心价值观宣传教育。贯彻中央《关于培育和践行社会主义核心价值观的意见》，开展向公司全国道德模范学习活动，组织学习公司7名道德模范先进事迹，引领带动干部员工崇德向善、履职尽责。通过诵经典、学模范等方式，加强社会公德、职业道德、家庭美德、个人品德教育，各单位累计举办道德讲堂8000余次。推广“善小”道德实践，倡导善小常为、修身立德、爱岗敬业，引导员工为社会做贡献。参与中宣部、国资委践行社会主义核心价值观评估反馈体系研究。1月16日，公司作为中央企业代表参加人民网强国论坛社会主义核心价值观嘉宾访谈。3月2日，在中宣部举办的第十一届中国公民道德论坛上，公司董事、总经理、党组成员舒印彪作了《把社会主义核心价值观融入企业改革发展全过程》的发言。

国家电网共产党员服务队建设。践行群众路线，履行“四个服务”宗旨，印发《国家电网公司共产党员服务队管理办法》，提升服务队建设管理水平。各单位共产党员服务队坚持“你用电、我用心”，开展应急抢修、抗灾救灾、扶弱助困、奉献爱心等活动，做到有呼必应、有难必帮，密切公司和客户之间的关系。2014年，共参与重大保电20 480次，开展抢修抢险、排除故障149万次，建立社区服务点47 511个，直接服务客户328万人次，志愿帮扶101万人次，收到锦旗、表扬信8561件。中央、省部级领导视察或批示206人次，《人民日报》、中央电视台等中央媒体报道4134篇，获得省级及以上荣誉478个，获得中国好人、劳动模范等省级及以上荣誉的服务队队员674人次。

精神文明创建。印发《国家电网公司精神文明建设创新奖及创新成果推广奖评选办法》，推动精神文明创建体制机制、载体形式、工作内容创新。将开展志愿服务与履行企业社会责任结合，与学雷锋活动结合，推进精神文明创建，创新活动载体，丰富活动内涵，提升供电服务水平，推进志愿服务制度化。加强对各单位文明创建工作的指导，国网国际公司、国网交流公司、国网新源公司、国网高培中心和中国电财5个在京直属单位被评为首都文明单位。公司共有全国文明单位203家，省级文明单位标兵199家，省级文明单位1066家，省级文明行业74家。参与中央企业文明单位测评体系研究并形成课题报告。12月10日，山东“善小”道德实践、四川电力共产党员服务队和新疆公司艾尼瓦尔·芒素被命名为中央企业优秀志愿服务项目、团队和个人。

（杨志宏）

【团青工作】 思想引导。开展“我的中国梦·青春国网情”等主题教育活动，宣传党的路线、方针、政策。弘扬社会主义核心价值观，开展“我为核心价值观代言”活动，指导基层单位编制《青年思想引导手册》，开设青年道德讲堂，倡导“善小常为”。结合公司深化“两个转变”战略部署，开展“知形势、明使命、强信念、同发展”系列教育活动。组织学习贯彻董事长、党组书记刘振亚在公司第二次团代会上讲话精神，引导团员青年践行“诚信、责任、创新、奉献”公司核心价值观。加强新媒体运用，下发《公司共青团系统广泛运用新媒体开展工作的通知》，开办“青春国网”公司团委微信公众平台，指导基层团组织开办微信平台413个，实现新媒体对团员青年全覆盖，为青年学习、交流提供平台，及时传递公司党组声音。举办“奋斗的青春最美丽——走进团校”主题分享活动，4000名新入职员工收看此次活动。指导各单位开展系列分享活动近百余场，邀请领导、专家、青年榜样讲述个人成长的故事，引导青年员工扎根基层、岗位建功。

● 11月19日，举办“奋斗的青春最美丽——走进团校”主题分享活动。

青年岗位建功。开展“青春建功川藏联网”主题活动，成立工程临时团委，设立78支青年突击队，开展青春联谊、集体婚礼、拍微电影、竞技比赛等活动，围绕保证电网安全运行、减少人身安全事故，指导基层开展“团员身边无事故”及“青年安全监督岗”“青年安全生产示范岗”创建等活动，强化青年安全生产意识，提高安全生产技能，营造安全生产氛围。坚持“你用电·我用心”，落实“四个服务”宗旨，投身供电服务提升工程，引导青年增强服务意识、兑现服务承诺，作优质服务表率，自觉维护公司良好形象。深化青年创新创效活动，依托“降本增效”“五小”活动、青年QC、节能减排等活动载体，激发青年员工干事创业热情。

● 9月16日，“青春建功川藏联网”工程现场开展集体婚礼。（汪龙华 摄）

服务青年成长。开展“公司杰出（优秀）青年岗位能手评选”活动，宣传他们的先进事迹，营造崇尚人才、学习先进、比学赶超的氛围。开展公司系统五四表彰活动，鼓舞团员青年士气。

指导基层单位开展青年职业导航，开设“青年技术论坛”、举办“青年竞技拉力赛”，开展岗位练兵、技能比武、导师带徒等活动，开展“推优入党”“推优荐才”工作，促使一大批青年脱颖而出。公司系统共有33个先进集体和26位先进个人受到团中央表彰，11个先进集体和23位先进个人受到中央企业团工委表彰，在中央企业中受表彰数位列第一，其中：公司团委被团中央授予“突出贡献青年文明号活动组织单位”荣誉称号，国网新疆电力艾沙江·尼扎木丁同志被团中央、全国青联联合授予第十八届“中国青年五四奖章”荣誉称号（全国共30名，央企系统唯一一位）。

青年志愿服务。开展纪念青年文明号活动二十周年系列活动，深化“青春光明行”志愿服务，围绕服务客户、关爱民工子女、扶贫帮困、敬老助残等内容，深化“留守学生之家”“春苗之家”“希望来吧”等500余个关爱活动阵地，2014年，公司系统参与志愿服务活动超过400万人次，累计帮助社会弱势人群达80余万人。公司系统申报的9个志愿服务项目参加团中央、民政部举办的首届青年志愿服务展示交流活动，获得5金4银的成绩，所获奖项位居央企第一名。

● 12月4日，国家电网公司闪耀首届青年志愿服务项目大赛颁奖典礼。

团组织建设。召开公司第二次团代会，公司董事长、党组书记刘振亚出席大会并作重要讲话。选举产生公司共青团第二届委员会，印发公司共青团第二届委员会委员分工和议事规则。加强团的制度建设，出台《国家电网公司青年文明号活动管理办法》等三项通用制度，提升团的规范化管理水平。印发公司2014年团青工作要点，指导公司系统2014年团青工作。规范团组织机构设置，指导14家基层团组织按时换届改选。以“提高团组织的吸引力和凝聚力”为主题，开展公司系统团青调研工作，分析团员青年思想状况，总结基层工作中存在的问题，研究改进工作思路和措施。加强对团干部、新入职员工培训，2014年公司系统累计培训各级团干部644人，新任团干部上岗培训率达100%。

● 4月28日，召开共青团国家电网公司第二次代表大会。

（尹　路）

【企业文化建设】 企业文化传播。按照“删繁就简、注重实效、提升品质、内外有别”的原则，改版升级公司内、外网企业文化宣传平台，构筑公司核心价值体系传播渠道。2014年，“电子政工平台”发布企业文化建设工作信息1064条，公司门户网站发布167条。在《国家电网报》开设“践行社会主义核心价值观·卓越实践”专栏，宣传国网山东、天津、江苏电力等企业文化建设示范单位的典型经验和各单位“三集五大”体系建设企业文化最佳实践，集中刊发各级负责人推进卓越实践的理论文章，共刊发文章183篇。公司各级单位借助微信、QQ等网络新媒介，利用微电影、微视频、微动漫、手机报等形式，组织开展企业文化“微传播”。

企业文化实践。重点推进企业文化卓越管理实践等121个重点项目建设。其中，企业文化传播工程重点项目58项、企业文化落地工程重点项目58项、企业文化评价工程重点项目5项。指导各单位落实“三集五大”体系全面建设阶段企业文化专业882项工作任务，引领和保障公司发展改革稳定。开展“三集五大”体系建设企业文化专业成效评估，编制《国家电网公司“三集五大”体系建设企业文化专业成效评估手册》，明确评估方法、程序及标准。按照“统一问卷、统一范围、统一比例、统一方式、统一计分标准”要求，组织27家省（自治区、直辖市）电力公司共104 235人，开展企业文化认知认同度测试，发放调查问卷104 235人次，开展网上测评221 026人次，认知认同率为95%以上。跟踪评估情况，实行“销号”管理，对各单位企业文化专业存在的问题，限期整改落实。截至2014年底，各单位全部完成整改任务。

企业文化制度建设。贯彻《国家电网公司企业文化建设“十二五”规划》，适应公司“两个转变”持续深化的新形势，滚动修订2014~2016年公司企业文化建设三年规划，细化工作思路、目标任务、实施计划和保障措施等，指导公司各级单位企业文化管理实践。按照公司通用制度建设要求，修订发布《国家电网公司企业文化建设管理办法》（简称《办法》），自2014年7月1日起施行。《办法》明确公司各层级单位的工作职责、公司企业文化建设的管理内容、措施和流程。落实公司职责、流程、制度、标准、考核“五位一体”协同机制建设要求，修订编制企业文化建设规划、企业文化建设工作计划、企业文化建设工作督导与检查、企业文化建设重大事项报批与报备、企业文化年度重点项目建设、企业文化建设先进组织（个人）评选表彰、企业文化建设优秀项目评选和企业文化建设工作信息交流8个通用管理流程，形成纵向贯通、横向融合、端到端、规范化的企业文化建设业务流程体系，规范企业负责人企业文化建设年度业绩考核、企业文化重大事项报告和企业文化建设工作信息交流等各项工作。

企业文化队伍建设。组织开展企业文化建设骨干培训，围绕学习贯彻党的十八大和十八届三中、四中全会精神、习近平总书记系列重要讲话精神、培育和践行社会主义核心价值观、建设和弘扬卓越的企业文化等主题举办培训班，邀请中央党校、清华大学、中央文明委等单位的专家教授进行企业文化理论和实战案例讲授。组织国网北京、天津、山东、江苏、湖北、蒙东、甘肃、新疆电力和南瑞集团9家单位开展企业文化重点项目建设经验交流。公司各单位将企业文化培训与“三集五大”体系建设、智能电网建设等专业技能培训结合起来。全年共开展新进员工企业文化实战培训2511期，企业文化建设骨干培训4248期，累计培训超过40万人次。

企业文化管理创新。开展“企业文化建设项目化管理创新实践”研究，形成企业文化项目化管理创新实践报告。开展2013~2014年度企业文化建设优秀成果评选，评选出优秀成果30个、优秀案例50个、优秀论文20篇。公司5篇最佳实践案例人选国资委案例库；公司“建设和弘扬卓越的企业文化”成果获得全国电力行业企业管理创新成果一等奖，30个企业文化建设成果获得全国电力行业企业文化优秀成果奖；“企业文化建设项目化管理创新实践”成果获得公司2014年度管理创新成果二等奖。

（乔增亮）

品牌建设

【对外传播】 围绕特高压发展、国际化战略、全球能源互联网、服务电动汽车与新能源发展等开展主题传播和新闻发布工作。2014年，中央电视台报道1100余篇、逾3200分钟；《人民日报》发稿145篇；新华社发稿1900余篇，新华社国内动态清样发稿28篇；网络媒体报道超过33万次。

特高压主题传播。围绕政协双周座谈会、“四交四直”特高压工程纳入国家大气污染防治行动计划、公司中标巴西美丽山特高压输电项目、“两交一直”特高压工程开工、浙北—福州特高压交流工程投运等重大事件，开展系列主题传播。中央电视台新闻联播栏目头条报道，连续4天24篇直播川藏联网五跨金沙江，累计时长达100分钟。《感知中国企业》形象片将特高压作为中国创造的唯一展示内容亮相纽约时代广场，成为中国创造的名片。中央电视台《65载看中国》节目开篇报道：“特高压的中国奇迹令世界惊叹”。

重大发展理念传播。刘振亚董事长在国际会议、国际论坛做主旨演讲，在《福布斯》等国际重要媒体发表署名文章，传播“构建全球能源互联网”“以电代煤、以电代油、电从远方来、来的是清洁电”等战略构想。

塑造责任央企形象。强化价值传播、情感传播、第三方传播，让国家电网人、国家电网故事走进社会大众的视野和生活。① 开展川藏联网工程开工、金沙江大跨越与工程投运系列报道，浙福工程无人区施工与工程投运系列报道。春节期间，《人民日报》2次头版、中央电视台连续10期播出四川凉山黄泥巴村通电故事。② 主动召开新闻发布会，向社会、媒体、公众表明公司开放市场的态度和举措。开展服务电动汽车发展主题传播，组织媒体赴各地调研采访，集中播发报道，传播公司的工作举措和成果。公司“两会”期间，中央电视台新闻联播栏目报道“电动汽车京沪行”，开展中央电视台官方微博直播活动，社会点击阅读量突破2亿，刷新中央电视台新媒体传播纪录。

国内外协同报道。组织《人民日报》、新华社、中央电视台驻海外机构，路透社、美联社、彭博社，以及巴西、意大利当地媒体等，围绕公司布局意大利，参与欧洲输电网络建设，特高压国际标准制定，经营巴西、葡萄牙、菲律宾境外项目等开展国际化主题传播。

教育实践活动宣传。发挥中央、地方重点媒体辐射带动作用，综合运用公司内部媒体，突出整改成效，开展特高压迎峰度夏万里行、服务群众“最后一公里”等系列宣传，传播国家电网共产党员服务队、代鑫波、许启金等100个先进典型的故事，展示公司“最美记忆”“最美人物”“最美精神”。

开展属地化传播。实现上下联动与传播融合，提升传播效果。在首届特高压电网奖学金颁发、“两交一直”工程开工等重大传播活动中，指导相关单位组织属地媒体开展同步报道。

创新传播形式。尝试运用微博、微信等新媒体手段实现同步报道，利用漫画、动漫、大屏等实现多元化报道，形成立体化传播态势，提升传播辐射力、影响力和感染力。在第二批党的群众路线教育实践活动宣传工作中，运用公司官方微博、“电网先锋”微信平台等新媒体手段；在“两交一直”特高压工程开工主题传播中，运用漫画形式传播公司特高压发展成就与工程概况；在中央电视台直播川藏联网工程“飞越金沙江”的节目中，运用动漫直观展现放线施工流程。

● 中央电视台直播川藏联网工程“飞越金沙江”。

（曹瑞瑞）

【社会责任管理】 编制《公司社会责任推进工作手册》，开展利益相关方期望调研，组织“责任的力量”大家谈、“社会责任周”等活动，制订班组和供电所社会责任操作手册，推动社会责任融入企业运营、管理创新、班组建设、岗位职责，提升公司综合价值。2014 年累计获得中国企业社会责任年度特别大奖、人民社会责任奖、中国绿色公司、全球契约“关注气候生态文明”先锋企业、“履行社会责任五星级企业”等 10 多个奖项，在中央企业社会责任培训会议上介绍公司工作经验。国网浙江电力将推动社会责任管理与电网建设、供电服务等工作相结合，实现相互促进。在电力线路路径规划方面，提出“四线合一、沿界走线”方案，最大限度地节约土地资源，减少树木砍伐，避让古树古木，增进社会相关方对线路施工的理解；在供电服务方面，通过征求用户意见，推广“全过程保姆式服务”和“全程引导服务”，践行社会责任承诺。国网湖北电力编写《10 个怎么看》理念宣贯手册，解答怎么看企业社会责任、怎么看企业社会责任与员工的关系等十大问题，激发全体员工推进社会责任的内生动力；建立社会责任议题收集、评估、审定的闭环管理模式，向利益相关方关注最多、矛盾最集中、价值创造裕度最大的领域突破，为社会责任根植奠定基础。

社会责任根植基层。实施社会责任根植项目制，坚持问题导向、变化导向、价值导向，培育社会责任根植项目 100 余个。推动各单位打造特高压工程建设、服务新能源发展、助力地方经济社会发展、服务保障民生等重大履责品牌事件。国网北京电力对内建立社会责任工作评价考核细则，根据公司品牌月报、各单位特色工作、项目制推进成效等标准，考评各单位基础管理、规定任务完成情况；对外完善利益相关方参与管理体系，制定《利益相关方识别表》《利益相关方需求调查表》等，通过调查问卷内部资料和理论分析等方式明确每个项目相关方期望，以及项目责任范围、义务和目标。国网辽宁电力将社会责任管理工作融入“五大”体系建设，确定融入重点和目标成效，实现业务全覆盖；主动邀请利益相关方参与到公司的战略制定、流程完善、绩效评估工作中，联合利益相关方搭建“资源共享、优势互补”的多方联合履责平台；在朝阳市打造“朝阳之光”社会责任品牌，实施社会责任实践“百千万”行动（即对接朝阳市百个重点项目、建立千个社会责任联系点、服务万户设施农业户）。

社会责任沟通。连续 10 年发布社会责任报告。各单位综合运用政府汇报会、媒体见面会、社会责任专题座谈会、履责实践白皮书等展示服务地方经济社会发展的行动和绩效。推动各单位建立常态化沟通汇报机制，围绕地方经济社会发展大局，当好“电参谋”、讲好“电故事”；深化与媒体互动交流，传播责任央企品牌故事，展示社会责任管理案例；加强与社区的履责沟通，坚持“你用电・我用心”，从身边的小事做起，增进情感认同。国网重庆电力使用利益相关方感兴趣、可接受的语言，采用多元化、亲民的传播渠道传播企业价值理念、战略、业务和履责实践等内容，提升对外传播效果；创新社会责任沟通机制，首创社会责任沟通日，就电网工程施工、居民供配电设施建管等易引发社会关注的议题，对利益相关方集中开展传播交流。国网山东电力对接山东省政府“十二五”发展战略，制定“责任之光　点亮齐鲁”的可持续发展战略，通过发布服务地方经济社会发展白皮书、履责白皮书等方式，主动向社会各界阐述国网山东电力服务山东省经济社会发展的电网发展战略、行动部署和责任承诺。国网江苏电力每年结合省政府重点工作，公开发布《践行民生责任十项行动》《服务地方经济发展白皮书》等，扩大社会影响。

（林新生）

【公益事业】 成立特高压奖学基金。刘振亚董事长倡导并率先捐赠 300 万元，19 家电力企业和行业组织共同发起设立首个能源行业奖学基金——特高压奖学基金。基金初期募集资金 2300 万元。2014 年，经过相关高校依据综合成绩、科研能力等指标开展为期 3 个月的提名、考察和筛选过程，并经特高压奖学基金理事会审核，向 17 所高校的 160 名电力专业的优秀本科生每人颁发 1 万元的“特高压电网奖学金”。

助学项目。利用学期进校园、假期进社区、开学第一课等形式，在北京举办“电力爱心教室”知识普及课程 95 次，近 3000 名中小学生接受安全用电和节约用电知识普及。截至 2014 年底，“电力爱心教室”已覆盖全市所有区县。从 1995 年开始，通过各种方式筹措 1000 余万元资金，先后在福建省捐建 13 所电力希望小学，福建全省共有 28 000 多名山区学生获益。从 2007 年起与宁夏青少年发展基金会合作，每年捐助宁夏自治区内贫困大学新生“圆梦行动”项目，累计出资近千万元，资助 1650 名家庭贫困的大学新生。在青海省内 10 个县的 12 所贫困小学同步启动“中国梦　国网情·助学圆梦行动”公益项目，通过改善教学设施、开办留守儿童第三课堂、“心灵氧吧”温情关爱、“一对一”助学资助等活动，对贫困地区的学校和留守儿童展开长期帮扶。从 2009 年起在河北保定市顺平县开展“爱心·牵手”1+1 助学活动，捐赠书籍 4000 多册、文体办公用品 1000 多套，不定期给学生上课，传播用电、节电小常识，并与小学生结对互动。

● 9 月 1 日，国网冀北电力技术人员走进党坝镇山子后中心小学，开展“安全用电进校园”主题活动，通过展板、做游戏等形式，给学生们上安全用电常识课。

● 9 月 25 日，国网青海电力“中国梦　国网情·助学圆梦行动”公益项目全面启动，图为志愿者在上音乐课。

对口支援项目。在西藏完成投资 50.4 亿元，川藏联网工程与一批重点输变电工程开工建设，大电网覆盖范围扩展到 51 个县，解决 2.6 万户 9.4 万无电人口用电问题；对口援助西藏阿里地区措勤县 2550 万元，安排建设农牧民安居房、中小学附属工程、县卫生院消毒室等民生工程。在新疆完成投资 130 亿元，建成投产乌北—五彩湾 750kV 输变电工程等一批高等级电压输变电工程，实施全疆 13 个地州 81 个县（市）农网改造升级工程，全年解决 10.77 万户 42.86 万无电人口通电问题；落实“一带一路”战略部署和第二次中央新疆工作座谈会精神，出台支持新疆电网发展稳定 20 条意见。在青海完成固定资产投资 50.15 亿元；援助青海果洛州玛多县扶贫资金 1080 万元，实施民族寄宿制小学室外排污管网及配套设施建设、县城公用变电设施更换及牧家小区通电等项目。

参与扶贫项目。2014 年，累计实施扶贫项目 231 项，投入资金 3656 余万元。自 1995 年起，公司持续 20 年定点扶贫湖北省秭归县、长阳县、巴东县和神农架林区，累计投入电网建设资金和扶贫捐赠资金 25.18 亿元，带动地方政府配套资金 2.32 亿元，实施扶贫项目 285 个，助力解决贫困地区通电、通路、通水问题，改善医疗、卫生、办学条件，带动产业发展，提高群众脱贫技能。公司多次在国务院扶贫办、国务院国资委会议上交流扶贫工作经验，两次荣获“中央国家机关等单位定点扶贫先进单位”称号。在四川省乐山市马边彝族自治县实施产业、教育、劳务、交通等扶贫项目，种植经济作物 1700 余亩，投入鸡苗 13 100 余只、生猪 670 余头。在江苏省盐城市响水县建立农机合作社 11 个，建设标准化养羊基地，助建万亩现代农业示范园、产业园、生态农庄、高效蔬菜基地，扶持“新型职业农民”培训班，投入 600 万元。在陕西省榆林市牵头省内 9 家单位成立“两联一包”扶贫团，开展梯田帮畔工程，修建太阳能照明、防洪渠、抽水灌溉等设施，投入 270 万元，实施对口帮扶项目 27 个。

员工志愿服务。2014 年，国家电网共产党员服务队共参与重大保电 2 万余次，开展抢修抢险 149 万次，建立社区服务点 4.7 万个，直接服务客户 328 万人次，志愿帮扶 101 万人次，中央、省部级领导视察或批示 206 人次。连续 12 年组织开展“青春光明行”活动，建立并完善“留守学生之家”“春苗之家”“希望来吧”等 500 余个关爱活动阵地，累计受惠人群达 70 余万人。在由团中央、民政部、中国志愿服务联合会共同举办的首届中国青年志愿服务大赛中，国网四川电力“红细胞”工程等 5 个项目荣获金奖，国网山东电力“善小·圆梦”行动等 4 个项目荣获银奖，国网河南电力等 3 个单位荣获“优秀组织奖”，国网江苏电力荣获“爱心企业”荣誉称号。

（林新生）

【品牌管理】 标识规范应用。① 制定发布通用性制度《国家电网公司标识应用管理办法》，从制度层面规范公司标识应用，防止标识使用不当损害公司品牌形象。② 分三次对公司系统标识应用工作开展专项检查。其中，4~5 月，组织各省公司开展标识规范应用自查自纠工作；7 月，组织各省公司对所属 266 家培训中心和及其他单位的“国家电网”标识应用情况开展自查；10 月，公司总部全面检查各单位“国家电网”标识应用情况。③ 注册“特高压”商标。

广告影视等传播。① 落实《国家电网公司对外联络部关于加强广告、影视等传播项目管理的意见》，实现公司广告影视等重大品牌传播项目立项、制作和投放的规范管理。② 组织开展第二届中央企业精神文明建设“五个一工程”作品申报活动。国网浙江电力申报的广播剧《他心中有座高山》、国网四川电力申报的歌曲《光芒》、英大传媒集团申报的图书《雪域飞虹》3 部作品荣获第二届中央企业精神文明建设“五个一工程”优秀作品奖。③ 组织开展“中国梦·劳动美·幸福路”微电影大赛作品征集活动，并荣获大赛优秀组织奖。国网四川电力《幸福上高原》等 2 项作品获得金奖；国网重庆电力《陪伴》等 4 项作品获得银奖；国网江西电力《偷鸡蚀米》等 2 项作品获得优秀作品奖。④ 组织开展第二届“新国企·中国梦”影像大赛作品征集活动。国网湖北电力《鏖战冰雪保供电》荣获一等奖，国网黑龙江电力《白鹤搬家》等 2 项作品荣获二等奖，国网江西电力《多彩时光》等 6 项作品荣获三等奖。公司获奖作品数量居参评单位首位。

对外展览展示。① 制定并发布通用性制度《国家电网公司对外展览管理办法》，规范公司对外展览的组织体系、工作流程和工作标准，实现公司对外展览统一管理、统一标准、资源共享。② 更新总部创新发展成就展和特高压工程建设成就展内容；组织策划第十二届中国国际软件和信息服务交易会公司展区、北京未来科技城公司展、中国工程科技成就展、川藏电力联网工程展及宣传画册 4 个对外展览展示项目。③ 围绕公司“两会”、全国“两会”、公司季度工作会、国际气候峰会，组织设计特高压、智能电网、优质服务等专题海报。

“三集五大”品牌建设。① 研究制定“三集五大”品牌建设专业评估指标体系及评分标准，制定发布《“三集五大”品牌建设长效评估实施方案》和《“三集五大”品牌建设成效评估复查抽查工作方案》，组织开展具体评估工作，形成品牌建设专业成效指标分析报告。② 组织提炼“三集五大”品牌建设最佳实践项目，开展相关推广工作。③ 组织推进“五位一体”协同机制建设工作，编制《公司“五位一体”建设外联品牌业务流程名录》，绘制“五位一体”业务流程图，构建 ARIS 流程，完成“五位一体”协同机制验收工作。

品牌价值评选。根据世界品牌实验室评估，2014 年公司以 2415.62 亿元的品牌价值，再次名列“中国 500 最具价值品牌”第二名。品牌价值同比提升 59.05 亿元，连续 8 年持续攀升。

（谭同江）

【工作联动】 建设“三集五大”外联品牌专业体系。落实公司“三集五大”外联品牌建设要求，完善省公司、直属单位、地市公司、县公司品牌建设组织机构、工作职能，确保职责到位、人员到位、工作到位。梳理规范省公司外联部与综合服务中心媒体业务部工作界面和管理关系，强化对公司各级内部媒体的管理。健全四级新闻发言人工作体系，建成四级 2032 人的新闻发言人工作体系，完成地市及以上层面集中轮训；建立 3000 余人的网络通讯员队伍。

整合新闻宣传资源。坚持对外宣传联动机制、舆情协同处置机制、社会责任根植机制、品牌统一管理机制，推进集团化、专业化运作，实现整体策划、协同实施。建立品牌建设绩效评价体系，推动各单位提升对“国家电网”品牌贡献度。推进传媒产业化发展，组织开展对各省公司“一报一刊一网站”阅评工作。

主动回应社会关切。围绕特高压项目评估、全国统一电力市场建设、构建“强交强直”特高压电网等，中央媒体、市场化媒体刊发系列文章。中央电视台《对话》节目专题制作播出“激辩特高压”，《焦点访谈》调查电能表、电磁辐射真相，正面回应质疑。开展服务促进新能源发展主题传播，宣传公司深化优质服务、促进清洁能源发展和消纳的成果。

（晏　俊）

工会工作

【职工民主管理】 实施《国家电网公司职工民主管理纲要》（简称《纲要》），实现《纲要》内容的全覆盖、全落地。在公司工会二届一次全委会暨2014年工作会上做《关于贯彻落实〈国家电网公司职工民主管理纲要〉规范化试点工作的报告》，总结5家省公司和10家地市公司试点工作的组织情况、主要做法和取得成效，提出下一步工作安排。

落实职代会决议。根据公司《职工代表大会实施办法》规定，建立健全职代会决议事项责任分解、工作督导、情况反馈、检查考核等工作机制，印发会议专辑。加强提案闭环管理，按时间节点督办责任部室和责任人员，完成二届五次职代会提案的答复处理工作。组织部分职工代表和总经理联络员开展2次巡视检查，了解有关单位贯彻落实公司职代会决议和公司重点工作的情况，征求对公司发展的意见和建议，促进职代会决议和公司重点工作落实。向公司党组汇报巡视检查情况，提出的问题与建议及时转交相关部门研究改进。公司加强民主管理和职代会建设的做法被国资委作为典型经验在中央企业全面推广，公司总部、国网山东电力以及国网辽宁本溪供电公司在国务院国资委组织召开的中央企业职代会建设座谈会上做典型发言。国网工会与国务院国资委群众工作局联合编写的《中央企业职工代表大会工作指南》，被指定为中央企业职工代表培训教材。

民主管理制度建设。研究制定《国家电网公司职工代表大会提案工作管理办法》和《国家电网公司职工董事职工监事管理办法》。《提案工作管理办法》对提案工作的职责分工，提案内容、征集、分类、答复、办理等做出明确规定。《职工董事职工监事管理办法》主要针对公司系统依法设立董事会、监事会的全资企业制定，规定职工董事、职工监事的任职条件、选举聘任、权利义务和履职管理等内容。发布实施职代会提案工作和职工董事职工监事两项通用制度，完善《纲要》配套制度，推动公司职工民主管理的制度化、规范化和常态化。

总经理联络员培训和管理。加强总经理联络员日常管理和培训，发挥联络员的桥梁纽带作用，推动联络员深入基层，了解情况。组织召开总经理联络员座谈会，反映的意见建议，公司领导高度重视，批示有关部门研究改进。

（马曙光　马鹏飞　王峰峰）

【班组建设】 班组减负。制定印发《国家电网公司关于加强班组建设减轻班组负担的指导意见》（国家电网工会〔2013〕1966号），提出加强班组建设减轻班组负担30条重点要求。加强班组减负经验交流，在《国家电网工作动态》上刊发3期班组减负专刊，集中介绍有关单位的先进经验和做法，促进各单位重点解决班组信息系统多、台账记录多、检查评比多、文山会海多、盲目培训多等负担过重问题，保证班组集中主要精力完成生产经营任务，提高班组工作效率和基层执行能力。公司通过强化科技减负、管理减负、装备减负、素质减负，共清理下线4360套自建信息系统，取消考核指标6028项，精简、清理和优化班组台账记录2.3万余个，基层减负和班组减负工作收效明显。

开展“创建先进班组、争当工人先锋号”活动。坚持典型引路、注重实效、标准统一、自下而上推荐和公开、公平、公正评选原则，组织开展达标班组考核工作，提高班组管理水平，提升员工队伍素质，夯实公司基层基础基本功。经过4年的努力，公司已有80%班组进入达标班组行列。在2014年公司“两会”上，表彰120个先进班组和100名优秀班组长。加强班组建设经验交流，编辑出版《工人先锋号——国家电网公司先进班组巡礼2014》，展示班组建设成果，推广班组建设的先进经验和做法。

班组建设经验交流。9月1～3日，公司工会主席刘广迎带领由工会、人资部、政工部有关人员组成的调研组，对国网山东电力班组建设工作进行专题调研，通过听取汇报、实地考察、座谈交流等方式，了解国网山东电力班组建设工作情况。国网山东电力贯彻“更统筹、更重视基层”的要求，创新构建班组建设“四大体系”，减轻班组负担，提升队伍素质。国网工会形成《关于国网山东省电力公司班组建设工作的调研报告》，促进班组建设向更加注重发展质量和提升效率转变。11 月 20 日，在山东枣庄组织召开公司班组建设现场经验交流会，以国网山东电力为典型示范，把公司系统班组建设引向深入。

班组建设培训和信息化工作。将加强班组培训纳入公司全员培训计划，推动开展班组长和班组骨干培训，增强基层班组贯彻落实公司党组决策部署的执行力。举办 2 期班组建设培训班，共有 180 多名优秀班组长和班组建设管理人员参加培训。优化应用公司班组建设信息化管理系统，解决推广应用中遇到的难点和问题，优化流程，规范管理，推动班组建设。

（王　锋　邵　捷　马鹏飞）

【职工劳动竞赛】

1. 重点工程立功竞赛

组织开展浙北—福州特高压交流工程、川藏联网工程立功竞赛。以现场竞赛为主，将竞赛融入重点工程项目管理之中，比施工安全、比工程质量、比建设工期、比技术创新、创精品工程，引导参建单位和工程建设者为实现工程建设目标建功立业。皖电东送和哈郑工程立功竞赛取得新成绩，公司系统 10 个单位和 10 名个人纳入国务院国资委专项表彰。

2. 合理化建议征集

贯彻落实《国家电网公司合理化建议制度》，开展 2014 年“我为企业献一策”合理化建议集中征集活动，调动广大职工围绕推动电网发展和公司发展建言献策，提升合理化建议工作的制度化、规范化和常态化水平。公司共有 61 万余职工参与活动，提出合理化建议 24 万余条，涉及体制机制、电网建设、安全生产、勤俭节约、经营绩效、科技进步、教育培训、优质服务、企业文化等方面工作。公司工会评选出国家电网公司优秀合理化建议 411 条，促进优秀合理化建议的推广应用和落地生根。

3. 职工技术创新活动

根据《国家电网公司 2011～2015 年职工技术创新竞赛方案》要求，深化职工技术创新活动，加强成果交流和转化，加快创新成果的推广应用，促进创新能力向发展能力转化，实现“四个推动、四个促进”（即推动创新活动，促进创新能力的提升；推动创新经验交流，促进创新水平的提高；推动创新成果转化，促进创新成果在更大范围的推广应用；推动创新人才培养，促进创新型企业建设）。各单位向上级组织推荐优秀成果，一大批创新成果得到推广应用。公司系统 10 项创新成果获得第四届全国职工优秀技术创新成果奖，占表彰总数的 10%；108 项创新成果获得第六届全国电力职工技术成果奖，占表彰总数的 43%。

4. 女职工工作

开展纪念“三八”妇女节系列活动，刊发慰问信，号召女职工立足岗位建功立业。组织总部女职工开展“塑造阳光心态”讲座和“我们与青春相约”主题联谊活动。在公司系统组织开展以“书香国网、阳光健康”为主题的第二届女职工读书活动，营造学习氛围，调动女职工读书学习和钻研业务的积极性。公司各级工会组织通过举办各类读书交流会、座谈会、演讲、读书成果展示会，女职工共撰写读书笔记、读书随笔、心得体会 1.6 万余篇，公司荣获全国第二届书香“三八”读书征文活动特别组织奖。

（邵　捷　马鹏飞　黄丹松）

【弘扬劳模精神】

1. 劳模精神集中宣传

开展劳模精神集中宣传活动。宣传先进典型，重点宣传 2014 年公司特等劳模、“金牌工人”许启金和焦裕禄式的好干部代鑫波，5 个劳模创新工作室，以及公司历年来评选出的基层一线 8 位劳模代表人物，利用网络、报刊、电视等媒体，集中宣传他们的先进事迹。组织开展“大力弘扬劳模精神——榜样的力量”主题宣传活动，公司职工画家创作 8 位劳模代表人物的肖像，创新宣传形式和载体。开辟“大力弘扬劳模精神集中宣传”专栏，刊登典型事迹和基层宣传劳模活动开展情况、职工学习劳模心得体会，编辑《劳动者之歌——国家电网公司劳动模范巡礼 2014》，公司系统掀起学习劳模、宣传劳模、争当劳模的热潮。刊发“五一”劳动节慰问信，号召职工贯彻落实公司党组的决策部署，增强素质、转变作风、锐意创新。关心关爱劳模的生产生活，组织劳模代表开展疗休养活动。2014 年，公司系统 23 个单位、37 名职工荣获全国五一劳动奖状、奖章，62 个集体荣获全国工人先锋号，公司评出 10 名特等劳动模范和 100 名劳动模范。

2. 制定《劳动模范评选表彰管理办法》

制定《国家电网公司劳动模范评选表彰管理办法》（国家电网企管〔2014〕1563 号）（简称《办法》），明确劳动模范评选条件、程序、操作流程等工作，推动劳动模范评选表彰工作的规范化、制度化建设。《办法》共 7 章、24 条，根据公司劳模工作的实际情况，对劳模评选表彰工作的目的和基本原则、职责分工、评选条件、评选程序、表彰奖励和日常管理提出了明确要求。

3. 劳模创新工作室建设

贯彻《关于劳模创新工作室建设的指导意见》《劳模创新工作室示范点评选办法》，发挥工作室的宣传教育、人才培养和创新创效功能，推动劳模创新工作室规范化、制度化、标准化发展。各单位共创建1100余个劳模创新工作室，包含核心成员1.2万余人，并对劳模创新工作室示范点广泛宣传报道。推进劳模创新工作室建设，公司系统17个劳模创新工作室，被全国总工会命名为“全国示范性劳模创新工作室”，在全国劳模创新工作室创建工作推进会上做交流发言。

● 7月1~8日，来自杭州、湖州、宁波的20多名电力工人参加国网浙江省电力公司2014年首期运行与检修专业劳模工作室跨区域培训。图为7月7日，劳模陈新益传授做拉线的要领。（陈俊华 摄）

（王宏斌　马鹏飞　黄丹松）

【职工文化建设】

1. 举办公司2014年职工文艺成果展示

以“传递国网好声音，传播公司正能量”为主题，按照勤俭节约、小型精炼、主题鲜明的原则，以职工歌手大赛中获奖歌手及获奖歌曲为基础，突出职工群众文化特色，举办“国网好声音”公司2014年职工文艺成果展示。成果展示作品全部由公司职工自导、自创、自演、自唱，集中展示职工文化建设和企业文化建设的优秀成果，集思想性、艺术性、观赏性于一体，展现广大职工“坚持、坚守、坚韧、坚强”的精神风采。

2. 举办优秀电网歌曲评选

为提高广大职工的文化素养，提升“国网好声音”品牌的影响力和感召力，推动优秀企业文化落地，组织开展优秀电网歌曲评选活动，共有来自31家单位的114首歌曲参加评选。经过网上展示、单位推荐、评委初评和终评等环节，评选出优秀电网歌曲金、银、铜奖各10首，优秀奖30首；10首金奖歌曲被评为“优秀电网歌曲十大金曲”；为鼓励职工参与词曲创作，建立歌曲创作人才库，评选出电网歌曲职工作词一、二、三等奖79首，职工作曲一、二、三等奖38首，国网天津电力等12家单位获得优秀组织奖。在公司内外部媒体上，大力宣传、推广获奖歌曲，将获奖歌曲打造成公司内外文艺交流的媒介，提升公司品牌形象和价值。搭建职工文化建设新载体，组织职工学习传唱，以企业文化鼓舞职工士气。

3. 举办职工小品大赛

组织举办职工小品大赛，共有来自30家单位择优选送的99个小品参加比赛。经过网上展示、单位推荐、初评和终评等环节，评选出职工小品大赛一等奖8个、二等奖12个、三等奖15个、优秀奖15个；同时，为鼓励职工参与小品创作和表演，培养小品人才，大赛评选出优秀职工编剧奖、导演奖、表演奖各10个，国网天津电力等12个单位获得优秀组织奖。各单位工会对获奖小品进行展示交流，培养小品创作和表演人才队伍，为文艺骨干队伍搭建培训和交流平台，传承和弘扬优秀企业文化。

4. 开展“送文化到基层”活动

7月14中旬~8月上旬，国网工会开展“送文化到基层”慰问活动，赴浙北—福州1000kV交流特高压工程和川藏联网工程的重点变电站、线路施工现场以及所在地部分基层班组进行慰问。国网工会慰问组到工程建设一线，举办慰问演出，赠送书画作品，丰富建设者们的文化生活。国网工会把“送书香到基层”作为满足基层员工多层次、多元化文化需求的途径，策划制作“流动书箱”，内容包括公司发展理念和企业文化、特高压工程建设技术成果、电力安全技术等专业图书和经济管理等畅销书籍。

5. 职工文化活动

开发职工书屋信息化管理系统，调研公司各层级职工书屋建设情况，起草公司系统职工书屋建设调研报告，搭建综合化、便捷化、数字化的管理平台。在国网高培中心举办2014年公司职工文化建设培训班，共有120余人参加培训。组织开展“庆祝建国65周年·优秀电网歌曲展播”活动，制作专辑，进行集中展播，提升“国网好声音”品牌的影响力和感召力，树立责任央企形象。

6. 职工体育活动

贯彻落实国务院《全民健身计划2011~2015》，推动群众性体育活动的开展，国网工会广泛开展职工学习、文化、体育、健身活动。加强总部文体活动，组织开展健步走活动和工间操活动，拓展足球、篮球、乒乓球、羽毛球、摄影、健身兴趣小组，举办总部和直属单位单身青年员工“我们与青春相约”主题联谊活动。承办全国电力行业桥牌锦标赛。组队参加2014年全国电力行业职工羽毛球比赛，获得混合团体季军、男子双打冠军、男子单打和女子双打亚军。组队参加由国务院国资委和中国乒乓球协会主办、公司协办的第七届“国家电网杯”中央企业乒乓球比赛，公司代表队以团体总分130分，第六次夺得团体总冠军，公司选手摘得男子团体B组冠军、女子团体A组冠军。

（王宏斌　马鹏飞　廖京阳）

【工会组织建设】

1. 工会换届改选

完成工会换届改选工作。公司董事长、党组书记刘振亚出席会议并做重要讲话，肯定了工会工作取得的成绩，强调了新形势下做好工会工作和坚持职工代表大会制度的重要意义，对工会工作提出了新的更高要求。中国能源化学工会分党组成员、巡视员王书强出席会议并宣读《关于同意推荐国家电网公司工会第二届委员会有关候选人的批复》。公司董事、总经理、党组成员舒印彪主持会议。公司副总经理、党组成员王敏传达习近平总书记关于工会工作的讲话精神。工会主席刘广迎代表公司工会第一届委员会作了《凝心聚力，改革创新，团结动员广大职工为全面建成“一强三优”现代公司贡献力量》的工作报告，报告提出今后五年的工作目标和任务。通过民主选举，产生了公司工会新一届领导机构，刘广迎等19名同志当选为公司工会第二届委员会常务委员会委员，刘广迎当选为主席，王海啸、翟民当选为副主席，樊英当选为经费审查委员会主任、女职工委员会主任。会议安排公司工会年度工作部署、《国家电网公司职工民主管理纲要》规范化试点、经费审查工作情况3个专题报告，表决通过《关于国家电网公司工会第一届委员会工作报告的决议》《关于团结动员广大职工为全面深化“两个转变”，加快建成“一强三优”现代公司建功立业的决议》，表彰公司工会先进集体和个人，套开公司工会二届一次常委会和第二届女职工委员会第一次全体会议。

2. 加强工会组织作用

发挥职代会民主管理、民主决策、民主监督的重要作用，企业改革实施方案和涉及职工切身利益的重大事项提交职代会审议通过，公开各项改革的措施和办法，保障职工的知情权、参与权和监督权，构建和谐稳定劳动关系。制定“民主管理”和“班组建设”成效评估指标，指导省公司开展“三集五大”体系建设成效评估工作。以建功“三集五大”为主题，开展教育活动，帮助广大职工适应全面建设“三集五大”体系各项工作的要求。关注职工的生产生活，实施职工关爱工程，增强企业的凝聚力和职工的归属感。开展“送温暖”慰问工作，把公司党组的关心关爱送到职工心中。2014年元旦、春节期间，公司系统共走访慰问职工48 930人，其中离退休职工27 312人。开展工会对口援藏的工作，与阿里地区工会办事处沟通联系，做好对口援助的前期工作。

以开展党的群众路线教育实践活动为契机，加强工会组织的思想作风纪律建设。公司各级工会干部深入基层，调查研究，解决基层和员工实际困难。

3. 工会工作宣传

加大工会工作内外宣传力度，在《中国工运》刊发刘振亚董事长的署名文章《坚持全心全意依靠职工办企业，为公司科学发展提供坚强保障》，并在《工人日报》《中国工运》《电力工运》和公司媒介上宣传公司工作和工会工作。加大工会工作内外宣传力度，优化工会网页，及时更新内容，上下联动，建立工作交流平台。

4. 完善工会体系建设

加强工会内部管理制度建设。组织修订《工会会议制度》等4项制度，制定《工会集中采购管理制度》等制度。召开2次主席办公会，研究并原则通过《工会印章使用和管理制度》《工会会议制度》《工会经费使用管理办法》等制度，构建统一、完备的制度体系，规范工会内部管理和工作流程。根据公司“五位一体”建设要求，梳理完善工会工作流程，组织制定工会组织管理等4个二级流程，15个三级业务流程和26个四级业务流程。

5. 工会干部培训

在国网高培中心举办工会干部培训班，公司系统各级工会干部100余人参加培训。本次培训邀请公司总部有关专家和中央党校、中国劳动关系学院、清华大学、国际关系学院、华北电力大学等教授围绕党的十八大精神解读、公司发展战略、职工民主管理与工会组织建设、新形势下的企业工会工作、工会工作相关法律法规解读、班组建设、舆情应对、管理沟通等内容进行专题讲授。

（文祥云　李金安　马鹏飞）

国家电网
STATE GRID
国家电网公司
STATE GRID CORPORATION OF CHINA

公司分部

2015 国家电网公司年鉴

国家电网公司华北分部（华北电网有限公司）

【分部概况】 国家电网公司华北分部（简称国网华北分部），主要负责监督、检查国家电网公司重大决策在华北区域内的贯彻实施，负责华北区域电力调度、安全质量监督、电力交易、审计业务的管理与协调，内设综合管理处（社保中心）、财务处、安全监察质量处、审计处、党群工作处、离退休工作处、国家电网华北电力调控分中心、国家电网华北电力交易分中心8个处室。

【电网概况】 华北电网以500kV“八横三纵”电网为主网架，山西、内蒙古西部电网为电源送出地区，东部京津唐电网、河北南网和山东电网为受电地区。通过直流背靠背与东北电网互联，通过特高压长南Ⅰ线、南荆Ⅰ线与华中电网联网运行，通过银东直流与西北电网互联。华北主网网内电力走向为西电东送、北电南送、南北互供，多方向、多通道、多落点的网架格局。截至2014年底，华北电网装机容量27 305万kW，最大负荷19 005万kW；500kV变电站125座，变压器273台，变电容量225 860MVA；500kV输电线路372条共3.2万km。京津唐电网装机容量5559万kW，最大负荷5332万kW，500kV变电站35座，变压器79台，变电容量72 810MVA；500kV输电线路103条共1.1万km。

【电网调度】 按照总部统一安排，推进深化国调、分调一体化各项工作。完成通信调度权整体移交，实现信息通信运维总分一体化运作。合理安排电网运行方式，统筹发输变电设备检修和省间联络线互济，滚动优化华北电网事故联合处置预案，应对大量机组集中环保改造对安全生产、电力平衡产生的巨大压力，克服时间紧、任务重、检修容量大等困难，确保电网安全稳定运行。落实安全责任，组织开展安全管理提升活动，完成各项安全大检查和专项督查工作。落实电网运行风险管控和预警发布机制。加强调度大楼、医院大楼供电、消防和安保管理，开展应急演练，有效强化防恐防暴和应急处置。协助国家电网公司总部和相关省市公司取得各项省级支持性文件，推进特高压北京东站配套500kV送出工程有关工作，完成锡盟—山东、蒙西—天津南等重点工程可研和前期任务。协调推进北京房山—天津南蔡等500kV跨省输变电工程可研和前期任务。完成包括APEC峰会电力保障的各项重大保电任务。

● 11月1日8时~13日18时，华北电力调控分中心值班人员在调度室值守，完成APEC会议供电保障任务。

【电力交易】 发挥大电网电能资源余缺互济优势，开展华北电网备用容量共享工作，实施跨区跨省电力交易。全年临时交易达577笔，组织对京津唐电网、河北南网的电力支援，最大支援电力350万kW；开展京津唐电网与山东电网错峰支援，最大支援电力87.5万kW，缓解局部地区电力供应紧张局面。强化京津唐电网电力电量统一平衡原则，及时发布电力供需预警，统筹优化电力资源，实现发电计划全过程管控。完成全国统一电力市场技术平台推广建设，率先实现结算模块上线运行。组织召开厂网联席会，及时发布电能交易信息。落实电能交易结算管理办法，实现电量源数据采集率、结算数据核对率和结算结果准确率三个100%。华北电网风电装机突破3000万kW，最大电力达1872万kW。京津唐电网风电发电量144.21亿kWh；消纳西南水电，西北、东北和蒙西风电141.49亿kWh，同比增长87.15%。

【分部管理】 严格综合计划和预算过程管控，完善内控体系建设。深化购电成本分析，落实脱硝、除尘电价政策，做好省市公司电费疏导。加强招投标管理，梳理完善工作机制，细化招标采购工作流程和废旧物资处置工作流程，组织实施6批次招标采购。组织开展委托运维资产大修项目监督检查。加大信息安全和保密工作力度，开展内外网风险排查，坚持月检查、月通报制度，全年未发生失泄密事件。依法治企，开展领导干部个人事项报告、因私出（国）境和参加社会化培训等专项检查活动。严控“三公”费用，进一步规范会议管理、接待管理和公务用车管理，按期完成办公用房调整。组织开展经济责任、“西电东送”和人力资源专项审计问题整改工作。2起诉讼案件胜诉结案。完成9家代管单位社保业务移交。完成ERP人资模块和人力资源管控系统一级部署实施工作，严格执行年度薪酬、福利预控计划，规范劳动用工管理。开展资金封闭结算，减少资金在途时间，加快总部资金回收。

北京电力医院深入川藏联网等重点工程开展医疗服务，开辟国家电网公司系统员工就医“绿色通道”。举办中美医院管理高端论坛。改扩建二期工程前期工作取得重大突破。全年共完成门急诊总量72.49万人（次），同比增长30.86%；入院患者1.42万人（次），同比增长53.45%。

物业管理工作强化资产和资金管控，规范二级单位管理，完成山西左权公司等4个项目股权清理，按时偿还中电财贷款担保金，经营形势保持平稳。落实后勤服务管理职能，加大生产区保障力度，开展“安全生产月”、消防应急演练和“打非治违”等专项行动，保证调度大楼安全。组织开展“安康杯”劳动竞赛。

【科技管理】“基于D5000间歇式能源日前日内协调优化调度关键技术研究与应用”成果获国家电网公司科技进步奖三等奖；“一种面向调度运行方式的综合告警分类与实现的方法”获国家电网公司专利奖二等奖。承担的国家科技支撑计划“风光储输示范工程关键技术研究”项目顺利通过国家科技部组织的验收。“大规模风电并网调度运行支撑关键技术研究与应用”“光伏发电系统发电效率检测和状态评估技术研究”“风电机组状态监测与故障分析技术研究”“气象预警策略、原理与对应措施研究”4个国家电网公司总部管理的项目顺利通过验收，资料按期提交率、审查通过率、验收通过率均为100%。

【党群工作】开展“三强三促”（强培训、促素质提升，强载体、促组织覆盖，强管理、促工作实效）活动，推进基层服务型党支部示范点建设。巩固教育实践活动成果，七个方面33项整改计划全部完成。坚持协同监督联席会议制度，深入查纠“四风”问题。践行社会主义核心价值观，宣传国家电网公司特等劳模先进事迹。活跃员工文化生活，组织“学习·提升·健康”大讲堂。落实离退休人员政治和生活待遇，组织完成养老金调整和补发。做好信访维稳工作。

2014年，国网华北分部获国家电网公司内控知识竞赛优秀组织奖。1名员工获“国家电网公司劳动模范”称号，2名员工通过国家电网公司专业领军人才年度考核与集训。3个项目分别获国家电网公司科技进步三等奖、专利二等奖和管理创新成果三等奖。北京电力医院4项成果获全国电力职工技术成果奖。各级团组织和团员青年获国家电网公司和北京市多项荣誉。

（李　斌）

国家电网公司华东分部（华东电网有限公司）

【分部概况】国家电网公司华东分部（简称国网华东分部）与华东电网有限公司实行两块牌子、一套机构和人员合署办公，承担总部赋予的区域内管理、协调、监督职能，确保国家电网公司重大决策部署在华东区域内的贯彻落实。内设综合管理处、财务处、安全监察质量处、审计处、党群工作处、离退休工作处、国家电网华东电力调控分中心、国家电网华东电力交易分中心8个处室，下属华东电网有限公司物业公司1家二级机构。

【电网概况】华东区域电网供电范围包括上海市、江苏、浙江、安徽和福建省，土地面积47.1万km^2，占全国的4.9%。近年来，华东电网形成了以长三角都市群为中心的网格状受端电网格局，其中：上海、苏南、浙北和皖南构成华东500kV主环网，苏北、皖北、浙东南沿海和福建成为华东四大电源基地，潮流走向整体呈现从苏北、安徽、浙东南沿海、福建向长三角地区中心送电的格局。同时，通过±800kV向家坝—上海、锦屏—苏南、溪洛渡—浙西特高压直流和林枫、宜华、龙政、葛南等4回±500kV超高压直流与华中、西南电网相联。2014年，馈入华东电网的跨区直流共有7回，其中±800kV特高压3回、±500kV超高压直流4回，总受电能力超过3000万kW。2013年9月，皖电东送特高压交流输电工程正式建成投运，2014年底，浙北—福州1000kV特高压交流输电工程建成投运，华东电网进入特高压交直流混合特大型电网的新时代，并跻身于世界最大区域电网的行列。

2014年底，华东电网500kV统调线路共477条，长度为28 570.8km。500kV厂站共193座，其中变电站128座、开关站3座、电厂62座。500kV变压器共290台，变电容量25 295MVA。

2014年底，华东电网装机容量26 947万kW，其中：火电装机容量22 184万kW，占82.33%；水电装机容量2686万kW，占9.97%；核电装机容量1075万

kW，占 3.99%；风电及其他装机容量 1002 万 kW，占 3.72%。华东全网累计发电量 11 974 亿 kWh，同比减少 0.92%。华东电网全社会用电量 13 328.92 亿 kWh，同比增长 2.14%；全网统调最高用电负荷 21 296.7 万 kW，同比增长 1.9%。

【电网调度】 2014 年，受宏观经济因素以及天气因素影响，华东电网及四省一市用电量和最高用电负荷增速大幅下滑。上海、江苏、浙江、安徽、福建最高用电负荷分别为 2668.6 万、7879.7 万、5774.6 万、2710.7 万、2961.3 万 kW，同比增长分别为 -9.1%、1.69%、5.91%、2% 和 5.85%。

● 国网华东调控分中心调度室。

迎峰度夏。迎峰度夏期间，受夏季凉爽天气影响，空调负荷大幅下降，全网负荷攀升缓慢，加之跨区直流大功率送华东，电力供应有较大富裕，网内机组长期低负荷运行，低谷调峰困难。针对发、用电平衡的高峰正备用富裕、低谷负备用不足形势，国网华东分部组织协调网内各省市公司，加强省间互济，增加最大备用配置和负备用配置要求，确定直流低谷和水电临时大发时电力电量优化调整原则，确保电网安全和有序供电。

消纳区外直流来电。2014 年夏季，华东电网接受区外最大电力达到 2977 万 kW（华东侧），同比增长 47%，比 2012 年翻一番。特高压复奉直流、锦苏直流、宾金直流保持稳送、满送，保证了区外直流全额消纳，同时各相关断面潮流水平基本控制在稳定限额范围之内，全网各时段正、负备用均满足系统运行要求。

特高压交直流工程。7 月，±800kV 溪洛渡—浙西特高压直流工程建成投运，创造了输送功率最大等多项直流输电世界纪录，汛期与复奉、锦苏特高压直流同时维持长时间满功率运行，共消纳西南水电 900 亿 kWh，同比增长 85%，保障了西南水电开发外送和华东地区电力可靠供应。12 月，浙北—福州特高压交流工程通过浙福断面 680 万 kW 大负荷试验，顺利建成投运。完成相关特高压 500kV 配套工程 8 项次、22 条线路的启动调试任务，协调完成浙北—福州交流特高压工程线路参数测试工作。配合总部开展华东电网"一交三直"特高压工程前期工作，组织开展准东—华东±1100kV 特高压直流输电工程可行性研究。

国、分调一体化运作。加强与国调中心工作对接，按时完成深化国、分调一体化运作统一核心业务、统一制度标准、统一技术手段和优化调控范围 4 方面 53 项重点工作任务。10 月 15 日，完成阳城电厂及其送出系统调管关系调整移交；12 月 8 日，通过国调中心对华东国、分调一体化运作的验收；12 月 30 日，通过国网公司组织的国、分调一体化运作总体验收。

【电力交易】 全年，承担国家电力市场交易电量指标共 2250.53 亿 kWh，全年实际完成 2390.44 亿 kWh，计划完成率为 106.22%。

跨区交易年度计划电量（含阳城，下同）1360.84 亿 kWh；全年实际完成 1440.39 亿 kWh，同比增长 41.43%；其中年度交易电量 1428.64 亿 kWh，同比增长 53.83%；短期交易电量 11.75 亿 kWh，同比下降 86.91%。全年跨省交易电量 944.56 亿 kWh，同比下降 4.26%。组织的各类发电权交易电量共计执行 12.90 亿 kWh，较 2013 年发电权交易电量 1 亿 kWh，在发电权交易品种与交易电量上均有突破。

首次开展年度跨省集中交易。制定年度跨省集中交易规则，并报华东能监局批准颁布。两次组织年度跨省集中交易，共计成交电量 28.21 亿 kWh，满足省市购电需求。根据省市购电需求常态化开展月度跨省集中交易，2014 年月度交易电量达 17.47 亿 kWh。集中交易电量占省间市场化交易电量的 55.7%。

跨省发电权及厂内替代发电权交易。落实国家节能减排政策，组织洛河、宿州、蚌埠等皖电东送高效机组替代安徽省内低效小机组发电 6.05 亿 kWh，组织凤台、袁庄开展厂内发电权交易，由超超临界机组替代超临界机组 6.85 亿 kWh。通过开展各类发电权交易，可节约标煤约 4.65 万 t，减排二氧化硫约 929.03t，减排二氧化碳约 12.36 万 t。

跨省关口计量管理。完成宾金直流华东配套 500kV 送出工程计量关口建设，开展平圩三期 56 号启备变、平山电厂、凤台电厂等直调电厂新建、改建计量关口建设；开展关口计量装置周期检测和周期轮换，完成 516 只次电能表、121 次电压互感器二次回路压降现场检测和 22 只电能表到期轮换；协调推进华东跨省关口计量互感器超周期检测，全年完成39台电压互感器到期检测；推进华东关口计量管理信息系统建设，提高华东跨省计量管理信息化水平。

【分部管理】 2014年，配合国家审计署对国家电网公司的经济责任审计，完成延伸审计工作。执行中央“八项规定”，依法治企，按期完成办公用房整改、培训中心自查清理等工作。印发《进一步加强公务用车规范管理实施细则》，完成车载信息系统安装工作，加大公车使用管理监督检查力度。精简文件数量，发文同比下降33%。严控“三公”经费，费用同比下降超过20%。深化全面风险管理，梳理重要风险点30余条，逐条制定落实防控措施。开展总部通用制度宣贯落实。举办专题党课开展保密教育培训，加强外网邮件系统安全检查，全年没有信息安全和失泄密事件发生。

【科技管理】 “基于全景态势感知和自适应协调控制的一流调度关键技术研究及应用”等2项成果获上海市科学技术奖二等奖；“皖电东送淮南—上海特高压交流输电示范工程调度运行关键技术研究和应用”成果获国家电网公司科技进步奖二等奖、“华东电网电能一体优化调度研究及应用”成果获国家电网公司科技进步奖三等奖。

【党群工作】 党建工作。开展党的群众路线教育实践活动“回头看”，完成对整改落实情况的监督检查工作。探索创新党组理论中心组学习方式，“走出去”到秦山核电基地、舟山柔性直流输电工程现场考察学习电力前沿技术和应用，联合分部“博士论坛”共同学习研讨大数据在电力系统中的发展前景。进一步健全党建工作责任制，加强基层组织生活管理，开展《提升分部机关党建科学化水平》课题研究，提升机关党建工作科学化水平。开展与金山亭北村基层党组织结对共建工作。

反腐倡廉工作。举办《学习习近平反腐倡廉论述体会》廉政教育讲座。开展“勤俭同行，廉洁相伴”主题活动，共展播106件优秀作品。加强党风廉政责任考核，完善惩防体系建设，制订《华东分部建立健全惩治和预防腐败体系2014年工作计划》，组织开展“勤俭同行，廉洁相伴”廉洁文化主题活动，推进廉洁文化进家庭活动。通过专题培训、廉洁文化建设专栏、参观调研、网站公告、廉洁短信等形式加强反腐倡廉教育和宣传。利用协同监督平台，不断加强企业运行管理风险点防控。加强公务用车管理监督，制订监督检查细则，做到平时抽查和节假日必查。加强人事任免、员工因私出国管理等关键环节的过程监督，对新提拔干部（含职员职级晋升）进行任前廉政鉴定和谈话。开展“三重一大”决策制度贯彻落实情况监督检查。

团青工作。组织召开国网华东分部首次团代会，顺利完成团委改选。开展国网公司杰出岗位青年能手、市青年文明号、青安岗、五四红旗团支部等创建活动。以抓青年学习团体和青年学习骨干为主要手段，开展“青年沙龙”“博士论坛”等“青”字主题活动。

精神文明建设。组织开展“我们的价值观”主题互动访谈，举办“榜样的力量”专题报告会，强化企业民主管理，组织召开职工代表大会，推行厂务公开，畅通职工参政议政渠道。围绕摄影、音乐、心理学等主题，举办职工文化大讲坛系列讲座。开展书画、太极拳等14个职工业余兴趣小组活动，出版《画影墨源》等作品。连续第11年成功举办华东电网调度系统技术技能竞赛。弘扬劳模精神，关爱职工，做好各类帮困及慰问工作。多个集体和个人获得上海市五一劳动奖章、上海市工人先锋号、上海市优秀共青团干部、上海市青年文明号等荣誉称号，“以统一的企业文化培育和践行社会主义核心价值观”获得国家电网公司企业文化建设优秀成果三等奖。

（李　曼）

国家电网公司华中分部（华中电网有限公司）

【分部概况】 国家电网公司华中分部（简称国网华中分部）与华中电网有限公司实行两块牌子、一套机构和人员合署办公，负责管理、协调华中区域内的电网运行、安全质量监督、审计监督、电力交易等业务，同时做好自身的党群、综合行政管理等工作。内设综合管理处、财务处、安全监察质量处、审计处、党群工作处、离退休工作处、电力调控分中心和电力交易分中心等8个处（室），下设物业分公司1个所属单位。

【电网概况】 华中电网供电范围覆盖湖北、河南、湖南、江西、四川和重庆六省（市），供电面积约130万km^2，占全国国土面积的13.5%；供电区域常住人口3.9亿人，是供电人口最多的区域电网。华中电网是以湖北电网为中心，东西连江西、川渝，南北接湖南、河南的辐射状跨省电网，在“全国联网、西电东送、南北互供”的战略格局中具有重要地位。华中电网通过1回1000kV特高压交流线路与华北电网相联，通过3回±800kV直流线路和4回±500kV直流线路与华东电网相联，通过1回±800kV直流线路、1回±500kV直流线路、1回500kV交流线路及2回背靠背直流与西北电网相联，通过1回±500kV直流线路与南方电网相联。

截至2014年底，华中地区调度口径发电装机容量26 559万kW（含三峡电站，下同），其中：水电占48.24%，火电占49.61%，新能源及其他占2.15%。华中地区调度口径发电量9991亿kWh，其中，水电占45.06%，火电占54.51%，新能源及其他占0.43%。华中地区全社会用电量、调度用电量和调度年最高用电负荷为9638亿kWh、8857亿kWh和15 053万kW，同比分别增长3.52%、0.52%和0.92%。

华中电网1000kV输电线路总长640 km，1000kV公用变电站2座1200万kVA；±800kV直流线路总长7883 km，±500kV直流线路5422 km；500kV交流输电线路总长39 487km，500kV公用变电站145座21 9851万kVA。

【电网调度】 深化国调分调一体化运作。完成区域调度关系调整，18个电厂36台机组、2条500kV线路调度关系顺利移交，接收渝鄂通道盘龙双回线调度权。调控一体化业务逐步开展，设备监控操作实施办法出台，500kV开关常态化远方操作稳步推行。国分调核心业务、制度标准、技术手段实现了统一界面，年度运行方式和检修计划总部统一编制下发。一体化运作53项重点工作通过验收。

加强风险评估和安全校核，强化重要输电断面功率监控，严禁超稳定极限和设备能力运行。主动深化电网重大问题研究，提前完成500kV洪板线增容改造工作。围绕特高压工程和大型水电基地投运，与电科院、高校等多家科研单位建立合作机制，深入开展特高压交直流混合电网适应性研究和百万千瓦级大机组控制问题研究，促进网源协调运行，优化电网运行控制策略。

保障国家电网公司重点工程建设运行。配合哈密南—郑州、溪洛渡—浙西两大特高压直流工程按期投运，参与完成特高压长南线、天中直流、宾金直流大负荷运行（试验），以及迎峰度夏期间复奉、锦苏、宾金三大直流满功率安全运行。安排检修计划和运行方式，保障540支缺陷TA更换、519个重大检修项目顺利实施，无一差错。

组织华中电网春季安全省（市）间交叉检查。督导六省（市）公司开展电网安全事故隐患排查。牵头完成六省（市）输电网及省会城市电网安全性评价分析工作。参与全面质量管理体系建设，配合总部开展设备质量、电能质量等专项监督85项。

开展“打非治违”专项行动，整治分部“两楼”供电消防安全隐患31项。开展电网安全风险和脆弱性分析评估试点工作，制订电网风险预警管理规范，发布7次预警。加强应急演练，正确处置2起电网多重故障。开展华中电网大面积停电综合应急演练、迎峰度夏联合反事故演习以及消防、交通安全等应急演练23次。完成分部直属电网资产技改项目103项。

● 国网华中分部调控分中心调度室。

【电力交易】 2014年，华中分部跟踪分析用电供需形势变化，及时优化电力资源配置方案，保证六省（市）电力可靠供应，国家电力市场交易电量稳步上升，增长率名列区域电网第一。发挥大电网优势，加强电力互济和应急支援，缓解湖北春节后短时用电紧张局面，消除湖南、江西、重庆夏季用电缺口，2014年全网及五省（市）最大用电负荷创历史记录，三省（市）最大日用电量创历史新高。其中华中电网最大负荷首次突破1.5亿kW，连续三年未出现拉闸限电。

消纳清洁能源。2014年，四川水电外送电力、电量分别达2676万kW、1116亿kWh，重庆水电外送19.8亿kWh，均创历史新高。通过汛前提前外送、汛后延长外送，增送四川平水期水电19.5亿kWh。五强溪电厂全开满发124天，水布垭电厂安全度过75年一遇洪峰，直调水电厂未发生调峰弃水。全年节水增发电量66.8亿kWh，水能利用提高率达8.93%。通过天中直流与特高压交流接续通道，首次将5.16亿kWh新疆打捆电能送至京津唐地区。利用灵宝直流低谷富余能力，将1.2亿kWh新疆风电送入湖北。

深化电力市场建设，全国统一电力市场平台一期功能上线运行。实施发电企业直接参与区域平台交易，度夏期间成功组织 11 亿 kWh 交易电量。严格执行国家节能减排政策和“三公”调度交易“十项措施”，确保直调火电机组年度发电进度偏差相对一致，60 万 kW 级火电机组利用小时数整体高于 30 万 kW 级火电机组。规范跨省关口计量管理，装置巡检率达到 100%。

【分部管理】 对照总部分部一体化建设方案要求，逐项梳理职责、界面和工作流程，明确考核指标 178 项，制定改进措施 65 条。宣贯公司通用制度，按照专业类别将落实责任分解到处室，细化完善工作流程 30 余项。加强综合计划管理。建立预算执行预警和评价考核机制，预算刚性显著增强。

强化人财物集约精益管理。加强人力资源管控，规范机构编制和岗位设置，完善业绩考核评价体系，企业年金运作收益创历史最好水平。加强财务资源管控，严格资产、成本和资金管理。改善直属电网资产运维状况，技改工程决算转资成效突出。规范落实招标限额标准，采购工作效率稳步提升。全年完成招标 236 项，节约预算资金 7.7%。合同流转效率提升 30%。调度大楼维修改造等工程如期竣工。

完成许继集团任期经济责任审计、鲁能集团人力资源专项审计等 13 项审计监督任务。在公司接受外部审计期间，跟踪协调区域内省（市）公司迎审工作，梳理近 4 年内外部审计发现的问题，逐项整改落实。按期整改“西电东送”工程审计有关问题。

推进后勤市场化和社会化改革。落实中央八项规定精神，开展资金管理、招投标、公务用车、办公用房、薪酬福利等重要领域专项治理。按期完成超标车辆处置和办公用房整改。“三公”经费、会议费和办公费同比大幅下降。按照“三全”管理要求，控制社会化用工总量。

【科技管理】 2014 年，华中分部研究开发专项计划共 24 项，其中，华中分部承担总部管理项目 2 项，分部管理项目 22 项。主持研发的“跨区域电网智能协调动态监测系统”和“基于 IEEE1588 时间同步技术及网络报文监测系统在智能变电站中的应用”获得湖北省科技进步二等奖，“网省协调多时序发电计划管理系统研究与应用”获得湖北省科技进步三等奖。主持研发的华中电力调控分中心 OMS（调度管理系统）——“面向领域分析与流程管理的智能电网一体化调度信息系统”荣获电力行业信息化优秀成果二等奖。由国调中心组织，华中电力调控分中心作为主要完成单位的科技创新成果“特大电网一体化调度控制系统关键技术及规模化应用”荣获 2013 年度国家科技进步奖二等奖。

2014 年，信通调控业务率先移交总部，构建高效协同的一体化信息通信运维服务体系，信息化后评估工作在国家电网公司系统 59 家单位中排名第一。华中信息设备和系统整体运行状况良好，全年未发生信息安全事件，客户总体满意度为 100%。

【党群工作】 学习习近平总书记系列重要讲话和党的十八届四中全会精神，开展党的群众路线教育实践活动。开展示范基层党组织创建工作，对基层党组织进行分类定级。组织党员进社区服务。严格落实“两个责任”，开展与各处室（机构）党政主要负责人的廉政建设谈话活动，排查廉政风险点。分部第一届团委正式成立。创建第四届全国文明单位通过复查验收。

开展企业文化建设，弘扬社会主义核心价值观。举办华中电网调控系统和特高压线路劳动竞赛。连续第四年派出“三万”（万名干部进万村惠万民）工作组进驻罗田县凤山镇，支持社会主义新农村建设。召开首届华中电网文艺工作座谈会，开展道德讲堂活动，举办“‘电网情·我的梦’庆祝新中国成立 65 周年书画摄影展”。成立柳焕章和罗尚义两个劳模工作室。持续开展对外助学活动，在武汉大学设立“电网精英促进助学金”，资助优秀贫困大学生，荣获湖北省“楚天助学十大爱心企业”称号。

加强全员教育培训，鼓励支持员工成长。创新员工职级管理方式，推行职务与职员系列分开运作。深化“青年文明号”活动，引领青年员工岗位建功。选派 3 名员工到总部培养锻炼、接收四川公司 1 名员工到分部锻炼、8 名员工到省公司挂职。举办和组织参加各类培训 51 批 1900 人次。

2014 年，华中分部荣获“国家电网公司先进分部”称号。华中公司被评为湖北省“最佳文明单位”，党组中心组被湖北省委授予“先进党委（党组）中心组”称号。物业公司工程部动力中心荣获中华全国总工会 2014 年度“工人先锋号”称号。1 名同志被湖北省总工会授予“巾帼标兵”并荣获“湖北五一劳动奖章”。1 个处室、10 名员工受到公司党组表彰。

（余晓伟）

国家电网公司东北分部（东北电网有限公司）

【分部概况】 国家电网公司东北分部（简称东北分

部）于2011年4月成立，与东北电网有限公司实行两块牌子、一套机构和人员管理，在此基础上，实行总部和分部一体化运作。按照国家电网公司深化总部、分部一体化运作的实施意见要求，东北分部负责管理协调东北区域内的电网运行、安全质量监督、审计监督、电力交易等业务，同时做好自身的党群、综合行政管理工作；负责中朝水力发电公司中方电厂的管理。内设综合管理处、财务处、安全监察质量处、审计处、党群工作处、电力调控分中心、电力交易分中心和中朝水力发电公司理事会中方业务局8个处室；下设机关事务管理中心，直管中朝鸭绿江界河上的云峰和太平湾、长甸3个水电厂，以及临江电站筹建处和望江楼水电站工程建设局。

【电网概况】 东北电网以500kV线路为骨干输电网架，500kV主网架已经覆盖东北地区的绝大部分电源基地和负荷中心；辽吉、吉黑省间500kV联络线均达到4回；蒙东通过1回±500kV直流线路和6回500kV交流线路向辽宁送电。东北地区电源和负荷分布的特点决定了东北电网“西电东送，北电南送”的格局。东北电网通过直流背靠背与华北电网联网；俄罗斯通过直流背靠背向黑龙江送电。

截至2014年底，东北电网总装机容量为11 848.56万kW，其中：火电装机为8515.48万kW，约占总装机的71.87%；水电装机为799.19万kW，约占总装机的6.75%；风电装机为2282.59万kW，约占总装机的19.26%；核电装机为200万kW，约占总装机的1.69%；生物质装机为6.08万kW，约占总装机的0.05%；太阳能装机为45.22万kW，约占总装机的0.38%。总发电量4187.70亿kWh，同比增长3.14%。全社会用电量4003.57亿kWh，同比增长2.30%。统调最大发电负荷6068万kW，同比增长2.55%。500kV线路长度16 491.3km，500kV变电容量8129.1万kVA。

【电网调度】 截至12月底，东北电网安全运行5663天。

电网运行方式管理。根据东北电网季节性运行特点，按月开展安全稳定滚动校核和无功电压控制方案研究工作，合理控制西电东送输电通道潮流；提前分析和安排新设备投产、电网结构优化、重大系统试验及重要检修方式，降低安全风险，提高系统暂态稳定、电压稳定、频率稳定水平。推动丰满大坝重建施工期电网切改工作。与吉林省公司、新源公司、丰满大坝重建工程建设局等单位共同研究丰满大坝重建施工期间220kV出线切改工程有关工作。完成500kV线路保护躲负荷定值的校核工作。汛前完成153条500kV线路567套保护定值的校核工作，确保迎峰度夏期间电网的安全稳定运行。提高继电保护信息系统运行可靠性；完成了500kV蒲河变、丹东北、哈南变等7个变电站工控机保护子站的改造工程。保护信息系统实现故障信息实时自动发布，为调度处理事故提供技术支撑。加强风电厂技术监督水平。组织对风电场投产前验收检查、不定期专业安全检查和定期组织风电场专业人员集中培训，提高风电场安全运行水平。加强信息通信安全管理。开展信息安全管理专项工作，并组织相关人员的信息安全教育培训，特别是在防范含敏感字的外网邮件方面，实现外网邮件的安全控制。

大运行体系建设。完成了辽宁南部500kV电网调度范围调整工作。根据国分一体化工作要求，编制《东北电力调控分中心调度范围调整工作实施方案》，并于9月29日零时完成了辽宁南部500kV系统5站12线和燕山湖电厂2号机组的调度范围调整工作。配合总部完成伊穆直流大负荷试验。配合国网直流建设部开展伊穆直流试验准备工作。8月下旬，伊穆直流大负荷试验顺利完成，最大输送功率3000MW。参与《丰满水电站全面治理工程施工期水库调度方案》编制与实施调度工作。推进智能变电站合并单元及智能终端改造工作，完成统智能变电站合并单元、智能终端改造460台，完成率53.68%。

推进东北电力调峰辅助服务市场建设工作。完成了“东北电力调峰辅助服务市场技术支持软件”的开发、调试与培训工作。8月1日，东北电力调峰辅助服务市场开始模拟运行（不实际结算），10月1日转入试运行（实际结算）。总结抽水蓄能电站运行情况，明确抽水蓄能电站功能定位，制定《东北电网抽水蓄能机组调度运行管理细则》。

【电力交易】 全年共组织完成交易电量328.6亿kWh，较2013年增加15.1%，其中：跨区交易电量215亿kWh，同比增加19.9%；跨省交易电量113.6亿kWh，同比增加7.08%。

2014年，东北电网富余风电送华北60亿kWh电量，减少燃煤消耗204万t，减少二氧化碳排放352.5万t，减少二氧化硫排放1.8万t，减少氮氧化物排放1.575万t。

编制并由东北能源监管局出台的办法有《东北电力调峰辅助服务市场监管办法（试行）》《〈东北电力调峰辅助服务市场监管办法（试行）〉操作细则》《内蒙古自治区东部地区电力用户与发电企业直接交

易试点方案》《内蒙古东部地区电力用户与发电企业直接交易规则（试行）》《内蒙古自治区东部地区电力用户与风电企业直接交易试点暂行办法（试行）》。已编制待东北能源监管局出台的办法有《华北集中电采暖用户与东北富余风电直接交易暂行办法（试行）》《黑龙江省黑河俄电工业园区电力用户与发电企业直接交易运营规则（试行）》。为规范管理，强化直接交易执行工作流程，与国网蒙东公司编制《蒙东地区电力用户与发电企业直接交易执行工作流程》。

9月29日，召开东北电力调峰辅助服务市场启动会，东北电力调峰辅助服务市场试点工作正式启动。

开展跨省风火替代交易。2014年，新能源发电企业华能大庆绿源风电公司与伊敏煤电公司之间通过市场机制自愿尝试开展跨省电能交易，达成交易电量1000万kWh。

开展风电与电力用户直接交易。在推进电力直接交易工作的过程中，进一步开放电力市场，设计引入风电企业弃风电量参与直接交易。内蒙古和谊镍铬复合材料有限公司与蒙东地区百万千瓦风电基地之一的华能通辽风电发电有限公司以双边协商的交易模式成交电量1亿kWh，既有效地利用清洁能源，又缓解了蒙东电力供大于求的矛盾。

开拓风电跨区域供暖用电新举措。为落实国家大气污染防治计划，支持北京大气污染防治工作，减少东北风电低谷弃风电量，按照国家电网公司总部要求，采用跨区域电力用户直接交易方式，开展东北富余风电跨区与华北供暖用户直接交易，达成交易电量0.55亿kWh。

发挥区域电网作为跨区跨省输送电能和市场载体的功能作用，组织跨区跨省交易，努力挖掘跨省电力用户与发电企业直接交易、跨省电能交易、电厂内部替代交易的潜力。其中跨区域送华北交易电量215亿kWh，直购电厂之间的发电权交易电量37.2亿kWh，跨省发电权交易电量0.6亿kWh，跨省风火替代交易0.1亿kWh，抚铝与伊敏电厂跨省直接交易45亿kWh，蒙东地区电力用户与发电企业直接交易电量32.26亿kWh，蒙东地区风电参与直接交易电量1亿kWh。

【中朝界河电厂】 2014年，中朝水力发电公司全年发电量为48.39亿kWh，中朝双方管理电厂发电量分别为22.98亿kWh和25.41kWh；其中50、60Hz发电量分别为25.34亿kWh和23.05亿kWh。

中方管理的云峰、太平湾、长甸电厂未发生一类障碍及以上事故。机组启停1267次，完成对系统的调峰、调频任务。三厂自动装置投入率、正确动作率，继电保护投入率、自动开停机成功率、主设备完好率指标均为100%。

2014年初，中方业务局修改完善《中朝界河中方管理水电厂经济责任制考核办法》，修正标准效能基数、等效可用系数定额完成率基数指标，按季度对各电厂指标进行审核、汇总、考核。中方机组的节水增发电量达到1.16亿kWh；各单位机组等效可用系数定额完成率、机组负荷率、水库水位等指标均高于考核指标。

长甸电站改造工程两台新机组分别于8、9月并网运行，双方共同对电度表进行了校验和铅封。中朝双方召开长甸电站改造工程第四次协调会，对共同研究探讨机组运行方式等问题达成共识。

12月1~6日在北京召开中朝水力发电公司理事会第66次会议。全年双方代表团业务往来228人次，往来传真电报99份，电话联系115余次。

【分部管理】 探索分部运作机制。适应一体化运作要求，针对工作中遇到的重要问题开展课题研究，每季度组织一次电网发展论坛，内容涉及电价机制、电力交易、水电建设和电网安全等各个领域。组织开展赴三省一区电力公司、政府相关部门和发电企业的集中调研活动，为推进相关工作提供参考。

强化各专业领域的监督管理。按照国家电网公司“三集五大”体系建设要求，推进国调分调一体化建设，实现业务深度融合，通过国家电网公司总体验收。

坚持以安全管理策划统领安全生产工作，强化安全风险管控措施落实，实现安全生产平稳有序。狠抓生产岗位员工安全技能培训和考试，提升员工安全意识和技能。落实“安全管理提升”活动和“打非治违”工作要求，开展安全大检查、隐患大排查和安全设施标准化建设，实现闭环管理。完成电网隐患排查和水电厂安全性评价专家查评，强化对查出问题的整改。

强化财务管理，深化预算集约调控，从全区域层面优化资源配置。完善输变电资产委托运维管理体系，修订《委托运维资产财务管理办法》，提升资产委托运维管理实效。落实依法治企要求，严格控制“三公”经费和会议费的支出，其中，招待费预算费用压降82%，因公出国费用压降40.89%，会议费预算费用压降83%。开展电价政策研究，配合做好跨区跨省电价调整工作。推进界河财务集约化管理，建立科学合理的财务管理体系。解决界河基建工程资本金及工程融资问题。

强化审计监督，完成国家电网公司总部下达的审计项目计划。开展迎审自查及审计问题整改工作。完成云峰和太平湾电厂任期经济责任审计和对分部、公司和界河“三套账”的常态化审计监督，预警各类经营风险。在审计项目中强化 ERP 业务审计系统应用，推进审计信息化、标准化建设。

坚持依法从严治企，排查梳理问题和风险，落实整改措施。强化物资管理，开展 7 批集中招标，中标金额 3.38 亿元，节资率达 10.58%。推进集体企业重组整合，督导检查集体企业规范管理情况，逐户完成集体企业财务决算审计，组织开展集体企业信息化建设。推进主多分开遗留问题整改工作。

【科技管理】 东北分部东北电力调控分中心完成 D5000 系统版本升级工作。根据国调分调一体化运作统一核心业务要求，完成网省调 D5000 系统 V3.1 版本的升级工作，完善版本升级后模型合并操作流程的梳理工作。实现国分省三级调度电网综合智能告警信息互联互推功能。

开展基于 D5000 平台的 OMS 系统建设工作。实现中心各专业的核心流程上线应用，按国调要求，17 个业务流程已全部上线运行，运转情况良好。

【党群工作】 学习贯彻党的十八大和十八届四中全会精神，提高党员干部政治素质。以“五个不断引向深入”为主线，推进党支部标准化建设的研究与实践，提升党建工作科学化水平。巩固党的群众路线教育实践活动成效，加强长效机制建设，健全完善突出问题解决机制，做好整改落实工作。实施“双提高”素质提升工程，举办 3 次专题报告会，开展“一专二能三会”活动。落实反腐倡廉建设要求，完善协同监督机制，惩治和预防腐败体系建设扎实推进。

加强干部管理与考核，提升干部能力素质。按照国家电网公司部署，选派 7 名同志到区域省公司和国网直属单位挂职（培养）锻炼。分两批选派 12 名员工到广州蓄能水电厂、湖南五凌公司挂职锻炼；组织开展 2 期 45 名员工岗位交流锻炼。组织云峰、太平湾发电厂实施人力资源集约化管理，初步建立岗位竞争激励机制。加大收入分配向生产一线岗位倾斜力度，促进生产一线队伍建设。加大教育培训力度，全年累计培训 1415 人次，完成 14 个工种 80 名生产技能岗位人员职业技能鉴定。

发挥宣传媒介作用，展示企业工作动态。履行社会责任，选派人员组成驻村工作队到建平县张家营子镇进行对口帮扶。加强民主管理，发挥工会组织的桥梁作用，推进班组标准化建设，开展“送温暖、送健康、送文化”活动。推进后勤标准化建设，完成办公用房整改和公务用车清理等工作。

（王生龙）

国家电网公司西北分部（西北电网有限公司）

【分部概况】 国家电网公司西北分部（西北电网有限公司）（简称国网西北分部）主要负责实施西北电网（含西藏藏中电网）统一调度运行管理，履行黄河上游水库水量统一调度职责，指导、协调、监督西北电网安全生产和经营管理，组织西北跨省区电力电量交易等。

西北分部（西北电网有限公司）内设综合管理处（离退休工作处）、财务处、安全监察质量处、审计处、党群工作处、国家电网西北电力调控分中心（黄河上中游水量调度委员会办公室）、国家电网西北电力交易分中心 7 个处室（分中心）。下属单位 1 家：西北电网有限公司物业公司。

近年来，国网西北分部先后荣获全国“五一”劳动奖状、全国精神文明建设工作先进单位、全国首批模范劳动关系和谐企业、全国模范职工之家、全国厂务公开民主管理先进单位，陕西省先进集体、陕西省文明单位标兵、陕西省慈善明星企业、陕西推动力善德企业等多项荣誉称号。

【电网概况】 截至 2014 年底，西北五省区（含西藏）调度口径装机 4719 台（座），容量 165 523MW，其中：火电 58.87%，水电 17.63%，风电 14.43%，光伏 8.90%，其他 1.17%。600MW 及以上大容量机组共计 38 台（含国调直调），容量 25 680MW，占总装机容量的 15.516%。直接接入 750kV 及以上输电网络的机组 16 540MW，直接接入 330（500）kV 输电网络的机组 50 613MW，直接接入 220kV 网络的机组 42 485MW，直接接入 110kV 及以下网络的机组 55 885MW。

截至 2014 年底，西北五省区（含西藏）系统 220kV 及以上降压变压器变电容量 233 817MVA，其中：750kV 变压器容量为 85 100MVA（35 站 47 台），330kV 降压变压器变电容量为 92 000MVA（230 站 358 台）。220kV 及以上交流输电线路长度 62 760km（1237 条），其中：750kV 线路长度为 14 174km（83

条），330kV 线路长度为 25 547km（572 条）。

【电网调度】 随着陕甘第二通道工程投产，进一步加强了西北电网主要能源基地与负荷中心的连接，通道交换能力实现了翻番。甘青省际间实现电磁环网解环，电网运行控制策略进一步明晰。新疆电网电源、电网新设备投产大幅增长，整体稳定性得到较大改善。甘青断面、陕西关中西部电网实现电磁解环或分片运行，电网特性及稳定水平发生较大变化。随着特高压天中直流配套电源的投产，西北电网外送能力进一步增大，外送型电网特征进一步凸显。

2014 年，国网西北分部各级调度机构和发供电单位加强电网及发输电设备的运行管理，合理安排电网方式，完成了发供电计划，截至 2014 年底，西北全网发电量累计完成 5836.65 亿 kWh，同比增长 8.09%，各级调度通力配合，风电、光伏消纳再上新台阶，风电发电量达 329.08 亿 kWh，同比增长 28.13%，光伏发电量 162.4 亿 kWh，同比增长 153%。用电量 5330.62 亿 kWh，同比增长 8.96%。完成节假日等重要时段保电任务，顺利完成黄河防汛、防凌任务，确保了水库和电网安全、稳定、优质、经济运行。

电网安全稳定运行和电力有序供应。合理安排运行、检修方式，精心调度，确保了电网安全运行；加强预案编制和反事故演练，完成黄河防凌调度、电网春秋检、迎峰度夏等重要时段保电任务。测算陕东南局部时段供需平衡形势，制定缺电应对方案，协调国调中心，采取灵活调整灵宝直流功率等措施，确保供需平衡紧张地区电力有序供应。在全网范围内组织开展“夯基础、排隐患、强管控、促安全”专项活动，修制定调度运行规程、智能变电站保护运行要点等规范制度，保障大运行与大检修体系协调运转。多次组织全网性二次系统现场安全检查，及时通报二次系统家族性缺陷和隐患排查整改意见，组建保障继电保护安全运行的专家队伍，进一步夯实安全生产基础。

重点工程调试投运和运行管理工作。参与特高压天中直流投运对西北安全稳定运行影响等分析计算工作，完成天中直流各类调试、试运与正式运行期间电力组织和近区电网安全保障。组织德宝直流（西北侧）安控装置核查和策略调整，保障来水持续偏丰的四川水电消纳工作。完成柴拉直流双极不平衡大负荷试验，将输送功率由藏中电网负荷的 35% 提高至 50%，有效缓解了藏中电网供电紧张局面。完成柴拉直流功率反送试验，实现西藏电网的首次外送。组织新设备启动调试工作，按期完成 750kV 达坂城、巴库、东麦宝等重点工程投运任务，750kV 主网进一步补强。

西北电网安全稳定管理工作。根据总部工作要求，制定下发《加强新形势下西北电网安全稳定运行与管理工作方案实施细则》，建立督导完成工作机制，每季度汇总报送工作进展情况，督促各省公司按计划节点有序推进。完成 2~3 年滚动分析校核，编制新能源发展及调峰能力专题报告，提出电网建设时序调整和重点补强工程建议。完成 2015 年运行方式初稿编制，安全实施网内首个省际间 750/330kV 电磁环网解环工作，开展陕甘、宝鸡、关中、河西解环集中计算分析，完成相关运行控制规定初稿编制。加强大用户和自营电网事故分析，查找安全稳定管理薄弱环节，完成西北电网高载能负荷分布及自营电网情况等调研分析报告，组织相关省（区）研究制定应对措施。推进主网架补强项目，完成 750kV 太阳山—六盘山—平凉输变电工程核准申请报告。

总分部一体化建设。落实深化国分调运作工作部署，协助国调中心相关专业开展专项工作，选派专业负责人或业务骨干参与方式计算分析、计划编制等集中工作，国网西北分部组织开发的新风机模型、新光伏模型，以及可控高抗仿真模型在统一建模中得到应用。承担规章制度编制、意见建议汇总、流程优化设计等事项，牵头完成《电力系统自动低压减负荷技术规范》行业标准编制，加强新规章制度和技术标准宣贯学习，做好配套制度修编，完成核心业务标准流程部署，进一步促进调控业务规范化、标准化开展。开展“大运行”指标评价，从完善基础数据、规范统一模型等源头抓起，提高安全校核、在线分析、综合智能告警等技术指标水平，加快辅助决策、远程会商等技术支持系统建设，实现了对当前业务的有力支撑。

调管范围调整。调管范围调整涉及发电设备容量共 1692.8 万 kW，330kV 输变电设备 58 站 160 线，750kV 集中监控站 8 座。为确保调管设备安全移交，国网西北分部合理规划了移交时序，制定工作方案和反措，分专业开展了业务、制度及流程培训，累计完成继电保护及安控装置定值单核算 7683 张，举行专项反事故演练 4 次。同时为进一步加强调整后省级调控中心的专业管理监督和指导，成立西北 330kV 电网发电、输变电设备调管范围调整“回头望”检查工作组，赴各省（区）电网开展现场督导检查，确保调管设备安全平稳过渡。

联络线管理和考核工作。7 月 1 日，西北电网联络线管理考核进入正式运行。截至 12 月底，共计开展日前及实时交易 22.67 亿 kWh，交易情况良好，交易秩序基本建立；五省（区）公司联络线控制水平有效提升，考核电量均呈大幅下降趋势；工作中不断加强联络线管理及短期、实时交易阶段总结，协调解决新能源调管权调整、直流调整速率、机组 AGC 管理等存在的问题，完善并下发《西北电网备用容量管理办法》《西北电网短期、实时交易规范》等 8 项规章制度，确保联络线考核工作持续完善和深入开展。

新能源安全并网与有序消纳。开展新能源涉网安全性评价、风电机组故障穿越能力核查、动态无功补偿设备涉网性能核查等工作，不断提升新能源安全稳定运行水平，杜绝了风电和光伏机组大面积脱网事故发生。持续加强风电功率预测评估指标体系研究，会同各省（区）对风电场及调度端短期功率预测情况进行全面统计和深入分析，促进数值天气预报和功率预测模型精度提升。挖掘电网消纳潜力，科学测算并协调甘肃火电厂轮流全停参与调峰和消纳。加强对新能源比重较大省（区）平衡情况测算和分析，在省内消纳困难时积极协调和撮合日前和实时交易，全力促进新能源在西北全网范围内的消纳，截至 12 月底，为消纳西北区域新能源共计完成短期及实时交易电量共计约 18 亿 kWh。制定并下发《西北电网新能源与火电发电权跨省置换交易调度管理细则（试行）》，实施了新能源与火电跨省置换交易，丰富了新能源消纳的手段。截至 12 月底，新能源置换交易完成交易电量 5075 万 kWh，推动甘肃新能源的跨省消纳。

提升专业管理水平。深化网源协调管理和涉网安全性核查，完成励磁及 PSS 实测并经电科院审核 88 台，完成 19 个 60 万 kW 以上直调火电机组重要辅机变频器核查整改，编制年度直调机组涉网安全评估报告，下发一次调频、AGC 运行分析报告 6 份，并网安全水平明显改善。深入开展基础数据整治工作，切实提高实时数据和动态数据质量，将西北 220kV 及以上电网状态估计遥测合格率从 96.8% 提升至 99.8% 以上。组织开展西北“大运行”指标分析评价工作，按月发布评价报告，促进了西北区域“大运行”工作水平稳步提升；修制定 7 项技术规范，其中《风电场继电保护配置与整定技术规范》（行业标准）通过中电联组织的评审，完成分中心应急预案修编 14 项；针对调管业务调整和智能保护大量应用等新变化，在全网范围内共组织举办培训班 13 期，累计培训 350 余人，重点对直调厂站、省（区）调控机构运行值班人员岗前业务技能、智能变电站继电保护技术、安控装置运行维护技术等进行培训考试。

【电力交易】 外送电集中交易常态化运作。西北区域 109 家发电企业自愿参与西北电网组织的跨区跨省送电年度集中交易，中标电量 306 亿 kWh，跨区成交电量占国家电力市场集中交易总量的 48%，风电、光伏等新能源中标外送 58.4 亿 kWh，为历年最多。

新能源大范围消纳水平提升。落实年度集中交易和新疆三年百亿中长期交易合同，全年完成风电、光伏等新能源跨区跨省交易 54 亿 kWh。全年甘肃跨区跨省外送 155 亿 kWh，有效提升了新能源消纳空间。探索新能源消纳的市场机制，新能源与火电跨省发电权置换交易办法获批，签订了五方协议并实施。

水电消纳任务完成。汛前谋划预案，汛期协调运营，全年消纳四川水电 44 亿 kWh，规模创历年之最。完成黄河水电跨省消纳 8.48 亿 kWh。研究并提出藏中富余水电消纳建议方案并报总部批复，保障了柴拉直流反送电试验开展。

解决青藏缺电问题。统筹甘宁新各省区外送需求，优化交易结构和水库调度，满足青海外购电的量价需求，青海全年外购电 130 多亿 kWh。西北送藏中电网电量 8 亿多 kWh，保量保价满足了西藏跨区购电需求。

短期实时交易。制定短期、实时交易实施细则，并获西北能监局批复，组织签订框架协议，配合调度开展运营，结算网间跨省日前实时交易电量 25 亿 kWh。完成跨区短期交易电量 6.4 亿 kWh。组织季度、月度跨省交易电量 70 亿 kWh。

电力市场建设。研究制定并实施西北电网跨地区合同电量回购转让交易等三个暂行办法和实施细则。推进横向数据集成，全国统一电力市场西北分部技术支撑平台上线。完成《适应长周期大范围清洁能源接纳的交易运营技术》和《发电侧与售电侧互动的统一电网平台交易模式研究》。

【分部管理】 2014 年共举办 4 期国家电网公司通用制度全员培训，推动制度执行落地。强化内部控制，推进业财融合，实现分部经济业务全覆盖。开展“四项费用”及纳税情况自查，开展财务稽核评价工作。配合完成审计署经济责任审计迎审相关工作，开展人力资源管理专项审计迎审并完成整改。

财务管理方面。以年度财务预算为引领，细化、强化分期预算和现金流量预算管理，以专项投资预算为重点，落实责任主体，加强进度跟踪和考评，促进预算均衡平稳执行。项目预算执行进度与去年同期比有所提高。依据国家电网公司系列通用制度，结合分部业务实际，制定《西北分部业务与财务协同工作规范》，对涉及八个方面经济业务中的处室管理职责以及业务与财务衔接环节等进行规范，进一步明确业务与财务在经济活动中的职责界面和协同工作流程，促进分部经济业务合规有序开展，提高业务与财务协同运作效率。落实税收优惠政策，获得2013年度“西部大开发”及新建电网项目“三免三减半”企业所得税优惠政策支持。做好债权催收，进一步理顺委托资产技改项目与省公司的财务衔接，协调有关处室组织专项清理，历史遗留项目清理取得明显成效，财务转资、资金清算更加顺畅，管理效率不断提升。深化总分部一体化运作，完成总部审计重点计划项目，做好审计署审计配合工作，深入推进审计工作创新，加大审计监督力度，提升审计人员履职能力。根据国家电网公司总部统一安排，3月，辽宁省电力公司审计组对国网西北分部开展人力资源专项审计工作，同时对西电东送工程审计和离任审计整改情况进行检查。完成迎审协调和配合工作，并针对审计下达意见，分解整改措施，督促整改落实。同时，做好国网西北分部内部审计工作，并坚持审计队伍建设，通过项目审计示范、以审代培，提高审计人员实践能力和专业素质。

干部员工管理方面，加大年轻干部培养力度，促进青年干部锻炼成长。根据国家电网公司总部安排，组织开展2014年度干部挂职（培养）锻炼工作，选送2名干部去国家电网公司总部轮岗，7名干部去省公司挂职（培养）锻炼，接收省公司3名干部到分部锻炼。开展干部调整相关工作，对分部8名干部进行调整任命。对试用期满干部进行了考核。根据国家电网公司总部严禁超职数配备干部通知要求，开展国网西北分部干部职数自查工作，上报自查报告及相关报表。

【科技管理】 制定和印发《国网西北分部科技项目管理实施细则》《2014年科技项目年度监督检查实施方案》及《2014年西北分部科技项目验收计划》。定期召开季度科技项目工作会组织完成“适应长周期大范围清洁能源接纳的交易运营技术研究”的自验收工作，完成历年来遗留7个科技项目的验收工作；“大规模集中入网新能源建模及应用研究”荣获国家电网公司2014年科技进步二等奖，相关研究成果已应用于综合稳定程序计算并已推向全国电力系统，“含大规模风光多电源交直流混联网源有功协调控制技术研究与开发”等项目荣获国家电网公司三等奖；组织开展西北分部2~3年科技规划的编制工作，完成2015年度科技项目贮备。2015年科技项目计划贮备5项，计划投资860万元。在深化电网安全稳定关键技术研究方面，做好目前在研的UPFC在联网通道的应用研究、新形势下西北电网安全稳定机理关键技术研究等项目的成果总结和转化。研究SVC等动态无功补偿装置在系统电压异常时的自身响应特性，进一步完善风电AVC系统，加强直流近区无功电压控制研究，做好FACTS装置和AVC系统协调工作，提高电压控制能力；研究风电集中并网地区电网设防标准，合理确定运行控制极限；针对网内重要电磁环网断面，滚动完善开环计划，结合解环配套工程建设进度，做好解环工作；紧密结合未来2~3年电网安全稳定运行的新形势，做好2015年和十三五期间重点科技项目的谋划与实施。

【党群工作】 每月安排政治理论学习。设计制作宣传展板，发布学习资料，开展形势任务教育。

以“弘扬核心价值、践行国网文化”为主题开展全员读书学习活动。组织推荐102册优秀书籍，征集员工读书学习体会文章123篇。开展迎“七一”支部讲党课活动，推进学习型党组织建设。开展“书香国网、阳光健康”女职工主题读书活动。邀请财经专家举办投资理财知识讲座。开展“强党性、树新风”主题观影活动，完成国家电网公司企业文化建设优秀成果评审任务。

加强反腐倡廉教育，学习贯彻国家电网公司反腐倡廉建设工作会议和纪检监察工作座谈会精神、《中共国家电网公司党组关于落实党风廉政建设主体责任和监督责任的意见》，组织签订《党员干部廉洁从业承诺书》。征集干部员工学习体会文章50余篇。设计制作党风廉政建设宣传展板。购置发放廉政书籍，编发24期《反腐倡廉半月读》。重要节假日前编发廉洁警示短信。

开展协同监督和日常督察。召开2次分部协同监督工作会议，督导落实“八项规定”及党风廉政建设制度规定。协调完成分部公车清理整顿方案编制和上报工作。参加分部16项集中招标（物资类）和32个谈判项目（服务类）监督监察。组织新任职干部任前廉政谈话。按照公司监察局部署，完成问题线索排查清理。

开展职工文体活动。完善职工活动场所及运动器械。开展职工兴趣小组活动，共设9个兴趣小组。举办2期太极拳培训、3次摄影和6次书法讲座，先后有160多人参加。举办书画摄影比赛及优秀作品展。举办多项体育比赛活动，共计270多人次参加。开展职工“健步迎春”健身活动，分部职工全员参加。组队参加陕西省国资委系统羽毛球比赛，选派优秀职工歌手参加国家电网公司“两会”文艺汇报演出。编辑出版6期《西北电业职工》杂志。

发挥工会平台优势。与调控分中心联合开展西北电力调控系统各专业劳动竞赛，表彰先进集体及先进个人。召开分部工会全委会暨工会工作会议，评选表彰年度工会积极分子。

开展青年岗位建功行动，服务青年成长成才。完成国家电网公司第二次团代会组织协调任务，分部 2 名员工荣获国家电网公司“优秀共青团员”和“优秀共青团干部”。以“奋斗的青春最美丽”为主题，举办了青年员工座谈会。开展青年岗位建功和争创“青年岗位能手”活动。

11 月 13 日，国网西北分部举行 2014 年迎峰过冬联合反事故演习。

（程军生）

国家电网公司西南分部

【分部概况】 国家电网公司西南分部（简称国网西南分部）成立于 2014 年 11 月，是国家电网公司党组为推动川藏水电资源开发利用、促进西南经济社会发展、保障国家能源安全高效供应而成立的非法人管理机构，与国家电网公司总部实行一体化运作。主要职责是配合总部统筹规划西南水电开发、西南电网建设有关工作；负责区域电网调度管理、运行控制以及省间电力交易有关工作；负责分部自身综合行政管理及党群政工工作。西南分部内设 4 个处室，包括综合管理处（党群工作处）、财务处、安全技术与工程管理处、西南电力调度控制分中心（西南电力交易分中心）。

【分部管理】 按照总分一体化运作要求，12 月启动筹建工作，12 月 29 日完成工商注册，取得营业执照。建立了筹建期间内外协调机制，明确职责分工。年底前协同办公、邮箱、门户网站等办公自动化系统投入应用，初步形成行政工作制度化，具备基础办公条件。

（罗春林）

省电力公司

国网北京市电力公司

【企业概况】 国网北京市电力公司（简称国网北京电力）是国家电网公司的子公司，前身是1905年创建的京师华商电灯股份有限公司。负责北京地区1.64万km^2范围内的电网规划建设、运行管理、电力销售和供电服务工作。

国网北京电力下辖二级单位29个，包括供电公司16个、业务支撑和实施机构10个、其他单位3个。拥有35kV及以上变电站477座，变电容量8450万kVA，输电线路8875km、电缆1813km；历史最大负荷1776万kW，负荷密度约1000kW/km^2；城市供电可靠率达到99.988 6%，处于国内领先水平。

2014年，继续保持国家电网公司对标综合标杆和业绩、管理标杆，安全、财力、建设、配套保障4个专业进入专业标杆行列。连续7年获得全国“安康杯”竞赛优胜企业，继续保持全国文明单位和首都文明单位标兵荣誉称号。

【电网概况】 截至2014年底，北京地区共有发电厂27座，发电机组182台，总装机容量10 720MW；其中火电厂13（含燃气）座，发电机组46台，装机容量9422MW；水电厂（含抽水蓄能）6座，发电机组18台，装机容量1013MW；风电厂1座，发电机组100台，装机容量150MW；垃圾、沼气及核电厂7座，发电机组18台，装机容量135MW。110kV及以上变电站454座，变压器1123台，变电容量105 300.9MVA。110kV及以上架空线路545条，共6663.4km；110kV及以上电缆线路871条，共1720.9km。

北京电网已经形成六大分区相互支持的坚强结构，具备较强的资源配置能力和抵御风险能力。同时，北京电网又是一个典型的受端电网，本地发电仅占全部用电负荷的30%，其余70%的电力依靠山西、内蒙古等地输入。华北500kV主网八横三纵通道中，西电东送八横中四个通道、三纵中一纵为北京电网外受电通道；北京电网500kV网架由9座变电站形成扩大双环网结构，西北部和南部分别外扩至张家口和河北地区，通过500kV 10个通道20回线路与外网联络，为北京电网3/4的负荷提供外送电源支撑；220kV网架由7座500kV变电站的220kV母联开关作为分区点，形成昌城、城顺朝、朝顺通、通安兴、兴房门、门海昌六个相对独立的供电分区，各分区之间通过联络线互为备用；110kV及以下电网除并网线路外，全部开环运行，形成辐射状电网覆盖全市。

【人力资源】 2014年底，国网北京电力共有职工8434人，其中研究生及以上学历1129人，本科学历3619人，专科学历1952人；高级职称1074人，中级职称1636人；技师及以上职业资格3161人，高级工2860人，中级工403人。人力资源同业对标在国家电网公司排名第6位。

制定《2014~2018年人力资源及人才发展规划》，明确未来五年人力资源工作的重点任务和主要措施。全面梳理完善业务流程体系，建立典型岗位1593个，识别引用通用流程1030条、非通用流程218条，绘制补充流程20条，完成流程与岗位、制度、技术标准、绩效指标等管理要素的匹配。完善组织体系和典型岗位名录，明确业务委托后的部门和班组职责，主业班组减少35%。

依托内部人力资源市场，实现内部岗位调整5626人次，完成跨单位人员交流配置374人。有序推进绩效工资制度试点运行。规范福利管理流程，细化分项考核标准。修订完善所属单位及其企业负责人业绩考核办法，试点开展一线员工考核模块上线工作。完成各类培训项目1283项，共计98 385人次参加；完成网络大学培训课件开发。

【电网建设与发展】 2014年，召开专题会审议通过《北京市电网中长期发展空间布局规划》。北京市将2020年前规划新建的6条外受电通道、4座500kV变电站、51座220kV变电站、185座110kV变电站及应急抢修服务网点纳入城市总体规划的修编。

编制完成北京电网“十三五”规划，实现“网格化”配电网规划成果与地方政府的对接发布。全面启动2014~2017年配电网提升行动计划；推出了国内首个现代配电网建设地方标准《10kV及以下配电网建设技术规范》。

推进外受电通道前期工作，蔚县—门头沟项目已取得全部市级层面核准支持性文件；北京东—顺义、北京东—通州规划选线方案取得市政府批复。签订战略合作协议，建立与市、区两级政府的常态沟通机制，完成21座变电站10.4万m^2保护性圈地。

全年新开工37项输变电工程。新建35kV及以上变电容量807.3万kVA，线路237.92km；投产35项输变电工程，投产110kV及以上变电容量665.9万kVA，110kV及以上线路432.95km；投产电力设施迁改工程13项，其中电缆7.68km、线路66.171km；投产架空线入地工程1项；完成城区范围平房居民“煤改电”改造1.7万户；10项充电站工程具备投产条件。海淀500kV输变电工程历经6年建成投产，为优化门头沟、昌平分区电网结构创造条件。建成国内首家机场电动汽车充电站，完成小营公交车充电站工程。

2014年，国网北京电力建设管理同业对标首次获得国家电网公司专业标杆；获得国家电网公司设计竞赛一等奖1名，二等奖2名。成功实施时间长度达1小时的世界上耐压等级最高、时间最长的交流变频谐振耐压电缆交接试验——海淀500kV电缆1.7U01交接试验。海淀500kV送电工程获得国家电网公司线路工程安全质量管理流动红旗，110kV及以上输变电工程国家电网公司优质工程率100%。

【经营管理】 年内，国网北京电力固定资产投资完成161.12亿元，同比增长90.92%；售电量完成841.45亿kWh，同比增长2.9%；线损率累计完成6.89%。依托电网联合共建机制，落实外部渠道资金13.57亿元；完成涵盖各专业的全口径项目储备6734项，储备率157%。组织完成8项输变电工程后评价和39项工程第三方稽查工作。

新增用电客户33.06万户，新增容量842.68万kVA，同比减少4.14%；节约电力12.4万kW，节约电量5.73亿kWh。推广热泵项目应用199项，应用面积930万m^2，推广分散式居民电采暖应用，增加用电量5.35亿kWh；累计受理客户申请报装容量1229.42万kVA，同比减少16.86%。

严格成本费用管控。规范工程其他费用开支渠道，降低单位工程造价。集约调控企业内部资金，全年实现资金运作效益约1.7亿元。完善用户资产接收流程，年均接收配网资产20亿元。

累计废止公司层面制度300项、管理标准492项、工作标准2027项，基本构建起与“三集五大”相适应的新型制度体系。开展6期中层干部通用制度脱产培训，实现制度培训率和员工参考率两个100%。启动工程建设领域法律风险防范体系建设，组织公司内外部专家50余人，对135项涉法疑难问题进行研究论证。建立合同全链条责任管理体系，完善招标法律保障工作机制。强化重点岗位人员普法教育，2014年荣获全国“六五”普法中期先进单位。

完成19项离任审计、2项任中审计。围绕资金和资产安全，组织完成所属19家单位387项竣工决算项目审计。公司两级审计共6个审计项目获评2014年国家电网公司优秀审计项目。

组织开展112个批次的采购工作，是2013年同期的5.5倍；主要设备出厂验收合格率和一次投运合格率均达到100%。试点开展电子商务平台在线支付。仓储网络规划工作顺利完成，将原164个实体仓库将调整为18个仓库。完成对837台变压器、1181km电力电缆等大量物资的检测工作。组织完成国家电网公司供应商资质业绩核实工作10批次468条目物资。

运营监测中心建设运行工作试点验收单位率先通过国家电网公司综合验收；完成10个统推一级系统纵向接口贯通、12个统推二级系统横向接口贯通及3个非统推系统数据接口部署。共监测110（66）kV及以上输变电工程96项，变电站数52座，并协调业务部门及基层单位及时整改。充分调动各供电公司运营监测（控）专责的主观能动性，为各供电公司配置一台监测专用终端。

国网北京电力33项管理创新成果获得省部级以上奖项，连续两年被评为北京市管理创新工作优秀组织单位。荣获“电力标准化工作先进集体”荣誉称号，38项QC小组活动成果获得省部级以上奖项。5个QC小组荣获“全国优秀质量管理小组”荣誉称号，2个班组荣获“全国质量信得过班组”荣誉称号。

【安全生产】 全面推进“大检修”体系建设。与国家电网公司32项通用制度对接，补充完善53项专业核心制度。明确运检专业典型员工岗位58个，典型生产单元11个，对接国家电网公司通用流程78项，补充完善11项制度流程。完成3431名运检业务人员制度普考，各项制度培训率100%，专业人员参与率100%。

全年完成重大保电任务153项，其中特级重大保电任务2项，一级重大保电任务43项，二级重大保电任务32项，三级重大保电任务76项，累计保电天数279天。

提升输变电专业精益管理水平。发布《标准化线路示范段建设方案》，共计完成20条输电线路、共计275基杆塔标准化治理工作；总结典型经验，完善标准化工艺导则和线路图册；发布《架空输电线路倒塔断线隐患排查工作方案》，发现消除200项倒塔断线安全隐患；发布《国网北京市电力公司断面管理办法》。发布智能变电站运行管理规范，组织智能机器人推广应用；加快对高损变压器、油开关、油纸电缆等设备的改造更换，加快完成对重载配电变压器分换装，市区“$N-1$”电缆比例达到99.7%，市区10kV配电网架空线路联络率、绝缘化率和开关无油化率均达到100%；发布《配电网建设改造原则》等5项配网典设和选型原则，建设智能配电网示范培训基地；全面推进不停电作业质量管理，全年10kV不停电作业次数累计达12 166次。修订完善21项输变电设备评价标准，开展各专业月度评价48项、专项评价11项；详细制定年度状态检测计划，共计完成检测工作114 076件，发现并处理设备缺陷和隐患123例。

开展防汛管理，强化防汛隐患治理。围绕198户防汛重要用户深入开展隐患排查，查出并消除防汛重要客户隐患408项、公司设备防汛隐患227项。下达防汛相关大修技改项目82项。发现并消除47项各类安全问题。

【APEC保电工作】 11月11日，2014年亚太经合组织（APEC）领导人非正式会议在怀柔雁栖湖闭幕，北京公司APEC会议保电任务圆满完成，再次实现重大保电“零闪动”。

自7月以来，国网北京电力科学合理制定APEC会议保障组织模式，首次提出“两案一标准一计划”，从建立组织体系、完善工作机制、落实保障措施、加强应急演练、严格督导检查入手，加强通信隐患管理，开展保护通道、通信电源等专项排查治理，深入梳理网络运行方式，完成《2014年APEC会议供电保障通信网运行方式分析报告》等3项报告编制工作。全面提升网络健康水平。完成APEC会议配套怀柔北、会都及相关切改工程，按北京市政府要求如期投产，为会议供电保障奠定基础，APEC会议电力保障实现了“服务零差错、供电零闪动、客户零投诉”的保电目标。

【营销工作】 全年换装智能电能表230万具，收集客户信息开通短信服务160万户。更换分时电价及功率因数表计6.4万具、采集2.7万台区（覆盖率达到75%）。

推出远程应急送电服务，累计受理10万笔；发放带有“户号标识”、手机APP和微信二维码的购电卡110万张，方便客户购电、查询信息。开通短信服务160万户，累计开通252万户。开展微功率无线互联互通现场升级工作，全年升级1.3万台集中器，累计互通智能表360万具，全网互通率已达60%。试点研究宽带载波通信技术，实现台区光纤与集中器的采集对接。

组织开展营配贯通数据采录工作。累计完成1193条专线、9.04万台专变采录建模工作，专线、专变清理完成率均100%，累计完成5.92万户高压用户采录挂接工作，高压用户挂接完成率100%，完成5.92万个高压用户点照片采录工作，高压用户点照片覆盖率100%；累计完成低压电网数据采录贯通5.82万个台区，台区贯通率完成88.23%，累计已采录挂接低压户数682.97万户，涉及低压计量箱468.59万个，电能表688.43万具，用户挂接率完成92.47%；累计完成14.30万个营销资源采录，营销资源采录完成率100%。

建设完成充换电站点280个、充电桩5000根。已投运的充换电站服务电动汽车9600辆，累计提供充换电服务105万次，充电量3340万kWh，服务里程8053万km。建成公共领域充电站点150个，初步形成北京地区公共充电网络。

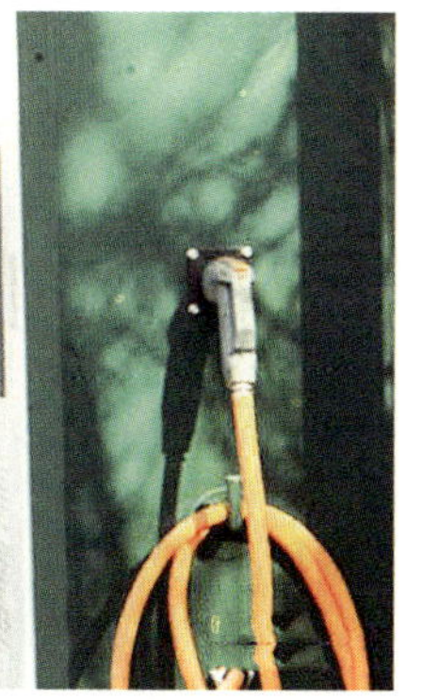

● 1月28日，北京首个“P+R”（停车加换乘）充电站投入运营。图为工作人员对设备进行检测。

营销业务质量管理体系有序运转，开展重点稽查监控主题95个，常态监控281项数据质量问题，日均监控数据量高达11.69亿条，2014年累计整改问题数据57.62万条。加强电费回收管控，开展高压客户分次划拨电费、分次抄表结算电费及电费担保等协议的签订工作。通过运用律师函、诉讼等法律手段赢得债权支持1995万元。

充分应用用电信息采集系统监测数据，出动反窃电专业人员和公安民警发现并查处窃电和违约用电行为155起。全年查处窃电及违约用电补收电量2029万kWh。

【农电工作】 截至2014年底，国网北京电力有乡镇供电所139个，基本实现一镇（乡）一所（含分所），负责182个乡镇、3783个行政村、331万农村用电客户的供电服务工作，以及1.88万km 10kV线路、3.35万台10kV配电变压器、1231座0.4kV低压配电室、2.12万km农村低压线路的运行维护、事故抢修等工作，负责农村安全用电、供电优质服务及农村电气化建设工作。

开展农电业务委托工作。加强安全生产管控，对45个技防设施较差的供电所进行大修改造；规范职工福利、劳保、车辆等非主营业务标准；搭建三级工程管理体系，明确管理界面和管理职责，促进农电安全稳定发展。

农村煤改电工程建设。完成房山韩村河、石景山首钢仓储中心公寓楼和石景山北辛安护理院三处集中电采暖试点改造；完成11个区县56个村，1.55万户农村分散电采暖改造工程。

农网规划建设。梳理完成35kV电网规划，明确了远郊40座35kV变电站增容改造或增加联络规划；首次获得北京市节能补贴60万元，更换高损变压器921台、油断路器128台，全网高损变压器和油断路器比率分别由13.9%、1.6%下降为12.5%、1.3%；实施农村配电网分倒路12条，加装配电变压器137台，13个村4514户的户均用电负荷由3kV提升至9kV。

【科技与信息化】 “主动配电网关键技术研究与示范”国家863课题按计划开展，完成示范工程可研，完成配电网综合配电终端单元、配网快速切换装置的方案设计，完成主动配电网运行控制系统、规划运行决策系统概要设计。申报“交直流混合配电网关键技术研究”国家863课题。完成“电动汽车有序充电及对电网的影响”863课题主要研究任务。获批北京市科委项目3项、国家电网公司管理项目18项、技术标准2项。完成“延庆县智能电网综合接入关键技术研究”等北京市科技项目4项，国家电网公司科技项目9项。开展气体绝缘设备故障下灾害评估与防治研究、电缆隧道灾害评估与防治研究、北京电网动态仿真研究、电动汽车智能快速充电等4项重大科研课题。

实现95598全业务集中系统平稳割接，一级部署协同办公、基建管理、合同全过程管理等系统顺利上线，结合PMS2.0系统建设完成国家电网公司统推GIS平台系统推广，全国统一电力市场技术支持平台上线运行。承担国家电网公司大数据试点研究工作任务，完成配电网状态监测及分析专题研究工作。完成信息设备资产清理工作，累计梳理信息设备23205台套。实现IMS、ERP系统的信息设备集成。累计完成基建管控、协同办公、投资计划、电网前期、内网邮箱等7个系统下线。协助开展班组减负和数据重复录入治理工作，累计调研班组85个，治理重复项共1238项，开展生产管理、营销等重要信息系统调优6次，解决基层班组提出的问题78项。

● 10月24日23点整，随着国家电网公司全业务集中系统割接工作指挥中心宣布，国网北京电力95598全业务顺利割接至国网客服中心运行。

（王　蕊　摄）

2014年获中国电力科学技术奖3项、国家能源科技进步奖2项、北京市科学技术奖5项、全国电力职工技术成果奖3项、国家电网公司科技进步奖9项。完成公司年度专利计划指标，完成专利申请520项，其中发明申请220项，专利授权310项。国网北京电力获2014年国家电网公司科技（智能）工作先进单位荣誉称号。

【优质服务】 建成全方位智能互动服务平台，开通手机客户端、电力微信客户服务渠道，服务客户31万户，购电5.6万笔，金额1301万元；推出智能电能表远程应急送电服务，应急送电11万户次；拓展短信服务客户范围，为252万智能表客户发送服务短信432万条。构建便民交费服务网络，拓展有线电视、电话银行、手机银行、95598智能互动网站等多元化便利交费渠道；拓展电费充值卡社会化代销渠道，销售电费充值卡55万张，充值交费47万张，金额1.4亿元；

● 2月21日，国网北京电力展示厅经过近3个月的全新规划建设，正式建成投入试运营。

增设农村社会化交费服务网点470个，农村地区交费网点覆盖率提升至64%。

梳理客户服务相关流程，大幅简化业扩报装、修补卡等手续资料种类，减少高低压客户业扩报装21项、修补卡3项手续资料，定期发布可开放容量，实施同城报装、流程串改并、取消接入系统方案等高效业务办理方式，提高办电效率，完成分布式电源并网发电83项，完成自用充电设施接电352户。

强化客户投诉管控，全年下发工作督办单328张，组织针对典型服务事件进行分析点评，2014年月均投诉量同比下降33.91%。对全公司1068名窗口服务人员进行培训考核，服务人员持证上岗率达到100%。利用视频监控、明察暗访、第三方满意度测评等多种方式强化窗口服务质量监督。

编制保障房供电方案278份，完成67个保障房项目的外电源工程和15项轨道交通配套受电工程。推进老旧小区配电设施改造，解决并实施23处老旧小区用电问题，惠及百姓1.9万户。编制南水北调工程建设项目20份，报装容量11.69万kVA，完成送电项目6项，容量8.29万kVA。

新增社区客户经理347名，对656个居民社区实行挂牌服务，开展共产党员服务队、社区经理“六进三送”“五心服务进万家”等各类服务活动3800余次。

【党的建设和精神文明建设】 开展党的群众路线教育实践活动。制定落实教育实践活动整改落实方案和反对“四风”专项整治方案，在对各单位干部员工进行民主测评中，活动满意率达到99.4%，解决“四风”等突出问题满意率达到98.9%。

开展先进典型表彰宣传、讲党课、重温入党誓词、“特色党日”、节俭文化传播、“共产党员献爱心”捐献、走访慰问等“七个一”活动，完成基层党组织专题组织生活会和民主评议党员工作。截至2014年底，国网北京电力共产党员服务队注册队员突破2000名，在全市360个社区实现挂牌服务，累计开展便民服务活动3500余次，建立首个党员服务队微信公众号“北京电力红马甲”。

全员开展“五加强一提升”主题教育实践活动，组织开展“好书共赏”读书、“为民务实清廉”先进评选、道德讲堂建设、省部级及以上文明单位争创等活动，国网北京电力2名个人和1个团队当选国家电网公司“为民务实清廉先进典型”。

开展青年文明号诚信示范活动，调控中心代表国家电网公司参加了团中央成果展示活动；开展“一战到底”青年比武擂台赛；开展“奋斗的青春最美丽”系列分享活动，举办第八届“五四青年月”；举办第五期青年志愿者训练营。国网北京电力1个集体获得中央企业团工委青年文明号，2部微电影作品分获北京市青年微电影大赛金奖和铜奖。

全年共举办各类劳动竞赛35场，参与职工5000人次。举办“我的职业我的梦”演讲大赛。承办2014年北京市“职工技协杯”农网配电营业工和电气试验员技能竞赛。举办公司第四届供电“服务之星”劳动竞赛。连续七年开展“两争一创”巾帼建功活动。开展“中国梦·劳动美——我的安全家园”征文和班组安全管理成果征集。张文新工作室被全国总工会评为首批全国示范性劳模创新工作室，5项成果分别获得全国电力职工技术创新成果一、二、三等奖，1项职工操作法被评为全国电力职工优秀操作法。

加强纪检监察工作。将八项规定专项检查方案细化为会议管理、公务接待、车辆使用等13大类43项具体内容，对所有单位开展联合检查。

持续传播“国家电网”品牌形象。开展“电靓京城　温暖家园”传播活动，在《人民日报》、新华社、中央电视台等中央级媒体发稿323篇，在《北京日报》、北京电视台等市属媒体发稿1350篇，网络媒体报道及转载7500余篇次。组织开展首都掌灯人、APEC供电保障、首都共产党员服务队等专题系列宣传，累计阅读量超过50万次。编写《供电所履行社会责任工作手册》《电力王国环游记》正式出版。发布《电靓蓝天　清洁首都空气电力行动》白皮书。在海淀区少年宫捐建实体化“电力爱心教室”。注册“电靓京城”商标。

（吴国健）

国网天津市电力公司

【企业概况】 国网天津市电力公司（简称国网天津电力）负责天津电网规划、建设和运营，致力于为经济社会发展提供安全、经济、清洁、高效的电力能源供应。供电面积1.19万km^2，供电服务人口超过1400万，供电户数541万户。2014年，售电量完成653.15亿kWh，新增变电容量334.2万kVA、输电线路514.2km。同业对标位列国家电网公司综合管理标杆第四名，企业负责人业绩考核连续三年被评为国家电网公司A级。

【电网概况】 天津电网是华北电网的重要组成部分，位于华北电网东部。通过北郊—安定、盘山—通州2回500kV交流线路与北京电网相联，通过吴庄—霸州双回、板桥—黄骅双回共计4回500kV交流线路与河北南网相联，通过安各庄—芦台双回500kV交流线路、渔阳—太平双回、蓟县—后湖双回、蓟县—邵府双回共计6回220kV线路与冀北电网相联。

截至2014年底，天津电网共有500kV变电站6座，500kV主变压器14台，变电容量12 453MVA。天津电网共有500kV线路21条，天津维护段长度769.341km。220kV变电站68座，220kV主变157台，容量27 936MVA。220kV线路220条，线路长度2935km。110kV变电站141座，110kV主变压器287台，容量13 995MVA。110kV线路312条，线路长度3766km。35kV变电站263座，35kV主变压器574台，容量10 242MVA。35kV线路1245条，线路长度8097km。

【人力资源】 加强人力资源计划管控，严控用工总量，加强全口径人工成本管控，全口径劳产率持续提升。统筹人力资源配置。加强“三定”管理，供电企业劳动定员控制率达到A段。严格员工入口管理，招聘高校毕业生质量逐年提高。加强内部人力资源市场建设，应用用工配置修正模型，实施人员调配1527人次，提高人力资源配置效能。优化绩效管理。创新实施月度过程考核，建立问题发现、诊断、改进机制，实现重大事项及时奖惩。统一管理机关考核维度，增强不同业务部门之间的横向可比性。建立典型岗位绩效指标体系，促进绩效考核与“五位一体”融合应用。开展绩效经理人沟通成效评估，调动各级管理机关创先争优的积极性和主动性。国网天津电力业绩考核连续3年保持国网系统A级。建立员工绩效等级和能力素质积分升薪模式。实施员工帮助计划，搭建“内外结合、上下协同、部门联动、全员参与”的一体化关爱平台。加强人才分级分类培养。举办4期领导干部培训班、1期中青年干部培训班，共培训256人次。组织4级12类人才遴选，形成1081人的优秀人才梯队，省部级优秀人才实现各专业全覆盖。加强人才交流和储备，跨单位（部门）、跨专业交流领导干部54人次，选拔9名干部员工赴国家电网公司总部挂职锻炼，选派35名特高压专业人才赴兄弟单位现场学习。

【电网建设与发展】 促成天津市与国家电网公司联合成立特高压工程建设领导小组，锡盟—山东交流特高压工程基础完成70%，蒙西—天津南交流特高压工程取得核准及先行用地要件，锡盟—江苏直流特高压工程取得（预）初步设计批复，天津电网正式进入特高压时代。全年开工南蔡等42项、投产东韩线等54项工程，承建的高新园110kV变电站工程获得“中国电力优质工程奖”，承建的静海500kV变电站工程获得国网公司项目管理“流动红旗”；承担国家电网公司4项标准工艺研究项目，实现了“标准工艺设计图”研究、“土建专业标准工艺”研究、典型工法与DVD视频片同步评审。天津陈塘庄—迎丰220kV线路工程获得国家电网公司优秀设计一等奖；“临时栈桥在架空线路铁塔施工中的应用”等3项施工技术入选“国网公司施工科技创新成果”；造价分析跻身国网公司A级水平，在国家电网公司造价管理优秀论文征集中获得二、三等奖。优化220kV电网结构，完善高、中配网网络结构。建成覆盖中心城区的城市智能配电网，行政文化中心等50% A+地区电网水平达到世界一流。提高装备水平，加快具有信息化、自动化、互动化特征的坚强智能电网建设。推行“两型一化”“两型三新”建设标准，推广先进适用输变电技术，提升电网发展内在质量，降低电网建设成本。

● 9月27日，锡盟—山东1000kV特高压交流输变电工程线路工程（天津段）首基开工，标志着天津“外电入津”进入特高压时代。

【经营管理】 首次对全年重点任务进行顶层设计和系统构建，采用项目管理方式管控298项年度重点工作，接口督查督办、月度考核及运监展示，各项工作高效推进。瞄准国际一流定位开展综合对标，形成涵盖6个专业、78个问题的国际对标需求报告，获得国家电网公司5个专业管理标杆，国网天津滨海公司获得大型供电企业对标第七名。实施增供扩销，全年接电728万kVA，推广港口岸电、以电供热等电能替代项目，超额26%完成替代电量任务。发挥价格杠杆作用，争取燃煤标杆电价平均降低0.54分，销售电价平均提高4.85分。全面推进岗位绩效工资制度改革，初步形成以岗定薪、按绩取酬、注重能力的分配格局。优化产业布局，编制集体企业三年发展规划，拓展招标代理、小额贷款等业务，完成54家企业重组整合。

实施“三集五大”体系扎根行动计划。应用项目化管控方式，构建包含208项工作的任务池，包含16项重点成果和46项部门成果的成果池。实施看板管理，及时收集基层问题，采取发现、跟踪、督办、解决、销项问题处理措施，协调解决基层难题70项。加强成果培育，统一制定培育方案、成果质量标准，组织中期检评展示。40项经验成果入选总部“三集五大”体系建设最佳实践案例库。协同国家电网公司总部完成成效评估指标体系研究、构建，统筹开展体系建设成效评估，全面实施整改完善，13项指标得到提升。加强“五位一体”机制建设，率先进入“五位一体”深化应用阶段，专业应用项目达到44个，班组实现全覆盖。建立一体化简约的制度体系，有效固化新体系，实现流程、岗位、基层、文化扎根，新体系全面落地，步入常态化运营。承担国家电网公司“五位一体”项目研究，完成顶层设计，提炼形成“构、建、管、用”建设思路，并快速推广至24家省公司。形成小站供电所等一批示范点，国家电网公司在天津召开现场会推广公司经验。运监中心建设通过国家电网公司总部验收，实现“五位一体”关键流程在线监控并分析定位到岗到人。

依法从严治企，强化审计监督，深化审计成果运用，促进公司内部控制完善、防范经营风险。审计监督基本实现全覆盖，覆盖所有基层二级单位。提高审计监督质量，扩展审计技术手段；构建任期经济责任评价体系，设置11类72项指标，审计结果量化、可视化呈现。通报审计发现问题，宣贯依法从严治企理念，推动审计成果全面运用；公司专业部室共同参与经济责任审计，促进专业监督和协同监督；分部实施工程结算审计，将工程流程关键环节全面纳入动态监控范围。强化问题整改，建立公司专业部室与基层单位双重负责、问题销项、整改工作督查等七项机制，全部整改审计监督发现问题。《基于改进的COBIT流程评估模型在大型央企审计价值增值策略及实践》等4篇审计论文分获中国内部审计协会2014年优秀论文二等奖、三等奖和提名奖。

【安全生产】 安全生产实现全年“零事故”。学习贯彻新《安全生产法》，开展“安全管理提升”活动，深入排查各类隐患，现场监督和风险预防预控，实现电网安全稳定运行和电力可靠供应，全年未发生7级及以上安全事件。强化生产作业安全职责的落实，重点落实领导干部、生产管理人员、安全监督人员及一线员工的安全责任，强化作业现场履职履责到位、风险防控到位、安全措施到位、监督检查到位。建立安委会重点工作督办机制，增强安委会解决重大问题的时效性，按照建议变措施、措施变方案、方案变计划，以计划抓落实的工作要求，使之常态化。充分发挥奖励资金的正激励作用，设立“安全百日”“全年无事故”奖，向业绩突出和生产一线关键员工倾斜。建立“三种人”记分考核档案，实行“三种人”日常工作技能考评退出工作机制。推进产业安全标准化和规范化管理，落实集体企业与主业安全工作同部署、同检查、同考核一体化要求，开展电力安装施工类和电工电气制造类集体企业的安全性评价工作。统一外来施工队伍人员考试取证工作，提高进入作业现场外来队伍人员的取证门槛。《天津市电力设施保护条例》正式实施，为防范外力破坏、维护电网运行安全提供法制保障。电能质量在线监测系统率先通过国家电网公司系统实用化验收。资产全寿命周期管理体系建设取得预期成效，首批达到成熟性标准。完善电网风险预警机制，以月度输变电设备停电计划管理为核心，构建“市地调度一体化电网风险预控管理系统”，做到月分析、周落实、日前反馈，实现电网安全运行风险“公司掌控、部门管理、基层落实”。投运国内领先的城市供电网第一应急抢修中心。开展网格化抢修，新增驻点69个，抢修速度同比提升14.4%。完成达沃斯论坛等97项保电任务，成功应对夏季供需紧平衡形势和1308.4万kW历史最高负荷考验，天津电网连续9年没有拉路限电。

● 9月10~12日，第八届夏季达沃斯论坛在天津市举行，图为国网天津电力工作人员进行隐患排查治理，对主变压器进行综合检修。

【营销工作】 2014年，国网天津电力同业对标排名国家电网公司第四名，企业负责人业绩考核指标中线损率连续两年排名国家电网公司第一。开展农电管理提升工程，深化农村供电所管理，国网天津电力获得国网农电管理提升专业先进单位；国网静海供电有限公司继续保持国家电网公司标杆单位，国网蓟县供电分公司邦均所、武清供电有限公司下伍旗所、宁河供电有限公司大贾所评为国家电网公司标杆供电所。全年完成售电量653.15亿kWh，线损率完成6.76%，供电服务承诺兑现率达到100%。在全市公共服务行风测评中获得第一。电采暖正式写入2014年天津市政府工作报告，“停靠船舶采用岸基供电”被写入《天津市大气污染防治条例》。开展抄核收精益化管理，建成电费智能抄核收账务流程自动一体化系统，实现抄表自动化、核算智能化、账务实时化，创建抄核收精益化指标体系。连续第九年推出“天津电力心连心工程”服务新举措，推出七项便利化服务措施，主动开展“双走访”活动。推出网上业务智能互动服务平台，对智能表客户推出“掌上电力”手机客户端、网站、微信、微博、支付宝等互动渠道在线查询、远程购电充值等功能。城南小站所、东丽营销部营业一班获得全国工人先锋号；滨海中新生态城智能营业厅获得全国现场管理五星级现场；电科院计量中心检定室、宝坻公司营销部采集运维班获得全国质量信得过班组；城西营销员工罗朝晖获得全国青年岗位能手。

【科技与信息化】 重点在输变电设备运行及管理技术、配电网技术、输变电工程设计与施工、电力系统自动化技术等领域共计开展研究项目109项，投入14 489万元。中新天津生态城智能电网建设纳入国网智能电网创新示范区和中美能源合作项目，获1000万元中央预算资金支持；完成国家“863”计划项目“智能配用电园区技术集成研究”各项任务。牵头申报12项国家电网公司总部科技项目，获批6项。获得国家电网公司科技进步一等奖1项，二、三等奖各2项，天津市科学技术二等奖1项、三等奖2项，中国电力科学技术三等奖1项。完成专利计划指标，申请发明专利385项，获得发明授权37项。

信息化建设运行。完成多个国家电网公司试点信息化建设项目，协同办公一级部署系统、统一车辆管理平台被评为国家电网公司优质信息化项目。完成“三集五大”信息系统适应性调整。围绕“一体化规划计划管理”“电能质量监测集成”两条业务主线，完成66项需求点的数据共享和业务融合工作。消除数据重复录入，解决58个数据重复录入问题。建立信息安全技术监督红黄牌告警机制，累计发现问题360个，整改完成率100%。开展信息通信系统安全性评价、网络安全攻防演习、信息系统账号清理和权限梳理等工作，保障公司网络与信息系统安全稳定运行。参加国家电网公司信息通信系统建设与运行安全调考和天津市计算机程序设计员职工职业技能大赛，均取得团体第六名的好成绩。

【优质服务】 对接城市发展，首创公用事业行业服务经济社会发展评价体系并通过市有关部门评审。打造自贸区“一站式”服务机制，东疆港智能营业厅具备对外服务条件。全年发电权交易电量24.72亿kWh，节约标煤35万t。积极服务民生，完成7.5万套保障房送电、560个老旧楼区电力设施改造和492个村庄低电压治理。开通“电子化交费渠道”，实现移动终端购电、在线账单查询等功能。智能电能表换装率突破96%。

推出“天津电力心连心工程”服务新举措，推出七项便利化服务措施，主动开展“双走访”活动。推出网上业务智能互动服务平台，降低受理门槛，推行最少要件，实行一次性告知。对智能表客户推出“掌上电力”手机客户端、网站、微信、微博、支付宝等互动渠道在线查询、远程购电充值等功能。打造自贸区“客户全寿命周期”服务机制。

【党的建设和精神文明建设】 完成教育实践活动各环节工作，确定212项重点任务，群众测评满意率100%，整改完成率100%，得到天津市领导和国家电网公司第一督导组肯定。推进党的建设，完善“两队一岗一日”活动品牌，组建108支共产党员突击队、76支共产党员服务队，确立67个共产党员示范岗。制定日常党务工作标准化模板，建设党务工作信息化体系，推行政工工作同业对标。开展“提升素质、持续创新、争创一流”主题教育活动，开展以“立协控评”为基本路径的卓越实践，登记注册卓越项目团队，形成100个重点团队开展卓越攻关。“全面开展卓越实践活动”项目被评为国家电网公司企业文化优秀案例一等奖。开展建功“两个排头兵”青年提升行动，组织“奋斗的青春最美丽”青年建功事迹分享会。推进精神文明创建，以道德讲堂、遵德守礼牌、网络志愿者等为重点，营造文明风尚。国网天津电力被评为全国文明单位、天津市文明单位和国资系统综合治理先进单位。

规范基层职代会工作程序，修订新建职代会7项制度，完善13项管理流程。制定下发公司《推进班组标准化建设规范班组台账指导意见》，清理专业台账156类，解决数据重复项575个。完善班组建设标准指导手册，开展班组生产生活区域布置、看板管理等典型设计，下拨专项资金 517 万余元，对 240 个班组环境更新改善，班组达标率达到 88.18%。开展《全新的班组高效运行新模式》管理创新研究。开展以“打造坚强智能电网，服务美丽天津建设”为主题的“五比一创”劳动竞赛，获评天津市劳动竞赛“十大示范工程”和“十大示范单位、示范区”称号。开展合理化建议征集 11 313 条，其中 3 条建议被评为国家电网公司优秀合理化建议。加大对群众技术创新项目的支持力度，拓展工会经费对创新示范项目的资金扶持。马崇创新工作室、孙伯伟创新工作室分别荣获全国能源化学工会和天津市“十大示范劳模创新工作室”。

（王　媛）

国网河北省电力公司

【企业概况】 国网河北省电力公司（简称国网河北电力）是国家电网公司的全资企业，主要负责河北省南部地区电网规划建设、运行管理和电力交易。营业区包括石家庄、保定、衡水、沧州、邢台和邯郸 6 市 102 个县（区、市）。供电区域面积 8.38 万 km^2，服务人口约 5053.49 万人。

国网河北电力本部下设 23 个职能部门，直属供电、施工、科研、物资、培训和信息通讯企业 14 个，经营区域内县级供电企业 100 个。

2014 年，完成总投资 130.57 亿元，其中电网投资 94.12 亿元，投产 110kV 及以上线路 1019km、变电容量 867 万 kVA，投产 10kV 及以下配电网线路 9443km、容量 248 万 kVA。完成售电量 1474.2 亿 kWh，同比增长 3.99%；市场占有率 97.4%，同比提高 0.52 个百分点；线损率 7.83%；电费回收率 100%。

【电网概况】 河北南部电网以 500kV 和 220kV 构成主网架，北部通过 500kV 房保双线、保霸双线、骅桥双线与京津唐电网相联，西部通过 500kV 神保双线、阳北双线、潞辛双线与山西电网相联，南部通过 500kV 辛洹线与华中电网相联，东部通过 500kV 辛聊双线、黄滨双线与山东电网相联。2014 年底，河北省南部电网拥有 500kV 变电站 15 座，变电容量 2926 万 kVA，线路 4209km；220kV 变电站 175 座，变电容量 5795 万 kVA，线路 10 377km。

【人力资源】 完成部分处级干部调整工作。加大各级干部交流培养力度，相关典型经验被国家电网公司工作动态刊载。组织处级干部培训；深化干部网络培训平台应用，处级干部在线学习时间超过一万小时。

2014 年，举办培训班 7801 期，培训 22.04 万人次；完成特高压、县供电企业副职、供电所长、直属中层干部等重点培训项目；开展 8 期兼职培训师资格认证培训，认证兼职培训师 379 人；完成 15 家县公司培训基地的考察评选工作；承担国家电网公司人力资源、输电线路运检等四个专业题库编制工作，编写开发试题 1.31 万道。参加国家电网公司及中电联组织的 15 项竞赛调考，其中 12 项进入团体前十，8 项获得团体表彰，30 人获得个人表彰。规范各级各类人才选拔与培养管理，推荐入选国家电网公司专业领军人才 26 名，开展集中培训和跟踪培养工作。健全技能鉴定闭环管理机制，推进网络化鉴定考试工作，加强考评队伍建设；组织开展专业技术资格认定和职称评审。2014 年组织完成 1.12 万人次的鉴定考试，新增技师 255 名、高级技师 150 名，组织完成 1258 人职称材料审查及申报工作，人才当量密度同比增加 3%。

【电网建设与发展】 高效推进特高压工程，锡盟—山东工程率先实现组塔转序，蒙西—天津南工程获得核准，榆横—潍坊工程取得全部支持性文件，北京西、石家庄特高压变电站配套工程通过可研评审。建立服务京津冀协同发展工作机制。完成“十三五”电网规划研究，首次编制完成省市县三级配电网规划并通过国家电网公司评审，编制完成 2015~2020 年配电网规划图集。实现均衡投产目标，石西 500kV 变电站工程获得国家优质工程奖。创新配电网建设和管理机制，配电网投资超过电网总投资的 50%，同比增加 106%。

● 9 月 27 日，锡盟—山东 1000kV 特高压交流输变电工程线路工程（河北段）基础首基试点成功进行，标志着河北南部电网“四交四直”特高压工程建设拉开序幕。

加快电网智能化升级，安装智能电能表302万只，专公变自动采集率达到100%。率先建成京沪、青银高速公路电动汽车快充站。光储热一体化运行控制研究和示范工程达到国际先进水平，完成保定中国电谷智能电网工程和信息化后评估工作。申请专利995项、获得授权593项，其中申请国际专利4项、获得授权1项。

【经营管理】 全面建成“三集五大”体系。基本建成“五位一体”协同机制，规范机构体系，开展体系建设成效评估，完成问题整改。D5000系统率先实现主备一体、调控一体、地县一体全覆盖，县公司电费核算和5大类31项运检业务集约至市公司，全面开展100项变电运维一体化项目。建成全国统一电力市场技术支撑平台。理顺农电综合协调、专业和层级管理职责。宣贯通用制度，清理废止制度2100余项。

强化计划、预算协同管理，制定资金项目闭环管理意见和监控方案，加强资金项目过程管控，省市两级运监中心发现异动和问题3000余项。建立综合计划、项目结算决算月度协调机制，关闭遗留项目1.6万余项。推进电能替代，全年业扩净增容量1127万kVA、同比增长8%。优化购电结构，降低购电成本。推进有损线损模拟对标和同期线损统计，线损率同比降低0.21个百分点。解决环保电价资金垫付问题，协调出台大用户直购电输配电价，推动建立峰谷分时电价盈亏疏导机制。实施集中采购98.04亿元，节约资金3.98亿元。全面加强工程概算管理、技经评审、结算决算和审计，节约投资2.69亿元。解决对外担保等历史遗留问题，完成对所有县公司审计检查。落实集体企业监管责任，重点发展勘测设计、施工安装等业务。

【安全生产】 加强现场安全管控和电网风险预控，未发生五级及以上人身、电网、设备和信息安全事件。推广无人值守变电站状态巡视，积极探索机器人、无人机、人工协同巡检新模式。资产全寿命周期管理体系、电能质量在线监测系统建设顺利通过国家电网公司验收。有效应对网内机组发展受限、环保改造等挑战，扩大中长期外购电规模，临购天数同比减少59%，全力配合做好大气污染防治，完成十八届四中全会、APEC会议、迎峰度夏等重要保电和空气质量保障任务。电网统调装机、最大负荷突破3000万kW，成为国网系统第5个负荷超过3000万kW的省级电网。

● 8月28日晚，石家庄遭遇强对流天气，造成供电线路短路停电。国网石家庄供电公司立即启动应急预案，开始线路恢复工作。截至8月29日15时，全市故障线路全部恢复供电。

【APEC保电工作】 2014年，国网河北电力开展重要输电通道风险评估，确定重要线路24条，重要通道4个。深化线路巡视及设施保护属地化管理，将乡镇供电所人员作为实施主体，在发现缺陷、遏制外破方面成效显著。推动风区分布图在线路差异化设计和治理中的应用，完成29项重要通道反措落实项目、4条三级风区线路治理。开展线路保护区内外部隐患排查治理专项行动，发现并消除缺陷隐患803处。吸取甘肃“6·18”嘉峪关、酒泉地区停电事故教训，开展直流系统专项隐患排查，发现问题400项，全部纳入治理计划。及时发现、彻底消除500kV元氏站耐张绝缘子重大隐患。开展设备状态检测评价和反措落实核查，完成春节、“两会”、APEC峰会等重要保电任务。

【营销工作】 2014年，累计推广地源热泵面积614.53万m^2，电蓄能设备容量8.33万kW，燃煤锅炉和冲天炉“煤改电”373台，电能替代电量60.35亿kWh。完成内部燃煤锅炉“煤改电”13台。实施有序用电“4+3”小周期管理，迎峰度夏期间，先后实施有序用电13天，累计参与企业3.6万余户次，有效地保证了城乡居民和重点用户的用电需求。推动发改委优化有序用电方案，增加60万kW的长期错避峰方案。开展基于用电信息采集系统的负控试点建设，纳入负控试点企业592家，可监控容量48.5万kVA。推进高速公路快充站建设。完成京沪、青银高速公路16座快充站建设任务。

加快智能电能表推广和采集系统建设。新装智能电能表300万只，新增专公变采集36.25万台，智能电能表当年完成量接近前4年总和，覆盖率由17.44%

提升至31.51%。深化用电信息采集应用，完成2.1万个现场采集终端的升级改造和223个电压监测点的采集终端更换，有力支撑了电能质量在线监测；实现六地市城区10kV同期线损统计分析。推进一体化缴费平台建设，完成市公司售电系统省集中，实现对市公司全部4347台缴费终端和11家代收机构的统一接入管理。清理县公司自建收费系统，清理完成81个县公司自建卡表售电系统和71个县公司的高压预付费售电系统，实现171.13万块自建卡表和3.12万个本地费控终端的统一管理，收费统一纳入营销系统操作及监控，规避了电费不能及时存入电费账户的风险。建设远程实时费控系统。完善对客户电量远程抄录、电费实时计算和停复电远程控制等功能，为远程费控应用提供技术支撑。有序推进营配贯通。采录并整理13 889户高压客户和112.4万户低压客户地理信息及档案数据，完成计划任务的60.21%。完成国家电网公司委托的配网抢修手机客户端试点开发及应用，有效缩短抢修到场时间及平均时长，已在国家电网公司系统推广。完成手机客户端应用上线。实现用户电量电费查询、停电信息发布、缴费网点导航等功能，已注册用户1665人，共有10 678人次使用手机客户端进行电费及停电信息查询。

【科技与信息化】 2014年实现35kV变电站光纤通信全覆盖及调度数据网全覆盖，提前完成了“十二五”通信规划光缆覆盖和调度数据网业务接入目标。推进保定中国电谷智能电网综合建设工程，通过该工程的研究和实施，基本掌握清洁能源接入对配电网的影响因素，实现区域内用电信息采集全覆盖，提升电谷区域的供电能力和供电可靠性。编制相关标准规范30项，申请专利15项，发表论文10篇。

智能电网试点项目成果转化。推进电力光纤到户资源支撑三网融合业务探索，在邯郸左岸枫桥小区，与开发商及运营商开展三方合作，开通互联网、语音、IP视频等业务，实现商业运营试点。国网河北电力智能电网调度技术支持系统实现省市县三级一体化管理。石家庄市位同电动汽车充电站实现服务纯电动公交车运营。

梳理信息系统应用。取消ERP、财务管控、基建管理等17个业务应用系统日均单点登录率指标。组织完成32个应用系统、共计36 116个业务权限的调整。全面完成135个计划下线的自建信息系统下线工作，省市县公司层面不再新建自建信息系统。

推进基层单位信息系统实用化提升。开展消除数据重复录入、数据过度录入治理、拓展数据自动采集、

● 7月21日，位于石家庄市位同的新能源电动汽车充电站改造完工。

数据共享和业务融合、提升系统用户体验、系统延伸覆盖班组界面融合、账号权限清理、建立沟通渠道完善工作机制及加强应用评价等9项专题工作，切实减轻了基层工作负担，提升管理水平。

【优质服务】 强化营配调协同，推行“网格化”抢修，平均服务半径缩短至3.38km，故障修复时长同比缩短25.2%。配网不停电作业1.12万次，同比增长148.6%。建设一体化缴费管理平台，新增社会化代收网点5942个，基本实现村村设缴费点。强化营业窗口标准化建设，推广供电服务手机客户端应用，投诉总量同比下降30.5%。年度投诉数量下降28.2%。开展涉及农排投诉专项治理，农排投诉同比下降67.2%；业扩新模式实施以来，业扩类投诉数量同比下降91.1%。32个县公司实施重点区域“领导包县”措施，投诉较上半年下降63.4%。推行业扩报装新模式。推出居民客户一证办理、低压客户报装一站式服务，35kV及以下新报装用户容量3000kVA及以上的由县公司完成属地化报装及管理。新模式试行效果显著，低压居民次日内接电比例达到81%，平均接电时间缩短55%；低压非居民客户7日内接电比例达到91.4%，平均接电时间缩短49.5%；高压客户供电方案答复、设计审核、中间检查、竣工验收、装表接电等五个关键环节合计平均时长缩短16.1%。8月20日国家电网公司在河北召开“提高办电效率，深化为民服务”现场会，新模式得到国家电网公司肯定。推进缴费渠道建设。新增社会化代收网点5942个，在31 388个行政村设立缴费点34 475个，基本完成“村村设点”建设目标。完成95598全业务集中工作，电话业务上收至国家电网客服中心。开展“提质提效、优质服务”便民利民专项行动，客户满意率完成99.4%，同比提高

1.1个百分点。

【党的建设和精神文明建设】 加强党建工作考核评价，落实党风廉政建设党组（党委）主体责任和纪检组（纪委）监督责任，各级干部和员工队伍执行政治纪律、工作纪律、财经纪律的自觉性进一步坚定。推进企业文化进班组、进部室。畅通职工意见表达和沟通渠道，办理意见1200余条。26名员工入选国家电网公司专业领军人才，公司代表队在国家电网公司竞赛调考中总成绩名列第四位。吴灏等9名员工分别获得国家电网公司特等劳模、全国青年岗位能手等称号和河北省五一奖章，2个单位被评为国家电网公司先进集体，3个班组获得全国工人先锋号称号。国网河北电力同业对标综合评价在国网系统排名第8位，同比提升1位，被评为业绩进步单位。运行、检修和建设专业进入国家电网公司标杆行列，被评为国家电网公司营销、运检工作先进单位。

（刘富长）

国网冀北电力有限公司

【企业概况】 国网冀北电力有限公司（简称国网冀北电力）隶属国家电网公司，肩负着保障首都供电安全、服务冀北地区经济社会发展、服务国家清洁能源发展的特殊职责使命。供电营业区域包括唐山、张家口、秦皇岛、承德、廊坊5市，43个县（区、市），供电面积约10.41万km^2。

截至2014年底，国网冀北电力本部设置23个部门（中心），所属二级单位17个，职工总数25 356人；投产工程32项，线路长度1385km、变电容量823万kVA，里程碑计划100%完成；实现售电量1351.02亿kWh。

【电网概况】 冀北电网属于“西电东送、北电南送”的受电方，主要有河北省北部的唐山、张家口、秦皇岛、承德和廊坊五个地市电网组成，其中秦皇岛地区还承担着北戴河暑期保电的任务。截至2014年底，冀北电网总装机容量2641万kW，其中清洁能源装机占比35.9%，最大负荷2159万kW，全社会用电量1558.50kWh；运维500kV变电站24座，线路9137km；220kV变电站164座，线路9071km。

【人力资源】 稳妥推进干部超职数配备整改，顺利完成国家电网公司领导力开发测评试点。深化内部人才流动机制，优化员工队伍结构。出台本部科级干部及员工管理办法，建立本部与基层员工双向锻炼机制，首次开展本部360度作风评价，全面推行本部岗位绩效工资制度。畅通岗位发展和优秀人才成长双通道，新增14名员工入选国家电网公司专业领军人才培养对象，13项竞赛普调考成绩在国家电网公司系统整体提升9个名次，物资专业、张家口公司带电作业团队分别获得第一名和第二名，2人荣获国家电网公司级技术能手、31人荣获优秀选手称号，廊坊公司等6家单位荣获全国电力职工技术成果奖。

【电网建设与发展】 编制完成“十三五”电网发展规划和2015~2020年配电网规划。“两交两直”特高压工程和58项110kV及以上工程前期工作总体进展顺利。锡盟—山东特高压工程全面开工建设，北京东变电站和承德串补站先行用地手续获批、“四通一平”进场施工，特高压落地冀北迈出了重要的第一步。如期完成风光储二期风机主体安装任务，张家口“三站四线”（康保、尚义、张北三个500kV变电站以及康保—张北、尚义—张北、张北—张南、蔚县—张南四个500kV线路）风电送出工程有序推进。

● 12月8日，建设中的张家口“三站四线”风电送出工程。

姜家营扩建等10项迎峰度夏（冬）工程提前投产，昌黎—乐亭等55项工程按期开工。配电网示范工程通过国家电网公司达标验收，农网改造升级工程进度保持国家电网公司前列，完成农村面貌改造提升行动电力保障任务。全年安装智能电能表251万只。全面建成曹妃甸智能电网综合工程。乐亭500kV变电站工程荣获国家电网公司安全质量管理流动红旗，110kV及以上输变电工程优质率达到100%。

【经营管理】 全面建成“三集五大”体系，第一批实现95598全业务上划国网客户服务中心，运营监测（控）中心建设首批通过国家电网公司试点综合验收，

“五位一体”协同机制在国家电网公司系统22家推广实施单位中率先建成，全国统一电力市场交易平台提前上线运行。全面宣贯国家电网公司452项通用制度，清理废止制度标准1164项，制定辅助性规章制度3720项。推进五大类51项突出问题整改，切实减轻班组负担。“二十四节气表”等年度重点工作督办事项办结率达到100%。完成国家电网公司卓越绩效评价体系试点建设任务，获得省部级管理创新成果奖86项。强化指标过程管控，加大对标奖励和指标分析力度，同业对标指标综合排名位列国家电网公司系统第11位，7个专业模块进入前十名。

12月31日，国家风光储输示范工程二期扩建工程进入运行调试阶段。

11月12日，APEC会议期间，国网冀北电力全力保障北京地区电网安全和可靠用电。图为工作人员对变电站进行特巡。

积极配合国家审计署延伸审计，内外部审计检查问题整改完成率达到100%。开展领导干部经济责任等内部审计，完成昌天三回等重点项目专项审计，提出整改建议939条。充分发挥审计、法律、监察部门对“三重一大”决策事项的监督把关作用，有效降低决策风险。规范主业劳务派遣管理，实现3000余名劳务派遣员工用工形式转换。稳妥推进集体企业重组整合，减少集体企业32户。完成主多分开遗留事项处理工作。

【安全生产】 认真开展安全管理提升等活动，持续深化“六化”精益生产体系，建成电能质量在线监测系统，资产全寿命周期管理体系通过国家电网公司成熟型验收。加强调度和监控管理，开展“打非治违”和“清障护电”专项行动，集中治理1970处外部隐患，保障电网安全稳定运行。深化状态检修和隐患排查治理，加强设备全过程技术监督，完成海万二线紧凑型输电线路改造及陵昌双回迁改任务。深化应急联动机制建设，加大“西电东送”“北电南送”大通道和北京500kV环网的巡视力度，保障首都和冀北地区的电力可靠供应。

【营销工作】 抓住国家环保电价调整契机，全力疏导电价矛盾；配合河北省政府正式出台供电服务收费政策，唐山、承德市小区电力设施建设费标准分别上调42%和75%，唐山、张家口、秦皇岛、廊坊市政府出台煤改电锅炉补贴政策。全面推进业扩提质增速工程，新增业扩报装751.27万kVA；推进电能替代，完成替代电量较年度指标翻了一番。加强营业普查和自备电厂管理，开展电费抄核收工作质量“飞行检查”，追收电费和违约使用电费3300余万元，价外收入达到12.47亿元，连续三年实现当年及陈欠电费“双结零”；创新实施营销稽查监控工作法，强化量价费损专题监测分析，挽回经济损失5800余万元。严控“人耗”“物耗”，推行标准成本管理，节约成本支出2.55亿元；持续优化购电结构，购网电量占比提高0.67个百分点；合理组织税收筹划，节约纳税成本2.06亿元；全面加强集中采购管控，节约资金5.5亿元。

【农电工作】 建立省、市两级农电工作协同机制，狠抓农电安全管理，保证农网体系安全稳定，农电安全调考取得国家电网公司第6名的优异成绩。有序开展农电同业对标，16个县公司、24个供电所被评为省级标杆单位，4个县公司、6个供电所被国家电网公司评为同业对标标杆单位。夯实县级供电企业和供电所管理基础，抽查43个县公司129个乡镇供电所。完成乡镇供电所资料精简工作。农网工程有序推进，6项工程入选国家电网公司农网百佳工程，位列国网系统第4位。2014年农网改造升级工程总计划投资7亿元，投资计划完成率90%，国网系统排名第4位。

【科技与信息化】 有序推进两项863计划课题研究，国网冀北电力承担的国家科技支撑计划课题通过国家科技部验收。深化新能源领域前沿技术研究，风光储电站成为全球首个具备黑启动能力的大规模新能源联合发电站，风电机组高电压穿越技术取得重大突破。通信网、信息外网及核心业务系统全部实现独立运行，自建信息系统下线率达到100%。组建8支科技攻关团队，成功申报1项国家科技支撑计划课题、3项国家电网公司总部科技项目。超额完成年度专利申请及授权任务，5项专利成果通过国家电网公司科技成果转化评审。全年共获国家电网公司及以上科技奖21项，首次获得中国专利优秀奖，“大容量风光储联合发电关键技术研究与应用”获中国电力科技进步一等奖。

【优质服务】 完善抢修服务体系，加强窗口标准化建设，精简业务流程，超额完成营配贯通年度任务，营配贯通客户采录年度任务超额完成130%，实现高压用户营配数据100%挂接贯通。建成城市“十分钟交费圈”，实现农村“村村有交费点”。加强客户投诉全过程管控和供电服务明察暗访，暗访基层营业窗口245个，暗访运检类业务现场25处、模拟故障报修16次，客户满意度提升1.14个百分点。作为2014年第一批省级公司，6月14日实现95598全业务集中。提高业扩办电效率，组织开展“业扩报装大提速行动”，完善“绿色通道”和专业协同服务机制。主动走访发电企业，及时发布交易信息，构建和谐共赢的厂网关系。积极服务国家清洁能源发展，累计消纳电量138.19亿kWh，同比增长7.53%。

【党的建设和精神文明建设】 围绕“为民务实清廉”主题，聚焦作风转变，完成党的群众路线教育实践活动各项任务，排查并整改问题3851个，活动满意率及解决“四风”等突出问题的满意率均达到100%，得到了国家电网公司第一督导组的充分肯定。首次组织多部门对基层单位进行年度联合检查考核，全面了解基层单位党群工作和审计整改开展情况，减轻基层单位年终迎检负担。通过联合考核和综合评价，评选出10名处级优秀领导干部。开展“电网先锋党支部”创建、“十佳共产党员服务队”评选等活动。开展重点领域协同监督和效能监察，完成公务用车车载监控终端加装和各级领导班子成员办公用房整改工作。加强信息安全和保密管理，严格落实维稳责任，保证企业和谐稳定。

开展“社会主义核心价值观在冀北”等主题活动，评选首届公司劳动模范和“感动冀北电力年度十大人物”，举办“同一使命、同一梦想”主题演讲比赛，组织离退休老同志参加“学习解黎明·热爱国网·奉献社会”活动，中国青年报刊发“核心价值观在央企·冀北电力”专题报道，2篇稿件分别被新华社国内动态清样和央广内参采用。深化企业民主管理，公司民主管理经验被工人日报、劳动午报刊发交流。举办第二届职工技能运动会和文化体育艺术节。开通微信公众号“冀网开来”，组织第二届青年员工网上大比武和“奋斗的青春最美丽”分享活动。2014年，国网冀北电力先后荣获国家电网公司调查研究先进单位、国家电网公司运营监测（控）工作先进单位、北京市2013~2014年度“纳税A级企业”；公司系统4家单位、1个供电所荣获河北省先进集体，2家单位荣获国家电网公司先进集体；2个班组荣获“全国工人先锋号”和“北京市工人先锋号”称号，3个班组获得“国家电网公司先进班组”称号；2名职工荣获全国三八红旗手和首都劳动奖章，13名职工荣获河北省劳动模范，4名职工荣获国家电网公司劳动模范；2家单位、3名职工被评为国家电网公司“三集五大”体系建设先进集体和先进个人。

（赵哲源）

国网山西省电力公司

【企业概况】 国网山西省电力公司（简称国网山西电力）是国家电网公司全资子公司，属国有特大型企业，以电网规划、建设、运行管理及电力调度、经营等为主营业务，下设11个市供电公司、99个县级供电公司，供电区域覆盖全省除12个趸售县以外的108个县（市、区），肩负着山西省3648万人民电力供应的基本使命，承担着向京津唐、河北、江苏、湖北、山东等地外送电力的重要任务，服务客户约822万户，员工2.97万人。2014年，国网山西电力共完成省内售电量1372.28亿kWh，同比下降0.2%；外送电量343.3亿kWh，同比增长13.05%。

【电网概况】 截至2014年底，山西电网总装机容量63 640.26MW。按调度单位划分，国调装机3300MW，阳城电厂以点对网方式送江苏电网；华北网调直调机组容量5920MW；省调装机容量50 818.24MW（其中进入商运容量为50 236.74MW）；地区小电厂合计容量3602.02MW，省调机组按机组性质划分，光伏电站11座，容量435MW；风电场53座，容量4823MW；煤层气电厂3座，容量181.24MW；燃气机组6台，容量986MW；水电厂4座（含抽水蓄能），16台，容量2288MW；火电机组153台，容量42 105MW（其中供热机组92台，容量21 145MW，占比为50.2%，空冷机组118台，容量33 475MW，占比79.5%，循环硫化床机组52台，容量7855MW，占比为18.6%）。

共有220kV及以上电压等级变电站221座，主变压器479台，变电容量96 994MVA，其中特高压变电站1座，变压器2台，容量6000MVA；500kV变电站19座（含榆社开闭站），主变压器36台，容量30 500MVA；220kV变电站201座，主变压器441台，容量60 494MVA。

共有220kV及以上输电线路652条，线路长度18 722.154km（不含跨省输电线路）。其中500kV线路78条，长度5039km；220kV线路574条，13 683.154km（其中省调线路490条，12 364.154km）。另有跨省输电线路29条，长度3433.739km。

【人力资源】 开展人力资源需求预测，强化诊断分析，指导各单位盘活存量、科学补员。2014年，核准录用毕业生507人，硕士以上占比29.3%，比2013年高3个百分点；211、985重点院校毕业生达到44.2%；电工类、电子信息类和其他工学类等主干专业占比达到88.5%。新进人员全部配置到生产一线岗位，通过内部市场供需平台上线运行，实时监测各单位、各专业、各岗位的人员流动变化情况，统筹开展内部竞聘、挂职锻炼、临时借用、劳务协作、人才帮扶等一系列市场配置活动。全年系统内配置431人，其中岗位竞聘88人，组织调配167人，人才帮扶36人，临时借用93人，挂岗锻炼47人。用工总量得到有效控制，用工配置率提升3.67个百分点。

开展技术比武、岗位竞赛、评选专业技术拔尖人才，选拔专业技术能手，构建形成人才梯队。2014年，国网山西电力遴选9名优秀人才入选国家电网公司专业领军人才，在聘的国家电网公司优秀专家人才43名、省公司级专业领军人才73名、优秀专家人才237名。

2014年，共计举办各类培训班2120期，培训人次13.81万人次，全员培训率为98.67%；人才当量密度0.964 1。举办500kV变电站值班员、220kV架空输电线路带电作业等12项竞赛和配电网规划专业普考、输变电工程设计评审技术调考等7项调考。地市公司层面共举办30项竞赛、26项调考，参加人次共计2533人次。创建33个技能专家工作室中，“卢洪宝变电检修技能大师工作室”于2012年7月由国家人社部正式命名为“国家级技能大师工作室”“方守盛技能输电线路工作室”和“陈文刚调度自动化工作室”等11个工作室评选为山西省技能大师工作室。

推进“五位一体”协同机制建设。成立机制建设领导小组，下设办公室并成立8个业务小组。引入咨询团队，采取集中办公形式开展建设工作。在内部网站开辟专栏，在《山西电力报》专题报道，编制《“五位一体”协同机制建设项目宣传手册》。引用国家电网公司通用流程1095项，引用率98.1%；引用非通用流程184项，应用率100%；修改完善非通用流程16项，补充流程3项。在“三集五大”岗位体系的基础上，修订完善国网山西电力典型岗位名录，共计完成13类3099个典型岗位及职责属性的匹配；收集非通用制度和补充制度99项，拆分匹配制度条款总数2371条；收集匹配补充技术标准20项；收集匹配补充绩效指标124项。截至11月30日，全面完成岗位职责、管理制度、技术标准、绩效指标、风险控制等要素与业务流程的匹配工作，共导出流程手册1282个、岗位手册3168个。

【电网建设与发展】 2014年，国网山西电力共完成电网建设项目投资102.37亿元，同比增长46.87%。其中：特高压项目完成投资1.15亿元，500kV项目完成投资14.96亿元；220kV项目完成投资30.04亿元；110kV项目完成投资14.65亿元；35kV及以下项目完成投资41.57亿元。新开工110kV及以上新开工变电容量421.30万kVA，线路1368.56km，其中：500kV变电容量100.00万kVA，线路88.60km；220kV变电容量144.00万kVA，线路747.60km；110kV变电容量177.30万kVA，线路532.36km。全年投产110kV及以上变电容量965.80万kVA，线路2230.12km，其中：500kV变电容量400.00万kVA，线路396.00km；220kV变电容量336.00万kVA，线路1184.52km；110kV变电容量229.80万kVA，线路649.60km。

以特高压工程为引领，承担“两交三直”5项取得路条项目的核准立项工作和“两交两直”4项后续规划项目的可研属地工作。“两交一直”前期手续全部取齐，蒙西—天津南特高压交流工程获得核准，开工准备工作就绪。灵州—绍兴特高压直流工程（山西段）建设进展顺利。

编制完成山西电网“十三五”规划。2015年电网项目全部取得省发改委核准。500kV兴县、大同东，220kV大西、中南铁路供电工程以及电源送出等省重点工程按期投运。220kV崞阳、110kV中杨新一代智能变电站开工建设。农网改造2013年工程整体通过验收，2014年工程完成率96%，11.7万户“低电压”问题得到治理。500kV龙城线路工程全过程应用机械化施工技术，获得国家电网公司项目管理流动红旗。110kV及以上项目优质工程率保持100%，500kV榆次北变电站工程首获中国建设工程鲁班奖，并与神头送出工程双夺中国电力行业优质工程。

● 荣获中国建设工程鲁班奖的山西榆次北（福瑞）500kV 变电站全景。

【经营管理】 严格综合计划和预算执行，投运综合计划项目执行管理系统，省市两级项目预算审核机制基本形成。加强供电单位、施工企业经营诊断分析与整改提升。应对用电需求低迷形势，灵活开展外送电交易。率先建成全国统一电力交易平台，直供电交易178.4 亿 kWh。实施电能替代项目 166 个，增售电量32.85 亿 kWh。全额疏导垫付环保电费，“三免三减半”优惠政策全面落实。《新建居民住宅小区供电工程建设技术规范》成为地方标准，太原等 7 市延续新建小区收费政策，全年收费 7.3 亿元。无偿接收用户资产 37.4 亿元，降低资产负债率 4.26 个百分点。加强电费回收和风险预警，制定落实高耗能企业“一户一方案”，月均预付费超过 60%，继续保持电费回收双结零。试点应用国家电网公司购售一体化电量与线损同期管理平台。实施查窃查违专项行动，追补电量2346 万 kWh、4910 万元。安装 200.9 万只智能电能表，打开 68.9 万户合表用户，实现 880 万直供直管客户、1543 座厂站用电信息采集全覆盖。建成高平、侯马充换电站，完成资产划转和集中运维，投运智能监控系统，服务网络逐步拓展。

落实“五大”建设方案，通过国家电网公司体系成效评估，33 项成果入选最佳实践案例库。“五位一体”协同机制基本构建，5 批 452 项通用制度一贯到底，专业和岗位工作手册启动编制。推进“三个中心”建设，19 座 500kV 变电站监控业务移交省调，建立配网抢修指挥平台新机制；建成省市两级运营监测（控）体系；各级客户服务中心强化闭环监督管控，服务效率和质量明显提高。持续深化“三集”管理，县公司电费账户按规定完成整合撤并，施工企业实现资金集中核算，49 家单位会计基础创优达标。物资类、服务类集中采购全覆盖，零星工程与服务框架招标试点推广，框架模式采购额增长 1.8 倍，盘活利库物资 2864 万元。完善规范“五大”体系，省经研院取得“甲级”设计资质，地县调一体化运转顺畅，500kV 线路运维全部移交省检修公司，营配数据初步贯通，省计量中心“三线一库”投入运行。

【安全生产】 学习贯彻新《安全生产法》，开展安全万里行、打非治违等专项行动，发布风险预警 345 次，整治隐患 8301 项。联合开展重大方式及调度在线安全分析校核，闭环联动防控电网风险，建成全国首个新能源安全与消纳一体化平台，大电网管控能力不断增强。建立综合检修工作机制，开展 500kV 雁同等 38 座变电站综合检修，减少停电操作时间 266h、检修作业时间 1709h。配网不停电作业 5525 次，增长 370%。农村配电网运行监测系统应用取得实效。投资 1.38 亿元治理低压配电台区，首次实现“两节”配电变压器“零烧毁”。资产全寿命周期管理体系、状态检修工作质量、电能质量在线监测系统通过国家电网公司验收，22 个县公司完成安全性评价。完善 992 项高危及重要客户“一户一案”，开展全省黑启动及专项反恐演练，增设重点城市基干分队。

2014 年，国网山西电力未发生电力生产人身伤亡事故，未发生恶性误操作事故，未发生五级以上电网事件和七级以上设备事件，未发生负同等及以上责任的火灾事故和重大交通事故，未发生负人员责任的信息安全事件和对公司和社会造成重大影响的安全事件。实现无重大设备事故 5581 天。

【营销工作】 全面落实国家电网公司“以电代煤、以电代油、电从远方来”的电能替代战略，重点在集中供热场所、工矿企业、交通领域、农村地区、城乡居民等 5 大领域，推广电锅炉、热泵、电窑炉、电热膜、电地暖、电熔炼设备、家庭电气化、电动汽车以及城市轨道交通等 9 项电能替代技术，提高电能占终端能源消费比重。针对部分落后行业生产排放大、污染大、产能底，如煤窑生产、废塑料、金属冶炼作坊等，主动向企业宣传电能清洁、环保的优点，将以电代油、代气、代煤的技术经济比较分析材料主动送到用户手里，积极争取电能替代项目实施空间。制定下发《国网山西省电力公司电能替代实施方案》，将电能替代工作纳入营销重点工作进行考核。强化内部管理机制的协调，在业扩报装环节就将电能替代潜在客户纳入重点客户跟踪服务，实现电能替代工程从业扩报装到送电全过程“一站式”服务。发挥公司节能小组作用，为用户提供电能替代相关的咨询、设计、施工、运行维护等全方位服务，引导用户主动实施电能替代；开展电能替代宣传活动，通过发放宣传资料、微信平台，营业厅、网络、微信、广播电视等多种宣传方式，采用客户走访、上门服务等形式，宣传“以电代煤、以电代油、电从远方来”的电能替代理念和技术；结合全国节能宣传周开展绿色电能进校园、进家庭、进企业等主题活动，共发放宣传资料400余万份，走访潜在用户2000余户，提高社会对电能替代的认知；实施一批电能替代示范工程，如运城芮城县宏光医药包装业有限公司药用玻璃电熔炉项目、临汾双山热力公司污水源热泵项目和洪洞职业技术学校电热膜采暖项目等。

通过市场调研与预测分析，与政府、用户的进行信息技术交流，掌握政府重点投资项目和产业扶持信息，实施增供扩销；实施电能替代，倡导使用清洁能源，大力推广“以电代煤、以电代油、以电代气”力度；建立多部门协调机制，通过业扩提质提速、电网经济调度、创新检修模式、提升供电能力、规范供电营业管理、拓展外送电市场等，实现市场开拓。

2014年，国网山西电力累计售电量完成1372.28亿kWh，同口径同比增长0.01%，增加售电量0.2亿kWh，拉动市场占有率同比升高0.01个百分点。等效售电量为27.81亿kWh，同口径同比增长58.54%，增加电量10.27亿kWh，影响市场占有率同比升高0.69个百分点。全社会净用电量为1494.87亿kWh，同比降低1.19%，减少电量18.04亿kWh，影响市场占有率同比升高1.11个百分点。

【科技与信息化】 编制完成“十三五”通信网、电网智能化和配电通信网规划。创新联合研发组织模式，与中国电科院签订战略合作框架协议，首次发布科技项目指南和成果培育方案。5项总部重点项目通过验收，6项成果获得省部级科技进步奖，3项标准工艺研究通过国家电网公司评审。申请专利1217项，授权922项，分别增长26.77%和17.15%。完成信息系统适应性调整和信息通信资产清理。规范信息系统运行管控，累计下线自建系统173套。供电所网络设备、县公司机房改造和班组信息系统实用化等工作按期完成。

【优质服务】 主动适应95598全业务集中管控，推进供电服务提升工程。在国家电网公司组织的客户满意度调查与“营销服务规范度”指标对标中，国网山西电力“营业厅服务满意度”与“窗口服务规范率”分别得分79.13、90.16，在国家电网系统分别排名第六、第十位。

编制《供电营业厅服务管理规定》与《窗口业务规范化服务手册》，实现窗口员工服务行为有据可依。严控停电问题。推动业扩工程、客户检修与电网计划检修、建设改造停电协同联动，严控各种原因引发的频繁停电，减少终端客户停电时间和次数。围绕“制度管理”“队伍专业能力提升”两个方面，规范一线人员行为，组织全省1172名营业站（所）负责人全部签订廉洁规范服务责任状，14 258名营业站（所）对外服务人员全部签订廉洁规范服务承诺书。

发挥省客服中心服务管控作用，挖掘应用95598运营数据，提炼客户集中关注的热点、共性问题，通过工单预警、重点督办、现场核查等及时发现并解决问题。开展供电服务明察暗访，同步建立投诉属实性核查机制，对调查不彻底、反馈不属实的投诉，由省客服中心组织全面复核，避免同类问题反复出现。利用95598业务平台做好查缺补漏。对应客户反映欠费停电的问题，加快实施“银行批扣”为主的多种信息化缴费方式推进力度，依托省级集中短信平台，实行先短信后电话催费策略。对客户反映低压报装工程收费的问题，在公司系统强化推行阳光业扩，简化报装资料种类，居民、低压小容量用电需求直接开放，明确居民新装表箱、电表由公司统一配送，零散居民业扩接入全部纳入公司低压电网维护成本或农电维护费项目，坚决杜绝乱摊派、乱收费等违规行为。

推进实施“你用电，我用心”为民服务工程。开展客户满意县公司创建活动，2014年3个县公司累计零投诉。开展供电服务进社区活动，结合95598转办客户诉求调查处理，关注客户抱怨并及时化解矛盾和误解。组织社会第三方开展客户满意度测评巡讲，形成服务短板跟踪整改闭环提升机制。制定《95598远程工作站业务职能与协同服务指导意见》，疏导规范计量故障抢修、停电信息发布、停限电通知等业务配合，推进抢修指挥调控专业化管理与地市95598业务同台值班，持续完善供电抢修协同服务机制。

【党的建设和精神文明建设】 开展党的群众路线教育实践活动，聚焦“四风”问题，召开专题民主生活会，认真开展批评与自我批评。坚定执行中央“八项规定”，腾退办公用房1.08万m^2，清理整顿培训中心、宾馆酒店，“三公”经费、会议费分别压降28.15%和44.63%。加强班组标准化建设，落实53项班组减负措施。

持续深化政治保障工程，健全基层单位党组织，加强乡镇供电所党的建设。强化党风廉政建设责任制，严格实施“两项监督”，查处违反“八项规定”和“四风”问题6件、案件9件，处分处理56人。开展“学习道德模范、恪守为民宗旨、履职尽责奉献”和“奋斗的青春最美丽”主题实践活动，面向基层选树“三好”等先进典型132名。深化民主管理，开展职工代表巡视检查，促进职代会决议和重点工作落实。发布《责任晋电》，开通官方微博，国家电网品牌持续提升。关心员工生产生活，落实离退休人员“两个待遇”。

（龙 云）

国网山东省电力公司

【企业概况】 国网山东省电力公司（简称国网山东电力）是国家电网公司全资子公司，负责山东电网的规划、建设、运营，为山东经济和社会发展提供安全、可靠、优质的电力供应。截至2014年底，国网山东电力本部设置23个部门，下属17个市供电公司及检修公司、鲁能体育文化公司等31家企业和单位，管理97个上划县供电公司，1个代管县供电公司，服务客户3720万户，供电人口9790万，供电区域15.7万 km^2。

2014年，全省全社会用电量4223亿kWh，同比增长3.4%；售电量完成3026.96亿kWh，同比增长3.05%，市场占有率完成94.84%，同比提高11.9%；线损率完成6.68%。国网山东电力荣获国家电网公司同业对标标杆单位，连续三年获得业绩考核A级。

【电网概况】 截至2014年底，山东电网拥有220kV及以上变电站370座，其中500kV变电站33座，变电总容量1.76亿kVA，输电线路总长2.63万km，形成了500kV两个双回路通道与华北电网联网、以±660kV银东直流深入负荷中心、以500kV为省域电网主网架、220kV为市域电网主网架，发、输、配电网协调发展的超高压、大容量、高参数、高自动化的现代化大型电网。

全省发电装机容量7970.8万kW，其中火电装机容量7203.0万kW；风电装机容量622.4万kW，占7.81%；电网统调公用电厂装机容量4812.0万kW，占60.37%。全省发电量3737.76亿kWh，同比增长3.9%，其中风电发电量100.9亿kWh，全省燃煤发电机组平均利用小时数5131h，风力发电机组平均利用小时数1783h。

【人力资源】 截至2014年底，国网山东电力共有职工74 208人。其中，中专及以上学历60 256人，本科及以上学历24 095人。

基本建成“五位一体”协同机制。严格执行“三定”管理要求，根据“三集五大”机构设置和人员配置操作方案，审批机构调整信息7762条，岗位调整信息52 022条，编制修订岗位说明书56 000份。编制邹平、鲁能物业机构编制和人员配置方案，将“三集五大”体系延伸到代管县公司和集体企业。

开展市县一体化考核，由市公司直接考核县公司，强化市公司管理主体作用。建立涵盖各级管理机关和一线员工的岗位绩效指标体系，梳理岗位关键业绩指标8979项，班组工作积分标准3486项。本部及市、县公司ERP绩效系统上线运行，全员绩效管理实现到岗到人。内部人力资源市场稳步推进，试点市县一体化配置，优化配置1248人。

全年举办特高压、智能电网等各类培训班6847期，培训27.8万人次、鉴定2.1万人。举办6期“金种子”优秀班组长精品培训班，打造岗位培训向人才培养转变的典型案例。进阶式“金种子”人才培养模式在国家电网公司人力资源专业会议上做典型发言并在国家电网公司2015年班组长轮训中推广。培育6家技能大师工作室，试点首席技师选拔，1名职工入选中华技能大奖，新增24名省部级人才、51名国家电网公司专业领军人才和577名、1430名省公司级、地市公司级专家人才后备。

● 6月8日，国网山东电力“金种子”优秀班组长培训研讨交流现场。

建立人力资源管理创新机制，交流发布24项管理创新成果，3项实践案例入选国家电网公司“三集五大”最佳实践案例库。建成国家电网公司领导力开发研究中心山东分部。举办人资大讲堂，开展“送培上门”，实施竞赛夺标工程，统筹14项竞赛调考，荣获国家电网公司人资专业调考等7个团体第一和两个团体第二。

【电网建设与发展】 配合山东省发改委完成总投资96.53亿元的农网改造升级项目建议计划，有力保障经济社会发展的用电需要；完成售电量3027亿kWh，同比增长3.05%。结合大气污染防治行动计划，向山东省政府汇报山东电力供需形势和实施“外电入鲁”战略对节能减排的贡献，加快推进特高压入鲁。“两交一直”特高压工程纳入国家大气污染防治行动计划。

开展“规范管理年”活动，建成投产35kV及以上输变电工程358项，线路6389km、变电3052万kVA，同比增长48%、41%；开工35kV及以上工程319项，线路长度5716km、变电容量3477万kVA。加快锡盟—山东特高压交流工程推进，线路施工全线第一家转序，榆横—潍坊等“两交三直”工程加快推进。8项500kV工程投产，11项开工。华电莱州电厂500kV送出工程荣获国家优质工程奖，烟台牟平500kV变电站工程荣获“改革开放35年百项经典暨精品工程”。完成山东电力（潍坊）职工实训基地、国网临沂供电公司调度综合楼项目建设，检修基地、科研基地项目完成竣工决算、固定资产转资。

● 11月4日，锡盟—山东1000kV特高压交流输变电工程开工动员大会现场。

完成国家电力物联网应用示范工程分布式发电及微电网接入控制、东营智能园区建设，为提升海岛供电可靠性与园区电力客户用电效率做出有益探索。完成山东首个智能电网综合示范项目——德州高铁新区综合工程建设；完成威海电力光纤入户建设，积极实践“三网合一”。完成电动汽车综合标准化试点标准体系编制，组织《新建交流变电站智能机器人巡检典型设计》技术标准讨论，开展变电站设计与智能机器人巡检适应性研究。新建改造中低压线路2.9万km、配电变压器2.2万台，完成1.82万个行政村农网改造升级，农村户均配电变压器容量提升至1.05kVA。率先实现直供区和县城中心区配电自动化全覆盖。开展输电线路防外破等“三个专项治理”，220kV及以上线路跳闸、变电故障率分别下降26%、38%，10kV线路故障率下降27%，消除42.6万户“低电压”，居民电压合格率提高0.28个百分点。实施春节保供电工程，实现除夕夜全省台区不停电。强化农网优质工程创建，实现农网优质工程4019项，优质工程率达96%，8项中低压工程入选国家电网公司“农网百佳工程”。建成36座电动汽车城际快充站，构建形成京沪、青银“一纵一横”高速公路城际快充网络。服务车辆累计行驶8547.22万km、充换电电量9105.51万kWh。牵头承担编制国家标准《电动汽车车载直流电能表技术条件》、行业标准《电动汽车充放电设施术语》《电网间歇性电源与电动汽车充电协同调度技术导则》和国家电网公司《智能充换电服务网络建设管理办法》。

【经营管理】 全面建成“三集五大”体系，完成省市县三级体系建设成效评估和全面总结，“三集五大”体系运转平稳。制定并落实完成13类104项重点工作任务。完成“三集五大”体系建设成效评估及问题整改，开展最佳实践总结提炼和学习推广，53项最佳实践案例入选国家电网公司案例库。

开展基础管理规范化评估，47家单位获准报批并全部达标。依托资金监控平台，加强资金风险在线监控、月中资金归集，资金统筹运作能力显著提升。土地确权成效显著，土地确权率大幅提升；深化设备资产联动，完成产权清理整合。开展内控评价，完成风控系统数据整改，开展非电单位依法治企综合检查，稽核体系全面覆盖。全额疏导脱硝除尘等环保电价矛盾，趸售区全面执行大工业电价政策，居民阶梯电价政策在年内得到顺利延续并完善。强化投资预算管理，完善投资管控机制，实现投资支出精益化管理。“基于生产、基建标准成本体系的全链条预算管控工具平台研究”获得全国电力行业信息化优秀成果二等奖。

开展“精益管理年”活动，将研究开发、信息化建设、运维检修外包、营销计量装置安装维护等零星工程与服务采购纳入集中管控范围，推进集中采购全覆盖。建成投运公司内部评标场所，完成48批次、397.78亿元采购任务，同比增长39.67%，节资29.02亿元，物资集中采购率100%，服务集中采购率95.21%，物资配送按期到货率99.97%。

实施县供电企业管理提升工程，开展“回头看”

活动，选树管理提升工作先进县公司16家、进步县公司7家，提炼98项典型案例结集出版《县公司管理提升工程典型经验》。开展县供电企业同业对标，指标数量精简20.3%，8家县公司获得国家电网公司标杆单位。

坚持依法从严治企，统筹审计、财务、人资、物资等力量，开展依法治企综合检查。加强重点领域、关键环节的监督管理，开展经济责任、营销管理、工程投资、县公司、集体企业及供电所等重点审计项目6147项，减少不合理支出，提出合理化建议2013条。积极配合国家审计署完成经济责任审计。全面落实整改责任，组织开展问题落实整改“回头看”。国网山东电力荣获全国内部审计先进集体、国家电网公司审计工作先进单位。

【安全生产】 开展现场作业风险分析。开展打非治违专项行动，开展信息网络和电力二次系统、调度通信大楼消防、供电安全隐患排查治理。开展领导干部和管理人员到位监督、各级安全督察队督查和“四不两直”式现场检查。强化安全教育培训。组织6次《安规》调考，参考2870人次，通报不合格117人次。承担国网网络大学《刀闸操作行为准则》《供电企业应急管理》等六门课程挂网运行。

开展资产全寿命周期管理体系建设工作，分专业组织开展体系试运行，在国家电网公司系统首批通过资产全寿命周期管理体系建设预评价和正式验收。健全可靠性三级管理网络，开展可靠性目标管理，加强停电计划的控制与监督，城市、农网供电可靠率分别为99.984%、99.967%。推进电能质量在线监测系统建设，实现输变电可靠性、供电可靠性数据的自动采集，通过国家电网公司现场验收。

推进大应急体系建设，成功处置“5·27烟台强对流恶劣天气”“5·29威海山火”等多起突发事件。推动全省17个地市政府全部出台处置大面积停电应急预案并开展政企联动演练。印发2014年迎峰度夏、度冬应急保障措施方案，成功处置威海山火、“麦德姆”台风等突发事件。完成APEC赴京保电、青岛世园会等重大保电任务。全年共组织开展各类应急演练活动385次，参与演练人数13 105人次。组织各类应急培训232期，累计培训学员3900余人次。从基层单位选拔优秀员工60人，驻扎应急基地备战。

完成9座500kV变电站安防系统升级改造。联合公安部门加大对涉电案件的打击力度，2014年全省共破获涉电犯罪案件420起，挽回直接经济损失1600余万元。组织开展消防安全“责任落实年”活动，2014年共查出消防隐患651项，完成整改608项。完成GPS车辆管理平台上线和运行工作，对新增车辆及时安装GPS车载终端，保持安装率和在线率100%。

【营销工作】 主动对接2413项省、市重点项目，全容量开放低压报装，高压免审批容量提升至500kVA。实施业扩流程“串改并”，全年完成业扩报装容量3403万kVA，同比增长14.85%，高压业扩平均接电时间同比缩短4.3天。规范供用电秩序，开展大用户与发电企业直接交易，完成交易电量60亿kWh。

推进“大营销”体系建设全覆盖，基本实现城乡营销一体化管理。计量器具实现集中检定和统一配送，年检定能力突破千万只。完成95598全业务向国网客户服务中心集中。全面推行抄表自动化、核算智能化、对账电子化等新型业务模式，年均远程抄表成功率达到97%，电费智能核算率达到85%。加强电费风险“一户一策”管控，电费回收连续11年保持100%。国网山东电力荣获国家电网公司第二届供电服务技能竞赛团体第一名。

建立营配协同工作机制，快速推进营配贯通，在国家电网公司系统率先实现营配业务流程衔接和设备异动交互，完成全部42.7万专变客户和2335万低压客户信息普查和关联对应，实现“站—线—变—箱—表—户”的拓扑关联。完成全省98个县公司营销GIS平台的推广应用和验收评价。深化电话、网站、微信、移动客户端、数字电视、短信的集成融合，在国家电网公司系统首家打造“六位一体”智能互动服务平台。加快用电信息采集系统建设，全年完成智能电能表推广应用1070万只，采集覆盖率达97.2%。

推广电能替代，实施电能替代项目1114个，全年完成替代电量82.5亿kWh。开展合同能源管理模式配电网节能改造，完成公配变改造22 075台，容量432万kVA，平均功率因数由0.82提升至0.94。

【农电工作】 加强农村用电安全管理，开展“进农户”专项活动，推广农村户用漏保安装和使用，农村人身触电伤亡投诉工单同比下降26%，荣获国家电网公司农村用电安全管理和技能知识调考团体第一名。“以履行社会责任为导向的农村电网服务体系建设”获得2014年度全国电力行业企业管理创新成果及五年经典案例两个一等奖。

夯实供电所管理基础，修缮供电所857个。开展供电所管理提升工程，供电所同业对标指标数量精简16.7%，出台供电所减负“十项”措施，11个供电所获得国家电网公司同业对标标杆单位。加强农维费支出计划管控，明确供电所管理费用测算定额，农网运行维护项目细化到台区。

【科技与信息化】 全年荣获省部级及以上科技奖50项。在电力机器人、电动汽车等前沿领域荣获多项国家级奖励，并获得省科技进步一等奖，并全面实现产业推广。开展革新活动400余项。

加强信息化建设和应用。实现数据的充分共享和业务深度融合，完成国网信息系统硬件资源池等7个试点项目建设，建成班组一体化操作平台，基层班组信息减负成效突出。率先完成“三集五大”38套统推信息系统、120多家单位的适应性调整工作。确认公司信息化和工业化融合的“五项新型能力”，在全国电力行业和山东省，率先通过工信部两化融合管理体系贯标认证。开展信息安全等级保护测评工作，连续3年荣获山东省公安厅及网安协会“信息安全管理先进单位”称号。荣获国家电网公司信息安全督查调考个人第二名，包揽OWASP网络攻防大赛（山东赛区）赛场网络攻防大赛团体前三名。

【优质服务】 推进“彩虹蓝天”服务百姓服务社会六项落地行动，着力解决服务群众“最后一公里”问题。全省90%的营业厅实现“一柜通”和预约服务。客户办电申请资料精简8种。新增交费点1.8万个，累计建成交费点10.19万个，“村村设点”率99.43%。开展“依法从严治企严肃规范服务”百日隐患排查整治活动，依法规范供电收费行为，市县公司共计规范收费项目169项。加强投诉重点问题分析通报，客户投诉同比下降68.4%。国网山东电力连续六年获得山东省九大公共服务行业满意度评价第一名，连续两年获得国网客户满意度测评第一名。度夏期间，在负荷缺口近400万kW的情况下，确保全省电力有序供应。

【党的建设和精神文明建设】 各级党委理论中心组开展集中学习1000余次。班子成员深入一线调研，向5000多家党委政府及主管部门、2.6万余个电力客户、4.7万余名职工群众征求意见建议。召开专题民主生活会和组织生活会，4.7万余名党员参加民主评议。制定“两方案一计划”，建立问题整改销号制度，公司系统6029项问题全部完成整改。教育实践活动得到中央第六、第十三巡回督导组、国家电网公司活动办和督导组充分肯定。

推进服务型党组织建设。组织基层党支部书记和党务干部培训班，累计培训1802人次。开展庆祝建党93周年系列活动，举办“七一”专题党课讲座，开展“电网先锋党支部”创建和评选，规范彩虹共产党员服务队管理。国网山东电力荣获全国电力行业思想政治工作先进单位，国网威海供电公司党委被评为中央企业先进基层党组织。

推进卓越企业文化落地实践。开展“中国梦·国网情”岗位实践活动，评选“彩虹为民”先进典型50个。“善小”爱心活动荣获中央企业优秀志愿服务项目，国网山东电力荣获国家电网公司“企业文化建设卓越贡献奖”，被评为全国电力行业企业文化建设示范单位，获得国家电网公司年度企业文化建设优秀成果评选两个一等奖和一个二等奖。完成中央企业党建思想政治工作研究会课题“以‘善小’活动推进道德建设实践与研究”。开展“正青春”系列活动，实施青年文明号优化提升行动。1个志愿服务项目荣获首届中国青年志愿服务项目大赛银奖，国网山东电力荣获全国“希望工程25年杰出贡献奖”。举办第十届文化体育节和离退休老同志文化艺术节。

（李秀芳　郝爱军）

国网上海市电力公司

【企业概况】 国网上海市电力公司（简称国网上海电力）隶属于国家电网公司，是上海地区电力输、配、售的特大型企业，负责统一调度上海电网，参与制定、实施上海电力、电网发展规划和农村电气化等工作，并对全市的安全用电、节约用电进行监督和指导。截至2014年底，国网上海电力下设23个部门，直接管理24家单位，其中包括11家地市级供电公司以及检修公司、信通公司、上海电力医院等13家专业公司和机构；代管市属企业路灯中心。服务客户967.91万户，供电区域包括整个上海市行政区。

2014年，国网上海市电力公司全面完成电网发展、经营管理、优质服务等年度重点任务和年初职代会确定的各项任务目标。完成安全生产、亚信峰会保电、重大工程建设等工作，特高压及上海电力建设政企联席会议机制顺利建立，惠及全市三分之一居民的老旧小区电能表前设施改造工程全面启动，行风测评和“12345热线”绩效考核实现“双优秀”，电力客户缴费信息率先成功纳入央行征信平台，获评全国第一家公用事业诚信计量示范单位。

【电网概况】 上海电网全面进入特高压时代，已形成“四交四直”市外来电通道新格局。500kV电网已建成上海市双环主网和南外半环，通过1000kV练塘变电站和500kV徐行、黄渡、三林变电站与华东主网连接，又通过宜华、葛沪、林枫3回500kV直流线路及1回复奉800kV直流线路同华中电网相连。220kV电网是上海电网主要供电网络，已实现杨行、徐行、亭卫、远东等13个分区运行。截至2014年底，上海电网拥有35~1000kV变电904座，变电容量15 229万kVA，线路长度19 129km（其中电缆9986km）。电压合格率达99.993%，供电可靠性达99.988%。

【人力资源】 率先完成“五位一体”协同机制建设试点。参与总部顶层设计，以流程为基础，融合职责、制度、标准、考核、风控等要素，建立基于公司层面、覆盖各业务的协同管理体系；协助总部完成对口兄弟单位督导帮扶；“五位一体”协同机制建设获总部验收第一名。

推进人才培养工作。构建业务能力考评及培养机制，实施培训项目212个，培训4.6万人次，开展“三种人”、电缆、监理、监造、业扩等专业考评7794人次。11人入选国网专业领军人才。开展群众性劳动竞赛活动231项。定期举办青年硕、博沙龙。谢邦鹏被列为上海市青年英才重点宣传典型。

推进规范用工。开展重点岗位人员轮岗工作，排查重点岗位480个，重点岗位人员2271人，完成轮岗959人；启动内部人力资源市场建设，策划相关方案，持续完善制度建设；加强业务外包用工管理，完善信息统计工作，严格执行外包用工报批制度，严控外包用工总量。

【电网建设和发展】 全面提升电网安全标准，按照核心区域满足春秋季检修方式下N-1要求，修订《上海电网规划设计技术导则》。编制开关站规划和2015~2020年配电网、配电自动化、通信网滚动规划。完成2014~2018年电网建设项目计划安排。各供电公司与上海市全部18个区（县）发改委、规划和国土资源管理局、环保局签订战略合作协议。177项输变电项目顺利核准，151项2015年迎峰度夏项目全部核准。

2014年电网建设任务全面完成。投产110kV及以上交流线路447.83km、变电容量1294万kVA。新开工110kV及以上交流线路435.95km、变电容量1469万kVA。淮南—南京—上海特高压及其配套工程平稳开工，完成74基杆塔基础施工；特高压复奉直流送出加强工程满负荷送电；世界最大阻抗的500kV杨行串抗工程成功投运；220kV即墨地下站提前半年投运并实现陆家嘴核心区“双电源”供电；150项迎峰工程按期完成；建成洞泾等4个“模块化建设”智能变电站；东海大桥海上风电二期工程完成全部28台风机安装。皖电东送交流特高压示范工程荣获国家优质工程金奖；500kV虹杨输变电工程有序推进并荣获市文明示范工地第一名；参与建设的川藏联网工程顺利投运。完成配网台区改造3938个、新增1487个。累计建成电动汽车充换电站26座，充电桩1482个。

【经营管理】 线损精细化管控覆盖987个变电站、11.5万个台区，基本实现测点全覆盖、采集全自动和设备全比对。专项整治窃电等“跑冒滴漏”问题6548个，追补电费及违约金5188万元。累计改造新增电锅炉549台，年替代电量1.66亿kWh。连续6年荣获AAA级信用企业资质。与上海电气合作的输配电产业继续取得较好的发展和业绩。

疏导燃气及电网投资电价矛盾。通过资金委贷实现净收益2.21亿元。盘活存量资产效益，完成积压物资利库234.77万元，废旧物资处置回收金额1.1亿元，实现闲置资产出租、处置增收约4000万元。

【安全生产】 完成亚信峰会、迎峰度夏、两会和春节等重要保电任务，亚信峰会保电实现“零差错”“零闪动”和“零投诉”，迎峰度夏保电实现供电能力、可靠性、客户满意率、抢修速度等指标大幅提升，主变压器重过载数、台区重过载数、配网故障数、投诉量大幅下降。全年未发生人身伤亡事件，未发生六级以上电网、设备事件，未发生重大负面舆情、不稳定和失泄密事件。

● 5月12日，国网上海电力工作人员对第四届亚洲相互协作与信任措施会议的场馆进行特巡。

（张锐楠 摄）

深化“安全管理提升”活动，建立健全“四项管控机制”。依托全面风险质量管控手册，建立安全风险管控机制。建立设备跳闸管控机制，220kV 及以上跳闸数同比下降 15%；顺利完成 1000kV 特高压练塘站首检，在国内首次发现主变压器局部放电缺陷并成功消缺。全年累计排查整改隐患 5406 项；联合市绿化部门共同整治树线矛盾。

加快应急救援人才队伍和物资装备建设，开展“2014 年上海市大面积停电突发事件应急联合演练”，系统提升上海城市“3+*X*”电力应急保障能力。健全政企联动应急协调机制，健全市、区二级电力突发事件应急处置机制。

“警企联动”严厉打击偷盗破坏电力设施犯罪行为，守候伏击犯罪现场 124 批次，抓获犯罪嫌疑人员 30 余人，全年共发生偷盗、破坏电力设施案件 523 起，同比下降 38%。评估电力设施风险等级，在调度大楼和 500kV 变电站安装车辆防冲撞装置，加强重要场所保卫值班，提升反恐装备、技术和管理水平。

【营销工作】 2014 年，完成售电量 1123.47 亿 kWh，市场占有率 99.11%。依托工程一体化管理信息系统，实现业扩全过程信息化监控，全年累计完成接电 37.05 万户，新增接电容量 734.36 万 kVA。全面实现营配调贯通，完成 949 座变电站、1.7 万条 10kV 线路、11.2 万台公用配电变压器、29 万条低压线路、3.1 万高压用户、944 万低压用户和营销服务资源信息数据采录治理，营配数据关联覆盖率 100%，准确率 99.999% 以上。加强营销、运检、调度协调配合，有效支撑故障抢修、业扩报装、停电信息发布等业务处理，全年共合并故障工单 40 265 张，处理各类故障 392 877 起，故障平均到达及修复时间同比分别下降 2.55min 和 6.36min。采集系统覆盖 948.25 万户，覆盖率达 98.68%。智能电能表累计安装 957 万只，覆盖率达 95.69%。开展电能替代，全年完成替代电量 17.95 亿 kWh。改造新增电锅炉（窑炉）549 台，替代煤锅（窑）炉 204 台，年替代电量 1.66 亿 kWh。洋山港中德合作船舶岸电项目顺利实施。冰蓄冷、热泵项目成功应用，上海中心大厦蓄能中央空调系统、虹桥机场热泵应用等项目顺利推进，总容量 19.97 万 kVA。在国内率先建成“电动乘用车一体化示范停车库”，正式运行上海首个“电动汽车充放储换一体化电站”。累计投运风电、光伏、生物质及垃圾等各类清洁能源项目总容量约 63 万 kW，占本地装机总量的 2.8%。

【科技与信息化】 加大科技实用化和攻关力度。开展直升机巡线、无人机巡视，应用机器人巡视特高压站。完成钠硫电池产业化第一阶段产品化目标，国内首个钠硫储能电站首串 50kW 模块组在崇明堡镇建成投运。完成群众性创新项目 121 项。获评 4 个国家电网公司命名实验室、1 个国家电网公司科技攻关团队。获得省部级科技进步奖项 31 项，其中一等奖 6 项。获专利授权 351 项，其中发明 141 项。参与制定的 6 项技术标准获 2014 年中国标准创新贡献一等奖。50 项管理创新成果荣获市管理成果奖，2 项成果入围国家级管理创新成果奖。

智能电网研究与示范工程建设取得阶段性成果。完成国家 863 计划课题——电动汽车智能充放储一体化电站系统及工程示范建设与研究工作；国家电网公司统一部署下的智能电网创新示范工程在上海正式启动；国家 863 计划课题——电网潮流控制技术及装置研发 220kV 统一潮流控制器（UPFC）示范工程建设方案顺利完成。

提升信息化建设和应用。电力市场交易平台一期顺利上线，TCM 系统获上海智慧城市建设十大优秀应用奖，电能质量在线监测系统顺利通过实用化验收，PMS2.0 系统完成第一次数据迁移，信息运维主业化工作有序推进。

● 1 月 22 日，机器人在上海青浦 1000kV 练塘变电站进行巡检。

【优质服务】 修订业扩报装管理办法和考核办法，10kV 用户接电时间由 125 天缩短至 114 天，低压用户平均接电时间缩短至 5 天。优化服务渠道建设，建设城市“十分钟交费圈”，与 16 家银行签订电费支付协议，推出银联代扣、微信、手机客户端、支付宝等新型网络服务方式和付费渠道，推广 392 台缴费自助终端和 406 个电费代收点，推广卡扣用户 108.93 万户。联合邮政开展账单投递并实现全市客户全覆盖。加强 12345 热线诉求考核和闭环管控，开展第三方监督和明察暗访，蝉联“上海市用户满意企业”，行风测评和12345热线绩效考核实现优秀。创新推动自贸区服务升级，率先开展水、电、煤三表远程联抄。“一站式”服务迪士尼、上海中心等重大项目。一级重要用户全部实现“双电源”供电。完成58项重要保电任务。服务节能减排，为620户分布式光伏发电（其中个人500户）、12户燃气三联供和1636个充换电设施提供接电服务。开展节能服务，拜尔循环水系统高效节能泵改造合同能源管理项目一期工程达到国际水平，超额完成节约电力电量任务。

【党的建设和精神文明建设】 开展党的群众路线教育实践活动，组织开展4期“学习贯彻习近平总书记系列重要讲话精神”专题轮训班，广泛征集意见1.5万余条，细化落实210项整改措施，完成审批销号、评价和网上公示。建立每月“公司领导下基层调研日”机制。整顿文风会风，发文数同比下降32.5%，电视电话会议数量占比超过50%。建立健全党建工作“三位一体”考核评价体系，实现对公司党委所属二级党组织、基层党支部（总支）、全体党员的分层分类考评。52支共产党员服务队全年开展主题活动474次，服务客户27798人次。完成班组减负一体化系统部署，覆盖全部790个班组。认真落实党风廉政建设责任制，制定贯彻落实惩防体系五年规划任务分解表，编制重点岗位人员名录，排摸廉洁风险1万余条。

推进卓越企业文化实践，探索卓越供电服务和文化管理新模式，企业文化认知认同率达到97.7%，“建设价值观传播体验教育基地”项目获得国家电网公司企业文化传播工程优秀案例一等奖。开展社会主义核心价值体系教育和实践，深化“学雷锋、创文明、深化优质服务”主题活动，与全市203家社区文化活动中心签订“你用电、我用心，优质服务保民生”用电宣传合作协议。开展“企业关爱员工，员工热爱企业”主题活动，举办“中国梦·国网情·劳动美”巡回演讲，推进公司道德讲堂建设。宣传弘扬劳模精神，选树劳模和先进典型，2人入选国家电网公司劳模，3个集体入选国家电网公司先进集体，2人、1个集体入选国家电网公司“为民务实清廉”先进典型；命名挂牌8个“劳模创新工作室”，“杨庆华劳模创新工作室”获评全国首批创新示范，“徐爱蓉电力服务创新工作室”荣膺市“劳模创新工作室”；多个集体和个人获全国和上海市“五一”劳动奖状、奖章、工人先锋号。

（周振宇）

国网江苏省电力公司

【企业概况】 国网江苏省电力公司（简称国网江苏电力）隶属于国家电网公司，从事江苏省境内电网建设、运行与管理，经营江苏电力销售业务。2014年，国网江苏电力辖13个市、51个县（市）供电公司及20余个科研、检修、施工等单位，服务江苏省3686万电力客户。现有职工约3.9万人，农电工约4.3万人。拥有35kV及以上变电站2900余座、输电线路8.5万km。电压合格率、电网抵御风险的能力达到国际先进水平。

2014年，江苏省全社会用电量突破5000亿kWh，达5013亿kWh，增长1.13%。调度口径最高用电负荷8117万kW，增长2.2%。国网江苏电力完成售电量4264亿kWh，增长3.17%；完成固定资产投资310亿元；投产110~500kV线路3678km、变电容量1933万kVA；线损率4.59%，下降1.39个百分点。囊括国家电网公司同业对标“综合标杆”“业绩标杆”“管理标杆”3项第一。获得全部10项“专业管理标杆”，其中9项位列第一。获得国家电网公司企业负责人业绩考核A级第一名。

【电网概况】 江苏电网地处华东电网腹部，东联上海、南邻浙江、西接安徽。现由10条500kV省际联络线分别与上海、浙江、安徽相联，3条500kV线路与山西阳城电厂相联，1条500kV直流线路与三峡电站相联，1条800kV特高压直流线路与四川锦屏电厂相联。500kV电网已成为江苏电网的骨干网架，担负着区域及省际电力交换、骨干主力电源接入及重要城市供电、地区电网主要支撑电源的作用。江苏电网形成“北电南送、西电东送”的格局及“五纵五横”的500kV网架结构。

截至2014年底，江苏共有统调电厂123座、机组2980台（其中风电机组1812台），总装机容量7682.1万kW，其中火电机组7026.04万kW，核电机组200万kW，抽水蓄能机组110万kW，风力发电机组302.26万kW，太阳能发电机组43.8万kW。接入220kV及以下电网装机容量4149.1万kW，接入500kV电网装机容量3533万kW。

【人力资源】 加强领导班子和干部队伍建设。对19个基层单位和11个部门的主要领导进行调整，促进本部与基层之间的交流互动；完成干部超职数配备阶段性整改目标。开展领导干部培养，组织 130 人在公司系统挂职锻炼，选送 16 人到国家电网公司总部和兄弟单位挂职，完成 421 名处级领导干部轮训，开展处级、科级后备干部培训。优化创新后备干部选拔程序和选拔模式，为各个专业选准配足后备梯队人才。开展干部考核评价，“一对一”客观反馈年度考评结果。

“三集五大”体系运营。调整优化 220kV 运检、县域运维站业务管理模式。协助国家电网公司开展“五位一体”协同机制顶层设计，推进职责、流程、制度、标准、考核等企业管理基础要素的动态协同，加快推进人资协同平台的开发应用。

员工队伍建设。国网苏电大学被评为“2014 年度中国最具成长性企业大学”，技能人员单元制培训项目获“2014 年中国企业最佳学习项目”称号。63 名员工入选国家电网公司专业领军人才培养对象，入选人数位列国家电网公司第一。

薪酬福利管理体系优化。建立以岗位绩效工资管理办法为纲领的薪酬分配制度体系。匹配“三集五大”新体系，重新核定各单位负责人年薪档次及标准，优化奖励年薪与年度业绩考核的挂钩方式。优化完善业绩考核评价体系。调整二级单位业绩考核分类分组模式、完善指标、优化权重，加大差异化考核力度。建立管理机关考核与业绩指标、同业对标、竞赛调考、管理创新、表彰奖励等挂钩机制，强化指标过程监控。

【电网建设与发展】 推进特高压工程建设，“一交两直”特高压入苏工程列入大气污染防治行动。淮南—南京—上海特高压交流工程进度超前里程碑计划，线路基础、变电土建分别完成 75% 和 40%。锡盟—泰州、晋北—江苏特高压直流工程前期工作顺利开展。编制完成江苏“十三五”电网规划纲要，发布省级世界一流电网指标体系，编制建设行动指南计划。

2014 年，共完成秦淮变电站等 11 个 500kV 项目可研报告，盐都变电站扩建等 19 项 500kV 项目获得核准。核准 220kV 及以下电网项目 226 项，线路 3071km、变电容量 1068kVA。全年共 203kW 新能源机组顺利并网。2014 年，110 ~ 500kV 工程投产线路 3678km、变电容量 1933 万 kVA，开工线路 2830km、变电容量 2574 万 kVA。开工交流特高压工程双回线路 519km，变电容量 1200 万 kVA。投运 500kV 访仙变电站等 21 项重点工程，500kV 溧阳输变电工程获得鲁班奖。500kV 南通西变电站、扬州北线路工程获国家电网公司流动红旗。259 个基建项目 100% 通过国家电网公司优质工程核查。

加快一流配电网建设。制定发布江苏《配电网规划设计技术实施细则》和《配电网规划工作手册》，从技术和管理两个方面统一规范全省配电网规划工作。编制实施《江苏省电力公司“一流配电网”三年行动计划》，推进配网工程标准化建设，制定典型设计执行细则，精简配网标准物料，制定《配网工程质量通病及防治手册》，开展样板工程评选，促进配网工程质量整体提高。建设完成配网业务综合管控平台，实现配网设备、运维、工程项目全过程管理可视化，该项目被列入 2015 年国网运检部重点推广项目。开展“低电压”治理，制定专项治理方案，通过用电信息采集系统、电压实测等手段，及时发现“低电压”问题并整改。截至 2014 年底，“低电压”用户占比低于 0.01%，全面消除“低电压”问题。

【经营管理】 国网江苏电力“三集五大”体系全面建成，被国家电网公司授予“三集五大”体系建设先进单位称号。稳妥解决机构超编和干部超职数问题，44 名处级领导主动申请提前退居二线。优化“大检修”体系，顺利实施县域检修和南京、苏州 220kV 运检业务优化调整试点工作。常态运行“五位一体”协同机制，构建基础管理信息平台。落实国家电网公司通用制度，清理废止制度、标准 1735 项。信息化和工业化“两化”融合管理体系试点深入实施。优化调控地县一体化管理，调控、配网、抢修一体化协同运作。省市两级运营监测体系高效运转，发现并整改运营异动和问题 5165 项。开展综合计划预算和配网资产运行效率在线监测试点工作，通过国家电网公司建设运行综合验收，被表彰为国家电网公司运营监测（控）工作先进单位，“电力企业运营管理在线监测网络拓扑图的研究与构建”课题成果获 2010 ~ 2013 年度全国电力行业企业管理创新五年经典案例一等奖。国网客服中心南方园区主体建筑封顶，营销服务体系与国网 95598 业务集成互通进一步加强。

经营管理规范精益。顺利完成国家审计署延伸审计配合工作。强化审计监督，完成“小金库”专项治理。积极应对复杂多变的经济形势，争取国家环保电价政策试点，努力增供促销、降本增效，利润水平保持领先。主动适应新版对标体系，有效化解省网资产划转影响。搭建公司统一储备项目平台，运用全链条管控工具，有序推进项目执行。深化物资供应标准化、信息化建设，物资供应体系均衡有序运行，物资交付合格率 100%。完善省级集体资产经营平台，深化集体企业重组整合。推进县供电企业和乡镇供电所管理提升，被国家电网公司评为县供电企业提升综合先进单位，51 个县供电公司全部进入国家电网公司综合实力排名前 100 名，6 个县供电公司 10 个乡镇供电所被评为国家电网公司标杆。资产全寿命周期体系建设通过国家电网公司评价。

完善管理机制促进创新实践。组织完成省市两级公司卓越绩效评价研究工作，创新成果“构建省级电网企业卓越绩效评价体系”课题获得国家电网公司管理创新成果一等奖。2014 年完成 3 项管理咨询、88 项管理创新、49 项调研项目的研究实施，获得国家级管理创新奖项 2 项、行业级奖项 1 项、国家电网公司级奖项 4 项、省级奖项 23 项。

【安全生产】 完成锦苏、复奉等特高压直流满功率运行保障任务，化解局部分区供电能力不足问题，最大区外净受电力 1691kW。梳理排查 1230 户重要客户安全用电隐患。完成东三线综合整治等重大检修任务，全年开展集中检修 1100 余次。完成 92 座变电站、102 条线路防污闪治理。修编省市县三级现场处置方案 2840 项，发布风险预警 4425 份。

开展安全管理提升活动。有序推进“安全生态系统”建设。建立外包“总—分”制度。策划实施人身安全防控等六项主题安全行动及 23 项重点研究项目。推进安全生产标准化建设，地市供电公司和检修分公司等 14 家单位通过第三方评审。春、秋检期间，围绕 15 方面 67 项重点内容加强作业现场安全隐患问题查改。开展高温期间重要交跨、电缆通道等专项隐患排查整治工作。完善应急队伍信息，修编恶劣天气应对流程，有效应对娜基莉等台风和暴雨雷电等恶劣天气影响。修编完善省、市、县三级 2840 项现场处置方案，并制作 16 部标准化应急演示片，开展 23 场无脚本实战演练。

加强电力设施保护。开展防山火、防线下植树等专题宣传活动。组织开展输电通道内鱼塘警示牌安装情况专项排查和外破危险源专项排查，及时消除隐患。配合公安等政府部门开展打击盗窃破坏电力设施违法犯罪活动。针对青奥会结束后城市基础建设提速赶工期情况，切实防范外力破坏事件发生，全年 220kV 及以上外力破坏事件同比下降 34.9%。

【第二届夏季青年奥林匹克运动会保电工作】 8 月 16 日~8 月 28 日，第二届夏季青年奥林匹克运动会在南京举行。为确保青奥会保电万无一失，国网江苏电力成立了以党政主要负责人为组长的电力保障领导小组，统筹推进各项保电准备工作，并实施“七彩供电靓青奥”电力保障千日行动计划，对保电工作进行细化管控。青奥会开幕前，国网江苏电力对涉保的 96 座变电站、738 条线路，开展五轮次、3.4 万余人次巡检工作，消除设备缺陷隐患 4183 处。调集全省变电、输配电、营销、农电和后勤专业技术人员 425 人，组建 12 支比赛场馆保供电支援团队，调集全省 43 辆应急电源车作为场馆保障和城市运行应急备用。制定并发布 9 个保供电技术规范，提高场馆运行管理水平。按照“一馆一册”“一户一册”要求，制定涉奥重要用户用电保障手册，指导场馆编制保电方案。编制青奥会电网侧电力保障工作方案和应急预案。

● 8 月 16 日晚，第二届夏季青年奥林匹克运动会在南京奥体中心体育场开幕。图为国网江苏电力员工在青奥会开幕式保电现场。

青奥会期间，江苏电网运行稳定，国网江苏电力每天有 2.1 万应急抢修人员处于待命状态，包括电网运行、场馆现场、场馆团队三个体系，以及贯穿指挥、执行两个层面的“三纵两横”赛时运行指挥体系运转顺畅，开、闭幕式场馆及重要附属设施供电设备、城市运行设施运转平稳。实现了“零闪动、零差错、零投诉”的保电目标。

【营销工作】 全面完成营配贯通和用电信息采集系统全覆盖，同步更新 2.9 万条营配信息线路、43.9 万台公用配电变压器、32.1 万台专用变压器、2044 万个表箱、3514 万只电能表，利用用电信息采集系统对计量和负荷全面管控。实时管控低压线损，43.7 万个台区已纳入在线线损准实时监测，低压线损率下降 0.98 个百分点，少损电量 8 亿 kWh，查处违约用电、窃电 3.09 万户，挽回经济损失 1.75 亿元。

深化电费抄核收管理模式变革应用。实现 100% 自动抄表、智能核算，电子化收费率 80%。加强自备电厂和能效管理，追缴基金附加 535 万元。在连云港率先建成高压岸电替代系统，年替代增售电量逾 700 万

kWh。累计实施重点电能替代项目533个，替代增售电量49.47亿kWh。全面强化计量管控，开展拆回智能电能表处置专项工作，累计完成分拣智能电能表68.17万只。

深化智能营销应用，推动营销服务转型升级。开展电力大数据研究，实现电力负荷、电量预测、行业景气指数、住房空置率等信息发布功能。开发营销一体化管控平台，实现对全省营销服务指标监控、场景监视、应急指挥、成果展示。完善O2O互动服务平台建设，开发并拓展“移动门户”“业扩直通车”“用电诊断”“能效服务”等功能模块，微信绑定户数成为“二百万级”服务号。推进营销移动作业应用，部署移动终端5780台，现场处理工单56.92万笔。开发“电搜”搜索引擎，实现对全省户名、户号、地址等智能模糊查询，并植入业务系统、移动门户、移动终端，提升查询效率。

完成农网93亿元，农村故障报修率下降49%。完成春节保供电和迎峰度夏工作。开展一流台区建设，实现一流配电台区33%。完成小城镇典型供电模式试点和县域通信网试点建设。新农村电气镇村比例提高到95%、94%。开展供电所同业对标工作并不断完善指标体系。开展农电技能大赛，培养选拔一批年轻农技师和高级工。开展农电安全知识培训工作，国网调考获得个人第一、团体第二。

【科技与信息化】 2014年，国网江苏电力获省部级科技奖励35项，获国家电网公司科技攻关团队命名1项，成功申报2015年国家电网公司科研指南项目12项，连续两年位列网省公司首位。全年申请专利1468项，“500kV输电线路四分裂导线行走装置”首获第十六届中国专利优秀奖。获得电力行业信息化成果奖一等奖1项、二等奖3项，国家电网公司信息通信优质项目2项。所辖信息通信系统运行率100%，信息系统可用率99.99%，信息系统非计划停运率同比下降49.16%。

试点开展信息通信安全性评价，组建信息安全红蓝队并开展常态化攻防演练，创新开展信息通信无脚本应急演练，组织全省信息通信电源及消防隐患专项整治。完成信息通信调度集约化优化提升，设备资产清理取得成效，开展信通设备状态检修。

举办“科技信通月”活动。启动青年人才创新激励培育机制建设，制定重大科技成果培育计划，建成17支公司级科技攻关团队。落实国家电网公司智能电网建设要求，组织新一代智能变电站扩大示范工程实施，完成分布式光伏发电接入对配电网运行影响研究。

“信息化企业”建设全面实施。完成国家“两化融合”管理体系贯标、国家电网公司“信息化企业”测评等试点任务。营配调业务一体化提升工程全面推广，电网生产运行提升、智能客户服务、人财物精益管控等一批系统模块上线试运行。完成移动门户、无线虚拟专网等多项国家电网公司新技术研究应用任务。完成信息化建设后评估，覆盖2006年以来所有信息化建设项目和成果，评估得分居国家电网公司第一。组建“大数据”管理体系，完成大数据平台建设，有序推进各领域大数据应用研究。开展班组系统应用调研，对调研反馈的396项问题逐条制定解决方案，完成自建系统清理和数据消重，切实减轻班组应用负担。加快推进省—市OTN光传输网工程实施，完善一体化视频会议系统，改造农村供电所信息通信网络和机房环境，优化整合省内数据通信网，有序推进配电网通信系统和县域通信网试点建设。

【优质服务】 完成南京青奥会、国家公祭日等重大保电任务，实现“零差错、零闪动、零投诉”目标。开展“智慧苏电　幸福民生”优质服务主题活动，编印业务办理一次告知书，推广同城异地业务办理，强化窗口标准化建设和管理，对全省1400余窗口人员进行轮训。实施业扩“直通车”，居民客户平均接电周期缩短至1.85个工作日，高压业扩平均接电周期缩短16%，超过2万个高压业扩跨部门线上运作。构建服务质量监控体系，每月召开95598工单分析会，加强对“典型案例”分析评价，投诉工单下降80.8%。全年95598电话951.15万起，同比下降19.46%；故障报修68.98万起，同比下降26.02%；投诉7604起，同比下降80.86%；咨询373.7万起，同比下降2.53%。

基本建成“六位一体”智能互动线上供电营业厅，业务办理占比70%。江苏95598网站注册用户17.3万户，业务3148.94万起；国网95598网站注册用户15.3万户，业务555.9万起。官方微博粉丝9558个，发布信息13 665条。微信关注数212.5万户，业务量4112.8万起；易信关注1129户，业务6238起。发送服务短信3809.97万条，同比增长10.54%。手机APP注册户22.5万户，业务39.6万起。支付宝关注28.85万户，业务308.65万起。

保障新能源可靠并网消纳。风电并网容量新增18%，分布式光伏并网容量全国第一。率先建成高压岸电替代系统，自备电厂和能效管理不断加强，全年替代增售电量超49亿kWh，为售电量增长贡献1个百分点。投运19座电动汽车充换电站，提前建成京沪高速江苏段快充网络。被评为首批“全国实施用户满意工程先进标杆企业”。

● 7月10日，国网苏州供电公司员工服务工业园区轻轨建设运行。

【党的建设和精神文明建设】 党的群众路线教育实践活动成果显著。聚焦“四风”问题，活动总体评价和群众满意率均为100%，得到国家电网公司第二督导组充分肯定。清理规范办公用房、小型基建和培训服务机构，“三公”经费、会议费和办公费下降16.9%，发文数量减少53.4%，会议总量减少22.3%。落实离退休老同志“两项待遇”。加快推进后勤保障“一体化”建设。

开展共产党员服务队建设，全年实施结对项目642个。整顿软弱涣散基层党组织，解决各类问题317个。严格落实“三会一课”制度，组织集中观摩学习4200余次。落实廉洁苏电战略，开展红线制度教育。

深化23个企业文化示范点创建。开展企业文化认知认同率评估测评，企业文化覆盖率达100%、认知认同率达99.2%。深化道德讲堂建设，举办“你用电·我用心”主题道德讲堂，全年举办各类讲堂263期，受众4万余人次，《道德讲堂的实践与创新》获电力行业企业文化建设优秀成果一等奖。国网江苏电力被评为“电力行业企业文化建设示范单位”、获国家电网公司企业文化建设优秀案例一等奖和优秀成果二等奖。

开展青年素质提升工程，举办“奋斗的青春最美丽”百场青年事迹分享会，分专业组织“全民星周末”青年竞技园地挑战赛，试点推进“青年创新工作室”产研结对，青年志愿服务活动获首届中国青年志愿服务项目大赛“爱心企业奖”，“国家电网希望来吧”志愿项目获首届中国青年志愿服务项目大赛金奖，国网江苏电力团委获中国志愿服务优秀组织奖。

全年围绕青奥保电、特高压建设、群众路线教育实践活动、创建“两个一流”等中心工作，推出一批有影响、有分量的报道。共召开16次新闻发布会，开展46次主题传播活动。在新华社、中央电视台、《人民日报》等中央权威媒体刊发稿件800篇。发布《履责故事绘2013》和《服务地方经济社会发展白皮书2014》。策划“社会责任周”活动，统一苏电特色公益管理，实施“敬老助养”“爱心助学”“文化惠民”行动。

（缪莉庆）

国网浙江省电力公司

【企业概况】 国网浙江省电力公司（简称国网浙江电力）是国家电网公司的全资子公司，负责浙江电网的建设、运行、管理和经营，为浙江省经济社会发展和人民生活提供电力供应和服务。2014年末，国网浙江电力下辖11家地市供电企业、64家县供电企业、8家业务支撑和实施机构，本部设23个职能部门。

2014年，国网浙江电力完成固定资产投资442亿元，其中电网投资440亿元；完成售电量3045亿kWh、增长1.81%。

国网浙江电力年度业绩考核和对标综合水平均排名国网系统省市公司第二，管理对标11个专业中有9个位列标杆；国网杭州供电公司和国网宁波供电公司双双蝉联国网系统大型供电企业对标标杆单位。

【电网概况】 截至2014年底，浙江省全口径发电装机容量7230.6万kW，全省6000kW及以上发电装机容量6692.8万kW，其中浙江省统调装机容量5009.4万kW，非统调装机854.8万kW，华东直调电厂装机828.6万kW；6000kW以下发电装机容量537.8万kW。浙江省统调电源以火电为主，总装机容量4805.8万kW，约占95.9%，其中煤电3762.6万kW、气电1025.7万kW、油电17.5万kW，水电171.6万kW，核电32万kW。

特高压等电网建设。落点浙江已建成的特高压项目有1000kV皖电东送交流、±800kV宾金直流、1000kV浙北—福州交流，途经浙江的特高压还有向家坝—上海直流、锦屏—苏南直流线路，在建的有宁东—绍兴直流工程，浙江电网进入特高压交直流混联电网时代。

除特高压联络通道外，浙江电网通过9回（其中福建2回）500kV线路分别与上海市、江苏省、安徽省及福建省电网相连。浙江电网以钱塘江为自然分割，形成南北电网，其间通过4回500kV过江线路相连接。全省500、220kV电网均能通过$N-1$校核，部分输电断面可承受$N-2$故障冲击，220kV电网正逐步实现分层分区，110kV及以下电网实现完全分层分区运行。截至2014年底，浙江电网共有1000kV变电站3座、变电容量1800万kVA；±800kV直流换流站1座，容量800万kW；500kV变电站36座、变电容量7665万kVA；220kV公用变电站283座、变电容量11 341万kVA；110kV公用变电站1165座、变电容量11 029万kVA。

【人力资源】 截至2014年末，国网浙江电力全口径用工总量93 767人，较2013年末减少10 823人，比国家电网公司下达的年度计划少3823人。人才当量密度达1.126 3，位居国家电网公司系统第一名。

推进专家人才“师带徒”工作，共有1329名师傅与1861名徒弟结对授艺。开展新一轮管理、技术、技能通道人才选拔工作，评选产生302名公司级通道人才。举办人资、财务专业专项储备人才培训班，探索管理岗位复合型储备人才培养新途径。推进劳模跨区域培训工作，723人次参培，192人次专家参与培训教学。建成150家劳模创新工作室，两家分获全国总工会和中国能化工会“示范性劳模创新工作室”称号。国家电网公司和中电联4个竞赛项目全部进入前五，其中内控知识竞赛获团体第一；4项调考获国网系统团体第二名。国网浙江电力培训中心获国家人社部授予的“国家技能人才培育突出贡献单位”称号。

【电网建设与发展】 2014年，国网浙江电力110kV及以上输电线路开工2983km，投产4898km；变电开工2654万kVA，投产4865万kVA。

“一交一直一柔”三大重点工程同年建成，国网浙江电力直接负责建设管理的特高压溪浙直流、浙福交流工程一次投运成功，溪浙直流实现世界上首次840万kW过负荷运行，创造了超大容量直流输电的世界纪录；浙福交流实现了浙闽断面680万kW大负荷试验稳定运行，大大提高了电力交换能力；舟山多端柔性直流输电示范工程实现了多端柔性直流输电技术的世界引领。特高压灵绍直流工程开工建设，线路基础施工完成30%，换流站场平完成75%。

完成“十三五”电网规划研究，主导编制全省“十三五”电网专项规划。衔接特高压电网和电源建设，如期建成特高压浙西、浙中、浙南变电站配套送出工程，六横电厂、三门核电送出工程，500kV吴宁、

● 8月5日，国网浙江电力组织300多名电力工作人员对浙北—福州特高压交流输电线路工程浙江段进行施工验收。

夏金输变电和杭长客运专线牵引站外部电源等重点工程。编制17个配电网提升重点区块规划，总面积421km^2。完成161个配网项目，全省高可靠性供电（供电可靠率99.999%）面积达到320km^2。

强化设备质量监督检查，配电变压器和电力电缆不合格率分别下降至1.48%和0.85%。开展工程质量“艺术奖”创建活动，220kV安江变电站、君田变电站获“艺术奖”银奖。实现电网建设优质工程率100%，皖电东送淮南至上海特高压交流输电示范工程荣获国家优质工程金质奖，500kV市北变电站工程荣获国家优质工程奖和中国电力行业优质工程奖，6个工程获浙江省建设工程钱江杯，溪浙工程金华±800kV换流站工程、浙福工程浙南1000kV变电站工程分获国家电网公司项目管理流动红旗和安全质量管理流动红旗，2个项目获国家电网公司输变电工程设计竞赛一等奖。

【经营管理】 完善“三集五大”体系机构设置和人员配置，加强财务管控，实施省市县财务一体化管理，大规划、大建设、大运行、大检修、大营销等体系高效运转。建成省、市两级运营监测（控）中心，形成省市县三级运营监测业务体系。

全面落实党风廉政建设主体责任和监督责任。推进廉洁教育、监督管理和制度建设。完善“三重一大”决策制度。严格执行“三项轮换制度”，轮换交流重点岗位人员451人，清退分包商163户，定期暂停评标资格65人。识别重要廉政风险1111个，制定防控措施1702项。建立法律风险管控体系，排查治理法律风险点。推动《浙江省电网设施建设保护和供用电秩序维护条例》颁布施行。

常态开展依法治企检查。建立审计稽查网络，构建两级审计稽查队伍，稽查范围覆盖所有资金领域。强化投资项目审计监督，前移审计关口，对舟山多端柔性直流输电示范工程等5个项目实行建设全过程审计监督。探索风险导向型内部控制审计规范体系研究，完成财务管理和工程项目管理2个重要业务流程的内控监督和评价体系。组织编印和宣贯《依法治企典型问题案例集》。

实施退役物资再利用。依托中心库建设，对可利用的退役物资，按需求进行工厂化修复后在全公司范围内实施统筹调配。将发达地区修复后的小容量配电变压器调配至相对偏远的地区使用，提升资源利用率。修复入库调配使用2987台，维修后直接使用1858台，经济价值约1.9亿元。试点开展通用配网物资限时成套配送。将配网项目物资模块化整装成套，在约定的时限内以合理的成本送达交货地。国网温州供电公司、嘉兴供电公司试点向需求单位提供通用配网物资成套配送服务。现场安装时间缩短30%，库存总体下降30%，配送周期从1个月减少到10天，配送效率提高了67%。

开展市县财务“一体化”建设，以嘉兴、衢州为试点，推进市县会计集中核算、报表集中编制、资金集中支付。推进集体企业财务管理一体化，减少集体企业会计核算机构214家，清理集体企业银行账户110个，集体企业295个账户纳入集团账户管理体系。新建住宅供电工程收费政策取得突破，丽水、衢州等18个市、县出台新建住宅供电工程配套收费政策。引入低成本融资，实现资金100%集中，通过压降资金存量、低息贷款、延迟贷款等措施节约利息支出4.85亿元。完善稽核机制，构筑省、市两级财务稽查网络，对重点领域和关键环节开展专项检查。

【安全生产】 开展安全管理提升活动，经受了雨雪冰冻、台风洪涝、特高压和舟山柔直工程投运、金华换流站移交的重重考验。强化风险管控，国网浙江电力累计完成262项五级及以上电网的预警单发布和风险管控，完成3779个现场作业项目的全过程风险管控，完成2136项一般事故隐患、7856项安全事件隐患以及95项调度通信大楼供电和消防安全隐患的治理。修订完善应急预案，组织无脚本应急演练，成功处置宾金直流满功率输送异动情况，累计开展反事故演习1689次、应急演练300余场次、参与人员27 000余人次，完成“首届世界互联网大会”等重要活动保电任务。强化反违章管理和安全教育培训，开展安全稽查349 562次、查处各类违章22 852次。完成13 235名员工的安全技术等级培训和认证工作。强化设备运维，全年完成设备巡视65万余次、开展带电监测87 721台次、排查治理设备隐患和缺陷32 521处，完成55 926项输配电设施对地距离、安全警示标识缺陷和1065条高铁、高速公路跨越线路隐患治理。确保电网、设备和人身安全，没有发生一起安全考核事故。

● 9月10日，2014年中国国际（萧山）钱江观潮节保电现场。图为国网杭州供电公司工作人员正在启动应急电源车的电源。

【营销工作】 努力增供扩销，开设为民助企绿色通道，推动“浙商回归”等72个重点项目提前送电，推广“以电代煤、以电代油”等电能替代项目841个，年增售电量22.66亿kWh。深化自动抄表数据应用，远程自动抄表核算客户比率达99.47%；深化抄核收精益管理，实现电量电费智能自动核算。推广销售电费充值卡，上线运行电费风险管理系统，实现当年电费结零。强化计划管理和过程管控，累计安装智能电能表2326万只。在国网系统率先实现电气化市、县、镇、村全覆盖，完成80%的农村农用电力线路改造任务。推动全省所有县（市）出台农村户保更换和补装政策，累计安装智能总保21.2万台，实现保护器监测系统全覆盖。

【科技与信息化】 2014年，国网浙江电力获得国家科学技术进步奖1项；浙江省科学技术奖6项，其中“高可靠性配电网接线研究及应用”获一等奖；中国电力科学技术进步奖8项；国家电网公司科学技术进步奖18项和专利奖1项；中国专利优秀奖1项；作为主要完成单位Q/GDW 354—2009《智能电能表功能规范》等39项标准荣获中国标准创新贡献奖一等奖。申请国际专利4项，获得专利授权799项，其中发明专利148项。累计拥有专利2358项，其中发明专利414项。舟山多端柔性直流输电示范工程正式投运，实现了“中国创造”和“中国引领”；“电池组快速更换系统集成技术研究与装备开发”863课题通过国家科技部技术验收；鹿西岛并网型、南麂岛离网型微网示范工程成功投运；完成信通资产整合和一体化管控。完成信息化工业化“两化”融合管理体系贯标，并通过评估认定。初步建成统一大数据库架构，梳理19套重要系统数据字典，完成国家电网公司下一代信息化基础架构设计。

【优质服务】 2014年，全省供电能力大幅增加，扭转了浙江省长期缺电的局面，全年没有拉限电。省市县三级联动深化营配贯通应用，提高营配对应数据质量，实现“站—线—变—箱—户”关系全对应。基本消除配电变压器超、过载现象，完成10 771户低电压治理。地市公司开展四大类不停电作业、地县配网带电作业全覆盖，全年开展配网不停电作业22.6万次。推行“主动式”供电服务，故障主动抢修19.6万次，计划停电主动通知高压用户10.4万户。

开展为民服务百日行动，深化优质服务无投诉竞赛，供电服务承诺兑现率99.99%以上。推进业扩报装提质提速，实施业扩流程串行改并行，试行低压业务受理“免填单”，业扩平均接电时间缩短26%。建立微信服务平台，绑定用户80万户。实现供电所与村级便民服务中心对接，向社会公布供电所“服务清单”和“权责清单”。95598全业务平稳集中至国网客户服务南中心，投诉工单逐步下降。

推动绿色照明，签订社会节能项目254个，改造安装道路照明LED灯10万盏。12个营业厅屋顶分布式光伏发电示范点基本建成。积极服务分布式光伏并网发电，累计受理并网申请1052个、并网运行688个。推动出台浙江省首个地区光伏发展规划，“促进分布式光伏并网的服务管理体系建设”获全国企业管理现代化创新成果一等奖。

【党的建设和精神文明建设】 认真学习习近平总书记系列重要讲话精神，开展党的群众路线教育实践活动，聚焦“四风”，广泛征求意见并开展批评与自我批评，严格活动督导，狠抓问题的查、改、销闭环管理，整改措施销号率100%。在教育实践活动中，国网浙江电力班子成员率先垂范，各级党员干部深入基层，倾听意见、解决问题，文件和会议数量、竞赛和检查评比等活动大幅精简，落实班组减负12类措施，切实减轻了班组负担，职工群众给予充分认可，公司本部活动整体评价和解决“四风”问题满意率均达到100%。完善领导干部管理制度，规范干部选拔和使用管理。推广应用“追求卓越”项目63个。“共同引领、双管驱动”工程获国家电网公司优秀企业文化成果一等奖。建成国网浙江电力职工健康管理中心，完成健康食堂创建。持续提升品牌影响力，舆情保持平稳。以“文化养老”推动离退休工作，“美丽夕阳”暖心工程被评为国家电网公司重大管理创新示范成果。国网浙江电力荣获首届浙江省工业大奖金奖，被评为全省思想政治工作优秀单位，连续五届荣登全省“最具社会责任感企业”榜首。

（徐　彦）

国网安徽省电力公司

【企业概况】 国网安徽省电力公司（简称国网安徽电力）是国家电网公司的全资子公司，主要负责安徽省域电网的建设、管理和经营工作，具有电网建设、电力经营、电力施工、电力设计、电力科研和教育培训等综合功能，承担优化全省电力配置、满足经济社会发展电力需求供应的重要职责。国网安徽电力本部设21个职能部室（中心）、1个电力工会委员会，另设国家电网企协安徽分会1个机构。国网安徽电力下设97个单位，其中16个市级供电公司，72个县级供电公司，9个直属单位。

2014年，安徽省全社会发电量为2033.92亿kWh，同比增长2.84%；全社会用电量1585.18亿kWh，同比增长3.74%；完成省内售电量1215.75亿kWh，同比增长2.91%；统调最大用电负荷2715.44万kW，同比增长2.15%；向华东电网净送电量448.74亿kWh，同比下降0.21%；线损率7.67%，下降0.20个百分点。

【电网概况】 安徽电网基本建成以1000kV和500kV线路为骨干、220kV线路覆盖全省的较为坚强电网。截至2014年底，安徽电网拥有1000kV变电站2座，主变压器3台，变电容量900万kVA，输电线路长度896km；500kV变电站19座（含开关站1座），主变压器31台，变电容量2410万kVA，输电线路长度4290km；220kV变电站178座，主变压器320台，变电容量5197万kVA，输电线路长度13 410km；110kV变电站510座，主变压器889台，变电容量4060万kVA，输电线路长度15 362km。全社会装机容量4326.10万kW，统调装机容量3984.86万kW，其中省内统调机组装机2802.86万kW，皖电东送机组装机

1022 万 kW，华东网调抽水蓄能装机 160 万 kW。

【人力资源】 加强人力资源“三全”管理，开展劳动用工专项治理。推进“四好”领导班子建设，各级领导班子整体素质和履职能力得到提升。加强干部培养锻炼，推荐 1 名处级干部到国家电网公司总部挂职锻炼、1 名处级干部到国网蒙东电力挂职帮扶、4 名干部到国家电网公司总部及直属单位培养锻炼。加强教育培训，重点开展企业负责人、供电所长、转岗人员等专项培训。开展优秀专家人才遴选，新增各类优秀专家人才 592 名。参加竞赛调考，获得国家电网公司供电服务技能竞赛三等奖、华东调度专业竞赛团体一等奖、国家电网公司信通调考团体第三名。

【电网建设与发展】 促进国家电网公司与省政府联合成立特高压工程建设领导小组，推进安徽省特高压电网发展。准东—皖南±1100kV、晋北—江苏±800kV 特高压工程前期工作全面推进。完成“十三五”主配网、通信和智能化规划研究报告并通过国家电网公司审查。500kV 釜山变电站等 11 项工程获核准。220、110kV 工程取得可研意见 140 项，获核准 106 项。

2014 年，开工建设 110kV 及以上线路 2928km、变电容量 1191 万 kVA；投产 110kV 及以上线路 2317km、变电容量 1148 万 kVA。推进特高压电网建设，淮南—南京—上海交流工程、灵州—绍兴直流工程和平圩电厂三期送出工程顺利开工并按计划稳步推进。500kV 沙河变电站、孔店变电站等重点工程按期投运，500kV 淝河变电站、平山电厂送出等工程进展顺利。加快推进农配网建设改造，黄山、芜湖非重点城市配网建设改造通过国家电网公司验收，7 项农网改造升级项目获国家电网公司“农网百佳工程”称号。提升电网智能化水平，完成合肥滨湖智能电网综合建设工程，组织开展 3 座新一代智能变电站扩大示范工程建设。

加大农网改造升级力度，完成年度投资 28.4 亿元，新建 2 个电气化县、45 个电气化乡和 479 个电气化村。积极服务新能源发展，统一规范并网全过程服务流程，加强光伏电站项目接入和送出工程建设，服务居民光伏并网和“光伏下乡”扶贫工程。新增受理分布式电源项目 209 个、容量 20.56 万 kW。推进充换电服务网络建设，完成合肥柳树塘公交车充电站扩建工程，4 座电动出租车充电站开工建设。配合政府部门推进节能减排工作，完成“以大代小”发电权交易电量 58.1 亿 kWh，增长 50.4%，共计节约标煤 30.4 万 t、减排二氧化碳 115 万 t。

【经营管理】 完成“三集五大”体系建设年度主要任务，国网安徽电力“三集五大”体系构架全面建成。加快推进“五位一体”建设，初步建成“五位一体”协同机制。完成配网抢修指挥和 500kV 输电运检等业务调整，95598 全业务实现集中上划，省、市运营监测（控）中心通过综合验收。加强支撑机构建设，省经研院获得甲级咨询资质，招标公司获得工程建设项目招标代理机构甲级资质。落实国家电网公司通用制度学习宣贯工作，废止相关制度 1863 项。完成国家电网公司成效评估反馈问题整改 37 项。开展新一轮最佳实践案例总结提炼，189 项成果申报国家电网公司案例库。

加强月度经济活动分析，强化综合计划和全面预算管理。完成集中采购 148.46 亿元，集中采购管控率达到 100%。资产全寿命周期管理体系建设通过国家电网公司评价验收。坚持依法从严治企，配合完成内外部审计检查任务，全面整改检查发现的问题。开展小型基建项目清理，完成小型基建项目核查整改工作。完成办公用房整改和非生产性房产清理整顿工作。加强集体企业经营监督，实施重大经营决策审核备案制，促进集体企业规范运作和安全稳定。

【安全生产】 开展安全管理提升活动，推行省市县一体化安全监督，排查整改安全薄弱环节。加强县公司安全基础管理，印发专业化管理指导意见，出台农配电现场作业安全禁令。加强特高压及跨区电网运维管理，开展特高压淮上线设备首检工作，完成境内特高压直流线路满功率运行安全保障任务。深化隐患排查治理，完成各类隐患整改 6654 项。开展城乡配电设备专项治理工作，推行配网抢修“网格化”管理。提升应急处置能力，升级各类应急装备，开展跨区实战融冰、主备调业务转移等工作，组织参加全省反恐综合救援、合肥市大面积停电等应急演练。科学调度电网运行，强化电网运行风险管控，做好电力电量平衡分析，成功应对年初雨雪冰冻、夏季台风暴雨等天气挑战，完成春节期间、迎峰度夏等重要保供电任务，确保电网安全运行和电力可靠供应。

【营销工作】 积极应对电量增速放缓影响，实施电能替代工程，增售电量 29 亿 kWh。深挖电力市场交易潜力，完成双边及集中外送交易电量 10 亿 kWh、抽水蓄能挂牌交易电量 17 亿 kWh。做好皖电东送工作。健全趸售电价预结算机制，全额疏导环保电价矛盾。加强电费风险防控，电费回收率实现 100%。累计安装智能电能表 1692.8 万只，用电信息采集 1604.7 万户，覆盖率 68.9%。稳妥推进大用户直接交易试点，率先建成电力市场技术支撑平台，完成国内首次平台化大

● 6月11日，国网蚌埠供电公司员工对安徽电子信息职业技术学院光伏发电项目进行安全检查。
（牛 路 摄）

用户直接交易。

【科技与信息化】 加大科技创新力度，申请专利603项，获得专利授权327项。1项成果获省科技进步一等奖。加快信息化项目建设，推广实施县公司GIS平台，电能质量在线监测系统建成投运。利用信息化手段规范车辆管理，全部车辆完成GPS车载终端安装，公务、生产用车接入国家电网公司车辆统一监控平台。6家市公司完成信息通信运行监控市县一体化试点建设。国家电网公司统一视频会议系统实现全覆盖。六氟化硫气体实验室通过国家电网公司专家组评估。

【优质服务】 狠抓供电服务机制、服务渠道和服务规范化管理，常态开展明察暗访，整改供电服务突出问题。拓展客户缴费渠道，完善电子化交费和自助缴费模式，累计开通2.5万个代收电费网点，基本建成“城市十分钟缴费圈”，农村实现“村村有缴费点”。做好居民阶梯电价“五保户”“低保户”免费用电基数兑现返还工作。配合省政府部署的高校空调安装工作，及时完成50所高校（55个校区）空调安装的外部线路改造任务。全面落实调度交易服务“十项措施”，加强与发电企业的沟通交流，及时做好各类信息发布工作。深化行风建设工作，国网安徽电力获得安徽省行风评议第一名。

【党的建设和精神文明建设】 坚决贯彻中央精神和国家电网公司党组决策部署，把党的群众路线教育实践活动与国网安徽电力各项工作紧密结合，教育实践活动取得明显成效。聚集“四风”问题，召开专题民主生活会，严肃开展批评和自我批评，着力解决“四风”突出问题。领导班子成员深入基层开展调研、听取意见，指导各单位开展活动。各单位坚持边学边查边改，作风建设进一步加强。各级督导组严格把关，推动活动取得实效。严格落实中央八项规定和国家电网公司实施细则，整顿文风会风，厉行勤俭节约，发文数量同比下降40%，会议数量同比下降20%。实施“你用电、我用心”为民服务工程，建立247个便民服务中心，760个窗口单位公开和简化办事程序。国网安徽电力教育实践活动得到国家电网公司第二督导组的充分肯定。

严格落实党风廉政建设责任制，加强反腐倡廉教育，强化协同监督与廉政风险防控。成功选树重大先进典型，许启金同志被中宣部、全国总工会列为全国劳模宣传典型。深入推进企业文化建设，“光明驿站”获得首届中国青年志愿服务项目大赛金奖。加强职工民主管理，组织职工代表开展巡视检查。持续开展班组“创争”活动，深入研究班组减负措施。开展迎峰度夏和困难职工慰问活动。全面落实离退休老同志“两项待遇”。2014年，国网安徽电力2个单位、3名个人获全国“五一”劳动奖状、奖章，1个班组获“全国工人先锋号”荣誉称号。70个单位被评为“第十届安徽省文明单位”。国网安徽电力获得省直七运会团体第一。

（时 伟）

国网福建省电力有限公司

【企业概况】 国网福建省电力有限公司（简称国网福建电力）是国家电网公司的全资子公司，以电网建设和运营为核心业务，国网福建电力本部设22个职能部门（中心），省公司层面设9个业务支撑和实施机构；下辖9个市公司和62个县公司。

2014年，国网福建电力全口径用工约6.9万人，供电客户1488万户，售电量1589.88亿kWh，同比增长8.7%；电网连续安全稳定运行超过7000天。近年来，国网福建电力蝉联三届全国文明单位，荣获全国模范职工之家、中国企业信息化500强等称号；实现全省文明行业创建“五连冠”，行风评议“九连冠、六年免评”，连续五届获得省党建先进单位，荣获“国家技能人才培育突出贡献奖”“第一批国家高技能人才培训示范基地”等荣誉称号。2014年度业绩考核位居国家电网公司第5名，连续三年保持A级；同业对标位居国家电网公司第7名，运行管理、营销管理、配套保障3个专业获得标杆。

【电网概况】 随着2014年底1000kV浙北—福州特高压工程投运，500kV沿海二通道全线贯通，福建电网形成以特高压为支撑、超高压“省内环网、沿海双廊”为骨干的主网网架。福建电网通过2回1000kV、2回500kV线路与华东电网联网，与省外最大送受能力由170万kW提升至680万kW。福建省九地市区域220kV电网形成以500kV变电站和本地220kV电源为支撑的主干环网、局部辐射结构。沿海中心城市（福州、厦门、泉州等）已形成较为坚强的220kV受端电网。城市和沿海县域110kV电网基本形成以220kV变电站为电源、双回辐射和双侧电源链式为主的电网结构，山区县域110kV电网以双辐射、单环网结构为主，部分县市仍存在单辐射接线。

截至2014年12月底，国网福建电力拥有110kV及以上线路3.07万km、变电容量1.33亿kVA，其中1000kV变电站1座，变电容量600万kVA，1000kV线路长度344km；500kV变电站19座，变电总容量达2805万kVA，500kV线路长度4689km；220kV变电站160座，变电总容量达5172万kVA，220kV线路长度1.17万km。

“十二五”以来国网福建电力加大中低压配电网建设力度，全省县域电网与主网已实现双回110kV及以上线路联络；98%的乡镇至少双回10kV及以上线路供电。35kV电网主要分布在山区县市，作为110kV电网的补充，以“手拉手”单链、单环网和辐射结构为主。全省10kV城网基本形成了以架空线多分段适度联络和电缆单（双）环网为主的网络结构，故障情况下负荷转移能力较强；农网以架空多分段单联络和单辐射接线为主，且部分线路配电变压器接装容量偏大。至2014年底，全省共有10kV线路1.0966万条，长度11.96万km，其中架空线路10.06万km，电缆线路1.90万km，配电变压器共计11.62万台，容量共计3940万kVA；配电开关56.88万台，其中柱上开关44.17万台。2014年全省10kV线路联络率为79.8%，其中城网10kV线路联络率为97.4%；农网10kV线路联络率为69.8%，其中沿海县域74.8%，山区县域56.7%。

【人力资源】 编制市县公司层面“三集五大”体系机构设置和人员配置实施方案和操作手册；批复下达各单位机构数和定员数，统一规范各层级岗位序列设置，县公司结合本单位实际选择适合的岗位序列设置模板。“五位一体”协同机制基本建成，通过加快流程在线监测模型的研发和部署、加强一线班组岗位手册的研究和应用、提升岗位设置科学性和合理性等手段，将“五位一体”建设成果广泛应用到一线班组实操、流程在线监控、岗位精细管理等方面，国网福建电力“五位一体”协同机制建设各项验收指标排名国家电网公司第五。开展宁德全面帮扶工作，选派25名优秀人才到，国网宁德供电系统开展重点专业帮扶。

完成2014年高校毕业生招聘工作，录用755人，电工类专业占比86%。制定《本部人员到基层单位挂职（岗）锻炼管理暂行办法》，第一批派出省公司部门副主任及以下员工28人，采取平级挂职或高职低挂的方式到基层岗位锻炼。

建立与企业劳动效率、人才当量密度、员工平均工作年限和所在地区收入、消费水平等挂钩的标准工资基数测算模型，并采用历史工资基数向标准工资基数过渡的办法，逐步理顺基层企业之间的分配关系。建立薪酬规范管理月度核查机制，强化对工资计划执行进度、薪酬支付的合规性等情况的管控力度。

开发“企业负责人业绩看板”，按月对基层单位重点任务指标、重要事件进展情况进行排名和通报。一线员工考核试行“简化版”工作积分制考核。修订印发《国网福建省电力有限公司员工考勤管理办法》，实现全省考勤统一管理。

开展教育培训9874期；组织10期科级干部轮训和20期班组长管理能力提升培训，全员培训率达96.6%。完成国网兼职培训师选拔工作，共选拔聘任中级兼职培训师94人、初级兼职培训师212人。完成新一批国网专业领军和国网优秀专家人才选拔推荐工作，国网福建电力共有14人入选国网专业领军人才、43人成功入选国网优秀专家人才，总入选人员位列国网系统第四名。规范开展职称评定和技能等级工作，共有3051人获得专业技术资格，2897人通过初、中、高级工技能鉴定。

【电网建设与发展】 12月26日，浙北—福州1000kV特高压工程正式投运；投产500kV燕墩输变电、笠里—东台双回线路等工程，沿海500kV超高压输电第二通道全线贯通，形成“全省环网、沿海双廊”骨干网架，提高了系统抵御极端自然灾害和严重故障的能力；宁德核电、福清核电送出工程建成投产。福建电网提前一年实现“三大跨越”，即网架结构从500kV沿海单通道向双通道跨越，电压等级从500kV超高压向1000kV特高压跨越，电源结构从以火电、水电为主，向火电和水电、核电等清洁能源合理布局跨越，清洁能源比重超过50%。2014年，国网福建电力110kV及以上项目新开工线路长度1100km、主变压器容量 927 万 kVA；110kV 及以上项目投产线路长度 1820km、主变压器容量 1609 万 kVA。

● 1 月 20 日，国网福建电力采用直升机运输塔材，有效化解浙北—福州 1000kV 特高压交流输变电工程“无人区”运输难题。

完成“十三五”电网发展规划和输配电网五年滚动规划。取得 500kV 崇儒变电站、神华罗源湾电厂送出等 6 个项目核准批复。完成厦门柔性直流科技示范工程换流站“四通一平”。500kV 五峰变电站获国家优质工程奖；特高压线路工程福建段获国家电网公司安全质量管理流动红旗、福建省重点建设项目优胜奖。

加大 23 个省级扶贫重点县配电网建设改造力度，“一县一方案”推进配网建设改造，重点解决设备老化、线路过长和低电压、“卡脖子”等问题，解决低电压问题 6.24 万户，消除供电半径超 40km 的 10kV 线路 8 条、单电源线路供电乡镇 13 个，投运 35kV 配电化变电站 8 座。5 个项目获国家电网公司“农（配）网百佳工程”。完成“一户一表”改造 8.92 万户。厦门岛建成国内最大的城市智能电网综合工程，岛内 534 条公用馈线全部实现 FA 全自动运行，供电可靠率达 99.993%。国网福州供电公司、泉州供电公司通过国家电网公司配电自动化实用化验收。

【经营管理】 全面建成“三集五大”体系，年度建设任务完成率位居国家电网公司第 3 名。推进“五位一体”协同机制建设，梳理典型岗位 3220 个、匹配制度标准 1050 条、细化考核指标 749 个。完成劳动用工专项治理。在新一轮可再生能源与环保电价调整过程中，足额疏导环保电价矛盾；实现趸售县一般工商业用电同价。完成平潭、仙游和湄洲岛公司分公司改制。建成规范化评标基地；加强运监中心建设，初步实现对经营绩效、核心业务、关键流程在线监测分析。

实施依法治企自查自纠，及时整改存在问题。组织内控评价。完成办公用房整改，开展小型基建、培训疗养服务机构和车辆清理整顿。重组整合集体企业，减少企业户数 71 家；建成集体企业人财物统一管控平台；市县公司集体企业实行车辆集中管控。深化法律风险防范体系建设，推进地方电力立法。

实施县公司和供电所管理提升工程，获国家电网公司综合评价第 4 名；5 个县公司、8 个供电所获评农电标杆单位。开展县公司示范审计，提高规范管理水平。推广供电所员工岗位手册。开展三批次车辆租赁，缓解基层生产服务用车不足问题。

持续推进班组减负，三轮 72 项班组减负措施完成整改工作，取消优化报表 24 份，实现手工转系统自动生成报表 24 份，消除 22 项重复录入数据。收集基层班组减负意见，会同专业部门进行讨论，征集意见落实完成率达 100%。建立调查回访机制，对 6 大专业、280 个班组开展减负满意率调查，员工的满意率达 98.3%。

【安全生产】 组织特高压投运后运行特性分析，落实 216 项安全防控措施。实现地县调控一体化，完成 362 座县域 110kV 变电站设备监控权上收。开展 35kV 及以上开关常态化遥控操作，遥控成功率达 100%。建成地县一体 DMS 系统，组建配电抢修指挥班组，故障研判并单率达 72.3%；高低压故障修复时长分别缩短 9.4%、16.4%。推广配网带电作业，推广绝缘杆作业法，2014 年共完成带电作业次数 15 975 次，同比增长 48.2%，带电作业化率 92.63%。

完成 110kV 及以上检修计划 2220 项，执行特巡特护 376 项。完成 60 座变电站精益化评价。实施 42 条 110kV 及以上线路杆塔差异化防雷大修，开展新建杆塔接地电阻地线架设前测试 2762 基，实施接地网改造 639 基。推广应用无人机智能巡检作业，累计飞行 145 次、里程 138.6km。建成电能质量在线监测系统，实现关键数据自动采集和实时分析。外送电交易 10.97 亿 kWh。节水增发电 12.29 亿 kWh。

开展安全管理提升活动。组建专业化执规队 79 支，加强现场执规检查，完善反违章记分制度。完成市公司所属 11 家集体施工企业安全质量承载力评估。

开展“学安规、懂安规、执行安规”活动，开展 2 次全员集中“学安规”活动，集中《安规》培训 2.9 万人次、普考 3.2 万人次；各地市公司组织专业人员对 31 家基础薄弱的县公司进行授课帮扶。制作安全动漫短片、安全知识展板等。71 家单位分管生产领导讲一堂安全课，宣贯配电《安规》。印发《典型违章分析防范图册》。

开展大面积停电应急联合演练；完成“6·18”、

"9·8"、全军政治工作会议等重大活动保电任务，完成迎峰度夏保供电，成功防抗"麦德姆"等台风。

【营销工作】 推进营配调信息集成，线变箱户一致率达 99.6%。累计安装智能电表 1505.1 万只，覆盖率达 99.93%；用电信息采集系统日均采集成功率达 99.13%。台区低压拓扑完成率 99.91%。所有联络线和 98.16% 的台区实现日线损自动生成与统计分析，地市、县公司台区日线损合格率分别为 91.25%、90.99%。规范营配异动，制定 13 类营配交互工作流程，持续跟踪异动同步率、负荷工单及时确认率等关键数据。每周开展一次应用采集系统穿透分析台区低电压、配电变压器过重载情况，全面开展基于公专变停电信息采集的中压供电可靠性统计分析；在厦门岛、福州中心核心区开展低压供电可靠性月统计分析。

推行自动抄表核算，全面取消手工抄表，试点建立自动抄表班，远程自动抄表核算比率 99.3%。实施抄表三级质量管控，100% 县公司电费核算向市公司集中。开展电动公交示范运营，累计建成 10 座充换电站，促成投运国家电网公司首条市场化运营纯电动公交示范线路。试点建立充电设施租赁经营模式。

开展"四个专项"行动，替代电量 20.1 亿 kWh，在福建泉州成功举办国家电网公司"寻找实践典范——电能替代主题传播活动"。强化 150 家重点项目跟踪服务，确保按照约定时间节点。实施社会化节能项目 109 个，超额完成 0.3% 节约电力电量考核指标。

【科技与信息化】 2014 年国网福建电力申报国家 863 项目并获立项。承担 4 项国家电网公司总部科技项目，其中 1 项"优质电力园区关键技术研究与示范应用"为国家支撑计划项目，其成果已投入应用。开展 108 项省控项目研发工作。安排 43 项科技项目验收计划，其中 3 项为国家电网公司总部验收项目，100% 完成验收任务。完成 12 项技术标准编制工作任务。申请专利 732 项，授权专利 345 项，其中授权发明专利 52 项。2014 年，国网福建电力获国家电网公司科技奖励 11 项，省政府科技奖 7 项，中国电力科学技术奖 1 项。

完成特高压配套通信工程福建段建设，建成上联国家电网公司的第二光纤通道，解决长期以来与国家电网公司之间的光纤通信单路由问题。实施省级数据通信网核心层优化改造，将省公司至地区供电公司数据通信网中继带宽由千兆提升为万兆，核心层路由器实现双设备组网运行。全年新增骨干通信网光缆超过 2700km，提升变电站、供电所、营业厅等生产管理场所的自建光纤通信覆盖水平。

未发生八级及以上信息系统事件。"信息设备腾退再利用体系建设与实践"典型经验入选为国家电网公司"三集五大"最佳实践典型经验，"协同办公系统一级部署推广实施与业务提升"和"基于内存计算技术信息系统性能优化实施"被评为 2014 年国家电网公司信息化建设优质工程。

【优质服务】 持续推进"用电满意提升工程"，加大增供扩销力度。提速业扩报装流程，建立低压报装新模式，推行"五制两化"，实施远程工作站集中预约客户、集中派工、集中管控，"当日受理、次日接电"居民报装比例达 86.3%。规范高压报装管理，推行供电能力发布制、全程信息公示制，开发 11 类跨部门流程接口，实行系统自动流转、全程电子管控，实现"零投诉"。

快速响应客户诉求，搭建服务快速响应信息平台，重点开展报装流程超期、欠费复电超时等 16 类指标在线监控、超前预警，按周通报、按月点评 21 个服务快速响应指标。

突出强化投诉管控，建立约谈、督办、月度现场分析会等机制，实施不满意、特别不满意工单考核，推动落实营业投诉减少措施、改进营业厅服务 6 条规定等，有效整改服务突出问题，特别是群众路线教育实践活动征求的 56 条意见，客户投诉从 1 月份的 407 件，下降至月均 80 件左右。

拓展便捷服务渠道，全面推行同城异地办理业务、"一柜通"服务；推行不停电催费，百万用户欠费停电户数 188.7 户，较年度控制目标值 200 户低 11.3 户；开通支付宝直联缴费，设立自助缴费终端 502 台，C 级以上营业厅配置率达到 61.4%。推出电力微信、95598 官方微博等服务新渠道，关注客户 10.3 万户。

【党的建设和精神文明建设】 认真学习贯彻习近平总书记系列重要讲话精神，按照将联系点建成示范点要求，完成各环节工作。开展领导班子成员挂钩蹲点和管理人员一线驻点调研，帮助基层解决实际问题 238 个。各级党组织严肃认真召开专题民主（组织）生活会，深入查摆"四风"突出问题，制定整改措施 8015 条、规章制度 76 项、补充制度 23 项，全面完成整改销号工作。严格执行八项规定，出台 44 项风险防控措施；会议、文件数量分别比降 27.44%、29.9%。深化用电满意提升工程，切实解决服务客户"最后一公里"问题。国网福建电力教育实践活动得到中央第十三巡回督导组和国家电网公司充分肯定。

深化党建标准化管理，加强“三级联创”项目过程管控，开展共产党员服务队活动。落实党风廉政建设主体责任和监督责任；推广协同监督平台，提高重点监督事项办理效率。完善领导人员综合考评机制，在重点任务推进、专业管理过程中动态评价干部。选派省市公司 58 名优秀年轻干部到基层挂职（岗）锻炼。

加强企业文化和品牌建设，3 个项目入选国家电网公司优秀成果。荣获“全国社会扶贫先进集体”称号。组织特高压等 20 个主题传播，在中央电视台播出新闻数比增 50%。开展职工合理化建议征集；实施第二轮为职工办实事项目。完成县公司及以上单位本部和部分供电所健康食堂创建。深化离退休“三创三推进”工作。加强保密基础管理，严防失泄密事件。

（郑哲人）

国网湖北省电力公司

【企业概况】 国网湖北省电力公司（简称国网湖北电力）以电网建设、管理和运营为核心业务，负责电网安全稳定运行，为湖北地区经济发展和人民生活提供电力保障。至 2014 年底，有直属单位 31 家，其中地市供电企业 14 家；直供直管县级供电企业 80 家，自供自管县级供电企业 2 家；用工总量 96 581 人，其中直管职工 47 988 人，同比分别下降 1.38% 和 2.54%；营业户数 2103.03 万户，其中居民户数 1917.31 万户。全年，投产 110kV 及以上输电线路 1555km、变电容量 612 万 kVA；完成售电量 1312.43 亿 kWh，同比增长 2.28%；线损率 6.42%，同比下降 0.4 个百分点；市场占有率 96.10%，同比提高 0.67 个百分点。

2014 年，国网湖北电力全面建成“三集五大”体系，获国家电网公司“体系建设先进集体”。制定体系细化措施 327 条，推进体系完善提升。配电网发展全面纳入规划体系，建设责任主体下放到地市公司。10kV 及以上电网实现调控全覆盖，84 家地、县公司抢修业务实现由国网南客服中心直接派单。6 家地市公司实现 35kV 变电站集约运检管理，在县公司试点推行状态检修，输、变、配运检效率大幅提升。制定实施智能营销发展总体规划，用电信息采集系统整体覆盖率达到 50.34%。95598 全业务上收国家电网公司。完成运营监测（控）体系建设，两级运监中心通过国家电网公司综合验收。“量价费损”监测系统在所有地市公司上线。

【电网概况】 湖北是能源需求大省，水能资源丰富，原煤、原油和天然气资源等一次能源相对匮乏。水电资源经济可开发量 3580 万 kW，居全国第 3 位。至 2014 年，全省 0.6 万 kW 以上水电装机容量 3523 万 kW，开发利用率 98.4%。经过 30 多年的快速发展，湖北电网已步入一个全面承接特高压输送电能、以 500kV 电网为骨干、220kV 电网为主体、110kV 及以下电网覆盖全省城乡的跨省区大电网的时期，成为三峡外送的起点、西电东送的通道、南北互供的枢纽。

2014 年，湖北电网 500kV 及以上网架形成 1 个中部主框架、2 个西电东送大通道及 1 个受端双环网格局；与河南、湖南、江西、重庆电网分别通过 4 回、3 回、3 回及 4 回 500kV 交流线路联网；与华东、广东电网分别通过 4 回、1 回 ±500kV 直流联网；通过荆门—南阳—晋东南 1000kV 特高压交流线路与华北电网相联。湖北电网以 220kV 电网为主要供电网络，并依托 500kV 变电站逐步实现分片区运行。110kV 电网以 220kV 电网为中心，实现分片分区运行，向配电网络和用户供电。湖北电网有 1000kV 特高压变电站 1 座，500kV 变电站 28 座，35～220kV 公用变电站 1765 座，35kV 及以上公用变电容量 14 220 万 kVA、输电线路 6.81 万 km。

至 2014 年底，湖北全口径发电装机容量 6213.45 万 kW（含三峡 2240 万 kW），同比增长 5.38%，居全国第 9 位。其中，水电、火电装机容量分别占 58.37% 和 40.25%，风电及其他装机容量占 1.38%。全年发电量 2395.28 亿 kWh，同比增长 7.16%。全社会用电量 1656.54 亿 kWh，同比增长 1.64%。

【人力资源】 修订“四好”领导班子和领导干部管理“六力”素质模型考评标准，完善网上考核测评功能，制定分类考核方案。开展 2013 年度考核结果反馈工作。通过提前退二线、平级交流等方式，完成超职数配备干部整改工作，净减处级干部 48 人、科级干部 113 人。举办处级干部高级研修班、优秀中青年干部理论强化培训班，400 余人参加培训。完成科级干部三年轮训计划。继续实施“年轻干部成长工程”，促进五级干部队伍梯队建设。“五位一体”机制基本建成，统筹制订“三定”标准岗位设置方案，平稳完成岗位归级和绩效工资套改。制定《关键岗位人员交流管理暂行办法》《规范职员职级管理的指导意见》，规范相关工作。建立“三种人”津贴和科研人员职级制度，加大对一线和关键岗位的薪酬激励。开展人力资源需求结构和素质预测模型建设，预测企业未来用工情况。将用工计划、人工成本计划管控延伸到社会化用工、集体企业。开展员工现状调查和用工专项治理，缓解结构性超缺员问题。全面推广高校毕业生招聘考试信息系统。29 人入选国家电网公司“十大领军人才”，首次开展省公司级和地市公司级优秀专家人才后备选拔工作，全年培训员工 14 520 人次。自主搭建网上考试平台，完成 66 门网络大学课件开发。

【电网建设与发展】 编制主网“十三五”规划报告及配电网、电力通信网 2015～2020 年滚动规划报告。提前获得酒泉—湖南特高压直流工程省内全部支持性文件，推进各项开工准备工作。开展 110kV 及以上项目前期工作，随州 500kV 变电站、武汉机场 220kV 变电站等 27 个项目获得核准。荆州南 500kV 变电站、荆门化工园 220kV 变电站等重点项目按期投运。推进配电网 26 亿元增补项目，提升配电网标准化建设管理水平。完成 2013 年农网改造升级工程所有 1629 个项目。开展基层电网物资供应体系优化研究及应用，灵活运用超市化采购、框架采购等方式，确保电网建设物资供应。全年完成农村中低压配网投资 36.98 亿元，新建及改造 10kV 线路 1.01 万 km、低压线路 2.68 万 km，新增及更换 10kV 配电变压器 1.32 万台/2.1kMVA。全年累计消除超（重）载线路 299 条，超（重）载和低电压台区 1.5 万个，减少低电压用户 35 万户。建成省级大容量骨干光传输网工程，信息传输能力提升 40 倍。开展“基建规范管理年”活动，加强施工分包管理，及时整改投产项目遗留问题。加强工程质量管控，110kV 及以上工程标准工艺应用率 100%。仙女山 500kV 变电站工程获国家电网公司“项目管理流动红旗”。蒲圻电厂二期 500kV 上网线路等 2 项工程获“中国电力优质工程奖”。柏泉 500kV 变电站工程获“国家优质工程奖”。

【经营管理】 推行综合计划和财务预算一体化管控，坚持月度经营诊断分析，提升专业部门协同性和指标预测准确性。吸纳省内外优价电力资源，购电均价同比下降 10.78 元/kWh。争取调价空间，疏导新投产燃煤机组、低价小水电等电价矛盾。物资集中采购率 100%。32 项管理创新成果获国家级和省部级奖项。签订丹江口、兴山农电体制划转框架协议。3 项 QC 成果获湖北省特等奖。对标工作在国家电网公司系统综合排名第 10 位，同比前进 6 位。10 家二级单位设立集体资产管理中心，246 家集体企业完成业务应用平台建设。完成主多分开遗留问题清理处置。调减项目预算 435 个，预算执行进度在国家电网公司排名第四。

● 获 2014 年度“国家优质工程奖”的柏泉 500kV 变电站全景。

土地权属完善工作基本完成，房屋权属完善率超过 90%。完成领导干部经济责任审计 119 项、工程投资审计 1516 项。制定实施保险管理整体提升方案，规范医疗保险个人账户管理。宣贯落实国家电网公司通用制度，对应废止规章制度 982 项。电力司法鉴定所取得电能计量等 5 大类鉴定资格。

【安全生产】 开展“安全你我他”文化建设，形成一批安全文化优秀实践案例。组织 5 万余人次参加“双基”培训和《安规》、运检等普考调考，完善安全奖惩、工程安全质量监理等管理规定。落实“三防”安全技术措施，有效防控现场作业风险。逐户落实“四到位”措施，实现高危和重要用户用电安全可控在控。完成鄂东电磁环网解环。及时消除国家能监局挂牌督办隐患。制定预警预控规范，加强电网运行风险联控。推进 10kV 及以上断路器常态遥控操作，调控范围向配电网延伸，全年 97 座新建变电站纳入集中监控。全面实现调控范围内 35kV 及以上变电站信息直接采集，建成省地县一体化水调自动化系统。开展信息通信系统深度隐患排查，消除安全漏洞 285 个。加强设备状态管控和综合技术寿命评价分析，设备健康水平稳步提升。资产全寿命周期体系和电能在线监测系统通过国家电网公司验收。城市用户供电可靠率 99.973%，同比提高 0.010 个百分点；城市综合电压合格率 99.985%，同比提高 0.018 个百分点。特高压直升机平台带电作业试验、特高压直流带电更换绝缘子等技术成果处于国际领先水平。自 2010 年起，连续 5 年开展农村低电压入户实测，建立低电压用户动态档案，5 年累计解决 3.4 万个台区、201.4 万户的低电压问题。2014 年，编制农网台区全覆盖改造方案，中、低压故障抢修时间分别由 2.86、2.62h 降至 2.80、2.49h，供电质量投诉由年初的 315 起/月降至年末的

98起/月。农网用户供电可靠率99.928%，同比提高0.013个百分点；农网综合电压合格率98.838%，同比提高0.267个百分点。完成抗冰抢险任务。2月5~19日，湖北境内连续出现三轮大范围低温雨雪冰冻灾害天气，导致包括特高压输电线路在内的178条35kV及以上线路、520余条10kV线路严重覆冰。至20日18时，80余万停电用户恢复供电。完成迎峰度夏、保障特高压直流满功率运行等任务。六至八级电网设备事件同比下降18%。湖北电网实现连续安全稳定运行32周年。

【带电作业】 积极开拓带电作业前端技术，在全国率先开展特高压交直流带电作业实用化技术研究，首次完成超高压输电线路直升机带电作业；研究带电作业新工艺、新方法、新技术，研发六分裂、八分裂提线器、液压提升器、绝缘拉杆及柔性带电作业等多项特高压专用工器具；打造一支高水平的带电作业队伍，带电作业保持国际领先水平。

5月29日，湖北省送变电工程公司成功带电更换±800kV复奉线2125号塔受损合成绝缘子，完成特高压直流线路首次等电位更换V串合成绝缘子作业。12月9日，国网湖北电力在世界首次开展1000kV特高压交流输电线路直升机带电作业试验获得成功。近年来，国网湖北电力开展特高压线路直升机带电作业专题研究，取得系列成果：明确了导线对地最小安全间隙、导线相间最小安全间隙等重要参数，完成了直升机带电作业电场计算、带电作业安全距离分析评估、作业人员安全防护措施校验等技术攻关，利用自主研发的悬停直升机外置平台，在特高压交流试验基地内完成了特高压线路导线地线预绞丝补强、地线防振锤安装等线路检修作业科目。相比传统人工带电作业，特高压直升机带电作业具有机动性好、作业准备时间短、作业效率高、连续作业能力强等优点，能够有效节省作业人员体力，降低高坠及强电场伤害风险，工作效率是人工带电作业的20倍以上。

【营销工作】 确立“服务促销”营销策略，制定《市场开拓和电能替代工作方案》，出台《市场开拓突出贡献奖励办法》，开展“度电必争，让电量看得见”“冲刺四季度，打赢增供扩销攻坚战”和“报装动车组”活动，报装时限平均减少2.5天。完成煤改电、气改电试点7个，建成京港澳高速快充站10座，305个大中型项目实现电能替代。全年新增接电容量1908万kVA，新增电能替代容量407万kVA；增供扩销电量25.3亿kWh，对售电量增长贡献率达86.44%。编制并启动智能营销发展总体规划（2014~2020），抄表自动化、核算集约化、服务网格化等“六化”建设取得阶段成果。初步建成电力无线虚拟专网，实现6万台用电采集终端安全接入。出台《营销违规行为处罚规定》41条，开展营业普查和夏季反窃电活动，发现并及时整改问题3.17万个。推行高压客户“一户一策”电费风险防范预案，对300余户高耗能企业建档立卡并全程跟踪，对移动、联通、电信、铁路四个集团用户电费实行集中结算，催费效率提高，未发生新欠电费。

● 12月9日，国网湖北检修公司员工进行1000kV特高压交流输电线路直升机带电作业试验。

【科技与信息化】 19项成果获省部级奖项。申请专利336项，获得专利授权245项。科技项目“直升机特高压交流线路带电作业检修方法及检修工器具的研究”取得成功。举办国网湖北电力首次科技成果展，评选最有实用价值的科技成果推广应用项目20项。国网湖北电力首次被评为湖北省水土保持先进集体。首次启用机动应急通信系统开展应急演练。变“一系统一厂商”为集中统一运维，提高国网湖北电力信息系统安全运行水平。建设信息项目174个，并承担云终端、集体企业管控等信息项目试点。全面完成自建信息系统清理，下线自建信息系统138个，消除数据重复录入，减轻基层负担。与湖北省环保厅和湖北晴彩频道联合摄制“走进绿色电网”环保宣传系列片，向社会公众宣传正确的输变电设施环保观念与常识。在湖北省首次开展规划环评试点，并申报国家电网公司管理创新成果。

【优质服务】 构建省、市、县三级客户服务体系，基本形成“客户导向型”服务模式。建成“城区十分钟缴费圈”，开通支付宝和95 598互动网站缴费业务。新增农村缴费点1.78万个，基本完成“村村有缴费点”布局。推广报装“e网通”系统，实现报装一网受理、一网监督、一网办结。建设“电力服务网格”“五牌三制五上墙”营业厅，实行首问负责制、客户经理制，打通服务“最后一公里”。落实“一责三措”，国家电网公司客户回访满意率99.99%。制定“两保三压减”行风评议服务目标，并对营销类投诉实行责任包保。行风评议期间开展明察暗访986次，走访客户99 010户，查找和整改问题2840个。

【党的建设和精神文明建设】 完成党的群众路线教育实践活动各阶段任务。组织10个专题学习、3次集中辅导，两级党委中心组共开展学习近400次。各级党组织专题民主（组织）生活会开展批评和自我批评。整改销号105项，立行立改1136项。国网湖北电力教育实践活动和行风建设工作得到中央第13巡回督导组、省委省政府和国家电网公司肯定。

强化基层党组织建设和分类定级管理，“一所一支部”覆盖率达到80%。健全述职述廉和考核制度，规范落实“两个责任”，国网湖北电力系统7家单位列入省纪委“廉政文化进企业示范点”。监督检查“八项规定”落实情况，规范党员干部操办婚丧喜庆事宜报告流程，整改超标办公用房，实现主业公务用车在线监控。“三公”经费、会议费用、发文数量分别同比下降23%、44%、35%。全年完成重点督办事项217项，确保重要工作部署落实。在新华社《国内动态》刊发稿件获得国务院副总理张高丽批示。《国家电网报》湖北记者站蝉联“十佳记者站”称号。“贴心电工”林丽获评“全国民族团结进步模范”和“国家电网公司特等劳模”。“道德讲堂”全面覆盖，“红领微博”等一批精神文明建设创新项目脱颖而出。湖北省电力博物馆开馆运营。征集各类合理化建议1278条，制定实施班组减负措施52项，设立职工服务中心实体站点42个。建成职工创新工作室63家，其中两家被评为“全国示范性劳模创新工作室”。实施“青老互助”工程，组建志愿服务队86支，为离退休老同志提供亲情服务。

（杨　倞）

国网湖南省电力公司

【企业概况】 国网湖南省电力公司（简称国网湖南电力）是国家电网公司全资企业，主营业务为湖南省电网的规划、建设、运行、检修和营销。截至2014年底，国网湖南电力设有职能部门24个，拥有直属单位29家、控股企业1家，代管县供电企业27家，职工总人数3.46万人（不含代管企业）。拥有35kV及以上变电容量9883万kVA、线路5.2万km。

2014年，完成售电量1008.82亿kWh，同比增长0.43%。同业对标在国家电网公司系统综合排名第七，获得1项专业标杆、4项区域标杆、并荣获管理进步奖。

【电网概况】 至2014年底，湖南电网系统拥有发电装机容量3602.70万kW。其中，水电1621.29万kW，占45.0%；火电1906.67万kW，占52.92%；风电及太阳能74.74万kW。湖南电网拥有特高压线路3条1387.06km；500kV变电站17座、变压器27台、变电容量2150万kVA，线路51条4826.78km（含三广直流）；220kV变电站147座、变压器251台、变电容量3837万kVA，线路461条13 662.26km；110kV变电站662座、变压器1080台、变电容量3685.85万kVA，线路1565条21 978.75km；35kV变电站849座、变压器1414台、变电容量752.08万kVA，线路2125条22 430.81km。

2014年全省发电量完成1260.97亿kWh，比2013年下降1.34。其中，水电488.12亿kWh，增长13.60%；火电764.79亿kWh，下降9.31%；全年外省净收入电量169.91亿kWh，增长17.21%。全省社会用电量1430.88亿kWh，增长0.55%。其中，城乡居民生活用电299.11亿kWh，增长6.24%；第一产业用电21.71亿kWh，下降72.77%；第二产业用电913.99亿kWh，增长3.08%；第三产业用电196.07亿kWh，增长11.96%。全年电力需求继续保持增长，省网统调最大用电日负荷2136万kW。

【人力资源】 认真贯彻国家法律法规和国家电网公司要求，坚持以法治思维、以制度手段规范人力资源管理。宣贯落实人力资源通用制度19项，制定、修订实施细则4个，清理、废止制度13个。机构编制有效规范。落实“三集五大”机构设置与人员配置批复方案，全面建成“三集五大”组织架构。加强机构编制执行情况督导检查，完成19个问题的清理和整改。落实国资委、国家电网公司要求，制定培训疗养服务机构清理整合与规范管理工作方案。劳动用工规范管理深入推进。组织劳动用工摸底调查，摸清了各类企业、各类用工的数量、方式和人工成本情况。依法规范劳务派遣用工，实行派遣机构准入制度。初步搭建内部人力资源市场，实行员工岗位异动工作流审批。基本建成全口径人工成本管控机制。将各类企业、各类用工的薪酬福利、教培经费全部纳入计划管理和统计范围，建立人工成本全口径统计分析机制。在张家界公司试点工资集中审核发放，规范工资的支出项目、标准、渠道和对象。编制福利项目标准名录，依法完善福利保障体系。统一规范绩效考核模式，加强企业负责人职务消费预算管理。

【电网建设与发展】 实施“十二五”电网规划。加强“十三五”电网规划研究。大力推进特高压电网入湘，酒泉—湖南±800kV直流工程获得路条，省内支持性文件全部获取；蒙西—长沙1000kV交流工程前期工作有序推进。加强项目全过程管控，完成年度电网建设任务。牌长Ⅱ回500kV线路工程荣获国家优质工程奖，国内首条按双回路垂直排列紧凑型设计的500kV沙星Ⅱ线顺利投产，沪昆客运专线供电等重点工程按期竣工。韶山智能电网工程获得国家电网公司科技进步一等奖，并作为“国家电网智能电网创新工程”项目之一，荣获国家科技进步一等奖。

【经营管理】 围绕13大类、83项具体任务，全面建设“三集五大”体系，基本实现纵向贯通、全面覆盖。“五位一体”新机制初步建立，内部控制体系建设基本完成，人资“三全”“三定”管理更加严格。省市两级运监中心全面建成。实现95598全业务向国家电网公司总部集中。基本建成“成熟型”资产全寿命周期管理体系，并通过国家电网公司验收。加强综合计划和全面预算管理，深入推进经营诊断分析整改，大力挖潜增效。物资集中采购完成53亿元，节约资金2亿元。管理创新获得全国电力行业二等奖1项、省级一等奖3项。创建国家电网公司综合标杆县公司2个、标杆供电所8个，农电员工奖惩办法全面实施。施工企业管理逐步规范。加强集体企业监管。

【安全生产】 开展“精益安全管理”和“精益生产提升年”活动。没有发生六级及以上的人身、电网、设备、信息事件，湖南电网保持安全稳定运行，国网湖南电力实现连续5个“安全年”。建立风险分级管理机制，加强安全风险防控，现场安全稽查率100%。加强春、秋季安全大检查和打非治违工作，狠抓“强设备、保供电”电网设备排查治理。加强电网科学调度和运行维护，开展迎峰度夏、防冻融冰和防雷防汛防山火工作。建立通道防护联防联保机制，全力保障四大直流输电线路满功率运行。首次采用等电位带电作业对特高压直流线路进行消缺。排查和处理水电重大安全隐患，水电机组标准化检修通过国家电网公司验收。加强基建、农电、信息、交通安全管理，以及电力设施保护和消防保卫工作。

6月26日，智能巡检机器人在湖南衡阳周家村220kV变电站内巡查设备。

【营销工作】 建成公司“一部两中心”，市州、县公司“一部一中心”的管理架构，完成控股公司改革调整，统一供电所营销业务流程，实现乡镇供电所营销信息系统全面覆盖。27个代管公司参照直供直管公司改革模式，完成组织机构和业务模式的重组，改革同步推进。开展营销业务综合整治和电价专项治理。为解决城乡同质化推进中供电所营销业务管理问题，制定出26条整治措施，明确责任和重点，形成营销、农电、运检、监察等部门合力全方位开展问题排查。积极拓展农村电费缴费方式，“村村缴费网点”建设覆盖率100%。开展供电所电价普查和专项治理，严格电价“三级审核”把关制度，基本扭转乡镇供电所电价执行混乱问题。夯实计量专业管理基础，全面完成智能电能表推广建设。强化项目管理，成立省、市、县三级业主项目部，出台《用电信息采集系统建设业主项目部管理规范》，突出抓好现场查勘、可研设计、物资管控、现场施工、数据同步、竣工验收等六大环节，开展项目及工程质量检查，严格问题闭环管理。加强采集系统运行管理，率先引入设备主人制的理念，按照“两级监控、三级管理、四级运维”思路，出台运行设备管理规定，明确设备主人、监控人、维护人的职责，实现每台终端有人监控、有人维护、有人把关。打造以采集系统为平台的计量异常监测与处理调度体系。抓好省计量中心建设和运行。完成国家电网公司统一部署的生产调度平台建设，实现自动化检定系统三维建模和库龄表龄管理。推进营销稽查和反违章。出台《营销服务反违章管理办法》，实施违章积分考评和质量指标考核，突出计划管理和质量管控，坚持反违章工作例会制度和分析机制。发布《2014年营销服务反违章工作指导意见》，推进“深化反违章、实现无违章”活动。开展供电所全面稽查，以省、市两级客户服务中心为实施主体，全面开展供电所深度问诊和专项稽查。全面深化“无违章创建”活动，修订完善创建办法，突出创建过程管控，加大创建和考评力度。充分发挥营销、稽查、采集三大系统和五级稽查网络作用，加强营销业务质量管控。

【农电工作】 完成农网改造投资27亿元。建成桃江、邵东、岳阳县三个新农村电气化县。稳步推进农电体制改革，妥善处置龙山、永顺等托管中心问题及代管公司存在的系列历史遗留问题，完成武冈赧水公司代管并推动大圳新宁公司代管改革，规范接管益阳刘家湖等一批农村小型地方电网。实施县供电企业管理提升工程，发现问题及时整改，整改率90%。望城等3个县公司获国家电网公司标杆单位。实施供电所管理提升工程，创建省级标准化示范供电所15个，标准化供电所达标率98%。规范农电工福利、社保等管理，农电服务公司出资人基本规范，依法依规解决农电工养老保险等历史遗留问题。规范农电服务公司的班组及岗位设置、用户受电工程收入管理和委托业务合同，制订农电工培训专项方案。

【科技与信息化】 科技方面，制定国家级成果培育的科学规划。继电网冰灾项目获得国家科技进步一等奖后，已确立“感应滤波”“山火监测”“带电作业机器人”等课题纳入“十三五”科技规划的大成果培育计划。建立重点实验室发展提升的良性机制。国网湖南防灾减灾中心在获得国家电网公司、湖南省政府重点实验室授牌后，积极申报国家重点实验室。正在培育的实验室有振动与噪声实验室、水电机组与水工结构安全稳定实验室等。支撑服务特高压工程的环保专业能力不断提升。通过实验室建设，国网湖南电力相继完成国家电网公司委托的特高压直流工程的环评监测和环保竣工验收调查及计算任务。创新性地构建与省、市、县三级环保主管部门沟通协调常态化机制，建立环保、法律联动体系，固化“绿色通道”审批模式和年度打捆一次性竣工环保验收方式。实现电网环保工作“三个不发生”（不发生重大及以上环境污染事件，不发生因工作失误导致环保水保主管部门对公司采取限批措施的事件，不发生影响公司形象和被环保水保主管部门通报批评的事件），110kV及以上电网建设项目环评率、110kV及以上电网建设项目竣工环保验收合格率均为100%。

信息化方面，按照公司“三集五大”体系要求，全面完成信息通信业务体系建设，实现信息安全督查职责从信通公司向电科院平滑交接，健全公司信息安全技术督查体系。同步完成业务系统集中调整。推进SG-ERP工程建设，国网试点建设项目生产精益化管理系统（PMS2.0）在全省推广应用并评为国家电网公司2014年度信息化建设优质项目，基本具备单轨运行条件。完成公司主业和农电两套营销管理系统合并，实现95598全业务集中。人财物集约化业务系统持续优化，同步完成新上划县公司信息系统全覆盖。加快推进通信工程建设，实现直管35kV变电站光纤覆盖率100%，完成一体化电视会议系统整合，实现省地县电视会议系统统一接入网络硬视频资源池。落实国家电网公司信息通信安全顶层设计，组织开展春秋季信息通信安全检查和重要信息通信系统、供电、消防、通信光缆与一次电缆共沟道等安全隐患专项排查治理工作。

【优质服务】 践行“你用电，我用心”理念，大力弘扬“电骡子”精神，着力解决服务客户“最后一公里”问题。坚持供电服务例会制度，严格落实“一把手”的供电服务第一责任。完善服务协同机制，加强对各专业部门的关联考核。95598话务量同比下降20%，投诉量下降88%。优化配网抢修业务流程，故障抢修及时率99.8%，平均抢修用时缩短27min。新建农村电费交费点3万个，基本建成城市“十分钟交费圈”和农村“村村有交费点”。业扩服务时限达标率100%，报装申请资料精简50%。狠抓“低电压”专项治理，解决17.3万户的“低电压”问题。供电所营销业务专项整治取得突出成果。积极服务发电企业，“三公”调度交易进一步加强。开展“明察暗访、业务整治、违章稽查、诉求核查”工作，查处严重违章93起，整治不规范电价5.15万户。12个单位实现行风评议“保三争一”工作目标。

【党的建设和精神文明建设】 认真学习贯彻习近平总书记系列重要讲话精神。严格党内生活，各级党组织建设更加规范。推进“树正气、转作风、提素质、增能力、促发展”专项活动，加强思想道德作风纪律建设。全员培训16.24万人次，培训率98.8%，人才引进指数保持国家电网公司先进。国网湖南电力代表队荣获全国电力技能竞赛变电值班组团体一等奖和个人前四名。公司员工代表国家电网公司在首届央企网络安全技能大赛中取得团体第三、个人铜奖。落实国家电网公司《职工民主管理纲要》，深化企业民主管理。加强班组建设和标杆单位创建，班组建设达标率100%，班组减负满意率100%。获评全国示范性劳模创新工作室1个。国网湖南电力“关工委”被评为全国先进集体。公司系统保持和谐稳定，连续5年荣获全省综治工作“先进单位”并保持“平安单位”称号。

（汤日成）

国网河南省电力公司

【企业概况】 国网河南省电力公司（简称国网河南电力）是国家电网公司的全资子公司，国有特大型企业，肩负着为河南省经济社会发展提供可靠电力保障的重要任务。截至2014年底，国网河南电力直属单位30家，县级供电企业107家；用工总量17万人；资产总额1074亿元。当年完成售电量2420亿kWh，主营业务收入1203亿元，两项指标均居国家电网公司系统第四位。

【电网概况】 河南电网是国家电网的重要组成部分。继2008年1000kV晋东南—南阳—荆门特高压交流试验示范工程落点南阳建站运行后，2014年，±800kV哈密—郑州特高压直流工程顺利投运，河南电网进入特高压交直流混联运行新阶段。截至2014年底，河南电网110kV及以上变电站1152座、变电容量2.02亿kVA、线路长度4.71万km。全省发电装机容量6195.53万kW，其中统调装机5778.33万kW。河南500kV电网已形成“两纵四横”梯形主网架，全省各市实现220kV环网供电，全部县域实现110kV双电源供电。2014年，全省全社会用电量2920亿kWh，同比增长0.70%；发电量2674.52亿kWh，同比增长-4.87%。

【人力资源】 严格实行“全员、全额、全口径”人力资源计划管理和各级各类企业入口管控，用工总量持续负增长，2014年末同比减少10 844人。完成80家县级供电企业上划及国有资产无偿划转。对处级干部、县供电企业党政正职、本部科级干部，举办7期培训班，开展习近平总书记系列讲话精神学习培训，培训人员749人。制定典型岗位绩效指标体系，改进完善管理机关绩效管理实施细则，归类量化一线班组工作任务、工作规范和目标任务积分制三种考核模式。建立岗位等级序列管理规范。建立补充医疗保险特约医疗金，并向生产一线岗位倾斜。编制国网河南电力人力资源2015~2017年培训规划，在国家电网公司组织的竞赛调考活动中，综合成绩排名第7名。

【电网建设与发展】 全面开展“十三五”电网规划研究，科学编制10个直管县电网规划和全省县域配电网规划。完成灵绍特高压直流河南境内前期核准工作，同步开展上海庙—山东等“四交七直”共计11项过境特高压及跨区工程前期工作。累计完成250项省内110kV及以上电网项目核准工作。全年完成固定资产投资167.8亿元。全年新开工110kV及以上工程178项，输电线路2380.8km、变电容量1603.7万kVA；投产110kV及以上工程141项，输电线路2591.1km、变电容量2300万kVA。“外电入豫”战略加快实施，哈密—郑州±800kV特高压直流输电工程正式投入商业运行，配套500kV中菊三回线路提前建成投运，满足了“疆电入豫”550万kW大负荷的要求；±800kV灵绍特高压工程（河南段）全面开工建设。南水北调中线一期工程焦作35kV中心开关站电源引接工程启动送电成功，标志着国网河南电力全面完成所承担的调水工程35kV永久性供电工程建设任务。110kV及以上工程国家电网优质工程率、标准工艺应用率均保持100%。洛阳西500kV变电站工程获得国家优质工程银奖，开封西500kV变电站工程荣获中国电力优质工程，洛阳新安10kV仓东线等5项工程被评为国家电网公司“农网百佳”工程。2014年，国网河南电力获得国家电网公司同业对标建设管理专业标杆。

● 3月26日，特高压交流输变电国家重大工程标准化示范项目，在河南南阳市通过国家标准化管理委员会组织的专家现场验收。 （徐 强 摄）

【经营管理】 统筹推进电网发展、农电体改和电价疏导“三位一体”工作，电价政策取得重大突破。自2014年9月1日起，提高全口径电量输配电价1分/kWh。天中直流落地电价低于河南火电标杆电价1.31分/kWh，省财政对农网改造投资贷款贴息1.5亿元。通过宝泉抽水蓄能容量电费交易，减少垫支1.27亿元。加强综合计划和全面预算管控，开源节流，降本增效。业扩报装净增容量1679万kVA，电能替代电量46.5亿kWh。跨区跨省交易电量276亿kWh。低成本融资192亿元，节约利息支出2.43亿元。严格投资预算管理，电网基建工程总预算比总概算下降8%。完成物资集中招标采购158亿元，节约资金14.5亿元。强化风险预警预控，电费回收率100%。开展小型基建、办公用房、培训疗养服务机构专项清理整顿，后勤工程项目管理不断规范，公司小型基建、非生产性技改大修年度投资计划完成率和项目规范管理指数均为100%。完成国家电网公司二至五批404项通用制度的宣贯培训，省市两级规章制度管理信息模块上线运行。配合完成国家审计署对国家电网公司开展的经济责任延伸审计，以及国家电网公司对国网河南电力开展的经济责任审计、人力资源管理专项审计等，全面整改发现问题，强化审计成果运用。持续开展内部审计，完成55家单位领导干部的任期经济责任审计，组织开展全省投资审计劳动竞赛，加强对电网建设、农网改造、小型基建、技改大修等工程的审计监督，率先出台《在线审计工作指引》，实现审计手段突破创新。2014年，国网河南电力荣获国家电网公司建设管理专业标杆，获得华中区域管理标杆及人力、财力、物力、规划、建设、运行6项专业标杆。开展“制度标准一体化运行机制研究”，通过国家电网公司专家验收，达到国家电网系统领先水平。国网河南电力被授予“全国电力行业标准化工作先进集体”称号。

● 10月22日，我国首条1000kV特高压交流输变电工程南阳变电站2014年度检修全面展开。

● 12月18日，郑州市大面积停电应急综合演练在郑州市举行。

【安全生产】 宣贯新《安全生产法》，深化安全管理提升活动，开展春秋季安全检查、重要输电通道风险评估、设备家族性缺陷及配电变压器隐患专项治理，完成特高压及跨区电网“两站三线”年度检修任务。落实大电网安全稳定运行控制措施，编制和实施度夏、度冬方案，河南电网经受住5007万kW最高用电负荷考验。加强全面质量管理和技术监督，建成电能质量在线监测系统，资产全寿命周期管理体系建设通过国家电网公司评价验收。完善应急协同联动机制，与河南能源监管办、郑州市政府联合成功举办大面积停电应急综合演练。国网河南电力连续8年未发生上级考核的安全事故，基建系统实现连续安全生产24周年，当年配电线路故障率下降1.05次/百千米。

【营销工作】 密切跟踪经济发展形势，制定市场策略，建立全省“百个”重点项目、“百个”电量大户、“百个”暂停客户、“百个”规模百强企业、“百个”高成长性企业的“五百”服务机制，实行挂牌督办、动态跟踪、运行监测、预约服务，稳妥推进大用户直购电工作，在经济下行的形势下，2014年国网河南电力售电量完成2420.26亿kWh，同比增长3.76%。积极服务南水北调中线工程、中南部重载铁路、国家级互联网骨干直联点、移动4G网络、郑开城际铁路等国家重点项目的报装接电工作，全年累计新装增容137.01万户，2408.79万kVA。完成营销系统市县融合，推动营销业务、供电服务一体化管理，融合后营销系统覆盖市县3459.78万客户。强化95598运营管理，按时保质完成95598客户服务系统割接工作。推动营配贯通业务协同，完成市县客户服务基础数据治理及高压客户地理信息采录建模。政企协同稳妥推进“三供一业”供电分离移交工作，与17家驻洛央企签订移交协议。推进电能替代，实施林州电窑炉和郑州华南城冰蓄冷示范项目建设，在全省1350个乡镇供电所示范推广碳晶电采暖技术，完成替代电量46.5亿kWh。积极服务绿色新能源战略，完成商都路、博学路换电站建设和新乡原阳等高速公路服务区快充站建设，推动郑州市政府出台充换电服务价格政策，全年电动汽车充换电服务次数约 6 万次，充换电量 150 万 kWh，行驶里程约 595 万 km。

【农电工作】 开展待划转县级供电企业规范治理工作，化解历史遗留问题，提前清除划转障碍。配合省政府出台社保欠费免收滞纳金、农电工养老保险补缴和农电工比照特殊工种提前退休等相关支持政策。依法合规，严格履行划转程序，完成清产核资、人员安置、社会稳定风险评估、划转协议签订等工作。根据国务院国资委印发《关于滑县电业管理公司等 80 户农电企业国有产权无偿划转有关问题的批复》（国资产权〔2014〕1211 号），自 2014 年 10 月 1 日起，滑县电业管理公司等 80 家农电企业全部国有产权无偿划转给国网河南省电力公司，自此，河南省累计 104 家农电企业完成划转。“三集五大”建设全面延伸，107 家县公司机构设置和人员调整基本到位。落实国家电网公司要求，编制印发《乡镇供电所生产营业用房三年建设改造规划》。完成 107 家县公司“七大五小”系统建设，加快农电信息化管理与公司管理接轨。全年治理 89 万户“低电压”问题。完成县级供电企业管理提升工程，开封县、长葛、孟津、灵宝、范县、新野等 6 家县公司和 16 个乡镇供电所被国家电网公司授予综合管理或专业管理标杆，商丘市公司、兰考县公司被国家电网公司授予先进单位称号。

【科技与信息化】 完成营销信息系统市县融合和鹤壁物联网应用示范工程建设。开展信通专业“百人培养计划”暨“双向交流、技术帮扶”活动。输电线路舞动防治技术实验室和科研攻关团队，分别被命名为国家电网公司重点实验室和科研攻关团队。荣获省部级及以上科技进步奖 26 项、国家专利优秀奖 1 项，其中，“特高压联网背景下区域电网网源适应性协同性经济性研究”获得河南省科技进步一等奖，“基于精细化气象预报的输电线路预警技术研究”是唯一一项由省公司牵头被列为国家电网公司十项重大基础前瞻科技的项目；荣获省部级及以上管理创新成果奖 19 项，其中“电网企业专业管理”和“特高压交直流混联电网运行风险综合防控体系建设与实践”，分别获得全国电力行业和国家电网公司管理创新一等奖；荣获省部级及以上 QC 成果 15 项，全国质量信得过班组 7 个，出版“知识+案例+点评”的活动工具书——《电网企业班组 QC 活动指南（2014 版）》，国网河南电力被授予“河南省质量管理小组活动优秀企业”称号。

【优质服务】 深入实施营业厅标准化管理，推行“一柜通”“同城跨区域业务办理”服务。开展邮政电子、银联商务等社会化代收电费业务，全年新增社会化代收网点 1.97 万个，实现直供区域网上无障碍交费。完成“城市十分钟交费圈”建设，建成农村“村村有交费点”2.9 万个。开展业扩报装“提质提速提效”专项行动，客户平均接电时间同比下降 18.5%。推广微信服务渠道，国网河南电力微信公众服务平台关注人数达 34 万，提供服务 235 万次。开展供电服务突出问题排查治理专项行动，行风评议持续保持公共服务行业前列。

【党的建设和精神文明建设】 认真学习党的十八届四中全会精神，开展各级党组（党委）理论中心组学习和干部员工政治理论、形势任务学习教育；组织开展践行社会主义核心价值观活动，引导干部员工端正价值追求、坚定“三个自信”。以学习弘扬焦裕禄精神为主线，完成党的群众路线教育实践活动；持续深化“四风”整治，巩固教育实践活动成果。出台县公司“三集五大”体系建设党群组织设置的指导意见，完成公司直属党委、本部党委和 23 个基层党委换届工作；分层分批组织基层 2000 余名党组织书记开展专题轮训；推进“两带三保”实现“三个全覆盖”；持续深化“三级联创”工作，开展“支部联创”工作的支部比例达到 80%。开展“微行动 · 大能量”卓越实践系列活动，完成 23 项公司企业文化重点项目建设，评选发布 54 项卓越实践典型案例。组织开展“道德讲堂”685 场次，10 家单位获得或保持“全国文明单位”称号。坚持以党建带团建，开展“奋斗的青春最美丽”成果分享活动，全面创建“号、手、岗、队”，深入实施“一团一品”特色团建工程，国网河南电力“电力雷锋”志愿服务队荣获“第十届中国青年志愿者优秀组织奖”。认真落实党风廉政建设主体责任和监督责任，严明党的纪律，聚焦监督执纪问责。开展党风廉政建设“暖心防险工程”。突出不同时间节点特点和苗头性、趋势性问题，持之以恒贯彻落实中央八项规定精神，狠刹“四风”。强化重点领域关键环节廉政风险防控，实施物资招投标和业扩报装专项治理。党风廉政建设责任目标任务全面完成。按照《国家电网公司职工民主管理纲要》要求，创新建设“双路径、三保障、一示范”的民主管理“231”示范项目，编入国资委印制的《中央企业职代会工作指南》。探索创新企业文化建设实践，成立阳光、书画、音乐、阅读4个职工文化工作室，开展“岗位成才故事进班（站）”和“阳光心态”巡讲。

（申雁冰）

国网江西省电力公司

【企业概况】 国网江西省电力公司（简称国网江西电力）是国家电网公司的全资子公司，负责江西电网的建设、管理和运营。国网江西电力本部设有24个部门，下属单位22家，全资县供电公司97家，服务电力客户1584万户，供电人口4456万人；省公司系统用工总量66 255人。

2014年，国网江西电力售电量完成828.3亿kWh，同比增长5.03%；综合线损率7.22%，同比降低0.14个百分点；固定资产投资107.9亿元，同比增长28.86%。

【电网概况】 江西一次能源缺乏，电源以火电为主，水电资源开发潜力有限。截止2014年底，江西电网统调发电厂28座。全网统调装机总容量为15 672.9MW，其中火电装机容量为13 620MW，占总装机容量的86.90%；水电装机容量为1689.7MW，占总装机容量的10.8%；风电装机容量为343.2MW，占总装机容量的2.19%；光伏装机容量为20MW，占总装机容量的0.13%。全省电力供需基本平衡。

江西电网以南昌为中心，北起九江，南接赣州，东至上饶，西抵萍乡。全网500kV变电站16座，变电容量1900万kVA；输电线路43条，长度3622km；220kV变电站131座，变电容量3230万kVA；输电线路415条，线路长度10 592km；110kV变电站411座，变电容量2433万kVA；110kV输电线路968条，长度13 201km。江西电网已形成500kV双回路主干网架，中部、西部实现环网，通过3回500kV线路与华中电网联网，所有县域电网实现110kV线路双电源供电。

【人力资源】 组织核查和完善人力资源管理信息系统。组织修订《劳动合同管理办法》。开展招聘考试，电工类毕业生学历条件降至大专水平，2014年入职高校毕业生共492人。新录用人员要求全部充实到输配电或乡镇供电所一线技能岗位，且工作年限不低于10年。制定《国网江西省电力公司关于进一步加强新员工培养的意见的通知》（赣电人资〔2014〕740号），对入职的新员工培养管理工作作明确规定。推行岗位竞聘、双向选择等市场配置方式，通过内部市场实现人员优化配置6740人次。下发《2014年度企业负责人业绩考核指标体系》《岗位绩效工资管理办法（试行）》《岗位等级序列管理办法》和《岗位绩效工资套改办法》等，整合关联度高的指标，精简考核不到的指标，取消重复考核的指标。

加强人才队伍建设。19人入选国家电网公司第二批专业领军人才。1人获得省政府特贴、1人入选省百千万人才工程，4人获“全国电力行业技术能手”称号。选拔出194人为省公司优秀专家人才。累计10 563人获得素质提升（专家人才、学历、技能等级、职称资格），人才当量密度达到0.950 4，提升5.37%。实行表彰奖励计划管理，下发《国网江西省电力公司关于下达2014年表彰奖励计划的通知》，省公司表彰奖励计划46项（同比降低32.35%）。2014年，完成国家电网公司培训班234期次，1234人次，培训量9232人天和省公司培训班391期次，23 118人次，培训量104 095人天；完成国家电网公司4项竞赛、10项调考，竞赛调考综合成绩在国家电网公司排第5名和省公司层面5项竞赛、20项调考，共89 258人次（其中网络考试80 636人次），培训计划完成率100%；完成国网网络大学的建设试点和推广应用、压力测试等各项工作和55期（245场）、80 636人次远程监控网络考试，完成网络大学课件制作和题库建设。出台《国网江西省电力公司关键岗位人员交流管理办法》，完成374名符合关键岗位交流条件人员的岗位交流工作。根据《国家电网公司“五位一体”协同机制推广实施方案》，基本建成公司“五位一体”协同机制，以流程为主线建立健公司岗位责任体系，优化岗位设置，明确岗位职责，设置典型岗位共2677个，匹配2462个，岗位匹配率为92%。

【电网建设与发展】 2014年，国网江西电力投产110kV及以上线路1616km、变电389万kVA，完成年度计划100%；开工110kV及以上线路1813km、变电960万kVA，完成年度计划100%。

推进输电线路精益化管理。开展±800kV宾金线通道风险评估，落实宾金线满功率运维保障实施方案。加强输电线路标准化建设和差异化改造。建成标准化线路169回4676km，完成16回输电线路差异化防雷治理和18回线路544支线路避雷器间隙调整。编制重要隐患变电站中压侧出线防近区故障治理方案。完成全省35台隐患主变压器所在的23座变电站中压出线运行情况分析，逐线编制2015年专项治理方案。开展移动式直流融冰装置改造，完成融冰装置检测和带负荷试验，完成吉安、九江两处输电线路通道人工观冰点选址。

推行农配网管理一体化。整治过载配电变压器5539台，过载线路264条。初步完成频繁跳闸线路降跳闸治理1003条，防雷改造线路506条。县公司漏保安装率达到70%，投运率65%。着力提升农配网“两率”指标。整治公变出口电压，合格率提升约3%。在62家县公司开展配网不停电作业。完成配网标准化设计软件试点开发任务，推行配网项目典型设计和标准物料应用。

开展“安全管理提升”和“强管理、抓落实、防事故”基建安全活动，进行施工预控方案安全管理专项排查，重点抓三级及以上风险管控，排查安全问题352项；重大节假日不停工项目落实现场督查58次，发送提醒警示短信6000余条；组织2次分包专项检查，省送变电建设公司省内外项目及所属地市三产单位122个110kV及以上在建项目、315个已投产基建工程、省送变电公司199个近三年已投产基建项目，发现问题597个，完成整改450个。

有序推进重点项目。220kV贵溪南、志光开关站等工程的顺利投运；220kV吉安遂川、秀谷、罗家边等工程的投产；220kV新进贤、东乡北、新上饶等牵引线的建成投产，及时满足了江西首条高铁线路（杭南长）供电通车需求。溪洛渡左岸—浙江金华±800kV特高压直流输电工程（江西段449.94km）提前贯通，6月带电运行；沪昆高铁配套供电的5站20线、合福高铁配套供电的1站6线顺利投运；石钟山—洪源500kV线路工程获国家电网输变电工程安全质量管理流动红旗，8个输变电工程获国家电网2014年度优秀设计奖，全年86个项目被评为国家电网优质工程，优质工程率达100%。

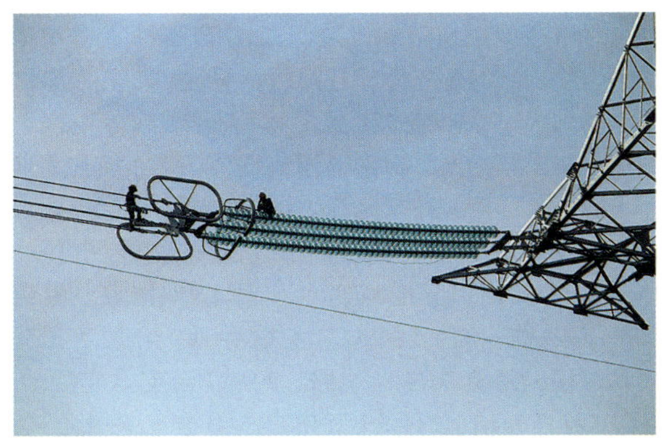

● 7月17日，浙北—福州1000kV特高压交流输电线路施工现场。

【经营管理】 规范预算管理。对重要及敏感性支出实施单项控制并严格考核。向部分困难县公司返还农网还贷资金。制订下发公司配网建设委托项目管理规范意见，组织签订委托建设管理协议。

强化资产、资金与产权管理。强化资产设备对应管理，资产设备对应率达97.23%。开展电网基建工程成本预算管理，按期发布至ERP系统进行在线管控，加强工程成本控制。积极运作归集资金39亿元，节约财务费用2.54亿元。积极拓宽融资渠道，为公司筹集79亿元的优惠利率贷款。组织开展电网建设资金清理及调整工作，逐步理顺历年电网建设项目资金交叉串项问题。

严格电价财税政策。完成江西省电价调整工作，全额疏导电网脱硝、除尘等环保电价矛盾；推进工商业用电并价，大幅缩小工商业用电价差。配合省发改委出台新建住宅小区供配电设施建设收费指导意见，南昌市及所属4个县已全部出台统一的收费标准。全面落实电网新建项目“三免三减半”优惠政策，当年减税5996万元；及时办理财产损失税前扣除、投资收益免税以及研究开发费加计扣除等事项的审核备案工作，抵免税款1924万元。

完善内控体系建设，强化依法经营管理。对“三公经费”、会议费、物资管理、工程其他费用、2013年报审计有关问题等方面开展财务稽核。细化制定公司8类部门主体91项内控管理职责，优化完善风险分类体系。《内部控制体系建设研究》课题荣获国家电网公司调研成果二等奖。资金管理、财税管理、土地房产确权、财会队伍建设4项管理实践入选国家电网公司“三集五大”体系建设最佳案例库，位列国家电网公司系统财务专业第2位。

制定上海援建配网项目业务等7个会计实务核算标准，修订新建住宅供配电工程业务核算规范。优化审核流程，提高财务报表编制效率。推进财务信息化深化应用，开展物资、工程业务数据治理，部署项目年度预算强性控制、电网基建工程成本费用预算管理、电网新建项目所得税优惠测算及数据监控等功能。

【安全生产】 开展“安全管理提升”活动，实现人身、电网、设备和信息零事故目标。

全年累计提出管理风险或共性问题30项，明确措施建议88条，推动安全生产三大体系协同保安全，实施重点工作56条。在电网方面，推动开展直流系统、家族缺陷设备专项治理，发现77座变电站直流母线隐患，全面消除500kV 156只上海MWB电力互感器家族隐患，推动景德镇电厂一期升压站安全隐患防控措施落地；分析县公司“修试校”工作缺失原因，编制典型模板，规范县公司检修计划格式、项目和内容的“三统一管理”；及时发现监控信息盲区隐患，推进公司35~220kV变电站无人值守监控现状排查和启动三年整治消除。设备方面，开展重载开关柜过热缺陷及隐患排查工作，排查隐患8445条，整改消除5293项；开展智能变电站智能合并单元及智能终端缺陷分析，排查9站更换115台合并单元、116台智能终端；延伸35kV主变压器越级跳闸原因分析，推动开展保护定值压板校核、老旧改造，建立35kV及以上主变压器跳闸分析管控工作机制，越级跳闸次数逐月下降，10~12月，全省35kV主变压器未发生因误整定引起的跳闸。人身方面，开展施工现场“不打招呼”重点抽查，强化分包队伍管理、施工机具检测、标准化作业指导书执行等现场安全整治；强化社会触电事件分析，落实防断线措施，持续推动配网三级漏保安装与运维，实现台区总保安装率、投运率逐月提升，分别达77.05%、71.15%。

人身安全风险防控取得实效。开展县公司无票、无调度许可令、无计划作业安全检查专项行动，完成97家县（区）公司全覆盖式现场核查。推进配网作业调度许可制度，规范全省配网停电调度许可模式。依托SPMIS标准化作业平台，累计评价县公司“两票”110 633份，合格率提升至99.4%。发布《典型违章案例图册》，坚持典型违章月度通报，累计查处违章4717起，处罚275.8万元。

构建省、市、县三级电网运行风险预警机制，制定《电网运行风险预警管理办法》，规范各级电网运行风险预警职责、流程、措施和要求，加强预警预控措施的监督、执行和落实；全年发布电网运行风险预警290次，保障302项重要检修和施工的安全实施。开展电网安全、设备反措等专项隐患排查治理，实施重点问题挂牌督办，共排查出隐患7683项，整改率100%。开展调度通信大楼供电和消防安全专项排查，发现问题164项，整改完成130项，整改率79.3%。滚动开展安全性评价工作，启动第一轮城市电网和第二轮县公司安全性评价，完成4家市公司、23家县公司评价，实行重点管理问题立行立改和同业对标考核，形成27家市（县）公司安全性评价问题及整改专报。加强并网电厂安全监督，组织完成安源等5家电厂涉网安全检查。

开展资产全寿命周期管理体系建设，发布28个资产管理程序文件、16个资产管理策略、131个三级核心业务流程，清查21.6万余条设备台账，培训人员1800余人次，初步建成12月12日顺利通过国家电网公司正式验收。电能质量在线监测系统建设通过国家电网公司正式验收。2014年可靠性指标在国家电网公司排名由E段提升至D段。

开展安全教育培训。实施工作票“三种人”资质培训、审查和备案制，组织培训考试20 000余人次，对公司系统“三种人”进行了调整和认定。加强国家新《安全生产法》、国家电网公司《配电安规》《安全生产工作规定》等重要安全法律规章宣贯执行，开展培训136期，修订《安全生产奖励实施细则》，落实奖励资金2600余万，开展安规调考，年度《安规》调考列国家电网公司系统第一名。

建成省、市、县三级应急指挥中心103个。指导市、县公司构建和完善应急救援体系。修编防冰、防汛、大面积停电预案，编制省、市、县三级应急处置卡，组织开展2次防冰实战演练、3次防汛实战演练、2次大面积停电模拟演练。成功应对年初雨雪冰冻、6月份洪涝灾害等影响电网安全运行的突发事件。加大电力设施外破索赔、窃电追偿力度，全省共派出警力3609人次，查处各类涉电案件931起，挽回经济损失921.5万元。

【营销工作】 2014年，完成售电量828.3亿kWh，同比增长5.03%；电费回收率100%；市场占有率97.81%。未发生较大影响的供电服务事件，未发生电网责任客户安全事故。

全面建成“大营销”体系。建成省、市、县三级客户服务体系。推行业扩报装、故障抢修、投诉处理业务末端融合，提升跨专业协同效率。青山湖区供电公司被评为国家电网公司大营销体系建设先进单位。95598全业务向省公司集中。修订《95598业务管理实施细则》等制度，收集上报知识点6755条，完成营销业务系统适应性调整和改造测试，95598全业务按期顺利上收。组织业务骨干赴国网客服北中心开展座席人员培训。建立营销“五位一体”。推行国家电网公司通用制度和标准，识别通用流程203条，完善非通用流程5条，梳理补充流程1条，确定公司营销业务流程框架，完成流程要素匹配，初步建立“五位一体”协同机制。营配调贯通工作稳步推进。围绕“站—线—变—箱—表—户”关联关系，开展数据采集及建模，完成2070条线路、29 987台配电变压器、48.30万只表箱、234.69万用户信息数据采录治理，实现地市公司高压专线、专变用户数据现场采集全覆盖。

建立完善“电费预警机制”，跟踪分析钢铁、水泥、光伏等重点行业、重点企业经营状况，及时调整电费驻厂催收策略，对欠费风险大的客户制定“一户一方案”，实行日监控、周报告、月分析和逐级上报制度。印发《关于推进电费抄核收精益化管理的通知》，固化抄表例日，严把电费核算关，强化现场电价执行过程管控，严格停电审批手续，禁止未经审批随意实施停电催费。持续推进账务省级集中，实现电费资金闭环管理，电费账户减少100余个，期末关账时间平均提前4.69天。提高业扩报装效率。推行高压业扩流程“串改并”和居民客户（无工程）业扩24小时办结制，业务完成时间比国家电网公司承诺时限缩短40%。推动全省新建住宅供配电设施收费意见落地，吉安、南昌、抚州等10个设区市出台具体收费标准。完成九瑞、九景衢电气化铁路的等重要用户的报装服务，确保了沪昆、合福电气化铁路江西段按期送电。推进台线数据归真，加强异常台区管理，开展计量装置准确性专项核查和地市公司线损供售同期统计分析，全省共发现问题用户7008户，追补电量7377.1万kWh，直接增收电费7186.2万元。2014年合并口径台区售电量214.54亿kWh，线损率6.41%，同比下降0.1个百分点。开展业扩报装规范性、抄表及收费专项稽查，全年发起营销稽查任务135.7万项，查实整改营销业务问题9152项，追补电量519.6万kWh，同比增长390.2%，挽回经济损失443.5万元，同比增长389%。

全年完成256万只智能电能表改造，智能电能表覆盖率52.8%。完成2.27万只台区总表和4.2万户专变用户采集接入与改造。用电信息采集成功率、上线率同比分别提高2.2%和5.1%。计量中心完成“二线一库”升级改造，新建单相表及互感器检定线通过建标考核投入运行。建成电子互动服务系统。建成95598网站、微博、电力短信、手机客户端（掌上电力）电子服务平台；江西电力微信公众服务平台正式上线，实现电费电量、交费通知、停电、业扩报装流程等服务信息在线订阅、查询。丰富短信平台服务功能，实现95598电话自动语音交费提醒。推进远程费控应用。按照“先试点，后铺开”原则全面推进远程费控，多渠道宣传费控应用知识，编制费控功能业务、现场停复电作业等各类指导书，统一短信模板，解决系统功能问题63个，全年累计实施停复电154万户次，复电成功率93.51%。奉新等三家县公司实时费控平台试点上线。

【农电工作】 2014年，江西省的农网工程完成投资22.67亿元，完成年度投资计划（20.8亿元）的108.99%，占总投资规模（26亿元）的87.19%。其中：110kV工程完成投资1.2亿元，完成投资计划（1.5亿元）的80%；35kV及以下工程完成投资21.47亿元，完成投资计划（24.5亿元）的87.63%。完成年度31.2万户低电压治理任务。

治理低电压31.2万户，农村户均容量由2013年底的0.78kVA提高到2014年底的0.87kVA。35kV变电站单线、单主变压器占比由38%降至30%；低压线路升级改造面由16%提高至30%，农村10kV和低压线路供电半径超过15km和500m的比例分别由48%、67%降至30%和50%。

提升乡镇供电所管理。农网台区线损率由7.99%下降至5.74%，台区考核表安装率由97.66%上升至99.96%；台区考核表采集成功率由95.26%上升99.03%；日均采集成功率由94.43%上升97.40%；农网公用配电变压器三相不平衡比率由1.40%下到0.19%。

【科技与信息化】 2014年，科技研发投入10 946万元，“电能表运行工况适应性考核关键技术研究”等4项总部管理项目顺利竞级总部组织答辩，成功落户国网江西电力。“220kV输电线路耦合电容电压驱鸟板”“智能变电站继电保护及测控装置智能测试系统”成功通过国家电网公司总部评审并获得推荐。结合共青城综合示范工程开展低碳电力技术研究与示范，首次实现配用电系统碳排放的可观和可测，为配用电系统面向低碳的优化运行提供支撑。基于红外热像技术的绝缘子检测技术达到了国际先进水平，建立《悬式瓷绝缘子串典型缺陷红外热像图谱库》，编制《悬式瓷绝缘子串红外精确测温作业指导书》。提出采算分离式电能表校验方法，实现电能表离线校验，解决现行标准表法不适于非线性负荷计量环境的实际问题。成功研制抗盐渍高性能混凝土等多种新型防腐材料，并在福建沿海、甘肃盐渍土地区、江西重工业污染地区实现工程示范应用。在国内首次开展单回线中间串入双回线继电保护适应性研究，单回线串入双回线建模方式、测量阻抗轨迹通用计算方法研究成果达到国内领先水平。提出频率波动导致电测量仪表计量误差的测量方法，成功解决了因测试信号频率波动而导致电测量仪表计量误差技术难题。SCD文件解析展示及管理软件研制取得突破，首创事件关联分析技术以图形化方式展现事故报告，为智能变电站SCD文件配置及虚拟回路修改提供有效技术支撑。粗、密波复用及超远程传输全光交换组网应用关键技术研究取得突破，实现了单芯光纤密波复用波400G容量及150km超远距离传输能力，并成功在宜春县公司建设示范应用。

● 10月1日，江西南昌紫阳大道电动汽车充换电站工作人员为客户充换电。

共获省部级、国网公司科技进步奖各类奖项12项，其中，“江西电网GIS服务平台、工具及应用”“电铁集中接入地区电能质量监测系统示范工程”获得江西省政府科技进步三等奖，“基于电压互感器负荷误差曲线外推法的三相电压互感器检定方法”获得江西省政府技术发明三等奖。“农村低电压综合治理技术研究与应用”获得中国电力科学技术三等奖。“智能电网综合示范工程研究与实践”“智能变电站保护控制关键技术研究、成套设备研制与应用”“国家电网公司运营监测（控）体系与模型研究及系统开发应用”获得国家电网公司科技进步一等奖。“县域智能电网集成应用平台关键技术研究”获得国家电网公司科技进步奖三等奖。“数字变电站测试仿真方法”“采算分离式电能表校验方法与电能表现场参数记录仪”分别获国家电网公司专利二、三等奖。“超（超）临界电站锅炉安全运行和节能降耗技术研究及应用”“智能变电站继电保护及测控装置智能测试系统研究”分别获得电力建设科学进步一、二等奖。

申请专利187项，其中国际专利1项、发明专利91项；已获得专利授权141项，发表论文62篇，其中SCI、EI论文20篇。获得软件著作权14项。

“三集五大”体系全面建设阶段信息系统集中调整、全国统一电力市场交易平台、地市运营监测（控）信息支撑系统、江西电网数据通信网二期工程、南昌电网数据通信网工程等重点项目建成投运，营销基础数据平台建设、电网GIS平台农电应用试点实施、电网规划计划信息管理系统（三期）、设备（资产）运维精益管理系统、水电生产管理信息系统建设、计量资产全寿命周期管理建设、电子文件管理业务全覆盖、景德镇电网数据通信网工程等一批项目按项目里程碑节点稳步推进。完成2006~2013年信息化项目管理规范性评估和信息系统应用绩效评估工作。通过IRS系统实现项目建设的全过程在线管控；开展信息通信资产清理工作。

完成自建信息系统清理下线和设备腾退再利用工作，共清理下线自建信息系统85套，保留8套，解决自建系统与统推系统和自建系统间的数据重复录入问题；以结构化数据中心为基础，实现了规划计划与ERP套装软件集成、电力交易技术支撑平台业务共享、PMS与财务管控业务预算信息集成等共计130项数据共享和业务融合，完成共计652个重复数据项的消重工作；结合公共数据资源池建设，初步完成公司业务系统数据字典及数据中心数据资源台账梳理；开展班组常用系统（营销、生产、安监、班组管理、农电管理等）功能界面整合的试点建设，构建乡镇供电所及班组一体化信息系统，为班组减负提供技术支撑。

【优质服务】 2014年，国网江西电力完成95598全业务向国网集中，规范省市县三级远程站运营，退单率由业务上收前5.4‰下降至1.1‰。实施营业厅分级对标，实现窗口视频集中监控率82%。每月举办优质服务网络考试，已组织6.4万人次一线员工参加考试。

强化95598运营管理，深化“客户经理制”。建立四级客服中心协同机制，编制业务类别工单审核标准手册，完善工单审核标准，规范工单填写；深化95598业务大数据分析，开展服务监控、问题研判、业务评估。搭建95598移动报修平台，提高抢修工单派发、传递和反馈效率。

开展“客户经理进万家”活动。累计走访客户921.3万户，发放宣传资料513万份。开展营业厅分级对标。统一窗口营业时间，推行营业窗口视频省级集中监控，开展全省窗口视频巡查和在线评价，830个营业厅接入全省统一视频监控平台，监控率达83%。定期发布营业厅运营监控月报，通报并整改营业窗口问题875个，营业厅投诉占比从12.5%降至3%以下。拓展便民服务渠道。与中国银行等8家省级渠道商、邮政等4家行业机构、支付宝等4家第三方支付机构开展代收合作，累计建成自有社会化POS机缴费代收点1.48万个。抚州公司试点建设“农村社会化电力综合服务点”，拓宽代收点业务范围，较好解决了服务群众“最后一公里”。

【党的建设和精神文明建设】 制定公司党务工作重大决策事项目录和决策程序指引；编制支部书记、

支部委员、党小组长日常工作规范，创新推行基层党支部工作“二十四节气表”，深化支部规范化建设；以党团员活动室、共产党员服务队队部合并建设的方式，建成公司系统800余个规范化党员活动阵地。以公司确定的25个软弱涣散基层党支部为突破口，全面开展公司系统基层党组织软弱涣散现象自查自纠工作。

加强企业文化建设。公司承担的2个国家电网公司企业文化重点项目、35个公司企业文化重点项目全面完成。申报国家电网公司企业文化建设优秀成果，1个成果、3个案例、2篇论文，全部通过国家电网公司初评。组织《卓越之路》和最佳实践学习、推广、应用，公司《开展“五个讲清楚”活动，凝聚“三集五大”体系建设共识》入选国家电网公司“三集五大”最佳实践案例。落实《国家电网公司企业文化建设管理办法》，开展贯彻企业文化建设管理制度标准情况自查，消除各种“自转”现象；在114个单位同步开展企业文化专业体系建设成效评估试测、实测工作，企业文化专业体系建设成效评估顺利通过国家电网公司验收。

强化厂务公开管理。关心关爱员工，及时帮扶困难员工，定期组织员工体检，全面完成“健康食堂”达标工作。加强班组建设，3个班组被评为全国工人先锋号，4个班组被国家电网公司评为先进班组。公司系统10个劳模工作室被评为江西省劳模创新工作室，上饶公司“余接永劳模工作室”经验在全省推广。3家单位被评为国家电网公司先进集体，4名员工被评为国家电网公司劳动模范，1名员工荣获全国五一劳动奖章。加强保密管理，公司被评为国网保密工作标杆。

（孙目元）

国网四川省电力公司

【企业概况】 国网四川省电力公司（简称国网四川电力）是国家电网公司的全资子公司，主要负责四川境内国家电网的规划建设、运营管理和电力供应。

截至2014年底，国网四川电力本部设职能部门26个，下属二级单位36个（其中发供电企业23个、直属单位13个）；上市公司及控股公司8个；县级供电企业154个（其中全资99个，控股50个，代管5个）。完成售电量1585.63亿kWh（省内全口径），同比增长3.81%。完成电网投资264亿元，累计开工110kV及以上项目62项，线路长度2145km、变电容量911万kVA；投运79项，线路长度5456km、变电容量1420万kVA。

【电网概况】 四川电网是国家电网与地方电网并存的省份之一，国网四川电力作为四川电力市场供应主体，经营区域涵盖全省21个市州，通过22个地市供电公司（包括新成立的天府新区供电公司），承担四川绝大部分地区的供电任务，同时，通过控股、代管、趸售等方式向地方电网供电。国网四川电力经营区域拥有±800kV直流换流站3座，换流容量2160万kW，线路854km；±500kV直流换流站1座，换流容量300万kW，线路240km；500kV变电站42座，开关站2座，变电容量6850万kVA，线路13 078km；220kV变电站206座，开关站1座，变电容量6414万kVA，线路19 595km；110kV变电站778座，变电容量6019万kVA，线路28 812km。

2014年底，四川电网全口径装机容量7874.68万kW，其中，水电装机6292.91万kW，占79.92%，火电装机1547.23万kW，占19.65%，风电、太阳能装机34.54万kW，占0.43%。全社会用电量2014.79亿kWh，比2013增长3.38%。全社会最大负荷3720万kW，同比增长4.8%。

四川电网通过南部洪沟—板桥双回和北部黄岩—万县双回2个通道、4回500kV线路与重庆电网相连，形成“川电外送”交流通道。通过德阳—宝鸡±500kV直流输电工程与西北电网联网，实现与西北电网水火互补、丰枯互济。通过向家坝—上海±800kV直流输电工程，锦屏—苏南、宜宾—金华±800kV直流输电工程与华东电网联网，保证四川水电外送。2014年四川电网外送电量达到1116亿kWh（含向家坝、溪洛渡、雅砻江梯级、二滩等大型电站），购入电量155亿kWh。

【人力资源】 国网四川电力全口径用工总量114 767人。全员培训率96.18%，累计举办各类培训班2489期，培训163 932人次，投入培训经费13 564.43万元，培训计划完成率100%。共有1.22万人提升能力素质，人才当量密度0.932。

作为国家电网公司3家试点单位之一，率先启动推广实施“五位一体”机制建设。梳理完成通用、非通用及补充流程共1313个，匹配角色、表单、关键点识别等7万多项管理要素。加快开发自主管理信息平台，逐步实现建模管理、要素管理、流程监控、自动匹配。完成省市县各级单位“三集五大”体系全面建设，实现国网四川电力系统组织机构、岗位设置、人员配置的高效统一；制定《岗位管理办法》，编制岗位说明书4128个，实现岗位管理的科学性、规范性和系统性。

实施专项人才培养，6个专业11人进入国家电网公司领军人才培养期；完成50名“电力雏鹰”第一阶段集中学习和第四期311名“双千人才”集中培训并启动导师制培养；15个专业418名优秀技能人才候选人的评选考核，282名优秀管理人才候选人、145名优秀技术人才候选人评审，形成不同层次、阶梯式人才队伍建设。建成包含189个能力要项的岗位素质能力模型，先后完成两批共40家单位、近2万员工的职业生涯测评、能力等级数据初装以及员工职业生涯规划。

【电网建设与发展】 2014年，完成电网投资264亿元，累计开工110kV及以上项目62项，线路长度2145km、变电容量911万kVA。投运79项，线路长度5456km、变电容量1420万kVA，规模位居国家电网公司前列。提前建成投产“川藏联网”工程，全面完成甘孜藏区“电力天路”及无电区电网建设任务。主要建成投运了川藏联网工程、丹巴500kV输变电工程、巴中500kV输变电工程、溪洛渡左岸电站500kV送出工程、康定—崇州三、四回输变电工程、卡基娃水电站500kV送出工程等6项500kV输变电工程。124项110kV及以上电压等级输变电工程达标投产，符合申报国家电网公司输变电优质工程评选标准的164项工程通过检查评比，获得国家电网公司输变电优质工程命名，总体优质工程率达100%。

● 7月3日，溪洛渡左岸—浙江金华±800kV宾金线正式投运。图为宾金线验收现场。（王志奇 摄）

【川藏联网和甘孜“电力天路”工程】 西藏昌都地区电网发展长期严重滞后、孤网运行、网架薄弱，电力供应紧缺程度和无电人口问题十分严重。作为“十二五”期间国家支持西藏经济社会发展的重点建设项目，川藏联网工程是继青藏联网工程之后，又一项穿越高寒、高海拔地区的重大输变电工程。工程位于“三江”断裂带，是世界上地质构造最复杂、地质灾害分布最广的地区。同时，工程沿线多为高山峻岭和无人区，施工环境极其恶劣，交通运输异常艰险，生态环境极其脆弱，生命保障非常艰难，也是迄今为止世界上最具建设挑战性的高原超高压交流输变电工程。工程途经四川甘孜藏族自治州和西藏昌都地区，建设巴塘、昌都2座500kV变电站和邦达、玉龙2座220kV变电站，新建500kV线路1009km、220kV线路512km，铁塔2761基，变电容量58万kVA。2014年11月提前半年建成具有世界领先水平的高原输电精品工程，创造了世界高海拔地区电网建设“零死亡、零伤残、零缺陷”的新纪录。川藏电力联网工程建成后，有力支撑西藏昌都和四川甘孜州南部地区经济社会发展的用电需求，结束西藏昌都地区长期孤网运行的历史，从根本上解决了昌都地区近50万人口的用电问题。

电和交通是四川省甘孜藏族自治州（简称甘孜州）经济社会发展的两大瓶颈。中央第五次西藏工作座谈会召开后，甘孜州电网陆续投入60亿元，建成了一批输变电工程，全州用电难问题得到了一定程度的缓解。但“县城缺电、农村无电”的问题仍然十分突出，依据《甘孜州电网“十二五”发展规划》，国网四川电力与甘孜州委、州政府协商确定实施甘孜州“电力天路”工程，通过四年时间的努力（2012~2015年），建设了9个500kV、4个220kV、21个110kV输变电工程和67个35kV及以下电网工程项目，总投资186亿元。2014年，甘孜“电力天路”及无电地区工程已建成62项，其中500kV 3项，220kV 2项，110kV 13项，35kV 44项，彻底解决了无电地区上级电源点问题，并提前一年实现了乡城、稻城、巴塘、德荣、丹巴、新龙、白玉、色达等8个“孤网”县与主网相连，110kV电网延伸至广阔的无电地区，大幅提高了县域电网的供电能力及供电可靠性，为藏区提供有力的电力保障，推动该区域社会经济发展，改善甘孜地区人民的生活水平，对于维护藏区安全稳定具有重要的意义。

【经营管理】 努力拓展售电市场，积极落实水电替代自备火电、直购电交易、富余电量消纳等政策，增加售电量35.4亿kWh。严格落实电费回收责任，化解高耗能欠费风险。开展量、价、费专项营业普查和反窃电行动，挽回经济损失3030万元。推进营配数据贯

● 3月11日，架设在金沙江上的标准化索道运输系统，在运输施工物资。（王　晗 摄）

● 6月17日，八旋翼飞行器视频监控放线走板行程。（叶海平 摄）

通，完成清理任务70%。试点推进老旧居民小区供配电设施改造3.94万户，协调政府投入配套资金5200余万元。争取国家财税政策支持，积极疏导电价矛盾，增加公司效益1.51亿元。首次组织对经营和投资等环节进行全面分析研究，形成10个课题报告等系列重要成果。加强预算和综合计划全过程管控，投资闭环管理体系逐步完善。上市公司承压前行，主营业务稳定增长。强化企业年金管理，收益水平居国网系统前列。

开展资金管理专项检查，加强基建工程、技改大修等重点领域审计，促进增收节支7975万元。完善内控体系，强化计划、预算、项目在线跟踪分析和离线监督检查。严格执行集中采购目录和批次计划，实现对县级供电企业物资集中管控全覆盖。组建审查专家团队，加强全过程管控，科技信息项目规范管理取得实效。完成小型基建项目、办公用房和培训疗养服务机构整改。公务用车纳入国家电网公司统一平台管理，实行单车费用核算。清理关停驻蓉办事处19家。累计出台24项监管制度，促进集体企业经营决策行为不断规范；建成集体企业“省级资金池”，资金归集率达95.26%。促成《四川省电力设施保护与供用电秩序维护条例》出台。

【安全生产】 开展“安全管理提升”活动，落实安全工作“问责”。完善安全例会制度，提升协同管控效能。点名通报违章行为，有效传递安全压力。加强业务外包和工程分包管理，严格施工计划和作业组织管控。排查整治隐患3757项，安全风险有效防控。完成“三清理、一提升”清查，集体企业本质安全水平得到提升。启动资产全寿命周期管理体系建设，电能质量在线监测系统通过验收。

系统研究“强直弱交”混联电网运行特性，建立水电多集群并网、远距离输电安控系统。强化电网运行风险预警及管控，全年发布五级以上电网风险预警283个。顺利实施主备调长周期切换。开展变电精益化评价，落实输电线路“六防”。完成三大直流首次长周期满功率运维保障。已形成大型机、固定翼、旋翼机多机种综合巡检应用体系，累计巡检里程达3000余km、杆塔2500余基，巡检效率得到提升。建成信息网络综合监控中心，信息安全掌控能力切实增强。加大涉电案件打击处罚力度，“平安创建”活动取得实效。成功应对“11·22”康定地震，及时恢复受损供电设施。完成西博会、科博会等重大保电任务。

【营销工作】 2014年，国网四川电力完成售电量1585.63亿kWh（省内全口径），同比增长3.81%；母公司售电量累计完成1412.36亿kWh，同比增长2.59%。其中：第一产业用电量11.51亿kWh，同比下降1.96%；其中，农业排灌用电量3.04亿kWh，同比下降11.25%。第二产业用电量1423.86亿kWh，同比增长1.79%；其中，工业用电量1382.31亿kWh，同比增长1.92%，建筑业用电量41.55亿kWh，同比下降2.48%。第三产业用电量255.29亿kWh，同比增长11.35%；住宿餐饮业用电量22.09亿kWh，同比下降1.55%。城乡居民生活用电324.13亿kWh，同比增长4.86%，城镇居民生活用电186.90亿kWh，同比增长6.78%，乡村居民生活用电137.23亿kWh，同比增长2.36%，乡村生活用电增速低于城镇居民生活用电。全年电费回收100%。

运行智能电能表1367万只，接入采集1274万只，智能电能表采集接入率93.18%，日均采集成功率达到97.80%，全省并网电厂实现采集全覆盖。完成17个节能项目合同的签订工作，涉及合同金额约3.3亿元，投资总额约 2.2 亿元，累计完成节约电量 3.64 亿 kWh，折合标准煤 12 万 t，并取得了一项合同能源管理项目财政奖励。

2014 年，大工业客户新装或增容的专变容量为 273.62 万 kVA，比 2013 年减少 60.76 万 kVA，同比下降 18.17%；非普、农业、非居民、居民（专变）、商业（专变）、趸售等客户新装或增容的变压器容量为 751.26 万 kVA，比 2013 年增长 73.17 万 kVA，同比增加 10.79%。

推进电动汽车充换电设施建设与运营工作，建成充换电站 1 座（14 号龙泉充电站），新增直流充电桩 8 台。累计建成充换电站 25 座，其中充电站 13 座、换电站 12 座，建成充电桩（包含站内）1222 台，其中直流充电桩 212 台、交流充电桩 1010 台。已投运的充换电设施均运行状况良好，为成都市 478 辆大型电动汽车以及其他电动车辆的安全经济运行提供有力支撑。其中纯电动公交车 234 辆，增程式电动公交车 90 辆，41 条电动公交示范线路；电动环卫车、工程车及其他作业车 154 辆。电动公务车 220 辆。累计充电 21.08 万台次，充电电量 2273.05 万 kWh，电动公交车安全行驶 2037 万 km，搭载乘客约 9200 万人次，充电设施使用率 37.12%。

【农电工作】 完成农网改造升级工程投资 22.837 亿元，完成计划的 91.35%。完成 12 亿元农网低电压治理投资，解决了 29.67 万农户低电压问题。组建无电地区电力建设工程安全巡查大队，坚持按月两组 6 人次开展无电建设施工现场安全巡查和通报制度，全年共开展巡查 24 组次，巡查施工现场 134 个，发现和整改问题 384 项。开展农网工程质量管理国家电网公司“十佳”项目申报及公司“五十佳”项目评选，强化工程建设安全质量管控。

推广应用 35kV 配送式变电站建设方案，在无电地区电力建设中应用项目达 67 个。与中国电力科学研究院共同申报 2015 年国家电网公司《农网配送式变电站与智能台区关键技术深化研究》。针对农村电网的负荷特点，安排实施 10kV 高过载配电变压器和调容配电变压器应用试点项目。

调整全资县公司法人治理结构。官仓改制已完成国家电网公司评估备案，布拖公司挂牌成立。完成新都、安县等 6 县一县两公司整合方案编制，启动全资子公司向分公司改革研究。

加强供电所标准化建设，对 20 家地市供电公司的 92 个供电所，进行经营指标、安全生产和优质服务等基础工作检查。制定《精简和规范乡镇供电所资料指导意见》，记录类资料由 34 个减少到 26 个，取消全部报表类资料。积极研究新通电地区供电服务保障工作，制定新通电地区乡镇供电所建设方案并上报国家电网公司争取政策支持。主动问诊农村供电服务，通过开展“包片进村”活动全面掌握农村供电服务和乡镇供电所管理的问题，分类建立客户服务、电网设备、供电所建设问题的“三本台账”，按省、市、县、所四级划分问题的责任主体，变“客户找”为“找客户”，变属地解决问题为各级协同解决问题，架起联系农村客户的“连心桥”。

【科技与信息化】 组织完成“十二五”信息化规划滚动修编和“十三五”信息化规划参编，建设完成国家电网公司信息通信调度集约化支撑系统方案编制等重要任务及试点项目建设，完成 2014 年农电信息化、统一车辆管理平台、集体企业管控模块和业务应用平台研发及实施（一期）、设备（资产）运维精益管理系统、营销基础数据平台建设项目的实施工作。信息网络优化完善与性能提升，内网广域核心结点互联带宽升级到 10G，地市公司上行链路带宽升级到 2.5G。获得 2013 年度国家科技进步奖二等奖 1 项；四川省科技进步奖一等奖 2 项，二等奖 1 项，三等奖 3 项；中国电力科学技术奖三等奖 1 项。国家电网公司科技进步奖 11 项、专利奖 2 项。申请国内外专利共计 808 项，其中发明专利 217 项，实用新型及外观专利 587 项，海外专利 4 项；获得国内外专利授权 553 项，其中发明专利授权 35 项，实用新型及外观专利授权 515 项，海外专利授权 3 项。

《电力系统暂态过电压在线测量与记录系统技术导则》《直流输电线路及接地极线路参数测试导则》两项 IEEE 国际标准已完成第四次工作组会议，近期将提交送审稿；加快“发电厂/变电站低压交直流配电系统标准国际化研究”课题研究；《10kV～110（66）kV 线路保护及辅助装置标准化设计规范》《10kV～110（66）kV 元件保护及辅助装置标准化设计规范》《电网继电保护联合整定计算技术规范》《故障录波装置检测规范》《供电服务品质评价系统技术规范》等国家电网公司技术标准完成报批；牵头编写的《电力直流电源系统用测试设备通用技术条件》等 7 项行业标准已在 2014 年发布。

加强信息安全管理持续开展常态督查和专项督查，对公司营销系统、GIS 系统等 7 个重要信息系统进行风险评估及等保测评，全年未发生信息通信安全事件。

完成乐山智能电网配网自动化、电能质量检测、输变电在线监测、智能小区、光纤到户和用电信息采集6个项目的建设工作。110kV草堂变电站、光伏接入及储能系统和智能电网可视化平台3个工程正在推进中，已建成智能变电站46座。

【优质服务】 开展“线路抢修、故障排查、用电宣传、爱心服务”等服务，实行24小时值班，全天候服务。2014年，国网四川电力系统28支共产党员服务队共建立社区服务站461个，受理电话和咨询10.1万余次，上门服务7.3万余次，参与抢修3.6万余次，联系困难户1903户，捐资助学724人，被新闻媒体报道1201次。

每月10日前通过电力交易网站向各交易主体发布月度信息，每季度通过四川省经信委召开的信息披露会、国家能源局四川监管办公室召开的厂网联席会和四川电网调度日报、电力交易大厅服务业务、电力生产电话例会、文件等方式向市场不同主体开展信息公开工作。2014年，四川电网电力交易大厅共接待来访7542人次，来电7836次，通过联络员QQ群问询答复发电企业6953次。签订2014年购售电合同258份，注册交易报价员305人次，维护交易联络员信息284人次，新注册交易运营系统市场成员及交易单元63个，机组98台。

【党的建设和精神文明建设】 加强共产党员服务队建设，推选成都高新共产党员服务队队长刘源参加全省践行党的群众路线先进事迹巡讲。《基于民生与责任的电网企业共产党员服务队建设》推广课题荣获国家电网公司2014年管理创新推广成果一等奖。大力加强先进典型选树，成都供电公司党委荣获中央企业先进基层党组织，国家电网四川电力共产党员服务队荣获“感动四川人物”特别致敬奖和国务院国资委表彰的中央企业“十大优秀志愿服务团队”称号。

组织公司系统1722个基层党组织、32 735名党员参加第二批党的群众路线教育实践活动。开展“践行群众路线大家谈”大讨论。广泛征求意见建议，收集汇总“四风”、供电服务方面的意见建议和问题813条。聚焦“四风”，罗列问题清单，立行立改。公司领导班子成员开展谈心谈话322人次。组织召开专题民主生活会和专题组织生活会。全年开展14次中心组学习，组织460余名处级干部、1000余名基层党组织书记进行集中轮训，各级领导干部撰写理论学习调研文章150余篇。

开展党组织和党员到社区志愿服务“双报到”“党员义工日”“电网先锋、党旗增辉”等活动，试点推进“包片进村”“三本台账”等工作。抓好藏区供电企业党的组织建设，组织党组织和党员围绕川藏联网等重点工程创先争优。民主评议党员，处置不合格党员3名。

开展电力志愿服务活动，涌现出“四川好人”降春雷、“最美邻居”李开国、“中国网事　感动2014”网络人物鲁鹏等一系列典型。开展“中国梦·国网情”主题活动、“庆祖国华诞、扬时代精神”读书活动。重点开展青年员工思想动态调研分析和EAP员工心理援助实践，促进员工思想稳定和心理健康。

（程彦韬）

国网重庆市电力公司

【企业概况】 国网重庆市电力公司（简称国网重庆电力）1997年6月6日随重庆直辖成立，是国家电网公司所属的省级电力公司，担负着重庆地区的电网规划建设、运营管理和供电服务工作。供电区域覆盖全市38个区县，面积7.9万km^2，服务人口约3000万人。国网重庆电力本部设置23个部门，下辖10家供电分公司，22家供电子公司，10家业务支撑实施单位。

【电网概况】 重庆电网西联四川、东联湖北，处于西南水电外送通道，既是华中电网的重要组成部分，又对国家电网资源优化配置起着十分重要的支撑作用，作为特大城市受端电网，承担了西部唯一直辖市的供电任务。

截至2014年12月，重庆电网拥有±800kV线路575km；500kV变电站11座、串补站1座，变电容量2051万kVA，输电线长2769.5km；220kV变电站98座（含用户专用站），变电容量3222万kVA、输电线长6607.88km。统调总装机容量1305.475万kW，其中：火电装机842万kW，占64.5%；水电装机442.45万kW，占33.89%；风电及新能源21.025万kW，占1.61%。

重庆电网通过4回500kV线路“东联湖北、西接四川”，南部电网与贵州电网相邻，是华中区域电网的组成部分，也是“西电东送”中通道的重要环节，接受二滩、三峡、四川、华北、华中、西北的电力支持。重庆电网已形成500kV“日”字型双回路环网，具有以500kV网络为骨干，220kV分6大片区向低电压等级辐射供电的分层分区运行特征。其中500kV思源—陈家桥—板桥—圣泉之间，石坪—巴南之间，长寿—张家坝之间分别构成500/220kV电磁环网。2014年，500kV洪板线完成增容改造，有效提升川渝通道整体输送能力；两江燃机电厂接入“日”字型环网；圣泉220kV送出二期工程投运，与聚龙、乌电实现220kV联网，消除220kV电网局部重载。加强电网特性滚动分析，落实特高压复奉、锦苏、宾金三大特高压直流满送保障措施，有效保障电网安全稳定运行。

2014年，重庆地区用电量和负荷增速放缓，全年统调用电量669.47亿kWh，同比增长0.5%；全年日用电最高负荷1463万kW，同比增长4.13%；日最高用电量29 120万kWh，同比增长3.15%。外购最大电力523万kW，外送最大电力190万kW，全年未出现拉闸限电。

【人力资源】 截至2014年底，国网重庆电力有职工24 651人，同比减少412人；人才当量0.968 1，同比提升0.018 3。通过内部人力资源市场规范管理，实现243名员工有序流动。

历时五年全面建成“三集五大”体系，市区供电公司迈入国家电网公司大型重点供电企业行列。完成“五位一体”协同机制本地化建设工作。注销5家全资单位，新设重庆蟠龙抽水蓄能电站有限公司。完成巴南、永川、綦江供区整合。深化调控一体化建设，核心城网主要业务实现市调统筹管控，“两翼”片区实现地县调集约管理。制定集体企业规范发展指导意见，19家企业资质升级，重组整合减少10家企业。

对机构设置及人员配置进行合理调整和优化重组，基本建立起与“三集五大”体系相适应的劳动组织管理体系。基本完成工资制度改革。推进供区整合，减少管理人员编制98个，31.5%的管理人员充实到一线生产岗位，置换清退市场化用工245人。

开展技能岗位胜任能力测评，6334名员工达到国家电网公司岗位胜任能力Ⅰ级标准，组织抽检1967人次，合格率96.24%；开展14个专业197名人员的骨干培养，合格率99.49%；开展营销、调控专业技术上岗资格认定，590人参加认定考试，通过率达97.63%。组织开展优秀专家人才遴选工作。遴选产生省公司级专业领军人才培养对象75人，其中15人被择优推荐当选国家电网公司级专业领军人才培养对象，入选数量位居省（市）公司第九、直辖市公司第一名。

【电网建设与发展】 贯彻国家电网公司构建西南电网重大战略，全市召开近中期电力规划建设会议。结合重庆五大功能区建设的要求，编制《重庆电网“十三五”发展规划》，组织完成设计、配网、通信、智能化等4个专项规划报告。编制《重庆两江新区电网规划》，并获市政府批准，变电站及走廊纳入城市规划综合数据库进行统一管理。重庆蟠龙抽水蓄能电站项目获得国家发改委核准，组建蟠龙抽水蓄能电站有限公司。

落实特高压前期工作，取得酒泉—湖南±800kV特高压直流输电工程（重庆段）全部核准支撑性文件。雅安—重庆—武汉1000kV交流特高压工程，通过电力规划设计总院的预评审。

实施重点工程建设。500kV洪板线增容改造工程投运提升川渝输电能力100万kW以上；按期投运500kV华能两江天然气冷热电三联供电厂送出等重点工程和神华万州电厂500kV送出工程；完成14项迎峰度夏工程，新建线路67.29km、新增变电容量185.25万kVA；参与埃塞俄比亚复兴大坝水电站送出工程建设。2014年，电网建设开工110kV及以上输变电工程40项，开工线路长度1096.16km、变电容量782.60万kVA；投产51项，投产线路长度532.42km、变电容量566.35万kVA。22项工程获国家电网公司优质工程，优质工程率和达标投产率均100%。神华万州电厂500kV线路送出工程获得国家电网公司安全质量管理流动红旗。

● 5月28日，国网重庆电力员工在川电入渝的重要通道——500kV洪板线上检查绝缘子。

加大农村电网建设投入。近两年投资农网专项资金30亿元，2014年农网工程完成投资90.2%，实现每个县至少一座220kV变电站，消除110kV及以上单线单变的薄弱联接，低电压台区同比下降80.7%，总量控制在0.2%以内。

新能源接入。全年并网3座风电厂，2座垃圾焚烧电厂，2座生物质能电厂，投运风电装机9.63万kW。建成投运海装万盛南天门风电场、国电石柱大堡梁风电场配套送出工程，及时将大唐丰都三坝风电场、能投万州蒲叶林风电场送出工程纳入投资计划，组织开展国电千野草场风电场、国电奉节朝阳坪风电场、国电奉节龙家坪风电场接入系统评审。

智能电网示范和推广项目全面建设。建成17个子项在内的两江新区智能电网综合建设项目，并通过国家电网公司验收。全面启动国家电网公司2014年新一代智能电网创新示范工程——110kV江北银盆（GIS）和大足西禅（AIS）变电站的建设工作。建立输变电设备在线监测系统，建成智能变电站37座，110kV及以上新建变电站全部按智能变电站标准建设。建成渝中、九龙坡区等核心区域城市配电网高可靠示范区，完成江北、南岸和北碚核心区配电自动化一期建设任务。用电信息采集系统建设累计超过730万户。建成投运省级智能电网调度技术支持系统，形成以一核心环、六汇聚环为架构的主干光通信网和35个地区通信网。完成10家供电分公司和22家供电子公司GIS平台推广建设，实现地理信息对生产、营销业务支撑。

支撑重庆“十城千辆”示范工程，建成电动客车充电站5座，插电式混合动力客车充电站8座，交流充电桩200台，并在渝北空港充电站率先实现充电服务收费。

【经营管理】 加强计划与投资管理。建立计划统计分析双月例会，按季开展综合计划执行量化评价。科学构建项目储备管理体系，严格把控项目储备前、中、后端管理，实践“543”电网项目管理模式，计划项目储备管理体系被评为国家电网公司典型经验加以推广。强化投资管理，细化投资计划编制边界，强化“规划—可研—储备”，规范各专项项目可研论证模板。规范项目审查程序，推广项目储备管理典型经验。推进国家电网统计“一库三中心”建设，开展全口径全过程项目统计系统接入工作。

加强预算与成本管理。落实外购电补贴、电缆下地、小区配套费等优惠政策。深化项目预算全过程管控，建立项目预算闭环管理体系。开展项目全过程系统工具本地功能研发。完善成本标准，实现标准成本在公司系统的全覆盖。建立会计基础工作评价标准体系，开展会计基础工作管理典型经验对标，强化会计集中核算管控。

加强资产与产权管理。开展设备技术对象类型与资产分类及资产卡片细类对应完善工作，实现对设备资产对应关系的过程监控，开展IMS、TMS资产数据清理，加强设备资产联动。

深化节能降耗工作。下达降损“双控”及管理“四分”工作目标，消除负损、高损台区1.1万个。落实重点企业电费回收“一户一策”方案，防范欠费风险。营业普查治理各类问题2.8万件，纠正电价差错近6万户，追补金额超过1.3亿元。优化购电结构，降低购电费支出8亿元。物资集中采购比例达到100%，节约资金7.1亿元。

加强审计工作，建立健全内部审计“预警、报告、协同、问责”四项工作机制。开展“正风肃纪”等各类专项审计，防范经营风险。

落实“八项规定”，开展专项检查，查处典型问题5件，处理处分29人。严格控制管理性费用，各单位公务支出同比显著压降，公司公务用车、会议、接待等费用均完成年度压降目标。“三公”经费同比压降43%。

【安全生产】 落实企业安全主体责任。初步构建起“四级”安全责任体系。宣贯《安全生产法》，开展安全规程化、标准化建设和安全风险诊断评估。

实施安全隐患排查、评估、治理、销号机制，全年排查治理各类安全隐患4348项。2014年5月，对川渝断面500kV洪板线11个线路区段不同风险因素开展隐患排查治理，保证主通道的安全稳定运行。

首次在220kV城口变电站开展直流融冰应急演练，提升融冰实战能力；首次采用“盲演”的方式进行迎峰度冬城市供电网联合反事故演习。建立“1+N”风险预警机制，落实主网补强措施12项，完成纳入白皮书里程碑计划的265个项目。编制完成电网2~3年安全稳定滚动计算校核分析报告，30万kW以上机组实测建模比例达到92%。开展机组涉网安全技术监督，完成15个直调电厂在运机组认证和6个电厂新投机组认证。

制定安全质量督查“三个标准”，在22家供电子公司建立电网物资质量检测分中心。

健全基建工程“月度点评”工作机制，明确基建工程分包管理10条红线。加强信息和集体企业安全管理，强化公司外网出口管理，组建信息安全红队，集体企业纳入主业“四同”一体化管理。连续13年组织开展反窃电斗争“闪电行动”，查处窃电1262起。开展反恐演练，签订反恐责任书，成立反恐应急处置队伍，强化重点要害部位反恐怖防范。组织暴雨、山火、施工、空飘、超高树竹、盗窃等六大外力破坏电力设施排查防控整治。

8月31日、9月13日，重庆境内连续两次发生严重暴雨洪涝灾害，全市20余个区县受灾，部分地区电力设施受到影响。国网重庆电力系统共出动“国家电网红岩共产党员服务队”137支，应急抢险人员

13 951人次，车辆1827台次，应急发电车4台、应急发电机23台、应急照明装置32台，快速恢复受灾线路，完成抗洪抢险保供电工作。

【营销工作】 2014年，实现售电量628.33亿kWh，同比增长3.61%。新增客户83.84万，新增容量1198.74万kVA，同比上升16.40%。

开展售电量、线损率滚动预测，设置售电量预测偏差率考评指标，并纳入对标管理体系。深化与地方电力公司合作，积极扩大趸售市场，实现替代电量15亿kWh，新增趸售电量7亿kWh。争取下调火电标杆电价政策，解决垫付脱硝和除尘电费问题。

开展营业普查和电价专项检查，全年检查4.67万高压客户、125.81万低压客户，整改各类问题2.81万件，追补电量1.18亿kWh，追补金额1.31亿元。针对高风险客户实施“一户一方案”等十项措施，按照“账、卡、物”一致的要求，逐户核对高压客户电价、计量等关键信息。连续九年实现电费回收双结零。

加快营销技术支持系统，完成建设项目任务25项，系统运维任务17项。营销基础数据平台上线运行，远程费控系统试点上线，营销档案管理系统、移动作业平台等项目有序推进。开展营财一体化试点，清理数据412万条，一期项目顺利上线。实现营配信息贯通，支撑配网抢修业务应用。加快营销稽查监控体系建设，完善三级管控体系。实现营销系统问题管理模块上线和终端性能实时监控，优化系统功能205项，营销业务应用需求及时解决率98%。结合费控系统建设实现客户按天实时算费、远程费控功能，为客户提供周电量、超档电量提醒。完成1270万客户基础档案清理，核查整改异常数据4050条次，推进营销业务系统深化应用。

【科技与信息化】 2014年共承担国家、省部级科技项目5项，牵头实施国家电网公司总部管控项目5项，新参与国家电网公司总部管控项目13项。参与2014年国家重大科技专项“新一代宽带无线移动通信网”项目研究，牵头申报2015年国家科技支撑计划项目“山地城市电动汽车分时租赁模式及支撑技术研究与示范应用”。

整合优势实验室资源。“智能电网二次设备实验室”通过重庆市重点实验室申报复审。建成2个国家电网公司实验室，1个重庆市重点实验室。“电能计量器具性能评估实验室”在国家电网公司实验室评估中取得第2名。4项科技成果通过重庆市科委组织的成果鉴定，各项成果均达到国内领先或国际先进水平。“GIS同频同相交流耐压试验技术”被国家电网公司科技成果转化项目评估专家重点推荐。构建国内首个交流电压下绝缘材料空间电荷测试，初步建立一个基于里程碑的交互式系统恢复模拟仿真平台。“电网电磁环境与噪声分析研究科技攻关团队”被命名为国家电网公司攻关团队，有国家电网公司科技奖励评审专家16位。

2014年，参与完成“气体绝缘装备特高频局部放电监测关键技术及其应用”项目研究工作，获得2014年国家技术发明二等奖。获得重庆市科技进步奖4项，其中一等奖1项、二等奖1项、三等奖2项，获国家电网公司科技进步奖3项。新申请专利360项，其中发明专利131项；获授权专利287项，其中发明专利37项；获得软件著作权6项，出版专著26部，在各类期刊杂志上发表论文344篇；牵头编制行业标准1项、国家电网公司技术标准6项，参与编制国家电网公司技术标准25项。

运营监测（控）中心实现核心业务流程在线监测，客户服务中心完成95598全业务集中交割；完成规划计划与ERP、财务管控系统集成贯通；建成营销基础数据平台和计量资产全寿命周期系统；集体企业平台在国家电网公司系统率先试点上线；电能质量在线监测系统通过检查验收；完成供区整合信息系统调整，实施班组信息系统一体化改造。清理下线自建信息系统163套，实现系统常规操作时间≤3s、用户满意度95%以上的年度目标。提前一年建成SG-ERP。完成统一权限、软硬件资源池等试点建设项目，硬件资源池规模已达到171台，37套业务应用系统迁移入池。电网统一视频监控平台接入4459个视频监控点位；建成公共数据资源池，梳理39个系统数据字典，整理数据资源手册3534个，推动数据共享。加强信息安全管理。全年未发生信息安全事件。

开展“十三五”通信规划无线专题研究，编制2015~2020年通信规划。建成18 201KM光缆和4486台通信设备在内的电力通信网，实现变电站和供电营业所自建光纤覆盖率达100%。

【优质服务】 开展服务专项治理。开展营业网点明察暗访，通过神秘客户暗访320家营业网点，严格执行首问负责制和限时办结制，对7家单位实施驻厅培训，组织客户暗访404家营业网点，营业厅测评的整体表现为95.13分，同比提升1.2%。针对6个关键岗位制作岗位服务提示卡。开展服务群众路线客户意见专项调查，开展“良言如光，用心倾听”客户建议征集，将客户有益建议融入企业发展中。全年服务态度投诉总量同比下降 75.78%。

优化 95598 常态信息沟通机制。拓展短信平台智能互动建设，完善微信平台互动功能，实现代扣预约、业扩报装预申请、营业网点地图查询和电子账单推送。拓展互联网服务渠道，与支付宝公司深度合作，建成 8 项互动服务。优化 95598 紧急事件应急处置，共受理及跟踪督办 95598 紧急事件 195 件。全面实现跨区缴费，建成城区“十分钟缴费圈”、村村有缴费点，推出支付宝等 18 种缴费方式。开展电费代扣推广年活动，新增代扣 135 万户。

出台《业扩报装精益化管理实施意见》，简化报装手续、优化流程，业扩报装服务时限达标率 99.86%，高压客户平均接电时间缩短 15 个工作日，低压居民客户缩短 4 个工作日。开展“监督员走进电力”活动 15 次，走访政府、企业、客户等 71 次，广泛征求社会各界意见建议，促进服务质量提升。开展大客户差异化服务。建立能效服务网，开展“金卡大客户能效管理”，为 32 户公司级大客提供初步能效诊断服务。开展 26 个市级重点项目供电服务和保障工作，为辖区内的大客户提供专业技术诊断咨询、紧急事故处理的技术支援。承担弃管小区电力设施改造重任。2014 年完成 767 个弃管小区电力设施改造，完成计划数量一半以上，全市 18 万户居民受益。

【党的建设和精神文明建设】 聚焦“四风”问题，开展党的群众路线教育实践活动。建立活动联系点 897 个，收集意见建议 3807 条。公司系统 400 个基层党支部，召开专题组织生活会，开展民主评议党员工作。推进“回头看”，逐项逐条落实整改，组建五支督巡组开展督巡工作。共制定整改措施 197 项、制度建设计划 88 个，完成率达 100%。解决服务群众“最后一公里”问题上取得实效。

加强党的建设，举办党务工作者、入党积极分子培训 5 期。规范和加强 34 支国家电网红岩共产党员服务队管理，打造供电服务标杆队伍。服务队全年开展重大保电 42 次，组织供电抢修、故障排查 541 次。

深入推进反腐倡廉建设，开展“清廉从业、平安人生”主题教育活动，通过网站、微信等网络形式打造“儒家文化”“渝电廉鉴”“警钟声声”等多个教育平台，探索廉洁文化教育的新模式。组织开展效能监察，推荐 5 个优秀项目参加国家电网公司效能监察评审，获二等奖 1 个，三等奖 2 个，单项奖 2 个。组织对送变电公司“正风肃纪”专项督巡，对全公司 43 家单位进行“廉洁从业、劳动纪律”专项督巡。

深化“平凡人·闪光事”文化传播，宣传报道 186 名平凡人物的闪光事迹，设计制作《平凡人·闪光事》图书及电子书刊，组织“平凡人·闪光事”微视频展播。开设“践行社会主义核心价值观·卓越实践”专栏，设计制作《以文化帜　卓越实践——企业文化示范创建》文集。开展企业文化网络课堂 3 期。推进企业文化进班组、进站所。微电影《陪伴》荣获“中国梦·劳动美·幸福路”首届全国职工微影视大赛故事片最佳制作奖和最佳人气影片奖，微电影《一块钱的力量》荣获 2014 全国广播电视新媒体微视频大赛最佳人气奖。在首届中国青年志愿服务项目大赛中，国网重庆电力“国家电网春苗之家”项目获得金奖。

发布《2013 年“富民兴渝、电力先行”履责实践》及 2014 年“为民服务、电力先行”履责行动。开展 6 项履责实践，完成 18 项履责行动。首次采用责任根植项目制，由 24 家基层单位实施 25 项实践项目，推进责任根植。品牌建设工作以讲好“国网故事”，传递“国网声音”，彰显“国网形象”为主线，深入传播公司综合价值，充分彰显了责任央企品牌。国网重庆电力品牌建设工作被评为国家电网公司品牌建设工作“十佳”先进单位。《电网企业基于多元社会化媒体的品牌维护管理》获重庆市管理创新一等奖。

（黄凌飞）

国网辽宁省电力有限公司

【企业概况】 国网辽宁省电力有限公司（简称国网辽宁电力）成立于 1999 年，是国家电网公司全资子公司。截至 2014 年底，本部设管理部门 23 个，所属市供电公司 14 个，直属单位和企业 15 个。供电营业区域 14.8 万 km^2，供电人口 4380 余万。2014 年，国网辽宁电力售电量 1638.31 亿 kWh，同比增长 1.67%。2014 年，国网辽宁电力荣获“三集五大”体系建设先进集体，全国“安全生产月”优秀活动单位荣誉称号。

【电网概况】 辽宁电网是东北电网的重要组成部分，是东北电网与华北电网连接的枢纽。经 500kV 蒲梨、丰徐四回线与吉林电网相连，经科沙双回线与蒙东通辽电网相连，经青燕、青北四回线与蒙东赤峰电网相连，经±500kV 伊穆直流直接受入蒙东呼伦贝尔地区电力，经 500kV 高岭背靠背换流站与华北电网相连，肩负着支援“三华”电网的重要任务。

截至 2014 年底，辽宁电网装机总容量为 4192 万

kW。其中，火电机组容量 3084 万 kW，占 73.57%；风电机组容量 608 万 kW，占 14.51%；水电机组容量 293 万 kW，占 6.98%；核电机组容量 200 万 kW，占 4.77%；太阳能电站容量 7 万 kW，占 0.17%。新增发电装机 226.11 万 kW，其中，风电 45.02 万 kW，水电 20.17 万 kW，核电 100 万 kW，光伏 4.66 万 kW。

辽宁电网拥有 66kV 及以上输电线路 5.2 万 km、变电容量 1.75 亿 kVA、变电站（含开关站）1695 座。

【人力资源】 截至 2014 年底，国网辽宁电力全口径用工总量 81 598 人，同比口径减少 2232 人。全口径人事费用率 9.13，同比降低 0.11。人才当量密度 0.968 2，同比增长 0.012。

初步建成“五位一体”协同机制，运用信息化手段巩固机构编制管理基础。组织开展岗位价值评估，初步形成岗位价值体系。促进劳动定员深化与应用，层层落实定员标准。全省统一的绩效管理信息平台在 14 个地市供电公司、9 个业务支撑单位全面运行。作为国家电网公司试点单位，实施一线员工绩效考核积分与绩效奖金挂钩建设及管理机关绩效管理提升工程。

开展全口径劳动用工摸底调查和专项治理，配合完成人力资源管理专项审计。初步建成内部人力资源市场工作机制。筹备实施岗位绩效工资制度，建立全口径用工工资集中审核发放机制。

开展专职培训师认证培养，分级选拔认证兼职培训师 476 人。组织参加“我是好讲师”大赛，5 名选手取得“全国百强讲师”荣誉称号。完善人才分级分类管理，规范各类人才称号和津贴标准，选拔国家电网公司领军人选 24 人，公司级领军人才 88 人。

【电网建设与发展】 统筹各电压等级电网协调发展，超前谋划“十三五”电网规划，完成《特高压建设及与 500kV 网架建设的适应性分析研究》《远景年目标网架及电磁解环方案研究》等 20 余项专题，初步形成“十三五”主网架、配电网、通信及智能化规划报告。加强可研质量和评审计划管控，严格落实《选址选线工作管理办法》和《项目评审计划管理办法》，强化选址选线现场复勘和基层内审把关，不断提高可研工作质量和电网项目储备深度。完成朝阳安家等 96 项 66kV 及以上电网项目和 501 项 10kV 项目可研审查及批复。

辽宁电网 66kV 及以上输电线路开工 2236.14km、投产 2026.11km，变电开工 1256.91 万 kVA、投产 922.25 万 kVA。其中，500kV 张台、220kV 沈阳瓷都等 13 项工程顺利投运；沈南 500kV 输变电工程按期完成建设任务；500kV 鹤乡、长岭、西海、利州等工程建设稳步推进。在工程建设质量方面，标准工艺应用、质量通病防治已趋于常态化，优质工程率 100%。

荣获国家电网公司同业对标“规划管理”标杆单位，辽宁省能源统计先进集体称号。

【经营管理】 2014 年，完成东北送华北电量 67.34 亿 kWh，其中风电 13.89 亿 kWh，有效缓解了电网风电接纳能力不足问题。清洁能源发展机制（Clean Development Mechanism，CDM）项目全部完成，累计更换高耗能配电变压器 1.4 万余台。

推进财务集约化管理，开展项目预算专项治理。带息负债压降效果明显，资本结构更趋稳健。股权清理整合完成年度整合目标。实行电网基建工程投资预算管理，规范工程其他费用管控。全面疏导脱硝除尘电价矛盾，落实大用户直接交易政策。开展内控深化及推广建设，提高风险防控水平。开展会计基础创优工作，提升会计核算的规范性和会计监督的有效性。

开展物力集约化精益管理年活动，推进专业工作信息化、规范化、标准化管理，开展服务类集中采购和供应商寄存物资供应模式。充分发挥物资调配中心作用，协同运作省中心库、地市周转库、县仓储点三级仓储配送体系，物资供应计划完成率达到 100%。完成国家电网公司管理咨询项目《质量监督工作规范化管理研究》。

开展依法治企“回头看”，问题整改率达到 95.43%。实施内部审计 294 项，提出审计建议 1364 条，配合完成国家审计署延伸审计和省审计厅社保审计工作。

组织开展“12·4”宪法日活动，提升干部职工法治意识和法律素质。编写《典型合同纠纷案例汇编（“六五”普法教材）》，汇编典型合同诉讼管理经验。组织开展“优秀诉讼案例、优秀法治成果、优秀法治论文”评选活动，总结提炼法制宣传教育创新实践成果和特色亮点。

提升通用制度落地执行的效果。对照国家电网公司已印发的通用制度，公司本部废止 212 项，所属单位废止 1471 项对应制度。按照国家电网公司加强和改进对标的工作意见，调整对标指标体系结构，开展差异化对标，建立三级诊断分析工作机制。对标指标由 221 个优化调整为 135 个，指标压减 39%。

将管理创新与日常管理有机融合。建立重大、重要管理创新项目全过程管控体系，完善两级评审发布机制，深化成果转化应用。在国家电网公司 2014 年度管理创新成果评选中，国网辽宁电力共有 4 项成果获奖。

【安全生产】 开展“安全管理提升”“隐患排查治理”活动，治理隐患4875项。严格现场安全管控和监督考核，开展“四不两直”违章稽查，有效保障作业安全。强化全过程技术监督，电网、设备事件同比降低67%和13%。完成春秋检、迎峰度夏（冬）以及重大活动、重要节日、防汛抗旱等保电任务。

建成资产全寿命周期管理体系，通过国家电网公司正式验收。完成总体诊断报告，组织编写资产管理手册、程序文件、目标文件及策略文件。梳理形成114项资产管理绩效指标体系。建立资产管理风险信息库，编制梳理国网辽宁电力三级业务流程846个，首次实现资产管理业务的全过程衔接。梳理资产管理制度660个，标准882个，收集过程记录1026条，形成包含948部法律法规清单，梳理资产管理支撑信息系统26个。

组织学习《安全生产法》等法律法规，分层次组织《安规》学习培训和调考，开发安全网络培训课件，开展县供电公司安全培训场所示范建设。建立完善应急管理信息库，组织14个地市供电公司及44个县级应急指挥中心的启动演练，共演练294次，参加8225人次。编制6~7级破坏性地震工作方案，建立辽宁四个区域协作区，形成省、市、县协调联动机制。承担国网应急能力评估工作规范的编制工作，构建风险预控、应急管理和危机处置“三位一体”的应急工作模式。

【营销工作】 深化“一分双无”协同机制。加大采集设备“全覆盖”的区域规模和短信平台应用深度，编制三级（重点级、深化级和推广级）推进工作方案。试行城区班组职责调整，明确抄催员欠费停复电责任，“一分双无”新型管理模式得以固化。全省现场运行采集设备1432.26万只，实现“无人工抄表”1374万户，占比95.93%；实现“无人工催费”1958万户，占全部客户的92.73%；44.6万新装居民客户全部实现分户送电。

电费回收实现结零。建立完善393家高风险客户“一户一方案”，预购电率同比提高10个百分点。成立电费抄核收精益化管理领导小组，基本建成“六化”新型业务模式，营财账务系统一体化在国网系统内率先实施。

完成营销基础数据平台等7个试点项目建设，营销基础数据平台项目入选国网信息化项目优质实施奖项。用电采集系统提供7.97万个电能质量监测点实时数据。

省级计量中心按期试运行。完成“四线一库”（单项电能表流水线、三相电能表流水线、互感器流水线、采集终端流水线、智能电能表仓储利库）设备与生产调度平台整体调试，全年完成266只发电上网、688只省级供电关口电能表现场检测。

开展碳纤维加热、配电网节能改造等项目。全年节约电量8.65亿kWh，节约电力20.54万kW。

有序推进朝阳工业新区、大连公交车1、2号充电站及东风启辰充电桩建设工程。智能充换电服务网络运营监控系统正式上线运行，全省11座充换电站、815台充电桩接入系统管理。

【农电工作】 2014年农网改造工程进度达到82.06%。消除10kV老旧线路和设备，农网供电可靠率达到99.93%，较网改前提高0.476个百分点。国网大洼、台安、桓仁、普兰店供电分公司4项工程荣获国家电网公司“农网百佳工程”称号，58项工程被命名公司级“农网10kV及以下优质工程”。

加强县域电网运维检修，检修低压台区1.3万个、低压线路2.22万km。综合治理11.12万户农村“低电压”，农网综合电压合格率完成99.051%，有效提升农网供电质量。

开展县供电公司管理提升工程实施效果评估，发布35个县供电公司和37个乡镇供电所标杆单位典型经验库。国网辽阳供电公司、国网营口大石桥供电分公司荣获国家电网公司县供电企业管理提升工程成绩突出单位荣誉称号。国网沈阳供电公司等5家地市公司，国网苏家屯供电分公司等17家县供电分公司被授予公司管理提升工程先进单位荣誉称号。

【科技与信息化】 2014年，国网辽宁电力承担在研国家项目2项、国家电网公司项目48项。牵头承担的国家863项目“储能系统提高间歇式电源接入能力关键技术研究与开发”完成研发任务，以电池储能为核心突破了间歇式电源规模化发展中网源协调的技术瓶颈。国家科技计划支撑项目“高压电制热储热提升可再生能源消纳的关键技术”获得批复，该项目通过大规模储热和热电联合优化调度，缓解辽宁电网风电消纳困难的局面。国网辽宁电力与国网智能电网研究院和南瑞集团共同研制成功的新型220kV桁架式复合材料杆塔和先进复合芯导线在丹东220kV宽凤线投入运行，在国网系统首次建立复合材料杆塔和导线同时安装运行的典型示范线路。公司组建的“智能变电站高集成化二次系统运维技术科技攻关团队”被命名为国家电网公司科技攻关团队。

2014年，共有27项成果获得省部级奖励，其中，中国电力三等奖3项，国家电网公司科技进步一等奖2项、二等奖7项、三等奖4项，国家电网公司专利三等奖2项，辽宁省科技进步奖二等奖2项、三等奖7项。共申请专利966项，其中，发明专利544项。获得专利授权共418项，其中，发明专利60项，海外专利申请5项。参与编制国家标准2项，其中《含有一个或多个间隙的同心绞架空导线》已颁布实施。牵头承担的7项电力行业标准、12项国家电网公司企业技术标准均按计划实施。

2014年，国网辽宁电力完成20项国家部委及国家电网公司试点任务。完成全省73家县供电企业“七大”“五小”、IMS系统全覆盖。完成省级调度集中、监控集中以及运行方式、检修、缺陷和统计分析的统一管理三项调度集约化建设工作。全国首家通过国家电网公司信息通信安全性评价专家查评。

【优质服务】 实施“人民群众用电满意工程”。简化业扩手续，压缩内部流程，减少审批环节，高、低压客户接电时间分别缩短11个、7个工作日。服务承诺兑现率、回访满意率均为100%。

● 8月，国网辽宁电力552支抗旱保供电服务队、5744人次走进田间，配合地方政府和当地农民做好抗旱工作。

建设供电服务品质评价系统。开展15次明察暗访和持续客户满意度第三方评价活动，全年投诉工单同比降低39.37%，业务处理满意率同比提高2.54个百分点。强化95598协同服务机制，规范故障抢修流程。面对辽宁地区63年以来最重旱情，成立772支服务队投入抗旱保电工作，抢修配电变压器1097台。

设立24小时营业厅，推广应用3403台自助缴费终端，适时拓展农行自助IC卡、邮政便民服务站代售充值卡等新型交费渠道，试点手机客户端服务渠道，社会化交费同比提高35个百分点，打造城市“十分钟缴费圈”和农村“村村设缴费点”。

优化电源开机方式，完成“三公”调度目标。执行分布式电源并网规范标准，新增并网容量2.73万kW。

【党的建设和精神文明建设】 开展第二批党的群众路线教育实践活动，开展领导干部“五联系五贴近”活动，先后共征集意见建议4295条，梳理突出问题139项，召开专题民主（组织）生活会1563次，民主评议党员26 326人，制定支部整改措施8281条、个人整改措施48 672条。开展办公用房等专项治理，发文数量同比下降47.68%，会议数量同比下降29.20%，“三公”经费同比大幅下降。命名36个基层党支部为“党建示范点”，深化333支共产党员服务队建设。以国网抚顺供电公司“雷锋工程”、国网沈阳供电公司优秀党员任秀芝、公司本部见义勇为英雄石树增为代表的一批优秀团体和个人，受到社会各界广泛关注。

完成“文化郁金香”传播工程和“五统一进班组”落地工程重点项目。落实辽宁省委要求，向两个扶贫联系点派出6名驻村干部开展帮扶。在国家电网公司“优秀电网歌曲比赛”和“职工小品大赛”中荣获4项一等奖。拍摄的微电影作品荣获首届全国职工微电影大赛银奖。

统筹策划“清洁能源”“党的群众路线教育实践活动”等8项重大主题传播，搭建内外6个宣传平台，畅通5项内外联络工作机制，各级媒体发稿达14 000余篇，其中，新华社内参发稿28篇，中央电视台播发11条次，《人民日报》发稿3篇。

编制发布企业首份《绿色发展白皮书》，展现国网辽宁电力实施绿色发展的举措、绩效和承诺。荣获中国企业管理研究会首届“最佳环境信息披露奖”。国网辽宁朝阳供电公司“百千万”社会责任案例入选国家电网公司最佳实践案例。

（杨　明）

国网吉林省电力有限公司

【企业概况】 国网吉林省电力有限公司（简称国网吉林电力）是以建设、运营电网为主营业务的国家大一型企业，是国家电网公司全资子公司，对所属企业和单位的国有资产承担保值增值责任，依法对省内及相关电网实施调度管理，承担着保障安全、经济、清洁、可持续的电力供应的使命。国网吉林电力供电营业面积 18.74 万 km^2，拥有供电客户 1296 万户，供电服务人口 2700 余万人。公司本部设置职能部门 21 个并设置工会、企协分会，省公司层面业务支撑和实施机构 8 家，地市供电公司 9 家，共有职工人数 25 447 人。

2014 年，完成固定资产投资 48.54 亿元；售电量 521.43 亿 kWh，同比增长 1.66%；当年电费回收率 100%，连续实现第 9 个安全年。

【电网概况】 吉林电网位于东北电网的中部，北连黑龙江电网，南接辽宁电网，西临内蒙古东部电网，在满足全省电力供应的同时，还是东北电网北电南送的重要通道。截至 2014 年末，吉林电网有 500kV 变电站 11 座，变电容量 1780.9 万 kVA，线路长度 2661.71km；220kV 变电站 78 座，变电容量 2019.9 万 kVA，线路长度 10 831.18km。初步形成以梨树—金城—合心—龙嘉—包家—东丰为枢纽，向四周辐射覆盖全省 9 个地市州的 500kV 坚强电网，并分别与辽宁、黑龙江、蒙东电网相联，电力交换能力和资源优化配置能力显著提高，电网供电能力和运行可靠性明显增强。

吉林省电源分布特点是水电主要分布在东部，西部以风电为主，火电以城市热电联产机组为主。近年来，吉林省电源建设快速发展。截至 2014 年末，吉林省全口径装机容量 2559.90 万 kW，其中：水电装机容量 377.19 万 kW，占 14.73%；火电装机容量 1768.35 万 kW（其中热电装机容量 1309.84 万 kW），占 69.08%；风电装机容量 407.98 万 kW，占 15.94%；生物质能装机容量 0.29 万 kW，占 0.01%；太阳能装机容量 6.09 万 kW，占 0.24%。

【人力资源】 推进“四好”领导班子建设，修订完善争创优秀“四好”领导班子实施细则。选派 5 人到国家电网公司总部和兄弟单位培养锻炼。建成涵盖省、市、县三级管理本部和一线员工典型岗位的绩效指标体系。举办各级培训班 1608 期，全员培训率达到 93.86%。完成网络大学建设试点任务。健全竞赛调考表彰激励机制，11 人在国家电网公司调考中受到表彰。5 人当选国家电网公司专业领军人才，3 人当选吉林省有突出贡献的中青年专业技术人才。选拔 8 人到公司本部挂岗锻炼，后备干部培养、管理力度不断加大。严把员工入口关，妥善接收安置复转军人，择优招聘高校毕业生 402 人。制定员工奖惩实施细则，推行岗位绩效工资和薪点工资。

截至 2014 年底，国网吉林电力共有职工 25 447 人，其中具有大学专科及以上人员 17 589 人；副高及以上专业技术资格人员 2023 人，中级专业技术资格人员 5938 人，高级工及以上人员 11 311 人。国家电网公司级专家 35 人。人才当量密度 0.947 8，同比提高 5.12 个百分点。

【电网建设与发展】 开展“十三五”特高压电网目标网架等 7 项电网发展重大专题研究。以解决电网“两头薄弱”问题为重点，加快建设坚强智能电网。500kV 德惠、向阳、长岭项目取得核准批复。吉林中部断面电磁环网实现解环。与省交通厅签订合作协议，有效破解交通与电力设施相互穿（跨）越难题。电网建设投资 31.94 亿元，投产 66kV 及以上项目 62 项，新增输电线路 1511km、变电容量 422 万 kVA，输变电优质工程率连续三年达到 100%。500kV 吉林东输变电工程建成投运，延吉新建、丰满送出、吉图珲电气化铁路配套工程等一批重点项目进展顺利。加快农网改造升级工程建设，解决 3.85 万户农村“低电压”问题。安装智能电能表 208 万只，累计完成 1106 万只，用电信息采集覆盖率达到 92%。

【经营管理】 与吉林铁合金等 13 户企业开展直购电交易，推广地源热泵 369 万 m^2、电采暖 948 万 m^2、油改电 8.89 万 kW，增加售电量 12.78 亿 kWh。实现外送电量收益 2.1 亿元，发电权交易创效 1320 万元。超前研判电费风险，对通钢等高耗能企业实施“一户一方案”电费回收策略，电费收缴连续八年实现“双结零”。开展降本增效专项活动，推行 8 项重点费用弹性管理，可控费用压降 30%。争取电价政策支持，推动疏导环保电价及小水电电价矛盾 8 元/MWh。清理应收款 4.4 亿元，回笼货币资金 3.5 亿元。严格工程结算审查，结算金额比概算下降 4.49%。逐步改善农电生产办公条件，购置生产用车 375 辆，新建乡镇供电所 14 个。送变电公司市场开发再创佳绩，中标工程总额突破 20 亿元。统筹调配内部资源，44 家县公司当年全部实现盈利。完成“三集五大”体系建设 83 项重点工作任务，通过体系成效评估，全面建成“三集五大”体系。资产全寿命周期管理体系年内建成并通过验收。业绩考核首次进入 B 级，同比上升了 3 位；同业对标实现升段晋位，国网吉林电力被评为同业对标综合进步单位，东北区域综合标杆、业绩标杆、管理标杆和物力管理专业标杆。

认真落实国家电网公司依法治企综合检查整改意见，顺利通过依法治企“回头看”检查，资金整改率达到99.85%。深化招标采购管理，非物资、物资类集中采购管控范围分别达到90%和100%。统一处置农网撤旧物资，堵塞农网工程管理漏洞。严格执行八项规定，取消各级领导专车配备，完成超标办公用房整改，公务接待活动均安排在内部宾馆和食堂，“三公”费用同比下降36.83%。稳妥撤并6户未建立资本纽带企业，处置白城电业综合大厦等8处低效闲置资产，房屋、土地有证率分别达到84.3%和89.12%。

【安全生产】 开展安全大检查和隐患排查治理，闭环整改6991项问题。加大新《安全生产法》宣贯力度，细化落实“安全管理提升”活动100条重点措施，完成10家县公司安全评价。加强市、县两级安全督察队建设，严格作业现场风险管控。建立电网运行风险预警机制，发布预警通知单66份。深化设备状态检修，严格停电作业计划管理，执行现场标准化作业，完成春、秋检预试工作，开展输变电设备带电检测4574项，发现并处理缺陷45件。推动富余电力消纳和外送，深度优化机组运行策略，冬季电网调峰和供热矛盾得到缓解。实施节假日期间一体化值班应急管理，开展迎峰度夏等演练129次，完成两节、两会等保电任务，国网吉林电力连续实现第9个安全年。

11月27日，国网松原供电公司扶余220kV广五线换塔作业现场。

【营销工作】 2014年，国网吉林电力售电量完成521.43亿kWh，同比提高1.66%；市场占有率完成95.01%，同比提高0.29%；售电平均单价完成663.36元/MWh，同比口径提高3.74元/MWh；电费收缴连续8年实现“双结零”；客户满意率完成99.07%，比国家电网公司98%管控指标提高1.07个百分点。

全面建成“大营销”体系。按照国家电网公司批复的“大营销”全面建设方案，明确各层级、各专业管理界面和岗位职责，做到职责、流程、制度、标准、考核“五位一体”。建立95598营、配、调协同运作机制，95598工单流转顺畅。推进营配贯通建设，完成13 697个高压客户、22 463个公用配变（台）数据采录。实施电能替代，以电供暖、电机井、电炊具等替代燃煤、燃油、燃气。对省内2042座小锅炉运行现状进行调研，配合省能源局开展电采暖推广工作。全年电能替代增加电量16.04亿kWh，完成国家电网公司年计划指标的166.46%（其中：推广地源热泵460万m^2，增加电量1.88亿kWh；推广电供暖620万m^2，增加电量3.22亿kWh；农村机井“油改电”7.19万kW，增加电量1.58亿kWh；轨道交通增加电量4.33亿kWh；电窑炉增加电量1.64亿kWh；其他增加电量1.68亿kWh）。

95598全业务集中上划。营、配、调、信通多专业密切配合，及时完成95598呼叫平台改造和营销技术支持系统调整、各类远程工作站和朝鲜语座席机构及人员配置、培训等工作，6月14日，95598全业务割接至国网客服中心受理，各项业务运转平稳。开展客户满意率专项整治，满意率由上划初期的97.56%提升到年末的99.07%。

积极实施能效服务，推进节能减排。国网吉林电力全年节约电量完26 904.87万kWh，完成年度指标138.68%；节约电力完成5.8万kW，完成年度指标112.21%。电能服务管理平台顺利上线，并在同批次项目建设单位中率先实现数据维护完整率100%。

【科技与信息化】 国网吉林电力参与的“大型风电并网运行与试验检测关键技术及应用”项目获得国家科学技术进步二等奖。牵头的“500kV GIS智能变电站电子式互感器关键技术研究及装置开发与应用”项目获得中国电力科学技术二等奖。获得省部级科技进步奖9项，其中吉林省科技进步一等奖1项；获国家电网公司科技进步奖、专利奖2项；评选出公司科技进步奖67项。全年获得专利授权101项，其中发明专利授权20项；申请专利193项，其中申请发明专利110项。首次申报国家支撑科技项目“提升风电利用率的热—电联合规划运行控制技术研究与示范”，已通过国家科技部的审核。“职业卫生检测与评价实验室”通过国家电网公司重点实验室考核评估。

提前建成SG-ERP。全面完成“三集五大”信息系统适应性调整；优化完善“两中心”信息系统，建成两级运监支撑系统；完成客服中心95598全业务集中信息通信系统建设及相关保障，实现业务平稳过渡。完成协同办公、基建管控、大规划二期等系统一级部署，全国统一电力市场平台、集体企业管理系统上线运行并顺利通过总部督导检查。《信息化支撑“三集五大”体系适应性调整》《财务集约化深化应用》获中电联2014年电力行业信息化优秀成果奖。

完成营销系统生产和历史数据分离，实现营销、生产、财务等重要系统数据同步复制，提高了系统安全稳定性和应急能力；开展应急实战演练，完成ERP、生产、营销等7项重要系统和关键设备的应急实战演练工作，完成生产、营销系统灾备数据应急恢复验证。

完成公司及地市公司核心防火墙更换；完善应急预案，开展“红蓝对抗”“迎峰度夏”等大中型演练15次；开展隐患排查整改，发现并整改21类2045个信息网络、操作系统以及业务系统方面的隐患和问题。组织5期信息安全技术培训，承办东北区域三省一区的网络安全攻防演练；电科院一名技术人员入选国家电网公司的网络安全攻防（红蓝）演习红队，并代表国家电网公司参加央企网络安全技能竞赛。

【优质服务】 开展“强基肃纪·依法治企·规范服务”专项整治活动，严厉整治“门难进、脸难看、事难办”现象，坚决纠正“三指定”、违规和搭车收费等问题，整改窗口管理、服务行为、故障抢修等方面问题499个，客户满意率达到99.07%。国网吉林电力在国家电网公司组织的客户满意度第三方测评中排名第2。强化营、配、调等专业协同，开展业扩报装“双提”（提质、提速）活动，编制下发《国网吉林省电力有限公司简化业扩手续提高办电效率深化为民服务工作实施细则》，客户提交资料由19种减至9种，实施业扩流程“串改并”，业扩报装平均接电时间缩短3.86个工作日，新增用电容量379.6万kW（同比增长5.25%）。电费交费网点达到4.5万个，城市“十分钟交费圈”和农村“村村有交费点”全面建成。开展高危及重要客户安全隐患排查治理，“服务、通知、报告、督导”到位率100%。深入开展行风“三维评价”，创新实施行风一体化巡察。

【党的建设和精神文明建设】 宣传贯彻党的十八届四中全会精神，深入开展党的群众路线教育实践活动，聚焦“四风”问题，边查边改，立行立改。召开专题民主生活会，严肃开展批评和自我批评。得到国家电网公司第四督导组的充分肯定。完成国家电网公司企业文化落地项目，延边公司职工金光云获“中国好人”称号。34人被授予省和国家电网公司劳动模范称号，2个单位（集体）获国家电网公司先进单位（集体）称号，4人获得国家电网公司优秀班组长称号。政工集约化管理7个重点项目建设完成。实施党风廉政建设责任制日常考核与台账管理，“两个责任”有效落实。开展廉政教育和“青年倡廉”系列活动，干部员工受教育面100%。完成对各单位第一轮巡访监察任务，组织完成413家供电所专项巡访监察工作。策划风电消纳、优质服务等主题传播，在中央级媒体发稿185篇。开展班组建设达标活动，班组减负25%以上。推广员工诉求服务中心工作模式，成果获得国家电网公司管理创新二等奖。全面落实离退休老同志政治、生活待遇。开展流动体检车下基层，为8950名一线职工提供健康体检服务。推广应用后勤管理信息系统。加强网络信息安全和保密管理，排查和治理失泄密隐患，确保了企业安全、队伍稳定和舆情平稳。

（李青春）

国网黑龙江省电力有限公司

【企业概况】 国网黑龙江省电力有限公司（简称国网黑龙江电力）供电营业区域面积47万km^2，占东北供电区域总面积的59%。直接管理单位27个，其中地（市）级供电企业13个，代管66个县级农电企业和65个农垦、森林工业供电企业，用工总量59 133人。

【电网概况】 黑龙江电网地处东北电网的最北部，通过吉林、黑龙江省间四回500kV线路与吉林电网相联，通过500kV伊冯甲、乙线与蒙东电网相联，通过中俄500kV阿黑线和黑河换流站从俄罗斯电网购电。截至2014年末，黑龙江省电网有500kV变电站13座，运行容量为13 166.0MVA；220kV变电站122座，运行容量为26 592.0MVA；500kV线路34条，线路总长度为5032.926km；220kV线路326条，线路总长度为13 229.07km。并网运行电厂279座，总装机容量为25 033.11MW，其中火电厂149座、装机容量为19 408.15MW，水电厂65座、装机容量为978.11MW，风电场64座、装机容量为4636.95MW。大容量电厂主要分布在中、西部的负荷中心区和东北的煤矿坑口地区。

【人力资源】 2014年，国网黑龙江电力直接管理单位人才当量密度0.936 9，高技能人才比例79.78%，全员培训率97.63%。

完成直管单位“三集五大”体系建设人力资源专业成效评估。组织66个代管县供电企业开展“三集五大”体系适应性调整工作。完成年度供电企业劳动定员测算、核定及对下分解。完成“五位一体”协同机制建设阶段全面工作，通过国家电网公司总部验收。制定关键岗位人员交流管理办法。

开展各类企业劳动用工摸底调查。完成国家电网公司人力资源专项审计问题整改。开展内部人力资源市场建设。完成高校毕业生招聘考试录用和存量复转军人接收工作，持续清理劳动关系，与2013年底相比直管单位长期职工减少693人，代管单位长期职工减少370人。

推进薪酬制度优化，开展调研和岗位测评归级，进行套改测算，制定公司岗位绩效工资管理暂行办法并上报审核备案。规范代管县公司企业负责人薪酬管理，审核批复各地市公司所属代管县公司企业负责人薪酬标准和管理办法。依据国家电网公司颁布的《供电企业典型岗位绩效指标体系》和公司实施细则，健全各类人员绩效量化考核指标和评价标准，完成上级布置的2014年绩效管理考核评价工作。

修订专业竞赛管理办法。实现网络大学上线运行。全年举办培训班2320班次，培训员工122 644人次，完成职业技能鉴定6093人。考试选拔公司专业领军人才55人。选派6人参加2014年对藏人才帮扶，选派46人开展省内技术和人才帮扶学习。完成2012年度专业技术资格评定工作，公司各单位共968人取得相应专业技术资格。

开展人力资源诊断分析和需求预测分析。实施人力资源信息化ERP模块一级部署建设。建立人力资源电子信息档案。

【电网建设与发展】 建成并投运500kV永源变电站扩建工程，佳木斯东风、哈齐客专等9项220kV输变电工程，牡丹江雪原、伊春新区等14项110（66）kV输变电工程。

全年投产66kV及以上线路905.69km、变电容量4327MVA（含农网），其中电网输电线路投产624.4km，电网变电设备投产854MVA。投产火电机组11台，新增容量482MW；新建、扩建风电场12座，新增容量720MW；新增容性无功补偿容量368Mvar（其中：220kV变电站新增容性无功补偿容量108Mvar）。

开展2013~2014年电网发展分析和“十二五”电网规划执行情况分析。研究“十三五”电网发展规划重大问题，分析能源电力发展的新形势，编制完成《黑龙江省电网“十三五”发展规划（建议稿）》，提出东北地区及黑龙江省特高压外送通道方案，保证与国家和黑龙江省“十三五”能源电力规划有效衔接，完成2015~2020年配电网滚动规划、通信网及电网智能化滚动规划及有关专题研究报告、农村电力发展“十三五”规划研究。取得27项220kV输变电工程和28项110（66）kV输变电工程准批复。

● 12月18日，哈齐客运专线配套供电工程中本—肇东Ⅱ接接入宋站牵引站220kV线路工程竣工。（张晓欣 摄）

【经营管理】 规范大庆油田发行结构比例，强化电费风险管控，实现电费结零。疏导落实跨区跨省交易网损补偿金、水电标杆及环保电价政策，争取免除基本养老保险费定率预征政策。优化购电结构，有效降低购电成本，全口径降损增效2.2亿元。采取延迟贷款、协定存款、票据融资等多种方式，提高资金运作效益，2014年取得资金运作效益0.65亿元。编制公司2014年度经营诊断整改方案和扭亏增盈计划。合理评估公司2015年度投资能力及业务需求，压缩投入3.6亿元。完成经济责任、农网工程等专项审计288项，整改依法治企检查发现问题4690个。处置历史遗留股权、优化债权债务收益2.72亿元。规范办公用房、小型基建和公务用车管理，清算关闭物资总公司、五大连池疗养院。开展土地权属确权工作，土地权证确权率完成100%。开展农电专业诊断分析，农电“双提升”工程取得成效。强化成本费用精益化管理，可控费用同比减少1.39亿元，降幅6.89%。

【安全生产】 开展安全管理提升活动。完成“两会”、迎峰度夏、重要节日、重要活动等供电保障任务。黑河换流站顺利完成年度停电检修任务。完成大检修体系全面建设任务。完成春秋检、技改大修等工作，累计完成电网技术改造项目 244 项，设备大修项目 534 项。推进变电精益化管理工作，进入国家电网公司变电站精益化指标评价 A 段。推进变电检修专业化工作，开展变压器工厂化检修试点工作。做好高速铁路建设的电力设施迁改工作。完成哈尔滨群力配网自动化建设，通过国家电网公司组织的功能测试及工程验收。完成哈尔滨市核心区（A 区）配电网建设与改造并通过国家电网公司组织的验收，哈尔滨市核心区（A 区）成为 $n-1$ 比率 100%、用户故障停电时间不大于 5min 的世界一流配电网。2014 年未发生生产人身死亡事故；未发生电网稳定破坏、电网瓦解、大面积停电及重大设备损坏事故；未发生误操作事故；发电企业没有发生重大级以上发电设备事故。截至 12 月 31 日，省网实现连续安全运行 12 155 天。城市供电可靠率完成 99.964%，综合电压合格率 99.978%。

【营销工作】 2014 年，国网黑龙江电力售电量完成 663.79 亿 kWh，同比增长 2.07%；售电平均单价完成 574.38 元/MWh，可比口径同比上升 0.61 元/MWh；电费回收率完成 100%，当期电费结零；应收用户电费余额 248 万元，优于考核指标 3752 万元；营业外收入完成 3100 万元；市场占有率完成 91.36%，同比提高 0.86%；十项承诺兑现率完成 100%；全年新增用电居民客户 40.44 万户、非居民客户 3.11 万户，增加用电容量 4151.2MVA；全年受理 95598 客户服务电话 80.16 万个，其中受理投诉举报 5777 件，同比下降 4.5%。

开展能源替代政策研究，探索富余风电、低谷火电直供集中式电采暖商业运营模式。配合政府有关部门稳步推进大用户直供政策的出台，并把风电参与大用户直供纳入政策范围。采取跨省交易等超常规方法解决黑河园区历史遗留问题。配合财务部门与省物价局沟通，争取企业自备电厂备用容量费收取政策早日出台。探索大庆油田打井“油改电”项目实施，抢占用电市场。主动服务重点大项目工程，在全国率先完成“三供一业”供电改造移交工作。简化业扩报装手续，制定业扩报装“四段式”服务、开放报装容量细则。固化大项目综合服务机制，定期走访重点园区解决用电问题。

开展“经营增效百日攻坚”活动。开展线损管控工作，消除高损台区 6154 个，降损增利 2.2 亿元。开展营业大普查工作，累计完成 74.66 万户普查工作，挽回经济损失 1403 万元。核查大庆油田电费核算发行比例，增加销售收入 1000 万元。加强营销在线稽查和现场抄表质量核查，发起超容用电、电价异常、居民大电量等问题在线稽查，整改业务数据 3.5 万条，规范业务管理 8 项，处理违约用电 62 起；现场核查 10kV 及以上专线用户 320 户，发现并处理相关问题 24 个。

强化电费风险管理，紧盯龙煤、西钢、阿钢等风险较大企业经营情况，采取煤电抹账和主动签发承兑汇票的方式有效化解电费风险。强化服务风险管理，通过行风热线节目、媒体发布会、95598 客户回访等渠道，加强与新闻媒体、用电客户的沟通；强化客户用电安全管理，开展客户用电安全排查治理、重要客户、重大节日和活动安全保电工作，未发生供电责任的安全事故。强化营销信息安全管理，制定并发布营销信息系统安全运行应急预案，通过优化系统平台结构实现负载均衡，通过建立异地容灾保证数据安全。

强化营销业务信息化手段推广，完成 66 家代管县级供电企业及五大农垦电业局 SG186 营销业务应用系统推广工作，推进对代管供电企业实施专业化管理。强化计量自动化系统平台建设，完成计量中心“四线一库”、计量生产调度平台建设，建成购、供、售一体化数据采集和现场表计核抄监督管理平台。完成“大营销”体系建设成效评估和最佳实践案例总结，完成营销资产全寿命周期管理及“五位一体”实施工作。

【科技与信息化】 4 项成果获中国电力行业、国家电网公司及黑龙江省政府科技进步奖，2 项专利获国家电网公司专利奖；全年申请专利 233 项，其中发明专利 119 项，获得专利授权 145 项，其中发明专利 22 项。承担 1 项电力行业标准《架空输电线路导地线补修导则》和 1 项国家电网公司技术标准《严寒地区变电站建筑节能设计技术导则》的制修订任务，申报 1 项国际标准《低温环境下电动汽车用动力锂离子电池单体及模块和系统》的制修订任务计划，发布 6 项公司技术标准；国家电网公司重点项目“高纬度地区输变电设备低温运行试验研究”顺利通过国家电网公司科技验收。首次完成 1000kV 特高压隔离开关破冰、500kV 及以下输变电设备电气性能等 12 项低温试验研究，开展低温环境下电力生产关键技术应用基础研究，研发适用于低温环境的户外型 800kV 工频串联谐振试验装置，获取低温恶劣环境下超、特高压输电关键技术核心试验数据。聘请中国工程院院士雷清泉任公司的科技顾问。

完成“统一车辆平台的建设及深化应用”等 4 个国家电网公司信息化试点建设，“即时协同门户平台”

获国家电网公司信息化建设实施优质项目。2 项深化信息系统应用研究获得国家电网公司 2014 年平台类信息系统完善提升优秀成果。主编国家电网公司“十三五”移动信息化发展规划。开展县供电企业信息化管理提升工作，“七大五小”业务系统在全省代管县供电企业实现全覆盖，农网信息化建设全面延伸。

研究开发一体化智慧机柜（WBOOX），实现二三级单位机房环境集中监控管理全覆盖，有效提升机房运行环境稳定性和设备物理安全性。研发应用“高性能数据库一体化解决方案（去 IE）”，提升信息设备安全性能，降低运维费用。创新开展“即时通讯协同平台建设”，实现多业务应用融合，提升信息系统实用化和易用化效能，荣获国家电网公司信息化优质项目。自主研发人员工位状态自动感知集中显示系统，实现高效、有序的现代办公环境，在第四十二届日内瓦国际发明展中荣获金奖。研究编制《营销业务应用查询数据库、历史数据库建设方案》，完成建设工作，有效解决公司营销系统的历史运行隐患。

完成十八届四中全会等重要时期和公司重大活动信息通信安全保障任务。组建省级信息安全“红蓝队”，完成国家电网公司指定的 13 个科目、公司信息外网 60 台网络设备及服务器的渗透攻击；深层加固漏洞，完成公司信息外网 1 个网站、3 个应用系统、18 个漏洞的深度挖掘与风险加固，成功抵御国家电网公司红队每天 2000 余次漏洞扫描、端口扫描、暴力破解等攻击。

【优质服务】 强化 95598 服务系统运行管理，完成 95598 容灾系统建设以及移动中继异地接入工作。完善抢修工单提醒功能，提高 95598 接派单及时率。强化推进营配贯通工作，完成 3.67 万个高压用户、105.37 万个低压客户的现场采录和 1.75 万个高压用户可视化建模，有效支撑故障报修定位、配网故障研判指挥等工作的开展。强化服务风险管理，开展重要用户隐患排查，发现 715 条隐患，报当地政府备案 380 条，整改 347 条，下达“用电检查结果通知书”1036 份。高效应对鸡西、七台河煤矿瓦斯爆炸等突发事件，应急处置能力得到政府肯定。强化客户缴费渠道拓展，与银行等第三方合作全面推广支付宝、银联 POS 等缴费方式，实现城市“十分钟交费圈”，推进“村村设点”缴费业务，新增代售网点 1096 个。

【农电工作】 全年完成农网建设与改造投资 11 亿元。按照里程碑计划，全面完成 2014 年度农网改造升级工程建设任务，116 个工程项目全部建成送电。实现 2013～2014 年农网工程优创目标，4 项工程获得“国家电网公司 2014 年度农网百佳工程”称号。落实供电所资料精简和标准化建设，22 个供电所被评为 2015～2016 年度公司标准化示范供电所。完成代管县供电企业综合实力评价和同业对标工作，8 个单位和供电所被评为国家电网公司标杆单位、标杆供电所。代管县供电企业财务管控、营销 SG186、生产 PMS 等业务应用系统覆盖率、信息网络连通率、终端安全防护率、会议电视系统覆盖率等指标均达到 100%。强化精益管控，规范劳动用工、福利保障和代管县供电企业负责人薪酬管理，县级供电企业财务管控系统全部上线，实现报表“一键式”生成。强化专业延伸，完成 104 家代管供电企业营销 SG186 系统推广应用工作。强化农电计量技术标准的执行，实现代管供电企业计量集中检定全覆盖。推进“村村设点”缴费业务，拓展支付宝、银联 POS 等缴费方式，新增代售点 1096 个。编制印发关于农电企业电网设备运检专业化管理工作的指导意见。严格项目储备、可研审批和计划执行管理，农网生产技改大修项目纳入统一管理。全年共治理“低电压”客户 6.45 万户。全面完成“三集五大”适应性调整，完善提升农垦电业局“三集五大”体系适应性建设和代管县供电企业适应性调整。二级机构由改革前的 2114 个精简至 1553 个；二级机构负责人由 2827 人减少至 2119 人。推动与公司信息联网，“七大五小”系统和视频会议系统全面覆盖。

● 6 月 20 日，国网黑龙江双鸭山供电公司员工到友谊农场供电区了解稻农日常用电需求，宣传安全用电常识。 （丁振兴 摄）

【国际业务】 2014 年对俄购电量完成 33.756 亿 kWh（其中：交流线路进口结算电量 12.064 亿 kWh，直流线路进口结算电量 21.692 亿 kWh），累计进口 1.74 亿美元，累计上缴进口环节增值税 1.82 亿元人民币。

与阿穆尔州区域调度局共同参与2次分别在俄罗斯布拉戈维申斯克市和哈尔滨市举行的中俄调度会谈和调度培训，签订新的调度规程。落实哈尔滨海关进口通关作业要求，国网黑龙江电力对俄购电业务首次实现无纸化报关。

● 11月4日，锡盟—山东1000kV特高压交流输变电工程正式开工。（马 超 摄）

【党的建设和精神文明建设】 开展教育实践活动，创新实施“六步推进法”，开展“十百千”特色活动，获得国家电网公司督导组肯定。剖析查摆，严肃开展批评，专题民主生活会、组织生活会等做法受到中央第13巡回督导组好评。“三公”经费等专项治理取得实效，反“四风”专项整治任务完成96.1%。以解决服务群众“最后一公里”问题为切入点，开展为民服务工程，故障抢修到达现场及时率提升6.9%，完成6.45万户“低电压”治理，行风评议保持全省领先地位。

深化电网先锋党支部创建，着力加强乡镇供电所党建工作。开展整顿软弱涣散基层党组织活动，常态开展星级党组织评定，巩固深化党支部分类定级、晋位升级成果。开展基层党组织书记培训。加强先进典型选树，开展“一先两优”先进评选，大力宣传党务工作集体及个人先进事迹。

深化“中国梦·国网情”主题活动，抓好各级党员干部员工理论教育。开展精神文明创建活动，公司本部及12个基层单位被评为第四届全国文明单位，3个地市公司及11个县公司荣获国家电网公司文明单位称号。深化国家电网黑龙江电力共产党员服务队建设，国家电网黑龙江电力（李庆长）共产党员服务队荣获“龙江楷模”荣誉称号，李庆长荣获全国“最美志愿者”荣誉称号。

（岳 赢）

国网内蒙古东部电力有限公司

【企业概况】 国网内蒙古东部电力有限公司（简称国网蒙东电力）成立于2009年6月，2010年1月正式独立运营，是国家电网公司的全资子公司。负责投资、建设和运营管理赤峰、通辽、兴安、呼伦贝尔四盟市电网，供电面积47万km^2，供电人口1200万。

2014年，完成售送电量774.7亿kWh、同比增长4.5%，其中内售264.5亿kWh、同比增长5.9%，外送510.2亿kWh、同比增长3.8%；荣获内蒙古自治区五一劳动奖状，荣获自治区“百佳诚信企业”称号。

【电网概况】 蒙东电网位于内蒙古自治区东部地区，以500kV网架为骨干、220kV网架为主体。其中500kV交流变电站7座（含一座开闭站），500kV直流换流站1座，220kV变电站64座（含一座开闭站）。500kV交流线路33条，直流线路1条双极运行，220kV线路205条。蒙东四盟市电网相互独立，呼伦贝尔电网通过2回线500kV线路与黑龙江电网联网，通过500kV伊穆直流与辽宁电网联网；兴安电网通过2回500kV线路与吉林电网联网；通辽电网通过2回500kV线路与辽宁电网联网，通过3回220kV线路与吉林电网联网，通辽与吉林、辽宁仍存在省域间电磁环网；赤峰电网通过4回500kV线路与辽宁电网联网。

蒙东电网是典型的“大电源、小负荷”外送型电网，已形成由12回500kV交、直流线路构成的联络线外送通道。2014年蒙东电网联络线外送电量为蒙东地区年供电量的1.45倍。

截至2014年底，蒙东电网装机总容量24 774MW，其中，火电15 958MW，占64.4%；风电8125MW，占32.8%；水电327MW，占1.33%；太阳能发电310MW，占1.25%；生物质及其他54MW，占0.22%。

【人力资源】 完成新上划23家旗（县）公司机构更名工作。贯彻执行岗位管理制度，推进人、财、物等关键岗位交流轮岗。开展供电企业定员评价，提升定员管理水平。开展考核工作，全员签订绩效合约，推进考核结果应用。严格执行考试制度，逢培必考，竞赛调考成绩稳步提升。加强劳务派遣用工规范管理，防范劳动用工风险。完成2014年高校毕业生招聘考试，录用486人，有效缓解缺员问题。开展内部招聘，累计优化配置1171人。完成岗位绩效工资制度设计，组织相关单位开展工资套改测算，完成岗位绩效工资试点工作。人工成本全面推行计划管理，提高规范管理水平。开展国家电网公司福利项目过程管控平台试点建设，建立福利管理体系，固化管理流程。加强盟（市）公司培训分中心建设。推进鉴定站建设，自主鉴定初、中级工764人。实施培训项目700个，培训56 000余人次。加强专家人才选拔培养，2人荣获国家电网公司专业领军人才培养资格，3人荣获全国技术能手称号。组建兼职培训师队伍，培训认证首批兼职培训师150人。

【电网建设与发展】 110（66）kV及以上线路开工2253.05km、投产1648.65km，变电容量开工554.95万kVA、投产393.45万kVA。

编制完成“十三五”主网架规划及农村电力规划。锡盟—山东特高压工程开工建设，蒙西—天津南工程获得核准，锡盟—江苏工程属地前期工作全部完成。500kV开鲁变电站等56项工程开工建设，220kV绍根变电站等76项工程竣工投产。

新建成3座220kV变电站和1条电厂送出工程，新增220kV线路389km，新增220kV变电站容量66万kVA；对7座220kV变电站进行增容改造，增加容量156万kVA；对1条220kV线路进行改造，改造线路长度113km。

2014年，公司农网改造升级工程完成投资33.12亿元，50项110（66）kV工程投产，新增线路长度600.60km，新增变电容量115万kVA，农村电网改善显著。

【经营管理】 选派业务骨干参与国家电网公司“五位一体”顶层设计，完成对职责、流程、制度、标准、考核等要素的验证，建设过程中解决无编码规章制度导入ARIS制度库问题，并得到国家电网项目组推广。成立“五位一体”领导小组，加强组织领导，明确职责分工。组织全面参与机制建设的三集、五大等专业骨干，组建督导帮扶工作组，代表国家电网公司总部赴陕西、甘肃、青海、宁夏等四公司开展“五位一体”督导帮扶工作。率先完成“五位一体”信息平台上线和全员应用目标。

深化资产精益管理，固定资产卡片与设备台账对应率、资产与设备集成联动率超过99.9%。价税政策争取工作成效显著，稳妥推进大用户直购电交易，疏导了20万kW及以上燃煤机组的脱硝、除尘电价矛盾。

加强“东西帮扶”项目物资采购供应管理。完成供应计划13 616条。科学规划仓储网络，推进省级中心库建设，库存周转率6.7次/年。

完成33台（套）设备监造，完成抽检计划787条。实现供应商、招标批次、物资种类抽检覆盖率“三个百分之百”，与115家供应商集中签订了《重质量、讲诚信承诺书》，构建和谐共赢供需关系。

【安全生产】 开展本质安全建设，推进“一标双控”风险管控机制。组织开展安全管理提升活动。建立电网运行风险预警预控机制，明确电网运行风险管控职责、管理流程，累计发布六级以上电网运行风险预警通知174次，电网风险管控水平得到提升。组织开展了春秋检、迎峰度夏（冬）、基建工程、伊穆直流等监督检查，针对施工现场安全管理界面不清等问题，明确各单位管理职责。从管理目标和方法上推动了资产管理理念转变，梳理与资产管理的相关流程、制度和标准体系，建立三级资产管理风险体系。有序推进电能质量在线监测系统建设，规范数据生成规则，提升数据质量。组织开展应急技能培训、应急演练，启动县公司应急指挥中心建设。

12月2日，内蒙古呼伦贝尔根河地区气温骤降至零下41℃。国网根河供电公司员工为保障线路安全，对主干线进行特巡。（赵文杰 摄）

【极寒气候下保电工作】 国网蒙东电力所辖呼伦贝尔地区冬季最低气温零下50℃左右，巡线、抢修难度大，保证安全可靠供电任务艰巨。国网蒙东电力全面总结极寒气候下电网发生的障碍异常及运维管理规律，编制《极寒气候下保供电、保供暖突发停电事件现场处置方案》和《极寒气候下应对电网大面积、长时间停电现场处置方案》。配备或租用爬山虎、大胶轮拖拉机、推土机、铲车、军用四轮驱动依维柯车等能够在积雪较厚的山道行进的特种车辆作为野外抢修作业交通工具；配备卫星电话、电台、对讲机作为野外作业联络通信工具。在野外抢修现场，特别注意人员冻伤防范措施，使用斗臂车将抢修人员托举到杆顶作业，每间隔十分钟左右轮换一次；做好取暖措施，让抢修轮换人员下来后及时取暖。防范雨雪冰冻、覆冰舞动灾害发生，对输电线路交叉跨越、导线弛度、杆塔基础开展特巡；变电运维人员对变电设备加强红外测温，重点做好六氟化硫断路器本体和机构箱加热装置及保暖设施的巡视检查和维护，为变电站室外设备加穿“棉衣”，防止因低温闭锁造成设备拒动。为做好应急响应，加强电网调度和值班管理，抢修人员严格执行到岗到位，做好抢修塔等应急物资和应急发电车辆的准备，全力以赴做好极寒气候下的保电工作。

【营销工作】 建成“客户导向、业务集约、管理专业、机构扁平、管控实时、服务协同”的“大营销”体系。95598全业务集约至国网客户服务中心，计量中心（通辽）小型基建进入竣工验收阶段，“四线一库”自动化设备正式运行，节能服务体系逐步完善。加快推进营配贯通，完成2.4万台配电变压器和93万户信息数据的采录治理，提升专业协同效率。推广电锅炉、电蓄冷、农业电排灌、风电供暖等电能替代技术。严格落实国家政策，严把市场准入关，稳妥开展大用户直接交易。建设节能服务管理平台，全面支撑节能服务体系及能效各项业务，提升需求侧管理水平。充分应用信息系统，实施全过程管控，业扩报装服务时限达标率、计量管理规范率等指标同比大幅提升。推行远程自动抄表方式、试行智能化核算、拓展费控范围，电费抄核收基本实现自动化、智能化。印发用电检查与反窃电工作管理办法，统一业务流程和工作标准。健全公司、盟市、旗县公司三级计量管理体系，统一监督标准。依托计量生产调度平台，实现计量生产可视化、实时在线监测。推广应用用电信息采集，使其在促进线损精益管理、提升营销抄核收工作质效中发挥重要作用。强化营销工程全过程管控，完成7.25亿元东西部帮扶智能电能表推广和农网计量装置改造工程建设任务。

【科技与信息化】 信息通信系统运行稳定，设备运行率、业务保障率、光传输设备监控率、信息设备监控率均为100%；未发生八级及以上通信设备事件和信息事件，未发生环保事件。完成研究开发项目30个，信息、通信项目255个，项目计划完工率100%。获得国家电网公司科技成果二等奖1项、三等奖1项，中国电力科学技术三等奖2项，中国电工学会科学技术三等奖1项。申请专利41项，其中发明专利16项。开展企业资源规划系统（ERP）及管控系统集中部署、软硬件资源池等试点工程建设，其中ERP及管控系统集中部署被评为2014年度国家电网公司信息化建设实施优质项目。完成全国统一电力市场、基建管理一级部署、营销基础数据平台、运营监控等信息系统建设，实现对公司运营业务的全面集中监管。完成调度通信大楼通信系统、省级骨干通信网、数据通信网优化整合改造等重点项目阶段性建设任务，盟（市）通信容灾系统，县域通信网改造等项目按期投运。完成省级六氟化硫气体回收处理中心验收，新一代智能站建设有序推进。

【优质服务】 落实党的群众路线教育实践活动要求，完善服务内容，丰富服务内涵，着力解决服务群众“最后一公里”问题。重点推广业扩报装新模式，精简申请资料种类50%，并行业扩流程，压缩报装环节20%，缩短高压客户平均报装时间6.68天。规范95598业务运营，统一服务标准。推行典型案例督办制度，提升投诉处理质量。开展供电服务明察暗访，查处问题153个。解决服务工装、服务设施短缺陈旧等问题，提高一线班组的服务保障能力。完成传统节日和重要时期保电服务任务。创新服务举措。完成营销手机客户端应用、95598移动抢修作业平台、供电服务品质评价系统推广实施，拓展营销服务技术手段。优化建设服务渠道，开通95598网站、银联、联通缴费方式，新增交费网点2600个，累计达到13 960个，城市地区实现“十分钟交费圈”，农村地区基本实现“村村有交费点”。

【党的建设和精神文明建设】 开展党的群众路线教育实践活动，翁牛特旗低电压改造得到李克强总理肯定。集中整顿软弱涣散基层党组织，组织完成直属单位党委换届。印发《国网蒙东电力党组关于加强基层服务型党组织建设的实施意见》，增设4个共产党员服务队示范点，组织开展“进万家门、解千户难、树百面旗”主题实践活动，实施三级闭环联动的基层党组织联系服务党员群众工作机制，开展民主评议党员工作，激发基层党建工作活力。

持续深化“中国梦·国网情”主题活动，评选“最美蒙东十大人物”，通过先进事迹报告会、网上专栏、先进典型报告文学集等形式强化典型指引。加强思想道德建设，开办道德讲堂和培训活动205次、座谈会195次，引导员工牢固树立正确的世界观、人生观和价值观。强化文明单位创建，通过学习型党组织建设、文明风尚宣传、帮扶共建和志愿服务活动，有力促进各项工作的开展。荣获自治区百佳诚信企业、国资委系统文明单位称号。

（许　畅）

国网陕西省电力公司

【企业概况】 国网陕西省电力公司（简称国网陕西电力）是国家电网公司的全资子公司，是陕西省电力建设、输送、销售的独立法人，是全省电网规划、建设和运营的公用事业企业，承担着为陕西经济社会发展和城乡广大电力客户提供安全可靠电力供应的重要职责。2014 年，国网陕西电力内设 24 个部门，辖有直属单位 22 个，管辖县级供电企业 28 个。2014 年售电量 879 亿 kWh。

【电网概况】 陕西电网位于西北电网最东部，是西北电网的重要组成部分，是一个水火并济以火电为主的电网，陕西电网最高电压等级为 750kV。750kV 电网宝鸡—渭南—延安—榆林的“L”形主网架已经形成，对关中和陕北电网起到重要支撑作用；330kV 电网东起华阴，西至宝鸡，北至府谷，南到安康，覆盖全省 10 个地市，在关中继续环网运行。省际间有四回 750kV 线路和四回 330kV 线路与甘肃电网相联，分别为乾县—平凉双回、宝鸡—麦积山双回、宝鸡—秦安、宝鸡—天水、宝鸡—眉岘、桃曲—丰乐各一回。

陕西电网已形成 3 个外送输电通道，即陕西关中东部罗敷（信义）—灵宝直流背靠背工程、关中西部宝鸡—德阳±500kV 直流输电工程，实现与华中电网联网；陕北神木—忻州双回和庙沟门—忻州一回 500kV 交流线路，实现陕北“点对网”向华北地区送电，外送规模总计 771 万 kW。

2014 年，陕西电网发电总装机容量 2514 万 kW（不含点对网外送容量），其中，水电 253 万 kW，占总容量 10%；火电 2137.69 万 kW，占总容量 85%；风电 88.9 万 kW，占总容量 3.5%；太阳能 344 万 kW 占总容量 13.68%。其中，统调电网装机 2370 万 kW 占 94%。

国网陕西电力直属 750kV 送电线路 15 条、1872km；500kV 送电线路 3 条、270.62km；330kV 送电线路 185 条、8342km；110kV 线路 957 条、16 291km；35kV 线路 380 条、4621.70km；±800kV 直流线路 1 条、168km、±660kV 直流线路 1 条、307km、±500kV 直流线路 1 条、294km。拥有 750kV 变电站 5 座，变电容量 1680 万 kVA；330kV 变电站 52 座，变电容量 2937 万 kVA；110kV 变电站 438 座，变电容量 3037 万 kVA；35kV 电站 173 座 kVA；变电容量 184 万 kVA，±500kV 直流换流站 1 座，换流容量 300 万 kW。

【人力资源】 2014 年，依据国家电网公司 83 项建设任务，国网陕西电力细化制定 240 项体系建设工作，提炼入选国家电网最佳实践案例库 33 项，数量位列国网系统第 7 名，成为全过程参与国家电网评估指标设计的 5 家典型单位之一。初步建立全口径人力资源计划管控模式。制定人力资源计划管理暂行办法，人工成本等 25 项指标全面纳入计划管控。完成各类用工摸底调查，组织开展劳动用工专项治理及信息核查，规范用工管理，建立社会化用工选用调整申报审批机制。结合审计反馈问题进行现场调研，全面制定整改措施并组织落实。

落实“三集五大”体系建设批复方案，完成各层级机构人员调整；开展农电业务调查研究，制定《理顺农电业务管理实施方案》并进行督导协调；完成劳动定员测算与申报，分解下达各单位 2014 年核定定员。理顺业务流程和职责界面，形成业务界面梳理表 9842 项，各层级岗位手册 6628 项；启动“五位一体”机制建设，成立组织机构，建立定期沟通协调机制，强化培训宣贯，抽调业务骨干进行集中办公。2014 年高校毕业生招聘 371 人。累计市场化配置 3679 人次，有效盘活人力资源存量。

制定岗位绩效工资制度实施办法，组织 21 292 人完成模拟试套和岗位归级梳理；修订业绩考核及配套办法，实现重奖重罚。组织公司系统 18 183 人次签订绩效合约，完成绩效管理工作评估，开展一线员工积分与薪酬挂钩试点。累计培训 63 469 人次，组织开展专、兼职培训师双向挂岗锻炼，完成网络大学推广应用，创建“网络专家诊室”，实现公司 4 个层面 3 大类 237 位优秀专家人才的信息共享。有针对性地选派优秀年轻干部赴国家电网公司总部、分部、东部以及艰苦偏远地区打磨锻炼。

【电网建设与发展】 “十三五”电网规划通过国家电网公司初评。促成陕西省发改委、建设厅联合发文，推进电网规划与城乡规划衔接工作。榆横—潍坊特高压交流等 2 个外送通道纳入国家大气污染防治行动计划。榆横—潍坊、酒泉—湖南特高压项目完成省内前期工作。43 项 110kV 及以上工程获得核准。灵州—绍兴特高压工程（陕西段）基础开挖完成 75%、基础浇筑完成 64%。750kV 宝鸡—天水等 26 项重点工程投产，750kV 西安南、330kV 定边变电站等重点工程加紧推进。750kV西安南工程荣获国家电网公司项目管理流动红旗。2013年农网改造升级工程通过验收，2项工程获国家电网公司“农网百佳工程”。初步建成SG-ERP系统，通信网基本实现全覆盖。完成电科院科研综合楼主体及装饰工程。获得9项国家电网公司和陕西省科技进步奖，其中省科技进步一等奖1项。

● 1月15日，由国网西安供电公司承担的西安国际港务区华南城110kV线路迁收工程完工。（呼　啸　摄）

【经营管理】 克服电力增速趋缓、水电减发等困难，利润实现大幅增长。争取上网电价调整政策，疏导脱硝、除尘电价矛盾。加强融资管理，降低成本1.15亿元。加强营业普查和营销稽查，堵漏增收5175万元。断开省外电源取得突破，累计断开3条110kV电源，转入负荷约18万kW。全额回收铜铝公司2.15亿元拖欠电费。实施电能替代项目230个，替代电量13.79亿kWh。电力交易平台上线运行，外送电量47.84亿kWh，接纳四川水电22.22亿kWh，累计安装智能电能表261万只，采集系统接入464万户。物资及服务集中采购42.03亿元，节约资金6.91亿元。争取工伤、失业保险优惠政策，节约成本5300万元。国网陕西电力荣获国网管理提升先进单位称号，获得陕西省级和国家电网公司管理创新奖40项，其中一等奖4项。

国网陕西电力综合、业绩、管理对标排名17位、15位、18位，分别提升6位、8位和2位，均获西北区域标杆；安全、财力、物力、建设、检修5个专业管理荣获西北区域专业标杆。业绩考核排名国网系统第10位。调控、设计评审、物资、财务、变电运维等专业调考和竞赛取得优异成绩。

【安全生产】 2014年，公司系统未发生人身、电网及设备安全事故，未发生火灾、交通及信息安全事故。

宣贯新《安全生产法》和《国家电网公司安全工作规定》，落实84项安全管理提升重点工作，6个供电单位通过安全生产标准化达标验收。加强电网风险预警管理，执行预警通知单232份；完成春秋检工作2229项；查出隐患缺陷7141条，整治6537条；精益化评价变电设备2591台，标准化整治变电站184座、输电线路342条、配网线路和电缆3087km；开展五省区联合应急演练，有效应对度夏、过冬负荷高峰。完成330kV朱家变电站应急增容。完成26项省级保电任务。建成资产全寿命周期管理体系和电能质量在线监测系统。建立领导干部联系点、安全飞行检查等制度，全年查处违章1103起。安全生产实现“零事故”，安全事件同比减少27.27%。

● 5月5日，国网延安供电公司送电工区对110kV延塞线70号铁塔避雷器进行了更换。（刘　浩　摄）

【营销工作】 2014年，国网陕西电力完成售电量879亿kWh，同比增长5.34%；平均售电到户均价614.13元/MWh（税前，含基金），同比增长3.75元/MWh；应收电费余额2430.06万元，同比降低2648.38万元，应收电费余额比重0.54%，同比降低0.656个百分点；完成新装、增容40.58万户、1120.75万kVA，同比分别增长19.23%和5.73%；完成节约电量5.19亿kWh，完成年度任务的120%；完成电能替代13.79亿kWh，完成年度任务的172%；10kV及以下配网线损率10.26%；市场占有率93.24%，同比提高0.01%；供电服务承诺兑现率100%。

全面建成“大营销”体系，顺利完成各级营销机构人员调整、各级计量业务界面优化、SG186系统适应性改造等17项“大营销”重点任务，通过国家电网公司大营销建设成效评估。推进“五位一体”协同机制建设，完成208项业务流程名录确认和199项业务流程的典型岗位角色匹配；组织开展乡镇供电所管理问题排查、供电所建设问题专题调研，确保大营销体系在省、市、县、所的全面覆盖和高效运转。按期完成“95598”呼叫平台、语音应急通道、营销系统适应性改造和地市配网抢修指挥业务移交，全面规范停电信息报送和“95598”知识采集编译，“95598”业务于6月28日实现全集中。

建立健全340户高危及重要客户《保电手册》，对95个高校、159个高考考点和58个大型商场逐户建立保电档案，完成清明祭祖、航天发射等26项省级重要保电任务。

开展营业普查，省级层面对100户大客户和1900户中小客户开展营业普查，共查出电价执行等8类209个问题；地市层面完成普查43.04万户，自查和纠正各类问题3561个，追补电费2020.38万元，平均售电单价提升0.2元/MWh。开展营销稽查，组织开展零度户、居民大电量、农排用电、临时用电、专变用户基本电费收取、供用电合同等6个专项稽查，堵漏增收3155.08万元。严格营业业务收费管理，印发《高可靠性供电费管理办法（试行）》和《临时接电费管理办法（试行）》，将业务收费纳入营销业务应用系统，全年实收营业业务费2.51亿元。

加快智能电能表更换和采集系统建设，2014年，安装智能电能表150.85万只，用电信息采集系统接入391.9万户。全省累计安装智能电能表261.04万只，覆盖率58%，城镇客户覆盖率100%；采集系统接入484万户，采集覆盖率100%。加快推进负控系统与采集系统的融合，专变采集终端融入用电信息采集系统4.3万套，实现负控终端全部融入采集系统。加快实施采集终端“停上电”功能远程升级工作，累计完成24 420台。加快营销信息化建设，供电服务品质评价系统、分布式电源系统、能效管理平台等系统顺利上线运行，营销系统与财务管控系统实现无缝链接。完成26个业务需求的功能开发，组织处理3078份系统应用工单，为大营销体系建设、“95598”全业务集中和趸售结算方式改变提供有力支持。

【农电工作】 2014年，国网陕西电力农网低压线损率累计完成9.03%，同比降低0.13个百分点；农网综合电压合格率累计完成98.639%，同比提高0.012个百分点；农网供电可靠率（RS1）累计完成99.937%，同比提高0.065个百分点。

完成2013年农网改造升级工程建设任务并通过省发改委验收，2014年农网改造升级工程完成建设投资的88%；创建“零缺陷”台区555个，农村“低电压”综合治理3.1万户；汉中供电公司小寨变电站10kV农红线工程、咸阳供电公司南市余村南台区配电工程2项工程荣获“国家电网公司2014年度农网（配电）百佳工程”称号。

完成为期两年的县供电企业管理提升工程目标任务，汇编涉及农电、营销、运检、调控、规划、人资等专业《国网陕西省电力公司县供电企业典型管理经验》25篇；宝鸡供电公司、西安临潼区供电分公司荣获县供电企业管理提升工程成绩突出单位。

实施员工作风纪律整顿、供电服务突出问题整治、供电服务质量优化、供电服务手段创新、供电服务品质提升五项内容十六条举措，供电服务“最后一公里”问题得到初步解决。“以点带面”重点建设临潼、陈仓“群众满意窗口”示范县公司和渭南芝阳、商洛户垣“群众满意窗口”示范供电所。

【科技与信息化】 2014年，国网陕西电力科技投入3088.5万元，完成率100%。国家电网公司科研2个牵头项目验收，智能配电网自愈控制技术研究与开发2项已通过国家电网网验收，验收计划100%完成。科技项目验收计划31项，完成100%。

组织召开“含分布式电源配电网单相接地和相间短路故障处理性能测试技术研究”等4个牵头国网科技项目启动会，签订全部新项目合同或计划任务书，公司科技项目招标和推进顺利，已完成年度研发任务。组织满足接地装置安全特性的多维度检测与评估体系研究，1个牵头项目和5各参与项目参加总部科技项目立项答辩。

完成13项国家电网公司技术标准年度制修订任务。全年发布的各类技术标准中国网陕西电力公司牵头或参与的有35项。评出公司科技进步成果奖149项。承担国家电网公司企业标准制订19项，全部按计划推进。完成2015年科技项目储备83项，66项纳入2015年计划。

330kV富平新一代智能变电站示范工程6月已通过第三次国家电网公司技术方案符合性论证会审查，10月底已取得国家电网公司技术方案评审意见。110kV陂西、高新南变电站已通过国家电网公司技术方案评审和可研复核，110kV陂西示范工程进展顺利，已完成初步设计。高新区智能电网综合项目已完工用电信息采集、电动汽车充电站、智能小区、光伏能源接入、配网生产指挥抢修平台建设5项子项目。

环保工作着力解决历史遗留问题，28个330kV遗留验收项目取得显著进展，24项已完成现场调查。新开工的27个项目均取得环评及水保方案批复，31个项目通过验收。

【优质服务】 贯彻国家电网公司关于简化手续、提高办电效率意见要求，细化编制《国网陕西省电力公司简化业扩手续提高办电效率深化为民服务实施细则（试行）》，在全省推行同城异地业务受理。提升电动汽车充换电报装以及分布式电源并网服务水平，完成分布式电源并网12项，累计上网电量229万kWh，实现电动汽车充电服务2.5万次，400万kWh。拓展缴费渠道，编制完善公司缴费渠道拓展两年规划和2014年缴费渠道拓展与推广实施计划，缴费网点达到13 119个，缴费方式达到18种，基本实现了城市“十分钟缴费圈”。规范窗口服务行为，开展“你用电、我用心”提升优质服务水平专项活动，推进营业窗口维修项目实施，坚持对窗口服务进行常态监控和明察暗访，窗口服务能力快速提高。提升“95598”集中业务运营能力，通过电力执法总队独立开展投诉举报查处的方式提高工作质量，省远程工作站接派单及时率、业务处理及时率分别达到99.97%和98.44%。应对夏高峰用电紧张形势，通过错峰用电共减少电量损失约2.1亿kWh，确保夏季高峰期间广大居民客户的安全可靠供电。

【党的建设和精神文明建设】 完成第二批群众路线教育实践活动。紧扣为民务实清廉主题，以反对“四风”、服务群众为重点，确保教育实践活动有序推进。坚持领导带头，边查边改，“两方案一计划”按计划推进。国网陕西电力教育实践活动得到国家电网公司的肯定，被国家电网公司活动领导小组推荐为中央第13巡回督导组五个备查单位之一。

制定《基层党委党建工作考核办法》，全面评价基层单位党建工作情况。印发《关于党员领导干部参加“三会一课”有关事项的通知》，明确党员领导干部参加双重组织生活的规定。修订完善《基层党委选举工作办法》，11个单位完成党代会选举工作。严格落实“三会一课”、民主评议党员等党内生活制度，着力整顿软弱涣散基层党组织。深化电网先锋党支部创建，表彰20个“电网先锋党支部”，推广应用《党支部工作一本通》，90%以上党支部达到A级。落实中央有关要求，编制《2014～2018年党员教育培训规划》，举办处级干部、党支部书记、企业文化、团青干部、入党积极分子培训班共27期，1310人参加培训。建成党史教育室，形成特色鲜明的模块式党史教育专题。

组织三轮网上巡查，对存在的问题及时进行督促整改。规范网上企业文化传播平台，“三集五大”体系建设企业文化成效评估获国家电网公司第六名，1项成果入选国家电网公司企业文化建设最佳实践库。深入13个一线单位进行宣讲，收到良好的效果。10个单位的企业文化传播基地通过验收，完成18个微电影拍摄并进行联评展播。

（原增光）

国网甘肃省电力公司

【企业概况】 国网甘肃省电力公司（简称国网甘肃电力）成立于1990年2月，是国家电网公司的全资子公司，承担着建设、运行、管理和经营、发展甘肃电网的任务，为甘肃地方经济社会发展提供安全持续可靠的电力保障。“十二五”末，甘肃电网由330/110kV为主网架向750/330kV为主网架的升级，电网实现由“电力自我平衡”向“电力盈余外送”转型，极大地满足大规模风电、光伏接入及外送的需要。

截至2014年底，国网甘肃电力辖区营业面积19.43万km^2；有各类用电客户762.58万户，其中大工业用户0.55万户，一般工商业及其他用户66.81万户。国网甘肃电力本部设置24个职能部门（含工会、企协分会），下属13个市（州）供电公司、7个业务支撑实施单位、1个水电厂和3个综合产业单位。

2014年全省发电量完成1141.662 9亿kWh，其中：水电发电量324.534 8亿kWh，风电发电量115.294 8亿kWh，火电发电量662.624 3亿kWh，光伏发电量39.209亿kWh；全网用电量995.764 8亿kWh；甘肃电网日最大用电负荷为13 833MW；“跨区供电”供华中45.84亿kWh、供山东50.04亿kWh；“跨省外送”供青海59.10亿kWh；跨省联络线电量交换363.65亿kWh，其中送出电量245.55亿kWh，受入电量118.1亿kWh。

【电网概况】 甘肃电网处于西北电网中心位置，是西北电力输送和交换的中心，是西北电网水火互济、跨省功率交换枢纽。

甘肃主网架电压等级为750/330kV，通过多条750/330kV线路与新疆、青海、宁夏、陕西联网运行，承担疆电外送、青海水电西电东送、河西千万千瓦级风电送出等重要任务。

2014年甘肃电网电压合格率为99.92%。110kV及以上输电线路开工2181km，投产2276km；变电容量开工574万kVA，投产719万kVA。省内售电量

826.75 亿 kWh。

截至 2014 年 12 月底，甘肃电网统调（五级调度）装机容量 39 873.54MW。其中水电 8314.3MW，火电 16 194MW，风电 10 076MW，光伏 5168MW，其他机组 121.24MW；有 750kV 变电站 9 座，主变压器 10 台，容量 19 800MVA。750kV 开关站 1 座。750kV 线路 34 条，省内长度 5452.75km；330kV 变电站 59 座，主变压器 121 台，容量 31 860MVA。330kV 线路 206 条，省内长度 9015.34km；220kV 变电站 6 座，主变压器 18 台，容量 2370MVA，220kV 开关站 1 座。220kV 线路 43 条，长度 883.686km；110kV 变电站 285 座，主变压器 521 台，容量 18 693.5MVA，110kV 线路 781 条，长度 16 729.6km。

【人力资源】 完成“三集五大”体系机构设置和人员配置完善提升工作，顺利通过国家电网公司“三集五大”成效评估。

干部管理，实施“四好”领导班子和党风廉政建设同部署、同考核。出台新入职大学生关怀培养计划。与高校合作，新增 239 名员工在职攻读硕士学位，人力资源管理同业对标排名位列国家电网公司第 13 位。完成“五位一体”协同机制建设任务，编制 1256 个核心业务流程，匹配 2156 个典型岗位名录，主要技术指标得分 111.9 分，在国家电网公司排名第 11 名。

截至 2014 年底，国网甘肃电力全口径用工 50 220 人。有国家电网公司级专业领军人才 23 人（新入选 16 人）；国家电网公司级优秀专家人才 26 人（新入选 15 人）；国网甘肃电力公司级优秀专家人才 293 人（新选拔 93 名）。新增技师 693 人、高级技师 278 人。建成继电保护、变电运行、电力营销三个技能大师工作室，开展技能实训 80 期，组织开发 22 个技能课件，编制 19 个专业技能实训指导书。建成变电仿真、继电保护、电能计量等实训室 32 个。实施代管县公司人力资源专业化管理提升，原 69 家代管县公司组织机构、编制、职责和人员配置按要求落实到位。

2014 年通过内部市场优化配置 1608 人，其中：岗位竞聘 116 人、人才帮扶和委托培养 195 人、挂职（岗）锻炼 215 人、临时借用 392 人、组织调配 320 人、劳务协作 370 人。制定专项人才帮扶工作方案，选派兰州、白银供电公司 10 名管理技术骨干到甘南、临夏供电公司进行帮扶。组织 13 家市（州）供电公司选派 97 人通过挂职（岗）锻炼等方式到 43 家偏远县供电公司进行人才帮扶。69 家县公司选派 103 人通过跟班学习、轮岗培训、现场培训、技能实训等方式到市（州）供电公司进行委托培养。

薪酬管理。印发岗位绩效工资制度实施指导意见，22 家单位稳妥实施岗位绩效工资制度。“创新实施‘三抓两控一保’举措，构建岗位绩效工资制度体系”典型经验入选国家电网公司“三集五大最佳实践经验”，并申报国家电网公司同业对标典型经验。按照国家电网公司试点工作部署，调研分析各单位工资发放情况，制定全口径用工工资集中审核发放试点工作方案和指导意见，甄选武威、平凉供电公司等 5 家单位启动试点工作，对本单位及集体企业各类用工稳妥实施了工资集中审核发放，圆满完成试点工作。开展代管县供电公司薪酬收入调研，摸清薪酬管理和员工收入现状，研究提出解决对策，为新上划县公司薪酬一体化管理稳步推进奠定基础。

【电网建设与发展】 编制完成甘肃省“十三五”电网规划、2015~2020 年配电网滚动规划，配合完成甘肃省 2014~2020 年电源发展规划。开展陇南、天水电网专题规划。完成甘南尼江、兰州新区、敦煌西线旅游区等电网规划专题研究方案。±800kV 酒泉—湖南特高压直流工程正式上报核准，并启动换流站征地、初步设计和开工准备工作。

配合国家能源局完成可再生能源发电并网专项监管工作。完成《甘肃新能源消纳形势研究报告》和《甘肃新能源接纳问题解决方案》，提出提高电网接纳能力的电网建设总体方案和分年度实施计划。适应国家光伏备案管理新要求，提前开展新能源接入前期工作，主动与项目业主协调配合，及时调整配套电网工程建设时序，加快工程建设。截至 2014 年底，甘肃新能源装机容量跃居全国省级电网首位，风电、光伏装机分别位居全国第二、第一位，全省千万千瓦级风电基地及金昌、武威、嘉酒 3 个百万千瓦光伏基地已经建成。

配合兰（州）新（疆）高铁施工建设，完成多座 330kV 变电站的间隔扩建和改接工作，15 座 330kV 铁路牵引变电站相继投运，确保兰新二线电气化铁路供电工程（甘肃段）按期投运。东（兰州东）麦（麦积山）宝（宝鸡）输变电工程投运，为甘肃陕西电网 330kV 电磁解环创造条件。

2014 年开工建设 110kV 及以上输变电工程 53 项，输电线路 2181km、变电容量 574 万 kVA；投产 110kV 及以上输变电工程 40 项，输电线路 2276km、变电容量 719 万 kVA，100% 完成年度计划。加强 35kV 及以下配农网建设改造力度，全年投资 28.66 亿元。提前完成无电地区电力建设任务，通过大电网延伸解决 0.6 万户、2.7 万无电人口供电问题。

● 6月30日，甘肃省第一座750kV智能化变电站——天水750kV变电站竣工。（张煜红 摄）

● 4月29日，国网甘肃电力员工为甘肃甘南藏族自治州玛曲县欧拉乡欧强大队牧户安装灯泡。（刘东鹏 摄）

重点工程建设。±800kV哈密郑州直流工程于2014年1月27日投运；兰州东—天水—宝鸡750kV输变电工程于6月24日一次投运成功；酒泉750kV主变压器扩建工程提前完成建设任务；兰新二线供电工程、酒泉风电基地二期300万kW风电送出工程顺利投产。二通道配套330kV月牙泉工程、兰渝电气化铁路供电工程等重点项目年内开工；330kV天祝、皋兰、良平、高台、社棠、黄泥输变电工程及甘谷电厂送出等一批工程年内实现投产。

【经营管理】 全面完成“三集五大”体系建设任务。完成本部专业工作手册编制工作，“五位一体”系统顺利上线运行。调控D5000系统建成运行，8个信息系统适应性调整，建成省市两级运营监测（控）体系。完成95598全业务集中，配网抢修指挥业务移交调度，计量中心“四线一库”运转良好。国网经研院甘肃分院正式挂牌。彻底理顺了农电管理体制、69家代管县供电企业上划得到国资委的正式批复。

投资管理。开展甘肃电网投资计划执行情况和投资效果调研，明确配电网发展的“瓶颈”与解决措施。完成174项电网项目的可研批复工作列入储备库。争取9.6亿元福建“东西帮扶”资金，重点解决低电压、“卡脖子”、重（过）载等突出问题。2014年国网甘肃电力经营管理实现扭亏目标。

审计工作。开展专项审计及审计调查，对近年来审计检查发现的重大问题进行全面清查，梳理整改突出历史遗留问题28项。

“三集五大”制度体系的构建。贯彻实施国家电网公司通用制度，推动“五位一体”建设。完成377项制度修改意见征集，完成前四批通用制度发布后，对752项对应制度标准进行清理废止。经法系统规章制度模块成功上线运行，完成2079项制度梳理、数据录入，规章制度实现信息化管理。利用网站、信息系统、协同办公等媒介发布最新制度建设信息，构建制度协同建设模式。推动一体化制度管理机制建立，将通用制度、非通用制度和公司补充性制度向代管县公司延伸，开展5694项县公司制度梳理，强化代管县制度清理与废止工作。结合“五位一体”建设，梳理制度1021项，匹配流程与制度、流程环节与制度条款1255项。

物资管理。2014年共完成集中采购金额56.15亿元，平均节约资金率12.84%，物资集中管控达100%，服务类集中管控率达90%以上。物资配送按期到货率由2013年的96.35%提高到2014年的98.0%。主要设备出厂验收合格率100%。电子商务平台在物资专业工作中基本实现全面应用。

【安全生产】 2014年实现年度安全生产目标，城市综合电压合格率完成99.993%，城网供电可靠性99.938%，配网不停电作业10 750次。

安全管理提升活动。细化28项110条具体措施，修订安全生产例会制度和各专业安全生产“红线”。组建省公司安全巡查组，省公司层面通报各类违章368起，下发违章通知书115份，违章记分602分，各单位查纠各类违章累计3180起，同比下降51.7%。组织开展安全生产量化评价，督办整改21个方面安全生产共性突出问题，完成27项安全生产“三基”突出问题调研。

安全风险管控机制。制定《电网运行风险全过程管控操作规范》，2014年有效管控六级及以上风险412项。修订14个专业领域安全隐患排查大纲，整改建设遗留问题157件。完成刘家峡水电厂、3家城市电网、

36个县供电公司安全性评价和输电网安评自查工作。开展±800kV天中直流等重要输电通道风险评估，组织编制通道状态图及运维保障方案。推进二次设备状态检修，完善变电站无人值守辅助监控信息，深化自动化基础数据整治。针对2014年发生的“6·18”“9·23”“10·19”安全事件，开展同类安全隐患排查治理，全年整改各专业隐患3310项，其中，整改直流系统隐患1429项、输电线路通道隐患898处，大楼消防及供电安全隐患137项，五防闭锁装置隐患225项，电力管线隐患48项。完成各地市供电公司解锁钥匙智能管理系统建设任务。

运维检修管理。开展输变电专业精益化管理，推进设备星级评价。2014年查评设备9797台（套），发现问题63 703项。

推行330kV及以上输电通道属地化运维，推广输电线路防外破智能管控平台应用。推进大中型检修作业精益化管控，完成±800kV天中直流、750kV二通道首检任务。与平高集团签订《甘肃电网电气设备专业化检修战略合作框架协议》，开展甘肃省开关类设备专业化巡检，完成5类设备设计、安装、验收等环节投产前技术监督评估，状态检修工作质量评价通过国家电网公司远程验收和现场检查。

信息通信安全管理。2014年开展督查63次，整改问题568项。开展甘肃省信息安全红蓝队攻防演练，督促整改隐患139项。组织信息外网安全加固，建成县供电企业信息安全防御体系。编制通信建设标准化、通信机房星级评价以及通信设备标识管理实施意见。开展调度大楼信息通信系统和直流电源隐患排查，治理各类安全问题和隐患35项。

质量监督工作。完成13家地市供电公司调度支持系统改造和全省308套B类、230套C类采集装置更换、联调测试，建成投运电能质量在线监测系统，实现110kV及以上电网电压、输变电可靠性，供电电压、高中压用户供电可靠性事件数据在线监测。开展资产管理现状诊断分析，制定《资产管理手册》、30项程序文件、27项资产管理策略等体系文档，建立资产管理风险信息库及资产绩效监测指标库，资产全寿命周期管理体系上线试运行。组织开展配电变压器及电力电缆、安全工器具、供电服务、电网建设设备材料、基建工程等5个专项质量监督行动，对发现的架空绝缘导线、配电变压器等方面突出质量问题，严肃责任追究并督促整改。

应急和保电工作。重新修订国网甘肃电力24项应急预案，启动基层单位新一轮应急预案修订工作。制定《自然灾害、事故灾难类突发事件应急处置工作手册》。完成网、省、地、县四级应急指挥中心互联互通，与国家电网陕西、宁夏电力联合开展应急救援基干分队应急演练培训活动，加强省际应急救援协调联动机制建设。完成“2·8”晒都线覆冰，“3·26”局部大风双民双回线倒塔，“8·15”山体滑坡定东双回线倒塔等突发事件应急抢修以及“丝绸之路”亚洲合作论坛，伏羲文化节等十三项重大活动、重要节会保电任务。

【营销工作】 构建省市县乡一体化服务体系。开展低压线损整治专项工作和零投诉创纪录专项活动，定期开展营销工作交叉互查，排查整治供电服务基础问题6354项。实现农电营销信息系统并轨运行。建立“日预警、周通报、月曝光”工作机制，推行投诉业务“挂牌督办”，月均投诉量下降56.52%。

配合国家发改委疏导脱硝、除尘电价矛盾，降低火电脱硫标杆电价4厘/kWh，降低购电费。落实甘肃省政府出台的环保电价政策及设施运行考核管理办法，利用法律手段维护企业合法权益，收回兰铝欠费及违约金5945万元。取得农网维护管理费随电量收取的标准政策，减轻税收负担约0.9亿元。实施电能替代项目4431个，增售电量23.22亿kWh。

大营销体系建设。完成95598全业务集中，业务支撑水平达99.49%。计量中心“四线一库一平台”建成投运，2014年完成表计检定149万只。开展“大营销”体系建设成效评估，69家代管县公司481万客户数据成功融入营销业务应用系统。

2014年完成重点报装项目供电投产90项、容量306.45万kVA，其中兰新高铁、兰石集团整体搬迁兰州新区装备制造园区项目建成投运。全面跟进电动汽车用电设施的报装服务工作，出台《电动汽车充换电设施用电报装管理实施细则》。为兰州新区供电服务制定“兰州新区新电网、新区‘心’服务”“两个十条”新举措，全面提速新区供电服务工作。大客户直购电工作完成合同交易电量23.63亿kWh。

实施电能替代项目4431个，增加用电容量376.3万kVA，通过电能替代增售电量23.22亿kVA。推广张掖供电公司水源热泵效果显著。累计受理分布式电源并网项目64项，总容量42 437.06kW，其中法人项目33项，总容量42 244.46kW；自然人项目31项，总容量192.6kW，15户并网发电。

【优质服务】 9月20日零点开始，国网甘肃电力95598业务全部集中到国家电网南中心进行，95598业务处理满意率保持在97%以上。开展影响供电服务基础问题排查整治，优质服务综合治理活动月，零投诉创纪录等专项活动。对甘肃省369个供电营业厅开展4期明察暗访工作，投诉下降56.52%，投诉处理及时率100%。

营销信息化建设。开展营配贯通工作，电网GIS系统、营销系统中核查比对各单位变电站、公网线路、公用台变核查治理完成率为95.25%，实现了“客户编号、台区、线路”等信息的有效关联。

推进采集系统建设，专变客户采集覆盖率93.41%，低压客户采集覆盖率85.06%，公网配变采集覆盖率85.15%，变电站公网出线采集覆盖率93.26%。

【科技与信息化】 截至2014年底，国网甘肃电力拥有国家电网公司实验室1个，省重点实验室1个，省工程技术中心2个，国家能源局风电并网检测中心1个，硕士联合培养基地2个，博士后流动工作站1个，国家电网公司攻关团队1个。

在新能源发电、网源协调等优势领域创新成效显著，成功申报1项国家科技支撑项目和4项总部项目，累计承担国家级项目3项、省级项目4项、总部项目45项。获得省部级科技进步奖24项，申报专利174项，取得专利授权64项，“智能电能表功能规范”等8项技术标准首获中国标准创新贡献一等奖。

信息化支撑能力。通信网升级改造。完成750kV兰天宝、兰新二线、哈郑直流线路在线监测系统、通信管理系统二期等30项重点通信建设任务。开展直属单位电视电话会议系统延伸，实现系统全覆盖，2014年保障会议567场。完成骨干网二平面及10个地市公司通信网升级改造项目设计（各级通信网升级改造和县公司光纤覆盖通信改造完成后），骨干通信网核心环网容量达到40G，至各地市公司传输容量达到10G。编制基建项目配套通信建设标准化、骨干通信网通信设备属地化运维办法、通信机房星级评价评分等6项实施意见，开展通信标准化管理。配合国家电网公司完成终端通信接入网、通信频率同步网、县域通信网等通信方案顶层设计。开展保护单通道、OPGW光缆引下线、通信机房基础设施、调度通信楼进场光缆、电源等方面隐患排查。完成全省157条线路350套保护通道的核查整改和办公大楼第二独立通信进场光缆布放。完成330kV晒都线通信抢修和电网反事故演习等活动通信系统保障。

【党的建设和精神文明建设】 高度重视党的群众路线教育实践活动，严格执行活动方案。党员干部经过严格的党性培养锻炼，宗旨意识和群众观念普遍增强，“四风”问题有效遏制，为民供电服务水平明显提升，职工关注的热点问题、影响公司改革发展的突出问题得到解决。活动满意率99.35%，解决“四风”等突出问题满意率99.98%。活动得到了中央第十三巡回督导组、国家电网公司第五督导组充分肯定。“学习党纪党规，加强思想道德作风纪律建设”系列主题活动获得国家电网公司肯定，《国家电网报》两次头版头条报道活动情况。

开展的“党旗飘扬一创一流”系列活动。健全完善“立体构建法”特色惩防体系，认真落实“两个责任”，强化协同监督工作，党风廉政建设责任制得到全面落实。

加强企业文化一体化管理、项目化运作，累计完成6个国家电网公司重点项目、84个公司重点项目。开展“企业文化示范点”建设。3项企业文化建设成果获国家电网公司表彰，2项获中电联表彰。坚持党建带团建，激励青年成长成才。开通“青春陇电”微信公众平台，开展“希望工程·昭通紧急救灾助学行动”。贯彻省委联村联户为民富民行动要求，联系130个贫困村、5053户贫困户。2014年为群众办实事好事437件，开办政策宣讲、技术培训讲座127场，资助贫困学生822人。国网甘肃电力连续2年被省委评为全省双联工作优秀单位。政工管理，主动融入“三集五大”体系建设，建立政工工作通报机制、工作考评机制、党建联建机制、片区活动机制和政工例会机制，保障日常管理和年度目标任务的有效落实。

（吉　炜　赵艳玲）

国网青海省电力公司

【企业概况】 国网青海省电力公司（简称国网青海电力）是国家电网公司的全资子公司，主要负责青海省内电网规划、建设、运营和电力供应，承担着为青海经济发展提供安全、可靠、优质电力供应的任务。2014年，国网青海电力完成固定资产投资55.77亿元；省内售电量645.03亿kWh，同比增长8.46%；综合线损率3.08%，比计划下降0.03个百分点。

【电网概况】 青海电网电压等级为750/330/110/35kV，青海电网由西北终端电网变为交直流混合的枢纽电网。青海电网覆盖西宁市、海东地区以及海西、海南、海北、黄南4个自治州和果洛州、玉树州大部分地区；共计3市（区）31县3行委，供电面积51.5万km^2，占全省总面积的71.3%。截至2014年底，青海电网电源总装机容量1826.7万kW，青海电网共有750kV变电站4座，开关站2座，变电容量1440万kVA，线路2716长度km。330kV变电站29座，变电容量1662万kVA，线路5578km。110kV变电站117座，变电容量838万kVA，线路11 283km。青海电网成为东联甘肃、西接新疆、南临西藏的西北枢纽电网，750/330kV电网分层分区运行。

【人力资源】 截至2014年底，国网青海电力职工人数7417人。其中，研究生及以上学历189人，大学本科学历3443人。高级职称671人，中级职称1376人。高级技师237人，技师1082人，高级工1778人。人才当量密度为0.963 1，比2013年同期增长0.030 2。2014年培训40 082人次，全员培训率为95%。

推进干部跨组织类型、跨专业职能调整交流。2014年国网青海电力本部与基层单位之间交流19人，基层单位之间交流14人，基层单位内部部门之间交流6人。选派13名干部赴国家电网公司总部及南瑞公司、国网福建电力实践锻炼；举办3期党的群众路线及习近平总书记系列讲话精神培训，培训处级干部186人。

建立以业务流程为核心、职责考核为保障、制度标准为准则、风险防控为导向的“五位一体”协同机制，为“三集五大”体系的高效运转提供管理保障。择优招录高校毕业生268名，其中电气专业学生比例为89.55%，“985”“211”工程院校学生比例为28.73%。

深入完善薪酬分配制度。2014年，国网青海电力修订完善了本部部门负责人业绩考核细则和基层企业负责人业绩考核指标体系；编制印发《集体企业工资管理指导意见》，编制下发了省公司层面集体企业负责人业绩考核细则，进一步规范了集体企业工资管理，使公司薪酬分配向业绩优秀、贡献突出单位倾斜。

2014年，国网青海电力推荐、选拔产生国家电网公司级专业领军人才1人、全国电力行业技术能手4人。选拔认证初级兼职培训师108人、中级兼职培训师112人。完成14名国网公司级专家、67名省公司级专家、34名地市公司级专家的年度（届满）考核。

【电网建设与发展】 2014年，国网青海电力新开工110kV及以上线路1206km，变电容量276万kVA。投产110kV及以上线路827km，变电容量227万kVA。青藏交直流联网工程荣获“第三届中国工业大奖”，新疆与西北主网联网750kV第二通道输变电工程、玉树与青海主网330kV联网工程获得中国电力企业协会“2014年度中国电力优质工程奖”。多巴110kV变电站等7项输变电工程（变电4项，线路3项）被国家电网公司评为“2014年度第一批（上半年）输变电优质工程”。

2014年，青海电网建成兰新电铁供电等7项330kV输变电工程和青海湖等17项110kV输变电工程。完成无电地区电力建设任务，解决了2.33万户、8.99万人口用电问题。750kV佑宁变、玉树西三县与主网联网、敦格电铁供电等重点工程开工建设。承担的川藏联网、浙北—福州特高压交流输变电工程任务全部完工。

12月5日，青海省最后一个无电村——海南藏族自治州同德县唐谷乡东吾村顺利通电。

新能源并网。截至2014年底，青海电网新能源并网444.23万kW，占全网总装机的24.3%。当年并网光伏装机101.38万kW，全面完成青海省政府确定的年度光伏并网目标。佑宁750kV输变电工程取得国家发改委核准；班多送出、西宁火电厂送出等9项330kV工程获得省发改委核准；果洛联网工程前期工作严格按照国家电网公司管控节奏推进；核准110kV及以下项目561项。

开展“十三五”电网规划工作。针对青海电网输电通道能力不足、新能源消纳受限、短路电流超标等问题，将海西至主网通道输电能力提升工程、海南及西宁北等750kV重点项目纳入“十三五”规划。结合750kV骨干网架及西宁火电、玛尔挡水电送出等工程，进一步优化330kV网架结构，推动西宁—日月山电磁解环、变电站中性点加装小电抗工程实施，有效抑制了短路电流。按期建成兰新电铁供电工程，完成无电地区电力建设等重点工程。

● 11月17日，国家西部大开发标志性工程——兰新电铁青海段供电工程全线带电。

【经营管理】 多渠道争取新能源价格补贴政策，获批青海电网与玉树电网互送电量临时结算电价，出台新的供电延伸有偿服务标准，争取减免所得税和免征增值税1.64亿元。优化财务管控系统和加强分析通报等措施，实施预算全链条管控，增强预算全过程管控力度和执行刚性。在确保电网投资和经营等资金需求的前提下，国网青海电力带息负债率较年初下降5.5%。年内，国网青海电力调度与统筹集团内资金7.5亿元，运作短期闲置资金5.5亿元，降低了财务费用。

简化业扩手续，完善高效协同机制，促成西部水电等12家重点项目46万kW负荷投运。优化检修和施工方案，减少停电损失0.38亿kWh。落实电费分期划拨和购电制，有效应对电费风险，实现电费连续110个月结零。加快费控系统应用，累计新增客户30.66万户。推进集中采购，采购金额30.51亿元，节资率达13%。开展工程项目全过程管控研究，创新精益化管理模式。拓展实物资产管控范围，增加过程监控关键指标，实现全过程资产价值实物联动管理。深化资产全寿命周期管理，修订资产策略和程序文件37个，开展账卡物一致性实时监控，有效清理退役资产。

全面完成“三集五大”体系建设任务266项，开展体系建设成效评估，40项问题全部整改到位；总结提炼最佳实践147项，20项入选国家电网公司最佳实践案例。在省、地两级推广应用工作任务管控及评价系统。加强同业对标管理和考核，规划、运行、配套保障获得西北专业标杆。开展班组减负、达标工作，召开本部减负工作协调会等，解决信息系统重复录入和业务融合问题189项，落实基层减负措施77项，公司425个班组全部通过达标班组评估。

【安全生产】 深入推进安全风险管控“两个100%”，开展电网风险评估，预警电网运行风险50次。查处各类违章183起，经济处罚35万元。完成10项实物资产管理提升课题研究，清理历年退役资产4250项，实现了公司所有实物资产账卡物一致性数据的实时在线监控。

完成网、省、地调控机构调管范围调整，整体业务量增加35%，实现330kV电网由省调全部调管的新跨越。建立配网抢修指挥管理体系，优化资源配置能力。完成甘青断面330kV电磁解环工程和官亭送出安控系统策略优化及改造。开展继电保护专项隐患排查，及时整改隐患97项，设备运维管理水平不断提升。完成51座变电站精益化评价工作和296条线路标准化建设达标验收。编制750kV变电站实施细则，梳理1832项运维项目。完成玉树联网线路试验段160基塔防鸟害治理，安装青藏直流线路防鸟刺4.7万支。

完成玉树联网、青新联网、青藏联网“三大工程”检修任务。更换黄家寨、康城、桃园变电站GIS设备365只吸附剂罩，更换杨乐、盐湖等5座变电站GIS设备18节开裂母线筒，消除设备重大隐患和家族性缺陷。完成官亭变电站750kV Ⅱ段母线大修工作，实施GIS设备现场检修。

成功承办由西北能监局、青海省政府组织的、国内首次覆盖省市两级政企范围的“青海省大面积停电应急处置功能演练”。开展地震等自然灾害应急演练，推进18个县级应急指挥中心建设。组织7次330kV及以上电网设备故障应急抢修。

开展安全管理提升活动。完成安全月、质量月打非治违活动，开展调度通信大楼供电和消防专项检查和复查工作，排查隐患问题421条；开展变电站防开关拒动、安全工器具等7类专项隐患排查，累计排查2014条，整改率达95%。推进电能质量在线监测系统建设，加强关键指标的自动采集和数据治理，顺利通过国家电网公司验收。编制PMS系统50类设备1100项参数录入规范，提高数据核查效率。开发调度数据自动校核功能，一体化统计分析数据准确率达100%。严格外协施工队伍安全管控，执行基建分包合同范本和同进同出施工现场作业指导书，清理资质不合格分包商22家。加强专业领域和薄弱环节安全管控，查处安全质量问题570条。排查高危及重要客户用电安全隐患104条，整改农网专变隐患3859台。强化信息通信管理，排查出58条330kV及以上线路OPGW光缆接地重大隐患，完成34套信息系统双机及22个通信双链路切换验证工作。

【营销工作】 2014 年，国网青海电力省内售电量 645.03 亿 kWh，同比增长 8.46%，增幅列国家电网公司第四位；综合线损率 3.08%，比计划下降 0.03 个百分点；供电服务及 95598 各项指标持续提升，电费回收连续 111 个月保持“月结月清”。

全面建成“大营销”体系并首批通过专业验收。完成电能替代、节约电力电量和户表改造任务，费控规模化应用成效不断显现。强化线损精细化管理，采取降损堵漏措施，高、负损台区减少 2119 个。全面推进用电信息采集集中消缺，采集成功率指标提升 0.81 个百分点。推进营配调贯通工作，完成 7108 基杆塔、6208 户专变、1.4 万台公网配电变压器数据采录建模及 131 万户低压客户信息核查任务，建立了“站—线—变—户”准确关联关系，实现跨专业资源共享。

狠抓资产数据清理，深化计量生产调度平台应用，清理计量档案数据 201 万条，业务环节数据 3691 万条，计量关键指标及生产过程具备可视化、实时化管控条件。推动国家能源局西北监管局出台《电力涉网设备并网管理暂行规定》，提升高危及重要客户安全隐患治理能力。加快推进抄表核算模式变革，实施集抄集核业务客户 122.5 万户，抄表、审核效率提升 21.4%。创新开展现场运维技术外包试点，成功解决采集成功率水平停滞不前的问题。

推进智能用电互动服务新模式，“国网青海电力”微信公众号及手机 APP 全面上线。成功研发北斗卫星抄表Ⅱ代数据采集及传输装置，彻底解决无公网信号覆盖地区用电信息采集及费控难题。开发部署费控监控平台，强化费控业务审核监控，规范费控执行，费控投诉大幅下降。国网青海电力远程费控规模化应用成果被列为 2015 年国家电网公司远程费控专项业务体系建设两家试点单位之一。

【科技与信息化】 2014 年，完成信息通信投资 1.55 亿元，科技投资 0.43 亿元。青藏交直流联网工程荣获第八届中华宝钢环境奖。

完成 177 项信息化项目和 14 项通信技改大修项目的建设实施工作。完善运监支撑系统，调整 95598 全业务集中信息系统，实施营销 GIS 应用、建设和完善优化全国统一电力市场交易平台实施等业务系统。依托资产全寿命周期信息支撑系统功能完善和信息系统消重，退运下线自建系统 34 套，累计解决易用化和重复录入问题 59 项，完成 130 项数据共享和业务融合建设任务。完成“七大五小”业务系统在县公司的延伸覆盖。开展信息通信基础管理提升活动，编制下发《通信光缆及电路运维管理办法》，规范信息通信一体化运维与属地化管理的协同机制。制定《并网电厂及用户变通信设备管理办法》，深化并网电厂和用户变通信系统技术监督内容。建立信息通信客户服务网站和“青电 1186”微信平台。完成 73 项信息通信隐患排查整改。完成 ERP、生产、营销、财务管控等 34 套信息系统双机及 22 个通信双链路切换验证。完善信息通信应急预案 83 项，组织开展 2 次无脚本、突发性的信息通信联合反事故演习。国网青海电力信息通信安全技术监督室取得国家信息安全服务资质和风险评估资质。

国网青海电力的“面向高海拔、大容量移动式光伏并网试验检测及分析评价技术研究”“高海拔条件下多相体环境对±400kV 青藏直流联网输电线路外绝缘特性的影响研究”等多项技术成果取得国际领先水平。国网青海电科院的“750kV GIS 移动冲击装置”在浙北—福州特高压工程中得到应用，首次实现了 1100kV GIS 组合电气设备现场冲击试验。

2014 年 7 月 17 日，青海省政府组织在国网青海电力正式挂牌成立“青海光伏产业科研中心”，国网青海电力所属光伏发电并网技术实验室被授予青海省重点实验室，同时被国家电网公司命名为“大规模光伏电站并网试验与实证技术”科技攻关团队，成为国家电网公司光伏并网与检测技术领域“十三五”重大科技成果培育的牵头单位。实验室承担的国家科技支撑项目通过国家科技部中期检查，研发的光伏电站功率快速调节等多项技术及装置，在省内 107 座并网光伏电站得到全面应用。研发形成的“青海省光伏发电规划及运行控制关键技术与应用”成果被评为青海省科技进步一等奖。

首次编制国家标准 1 项，完成国家电网公司标准报批 1 项，制订公司技术标准 20 项。完成专利申请 90 项，取得专利授权 66 项，累计拥有有效专利 175 项，较 2013 年同期增长 70%。国网青海电力获得青海省科学技术进步奖 2 项（其中一等奖 1 项）、国家电网公司科技进步奖 3 项（其中一等奖 1 项），评选公司科技进步奖 80 项（其中一等奖 5 项）。

电网环保工作。“750kV 日月山变电站二期扩建工程”通过国家环保部竣工环保验收，“创业（清水河）110kV 输变电工程”等 19 项工程通过青海省环保厅环保验收；玉树与青海主网联网工程等 6 项工程通过省水利厅的水保设施验收。完成省级六氟化硫气体回收处理中心建设，并通过国网公司组织的验收。推进电网环保管理子系统深化应用，实现 330kV 及以上在建电网建设项目环保节点管控。

智能电网工作稳步推进。14 座智能变电站建成投运，107 座并网光伏电站实现了功率控制系统全覆盖，西宁核心区配电自动化的 I 期建设全面完成。“风光水多种清洁能源发电联合运行控制”智能电网试点工程通过国家科技部中期检查。

● 6 月 10~13 日，首届环青海湖（国际）电动汽车挑战赛与“青洽会”在青海举行。图为国网青海电力从保电、充电、现场服务三方面提供全方位的供电保障。

【优质服务】 落实供电服务“一把手问责制”，出台《员工奖惩实施细则供电服务类补充规定》，严肃查处引发客户投诉及违反公司规定的行为。建立 95598 问题短信提醒、定时督办、限时办结制度，开展客户投诉、意见“回头看”活动，热点问题及投诉减少 2399 件，下降 63.26%；印发《35kV 及以上客户受电工程管理补充规定》，提升大客户受电工程集约化管控能力。

着力打造“十分钟交费圈”，新增交费点 507 个，开通 95598 互动网站、微信交费等 12 种新型交费方式，在国家电网公司 27 家省公司、108 座城市客户满意度调查中，国网青海电力取得第五位的成绩。国网果洛供电公司员工桑吉卓玛当选“中国网事 · 感动 2014”十大网络人物。

【党的建设和精神文明建设】 开展党的群众路线教育实践活动。聚焦“四风”问题，坚持即知即改、边查边改，各级领导班子专题民主生活会查摆问题 2827 条，专题组织生活会查摆问题 19 732 条，制定整改措施 12 708 项。解决群众反映突出的“四风”问题 192 项，整改群众关切的问题 165 条，国网青海电力教育实践活动得到国家电网公司第 5 督导组的充分肯定。

加强公司党的建设，深化“电网先锋党支部”和“国家电网共产党员服务队”创建活动，开展党员示范岗、责任区、突击队年度考评。开展“强基础、促管理、提效率、转作风、添活力”主题活动。

完成党风廉政建设指标任务。组织落实“八项规定”精神、反“四风”等协同监督和专项督查，累计开展监督检查 6 次，查处信访举报 15 件，给予党政纪处分 10 人，组织处理 18 人。开展“六对照、六检查”作风建设主题活动，出台《领导班子成员作风建设行为规范》等 6 项作风建设禁令，通报典型作风事件 3 起。

推行“送文化进边远一线”活动，举办员工文化团队成果展演。中央电视台、人民日报宣传无电地区电力建设，并首次在省级电视媒体直播。启动“中国梦国网情 · 爱心助学圆梦行动”公益项目。

严格落实职代会制度，完善总经理联络员、职工代表巡视制度，不断深化职工民主管理。积极组织参与职工技能大赛，开展营销窗口服务水平提升、川藏联网工程“四比一创”竞赛活动，搭建职工建功立业平台。推进班组建设，实施班组减负项目 77 项，425 个班组全部达到国家电网公司达标班组。国网青海电力团委获得“全国五四红旗团委”荣誉称号。

持续深化关爱员工健康行动，对 1415 名员工进行现场健康诊断咨询，完成 11 个基层单位 5516 名员工健康筛查；组织开展创建达标食堂、普及太极拳、开展“两动一静”等活动。关心关爱离退休人员，走访慰问 860 人次，组织开展文体活动 132 场次。

（贾宝钦）

国网宁夏电力公司

【企业概况】 国网宁夏电力公司（简称国网宁夏电力）是国家电网公司全资子公司，属国有特大型能源供应企业，主要从事宁夏回族自治区（简称自治区）境内电网的建设、运行、管理和经营，为宁夏经济社会发展和人民生产生活提供可靠电力供应和优质供电服务。

国网宁夏电力本部共设置 22 个职能部室，下辖 6 个地市供电公司（银川、吴忠、石嘴山、中卫、宁东、固原供电公司）、8 个专业化分公司、18 个县级供电公司。

2014 年，国网宁夏电力完成区内售电量 716.06 亿 kWh，同比增长 2.19%。外送电量 308.7 亿 kWh，同比增长4.33%。完成固定资产投资70.2亿元，其中电网基建56.96亿元。

截至2014年底，国网宁夏电力辖区营业面积6.4万km^2，营业户数295.11万户，同比增长7.83%。其中大工业3346户，同比增长7.59%；非普工业6.91万户，同比增长3.42%；非居民照明6.04万户，同比增长12.39%；商业19.26万户，同比增长8.16%；农业8.83万户，同比增长5.76%；居民253.73万户，同比增长7.92%。

2014年，宁夏电网统调最大用电负荷1186万kW，同比增长5.33%；平均用电负荷995万kW，同比增长4.96%；最小用电负荷859万kW，同比增长4.88%。其中，电解铝平均用电负荷226万kW，同比下降5.43%；铁合金、电石、碳化硅平均用电负荷369万kW，同比增长14.95%。

2014年，国网宁夏电力荣获全国"五一劳动奖状"、自治区政府质量奖，连续第16年受到自治区政府表彰，连续第8年在自治区行风评议工作中荣获公共服务行业第一名。

【电网概况】 宁夏电网位于西北电网北部，是西北电网的重要组成部分，主网电压为750kV/330kV/220kV，与西北电网通过两回750kV联络线和五回330kV联络线连接，并与山东电网通过两条±660kV直流输电线路相连。

发电规模：截至2014年底，宁夏电网统调总装机容量2381.79万kW，其中火电厂22座，机组52台，容量1748.4万kW，占总容量的73.41%；风电场46座，容量417.78万kW，占总容量的17.54%；光伏电站67座，容量173.383万kW，占总容量的7.28%；新能源装机占总容量的24.82%；水电厂2座，机组15台，容量42.23万kW，占总容量的1.77%。2014年全年完成统调发电1160.79亿kWh，同比增长3.52%。其中，火电1046.35亿kWh，占全网发电量的90.14%，同比增长1.47%；水电17.66亿kWh，占全网发电量的1.52%，同比降低6.45%；风电发电70.84亿kWh，占全网发电量的6.10%，同比增长116.63%；光伏发电量25.94亿kWh，占全网发电量的2.23%，同比增长247.99%。

输电规模：截至2014年底，宁夏电网220kV及以上电压等级线路共计208条，总长度8545.16km。其中±660kV直流线路2条，长度2670km（宁夏境内211.792km）；750kV线路10条，长度663.206km（宁夏境内557.200km）；330kV线路75条（包括5条省际联络线），长度2931.596km（宁夏境内2603.73km）；220kV线路121条，长度2280.356km（宁夏境内2267.231km）。

变电规模：截至2014年底，宁夏电网统调变电容量为3943万kVA。其中750kV变电站3座，总容量1140万kVA；330kV变电站25座，总容量1294万kVA；统调220kV变电站39座，总容量1509万kVA。

【人力资源】 适应"三集五大"新体系，强化职工培训，组织完成605个培训项目、868期培训班，41 000人次参加培训。截至2014年底，国网宁夏电力有长期职工8908人，有国家电网公司级优秀专家14人，公司级优秀专家78人，地市级优秀专家110人。

职工平均年龄39.5岁，研究生306人、本科4705人。本科及以上学历人数占56.3%。高级工1056人（其中正高级5人），中级工1748人，中级及以上占31.5%。高级技师181人、技师1566人，技师及以上占19.6%。

【电网建设与发展】 2014年，国网宁夏电力完成电网建设投资56.96亿元，开工建设35kV及以上线路长度690.39km，变电容量436.93万kVA；投运35kV及以上线路长度596.28km，变电容量827.03万kVA。110kV及以上输变电工程优质率连续九年100%。

促成自治区政府成立特高压协调推进领导小组并主导召开现场工作会和专题协调会，解决了宁东—浙江±800kV特高压直流输电工程等重点项目矿产压覆受阻、跨越铁路高速公路、军区属地、自然保护区、国家级林地湿地保护区等重大协调问题，并到国土厅提前办理了灵州换流站先行用地手续。

● 11月4日，宁东—浙江±800kV特高压直流输电工程正式开工。

完成"十三五"主网架规划研究及配电网滚动规划。宁东—浙江±800kV特高压直流输电工程获得核准并顺利开工建设。配合国家电网公司完成准东—华东(皖南)、上海庙—山东特高压工程可研工作。获得宁东—浙江特高压直流工程送端接入工程核准。获得永丰等9项330kV、向阳等5项220kV、新星等26项110kV电网项目核准。

投运黄河750kV变电站2号主变压器扩建等36项输变电工程，开工建设永丰330kV等31项输变电工程。做好太阳山—六盘山—平凉750kV输变电、宁浙直流送端换流站接入750kV等重点工程建设前期准备工作。开展基建“规范管理年”活动，49项工程获国家电网公司优质工程命名。贺兰山—沙湖750kV线路工程获国家电网公司安全质量流动红旗。推进农网改造升级，提高农村供电能力，固原市、中卫市农网木杆等突出问题得到有效治理。

【经营管理】 统筹机组脱硫脱硝改造，全额疏导环保电费5.56亿元。健全内控体系，严控工程成本，全年工程投资预算比概算下降12亿元。全年完成工程投资审计395项，审减金额1.17亿元。构筑现金票据一体化管控体系，确保资金安全。落实西部大开发优惠税率等政策，享受税收优惠1.62亿元。推进国家电网公司通用制度落地，废止国网宁夏电力相关制度223项。实施法律保障服务，制度法律审核率、合同法律审核率、招标法律保障率均委100%。修订高、低压供用电合同，有效落实“购电制”。修订《居民用户供用电合同》，从源头上规范供用电行为。

开展“三集五大”体系建设成效评估，完成国家电网公司42条意见的整改落实，“三集五大”体系历经5年全面建成。规范集体企业劳动用工管理，实现主业、农电、产业劳动用工、职工薪酬和人工成本总额管控全覆盖。夯实资产管理基础，加快竣工决算，全年转资24.77亿元。推进集中采购全覆盖，扩大协议库存和超市化采购范围，实现物资类集中采购100%，服务类集中采购95%以上。基本建成“五位一体”协同机制，实现全业务覆盖，保障“五大”体系运转顺畅。县级电网调度业务全部集约至地调，配网调度实现10kV全覆盖。完成省、地两级运营监测(控)中心建设，并顺利通过国家电网公司综合验收。完成95598全业务集中上划，提高服务需求响应速度。落实国家电网公司批复的组织机构设置和人员配置方案，执行国家电网公司关于“三集五大”体系建设严禁超职数配备干部的相关要求，完成超职数配备干部、低职高配干部等问题的整改工作。

【安全生产】 开展安全管理提升活动。强化现场督查，全年稽查作业现场2572次，处理违章178人次。开展在建工程分包专项检查，确保基建安全。强化“同管理、同标准、同评价、同考核”安全一体化管理，延伸安全监督机制到产业和科研院所，全面启动县供电企业、试点开展集体企业安全性评价。完善应急联动机制，新建5支非重点城市供电公司应急救援基干分队，首次开展宁夏南部、北部区域应急救援协调联动演练。

合理安排电网方式，统筹优化发电、输电、变电设备停电计划，保障电力安全可靠供应。优化新能源调度，建设完善新能源调度技术支持系统，新能源发电基本实现全消纳。完成83座变电站、231条输电线路、304条配网线路精益化评价工作，累计检修输变电设备15 561台(条)，设备健康水平大幅提升。完成石嘴山、吴忠、中卫、宁东城市配电自动化工程建设并通过国家电网公司验收，非故障区域停电平均恢复时间由投运前45min降至5min以内。完成银川重点城市扩大区域和石嘴山非重点城市配电网建设改造工作，实现城市配电网建设区域用户故障平均停电时间小于50min。完成宁东—山东±660kV直流工程综合检修，确保直流设备安全运行，累计送电超过1100亿kWh。完成全国两会、开斋节等重大活动、重要节日保电任务。截至2014年底，宁夏电网长周期安全运行5325天。

【营销工作】 全力增供扩销，坚持电力市场分析预测常态机制，跟踪155家重点企业生产经营状况，全年完成报装接电25.55万户，新增用电容量787.54万kVA。推进全国统一电力市场技术支撑平台建设，正式上线试运行。实施大用户直接交易，2014年完成直接交易电量96.39亿kWh。开展用电检查和营业普查，全年检查47.72万户，追补电量182.01万kWh，补收电费及违约使用电费754.19万元；核查电表内置电价110.68万户，发现异常并整改3.94万户。开展营销项目全过程管控，完成营销项目85项、资金2.28亿元，完成率100%。

完善营销“一口对外”服务流程。加强客户服务中心供电服务和营销稽查业务管控能力，全年受理各类业务45.92万件，稽查异常问题7.44万条。计量中心以“四线一库一平台”(单相智能电能表自动化检定流水线、三相智能电能表自动化检定流水线、低压电流互感器自动化检测流水线、用电采集终端自动化检测流水线、智能化仓储库房)为支撑，深化计量资产全寿命周期管理，全年完成24.05万只智能电能表、9942台采集终端的质量监督及22.75万只计量设备的配送，实现了“整体化授权、自动化检定、智能化仓储、集中化配送”的建设目标。

【科技与信息化】 国网宁夏电力首个国家电网公司级实验室实用化工作有序开展，在电网规划、安全运行、试验检测等业务应用方面取得重大成果，新能源功率单站预测准确率提高了5%以上，“快速开关型零损耗330kV电网限流装置”被列入国家电网公司新技术推广目录。国网宁夏电力首次荣获2014年国家专利优秀奖，获国家电网公司科技进步一等奖1项、二等奖2项，获自治区科技进步一等奖1项、二等奖1项、三等奖2项，获中电联第六届全国职工科技成果一等奖1项、二等奖2项、三等奖1项。2014年完成专利申请115项。

完成“三集五大”体系全面建设阶段信息通信集中调整工作和信息通信专业成效评估工作。完成运营监测（控）中心信息支撑系统建设工作，提升在运系统数据质量。提前完成全国统一电力市场技术支撑平台建设，为宁夏电力交易提供坚强支撑。完成国家电网公司“两交一直”特高压工程开工动员大会电视电话会议及宁夏分会场通信技术保障工作。

【优质服务】 开展“塞上电力·为民服务”供电服务提升活动，成立“片区服务队”，开展“一柜通”服务，解决服务群众“最后一公里”问题。

修订国网宁夏电力《供电优质服务管理办法》，开展业扩报装全流程在线监控，每日实时视频查纠营业厅服务不规范行为，规范“七类窗口服务人员”行为，每周早调会通报供电服务存在的问题，每月深入分析供电服务整体情况和薄弱环节，促进服务质量持续提升。2014年，国网宁夏电力客户满意率提升4.82个百分点，业扩报装时限达标率提升0.4个百分点，客户投诉数量下降89.36%。

实现供电服务“四创新”。创新业扩报装模式，精简报装资料，并行业务流程，高压客户接电时间缩短1.95天；创新故障抢修模式，推广应用供电服务技术支撑平台，受理故障报修5.81万次，抢修效率提升13.5%；创新片区服务模式，推行业务末端融合，建成179个片区（村队）服务团队，直接服务客户9000余次；创新为民服务模式，推行营业厅“一柜通”服务，减少客户临柜次数，强化多元化缴费终端运维，终端收费笔数比例达到72.63%。开展“点亮回家路，温暖你我心”活动，解决银川等主要城市老旧小区“黑楼道”等问题，保障百姓用上电、用好电。

【党的建设和精神文明建设】 开展党的群众路线教育实践活动，聚焦“四风”查摆问题，召开各层级专题民主生活会，落实“两方案一计划”整改要求，完成教育实践活动各项任务。《人民日报》、中央电视台、自治区简报、国家电网公司简报等分别报道刊载了国网宁夏电力教育实践活动的亮点成效。

落实党风廉政建设主体责任和监督责任，完成国家电网公司廉政风险防控课题研究。加强党组部书记培训，开展“党员责任区”“党员先锋岗”和党员“一带一”活动，进一步基层党组织凝聚力和战斗力。

开展学习贯彻习近平总书记系列重要讲话精神处级干部轮训，处级干部参培率100%。完善“四好”领导班子考核内容、程序及方法，加强干部管理。开展“两创一争”劳动竞赛，沙湖750kV输变电工程“五赛一创”劳动竞赛被列为自治区重点工程示范性劳动竞赛项目。打造班组建设管理体系，自治区总工会专门印发文件，要求全区各系统学习推广国网宁夏电力“1285”班组建设管理经验。开展职工技术创新活动，“靳淑玲劳模创新工作室”被评为全国示范性劳模创新工作室。

全面深化“中国梦·国网情”主题活动，国网宁夏电力荣获全国电力行业思想政治工作优秀单位称号。完善三级帮扶慰问网络。深化厂务公开工作，厂务公开满意率达99.68%。开展社会责任履责实践，和宁夏大学合作启动“勤学创新·履责奉献”品牌公益项目。

（田风廷）

国网新疆电力公司

【企业概况】 国网新疆电力公司（简称国网新疆电力）是国家电网公司的全资企业，是以经营新疆电网为核心业务的国有企业。国网新疆电力本部设25个职能部（室、中心），所属供电企业13家，业务支撑、实施和集体企业等单位9家。

【电网概况】 截至2014年底，国网新疆电力公司拥有750kV线路8条1633km，变电站5座1100万kVA；500kV线路3条126km；220kV线路358条17 204km，变电站95座2823万kVA；110kV线路741条19 811km，变电站354座2232万kVA。统一调度的新疆电网已覆盖自治区全部14个地州（市）。

【人力资源】 加大干部交流和培训力度。优化班子年龄结构、专业搭配和任职经历，各单位班子合力有效提升。开展“领导干部上讲台”活动，受到基层职工广泛好评。大力培养优秀人才，选拔441名公司后备优秀专家人才。在国家电网公司人资调考、输电线路技能竞赛中取得历史最好成绩。开展岗位绩效工资制度建设和实施推广，深化劳动用工专项治理，劳务派遣用工比例下降到15.8%。稳步推进检修、营销等专业业务委托，解决缺员1337人。

【电网建设与发展】 研究确定“外送八通道、内供五环网”的新疆电网“十三五”规划，完成电铁供电等多个专题规划。加大前期工作力度，取得五彩湾—芨芨湖—三塘湖等11项750kV工程核准，超额完成任务。188项220kV和110kV项目获得核准，保障工程顺利开工建设。投产110kV及以上项目101项，线路3369km，变电容量1045万kVA。750kV五彩湾、库车—巴音郭楞、天中直流500kV配套送出等重点工程顺利投运，库车—阿克苏—巴楚—喀什、五彩湾—芨芨湖—三塘湖—哈密输变电工程全面开工建设。750kV二通道工程荣获国家优质工程奖。提前15个月完成“十二五”无电人口通电任务，解决了11.6万户、46.2万无电人口的用电问题。加大配网改造力度，解决20.84万户低电压问题。开展“电力助军”，完成了8个边防连队和3个边境口岸通电任务。兰新电铁第二双线配套的“14站22线”供电工程高效建成投运，为新疆首条高铁开通运营创造条件。

5月8日，35kV乌拉斯台输变电及其配套送出工程开工。

【经营管理】 国网新疆电力本部23个专业部门和各基层单位全员参与五年规划编制，形成了涵盖所有领域的规划2535本，得到国家电网公司高度评价。

全面建成“三集五大”体系，分解并完成了270项体系建设重点任务和44项评估问题整改销号工作。大经营协调机制高效运作，多部门定期会商电价、市场开拓、项目核准等重大问题，全年召开例会47次，研究问题1081项，工作推进取得明显效果。开展通用制度学习宣贯，制定实施细则50项、补充制度126项。加快建设“五位一体”协同机制，实现岗位匹配率83.3%，绩效指标匹配率99.84%。完成72个仓库标准化建设，PDA和条形码技术推广试点上线运行。完成95598汉语全业务上划工作，运营监测（控）中心对主营业务、核心资源、关键流程在线监测能力明显提升，建成省级计量中心，“三个中心”支撑保障能力不断增强。全面加强依法治企，强化制度管控，制定《规范招标采购工作禁令》《依法治企“十条禁令”》等具体措施，建立营销财务风险管控和在线稽核等监督机制。制定维稳专项规划，加强各级班子配置，加大人防、物防、技防的工作强度，有效提升各类场所的安全防护能力。建立公司领导班子定期赴南疆调研制度，本部人员赴南疆调研、慰问、帮扶150余批次。

理顺内部管理关系，优化整合经研院、电科院和物资公司等业务，实现了规划设计、技术支撑、物资招标等环节一体化运作。成立企协分会、综合服务中心等部门和机构，完善业务分工。完成7家地市公司“子公司改分公司”工作，提高整体运营效能。全面推进班组减负工作，清理下线17个自建系统，消除重复数据项285个，清理、精简和优化班组台账记录895个。建成乡镇供电所及班组一体化信息系统，乡所到县、县到地州的带宽分别扩容到10M和100M。全面完成县供电企业管理提升工程任务，6家供电所、1家县公司成为国家电网公司标杆。

【安全生产】 落实安全生产责任制，优化电网运行方式，发布316次电网风险预警，保障220kV及以上1498项设备检修、128项工程投运和1031万kW新机组安全并网，电网实现安全可靠运行。开展220kV及以上16座变电站精益化评价，完成35kV及以上227站435线标准化建设。完成750kV 9站16线输变电设备综合检修。高度重视应急管理，开展联合演习6次、专项演练241次，在历次突发事件中，国网新疆电力供电保障和恢复工作得到各级党委、政府高度评价。完成习近平总书记来疆视察、中国—亚欧博览会等重要保电任务。科技创新能力快速提升，获得省部级科技进步奖9项；获得专利授权154个，同比增长86个。

【营销工作】 售电量同比增长9.9%，增速居国家电网公司系统第2位。推动自治区完善新能源发展规划，引导和服务新能源健康发展。成立新能源办公室，并网服务更加依法合规、便捷高效、公开透明。截至2014年底，新能源并网装机已达到1129万kW，近三年年均增长70%；风电利用小时数达到2272h，排名全国第2位。40项大客户供电工程按时送电，新增容量645万kVA。成功接收塔西南等电力市场，新增营业区459km²。完成电能替代电量12.5亿kWh。累计接收219个小区配电资产，惠及居民17万户。积极配合电力体制改革，直接交易工作试点成功。

实施营配贯通工程，完成300万客户信息普查。全面建成用电信息采集系统，覆盖665万客户。进一步拓展网点、终端等缴费渠道，方便客户缴费。排查梳理1412家高危客户安全隐患2993项，并向两级政府报备。优质高效完成585个利民通信工程基站通电任务。大力支持自治区“访惠聚”活动，为1万余住村点解决2700余个用电难题。

【党的建设和精神文明建设】 组织开展党建优秀案例征文、“大干200天，打赢户户通电攻坚战”等活动，有效发挥各级党组织的战斗堡垒和党员的先锋模范作用。创新开展党委书记一线讲党课活动和纪委书记履职评价工作。加大反腐倡廉警示教育力度，狠抓纪律作风建设，严肃处理各类违规及责任追究115人。

认真践行社会主义核心价值观和公司基本价值理念，国网新疆电力获得国家电网公司企业文化成果一等奖。国网新疆电力本部和奎屯公司被推荐为全国文明单位。伊犁公司获全国五一劳动奖状，疆南公司获全国民族团结先进集体，共有17家单位获得省部级以上先进荣誉，艾比布勒等多名职工获得省部级以上先进个人称号。高度重视创先争优和先进选树，评选公司劳动模范、首届十大道德模范和最美供电所长。坚持党建带团建，涌现出荣获全国青年五四奖章的艾沙江·尼扎木丁等优秀青工。积极参与自治区“访惠聚”住村工作，公司和田策勒恰合玛村工作组获自治区先进集体，开赛江获先进个人。

党的群众路线教育实践活动成效显著。紧紧围绕为民务实清廉的主要内容，聚焦“四风”突出问题，充分发挥领导小组及各专业组的作用，完成学习教育、听取意见，查摆问题、开展批评，整改落实、建章立制三个环节的工作任务，整个活动“规定动作做到位，自选动作有特色”，得到国家电网公司督导组的充分肯定。

（旷路明）

国网西藏电力有限公司

【企业概况】 国家电网公司和西藏自治区人民政府为加快西藏电力工业建设，促进西藏自治区经济社会发展，根据国家发展改革委员会《关于组建西藏电力有限公司有关问题的批复》（发改能源〔2007〕61号），2007年7月在原西藏电力公司基础上成立了由国家电网公司控股、西藏自治区人民政府参股的国网西藏电力有限公司（简称国网西藏电力）。国网西藏电力统一规划、统一建设、统一管理地市电网，经营相关的发输配电业务；按照国家统一规划，合理有序开发西藏电力资源，投资或参与投资建设相关电源项目，促进国家规划电源基地的开发和前期工作的开发；制定并组织实施公司的发展规划和重大生产经营决策；开展电力建设项目前期工作和其他工作。

发电量25.60亿kWh，售电量28.65亿kWh。公司管理机组完成发电量18.42亿kWh，青藏联网工程送电8.488亿kWh，完成售电量28.65亿kWh。

国网西藏电力本部设立21个部门。下辖正处级建制基层单位22家，其中分公司18家，子公司3家，分、子公司合署办公单位1家。正科级建制子公司3家（作为分公司的二级机构管理）。

【电网概况】 西藏电网由藏中、阿里、昌都三部分构成，藏中电网覆盖拉萨、山南、林芝、日喀则、那曲五个地区，通过±400kV直流和青海电网相联，截至2014年底，藏中电网（除那曲电网）均通过220kV线路相连，藏中220kV主网络已形成“日”字型环网结构。2014年10月份昌都电网通过220kV双回交流线路与四川电网实现联网，阿里电网仍作为独立电网运行。

截至2014年底，西藏电网总装机容量143.357万kW，比2013年增加31.277万kW，增长率为27.90%。其中：水电77.97万kW占54.39%，燃油38.79kW占27.06%，其余为光伏、地热等机组26.597万kW占18.55%。藏中电网装机容量为131.007万kW，其中水电机组70.21万kW占53.60%，抽水蓄能机组9.0万kW占6.87%，火电机组34.88万kW占26.62%，地热机组2.62万kW占2.00%，太阳能光伏12.0万kW占9.16%，风电0.75万kW占0.57%，余热1.55万kW，占1.18%。昌都电网装机容量为8.98万kW，其中水电7.12万kW占

79.28%，燃油机组 1.86 万 kW 占 20.71%。阿里电网装机容量为 3.37 万 kW，其中水电 0.64 万 kW 占 19.0%，燃油机组 1.73 万 kW 占 51.31%，光伏机组 1 万 kW 占 29.67%。

2014 年，藏中电网新增装机容量 31.0 万 kW（光伏 2.0 万 kW、旁多电站 12.0 万 kW、藏木电站 17.0 万 kW)，增长率为 30.1%。

【人力资源】 截至 2014 年底，国网西藏电力共有职工 3845 人，其中：汉族职工 2065 人，藏族职工 1683 人，其他少数民族职工 97 人；大专及以上学历 2725 人，人才当量密度 0.785 3，高技能人才比例 53.41%，人才引进指数 0.930 4。

人力资源集约化管理。加强“三定”管理，根据《国家电网公司“三集五大”体系机构设置和人员配置指导方案》、供电企业岗位分类标准和供电企业标准岗位名录构建分类明确、名称规范职责清晰的岗位体系，完成岗位价值归级工作。牵头组织“五位一体”协同机制建设，完成“五位一体”协同机制建设任务。加强人力资源计划和统计，并组织实施 ERP 人力资源一级部署。规范各类劳动用工管理，完成 2014 年第二批招聘工作和新进人员入职相关工作，推进 2015 年度第一批招聘工作，加强人员调动和借用的管控力度，组织做好国家电网公司对藏帮扶和公司系统内部帮扶的组织协调工作。

开展全员绩效管理。建立典型岗位绩效指标体系、修订印发《公司本部全员绩效管理暂行办法》（藏电企管〔2014〕736 号)。通过建立和完善各专业指标体系，开展指标统计、分析、考核与评比等工作，提升专业化管理水平。

加快人才队伍建设。开展公司级优秀专家人才报名选拔工作，1 人入选国网公司级电网检修专业领军人才。加强专业技术职称评定工作的监督与指导，全年 487 人通过初级专业技术资格认定，43 人申报副高级专业技术资格评定，57 人申报中级专业技术资格评定。加大生产技能人员培训及鉴定力度，243 名职工获得相应等级的职业资格；开展首次高级技师的鉴定及考评工作，16 名职工取得高级技师资格，63 名职工取得技师资格。强化培训师资队伍建设，开展初、中级兼职培训师认证和培训，共认证初级 23 名，中级 24 名，兼职培训师达 59 名。

【电网建设与发展】 修编完成西藏电网“十三五”发展规划和 2015~2020 年配电网滚动规划。

全年累计完成电网基建投资 50.39 亿元，新开工程 18 项，新开工 110kV 及以上线路长度 764.4km，新开工变电容量 81.6 万 kVA；投产工程 24 项，投产 110kV 及以上线路长度 1914.89km，投产变电容量 79.26 万 kVA。全力配合川藏联网工程建设，完成承建任务、受托项目、属地协调和生产准备工作，工程提前半年建成投运。青藏直流一期扩容工程完成主体施工任务。藏木送出“一站四线”输变电工程建成投产，藏中电网网架完善工程、220kV 色麦、林芝、鲁朗输变电工程、阿里狮泉河 110kV 升压站等工程开工建设。城网获批项目和户表改造工程全面开工，年度里程碑计划完成 100.70%。加快无电地区电力建设和农网改造升级，主电网覆盖面由 44 个县增加至 51 个县（区)，解决和改善了 2.59 万户、9.37 万人的用电问题。积极服务新能源发展，完成区内首座分布式电源接入工作，填补了西藏电网无分布式电源的空白。大修技改项目实现 100% 完成目标，直孔、巴河公司水电站集中监控项目加快推进。多个电网建设项目获得上级表彰，老虎嘴—墨竹 220kV 输电线路、赤康 110kV 变电站等 11 项输变电工程被评为国家电网公司优质工程。

【经营管理】 全面加强计划和预算管控，强化综合计划、预算执行跟踪分析和监督检查，综合计划、财务预算执行进度和均衡性明显改善。加强资金和资产管理，严控计划和预算外开支，努力降低经营成本。深化集中招标采购和仓储体系标准化建设，加大废旧物资处置力度，盘活利用库存物资 2293 万元。加强营销基础管理，加快营销信息化建设，建立电费回收指标管控常态机制和预存电费机制。推进分压、分线、分台区信息化手段建设和试点应用。加大电费回收力度，全面实现电费“双结零”目标。电价调整取得重大突破，新电价自去年 7 月 1 日开始执行，调整幅度 0.08 元/kWh。实现新电价执行“零投诉”。积极应对冬春季工业生产用电矛盾，促成自治区出台“高进高出”协议电价。执行新电价调整和“高进高出”协议电价。申请到位财政燃油补贴资金 2.80 亿元，落实户表改造资金 10 亿元及农网建设借款资金 20.11 亿元，有效缓解经营压力和资金困难。配合完成国家电网公司经济责任审计、人力资源专项审计和依法治企“回头看”工作，认真落实整改意见，持续开展重点单位、关键岗位和专项审计检查，依法治企能力和成效显著提升。

【安全生产】 2014 年未发生人身伤亡事件、重大电网和设备事故，未发生信息、消防、交通安全事件，完成 2014 年度安全生产工作目标。

开展安全生产教育。学习贯彻新《安全生产法》，开展安全管理提升和安全月、安全日活动。全年参加国家电网公司和国网西藏电力举办的各类培训教育达347期，培训人次4475人次。强化电网调度和运行管理，科学安排运行方式，优化完善稳定控制策略，狠抓“三道防线”。开展隐患排查和专项治理。高度重视青藏直流、川藏联网工程安全工作，深入现场开展专项检查、业务指导，保障电网安全稳定运行。强化设备运维管理，顺利完成青藏直流年度检修、30万kW大负荷试验、功率反送试验以及9E机组C级检修。全面建成地市公司应急指挥分中心，实现了三级应急指挥中心互联互通。加强全面质量监督管理，资产全寿命周期管理体系建设进入试运行阶段。强化基建安全管理，开展施工现场安全隐患排查治理。加强基建与生产统筹，严把项目投产安全关。全面落实防汛、消防、信息、保密等安全管理要求，实现全口径安全。国网西藏电力连续5年荣获全区安全生产先进单位称号。

● 9月14日，青藏联网±400kV柴达木—拉萨直流系统功率反送试验获得成功。图为换流站值班员们在操作并分析数据。

【营销工作】 2014年完成交易电量25.61亿kWh，同比增长37%，完成售电量28.65亿kWh，同比增长10.99%。加强电费回收与管控，电费回收实现结零。深化“大营销”体系建设，着力解决影响新体系运转的突出问题。促进市场发展与供电保障工作，积极应对西藏电网季节性供需矛盾，制定有序用电措施，平衡电网峰谷负荷，保障西藏社会经济和人民群众用电。顺利完成客户服务中心95598全业务集中，实现服务管理与国网统一。以电力市场化改革推动公司改革，积极为西藏电力体制改革建言献策。坚持市场化方向，主动研究上网电价与销售电价联动机制。稳妥完成电价调整，实现全区七地市电价的规范统一，销售电价同比提高85元/MWh，2014年增加收入1.2亿元，为在西藏逐步建立与市场相适应的电价体系奠定基础。全年组织重要保电现场服务800余次，完成“三大节日”“塔尔钦”“雪顿节”“藏博会”等一系列重大节日、重要活动和维稳敏感时期保电工作。开展营业普查工作，清理线—变—户关系，查处问题2023起，挽回经济损失191.89万元。开展营销稽查、用电检查工作，查处安全隐患279起，完善客户档案5789项，挽回经济损失231.11万元。通过公司户表改造工程扩大智能电表与用电信息采集覆盖面，采集覆盖率超过60%，较2013年提升7%，专公变采集覆盖率实现全采集全覆盖。充分发挥计量中心支撑作用，国网西藏电力采集成功率达到国网95%的考核标准，提升幅度超过17%。

【科技与信息化】 加强科技创新体系建设，积极承担国家电网公司总部科技项目，制定《科技项目年度监督检查实施方案》，完成2014年科研任务。积极推进西藏公司实验室建设工作。2014年10月25日，西藏电科院获得了国家能源局承装（修试）电力设施一级许可证。2014年西藏电科院申报西藏自治区“西藏电网防护与高海拔地区雷电监测技术重点实验室”，已通过西藏自治区科技厅技术认定。

编制技术标准，编制《配网不停电作业分级分类培训和能力认证实施方案》《不停电标准化作业指导书》。“藏中电网交直流混联系统安全运行特性及光伏接入影响的深化研究”荣获国家电网公司科技进步奖三等奖。信息通信专业“规划业务管理系统推广及实施”项目获得国家电网公司信息化优质工程，实现“零”的突破。

2014年，完成通信投资19 969万元，新增通信站点46个，全区光通信覆盖站点达到160个，较2013年增长40%，国网西藏电力直管35kV变电站光纤覆盖率由2012年的31%提升至56%，110kV及以上变电站光纤覆盖率达到100%。通信光缆增加52条，增加2890.61km，达到8381.9km。光通信设备新增63套，达到274套。

开展信息通信安全防护工作。加强系统、终端日常安全巡检，形成4种信息设备及信息系统的巡检模版。加强对特殊攻击、敏感信息的全过程监控等手段，建立联合应急处置机制，开展红蓝攻防演练。开展信息通信联合反事故演习，完善信息通信系统应急处置预案，检验信息通信应急处置能力。开展三期信息安全技术督查技能培训，参加国家电网公司信息安全相关技术培训六期，提升公司信息安全技术督查能力。开展3个重要信息系统及全区信息通信基础设施供电消防隐患排查治理等工作，消除隐患24项，保障信息系统安全稳定运行。

【优质服务】 加强95598服务全过程管控，开展数据统计和分析，建立健全95598日报、周报和月报工作机制，促进问题整改。编制《西藏电力公司95598业务管理暂行实施办法》。加强客户投诉管理，建立投诉台账，实行一件投诉业务一个档案，加大投诉业务督办力度。国网西藏电力95598系统于2014年6月底割接上线以来，系统运行平稳，业务流转畅通，95598人工接听率98.59%。派发各类工单1.1万张，国网西藏电力客户服务中心接派单及时率达到99.58%，地市接派单及时率达到95.23%，同比上升6.2个百分点。故障抢修到达现场及时率94.36%，同比上升2.3个百分点。95598业务处理满意率达到98.84%。特色藏语服务专席深受广大藏族群众的好评。拓展新型缴费渠道，通过深化一体化缴费平台应用，开通电信“翼支付”手机缴费平台。开展群众路线教育实践活动，着力解决供电优质服务“最后一公里”问题。

【党的建设和精神文明建设】 认真学习贯彻党的十八大、十八届三中、四中全会和习近平总书记系列重要讲话精神。开展党的群众路线教育实践活动。聚焦“四风”问题，边查边改、立行立改。各级领导班子和基层党组织认真召开专题民主（组织）生活会，严肃认真开展批评和自我批评，以“钉钉子”精神狠抓问题整改。开展基层党组织晋位升级和党员承诺践诺活动，18个党支部实现晋位升级，党员承诺全部兑现。调整党务干部15名。2014年共提拔处级干部23名，调整处级干部36名。加强党员队伍建设。举办入党积极分子培训班，全年发展党员24名。坚持做好党建带工建、带团建工作。开展“青春光明行”“书香国网”等活动，开展“最美家庭”“平安家庭”等评选活动，2名员工入选国家电网公司“为民务实清廉”先进典型。开展创先争优活动。开展“党员亮牌工程”，开展“双培养”工作，把党员培养成业务骨干，把业务骨干培养成党员；开展“党员先锋岗”活动。坚持“你用电、我用心”，打造“95598光明服务工程”，提升优质服务水平。深化“电网先锋党支部”建设，深化党员服务队建设。公司7支共产党服务队共124名队员，在供电抢修、营销服务、社会公益等方面，充分发挥先锋模范作用，受到了广大电力客户和困难群体的一致好评。开展强基惠民活动，2014年，国网西藏电力在驻村工作中投入捐赠资金95万元，帮助4个驻村点实施6个项目，投入专项帮扶资金86万元，支持77名驻村队员与98户困难户结对，开展帮扶活动。

加强精神文明建设。举办党的十八届四中全会精神和社会主义核心价值观专题讲座。举办川藏联网工程先进事迹报告会。组织开展职工运动会、文艺汇演、健身操比赛、书画摄影展、女职工十字锈等丰富多彩的文化体育活动。开展员工思想动态调研活动、“我为企业献一策”合理化建议、反分裂斗争教育和民族团结进步创建活动。

（孙宗琼）

国家电网
STATE GRID
STATE GRID CORPORATION OF CHINA
国家电网公司

公司直属单位

2015 国家电网公司年鉴

中国电力科学研究院

【单位概况】 中国电力科学研究院（简称中国电科院）成立于1951年，是国家电网公司直属科研单位，是中国电力行业多学科、综合性的科研机构，主要从事大电网安全分析与运行控制、特高压交直流输电、灵活交流输电、大规模新能源接入等电网关键领域的技术研究，研究范围涵盖电力科学及其相关领域的各个方面。建有主要实验室46个，其中国家重点实验室1个，国家工程实验室3个，国家工程研究中心1个，国家能源研发（实验）中心3个。拥有9个通过国家认监委资质认定和中国合格评定国家认可委认可的检测机构（含国网计量中心），可承担40余个大类、近400项产品的检测业务，电网领域试验检测业务覆盖面达90%以上。

2014年，中国电科院获国家电网公司及以上科技奖励163项，获专利授权415项（其中发明专利授权214项），申请海外专利22项，发表科技论文968篇，出版科技专著33部，登记软件著作权198项，196项技术标准获批发布，61项科技成果通过公司评估。

【人力资源】 中国电科院用工总量2631人，其中：博士研究生301人，硕士研究生1053人；正高级职称112人、副高级职称535人；平均年龄36.9岁；人才当量密度1.2781。拥有中国科学院院士1人，中国工程院院士7人（含双聘院士5人），国家级有突出贡献的中青年专家13人，“百千万人才工程”国家级人选3人，享受国务院政府特殊津贴专家127人，中央直接联系的专家6人，中央“千人计划”人选11人，中青年科技创新领军人才1人，国家电网公司科技领军人才5人，国家电网公司优秀专家人才48人，国家电网公司十大专业领军人才入选人员27人。

全年累计举办各级各类培训班458个，培训14 499人次。推行“双通道、四序列”的员工职业生涯体系，实现直签员工全员套级并统一工资体系。优化年度绩效管理指标体系，推进全员绩效考核，试行全员电子化考勤。开展专家人才和干部培养体系研究。选拔7名业务部门干部员工到管理部门挂职（岗）锻炼。选派2人赴国网西藏电力开展对藏帮扶。4支团队入选国家电网公司第三批科技攻关团队。

【经营管理】 开展标准成本深化应用。建立科研项目经费季度检查机制，加强过程管控。实现一级平台管控、二级集中采购的运作模式。完成物资资源清查，重点低值易耗品管理模块上线运行，实现物资全覆盖监管。

基础管理。初步建成全院云计算硬件资源池，完成试点单位设备、系统迁移及大数据运行展示环境建设。科研工作管理、检测管理系统上线运行。正式启用统一的试验检测标识，整合后的试验检测体系首次通过国家监督评审。加强综合计划执行管控，按月跟踪监控关键节点。优化完善基建维修工作管控体系。常态开展全院安全检查和内部审核，加强隐患排查和专项治理。取得电力工程调试特级资质，设备监理资质升至甲级。通过高新技术企业认定。保持计算机信息系统集成一级资质。

依法治企。贯彻落实国家电网公司的通用制度，初步形成院规章制度体系，开发规章制度管理平台，实现线上管理。配合国家电网公司完成审计工作，组织开展院内常规审计267项。开展国拨经费科研项目管理、车辆管理专题效能监察。围绕监督执纪问责，开展基层反腐倡廉检查，进行专项清理整顿。加大干部违规违纪行为查处力度。落实中央“八项规定”，强化过程管控。在北京、南京、武汉三个院区开展“依法治企，建设法治企业”系列主题活动。

【科技创新】 围绕公司发展战略，通过技术顶层设计凝练47个重点研究方向、38项核心技术，为构建核心技术发展、人才培养和成果培育互利共生的创新生态奠定良好基础。

特高压、大电网技术研究。完成国家电网公司重大专项年度任务并完成14项大电网专项验收。建成国际首个特高压交流套管全电压全电流试验考核平台。全国统一电力市场交易应用系统在20家省市公司上线运行。“抵御大电网过负荷及连锁故障的继电保护技术研究”取得重大理论创新和技术突破。

智能电网技术研究。973课题“智能电网的能效管理及计量基础问题研究”通过国家验收，解决了数字化电能、直流电网溯源问题，为智能电网架构下能效管理和计量信息安全防护提供了技术手段。863课题“智能电网关键技术（一期）”等国家科技项目完成全部研究任务，大电网智能柔性控制系统示范工程试运行。“下一代互联网（IPv6）关键技术研究”取得突破，成功建立电力数据网试点网络。完成电力大数据服务平台基础设施建设和应用场景研究。全球能源互联网研究平台建设稳步推进。

新能源和储能技术研究。开发分散式风电功率预测系统和无功协调优化控制系统，解决了分散式风电资源评估与功率预测等技术难题。建立多类型储能系统实时仿真平台，研制多类型储能系统并网设备。研制完成高海拔并网光伏电站移动检测平台，并首次实现零电压穿越现场测试。

标准化工作。荣获中国标准创新贡献一等奖。成立全国智能电网用户接口标准化技术委员会和全国电力储能标准化技术委员会。研究建立全站级、系统级和设备级三个层级的新一代智能变电站技术标准体系。

成果转化工作。完善成果转化制度和考核机制，开展成果转化经济效益统计分析，通过国家电网公司重点推荐会等方式与产业单位实现供需对接。28 项成果实现转化，通过专利转让、实施许可等方式开展 41 项专利运营。

【支撑服务】 承担国家电网公司技术服务项目 451 项，累计投入工作量 24.7 万人・天。开展技术监督保障体系建设，推进技术支撑协同机制建设。建立技术服务重点项目检查制度。制、修订技术服务奖励管理办法和经费管理办法。

在支撑“大规划”方面，开展“十三五”及中长期科技战略研究和“十三五”电网发展规划研究。完成 2015~2020 年配电网、通信网和电网智能化滚动规划修编。完成酒泉—湖南等多项工程的电网规划重大技术问题论证。

在支撑“大建设”方面，承担 13 条特高压工程、川藏联网工程的前期和建设技术支撑任务，协同相关省属电科院，完成哈密南—郑州、溪洛渡—浙西、浙北—福州特高压工程和川藏联网工程材料及设备监造、质量技术监督、系统调试等工作，保障工程顺利建成投运。

● 12 月 4 日，中国电科院在浙北—福州交流特高压工程浙南站进行人工短路试验。（解鸿斌 摄）

在支撑“大运行”方面，完成国分调一体化系统开发及功能升级，提高调度系统骨干网架协同驾驭能力。建成智能电网调度控制系统集中运维中心并实现常态化运行。完成配电网运行优化控制系统架构设计。绘制完成国家电网公司经营区域覆冰、舞动等灾害分布图并推广应用。

在支撑“大检修”方面，推进国家电网公司设备状态评价中心信息平台建设。启动国家电网公司特高压预警中心工作。建成电子式互感器全电流全电压长期带电考核平台。完成年度输变电在线监测装置性能检测任务。

在支撑“大营销”方面，设计开发并部署实施国家电力需求侧管理平台与国家电网公司电能服务管理平台。完成国家电网公司计量生产调度平台系统建设，实现总部、省两级计量数据纵向贯通、横向集成。

【国际化工作】 发起并主导制定的 1 项 IEC 高压直流国际标准和 3 项 IEEE 特高压交流标准正式发布。发起成立 IEC SEG6 并担任召集人。组织 IEC SC8A 首次会议及 PC118 第三次全体会议，两项新能源标准提案通过投票。荣获 IERE 2014 年度奖。7 人荣获 IEEE 标准特殊贡献个人奖。

葡萄牙研发中心首批 4 个咨询项目顺利通过年度验收。与德国 TUV 南德意志集团就试验检测与认证合作签订框架协议。与法国电力集团研究总院在电能质量、未来电力市场等方面开展互补性合作研究。与南非电力公司开展高压绝缘试验等方面合作。选派 9 名技术人员和 2 名博士研究生赴国外高校进行交流培养和项目研究。

【党的建设和精神文明建设】 党的建设。完成党的群众路线教育实践活动各阶段任务。落实党风廉政建设责任制，完成院内 34 个部门和单位监督检查。深化党风廉政宣传教育，推进廉政风险防控。

企业文化建设。组织开展“科技、光荣、梦想”等面向基层的品牌传播活动。开展“你看我拍”故事视频、图片征集及“我的院我的家我的梦”视频展播活动。组织创作《情牵电力》并参加国家电网公司优秀电网歌曲评选，荣获优秀歌曲银奖、作词一等奖、作曲一等奖。组织开展美食节活动，提高食堂餐饮工作满意度。

2014 年，中国电科院荣获“全国‘讲理想、比贡献’活动先进集体”称号，荣获“全国电力行业思想政治工作优秀单位”称号，荣获第七届金桥奖“先进集体”称号，荣获全国优秀焊接工程特等奖，荣获

"电力标准化工作先进集体"称号，荣获国家电网公司"管理提升活动先进单位"称号。电力工业电气设备质量检验测试中心团总支荣获"中央企业五四红旗团支部"称号，计量研究所计量与用电安全防护试验研究室荣获国家电网公司"先进班组"（工人先锋号）称号，电力自动化研究所团总支获国家电网公司"五四红旗团支部"称号。邬雄被评为"全国'讲理想、比贡献'活动创新标兵"，王伟胜被评为"中央企业优秀党务工作者"，李立新被评为"电力行业优秀思想政治工作者"，章欣被评为国家电网公司"劳动模范"，秦世耀荣获茅以升北京青年科技奖。《中国电机工程学报》连续第12次荣获"百种中国杰出学术期刊"称号。

（吕　刚　倪　达）

国网北京经济技术研究院

【单位概况】 国网北京经济技术研究院（简称国网经研院）是国家电网公司电网规划和工程设计技术归口单位，为电网发展提供技术支撑和智力支持，构建经研体系，对省市经研院（所）进行业务指导，归口协调外部设计单位，负责电网规划、工程设计、项目评审、技术经济及相关标准研究和制定工作，具有工程设计电力行业专业甲级资质和工程咨询甲级资格。建有国家能源特高压直流输电工程成套设计研发（实验）中心、公司一体化电网规划平台、工程设计评审平台、电网工程技术经济实验室等国家、公司级实验室。

国网经研院开展国家电网发展规划研究及煤电、水电、风电等大型能源基地输电规划，牵头特高压等重大电网工程设计，开展输变电工程造价分析，全面承担国家电网公司资产全寿命周期管理体系评价工作，通过项目评审把关技术原则，加强新技术推广应用，合理控制工程投资，提升电网发展质量水平。围绕特高压交直流系统、大电网安全、柔性直流输电、新一代智能变电站等前沿、前瞻性技术研究，承担公司和国家级重大科研攻关，开展规划设计核心业务行业标准和国家标准的制定，推动特高压、智能电网等先进技术转化为国际标准。

【人力资源】 截至2014年底，国网经研院用工总量482人，其中：硕士以上学历占比56%，高级职称占比46%。拥有2名"新世纪百千万人才工程"国家级人选，3名享受国务院政府特殊津贴专家，2名公司"科技领军人物"，3个公司级科技攻关团队，16名公司十大专业领军人才培养对象，13名公司级优秀专家人才，拥有各类国家级注册师104人次。建立经研体系常态交流机制，组织召开人才队伍建设工作院长座谈会和规划、设计、评审工作交流会。安排省级经研院业务培训，派遣业务骨干到省经研院挂职。截至2014年底，共成立天津、上海、江苏、浙江、河南、蒙东、陕西、甘肃、西藏分院。

【经营管理】 根据国家电网公司信息通信专业科研和支撑能力优化整合方案，完成中国电科院信息规划与架构研究室划转。强化制度建设和流程管控，制定核心业务工作规范，建立内部控制与风险管理体系。强化综合计划和预算管理，严控关键环节。深化财务集约化管理，预算管控目标全面完成，防范经营风险。坚持依法从严治企，统筹审计、财务、法律、监察等力量，加强对关键业务、关键岗位、关键指标的监督检查。宣贯执行公司通用制度。开展依法治企"回头看"和人力资源管理专项审计，配合国家审计署进行经济责任审计。

【电网规划】 承担国家电网公司电网规划的全部任务，开展国家电网公司"十三五"电网规划研究，优化调整"三华"、东北、西南特高压骨干网架和西北750kV电网规划方案，编制完成公司"十三五"电网发展规划（建议稿）及相关专题报告，组织完成全部27家省级公司规划评审。完成2015~2020年主网架、配电网、通信网、智能化滚动规划报告，组织开展公司农村电力发展"十三五"规划研究。完成政协双周协商会、西南电网构建会等多次重大汇报的专题研究及技术支撑。推进特高压"四交五直"前期工作，做好后续"五交八直"系统方案论证，确定送端配套电源组织方案，推动特高压规划落地。开展"三北"新能源基地、西南水电基地电力消纳及输电方案论证。贯彻国家"一带一路"战略，推进与周边国家的电网互联互通，开展北极地区风电和远东西伯利亚电力合作开发研究，拟定与俄罗斯、蒙古、哈萨克斯坦、巴基斯坦等国联网方案。

推进配电网标准体系建设，编制出版《配电网工程典型设计和通用设备典型规范》。构建配电网可靠性计算模型，开展典型供电模式和中压配电网闭环可靠性评估，完成国家电网公司配电网发展诊断常态分析。深化研究电动汽车大规模接入的供配电模式。完成中国—丹麦合作项目"促进白城风电消纳的调度管理问题研究"。

【设计咨询】 建立涵盖特高压规划、设计咨询和技术经济分析的设计咨询体系，承担公司全部特高压交直流工程设计牵头，加强可研初设衔接，强化全过程技术管控，推进特高压技术创新，完成江苏泰州交直流站合建等重大技术方案论证，支撑特高压大规模建设。形成了完整的直流设计技术体系，进一步巩固直流成套技术领先优势，完成宁东—浙江、酒泉—湖南特高压直流工程专题研究和成套设计，同步开展锡盟—江苏、上海庙—山东、晋北—江苏三回特高压直流工程成套设计，完成青藏直流联网工程大负荷试验及功率反送技术支持，支撑保障向上、锦苏、宾金三个特高压直流满功率运行。做好巴西美丽山水电送出直流工程技术咨询。开展灵绍特高压直流直接接入750kV交流系统换流变压器设备监造，制定了IGBT换流阀器件抽检细则并在国内首次组织实施。中标并开展淮南—南京—上海特高压交流工程主变压器监造服务，实现交直流主设备监造业务的全覆盖。持续提升勘测设计能力，首次开展特高压直流工程阀厅土建设计。承担国家电网公司总部重点通信工程设计。

8月11~14日，国网经研院在甘肃酒泉开展风力发电现场调研，为酒泉—湖南±800kV特高压直流输电工程规模输送风电收集现场第一手资料。

【评审评价】 项目评审业务覆盖110（66）kV及以上电网工程，及接入系统、生产技改、产业项目、小型基建和信息、营销智能化、二次系统等各类专项评审，完成年度评审任务，在项目咨询评价领域发挥了主导作用。专项开展西北750kV主网架项目初设评审，支撑西北750kV电网建设。全年完成各类项目评审542批次，完成输变电工程可研及初设评审投资958亿元，通过技术优化核减投资68亿元，核减比例7%。

承担公司资产全寿命周期管理体系建设评价，制定建设评价系列标准、评价细则和手册，编制培训材料，进行审核员培训，开展PAS55和ISO55001标准的解读和应用研究，完成19家省级公司评价验收。

【技经研究】 创新开展输变电工程技术经济指标及造价控制标准研究，造价分析范围拓展到特高压、技改、农网工程。制定输变电工程造价控制线，发挥造价管控“标尺”作用。研究电网工程社会效益评价方法与评价体系，开展特高压、三峡输变电等重点工程后评价，发挥电网工程后评价领域的引领作用。开展电网实物资产管理评价方法与指标体系、输变电工程造价动态管控关键技术等重点课题研究，引领技经基础理论研究发展方向。主导制定《10~750kV输变电工程通用造价（2014版）》。修订完善特高压投资估算、概算编制规范，制定柔性直流定额及取费标准。

【科研创新】 围绕电网规划设计咨询核心业务，建立了“3大技术领域—31个研究方向—79个关键技术”的科研体系框架。“大电网构建关键技术研究”取得重大突破，在同步电网合理规模确定、特高压电网建设时序优化、清洁能源大规模外送等方面形成了一批研究成果。开展特高压直流关键技术攻关，研究解决了±800kV直流送端接入750kV和受端分层接入500/1000kV交流技术问题。掌握多端和大容量柔性直流成套设计核心技术。深化新一代智能变电站设计技术研究，编制出版典型设计，完成50个扩大示范工程推广准备。全年开展78项公司科技项目、17项自主投入科技项目，承担143项公司技术服务项目。首次组织开展经研体系科技成果评选。

完善国家能源特高压直流成套设计研发中心，搭建直流成套技术平台和柔性直流实时数字仿真平台，强化成套设计、仿真研发、运维支持及技术培训能力。电网规划一体化平台完成一、二期全部建设任务，在公司总（分）部、27家省级公司、333家地（市）公司部署实施。技经实验室累计收录79 684个工程、544万条数据，发挥公司造价数据中心、技经仿真中心和信息服务中心作用。

推进46项特高压、智能电网等国际、国家、行业、企业相关标准编制，完成17项技术标准制、修订，出版3本专著。完成专利申请41项、授权11项，公开发表论文78篇，获9项公司科技进步奖、1项省级科技奖、3项中国电力科学技术奖。“新一代智能变电站设计与评估科技攻关团队”获公司命名。《电力建设》杂志开展网络数字化出版，深化期刊品牌建设。博士后工作站吸纳2名博士后进站工作。

【党的建设和精神文明建设】 以“为民务实清廉”为主题开展党的群众路线教育实践活动。学习习近平总书记系列重要讲话精神，聚焦“四风”问题，边查边改、立行立改。领导率先垂范，深入联系支部调研指导，征求意见，促进活动深入开展。各部门开展学习教育、查摆问题、整改落实各环节工作。召开专题民主（组织）生活会，开展批评和自我批评。以“钉钉子”精神狠抓整改落实，召开专题会议研究，从7个方面制定专项整治方案，整顿会风文风，改进调查研究，厉行勤俭节约，研究提出的39项整改措施全部完成销号验收。

加强党的建设，落实党风廉政建设责任制，深入开展效能监察，反腐倡廉建设进一步加强。开展“以身边人讲身边事、身边事教身边人”主题征文活动。组织电网先锋讲坛专题讲座，《服务国家电网规划设计的战斗堡垒》入围国资委优秀企业文化案例汇编。建设职工之家，举办青年员工交流座谈会。

（张晶晶）

国网能源研究院

【单位概况】 国网能源研究院（简称国网能源院）是国家电网公司的全资子公司和直属科研单位，是国家电网公司的战略与运营管理研究机构。

近年来，国网能源院在电力行业规划、能源与环保、电力供需分析、企业战略与管理、体制改革与电力市场、电力价格等领域形成显著优势，培养造就了一支专业素质高、研究能力强的研究咨询队伍。承担并完成中国电力体制深化改革研究等国家电网公司委托的重大战略课题、政府部门委托的能源电力规划研究等重大课题，以及坚强智能电网建设等能源电力发展重大问题研究任务。近两百项研究成果获得国家有关部门和国家电网公司奖励，一批重大咨询建议得到政府和企业采纳。国网能源院入选国家能源局第一批研究咨询基地，拥有工程咨询甲级资质和电网企业安全生产标准化评审一级资质。

截至2014年底，国网能源院设置职能部门5个：办公室（内设后勤服务中心）、科研发展部、财务资产部（电力前期周转金管理中心）、人力资源部、党群工作部（监察审计部）；业务部门8个：企业战略研究所、能源战略与规划研究所（科技项目咨询中心、《中国电力》杂志社）、经济与能源供需研究所、电网发展综合研究所、新能源与统计研究所、管理咨询研究所（企业运营研究中心）、财会与审计研究所、能源决策支持技术研发中心；下属单位1个：国网人才评价中心。

【人力资源】 截至2014年底，国网能源院职工总数为196人，其中：硕士及以上职工175人，占比89.29%，人才当量密度继续保持国家电网公司系统第一名。拥有享受政府特殊津贴专家4人，国家电网公司科技领军人才1人，有突出贡献的中青年专家1人，国家“千人计划”引进人才1人，国家“青年千人计划”引进人才1人，国家电网公司级优秀专家人才8人，国家电网公司十大专业领军（后备）人才14人，高级咨询2人，特聘高级顾问7人，外籍荣誉高级顾问1人。

2014年，国网能源院录用高校毕业生24人。面向国家电网公司系统，引进和选定7人。向国家电网公司总部输送业务骨干7人。4名省市电力公司青年骨干到国网能源院培养锻炼。20名青年员工赴国调中心和省电力公司一线实习锻炼。进一步优化国网能源院“青年英才工程”选拔机制，新增18人、8个项目入选工程。国网能源院组建的适应高比例新能源的电力规划技术研究团队成为国家电网公司级科技攻关团队。

【经营管理】 推进研究咨询工作，实现离线研究向在线研究的重大转变，投入到支撑服务的资源比重达到67%。开展研究项目和在线任务610项，被国家电网公司及政府部门采纳的决策咨询建议39项；获得国家电网公司及以上等级研究奖项42项。

国网能源院在国家电网公司2014年度企业负责人业绩考核中获得A级。荣获国家电网公司“三集五大”体系建设先进集体以及管理提升、品牌建设、调查研究先进单位称号；3个部门分别荣获国家电网公司先进集体和科技、营销工作先进集体称号；11人次获国家电网公司“三集五大”体系建设、品牌建设、调查研究、科技、发展、财务、运监工作等专业先进表彰；部分研究骨干借调到国资委、国家能源局及国家电网公司总部相关部门，承担重点工作和任务。

实行集中与分散办公相结合，统筹安排会议活动。以问题和需求为导向，改进课题研讨机制，全年组织重点课题讨论40余次。加强项目过程监督，每月定期召开专题会议，保障项目顺利推进。执行国家电网公司通用制度174项，编制操作流程17项，废止内部制度45项。规范年度预算和月度现金流考核，健全内控体系。强化招投标管理，完善现场审计监督机制。配合完成依法治企“回头看”和专项审计。扩展升级ERP系统功能，系统间集成联动更为顺畅。

【课题研究】 战略研究。主要参与编写的《国家电网公司管理创新实践研究报告》更趋完善。北极风电开发与全球互联电网展望、“两个替代”等研究取得阶段成果，亚欧能源通道及洲际联网综合论证形成专题报告。完成国家电网公司2014年重大战略课题，报送研究专报16期，其中12期获国家电网公司主要领导批示或圈阅。

改革研究。开展电力体制改革深化研究，针对全国统一电力市场建设、大用户直购电、售电侧放开等关键问题，为国家电网公司提供改革建议。参与《电力法》修订问题研究。加强国资国企改革专项调研，协助国家电网公司研究社会资本引入方案。系统开展国家电网公司厂办大集体改革研究，配合制订的改革方案获得国资委批复。

参与我国与周边国家电网互联互通研究，服务国家电网公司落实国家“一带一路”战略。开展川藏水电开发外送研究，促进电网规划优化完善。提出的“积极参与政府‘十三五’能源规划编制工作，推进特高压电网建设”，被国家电网公司二届六次职代会列为1号提案。完成国家电网“十三五”规划专题报告及多项研究任务，提交国家电网公司“十三五”规划前期研究成果。配合编写《“三集五大”管理变革探索与实践研究报告》。完成俄罗斯向我国送电效益分析、哈萨克斯坦送电竞争力分析、智能电网技术装备海外输出方案研究等任务。

服务政府部门。承担的两项国家能源规划前期课题通过验收。受邀参与国家“十三五”能源规划研究。承建的国家电力需求侧管理平台上线运行，演示系统基本建成。受国家发改委委托的“电力负荷特性及缺电标准研究”课题通过验收。根据国家能源局要求，供需实验室中的电力供需分析预测模型纳入国家能源预测预警平台。配合编制《电动汽车充电设施规划》。受国资委委托，开展电力央企“十三五”规划前期研究，承担的国企信息公开等项目结题。

研究支撑工作纳入国家电网公司业务流程。承担的电网规划、运营监测、对标分析、项目财务可研审核等任务，在国家电网公司电网规划管理办法等18项制度的流程或分工中给予明确。开展国家电网公司外部环境分析，以及运营、经营、电网三大诊断。编写完成《全国电力市场分析预测（春季、秋季）报告》。迎峰度夏、迎峰度冬电力供需形势预测成果，由国家电网公司上报国家有关部门。协助国家电网公司完成经济活动分析、预算调整、财务决算、电价决算、信息化项目财务审核等工作。在电力供需、新能源发展、智能电网、分布式电源、统计快报等方面，编制专题报告每月达10余份。国网人才评价中心承担国家电网公司毕业生统一招考、专业领军人才选拔等方案研究和组织工作。协助起草《国家电网公司科技项目管理办法》，完成科技项目论证、计划下达等支撑任务。

专项研究。配合完成国家电网公司运监中心二期分析模型开发，开展企业运营分析预警技术研究等课题。完成电锅炉替代潜力和经济性评估。研究形成哈郑、皖电东送特高压工程电能消纳方案。牵头完成院士团队风电项目一期研究。参与《国家电网公司企业资产全寿命周期管理研究报告》编写。完成国家电网公司系统区域和省级电网安全性评价。完成“大运行”体系建设持续提升研究课题。薪酬分配、用工策略、考核机制等研究成果，纳入国家电网公司通用制度。开展国家电网公司融资体系、中美电价水平比较等研究，支撑国家电网公司境外发债。承担G-SEP（Global Sustainable Electricity Partnership，全球可持续电力合作组织）委员会秘书处工作，配合国家电网公司举办中国低碳电力技术国际研讨会。

成果在线转化。参与起草的两篇报告由国家电网公司上报，获国务院领导批示或圈阅。撰写的38篇分析研判类文章，被《国家电网专报》和《国网内参》采纳，其中13篇在中办、国办、国资委内部刊物刊用。全年为国家电网公司战略研究与运行分析例会提供成果113项。“大能源观”及智能电网、新能源发展等重大战略课题成果，进入国家电网公司党校青干班课堂。能源电力发展趋势、分布式能源、财务与审计管理等课题成果，在国家电网公司领军人才、专家及专业培训中授课10余次。

基础研究能力。供需实验室部分软件产品在国家电网公司系统内有关单位推广应用。新能源发展管理和应用平台正式上线。依托科技项目，开发形成中长期能源需求预测、智能电网发展评估、电网资产效率分析等模型。国家“千人计划”项目——智能配用电、清洁能源发展等两个决策支持系统，完成部分功能开发。“青年千人计划”项目形成初步成果：获得专利受理7项；获得专利授权3项，实现零的突破；获得计算机软件著作权6项；出版专著2部，对外发布基础研究年度报告10部；在核心期刊发表论文 77 篇。

● 12 月 2 日，国家电网公司组织召开“2014 年十项重大战略课题研究成果发布会”，国网能源院介绍课题研究成果。（王新令 摄）

【党的建设和精神文明建设】 学习贯彻习近平总书记系列重要讲话精神，开展学习教育、查摆问题、整改落实各环节工作。按照国家电网公司统一部署，组织党的群众路线教育实践活动。召开专题民主生活会和组织生活会，查摆“四风”问题 17 项，提出批评意见 94 条，制定整改措施 78 条，并按照“一计划、两方案”要求及时完成整改任务。执行中央八项规定，工作作风更加高效务实。反腐倡廉建设持续深化，协同监督联席会议和“一书两报告”制度有效落实。

关心关爱青年员工，举办心理健康讲座，为员工建立心理热线和咨询服务机制。举办“共建绿色家园”植树、运动会、篮球赛、健步走等活动。国网能源院团支部被国家电网公司表彰为“五四”红旗团支部。深化“中国梦·国网情”主题活动，组织“四讲”“四进”文艺作品创作。

（柴　莹　左新强）

国网智能电网研究院

【单位概况】 国网智能电网研究院（简称国网智研院）是国家电网公司直属科研单位，是国内首家专业从事智能电网关键技术和设备开发的高端研发机构。

本部设置 6 个职能部门、1 个支撑部门，拥有直流输电技术、电力电子、电工新材料及微电子、信息通信、计算及应用 5 个研究所和智研院美国研究院、智研院欧洲研究院 2 个海外研究院。

截至 2104 年底，累计申请专利 266 项，其中发明专利 200 项；获专利授权 131 项，其中发明专利授权 45 项；PCT 申请 9 项；报批企业标准 10 项、行业标准 6 项、国家标准 1 项；通过公司成果转化评估 12 项，实现公司系统内转化 6 项；技术服务满意率 99.4%，在直属科研单位中排名第一；获国家、地方、公司等各类科技奖励 14 项。

【人力资源】 截至 2014 年底，员工总数 605 人，其中具有研究生学历人员 69.1%，具有高级职称人员占 23.2%。拥有国家“千人计划”专家 7 人，享受政府特殊津贴专家 6 人，中央直接联系高级专家 1 人、新世纪百千万人才 2 人，公司“科技领军人才”2 人，公司“专业领军人才”10 人，“国家财政部全国会计领军（后备）人才”1 人，公司优秀工程专家 11 人。“变电站降噪材料”“压接型电力电子器件”2 支科技攻关团队获得公司命名，“高压直流输电创新团队”进入国家重点领域创新团队评选公示。

【经营管理】 落实中央“八项规定”及国家电网公司有关工作要求，强化预算集约调控，加强项目经费管理，压降“三公经费”等可控成本支出。争取财税政策支持。深化财力集约化建设，财力集约化考核结果位居国家电网公司直属单位前列。夯实会计基础工作，荣获国家电网公司第一批基础工作规范单位称号。推进海外研究院财务工作，创新建设境外资金实时监控系统。深化物力集约化管理，物资供应链体系得到初步建立，两级集中管控率实现 100%，两级集中采购率达 98% 以上，全年物资采购工作零事故。深化 ERP 系统的应用，加强人、财、物等业务间融合并实现与相关信息系统间的集成，提升人、财、物集约化管理水平。

规划、综合计划管理。按照国家电网公司统一部署，完成普瑞工程、普端科技 2 家产业公司划出以及信息通信研究所划入工作，结合资产划转情况编制《国网智能电网研究院“十三五”发展规划》，具备申报公司审批条件。严格履行“三上三下”程序，完成国网智研院 2015 年综合计划项目储备库建设、总控目标建议及综合计划建议（草案）三个阶段工作。强化综合计划过程管控，完成 2014 年综合计划各项指标。

合同管理及规章制度建设。执行国家电网公司合同管理办法，推广使用统一合同文本，合同审核率达到 100%。严控法律风险，全年未发生各类经济法律纠纷案件。按照国家电网公司通用制度一体化建设工作要求，组织开展通用制度的宣贯以及各部门职责内现行规章制度的清理、融合、废止、差异化条款上报等工作。

依法从严治企。围绕“三效一能”提升，对服务采购等关键业务开展专项审计，促进业务规范、管理高效；开展工程、招标等重点领域监督，防范“四违”问题；加强科技项目经费支出审计，促进项目资金安全、高效使用；强化经济责任审计结果的转化运用，增强领导干部责任意识和廉政意识。

【海外研究院建设】 完成对美国研究院的增资。6月26日智研院欧洲研究院挂牌成立。制定海外研究院发展规划，开展相关试验能力建设。推进科研项目实施和内控体系建设。制定《海外研究院驻外人员管理办法》《海外物资采购指导意见》《海外科技项目管理细则》《海外合同管理指导意见》等制度办法。

● 6月26日，国网智研院欧洲院挂牌成立。

国际化工作。促进海外项目进程，埃塞俄比亚串补项目600万kW复兴大坝水电站配套送出工程，苏丹新尼罗河州输变电项目，巴西特里斯皮尔斯水电送出项目（500kV变电站设备供应）等重点海外工程项目按计划开展。与中国产业海外发展和规划协会紧密配合，联合承办“智能电网及分布式发电国际合作论坛”。全年共有26人次参加了国际大电网会议、工作组会议等学术交流活动。

【科研工作】 在直流输电领域，开展200kV柔性直流断路器、1000MW/±320kV换流阀产品、特高压等电位屏蔽电容式电压互感器的研制；在电力电子领域，开展综合电能质量治理装置（UPQC）、统一潮流控制器（UPFC）的研制；在电工新材料领域，开展微孔纤维复合吸声降噪材料、T700级碳纤维原丝制造等关键技术研究；在功率微电子领域，开展3300V/50A碳化硅二极管、2500V/600A压接式IGBT样品的研制；在信息通信领域，开展物联网体系架构、移动互联网、信息融合、应急通信、安全防控与督察、安全红队、工控安全等技术研究；在计算及应用领域，开展云计算、数据分析与挖掘、数据存储、分布式数据即时应用等技术研究及其在智能电网和企业管理中的应用研究。

核心技术攻关。成功研制出国际上电压等级最高、开断电流最大的高压直流断路器并通过型式试验验证；采用自主知识产权的换流阀技术，完成对西门子技术路线换流阀的改造，并通过出厂型式试验；完成1000MW/±320kV换流阀产品研制并在厦门柔直工程中应用；首次研制出特高压等电位屏蔽CVT样机，通过中国电机工程学会组织的技术鉴定；突破了碳化硅二极管芯片、硅基IGBT芯片的设计制备技术，试制出3300V/50A碳化硅二极管和2500V/600A压接式IGBT样品；首次研发跨频带认知电力线载波通信系统，技术指标达到国际领先水平。

【党的建设和精神文明建设】 加强基层组织建设，把全面从严治党的要求落到实处，完善党建责任体系。建立完善党组中心组学习制度，丰富学习内容，加强入党积极分子教育和培养。开设“电网先锋讲坛”“两优一先”评比，提升党员队伍创新、奉献、敬业新形象。围绕中心开展主题活动，开展党的群众路线教育实践活动，争创“四好”领导班子。开展“季度之星”评比、院长联络员座谈会、“相约金秋·绿色畅行”健步走比赛、“科学发展观与美丽中国梦”主题讲座、“光与影的艺术”专题讲座等职工活动。

国网智研院1人获评“国家电网公司特等劳模”，1人获评“优秀青年岗位能手”，1人获“焦裕禄式好干部”称号，1条建议获评国家电网公司“优秀合理化建议”；院团委被评为国家电网公司“五四红旗团委”；院羽毛球队获未来科技城央企羽毛球邀请赛冠军；院两首歌曲作品在国家电网公司工会举办的“优秀电网歌曲评选活动”中获“电网歌曲优秀奖”“职工作词、作曲三等奖”等多项奖项；院小品作品在国家电网公司工会举办的“职工小品大赛”中获作品二等奖、优秀编剧奖、导演奖、优秀职工表演奖等奖项；院管理论文在中国电力企业联合会举办的“全国电力行业企业文化优秀论文评选”活动中荣获优秀论文奖。

（徐　敏　苏　玲）

国家电网管理学院（中共国家电网公司党校）

【单位概况】 国家电网管理学院（中共国家电网公司党校）（简称管理学院）是国家电网公司直属的教育研究单位。

中共国家电网公司党校前身是成立于1980年10月的中央党校中央国家机关分校电力部班，1994年12月成立中共电力工业部党校，1998年8月更名为中共国家电力公司党校，2002年12月随国家电网公司组建，更名为中共国家电网公司党校。国家电网管理学院2009年12月成立，2010年8月正式开学，和中共国家电网公司党校、国家电网公司高级培训中心一套班子、三块牌子（管理学院、党校、高培中心）。2011年11月，国家电网公司领导力开发研究中心成立，挂靠管理学院，由国家电网公司人事董事部负责业务指导。2014年1月，管理学院、党校和国家电网公司高级培训中心分设，独立运行。

管理学院拥有学员公寓、报告厅、会议室、研修室和配套的图书馆、阅览室等设施，拥有先进的音频采集系统和可视会议系统、领导力测评系统等。

2014年，管理学院获得“中央党校分校2012~2014学年教学管理先进集体”“国家电网公司文明单位”等荣誉称号；1人被评为“中央党校分校2012~2014学年教学管理先进个人”，1人被评为“国家电网公司劳动模范”，1人被评为“国家电网公司为民务实清廉先进典型岗位模范”；获2014年度全国电力企业优秀管理论文大赛二等奖、三等奖各1项。

管理学院下设6个部门，其中：职能部门2个，分别为综合管理部、财务资产部；业务部门3个，分别为教务管理部、培训开发部（党校部）、知识管理中心（管理科学图书馆）；支撑部门1个，为后勤保障部；挂靠单位1个，为国家电网公司领导力开发研究中心；管理单位1个，为蟒山会议中心。

【人力资源】 截至2014年底，管理学院共有员工167人，高级职称员工15人，研究生学历员工23人（博士11人，硕士12人），国家电网公司级优秀专家人才1人。

2014年，管理学院围绕发展规划和建设目标，建章立制、规范管理，建设完成岗位职责体系、绩效考核体系、岗位绩效工资制度和福利保障制度体系，初步构建起科学规范、管理有序、保障有力的人力资源管理体系。组织落实各项培训计划，组织开展学院员工内训工作，开展后勤员工军训、素质拓展和技能比武等活动，持续提升队伍素质和后勤服务水平。开展人力资源信息化建设，提高信息系统数据质量。

【经营管理】 确立发展规划。2014年，按照国家电网公司确定的“建设国内领先、国际一流企业大学”发展目标，对中央党校、中国浦东干部学院、中国延安干部学院等国内9家干部学院、企业大学及7家公司系统分部、省公司进行调研，完成《国内领先、国际一流企业大学调研报告》，结合学院实际，编写《国家电网管理学院（中共国家电网公司党校）“十二五”规划暨“十三五”展望》并通过公司审定。规划明晰了管理学院“培养领导人才、弘扬企业文化、积淀组织智慧、传播最佳实践、展示公司形象、服务公司发展”的使命；明确了“三中心两基地”（领导干部培训中心、领导力开发研究中心、企业知识管理中心，党建研究和党性教育基地、企业文化研究和传播基地）的功能定位；确定了“坚持服务公司发展战略、支撑总部工作；坚持与国家电网公司地位相匹配、紧盯一流目标，坚持引领发展与适当错位发展相结合”的发展原则；厘清了业务架构，提出了“十二五”及“十三五”重点任务。按照规划要求，已编制落实开发培训、知识管理、专项研究、特色业务、网络大学及信息化建设等5项专业子规划，统筹推进各项工作。

4月24日，国网管理学院调研组赴通用电气（GE）亚太区领导力中心参观调研。

夯实基础管理。以创建“一流三化”办公室工作为抓手，规范事务性工作运转机制和流程。在学习宣贯公司通用管理制度基础上，结合管理学院实际，进一步将通用管理制度细化到操作层面，加快规章制度体系建设。加强财务管控，建立综合计划与预算管控体系，优化人财物业务流程及项目管理流程，规范各种经济活动。加强信息化建设与管理工作，全年共开展信息系统建设34个、信息工程建设项目5项。强化改进后勤服务工作，开展“建设星级班组、争创公司后勤服务标杆”专项活动，建设完善“五位一体”（职责、流程、标准、制度、考核）后勤服务管理制度体系，通过了ISO9001质量管理体系认证，加强后勤工作的过程管理和过程控制，提升后勤班组工作精细化管理水平。

【培训与研究】 培训及服务。全年共组织实施党校青干班、局级领导轮训班等培训项目7个，承办公司重要会议2个。全年完成培训量10 076人天，培训质量满意率98%，公司重要会议服务满意率95%，完成年度考核指标。编制局级领导轮训班和青干班教学计划，制定详细的实施方案，对青干班制订学习计划“二十四节气表”。强化课程特色，培训班突出学习贯彻十八届三中全会和习近平总书记系列重要讲话精神，并结合国家电网公司第二批党的群众路线教育实践活动，围绕2014年国家电网公司“两会”工作部署，开设国家电网公司工作专题讲座。青干班严格执行中央党校分校教学计划，落实“一个中心，四个方面”的教学布局。创新教学方式，推动结构化研讨、案例教学等多样化教学方式的开展。举办读书活动、专题研讨与论文交流、辩论赛、社会实践活动。发挥资源优势，在领导干部和青干班学员在校培训期间，进行需求调研，征求学员对党校教育培训工作的意见和建议，及时优化调整教学方案，使之更加具有针对性。利用青干班返校的机会，召开座谈会，交流培训效果转化情况，建立起党校和青年干部的沟通平台和交流机制。严格培训纪律，对培训班实行封闭管理。在学习和生活上，落实中央关于改进工作作风、密切联系群众的八项规定和公司各项要求，进一步加强培训过程管控。采用严细准备、严格管理、严密实施、严实考核的“四严”管理模式，确保培训项目的平稳有序实施。注重总结提炼，通过数据分析和对比研究等，完成局级领导轮训班和青干班的技术分析报告。加快培训师资库建设，完成100名师资信息的分类整理。

科研工作。加强和规范研究项目的全过程管理，制定学院科研项目管理意见，建立学院内部科研工作考核激励机制。2014年，管理学院实现科研立项18项，其中公司级项目6项，学院级项目4项，参与课题8项，与中国人民大学、中央财经大学合作申报国家自科、社科基金课题2项。征求国家电网公司总部

● 3月17日，国家电网公司学习贯彻习近平总书记系列讲话精神领导干部轮训班（第一期）开班。

及分部、国家电网公司系统各单位对管理学院的培训、科研需求，增强工作的针对性。向国家电网公司思想政治工作部汇报沟通，明确了为国家电网公司政工工作及企业文化建设提供服务支撑的功能定位，配合完成十八大以来中央关于培育和践行社会主义核心价值观、文化建设、群众路线等方面的资料收集整理，协助开展国家电网公司2015年重要管理创新示范工程项目申报工作。按照“由点带面、注重差异、讲求效益”的原则，开展了公司系统党校调研，了解国家电网公司系统内有关党校建设情况和企业领导干部培训实施情况，探索建立公司系统党校集约发展的交流机制，整体推进公司系统党校建设。

【领导力开发研究】 集中开展领导力开发测评研究，自主开发履历案例分析、能力素质评价、个性风格测评等领导力测评工具，在国家电网公司系统内多家单位试点应用，为公司建立各级各类干部领导力测评新模式、开展干部队伍盘点与分析、建设优质行为案例库奠定了基础。

领导力理论研究体系。重新构建领导力开发研究理论框架，明确了以“测量”和“开发”为主要研究领域，以个体、团队（班子）、队伍（梯队）为主要研究内容的定位，从动力源研究开始，构建“四维进阶领导力测量模型（个体—岗位—绩效—班子）”“个体测量模型（知识—能力—个性—动机）”“绩效测量模型（20项指标）”“领导力调试”“四主线培训体系”“基于微互动平台和测评的培训模式”等理论和方法，初步形成了具有公司特色的领导力理论研究体系。

领导力产品体系建设。开发案例分析、情景模拟等测评产品，应用在基层单位干部选拔、国家电网公

司青干班培训中。建设完成支撑干部测评、胜任力测量、案例库管理、人员招聘、微互动培训的“领导力测评与发展支持系统”，先后为国家电网公司总部及多家省公司和直属单位的干部选拔、民主评议等工作提供技术支撑。引进 PDP、哈理逊评估、奥斯卡胜任力测评、全球化思维清单等国外成熟测评产品，建设在线测评平台。

承担国家电网公司网络大学领导力学院相关课程开发工作，明确“提升干部专项领导能力、党性修养提升与价值观教育、补充前沿知识拓展干部视野、贯彻国家电网公司战略意图解决实际问题”4 条培训主线，设计开发了 25 门网络课程（共 54 学时）。与中国浦东干部学院建立战略合作伙伴关系，开发课程全部为中国浦东干部学院网络大学采用。

协助国家电网公司“基于全产业链分析的国际化人才管理体系研究”有关前期工作。撰写国际化人才库建设方案，协助开展国际化人才储备情况盘点。形成涵盖外派意愿、基本胜任力和国际化适应性等维度的国际化人才测评体系，完成 2014 年国际业务高级管理人员培训班专项测评，设计了量化与描述相结合的测评报告，为公司国际化人才选拔培养等工作提供了参考。

【党的建设和精神文明建设】 开展党的群众路线教育实践活动。贯彻落实习近平总书记系列重要讲话精神，在思想上、政治上、行动上坚决与党中央保持一致。聚焦“四风”问题，边查边改，立行立改。落实中央和公司党组的有关要求，开展学习教育、查摆问题、整改落实各环节工作，组织召开专题民主（组织）生活会，开展批评与自我批评，以“钉钉子”精神抓好问题整改，在党的群众路线教育实践活动中做到规定动作不走样、自选动作有特色。

坚持党建带工建、党建带团建。按照党工团组织建设流程，先后召开团员代表大会、工会成立大会、党员大会，完成学院团委、工会、直属党委和纪委组建，加强基层党组织建设，为党工团工作开展提供组织保障。持续强化党风廉政建设，落实党风廉政建设责任制，组织签订党风廉政建设责任书。监督检查中央八项规定落实情况，督促全体干部员工改进作风，坚持厉行节约。加强“五统一”企业文化的宣传力度，加大新闻宣传力度。组织开展“四关爱”（关爱员工心灵健康、身体健康、饮食健康、心理健康）活动，成立活动兴趣小组，组织“我的中国梦，青春国网行”“五四”主题教育实践活动、“青春光明行，爱心进校园”主题活动、“青春光明行、我为管院代言”等团青活动。

（徐杰锋　火雅琳）

国家电网公司高级培训中心

【单位概况】 国家电网公司高级培训中心（简称国网高培中心）是国家电网公司直属的教育培训单位，作为公司系统专业管理人员培训的重要机构，公司高素质、复合型、国际化人才的培训基地，为公司人才培养和软实力建设提供服务保障与智力支持。

国网高培中心位于北京市海淀区清河，占地 86 亩，建筑面积约 7 万 m^2。设备完善、设施先进，拥有配套的教学楼、学员公寓、学员餐厅和活动场所等，有音视频采集系统、电视电话会议系统、网络教室等，建成了功能完备的数字化校园系统，正加快推进网络大学和网络教育平台建设。

国网高培中心建立了一支由知名研究机构专家、高校教授、企业高管以及公司系统内部优秀管理专家等组成的，具有较高专业理论造诣以及丰富教学和实战经验的雄厚师资队伍，为教学培训质量的提升提供坚强保障。下设 7 个部门：综合管理处、教务管理处、教学研究处、教学培训处、党群工作处、财务资产处和后勤保障处。

【人力资源】 截至 2014 年底，国网高培中心共有员工 334 人，其中：高级职称 20 人（正高级 5 人，副高级 15 人），中级职称员工 17 人；硕士及以上学历 35 人，其中博士 12 人，硕士 23 人。

落实人员定岗定编。完成国网高培中心与管理学院的机构分设与人员调整工作，组织完成国网高培中心部门“三定”方案。健全完善人力资源管理管理体系。建立并实施以岗位为基础、以绩效为导向的岗位绩效工资制度；完成后勤短期职工绩效薪酬的优化调整；落实员工带薪年休假制度。开展员工职业发展通道建设，与国家电网公司系统职业发展通道对接。修订完善绩效管理制度，形成重能力、重业绩、重贡献的考核评价机制。实施全员绩效考核。创新人才培养方式。全年共计完成国网高培中心干部员工培训项目 48 个，累计参培 1156 人次，32 人取得专业资格证书，全员培训率 100%。实施青年骨干赴省公司学习调研项目，共有 6 名员工分赴浙江、江苏省公司学习调研。2 名员工参加国家电网公司统一组织的省公司交流锻炼。

【经营管理】 2014 年，国网高培中心平稳完成与管理学院机构分设及人员调整工作。深化培训“大研究”工作，创新教学管理，强化人才培训，狠抓基础管理和队伍建设，提升优质服务水平，完成国家电网公司下达的各项任务和年度考核指标，连续两年获国家电网公司业绩考核A级单位。全年共完成培训、会议332次，培训量10.28万人天；培训质量满意率98%，综合服务满意率98.1%。重点完成2期专业领军人才培训、4期总部处级班、3期总部职员培训、6期地市供电企业党政主要负责人培训、5期县公司党政主要负责人培训、信通人才培训及国际业务高级管理人员培训。《国家电网公司统一的企业文化与组织行为分析研究》获公司2013年调查研究优秀成果优秀奖，《发挥教育培训主阵地作用　弘扬公司统一的企业文化》获公司企业文化建设优秀成果三等奖，《建设企业大学网络平台助力公司统一的企业文化传播》获公司企业文化建设优秀案例三等奖，《统一的企业文化在县供电企业负责人培训项目中的落地实践》获全国电力行业企业文化优秀成果优秀案例二等奖。

【教学与培训】 培训管理创新。结合地市公司、县公司负责人培训，推进最佳实践案例开发和教学转化，完成案例教学教师手册和学员手册编制工作。探索培训后延伸方式，组织学员做好“三个带回”（带回解决问题的思路和措施、带回培训感悟和体会、带回好的工作做法和经验），促进培训成果转化。在多个培训班中以问题为导向开展专题座谈，邀请公司有关部门负责人与学员面对面交流。开展20期总部、省公司、直属单位处级领导干部学习贯彻习总书记讲话精神培训班指导实践。提升培训理念方式。专业领军人才培训突出实践能力培养，强化案例分享、强化学员参与、强化新老交流。国际业务高级管理人员培训班，采用“全英语、全外教”标准，选聘了世界知名学府和国际知名机构的专家团队因材施教，为公司国际化人才队伍的建设提供了支撑。培训管理模式不断优化。创新项目运营模式，国际业务高级管理培训班采取了教研教培分阶段组建项目团队的管理模式，整合人力和信息资源。专业领军人才培训实现“‘三教’联合、职能配合”的培训项目团队组建模式。培训先进技术落地应用。利用信息平台、微信平台等手段，建立训前重要事项传达、培训需求调研、训后效果反馈、心得体会分享的工作范式。采用机读卡等形式开展培训需求问卷调查，突破了原有人工统计方式，提高了需求调研效率。培训需求调研。建立每周培训需求跟班调研制度，深入了解培训需求及反馈意见，推进培训方案的改进提升。结合实地调研、走访，加强训前、训后工作状况差距分析，创新训后第四级评估及需求差距调研，提高需求的真实性和有效性，实现培训项目的闭环管控。

● 8月6日，国家电网公司专业领军人才集中培训开班典礼。

培训基础建设。课程体系管理。完成课程分类体系更新，形成8类一级模块、20类二级模块、22类三级模块的三级课程体系。以师资为核心关联相关课程，梳理4600余门课程与师资对应。制作全年四个季度的高培中心师资课程手册。师资开发管理。加大外聘师资开发力度，深挖专业师资选聘潜力。建立三年开发计划，推进“金话筒”内训师培养项目，提升中心全员课程开发及讲授能力。支撑公司网络大学建设。超额完成本年度网络大学课件38学时的开发任务，全年共完成135.4学时网络大学课件开发；支撑六大学院专业课件开发工作；组织管理人员题库开发，制定题库统一形式标准，开发完成20个专业、132个岗位，近6万道试题，并配合完成题库审核和上线任务。培训环境建设。完成3号楼特色教室布置和各层环廊展示。征集学员摄影、书画作品。

研究创新。制订并发布高培中心研究项目奖励办法。完善高培中心人才成长科研激励机制。自主开发《培训改变未来》《培训自己培养他人》《管理人员题库开发方法介绍》等7门课程。总结公司产业培训项目，结合2013年培训体系研究成果，对产业培训项目体系等提出优化建议，部分建议被产业部采纳。2014年“大研究”共开展12项重大重点课题，形成科技项目、管理创新、调查研究和重大教学创新共4大类、18个研究报告。“国际化人才培养体系研究与应用”课题构建了“四极两维”国际人才培训体系，形成以培训管理、培训课程、培训师资、参训学员、文化环境五大板块为主体的全面国际化培训项目组织体系，在国际业务高级管理人员培训班等各类国际化培训项目中得到应用。“管理序列差异化培训体系标准研究”完成电网、产业、金融、国际四大板块24个专业的胜任力模型、学习地图和培训体系标准建设，形成24个专业《学习发展手册》。“最佳实践案例开发及在培训教学中的应用”构建案例编写的“9C”模型，完成案例选编、管理知识网络大学上线，《县公司优秀案例评选工作》入选公司“三集五大”优秀案例。“专业领军人才培养体系构建与创新实践”构建出一套涵盖专业管理人员素质能力模型、项目设计工作流程、项目实施流程等关键环节的专业领军人才培养体系。

信息化水平。完善信息化基础建设，高培中心演播教室建成并启用。完成校园无线覆盖项目建设。深化数字化校园系统应用，规范需求流程，开展数据治理，完善业务功能。开展高培中心信息化建设框架研究，探索互联网时代下培训信息化的发展方向，支撑公司网络大学建设。

【优质服务水平】 完善基础管理，推进后勤标准化建设。编制了《后勤保障处班组管理制度汇编》《后勤员工持证上岗方案》等13项相关工作制度，明确岗位工作职责，优化业务流程，细化工作标准。多措并举，提升服务品质。制定优质服务“五项要求”“八项不准”和“十项措施”；强化服务意识，执行巡视制度；创建服务新模式，建立集总机话务中心、内部报修中心、投诉处理中心等10项业务于一体的综合服务中心，运行7个月来，已受理各类业务23 503项。健康咨询室正式揭牌投入使用。优化管理模式，推进机构调整。完成工程班组和前台收银班组的优化调整，实现专业化、扁平化管理。深化物资集约化管理，规范物资管理和成本管控。利用ERP管理系统建立覆盖物资采购申请、入库、出库、领用等各环节管控体系，推动实现物资闭环管理和资产全寿命周期管理有效落实。推进非生产性技改大修和日常工程维修，开展电梯及消防维修改造，完成4627m^{2}的屋面防水处理，开展语音通信系统改造和电力监控设备维修改造等工程。深化安全管理。开展“安全生产月”活动，完成车辆智能管理系统、门禁系统和数字视频监控系统建设，建成食品检验无菌操作室。加强后勤班组建设，持续深化“5S”管理，关键岗位实施持证上岗制度。组织开展各类业务知识培训29次，累计参培1500人次；26人次取得相关职业资格证书。

【党的建设和精神文明建设】 开展党的群众路线教育实践活动。领导班子和领导干部坚持“五带头”，查摆问题，回应群众关切；聚焦“四风”问题，开展批评与自我批评；落实整改，建立长效机制，群众满意率100%。党建和思想政治工作。选举产生新一届机关党委和机关纪委；加强党支部建设，健全支部班子，强化“三会一课”制度。党风廉政建设。健全体制机制，强化党组的主体责任和纪检组监督责任；落实全员“一岗双责”，细化岗位责任；加强作风建设，强化“三公”经费管理、规范会议活动等工作；加强廉洁教育，组织开展反腐倡廉教育活动52场次；加强对权力监督，持续完善协同监督机制，分解协同监督任务，发挥职能部门监督作用，加强对重点岗位和关键岗位的监督。宣传和品牌工作。累计在公司媒体、外部媒体刊发文章114篇，在内外网站发布新闻和学习资料1332篇。编辑设计制作宣传画册《学习改变未来》，改版《校园风采》。企业文化工作。发挥公司战略宣贯和企业文化传播平台的作用，把企业文化“五统一”要求融入教育培训全过程。企业文化成果和案例获得全国电力行业和公司多个奖项。工会共青团工作。开展后勤消防安全等岗位技能竞赛；开展合理化建议征集活动等，促进岗位成才和民主建设；组织书法、网球、瑜伽等兴趣小组；举办“金钥匙”和“金话筒”比赛，实现“以比促学，以赛展才”。开展“送培上门”“青春光明行”等青年志愿活动，加强青年文明号建设。

国网技术学院（国家电网公司团校）

【单位概况】 国网技术学院（简称技术学院）成立于2008年12月30日，2009年11月26日，与山东电力研究院分开设立，成为直属国家电网公司管理的企业职业培训机构。2010年11月8日，中国共产主义青年团国家电网公司团校在技术学院挂牌成立；2011年12月31日，技术学院与山东省电力学校合并，实施一体化运作；2012年8月30日，技术学院设立成都、长春、西安三所分院；2014年7月10日，技术学院设立苏州分院，确立了“资源共享、优势互补、分工明确、协调发展”的集约化大培训体系。技术学院主要承担新入职员工、高层次技术技能人才、高端紧缺人才、团青干部、资格认证等6大类17项核心培训业务，是培训创新研发基地、团青干部培养基地、企业文化传播基地，是技术技能人才培训开发中心、新技术新技能推广示范中心，以及技术技能人才培养的国际合作交流平台。入选“2014 年中国最佳企业大学”，荣获“中国企业培训示范基地”称号，连续 6 年蝉联“中国企业教育先进单位百强”。

技术学院现设职能部门 6 个，分别是办公室、发展策划部、财务资产部、人力资源部、监察审计部、党群工作部（工会）；业务部门 9 个，分别是培训教务部、实训设备管理部、学员学生工作部（团委、团校工作部）、电网运行培训部、电网检修培训部、电力营销培训部、新能源培训部、综合培训部、信息通信培训部；支撑部门 1 个，是综合服务中心。

【人力资源】 截至 2014 年底，技术学院共有职工 576 人。其中，硕士及以上研究生 150 人（其中博士 24 人）；副高及以上专业技术资格 280 人（其中正高级职称 51 人）。拥有国务院政府特殊津贴专家 1 人。聘请国内外知名专家、教授 130 余人担任客座教授；选聘公司系统一线优秀技术、技能人才 460 余人担任兼职培训师。组织学院、分院专家赴德国参加双元制职业教育培训。开展学院、分院师资双向交流。10 人入选公司级专家人才，选拔院级优秀专家 30 人，聘任首席培训师 13 人。选派专职培训师赴生产现场进行实习和锻炼。

【经营管理】 强化综合计划、预算执行跟踪、分析和监督检查。落实业绩考核责任制，完善管理办法和实施细则。加强公司通用制度宣贯，修订完善工作标准制度 119 项。主导发布一流企业大学建设标准。坚持依法治企，配合完成公司经济责任审计，开展综合检查“回头看”，及时整改内外审计发现的问题，全年审计项目 82 个，节省资金 1017 万元。推进管理创新，10 项成果通过验收评审，新员工集约化培训管理体系项目荣获中电联管理创新案例一等奖。

【教学与培训】 2014 年，共举办各类培训班 243 期 3.22 万人次 168.62 万人天，年培训量同比增长 7.07%。其中，新员工培训班 5 期 1.44 万人次 150.92 万人天，同比增长 6.96%；公司计划内短期培训班 169 期 1.36 万人次 11.83 万人天，同比增长 218.8%；举办计划外培训班 69 期，4248 人次，5.86 万人天，同比增长 8.5%；举办公司团青干部培训班 3 期，培训学员 215 人次。完成技能鉴定 2.5 万人。培训质量满意率 96%，综合服务满意率 96%。

网络大学建设。网络大学一期功能在公司全部 60 家单位成功推广应用。统筹公司系统资源，设立专业学院 13 个、省直分院 48 个。成立网络大学运管中心，组建推广应用运维团队。加强资源建设，全年开发课件 1737 门 1981 课时；完成 58 个生产技能岗位 66 部教材、17.4 万道试题的评审。承担公司相关专业重大考试任务，确保了“零差错，零失误”。网络大学累计举办考试项目 204 个，年登录人数超过 30 万人次。

拓展培训业务。开发新培训项目 64 个，实现 17 项核心培训业务全覆盖。举办特高压直流输电线路带电作业技能培训班，填补国际空白；首次举办智能配电网技术系列培训班，推广智能电网新技术；举办标准化 95598 客户专员岗前培训班；开展国际学术交流活动周，开发比利时国家电网公司超高压直流输电培训项目。

加强资源统筹能力。遴选 5 家新员工培训合作基地。编制发布《分院考核实施细则》和《专业发展规划》。启动直流培训中心职能接收工作。与中国电科院等单位开展培训合作，共同完成公司短期培训项目。

完善培训设施。特高压直流带电作业、配网自动化等 12 个实训室（场）建成投用，新增工位 900 个，实训设施专业覆盖率达 95% 以上。创新实训室管理方式，29 个实训室实现“6S”管理达标。建成公司系统首个培训调度监控中心，完成培训管理信息系统二期开发，建成本部与泰山校区智真会议系统。

● 9 月 18 日，国家电网公司首个培训调度监控中心建成投用。

分院、合作基地。分院承担新员工培训 2729 人 31.5 万人天，同比增长 20.2%，占新员工培训总量的 20.9%；举办公司短期培训班 18 期，培训学员 667 人 4669 人天，占公司短期培训班总量的 3.9%；合作基地承担新员工培训 1867 人 21.6 万人天，同比增长 12.4%，举办公司短期培训班 2 期，培训学员 108 人 756 人天。

【党的建设和精神文明建设】 开展党的群众路线教育实践活动。聚焦“四风”问题，广泛听取意见建议，坚持立行立改，召开专题民主（组织）生活会，改进作风，提升服务群众的能力。会议、发文数量同比下降46%、43%，公务接待、会议费支出同比下降54.3%、20%。

深化电网先锋党支部创建等活动。严格“三会一课”制度，加强党员理想信念教育。落实党风廉政建设责任制，完善纪检监察工作监督体系，开展“干事干净，家庭幸福”主题教育和反腐倡廉教育月活动。加强协同监督和效能监察，强化重要事项执纪监督，全年未发生违法违纪事件。

发挥公司文化传播教育基地作用，推行公司基本价值理念体系。搭建了“启明工作室”新媒体文化传播平台，新员工“卓越人讲堂”荣获国家电网公司企业文化传播项目奖。加强对外宣传，媒体刊发新闻宣传稿件百余篇。深化民主管理，加强职工代表巡视，促进了职代会提案及各项决议的落实。实施关爱工程，营造了“快乐工作，健康生活”的文化氛围。落实离退休员工政治和生活待遇，让离退休老同志共享发展成果。

（崔　昊）

国家电网公司运行分公司

【单位概况】 国家电网公司运行分公司（简称国网运行公司）成立于2004年12月18日，是从事特高压和直流输电工程换流站（变电站）运维检修业务的专业公司。

按照国家电网公司关于特高压换流站运维属地化调整的部署要求，国网运行公司于12月完成对±800kV特高压金华换流站的属地化移交工作。调整后，国网运行公司主要负责对在运的±800kV复龙、奉贤、天山、中州、锦屏、苏州、宜宾等7座换流站以及规划建设的锡盟、上海庙、蒙西、酒泉、准东、成都等8座特高压换流站实施专业化运维管理，并为国家电网公司系统换流站一、二次设备运检管理提供技术支撑服务。

国网运行公司下设上海、宜宾、郑州、哈密等4个管理处，分别负责所在区域各特高压换流站的运检管理和生产准备工作；依托上海管理处设立直流运检技术中心，为属地化换流站提供核心设备检修、故障诊断分析等运检技术支持；依托宜宾管理处实施直流运检专业培训项目，开展直流换流站运检管理、技术和技能等专业化培训。

【人力资源】 截至2014年底，共有员工336人，平均年龄32.1岁，本科及以上员工比例达到97%。2014年，国网运行公司共招聘毕业生105人。其中，为±800kV宁东—浙江工程银川换流站储备6人、±800kV酒泉—湖南工程酒泉换流站储备12人、±800kV锡盟—泰州工程锡盟换流站储备14人。在特高压直流换流站运维管理属地化工作中，向属地省公司移交95名生产人员。

【安全生产】 排查治理各类隐患，及时消除设备异常缺陷，督促解决工程遗留问题，确保特高压换流站安全稳定运行。全年没有发生一般及以上人身、电网、设备事故和八级以上安全事件，没有发生直流系统单、双极强迫停运和考核责任内的单阀组强迫停运。宾金直流一投产即满功率运行，天中直流投产首年保持安全稳定运行。奉贤换流站自投产以来连续4年半没有发生强迫停运。

完成向上、锦苏、宾金直流满功率迎峰度夏任务，输电功率分别占上海、江苏、浙江用电负荷的25%、10%和15%，送出四川水电913亿kWh，占川电外送电量的82%，保障西南水电开发外送和华东电力可靠供应。四大直流全年输送电量达1047亿kWh，占国家电网特高压跨区跨省输送电量的78%。

推进新工程验收作业标准化，落实验收质量追溯制度，加强重点验收项目管理。完成天中直流双极高端和宾金直流生产验收工作。天中直流双极高端完成验收项目3765项，发现并消除工程质量缺陷352条。宾金直流系统完成验收项目4.6万余项，发现并消除宜宾站阀冷却系统主泵进线开关保护定值不合理等工程质量缺陷3650条。

【运检管理】 推行现场标准化作业，制定涵盖运行监盘、设备巡检、状态分析、倒闸操作、设备消缺、故障处置、定期工作等特高压换流站运维全业务的7大作业标准，编印包括设备检修、例行试验工艺和质量标准以及验收作业指导书等6个分册的特高压换流站检修标准化作业丛书，形成一套完整的运检作业标准体系。制订和落实特高压换流站设备责任人管理规定，把每台设备的安全运行责任落实到人。

加强设备运行监盘、专业巡视及状态监测分析，及时发现并处理奉贤站换流变压器多组冷却器渗油、苏州站换流变压器分接开关油室内漏、天山站直流分压器微水超标等设备异常和缺陷1562项，以及锦屏站换流阀并联避雷器接线接头过热、宜宾站换流变压器异常产气等危急缺陷29项，避免了重大设备损坏和直流强迫停运的发生。推进提高交直流混合电网安全稳定性专项工作35项任务。完成西门子阀水冷主水流量保护延时定值研究调整、阀水冷主循环泵电源开关容量偏小换型等直流闭锁隐患治理。开展向上、锦苏、天中直流各换流站精益化管理评价。排查治理各站站用电、阀水冷、非电量保护问题52项。开展接头设计裕度不足问题专项排查工作，完成对8座换流站16 102个主设备接头的排查工作。

● 国网运行公司人员对±800kV特高压锦屏换流站换流阀进行检测。

完成年度大修、技改任务。编制换流站年度大修实施方案，做好技改、大修项目实施准备，开展检修、技改、消缺和预防性试验等工作，向上、锦苏、天中直流年度大修期间，完成常规检修项目17 830项、一次设备防污闪治理等特殊性检修项目45项、阀厅消防报警改跳闸等技改项目26项，完成消缺项目803项。开展专项检查和功能验证195项，及时发现复龙站换流变压器套管法兰开裂、天山站换流变压器套管介损超标等缺陷隐患343项，更换油气泄漏、异常产气换流变压器6台。加强大修现场安全质量监督管理，确保各站年度大修按计划高质量完成。

● 大修期间，国网运行公司人员对±800kV特高压苏州换流站开展阀塔清扫工作。

建成特高压换流站一体化在线监测系统，接入3666套主设备在线监测信息、4146台辅助设备信息，实现集中展示在线监测实时数据、告警信息、数据统计、趋势分析、三维图形等功能，实现设备状态一体化监测。建设特高压换流站远程诊断系统，完成向上、锦苏直流4站综合自动化信息、故障录波、视频监视、会议会商等功能接入，初步形成公司级应急指挥和技术支持平台。推进PMS2.0系统建设应用。应用巡检机器人和智能巡检系统，减轻一线人员负担，提高现场劳动效率。

● 国网运行公司探索应用智能巡检机器人开展换流站日常巡视工作。

【专业支撑】 协助国家电网公司总部有关部门开展直流专业管理。开展直流输电系统可靠性统计分析以及跨区电网资产价值明细和实物资产管理等日常管理工作。编制《直流换流站设备检修、例行试验工艺和质量控制规范》《特高压换流站关键设备通用接口规范》《换流阀阀冷系统设计技术规范》《换流站站用电设计技术规范》《直流保护定检规范》等制度标准。组织完成南桥站换流阀放电、西门子阀控软件缺陷、许继直流线路保护误动等重大故障诊断分析工作。协助审核直流控保系统软件修改申请单324件。完成换流站运维、检修岗位培训课件和题库编制开发任务。参与跨区直流大修技改项目审查。

为属地化换流站提供直流技术支持服务。投入专业技术力量170人天，完成银川东、德阳、宝鸡、柴达木、黑河等5座换流站年度大修的技术指导工作。组织实施国家电网公司3期直流运检业务培训项目，提供专业培训服务525人天。开展对西藏电力的对口帮扶工作，选派技术骨干进藏支援拉萨换流站。与国网技术学院签订合作协议，推进直流运检人才培训培养。

【经营管理】 构建岗位责任体系。规范各级机构设置和人员编制，梳理涵盖公司全业务的标准岗位名录，完善覆盖全岗位的84项工作标准，形成岗位履责与绩效指标相对应、与薪酬激励相挂钩的全员绩效管理体系，发挥绩效薪金的激励与约束作用，实现岗位责任体系常态运行。

坚持依法从严治企。学习贯彻国家电网公司通用制度，统筹制定实施细则和差异性条款，形成统一规范的制度体系。执行各项制度规定，严控“四项”管理费用支出。会议费支出压减 46%，业务招待费降低 97%。配合国家审计，严肃整改审计发现的问题，开展对各管理处的财务稽核和现场审核，防范经营风险。制定车辆、房屋、食堂、物业等管理办法，统一规范后勤管理行为。

统筹优化人力资源配置，加大干部员工交流力度，缓解宜宾、哈密管理处骨干紧缺的矛盾。修订特高压换流站运维标准成本定额，强化全面预算管理，细化预算编制和过程管控，提升预算管理的精益化水平。加大物资集中采购力度，完成 4 批招标和 6 批非招标采购工作，节约资金 3968 万元。加强税收管理与筹划，荣获北京市西城区人民政府颁发的“发展区域经济突出贡献奖”。

【党的建设和精神文明建设】 学习贯彻习近平总书记系列重要讲话精神，贯彻落实国家电网公司党组部署要求，开展教育实践活动。深入群众调研指导、听取意见、查摆问题，开展批评和自我批评，制定落实整改方案。落实中央八项规定精神，坚持边学边查边改，改进会风文风，加强作风建设。国网运行公司本部发文减少 54%，会议减少 32%，电视电话和网络视频会议占比达到 76%。

落实党风廉政建设主体责任和监督责任。加大干部员工交流锻炼力度，为干部成长搭建平台。组织开展新员工集中培训，促进新员工快速转变角色、掌握运维技能。开展生产技能、专业管理、生产骨干培训，举办特高压换流站检修二次技能竞赛和青年安全生产知识竞赛。开展“奋斗的青春最美丽”系列分享活动。

2014 年，国网运行公司获得±800kV 哈密南—郑州直流输电工程建设先进单位、国家电网公司运检工作先进单位等荣誉称号。宜宾管理处锦屏换流站被授予国家电网公司“工人先锋号”。

（姜　升）

国家电网公司直流建设分公司

【单位概况】 国家电网公司直流建设分公司（简称国网直流公司）为非独立法人机构，是国家电网公司的分公司，是国家电网公司直流电网建设的管理执行机构，为国家电网公司特高压和重点跨区直流工程项目建设提供专业化管理服务，主要开展特高压换流站工程现场管理、直流工程业务技术支撑和直流设备监造管理。本部设总经理工作部、计划部、财务部、安全质量部、换流站管理部、线路管理部、物资与监造部和党群工作部八个职能部门，下设宜昌、常州、北方、四川工程建设部等四个派出机构。

【人力资源】 截至 2014 年底，拥有职工 120 人，本部员工 65 人，工程建设部员工 55 人。具有本科及以上学历人员 108 人，占总人数的 90%，其中研究生及以上学历 49 人，占比 41%。103 人具备专业资格技能，占员工总数的 86%，42 人具有各类管理证书。人才当量密度 1. 237。

【经营管理】 工程创优管理。编制完成《国网直流公司资产全寿命周期管理体系建设工作方案》，梳理与资产全寿命周期管理相关规章制度 107 项、完善实施细则 15 项、四级业务标准流程 20 个。发布国网直流公司创优管理实施细则，完善特高压工程创优管控体系，提出过程创优考核金及创优保留金机制，将创优工作纳入考核范畴和合同条款。

技经财务管理。研究实施技经两级管控机制。编制《直流工程招标工程量清单计价规范》，制定直流输电工程竣工结算标准化管理规定。按期完成哈郑工程、双龙换流站预结算。完成锦苏、黑河工程竣工决算修订。组织荆枫工程转资和哈郑工程竣工决算编制。落实青藏扩建及灵绍等工程资金。调整工程财务管理体制，推行工程财务统一管理。整合总部直投项目财务管理，实现经费、工程两账分设。

档案管理。完成溪浙线路工程竣工资料检查。开展哈密南、郑州、双龙、金华换流站资料专项检查。完成三峡验收组、国家审计署对重大电网建设项目档案调阅及资料整编。完成哈郑工程竣工档案归集。锦苏工程档案通过国家专项验收。

信息化建设。制订国网直流公司信息安全督查工作方案，开展 6 次专项检查，确保信息安全“零事故”。推动双龙换流站“一键式转资”，奠定线上竣工决算基础。

依法治企。创新迎审组织模式，开展 26 个省市 56 家施工、监理单位合规性检查。完成国家电网公司法人代表任期经济责任审计、人力资源专项审计、依法治企“回头看”检查等迎审工作，实现审计责任

"零事件"。依法合规完成 20 个项目招标采购工作，实现招标采购"零投诉"。开展"三公"经费效能监察和财务收支审计，"三公"费用同比下降 30.41%。

管理提升。创新应用"矩阵式"科学管控理念，按照"关键路径分阶段"原则，自主开发涵盖"进度、安全、质量、技术、资料、物资"等要素的直流工程建设管控系统，并在青藏扩建、灵绍工程试点应用。完成全员绩效考核、网络教育培训系统开发。完成特高压换流站设备监造管理创新等项目研究。

制度建设。编制完成技经工程量、工程进度款审核等管理规定，修订、完善《员工考勤与休假管理办法》等 6 项人力资源管理制度，出台项目档案管理考评、工程创优等管理办法，全年新建及修订规章制度 27 项。

【工程建设】 2014 年，建成投产哈密南、郑州、双龙换流站，换流容量 2400 万 kW，新开工建设灵州换流站，扩建青藏直流工程。1 月 27 日，哈郑特高压工程投入运行，是国际上首个电压等级和输送容量"双八百"特高压直流工程。7 月 2 日，双龙换流站工程投入运行，实现±800kV 直流工程一次通过 8400MW 大负荷试验。克服高原缺氧及沙尘暴等自然环境影响，完成青藏扩建工程两站全部土建、主要电气设备安装及第一阶段系统接入工作。锦苏工程获得国优金奖。组建灵州换流站业主项目部。参与场平施工，创新采用分区试夯、以爆破方式开挖石方等措施，完成场平及强夯地基处理。办公临建基本完成，生产、生活临建施工有序进行，完成主控楼、750kV GIS、双极低端换流变电站等区域基础石方开挖 4.8 万 m^3。推进新建工程酒泉—湖南、锡盟—泰州、晋北—江苏、上海庙—山东等前期工作。送端换流站业主项目部组建完成，人力资源调配到位，前期策划有序开展。

● 双龙换流站鸟瞰图。（吴石光 摄）

【安全管控】 组织新《安全生产法》宣贯学习，提高参建人员安全责任意识。扎实开展"安全生产万里行"、打非治违等专项活动。完善事故隐患排查治理机制，开展双龙换流站、青藏扩建工程现场隐患排查，累计排查安全隐患 251 条并整改闭环，防范事故隐患。采取"日巡查""人盯点"等风险管控措施，针对性开展专项督查，重点防范哈郑、双龙换流站工程低运高建、青藏扩建工程设备停电接入等重大风险。

【物资监造管理】 完成溪浙工程 35 台换流变压器、4 个阀厅换流阀等主设备监造管理。强化设备质量监督检查力度，换流变压器出厂试验一次通过率 93%。专人驻厂监督协调，确保青藏扩建工程设备按期生产完成。开展换流变压器油枕胶囊泄露误报警等项目研究，梳理以往工程设备质量问题，提出设备监造质量管控重点措施。

【技术支撑】 组建国网直流公司技术支撑领导小组，建立灵绍、酒湖等 5 个工程技术支撑工作组，明确技术支撑"两级管控"体系。制定专业技术支撑工作大纲、管理办法等，规范技术支撑职责、内容和流程。开展灵绍特高压工程建设管理策划、交底培训、方案审查等技术支撑工作。加强绍兴换流站桩基设计审查。提前与浙江、山东、江苏、甘肃等属地公司沟通，完善技术支撑需求范围。

【科技工作】 梳理总结 747 项技术标准，规范并形成国网直流公司技术标准体系。推进《输变电施工技术基础及理论研究》等 6 项总部科技项目，两项已通过验收。完成特高压输变电工程环保、水保过程管理等 2 项管理创新项目研究，并均获管理创新成果三等奖。表彰年度公司级科技进步奖 10 个、职工技术成果奖 16 个。参与完成《±800kV 直流系统电气设备监造导则》等 6 项国家电网公司企业标准修订。

【党的建设和精神文明建设】 完成党的群众路线教育实践活动三个环节的工作任务，开展谈心谈话、专题民主生活会等。制订"两方案一计划"，完成 61 项整改任务，新建、修订专项制度 8 项。会议数量精减 20%，各类公文、通知数量压减 30%，公务接待费减少 70%。

党建及反腐廉政建设。推进基层支部民主化建设。开展党建综合检查。定期召开协同监督会议，强化"八项规定"监督。开展公款办理消费卡、奢侈浪费购买图书等有关问题专项治理。

企业文化建设。制订 2014 年企业文化建设实施方案和重点项目工作方案，形成"以全员培训工作为载体，推进‘五统一’企业文化传播”案例、“‘五统一’企业文化在国网直流公司工程管控体系建设中的落地实践成果报告”。

工会、团青工作。制订公司职代会实施细则，成立专门委员会，民主选举52名公司首届职工代表。召开3次总经理联络员座谈会，征集合理化建议12条，其中1条被评为“国家电网公司优秀合理化建议”。团总支完成换届。建成启用职工活动室5个，丰富职工文体活动形式。

青藏联网工程获得中国工业大奖，锦苏工程获得国家优质工程金奖、中国电力规划设计协会优秀设计一等奖，哈郑工程、双龙换流站获国家电网公司优质工程。国网直流公司获“国家电网公司哈密南—郑州±800kV特高压直流输电工程先进单位”。四川工程建设部获“国家电网公司先进集体”。本部团支部获得国家电网公司“五四红旗团支部称号”。59人次获得国家电网公司各类专项表彰。

（刘　环）

国家电网公司交流建设分公司

【单位概况】 国家电网公司交流建设分公司（简称国网交流公司）是国家电网公司的直属专业化电网建设管理单位，主要从事国家电网公司直接投资或担任项目法人单位的特高压交流输变电工程和跨区电网重点交流输变电工程的建设管理、技术统筹和管理支撑工作。

本部共设置7个部门，分别是总经理工作部、计划与物资部、财务部、安全质量部、工程管理部、信息科技部、党群工作部；有5个派出直属机构，分别是宜昌工程建设部、武汉工程建设部、郑州工程建设部、华北工程建设部、华东工程建设部。

【人力资源】 截至2014年底，国网交流公司共有正式员工104人，其中：博士研究生16人，硕士研究生38人，本科46人，合计占员工总数的90.38%；正高级职称1人，副高级职称65人，合计占员工总数的63.46%；中央企业技术能手3人，国家电网公司级专家人才4人。10名员工入选中国电力建设企业协会专家库。认证初级、中级兼职培训师23名。员工持证比例达到41%，覆盖一级建造师等五大关键职业资格。完成国家电网公司第5批14名属地公司人员挂职（培养）锻炼。与国网技术学院签订特高压人才培养战略合作协议。人才当量密度为1.3962，较2013年末提高13.6%。

【经营管理】 2014年，完成直管电网建设项目投资8亿元，投资计划完成率112%；资金到位率100%；工程建设进度完成率100%。

《特高压工程知识管理体系建设研究》《特高压交流输变电工程计划执行量化模型及预警机制研究》两项管理咨询研究项目通过国网研究室验收。贯彻通用制度并结合实际完成自有制度梳理，形成国网交流公司第一批206项常用制度。完成国家审计署经济责任审计、西电东送工程审计配合工作，开展审计成果应用和问题整改。实施会议年度计划和分级管理。公文报送全年无差错。公务用车全部加装车载监控系统。制定资产全寿命周期管理体系建设工作方案。初步建成特高压工程建设管理知识库。《特高压交流工程“六统一”管理模型构建与现场实践》获国家电网公司2014年重大管理创新示范工程三等奖。

【工程建设】 截至2014年底，淮南—南京—上海1000kV交流特高压输变电工程淮南、沪西1000kV变电站扩建工程，安徽淮南平圩电厂三期1000kV送出工程、淮南1000kV变电站扩建工程，锡盟—山东1000kV特高压交流输变电工程、锡盟1000kV变电站新建工程三项工程的四个变电站正在建设，同时开展该三项工程中其他变电站工程和线路工程的技术统筹、管理支撑工作；开展蒙西—天津南、榆横—潍坊等后续特高压交流工程的前期策划筹备工作。

建设中的淮南1000kV变电站扩建工程（淮南—南京—上海1000kV交流特高压输变电工程）。

浙北—福州工程浙北变电站扩建工程采取施工区域和运行区域相互隔离等安全措施，完成两阶段停电施工、四阶段分步启动调试，零事故、零缺陷移交运行。淮南变电站扩建工程的T021和T033开关一次启动带电成功。锡盟—山东工程锡盟变电站工程在建设管理、科研攻关等环节中制定了应对高寒施工、生态保护等问题的专项措施，“四通一平”工作完成过半。皖电东送工程形成了系统的工程建设经验成果，组织完成合同结算和工程消缺，通过工程实体和档案资料逐级检查，实现全部工程建设目标，11 月 21 日，由中国施工企业管理协会授予 2014 年度国家优质工程金质奖。国网交流公司配合国家电网公司直流部完成了三峡输变电工程国家级整体竣工验收工作。三峡地下电站送出工程、宜都—江陵工程档案通过国家档案局专项验收，并已移交国网档案馆。派出多名员工支持川藏联网工程，以及中电装备公司舟山、厦门柔性直流工程建设管理。

● 12 月 26 日，浙北—福州工程正式投运。图为浙北变电站鸟瞰图。

【统筹支撑】 根据以往特高压交流工程建设管理经验，编制完成《特高压交流工程现场建设管理标准化工作手册》并实现在线应用。各工程分别编制了总体策划，统筹工程建设管理工作。审查建设管理单位主要策划文件 30 余项。分层次组织管理和技术培训 20 批、1200 余人次。制定在建工程的一级网络计划，审查工程各阶段的停电计划。分 21 批组织审查 107 项重大施工方案并指导监督实施。明确标准工艺清单 120 项。组织制订和审查工程相关招标文件。组织标准化开工核查，制定风险清册，监督重大风险作业。组织钢管塔等线路物资监造。参与概算审核，组织预算编制和结算审核。开展环境保护、水土保持全过程管控。研究形成了档案、环保等专业管理手册，完成了档案过程管理试点工作。

【科技创新】 2014 年，国网交流公司依托各项特高压交流工程通过验收的现场建设类专题研究见表 1。

表 1　　国网交流公司 2014 年通过验收的现场建设类专题研究

序号	所属工程	所属专业	专题名称
1	皖电东送工程	变电	变电站复合钢结构、模块装配式主变（高抗）防火墙的研究
2		变电	软地基上的大体积混凝土基础质量控制措施的研究
3		变电	特高压变电站大型土方施工不均匀沉降防治技术研究
4		变电	特高压变电站电缆敷设三维辅助施工设计软件研究
5		变电	特高压变电站 1000kV 主设备及构架安装三维虚拟现实仿真系统
6		变电	特高压变电站主设备标准化施工工艺深化研究
7		变电	特高压 GIS 安装专用智能化托架研制及应用
8		变电	特高压 GIS 现场耐压试验故障定位技术研究与工程应用
9		线路	玻璃钢面钢-木结构模板支装工艺研究及应用
10		线路	多轮组合式放线滑车等施工机具研制与应用
11		线路	特高压线路架线施工技术虚拟现实仿真系统研究
12		线路	特高压交流 530 扩 630 导线现场展放试验
13		安全	施工危险源辨识及控制措施研究
14		技术经济	特高压交流工程主变、高抗施工费用标准研究
15		技术经济	特高压交流工程双回路钢管塔施工费、运输措施费标准研究

续表

序号	所属工程	所属专业	专题名称
16	浙北—福州工程	变电	特高压变电站主设备和软母线施工方法深化研究
17		线路	架空输电线路货运索道系列化及标准化应用研究
18		线路	特高压货运索道运输和角钢塔组立施工技术虚拟现实仿真培训系统
19		线路	山区地形特高压铁塔组塔施工装备深化研究与应用
20		线路	北斗技术在特高压工程现场建设中的应用研究
21		档案	特高压交流工程档案标准化及数字化管理研究

2014 年国网交流公司获奖科技项目见表 2。

表 2　　国网交流公司 2014 年获奖科技项目

序号	获奖项目	奖励名称	奖励等级
1	皖电东送淮南至上海特高压交流输电示范工程	国家电网公司科技进步奖	特等
2	特高压 GIS 安装专用智能化托架研制及应用	中国电力科学技术奖	一等
3	“玻璃钢面钢—木结构模板”安装工艺及应用	中国电力科学技术奖	二等
4	1000kV 特高压架线施工虚拟现实仿真系统	中国电力科学技术奖	三等
5	特高压高塔施工作业轻型升降机	中国电力科学技术奖	三等
6	特高压变电站施工现场资源配置规范、智能通信及安全监视系统研究	中国电力科学技术奖	三等
7	特高压工程大截面导线压接平台研制等 11 项成果	中国电力建设 QC 小组成果奖	—

【党的建设和精神文明建设】 开展党的群众路线教育实践活动，聚焦“四风”问题推进各环节工作。整治“四风”突出问题，转变领导干部作风，开展“三公”经费等专项治理。领导班子执行民主集中制更加自觉，执行“三重一大”决策制度更加严格，党内生活明显改观。领导班子和员工队伍建设进一步加强。影响职工切身利益的问题逐步得到解决，员工队伍精神面貌发生明显变化，群众基础不断夯实，团队凝聚力、执行力和工程统筹支撑能力不断增强。

组织学习贯彻党的十八届三中、四中全会精神和国家电网公司“两会”要求。落实党建工作责任制，落实党员承诺践诺制度。进一步加强作风建设，落实党风廉政建设责任制，开展协同监督工作，重点做好落实中央“八项规定”、依法治企、“三重一大”重要决策部署贯彻和教育实践活动“两方案一计划”落实情况监督检查工作。

实施企业文化传播、落地、评价工程，传播工程重点项目《用故事传播国网企业文化》、落地工程重点项目《企业理念落地手册》形成项目成果。挖掘工程现场先进典型，经总结提炼后制作了微电影《心中的责任》。成立各类文体兴趣小组并陆续开展竞赛活动。

武汉工程建设部获国家电网公司先进班组，刘博、王力争、熊织明、魏金祥、刘波（男）、张尔乐、李国满、王继纯、侯镭、苗峰显等 10 人获得国家电网公司皖电东送工程先进个人，刘杰、聂琼、张智、张慧分别获得国家电网公司优秀班组长、基建管理先进个人、调查研究工作先进个人、纪检监察工作先进个人荣誉称号。

（李　岩）

国家电网公司信息通信分公司

【单位概况】 国家电网公司信息通信分公司（简称国网信通公司），承担国家电网公司投资及组织的骨干通信网以及骨干信息网的建设管理，承担涉及国家电网公司总部电网调度和管理通信业务的通信网及骨干信息网的运行和维护等工作，承担国家电网公司总部、公司一级部署和相关直属单位信息系统的运行维护等工作，同时承担国家电网公司总部信息通信技术支持、科研成果和专利管理等服务工作。国网信通公司设置办公室、计划财务部、安全生产部、人力资源部、离退休工作部、党群工作部和信息通信调度监控中心、信息通信运维检修中心、信息通信工程中心、信息通信技术保障中心（科技成果与专利服务中心）。

2014年，信息通信系统运行率99.99%，通信通道可用率99.9998%，信息通信建设任务完成率100%，信息通信服务满意率98%，各项指标优于国家电网公司下达的考核目标。完成三大直流满功率运行、95598割接、十八届四中全会保电、APEC保电、青奥会保电、川藏投运、“两交一直”开工等79项信息通信重大保障工作。

【人力资源】 截至2014年底，国网信通公司员工总数为245人，其中：博士24人，硕士111人，本科及以上学历员工占比90%，高级职称人员占比37%，人才当量密度1.269 7。全年教育培训经费投入169万元，全员培训率达到100%。推荐13人到国网总部、省公司挂职（培养）锻炼，安排省公司挂职（培养）锻炼干部和信息通信专业人才14人到国网信通公司各业务中心交流。创新开展“五比一创”劳动竞赛。完成合同管理、核心业务、调考竞赛三个专项竞赛活动。

【安全生产】 强化安全风险意识教育。开展4轮全员安全规程考试以及系列警示教育，建立安全风险事例调查分析制度。开展安全风险调查分析13次，推动安全管控关口前移，进一步增强安全约束。强化隐患排查治理。排查一级骨干通信光缆失去备用通道风险隐患88处，统筹利用各省省内二、三级通信网络补强迂回通道。梳理信息系统单点隐患83项，完成17项整改落实。排查电力通信大楼消防和电源隐患56项，完成限时整改和现场验收。

【调度监控】 总分一体化调控运行正式运作。顺利承接五分部信息通信调控业务，实现总（分）部网管系统、故障处置、检修实施和方式执行流程统一和顺畅对接，总分调控业务运转平稳有序。加强实时监控。规范建立“五班三运转”值班模式，组织调度员上岗培训考核和调度值长竞聘上岗，实现调控业务主业化，率先推动信息通信调度规范化和标准化进入全新发展阶段，核心调控的功能和作用初步显现。强化方式资源管控。编制迎峰度夏期间三大直流通信通道运行方式安排，统筹各级通信资源，组织35条应急通道，赴华东、华中区域做交底宣贯和现场检查。迎峰度冬期间针对南方雨雪冰冻灾害风险，做好应急运行方式安排，共策划组织68条应急通道。

● 国网信通公司信息通信调度监控大厅。

【运维检修】 开展自动化巡检。完成112套数据库、504套操作系统和819套中间件自动化巡检部署，覆盖率达90%，提升巡检效率和质量。组织完成各类检修任务。实施信息通信系统计划检修808项，紧急抢修29项，完成47个系统建转运和73个大版本更新。推进资源池建设，完成13套应用系统入池和283台设备入池工作。加强基础环境治理。完成白广路办公区、英大传媒大厦空调系统隐患整改。建立与中兴物业协调机制，明确应急处置方式、现场配合方式、应急联系机制。开展机房满负载测试，有效检验供电、空调和监控系统安全性。

【工程建设】 重点通信工程按期投运。克服工程安全管控难度大、高海拔光缆接续难度高等困难，提前6个月完成川藏联网配套通信工程建设。全年实现了“四投”[1]“三建”[2]“六前期”[3]的总体目标，投产光缆线路4093km，新（扩）建通信站72座。信息化建管有序实施。完成外网邮件系统改版升级、内网邮件第一批试点单位割接工作和统一车辆管理平台上线工作，计量资产全寿命周期管理完成上线准备，领导看板项目完成设计审查。推进技改项目。按期完成北京灾备中心二期工程建设，满足信息系统集中部署需求，实现“绿色IT机房”建设目标。按期完成国分调一体化调度台调度可视电话及远程会商系统和信息

❶ “四投”指哈郑直流、溪洛渡—浙西特高压直流工程、川藏联网工程、浙北—福州特高压交流工程。

❷ “三建”指淮南—南京—上海特高压交流工程、锡盟—山东特高压交流工程、灵州—绍兴特高压直流工程。

❸ “六前期”指酒泉—湖南特高压直流工程、锡盟—江苏直流工程、上海庙—山东直流工程、山西—江苏直流工程、蒙西—天津特高压交流工程、榆横—潍坊特高压交流工程。

通信调度监控中心改造项目。

9月14日，国网信通公司在川藏联网工程500kV巴塘变电站检查通信机房设备安装情况。

【技术保障】 技术服务质量不断优化。构建一体化会议系统运维体系。会视通会议系统正式通过竣工验收，打造企业级一体化、网络化、自助化、规范化的统一公共视频服务平台。完成会议技术保障6049次，一类会议保障36次，最大同时在线会场数2110个，参会人员超过6万人。承接三线运维支持。调研分析三线业务运行情况和工作内容，及时完成业务流程梳理和运维支撑工具迁移融合，提前3个月实现三线工作主岗交接。优化信息通信技术服务。实现ERP、协同办公、外网邮件等业务集中运维管理。深化金牌服务活动，召开2次客户座谈会，优化总部信息系统客户接入流程，提供一站式开通服务。配合国家电网公司外联宣传，完成国家电网网站运维和新闻稿件编辑工作，上报国资委网站信息404条，完成国家电网公司2014年“两会”图文直播。全年完成查新课题报告863项。

【科研工作】 在研项目顺利推进。对牵头承担的国家和国网科技项目开展进度督查，加大对参研单位协调力度，完成12项科技项目验收。探索建立分公司科研模式。结合分公司科技管理实际与生产一线科研需求，提出围绕主业、广开渠道、面向应用的分公司科研工作总体思路，制定科技创新方案和管理办法，通过内部评审明确18项研究任务。实验室建设。制定实验室建设计划，搭建信息网络“红蓝队”安全攻防平台，完成2M通信通道切换装置、资源池建设入池等15项测试任务，支撑生产一线工作；参加工信部信息技术与可持续发展联合实验室建设，成立国家电网信通基地。完成科技支撑工作。协助国家电网公司完成2014年度国家、行业科技奖励申请，获国家科学技术奖2项，中国专利奖20项，中国电力科学技术奖一等奖6项；组织开展全系统3万余项专利梳理分析，完成4269项授权发明专利价值评价工作；完成586件海外专利申报提案集中审查工作。

【基础管理】 提升内控精益管理。加强核心业务梳理优化。调整组织结构，完善职责分工，推动核心业务自主运维，进一步加强外委业务管理。强化重点工作督察督办。加强重点工作年度计划和月度计划的跟踪落实和评价考核，确保重点工作如期完成。组织开展专业对标。深化核心业务分析诊断，查短板、找差距、明措施，加强15项薄弱指标整改提升，实现卓越指标增长、薄弱指标下降。加强计划财务精益管控。建立综合计划管控指标体系，做到重点工作、核心任务基本覆盖。加强预算过程监督，确保预算均衡实施。严格财务制度执行，强化财务报销、现金流审核力度。细化物力集约化管理。完成办公用品等5个项目、400多种物料零星物资服务超市化采购工作，进一步提高物资集中采购效率。开展固定资产清查工作。强化制度建设闭环管理。贯彻国家电网公司通用制度359项，废止16项自有规章制度，组织制定《国网信通公司关于“三重一大”决策实施办法》等18项补充制度。组织制定标准岗位名录，修订考核管理办法和考核指标体系。创新开展制度专项审计，组织制度自查和现场审计，针对7个方面问题，下达审计意见，限期整改落实。完善基础管理。开展2600余台桌面终端、2100余部电话，各局域网络节点683台网络设备和146台安全设备梳理工作。编制《信息通信系统应知应会手册》《北京地区通信站点、设备运维图册》等基础运维资料。完成《信息通信工程建设管理工艺库、案例库、标准化手册》编制。

【党的建设和精神文明建设】 “三个建设”取得新成效。开展教育实践活动。开展学习教育，听取群众意见，严肃查摆“四风”突出问题，组织专题民主（组织）生活会。整改问题，建立销号督办台账，整改措施全部按计划落实到位。组织践行“三严三实”作风建设活动。对照“三严三实”标准，开展队伍作风建设大讨论，开展中层干部作风中期测评。落实八项规定。进一步加强“三公”经费管理，完成办公用房调整和公务用车GPS安装，开展八项规定专项督察督办。开展党风廉政建设。常态化开展廉洁自律教育，组织党员干部观看警示教育片，参观北京市反腐倡廉教育基地，健全完善协同监督机制。加大人才交流培养力度。离退休工作方面，编制《离退休人员名录》《离退休人员服务指南》等基础资料，推进离退休工作标准化。

（黄　荷）

国家电网公司客户服务中心

【单位概况】 国家电网公司客户服务中心（简称国网客服中心）成立于2012年7月13日，是国家电网公司集中供电服务业务执行单位和总部营销决策支撑机构，承担各省95598服务质量监督、检查与评价，负责建设运营国家电网公司95598呼叫中心、智能互动网站、电子商务平台、节能与电动汽车展示体验中心，优化整合服务资源，拓展座席外包等社会化服务项目。下辖南、北两个分中心，本部共设办公室、人力资源部、财务资产部、后勤工作部、党群工作部、业务管理部、服务考评部、信息技术部、电子商务部等9个部门；南（北）分中心设立综合管理部、业务支持部、质量保证部、系统运维部、青工部及6个客服部。国网客服中心成立以来，按照“三年三步走”（2013年打基础、2014年抓深化、2015年上台阶）的建设思路，坚持“稳字当头、安字保底、细字贯穿、优字统领、严字管控”的工作原则，于2012年12月29日完成“2+4”业务集中，2013年11月23日完成“6+21”业务集中，2014年10月24日实现全网全业务集中，搭建了95598呼叫、基础支撑、业务支持和智能互动网站等一体化服务平台。获得中国电子商会呼叫中心与客户关系管理专业委员会颁发的“2014年最佳呼叫中心客户满意度奖”和客户世界机构颁发的“2014‘金耳唛’杯中国最佳呼叫中心新锐奖”荣誉称号。

● 10月24日，国网客服中心完成全网全业务集中割接现场。

【人力资源】 加快人员招聘引进。截至12月底，管理人员总数267人（本部69人，北方分中心103人，南方分中心95人）、客服专员4303人（北方分中心1990人，南方分中心2313人）。强化教育培训，召开培训工作会议，完善培训管理体系，坚持“走出去、请进来”，引入嵌入式团队，分层、分类开展针对性培训。举办内训师、班长、知识管理等培训班，分6批共2266名新客服专员完成在国网技术学院的培训。建立本部与分中心双向交流的轮岗机制，开展两批业务骨干的交流挂职活动，举办大学生成长论坛。严格党员干部队伍管理，教育引导广大党员干部自觉遵章守纪。

【经营管理】 强化经营管理。将工程建设、资金运作等关键业务数据纳入信息系统监控，规范物资采购、薪酬福利等管理。健全规章制度体系，编制运营管理制度47项，制定作业指导书40项，优化业务操作规范64项。建立各项工作管控机制，督促各类制度、标准、规范全面落地，消除工作现场、分中心、中心本部三级链条的管理缝隙。

推进电子商务建设。确定“一个商城、两个平台”（电子商城、第三方支付平台与车联网服务平台）建设目标，编制1个总体方案及15个专题报告，制定56项商城规范，完成143项系统功能开发测试。建立市场营销、支付结算、物流配送、客户服务、运营分析5大运营支撑体系。完成商户招募、三轮业务验证、外部专家测评和模拟运营，确保基本功能运行流畅，按期完成预定建设任务。

南北园区建设。协同国网天津、江苏公司，克服有效工期紧、建筑体量大、协调任务重、交叉作业多等难题，加快园区建设，7月主体工程封顶，2015年2月实现主体工程竣工。

【95598业务运营】 95598全网全业务集中。落实里程碑计划，统一服务受理、业务分类、工单处理等服务标准，建设日承载150万次数据交互、年承载1.4亿通电话呼入的信息系统，建成涵盖20万条内容的业务知识库，开展全范围、全业务、全流程的贯通性测试，于6月13日、6月27日、9月19日、10月24日，分4个批次完成全网全业务集中任务。

95598运营水平。2014年，中心电话呼入总量5481.84万通，受理业务2527.82万件，派发业务工单775.37万个，人工服务接通率98.56%，三声铃响接听率99.99%，工单派发及时率99.95%，座席服务满意率99.42%，投诉按时回访率99.99%，故障报修按时回访率99.98%，顺利通过迎峰度夏、南京青奥会、天津达沃斯论坛、十八届四中全会等客户服务考验。

服务考评。通过95598业务集中监控，及时发现、妥善处置客户服务中存在的各类问题，为省公司消除服务短板提供了支持，有效控制了服务风险。挖掘95598客户大数据价值，从运行数据中寻规律，从服务过程中找问题，从改进提升上提建议，编制服务分析报告24期，提出改进建议64条，为国家电网公司总部决策提供了准确、有价值的客户需求信息。

【党的建设和精神文明建设】 开展群众路线教育实践活动，围绕“为民务实清廉”主题，聚焦作风建设，组织完成了三个环节的任务。解决112名员工落户难等实际问题，群众测评满意率达到100%。开展“以客户心为心”主题教育活动和“风险隐患排查、突出问题整改”专项整治行动，加强思想道德作风纪律建设，“大服务”意识逐步树立。组织以“建家”为主题的文化实践活动，推动企业文化落地。成立中心党、纪、工、团组织和基层组织，实现各级组织和党群工作全覆盖。落实党风廉政建设主体和监督责任，教育全体干部员工干事干净。规范标识应用，加强新闻宣传，扩大95598品牌的影响力和美誉度。

（周　俊）

南瑞集团有限公司（国网电力科学研究院）

【单位概况】 南瑞集团有限公司（简称南瑞集团）是国家电网公司直属单位，与国网电力科学研究院实行“两块牌子、一套班子”运行管理，主要从事电力自动化及保护、信息通信、电力电子、智能化电气设备、发电及水利自动化设备、轨道交通及工业自动化设备、非晶合金变压器等的研发、设计、制造、销售、工程服务及工程总承包业务，是我国最大的电气设备成套供应商。

南瑞集团是第二批国家创新型企业，具有计算机信息系统集成一级资质，是国家科技部设立的“国家电力自动化工程技术研究中心”和国家发改委设立的“电力系统自动化——系统控制和经济运行国家工程研究中心”的依托单位，是国家火炬计划重点高新技术企业和国家认定企业技术中心。

南瑞集团实行总经理负责制，设立14个职能部门、6个支撑机构、30个产业公司（包括国电南瑞、置信电气两家上市公司，股票代码600406、600517），设有研究生部及博士后科研工作站。在南京、北京、上海等20多个城市建有产业基地，在区域电网中心和重点省会城市设有营销服务中心。在23个国家设立了子公司和办事处，产品出口到全球80多个国家和地区。形成了电网自动化及工业控制、信息通信及现代服务业、继电保护及柔性输电、发电及水利环保、智能化电气设备、非晶变、电线电缆7个优势明显、主营业务突出的产业群，拥有40余条产品线、170余条子产品线、500多种具有自主知识产权的高新技术产品。2014年，南瑞集团首次荣获“全国守合同重信用企业”称号，连续十三届进入中国软件企业百强，连续九届成为中国十大创新软件企业，连续六届入选中国电子信息百强企业，获中国软件和信息服务业企业信用评价AAA等级（最高等级）。企业注册商标“南瑞”“国电南瑞”成为中国驰名商标，至此南瑞集团共拥有“NARI”“南瑞”“国电南瑞”“NR”四个中国驰名商标。

【人力资源】 加强人才队伍引进交流和培养，引进国家“千人计划”专家1名、信息通信专业高端人才1名，新增国家电网公司科技领军人才2名、专业领军人才培养对象19名，与省公司开展双向挂职锻炼。实行集中学习与专题培训相结合，开展6期干部培训及47期员工重点专项培训。2814人通过专业技术资格评定或职业资格鉴定，员工职业发展通道上线。深化绩效薪酬管理，优化组织分类化管控和指标差异化考核体系，调整薪酬结构和发放节奏，修订13项福利制度，13家单位新建企业年金。加强招聘配置管理，全口径录用成熟人才982人，开展43名系统外成熟人才公开招聘；录用应届毕业生691人，其中985和211院校占比63%。

截至2014年底，南瑞集团拥有各类专业技术人员16 000余人，博士、硕士4872人。拥有中国工程院院士2名、国家级有突出中青年专家4名、新世纪“百千万人才工程”国家级人选7名、国家“千人计划”专家3名、享受国务院特殊津贴专家21名，省级首席科学家1名、省级突出贡献专家3名、省级科技领军人才7名、省级科学技术带头人37名、国家电网公司各类专家63名、研究生导师132名，高级职称1202名。

【经营管理】 优化综合计划指标体系，规范法人治理及股权投资管理。扩大主营业务标准成本应用，开展子产品线毛利月度分析。深化财务集约化管理，建立集团内部“资金池”，试点开展供应链融资，首次发行短期融资券10亿元，发布会计核算手册，开展会计核算深化细化和会计基础工作规范化评估。完成信息化架构规划设计，开展ERP数据优化治理，客户和供应商主数据准确率分别提升到97.6%和100%。完成制造执行系统一期上线运行，研发桌面云系统试点运行，强化敏感邮件治理。

加强安全质量管理，持续开展“安全管理提升”活动，完成安全生产标准化建设。修订发布33项安全生产规章制度，排查治理隐患80项。建立完善重大工程产品质量管理和质量数据报送平台，完成重大工程产品内部监造20项。全年对17家单位开展质量监督检查，发布集团质量监督报告，调查处理一般及以上产品质量事件25项，开展南瑞质保许可证、合格证的合规性检查。开展质量损失统计和评价试点，最终产品一次交检合格率98.96%。智能电网科研产业（南京）基地搬迁后，集团“四标”管理体系首次通过外部监督审核。

开展依法从严治企，配合完成国家审计署对国家电网公司的经济责任审计。强化权力运行监督，加强领导干部经济责任审计，推进审计在线监督和专题快检，完成各类审计项目158项。宣贯国家电网公司通用制度，制、修订集团制度99项，优化本部业务和审批流程178项。实施法律风险防控专项行动，开展典型经济案例警示教育，编制风险预案22部、法律指引12部，对10家侵权企业开展维权。

【生产管理】 开展精益生产，在16家生产制造单位实施精益生产改善项目329项，建立并优化12条连续流生产线，提升生产效率、产品质量。试点开展销售与运营计划管理，制定集团产品可制造性认证管理办法，发布工艺技术标准8项，实施技改项目34项，开展18项产品国际认证检测。加强物资集约化管理，制定物资计划、招标采购、供应商管理等9项制度，梳理完善18项采购业务流程，发布年度生产物资集中采购目录，实现生产经营类物资采购在线集中管控，实施新增供应商集团统一审批。开展供应商资质核实、认证准入和绩效评价，实施新增供应商集团统一审批，清理冻结供应商2.3万余家，发布集团合格供应商名录。建立物料主数据冻结、解冻流程，清理失效物料17万条。开展工程服务体系研究，制定工程服务关键流程20项、现场服务标准58项。在2家单位开展工程服务规范化试点，制定工作流程，明确管理要求，推进工时定额管理。

【产业发展】 实施重组整合。2014年底，国网电力科学研究院持有的北京国电通网络技术有限公司100%、北京中电飞华通信股份有限公司20%、北京中电普华信息技术有限公司100%、国网信通亿力科技有限责任公司100%、安徽南瑞继远软件有限公司100%、中国联合网络通信集团有限公司0.29%股权，南京南瑞集团公司持有的北京南瑞智芯微电子科技有限公司100%、北京南瑞埃森哲信息技术中心有限公司70%股权划转至国网信通产业集团；南京南瑞集团公司信息通信事业部、南京南瑞集团公司北京通信与用电技术中心整体划转至国网信通产业集团；北京国电通网络技术有限公司持有的浙江电腾云光伏科技有限公司51%股权划转至南瑞集团；国网智能电网研究院所持的中电普瑞科技有限公司和中电普瑞电力工程有限公司100%股权划转至南瑞集团。

优化产业布局。修编“十二五”发展规划，以及南京、武汉地区布局规划，编制9项产业专项规划，修订产品线目录，完成核心业务界定、混合所有制等12项专题研究。智能调度、大电网安全防御、智能配用电等传统产业实现高端拓展，电网运检等运营运维业务发展迅速，发布我国首个碳交易指数。内部资源整合加快推进，成立信息通信事业部、智能电气装备事业部并实现有序运作，置信电气资产重组顺利推进，国际分公司、工程/设计分公司分设运行。加强重点基础设施建设，智能电网科研产业（南京）基地风电楼建成投运，南瑞集团非晶合金产业园厂房完工，南瑞继保智能化电气装备产业园一期、置信电气青浦二期工程竣工。

加强市场营销。组织战略客户交流241次，与32家重要客户签订战略合作协议，全年合并报表口径新签合同额571亿元，同比增长10.83%。统筹重大项目协同运作，保护监控、智能调度等继续保持市场领先，电力市场、一次设备运维、非晶合金变压器等合同增长70%以上，碳纤维复合芯导线等8项新产品首次中标国家电网公司集招。电力电子、变电设备等中标多项特高压工程、柔性直流输电工程和川藏联网工程，承担京沪等省际高速公路充电网建设。智慧城市、轨道交通、石油石化、煤炭冶金等系统外市场取得重大突破，承接15个重大试点示范工程和40个总包工程，水电自动化、风电自动化合同增长2倍以上，系统外市场合同占比达到37%。获信息技术服务运行维护标准符合性证书、信息安全风险评估一级、建筑智能化工程设计与施工一级、防雷工程专业施工甲级等资质。

● 11月14日，南瑞集团承建的西藏电网新一代雷电定位系统竣工验收。图为西藏电网羊八井雷电探测站的探测装置。

创新商业模式。开展整体解决方案策划和合作推广，探索EPC、BT、BOT、PPP、EMC等商业模式，规范带资建设项目管理。节能环保业务拓展至工业控制、配用电节能、余热余压发电、港口岸电等领域，武汉、宁波、嘉兴等地智慧城市项目顺利推进，中标南京宁和城际地铁一期PPP项目，签订国网江苏公司变压器租赁项目框架协议。开展新能源业务商业模式研究和合同能源管理项目运作，中标16个光伏电站EPC项目，承接国网江苏公司和国网重庆公司配电网节能改造、金马焦化和APEC会议雁栖湖等节能项目。全年累计承接总包工程40个。

【科技创新】 加强关键技术攻关和新产品研发，特大型电网稳定、交直流广域协调控制、新能源并网、分布式电源接入等技术取得阶段性成果。多端柔性直流输电技术达到世界领先水平，成功应用于舟山五端柔性直流输电工程。±800kV特高压直流控制保护设备全部国产化，支撑哈郑特高压直流输电工程。攻克百兆瓦级抽水蓄能机组静止变频器核心技术，南瑞集团实现大型抽水蓄能机组控制系统成套设备全部国产化。电网雷击防护与探测技术达到国际领先水平，雷击故障定位准确率95%。研制新一代智能变电站自动化系统、配电网运行控制与管理、电能质量在线监测、统一电力市场交易平台、省地县一体化智能调度控制系统、企业能源管控系统及节能控制核心装备、智能水务系列产品并投入应用。研制成功2MW超级电容成套充电装置、新型磁控电抗器、±1100kV特高压直流复合绝缘子等重要产品。38项新成果通过高等级技术鉴定，38项重点科技项目完成开发。分体式快速充电机、高过载配电变压器、±500kV复合外套避雷器等71个产品通过新产品认定。非晶立体卷铁芯配电变压器挂网运行，1250mm^{2}大截面导线实现产业化推广，六氟化硫环网柜引进国际先进技术。

全年获各级各类科技奖励114项，其中国家科技进步一等奖1项、二等奖1项，中国电力科学技术奖一等奖3项；获专利授权418项，获国家专利奖2项、国家电网公司专利一等奖3项；获发明专利授权169项，获软件产品登记110项；在核心期刊发表论文420篇，出版论著3部；编写国家及行业标准15项、国家电网公司技术标准59项。《电力系统自动化》蝉联“中国最具国际影响力学术期刊”。国家能源局定制电力实验室、风电机组控制技术实验室、智能变电站实验室、智能配电技术实验室4个重点实验室投运，新获国家能源局电力行业信息安全评测实验室、公安部等级保护评测机构资质。

【国际化工作】 新签海外合同额35.27亿元，同比增长15%。优化海外营销网络布局，新建澳大利亚、肯尼亚、埃塞俄比亚办事处。承接伊朗风电厂、菲律宾卡拉卡变电站改造及老挝国调二期等大型总包项目，承担全球无功补偿容量最大的埃塞俄比亚变电站项目，巴西集控中心调度自动化、泰国10个变电站改造等顺利交付。串联补偿装置、动态无功补偿装置、继电保护装置、电量计量管理系统、线缆等产品进入巴西、澳大利亚、苏丹市场，轨道交通直流保护系统开创我国同类产品出口先例，光伏电站监控系统首次出口。风电变流器取得欧盟市场准入资格，光伏总包业务首次取得出口信用保险承保。申请4项国际专利，4项国际标准进入草案环节，开展18项产品国际认证检测，完成33个国家商标注册，26名专家任国际组织成员。英文网站正式上线，举办30期英文培训，47人新获国际项目管理师认证。

【党的建设和精神文明建设】 开展党的群众路线教育实践活动，制定工作方案，深入基层联系点调研指导、听取意见，开展批评与自我批评。各级党组织扎实开展学习教育，征求意见建议，查摆问题，召开专题民主生活会和组织生活会，开展民主评议党员工作，制定和落实“两方案一计划”。针对产品质量和工程服务、国际业务开拓、财务报销等突出问题，集团及各单位完成整改销号5871项。落实中央“八项规定”和国家电网公司要求，开展专项整治工作，集团发文数量同比减少30%，各类检查、评比同比下降56%和40%。

加强“三个建设”，实施差异化政工综合计划管理，新建和优化17个党组织，推进基层支部书记公推直选，加强流动党支部和党小组建设，发展党员178名。落实党风廉政建设“两个责任”，发布惩防体系建设要点，拓展廉洁宣教四个平台，加大违规违纪查处力度，完成协同监督10项、效能监察26项。创新微型化传播模式，举办“文化南瑞·员工大讲堂”。5项企业文化重点项目成果受上级表彰。深化“中国梦·国网情”“最美一线员工”主题活动，徐泰山获“中央企业优秀共产党员”称号，李德胜、范盛楠入选国家电网公司“为民务实清廉”先进典型。

深化和谐企业建设，完成班组长三年轮训计划，置信宏源生产部干式变压器车间高压班组获全国安康杯竞赛优胜班组，卢有清、郝后堂获全国机械工业劳动模范。实施“心灵家园”项目，智能电网科研产业（南京）基地户外活动场地、5家单位职工服务中心投入使用。开展青年创新创效系列主题活动，置信帕威尔电气团委获央企“五四红旗团委”称号。南京、武汉老年活动中心投入使用。

（杨丽萍）

中国电力技术装备有限公司（国家电网公司工程管理分公司）

【单位概况】 中国电力技术装备有限公司（简称中电装备公司）是国家电网公司全资子公司，是国家电网公司开展国际工程总承包业务的主要承担者和实施者。业务范围覆盖电力工程总承包，电力设备集成与供货，电网建设、安装与运营，规划、设计、咨询及项目融资支持等领域。中电装备公司拥有丰富的国际工程总承包管理经验和高效的管理团队，根据国家电网公司国际化战略，中电装备公司主要围绕“三电一资”项目，为业主提供电网规划、设计、勘察、工程建设、人才培训及咨询等服务，为不同建设模式（EPC、BT、BOT、BOOT、PPP）提供一揽子解决方案。

【人力资源】 实施“三定”及全员竞聘工作。两年来引进各类人才281名。实行市场化薪酬改革，优化调整人工成本和工资总额分配机制，与营业收入、利润总额、新签合同额挂钩。从能力分析入手，设计培训方案，围绕国际工程总承包业务能力，组织各类培训班73次2638人次。优化外事工作流程，完成182个出国团组的手续申报，涉及41个国家和地区；完成422名员工因公护照和出国手续办理。

持续开展公司本部和基层单位干部交流工作。创新干部管理、使用方式，干部任命实行任期制，开展干部竞聘，选拔一批想干事、能干事的干部员工走上管理岗位。

【经营管理】 2014年，中电装备公司新签合同额151.3亿元，其中，国际合同额125.42亿元；实现营业收入80.82亿元，同比增长290.5%；利润4亿元，同比增长132.97%；2014年末，资产总额89亿元，资产负债率70.4%，净资产收益率11.83%，全口径劳动生产率118.16万元/（人·年）。安全质量保持稳定，关键业绩指标在市场化产业公司中并列第一，国际业务收入进入ENR2015全球最大国际承包商前100强。

【市场开发及项目履约】 截至2014年底，中电装备公司在执行项目45项，项目金额142.4亿元，其中EPC工程总承包项目10项，项目金额140.7亿元；设计咨询项目35项，项目金额1.7亿元。承建的世界上首个五端柔性直流工程——浙江舟山柔性直流输电示范工程竣工投产，各项指标达到设计要求。巴西皮拉波拉500kV变电站扩建管理咨询项目、缅甸八路桥230kV输变电项目、巴基斯坦迪吉汗500kV输电线路项目、中国联通中原数据基地配套变电站及线路项目按期竣工投运。埃塞俄比亚GDHA 500kV输变电项目完成65%的形象进度，带动超过39亿元的电工装备出口和施工服务输出。巴基斯坦新拉合尔500kV输变电项目、巴西黑贝隆500kV变电站扩建项目、巴西马雷夏尔龙东440kV变电站绿地项目、尼泊尔巴拉特普尔—巴特盖特220kV输电线路项目、埃塞轻轨配套输变电项目等顺利进行。世界银行提供融资的肯尼亚66kV配电网改扩建项目前期准备工作就绪。山东黄河500kV输变电项目获国家电网公司“安全质量流动红旗”，福建厦门柔性直流输电项目开工建设。

市场开发方面。在非洲、南美洲签署了20个国际工程项目，涉及超高压输变电、风力发电、电力调度等专业领域，年度国际签约额位居国内同行业前列。主要签约项目包括埃塞俄比亚轻轨配套输变电项目、世界银行埃塞城镇配网项目、非洲发展银行埃肯±500kV直流线路项目、土耳其桑科1×150MW燃煤电站项目、巴基斯坦NBT三期风电项目、委内瑞拉国调项目、马拉开波湖南部火电厂配套输电网扩建项目、老挝巴俄—帕乌东230kV水电外送输变电项目、缅甸北克钦电网联通项目。

响应国家“一带一路”战略，跟进国家电网公司与周边国家电网互联互通战略规划，推进中亚—南亚直流联网项目、沙特—埃及±500kV 直流输电项目以及中巴联网、中哈联网等项目。密切跟踪厄瓜多尔电力公司、石油公司等其他输变电项目，全年跟踪项目 106 个，金额超过 400 亿美元，参与投议标 72 次，签署巴基斯坦±660kV 直流输电项目、埃及电力市场合作、吉尔吉斯斯坦能源合作等 6 份谅解备忘录。

【国际化交流】 围绕“三电一资”项目，中电装备公司加强高访交流，全年中电装备公司领导班子共拜会和参与会见了塞内加尔总统萨勒、埃塞俄比亚总统穆拉图 2 位国家元首，拜会和会见了埃塞俄比亚财政部部长、塞内加尔驻华大使、厄瓜多尔电力部部长、厄瓜多尔亚马逊石油公司总经理、阿尔斯通电网高级副总裁、赞比亚驻华大使、埃塞俄比亚财政部副部长、ABB（中国）有限公司副总裁、ABB 集团执行副总裁、埃及电力和新能源部部长等多个国家政要及跨国公司领导人。中电装备公司领导主要出访非洲、南美洲、中南亚、中东等重点开发的国家 16 个。全年参加国际国内相关展览展会 5 次。5 月，参加第五届全球基础设施建设与投资高峰论坛；6 月上旬，参加第一届“达喀尔非洲基础设施融资峰会”；6 月下旬，参加蒙古国戈壁地区可再生能源开发及东北亚超级电网论坛。10 月，参加中国第六届对外投资合作贸易洽谈会。

【党的建设和精神文明建设】 组织完成“学习教育、听取意见，查摆问题、开展批评，整改落实、建章立制”三个环节的各项工作。

重新改选调整中电装备公司各直属党支部，成立埃塞俄比亚、黄河项目部临时党支部。结合教育实践活动组织学习习近平总书记系列讲话，开展党员评价等工作。按照国网公司企业文化建设要求，将企业文化建设列入公司“管理提升年”活动重点任务，完成《激情成就梦想》微电影制作，编制企业文化宣传手册，撰写践行社会主义核心价值论文，编写企业文化在海外项目的落地实践案例。

履行社会责任。对埃塞俄比亚工程驻地的学校捐赠书包、笔和足球等学习体育用品。拍摄制作舟山海缆施工纪录片和黄河项目工程纪录片；开发中电装备公司 iOS APP 客户端（英语），介绍中电装备公司业务范围、技术与实力、工程业绩、驻外信息、团队风采等内容。组织制作《2014 年中国电力技术装备有限公司年册》、《青春》画册和《员工手册》；制作管理提升内刊（1~2 辑）。正式挂牌成立国家电网报社驻公司记者站。举办“走进 2015·驻华使馆官员迎新年活动”；举办在京国际业务代表文体活动。

（许保卫）

鲁能集团有限公司（都城伟业集团有限公司）

【单位概况】 鲁能集团有限公司（简称鲁能集团）作为国家电网公司的全资子公司，主营业务为住宅地产、商业地产、清洁能源。

4 月，国家电网公司将鲁能集团全资子公司都城伟业集团有限公司股权上划至国家电网公司总部，与鲁能集团实行“两块牌子、一套班子”运行管理。

鲁能集团实行本部、运营企业两级管理。本部设 16 个职能管理部门，所属单位共 80 家，其中全资企业 37 家，控股、参股企业 43 家。控股经营上市公司“广宇发展”。2014 年被中国企业家协会等权威机构评为“AAA 级信用企业”“重合同守信用企业”。

【人力资源】 截至 2014 年底，鲁能集团职工总数 8705 人，其中：研究生及以上学历 368 人，本科学历 2191 人，大学专科 2060 人，中专及以下学历 4086 人。职工平均年龄 34 岁。

推进管控调整和人岗匹配工作。继续完善公司本部及所属单位权责划分和机构设置，厘清管理界面，加强专业化管理。继续推进房地产、新能源产业人岗匹配工作，根据能力素质测评结果，开展岗位调整和人员置换工作，逐步建立能上能下、能进能出的企业选人用人机制。推进持证上岗制度，印发《职业资格认证管理暂行办法》，推进“学习型”组织建设。优化职工培训和队伍建设工作，按照突出重点、分类实施原则，组织开展营销、设计、工程等各类专业培训和高管人员培训，累计培训 15 385 人次。组织实施“263”领导梯队建设（利用 2~3 年时间，培养 200 名业务主管、60 名高管副职和 30 名高管正职后备干部），选拔 121 名领导梯队后备人才，分层次制定培养模式。引进高级专业管理人员和专业技术骨干 35 人，招聘重点专业毕业生 252 人，解决结构性缺员问题。加强人力资源管理基础性工作，编制下发《干部任前公示》等管理制度，健全人力资源管理制度体系。推进人力资源信息化建设和人力资源发展规划编制工作。推动薪酬体系改革。加大企业负责人基本薪酬与企业规模、业绩贡献、管理难度挂钩幅度，合理拉大薪酬差距。优化绩效管理体系，突出效益和成长指标，加大净资产收益率、净利润、合同销售额、存量房源去化等指标的考核权重。

【经营管理】 推进企业改革。以建设“公众型、友好型，资产优良、业绩优秀”一流企业为目标，研究制定鲁能集团深化改革总体方案，加强统筹设计和组织协调，推进各方面改革。推动上市公司重组工作。完成都城伟业集团股权上划，作为公司管理总部和商业地产、清洁能源等产业投资主体。

加快主营业务发展。推进北京、宜宾、济南等项目拆迁供地工作，在北京、重庆等地拓展项目资源。海口鲁能希尔顿酒店、三亚山海天万豪酒店二期、济南领秀城购物中心开业运营，天津绿荫里综合体、上海世博写字楼、文安生态区、九寨中查沟等项目工程建设总体顺利。组织研究养老地产发展思路、项目定位和投资运营模式，推进规划设计、报批报建等前期工作。新疆达坂城二期、小草湖二期获得核准，甘肃敦煌光伏示范项目一期并网投运。完成澳大利亚郝力克酒庄收购。

深化专业管理。围绕加强各产业专业化管理，组建成立设计研发中心、商业管理分公司、都城绿色能源公司。开展管理诊断分析，组织开展房地产A3版流程体系宣贯优化，推进通用管理流程和其他产业管理流程编制工作。以成本、工程、采购、合同等模块为重点，抓好ERP深化应用，业务审批流程系统上线试运行。加强运营监测中心建设，初步具备数据自动生成、核心指标预报预警、远程实景监控等功能。

强化经营管理。围绕提高总资产周转率、净资产收益率等核心指标，组织效益提升工作。开展应收款专项治理，制定实施扭亏增盈工作方案，撤并亏损单位7家。配合审计署延伸审计，及时整改发现问题。加大历史遗留问题处置力度，有效维护公司合法权益。加强安全管理，总体保持安全稳定。

【产业发展】 住宅地产。在北京、重庆、济南、大连、海南等地开发项目19个，在建面积255万 m^2，开发北京优山美地、济南领秀城、重庆星城、三亚湾新城、海口海蓝椰风等知名产品系列。商业地产。投资开发城市综合体、酒店商场、生态旅游、养老地产等。截止2014年底，鲁能集团商业地产运营面积56.7万 m^2，其中：酒店10家、商场4家。在建面积220多万 m^2，包括在济南、天津、上海等城市中心区域投资建设综合体、写字楼、酒店等项目，在海南三亚、四川九寨、河北文安等地投资建设旅游度假酒店、生态区等项目。与万豪、希尔顿、四季等国际知名酒店管理集团建立战略合作关系，提升形象品质和投资收益。清洁能源。在新疆、甘肃、内蒙古、河北、江苏等地投资发展陆地及海上风电、光伏发电等清洁能源项目，运营清洁能源装机76.5万kW。在山东菏泽运营2对煤矿，年产能350万t。

12月11日，甘肃敦煌光伏示范项目一期20MW项目通过总启动验收，该项目是鲁能集团投资建设运营的第一个光伏发电项目。

【党的建设和精神文明建设】 截至2014年底，鲁能集团共有21个基层党委，104个党支部（总支），1218名党员。2014年，鲁能集团荣获第四届全国文明单位称号，鲁能集团本部荣获国家电网公司文明单位称号。

开展党的群众路线教育实践活动。制定活动方案，成立机构，完善机制，成立4个督导组。听取意见建议，征求意见建议598条，建立领导干部联系点14个。深化整改落实和“四风”问题专项整治，建立作风建设长效机制，各级领导班子制定整改任务713项，整改措施982条。严格实行销号管理，完成整改落实。

加强党建和思想政治工作。加强党建目标管理，开展“四好”领导班子和党风廉政建设检查考评工作。组织“党员先锋岗”创建活动，评选“党员先锋岗”406人次。理顺党的组织关系，鲁能集团直属党委转属国家电网公司直属党委管理。加强形势任务教育，开展“中国梦·国网情·奉献鲁能”主题教育活动。组织开展“一先两优”“为民务实清廉”典型评选推荐。加强员工思想动态分析，针对员工关心关注的热点、焦点问题，及时释疑解惑，理顺情绪。

提升企业文化和精神文明建设水平。以“三个认同”（事业认同、管理认同、情感认同）为主题，加强公司传播工程和落地工程重点项目建设。开展微电影大赛、优秀职工歌曲评选和小品创作征集等活动。组织“员工优秀课堂”竞赛、第三届“鲁能杯”乒乓球比赛等系列文体活动。

深化党建带工建和团建工作。组织职工代表巡视检查，召开总经理联络员座谈会，开展“我为企业献一策”合理化建议征集活动。开展“奋斗的青春最美丽”“青春励志故事分享会”“大宣传大调研”等系列活动，打造青年文明号、青年突击队等“青”字品牌工程。

（张　杰）

国网新源控股有限公司

【单位概况】 国网新源控股有限公司（简称国网新源公司）于2005年3月31日成立，是国家电网公司的全资子公司，与国网新源水电有限公司实行一套机构、两块牌子的一体化管理模式。主要负责开发建设和经营管理国家电网公司经营区域内的抽水蓄能电站、部分常规水电站项目，在国家电网公司战略布局中具有重要地位。截至12月底，国网新源公司管理单位51家，分布在19个省（直辖市），管理装机容量3703.92万kW。

【人力资源】 发布运维一体化单位机构编制指导意见，强化劳动组织管理。加强内部人才市场建设，通过系统内招聘调配180人，招聘毕业生201名，人力资源配置进一步优化。突出分类管理和差异化考核，强化绩效考核激励约束作用。

成立国网新源公司内部专业技术委员会，建立专家人才分散与集中相结合的管理模式，完善教育培训管理体系，组织遴选专业领军人才，员工队伍“提质工程”成效显著。

【发展规划】 配合国家能源局编写出版《全国抽水蓄能电站选点规划成果》，进一步推进国家电网公司经营区域抽水蓄能选点规划优化布局研究工作，启动选点规划成果中剩余推荐站点及部分重要备选站点预可研招标工作，开展及启动预可研项目达42个，实现国家电网公司经营区域内抽水蓄能推荐站点全覆盖。

取得天池、文登、蟠龙、沂蒙、金寨5个项目核准批复，并完成5个项目公司的组建，核准项目数量和规模创造国网新源公司历史最高纪录。厦门、镇安项目具备上报核准条件，句容、阜康、丰宁二期和平江项目可研工作推进。

【经营管理】 建立项目储备库管控体系，加强与预算、专项计划管理的横向协调。重视电价工作，配合国家电网公司促进出台抽水蓄能电价新政策和落实意见。研究审定仙游、蒲石河等8家电站电价申报和调整上报方案。

依法从严治企，深化法律风险防范和通用制度落地工作。配合做好国家审计署经济责任审计和国家电网公司人力资源管理等专项审计。突出任期经济责任审计和建设项目全过程跟踪审计，全年共完成37个审计项目。推进重组整合，集体企业数量压减20家。

【生产运行】 开展安全管理提升活动。落实安全风险分析评价机制，推广实施生产岗位安全资格认证，开展春秋季安全大检查、“安全月”等安全专项活动，整改隐患问题172项。实施“运维一体化”，13家单位进入试运行阶段。加强检修标准化作业，落实全过程技术监督要求，完成机组检修193台次。加强防汛应急管理，成功应对台风、暴雨等极端天气考验。机组可靠性、启动成功率和服务电网能力持续提升，蓄能机组台均运行时间同比增加23.94%，完成重要节假日、南京青奥会、APEC峰会等保电任务。

【工程建设】 开展“基建规范年”活动，加强建设项目全过程安全质量管理。严格重大设计方案审查，推广地下厂房通用设计和标准施工工艺，加强工程关键项目的督导和协调，严格档案全过程管理，7个在建项目安全、质量、进度总体良好。

5月8日，黑龙江省第一座抽水蓄能电站——荒沟抽水蓄能电站工程开工建设。丰满大坝重建工程平稳推进，10月8日，丰满三期电站独立运行改造工程完工，两台机组正式交付系统调度运行；10月15日，丰满电厂一、二期发电设备拆除工程开工；10月18日，丰满重建工程大坝下游围堰正式合龙，大坝主体进入全面开挖阶段。

安徽响水涧抽水蓄能电站荣获国家优质工程奖。安徽绩溪、河北丰宁抽水蓄能电站项目上、下库及地下厂房主体工程开工。

● 10月18日，丰满重建工程大坝下游围堰正式合龙，大坝主体进入全面开挖阶段。

【科技工作】 4月1日，经过国网新源公司的独立自主整组调试，我国自主研制的首台百兆瓦级抽水蓄能机组静止启动变频器（SFC）在响水涧抽水蓄能电站成功启动，拖动4台机组抽水调相并网一次性成功，标志着我国百兆瓦级抽水蓄能机组SFC的研制和调试技术都取得了突破性进展，打破外方企业在这一领域的长期垄断。

● 4月1日，经过国网新源公司的独立自主整组调试，我国自主研制的首台百兆瓦级抽水蓄能机组静止启动变频器（SFC）在响水涧抽水蓄能电站成功启动。

重大科技项目“大型抽水蓄能电站机组关键技术、成套设备及工程应用”获2014年度中国电力科学技术奖一等奖和国家电网公司科技进步奖特等奖。

“300MW级抽水蓄能机组调速励磁系统研制及工程应用”项目获得中国电力建设科技进步一等奖。全年取得专利授权104项，其中发明专利9项。推进技术标准建设，完成12项国家、行业标准和国网企标编制工作，国网新源公司荣获“全国电力标准化工作先进集体”称号。推进运营监测（控）中心建设，综合监控应急中心建成投运。

【党的建设和精神文明建设】 加强基层组织建设，组建11家新建单位党组织，完成14家单位党委换届选举。推进反腐倡廉建设，制定《基层单位党委和纪委落实党风廉政建设责任清单》，落实“两个责任”。深化基建系统惩防体系建设，制定“打造廉洁大坝”工作方案，强化协同监督和效能监察。编制《廉政风险防控手册》，加大纪检信访案件查办力度。

作为全国总工会“安康杯”独立组织参赛单位，深入开展“安康杯”竞赛活动，10家单位荣获全国“安康杯”竞赛优胜单位。国网新源公司被国家电网公司评为审计、调查研究、“一流三化”管理提升工作先进单位，企业文化歌曲《爱在山水天地间》获得优秀电网歌曲金奖。

（韩 冰）

国网国际发展有限公司

【单位概况】 国网国际发展有限公司（简称国网国际公司）于2008年6月由国家电网公司出资成立，是国家电网公司海外电力能源资产投资运营的专业化平台，开展电力能源领域的海外存量资产并购、绿地项目投资以及海外资产运营管理，为项目所在国提供专业化的输配电及资产运营服务。2014年，国网国际公司资产、利润较2013年实现翻番，所有投资运营的项目全部盈利。

截至2014年底，国网国际公司共设置6个职能部门，6个专业部门，4个全资公司（国家电网国际发展有限公司、格鲁吉亚东部电力公司、华北电力国际经贸公司、国电外事服务有限公司）。下设1个全资公司（国家电网巴西控股公司），1个控股公司（国网新能澳洲资产公司），6个参股公司（菲律宾国家电网公司、葡萄牙国家能源网公司、澳大利亚南澳输电网公司、新加坡能源澳网公司，港灯电力投资有限公司，意大利存贷款能源网公司）。

【人力资源】 截至2014年底，国际公司境内外员工共计3745人，其中，中方员工247人，外籍员工3467人。中方员工平均年龄为37岁，研究生以上学历占55.87%，中级以上职称占60.73%。2014年，新增驻外长期工作人员21人，短期工作人员2人。加强境外全资公司劳动用工和人工成本管理，实现境外控股公司人力资源统计数据合并。

加大市场化考核意识，落实“绩效等级积分”制度，加强员工绩效考核结果应用，将考核结果与员工职业发展、升迁竞聘、评优评先、教育培训等结合。

根据国际业务项目需要，加强短期临时出国工作团组的审批管理。加大国际化人才培养力度，采取面授与自学相结合的方式加强英语、葡语、国际业务系列培训。全年完成培训项目 171 班次 6128 人次，全员培训率 98%。

【经营管理】 存量资产并购。1 月 3 日，成功收购新加坡能源国际澳洲资产公司（SPIAA）60% 的股权和新加坡能源澳网公司（SP AusNet）19.9% 的股权。这是公司首次在海外成功投资配电和配气等公用事业。

7 月 31 日，国网国际公司与意大利存贷款公司（CDP）在意大利总理府签署相关协议，收购 CDP 旗下意大利存贷款能源网公司（CDP RETI）35% 股权，并于 11 月 27 日顺利完成项目交割。CDP RETI 持有意大利国家输电网公司（TERNA）29.85% 股权和意大利天然气网络公司（SNAM）30% 股权，两公司均为意大利国家级输电和天然气公司。此次收购是中国企业迄今为止在意大利的最大单笔投资，国网国际公司成功进入西方七国集团市场，增加了国网国际公司在发达地区市场的资产比例。1 月，国网国际公司收购港灯公司 20% 股份。争取与我方股比相应的管控权，派出董事高管团队参与运营管理。

● 11 月 27 日，意大利存贷款公司能源网资产股权收购项目交割现场，国际公司总经理朱光超与 CDP 首席执行官乔瓦尼·戈尔诺．坦皮尼在股权交割文件上签字。

【绿地项目开发】 2 月 7 日，国网国际公司与巴西国家电力公司组成的联营体（51%：49%）中标美丽山水电送出特许权项目。该项目是巴西和美洲大陆第一个±800kV 特高压直流工程，是国家电网公司首个采用±800kV 特高压直流方案的海外大型绿地建设项目，标志着中国特高压技术“走出去”取得重大突破。巴西特里斯皮尔斯输电特许权项目、2012 年 07 号输电特许权项目 G 标段、2013 年 07 号输电特许权项目 P 标段等多个在建绿地项目正在有序开展。路易斯安那变电站扩建项目于 7 月 19 日正式投入商业运行。

【海外资产运营】 菲律宾国家电网公司继续保持良好的经营状况，各项指标稳中有升。国家电网公司发挥技术优势，应对菲律宾台风“黑格比”灾害。推进菲律宾莱特—棉兰老直流联网工程和新能源并网项目。协助开展 NGCP 标准化体系建设。应对 2014 年复杂的国际形势，确保境外资产安全和人员安全。

巴西公司所属输电资产运行情况平稳。强化综合计划、预算、劳动用工等管理，国际公司下发了关于加强巴西公司劳动用工和人工成本管理、资金管理及综合计划管理的意见。完成 ACS 项目五个已交割资产的接管与整合，开展技术创新与交流合作，重点加强和规范人力资源管理，财务管理及采购管理，建立健全综合计划和全面预算管理体系，巴西公司荣获“2014 年巴西电力行业最佳公司”称号。

REN 公司继续保持良好发展态势，国际公司发挥单一最大股东的作用，协助 REN 向中资银行申请融资及支持，获得良好信用评级。2014 年，REN 先后完成董事长和首席执行官更换、REN 剩余国有股份私有化、TSO 认证、2015 ~ 2017 输电监管规则重置等工作。

南澳输电网公司运营效率稳步提升，与澳大利亚税务局（ATO）达成共识，南澳公司解决税务审计事宜。国际公司根据股权购买协议，就税务审计事宜与卖方沟通，完成价格调整工作。

国网澳洲资产公司开展全方位整合。完成财务、人资、计划等管理的有效对接。谋划业务发展，推进董事会各项决议，实现稳健高效运营的工作目标。

澳网公司自 1 月 3 日接管以来，国际公司作为主要股东与有关各方建立有效沟通渠道，对重大问题进行专题研究，实现安全平稳运营，各项经营指标表现良好。

完成格鲁吉亚东部电力公司股权划转工作，开展格鲁吉亚东部公司董事和高管任命工作，稳定中格员工队伍，实现公司平稳过渡。

开展建设境外资产运营监测（控）中心。国际公司前后方密切配合，搭建统一数据平台，连接巴西、澳大利亚信息专线，建立跨部门协作的工作台系统，为提高境外资产和核心资源的管控能力提供更为有效的平台。

拓宽境外融资渠道。与国际评级机构沟通，展示国际公司信用亮点，获得一年内两次上调国际信用级别，国际公司债项评级全部上升到 A+行列。首次利用自身信用等级独立境外发债 10 亿欧元，7 年期债券 7 亿欧元，收益率 1.54%；12 年期债券 3 亿欧元，收益率 2.53%。

提高资金运作管理水平。配合国际业务进展，全年完成多渠道融资超过 50 亿美元，融资成本不断降低。加强境外公司预算管控，优化巴西公司股东贷款安排，有效规避雷亚尔汇率波动对利润的影响。连续两年获财政部、商务部国际业务专项激励，获补贴资金 1.83 亿元。

【党的建设和精神文明建设】 开展党的群众路线教育实践活动。按照国家电网公司党组的部署和要求，推进教育实践活动和国际业务中心工作，开展学习教育、查摆问题、整改落实各环节工作。完成“两方案一计划”共 133 项整改措施验收销号。

开展党建工作按照建设学习型、服务型、创新型党组织的要求，多种途径提升党建工作水平。召开党组中心组（扩大）学习会议 8 次，组织政治理论学习；建立健全基层组织体系，进一步优化组织设置，成立退休党支部；完成两个海外党支部的党支部书记公推直选。注重在国际业务一线、青年骨干中发展党员，加强学习型党组织建设。继续深化“读书月”活动，建立图书阅览室，开展内部学习交流研讨、经验分享和老带新等团队成长活动。国网巴西公司党支部被国资委党委授予“中央企业先进基层党组织”称号。

深化反腐倡廉。贯彻落实国家电网公司反腐倡廉建设总体部署，落实党风廉政建设主体责任和监督责任。制定 2014 年惩防体系推进计划，将惩防体系建设深入企业管理的重点领域、流程、环节；进一步贯彻落实中央八项规定精神，加强领导干部作风建设，落实 8 方面 15 项协同监督主要事项的监督责任；结合国际业务特点，以党的群众路线教育实践活动为抓手，开展“反对四风”专项整治效能监察，荣获国家电网公司 2014 年度效能监察优秀项目单项奖。

依法从严治企。配合完成国家审计署审计、国资委监事会专项检查，根据国家电网公司总部统一部署开展依法治企综合专项检查及整改“回头看”工作，重点关注境外投资项目管理、资金管理等关键领域的潜在风险。结合自身业务需求，开展境外投资终止项目专项检查，综合分析评价项目的实施和管理、各项费用管控的规范性等情况。

企业文化建设。落实“五统一”要求，把企业文化和精神文明建设融入国际业务开发、资产运营和经营管理各项具体工作中，提升企业文明程度和员工综合素质。推进企业文化建设重点项目建设，组织完成国家电网公司企业文化传播工程重点项目，其中“境外全资企业制度建设研究”课题报告在国家电网公司系统评比中荣获二等奖。开展文明单位创建，国际公司（本部）申报国家电网公司文明单位，迎接国资委文明办“首都文明单位”考查组现场检查。

深化核心价值理念宣贯，开展“中国梦·国网情”学习实践活动。开展向驻外员工家属“送温暖”活动。

（刘艳丽）

国网通用航空有限公司

【单位概况】 国网通用航空有限公司（简称国网通航公司）是国家电网公司的全资子公司，总部设在北京，主营业务为直升机电力飞行作业。具有中国民用航空局颁发的甲类经营许可资质及民用机场许可证，现拥有美国贝尔 206B 型、206L-4 型、407 型、429 型，法国欧直 EC120B 型、AS350B3 等系列航空器，可以进行甲类的直升机外挂载荷飞行和乙类的空中巡查、科学实验、航空护林作业，是国内唯一可独立完成直升机巡线、带电检修、带电水冲洗、放线施工等多种电力作业项目的通用航空公司。

国网通航公司先后在直升机巡航作业、带电水冲洗绝缘子、带电检修、展放导引绳、3D 激光扫描、高海拔作业等多项技术上填补了国内空白，分别创造了在海拔 2900 多米和 5350m 地区实施吊装组塔、电力巡线的高原直升机电力作业世界纪录。

【人力资源】 全年累计引进人才 108 人，管理人员 12 人，飞行人员 14 人，其中引进副驾驶以上（含机长）8 名，机务维修人员 29 人，航管人员 12 人，航检人员 14 人，保障司机 12 人，其他综合保障人员 15 人。开展机构优化调整，提高公司整体运行效率和管理水平。初步制定薪酬体系调整方案，建立薪酬的动态调整机制。科学分解考核指标，明确绩效目标。组织夏冬季集训、新进员工培训，开展通航大讲堂活动，持续提升队伍整体素质。

【经营管理】 管理创新。建立战略规划管理体系，开展发展战略指引编制工作。强化年度十大重点任务督察督办。统筹组织调查研究，规范咨询和创新项目管理，获得国家电网公司管理创新、管理咨询成果三等奖各1项。梳理421项国家电网公司通用制度，编制《维修管理手册》等36项核心业务规范性文件，基本建成国网通航公司制度规范体系。

管理提升。推进计划预算一体化管理，健全经济活动分析常态机制，提升综合计划管控能力。开展资产盘查工作，通过ERP强化资产精益管理，实现资产价值与实物联动管理。取得国家级高新技术企业资质，降低税赋40%，节税约600万元。深化采购计划管理，完善申报和审核机制，通过批次计划落实年度计划，进一步提升采购效率和效益。加强ERP应用，建立航材主数据5万余条。全年参加3个批次的总部集中采购、组织实施7个批次公司集中采购，节约资金2782万元。

基地建设。完成基地建设进度和投资计划优化调整。华中（仙桃）基地正式开工建设。浙江（千岛湖）基地已具备生产运行条件，青海（格尔木）基地完成项目和财务交接。安徽（合肥）基地转入可研评审。华东（德清）基地落实场址可行性。西北（白银）基地、新疆（哈密）基地、四川（眉山）基地正在进行可研完善。12月，国网通航公司在湖北省仙桃市举行华中基地（仙桃通用机场）项目建设推进会，项目正式开工建设。

【电力巡线】 全年累计巡视电网线路11.48万km，同比增长34%；发现缺陷20 974处，其中严重以上缺陷455处；安全飞行10 948h，安全起降6265架次。完成青藏线西藏段巡视，特高压交流试验示范工程输电线路红外测温以及锦苏、复奉、宾金直流输电线路夏季大负荷特巡等任务，有力保障电网安全稳定运行。完成激光扫描作业6907km。深化激光扫描数据应用，完成安徽电力通道走廊运行分析报告，实现扫描数据的转换应用。

【直升机放线施工】 完成1000kV浙北—福州特高压线路工程无人区段直升机吊运作业施工项目，实现单日最大吊运量152.86t，累计运输物资2403t，有效解决特高压电网建设无人区运输困难。配合中央电视台顺利完成《超级工程》航拍任务，展示特高压输电领域的技术创新和建设成就。依托浙福线直升机施工项目科研课题，研制直升机吊装组塔、放线等专用施工机具，研发具有自主知识产权的工器具和装置设备，完成直升机施工与人工作业的经济分析。推进2015年锡盟—山东特高压交流工程直升机深化应用工作，组织直升机施工现场踏勘，搭建组织模式，为开展项目试点应用奠定基础。

● 3月，实施浙北—福州工程特高压交流输电线路无人区段直升机吊运作业施工。

【安全管理】 2014年，国网通航公司将确保飞行安全作为重中之重，持续加强“三大体系”（安全责任、安全保证、安全监督）建设。组织开展飞行训练、带电作业等项目风险评估。持续开展“4E”[1]行动计划，累计排查隐患19项，整改率100%。深化应急机制建设，编制《应急工作手册》，开展危化车辆突发事件等应急演练。加强夏冬季集中安全教育，组织培训30余次，各专业《安规》考核合格率达97%。

运行管控体系。组建飞行调度控制、机务维修、飞行训练三个中心，提升飞行、机务、运行专业化管理水平。初步形成静态、动态、机组三级运行控制体系，作业组织、计划管理、调度指挥、机组管控水平显著提高，实现年度巡视任务零结转，机组执行任务强度得到有效控制。

专业管理能力。协调180多个军民航单位的任务申报，重选新选起降点80多个。外籍飞行员在定陵机场执行带飞任务首次获得总参、民航局批准。实现上海等空域繁忙地区任务协调的突破。国网通航公司成为华北首家获取塔台无线电台执照的通航企业。成立飞行技术考评委员会，新授权机长6人，机长人数达到18人。严格飞行训练管理，全年累计组织飞行训练123场次799h，开展机型改装理论培训612h。

[1] “4E”指 Examin vulnerability（查漏洞）、Exclude hidden danger（排隐患）、Ensure safety（保安全）、Expedite development（促发展）。

9月，取得 CCAR145 部维修资质，可执行授权范围内的第三方航空器维修及定检工作，完成 3 架直升机适航审定，全年完成 100h 及以上定检 265 次，其中独立开展 1200h 大型定检 6 次，消除缺陷故障 108 次，飞机可用率 100%。

基地保障。完成 26 架次航空器地面运输保障，加油车、保障车安全行驶近 74 万 km，保障航空煤油供应约 733t。签订消防共建协议，增设消防设施及“防恐防爆”等安保器具。完成机场给排水、场坪等大修技改项目，增加护栏网、安防监控等系统，修订完善《定陵机场使用手册》，提高通用机场管理标准化水平。

【科技创新】 科技创新支撑。引进转化新西兰直升机带电作业技术，成为国内唯一一家具备开展直升机吊索法、吊篮法带电检修技术的专业公司，完成 500kV 线路吊篮（索）法作业培训与演示，掌握实操工艺。推进直升机组塔、牵放导引绳研究，组织 S-64、Mi-26 机型合作洽谈，创新研制专用机具，完成工程技术方案制定。成功申报“特高压交直流输电线路吊索法吊篮法带电检修技术研究”科研项目。《输电线路直升机电力作业技术的探索与应用》获得第四届全国电力行业设备管理创新成果特等奖。

3 月，在国网湖北输配电带电作业实训基地开展直升机吊索法带电更换 500kV 输电线路导线间隔棒作业实操演练。

科技管理。编制《科学技术进步奖励办法》，探索建立技术创新激励机制。完成《直升机激光扫描输电线路技术规范》等 2 项电力行业标准申报，促成《架空输电线路直升机巡检作业规范》作为国家电网公司企标发布，推进《直升机电力作业安全规程》申报民航标准工作。新获得专利授权 2 项。开展国网通航公司牵头科技项目自查，并通过专家组检查。

信息化管理工作。开发直升机调度指挥一期、客户关系管理、信息运维综合监管、员工关爱等信息系统，完成运控大厅监控大屏幕建设、首都基地办公区信息网络改扩建，推进信息安全治理，信息系统对业务的支撑作用进一步增强。

【党的建设和精神文明建设】 认真学习贯彻习近平总书记系列重要讲话精神，上下联动、统筹推进教育实践活动。聚焦“四风”问题，坚持边查边改、立行立改，做好“实、融、进、俭”四字文章。领导班子坚持“三下三同”，深入调查研究，广泛征求意见。召开专题民主（组织）生活会，开展批评与自我批评。整改落实任务完成 61 项，完成率 96.8%。

成立本部第四党支部、飞行和机务党总支。落实“两个责任”，监督检查“八项规定”贯彻落实情况，干部廉洁从业意识不断强化。成立国网通航公司团委，建立健全团青工作机制。加强企业民主管理，深化员工关爱行动计划，成立羽毛球、健步走协会，完成御馨园宿舍整体搬迁。建成投运国网通航公司微信平台，品牌建设取得新的进展。高度重视并切实回应员工关切问题。2014 年，国网通航公司涌现出一批先进集体和个人，2 个集体、18 人次受到国家电网公司及民航行业管理单位表彰。

（李晓娟）

国网物资有限公司

【单位概况】 国网物资有限公司（简称国网物资公司）成立于 2012 年 2 月 9 日，是国家电网公司全资子公司，是国家电网公司总部集中招标代理平台和重大工程物资供应服务的专业机构，服务国家电网公司物力集约化管理，为电网建设、生产运行和经营管理提供高效招标代理和物资供应服务，面向社会拓展相关业务。

国网物资公司拥有国家住建部、商务部和发改委颁发的工程招标、国际招标、中央投资项目招标 3 个甲级招标代理资质，是中国招标投标协会理事单位，2014 年被评为“2011~2013 年度招标代理诚信创优

5A级先进单位”。拥有固定评标基地、专业开标大厅、供应商服务大厅等硬件设备设施，以及电子商务平台和内部业务运营服务平台，实现了集中招标采购的标准化、规范化运作。

国网物资公司设有综合管理部（法律事务部）、财务资产部、人力资源部、监察审计部、党群工作部、离退休工作部6个职能部门和综合服务中心1个支撑部门，设物资计划部、招标工作一部、招标工作二部、招标工作三部、合同结算部、物资供应部、质量监督部和技术支持部8个业务部门以及国网物资（上海）有限公司、中电国际货运代理有限责任公司、北京国网拍卖有限公司3个子公司。

【人力资源】 截至2014年底，国网物资公司有员工476人，平均年龄37.47岁。具有大学本科及以上学历占80.25%。具有专业技术职称人员占50%。现有招标师50人，物流师17人，建造师12人，监理师6人，造价师8人。

贯彻落实国家电网公司人力资源集约化管理“全员全额全口径”“定编定员定岗”“考核考试考勤”等要求，持续加强干部人事管理，开展关键岗位交流轮岗；修订完善岗位职责，实施绩效考核，进一步规范人工成本管理；推进全员培训考试，强化政策宣贯引导和专业服务；完成人力资源专项审计、劳动用工摸底调查、内部人力资源市场建设等各项工作任务，完成全员劳动生产率、人事费用率等各项考核指标。

【经营管理】 经营绩效。推行预算管理“六个一级化”❶，预算编制深入业务前端，本部主导预算管理能力切实增强。实施综合计划“三上”❷环节过程管控，加强关键节点协同联动，综合计划调控力持续提升。开展内部控制体系自查评价，完成本部会计基础工作创优，财务规范化水平不断提高，财力集约化管理工作蝉联产业单位年度考评第一名。

企业治理。坚持依法从严治企，宣贯国家电网公司通用制度，构建全方位的法律服务保障体系。修订完善并严格执行国家电网公司“三重一大”决策制度，领导班子民主议事和决策更加科学规范。建立物资业务数据信息“3533”共享机制❸，搭建共享管理平台，初步实现数据信息跨部门、跨专业的汇聚、共享与应用。持续开展安全隐患排查治理，安全管理水平稳步提升。所属公司标准化、规范化工作取得重要进展，专业支撑能力进一步增强。

【集中招标代理】 提升招标代理规范化水平。2014年，国网物资公司推进电子化招投标实践，批次设备、材料、电能表、信息通信类设备全部实现电子化单轨制招标，设备、材料、电能表和车辆推广应用技术规范ID固化，工作效率大幅提升。持续加强标准化建设，完成《物资采购标准（2014版）》修编并作为国家电网公司企业标准公开发布施行。编制发布一整套的采购文件范本、评标（评审）报告模板和招标全流程作业指导书。

创新招标代理工作机制。设备批次招标成功实现招标文件编制和销售、接收投标文件、评标支持和数据整理环节“四分离”❹，电能表项目率先实行招标文件远程异地审查和专家“双审一核”❺评审机制，规范管理和降本增效成效显著。推行评标专家ECP自动抽取通知，推动建立评标专家季度批次审核调整机制，对专家库实行“有进有出”的动态管理。加强电子商务平台公司用户账号及权限的统一管控，强化评标现场保密和安全管理，建立评标会议廉洁行为规范，风险防控能力显著提升。

---

❶ “六个一级化”：预算编制管理一级化、预算发布管理一级化、预算控制管理一级化、预算外事项管理一级化、预算分析管理一级化以及预算执行偏差编报一级化。

❷ “三上”：专项计划建议上报、主要计划指标建议上报、综合计划草案编制建议上报。

❸ 物资业务数据信息“3533”共享机制：物资业务数据信息共享平台按照业务类别、专业细分和数据文档实行三级目录管理，打造数据中心、信息集成、知识共享、辅助决策和便捷管理五项功能，实施线下审批、线上共享和授权管理日常运管机制，按照公司级、部门间和部门内三个层级实现信息共享。

❹ “四分离”：招标文件编制和销售、接收投标文件、评标支持和数据整理四个关键业务环节人员相互分离的工作机制，旨在优化主要工作界面和数据传递流程，提高规范化、标准化水平，有效防控招标关键业务环节风险。

❺ “双审一核”：通过专家分组背靠背评审，达到相互评审的效果。初评阶段，专家提出否决投标后，组长应协调两名专家再次复核投标文件，组长最终根据投标文件审核通过。详评阶段，各组专家需认真填写阅标记录，详细记录扣分原因，组长严格复核差异项，协调两名专家再次复核投标文件，客观做出一致性评价，组长最终根据投标文件审核通过。

● 10月，国家电网公司变电项目2014年第五批货物集中招标活动专家培训会在大雁楼评标基地召开。

【物资供应保障】 2014年，国网物资公司完成哈密南—郑州、溪洛渡—浙西、浙北—福州工程和青藏联网工程扩建等重大工程物资供应保障工作，淮南—南京—上海、灵州—绍兴、锡盟—山东等在建工程物资供应顺利推进。应用物资运输监控系统及终端设备，实现大件运输实时监控与预警，对厂内装车、码头及火车站换装等19个关键点进行小时化管控，为85台大件设备安全、按期供货提供了可靠保障。

● 12月，国网物资公司现场服务人员在拉萨±400kV换流站交流滤波器扩建工程现场开展物资核查工作。

物资供应管控模式。构建了覆盖8大业务环节、34项业务流程的物资供应专业化管理体系。组织开展22期累计近千人次的业务培训与考试。注重强化物资合同签订与结算业务的高效协同，建立应用合同信息一体化平台，编制标准化作业指导书，增补完善物资合同统一文本。

创新物资计划管控方式方法，优化计划分类、分段、分层审核工作机制，研究建立现代集采目录优化模型，推动国家电网公司两级采购高效实施。发挥调配中心作用，全年累计协调重点物资供应计划5081条，解决重大物资合同履约问题92项，发送大件运输信息3.2万余条，完成国家电网公司系统108台750kV以上大件设备运输协调工作。深化仓储体系建设，分级规划仓储网络，科学修订储备定额。强化废旧物资处置回收商管理，逐步实现回收商信息全面共享。

【物资质量和供应商关系管理】 加强物资质量监造和抽检管理，提出2014年物资质量管理重点监控目录，加强质量信息统计分析，督促质量问题整改验收与闭环管理，基本杜绝设备“带病入网”。加强与第三方检测机构的合作，不断扩大电网主要设备材料质量抽检覆盖面，强化原材料、组部件监造管控，推进质量监督体系高效运作。

供应商资质能力核实。修订完善供应商资质能力核实标准和绩效评价标准，初步明确资质能力核实工作界面，优化核实证明内容，持续加强核实结果、一纸证明在招投标活动中的应用，提高招评标质量效率。加强供应商信息库管理和应用，持续推进供应商分类分级研究，实施差异化管理策略。加大绩效评价过程管控力度，提升评价结果的准确性和流程的规范性。

供应商服务中心。拓展供应商服务渠道，建立微信平台，完善网上服务大厅，发布《致供应商的公开信》，所有与供应商沟通服务的电话业务，全部采用“400”专线接入，杜绝私自接洽，打造一口对外的“防火墙”。优化服务流程，落实首问负责、限时办结等工作要求，快速有效解决供应商合理诉求。宣传并引导供应商群体依法投标、良性竞争，初步构建和谐共赢的供需市场关系。

【党的建设和精神文明建设】 贯彻中央精神和国家电网公司统一部署，聚焦“四风”问题，开展党的群众路线教育实践活动。领导班子成员深入基层调研56次，征集意见建议359条，研究制定“两方案一计划”，提出100条整改措施、98项反对“四风”制度，深入整改落实，严格督办检查，带动各级党组织和全体党员干部推进各环节工作，开展整改落实“回头看”。文风会风改观，“三公”消费压降，管理制度和机制更加完善，一批群众关心的问题及时得到解决，作风持续转变，队伍凝聚力和战斗力持续提升。

党建和思想政治建设。调整优化基层党组织设置，出台《党建工作考核评价实施细则》等一系列党建制度，中心组学习、“三会一课”和基层党支部工作更加规范。定期开展思想动态调研，强化“三观”教育和党性教育，推进服务型党组织建设，建立基层联系点机制，承担社会责任，党组织的保障作用进一步强化。

党风廉政建设。严格落实公司党组主体责任和纪检组监督责任，建立起一级抓一级、层层抓落实的责任体系。深化全员“一岗双责”，协同监督机制充分发挥作用，“三化三有”惩防体系更加健全。针对招标关键环节和风险点，开展廉洁自律教育和廉政普法宣传，发布廉洁行为规范，设立廉政账户，廉政风险防控机制进一步完善。

队伍建设。深化内部人力资源市场建设，建立了跨部门、跨专业的人员动态调配机制，在招标、物资供应等业务关键岗位实施干部员工交流轮岗 188 人次，队伍结构进一步优化。厘清部门职责界面，完善岗位标准化管理，建立科学高效的绩效考核管理体系。重视和强化人才梯队建设，建立健全三级培训组织体系，组织开展物资供应链讲座、学习沙龙等系列专题培训 6 期 500 余人次，中层干部培训、员工轮训等共 7 期 350 余人次，实现脱产轮训全员覆盖。

企业文化建设。推进“五统一”企业文化的落地实践，提炼企业文化优秀成果、案例和论文 16 项。开展合理化建议征集、健康知识讲座、励志影片展播、青春励志故事分享会等职工文化活动，建成图书室、员工健身室，“健步走”、工间操、乒乓球等文体活动常态开展。落实“两个待遇”，做好离退休老同志的管理服务工作。

（胡夏威）

国网中兴有限公司

【单位概况】 国网中兴有限公司（简称国网中兴公司）前身是成立于 1996 年 10 月的中兴电力实业发展总公司。2012 年 11 月，改制成为国家电网公司全资子公司。2013 年 1 月，变更名称为国网中兴有限公司。2014 年 11 月，部分酒店资产由鲁能集团划转到中兴公司。

国网中兴公司作为国家电网公司总部层面的后勤保障服务机构，主要为国家电网公司总部及在京单位提供专业后勤保障服务。主要开展房屋租赁、物业服务、酒店运营等业务，负责国家电网公司档案馆运营管理，管理国家电网公司在京直属企业社保中心，运营管理国家电网公司文件资料销毁中心，代管中能电力工业燃料公司日常工作。

公司本部设综合管理部、财务资产部、人力资源部、物业管理部 4 个职能部门；设国家电网公司档案馆、国家电网公司在京直属企业社会保险管理中心、国家电网公司文件资料销毁中心 3 个业务部门；下设北京中兴物业管理有限公司、青岛疗养院（海情大酒店）、北京人济置业发展有限公司和北京贵都大酒店有限责任公司 4 个所属单位。

【人力资源】 截至 2014 年底，国网中兴公司用工总量 2771 人，按年龄结构，50 岁及以上人员占 12.37%，40~49 岁人员占 19.67%，30~39 岁人员占 27.56%，29 岁及以下人员占 40.4%；按学历结构，本科及以上学历人员占 11.41%，专科学历人员占 14.83%，中专及以下学历人员占 73.76%；按技术技能结构，具有专业技术资格或技能等级人员占 7.05%。

平稳完成机构人员划入工作，干部员工队伍不断发展壮大。扎实开展严控“人耗”工作，核减物业公司机构人员编制。加强“三全”管理，将劳务派遣用工和劳务用工纳入计划管控。优化“三考”管理工作，修订绩效管理办法和指标体系。开展人力资源专项考核，盘点干部员工能力特长和工作实绩。初步完成全员培训课程体系建设，全年组织培训 139 班次、3358 人次。持续做好退休服务工作，首次编印退休员工手册，不断丰富退休人员政治、文化生活。

【安全生产】 针对后勤保障服务工作特点，加强安全管理体系建设，强化安全教育培训，开展隐患排查治理，构建安全管理长效机制。健全安全生产委员会运行机制和工作职责，清晰安全管理框架和流程，进一步完善安全生产管理体系。学习贯彻新《安全生产法》，组织安全专题教育培训。落实“安全生产月”要求，开展供电、消防、防汛、食品安全、档案、文件资料销毁等安全隐患排查治理。完善三级安全监督网，设置各级专职和兼职安全员，安全生产责任制得到强化和落实。开展安全管理提升活动，落实反违章工作要求，编写《安全生产典型违章 100 条》。组建总部大楼专职保卫班，制定反恐防暴应急处置预案，配置齐全各类安全工器具，开展消防、人员疏散以及反恐防暴应急演练，严防暴力恐怖和外力破坏事件。加强保密和信息安全工作，全年未发生失泄密和信息安全事件。

【经营管理】 落实国家电网公司资产划转整合决策部署，完成相关资产（股权）、机构人员划入接收工作，进一步拓展公司业务范围。规范房屋租赁管理，完成合同签订和收费任务。执行工程项目建设里程碑计划，加强项目建设与投资预算、招标采购、费用结算的统筹协同，强化关键环节管控，完成全年项目建设任务。强化需求审核，清晰采购流程，提升物资采购规范性。落实“三全”“三定”“三考”工作，完成全口径用工摸底调查，改进绩效考核方式，开展岗位绩效工资改革方案设计和套改测算，完成人力资源专项考核。推进严控“人耗”“物耗”工作，公司内设机构精简22.86%，人员编制减少11.28%，可控成本费用全年整体压降约10%。在酒店运营方面，适应市场变化，创新营销方式，拓宽会议、租赁、婚庆市场，推进多样化经营；稳定客源市场份额，强化成本费用管控，加强集中采购管理，改进绩效考核方法，经营效益显著提升。

【后勤保障】 把服务保障总部作为重中之重，落实“一体化管理、无差别服务”要求，优化工作流程，提升服务技能，完成国家电网公司2014年“两会”、川藏电力联网工程竣工投运仪式等500余次重大活动服务保障任务。开展后勤服务对标，建立并发布涵盖后勤保障服务44项指标的对标体系，实现“对标—改进—对标”闭环管控。承接北京电力医院物业服务项目并稳健运营，办公楼宇、医疗机构、科技园区、灾备应急等服务保障模式日益健全。严格餐饮安全管理，建立绿色有机蔬菜供应机制。开展厨艺交流，加大特色食品推广力度，提升菜品质量。以服务需求为导向，丰富完善服务项目内容，进一步完善办公运转和员工生活服务体系。被国家电网公司评为“后勤管理工作先进单位”。

【综合服务】 开展重要档案征集，完成国家电网公司总部、分部以及各基层单位档案收集工作。更新档案馆展厅内容，完成《档案创造价值》编研，进一步拓展档案服务领域。深化电子文件管理，实现2.4亿份文件数据共享。完成原电力工业部和能源部时期档案移交工作，受到中央档案馆表彰。开展重大电网工程建设项目档案统一保管利用探索和实践，完成向家坝—上海特高压直流输电、三峡输变电等工程建设项目档案接收工作。

完成全年社保基金征缴和待遇支付任务，工作及时准确率保持100%，连续5年获得北京市社保中心代办业务评比先进单位。推进部分单位存量离退休人员养老金社会化发放，建立社保资金管理定期通报机制，切实维护参保职工利益。

建立健全覆盖文件资料销毁全过程的安全保密管理体系，进一步强化全员保密和安全生产责任。与有关单位沟通协调，不断优化工作机制和运转模式，文件资料销毁工作优质高效。

【党的建设和精神文明建设】 贯彻中央精神和国家电网公司党组部署要求，开展党的群众路线教育实践活动。做好学习教育、征求意见、查摆问题、开展批评等各环节工作。聚焦“四风”问题，推进整改落实和专项治理。以深入开展党的群众路线教育实践活动为契机，加强基层党建工作，发挥党员先锋模范作用。落实党风廉政建设责任制，开展廉洁从业学习教育、年中自查，组织廉政谈话，梳理业务风险点，召开监督工作委员会联席会议，进一步强化廉政风险管控。挖掘、选树身边榜样，组织开展岗位练兵、技能比武活动，评选“服务之星”。深化品牌建设，统一工牌佩戴，制作国网中兴公司形象宣传片，开展新闻宣传培训和考核。组织节约降耗主题活动，征集“金点子”，宣传节约降耗典型案例。组织开展青年座谈、演讲和知识竞赛，开展各类文体活动，丰富员工业余文化生活。

● 11月14日，国网中兴公司举行“智慧青春·筑梦中兴”青年知识竞赛。

（黄　峰）

英大传媒投资集团有限公司

【单位概况】 英大传媒投资集团有限公司（简称英大传媒集团）是国家电网公司的全资子公司，于2008年8月7日正式成立。

英大传媒集团以新闻宣传、图书出版、战略投资、数字化业务为核心业务，具有优良的新闻宣传、图书出版资质和良好的品牌策划、渠道营销、广告经营能力。旗下拥有《国家电网报》、《亮报》、《国家电网》杂志、《能源评论》杂志、《英大金融》杂志、《供用电》杂志、《电力需求侧管理》杂志、《脊梁》杂志、《水电自动化与大坝监测》杂志、国家电网电视频道（SGTV）、英大网（www.indaa.com.cn）、电网新闻网（内网 news.sgcc.com.cn）、书香网、《国家电网报》手机报等媒体。年出版发行电力工程、电工电子、建筑、机械、经管、外语等领域各类图书、教材、音像电子产品共 3000 多种；同时开展品牌策划、会议展览、广告营销、装帧设计、投资与资产管理及相关咨询业务。英大传媒集团是我国首家企业传媒集团，是新闻出版广电总局新闻出版领域体制改革重点联系单位。

英大传媒集团下设《国家电网报》社有限公司、中国电力出版社有限公司、英大传媒投资集团南京有限公司、英大传媒投资集团武汉有限公司、英大传媒（上海）有限公司、国网卓越传媒广告（北京）有限公司 6 个全资子公司，参股人民网有限公司、体坛传媒集团股份有限公司、北京世纪东方科技发展有限公司等社会化传媒企业。共设有 7 个职能部门、17 个业务中心，在国家电网公司所属网省公司及相关单位建立了 38 个记者站，在全国设立 40 个电力书店。

【人力资源】 截至 2014 年底，英大传媒集团共有在岗员工 427 人，员工平均年龄 36.8 岁。其中：博士研究生 6 人，硕士研究生 154 人，占 37.5%；大学本科 221 人，占 51.8%。专业技术人员中，正高级职称 24 人，占 8.1%；副高级职称 49 人，占 16.5%；中级职称 166 人，占 55.9%。

2014 年，英大传媒集团推进人力资源体制机制变革，完善员工职业发展通道，建立四大类别、14 个级别的职业发展通道，建立了优秀员工快速晋升机制。建立与现代企业制度相适应、水平适度、结构合理、具有较强竞争力的岗位绩效工资制度。开展干部交流锻炼工作，3 名干部到省公司挂职锻炼。开展全员普考工作，职能管理、新闻采编、图书编辑各类员工参加了考试，考试结果与评优评先、绩效考核、奖励激励等紧密挂钩。自办培训 32 场，参加外部培训 67 场，参加人员 8009 人次。

【经营管理】 政策研究。完成英大传媒集团“十二五”规划评估报告，研讨英大传媒集团“十三五”发展规划，明确总体思路和方向。研究和利用国家文化体制改革新政策，企业所得税和增值税优惠政策得到延续。

制度建设。落实公司通用制度，完善英大传媒集团自有补充制度，进一步健全规章制度体系。实施知识产权整体保护工作方案，维护英大传媒集团合法权益。开展调查研究，推进解决制约英大传媒集团发展的重点难点问题。

资源整合。推进报刊资源整合，完成《脊梁》《水电与抽水蓄能》《项目管理评论》等刊号变更报批相关工作。推进《供用电》《电力需求侧管理》申报学术期刊认定工作。

广告开拓。在夯实传统广告投放的基础上，加强媒体合作和活动招商，发掘资源，提供定制服务，拓展广告业务市场开发。

【服务公司软实力建设】 新闻宣传。围绕国家电网公司中心工作，实施重大主题策划报道，完成党的十八届四中全会、国家电网公司党的群众路线教育实践活动、特高压工程、川藏联网工程、全球能源互联网、重要节日和活动保电等宣传报道和品牌传播。完成国家电网公司总部下达的新闻宣传任务，在中央主流媒体发表重要稿件 45 篇。在国家电网公司加快发展特高压、全面建成“三集五大”体系、依法治企等主题传播中，各媒体协调联动、相互配合，推出原创、有深度的长篇述评和系列报道。

1 月 30 日除夕夜，英大传媒集团记者在采访坚守一线的保电员工。

媒体融合。成立新媒体管理部，制定媒体融合发展整体规划设计方案。上线运行《国家电网报》APP 客户端，建成运营官方微博 7 个、微信公众号 14 个，规范英大传媒集团媒体微博、微信账号管理。

品牌传播。举办“新型城镇化与一流配电网”主题传播、光伏领袖峰会、碳市场高峰论坛、能源大讲堂、电能替代、学术沙龙等活动。管理咨询项目“国家电网利用移动互联平台开展对外传播战略研究”通过验收。中国电力作家协会秘书处落户英大传媒集团，会刊《脊梁》正式创刊。建设专家资源库，加强与主流媒体、高等院校、研究机构的交流与合作。

出版业务。在出版行业整体增长趋缓的宏观环境下，英大传媒集团出版业务逆势上扬，实现良好增长，各项业务指标均稳中有升。编辑出版《特高压交直流电网》《李鹏回忆录（1928～1983）》等一批重点图书。围绕安全月和重点图书开展专题营销活动。《中国电力百科全书（第三版）》入选2014年度国家出版基金项目，并纳入《中国大百科全书（第三版）》。“电力和能源系列丛书版权输出”等两个项目入选新闻出版改革发展项目库。

版权输出。完成《特高压交直流电网》（英、俄文版）等13个项目的版权输出和出版工作。

出版资源建设。加强出版资源建设，开发国家电网公司系统资源，与发电企业、高等院校签订战略合作协议，密切英大传媒集团与客户单位、图书作者的联系，不断加强作者队伍建设、选题资源开发和图书销售市场开拓。加强图书厂存、库存管理，构建按需生产工作流程，成本管控更加精益化。加快推进职工书屋建设，形成全流程建设方案，与国网甘肃电力等6家单位签订共建协议。成立版权保护办公室，开展打击侵权盗版活动。

数字化转型。成立项目工作组，制定数字化业务管理办法，规范项目管理和产品开发流程，推进知识服务类、数字媒体类、数字资源类和电子商务类产品建设。完成3400种图书的数字化加工入库，以工具书和常销书为重点推进图书出版资源数字化加工工作，共完成图书数字化加工入库3400种。国家电网公司职工书屋信息化管理系统建设和试点推广工作进入实施阶段。英大传媒集团入选中央文化企业数字化转型升级项目标准起草单位。“电网安全POOK”获得北京市音像电子网络出版物专项资金资助。

流程改造。编辑加工系统进行数字出版流程改造，电力知识服务平台完成基础性开发。中国电力出版社及电子商务平台、教育培训平台完成前期工作。策划和开发《中国电力百科全书（第三版）》电子出版物。

网络营销。在当当、京东、天猫等网站上开设旗舰店和品牌店，加大与新华书店网站合作力度，完善、丰富书香网功能及内容，拓展网络营销渠道。

【党的建设和精神文明建设】 党的群众路线教育实践活动。学习贯彻习近平总书记系列重要讲话精神和国家电网公司党组各项部署，在思想上和行动上坚决与国家电网公司党组保持一致。将解决“四风”问题与推进英大传媒集团“两个转变”结合，开展学习教育、查摆问题、整改落实各环节工作，组织召开专题民主（组织）生活会，开展批评与自我批评。聚焦“四风”问题，查找薄弱环节，以“钉钉子”精神狠抓“两方案一计划”的落实。共征集意见建议505条，制定有针对性的整改措施34项，并全部整改落实到位。

党风廉政。落实党风廉政建设责任制，举办为民务实清廉主题党课，惩防体系建设进一步加强。完善干部选拔任用机制，组织开展360度考评，加强干部交流锻炼，提升干部综合素质。组织开展全员普考，提升员工专业素质。

企业文化。推进企业文化传播工程和落地工程重点项目建设。完成传媒大厦整体环境设计和布置，强化企业文化宣贯，出版英大传媒集团内部电子期刊《我们》。组织开展青年论坛、“新传媒”青年创效计划等活动，营造思事、议事、干事的氛围。组织开展文体活动，加强英大传媒集团工会品牌建设，加强离退休工作。

2014年，《国家电网报》编辑中心被评为公司先进集体。英大传媒集团50件新闻作品获中国产经新闻奖、中国电力新闻奖等奖项，5名员工被评为全国电力优秀新闻工作者。英大网在第八届全国新闻出版业网站年会评选活动中，荣获“2014新闻出版业最具影响力网站”称号。《国家电网报》手机报在年度央企手机报评选活动中，荣获“最受欢迎央企手机报”和“卓越传播奖”。《新能源利用的未来——风光储输》获中国科普作家协会优秀科普作品奖（影视动画类）金奖，并入选第二届向全国青少年推荐的50种优秀音像电子出版物；报告文学《雪域飞虹》获第二届中央企业精神文明建设“五个一工程”优秀作品奖。

（王红亮）

许继集团有限公司

【单位概况】 许继集团有限公司（简称许继集团）是国家电网公司的全资子公司。核心主导业务是直流输电及电力电子、智能变配电、智能用电、电动汽车充换电及驱动控制、新能源并网及发电、工业节能及军工智能供用电、轨道交通智能牵引供用电等电力装备的制造和系统解决方案的提供。

本部设9个职能部门、3个业务部门、4个支撑部门。拥有9家子公司（5家外地公司）、3家分公司。2014年荣获全国杰出专业技术人才先进集体、中国电气工业竞争力十强、机械工业百强企业·十年发展突出贡献奖等诸多荣誉。

【人力资源】 许继集团员工总数11 119人，其中：硕士845人，博士24人，本科及以上学历4313人；专业技术人员3325人。拥有国家“千人计划”专家1人、享受国务院政府特殊津贴4人、国家电网公司专家人才18人、省学术带头人5人、省“百人计划”1人。

开展“三定”工作，规范机构岗位设置。落实许继集团公司本部“三定”方案，下发《许继集团有限公司关于印发本部机构设置方案的通知》，规范集团本部机构设置和职责分工。试点推行二级单位“三定”工作。

推进劳动用工方式创新，制定借调（用）、挂职锻炼等办法，研究推进转变用工方式，开展业务外包工作。畅通员工出口管理，持续开展6%转岗工作，对151人进行岗位调整，88人下调专业等级，保障了员工退出机制的有效运行。

开展人才评价，加大教育培训和人才培养力度。加强专家人才和专业技术人才评定，新增省部级以上专家人才10人，新增电工装备专业专家人才数量居国家电网公司系统第一。加强教育培训项目储备和专项计划管理，组织进行2014年培训计划制定与中期调整工作，完成2015年教育培训项目储备库建设及专项计划制定与上报工作。持续推进员工成长通道项目。

推进全员绩效管理，加强人工成本管控。加强绩效辅导与改进，策划举办8期绩效管理学习交流活动，组织2次异地单位绩效专责集中培训学习，并组织各单位绩效经理人开展内训工作，辅导集团本部主要经营单位建立并完善员工绩效指标库，签订全员绩效合约。规范薪酬分配与福利保障管理，推进实施企业年金及意外保险。

【经营管理】 完成国家电网公司考核指标，消化了累计亏损。完成22家所属公司财务资源集中工作，实现了公司范围内财务资源全面集约化管控。开展25家产业单位经营诊断分析。加强资金安全管理，发挥资金集中优势，财务费用明显下降。合理配置资源，清理12家公司股权。争取税收优惠，节约税金2.49亿元。创新集中采购方式，集中管控率100%。拓展集中采购范围，优化采购寻源流程，寻源效率提高30%。

完善大营销体系，依靠整体解决方案、科技合作等模式，构建了一批长期大客户；电网市场集团化运作初见成效，系统外渠道建设实现良好布局；营销管理制度进一步完善，市场风险得到有效管控；营销资源整合与统一调配加强，营销效率提高，人均新签销售合同额突破1400万元，较变革前实现翻番增长。建设大服务体系，首次在集团层面统一规划大服务工作。建立400应急服务与投诉电话系统和应急服务组织，全天候受理客户服务需求；初步建立市场与产业联动服务机制，深入挖掘省电力公司客户需求；选取试点单位、试点区域开展服务改善活动。推进大研发体系，加强研发顶层设计，完成研发体系整体方案。发布IPD新产品开发流程。构建了科技与市场联动机制；强化中试、工艺、标准等专业支撑；开展研发产品“回头看”，建立新产品研发退出机制。深化大生产体系，搭建统一生产平台，统筹资源调配，实施非核心零部件生产外包，解决结构性缺员和生产不均衡问题。构建大信息体系，创办《许继今日新闻》手机报；上线改版许继集团内外部网站；国家电网公司系统内、外媒体发布稿件数量同比分别增长100%、50%；优化32项ERP系统提升方案，形成系统全覆盖；CRM系统推广应用覆盖25个产业单位和29个省区营销服务中心；优化PLM系统功能模块，提升系统应用水平。

精益管理。开展大中型改善项目133个，完成自主改善提案15 255项，打造5S一星认证区域31个，改善区域生产效率提升25%～50%，制造周期缩短15%～40%。

对标管理。19个产业单位完成108项专项改进提升项目。通过对标，集团降低成本7743万元，压降呆滞库存941万元，按期交付率提升5%，物资配套率提升3.6%。

依法治企。开展“依法依规管理提升”专项活动，推动历年审计发现问题的整改工作。完成18家所属公司依法治企检查，堵塞管理漏洞。成立规章制度管理委员会，推动公司制度体系建设。配合完成国家审计署和国家电网公司审计检查工作。

【生产管理】 建立健全生产管控制度、规范及流程，统一生产管理体系，起草完成11项生产管理相关制度。强化生产信息一体化管控，搭建统一生产平台，组织召开37期生产交付保障会，协调解决急要合同216个，处理问题40余类。细化生产计划分层分级控制，抓实统一生产计划管理，强化生产大纲编制、审核、上报、执行、考核、反馈各环节全过程统一管控。提高生产运营评价效果，统一关键绩效指标衡量，建立系统的生产运营评价指标体系，评价各单位生产实绩和管理水平。深化信息化应用能力及水平，统一生产信息化支撑，开发并应用合同进度透明化管理平台，实现合同一级计划在线排产；拓展系统功能（合同状态查询功能），对合同生产状态进行综合查询、统计、分析、考核；深化ERP应用，加强指导物料准备，提高生产管理能力。

整合业务释放管理能量，优化流程提高流程效率。梳理整合核心作业链条和作业流程；合并物流中心和电子分公司物料采购，减少1个一级流程节点，减少ERP系统7个操作步骤；依据市场订货周期，保证用户交付需求，缩短装置生产周期。

实施资源统筹调配，完善生产业务外包，提高资源使用效率。研究推进通用性、非核心产品和零部件的生产外包或辅助性等低价值创造环节的业务外包；对生产业务外包实施集中管理，并纳入整个供应链中，有效减少人员、设备配置，降低总的供应链成本，提高整体运营效率和经营效益。

【科技创新】 2014年，承担国家“863”计划、国家科技支撑项目、国家重大科技专项等省部级以上科技项目11项，承担国家电网公司科技项目64项。完成新产品鉴定116项。荣获各类科技奖励46项，其中省部级以上奖励26项。申请专利583项，其中发明专利380项；授权专利268项，其中发明专利64项。制定国际标准、国家标准等各类标准19项。发表论文200篇。许继集团、许继电气和许继软件顺利通过河南省高新技术企业重新认定。

推进科技攻关，±1100kV特高压直流场关键设备完成研制。±200kV柔性直流换流阀成功应用于舟山五端柔性直流输电示范工程。承担了国网重庆公司220kV、国网上海公司110kV新一代智能变电站示范工程。研制了国内首个基于云计算的省域配电网智能监控平台、国内首套电动汽车高速公路快速充电设备及绿色海岛微电网能源管理系统等关键设备。电动汽车智能充换电系统、地铁再生制动能量并网变流器等产品达到国际领先水平。

● 用于舟山五端柔性直流输电工程的换流阀。

【党的建设和精神文明建设】 贯彻中央和国家电网公司党组活动部署，开展党的群众路线教育实践活动。会议同比减少58.41%，发文同比降低30.80%，三公经费同比下降46.42%，办公用房节余1150㎡，公车统一加装GPS。改善员工工作环境，建立职工食堂。成立帮扶中心，解决基层困难。落实总经理联络员制度，开展职工代表巡查，畅通群众诉求渠道。许继集团领导班子整改销号完成率97.7%。

开展庆祝建党93周年主题活动，评选表彰“为民务实清廉”先进典型。成立30支党员志愿者服务队。开展“劳模精神宣传月”活动。开展群众性经济技术创新竞赛活动，收集合理化建议8520条，3条建议荣获国家电网公司优秀合理化建议。选树“五星人物”和“一流文化”故事。推进45项企业文化落地项目，促进企业精神和核心价值观的落地生根。组织企业文化建设优秀成果的总结与申报，共组织上报优秀成果1篇，优秀案例3篇，优秀论文2篇，参与2014年度国家电网公司企业文化建设的评选。许继集团获得国家电网公司文明单位（本部）称号。

（耿　波）

平高集团有限公司

【单位概况】 平高集团有限公司（简称平高集团）是国家电网公司的全资子公司，前身是成立于1970年的平顶山高压开关厂。作为首家通过中科院、科技部“双高”认证的高压开关行业高新技术企业、国家电工行业重大技术装备支柱企业，经过40多年的创新发展，现已成为我国高压、超高压、特高压开关重大装备研发制造基地。2014年，荣获“全国五一劳动奖状。”

平高集团拥有直属分公司7家，全资及控股子公司10家，参股公司3家，其中：河南平高电气股份有限公司为上市公司，河南平高东芝高压开关有限公司、平顶山平高安川开关电器有限公司、平高东芝（廊坊）制造有限公司、平高东芝（河南）零部件制造有限公司为中日合资公司。

业务范围涵盖输配电设备研发、设计、制造、销售、检测、相关设备成套、服务与工程承包，核心业务为中压、高压、超高压及特高压交直流开关设备制造、研发、销售和检修服务。2014年，完成平高东芝股权划转，实现控股75%。国家高压电器产品质量监督检验中心（河南）竣工投运，通过“三合一”资质认定现场评审并成功取得资质，将以公正第三方地位在全国范围内开展试验检测业务。

【人力资源】 平高集团现有员工8877人，其中：专业技术人员1531人（高级工程师115人，教授级高工10人，享受政府津贴11人，市级以上专家人才43人），技术工人4508人（工人技师和高级技师956人）。

完善干部综合考评机制，加强干部队伍建设。推进“三定”工作。整合技术、营销、后勤资源，分别设立技术中心、营销中心、运行服务中心。推动人才队伍建设。组织各级专家人才申报推荐，荣获“全国技能人才培育突出贡献单位”称号。完善用工管理模式，推进业务外包工作，健全员工退出机制。

完善薪酬福利分配体系和绩效考核体系。

【经营管理】 深化管理提升。严格综合计划和全面预算，强化计划和预算的约束力。落实“二十四节气表”，加大重点工作督办力度。印发《本部工作指南》，规范业务流程。完成2014年度“十大研究课题”评选。东芝合资公司经营业绩显著提升，东芝零部件扭亏为盈。

强化资金集中管理，多举措节约财务费用1764万元。创新融资模式，新增银行授信24亿元。申报减免税金1.6亿元，获批国有资本经营预算5100万元。完成印刷厂、平商行、中电华恒等清理及注销。实现所属单位集中采购全覆盖，节资率6.2%。深入对标分析，优化43项采购流程。实现废旧物资网上竞拍处置。深化物资供应平台建设，召开供应商大会，维护和谐供需关系。

优化市场布局，完善营销体系。整合中低压市场资源，成立集团营销中心，形成“资源互补、协同高效”的两级营销体系。深化市场协作机制。设立EPC项目管理委员会，建立重大项目两级评审机制，强化履约执行和风险防控。开展应收账款专项治理。“三大市场”协调发展。系统内市场占有率保持稳定。成功签订淮南-南京-上海、锡盟-山东特高压项目27个间隔1100kVGIS。系统外市场新增合同43.88亿元，同比增长79%。取得电力工程施工总承包三级资质。中标江苏第四批住建小区开关柜项目。与平煤、蒙能等集团公司签订战略合作框架协议，在地产、轨道交通、政府工程等领域不断取得突破。国际市场新增合同26亿元，同比增长58.84%。签订伊朗变电站及配套EPC项目、埃塞俄比亚500kV复兴大坝等项目，初步形成以工程总承包带动配套供货出口的国际业务新格局。

依法治企。配合完成审计署延伸审计、国资委监事会迎审迎检工作。严格“三重一大”制度，召开党政联席会24次，商议、决策重大议题198项。制定32项指标，强化协同监督，完成重大决策、职务消费等八大风险领域专项整改。宣贯国家电网公司通用制度，梳理公司级规章制度216项。开展法律风险评估调研，推进统一合同文本。加强上市公司信息披露，定期召开保密工作会议，全年未发生失泄密事件。

【生产管理】 强化安全生产管理，进一步明确安全主体责任和监管职责，生产经营保持安全稳定。强化车间、工程及基建现场隐患排查治理，实现安全检查全覆盖。深化全员安全教育，开展应急演练，宣贯新的《安全生产法》。顺利通过总部安全设施、安全生产标准化管理规范试点验收。编制完成《国家电网公司电工制造安全工作规程》。荣获“平顶山市安全生产先进单位”称号。

修订完善质量、环境、安全三标体系文件。组建公司级质量管理和检验专家库，实施质量管理监督检查和产品质量监督抽查。强化问题分析整改，质量损失率逐年下降。深化特别质量管理，开展全员质量改善活动。通过国家电网公司、南方电网公司供应商资质评定和开关柜产品3C认证。获评“全国质量检验工作先进企业”，通用电气中压配线班荣获“全国质量信得过班组”。

深入推进精益生产，加强过程控制，畅通信息渠道，生产交付能力有效提升。优化厂区工艺布局和物流路线，完成中心马路拓宽工程，厂区环境进一步美化。产值同比增长28%，超特高压产品、断路器、隔离开关、开关柜产量同比分别增加65%、24%、50%、316%。

规范基础管理，加强设备调拨、报废处置过程管控。开展2011~2013年产业技改项目后评价。完成本部无功补偿改造和西区光伏发电项目。推进全员降本增效活动，全年万元产值能耗同比降低18%。荣获“平顶山市2014年城市节水先进企业”称号。

【科技创新】 成立集团技术中心，明确各层级功能定位，科技新体系磨合运转顺畅，在资源调控、专业管理、提高效率方面成效初步显现。梳理技术管理体系，修订印发企业标准技术基础部分。梳理平高集团及下属单位科技平台11个。与浙江、湖南、陕西等22个网省公司及科研院所进行技术交流。

118项研发项目顺利推进，完成总部各项科技考核指标。1120kV直流旁路开关、12kV环保充气柜等16种新产品通过国家级鉴定，8项国际领先，8项国际先进。7项总部级科技项目顺利通过验收。1100kV自主化GIS、国内首台252kV集成式智能隔离断路器、10kV有载自动调容调压变压器完成全套型式试验。轨道交通直流成套开关完成摸底试验。世界首台套1000kV线路避雷器成功挂网运行。12kV真空灭弧室完成系列化研制，性能、参数国际领先。4种碟簧液压机构完成自主化研制并成功量产，顺利应用于海外项目。电动汽车交流充电桩技术成功引进并取得市场准入资质。

● 皖电东送工程淮南变电站1100kV GIS（气体绝缘金属封闭开关设备）。

自主完成的“超高压及特高压直流隔离开关技术及应用”项目荣获河南省科技进步一等奖。“皖电东送淮南—上海特高压交流输电示范工程”等项目分别荣获国家电网公司科技进步特等奖、一等奖和三等奖。再次获得国家自然科学基金资助。申请专利220项，授权专利117项，其中发明专利28项，“一种断路器及具有该断路器的系统”荣获第十六届中国专利优秀奖，实现国家级专利奖项零的突破。首批6项软课题顺利验收。超高压隔离断路器技术团队获批国家电网公司科技攻关团队。

【党的建设和精神文明建设】 开展并做好党的群众路线教育实践活动各环节工作。领导班子成员深入24个联系点单位开展调研，征集意见建议575条。深入查找“四风”问题，反复修改对照检查材料，召开各级民主（组织）生活会75个。狠抓整改落实，完成各级整改任务1280项，修订完善制度43项。强化8个方面专项整改，业务招待费、会议费分别同比减少38.89%、26.82%，检查评比项目减少13%，活动职工整体满意率98.2%。开展“创先争优”和党员“登高计划”活动，组建客服、运行服务等5支党员服务队，聘任22名总经理联络员。试点创建“职工小家”和10个班组休息室。深化青春建功系列活动，荣获“国家电网公司五四红旗团委”。顺利通过河南省廉洁文化示范点验收。

队伍建设。深化“四好”领导班子考核。开展岗位公开竞聘及后备干部选拔。完成工程技术和技能操作专家年度考评。深化全员教育和对标学习，组织培训1463期，累计2.86万人次。成功申报获批各级专家人才34名。员工摘取第六届全国数控技能大赛河南赛区选拔赛三项比赛金牌。荣获国家技能人才培育突出贡献单位奖。平芝公司荣获“国家电网公司先进集体”称号。绝缘分厂浇注班荣获“国家电网公司先进班组（工人先锋号）”称号。

企业文化建设。完成东区文化长廊建设，重点项目荣获中电联优秀企业文化成果奖。拓展新闻宣传渠道。编印五年创新发展画册。通过省级文明单位年度复查，创建全国文明单位。参加平顶山市抗旱救灾和驻村帮扶。成立运行服务中心，加强保卫、食堂、医院、社区、幼儿园管理，团购房、棚户区改造和本部食堂建设加快推进。累计获得市级以上集体和个人荣誉148项，连续9年上榜中国机械工业百强名单。

（张　燕）

山东电工电气集团有限公司

【单位概况】 山东电工电气集团有限公司（简称山东电工电气）是国家电网公司的直属产业单位，本部设5个职能部门、3个业务部门，所属企业19家，核心业务覆盖变压器、电线电缆、铁塔、GIS等板块，并拓展智能输配电设备及系统、节能型无功补偿及电能质量装置等新兴业务，服务于坚强智能电网建设。

【人力资源】 完成劳动用工摸底调查和专项治理，用工管理逐步规范。开展人力资源需求预测，分析企业经营指标与用工总量之间的相关性，完善预测模型。加强干部队伍建设，优化调整10家所属企业领导班子。推荐优秀年轻干部到国家电网公司总部、网省公司挂职（培养）锻炼。

以效益为导向，完善企业负责人年度业绩考核办法，调整岗位绩效工资制度，推动薪酬分配机制改革。加大员工教育培养力度，组织各类培训近9000人次，提升了队伍素质。选拔推荐青年拔尖人才支持计划、享受政府特殊津贴人员和百千万人才工程国家级人选。

截至2014年底，用工总量8319人，其中：大专以下学历员工占比64.45%，大专学历员工占比19.05%，本科学历员工占比12.95%，研究生学历员工占比2.55%。

【经营管理】 深化应用财务管控一体化信息平台，提升财力集约管理水平。创新融资渠道，开展法人账户透支等业务，节约融资成本。完成生产经营性物资集中采购任务，探索主要生产原材料供应商战略合作，推进角钢战略采购试点。加强供应商履约及服务管理，保障了物资供应。公司系统视频会议系统投入运行。

加快业务转型升级，发展自动调容调压变压器业务，具备产品批量生产能力，实现市场开拓零的突破。研制基于新一代电力电子技术的电能质量综合治理等装置，对解决配电网电能质量和节能降损问题成效明显。巩固输变电设备状态监测系统主站运维业务，初步建立了试点网省公司一体化运维模式。国内首台套发输电联合动态增容系统在浙江乐清电厂上线运行。

加强市场营销管控，市场协同和集团化运作能力显著增强。开拓市场，系统内市场份额稳步提高，变压器、铁塔、常规导线接近满份额中标，在特高压工程领域实现±600kV换流变压器、550kV GIS和1100kV GIS核心设备业绩突破。在南方电网市场新签合同3.15亿元。初步构建国际业务协同体系，实现跨产品的整体营销，新签国际订单15.02亿元。非洲、亚洲等传统市场不断巩固，220kV变压器进入欧盟市场，高压电缆进入南美市场。

坚持效益意识，加强综合计划和全面预算管理，降本增效，依靠自身经营实现盈利，多家所属企业扭亏增盈，生产运营步入良性轨道。加强经营诊断，深入所属企业调研经营状况，分析问题、提出措施、督促改进。严格费用管控，管理费用、营业费用、财务费用较年初预算压降10%以上。加强应收账款清理，减少资金占用。开展铁塔企业产品及流程对标平台建设，重点分析能耗、物耗情况，以用电节能改造为切入点，减少电费支出。宣贯和落实国网通用制度，完善了“三重一大”决策制度。配合国家审计署完成经济责任现场审计。整改内外部审计发现的问题102项，修订制度22项。

【生产管理】 统筹开展安全管理提升活动，增强员工安全意识。推进“安全生产标准化管理规范”和“安全设施标准化”建设，加强危险源辨识，消除生产现场设备、设施隐患，提升安全管理水平。开展“质量月”活动。实施重点工程产品生产、质量周报制度，加强过程跟踪和监督，产品质量保持稳定。

通过内部挖潜、技术改造等方式，进一步提升了特高压产品生产能力。落实重点产品批量化生产措施，加强组织领导，严格计划执行，保证物资供应，强化过程管控，确保重大项目产品供货、现场调试和投运进度。完成浙北—福州1000kV特高压交流输变电工程、川藏电力联网工程产品生产交付，顺利供应淮南—南京—上海特高压交流输变电工程、埃塞俄比亚GDHA 500kV输变电工程产品，有序组织宁东—浙江±800kV特高压直流输电工程、锡盟—山东1000kV特高压交流输变电工程产品生产。

【科技创新】 加强科技管理，成立公司技术委员会，制定了科技工作管理办法、科技成果登记办法、科技奖励办法等制度。依托变压器、铁塔、线缆三个研究所以及院士工作站、超特高压变压器技术实验室，协同开展项目立项、技术研发和标准编制。重大科技项目进展顺利，启动变压器产品二次研发，成功研制±800kV换流变压器、±800kV平波电抗器、400MVA/500kV大容量自耦变压器。科技立项实现突破，获批国网总部2015年管理项目32个。获批主持修订电力行业标准1项和国网企业标准4项。

荣获国网科技进步特等奖、一等奖、三等奖各1项，专利二等奖1项；电力建设科技进步一等奖1项；第六届全国电力职工技术成果三等奖2项；山东省机械工业科技进步奖6项。所属5家铁塔企业同获“全国优秀焊接工程特等奖”。获专利授权94项，其中发明专利13项。6位专家分别入选“863计划”智能电网领域的国家科技项目评审和国网科技奖励评审专家。

● 3月1日，为锦屏—苏南±800kV直流输电工程同里换流站研制的340MVA/±800kV换流变压器通过全部型式试验。

【党的建设和精神文明建设】 学习贯彻习近平总书记系列重要讲话精神，举办两期领导干部主题轮训。落实中央要求，开展公务用车、办公用房、小型基建和培训疗养服务机构等专项治理工作。按照党的群众路线教育实践活动工作部署，聚焦“四风”问题，开展学习教育、查摆问题、整改落实各环节工作。开展基层调研指导、听取群众意见，促进活动深入开展。各级领导班子和基层党组织召开专题民主（组织）生活会，严肃开展批评和自我批评，以“钉钉子”精神进行问题整改。督导组严格把关，确保活动成效。

成立工会和直属机关工会。108个班组被评为国网达标班组。基本完成山东电工电气内外网站建设。加强保密管理和维稳工作，确保企业安全稳定。1家单位被评为国家电网公司先进集体。获得国家电网公司企业文化建设优秀论文二等奖、优秀案例三等奖各1项。

（王玉刚）

国网节能服务有限公司

【单位概况】 国网节能服务有限公司（简称国网节能公司）是定位于以节能环保、能源综合开发利用为主的产业集团，是国网公司节能服务产业的龙头企业，是落实国家节能减排政策、推动社会经济绿色发展的服务平台，是国家发改委和财政部审核备案的专业节能服务公司。国网节能公司成立于2013年1月，注册资本25亿元，资产规模126亿元。专注于节能服务、能源综合开发利用、电能替代、国际业务四大板块，致力于从事国家积极倡导的电力需求侧管理，节能与新能源前沿技术项目和典型示范项目的投资、建设、运营，是立足电网企业、面向社会，市场化运作、专业化管理、多元化发展的新兴企业。下辖国能生物发电集团有限公司（简称国能生物）、国网绿色能源有限公司（简称绿能公司）、北京广联惠供用电工程设计有限公司、北京生物质能源技术中心、电力环保科技公司筹建处等单位。

【人力资源】 落实国家电网公司人力资源集约化管理要求，加强队伍建设，强化人才开发，提高人力资源管理效率和队伍专业水平，优化完善组织架构，夯实人力资源基础建设，构建符合国网节能公司发展要求的人力资源管理机制，不断提升人力资源集约化水平。2014年，国网节能公司长期职工期末人数2523人，平均年龄31.2岁。其中：硕士及以上学历91人（博士研究生11人），占比3.6%；大学本科学历655人，占比26%；大学专科学历1204人，占比47.7%；中专及以下学历573人，占比22.7%；高级职称39人（其中正高级2人），中级职称23人，初级职称7人。人才当量密度0.818。

【经营管理】 初步建立综合计划管理体系，实现计划编制、平衡、报送、执行、控制、调整、监督及考核全过程管理。建立经济活动分析机制，统筹调度公司综合计划、预算执行、项目推进、业绩指标完成情况，协调解决公司经营工作中的重大问题。加强项目投资管理，建立以《企划报告》为载体的综合分析评价和项目投资决策机制。2014年，国网节能公司实现合同额23.72亿元，同比增长164%；实现节能量21.72万t标煤，同比增长97%；超额完成全年目标任务，在国网公司年度业绩考核中首次获得B级。

【节能服务】 节能市场开拓能力不断提高，形成系统内外并举、开发储备并重的良性循环发展模式。在系统内，积极推动节能项目纳入国家电网公司综合计划，电网节能成效得到总部认可。重点开发实施了冀北、江苏、重庆3省（市）24个区县的电网节能项目，成功实施了国网浙江公司、杭州公司、南昌公司生产调度大楼、重庆技培中心等8个建筑节能项目，形成较为成熟的项目实施经验和业务模式。在系统外，在交通节能、建筑节能等领域，重点开发政府支持、具有典型示范意义的项目，成功实施陕西富平路灯节能改造、APEC会展中心能源监测系统、盐田国际大厦能源审计等项目。全年建成投运项目9个，在建项目28个。完成项目储备15个，合同总额近30亿元。

【生物质产业】 4月，国网节能公司完成国能生物股权收购，实现了控股经营。国能生物各项指标均创历史最好水平，继续保持生物质发电行业领先地位。全年全口径累计完成发电量60.4亿kWh，同比提高12.8%；综合厂用电率完成10.73%，同比降低0.47%；机组设备平均等效利用小时达到7328h，同比提高1.5%，负荷率达到94%。燃料收购价格为280元/t，同比降低0.24元/t，单位售电燃料成本同比降低0.01元/kWh，首次实现全集团燃料盘盈。新投产庆安、长岭2台30MW机组，投产机组达34台，在运总容量达858MW。同时，开展生物质产业发展研究，初步形成了由单一发电型企业向能源综合开发复合型企业发展的转型升级思路，研究开展风电、垃圾发电以及在沿海建设大型机组的可行性。

【电力环保】 以北京地区为试点推进集中式电采暖示范工程建设，分别选择房山区韩村河镇韩村河村、石景山区莲花河作为工程首期试点。10月31日，国家电网公司首个集中式电采暖示范项目——韩村河集中式电采暖工程竣工投运。该工程采用固体蓄能清洁供热技术，利用夜间弃风电量替代燃煤实施集中供热。工程总计投资5220万元，建成后年供热量为14万GJ，年替代电量约4500万kWh，替代燃煤锅炉59蒸t。年可减少标煤0.66万t、二氧化碳1.52万t、二氧化硫128t。

● 12月26日，北京市副市长林克庆调研国家电网公司首个（房山区韩村河）集中式电采暖项目。

11月，国家电网公司将电动汽车充换电业务投资运营主体由鲁能集团调整为国网节能公司，年底前顺利完成业务划转交接，国网节能公司正开展电动汽车充换电设施和市场调研工作，探索研究充换电业务商业新模式。

【国际能源利用与开发】 上半年，国网节能公司推进与俄罗斯辛特斯集团的合作，开展并购前的资产评估、法律尽调等相关工作。根据国家电网公司对合作项目暂停的部署，国网节能公司及时作出了国际业务与主营业务融合发展的战略调整。绿能公司充分发挥国际业务窗口作用，探索能源资源国际化经营途径，开展俄罗斯泥煤和生物质燃料进口贸易的前期工作。在泥煤利用方面，组织团队多次赴俄远东地区实地调研，深入了解投资环境及开发政策，与政府部门及相关企业多次沟通，确定了资源丰富、位置优越的萨哈林州为优先开发区域，开展国内泥煤贸易总代理权的洽谈工作。在泥煤应用销售方面，以土壤改良、有机肥料等应用为突破，以能源化利用为方向，逐步实现泥煤的综合开发利用。开展东南亚地区棕榈壳等生物质资源调研，启动东南亚地区建设生物质电厂的可行性研究，完成马来西亚生物质发电项目预可研。

【党的建设和精神文明建设】 开展党的群众路线教育实践活动，国网节能公司及所属单位55个党支部、415名党员认真参加活动，聚焦整改“四风”等突出问题。国家电网公司教育实践活动简报两期专题刊发国网节能公司经验做法。执行中央“八项规定”和国网公司实施细则，深入开展专项治理，完成车辆集中管理和办公用房整改工作。整顿会风文风，厉行勤俭节约，“三公”经费、会议费、办公费用均严格控制在预算之内。严格执行党风廉政建设责任制，建立完善廉政建设惩防体系，开展协同监督工作，全年无违法违纪现象发生。落实职工民主管理纲要，建立完善职代会等制度，夯实民主管理基础。成立瑜伽、乒乓球、足球等多个兴趣小组，组织开展健步走等活动，丰富员工业余文化生活。健全完善团青组织，组建青年志愿者服务队，做好团员青年的教育和引导。抓好企业文化建设载体实践活动，组织开展“我与企业同发展”主题征文和职工文化沙龙活动以及国能生物员工思想动态调研等工作，推进国家电网公司“五统一”企业文化的传播和落地工作。推进品牌建设工作，建立起国网节能公司内网网站、外网网站、电子大屏幕三位一体的宣传平台，策划实施全国节能宣传周、电能替代等主题传播活动，内质外形建设取得显著成效。

（何洪洋）

国网英大国际控股集团有限公司

【单位概况】 国网英大国际控股集团有限公司（简称国网英大集团公司）于2010年12月20日由原国

网资产管理有限公司更名组建，是国家电网公司出资设立的全资子公司，注册资本金 190 亿元。国网英大集团公司作为国网英大国际集团核心企业，根据国家电网公司授权，依法按照法人治理程序履行经营管理职责，对集团所属控股金融单位（中国电力财务有限公司、英大泰和财产保险股份有限公司、英大泰和人寿保险股份有限公司、英大国际信托有限责任公司、英大证券有限责任公司、英大长安保险经纪集团有限公司、英大汇通融资租赁有限公司）实施管理和监督。2014 年，国网英大集团公司管理的资产规模较年初增长 12.1%；实现营业收入同比增长 19%；实现利润同比增长 87%，不良资产率同比下降 0.5 个百分点。国网英大集团公司在 2014 年国家电网公司企业负责人年度业绩考核中被评为 A 级。

【优化布局】 保险资产管理公司获中国保监会批准筹建。推动完成证券期货重组事项，英大期货成为英大证券控股子公司。开展参股单位资本运作。开展战略性研究，完成集团发展重要事项的研究报告。优化市场化考核、薪酬、用工管理机制，修订完善《市场化金融企业负责人业绩考核办法》，优化人工成本总量决定机制。

【经营管理】 加强预算管理，强化预算跟踪分析；研究实施新会计准则，反映股权投资效益；严格成本费用管理，压降“三公”经费及会议费；规范预算外资金支出管理；统筹协调开展年度决算工作。

加强股权管理，开展议案审核工作，为公司委派的董监事提供决策参考；对所持股权进行梳理，统计分析股权投资管理情况；开展投后跟踪管理，赴有关单位进行现场调研；建立专报制度，及时报告金融产业发展相关工作。

加强研究与经营分析，强化宏观经济金融形势和重大政策跟踪研究；对金融单位部分分支机构和外部金融机构进行走访调研；强化经济活动分析，开展同业对标；加快运营监测中心建设，完成业务需求优化，推进系统开发与运行测试。

加强风险合规管理，组织完成集团内控体系建设；严格法律合规审查，组织开展首个宪法日系列活动、第二期典型案例分析会和金融特色法律合规培训，牢固树立依法合规经营理念。

加强信息化建设，组建金融信息安全红队，开展外网网站和电子商务专项渗透测试；完成亦庄数据中心网络和安全设备安装调试；建立信息安全警示机制。

加强协同运作，督促金融单位提升服务能力和服务质量；协助集团相关单位积极开展内外部合作；创新推动品牌协同，开展营销广告宣传，推动整体品牌传播。

【本部建设】 加强董监事履职服务，起草《董监事管理办法》，完善董监事库和名册，调整派出董监事；开展外部调研，学习借鉴服务董监事的做法和经验，为派出董监事履职提供全方位事务性服务。加快队伍建设，完善干部选拔任用机制，优化中层干部队伍；梳理并调整职员职级、薪酬体系，拓展员工发展通道；强化员工能力素质，举办 2 期员工轮训。

【党的建设和精神文明建设】 组织、推进党的群众路线教育实践活动各项工作。制定“两方案一计划”，完成整改措施 99 项、专项治理措施 18 项，完善相关制度规定。通过深入开展教育实践活动，增强党员干部宗旨意识和群众观念，加强党组织建设，整治“四风”积弊，解决职工群众反映强烈的突出问题，初步形成贯彻群众路线的长效机制。

聚焦企业文化建设，开展爱心捐赠公益活动和“健步走”等文体活动；举办商务英语文化交流，创造语言环境，营造良好学习氛围。加强员工服务，落实职工民主管理与监督，以人为本，关心职工成长和发展；组织宣讲人力资源相关政策，慰问困难职工，建设和谐企业氛围。

（王　宇）

中国电力财务有限公司

【单位概况】 中国电力财务有限公司（简称中国电财）是经中国银监会批准，由国家电网公司控股、国网英大集团公司等参股的一家非银行金融机构，注册资本金 100 亿元，为国家电网公司成员单位及经中国银监会核准的服务对象提供金融服务。中国电财目前拥有东北、西北、华中、华东、华北 5 家区域分公司、7 家省级分公司和 13 家省级业务部，经营范围涵盖资金结算、存款、贷款、融资租赁、票据、贴现、债券承销、证券投资以及财务顾问等。

【人力资源】 2014 年，中国电财坚持依法治企，落实人力资源专项审计整改。加强劳动用工规范管理，全年全员全口径用工人数控制在国家电网公司下达的计划指标内。加强岗位体系建设，梳理人力资源管理企业级业务架构，编制人力资源管理“五位一体”手册，制定岗位管理办法，开展岗位工作量测量，全面夯实岗位管理基础。强化干部员工队伍建设，完善选人用人机制，创新方式方法，促进干部员工多层次、多平台发展。拓展干部员工交流渠道，加大交流力度，增强队伍活力，与国网总部、分部、省公司、财协、人民银行等建立人员交流渠道，选派优秀员工对外交流。开展公司总部、分支机构之间双向挂职挂岗，共选拔23名优秀干部员工，进行为期一年的交流培养锻炼。加强干部管理与考核，依法合规开展干部管理。先后有12人获得国家电网公司级“十大”领军人才候选人称号、3人获得国家电网公司级优秀专家人才称号，成绩名列国家电网公司金融单位前茅。加强薪酬绩效管理，印发《2014年度绩效考核管理办法》《薪酬管理办法（试行）》，规范薪酬管理，强化绩效管理，突出薪酬绩效管理的导向性作用，开展岗位绩效工资制度建设相关工作。加强培训统筹管理，开展全员轮训，先后举办3期处级干部、4期科级干部、4期员工培训班、1期新员工入职培训，参培员工覆盖中国电财各级单位各层级员工，中国电财总部各专业部门先后举办53个专业培训，员工参加国家电网公司组织的专业培训30个，参加外部机构组织的专业培训12个，参培人次约1.2万人次。

【经营管理】 资金归集成效显著。上下联动，多措并举，创新存款产品，新增基本类存款、拓展类存款、社保类资金，全年存款日均余额同比增长20.62%，完成全年效益目标。

信贷规模稳定增长，全年贷款日均余额同比增长8.53%。其中，1年期以上中长期贷款占比78.64%，同比提升4.71%；直属产业单位和县公司贷款规模占比19.04%，同比提升2.04%。净利差4.6%，同比提升0.01%。

债券发行。争取银监会重启财务公司发债并获得批复。在年内发行难度较大的情况下，成功发行总额130亿元的财务公司金融债券，负债结构得到改善。

加强同业交易和投资管理。发挥利率引导作用，加强资金滚动配置，累计实现利息收入8.81亿元；累计融入资金420亿元，保障了关键时点备付安全。稳健开展投资业务，全年实现投资收益6亿元。

落实中央八项规定，“三公”经费和业务费用同比分别下降34.47%和27.28%。

建成流程型财务公司，构建企业级业务体系蓝图，建立客户服务、产品运营、风险管理、内部管理、信息化保障五大体系，形成了21个一级能力、123个二级能力，梳理核心业务流程1403项；转发国网通用制度202项、发布公司制度54项，废止相关制度标准552项，“五位一体”协同运行机制基本建成。

优化调整总部机构职能，统一规范分支机构组织机构和岗位设置，完善各级机构职能定位和管理界面，明确前中后台划分，实现核心业务扁平化管理，机构和业务管理规范化程度不断提升。有序推进统一结算，电费归集流程由11种优化为7种。研发推进收款业务自动处理，改进结算凭证管理，实施信贷业务组合审批。推进营业脱核，开展数据治理。识别评估主要风险点，建立风险信息库。

建成投运资金调控中心，主营业务、核心资源、关键流程在线监测能力提升。资金调控中心建设项目在国家电网公司2014年信息化建设优质项目评审中，名列直属单位第一。启动新一代核心业务系统建设研究，完成可研报告编制及评审，为开展系统设计提供了基础条件。

【风险内控】 全年收回不良资产及利息8.72亿元，不良贷款实现清零。经营管理各类风险得到有效防范，全年未发生8级以上安全风险事件。开展信息系统安全风险管理专项工作，优化系统运行基础及检修方式，加强系统隐患排查和应急演练，系统运行可靠率100%。对历次审计检查发现的问题，狠抓整改落实，构建长效机制。国家审计署审计结果显示，中国电财经营管理合规稳健、情况良好。

【党的建设和精神文明建设】 深入开展党的群众路线教育实践活动。聚焦“四风”问题，边查边改，立行立改。领导班子率先垂范，深入基层调查研究，掌握实际问题和困难，各级领导干部开展批评和自我批评，整改问题166项，加强企业文化建设，践行《员工文明手册》，开展“中国梦·国网情·我与公司共精彩”活动和“三学三比三创”劳动竞赛。深化“职工之家”建设，实施职工关爱工程。加强后勤、保密、会议、档案等管理，加大信息交流力度，刊发《国网内参》6篇，占年度刊发总量约12%。

荣获2014年“金龙奖”最佳财务公司称号。荣获国家电网公司2014年度财务工作先进单位、档案考评示范单位等荣誉称号。华中分公司荣获“国家电网公司先进集体”荣誉称号。新疆业务部霍艳同志入选国家电网公司“为民务实清廉”先进典型。评选出1个先进单位、18个先进集体、5个“三增三节”先进单位和部门，32名同志被评为公司“先进工作者”称号。

● 12月26日，中国电财荣获2014年“金龙奖”最佳财务公司称号。

（张　冰）

英大泰和财产保险股份有限公司

【单位概况】 英大泰和财产保险股份有限公司（简称英大财险）是经中国保监会批准设立的一家全国性股份制财产保险公司，注册资本金21亿元，总部设在北京，于2008年10月28日获准开业。

截至2014年底，英大财险拥有北京、陕西、湖北、上海、辽宁、山东、河南、江苏、四川、湖南、广东、河北、浙江、青岛、大连、山西、福建、黑龙江、内蒙古、宁波、安徽、厦门、深圳、天津24家分公司及131家中心支公司、68家支公司、11家营销服务部。业务经营范围包括财产损失保险，责任保险，信用保险和保证保险，短期健康保险和意外伤害保险，上述业务的再保险业务，国家法律、法规允许的保险资金运用业务，经中国保监会批准的其他业务。

【人力资源】 截至2014年底，英大财险共有博士研究生11人，硕士研究生223人，本科生2802人。按照专业技术职务划分，有高级职称64人，中级职称211人。平均年龄为33岁。

优化人力资源计划管控体系，强化分支机构人力成本管控能力。从制度上规范分公司班子分工，强化干部离任交接管理工作。构建管理人员分级培训体系，加大培训开发投入，提升干部队伍履职能力。

【经营管理】 完成各项年度经营目标，实现保费收入65.12亿元，其中电网业务保费收入19.16亿元，市场业务保费收入45.96亿元。全年平均资金占用74.17亿元，实现财务口径投资收益4.62亿元，同比增长49.51%，财务投资收益率达到6.23%，综合投资收益率达到10.53%。连续6个经营年度实现盈利。中国保险学会发布的《保险蓝皮书：中国保险业竞争力报告（2014）》显示，英大财险综合竞争力位列第五名。

差异化经营管理。遵照行业各地区、各险种市场经营情况，在细分区域市场、产品的基础上，以培育分支机构具有超越市场的竞争优势为出发点，建立内部资源市场化配置的机制，实现一地一策、灵活高效、统筹兼顾、集中管理的目标；整合营销、承保、理赔和客户服务各项资源，将“两服务一支持”的总部为分公司服务的理念贯穿到差异化经营中，实现分公司差异化发展与业务、服务资源调配相统一。

电网业务，跟进新开工特高压项目，开发电网单位雇主责任险业务，争揽电网企业公务用车和生产用车的保险业务。市场业务，提高非车险业务占比，持续开展低产能渠道和劣质业务清理。调研总结业务发展快、承保效益高机构的经验，以优质车险、电力职工车险和纯市场战略客户、电销网销、农电业务为重点，开展经验交流推广。

基础管理。实施重点工作目标量化考核，建立加分机制。优化人力资源配置，加大总部与分公司、分公司之间的干部和人员交流，重点加强分支机构班子成员和重点岗位人员交流。通过岗位价值评估实现人力资源标准化管理。加强资金集中支付管理，在分公司赔款集中支付基础上，研究总公司赔款集中支付模式。加强财务经理考核和履职能力评价。

【客户服务】 增加查勘车辆配备，编写各险类核损规范、非车险理赔案例库，投入使用客户关系管理系统，开通微信报案平台，试点车险小额案件无纸化办公。开展“优质服务我争先，客户满意在身边”主题竞赛活动，活动结束后召开公司系统优质服务竞赛活动总结大会，树立一批明星服务机构和明星服务标兵，发挥正面激励作用。完善客户投诉管理相关制度，开展理赔减损和反欺诈，整合公估资源并加强管理，实现降本增效。自主开发的移动车险理赔系统荣获2014年度亚洲保险公司典范奖。

【风险管控】 构建总分支一体化标准制度体系，梳理制度1891项，新建12项，修订31项，废止1509项。出台分支机构和员工违规违纪处罚办法，全员签订守约承诺书。开展分公司合规经营评估，实施分级管理。推行费用据实列支，实施机构主要负责人报销会签制与班子副职分管财务工作定期轮换制。整顿中介业务，对2013、2014两个年度违规套取费用开展清查并整改发现的问题。开展车险人伤未决案件立案金额核查，对核查出的估损偏差金额实施数据还原。开展偿付能力第二代监管体系、商业车险市场化改革等专题研究，分析政策影响，提出应对措施。运用再保工具，安排电网业务比例分保并提高分出份额。

【党的建设和精神文明建设】 开展党的群众路线教育实践活动。通过广泛调研、征求意见，查摆“四风”问题，开展批评与自我批评，针对查摆的突出问题制定整改方案，逐项销号整改。管控“三公”费用，改进文风会风，发文数量同比压减30%，会议数量同比缩减40%。完成办公用房整改，开展职场文化建设。开展党风廉政建设。邀请最高人民检察院专家授课，开设网上反腐倡廉大讲堂。做好信访举报案件查办工作，对违规违纪干部员工进行处理。开展“习惯性违章”专项治理，设立公司廉政账户。启动“廉政”大检查，完成6家分公司检查。

2014年，英大财险工会荣获国家电网公司工会工作先进单位，上海分公司团支部荣获国家电网公司红旗团支部称号。总公司赵付明荣获国家电网公司劳动模范称号，河南分公司龙冰冰荣获国家电网公司优秀共青团员称号，山西分公司赵旭强入选国家电网公司“为民务实清廉”先进典型。一批优秀单位和个人获得公司内外部荣誉称号和奖励。

● 3月15日，英大财险辽宁公司开展“3·15消费者权益日”活动。

（阮景平）

英大泰和人寿保险股份有限公司

【单位概况】 英大泰和人寿保险股份有限公司（简称英大人寿）是由国家电网公司发起设立的一家全国性寿险公司，经中国保监会批准，于2007年6月在北京成立。2009年6月，英大人寿引入境外战略投资者——美国万通人寿。截至2014年底，公司注册资本为人民币40亿元，资产规模达到175亿元。

英大人寿经营范围主要包括：人寿保险、健康保险、意外伤害保险等各类人身保险业务；上述业务的再保险业务；国家法律、法规允许的保险资金运用业务；经中国保监会批准的其他业务。截至2014年底，英大人寿在售产品119款，按产品种类分，有人寿保险产品40款，年金保险产品15款，健康保险产品44款，意外伤害保险产品19款，健康保障委托管理产品1款；按销售渠道分，有团险产品48款，个险产品42款，银保产品16款，其他渠道（经代、网销等）产品13款。

英大人寿股东大会为公司权力机构，董事会是公司决策机构、监事会是监督机构。董事会下设战略发展委员会、提名薪酬委员会、审计委员会、资产负债管理委员会、风险及合规委员会5个专门委员会，协助董事会履行各项职责。下设办公室、发展策划部、精算与产品开发部、团险事业中心、个人保险部、银行保险部、核保核赔部、客户服务部、投资管理部、信息技术部、财务会计部、人力资源部、法规与风险管理部、审计部、董（监）办（党群工作部）、市场部16个部门。截至2014年底，英大人寿已在15个省市开设了15家分公司、53家中心支公司和179家营销服务部，同时还在未设分公司的地区设立了11家代表处，提供的保险服务已经覆盖国家电网公司所属的经营区域。

【人力资源】 截至2014年底，英大人寿实际在岗的内勤员工为1763人，其中博士研究生学历10人，硕士研究生学历150人，本科学历1363人；外勤营销人员为10266人。

2014年，英大人寿继续坚持人资改革“五大体系”，即：能进能出、能上能下的干部管理体系；多通道发展的员工职业发展体系；以业绩为导向的绩效管理体系；市场化为核心的薪酬管理体系；以核心人才培养为目标的人才培养体系。强化干部管理，严格进行干部选拔、任前公示和民主评议；坚持拓展员工发展通道，建立专业序列评聘办法和专业技术津贴，鼓励核心骨干人员提高专业技术；注重人才的选拔与培养，为甄选出的后备人才定制培养计划；强化激励与约束，以业绩为导向，建立全面、客观、多方位的考核体系，加大绩效奖金与业绩达成直接挂钩力度，发挥绩效激励作用；不断完善具有外部竞争力和内部公平性的薪酬管理体系；开展培训课程，促进人才发展，打造素质优良的干部人才队伍。

【经营管理】 2014 年，英大人寿累计实现总规模保费 39.19 亿元，新契约规模保费 32.72 亿元。继续进行价值转型，整体业务结构趋于优化。全年累计实现加权保费 7.11 亿元，同比增长 17%，高于新契约规模保费增长率；续期对总保费的贡献继续提升，全年实现续期保费 6.47 亿元，同比增长 32%，占比升至 17%。

价值型业务。全年团体短险、个险期交、银保期交等价值型业务合计 7.70 亿元，同比增长 22%。全年新业务价值 1.85 亿元。业务品质方面，赔付率和保费继续率等指标都达到较好水平；加强成本管控，效果显著，投产效率逐年提升。

投资收益。实现财务投资收益 8.23 亿元，财务收益率 5.91%；实现综合投资收益 12.41 亿元，综合收益率达 8.90%。

推动供电营业厅和农电工项目。考取代理人资格的农电工达到 2058 人，农电工实现标准保费 3260 万元，为个人保险业务贡献 17% 的业务量。

【党的建设和精神文明建设】 学习贯彻党的十八大，十八届三中、四中全会精神，开展党的群众路线教育实践活动。贯彻落实中央“八项规定”，反对“四风”专项整治取得实效。组织全体党员集中学习教育，加强党的基层组织建设；落实党风廉政建设责任制，开展 2014 年党风廉政建设责任制考核。

组织开展 2014 年迎新春系列文体活动、“羽你共赢”公司系统羽毛球比赛、登山健步行、“走进金秋”奥园健步走活动；实施员工关爱工程，营造团结向上的企业文化。

2014 年，被评为国家电网公司文明单位，获得中国保险行业协会“2013 年度人身保险公司客户满意度调查”在 56 家参评公司中第三名。

● 7 月 8 日，英大人寿河南分公司开展“爱无疆 责任在行”保险宣传进社区活动。

（刘　青）

英大长安保险经纪集团有限公司

【单位概况】 英大长安保险经纪集团有限公司（简称英大长安）于 2001 年 6 月成立，现有 26 家分公司和 5 家全资子公司，服务网络覆盖全国 29 个省（市）、自治区，业务范围涵盖保险经纪业务、风险管理咨询业务、保险公估业务、国际业务、电子商务业务五个业务板块，是国内业务规模最大、组织服务体系地域覆盖最广的保险经纪企业。2014 年 1 月当选为中国保险行业协会副会长单位，5 月当选为中国保险行业协会保险经纪专业委员会主任委员单位，连续当选中国保险学会常务理事单位和北京保险中介行业协会副会长单位。

【人力资源】 加强公司队伍建设。截至 2014 年底，英大长安大专及以上学历员工占比 97.17%，其中：本科学历占员工比 63.5%，研究生学员工历占比 23.14%，具有高级职称员工占比 10.8%；保险经纪人从业资格持证率达 85%。强化绩效考核管理，在深化应用公司薪酬及绩效管理办法的基础上，探索市场化、差异化的绩效考核管理机制，制定电子商务、客服中心绩效考核管理办法，进一步完善绩效考核体系。提升员工队伍素质，全年举办经营管理培训、专业管理培训、新员工培训等各类培训 26 次，累计培训干部员工 1919 人次。

【客户服务】 服务国网资产和电网职工。履行保险经纪人职责，分析国家电网公司各类资产和员工的风险状况，识别、评估存在的风险，量身定制保险方案，提升保险保障水平，确保国网资产和员工风险的有效转移。服务国家电网公司“两交一直”特高压建设，组织开展淮南—上海特高压工程的保险安排工作，为锡盟—山东、宁东—浙江特高压工程提供了保险经纪服务。2014 年，英大长安共出具风险评估报告和保险建议书 1511 份，制定保险方案 1466 份，协助客户签订保险合同 205 975 份；组织客户保险业务培训 188 场，累计培训 7235 人次；协助客户处理保险索赔案件 48 663 件，协助索赔结案率 87%。服务国网保险事务管理。在持续优化完善电网资产保险管理系统功能的基础上，推进系统深化应用，实现国网客户从资产投保到出险索赔的全过程在线管理，提升国家电网公司保险管理效率。配合各省电力公司制定差异化的《电网资产保险定损标准》，提高保险索赔效率。协助开展国网供电责任事故处理和风险管理，协助 32 家国网系统客户单位进行风险转嫁安排，合理有效地规避相关风险。服务国际化战略。取得南瑞集团、平高集团、许继集团所有境外项目的保险经纪业务委托。为中电装备埃塞俄比亚输变电工程项目、平高集团波兰输电线路工程、尼泊尔变电工程和南瑞集团出境人员提供保险经纪服务；完成葡萄牙能源网公司和澳大利亚能源澳网公司 2014 年度财产险和责任险再保分入国内工作。服务全面风险管理和内部控制体系建设。完成国网总部 2014 年全面风险管理项目。服务国家电网公司“五位一体”协同机制建设，协助建立了省电力公司全业务标准流程体系。研究建立电网企业风险链监控与管理决策支持系统，获得国家版权局计算机软件著作权登记证书。

【业务发展】 股东保险经纪业务。完成国家电网公司总部、系统内 34 家单位财产保险、人身保险的统一续保工作；开展国家电网车辆保险、建安工程保险以及公众责任保险专项营销，业务规模进一步扩大。市场保险经纪业务。成功开拓福建省劳务派遣人员意外险、青海西部矿业集团财产险、宁夏宁煤集团财产险保险经纪业务；发挥公司企业资产保险管理系统的服务竞争优势，以服务促业务，开展系统社会化推广，组织开发社会企业集团业务，在稳固现有集团客户业务的基础上，公司集团客户业务规模不断扩大。风险管理咨询业务。全年开发各类管理咨询项目 93 个；参与工信部“两化融合”管理体系贯标，入选我国首批两化融合管理体系贯标咨询服务机构。保险公估业务。持续加强与保险经纪公司的合作，公估业务规模持续扩大；2014 年，公估业务实现收入 1282 万元。国际业务。前往巴西、柬埔寨、埃塞俄比亚、巴基斯坦、沙特阿拉伯、阿联酋、印度进行现场展业和协助索赔服务；新增塔吉克斯坦、葡萄牙、澳大利亚、泰国、危地马拉、肯尼亚、苏丹等 7 个国家的业务。电子商务业务。电子商务平台“长安 e 家”运行平稳；与 12 家保险公司建立合作关系，上线交通意外险、旅行险、综合意外险、定期寿险、重疾险、理财险 6 类 49 款保险产品。

【经营管理】 开展制度流程体系建设。推进国家电网公司通用制度落地执行，结合公司实际，针对性提出差异条款及建议，及时废止相关制度，补充完善工作流程 190 条。完善对标管理。将指标对标和管理对标相结合，优化完善公司市场开发、业务管理、客户服务、财务管理等对标指标，每月公布指标排名，年底开展综合评价。加强信息化管理。利用信息化手段促进管理提升，实现公司人力资源、财务管理和业务管理关键数据的信息集中统计分析。强化成本管理。研究制定了各类保险经纪业务费用标准，以及风险咨询业务、公估业务、国际业务、电商业务成本标准。进一步规范业务管理。建立业务立项联签制，进一步明确了英大长安保险经纪业务分类标准和立项申报、审批流程。编制《保险经纪专业标准术语手册》，对英大长安业务制度、业务操作等方面术语使用进行了规范统一。落实中央八项规定，依法从严治企，加强车辆、公务接待和会议等方面的规范管理，组织开展了“八项规定”落实情况的监督检查。按照中国保监会保险中介市场清理整顿工作部署，组织开展清理整顿第一、二阶段各项工作，排查公司经营风险。

【党的建设和精神文明建设】 组织党员干部参与党的群众路线教育实践活动，整治“四风”问题，解决群众反映强烈的突出问题，完成教育实践活动的各项任务。推进党的建设，组织开展党支部、党员公开承诺活动和“七一”系列纪念活动。加强民主管理，完成公司职工代表换届选举，持续推进提案处理答复工作。建成“企业文化综合展厅”，展示公司发展历程和业务创新、管理创新成就。建成公司“文化活动室”，组织开展职工乒乓球、台球比赛和“健康快乐行”健步走活动。组织承办 2014 年中国风险管理峰会。

2014 年，英大长安获得“国家电网公司文明单位”称号。客服管理部（客户服务中心）在国家电网公司第二批党的群众路线教育实践活动中被评为“为

● 7月1日，英大长安召开“七一”纪念活动座谈会，与会党员重温入党誓词。

民服务典范”先进团队、荣获国家电网公司2014年“先进集体”称号；9家业务单位荣获国家电网公司首批“2014年度会计基础管理规范化评估达标单位”称号。

（历　智）

英大国际信托有限责任公司

【单位概况】 英大国际信托有限责任公司（简称英大信托）成立于1987年5月，前身是济南市国际信托投资公司。

英大信托经营范围包括资金信托、动产信托、不动产信托、有价证券信托、财产权信托、固有资产运作等监管部门批准的十三大类业务。业务资质健全，已经获得资产证券化、大宗交易系统合格投资者、债券承销主承销商、固有资产股权投资等多项核心业务资格，成为银行间市场交易商协会会员，为业务深入拓展提供了有利条件。

建立了以股东会、董事会、监事会、经营层（“三会一层”）为主体的责任明确、相互制衡的治理架构。董事会下设战略与发展规划委员会、信托委员会、风险管理委员会、审计委员会、提名与薪酬委员会5个专业委员会。经营层下设信托项目评审委员会和固有投资决策委员会，按照业务授权管理制度，分别对信托、固有两大类业务行使审议职能，为总经理办公会决策提供依据。

设立信托业务一部、信托业务二部、信托业务三部、山东业务部、上海业务部、深圳业务部、信托资产管理部、固有资产管理部、证券投资部、理财服务中心、办公室（董监事会办公室）、发展策划部（产品研发中心）、财务资产部、法律与合规管理部、监察审计部（党群工作部）、人力资源部、信息技术部等17个部门，另下设5个业务团队。

连续七年荣登中国社科院和金融时报社共同举办的中国金融机构排行榜，2014年获得“年度最具创新力信托公司”称号，荣获北京市“纳税信用A级企业”“东城区百强企业”等称号。

● 12月，英大信托荣获“年度最具创新力信托公司”称号。

【人力资源】 完善信托经理培养机制，加强人才梯队建设。构建外部专家人才库，涵盖四大业务类型共19名外部专家。完善市场化业务绩效考核管理机制，细化全员考核细则，实施“311”工程。探索人才成长和使用机制。组织双向选择，继续推行“举手制”，深化组织创新，试运行市场化业务部门、团队，带动业务规模增长203亿元。加快人才引进，招聘股指期货等专业人才和毕业生合计12名。加大培训力度，组织开展员工讲坛，举办、参加各类培训86次，累计培训干部员工376人次。

英大信托共有员工144人，其中：具有副高级以上职称人员共26人，占比18.06%；中级职称44人，占比30.56%；本科及以上学历人员共128人，占比88.89%。

【经营管理】 提升服务电网发展能力。坚持产融结合，重点围绕电网内部资金管理、债券发行与资本运营服务、企业年金运作、集体企业改制、融资咨询等方面提升金融服务的内涵和质量。利用国家电网公司产业和金融平台的客户、渠道资源，加强与中国电财、英大长安保险经纪、鲁能集团等单位的战略合作与业务协同，丰富服务模式和业务品种，进一步挖掘股东市场，维护好重要客户，保护好重大资源。

提高市场化业务规模。外部市场业务规模和收入占比持续增长，市场化业务创新不断深化，信贷资产证券化等创新业务取得实质性成果，集合信托数量和规模均大幅增长。公司在开展能源电力信托方面具有先天优势，对于电站类、电网供应链类，有更强的管理能力，对于项目并网能力、当地消纳能力有更好了解，同时对于投资者来说，结合电力背景的产品也能增加投资者的信任。以清洁能源发电、高端电工装备等电力产业链金融业务为主要扩展方向，开拓房地产、基础设施建设、证券投资等行业主流业务，以行业前沿领域为创新突破。在清洁能源发电领域积累了专业知识和客户资源，在产品结构设计、风险控制、后期管理等方面增长了经验，形成一定的品牌效应，增强了公司在行业内的影响力。

优化人员队伍结构。坚持人才培养与引进相结合，加大人才引进力度，进一步优化人才队伍结构。完善信托经理培养机制，加强人才梯队建设。构建外部专家人才库，完善市场化业务绩效考核管理机制，细化全员考核细则。完善薪酬机制，细化分配细则，探索全员年薪制。完善实时“看板机制”，继续优化考核指标体系。探索人才成长和使用机制。组织双向选择，继续推行“举手制”，深化组织创新，试运行市场化业务部门、团队。以科学管理、机制保障、文化引领、人文关怀为原则，建立科学合理的育人、选人、用人机制，实现内部人员的有序规范流动。

风控管理能力。根据管理需要及现代金融机构管理架构要求，按照职责清晰、纵向延伸、横向覆盖的原则逐步建立与业务结构相适应的风险管理组织体系，主要包括决策层、执行层和监督层。根据各内部机构在风险管理中的不同职责和角色，构建了“三道防线并行的垂直管理模式”的风险管理组织架构。已经形成以公司治理及内部控制为依托，以业务风险管理为核心，以风险合规管理为主体的风险管理制度体系。对重点行业和业务类型，通过制定专项业务指引，明确风险量化标准、尽职管理指引、操作流程和风险管理准则，设定准入标准，筛选交易对手，有效前置风险控制环节。

市场营销手段。随着市场化进程的加快和业务规模的增长，英大信托成立了理财服务中心，并加强自主营销能力建设。强化客户维护，组织财富管理、理财沙龙、客户答谢、产品推介等专题客户联谊活动。加强部门协同，共同开展产品营销。加大客户拓展力度，以理财讲座模式深入网省公司宣传，扩大营销受众范围。配合推进 CRM 系统建设，开通微博、微信等公众平台，营销信息化水平不断提升。

【重点工作】 2014 年，英大信托贯彻落实监管政策和国家电网公司决策部署，立足电网，面向市场，深化资产管理与理财服务平台功能，推进改革创新，坚持市场化方向，开展经营、管理、服务、创新等工作，完成董事会年初确立的目标。

完成经营任务。实现经营收入 9.93 亿元，其中信托业务收入 7.61 亿元，固有业务收入 2.32 亿元。2014 年底管理的资产规模达到 2150 亿元，全年向受益人分配信托收益 123 亿元，项目兑付率、核算准确率继续保持 100%。

完善公司治理。完善法人治理结构和现代治理功能建设，治理界面更加清晰。推进未分配利润转增资本金工作，进一步增强资本实力。推动股东履职尽责，建立恢复与处置机制。

多元服务电网股东。坚持产融结合，深化资产管理平台功能，挖掘国家电网公司总部资金和超备付金，全年累计新增国家电网公司总部业务 356 亿元，累计分配信托收益 61 亿元。利用信托制度优势，提出多元化电网融资解决方案，并成功引入 50 亿元低成本银行理财资金。围绕混合所有制经济主体选择等形成方案，服务国家电网公司混合所有制经济建设。与鲁能集团签订全面战略合作协议，全年新增业务 204 亿元。继续深化电网融资咨询服务，提升综合服务质量，形成周报、月报、季报及年报的稳定服务模式，专业性和时效性提高。

创新驱动市场化业务。严格遵循国家产业政策，在业内率先设计开发蓝天系列产品，支持光伏、生物质发电等清洁能源产业。创新合作模式，设立金福系列产品，为优质企业提供员工福利计划。拓展山东出版集团、莱钢集团、云煤集团等大型地方国企客户。加大金融同业合作力度，全年新增业务规模 247 亿元。服务实体经济发展，围绕电力、能源领域，大力开发供应链金融业务，全年共发行集合信托计划 16 款，规模 72 亿元，存续规模达到 139 亿元。介入房地产行业，发行设立首单自主管理型房地产信托产品。

提升发展质量。机制创新取得新进展，市场化绩效考核不断优化。人才队伍建设和信息化建设持续推进，初步构建合规风控、营销、研发三大体系。信托业务结构不断优化，有效应对新的监管评级办法和净资本计算标准。加强风险防范，依法合规经营，做好审计署、银监会迎审工作，强化监督监察。

提升市场影响力。参与信托业保障基金筹建，维护行业稳定。继续当选信托行业协会监事长单位，连续第七年荣登年度金融机构排行榜，多次受邀参加“中国财富管理 50 人论坛”等活动，行业地位和社会影响力进一步提升。

【党的建设和精神文明建设】 开展党的群众路线

教育实践活动，推进学习教育、听取意见、查摆问题、开展批评、整改落实等各环节工作，整改方案实施率100%，完成率100%，作风建设取得显著成效。落实党风廉政建设责任制，加强对贯彻落实“八项规定”精神的监督，完善协同监督机制，执行“三重一大”制度。注重学习型、服务型党组织建设，开展形势任务教育，不断提高党员干部政治素质。开展企业文化、精神文明建设，实施企业文化传播工程及落地工程。推动民主管理，维护职工权益，开展合理化建议征集。关心关注员工健康，开展形式多样的文体活动，广大员工展现出良好的精神风貌，英大信托共获得国家电网公司及社会表彰16项，其中，深圳业务部被评为“国家电网公司先进集体”。

（殷　航）

英大证券有限责任公司

【单位概况】 英大证券有限责任公司（简称英大证券）是全国性的证券经营机构，前身是蔚深证券，成立于1996年，2006年8月由国家电网公司实施全面重组，注册资本23.94亿元，注册地在深圳。国家电网公司通过旗下国网英大国际控股集团有限公司等单位间接持有英大证券97.48%的股份，是英大证券的实际控制人。

英大证券拥有经纪业务、证券自营、证券承销与保荐、资产管理、基金代销、投资咨询、财务顾问、期货IB、约定购回式证券交易、中小企业私募债券承销、股票质押回购、融资融券、新三板做市等业务资格，有证券经纪业务、证券投资业务、投资银行业务、资产管理业务、信用交易业务五大业务板块。

英大证券按照现代企业制度和行业监管要求，构建有股东会、董事会、监事会、党组和经营班子等多层次的管理体系，建立责权清晰、分工明确、管理科学的决策和监督机制。英大证券在总部设有办公室（董事会办公室）、党群工作部、人力资源部、计划财务部、内控审计部、存管清算部、信息技术部、研究所、经纪业务部、投资银行部、证券投资部、固定收益部、资产管理部、融资融券部等14个部室。

英大证券在全国设有16家证券营业部，主要分布在深圳、北京、上海、天津、沈阳、南京、武汉、南昌、兰州、长沙、重庆、福州等经济发达地区和省会所在地，基本构成面向全国的营销和服务网络，同时也成为英大证券推广品牌、提升形象的重要窗口。

【人力资源】 截至2014年，英大证券员工总人数478人，其中总部251人，下属分支机构227人。硕士及以上学历126人，大学本科学历268人，分别占员工总数的26.36%和56.01%。

加大人才引进力度。全年引进保荐代表人、投资经理、分支机构负责人等各类专业人才33人，招聘应届毕业生23人，满足英大证券战略和业务发展的需求。

加强干部队伍建设。根据国家电网公司党组的决定，完成领导班子调整工作，管理团队力量得到充实。加强干部考核、交流、升降和培养工作，共进行6批次干部任职调整，实现干部队伍业务能力、管理能力和储备规模的有效提升。

健全考核评价与激励约束机制。制定《英大证券有限责任公司薪酬管理办法》《英大证券有限责任公司绩效奖金兑付管理办法》等制度，实现薪酬管理工作与国家电网公司业绩考核办法的有效衔接。健全以绩效为导向的常态调薪机制，组织开展2014年绩效考核及晋降级调薪工作，强化对考核结果的应用，实现薪酬能增能减、职级能升能降。

【经营管理】 经营效益大幅增长。2014年，英大证券实现营业收入5.81亿元，同比增长48.4%；实现投资净收益1.36亿元，同比增长15.8%；实现利润总额2.09亿元，同比增长72.3%，完成国家电网公司下达的年度业绩考核指标。

完成英大期货重组工作。按照国家电网公司党组的部署，英大证券顺利完成英大期货注册资本和股权变更工作，正式成为其第一大股东，持股比例增加至76.4%；同时，英大证券注册资本从22亿元增加至23.94亿元。

各项业务全面均衡发展。16家证券营业部全部实现盈利，全年收入3.54亿元，同比增长30.5%。固定收益业务全年平均持仓规模达26亿元，同比增长45%；实现投资净收益1.21亿元，同比增长31.6%。信用交易业务融出资金17.11亿元，同比增长近3倍；实现利息和佣金收入1.15亿元，同比增长823%。资产管理业务全年实现收入7491万元，同比增长31.1%；参与设计的“长江养老—国电集团30亿元债权投资计划”“中国人寿—国家电网16亿元分级债权投资计划（第一期）”已成功发行。投资银行业务已上报证监会IPO项目2个、再融资项目1个，成功推荐挂牌新三板企业2家；已立项或进入操作的项目41个。权益类投资业务将投资重心逐步转向新股、定增、量化投资和股指期货套利等收益相对稳定、风险较低的领域，全年实现综合收益6684万元。

业务资格申请获得新进展。新增加了港股通、股指期货投资、代销金融产品、网上开户、做市商、转融通等业务资质，进一步拓宽了业务领域。

合规风控能力进一步提升。完成国家审计署、国家电网公司审计部、财政部驻深专员办、深圳证监局等单位开展的多次专项检查任务，对发现问题及时进行整改。全面落实《证券公司全面风险管理规范》和《流动性风险管理指引》，进一步完善公司全面风险管理和流动性风险管理体系，在营运资金出现紧张的情况下，未发生流动性风险和客户违约事件。2014年，英大证券风险指标总体运行平稳，各类业务风险处于可控、在控的良好状态，做到了风险与收益的有效平衡，年度分类评价提升至B类BB级。

【党的建设和精神文明建设】 开展党的群众路线教育实践活动。英大证券高度重视并组织教育实践活动各环节工作。英大证券党组成员带头参加学习教育，广泛听取意见，聚焦“四风”问题，开展批评和自我批评，制订并实施整改方案；同时主动到基层营业部调研指导，参加专题组织生活会，促进活动扎实开展。各单位落实教育实践活动实施方案和“两方案一计划”整改要求，上下联动，边查边改，强化监督，整改突出问题64项，完成专项整治33项，服务水平和客户满意度进一步提升。英大证券上下严格落实中央八项规定精神，整顿会风文风、公务用车、办公用房等突出问题，总部会议和文件同比下降22%和30%，总部“三公”经费同比下降44.6%。完成国家电网公司教育实践活动督导组和中央第十三巡回督导组的现场检查工作。

加强党建工作。加强基层党组织建设，做好党员发展工作，为英大证券的发展提供政治保障和组织保障。加强党风廉政建设，对八项规定执行情况等问题进行重点监督检查，严肃查处违纪违法行为。

● 10月16日，英大证券召开教育实践活动总结大会。

推进企业文化建设。开展“诚信、责任、创新、奉献”的核心价值观教育，引导员工认同、融入公司文化，切实增强员工的服务意识和责任意识。做好工会和团委工作，重视对青年员工的培养，帮助青年员工成长成才。关心员工生活，开展文化娱乐活动。

（童乐俊）

公司荣誉及人物

公 司 荣 誉

国家电网公司获 2014 年“全国五一劳动奖状”名单

（23 个）

国网北京市电力公司平谷供电公司
国网山西省电力公司阳泉供电公司
国网山东垦利县供电公司
国网江苏省电力公司常州供电公司
国网江苏省电力公司宜兴供电公司
国网江苏省电力公司靖江供电公司
国网安徽省电力公司池州供电公司
国网安徽省电力公司六安供电公司
国网福建平潭县供电有限公司
国网福建石狮市供电有限责任公司
国网湖北省电力公司电力科学研究院
国网湖南省电力公司东江水力发电厂
国网河南省电力公司驻马店供电公司
国网河南长葛市电力工业公司
国网四川省电力公司内江供电公司
国网四川省电力公司攀枝花供电公司
国网四川省电力公司检修公司
国网重庆市电力公司市区供电分公司
辽宁省送变电工程公司
国网甘肃省电力公司兰州供电公司
国网甘肃省电力公司张掖供电公司
国网宁夏电力公司
国网新疆伊犁供电有限责任公司

国家电网公司获 2014 年“全国五一劳动奖章”名单

（37 名）

陈牧云（女）	国网北京市电力公司城区供电公司共产党员服务队队长
李红新	国网山东省电力公司烟台供电公司带电作业班班长
韩新华	国网山东省电力公司滨州供电公司电气试验班技术员
宋　涛	国网山东省平度市供电公司副经理
钱　忠	国网上海市电力公司嘉定供电公司带电作业班长
黄志高	国网江苏省电力公司党委委员、工会主席
董　旭	国网江苏省电力公司丰县供电公司总经理
杨晓翔	国网浙江省电力公司培训中心湖州分中心技能鉴定科科长
张　涛	国网安徽省电力公司淮北供电公司高压带电检修班长
徐基光	国网安徽芜湖县供电有限责任公司总经理兼党委副书记
单德森	国网安徽省电力公司安庆供电公司输电线路带电班副班长
叶德奕	国网福建周宁县供电有限公司装表接电班班长
熊昌国	国网湖北省电力公司孝感供电公司总经理、党委副书记
娄先义	国网湖北省电力公司襄阳供电公司检修分公司配电运维三班副班长
刘　彬（土家族）	国网湖北省电力公司咸丰县供电公司客户服务中心计量班班长
周智勇	国网湖南省电力公司益阳供电分公司检修公司配电运检一班班长
陆佳政	国网湖南省电力公司电力科学研究院国网重点实验室主任
郭跃东	国网河南省电力公司南阳供电公司技术员
马风玲（女，回族）	国网河南通许县供电局城市供电三所所长
梁前进	国网河南新蔡县电业公司安全监察部长
贾新胜	国网河南开封县供电有限责任公司副经理

夏　天	国网江西省电力公司柘林水电厂信通中心副主任
鲁　鹏	国网四川省电力公司德阳供电公司共产党员服务队队长
王家峰	国网辽宁省电力有限公司鞍山供电公司检修分公司配电带电作业三班技术员
李友谊	国网辽宁省电力有限公司实业分公司经理
刘士杰	国网辽宁省电力有限公司昌图县供电分公司昌图镇供电所所长
佟秀伟	国网辽宁省电力有限公司葫芦岛供电公司检修分公司变电检修室主管
赵维民	国网吉林省电力有限公司白城供电公司检修分公司电气试验班一班班长
琚永安	国网吉林省电力有限公司四平供电公司调控中心主任
李　伟	国网黑龙江省电力有限公司哈尔滨供电公司副经理
李国立	国网黑龙江省电力有限公司北安供电公司经理
王长东	国网黑龙江省电力有限公司鸡西供电公司电力调控中心副主任
徐 萍（女）	国网内蒙古东部电力有限公司呼伦贝尔供电公司扎兰屯检修工区主管、党支部副书记
宁启水	国网陕西省电力公司山阳县供电分公司宽坪供电所农网配电营业工
李玉海	国网青海省电力公司电力科学研究院设备状态评价中心主任
何万成	国网新源辽宁蒲石河抽水蓄能有限公司副经理
李永河	平高集团有限公司总经理、党委副书记

国家电网公司获2014年“全国工人先锋号”名单

（61个）

华中电网有限公司物业管理分公司工程部动力中心

太平湾发电厂维护部仪表班

国网天津市电力公司东丽供电分公司营销部营业一班

国网天津市电力公司城南供电分公司小站供电营业所

国网河北省电力公司保定供电分公司变电检修室晓影创新工作室

国网河北省电力公司邯郸供电分公司朱劲雷创新工作室

河北省送变电公司土建施工分公司

国网冀北电力有限公司财务资产部

国网山西省电力公司忻州供电公司信息通信公司

国网山东省电力公司济南供电公司变电检修室二次检修班

国网山东省电力公司淄博供电公司输电运检室检修一班

国网山东省电力公司济宁供电公司输电运检室运维二班

国网山东省电力公司泰安供电公司营销部营业班

国网山东省电力公司日照供电公司变电运检室

国网山东省电力公司临沂供电公司兰山客户服务分中心

国网山东省电力公司德州供电公司变电运维二班（苗庄操作队）

国网江苏省电力公司检修分公司徐州运维分部三堡变电运维班

国网浙江省电力公司丽水供电公司检修公司（修试）

国网浙江省电力公司检修分公司兰亭运维站

国网浙江省电力公司宁海县供电公司变电运检中心

国网安徽省电力公司检修公司特高压淮南站变电运维班

福建省送变电工程公司第二变电分公司

国网湖北省电力公司仙桃市供电公司检修建设工区

国网湖北省电力公司孝感供电公司检修分公司二次检修班

国网湖北省电力公司黄龙滩水力发电厂检修分场试验班

国网湖南省电力公司长沙供电分公司检修试验工区

湖南创业电力高科技股份有限公司输变电工程部

国网河南省电力公司平顶山供电公司运维检修部输电运检专业带电班

国网河南省电力公司安阳供电公司供电抢修班

国网河南省电力公司信阳供电公司调度班

国网河南省电力公司济源供电公司郊区客户服务中心坡头供电所

河南渑池县电业局城北供电所

河南西华县电业局调度运行中心

河南汝州市电业公司温泉供电所

国网江西省电力公司九江供电分公司检修分公司输电带电作业班

国网江西省电力公司上饶供电分公司运维检修部玉山变电运维班

国网江西省电力公司景德镇供电分公司配电运维班

国网四川省电力公司达州供电公司检修分公司变电检修工区

国网四川省电力公司乐山供电公司检修公司变电检修室

国网四川省电力公司宜宾供电公司共产党员服务队

国网四川省电力公司眉山供电公司共产党员服务队

国网四川芦山县供电有限责任公司配网运检班

国网重庆城口县供电有限责任公司运维检修部（检修分公司）输电运检班

国网重庆巫溪县供电有限责任公司尖山供电营业所

国网辽宁省电力有限公司铁岭供电公司客户服务中心营业及电费室抄表二班

国网辽宁省电力有限公司沈阳市于洪区供电分公司大兴街道供电所

国网吉林省电力有限公司辽源供电公司李晓辉劳模创新工作室

国网吉林省电力有限公司延边供电公司检修分公司带电作业二班

国网吉林省电力有限公司长春供电公司电力调度控制中心

国网吉林辉南县供电有限公司样子哨供电所

国网吉林公主岭市供电有限公司秦家屯供电所

国网黑龙江省电力有限公司佳木斯供电公司检测检验班

国网黑龙江省电力有限公司伊春供电公司红星客户服务中心

国网黑龙江海伦市电业局客户服务中心

国网黑龙江省电力有限公司检修公司黑河运维分部

国网黑龙江省电力有限公司鹤岗供电公司市场及大客户服务室

国网赤峰市松山区农电局哈拉道口供电营业所

国网陕西省电力公司宝鸡供电公司秦岭输电运维班

国网新疆电力公司乌鲁木齐供电公司艾比布勒职工创新工作室

鲁能集团有限公司内蒙古分公司乌吉尔风电场

国网新源新安江水力发电厂维护分场自动化班

国家电网公司获“全国三八红旗集体”名单

（1个）

国网河南省电力公司鹤壁供电公司财务资产部

国家电网公司获“全国三八红旗手”名单

（1人）

邱丙霞　国网山东省电力公司枣庄供电公司枣庄力源资产经营管理中心光明服务公司副经理

国家电网公司获“全国巾帼文明岗”名单

（23个）

国网冀北电力有限公司电力科学研究院计量中心标准量传室

国网上海市电力公司市区供电公司营销部大客户经理二班

国网江苏省电力公司东台市供电公司调控运行班

国网浙江省电力公司文成县供电公司供电营业厅

国网浙江省电力公司永康市供电公司客户服务中心营业厅

国网浙江省电力公司龙泉市供电公司供电营业厅

国网浙江省电力公司松阳县供电公司客服中心营业厅

国网安徽省电力公司蚌埠供电公司调控中心自动化运维班

国网安徽省电力公司天长市供电公司营业业务班

国网安徽省电力公司泾县供电公司营业大厅

国网福建省电力有限公司厦门供电公司厦门湖滨南供电营业厅

国网福建省电力有限公司罗源县供电公司中心供电营业厅

国网福建武平县供电有限公司城区供电营业厅

国网湖北省电力公司广水市供电公司应山供电所营业厅

国网湖南省电力公司张家界供电公司客户服务中心电费核算班

国网河南淅川县电业局营销部 95598 客户服务中心

国网河南汤阴县电业局电费核算中心

国网江西省电力公司永修县供电公司城区公司

国网四川新津县供电有限责任公司营业班

国网四川明珠集团有限责任公司客户服务中心

国网四川大英县供电有限责任公司客户营业班

国网辽宁省电力有限公司桓仁满族自治县供电分公司营销部营业班

国网黑龙江省电力有限公司双鸭山供电公司客户服务中心营业及电费室

国家电网公司获
“全国巾帼建功标兵”名单

（2 人）

于　涌　国网山东省电力公司枣庄供电公司经济技术研究所党支部书记兼副主任

董艳萍　国网江苏省电力公司徐州供电公司营业及电费室营业一班班长

国家电网公司获
“全国巾帼建功先进集体”名单

（7 个）

国网天津宁河供电有限公司妇委会

国网山东省电力公司济宁供电公司工会女工委

国网浙江省电力公司云和县供电公司

国网福建省电力有限公司南平供电公司配网电缆班

国网河南省电力公司商丘供电公司营销部营业厅

国网江西省电力公司宜春供电公司女工委

国网甘肃省电力公司甘南供电公司“格桑花”班

国家电网公司获
“全国示范性劳模创新工作室”名单

（共 17 个）

国网北京市电力公司电力工程公司“张文新劳模创新工作室”

国网河北省电力公司石家庄供电公司“单东阳劳模创新工作室”

国网河北省电力公司沧州供电公司“梁建智劳模创新工作室”

国网山西省电力公司太原供电公司“范春燕劳模创新工作室”

国网山东省电力公司淄博供电公司“高鹏劳模创新工作室”

国网山东省电力公司烟台供电公司“李红新劳模创新工作室”

国网上海市电力公司检修公司“杨庆华劳模创新工作室”

国网江苏省电力公司泰州供电公司“许杏桃劳模创新工作室”

国网浙江省电力公司宁波供电公司“叶蕾劳模创新工作室”

国网安徽省电力公司宿州供电公司“许启金劳模创新工作室”

国网湖北省电力公司襄阳供电公司“娄先义劳模创新工作室”

国网湖南省电力公司娄底供电公司“邹德华劳模创新工作室”

国网重庆市电力公司南岸供电公司“张毅劳模创新工作室”

国网黑龙江省电力有限公司哈尔滨供电公司“金伟志劳模创新工作室”

国网青海省电力公司检修公司“钱建华劳模创新工作室”

国网宁夏电力公司检修公司“靳淑玲劳模创新工作室”

国网新疆电力公司乌鲁木齐供电公司“艾比布勒

劳模创新工作室”

国家电网公司获“千人计划”“万人计划”入选名单

1. 国家电网公司入选“千人计划”人选名单

刘玉宝　中国电力科学研究院
周二专　南瑞集团有限公司
党　翊　国网英大国际控股集团有限公司

2. 国家电网公司入选“万人计划”人选名单

王伟胜　中国电力科学研究院

国家电网公司入选“国家有突出贡献中青年科学、技术专家”名单

王伟胜　中国电力科学研究院

国家电网公司入选“百千万人才工程”国家级人选名单

王伟胜　中国电力科学研究院

国家电网公司入选“创新人才推进计划”中青年科技创新领军人才名单

陆佳政　国网湖南省电力公司
丁茂生　国网宁夏电力公司
田　杰　南瑞集团有限公司

国家电网公司获“中华技能大奖”名单

高　森　国网山东省电力公司

国家电网公司获“全国技术能手”名单

孔令明　国网山东省电力公司
吴志成　国网福建省电力有限公司
孙　红　国网黑龙江省电力有限公司

国家电网公司获“中央企业技术能手”名单

方　莉　国网江苏省电力公司
卢　敏　国网江西省电力公司
帅　勇　国网湖南省电力公司
刘启航　国网辽宁省电力有限公司
许　瑞　国网浙江省电力公司
李冬华　国网江苏省电力公司
杨济海　国网江西省电力公司
杨惠玲　国网四川省电力公司
吴文兵　国网山东省电力公司
吴博科　国网江苏省电力公司
张禾良　国网安徽省电力公司
陈　兵　国网江苏省电力公司
陈　騉　国网江苏省电力公司
范　苑　国网四川省电力公司
林青山　国网浙江省电力公司
居安俊　国网江苏省电力公司
黄　刚　国网江西省电力公司
戚浩金　国网浙江省电力公司

国家技能人才培育突出贡献单位及个人名单

1. 国家技能人才培育突出贡献单位

国网浙江省电力公司培训中心
平高集团有限公司

2. 国家技能人才培育突出贡献个人

倪　春　国网江苏省电力公司

“讲理想、比贡献”活动获奖单位及个人名单

一、“讲理想、比贡献”活动获奖单位

1. 先进集体

国网天津市电力公司
国网冀北电力有限公司
中国电力科学研究院
国网山西省电力公司太原供电公司
国网四川省电力公司大英县供电有限责任公司
国网四川省电力公司阆中市供电有限责任公司
国网重庆市电力公司城口县供电有限责任公司

国网新源控股有限公司北京十三陵蓄能电厂

2. 创新团队

国网冀北电力有限公司廊坊供电公司

国网山西省电力公司临汾供电公司技能大师（劳模）工作室

国网山东省电力公司青岛供电公司“基于高可靠性的全过程主动式配电指挥管理系统”项目创新小组

国网上海市电力公司检修公司杨庆华输电技术创新工作室

二、“讲理想、比贡献”活动获奖个人

1. 创新标兵

刘　涛　国网天津市电力公司

吴观斌　国网山东省电力公司

付朝霞　国网新源控股有限公司

王一蓉　南瑞集团有限公司

邬　雄　中国电力科学研究院

牛　林　国网技术学院

2. 优秀组织者

于彩葵　国网湖南省电力公司

张云海　国网辽宁省电力有限公司

国家电网公司获中央企业“一先两优”称号名单

一、先进基层党组织（4个）

国家电网公司山东省电力公司威海供电公司党委

国家电网公司江苏省电力公司检修分公司党委

国家电网公司四川省电力公司成都供电公司党委

国家电网公司国际发展有限公司国家电网巴西控股公司党支部

二、优秀共产党员（4个）

罗朝辉，男，国家电网公司天津市电力公司城西供电公司营销部高压用电检查一班副班长

李玉，男，国家电网公司山西送变电工程公司经理助理兼送电一分公司经理

许启金，男，国家电网公司安徽省电力公司宿州供电公司启金工作室负责人

徐泰山，国家电网公司南瑞集团有限公司国电南瑞科技股份有限公司电网安全稳定控制技术分公司副总经理

三、优秀党务工作者（3个）

陈琪，女，国家电网公司重庆市电力公司南岸供电分公司党委书记

刘利青，男，国家电网公司青海省电力公司西宁供电公司检修分公司第四党支部书记

王伟胜，男，国家电网公司中国电力科学研究院新能源研究所党委书记

国家电网公司获“首届中国青年志愿服务项目”金奖名单

国网江苏省电力公司“希望来吧”关爱农民工子女项目

国网安徽省电力公司“光明驿站”项目

国网江西省电力公司“供电小红帽”项目

国网四川省电力公司“红细胞”项目

国家电网公司获“全国青年安全生产示范岗”名单

国网白城供电公司检修公司镇赉分公司配电运检班

国网上海市电力公司检修公司±500kV 枫泾换流站

国网江苏省电力公司苏州供电公司城区变电运维班

国网新源水电有限公司新安江水力发电厂继电保护班

国网淮北供电公司检修公司大二次检修班（原调度所继电保护班）

国网泉州供电公司 220kV 惠安运维站

国网九江供电公司检修分公司妙智运维操作站

国网河南省电力公司河南电力调度控制中心调度控制处

国网重庆市电力公司检修分公司梅花山 220kV 变电站（220kV 两江运维站）

国家电网公司运行分公司上海管理处±800kV 奉贤特高压换流站

国家电网公司获第十八届“中国青年五四奖章”名单

艾沙江·尼扎木丁　国网新疆电力公司

国家电网公司获“全国青年岗位能手/标兵”名单

1. 全国青年岗位能手标兵

王　进　国网山东电力公司检修公司带电班主责

王红凯　国网浙江省电力公司信息通信分公司网络组组长

印斯佳（女）　国网江苏省电力公司扬州供电公司营业与电费部副主任

吴昊琛　国网福建省电力有限公司南平供电公司调度班长

陈洪禹　国网辽宁省鞍山市岫岩满族自治县岫岩供电公司经理

2. 全国青年岗位能手

朱瑞强　国网山西省电力公司晋中榆次供电公司客服中心主任

高金玉　国网通化供电公司安全工程师

秦铭泽　国网长春供电公司业务员

刘世武　国网辽源供电公司安全监察

方橹平　国网新源水电有限公司富春江水力发电厂

陈雄才　国网福建省电力有限公司福州供电公司配电运检中心带电三班班长

张　洋　国网河南省电力公司郑州供电公司配电运检工区带电作业一班副班长

李胜祖　国网湖北省电力公司武汉供电公司汉阳配电运检工区带电班工作副班长

陈星亮　国网湖南省电力公司东江水利发电厂水轮发电机检修专责

朱峻永　国网重庆市电力公司南岸供电分公司调控中心副主任

丁理杰　国网四川省电力公司电力科学研究院系统技术室主任

郭劲松　国网四川省电力公司乐山供电公司通信运维技术专责

宋刚伟　国网陕西省电力公司安康水力发电厂电气值班员

韦　鹏　国网宁夏检修公司银川东换流站变电检修班工程师

罗朝辉　国网天津市电力公司城西供电分公司营销部高压电费抄收二班副班长

胡洪炜　国网湖北检修公司输电检修中心运检三班副班长

乔　辉　国网河北省电力公司保定供电公司检修试验工区二次检修一班班长

徐　俊　国网江西省电力公司鹰潭市月湖区供电有限责任公司副经理

国家电网公司获“全国五四红旗团委（团支部）”名单

（9个）

国家电网山西省电力公司阳泉供电公司团委

国家电网江西省电力公司鹰潭供电分公司电力调度控制中心团支部

国家电网山东省电力公司潍坊供电公司营销部团支部

国家电网山东省电力公司济宁供电公司兖州客户服务分中心团支部

国家电网四川省电力公司团委

国家电网青海省电力公司团委

国家电网福建省电力有限公司龙岩供电公司团委

国家电网吉林省电力有限公司直属机关团委

河南省登封市电业局机关团支部

国家电网公司技能竞赛获奖单位及技术能手名单

一、国家电网公司第二届供电服务技能竞赛

1. 团体奖单位

一等奖　国网山东省电力公司

二等奖　国网浙江省电力公司
　　　　国网江苏省电力公司

三等奖　国网河南省电力公司
　　　　国网辽宁省电力有限公司
　　　　国网安徽省电力公司

2. 国家电网公司技术能手

窗口服务专业：

毛倩倩　国网浙江省电力公司

李晓冉　国网山东省电力公司

张晓娟　国网山东省电力公司

张蓉蓉　国网山东省电力公司

屈一凡　国网陕西省电力公司

孟　浩　国网山东省电力公司

赵　颖　国网浙江省电力公司

俞晓昱　国网江苏省电力公司

栾忠飞　国网江苏省电力公司

梁凤敏　国网冀北电力有限公司

业扩报装专业：

王春雷　国网江苏省电力公司

朱　博　国网辽宁省电力有限公司
刘宝统　国网山东省电力公司
官建阳　国网浙江省电力公司
胡　泳　国网浙江省电力公司
洒西彤　国网山东省电力公司
袁心怡　国网上海市电力公司
夏红波　国网浙江省电力公司
徐　伟　国网山东省电力公司
唐晓光　国网山东省电力公司
计量专业：
冯小军　国网山东省电力公司
任方圆　国网浙江省电力公司
刘化社　国网山东省电力公司
刘洪儒　国网浙江省电力公司
孙　一　国网江苏省电力公司
李军伟　国网山东省电力公司
杨建立　国网浙江省电力公司
张海强　国网山东省电力公司
施　沩　国网江苏省电力公司
徐川子　国网浙江省电力公司

3. 优秀组织奖单位

国网天津市电力公司
国网上海市电力公司
国网浙江省电力公司
国网江西省电力公司
国网黑龙江省电力有限公司
国网青海省电力公司

二、220kV 架空输电线路带电作业技能竞赛

1. 团体奖单位

一等奖　国网山东省电力公司济宁供电公司
二等奖　国网冀北电力有限公司张家口供电公司
　　　　国网河南省电力公司南阳供电公司
三等奖　国网河北省电力公司衡水供电公司
　　　　国网浙江省电力公司杭州供电公司
　　　　国网江苏省电力公司检修分公司

2. 国家电网公司技术能手

王　坤　国网河南省电力公司
王昌幼　国网江苏省电力公司
王得利　国网新疆电力公司
杜瑞峰　国网甘肃省电力公司
李　宁　国网河北省电力公司
张锦峰　国网福建省电力有限公司
陈　超　国网福建省电力有限公司
赵金亮　国网山西省电力公司
柳锦龙　国网河北省电力公司
满向龙　国网新疆电力公司

3. 优秀组织奖单位

国网冀北电力有限公司
国网山西省电力公司
国网福建省电力有限公司
国网江西省电力公司
国网辽宁省电力有限公司
国网陕西省电力公司

国家电网公司获 2014 年“国家科学技术奖”名单

1. 国家科学技术进步奖

序号	等级	项目名称	主要完成单位	主要完成者
1	一等奖	国家电网智能电网创新工程	国家电网公司	
2	二等奖	±660kV 直流架空输电线路带电作业技术和工器具创新及应用	国网山东省电力公司检修公司	王进

2. 国家技术发明奖

序号	等级	项目名称	主要完成单位	主要完成者
1	二等奖	气体绝缘装备特高频局部放电监测关键技术及其应用		唐炬、张晓星、李成榕、文习山、姚强（国网重庆市电力公司电力科学研究院）、李剑

国家电网公司获 2014 年“中国电力科学技术奖”名单

1. 中国电力科学技术进步奖

序号	等级	项目名称	主要完成单位	主要完成者
1	一等奖	电网雷击防护关键技术与工程应用	国网电力科学研究院、中国电力科学研究院、清华大学、武汉三相电力科技有限公司、华中科技大学、海南电力技术研究院、国网电力科学研究院武汉南瑞有限责任公司、广东电网公司电力科学研究院、华北电力大学	陈维江、陈家宏、曾嵘、谷山强、钱冠军、吕军、王剑、贺恒鑫、冯万兴、沈海滨、何俊佳、吴清、赵淳、彭向阳、余辉、葛栋、赵志斌、方玉河、王海涛、吴彪
2	一等奖	大型抽水蓄能电站机组关键技术、成套设备及工程应用	国网新源控股有限公司、哈尔滨电机厂有限责任公司、东方电气集团东方电机有限公司、南京南瑞集团公司、中国电建集团华东勘测设计研究院有限公司、安徽响水涧抽水蓄能有限公司、西安交通大学、武汉大学	高苏杰、郑小康、陈顺义、林铭山、郑宝森、史立山、覃大清、吴维宁、魏伟、吴毅、赵越、石清华、陈元林、郑津生、胡清娟
3	一等奖	特高压串补关键技术研究、装置研制及工程应用	中国电力科学研究院、国网智能电网研究院、华北电力大学、西安交通大学、平高集团有限公司	郭剑波、邱宇峰、王绍武、武守远、石泽京、孙岗、王学军、刘之方、赵波、项祖涛、刘慧文、李志兵、李庆光、班连庚、刘洪涛
4	一等奖	大容量风光储联合发电关键技术研究及示范应用	国网新源张家口风光储示范电站有限公司、国网冀北电力有限公司、国家电网公司华北分部、中国电力科学研究院、国电南瑞科技股份有限公司、上海电力设计院有限公司、华北电力科学研究院有限责任公司	闫忠平、雷为民、惠东、滕贤亮、王银明、徐明、郭家宝、刘少宇、白恺、孙华东、林弘宇、刘汉民、牛四清、季侃、李相俊、王伟、岳巍澎、朱斯
5	一等奖	青藏电力联网工程	国家电网公司、国家电网公司直流建设分公司、中国电力科学研究院、国网北京经济技术研究院、中国科学院寒区旱区环境与工程研究所、国网青海省电力公司、国网西藏电力有限公司、国家电网公司信息通信分公司、国网物资有限公司、中国电力工程顾问集团西北电力设计院、中国电力工程顾问集团西南电力设计院、中国人民武装警察部队水电第二总队医院、中国西电电气股份有限公司、特变电工沈阳变压器集团有限公司、许继集团有限公司、南京南瑞继保电气有限公司、国家电网公司西北分部	刘振亚、郑宝森、喻新强、王国尚、丁广鑫、全生明、丁永福、刘克俭、李文毅、王成、丁燕生、张金德、文卫兵、杨林、胡晓、俞祁浩、陆家榆、刘宝宏、李士良

续表

序号	等级	项目名称	主要完成单位	主要完成者
6	一等奖	智能配用电示范工程研究与实践	国家电网公司、国电南瑞科技股份有限公司、国网上海市电力公司、国网天津市电力公司、国网江苏省电力公司扬州供电公司、国网江西省电力公司、国网河南省电力公司、国网浙江省电力公司、国网湖南省电力公司	林弘宇、沈浩东、王伟、李刚、李震宇、吴琳、于建成、刘忠、贺青、沈兵兵、谢伟、赵仰东、孙国城、朱为民、纪平、韩韬、谭勇桂、冯颖
7	一等奖	大型燃煤电厂设计技术研究及设计规范	电力规划设计总院、中国电力工程顾问集团公司、中国电力工程顾问集团东北电力设计院、中国电力工程顾问集团华东电力设计院、中国电力工程顾问集团中南电力设计院、中国电力工程顾问集团西北电力设计院、中国电力工程顾问集团西南电力设计院、中国电力工程顾问集团华北电力设计院工程有限公司、中国电力建设工程咨询公司、国家电网公司、中国南方电网有限责任公司、中国华能集团公司、中国大唐集团公司、中国华电集团公司、中国国电集团公司、中国电力投资集团公司、中国神华能源股份有限公司国华电力分公司	孙锐、陆国栋、许继刚、马安、安永尧、杨祖华、王予英、柴靖宇、武一琦、王宏斌、龙辉、郑慧莉、曹松涛、周军、郑惠民、葛四敏、马欣欣、赵敏、顾越岭、周明清
8	二等奖	电网友好型大型风电基地关键技术研究与示范	甘肃省电力公司风电技术中心、国网电力科学研究院、中国电力科学研究院、清华大学、上海交通大学	王多、汪宁渤、曹银利、薛峰、靳丹、陈宁、闵勇、蔡旭、黄蓉、马彦宏
9	二等奖	750kV 可控并联电抗器关键技术研究、成套设备集成及工程示范	中国电力科学研究院、国网甘肃省电力公司、国网智能电网研究院	徐桂芝、王多、班连庚、雷晰、秦晓辉、王永平、张帆、王雅婷、王海涛、贾跟卯、韩彬、周勤勇、宋瑞华、崔大伟、王忠东
10	二等奖	1000kV/500kV 电网间安全稳定控制措施协调研究	中国电力科学研究院	汤涌、秦晓辉、郭强、覃琴、周勤勇、郭小江、张彦涛、贺庆、王义红、韩奕、张健、张一弛、张艳萍、韩家辉、张玉红
11	二等奖	提高大荷载杆塔可靠性与承载性能的关键技术研究	中国电力科学研究院	杨靖波、张子富、朱彬荣、胡晓光、邢海军、韩军科、杨风利、刘海锋、李茂华、李清华、高渊、丁平
12	二等奖	500kVGIS 智能变电站电子式互感器关键技术研究及装置开发与应用	国网吉林省电力有限公司、西安华伟光电技术有限公司、国网吉林省电力有限公司电力科学研究院、吉林省送变电工程公司、国网吉林省电力有限公司检修公司、福建省电力勘测设计院	闫少俊、赵振伟、王晓波、冯利民、贾宏、刘忠战、王佳颖、钱春年、刘赫、孙友群、李金龙、唐敬军、王兵、林传伟

续表

序号	等级	项目名称	主要完成单位	主要完成者
13	二等奖	电力智能无线传感器网络及应用平台研发与应用	南京南瑞集团公司、国家电网公司信息通信分公司、国网宁夏电力公司、国网辽宁省电力有限公司、国网江苏省电力公司无锡供电公司	李祥珍、欧清海、甄岩、王亚玲、陈晰、李温静、王伟、高强、詹国红、秦军
14	三等奖	大型风电系统噪声试验检测及综合评价关键技术研究及应用	中国电力科学研究院、中国科学院声学研究所	薛扬、马晓晶、李晓东、秦世耀、鲍明、李庆、王瑞明、管鲁阳、焦渤、付德义
15	三等奖	节能发电调度体系和关键技术研究及试点应用	国家电网公司、国网电力科学研究院、中国电力科学研究院、清华大学、华北电力大学、国网江苏省电力公司、国网福建省电力有限公司、国网河南省电力公司、国网四川省电力公司	于军、周京阳、杨争林、夏清、张粒子、耿建、潘毅、程芸、冯来法、管益斌、陈志、王子琦、秦毓毅、崔晖、丁恰
16	三等奖	基于云计算技术的智能电网在线分析系统研发与应用	中国电力科学研究院、国网福建省电力有限公司、中国科学院信息工程研究所	李功新、李立新、黄文英、王丽宏、任晓辉、狄方春、林静怀、李强、韩冀中、谢巧云
17	三等奖	数字化变电站继电保护原理及其架构体系关键技术	广东电网公司电力调度控制中心、华南理工大学、浙江大学、国电南京自动化股份有限公司、南京南瑞继保电气有限公司、广州思唯奇计算机科技有限公司	黄明辉、刘之尧、李一泉、陈志光、张弛、曾耿晖、刘玮、蔡泽祥、王慧芳、李力、兰金波、竹之涵
18	三等奖	提升电力互感器运行状况下测量准确性关键技术研究与应用	江苏省电力公司电力科学研究院、中国电力科学研究院、东南大学、南京南瑞集团公司、许继集团有限公司、苏州华电电气股份有限公司、江苏思源赫兹互感器有限公司	黄奇峰、杨志新、杨世海、周赣、王忠东、卢树峰、栾开宁、雷民、徐敏锐、田志国、陈铭明、赵双双、周峰、冯泽龙
19	三等奖	超/特高压直流控制保护运行支撑体系的研发与应用	中国电力科学研究院、国网北京经济技术研究院、北京四方继保自动化股份有限公司、南京南瑞继保电气有限公司、许继电气股份有限公司	印永华、王德林、王华伟、吕鹏飞、石岩、吴娅妮、雷霄、杨国生、杨鹏、秦红霞、卢宇、李少华、李新年
20	三等奖	分布式光伏接入配电网安全可靠运维及试验检测能力研究	国网河南省电力公司电力科学研究院、国网河南省电力公司、国网河南省电力公司安阳供电公司、国网河南省电力公司鹤壁供电公司	张中青、王正刚、周凤珍、邱武斌、宋宁希、张景超、李朝晖、杨海晶、孙芊、王倩
21	三等奖	高渗透率分布式光伏电源智能并网技术研究	国网江西省电力科学研究院、华北电力大学、复旦大学	范瑞祥、孙旻、吴素农、韩民晓、孙耀杰、郑蜀江、王文彬、熊俊杰、黄瑛、荣彩霞

续表

序号	等级	项目名称	主要完成单位	主要完成者
22	三等奖	电网企业主动式应急体系关键技术研究与应用	国家电网公司、中国电力科学研究院、国网山东省电力公司、国网四川省电力公司、国网河南省电力公司、国网福建省电力有限公司、国网辽宁省电力有限公司、国家电网公司信息通信分公司、国网北京市电力公司、国网湖南省电力公司	帅军庆、周刚、王理金、李庆林、张建功、王利群、王抒祥、张方正、李涛、朱朝阳、许永刚、贺鸿、余尔汶、于振、刘超
23	三等奖	高参数机组凝结水精处理系统运行工况优化试验研究	北京能源投资（集团）有限公司、华北电力科学研究院有限责任公司、内蒙古岱海发电有限责任公司	梅东升、任治民、王应高、白德龙、李永立、周向涛、赵强、金绪良、星成霞、聂晋峰、毛永清、张劲松、金万元、薛佼、刘俊
24	三等奖	配网不停电作业新方法研究、新工具研制及推广应用	国网湖南省电力公司、中国电力科学研究院、国网北京市电力公司	牛捷、刘凯、高天宝、邹德华、刘拓晟、章健军、汪志刚、欧乃成、任承贤、刘夏清、周洪、刘庭、蒋礼、唐力、郑克全
25	三等奖	特高压交流输电工程电磁环境特性及试验技术研究	国网电力科学研究院、中国电力科学研究院、华中科技大学	张建功、万保权、张业茂、干喆渊、谢辉春、刘震寰、裴春明、路遥、刘兴发、陈豫朝、李妮、周兵、赵军、倪园、刘健犇
26	三等奖	大规模省域智能配电网关键技术研发及工程应用	国网山东省电力公司	李同智、杜强、武志刚、王如伟、王华广、姜龙华、海涛、董啸、吴健、房牧、李立生、刘明林、郑玉实、马金亮、杨绍军
27	三等奖	俄制超临界机组性能提升研究与工程实践	北京国华电力有限责任公司、天津国华盘山发电有限责任公司、华北电力科学研究院有限责任公司、西安热工研究院有限公司、上海发电设备成套设计研究院	杨晋平、李广瑞、张晓波、张清峰、贺桂林、齐全友、王天伟、于洪泽、曹红加、刘响江、王天海、付昶、刘进、刘宏战、王渤海、白翎、孙宝华、赵锦霞
28	三等奖	超/特高压直流电子式互感器的研制及应用	南京南瑞继保电气有限公司、常州博瑞电力自动化设备有限公司	罗苏南、李九虎、胡桂平、刘彬、曹冬明、李海英、须雷、樊阳文、刘海彬、黄德祥
29	三等奖	全尺寸条件下特高压交直流输电工程设备外绝缘污闪特性及海拔修正	中国电力科学研究院	周军、于昕哲、宿志一、黄瑞平、高海峰、刘博、徐跃能、刘岩、谷琛、邓桃
30	三等奖	超超临界机组奥氏体钢螺栓超声波探伤工艺方法研究与应用	国华徐州发电有限公司、国网上海市电力公司电力科学研究院、国网河南省电力公司电力科学研究院、国网福建省电力公司电力科学研究院	王维东、洪鼎华、王友东、韩玉峰、张允超、陆云、王朝华、林德源、曹云峰

续表

序号	等级	项目名称	主要完成单位	主要完成者
31	三等奖	进口亚临界600MW汽轮机性能诊断和增效扩容改造技术研究	浙江浙能北仑发电有限公司、国电浙江北仑第一发电有限公司、国网浙江省电力公司电力科学研究院、浙江浙能技术研究院有限公司	刘明军、朱松强、周铁喆、陈伯权、顾正皓、张敏敏、童小忠、谢尉扬、董昊炯、俞彩孟、李国明、吴志强、马超
32	三等奖	适应电网“两个细则”要求的AGC与一次调频关键控制技术研究与应用	北京国华电力有限责任公司、神华国华（北京）电力研究院有限公司、华北电力科学研究院有限责任公司、北京华科新纪热控工程技术有限公司、浙江国华浙能发电有限公司、广东国华粤电台山发电有限公司、天津国华盘山发电有限责任公司、三河发电有限责任公司、绥中发电有限责任公司	张秋生、范永胜、李卫华、杨振勇、康静秋、胡晓花、吕喆、赵军、岳建华、梁华、史文韬、洪兵、谢剑明、邓金波、白国栋、教富森、马天霆
33	三等奖	特高压输电线路导线风致振动机理及防治技术研究	中国电力科学研究院	朱宽军、刘彬、齐翼、刘胜春、刘操兰、李军辉、展雪萍、李新民、邸玉贤、刘建军、刘龙、孙娜、尹泉、曹道珍、张立春
34	三等奖	智能电网全面建设战略及应用研究	国网北京经济技术研究院、国网电力科学研究院、国网能源研究院、国网天津市电力公司、国网河南省电力公司、中国电力科学研究院、江苏省电力公司苏州供电公司	王益民、宋璇坤、胡滨、沈江、林弘宇、杨卫红、刘海波、李敬如、严胜、王伟、郭玥、王小辉、冯庆东、田伟
35	三等奖	550kV/63kA气体绝缘金属封闭开关设备	河南平高电气股份有限公司、平高集团有限公司	钟建英、赵文强、王振、张友鹏、雷传、郭学凤、贺晶晶、郭煜敬、李宏楼、顾根泉
36	三等奖	550kV/63kA气体绝缘金属封闭开关设备	河南平高电气股份有限公司、平高集团有限公司	钟建英、赵文强、王振、张友鹏、雷传、郭学凤、贺晶晶、郭煜敬、李宏楼、顾根泉

2. 中国电力技术发明奖

序号	等级	项目名称	主要完成单位	主要完成者
1	二等奖	直流输电换流阀试验方法研究及成套试验装置研制		汤广福、查鲲鹏、温家良、潘艳、高冲、贺之渊
2	三等奖	家电智能控制装置研制及应用		赵丙镇、赵峰、王继业、胡平平、栗宁、郑越峰
3	三等奖	变电站巡检机器人关键技术及应用		李同智、王滨海、鲁守银、韩磊、李红梅、慕世友

国家电网公司获2014年“中国专利奖”名单

序号	奖励名称	专利名称	专利权人	发明人
1	中国专利优秀奖	电动公交车换电机器人系统及方法	山东电力研究院、国家电网公司	苗培青、厉秉强、王同斌、谭林、赵金龙
2	中国专利优秀奖	一种海量信息存储系统及实现方法	国家电网公司、国网信息通信有限公司、中国科学院技术研究所	王晶华、吴甜、刘越、虎嵩林
3	中国专利优秀奖	变斜率的比率差动保护方法	南京南瑞继保电气有限公司	沈全荣、郑玉平、李九虎、沈国荣、严伟
4	中国专利优秀奖	架空输电线路间隔棒的回转线夹	中国电力科学研究院	朱宽军、牛海军、刘胜春、孙娜、李新民
5	中国专利优秀奖	500kV输电线路四分裂导线行走装置	江苏省电力公司无锡供电公司	蔡剑峰、陈虹君、潘志新、王建明、蒋文君、谭岳昌、周腾、沈昱
6	中国专利优秀奖	大电网连锁故障及异地多点故障的自动识别控制方法	国网南京自动化研究院、江苏省电力公司	李雪明、刘华伟、宣筱青、罗建裕、陈永华、李海峰
7	中国专利优秀奖	巡检架空线路线和杆塔用无人直升机系统及其方法	山东省电力研究院、国家电网公司	厉秉强、王滨海、韩磊、孙勇
8	中国专利优秀奖	励磁调节器检测方法、装置及系统	华北电力科学研究院有限责任公司、华北电网有限公司	苏为民、吴涛、雷为民、姚谦、史扬、李胜
9	中国专利优秀奖	一种断路器及具有该断路器的系统	河南平高电气股份有限公司；国家电网公司	舒印彪、王绍武、韩书谟、雷琴、钟建英、赵鸿飞、谭盛武、赵文强
10	中国专利优秀奖	电炉变压器纵差保护方法	宁夏回族自治区电力公司、许继电气股份有限公司、许昌许继软件技术有限公司	刘志远、赵国生、李瑞生、刘星、杨恢宏
11	中国专利优秀奖	顶压连接的串联晶闸管阀段	许继集团有限公司	姚为正、张建、朱新华、甘江华、贾艳玲、李申、孙峻峰、王强
12	中国专利优秀奖	一种换流阀运行试验装置的控制保护系统	中国电力科学研究院、国家电网公司	汤广福、张新刚、查鲲鹏、吕铮、贺之渊

续表

序号	奖励名称	专利名称	专利权人	发明人
13	中国专利优秀奖	一中高压绝缘光纤柱	中国电力科学研究院	张翠霞、廖蔚明、李国富、刘之方、周玮
14	中国专利优秀奖	火电机组能耗数据有效性识别及重构方	国网河南省电力公司电力科学研究院	马建伟、葛挺、李哲
15	外观设计优秀奖	电动商用车换电机器人	山东鲁能智能技术有限公司	尚文政、高先进、陈凡明、王鹏飞、王磊
16	外观设计优秀奖	现场服务终端	中国电力科学研究院、国家电网公司	吕英杰、赵兵、刘鹰、徐英辉、翟峰、章欣、李保丰、孙志强、付义伦、梁晓兵、李锦红、夏耀华

电 网 先 锋

吴 灏

业务素质过硬 创新成果丰硕

吴 灏，国网河北石家庄供电公司变电检修室电气试验五班专责

吴灏率先提出“主变压器绕组变形三参数分析法”，在省公司推广应用后，作为典型经验在全国推广。2013年，他牵头组织实施的“建立以不停电检测为主的状态检修体系”，发现严重缺陷182起。2009年以来研制出的创新成果68项，其中获得国家级奖项2项，省部级5项，省公司级10项，有3项技术成果被省公司推广应用，为企业创造经济效益3000多万元。他研制的“超声波洗瓶机”实现了油化验试验器皿由人工洗涤向机器洗涤的跨越，洗涤效率提高12倍，填补国内该领域的技术空白。“变压器试验高效作业新方法的研究”改变传统的试验方法，试验人员攀爬变压器变更试验接线操作由23次减为2次，人员数量减少、操作时间缩短均达50%以上，降低了施工风险和劳动强度。他已取得5项发明、16项实用新型、3项外观设计专利；公开发表论文8篇；编制技术规范32项。2013年，他负责的“吴灏工作室”有3人被评为国家电网公司生产技能专家（占省公司总数的30%），5人被评为省公司优秀专家人才，3人走上管理岗位。吴灏也登上在“中国好人榜”，河北新闻网等媒体对他的事迹进行了报道。

王 猛

不畏一线艰苦 坚守施工现场

王 猛，国网山西送变电工程公司输电施工三分公司施工作业一队队长

王猛参加工作以来先后承担了500kV大房Ⅲ回、1000kV淮南—上海、川藏电力联网等重点工程的建设，为电网发展做出了积极贡献。2014年3月，他参加了世界上最具挑战性、最艰难的输变电工程——川藏电力联网工程建设。他负责的11标段是整个工程全线海拔的制高点。工程建设中，他提出了“缺氧不缺精神、海拔高斗志更高”的口号，带领大家克服高寒缺氧、交通运输条件差、施工难度大等困难，成功开启了藏区工程的第一站。架线施工中，他首次督导应

用了多轮组合式放线滑车替代大直径放线滑车，有效解决了传统大直径放线滑轮重量大、运输困难、购置成本高的问题。在他的带领下，11 标段以全线第二名的成绩完成了施工任务。

王猛坚守施工一线 16 年，由他主持发明新技术、新工艺 10 余项，革新和改造施工工器具 20 余项。在他的带领下，多项工程荣获国家电网公司优质工程银质奖、金质奖和国家优质工程银奖、金奖。他本人也先后获得了“山西省优秀青年”“山西省五一劳动奖章”和“国网山西省电力公司劳动模范”等荣誉。

孙立臣

规范管理队伍　落实海外战略

孙立臣，国网山东电力鲁能体育文化分公司总经理助理、鲁能巴西体育中心常务副总经理

孙立臣牵头制订了具有鲁能足校特点的《十好行为规范》，对规范学生良好的教学、训练，管理秩序起到了很好的作用。1999～2009 年，他负责组织编写了《足球英语 300 句》《球星之路》《球星宝典》等系列校本教材。

他重点抓教练员队伍、管理者队伍、球队 3 支队伍的建设，创造性地制订了教练员“一评三考”绩效考评体系，完善了竞训部的组织架构，竞赛成绩有了较大提高。2013 年 U15A 队包揽国内全部 6 项比赛的冠军，2014 年 4 月蝉联耐克杯冠军。他积极贯彻落实鲁能体育海外战略规划，洽谈接收了鲁能巴西体育中心足球俱乐部；与圣保罗地区各职业俱乐部建立了良好的合作关系，确保鲁能青训队员到巴西留学，参加当地高水平比赛；组织接待了习近平访问巴西期间中巴体育交流系列活动。鲁能足校 4 个年龄段的队员共 28 人在鲁能巴西体育中心训练、比赛，为鲁能体育海外战略的顺利推进迈出坚实的一步。他荣获“国网山东省电力公司先进工作者”“鲁能公司优秀共产党员”称号。

陈继祥

扎根生产一线　自强攻关研发

陈继祥，国网江苏东海县供电公司带电作业班班长

陈继祥扎根一线生产岗位 28 年，工作勤勤恳恳，无怨无悔。在 16 年的巡线生涯中，累计巡线里程 1.99 余万 km，发现消缺 97 项，为东海电网安全运行做出了积极贡献。工作之余，陈继祥自学汽油机维修技术，不计报酬地承担起油锯的维修和保养工作，为企业节约资金 300 余万元。2004 年，陈继祥担任带电作业班班长，面对一系列困难和挑战，他自制绝缘卡具，解决设备线间距离不足等技术难题，一次次填补专业技术空白，先后研制出 12 项带电作业新项目，累计完成安全带电操作 8000 余次。几年来，陈继祥先后完成了间隔棒安装走线器、绝缘杆泄流电流检测等新技术研发，累计取得国家专利 15 项。其中，《一种用于检测线路负载是否断开的检测仪》荣获江苏省第六届职工十大科技创新成果，《四分裂导线间隔棒安装走线器》专利权已转让国家电网公司，并得到推广应用。陈继祥先后获得“江苏省企业首席技师”“连云港市五一劳动奖章”“国网江苏省电力公司劳动模范”等多项荣誉称号，2011 年光荣当选为江苏省第十二次党代会代表。

林　丽

心地好重情义　群众有口皆碑

林　丽，国网湖北咸丰县供电公司客户服务中心抄表催费员

林丽将心比心、以心换心、处处留心，用心工作、用情服务。她切实履行“供好电、服好务”的职责，并竭尽所能帮助群众解决其他生产生活困难，“有难事儿找林妹儿”“她就是好”成为群众心声。她靠双脚遍走土苗山乡，11 年间行程 10 万 km。她一字一句学习当地方言，了解当地群众喜怒哀乐，编制“民情地图”，工作中做到了“一把钥匙开一把锁”。林丽心地善良、重情重义、乐于助人，群众有口皆碑。面对意外摔伤的小伙子，她冲破世俗偏见，为他擦洗身子、送饭喂药；面对 83 岁的留守老人，她时常上门看望；面对独居深山的孤寡老人，她坚持 9 年送去爱心红糖；面对身患尿毒症的小叔子，她节衣缩食，为其换肾，并誓言“同吃一锅饭，同喝一缸水，永远不离弃”。

2014 年，林丽先后获得全国民族团结进步模范、公司“为民务实清廉”先进典型岗位模范、“湖北第十届职业道德建设先进个人”“十月湖北好人”“恩施州五一劳动奖章”“恩施州三八红旗手”等荣誉。

伍建明

迎难而上请缨　攻克艰难工程

伍建明，国网四川电力送变电建设公司川藏电力联网工程包9标段项目经理

2013年，伍建明主动请缨投身川藏电力联网工程，担任包9标段项目经理，负责组织全线施工难度极大、技术要求极高的“五次跨越金沙江”、17km无人区标段。伍建明带领项目团队迎难而上、积极创新，研发出高原标准化货运索道施工技术，架设线路1100余km，服务铁塔1800余基；应用八旋翼飞行器展放架线施工导引绳，提升展放效率；采用小牵机、索道专用牵引机代替传统索道牵引机，提升索道安全性；因地制宜，实施“板帐结合大山深处建营地，无人区里建小区”“先锋号小水电站”解决后勤问题；开展“工地夜校”“流动书箱”丰富文化生活。5次跨越金沙江施工项目的长高差线路跨越在电力建设史上都是首次，中央电视台进行了现场直播。伍建明和项目队员一起圆满完成跨越施工任务。他们自创的《送电工》《你会到工地来看我吗》歌曲，一同受到社会的广泛关注。伍建明从事线路施工19年，先后参加青藏川藏联网、乡城—水洛、木里—西昌等线路工程19项，被喻为“电网蜘蛛侠”，获得省公司“优秀共产党员”“最美员工”称号。

周义民

刻苦钻研业务　技术创新能手

周义民，国网黑龙江大庆供电公司运维检修部检试高压二班班长

周义民同志从事高压试验专业工作20年，在本职工作岗位上取得了突出的自主创新业绩。他刻苦钻研业务，成为技术尖兵，研制“一种仪器的测试引线过渡接头”，方便现场仪器测量接线工作，获得国家实用新型专利。他研制的“多功能万向电力测试钳”获国家电网公司职工技术创新奖，解决了大型变压器的大修和交接工作中变压器套管攀登接线的问题，把危险的高空作业变为安全的地上作业，获得国家实用新型专利。创新“四明确，五到位”工作方法，着力提升试验工作质量和工作安全。他创新开发新概念《班组建设园地》，使班组建设生动有趣。

作为周义民创新工作室的带头人，周义民在科技创新、技术研究等方面取得了丰硕成果，共获得国家实用新型专利4项，正在申报的国家专利2项，省公司科技成果2项，在国家有影响期刊上发表专业论文6篇。

他曾荣获“黑龙江省铁人式职工”、省“五一劳动奖章”、省公司“优秀技能人才”等称号。

周红亮

精心运维线路　保障电网安全

周红亮，国网陕西宝鸡供电公司运维检修部秦岭输电运维班班长

周红亮所在的班组负责陕西宝鸡地区19条35~110kV输电线路的日常运维工作，其中90%的线路都位于秦岭大山深处。作为一名巡线工，周红亮工作18年来，始终把电网的安全、千家万户的光明记在心中。巡线中，他穿坏了30余双胶鞋。他爬过山的高度，相当于200座珠穆朗玛峰的高度。在他和班组成员的努力下，中国最早的电气化铁路宝成铁路从未出现过断电停运现象，保证了凤县、汉中等地区150多万人的供电稳定。

近年来，周红亮先后获得“陕西省电力公司先进生产工作者”“宝鸡市五一劳动奖章”“我身边的陕西好青年”“陕西青年五四奖章”“陕西好人”“中国好人”等多项荣誉。2012~2014年中央电视台连续3年报道了周红亮班组坚守大山、巡线保电的先进事迹。2014年，秦岭输电运维班被全国总工会授予“全国工人先锋号”。10月陕西电视台黄金时段分两集以《坚守大山送光明》为题播出了周红亮先进事迹，受到了社会的广泛关注和好评。

韦 鹏

开展技术攻关 解决实际难题

韦 鹏，国网宁夏电力公司检修公司银川东换流站安生室主任

韦鹏立足解决银川东换流站（宁夏至山东）±660kV 新设备存在的问题，成立“660 创新工作室”，开展技术攻关，成功解决了 VBE 抗干扰能力差、换流变压器 BOX-IN 内部温度过高、换流阀冷却介质进阀温度波动大、外冷系统电机尾扇频繁故障等难题。创新成果“便携式故障录波仪”填补了国内该领域空白，5 项创新成果获国家专利，为银东直流工程安全稳定运行、外送电量突破 1100 亿 kWh 做出突出贡献。在银川东直流年度综合检修中，他独立编写方案，处理换流阀顶部水管支架异常等故障，保证了年度综检高效完成。成功处理光 TA 异常，缩短了直流单极闭锁时间。他主动请缨参加宁夏（灵州）至浙江±800kV 换流站的生产准备工作，编写规程、开展培训，为后续运维工作夯实了基础。在国家电网公司首届直流换流站运维技能竞赛中，他代表国网宁夏电力公司参加直流控制保护专业比赛，勇夺第一，被授予“国家电网公司技术能手”称号。在他的影响和带动下，创新工作室成员在 2014 年宁夏电力行业职工技能竞赛中，获得团体二等奖、个人第一和第六名的好成绩。

贺之渊

立足自主创新 掌握主流技术

贺之渊，国网智能电网研究院直流输电技术研究所副所长

贺之渊长期从事柔性直流输电技术自主研发和推广应用工作，主持承担了国家电网公司柔性直流“前期研究”“基础理论研究”“示范应用”和“容量提升”全系列科技项目，为推动该技术在我国的推广应用及国际柔性直流输电技术标准化进程作出了重要贡献。他带领团队于 2006 年建议公司设立首个柔性直流研究课题，并担任执行负责人。当时，全球范围内仅 ABB 公司掌握这一技术，研发难度极大。贺之渊带领研发团队，立足自主创新，推公式、搭模型、做实验，构建了系统完备的理论体系，开辟了一条全新的模块化多电平技术路线，成功超越 ABB 沿用近 20 年的技术方案，成为国际主流技术。他和他的团队仅用 5 年时间就走完了跨国公司 10 多年的研发历程，完成了亚洲首条柔性直流输电工程的成套设计和建设运行，使国家电网公司一跃成为世界上第 3 家掌握该技术的企业。其科研团队成功研制世界首套±320kV/1000MW 柔性直流输电换流阀，被 KEMA 实验室以《打破了世界纪录》为题在其官方网站进行宣传，核心研究成果被多项 IEC 标准和 CIGRE 报告引用。贺之渊被授予“中国电机工程杰出青年工程师”称号。

大 事 记

【2014 年大事记】

1 月 3 日，公司完成对新加坡能源公司澳大利亚资产股权收购的交割，收购新加坡能源国际澳洲资产公司（SPIAA）60% 的股权和新加坡能源澳网公司（SP AusNet）19.9% 的股权。

1 月 10 日，中共中央、国务院在北京举行国家科学技术奖励大会，公司“电网大范围冰冻灾害预防与治理关键技术及成套装备”项目获得 2013 年度国家科学技术进步奖一等奖。

1 月 11~23 日，公司董事长、党组书记刘振亚出访莫桑比克、肯尼亚、南非，与相关国家能源、电力等机构洽谈电力合作事宜。1 月 15 日，同莫桑比克共和国总统格布扎进行会谈，格布扎总统感谢国家电网公司在支持莫桑比克电力发展方面所作的贡献。

1 月 24 日，公司“特大型电力集团一体化信息系统工程关键技术与应用”被中国计算机用户协会授予第二届“信息技术应用大奖”。

1 月 27 日，目前世界上输送容量最大、输电距离最远的直流工程——哈密南—郑州±800kV 特高压直流输电工程正式投运，工程完全由我国自主设计、制造和建设，是“±800kV/800 万 kW”直流输电的标准化示范工程。

1 月 28 日，国务委员王勇在刘振亚董事长陪同下，到公司国调中心视察春节保电工作、慰问一线员工，对公司加强管理提升和改革创新，服务国家经济社会发展给予高度评价。

1 月 29 日，港灯电力投资及港灯电力投资有限公司联合发行的股份合订单位在香港联交所主板独立上市，国网国际公司完成认购其 18% 股份合订单位。

2 月 7 日，公司与巴西电力公司以 51% ：49% 股比组成的联营体中标巴西美丽山水电特高压直流送出项目。该项目是公司在海外中标的首个特高压直流输电项目，标志着中国特高压技术“走出去”取得重大突破。

3 月 18 日，公司召开川藏联网工程开工建设动员会议，标志着世界上最具建设挑战性的输变电工程——西藏自治区昌都电网与四川电网联网输变电工程正式开始建设。

2 月 25 日，联合国全球契约中国网络年会在北京举行，公司社会责任管理荣获“2013 全球契约中国最佳实践奖”。

3 月 8 日，公司董事长、党组书记刘振亚与中央政治局委员、新疆自治区党委书记张春贤、主席努尔·白克力一行座谈，舒印彪总经理参加。

● 2 月 7 日，巴西美丽山项目中标现场。

3 月 26 日，我国首个重大工程标准化示范项目——特高压交流输变电国家重大工程标准化示范项目，在河南省南阳市通过国家标准化管理委员会专家组现场验收。

4 月 8 日，刘振亚董事长会见意大利国家电力公司总经理兼首席执行官福维奥·孔狄一行，并签署《中国国家电网与意大利国家电力公司合作协议》。

4 月 21 日，国资委发布中央企业管理提升活动先进单位、专项提升先进单位和先进工作者名单，公司荣获中央企业管理提升先进单位称号。

4 月 28 日，庆祝“五一”国际劳动节暨全国“五一”劳动奖状奖章表彰大会在北京人民大会堂举行，公司系统 23 个单位荣获全国“五一”劳动奖状，37 人荣获全国“五一”劳动奖章，61 个集体荣获全国工人先锋号。

5 月 17 日，我国工业领域的最高奖项——第三届中国工业大奖在北京人民大会堂揭晓，青藏电力联网工程获得中国工业大奖。

5 月 20 日，在习近平主席和普京总统的见证下，刘振亚董事长与俄罗斯电网公司总经理布达尔金在上海签署《中国国家电网公司与俄罗斯电网公司战略合作协议》，双方计划在特高压交直流、智能电网的技术研究和应用，输配电建设和改造以及建设欧亚电力桥的可行性等方面开展长期技术交流与互利合作。

6 月 9 日，公司董事长、党组书记刘振亚在天津与中央政治局委员、天津市委书记孙春兰，天津市委副书记、市长黄兴国举行会谈。

6 月 23 日，公司董事长、党组书记刘振亚在北京与中央政治局委员、北京市委书记郭金龙，市长王安顺举行会谈，舒印彪总经理参加。

6 月 25 日，由世界品牌实验室组织的 2014 年中国 500 最具价值品牌发布会在北京召开，公司以

2415.62亿元的品牌价值，再次名列第二名，品牌价值同比提升59.05亿元，品牌价值连续8年攀升。

6月26日，国网智研院欧洲研究院在德国挂牌成立。

7月3日，公司召开溪洛渡左岸—浙江金华特高压直流工程投运仪式。该工程在世界上首次实现单回路800万kW满负荷、840万kW过负荷试运行，创造了超大容量直流输电的新纪录。

7月4日，世界上电压等级最高、端数最多、单端容量最大的多端柔性直流输电工程——浙江舟山±200kV五端柔性直流输电科技示范工程正式投运，标志着我国在世界柔性直流输电技术领域走在前列。

7月7日，美国《财富》杂志发布2014年财富世界500强企业最新排名，公司以3333.87亿美元的营业额连续第四年蝉联第7名。

7月12~21日，刘振亚董事长率团出访巴西、葡萄牙，参加习近平主席对巴西国事访问相关活动。7月17日，在国家主席习近平和巴西总统罗塞夫·迪尔玛的共同见证下，公司董事长刘振亚与巴西国家电力公司总裁科斯塔在巴西总统府签署《巴西美丽山特高压输电项目合作协议》。

7月23日，国务院国资委公布中央企业负责人2013年度经营业绩考核结果，公司已连续十年获得中央企业业绩考核A级。

7月26日，在首届中国工业企业履责星级榜发布会上，公司荣获“履行社会责任五星级企业”称号。

7月31日，刘振亚董事长在意大利总理府出席公司与意大利存贷款公司举行的签约仪式，公司以21亿欧元收购意大利存贷款公司旗下能源网公司35%股权，意大利总理伦奇、中国驻意大利大使李瑞宇等出席签约仪式。11月27日，完成股权交割。

8月25日，在圣保罗举行的年度最佳企业颁奖典礼上，国家电网巴西控股公司获评“2014年巴西电力行业最佳企业”。

9月2日，在“2014中国500强企业高峰论坛”上，中国企业联合会、中国企业家协会发布2014中国企业500强榜单，公司位列榜单第三位。在发布的2014中国服务业企业500强名单中，公司居首位。

9月20日，由公司申报的Q/GDW 354—2009《智能电能表功能规范》等39项标准荣获2014年度中国标准创新贡献奖一等奖。

9月21~28日，刘振亚董事长赴美国、加拿大，出席联合国气候峰会并做主题发言，并与美国前副总统戈尔、美国前财长鲍尔森和有关企业举行会谈。

9月25日，公司申报的“国家电网智能电网创新工程”被评为2014年度国家科学技术进步奖企业技术创新工程一等奖。

10月13日，在国务院总理李克强与俄罗斯总理梅德韦杰夫的见证下，公司与俄罗斯电网公司签署《关于开展电网设施改造和新建项目的合作协议》。

11月4日，公司召开“两交一直”（淮南—南京—上海、锡盟—山东、宁东—浙江）特高压工程开工动员大会，三项特高压工程是国家大气污染防治行动计划12条重点输电通道中首批获得核准并率先开工建设的特高压工程，标志着特高压电网进入全面大规模建设和加快发展的新阶段。

11月11~20日，舒印彪总经理赴日本、澳大利亚。在日本期间，作为国际电工委员会副主席和市场战略局召集人参加IEC第78次大会并主持IEC理事大会“新兴技术”研讨分会。在澳大利亚期间，出席第四届中澳工商界CEO圆桌会议。

11月20日，公司在北京举行川藏联网工程投运仪式，中共中央政治局常委、全国政协主席俞正声出席仪式并宣布工程投运。国家发改委副主任、国家能源局局长吴新雄，西藏自治区党委书记陈全国，四川省委副书记、省长魏宏等出席主会场仪式并讲话。国务院国资委主任、党委书记张毅，财政部副部长刘昆出席主会场仪式。公司董事长、党组书记刘振亚在仪式上介绍工程的特点和重要意义。

11月21日，中国施工企业管理协会公布表彰2013~2014年优质工程金奖，公司淮南—浙北—上海、锦屏—苏南特高压工程获得国家优质工程金奖。

11月26日，全国总工会在江苏召开全国劳模创新工作室创建工作推进会，公司17个劳模创新工作室获得全国示范性劳模创新工作室称号。

12月7日，公司荣获电气与电子工程师学会标准协会（IEEE-SA）2014年度“企业卓越贡献奖”。

12月12日，公司董事长、党组书记刘振亚在乌鲁木齐与中共中央政治局委员、新疆维吾尔自治区党委书记张春贤，自治区党委副书记、自治区主席努尔·白克力一行举行会谈。

12月13~16日，刘振亚董事长出访哈萨克斯坦。当地时间14日下午，在李克强总理和哈萨克斯坦总理马西莫夫的共同见证下，刘振亚董事长与哈萨克斯坦萨姆鲁克—卡泽纳国家主权基金股份公司管理委员会总裁乌米尔扎克·舒克耶夫签署战略合作协议。

12月16日，由世界品牌实验室编制的2014年度（第十一届）《世界品牌500强》排行榜在美国纽约揭晓。公司在世界排名第60位，在29个中国内地上榜品牌中排名第2位。

12月18日，中国电力企业联合会、中国能源化学工会全国委员会在江苏召开2014年（第六届）全国电力职工技术成果奖工作会议，公司系统108项成果获得表彰，其中一等奖15项、二等奖37项、三等奖56项。

同日，首届全国职工微电影大赛颁奖典礼在北京举行，公司荣获大赛优秀组织奖，公司选送的《幸福上高原》《灯心》等8部作品分获金奖、银奖和优秀作品奖。

12月24日，舒印彪总经理出席公司与埃及电力和可再生能源部战略合作备忘录签署仪式。

12月26日，浙北—福州特高压交流输变电工程正式投运。

【2014年重要会议】

1. 国家电网公司第二届职工代表大会第五次会议暨2014年工作会议

1月6~8日，国家电网公司第二届职工代表大会第五次会议暨2014年工作会议在北京召开。会议总结2013年工作，分析形势，安排2014年任务，提出以改革创新精神全面深化“两个转变”，加快建设坚强智能电网，承载和推动第三次工业革命；全面建成“三集五大”体系，加快建设“一强三优”现代公司，创建世界一流电网、国际一流企业，开创公司和电网发展新局面。中华全国总工会副主席、书记处书记李世明出席会议并讲话。公司董事长、党组书记刘振亚出席会议并做了题为《强化改革创新　深化“两个转变”　为加快建成“一强三优”现代公司而奋斗》的工作报告。

会议总结了公司2013年各项工作。2013年是全面贯彻党的十八大精神的开局之年。公司认真落实中央决策部署，深入开展党的群众路线教育实践活动，在电网安全和优质服务、体制机制创新、电网发展、经营管理、科技创新、“三个建设”等方面取得显著成效，实现了电网发展新跨越、企业管理新提升和队伍素质新提高。

会议指出，党的十八届三中全会对全面深化改革做出重要部署，国有企业改革发展面临新的重大机遇。从现在到2020年，是必须牢牢抓住的重要战略机遇期。要以改革创新精神坚定不移推进“两个转变”。“两个转变”开启了公司打造百年老店的历史征程，对建设“一强三优”现代公司、创建“两个一流”具有决定性意义。公司巨变源于“两个转变”，可持续发展更要靠“两个转变”。要把握改革创新这个主题，要坚持“两个转变”这条主线，要抓住队伍建设这个根本，推动公司和电网发展再上新台阶。

会议强调，要贯彻落实中央改革部署，发挥国有经济主导作用，发展混合所有制经济，完善现代企业制度，积极推动电力改革，加快建设全国统一电力市场；要全面建成“三集五大”体系，建立“五位一体”新机制，建成“三个中心”，将集团化运作、集约化发展、精益化管理和标准化建设向纵深推进；要加快建设坚强智能电网，把建设坚强智能电网、承载和推动第三次工业革命作为重大战略任务，大力实施“一特四大”和“电能替代”战略，加快推进以电代煤、以电代油、电从远方来，着力解决电网“两头薄弱”问题；要依法依规从严治企；领导干部要发挥表率作用。

会议提出，2014年是全面贯彻党的十八届三中全会精神的第一年，也是完成“十二五”规划目标的关键一年。会议明确，公司2014年工作总的要求是，认真贯彻中央决策部署，深入开展党的群众路线教育实践活动，以确保安全稳定和优质服务为前提，以提高队伍素质和质量效益为关键，深化改革、强化创新、精益管理、依法治企，加快建设坚强智能电网，全面建成“三集五大”体系，推动“两个转变”再上新台阶，更好地服务经济社会发展。要重点做好九个方面工作：优质高效建成“三集五大”体系，着力解决电网“两头薄弱”问题，全力保障安全可靠供电，大力提升优质服务水平，全面加强人力资源管理，全面提高经营管理绩效，深化改革、强化创新，统筹推进国际化和产业、金融发展，深入开展党的群众路线教育实践活动。

会议宣读了《国家电网公司关于表彰公司劳动模范、先进班组和优秀班组长的决定》和《中共国家电网公司党组关于表彰2013年度国家电网十佳共产党员服务队、优秀共产党员服务队和竞赛优秀组织单位的决定》，并进行了颁奖。

2. 国家电网公司总部党的群众路线教育实践活动总结大会

1月26日，国家电网公司总部党的群众路线教育实践活动总结大会在北京召开。中央党的群众路线教育实践活动第38督导组组长张俊九同志出席会议并讲话。公司董事长、党组书记刘振亚同志做公司总部党的群众路线教育实践活动总结报告。公司董事、总经理、党组成员舒印彪同志传达中央党的群众路线教育实践活动第一批总结暨第二批部署会议精神。

会议总结了公司总部开展教育实践活动的主要做法、工作成效和工作体会。公司党组认真落实《中共中央关于在全党深入开展党的群众路线教育实践活动的意见》，始终聚焦“四风”问题，高起点谋划、高质量推进、高标准要求。活动中，公司坚持统筹谋划、周密组织，领导带头、总部示范，群众参与、接受监督，聚焦“四风”、狠抓整改，建章立制、强化执行，确保了教育实践活动扎实有效开展。

会议认为，教育实践活动开展以来，公司认真抓学习，开门听意见，深入查问题，严肃做批评，严格促整改，两手抓、两促进，无论是提高思想认识、坚定理想信念方面，还是转变作风、推动工作落实方面，都取得了重要阶段性成果。全体党员干部的群众观念、服务意识明显增强，总部战略决策、管理调控、资源配置中心作用充分发挥，公司面貌发生显著变化。活动成效主要体现在以下10个方面：牢记公司使命，履行“三大责任”；建设坚强智能电网，保障能源安全供应；全面建设“三集五大”体系，深化体制机制创新；坚持“你用电我用心”，提高优质服务水平；积极支持新能源发展，促进生态文明建设；加强领导班子建设，为公司发展提供坚强保证；落实八项规定精神，专项治理取得实效；增强群众观念，解决基层困难和问题；加强队伍建设，树立新风正气；依法依规从严治企，严肃查处违纪行为。

会议指出，群众路线是永葆党的青春活力和战斗力的重要传家宝，必须做到教育和实践两手抓，使马克思主义群众观点深深根植于思想中、真正落实到行动上；理想信念是共产党人的精神之“钙”，必须加强思想政治建设，解决好世界观、人生观、价值观这个“总开关”问题；必须以整风精神严格党内生活，使用好批评和自我批评有力武器，着力提高领导班子发现和解决自身问题的能力；加强和改进作风建设是保持党同人民群众血肉联系的有效途径，必须建立加强作风建设的长效机制，以作风建设的新成效汇聚推动改革发展的强大动力。

会议强调，要切实增强思想自觉和行动自觉，贯彻“照镜子、正衣冠、洗洗澡、治治病”的总要求，对照理论理想、党章党纪、民心民生、先辈先进“四面镜子”，以补精神之“钙”、除“四风”之害、祛行为之垢、立为民之制为重点，推动思想认识进一步提高、作风进一步转变、党群干群关系进一步密切、为民务实清廉形象进一步树立、基层基础进一步夯实。

会议要求，公司上下要认真学习贯彻习近平总书记系列重要讲话精神，强化理论武装，把全体党员干部的思想和行动统一到中央要求上来。要持之以恒抓好整改落实，建章立制巩固活动成果。要扎实开展第二批教育实践活动，坚持问题导向，从群众最关心、最迫切的问题入手，让群众看到实实在在的成效；坚持开门搞活动，确保每个环节、每项工作都让群众参与、受群众监督、请群众评判，真正让群众受益；注重衔接带动，在继续抓好第一批活动问题整改的同时，统筹加强对不同层级、不同单位的分类指导和督促检查；坚持统筹兼顾，把开展活动同做好当前工作结合起来，为做好改革发展和安全稳定、优质服务各项工作提供有力保障。

会上，与会代表对公司领导班子和领导人员开展教育实践活动情况进行了民主评议。

3. 国家电网公司2014年反腐倡廉建设工作会议

2月24日，国家电网公司2014年反腐倡廉建设工作会议在北京召开。国资委纪委副书记、驻委监察局局长王进敏出席会议并讲话，公司董事长、党组书记刘振亚作重要讲话。

会议提出，2014年公司将深入贯彻党的十八大、十八届三中全会和中纪委三次全会精神，落实中央企业反腐倡廉建设工作会议要求，总结工作，分析形势，部署任务，进一步深化反腐倡廉建设，坚决纠正“四风”，强化依法治企，健全长效机制，保障公司科学健康发展。

会议强调，要认真学习贯彻习近平总书记重要讲话和中纪委三次全会精神，坚定不移地把中央要求贯穿公司改革发展的全过程。公司上下要围绕深化“两个转变”、创建“两个一流”战略任务，以严明党的纪律和制度执行为重点，以作风建设为突破口，全面深化惩治和预防腐败体系建设，坚持依法从严治企，坚决纠正“习惯性违章”，严肃查办违纪违法案件，强化监督问责，不断提高反腐倡廉和企业管理水平。

会议要求，要严明党的政治纪律和组织纪律，强化领导干部监督、管理和教育；进一步加强作风建设，严格落实中央八项规定精神，结合党的群众路线教育实践活动，着力解决“四风”突出问题，反复抓、抓反复，营造风清气正的良好环境；深化惩治和预防腐败体系建设，强化党组（党委）主体责任和纪检组（纪委）监督责任，深化协同监督工作机制；严格重点领域和关键环节管控，切实履行“三重一大”决策程序，深化细化人财物管理，抓好工程建设领域专项治理，进一步规范集体企业管理，强化县公司和乡镇供电所管理；强化通用制度建设和执行，把中央关于惩治和预防腐败各项要求，全面融入通用制度，尽快建立健全通用、实用、管用的制度体系，实现用制度管人、管权、管事、管企业；坚决惩处违纪违法行为，坚持党纪国法面前没有例外、规章制度面前没有特权，以零容忍的态度严肃查处违纪违法行为；纪检监察队伍要充分发挥作用，切实履行责任，转变作风，提高能力。

会议总结了 2013 年公司反腐倡廉建设工作，部署了 2014 年反腐倡廉工作重点，要求加强党风廉政建设和反腐败工作组织领导，落实惩治和预防腐败体系规划任务；深入贯彻中央八项规定精神，持之以恒查纠“四风”问题；加大违纪违法案件查办力度，严惩腐败，抓早抓小，强化责任追究；加强党员干部教育，规范权力运行，努力从源头上防治腐败；坚持依法治企，深化协同监督，坚决纠正“习惯性违章”。

会议印发了公司党组关于进一步贯彻落实中央八项规定精神加强协同监督工作的意见、公司贯彻落实《建立健全惩治和预防腐败体系 2013～2017 年工作规划》实施办法。

4. 国家电网公司第二批党的群众路线教育实践活动动员大会

2 月 25 日，国家电网公司第二批党的群众路线教育实践活动动员大会在北京召开。中央第十三巡回督导组组长张玉台，公司董事长、党组书记刘振亚出席会议并讲话。

会议认真学习贯彻习近平总书记在党的群众路线教育实践活动第一批总结暨第二批部署会议上的重要讲话精神，落实中央《关于开展第二批党的群众路线教育实践活动的指导意见》，动员部署公司第二批教育实践活动，要求增强宗旨意识，大力消除“四风”，解决突出问题，以作风建设的新成效，全面深化改革创新，大力加强优质服务，深入推进“两个转变”，加快建设“一强三优”现代公司，更好地促进经济社会发展。

会议认为，开展党的群众路线教育实践活动，是实现党的十八大确定的奋斗目标，实现中华民族伟大复兴的必然要求，对于推进中国特色社会主义、全面建设小康社会，具有重大而深远的意义。开展第二批教育实践活动是加强党的建设的必然要求，是巩固深化活动成果的重要内容，是深化“两个转变”的重要保障，是提高服务群众能力的迫切需要。扎实开展好第二批教育实践活动，是公司当前重要的政治任务。公司上下要认真贯彻中央精神，切实增强思想自觉和行动自觉，坚决与中央保持一致。

会议强调，开展好第二批教育实践活动，责任重大，任务艰巨，要加强组织领导，精心制定方案，狠抓问题整改，强化督导检查，做到统筹兼顾，健全长效机制，形成经常抓、反复抓、长期抓的工作机制，不断把作风建设引向深入。

会议要求，要准确把握第二批教育实践活动的目标要求和主要任务。要全面贯彻教育实践活动“照镜子、正衣冠、洗洗澡、治治病”的总要求，对照理论理想、党章党纪、民心民生、先辈先进“四面镜子”，牢固树立社会主义核心价值观，补精神之“钙”、除“四风”之害、祛行为之垢、立为民之制，切实做到坚持领导带头、坚持严肃认真、坚持问题导向、坚持依靠群众、坚持抓好“三基”、坚持上下联动。第二批教育实践活动的重点任务是聚焦“四风”，着力解决影响公司改革发展、安全稳定、供电服务、企业形象的突出矛盾和问题。

5. 国家电网公司 2014 年第二季度工作会议

4 月 14～15 日，国家电网公司 2014 年第二季度工作会议在北京召开。公司董事长、党组书记刘振亚出席会议并做重要讲话。

会议总结了一季度工作，公司安全形势总体平稳，电网发展步伐加快，企业管理持续加强，国际业务取得新突破，“三个建设”全面加强，为全年工作的开展打开良好局面。

会议指出，2014 年以来，公司改革发展面临新的形势：经济增长动力不足、环境问题日益突出、全面深化改革力度加大、社会环境正在深刻变化。

会议强调，“两个转变”是长期战略，要一以贯之、一抓到底，把深化改革、强化创新、优质服务、依法治企作为根本着力点，通过深化改革，消除发展瓶颈、激发内生动力，构建科学发展的体制机制；通过强化创新，破解发展难题、增强核心能力，打造驱动发展的强大引擎；通过优质服务，履行“三大责任”、积极服务民生，提升企业价值和品牌形象；通过依法治企，全面提高素质、堵塞管理漏洞，保障公司安全健康发展。

会议要求，加快“三集五大”体系建设，全面落实建设方案，加快“五位一体”机制建设，建好“三个中心”；推动各级电网协调发展，加快特高压等重点工程建设，科学规划和建好配电网，高质量推进电网智能化，提高电网建设标准化水平，强化科技攻关和基础研究；进一步抓好安全工作，确保大电网安全运行，全面做好春检工作，防控基建安全风险，确保信息网络安全，夯实安全管理基础；着力提升服务水平，大力加强窗口服务，建好电力市场交易平台，加快推进电能替代，积极服务清洁能源发展；增强成本和效益意识，强化计划和预算硬约束，切实做好融资工作，大力压降工程造价，严控人工成本刚性增长，强化县供电企业管理，加强集体企业管理；高效推进国际业务，加快金融创新发展，强化直属产业管理；强化重点领域监督管控，严格落实中央八项规定精神，全面做好迎审配合工作，强化人力资源管理；深入开展党的群众路线教育实践活动，进一步强化学习教育，高质量开好民主生活会，狠抓问题整改落实，坚持原则严格督导。

6. 中国共产主义青年团国家电网公司第二次代表大会

4 月 28 日，中国共产主义青年团国家电网公司第二次代表大会在北京召开。共青团中央书记处书记汪鸿雁，中央企业团工委书记、中央企业青联主席赵玉坤出席会议并讲话。公司董事长、党组书记刘振亚出席大会并做重要讲话。

会议深入学习贯彻党的十八大、十八届三中全会和习近平总书记系列重要讲话精神，深入贯彻团的十七大和十七届二中全会精神，全面落实公司党组决策部署和中央企业团工委工作要求，回顾和总结共青团国家电网公司第一届委员会成立以来的工作，安排部署今后一段时期公司共青团的主要工作。会议提出，团结带领广大团员青年，为深化“两个转变”、加快建成“一强三优”现代公司、实现中华民族伟大复兴的中国梦贡献力量。

会议指出，要深刻认识做好共青团和青年工作的重大意义。党的十八大提出“两个一百年”的奋斗目标。习近平总书记指出，中国特色社会主义事业需要一代又一代有志青年接续奋斗。党的十八届三中全会对全面深化改革做出重要部署，进一步明确了新的历史时期我国社会主义建设的新任务。团的十七大和十七届二中全会对共青团工作提出了新要求。做好共青团和青年工作，是发展党的事业、巩固党执政基础的必然要求，是深化“两个转变”、创建“两个一流”的必然要求，是建设一流职工队伍、实现公司可持续发展的必然要求。

会议提出，要以改革创新精神做好公司共青团和青年工作。公司各级团组织要坚持服务大局、服务青年，不断提高团的吸引力和凝聚力、提升共青团和青年工作水平，推动“两个转变”实现新突破，更好地服务经济社会发展。

会议强调，公司各级团组织要努力成为联系和服务青年的坚强堡垒，组织引导好青年，竭诚服务好青年，大力加强自身建设。团干部要努力成为公司青年事业的中坚力量，增强政治意识，提高服务大局能力；增强学习意识，提高业务本领；增强服务意识，提升引领青年能力；锤炼优良作风，做严守纪律的表率。

会议要求，各部门、各单位要认真贯彻公司党组要求，坚持党建带团建，积极为共青团发挥作用创造条件，为青年成长成才搭建平台。

会议通过关于共青团国家电网公司第一届委员会工作报告的决议。大会选举产生共青团国家电网公司第二届委员会。

7. 国家电网公司安全稳定优质服务电视电话会议

5 月 19 日，国家电网公司安全稳定优质服务电视电话会议在北京召开，公司董事长、党组书记刘振亚出席会议并做重要讲话。

会议贯彻落实党中央、国务院决策部署，落实公司二届五次职代会暨 2014 年工作会议、二季度工作会议精神，要求统一思想、凝心聚力，深入开展党的群众路线教育实践活动，扎实做好发展改革、经营管理、迎峰度夏、审计配合等各项工作，确保安全、稳定和优质服务，推动公司持续健康发展。

会议指出，公司党组始终高度重视安全、稳定和优质服务工作，公司持之以恒加强管理、完善机制，不断发现问题、解决问题，保持了安全健康发展的良好态势。但也要清醒地认识到，公司经营面临新的挑战，安全稳定优质服务仍然存在隐患，依法治企面临更高标准，队伍建设面临新的更高要求。

会议强调，公司上下要集中精力、尽职尽责，全面做好各项工作。公司 2014 年“两会”和二季度工作会议对全年工作做出部署和安排。公司上下要进一步增强责任感、紧迫感，立足岗位、心系企业，团结一致、齐心协力，高质量完成各项任务。当前，要统筹兼顾、突出重点，确保不发生大面积停电事故、重大设备事故和人身伤亡事故，确保不发生影响社会稳定的事件，确保不发生严重影响公司形象的事件，确保完成全年任务，促进公司安全健康发展。

会议要求，确保电网安全，把大电网安全作为重中之重，全面做好迎峰度夏工作，确保重大活动和重要客户安全供电，严防施工和检修安全风险，强化农电、集体企业和产业单位安全管理，做好安全保卫和保密工作，做好突发事件应急处置；确保队伍稳定，强化舆论宣传和引导，解决信访突出问题，关心关爱员工；确保优质服务，增强全员服务意识，强化服务窗口建设，坚决整改突出问题；确保完成全年任务，强化经营管理，加快电网重点工程建设，建好“三集五大”体系；依法从严治企，坚决纠正“习惯性违章”，管好关键点和风险点，切实做好审计配合工作；深入开展教育实践活动，全面落实中央要求，开好专题民主生活会，确保活动取得实效；进一步加强反腐倡廉建设，落实党风廉政建设责任制，严格执行廉洁从业各项规定，强化领导干部管理监督，严肃查处违纪违法行为。

8. 国家电网公司 2014 年年中工作会议

7 月 7~8 日，国家电网公司 2014 年年中工作会议在北京召开。公司董事长、党组书记刘振亚出席会议并做工作报告。

会议认真贯彻党中央、国务院决策部署，落实公司二届五次职代会暨 2014 年工作会议精神，总结上半年工作，安排下半年任务，分析形势，明确目标，凝心聚力，深入开展党的群众路线教育实践活动，坚定不移推进“两个转变”，高质量建成“三集五大”体系，确保公司和电网安全健康快速发展，为经济社会发展做出积极贡献。

会议总结了公司上半年工作，2014 年上半年，面对复杂的外部形势和艰巨的改革发展任务，公司上下全面落实年初职代会、二季度工作会和安全稳定优质服务电视电话会议部署，改革创新、攻坚克难，电力供应安全可靠，电网发展步伐加快，经营管理成效显著，改革创新加快推进，国际业务不断突破，教育实践活动深入开展，各项工作取得新成绩和新突破。

会议强调，要深入推进“两个转变”。要把握电网发展重大机遇，安全、优质、高效地把坚强智能电网建设好、运行好，实现我国能源安全发展、清洁发展、环保发展、友好发展的目标。在内外部改革相互交织、全面推进的新形势下，统一认识、明确方向、把握关键，凝聚改革共识，积极推动电力改革，着力深化企业改革。坚持依法从严治企，从严从实，务必筑牢思想、制度、管控和惩戒“四道防线”，在练内功、强素质上下功夫。进一步加强队伍建设，要坚定发展信心，弘扬“两越”（“努力超越、追求卓越”）精神，强化作风建设，做到干事干净。

会议提出，要认真贯彻党中央、国务院决策部署，落实二届五次职代会暨 2014 年工作会议要求，扎实开展党的群众路线教育实践活动，紧紧围绕“两个转变”这条主线，在“三集五大”体系建设、坚强智能电网发展上实现新突破，在依法治企、队伍建设上实现新提升，努力提高发展质量和经济效益，确保安全稳定和优质服务，确保完成全年目标任务，更好地服务经济社会发展。

会议要求，统筹推进各级电网协调发展，加快重点工程建设，加强配电网建设改造，提高电网建设质量，积极服务新能源发展，促进电网智能化升级。高质量建成“三集五大”体系，全面落实建设方案，大力实施通用管理制度，充分发挥“三个中心”作用。确保电网安全和优质服务，全面做好迎峰度夏工作，严控重点领域安全风险，着力提升服务水平。进一步提高经营绩效，大力增收节支降本增效，强化工程造价控制，严格控制人工成本。从严治企、深化改革，做好审计配合及整改工作，进一步加强关键环节管控，提高县供电企业管理水平，推进集体企业整合与规范管理，积极推进改革工作。加快国际化和产业、金融创新发展。强化重点领域科技攻关，提升科技项目管理水平，强化信息通信支撑能力，加强人才队伍建设。进一步加强党风廉政建设，贯彻中央和国资委党委关于落实党风廉政建设主体责任的要求，明确各级党组（党委）主体责任和纪检组（纪委）监督责任。深入开展好教育实践活动，深入学习贯彻习近平总书记系列重要讲话精神，与公司党组决策部署和企业实际紧密结合，融会贯通、学以致用，组织开好各级专题民主（组织）生活会，达到解决问题、增进团结的目的。

9. 国家电网公司党的群众路线教育实践活动总结大会

10 月 10 日，国家电网公司党的群众路线教育实践活动总结大会在北京召开。中央第十三巡回督导组组长张玉台出席会议并讲话。公司董事长、党组书记刘振亚做公司党的群众路线教育实践活动总结讲话。

会议总结了公司教育实践活动成效，通过扎实开展活动，公司广大党员干部群众观点进一步树立，宗旨意识进一步增强，思想作风进一步转变，干群关系进一步密切，为民务实清廉形象进一步树立。公司坚持把开展教育实践活动与“两个转变”紧密结合、统筹推进，各项工作取得新的成效，服务经济社会发展能力进一步提升。活动成效主要体现在：宗旨意识和群众观念增强，党员干部作风明显转变；专项治理成效突出，“四风”问题有效遏制；党内生活更加严格，党组织建设全面加强；坚持“你用电、我用心”，优质服务水平明显提升；群众基础不断夯实，干群关系更加密切；强化制度建设执行，健全作风建设长效机制；“两个转变”取得新进展。

会议认为，党的十八大作出的在全党深入开展党的群众路线教育实践活动的战略决策是完全正确的，党中央关于这次活动的一系列部署是完全正确的。公司必须牢固树立马克思主义群众观点，践行党的群众路线；必须坚定理想信念，践行全心全意为人民服务的宗旨；必须坚持以上率下、从严从实，充分发挥各级领导干部示范作用；必须建立作风建设长效机制，从根本上解决“四风”问题；必须巩固活动成果，促进公司科学发展。

会议强调，公司上下要认真学习贯彻习近平总书记在党的群众路线教育实践活动总结大会上的重要讲话精神，把学习贯彻讲话精神作为一项重要政治任务，切实用讲话精神武装头脑、指导实践、推动工作，在政治上、思想上、行动上始终与以习近平同志为总书记的党中央保持高度一致。各级党组（党委）要切实把从严治党的责任承担好、落实好，坚持党建工作和中心工作一起谋划、一起部署、一起考核，把党建工作抓具体、抓深入，推动形成一心一意谋发展、聚精会神抓党建的新局面。

会议要求，持续抓好突出问题整改落实，按照中央要求，严格落实“两方案一计划”，坚持以“钉钉子”精神抓好整改落实，切实做到“四个防止”；恪守“你用电、我用心”理念，不断创新服务举措，提高优质服务质量和水平，确保人民群众用上放心电、满意电；健全完善作风建设长效机制，持之以恒加强作风建设，认真做好活动总结，形成一批理论成果、制度成果，确保改进作风、联系群众常态化、长效化；各级领导干部要发挥示范带动作用，勇于负责担当，善于开拓创新，甘于拼搏奉献，做到干事干净；统筹兼顾、把握重点，推动电网科学发展，加快体制机制创新，强化基层基础管理，确保安全和稳定，以活动成果推动公司又好又快发展。

10. 国家电网公司学习贯彻党的十八届四中全会精神暨2014年第四季度工作会议

10月27~28日，国家电网公司学习贯彻党的十八届四中全会精神暨2014年第四季度工作会议在北京召开。公司董事长、党组书记刘振亚出席会议并讲话。

会议的主要任务是，深入学习贯彻党的十八届四中全会精神，坚持依法治企、创新发展，总结前三季度工作，确保完成全年任务，科学谋划2015年工作，全面推进“两个转变”，加快建设“一强三优”现代公司，更好地服务经济社会发展。

会议传达了习近平总书记在党的十八届四中全会上的讲话和《中共中央关于全面推进依法治国若干重大问题的决定》及其说明。

会议认为，2014年以来，面对复杂的外部环境、严峻的经济形势和繁重的改革发展任务，公司上下坚决贯彻中央决策部署，深入开展党的群众路线教育实践活动，全面落实年初职代会、二季度会和年中工作会议精神，齐心协力、攻坚克难，公司发展保持良好态势。公司迎峰度夏顺利完成，电网发展全面提速，经营管理持续加强，改革创新深入推进，教育实践活动成效显著。

会议指出，党的十八届四中全会是我们党首次以依法治国为主题的中央全会，对全面推进依法治国作出重要部署。这对于全面建成小康社会、实现中华民族伟大复兴的中国梦，全面深化改革、完善和发展中国特色社会主义制度，提高党的执政能力和执政水平，具有重大而深远的意义。

会议提出，公司上下要把学习贯彻党的十八届四中全会精神和习近平总书记系列讲话精神作为重要的政治任务，领会实质、明确任务，抓好贯彻落实。2014年以来，宏观经济形势发生新的变化，深化改革在重要领域和关键环节加快推进；中央加强党风廉政建设，惩治腐败力度加大。这对公司依法治企、创新发展提出了更高、更紧迫的要求。实现公司长治久安、可持续发展，必须把法治观念贯穿“一强三优”现代公司建设的全过程，把“严”的要求全面落实到企业管理和队伍建设的各方面、各环节，一以贯之、不能动摇。这是深化“两个转变”、创建“两个一流”的重要保证。公司上下要统一思想、深化认识，更坚定、更严格、更自觉地推进依法治企、创新发展。

会议强调，要进一步依法从严治企，树立法治思维，建设法治企业，整治突出问题，消除管理“两头薄弱”。要进一步推动创新发展，在转变电网发展方式上实现新突破，加快特高压电网建设，科学构建西南电网，推动清洁发展，推动构建全球能源互联网；在转变公司发展方式上实现新突破，当前首要任务是全面建成“三集五大”体系，要推进集体企业改革发展。要进一步加强干部队伍建设，各级领导干部尤其是主要负责同志要敢于担当、实干勤干，严以修身、严格自律，管好企业、带好队伍。

会议要求，全面做好安全工作，确保电网安全运行，做好秋检预试工作，提高安全工作水平；大力提升优质服务水平，深化“你用电、我用心”，积极促进新能源发展，创新供电服务模式；全面建成“三集五大”体系，实现年内建成目标，落实通用管理制度，确保新体系高效运转；全面完成电网建设任务，制订“十三五”电网规划，加快工程建设和前期工作，强化配电网建设改造，持续提升智能化水平，加强电网建设管理；确保完成全年经营目标，强化综合计划和预算管控，做好电量、电价、电费工作，严格控制成本支出，提升产业和金融发展质量，强化国际业务管控；从严治企、改革创新，认真抓好审计整改工作，严管严控关键环节，积极支持和推进改革，推进集体企业改革发展，加大科技创新力度；进一步加强党的建设和员工队伍建设，巩固扩大教育实践活动成果，严格落实中央八项规定精神，加强党风廉政建设，切实减轻基层负担，加强思想政治工作；科学谋划 2015 年工作。

11. 国家电网公司“两交一直”特高压工程开工动员大会

11 月 4 日，国家电网公司“两交一直”（淮南—南京—上海、锡盟—山东、宁东—浙江）特高压工程开工动员大会在北京召开。国家电网公司董事长、党组书记刘振亚宣布工程开工。公司董事、总经理、党组成员舒印彪出席大会并讲话。科技部副部长曹健林，国家能源局副局长王禹民，环保部总工程师刘华，北京市副市长张工，内蒙古自治区副主席王波，上海市副市长周波，宁夏自治区副主席白雪山出席大会并讲话。

“两交一直”特高压工程是国家大气污染防治行动计划 12 条重点输电通道中首批获得核准并率先开工建设的特高压工程，标志着特高压电网进入全面大规模建设和加快发展的新阶段。

工程总投资 683 亿元，新增变电（换流）总容量 4300 万 kVA（kW），新建输电线路 4740km，计划全部于 2016 年竣工投产。工程涉及 13 个省（区、市），将建设 1000kV 同塔双回交流线路 1510km 和±800kV 直流线路 1720km，变电/换流容量 4300 万 kVA（kW），计划 2016 年全部建成。

会议要求，要按照建设“安全可靠、优质高效、绿色环保、国际一流精品工程”的要求，科学施工、严格管理，强化投资控制，落实保护环境各项要求，狠抓安全、质量和进度，高标准、高水平完成建设任务，确保 2016 年全部建成投运。

12. 国家电网公司川藏电力联网工程投运仪式

11 月 20 日，国家电网公司在公司总部及四川巴塘变电站和西藏昌都变电站举行川藏电力联网工程投运仪式。中共中央政治局常委、全国政协主席俞正声在北京出席仪式并宣布工程投运。国家发改委副主任、国家能源局局长吴新雄，西藏自治区党委书记陈全国，四川省委副书记、省长魏宏等出席主会场仪式并讲话，国务院国资委主任、党委书记张毅，财政部副部长刘昆出席主会场仪式。公司董事长、党组书记刘振亚介绍了工程的特点和重要意义。

川藏电力联网工程是国家电网公司贯彻中央西藏战略工作部署，落实国家西部大开发战略，服务川藏两地藏区经济社会发展和长治久安的重要工程。

工程连接西藏昌都电网与四川电网，总投资 66.3 亿元。线路东起四川甘孜藏族自治州的乡城县、途经巴塘县，西至西藏昌都，新建巴塘、昌都 2 座 500kV 变电站和邦达、玉龙 2 座 220kV 变电站，新建昌都—巴塘—乡城双回 500kV、昌都—玉龙双回、昌都—邦达双回 220kV 线路，全长 1521km。

川藏电力联网工程是迄今为止世界上最艰难的输变电工程，地处川藏高原腹地，穿越高海拔、低气温无人区，沿线高寒缺氧、地质复杂、冻土广布，技术难度极大。

国家电网公司高度重视工程建设，加强领导、周密部署、精心组织，与四川、西藏自治区政府联合成立川藏联网工程建设领导小组，成立工程建设指挥部，建立了医疗卫生、安全质量、物资供应、信息通信等十大保障体系。经过 8 个月的努力，40 余家参建单位、2 万余名电力建设者弘扬“努力超越、追求卓越”的企业精神，提前半年建成这项具有世界领先水平的高原输电精品工程，创造了世界高海拔地区电网建设“零死亡、零伤残、零缺陷”的新纪录。

工程的投运彻底结束了西藏东部和四川甘孜南部电网孤网运行的历史，改变了这一地区无电、缺电的现状，将极大促进康巴藏区经济社会发展及民生改善。

13. 国家电网公司浙北—福州 1000kV 特高压交流输电工程投运仪式

12 月 26 日，国家电网公司在京举行浙北—福州 1000kV 特高压交流输电工程投运仪式。公司董事长、党组书记刘振亚宣布工程投运，公司董事、总经理、党组成员舒印彪出席仪式并讲话。

浙北—福州特高压工程是公司投资建设的第三个特高压交流工程，是华东特高压交流主网架的重要组成部分，也是对我国特高压电网大规模建设能力的又一次全面检验。浙北—福州特高压工程能够进一步优化电网结构，大幅提高电网安全稳定水平；增强西南水电、西部和北部风电等清洁能源大规模开发、外送和消纳能力。

工程包括四站三线，起于浙江浙北变电站，止于福建福州变电站，变电容量 1800 万 kVA，全线为双回路架设，全长 2×603km，近期输电能力达 680 万 kW，远期输电能力可提高到 1050 万 kW 以上。

工程集成了特高压交流核心技术，成功实现特高压成套设备批量稳定制造，在高端设备及材料国产化方面取得实质性突破。工程投运后，公司已累计建成“三交四直”特高压工程，在运在建的特高压输电线路长度超过 1.5 万 km，累计送电超过 2700 亿 kWh。

工程将显著提升华东电网接受区外来电的能力和区内资源优化配置的能力，保障沿海核电可靠送出，满足福建电网盈余电力送出需要，并为福建电网远期接受外来电力创造条件。同时，工程在穿越“两江一湖”等走廊紧张路段采用 1000kV 同塔双回架设，在极为有限的输电走廊范围内，将输电能力提升 4~5 倍，大幅提高了浙江省内南北电力交换的能力，节约了宝贵的土地资源。工程的成功实践，将进一步巩固扩大我国在国际特高压输电领域的领先优势，对推动我国尽快建成特高压电网、转变能源发展方式、支撑经济社会可持续发展具有重大意义。

重要文献

【公司领导重要讲话】

公司董事长、党组书记刘振亚在公司党的群众路线教育实践活动总结大会上的讲话（摘要）

（2014年10月10日）

一、高标准、严要求，教育实践活动扎实开展

公司党组高度重视，成立活动领导小组和办公室，扎实推进活动开展。各单位认真落实中央关于开展党的群众路线教育实践活动的各项要求，高质量完成了活动各项任务。

（一）精心组织，领导带头示范

针对公司教育实践活动参加单位多、层级多、范围广的特点，公司充分运用第一批活动的好做法、好经验，精心制定第二批活动实施方案，统筹做好各层级、各环节工作部署和进度安排。制定重点工作推进方案，细化40项重点任务。公司活动办加强统筹协调、指导督导，保证活动的质量和效果。

按照中央“自上而下、示范带动”的要求，公司党组坚持从自身做起，从总部抓起，为活动开展作出示范；各级领导干部认真抓学习、开门听意见、深入查问题、严肃作批评、严格促整改，表率作用充分发挥。各单位成立以党政主要负责同志为组长的领导小组和办事机构，加强活动的组织领导。省公司、直属单位建立联系点883个，地市级公司建立联系点9239个，县级公司建立联系点1.58万个，发挥了示范作用。

（二）加强学习，深化思想认识

坚持把思想教育贯穿始终，组织1362期轮训班、6.8万余名领导干部深入学习习近平总书记系列重要讲话精神，研读中央指定书目，组织观看教育影片和电视片，引导党员干部补精神之“钙”、筑牢思想基础。各单位领导班子集中学习讨论9天以上，各级党支部集中学习7天以上。依托报刊、网站、微信、手机报等平台，广泛开展电网先锋论坛等有特色的学习教育活动。

（三）广纳意见，深刻查摆问题

坚持开门搞活动，广泛听取群众意见。各单位向政府部门、发电企业、重要客户、居民代表和所属单位、职工代表、离退休老同志、民主党派人士、无党派人士征求意见建议2.9万余条，梳理“四风”及优质服务、“习惯性违章”等方面的问题4300余条。对照理论理想、党章党纪、民心民生和先辈先进“四面镜子”，通过群众提、自己找、上级点、互相帮、集体议，省公司、直属单位领导班子平均查摆问题40个，地市级公司平均查摆问题43个，县级公司平均查摆问题18个。认真撰写对照检查材料，深刻剖析原因，分层分类制定整改措施，党支部制定24.1万条、党员个人制定193.7万条。

（四）动真碰硬，严肃开展批评

认真落实中央“四必谈”要求，会前深入开展谈心谈话。领导干部联系点先行示范，公司党组同志全程参加指导联系点领导班子专题民主生活会，对活动开展提出明确要求。各单位认真召开专题民主（组织）生活会，从理想信念、宗旨意识、党性修养、政治纪律等方面进行深入剖析，不回避问题、不隐瞒观点，提意见开诚布公，起到了红脸出汗、加油鼓劲的作用，达到了“团结—批评—团结”的目的。公司各层级2506个领导班子全部召开专题民主生活会，基层党支部全部召开专题组织生活会；民主评议为“优秀”的党员47.4万名、评议为“差”的党员29名。

（五）狠抓整改，建立长效机制

严格按照“四个回应”要求，研究制定整改落实方案、专项整治方案和制度建设计划，以“钉钉子”精神狠抓“两方案一计划”落实。把第二批活动中基层单位反映的涉及总部（分部）的问题纳入第一批活动整改范围并全面完成。对照中央部署的专项整治项目，落实责任，集中攻坚。各单位制定专项整治措施2832项、整改落实措施5060项、制度建设计划360项。实行销号管理，定期通报整改情况。开展“回头看”，建立总部抽查和督导组巡查机制，加强对整改质量、进度以及责任落实情况的督促检查。按照抓常抓细抓长要求，分层分类完善相关制度，推进作风建设常态化、长效化。

（六）严督实导，保证活动质量

公司1039个督导组、5000余名成员，认真落实中央关于督导工作的各项要求，带着使命和责任，以严谨认真、较真碰硬的精神，精心指导、严格把关，克服困难、努力工作，有力促进了活动开展。各级督导组深入基层一线，与干部群众座谈17.2万人次，及时发现和解决问题。抓住重点对象、重点要求、重要节点，建立约谈制度，及时提醒存在的问题。按照“见人、见事、见思想”的要求，严格审核各级领导班子和党员干部对照检查材料，保证了专题民主（组织）生活会的效果。

通过教育实践活动，公司严格落实中央工作部署，“四风”等突出问题得到有力整治，联系服务群众能力不断增强。在对公司各单位干部员工进行的民主测评中，活动满意率达到98.9%，解决“四风”等突出问题满意率达到98.2%。中央教育实践活动《简报》和《人民日报》、新华社、中央电视台等媒体，多次报道公司活动开展情况。

二、两手抓、两促进，教育实践活动成效显著

通过扎实开展活动，公司广大党员干部群众观点进一步树立，宗旨意识进一步增强，思想作风进一步转变，干群关系进一步密切，为民务实清廉形象进一步树立。公司坚持把开展教育实践活动与“两个转变”紧密结合、统筹推进，各项工作取得新的成效，服务经济社会发展能力进一步提升。

（一）宗旨意识和群众观念增强，党员干部作风明显转变

广大党员干部受到了马克思主义群众观点的深刻教育，贯彻党的群众路线的自觉性和坚定性明显增强，作风面貌焕然一新。

理想信念更加坚定。加强党性修养和理论武装，自觉与以习近平同志为总书记的党中央保持高度一致，进一步坚定了道路自信、理论自信、制度自信；深化了对作风建设重要性的认识，自我净化、自我完善、自我革新、自我提高的主动性不断增强；深化了对公司使命责任和企业定位的认识，坚定了把公司做强做优的信心和决心，为公司科学发展奠定了坚实的思想政治基础。

群众观念牢固树立。认真贯彻党的群众路线，牢记“四个服务”（服务党和国家工作大局、服务电力客户、服务发电企业、服务经济社会发展）宗旨，把“你用电、我用心”的服务理念贯彻到每一个工作环节，服务水平不断提升。各级领导干部心系职工，做决策、想问题充分听取职工意见，想基层所想，急群众所急，密切联系群众的思想更加自觉、行动更加坚定、风气更加浓厚。

表率作用充分发挥。各级党员干部带头学习贯彻中央精神，带头落实整改承诺，带头解决突出问题，带头执行规章制度，把改进作风的成效转化为深化改革、促进发展的强大动力。4313支共产党员服务队、6.9万名成员“亮身份、亮职责、亮承诺”“有呼必应、有难必帮”，彰显了共产党员的本色和形象。涌现出代鑫波、许启金等100名“为民务实清廉”先进典型。

（二）专项治理成效突出，“四风”问题有效遏制

认真贯彻中央八项规定精神，以严的标准、严的措施、严的纪律持续推进中央明确的“7+4+10”专项整治任务，形式主义、官僚主义、享乐主义和奢靡之风得到有力整治，群众反映强烈的突出问题得到有效解决。

在会议治理上，严格规范会议计划管理，实行定点会议场所制度，建成公司一体化“SG会视通”会议系统，实现县公司及以上单位全面互联互通。会议数量同比减少8262次，下降23%，视频会议比例超过50%。标识项目由7类158项简化至6类50项。在文件简报治理上，总部部门自办简报全部停办，各省（市）公司只保留一报一刊，文件数量同比减少3.4万个，下降40%。在检查评比治理上，严控评比、表彰、庆典活动，规范各种检查和考核，评比达标表彰活动减少27%，各类领导小组和议事协调机构减少26%。在职务消费治理上，严格按规定出差住宿和乘坐交通工具，清理清退超标配备公车3134辆，减少因公出国（境）团组593批次、710人次。加强公务接待管理，严禁奢侈浪费，狠刹了公款送月饼、贺卡、节礼和年货等行为。在小型基建治理上，清理规范小型基建和办公用房，对公司系统在建的661个小型基建项目实施全过程管控，调整节约领导干部办公用房20万m^2。在培训中心治理上，全面清理整顿包括培训中心、会议中心、宾馆酒店、招待所、办事处、疗养院等内部场所，不留盲区和死角，杜绝奢侈浪费。在群众办事难治理上，深入开展供电服务自查自纠和明察暗访1.4万次，查办办事刁难群众案例303件，整改突出问题150多项，提出建议8237条。在监督管理上，全面开展会员卡清退工作，实现“零持有、零报告”。严格规范领导干部参加社会化培训，杜绝以学习培训名义进行交友联谊、公款消费等行为。落实领导干部交流工作规定和处级干部、员工挂职（岗）锻炼管理办法，落实个人报告事项有关规定，杜绝“走读”现象。

（三）党内生活更加严格，党组织建设全面加强

严格落实党内政治生活各项规定，恢复和发扬批评和自我批评优良传统，探索新形势下严肃党内政治生活的有效途径，各级党组织焕发出新的生机活力。

民主（组织）生活会更加规范。严格民主（组织）生活会的程序和标准，会前征求反馈意见、剖析查摆问题、相互谈心谈话、撰写对照检查材料，会上开展批评和自我批评、报告个人事项，会后通报会议情况、收集反馈职工群众意见、形成专题报告，形成了一套规范性制度。广大党员干部普遍反映，自己经历了一次严格的党内生活锻炼，思想受到洗礼，灵魂受到触动，提高了党内生活的政治性、原则性、战斗性。

领导班子建设不断加强。各级领导班子坚持民主集中制，严格执行“三重一大”决策制度和程序，自觉接受组织、党员和群众监督，保证科学民主决策。不断提高党内政治生活质量和水平，班子成员之间坦诚相见，民主和谐的氛围更加浓厚，领导力、执行力进一步增强。

基层党组织战斗力持续提升。落实中央关于加强基层服务型党组织建设的工作部署，着力解决基层党组织制度不健全、体系不完善、管理不严格等问题。在特高压工程、川藏联网工程、海外项目等一线建立党组织，实现基层党组织全覆盖。注重党员培养和思想建设，严把党员入口关。活动期间，公司系统共有28个集体和个人荣获全国和中央企业“一先两优”荣誉称号。

（四）坚持“你用电、我用心”，优质服务水平明显提升

坚持“便民、惠民、利民”，全面实施“你用电、我用心”为民服务工程，努力解决服务群众“最后一公里”问题，得到客户群众广泛好评。

千方百计保证电力供应。2014年度夏期间，强降雨、洪涝、台风等自然灾害频发，华北、华东、华中、西北4个区域电网和17个省级电网负荷创新高。公司投入抢修队伍3.7万人次、抢修车辆7600余台次，及时恢复受灾地区电力供应。复奉、锦苏、宾金三大特高压直流满功率运行，消纳西南水电969亿kWh，同比增加240亿kWh，创历史新高；特高压交流跨区跨省输送电量70亿kWh，同比增长6倍，保障了电力可靠供应。

供电服务更加便捷。制定《关于简化业扩手续提高办电效率深化为民服务的工作意见》，按照“一口对外、内转外不转”的要求，强化业务协同，统一客户报装接电时限和标准，客户往返次数平均减少2次，平均接电时间缩短3.5天。加快建设城乡一体化交费平台、自助交费终端，供客户选择的交费方式增加至25种，新建交费网点4.1万余个，解决客户交费难问题。打造手机客户端、微信、数字电视等互动服务平台，客户离柜业务办理率达63%。

服务标准统一规范。建成统一的95598服务平台，集中受理业务咨询、故障报修、投诉举报、意见建议等客户诉求，进一步缩小地区服务差异。95598热线人工话务接通率97%、服务满意率99%。强化专业协同和设备状态监测，推广不停电检修，实现故障报修全天候响应。城市和农村客户平均停电时间同比下降26%和44%，故障抢修和投诉处理时长分别缩短20%和27%。

（五）群众基础不断夯实，干群关系更加密切

围绕服务基层、服务群众这个根本着力点，强化基层制度建设和队伍建设，影响职工群众切身利益的症结难点得到突破，职工群众切实感受到新的变化。

解决基层实际困难。建立基层调研制度，各级领导班子同志下基层调研每月不少于1次，对“三集五大”（人力资源、财务、物资集约化管理；“大规划”“大建设”“大运行”“大检修”“大营销”）体系建设、农电用工管理等重点难点工作组织专题调研，听取一线意见和建议，及时研究解决问题。通过现有人员转岗培训再上岗、新进学生充实一线等措施，解决生产技能岗位结构性缺员问题。调剂5000余辆公务用车和生产管理用车，着力解决乡镇供电所生产服务用车不足问题。加大供电所基础建设投入，改善办公营业用房条件。研究建立解决员工工作生活实际困难的常态机制。

班组减负取得实效。班组负担重是教育实践活动中基层反映的突出问题，公司党组高度重视，组织两个调研组开展为期一个月的“驻点”调研，摸清情况，分析原因，提出对策。制定《关于加强班组建设减轻班组负担的指导意见》及30条重点要求，切实为基层减负。清理下线4360余套自建信息系统，基层数据重复录入率减少95%。加快班组标准化建设，取消不合理考核指标6028项，清理、精简和优化班组台账记录2.3万个。

畅通群众诉求渠道。落实公司《职工民主管理纲要》，坚持职工代表大会、职工代表巡视、总经理联络员制度，畅通职工参与企业管理渠道。开展“我为企业献一策”建议征集活动，累计征集合理化建议24万余条。认真落实职代会提案办理工作要求，对公司二届五次职代会200件提案答复处理意见。公司荣获“全国厂务公开民主管理先进单位”和“全国模范劳动关系和谐企业”称号。

（六）强化制度建设执行，健全作风建设长效机制

坚持解决问题与建章立制相结合、建设制度与执行制度相统一，在联系服务群众、反对铺张浪费、规范行使权力等方面发挥了重要作用。

形成一批制度成果。对照中央要求，建立健全《厉行节约反对浪费实施办法》《关于进一步改进文风会风和消除数据重复录入的指导意见》，以及会议、接待、调研管理办法等方面45项制度，以转作风改作风为重点的制度体系更加完善。

通用制度基本建立。按照科学简约、系统完备、实用管用的原则，紧密结合“三集五大”体系建设，发布四批360项通用制度，解决各单位管理要求不一、交叉重叠的问题。各单位按照公司要求，制订非通用制度实施细则和补充制度271项，实现了有效衔接、全面覆盖。

制度执行有力有效。坚持制度面前人人平等、执行制度没有例外，重点强化人财物、业务分包、安全质量等关键环节管控，解决制度执行不严、管理粗放等问题。加强制度执行的监督、检查、考核、评价闭环管理，坚决纠正有令不行、有禁不止的行为，制度执行力和约束力明显增强。

（七）“两个转变”取得新进展

坚持把教育实践活动与公司中心工作紧密结合，围绕坚强智能电网发展、“三集五大”体系建设、国际化等重点任务，凝心聚力、攻坚克难，以活动成果促进了公司科学发展。

转变电网发展方式实现新突破。以解决“两头薄弱”问题、促进清洁能源发展为重点，加快构建安全、可靠、高效的现代电网体系，提高电网大规模、大范围优化配置能力。特高压电网和重点工程建设步伐加快，“四交四直”8项特高压工程和3条常规输电通道纳入国家大气污染防治行动计划，锡盟—山东交流、宁东—浙江直流工程获得核准，浙北—福州交流工程进展顺利，累计建成投运“两交四直”特高压工程。克服高寒缺氧、自然灾害等困难，川藏联网工程即将建成投运。智能电网创新工程荣获国家科学技术进步奖一等奖。全面推进配电网建设，2014年以来解决5个“孤网”运行、38个薄弱县域电网和273万户“低电压”问题。加快无电地区电力建设，年内将解决20.9万户、85.5万无电人口通电问题。大力支持新能源发展，截至9月底，国家电网公司累计并网风电、光伏发电容量分别达到7794万、1857万kW，成为世界上风电并网规模最大、光伏发电增长最快的电网。

转变公司发展方式取得新成效。认真贯彻中央部署，深化改革、强化创新、精益管理、依法治企，有效化解经营风险，实现了国有资产保值增值。“三集五大”体系全面建设，“三个中心”［电网调控中心、运营监测（控）中心、客户服务中心］高效运转，总体实现对公司核心资源、主要业务、关键流程的全过程管控，管理效率、经济效益和服务质量进一步提升。面对售电量增速下滑、成本刚性增长等困难，开源节流、降本增效，利润增幅位居央企前列。金融、产业单位发展态势良好，收购意大利存贷款公司能源网公司35%股权，创中国企业在意大利单笔最大投资记录。公司连续10年获得国资委业绩考核A级，《财富》世界500强排名连续4年保持第7位。

实践证明，党的十八大作出的在全党深入开展党的群众路线教育实践活动的战略决策是完全正确的，党中央关于这次活动的一系列部署是完全正确的。通过活动，我们深刻认识到：第一，必须牢固树立马克思主义群众观点，践行党的群众路线。把为民务实清廉的价值追求，根植于党员干部的思想和行动中，不断增强党的创造力、凝聚力、战斗力，推动中国特色社会主义事业发展。坚持以人为本，全心全意依靠职工办企业，充分调动广大员工的积极性、主动性和创造性，实现员工和企业共同发展。第二，必须坚定理想信念，践行全心全意为人民服务的宗旨。加强思想理论武装，不断改造主观世界，提高思想认识，增强党性修养，树立正确的世界观、人生观、价值观。坚定搞好国有企业的信心和决心，积极履行“三大责任”，实践“四个服务”宗旨，提供优质电力服务。第三，必须坚持以上率下、从严从实，充分发挥各级领导干部示范作用。正人必先正己，正己才能正人。各级领导干部特别是主要负责同志，必须牢记责任担当，以更高标准听意见、摆问题、管自身、抓督查，在改进思想作风、工作作风、生活作风等各方面作出表率。第四，必须建立作风建设长效机制，从根本上解决“四风”问题。作风建设永远在路上。要树立长期作战思想，以改革创新精神推动制度和机制创新，以抓铁有痕、踏石留印的劲头抓好制度执行，聚焦重点、突出问题，标本兼治消除“四风”顽疾，坚决防止反弹回潮。第五，必须巩固活动成果，促进公司科学发展。要坚持从严治党，抓好企业党建工作，以作风建设的新成效凝聚智慧力量，团结广大员工贯彻落实公司党组决策部署，做好“两个转变”各项工作，加快建设“一强三优”现代公司，创建“两个一流”，更好地服务经济社会发展。

三、坚决贯彻中央要求，深入推进党的建设和作风建设

10月8日，中央召开党的群众路线教育实践活动总结大会，习近平总书记发表重要讲话，对党的群众路线教育实践活动进行总结，对巩固和拓展教育实践

活动成果、加强党的作风建设、全面推进从严治党进行部署。这次会议十分重要，对在新的起点上把作风建设引向深入具有重要意义。

（一）认真学习贯彻习近平总书记在党的群众路线教育实践活动总结大会上的重要讲话精神

习近平总书记的重要讲话，充分肯定了党的群众路线教育实践活动取得的重大成果，深刻总结了教育实践活动的成功经验，对新形势下坚持从严治党作出全面部署。习近平总书记对从严治党提出八项要求，要落实从严治党责任；坚持思想建党和制度治党紧密结合；严肃党内政治生活；坚持从严管理干部；持续深入改进作风；严明党的纪律；发挥人民监督作用；深入把握从严治党规律。强调要通过加强党的建设，不断增强党自我净化、自我完善、自我革新、自我提高的能力，使我们党始终保持先进性和纯洁性。我们要把学习贯彻讲话精神作为一项重要政治任务，切实用讲话精神武装头脑、指导实践、推动工作，在政治上、思想上、行动上始终与以习近平同志为总书记的党中央保持高度一致。各级党组（党委）要切实把从严治党的责任承担好、落实好，坚持党建工作和中心工作一起谋划、一起部署、一起考核，把党建工作抓具体、抓深入，推动形成一心一意谋发展、聚精会神抓党建的新局面。

（二）持续抓好突出问题整改落实

经过这次活动，公司上下的作风虽然明显好转，但基础还不稳固。有些问题的整改还没有完全到位，一些深层次问题还没有从根本上破解，我们的工作与广大客户和人民群众的要求还有一定差距。下一步，要按照中央要求，严格落实“两方案一计划”，坚持以“钉钉子”精神抓好整改落实，切实做到“四个防止”（防止前紧后松，防止矛盾积压，防止简单粗糙，防止短期效应）。对问题整改实行“销号”管理，解决一个销号一个，确保不搞变通，不走过场。要抓好突出问题专项整治，重点解决好群众反映强烈的推诿扯皮、办事难、缴费不方便、故障抢修不及时等问题，解决好影响安全可靠供电的低电压、卡脖子等问题，着力整治职工关心的一线班组负担重等突出问题。无论是领导班子集体还是班子成员个人，都必须做到践行承诺，确保整改措施落实到位。要加强对整改落实情况的监督检查，盯紧关键人、关键点、关键事，实施严格的监督考核；对整改不力的单位和领导干部，要追究责任、严肃处理。

（三）不断提升供电服务水平

要恪守“你用电、我用心”理念，用心工作、用心服务、用心待人，设身处地为客户着想，不断创新服务举措，提高优质服务质量和水平，确保人民群众用上放心电、满意电。深化为民服务工程，进一步加强服务窗口建设，坚持一口对外，落实首问负责制和限时办结要求，规范服务行为、服务标准，简化业扩手续和内部流程，保证服务便捷、高效。加快95598全业务集中，加强服务全过程监督，广泛听取客户意见和建议，对投诉举报要高度重视、及时处理。对违反“三个十条”、损害公司利益和形象的供电服务事件及时通报、严肃问责。

（四）健全完善作风建设长效机制

作风建设是攻坚战，也是持久战。要始终坚持党要管党、从严治党，持之以恒加强作风建设。各单位要认真做好活动总结，形成一批理论成果、制度成果，确保改进作风、联系群众常态化、长效化。认真贯彻中央深化党的建设制度改革实施方案，不断完善企业党的组织制度、干部人事制度和党的基层组织建设、人才发展体制机制。进一步完善民主集中制，严格执行“三重一大”决策制度，促进科学决策、民主决策、依法决策。要严肃党内政治生活，大胆使用批评和自我批评这个武器，提高党内政治生活的政治性、原则性、战斗性。加强党风廉政建设，落实各级党组（党委）在反腐倡廉建设中的主体责任和纪检组（纪委）的监督责任。加强基层服务型党组织建设，不断提高基层党组织的服务能力和水平。要把作风建设与“三集五大”体系建设紧密结合，加快通用制度的制修订工作，形成务实管用的制度体系。认真学习和宣贯制度，增强制度刚性约束，实现用制度管人、管权、管事、管企业。

（五）领导干部要发挥示范带动作用

每一位党员干部尤其是主要负责同志，都要充分认识肩负的责任，坚定理想信念，加强道德修养，培养优良作风，规范权力行使，自觉实践“三严三实”，坚守共产党人的精神追求，切实履行好组织赋予的各项职责。要勇于负责担当。切实增强事业心和责任感，各司其职、各负其责，不等不靠、主动作为，遇到问题不回避，遇到困难不退却。越是在关键时刻和急难险重任务面前，越要发扬“三吃一担”（吃苦、吃亏、吃气，担风险）精神，率先垂范、以身作则、勇挑重担。要善于开拓创新。树立创新思维，增强创新意识，不自满、不懈怠，以变革创新的勇气和决心，大胆实践、积极探索，敢想敢干、敢为人先，勇于破解前进中遇到的各种矛盾和问题。要甘于拼搏奉献。无论想事、做事，都要出于公心、公私分明，正确处理国家、企业与个人利益的关系。树立大局观，坚持一盘棋，以奉献为荣，始终保持进取心、敬业心和平常心，努力回报企业、奉献社会。要做到干事干净。知法、懂法、守法，坚持原则、公道正派，依法治企、依法办事。要坚持以严的标准要求干部、以严的措施管理干部、以严的纪律约束干部，使每一位党员干部都能够受警醒、明“底线”，真正敬畏法纪、遵守规矩。要秉公用权，慎始慎独慎微，自觉管好自己、家人和身边工作人员，真正做一名让组织放心、群众满意的领导干部。

（六）以活动成果推动公司又好又快发展

当前，特高压和配电网“两头薄弱”问题较为突出，电量增速趋缓增大了经营困难，深化国企和电力改革、理顺农电体制、规范集体企业管理、解决农电用工问题等方面工作责任重、压力大。我们要统筹兼顾、把握重点，自觉把活动成果转化为推动公司和电网科学发展的强大动力。要推动电网科学发展。加紧研究制订“十三五”电网规划，加快建设坚强智能电网。抓好年度重点工程建设，确保质量进度。推动构建全球能源互联网，促进能源与环境可持续发展。要加快体制机制创新。按照巩固、完善、提升的要求，认真抓好“三集五大”体系建设，保证新体系全面建成、协调运转。进一步强化经营管理，勤俭节约、严控成本，努力提高经济效益。要强化基层基础管理。注重发挥基层党组织战斗堡垒作用和党员先锋模范作用，进一步加强班组建设，提高业务能力和工作水平。加强基层人才培养和使用，激励一线员工立足岗位锻炼成才，为公司发展建功立业。要确保安全和稳定。坚持安全第一，抓好秋检预试，杜绝大面积停电事故、重大设备和人身伤亡事故，保障党的十八届四中全会、APEC（北京）峰会等重大活动安全可靠供电。落实维稳责任，确保队伍和谐稳定。

公司董事、总经理、党组成员舒印彪在公司第二届职工代表大会第六次会议暨2015年工作会议上的总结讲话（摘要）

（2015年1月18日）

一、会议基本情况

这次会议是全面总结2014年工作、部署2015年任务的一次重要会议，对于完成“十二五”发展目标、规划“十三五”乃至更长远发展具有重要意义。中央领导以及国家有关部委负责同志作出重要批示，对公司和电网发展给予充分肯定，提出了新的期望和

● 公司董事、总经理、党组成员舒印彪。

要求。公司党组高度重视会议筹备工作，会前多次组织召开党组会、务虚会、座谈会，开展专题调研，听取意见和建议，研究公司和电网发展重大问题，讨论修改工作报告等会议文件。有关部门、单位认真做好专题报告和会议材料的准备工作。会上，刘振亚董事长做了题为《坚持改革创新、深化“两个转变”，为全面建设“一强三优”现代公司而奋斗》的工作报告。与会代表认真听取并审议工作报告和10个专题报告，听取3个专题发言，表决通过14项决议。会议印发公司党组1号文《关于全面建设法治企业的意见》、公司1号文《关于全面加快特高压电网发展的意见》，以及安全生产、业绩考核、对标情况简报，表彰了公司劳动模范、“三集五大”体系建设先进集体和个人，听取川藏联网工程先进事迹报告，观看“美丽家园——国家电网公司2015年职工文化成果展示”，向公司广大职工发出了倡议书。4个部门、单位做了大会发言。会议共征集职工代表提案248件，将其中37件合并立案12项，内容涵盖电网发展、经营管理、队伍建设等多个方面。会议期间，与会代表认真学习讨论工作报告和会议文件，踊跃交流发言，积极建言献策，提出了富有建设性的意见和建议，总部有关部门要加强研究，切实加以解决。

代表们纷纷表示，刘总的报告贯彻党的十八大和十八届三中、四中全会精神，落实中央“四个全面”战略部署，充分体现了宽广视野、战略眼光和改革创新精神，体现了对党、对国家、对事业的责任担当，对做好2014年乃至今后一个时期的工作意义重大、影响深远。一是进一步明确了转变公司和电网发展方式的目标和重点，为加快建设“一强三优”现代公司指明了方向。二是进一步明确了推进改革创新的思路目标，为深化改革、强化创新奠定了坚实思想基础。三是进一步明确了对电网功能定位的认识，为加快电网

建设、促进清洁发展、实现互联互通、构建全球能源互联网提供了理论指导。四是进一步明确了巩固提升“三集五大”体系、建设法治企业和国际化企业、加强职工队伍建设，加快公司发展方式转变的任务和要求。

二、狠抓落实、力求实效，确保完成全年目标任务

公司上下要切实把思想和行动统一到会议精神上来，不折不扣地抓好贯彻落实。重点把握好以下几个方面。

（一）坚定不移走创新发展道路

方向决定道路，道路决定命运。刘振亚董事长报告指出，我们走出了一条以建设“一强三优”现代公司为目标，以“两个转变”为主线，以“三个建设”为保证，创建世界一流电网、国际一流企业的中国特色电网企业创新发展之路。事实胜于雄辩。经过十年来的改革、创新和发展，国家电网公司事业日新月异，不断跨越，创造了巨大的经济价值和社会价值，在国内能源电力行业和中央企业中的带动力、在世界公用事业中的影响力与日俱增，在保障能源安全、增强国有经济活力、服务和保障民生中的作用充分显现，为全面小康社会建设做出了重大贡献。实践证明，这条道路符合中央精神，是做强做优做大国家电网公司、服务经济社会可持续发展的必由之路。我们要倍加珍惜来之不易的发展成果和良好局面，毫不动摇、坚定不移地走创新发展之路。

当前，我国经济发展进入新常态，速度变化、结构优化、动力转换带来经济运行新特征、新规律、新要求。公司作为关系国计民生和国家能源安全的国有重要骨干企业，在经济社会发展中承担着重要的政治责任、经济责任和社会责任。新的形势要求我们把改革创新放在更加突出重要的位置，始终坚持创新驱动发展，把深化改革、强化创新贯穿“两个转变”全过程，强化创新意识，发挥创新优势，释放创新潜力，通过创新培育新的增长点，提升企业价值，提高经济效益，实现更高水平、更高质量的发展。

一要以创新拓展发展空间。巩固扩大技术创新优势，加强全球能源互联网构建理论与技术研究，着力突破特高压和智能电网核心技术及关键设备，提高电网大范围优化配置能源资源的能力，实施以电代煤、以电代油、电从远方来、来的是清洁电，推进“两个替代”，提高电能在终端能源消费中的比重，更好地发挥电网在保增长、调结构、惠民生中的重要作用。

二要以创新开拓发展模式。充分利用云计算、大数据等现代信息技术，大力推进产品创新、市场创新、业态创新、管理创新和服务创新，全面提升电网主业、产业和金融业务的盈利能力和核心竞争力。

三要以创新造就人才队伍。创新发展关键靠人才。要充分发挥公司人力资源市场作用，建立健全开放、竞争、灵活的用人机制，强化人才评价考核与激励，充分调动广大干部职工的创新热情和创造活力，增强公司可持续发展能力。

（二）坚定不移深化改革

改革事关公司发展全局。2014 年是全面深化改革的关键之年，国资国企改革、电力改革深入推进，《中华人民共和国电力法》《供电营业规则》等涉电法律加快修订，将对公司战略定位、管理体制、经营模式等产生深刻影响。在各项改革相互交织、全面推进的情况下，统一认识、明确方向、把握关键尤为重要。

一要积极支持和推进改革。坚决贯彻中央改革部署，切实增强政治意识和大局意识，顺应改革大趋势，在思想上、行动上做改革的推动者和实践者，坚决拥护改革，超前谋划改革，主动推进改革，以改革促发展、强管理、增效益。

二要准确把握电力改革重点。加快建设全国统一电力市场，健全完善公开透明、公平规范的市场交易平台，形成发电企业自主卖电、电力用户自主买电的市场格局。推动建立有效的市场准入、交易、监管和信息公开规则，建立科学的上网电价、输配电价和销售电价机制。稳步推进售电侧改革试点工作。

三要保证“三集五大”体系高效运转。经过 5 年艰苦努力，公司“三集五大”体系全面建成，这是电网管理方式前所未有的深刻变革。新体系全面建成后，关键是要发挥作用，更好地促进公司转型升级、集约管理、提质增效，全面提升管理效率、经济效益和发展质量。要坚持集约化、扁平化、专业化方向，发挥“五位一体”关键作用，保证“三集”与“五大”紧密衔接、“五大”之间深度融合，进一步巩固成果、完善提升、持续改进，保证新体系落地扎根、高效运转，坚决防止反弹和走回头路。要加强全员培训，加快知识更新，改善知识结构，提升岗位技能，增强履职能力。

（三）加快电网科学发展

建设坚强智能电网、实现电网发展现代化，是促进能源和电力发展方式转变，服务经济社会发展的必然要求。

一要把解决“两头薄弱”问题作为重中之重。这是加快转变电网发展方式的关键。到2020年，公司累计规划投资约9000亿元，建成国家电网特高压交流骨干网架和19回跨区特高压直流工程。要攻坚克难、毫不懈怠，全力推动特高压电网加快发展。要全面加强配电网建设，坚持统一规划，落实技术导则、典型设计，优化简化设备选型，加快推进改造升级。公司系统还有农村“低电压”848万户，任务十分艰巨。我们要从规划、计划、建设、改造、运维、标准等方面提出系统性、针对性措施，实施“销号式”集中整治，力争两年内全部解决，2014年完成60%治理目标。

二要全面做好“十三五”电网规划。继续深化与规划相关的重大问题研究，特别是研究当前电力需求增长趋缓与中长期电力需求平稳较快增长的关系、跨区输电与东中部煤电布局的关系、清洁能源基地大规模开发与构建全国大市场的关系、特高压交直流结构与电网安全的关系等重点问题，及时向国家相关部门反映公司意见。上半年确保“十三五”电网规划纳入国家“十三五”能源规划初稿；下半年继续做好调研座谈、征求意见、专题论证等关键环节工作，确保纳入国家规划。随着国家行政审批权的下放，省公司要更加严格落实公司统一规划，统筹做好电网发展工作。进一步落实责任、主动工作，根据特高压电网规划和建设时序，优化调整省级电网规划，推动规划纳入地方能源、电力和城市发展规划。

三要抓好特高压重大工程建设。“四交四直”特高压工程和酒泉—湖南特高压直流工程2017年全部建成；后续“五交八直”特高压工程争取2018年全部建成。时间紧、任务重、责任大。要尽快突破特高压工程“路条”“核准”等关键环节，确保早核准、早开工。统筹配置建设管理、物资供应和工程设计、施工、监理等资源，提高建设能力和水平，满足大规模建设需要。强化可研、设计、制造、施工、调试、运行全过程质量管控，加快特高压“三通一标”应用，推行变电站设备整站招标，严格控制工程造价，实现安全、质量、进度协调统一。

（四）确保完成全年经营目标

在新常态下，经济下行压力加大，公司经营形势不容乐观。刘振亚董事长报告已明确，2014年公司经营目标是，发展总投入5294亿元，售电量同比增长5%，实现利润830亿元，固定资产投资4396亿元、其中电网投资4202亿元，资产负债率56.7%。完成这些目标，困难多，任务重，挑战大。必须坚持以效率效益为中心，强化电量、电费、电价、投资和利润等关键指标的全过程管理，在市场、成本、风险管控上狠下功夫，挖潜增效、减亏增盈，确保经营目标全面实现。

一要在指导思想上坚持从严从紧。应对严峻复杂形势，最根本的措施是眼睛向内、苦练内功、从严管理，向管理要效益、要增长。要把“严”的要求贯穿公司经营管理各方面、各环节，更加注重严控成本、严控风险，稳健经营、强化管理，积极争取电价财税政策，大力开源节流，全面提高发展质量、管理水平和经济效益。

二要加强关键环节和过程管控。严格综合计划和预算“硬约束”，将所有项目纳入计划和预算。从严从紧管控人工、基建、物资、检修、运维等各类成本，压缩非生产性和一般性支出，累计亏损、经营困难单位标准成本分别压降20%和15%。严格自备电厂接入管理，严格执行国家电价政策。大力实施电能替代，完成650亿kWh替代电量。加大电费回收力度，确保“颗粒归仓”。加强金融、产业和国际业务管控，加快业务发展，保证投资收益。发挥好各级运营监测（控）中心和信息平台作用，实现全方位、全过程、全天候在线监测和实时调控，动态预警、及时纠偏，切实防控经营风险。

（五）确保安全稳定和优质服务

安全稳定和优质服务对公司改革发展至关重要，必须贯穿全年工作始终、落实到各项工作全过程，任何时候都不能掉以轻心、心存侥幸，做到居安思危、警钟长鸣。

一要确保大电网安全。当前，国家电网公司正处于特高压骨干网架形成的过渡期和关键期，大电网安全风险始终存在。要把握大电网运行规律，完善特高压交直流、直流送受端以及各级电网安全控制策略，健全“三道防线”，提高驾驭大电网能力，确保特高压和跨区电网安全运行。加快国调分调一体化、地调县调一体化、各级调控融合，提高资源配置效率和安全管控水平。要高度重视基建施工安全，2014年特高压施工高峰期现场人员达30多万人，跨越施工约1500多次，要精心组织、严格管理，确保施工安全。

二要确保队伍和谐稳定。认真做好春节和全国“两会”期间的稳定隐患排查工作，做到早发现、早介入、早处置。按照“属地管理”和“谁主管谁负责”的原则，加大矛盾纠纷化解力度。依靠地方党委政府，建立联动机制，及时化解各种不稳定因素。

三要着力提升服务水平。优质服务事关公司生存、发展和形象，必须下更大力气，采取更有力措施，从根本上消除服务“短板”。近期公司客户满意度专项调查结果显示，超过80分（满意）的仅一家省公司，其他省公司均在70~80分之间（比较满意）。客户满意度较低主要体现在投诉处理、业扩报装、停电信息公布渠道、催费及欠费停电通知、营业厅布点、抢修人员到达现场速度等方面。解决这些问题，关键要把“你用电、我用心”落实到供电服务各环节，以客户需求为导向，加大投入力度，下大力气强化营业网点和基础设施建设，强化营配调专业协同和信息贯通，落实首问负责制和限时办结要求，缩短业扩报装和停电时间，提高响应速度，全面提高服务实效、服务质量和服务满意度。加强监督检查，严肃惩处各类违规违纪行为。

（六）进一步推进依法从严治企

一要坚持“三严三实”。认真学习习近平总书记系列重要讲话和中纪委五次全会精神，贯彻落实中央反腐倡廉建设新要求，坚定理想信念，增强党性修养，端正价值追求，坚决与党中央保持高度一致。要严明政治纪律和政治规矩，始终保持清醒头脑和高度警醒，心中有法、心中有戒。坚决贯彻公司党组决策部署，不打折扣、不搞变通，做到有令必行、有禁必止。严格执行请示报告制度，涉及重大问题、重要事项都要按规定向组织请示报告。要自警自省、慎独慎微，管住自己，守住做人、处事、用权、交友的底线，管好亲属子女和身边工作人员，真正做到干事干净。大家要清醒地认识到，廉洁自律是领导干部的底线，如果廉洁出问题，不仅个人身败名裂，给家庭造成不可挽回的损失，而且给企业造成严重不良影响。

严是爱，松是害。从严管理是对干部的真正关心和爱护。一些干部违法犯罪，往往是小问题、小毛病没人管，日甚一日、日积月累造成的。如果能及早发现、及时提醒、尽早纠正，就不会导致严重后果。要按照“好干部”标准，坚持从严管理干部，选优配强各级领导班子，加强超职数配备干部专项整治，开展处级及以上干部“三严三实”教育，建设高素质干部队伍。要落实党组（党委）主体责任和纪检组（纪委）监督责任，加强对各级领导班子和领导干部的教育、监督和管理，加大正风肃纪力度。严格执行“一岗双责”，主要负责同志要亲自抓、负总责，分管领导要具体抓、重点管，业务部门各负其责，党政工团齐抓共管，形成工作合力，确保把依法治企的责任落实到每个环节、每个岗位、每个职工。

二要全面开展依法治企对照检查活动。针对目前存在的“四违”（违法、违纪、违规、违章）问题，公司党组决定上半年在全公司开展依法治企对照检查活动。各单位要加强组织领导，按照公司《关于开展依法治企对照检查活动方案》要求，逐项对照问题清单，制定切实可行的对照检查方案，保证全面覆盖、不留死角。对照检查工作方案、对照检查报告和总结报告须经本单位主要负责同志签字背书，总部进行核备。同时，以国家审计署未进点单位为重点，统筹做好离任经济责任审计工作。抓好审计署审计和依法治企检查发现问题的整改落实。公司总部要加强检查督导，对有问题不整改或消极应付的单位，要严肃追究相关领导和人员责任。

三要严肃整治突出问题。坚持“三重一大”问题集体研究、民主决策，坚决把好重大事项决策关。加强“三定”管理，严禁擅自新增机构、职数和人员；加强工资总额计划和福利列支管理，严禁超提超发。加强资金、资产管理，严禁乱投资、乱担保、乱借款，杜绝“小金库”和各种弄虚作假问题。加强招标采购全过程闭环管控，强化关键人员、重要岗位和评标专家的管理。严禁领导干部利用职权干预、操纵招标采购，并作为一条“高压线”，谁碰就依法处理谁。加强工程审价、审计，严禁虚列和置换工程项目，杜绝账外账、套取和挪用资金等行为。严格小型基建项目计划管理，坚决杜绝“三超”（超计划、超规模、超概算）。做好办公用房和培训类小型基建项目，以及培训疗养服务机构清理整顿工作。强化集体企业重大事项决策、人财物核心资源管控，确保安全健康发展。

四要建立健全长效机制。解决“四违”问题，关键要靠刚性的制度约束、严格的制度执行、强有力的监督检查和严厉的惩戒机制。要认真贯彻落实公司党组1号文件，大力加强“三全五依”（全员守法、全面覆盖、全程管控，依法治理、依法决策、依法运营、依法监督、依法维权）法治企业建设。要深化通用制度体系建设，扎紧制度“篱笆”，用制度管人管权管事管企业。中央有要求和规定的，要结合实际加紧细化落实；公司制度需要完善的，要及时修订完善。对破坏制度的现象和行为，要坚决查处，切实维护制度的严肃性。强化对落实公司党组工作要求、履行“三重一大”决策程序、人财物管理的监督检查，尤其是重点人员、重要岗位的监督，不留管理“盲区”和监督空白。要加大问责追究力度，严格执行领导干部问责规定和职工奖惩规定，发现一起、查处一起、追责一起。坚持“一案双查”，既要追究当事人责任，也要追究领导责任。

三、统筹兼顾，做好近期重点工作

一要抓好会议精神的学习贯彻。总部各部门（分部）要组织全体职工传达学习，领会把握好会议的精神实质、工作重点和基本要求，切实有效抓好工作落实。各单位要组织召开党组（党委）会议进行集体学习，把思想和行动统一到公司党组的决策部署上来。创新会议精神宣贯形式，一级抓一级，一级辅导一级，原原本本、及时准确把会议精神传达到各级干部职工，确保学习效果，避免一知半解、大而化之。认真组织开好本单位的职代会和工作会议，把会议精神充分体现到本单位的工作目标、工作思路和工作措施上。会议精神领会不深，工作研究不透，准备不充分的，不要仓促开会，绝不能简单地以会议落实会议。同时，要加强对下级单位职代会会议筹备、内容安排、文件质量等方面的指导，确保公司党组各项决策部署全面落实。主要负责同志要亲自抓贯彻、抓落实，保证各项工作高效有序推进，保证会议精神真正落到实处。各部门（分部）、各单位在2月6号之前，将贯彻落实本次会议精神情况及本单位工作报告报送公司办公厅。二要确保安全生产和优质服务。密切关注天气变化，优化调度方案，完善应急预案，落实保障措施，确保电网安全稳定运行。狠抓基建、农电、集体企业、矿山、电厂、交通等安全管理，做好防火、防盗、防破坏和防暴恐等工作，杜绝发生重特大责任事故。妥善安排春节前和节日期间各项工作，维护正常生产秩序。深入排查供电隐患，千方百计保障重要活动、居民生活、交通枢纽、供水供热等用电需求，落实农村地区春节保供电措施，确保节日期间电力可靠供应和优质服务。三要强化节日期间党风廉政建设。认真贯彻中央八项规定精神，严格执行依法从严治企各项规定，不得以任何名义突击花钱和滥发奖金实物。各级纪检监察部门要加大监督检查力度，确保廉洁过节、文明过节。领导干部要以身作则，廉洁自律。四要做好走访慰问工作。利用节前这段时间，主动向各级党委政府汇报公司工作和发展思路，营造良好发展环境。要务实节俭组织好正常的党团、工会活动，开展多种形式的送温暖活动，关心慰问离退休老同志和困难职工，确保队伍和谐稳定。

公司副总经理、党组成员郑宝森在公司2014年基建工作会议上的报告（摘要）

（2014年1月24日）

一、2013年基建工作回顾

2013年，基建战线认真贯彻落实公司工作会议和基建工作会议精神，全面落实公司党组工作部署，圆满完成基建各项工作任务。全年电网建设投资3379亿元，开工110（66）kV及以上交流线路5.9万km、变电容量3.1亿kVA，投产线路4.8万km、变电容量2.3亿kVA；投产直流线路2210km、换流容量800万kW。

（一）电网建设再创佳绩

均衡投产取得历史性突破。加强计划刚性管理，全面落实均衡投产要求，控制关键节点，强化专业协同，在全面完成年度建设任务的同时，前三个季度分别完成年度投产任务的23%、55%、81%，均衡投产工作取得显著成效。重点工程建设有序推进。世界首个同塔双回特高压交流输电工程——皖电东送淮南至上海工程顺利投运。仅历时一年多时间，建成投产玉树与青海主网联网、新疆与西北主网联网第二通道工程，哈密南—郑州特高压直流工程双极低端投运，创造了电网建设史上的新纪录。高天三回、复奉、锦苏送出加强等重点工程按计划建成，福建仙游抽水蓄能电站顺利投产。积极做好川藏联网工程开工准备。向家坝—上海特高压直流示范工程通过国家验收。溪洛渡—浙西全线架通，丰满治理、河北丰宁抽水蓄能等项目有序推进，各项工程建设目标圆满完成。

（二）“大建设”体系建设成果丰硕

完成新体系构建。陕西、新疆等10家第二批建设单位顺利通过专业评估和综合验收，以集约化、扁平化、专业化为方向的管理体系基本构建完成。驻点基层摸实情，深入一线找问题，大范围、多层次征求意见建议，进一步明晰专业管理界面，解决影响体系运转的突出问题，完善形成全面建设方案。修编基建管理制度固化建设成果。建立覆盖基建六个专业、包含三个层级的专业制度体系，研究制定27项通用制度，实现新老制度的整体切换。完善基建信息系统支撑体系运转。完成基建信息化顶层设计，优化年度进度计划等部门间流程，形成以基建管理信息系统为主，设计评审平台、技经实验室等专业模块为辅的基建专业管理工作平台。加强队伍建设夯实管理基础。开展

● 公司副总经理、党组成员郑宝森。

“基建队伍建设年”活动，总部、省公司共完成6.8万人次培训，组建公司级技经、质量专家库，带动公司系统管理能力共同提升。深入推进业主、施工、监理项目部标准化建设，突出管控重点、明晰管理界面、优化业务流程。优化评价指标体系，开展省级建设队伍专业评价，深入研究省级送变电企业转型发展。

（三）安全质量工作不断深入

持续强化基建安全管理。开展安全管理提升活动，加大基建安全检查监督力度，开展省公司间交叉互查、重点工程专项督查。加强隐患排查整改，召开基建安全专题会议、电视电话会议，开展三次“安全日”活动，吸取事故教训，扭转被动局面。强化全过程风险管控，优化月度安全质量分析点评机制，全年对567项重要施工风险“挂牌督查”，加强特高压交直流、川藏联网工程安全风险防控。规范安全生产费用计列和使用，推广标准化安全防护设施的统一配置，提高施工安全保障能力。公司全年未发生负主要责任的基建安全事故。持续提高工程建设质量水平。强化工程建设全过程质量管理，加强验收管理和质量检查监督，严格执行优质工程建设与考核标准，实现全面建设优质工程目标。提高标准工艺应用水平，全面开展标准工艺应用现场实地评价。组织近三年投运项目质量回访，完成强制性条文执行检查，巩固质量管理基础。青藏直流工程荣获国家优质工程金奖，湖北江夏、山东牟平两座变电站荣获中国建设工程鲁班奖，福建笠里变电站、四川绵阳至广元输电线路、湖北白莲河抽水蓄能电站等10个项目荣获国家优质工程奖。加强和规范施工分包管理。深入开展分包管理调研，摸清管理现状和存在问题，制定并实施全面加强管理的系列措施。限期全面整改分包突出问题，清退不合格分包队伍47家，纠正违规分包合同111份。制定发布《进一步规范和加强施工分包管理工作指导意见》，完善合格分包商名录管理，全面应用分包动态管理系统。

（四）输变电工程建设技术不断创新

新一代智能变电站试点建设成效显著。按照“标准化设计、模块化建设”的要求，实现一、二次系统技术优化集成。实现建、构筑物工厂化预制、机械化装配。顺序控制、智能告警、智能操作票等功能实现实用化、模块化。规范变电站信息分类，全站信息统一接入、存储和展示。形成10项系列设计、设备、技术规范，建成20项试点工程。与常规站相比，屏柜、建筑、占地、工期平均减少23%、20%、12%、40%，全寿命周期成本降低6%。输电线路技术实现新突破。制定碳纤维导线及配套金具、施工工艺5项技术标准，开展复合材料、扩径导线研究及应用，积累了制造、设计、施工和运维经验。1250mm^{2}大截面导线技术实现突破，具备在特高压直流工程应用条件。6项节能导线试点工程投运。完成110、220、330kV线路窄基钢管塔通用设计，节约塔材30%、减小走廊20%。完成220、500kV电缆通道通用设计，统一敷设建设标准。推进设计质量过程管理。制定《输变电工程设计质量管理办法》，完善设计技术问题沟通汇报机制，发布《输变电工程初步设计质量控制技术问题清单》《通用设计、通用设备应用目录》（2013年版），进一步提升了工程设计水平。强化施工技术装备管理。加强索道标准化技术研究，推进单动臂、双平臂落地抱杆轻型化，研究应用换流变现场滤油加热装置。完成施工装备租赁平台建设，将3家装备租赁公司、29家省级送变电公司、313家地市级施工企业，8大类共12.8万台套施工装备纳入平台，实现重大施工装备优化配置、高效使用，有力支撑特高压等重点工程建设。

（五）技经管理精益化水平逐步提高

加强工程技经管理。落实初步设计审批两级集中管理责任，全年共开展初步设计评审2123项，批复项目动态总投资2063亿元，审定初设概算较可研估算下降140亿元（6.8%）。完成输变电工程竣工结算2373项，总结算金额1472亿元；工程竣工结算按期完成率100%。强化工程造价全过程管控。定期发布“电网工程主要设备材料信息价”，指导初设概算编制与评审。印发《关于加强工程其他费用计列和使用管理的意见》，规范建设过程造价控制，2013年工程结算较概算下降4.6%，实现3%~5%的精益化管理目标。创新开展工程造价分析。首次实现电网造价水平全口径分析，内容覆盖特高压、35kV及农网工程；重点开展建场费、设计变更、同塔多回路等专题造价分析，深入揭示造价形成规律。积极应用造价分析成果，指导工程初步设计评审，实现工程造价事前信息价指导、事中“三算”（概算、预算、结算）控制、事后造价分析的闭环管理。

（六）基建标准化建设不断深化

完成特高压“三通一标”成果编制。形成13项特高压交直流工程通用设计、通用设备、通用造价和标准工艺系列成果，夯实特高压工程大规模建设基础。形成变电站通用设备技术成果。研究编制《国家电网公司智能变电站通用设备（一、二次设备）技术要求及接口规范》共15项公司标准，优化归并设备型式，统一设备参数，规范电气一、二次，土建接口，提高设备通用互换性。深化完善标准工艺。发布应用标准工艺最新研究成果，全面完成专业工艺设计图集。

二、改革创新，规范管理，全面提高电网建设能力和管理水平

面对新形势、新要求，要认真贯彻公司2014年工作会议精神，紧紧围绕公司改革发展大局，全面建设“大建设”体系，以依法依规规范建设管理为重点，建立“五位一体”新机制，强化责任落实，提升管理实效，推动“大建设”体系规范高效运转；创新推进坚强智能电网建设，以承载和推动第三次工业革命为方向，推进建设理念创新、关键技术创新、施工装备创新和施工方式创新，全面提升电网建设技术水平；抓住基建队伍建设这个根本，着力加强执行力建设，全面提高业务素质，强化骨干力量培养，打造专业高效的基建队伍；实现电网建设能力和管理水平全面提升。

（一）推动“大建设”体系规范高效运转

深化公司发展方式转变，全面建设“三集五大”体系，构建科学的体制机制，将集团化运作、集约化发展、精益化管理和标准化建设向纵深推进。2014年“大建设”体系建设的重点是完善机制、规范管理，巩固体系建设成果，推动体系规范高效运转。

建立“五位一体”新机制。构建职责、流程、制度、标准、考核“五位一体”机制，统一管理制度、技术标准、业务流程，强化责任落实和考核监督，是建立健全专业管理体系的内在要求，是推动“大建设”体系高效运转的重要保障。要以职责、流程、制度、标准深化基建标准化建设。实施通用制度，统一技术标准，执行内控流程，应用标准化建设成果，落实管理职责，规范业务操作，提高建设管理效率和工程建设效益。要以监督考核推动职责、流程、制度、标准全面“落地”。结合重点工作部署和职责、流程、制度、标准执行要求，深化完善逐级评价考核机制，精简优化考核指标，突出重点、客观量化，强化过程跟踪管控，建立执行、检查、考核、改进闭环机制，推动责任落实和管理提升。要以信息化手段提升标准化管理水平。应用先进信息技术，深化完善基建管理信息系统，突出管控重点，优化系统功能，固化关键业务流程，全面支撑“大建设”体系运转。强化与三级运营监测（控）中心有机衔接，逐级开展核心业务监测（控），强化核心指标分析预控，提升专业管理的时效性和穿透力。

依法依规规范建设管理。依法依规建设是做好基建工作的基本要求和前提。要提高依法依规建设意识，针对西电东送工程审计和依法治企检查暴露的问题，查找薄弱环节，严格落实法律、法规、制度要求，重点规范程序、资金、合同、分包管理。严格执行工程建设程序。建立项目开工分层报审机制，项目未经核准不得开工建设，坚决杜绝未批先建问题。严格规范招标程序，项目未经核准、初步设计未经批复，不得开展物资、施工招标，坚决杜绝应招未招、未招先建、未达条件开展招标问题。严格规范工程资金管理。执行造价控制线，严控初步设计概算。强化其他费用管控，加强征地、拆迁赔偿管理，严格规范赔偿资金管理。加强工程设计变更和结算管理，严格设计变更和现场签证审批，规范工程费用结算管理。严格规范施工分包管理。规范施工合同中分包管理条款，严格执行分包管理法规制度，严禁转包和超范围、超资质分包。加强分包合同签订环节的审核，杜绝资质挂靠、伪造和冒用现象，严格履行分包审批确认程序。

（二）创新推进坚强智能电网建设

坚强智能电网是网架坚强、广泛互联、高度智能、开放互动的能源互联网。加快推进坚强智能电网建设是电网发展方式转变的核心内容。要全面落实公司这一重大战略部署，瞄准世界一流目标，以更宽广的视角、更长远的眼光、更高更严的标准，创新推进坚强智能电网建设。

推进电网关键技术研究应用取得新突破。要推进特高压、智能变电站、线路及防灾等关键技术研究及应用，破解制约当前电网发展的技术瓶颈。在特高压技术方面，加快推进特高压交流大容量变压器研究及工程应用；深入开展特高压绝缘配合、雷电防护、潜供电流抑制、过电压与无功补偿等技术研究及应用；加快推进±1100kV直流输电和特高压直流分层接入技

术研究，±1100kV 直流工程关键设备、大截面导线研发，工程系统成套设计研究及应用；提升电网远距离、大容量输送能力。在智能变电站技术方面，加快推进“新一代智能变电站”深化研究，有效融合标准配送式技术成果，实现模块化建设。组织做好试点工程建设，大幅提高变电站智能化水平；加强一次设备智能集成技术、交直流电子互感器等关键技术、设备研究，提高设备和系统的可靠性。在线路及防灾技术方面，加大复合材料、扩径导线、节能导线、节能金具等技术研究应用，降低输电损耗，节约运维费用，以技术进步提升电网经济效益；分析电网灾害分布规律，研究电网防舞动、防冰、防污、防雷、抗震等技术，提高电网防灾能力和安全可靠水平。

推进施工技术装备创新和全过程机械化施工。要努力改变以人工为主的传统施工方式，按照“先进性、专业化、标准化、系列化”原则，推进施工技术装备创新及应用。统筹开展施工装备研制。根据全过程机械化施工需要，建立公司输变电工程施工技术及装备创新研究体系框架，统一施工装备设计、制造技术要求，统筹开展研制工作，形成针对性强、专业配套、功能适用的系列施工装备。要加强高海拔地区施工、换流站阀厅钢结构吊装等施工技术和装备研究，切实解决特殊区域、特殊工程施工技术难点。推进全过程机械化施工。全过程统筹兼顾，各专业协同配合，系统开展设计方法、技术装备、施工工艺创新，在设计方面，形成满足机械化施工的标准化设计；在施工装备方面，形成系列化装备及标准配置方案；在现场施工方面，形成全过程机械化施工的标准工艺。全面推进物料运输、基础开挖、混凝土浇筑、组塔架线、接地敷设等全过程机械化施工。

（三）打造专业高效的基建队伍

公司将人力资源作为企业第一资源，将队伍建设作为企业发展的根本任务。打造专业高效的基建队伍，是适应电网大规模建设的现实需要，是全面提升建设能力和管理水平的基础保障。将队伍建设作为一项重要基础性工作，长期抓、坚持抓、抓出成效。

着力加强基建管理队伍建设。强化队伍执行力建设、业务素质提升、骨干力量培养，提升公司建设管理水平。要加强执行力建设。各级单位基建分管领导和基建部门负责人，要率先垂范，做勇于负责、敢于担当、业务精通、严抓严管的专家型干部。各级基建部门专业管理人员，要熟悉了解专业管理要求，提升精益化管理水平，做本专业领域的行家里手。全面落实管理责任，严格执行监督和责任追究，一级监督一级，一级管控一级，确保管理到位，有效防控管理风险。要全面提高业务素质。创新业务培训方式，统一开发标准化培训教材，统筹培训计划安排，分层分类开展针对性集中培训；依托实训基地和工程建设，开展灵活多样的实践培训，强基础、补短板、上水平，统筹提升各级管理人员的业务素质。要加强业主项目经理培养。业主项目经理，是项目管理一线的骨干力量，是贯彻落实建设管理要求的组织者、推动者、实践者。项目经理素质的高低直接决定着项目管理水平。要根据人员现状和建设任务，择优选拔业主项目经理，通过培训和实践锻炼，提升项目经理业务素质，建立稳定的项目经理团队，提高工程项目管理水平。

着重抓好送变电企业转型发展。统筹当前与长远发展，按照管理型、专业型、监理型方向，有序推进送变电企业转型发展。要合理确定企业规模，提高电网施工核心技术，提升建设施工和管理能力，满足特高压工程大规模建设需要，妥善解决部分超员和一线缺员问题。要加强转型发展规划研究。明确送变电施工企业转型发展目标，合理界定施工主要业务与外委业务。统筹送变电企业、集体企业和供电服务公司队伍资源，逐步引入社会力量承担外委业务，形成开放竞争、规范有序的建设市场，降低用工成本，全面提高管理水平。要加强骨干分包队伍培育。立足于施工企业发展转型和满足一线施工力量的需求，送变电企业要充分利用社会队伍资源，有计划地加强属地骨干劳务分包队伍培养，建立长期稳定的战略合作关系。加强电网建设技术标准、标准工艺、安全文明施工标准化等业务知识培训，提升骨干分包队伍施工业务能力与水平。

三、2014 年重点工作

2014 年公司加快推进各级电网建设，电网投资创历史新高，建设任务非常繁重。2014 年公司基建工作的总体要求是：全面贯彻公司二届五次职代会暨 2014 年工作会议精神，以全面建设坚强智能电网为主题，以全面建成“大建设”体系为主线，以依法治企规范管理为重点，以科技创新为动力，以加强队伍建设为保障，强化建设管理，确保安全质量，全面完成年度基建工作任务。

主要目标是：完成电网投资 3815 亿元。开工 110（66）kV 及以上交流线路 6.1 万 km、变电容量 4.1 亿 kVA，直流线路 8260km、换流容量 7000 万 kW；投产 110（66）kV 及以上交流线路 5.1 万 km、变电容量 2.7 亿 kVA，直流线路 1570km、换流容量 2400 万 kW。不发生人身死亡和较大基建安全质量事故。全部新建工程达到优质工程标准。

重点做好以下工作：

（一）全面完成年度建设任务

确保完成年度开工投产任务。强化进度计划与综合计划的衔接，坚持依法开工、均衡投产、合理工期，科学编制2014年电网建设进度计划，加强计划执行过程管控，按时准确统计工程进度，定期协调重点工程建设，基本实现月度均衡投产。

扎实推进重点工程建设。今后两年将开工建设“六交四直”共10项特高压工程，新建扩建变电站（换流站）39座、线路2.1万km，涉及四川、江苏等12家公司。总部、属地公司和交直流公司要把特高压工程建设作为工作重点，统筹施工队伍、工程设计、设备供货和大型机具等建设资源，做好大规模建设准备。确保溪洛渡—浙西直流工程上半年投运，浙北—福州交流工程年底投运。加强西北750kV网架建设。加强川藏联网等重点工程建设。开工建设安徽金寨等抽水蓄能项目。做好丰满大坝重建工作。

加强工程项目管理。深化项目部标准化建设，落实“大建设”体系要求，明晰业主、施工、监理项目部管理定位，明确重点工作和关键节点，落实项目管理要求，提升管控效果。特高压工程属地省公司，要切实履行现场建设管理和地方协调职责，统筹利用省公司建设部、省经研院及地市公司的建设管理力量，强化建设过程管控，有序推进工程建设。

（二）加强基建安全管理

全方位防控施工安全风险。严格执行风险管控办法，确保风险动态评估和预控要求落实到位。加强重点工程风险防控，开展川藏联网、溪浙特高压直流、浙福特高压交流、抽水蓄能等工程专项检查督查。严格执行电缆及隧道施工安全技术措施。做好施工准备、施工转序、交通运输环节的安全管理。

深化分包安全管理。严把分包队伍准入关，实现合格分包商名录应用率100%。开展分包合同条款及安全协议规范性排查，组织编制并试点应用分包合同范本，堵塞安全责任划分漏洞。全面应用分包管理信息子系统，实现分包管理信息实时采集、动态管控和综合分析，及时发布分包统计数据和预警信息。明确分包人员进场培训内容，规范开展现场骨干管理人员培训与考核。强化分包现场安全管控，确保分包现场作业组织到位、方案执行到位、安全防护到位、监督管理到位。

提高施工安全保障水平。全面执行安全生产费用管理要求，落实现场安全工作费用，确保足额计列、规范提取、合理使用。进一步提升安全文明施工标准化水平，继续推动安全防护设施统一配送，推广应用人身安全防护新技术、新装备。

（三）持续提升工程质量水平

全面提高工程建设质量。继续贯彻“进一步提高工程建设安全质量和工艺水平的决定”，开展三年“回头看”活动，总结评价执行效果，明确提升措施。分析不同电压等级工程之间质量差异，以35、110kV为重点，开展工程质量提升活动。改进质量通病治理工作，更新治理清单，细化治理与考核要求。加强对质量管理基础相对薄弱单位的帮扶，提升公司总体质量水平。

持续加强优质工程建设。强化过程创优，加强阶段质量验收，将优质工程标准落实到建设过程。加强输变电优质工程建设督导，组织完成年度优质工程评定，修订完善抽水蓄能优质工程核定办法，统筹协调各单位争创国家级优质工程工作。充分利用优质工程核查数据，定期发布分析报告，指导建设过程质量管理。

持续深化标准工艺应用。发布2013年标准工艺研究成果，结合标准工艺考核情况，强化成果应用管控。深入开展标准工艺研究，针对预制式、装配式、机械化施工的特点，更新完善工艺标准库、典型施工方法。

（四）加强设计和技术管理

强化工程设计过程管控。加强工程设计策划，确定工程技术模式和性能指标，实现设计质量管理关口前移。对大跨越、地下电缆、创新示范和建设条件复杂的工程，要开展多方案比选，合理确定技术方案。完善过程管控机制，滚动更新输变电工程设计质量控制技术问题清单，明确关键设计技术要点，规范管控流程和工作要求。搭建创新交流平台，结合设计竞赛、资信评价、新技术研究等工作，提升设计单位核心设计能力。

统筹智能电网新技术研究及应用。深化智能变电站信息一体化技术，实现二次系统信息模型标准化。细化设计、设备、施工、调试等工作安排，有序推进50项新一代智能变电站试点建设。110（66）kV智能变电站实现标准化设计、模块化建设。开展抗震技术集成应用，深化变电站抗震设计、绝缘复合化等技术，提高工程抗震减灾能力。推进输电线路扩径导线、节能导线、装配式基础、耐候钢、渗铝钢、复合材料的研究应用。

全面推进施工装备升级。依托试点工程，推进设计、施工、装备的一体化融合，推进线路全过程机械化施工，减少人力依赖，提高安全质量水平和施工效率。深化直升机在材料运输、线路施工中的应用。深化单动臂、双平臂落地抱杆研究，优化结构，减小尺寸，方便运输和组装。加快研制掏挖基础施工机械、组装式通用放线滑车、标准化施工货运索道等新型装备。完善机械定额标准，推进租赁机制有效运转，充分发挥装备租赁平台作用，统筹装备资源配置。

（五）进一步加强工程技经管理

加强工程造价精益化管理。按照“概算不超估算、结算不超概算”的造价管理目标，进一步落实项目管理单位、评审单位、批复单位的管理责任，优化管理流程。基建部要加强初设审批与结算计划的统筹管理；建设管理单位要加强设计评审合同管理，加强内部审查，强化造价过程管控，规范设计变更和结算管理。执行输变电工程造价控制线，将上年度工程平均造价作为“尺子”，评价新建工程投资合理性，对超出平均造价的要严格审查。在做好常规工程造价管理的基础上，总部层面要重点加强500kV以上及特高压工程造价控制，各省公司要重点做好110kV及以下工程造价控制，全面提高工程造价管理水平。

加强工程造价全过程管控。认真贯彻落实2013年版《电网工程建设预算编制与计算规定》，落实标准成本管理，严格执行“三通一标”规定，突出变电站、输电线路作为工业设施的功能定位，控制工程建设标准，从严控制装修标准。落实依法治企要求，施工招标全面实行工程量清单计价。落实《国家电网公司关于加强输变电工程其他费用管理意见》，规范工程其他费用计列和使用，重点加强建设场地征用、清理赔偿等费用管理，确保资金使用合理合规。

（六）全面建成“大建设”体系

确保实现建设目标。以全年作为完整业务周期，全面试运行27项通用制度。做好制度宣贯与培训，确保各级人员准确把握制度内容，自觉执行制度要求。各单位提出的差异化条款，要严格融入内控要求，审定后与通用制度一并执行，确保管理要求落实到位。构建体系建设成效评估标准，全面评价电网建设工作能力、工作效率、工作质量及综合效益提升幅度。归纳总结体系建设先进经验、典型做法，形成“大建设体系最佳实践案例库”。

持续加强队伍建设。以解决施工企业结构性缺员、加强现场管理为突破口，按照“管理型、专业型、监理型”的发展方向，以推进机构设置“扁平化”和人员配置“集约化”为原则，以项目管理为核心，试点探索精干高效的组织架构新模式，推进企业健康发展。落实基建“百千万”培训工程，完成设计管理、造价知识、安全质量、项目管理等专项培训，组织开展设计评审技术调考，提升设计评审人员综合技术能力。

强化信息系统支撑。要重点做好进度计划、施工分包管理等模块的开发和应用工作。落实省公司、建管单位两级责任，确保原始数据质量，实现及时率、准确率、完整率达到100%。综合利用海量数据，跟踪分析基建专业监测指标，量化分析绩效。完成统一开发平台应用和系统一级部署，提高项目部信息化水平。强化跨专业、跨部门协同融合，解决特高压及跨区电网工程数据重复录入。优先利用信息系统开展基建管理检查评价。

（七）深入开展基建“规范管理年”活动

准确把握活动要求。开展基建“规范管理年”是“基建队伍建设年”活动的深化。活动的重点是以依法治企整改为契机，严格落实公司关于加强工程其他费用管理、规范工程和分包管理的各项要求，着力解决违反基本建设程序、资金管理不规范、招标与合同管理不规范、违规分包转包等突出问题。各单位要认真对照公司相关要求，结合审计、监察等部门的意见和建议，采取自查、检查、回头看相结合的方式，查找薄弱环节，制定改进措施。总部及省公司相关部门要强化横向协同，加强对活动的管控和指导。要统一编制培训教材，分层分级开展施工企业负责人、财务人员、项目经理专项培训，强化法律意识，增强政策观念，提高规范管理水平。

构建长效管控机制。要认真总结活动成果，提炼典型经验，巩固活动成效，将活动成果纳入基建管理制度，构建规范管理的长效机制。狠抓基建内控流程应用和员工工作规范，以管理制度、技术标准为硬约束，强化关键环节管控，细化岗位职责，切实规范工作行为和管理行为。要进一步加强基建专业内控流程的执行监督与持续完善，及时纠正执行偏差。施工企业要结合活动成果，修订完善本单位规章制度、工作程序和具体管理措施，堵塞管理漏洞，规范企业管理。

（八）切实改进工作作风

严格落实中央八项规定和公司实施细则。党员领导干部要以身作则、率先垂范、带头执行，坚持“干事、干净”，做到人际关系简单、经济关系清白。要严禁公款送礼，杜绝公款吃请，时刻自重自省，不该去的地方不去，不该做的事情不做。改进文风会风。减少各类会议，控制发文数量。制度标准已明确的，不重复发文。重点工作部署要发短文、开短会，着力抓好跟踪落实。改进检查评比方式。严格落实检查监督责任，明确检查标准和工作纪律，更多采取“四不两直”检查方式，及时发现和解决问题，确保检查见到实效。减少竞赛评比数量，加强典型经验交流，充分发挥先进典型的示范带动作用。改变调研方式。统筹调研计划安排，提高调研的针对性和实效性。建立重点项目和重点单位联系机制，各单位基建分管领导和部门负责人，要联系重点工程项目和基层企业，抓好示范工程和企业管理，定期深入一线检查和解决实际问题，以点带面提高建设管理水平。

公司副总经理、党组成员陈月明在国家电网公司2014年人力资源工作会议上的讲话（摘要）

（2014年2月21日）

一、2013年工作回顾

2013年，人力资源工作在公司党组的领导下，以“三定”“三考”为抓手，深入推进“六统一”，列入公司年度重点的13项工作全面完成，人力资源管理水平大幅提升。

（一）人力资源集约化管理深入推进

全面完成人力资源计划指标。根据公司“十二五”人力资源规划和年度重点工作安排，以提高效益效率和优化队伍结构为重点，将全资及控股单位的用工总量、人工成本、专项补员、人才开发、劳动效率五方面20项指标全部纳入人力资源计划管理，代管单位、集体企业的用工总量和人工成本实行备案管理。截至2013年底，公司系统全口径用工总量187.45万人，同口径减少3.06万人。全资及控股单位全员劳动生产率60.9万元/人年，同比增长10.55%；教育培训支出29.02亿元，同比降低15.36%；人事费用率7.97%，同口径降低0.06个百分点；人才当量密度0.9373，同比增长4.48%。公司连续九年三个任期获得国资委业绩考核A级，获得第三任期业绩优秀企业奖、科技创新企业奖，被国资委评为2013年度中央企业经营业绩考核先进单位，并在国资委业绩考核工作会议上做经验交流发言。《人力资源“三定”“三考”管理创新与实践》获得公司科技进步一等奖。

创新工资总额计划管理模式。制定并下发《工资总额计划管理暂行办法》（国家电网人资〔2013〕1734号），按照业务模式和用工特点，考虑售电量、利润、营业收入、人事费用率、全口径超缺员等因素，分类核定各单位工资总额计划。市场化金融和产业单位实行全口径人工成本总额与营业收入、利润总额等

公司副总经理、党组成员陈月明。

指标挂钩，促进了这些企业控制用工总量，科学制定发展规划，提高投入产出效率。

探索薪酬分配制度改革。研究落实国家有关收入分配政策，深入推进薪酬制度统一建设，完善岗位绩效工资制度设计，统一规范工资项目，组织四川等4家单位配合“三集五大”体系建设，完成薪酬分配制度改革试点。

加强住房公积金和企业年金管理。按国家规定再次统一制定了公司住房公积金缴存基数和缴存比例上限，建立缴存标准调整申报备案制度；企业年金按国家规定5%的比例，规范了缴费水平。全年共节省成本约25亿元。

职工教育培训取得实效。公司系统全年累计完成各类人员培训340万人次，全员培训率达到94%，同比增长0.5个百分点，其中公司总部举办培训班425期，培训4.9万人次，系统各单位举办培训班79 900期，培训335.2万人次。公司总部组织了四大专项培训，效果明显。一是组织县供电企业正职2889人举办培训班26期；二是组织534名专业领军人才第二阶段集中培训；三是组织新员工集中培训1.25万人，人均培训112天；四是组织公司总部、省公司207名相关负责人举办规范农电用工管理培训。

（二）定编定岗定员工作全面落实

落实“三集五大”机构设置和人员配置方案。调整优化27家省公司本部、232家省公司层面业务支撑机构、328家地（市）公司、913家县公司的机构设置和人员配置，内设机构1.47万个，精简37.2%；各级负责人职数4.14万人，精简28.7%；核定定员49.4万人，用工效率提高22.2%，组织架构进一步优化。在此基础上，按照“更集约、更扁平、更专业、更统筹、更注重基层实际”的要求，研究制定全面推进“三集五大”体系机构设置和人员配置方案，深入

开展驻点调研和总体设计优化，集中组织方案学习和宣传发动，督导各单位抓好落实。适应公司直属产业功能调整，优化直属单位机构设置和人员配置，机构精简 7.2%，管理编制精简 30.8%，用工效率提升 11.5%。

完善定编定岗定员制度标准。一是强化岗位管理在人力资源基础管理中的作用，初步形成由核心业务流程、标准岗位序列、岗位分类标准构成的岗位管理体系。二是制定并下发供电企业机构编制、岗位管理、劳动定员等管理办法。三是颁布《供电企业劳动定员标准》（2013 版），组织完成劳动定员核定。四是首次颁布《公司直属单位劳动定员标准》，分类完成 138 项业务定员标准，中国电财等 18 家直属单位按新的“三定”方案，完成了更名和机构调整等工作。

全面完成公司系统机构名称规范工作。依据《中华人民共和国公司法》《企业法》和国家电网品牌建设要求，制定并下发了《关于规范公司系统单位机构名称的通知》，截至 2013 年底，完成了省公司、省公司层面业务支撑机构、地市公司、县公司名称重新登记和规范工作，提高了国家电网公司品牌的知名度。

加强劳动用工规范管理。一是下大力气研究解决农电用工历史问题。研究制定了《关于进一步规范农电用工管理的意见》和供电服务公司组建运营、业务管理、人力资源管理等配套政策，征得国家人社部、国资委等部门支持，组织举办专题培训，为新一轮改革做了充分准备。二是依法规范劳务派遣用工。依据《中华人民共和国劳动合同法》提前开展了劳务派遣用工管理调研，对公司系统的临时性、辅助性、替代性岗位进行了明确，为执行国家新政策做好了准备，起草了公司《劳务派遣用工管理暂行办法》。

开展内部人力资源市场建设试点。按照“一个平台、五种方式、三项激励”的工作思路，考虑区域互补、人员配置、业务类型等因素，组织华北、西北片区 11 家省公司开展了片区人力资源市场试点，组织辽宁、南瑞等 8 家单位进行内部试点。公司统一开发内部市场运行信息平台，实时监控各层级单位、机构、专业超缺员情况，引导各单位通过岗位竞聘、劳务协作、人才帮扶、挂职（岗）锻炼、临时借用等方式，盘活内部存量，着力解决用工总量超员与生产一线结构性缺员等问题。全年通过内部市场调剂配置 1.51 万人，其中省公司层面 1239 人、地市公司层面 1.1 万人、县公司层面 2803 人。

（三）考核考试考勤工作继续深化

实行企业负责人业绩分类考核。优化考核指标体系，突出效益效率、核心业务两类指标；实行重大科技成果加分制度；单独制定市场化金融和产业单位负责人考核办法；严格按业绩考核结果兑现各单位企业负责人薪酬，提高绩效薪金占薪酬总额的比例，拉开最高与最低总额倍数。

深化全员绩效管理。统一开发和推广 393 个典型生产、管理岗位绩效考核指标体系和评价标准，组织开展全员绩效管理评价工作，规范管理机关目标任务制和一线员工工作积分制考核模式，强化考核结果在薪酬分配、评优评先、职位调整等方面的应用。公司系统开展全员绩效管理工作考核评价，国网江苏、天津、山东、浙江、辽宁电力等 5 家单位工作成效相对突出。

新入职员工实行考试择优录用。公司建立招聘高校毕业生统一考试制度，实行考试平台、考试大纲、考试命题、考试阅卷、成绩发布五统一，分两批组织各单位进行招聘笔试和面试。12.72 万名学生网上报名应聘，公司通过笔试面试择优录用 1.25 万人，其中供电企业 83.6% 分配到生产、建设等一线工作。

人才选拔考试成效显著。在推行员工岗位竞聘、上岗、转岗培训考试的基础上，各级单位累计开展专业竞赛、调考 4395 项。2013 年，公司系统通过考试考核选拔，新增各类人才 16 262 人，其中公司级人才 832 名、省公司级人才 4992 名、地市公司级人才 10 400 名、公司技术能手 38 名；新增 24 名国家级人才，其中 1 名中国工程院院士。2013 年底，公司四级四类人才总量达到 36 000 名，同比增长 56%。

制定并下发《国家电网公司员工奖惩规定》。督导各单位健全员工奖惩制度和行为规范，引领员工树立正确的价值导向。交流推广各单位考勤工作经验，积极改进考勤方式方法，重视将考勤结果用于全员绩效考核和劳动定额定员管理。

总结成绩的同时，也要看到人力资源集约化管理中面临的一些问题和不足，主要是：代管单位和集体企业的人力资源集约化还没有全覆盖，人力资源全员全额全口径管理工作任重道远；业绩考核的激励约束作用发挥得不够，“大锅饭”现象仍然存在；农电用工底数不清，遗留问题尚未妥善解决；个别单位乱发钱物，私设“小金库”等违规违纪问题时有发生。

二、加强人力资源全员全额全口径管理

贯彻公司“两会”精神，2014 年人力资源工作的总体要求是，在用工方面，要控制总量、优化结构；在人工成本方面，要科学管理、依法合规；在管理幅度方面，要实现全员全额全口径。

全员管理。就是将全资、控股、代管单位和集体企业的各类用工全部纳入公司人力资源计划，实现各类企业各类用工全口径管理。基本思路是，在推行非核心业务委托的基础上，依托内外部市场，优先盘活内部存量，合理控制新增员工总量，妥善解决农电用工的遗留问题。

全额管理。就是全面规范各类企业各类用工的工资、福利、保险、培训等支出，实现人工成本全口径管理。基本思路是，坚持效率与公平相结合，逐步实现人工成本总额与收入、利润、劳动效率挂钩，各单位内部实现员工的工资、福利和岗位业绩挂钩。

全口径管理。就是将各级各类企业单位、各类用工、各项人工成本支出全部纳入人力资源计划管理，实现人力资源计划全覆盖。基本思路是，加强顶层设计，重大规章制度标准由公司总部统一制定发布；各单位结合自身实际情况制定具体方案并组织实施。

三、2014 年重点工作

2014 年公司 103 项重点工作中，18 项涉及人资部门，其中 10 项由人资部门牵头。

2014 年主要目标是，公司全口径用工总量 184.09 万人，同比减少 3.36 万人。全资及控股单位 96.87 万人，同比减少 2.2 万人；全员劳动生产率 66.24 万元/人·年，同比增长 8.77%；教育培训支出 24.97 亿元，同口径基本持平；人事费用率 7.95%，同比减少 0.02 个百分点；人才当量密度 0.9467，同比增长 1%。全年重点抓好八方面工作：

（一）认真开展各类企业劳动用工摸底调查

公司党组决定 2014 年一季度集中力量开展各类企业劳动用工摸底调查，核查用工数量、用工方式、人工成本支出等情况。各单位要把用工摸底调查作为年度人资工作的头等任务，按照公司《关于开展各类企业劳动用工摸底调查的通知》（国家电网人资〔2014〕264 号文）要求，加强人资、财务、农电、体改等部门协同，对照公司制度文件、数据库、档案、报表等资料，自下而上逐级开展自查，并编制上报自查报告和六张调查表，做到“人头清、情况实、数据准”。摸底调查结果是公司制定有关政策的依据和基础，请大家认真细致，按期完成。

（二）巩固“三集五大”体系建设成果

落实“三定”制度标准。督导各单位全面落实“三集五大”体系建设方案，将代管单位纳入“三定”制度标准适用范围。重点抓好四项工作：一是统一制定组织机构规范标准，优化各层级机构设置。各单位要严格按程序进行机构设立、变更、撤销的报批和备案，保持机构设置和人员配备精干高效。二是完善标准岗位名录，推进人、财、物、工程、营销等关键岗位和金融分支机构人员的交流轮岗。三是人资部门与专业部门协同开展首次供电企业定员评价，推进劳动定员三年达标计划，全口径超员工资核减 30%、缺员工资核增 20%，年内建成公司内部人力资源市场。四是组织各单位梳理核心业务，以岗位职责为基础、业务流程为纽带、制度和标准为依据、考核评价为保障，构建“五位一体”协同机制。

规范集体企业“三定”管理。针对集体企业业务多元、用工复杂、管理粗放等现状，研究制定施工安装、勘测设计、工程监理、物资供应等业务定员标准，编制集体企业典型业务标准岗位名录，规范职能部门设置及负责人职数标准，建立人力资源配置基础依据。

（三）优化人力资源计划体系

拓展计划覆盖范围。按照“三全”管理要求，调整优化指标设计，将代管单位、集体企业的人工成本总额、培训项目等纳入公司人力资源计划管理，新增全口径劳动生产率、人才总量指标，全面反映各类用工劳动效率和人才队伍建设情况。

加强人工成本计划管理。完善市场化金融和产业单位人工成本与营业收入、利润、人事费用率挂钩机制，在集体企业推广应用。研究建立标准人工成本，结合劳动定员、人事费用率、劳动效率等因素，完善工资总额和用工总量计划，引导各单位通过人工成本管控倒逼用工总量控制和规范管理。

强化新增员工计划管控。代管单位长期职工补员计划和人选均报公司审批，集体企业招聘用工的制度标准和补员计划由省公司负责统一制定实施，并报公司备案。

加强计划执行监督考核。计划完成情况纳入同业对标和业绩考核，与企业负责人薪酬、单位工资总额挂钩。建立人力资源计划与财务预算决算、费用支付、审计监督等联动机制，确保计划严格执行。加强信息系统基础库和指标分析功能建设，实时监控各单位人力资源计划执行情况。

（四）继续做好新员工招聘

招聘高校毕业生是公司解决核心业务用工需求的主渠道，在总结前几年工作经验的基础上，2014 年重点抓好五项工作：一是坚持统一计划编制、统一组织考试、统一审核录用，完善笔试面试的内容和流程，提高招聘考试质量。二是电工、通信、机械、计算机等工科专业招聘毕业生比例达 90% 以上，注重向基层一线岗位和艰苦地区倾斜。三是按区域、专业等因素分类设置统一考试录用分数线，原则上录用毕业生的70%安排到县公司。新录用毕业生全部安排到基层一线岗位实习。四是针对西藏、青海、新疆、四川藏区等艰苦偏远地区一线用工生源不足问题，适当扩大专科生招聘比例和专业范围，有计划开展本地生源定向培养、订单式培养等校企合作。五是对智能电网、网络信息、金融、国际化等专业人才，面向社会招聘，择优录用。

（五）优化绩效分类考核和量化考核

深化企业负责人分类考核。贯彻国资委进一步深化经济增加值和分类考核的要求，修订完善市场化金融和产业单位负责人业绩考核办法及薪酬核定方式，优化各类企业关键业绩指标和评价标准，强化效益和短板考核，加大利润总额、经济增加值考核力度，亏损和减亏不力的单位考核不能评为A级和B级。

完善全员量化考核指标体系。依据“典型岗位指标体系”和《国家电网公司员工奖惩规定》，督导各单位结合“三集五大”体系建设，按岗位职责、流程、标准优化员工考核指标和评价标准，完善管理机关目标任务制和一线员工工作积分制考核模式，强化量化考核。

强化考核结果应用。实行员工收入与业绩同向升降，注重各单位企业负责人业绩考核与工资总额挂钩、员工绩效考核与个人工资收入挂钩，加快建立与岗位价值、绩效贡献、能力素质等挂钩的岗位绩效工资制度。优化考核结果与岗位晋升、人才选拔、评先评优、培训开发挂钩方式，促进员工持续改进业绩和提升能力。

（六）加强福利保障管理

深化福利项目管理。一是修订完善公司福利保障管理办法。进一步明确各层级管理职责，巩固福利保障规范成果，指导各单位加强对代管单位、集体企业福利项目的管理。二是加强福利项目标准和福利计划管理。统一制定公司福利项目标准名录，未报备标准的相关费用不纳入公司福利计划。三是强化福利项目执行过程管控。组织国网天津、上海、蒙东电力开展试点，对分配、使用环节实施监测，增强福利项目的归口管理。

完善住房公积金缴存标准调整备案流程。继续落实公司住房公积金缴存标准统一管控要求，组织开展年度住房公积金缴存标准调整工作，推进住房公积金缴存标准报备流程的信息化建设，动态跟踪属地住房公积金缴存窗口期，逐步实现住房公积金缴存管理的标准化。

落实企业年金管理制度。制定并下发《企业年金管理办法》，规范各单位的企业年金管理工作。根据国家规定，贯彻实施企业年金个税缴纳政策调整。开展企业年金管理机构绩效考核和备选机构优化，规范企业年金管理和投资运营。

（七）加快人才培养选拔

落实员工培训和人才选拔计划。2014年，公司系统计划培训9.56万期、419万人次，培训规模同比提升20%。2014年计划选拔350名公司级专业领军人才、1200名公司级优秀专家人才后备、引进1000名特高压、智能电网、金融保险、国际商务等高端专业人才，不断优化人才梯次结构。建立健全涵盖新员工招聘、岗位竞聘、人才选拔、教育培训的考试常态机制。完善人才选培制度，落实相应待遇，发挥各级各类人才在科研攻关、管理创新、技能传授等方面的带头示范作用。

加强培训基础建设。一是加强培训资源管理。发挥高培中心和技术学院的示范作用，加快网络大学及其配套资源建设。开发并推广公司统一的培训规范、教材、题库及网络课件，加强专、兼职培训师培训能力建设。二是制定《教育培训项目管理办法》。明确各级各类教育培训项目计划编制、实施管理、经费管理、监督考核，逐级落实责任。三是启动员工能力素质评价体系建设。研究制定岗位能力（素质）标准及评估鉴定标准，试点开展员工履职适岗能级的评价认定，与员工职业发展、薪酬分配、培训项目策划、培训计划编制等挂钩。

强化人力资源管理队伍自身建设。各单位要按照公司统一部署，配合做好人力资源专业领军人才、优秀专家人才后备选拔考试等工作，着力培养业务骨干。要认真落实公司《关于加强人力资源管理队伍建设的意见》，按照人力资源部门编制和任职标准，从基层和一线单位选拔优秀人才充实力量。要注重面向名牌院校招聘录用人力资源专业毕业生，通过基层实习、岗位交流、课题攻关等方式进行培养锻炼。

（八）配合做好人力资源专项审计

为巩固公司依法治企成效，确保“三定”“三考”“六统一”等措施要求落实到位，检验各单位劳动用工摸底调查结果，公司党组决定组织开展人力资源专项审计。按照统一组织、交叉进行的方式，重点审计各单位本部、主要业务支撑机构，全面审计地市层面公司，延伸抽查县层面公司，审计内容主要涉及人力资源基础管理、机构编制、干部配备、劳动用工、薪酬福利、教育培训六方面。各级人资部门要高度重视，作为参审部门，要抽调业务骨干人员参加审计，作为迎审部门，要积极配合提供资料，开放信息系统，认真填制调查表，确保审计工作顺利进行。

公司副总经理、党组成员杨庆在公司2014年营销工作会上的讲话（摘要）

（2014年1月18日）

● 公司副总经理、党组成员杨庆。

一、2013年营销工作回顾

营销系统认真贯彻党组决策部署，紧紧围绕公司大局，坚持以改革创新为动力，以质量效益为中心，积极应对电力增速减缓、新能源迅猛发展、自然灾害多发等挑战，转变作风，强化管理，经营绩效全面提升，优质服务成果显著。售电量完成35 227亿kWh，同比增长7.5%；电费回收率100%；完成替代电量140亿kWh；市场占有率93.91%（剔除规范电量）。全年安装智能电能表6000万只、累计安装1.82亿只，实现采集1.91亿户，覆盖率56.7%。累计建成400座充换电站、1.9万个充电桩。未发生电网责任客户安全事故，供电服务承诺兑现率达到99.99%。

（一）经营管理再创佳绩

积极适应宏观经济变化，主动强化基础管理，严格执行政策，大力堵漏增收，依靠管理精益化，不断增加效益，公司经营成果实现颗粒归仓。

电费回收成绩突出。积极响应国家化解过剩产能和防治大气污染行动等政策，排查26个省公司、19个行业、2429个电费回收高风险特大客户，建立了880户电费风险档案，逐户落实回收预案，发扬“三千精神”，采取有效措施，化解关停企业回收风险。利用信息系统直接监测到户，加大电费回收督导力度，加强欠费预警预控，及时遏制回款周期延长、承兑汇票比例增加的问题，确保电费足额回收。江苏公司积极采取质押和保函方式，有效防范电费回收风险。面对地震等自然灾害，四川、吉林、辽宁公司在做好灾后用电服务同时，积极争取政府支持，采取建立临时交费点、收费上门服务、欠费分类催交等方式，以更优质的服务、更细致的工作，及时回收了欠费。西藏公司排解客户交费意识淡薄、维稳形势严峻的重重困难，确保电费结零。

全面推进电能替代。贯彻“以电代煤、以电代油，电从远方来”的能源发展战略，对外建立政府牵头、电网负责、企业参与的沟通协调机制，积极争取电能替代支持政策，对内建立发展、运检、营销等部门和电科院、节能公司协同机制，务实推进电能替代。成功举办了“安全、高效、清洁——2013中国绿色电能高峰论坛”，加强电能替代宣传，营造良好工作氛围。落实大气污染防治行动计划，研究确定10项电能替代技术和14种替代方式，大力实施电能替代，努力增供扩销。履行社会责任，深化节能服务体系建设，国网节能服务公司开展业务运作，总部和21个省级电能服务管理平台上线运行，促进节能业务快速发展，超额完成国家0.3%节能考核任务，签约节能项目1232个，投资11.5亿元，合同收入达到15.7亿元。积极与政府部门协调对接，北京、新疆公司争取电能替代支持政策取得突破，峰谷电价、投资返还、补贴等一系列支持政策及时发布，保证了电采暖项目顺利推进。上海公司抢抓机遇，积极实施以电代煤，推广电锅炉207台，增加用电容量1.1万kVA。河北公司实施“岸电入海”和海上原油平台油改电，取得了良好社会和经济效益。

多措并举实现效益增收。主动响应国家取消大用户直购电试点审批等政策变化，积极研究提出相关策略建议，制定工作规范，明确“五个必须”要求，各单位主动向地方政府沟通汇报，维护公司利益不受损失。强化自备电厂管理，严格并网接入审查，规范自用电量1460亿kWh，全年增收73亿元。山东公司严把自备电厂入网关，接管魏桥集团违规转供区域，进一步规范了邹平地区电力市场秩序。在窃电高发行业和重点地区开展专项稽查，实施“反窃电”行动，查处窃电案件38 309件、追补电费3.6亿元。湖北公司开展防窃电稽查，增收5881万元。天津公司警企联动，严打窃电行为，5000余窃电户主动承认窃电行为、接受处罚。江西公司重拳出击，协助司法机关从重处理特大窃电案件，窃电企业负责人一审被判无期徒刑，极大地震慑了窃电行为。

计量管理成效显著。深入实施计量资产全寿命周期管理，完成306万只老旧电能表清仓利库，清理10亿条资产信息，全力提高计量资产管理质效。实施电能表质量和采集系统建设全过程管控，规范计量现场和营销项目管理，18个省公司实施了工程项目第三方审计，多层次防范安全和质量事故，相关舆情同比下降26.3%。河北公司建立省、市、县三级联动的计量工单派发机制，计量装置流转效率大幅提升，仅库房管理成本一项就节约896万元；宁夏公司打造“营销项目样板工程”，实现营销项目的集约化、标准化、协同化、过程化管控。

（二）优质服务成效突出

深入贯彻党的群众路线教育实践活动要求，落实“你用电、我用心”，以为民服务为出发点，以群众满意为落脚点，全面实施供电服务提升工程，用过硬的措施、管用的办法，解决突出问题，服务质量整体提升。

着力整治供电服务突出问题。精心组织，周密部署，全面实施供电服务提升工程，公司总部组织3次实地暗访，走访城乡客户，检查、了解一线供电服务真实情况，指导各单位扎实推进服务工作；各单位对基层公司和一线站所开展检查23 713次；坚持边查边改，举一反三，督办95598典型投诉172起，组织整改各类问题47 879个，集中规范了一批业扩报装、窗口营业等服务行为问题，解决了一批客户反映强烈的“低电压”等供电质量问题，消除了一批供电设施隐患。组织客户服务中心开展公司层面首次客户满意度调查，主动找出管理短板，指导服务改进，取得预期效果。山东公司启动“城乡一体供电服务提升工程”，大力督办问题整改，县公司和乡镇供电所服务质量明显提升。

严格规范窗口服务行为。增强风险认识，提高服务意识，转变工作作风，落实服务承诺，召开“强化供电服务、确保客户满意”电视电话会议，严厉整治“门难进、脸难看、事难办”现象，坚决纠正“三指定”、违规和搭车收费等问题，窗口服务质量显著提高，树立了公司在公共服务行业中的良好形象。冀北公司以“六注重”为思路，开展窗口服务比武，福建公司营销、监察部门建立起舆情事件实时协同、行风举报按月会商、业扩问题专项监察的协同机制，有效控制服务违规，窗口服务能力得到整体提升。

保障重要客户安全可靠用电。加强客户用电安全管理，排查重要用户隐患11 974条，督促整改7438条，做到“服务、通知、报告、督导”到位率100%。积极迎战迎峰度夏期间罕见的持续高温天气，实施57天、107.4万户次有序用电；积极应对藏中电网缺电局面，保障了居民和重要客户用电。努力营造安全、稳定、和谐的用电环境，圆满完成春节、全国两会、“神十”和“嫦娥三号”发射等重大活动和重要节假日的保电工作。

积极服务国家绿色新能源战略。制定分布式电源并网管理规则，推行统一合同范本，完善技术和服务标准，实施信息化、全流程管理，全年完成1052户、73.59万kW分布式电源发电并网，累计发电2.05亿kWh，受到社会各界肯定。主动参与电力需求侧管理城市试点建设，努力发挥主导作用，受托“国家电力需求侧管理平台”建设任务，完成项目可研和标准化设计。蒙东公司积极推动风电供热试点项目，消纳发电余量，减少弃风。浙江公司探索居民光伏接入典型设计，湖南公司设计分布式电源业务模型和需求规格，简化分布式电源并网手续，赢得客户好评。

（三）机制建设取得突破

以集约化、扁平化、专业化为方向，全力推进营销管理方式转变，体制机制创新迈出重要步伐，新型的营销管控体系和科学的组织架构初步建立，营销资源调控能力、专业管理水平、协同服务效率全面提高。

“大营销”体系构建顺利完成。第二批10家单位通过“大营销”建设评估，公司27家单位顺利构建“大营销”体系，管理模式规范统一，指标绩效大幅提升，营销工作迈上了更科学、更高效的发展轨道。全面完成“大营销”体系建设方案修订和批复，横向界面进一步理清，协同流程进一步完善，集中解决了一批影响体系运转的突出问题，运转质量明显提高。加快体系建设延伸，1132个县公司完成大营销体系建设，73家控股县、32家代管县公司完成适应性调整，县公司和乡镇供电所专业化管理能力不断提升。

95598服务实现新跨越。统筹兼顾，扎实推进，国网客户服务中心和各单位紧密配合，提前完成“6+21”业务集中任务，公司系统27家单位全部实现“六统一”，集中运营成效明显。一是集约优势充分发挥。95598核心业务集中运作，呼叫业务的规模化效应日益体现，服务资源优化配置，专业协同不断强化，服务指标持续改善，故障抢修和投诉处理时长分别缩短19.6%和27%，服务效率大幅提高。二是服务意识明显加强。通过业务集中，各单位供电能力、供电质量、故障抢修、营销服务等情况得到真实反映，优质服务受到前所未有的重视，全员服务意识显著提高、精神面貌大为改观，履行服务承诺、解决客户诉求的主动性显著加强。三是服务标准实现统一。推行服务受理、业务处理、质量检测、回访评价的标准化流程，逐步消除各省差异，通过人员集中管理、服务集中管控、绩效统一考核，促进供电服务更加同质化、专业化和规范化，全年95598电话人工接听率97.03%、工单派发及时率96.71%，服务品质不断提升。四是服务管理更具穿透力。95598集中运营，充分优化了管理路径，总部管控直接延伸到基层一线，切实增强了公司总部对服务薄弱点和出血点的掌控。

计量体系全面强化。计量集约化体系不断完善，集自动化检定、智能化仓储、物流化配送和信息监控技术于一体的计量生产调度平台部署上线，省级计量中心“四线一库”建设深化推进，13个省公司投运自动化检定系统，7个省公司新上划和代管县实现了计量器具的集中检定、统一配送，高效调度检定资源，实时开展业务监控，资产管理信息进一步集成，管理效率大幅提高。福建公司自主研发“智能周转柜”，规范乡镇供电所电能表出入库过程。河南公司向代管县公司延伸计量专业化管理，杜绝计量违规收费，统一全省轮换工作流程。黑龙江公司开展智能表元器件检测工作，完善了电能表质量监督体系。

充换电业务发展步入新阶段。深入研究国家电动汽车产业发展新政策，主动研判市场发展新趋势，科学谋划公司充换电业务发展新模式，确立了公司“主导快充、兼顾慢充、引导换电、经济实用”的发展思路和建设原则。主动开展充换电设施建设运营成本测算，积极争取政府补贴和支持政策。完成中直机关电动公务车示范充电桩安装任务。浙江公司积极构建城市出租车公共换电网络，推进长三角区域城际互联，积累了宝贵经验。北京公司与政府建立联席会议制度，支持配合政府出台土地无偿划拨、补贴建设投资等支持政策，构建充换电设施发展“绿色通道”。江苏公司完成充换电设施典型设计，统一标准、统一设计、降低造价，规范了充换电设施建设。

（四）技术创新成果丰硕

坚持以创新促管理，全面释放创新活力，依托公司内部科研力量，加强新技术应用，实施新模式管理，组织新方法推广，推动营销现代化向纵深迈进。

营销数据应用实效显著。营销自动化系统建设应用快速发展，日均处理业务工单215万张、数据更新交换超过1亿次，强大的系统功能为营销业务办理和管理提供坚实的保障，庞大的业务数据更为公司大数据管理、云计算应用提供海量的数据。智能电能表和用电信息采集，规模稳居世界第一、保有量接近全球50%，在公司安全生产、经营管理中发挥重要作用，公司自动抄表核算的用户比例达到97.1%、采集电量超过90%，营销系统人均服务客户数提升33%，抄表用工相对减少24.9%。直供直管范围内，专变和非统调电厂采集覆盖率100%，公变采集71.5%。开放共享营销业务数据，1.5万个电能质量监测点实现采集数据在线应用，4年累计降损324.3亿kWh，线损管理方式由结果统计型向过程管控型转变。青海公司试点远程费控规模化应用，工作质量明显提高。山西公司应用采集数据创建全自动、智能化线损管理模式，实现同步化线损管理。安徽公司开展计量装置在线监测与智能诊断，作业模式从人工检查到自动判别，实现了跨越式转变。

服务手段不断创新。全面实施营销服务创新举措，全年投运1344台自助终端和5640台POS机，扩大金融代收点1800个，邮政交费点累计20万个，推出“95598网上营业厅”交费、电子账单、用电提醒等互动业务，拓展了手机APP、微信、微博、短信、电话等多种服务渠道，公司月均短信互动达到1亿条、电话充值200万笔、微信查询5万次、自助终端缴费1000万笔，客户离柜业务办理比例提升至63%，方便快捷的互动服务渠道初具规模。山东等公司应用移动作业终端提高现场工作效率、降低了工作差错。重庆公司通过家庭有线电视平台与客户开展互动，实现信息交互。江苏公司建设全国供电服务行业首个公共微信平台，提供多种便捷服务，关注人数和绑定户号超过60万个。

科研创新注重实效。大力开展节能技术、智能电表、电动汽车充换电、电费充值、检测能力等项目研究，出台微功率无线互联互通技术标准，发布26个《计量标准化作业指导书》，完成充换电设施1项国标、6项行标、3项企标制定。《计量集约化运行关键技术研究、设备研制及推广应用》获得公司2013年科技进步一等奖。中国电科院，能源院、经研院、南瑞集团等单位发挥科研支撑作用，助力公司系统11项营销专业成果获得公司技术创新、管理创新、科学技术进步等奖项，为营销管理提供强大的科技动力。

管控能力大幅提升。以管理提升为目标，加强业务稽查管控，通过固化管理标准，优化1635个系统模块，完善信息系统管控功能。消除35项数据重复录入，开展207个指标数据治理，堵塞数据漏洞。充分发挥营销稽查监控系统功能，开展量价费的实时管控，有力保障业务运作规范。初步构建在线管理、智能分析、自动跟踪、及时预警的营销稽查体系，扩大了监控范围，拓宽了专业门类，提高了自动化水平，管控功能持续增强。陕西公司举办稽查技能大赛，培养优秀稽查人员，有效防控营销服务风险1769起。甘肃公司全力开展稽查管控，消除异常数据，从根本上提高了营销基础数据质量。

二、正确把握面临的形势和任务

党的十八届三中全会对全面深化改革作出重要部署，我国新型工业化、信息化、城镇化、农业现代化深入推进，新能源快速发展，国有企业改革发展面临新的重大机遇。公司以建设坚强智能电网、承载和推动第三次工业革命为重点，加快转变电网发展方式；以建设“三集五大”体系、推进企业治理结构和治理能力现代化为重点，加快转变公司发展方式。面对公司内外部环境变化，营销工作既有新的机遇，也面临严峻挑战。一是优质服务面临更高要求。中央开展以“为民、务实、清廉”为主要内容的群众路线教育实践活动，重在密切联系群众，监管部门、媒体和客户对公共服务行业高度关注，监督问政和媒体曝光力度空前，公司客户导向型的服务体系还处于初建阶段，“一口对外”服务流程尚未稳固，服务人员素质参差不齐，窗口服务“门难进、脸难看、事难办”尚未杜绝，一旦形成负面服务事件、造成负面舆情，影响难以估量。二是市场变化不确定因素增多。2014年，世界经济缓慢复苏，我国经济将延续“稳增长”态势；从2013年业扩报装看，净增用电容量同比下降3.8%，将抑制售电量的增幅；国家防治大气污染，大力调控高污染及产能过剩行业，预计将直接减少售电量200亿kWh，增供扩销、电费回收、依法经营面临风险。但国家削减煤炭、燃油消耗，电能替代预期增加售电量300亿kWh，综合考虑自然增长等因素，预计2014年售电量增幅与2013年基本持平。三是改革事关营销工作发展。国家深入推进改革，必将进一步释放经济增长动力和活力，拉动用电需求持续平稳增长，但改革政策、措施的密集出台，会给公司带来政策研究、适应、及时响应的压力，特别是大用户直购电、全国统一电力市场等方面的改革，事关营销发展方向，关系特别重大。四是营销发展任务艰巨。公司深入推进“两个转变”，提出创新业务模式、营销模式和服务模式的新要求，全面建成“大营销”体系，95598全业务集中，开展智能互动服务，各项任务都有新的、更高的要求，各项目标都面临挑战和突破，时间紧、任务重，动力与压力并存。面对新形势、新任务和新要求，我们必须牢牢把握好四个方向，实现更高水平、更高质量的发展。

（一）大力提升服务水平

近些年，我们持之以恒开展优质服务，多层次组织专题活动，解决突出问题，防范和化解风险，提高服务意识，加强了服务管控，全面提升服务品质，逐级集中95598服务至总部层面，建立服务管理全新机制，供电服务面貌日新月异，管理手段、力度、及时性已大为改观。但也要清醒地看到，供电服务点多面广，服务的规范性有待提高，从95598投诉和2013年满意度调查结果看，供电能力不足、业扩接电不及时、供电可靠性不高、投诉举报处理不彻底、服务态度差等问题，是客户反映较多、最不满意的环节，是供电服务的短板，必须研究分析，提出针对性措施，大力改进，刻不容缓；从舆情曝光、总部暗访等结果看，问题更为突出，一些行为恶劣的供电服务事件没有杜绝，既有欺农、伤民的“发热点”，也有被监管部门高度关注、被公司三令五申要求禁止的“出血点”。有的违反中央和国家要求，有的违背公司规定，反映了在供电服务过程中，部分单位、个人遵守纪律的意识淡薄，法规制度形同虚设，监督考核流于形式，必须下决心尽快解决。

各级单位、全体营销员工都应该学习服务规范、掌握服务流程、遵守服务规章、落实服务承诺。要始终坚持“你用电、我用心”，把优质服务作为生命线，要坚持以满足客户需要为己任，把群众满意作为工作成绩的评价标准。要依托智能化、互动化服务手段，进一步丰富服务渠道，为客户提供更多选择，满足客户多样化需求，要积极履行社会责任，特别关注城镇化建设、保障房项目用电、城乡均等化等方面的服务细节，促进经济社会健康持续发展，保障广大人民群众用上电、用好电。要加大监督检查力度，发挥95598集中优势，以更高的标准、更及时的督查手段，将服务管控穿透至基层一线，增强各级管理层对供电服务的掌控力，及时发现问题，整改服务行为，严肃责任追究，坚决彻底整治。

（二）创新推进智能互动

坚强智能电网承载和推动第三次工业革命。在新能源不断接入和电力市场逐步改变的背景下，建设坚强智能电网必须大力推进智能电网互动化，建立与客户互动的营销服务模式，主动适应分布式电源大规模接入和电动汽车充换电客户的互动化用电需求，使电源、电网与用户在信息与能量上发生紧密联系和多向交互，充分发挥互动在提高电网安全、改善能源结构、提高设备利用率等方面不可替代的作用，为坚强智能电网提供有力支撑。

构建智能用电互动服务，必须坚持创新，全方位推进营销战略创新、管理创新、技术创新和机制创新，持续增强创新能力，以创新促经营、保服务、增活力、提效益，推动营销工作全面发展。

（三）持续提升经营效益

经营效益是公司各项工作发展的物质保障，对于营销工作而言，拓展更广的市场，创造更大的效益，就是为公司发展多做贡献。要把握宏观经济走势，切实增强市场意识，超前研判用电需求变化，大力开拓电力市场，实施电能替代战略，扩大售电边际效益。把握大用户直购电试点工作进展，严格自备电厂并网准入，加强购售电合同管理，严控对外转供电；积极争取政策，强化小水电并网管理，维护好公司的合法权益。加强安全、电费风险防范，建立快速、联动的风险响应机制，提升预警预控能力；要依托营销业务系统，深化稽查监控，堵塞管理漏洞，化解经营风险。

（四）全面建成“大营销”体系

国家电网公司要实现可持续发展、建成百年老店，必须建立打基础、利长远的体制机制。建设“三集五大”体系，是构建科学体制机制的核心，是深入推进“两个转变”的关键，符合企业发展规律，符合电网发展实际，必须坚定不移向前推进。

建立科学规范“大营销”体系，既是创新体制机制、提高基础管理的手段，也是推动营销发展方式转变、提高持续发展能力的举措。在过去几年持续建设、取得显著成效的基础上，2014 年，“大营销”体系将进入全面建成、巩固提升的关键阶段，要全面落实建设方案，加快向县公司、乡镇供电所延伸，深化完善四级客户服务中心建设，加快推进 95598 全网全业务集中，大力实施通用制度，建立健全技术标准，深化专业协同，优化业务界面，实施监督考核，实现营销效率和效益的全面提升。

三、2014 年重点工作

2014 年是公司推进“两个转变”、创建“两个一流”的关键一年。营销工作总的要求是：认真贯彻公司二届五次职代会暨 2014 年工作会议精神，深入落实党的群众路线教育实践活动要求，以深化“你用电、我用心”为目标，以提高智能化水平、增强互动服务能力为主线，强化管理创新，深化为民服务，全面建成“大营销”体系，大力实施电能替代，确保完成全年目标任务，再接再厉推动营销工作迈上新台阶。

主要发展和经营目标：“大营销”体系全面建成，全面完成 95598 业务集中。完成售电量 36 000 亿 kWh，市场占有率 95% 以上，当年电费回收率 100%，应收电费余额占月均应收电费的比重小于 1%。供电服务承诺兑现率达到 99. 99% 以上，不发生造成重大社会影响的服务舆情，不发生电网责任的客户安全事故。更换改造电能表 6091 万只，累计实现采集 2. 52 亿户。建设电动汽车充换电站 167 座，交直流充电桩 7000 个。完成国家规定的 0. 3% 节约电力电量指标，实现替代电量 300 亿 kWh、市场开拓电量 800 亿 kWh。

重点抓好七个方面的工作：

（一）深化“你用电、我用心”，加快 95598 全业务集中，全面提升供电服务水平

坚持以客户需求为导向，全面强化优质服务意识，实施“便民、利民、惠民”措施，深化供电服务提升工程，建立第三方测评常态机制，全面提高客户满意度，努力打造服务响应协同快捷、服务手段丰富多样、服务管控实时高效的新格局。

全面完成 95598 业务集中。按照推进计划，年内分四批完成 21 个单位 95598 业务上收，全面实现 95598 业务集中。客户服务中心要统筹考虑人员、时段、系统等关键因素，多措并举，加强后勤保障，强化座席人员培训，完善应急防控机制建设，有序推进，务期必成，确保业务运营跟得上、信息系统撑得住、服务水平不降低。各省公司要按照全业务集中验收标准，完成营销业务应用系统及呼叫平台适应性改造，加强客户基础数据治理，稳步实施抢修类业务运营模式调整，实现客户档案数据与配电信息的有机融合，保证业务上收的质量、进度和成效。

切实提升窗口服务水平。深入开展“四个服务”宗旨教育，增强窗口人员服务意识，坚决杜绝“门难进、脸难看、事难办”现象。严格落实“一口对外”、首问负责和限时办结制，履行一次性告知义务，避免客户无谓往返，严禁推诿、搪塞客户，严禁业务体外循环。信守服务承诺，规范窗口行为，公开电表申校、电费交纳、业扩报装等业务信息，提高服务透明度。开展预约服务，拓展社会化服务窗口，为客户提供上门服务、业务代办等亲情服务，完善窗口服务应急机制。

创新服务方式。全面完成城市“十分钟”交费圈和农村“村村有交费点”建设，推广支付宝、手机客户端、充值卡缴费等支付方式。开通多元化服务渠道，利用网络、手机 APP、短信、自助终端和实体网点，突破地域限制，方便客户办理业务。研究智能用电发展趋势，探索智能服务、智能家居和电动车充电查询、预约服务等功能，满足客户低碳用能需求。

全力做好保电服务。加强计划停电刚性管理，加强停送电信息报送管理，开展电网计划检修、建设改造、业扩工程、客户检修停电“四联动”，减少客户停电次数，提高供电可靠性。严格执行政府批复方案，有保有限实施有序用电。提高电力保障和应急处置能力，完善重要活动保电协同机制，排查重要客户供用电安全隐患，确保重大节日和活动保电服务“万无一失”。

强化服务管控。加强供电服务监督，充分发挥95598业务集中优势，分析查找服务流程和管理方面存在的问题，为服务管理提供客观、准确的决策依据。依托95598建立服务评价体系，加强对服务时限、过程和质量的监督与评价，促进服务执行标准化、规范化。强化客户回访，充分运用第三方满意度调查结果，改进服务短板。加强95598服务调度，促进服务协同，确保客户诉求得到有效疏导和处置。严格遵守员工服务“十个不准”和供电服务规范，常态开展明察暗访，定期通报服务情况，确保不发生损害公司品牌形象的服务事件。

（二）大力推进智能互动服务，承载和推动第三次工业革命

坚强智能电网是功能强大的能源转换、高效配置和互动服务综合平台，开展智能互动服务，就是要整合优化渠道、流程，加快研发应用双向互动装备，最大限度满足新能源、电动汽车等发展的需要，为承载和推动第三次工业革命发挥支撑作用。

深化智能电能表和采集系统应用。创新智能电表技术，研发应用直接双向交互智能电表，完善双向互动通信协议和安全技术策略。扩充采集主站功能，提升数据处理能力，确保系统全面覆盖控股和新上划县公司。拓展采集系统数据应用范围，探索应用大数据、云计算等技术，实现关键数据共享，为分布式电源并网、电动汽车充换电站管理提供数据支撑，提升数据资源的战略价值。积极推广应用微功率无线互联互通技术，推进计量装置在线监测、状态检测与故障智能诊断，专用变压器、公用变压器和非统调电厂采集达到100%，继续拓展专用变压器、公用变压器停电事件、电压监测、远程费控、线损管理应用深度，建立完善的运维保障机制，提高数据质量，在公司安全生产、经营管理中发挥更大作用。

科学有序推进充换电设施建设。落实公司党组决策部署，结合国家电动汽车推广应用，优化充换电网络规划和布局，完善建设标准和模式。以市场为导向，以环渤海、长三角和国家23个示范城市为重点，兼顾有需求、有政策的其他城市，按照“主导快充、兼顾慢充、引导换电、经济实用”的原则，科学有序推进充换电设施建设。坚持公司主导建设大规模、集中式充换电设施，优先布局公共快充网络，引入社会资金和力量参与慢充设施建设。加快建设电动汽车互动化服务平台，为客户提供方便快捷的智能互动服务。开展电动汽车与智能电网互动化研究，加快智能设备、关键技术的攻关研发，为智能电网双向互动创造条件。

强化分布式电源并网服务。细化并网标准制度，简化服务程序，研究适应分布式电源发展的新型营销服务模式，为客户提供方便快捷、选择多样、智能互动的服务。应用分布式电源运营管理系统，开展并网全过程监控，实现对分布式电源并网流程监控、运营状态监测分析、综合决策评价等功能，规范分布式电源的运营管理。在并网接入、电量消纳、电费结算、补贴拨付各环节严格落实国家政策，确保电量全额消纳、运行安全可靠，促进分布式电源健康有序发展。

构建智能互动服务平台。发挥国家电网品牌优势，面向公司庞大的客户群体，全面整合服务渠道，全面融合电网、互联网和物联网，应用O2O模式，建成高效便捷、灵活适应、友好开放的智能互动服务平台，开展信息传送、业务互动、服务增值3大系列、18类营销业务，为客户提供智能用电的完美感受和互动服务的全新体验，全力推动坚强智能电网建设。

（三）优质高效建成“大营销”体系，推进体制机制创新

加快“大营销”体系向县公司延伸，强化业务协同，应用信息化、自动化手段，全面建成“大营销”体系，在实践中不断总结提炼，完善提升，实现体系的高效运转。

推进“大营销”体系全覆盖。高度重视“大营销”体系向乡镇供电所延伸，加快营销业务应用系统在176个县公司延伸覆盖，优化18 658个乡镇供电所营销业务流程，完成111个控股县、365个代管县公司适应性改造，全面实现新上划和代管县公司计量器具的集中检定统一配送，对2013年完成建设的199个县公司开展数据质量提升活动，全面强化对县公司及乡镇供电所营销业务管控。严格执行总部批复的“大营销”建设方案，自上而下明确各层级、各专业管理界面和岗位职责，统一标准制度体系，做到职责、流程、制度、标准、考核“五位一体”。按照科学简约、全面覆盖、实用管用的原则，构建统一规范、一贯到底、操作性强的营销通用制度体系。

保障“大营销”体系协同运行。加强顶层设计，狠抓关键环节，大力实施营配贯通，建立动态准确的

"站—线—变—户"拓扑关系和数据同源管理机制，切实提高基础数据可用率。建立完善运检、营销、农电、基建、监察等部门之间"专业管控，各负其责，闭环管理"的客户投诉处理机制，从根源上解决客户投诉反映的问题。协同营销稽查与运营监控业务流程，完成营销与电网规划、财务、运检、调控、交易的集成应用，实现数据共享。完善营销"一口对外"服务流程，构建横向融合、纵向贯通的业扩报装、故障抢修、95598 服务体系，实现"大营销"体系和谐运转。

认真开展建设成效评估。全面开展"大营销"体系建设总结评估，提升组织机构符合度和岗位人员到位率。提炼典型经验，推广最佳实践，通过"回头看"，完善提升体系建设成效。加强量化考核，以建章立制、夯实基础、强化执行、防控风险为重点，消除管理盲区和薄弱环节。务实设计营销指标，加强国内与国际对标，提高管理科学化水平。

（四）大力实施电能替代，深化节能服务体系建设

贯彻公司"以电代煤、以电代油，电从远方来"战略部署，扎实推进电能替代，积极实施社会节能项目，大力开拓节能市场，提高电能占终端能源消费比重和社会能效水平，促进经济社会可持续发展。

大力实施电能替代。落实国家大气污染防治行动计划，主动作为，紧抓机遇，全面推进电能替代。全面开展市场调查，因地制宜制定电能替代发展规划，明确替代潜力点和推进步骤。在城市集中供暖、商业、工农业生产、城市交通等领域大力推广热泵、电采暖、电锅炉、蓄冷（热）、电炊具、电动汽车、电铁等各类电能替代技术，创造条件率先在公司系统内部推广应用。在直辖市、省会城市、计划单列市、国家环保重点关注城市优先实施一批"示范性强、经济效益好、推广效果佳"的电能替代示范工程。加快实施北京集中电采暖示范工程，明确技术路线和建设模式；以京津冀鲁、长三角为重点，全面实施符合政策、效益突出的工业锅炉、窑炉等煤改电工程；利用公司营销网络优势，组织开展"家庭电气化"、厨炊煤改电专项活动；推广 2000 万 m^2 热泵应用和 100 万 kW 电力蓄能；大力发展电动汽车、电气化轨道交通，沿海、沿江省份要积极探索实施港口、码头、岸电等新型"电代油"项目。

积极争取电能替代支持措施。主动与地方政府沟通汇报，争取关停煤锅炉、电能替代补贴、峰谷电价、定向销售电价等支持政策。深入市场调查，滚动修订实施计划，加强宣传引导、典型总结，建立考核、对标制度，创新电能替代项目在业扩报装、供电服务、配套电网改造等环节的服务方式，开辟绿色通道，实施 VIP 服务，加快项目落地，促进电能替代持续快速发展。

开拓节能服务市场。抓住节能服务产业发展的机遇期，以建筑节能、企业节能为重点，拓展外部节能市场。建立响应迅速、管理规范、风险可控的节能项目投资管理机制，加强与科研机构、社会节能公司、设备供应商和用能客户的交流合作，拓宽融资渠道，提高投资效率，提升社会资源整合能力和项目运作水平。探索开展能源托管服务。积极争取国家电力需求侧管理城市综合试点的节能项目。实施公司内部节能项目，确保落实节能奖励资金和税收减免政策。

（五）创新管理方式，坚持规范经营

以方式创新提高管理效率，不断应用先进的管理方式，建立科学的管理机制；以规范经营提高经济效益，坚持依法治企，防范管理风险，保证健康发展。

变革电费抄核收模式。全面提升电费管理自动化水平，加快推进远程费控，稳步实施电费抄核收传统模式向现代模式转变，实现抄表自动化、核算智能化、回收费控化、交费多元化、账务实时化、服务互动化的目标，减少人为干预，消除人为差错。推广购电制管理，强化电费风险动态管控，加大落后过剩产能、高耗能企业电费回收力度，杜绝新欠电费。探索统筹公共服务行业抄表收费的集约化模式，方便客户用能结算，提高供电抄收渠道的商业价值。

简化业扩报装手续。构建客户导向的业扩报装机制，建立公司统一的"一口对外、程序简化、协同高效、全程管控"的业扩报装精益化管理新模式，推行同一地区跨营业厅受理用电业务，简化手续、缩短业扩报装接电周期，居民客户报装次日接电，低压无工程报装在 4 个工作日内接电，一般高压客户业务环节压缩 7 个、提交资料减少到 14 种以下。全面实施业扩报装"串改并"和会议审批制度，确保流程规范、运作高效，群众满意。

规范计量管理。全面实施计量资产全寿命周期管理，清理资产信息，开展电能表寿命分析和预测，提高资产管理质量和效率。严格执行电能表质量"管控十八条"措施，建立施工队伍安全、质量、服务与业绩联动评价机制，严禁违规收费，杜绝装表和档案串户问题，认真落实工程内审制度，定期开展工程后评估。规范县公司计量业务管理。积极落实计量装置和采集运维标准成本预算。加强计量装置改造，实施表箱隐患专项治理工程，推广应用故障抢修周转箱和插接式低压计量箱，加强关口计量互感器质量监督工作。

开展智能表元器件检测，实现质量管控关口前移。

深化自动化系统建设应用。深化营销自动化建设，整合构建上下贯通、横向协同、资源共享的“一体化”管控平台，建成企业级营销公共数据资源池，实现业务管理、运营管控和营销决策三大领域的信息集成；统筹实施营销地理信息、档案管理、移动终端等自动化系统，提升营销管理信息化水平。完成23个省计量中心“四线一库”自动化检测线的实用化运行。4月底，初步建成投运国家电力需求侧管理平台，及时掌握全国用电信息，准确研判经济趋势。增强信息系统安全运行意识，开展营销数据综合治理和系统隐患排查，不断提高数据质量，确保系统安全运行。

加强营销项目管理。严格执行项目管理制度，高度重视项目施工安全和建设质量。落实项目招投标要求，开展里程碑计划管理，加快项目实施进度。充分利用公司内外部审计资源，开展项目工程结算前内外部预审计工作，推进项目竣工验收、财务决算、项目资料归档等环节规范化、标准化管理。加强项目可研管理，提高编制深度，严格履行审批，完善项目投资控制标准，实现科学决策。

（六）加强营销队伍建设，提升整体素质

满足营销发展需要，始终坚持以人为本，内强素质、外塑形象，加快建设一支素质优良、能力突出、作风过硬、勇于创新、善打硬仗的营销员工队伍。

进一步强化作风建设。严格落实中央八项规定，坚决抵制“四风”问题，强化法制观念，提升营销人员的责任意识、担当意识，各级干部和党员在工作中要迎难而上，率先垂范，严抓严管，带头纠正管理习惯性违章，树立依法遵章、令行禁止的工作作风，以饱满的精神状态，保障营销工作健康发展。加强典型引导，选树服务楷模。大力弘扬公司企业精神和核心价值观，开展“服务之星”和第二届供电服务技能竞赛，积极发掘供电服务一线的模范事迹，选树岗位明星、服务标兵，加强宣传引导，激励广大员工比学赶超，奋勇争先。提高队伍履职能力。有计划、有重点地组织开展新业务、新流程和岗位规范培训，高度重视通用制度体系学习宣教，完善营销知识库体系，提高员工理论素养、业务水平和执行能力。

（七）加强重大问题研究，提高政策响应前瞻性

密切关注电力体制改革以及国家有关部门修订电力法规的相关工作，深化研究，主动配合，争取有利于社会发展和公司发展的政策环境。

积极稳妥推进大用户直接交易试点工作。按照建设全国统一电力市场的要求，坚持“积极支持、科学执行”的原则，深化发电侧竞价售电、用电侧竞价购电的政策研究。在统一市场平台上，研究推进20个省大用户直接交易。对国家未批复输配电价的地区，按照用户的到户电价和国家核定的发电企业上网电价之差，确定大用户直接交易的输配电价。对国家已经批复输配电价但不到位的，应重新测算。加强营销创新发展模式研究应用。以满足客户需求为目标，深化研究营销服务模式，明确发展规划和实施路径，简化办电手续、方便居民用电、支持新能源接入，不断推进客户导向型服务机制建设。积极探索公司主导、社会参与的充换电设施建设运营新机制。优化电力光纤到户的发展思路与目标。全力支撑新型城镇化建设。结合国家城镇化建设规划，以服务标准、营销模式、智能家居、新能源利用为重点，加快研究适应国家城镇化建设的业务模型，争取配套政策，开展标准化、专业化配套建设，做好供电服务。深入研究客户服务电子商务平台建设。把握行业发展规律，研究业务发展规划，以节能、智能为产品特色，构建电子商务服务平台，确保11月上线试运营，实现客户利益、社会效益、公司发展的共赢。

公司副总经理、党组成员曹志安在公司“五位一体”协同机制推广实施工作电视电话会上的讲话（摘要）

（2014年10月30日）

一、充分认识“五位一体”协同机制建设的重要意义

建设“五位一体”协同机制，是国家电网公司党组从深入推进“两个转变”、加快建设“一强三优”现代公司全局出发，做出的重大战略部署。刘振亚董事长在公司年初“两会”工作报告中指出，2014年是“三集五大”巩固深化、务期必成的攻坚年和决胜年，公司最紧要的任务就是建立“五位一体”新机制，以保障“三集五大”体系的高效运转。刚刚结束的四季度工作会议上，刘振亚董事长再次强调了建设“五位一体”协同机制的重要性和紧迫性，要求确保“五位一体”协同机制年底建成，形成新的管理架构和运转模式。

（一）“五位一体”是“三集五大”体系扎根落地的必由之路

“三集五大”体系是推进公司治理结构和治理能力现代化的重大举措，是建设“百年老店”的体制基

● 公司副总经理、党组成员曹志安。

础和根本保障。体系建设实现了多年来电网管理方式最重大、最深刻的一次变革，已经取得了显著成效，但仍存在一些亟待解决的问题，如专业管理尚未全面覆盖、专业间横向协同工作有待加强，业务流程还需进一步优化，制度标准、信息系统、考核激励、支撑保障等运营机制需要适应性调整等。要解决上述问题，实现“三集五大”体系的扎根落地，我们要更加重视机制、制度、文化等“软件”建设，要更加重视系统融合和整体集成。“五位一体”协同机制以固化“三集五大”体系建设成果为目标，构建了全面覆盖、横向协同、纵向贯通、通用性强的业务流程体系，与流程动态匹配的岗位职责体系、制度体系和考核体系，并建设了统一集约、协同开放、资源共享、信息交互的信息平台，能够将“三集五大”体系的科学组织架构、管理模式、管理要求和业务流程固化下来，确保“三集五大”体系的扎根落地。

（二）“五位一体”是“三集五大”体系高效运行的重要支撑

公司建设“三集五大”体系的重要目标是实现各项业务体系的高效运转，不断提高公司创新发展能力，促进公司“一强三优”现代公司战略目标的早日实现。但长期以来，各专业工作大都基于职能驱动，虽然专业线条内部运行较为流畅，但跨专业、跨部门、跨层级的业务流程，仍存在衔接不畅、运转效率较低、运行效果不好等问题，在一定程度上影响了“三集五大”体系高效运行。“五位一体”协同机制构建了公司层面相互关联的业务流程体系，从机制上形成了各项业务间的横向协同关系，优化了各专业的运行方式，并为各单位、各专业提供了一个提前发现问题、协同解决问题的平台，是实现公司各层级、各业务有机协调的重要基础，是“三集五大”体系高效运转的重要支撑。

（三）“五位一体”是依法从严治企的重要手段

依法从严治企是企业管理的基本要求，是企业健康发展的根本保证。实现公司长治久安、可持续发展，必须把法治思维贯穿“一强三优”现代公司建设的全过程，把“严”的要求全面落实到企业管理和队伍建设的各方面。公司四季度工作会上，刘振亚董事长提出，要把公司努力打造成“全员守法、全面覆盖、全程管控”的法治企业。对于一个企业来说，国家法律法规是社会层面对企业的规范要求，公司业务流程、管理制度和技术标准是企业建立的内部规范要求，都属于企业运营必须遵循的“法”。“五位一体”协同机制建立了标准流程体系，立了“法”将制度标准分解到每一个岗位过程中，完善、普及了“法”，并通过监控掌握执“法”的情况，帮助每位员工做到“知法、守法、用法”。

（四）“五位一体”是深入推进“两个转变”的根本保障

任何一个成功的企业都会追求战略目标与各管理要素的协同一致、有机统一，公司正是站在战略高度，提出“五位一体”的理念，组织顶层设计，并建立一贯到底的落实机制。“五位一体”协同机制以业务流程为载体，以职责体系为架构，以制度标准分解落实为抓手，以促进企业绩效提升为目标，融通职责、制度、标准、考核等管理要素，全面展示企业运营管理状况，是解决特大型国企部门壁垒、专业分隔问题的重大创新举措，是建设“一强三优”现代公司，深入推进“两个转变”的根本保障。

二、认真学习领会顶层设计成果

总部人资部牵头，财务部、科技部、信通部、法律部、人事部、运监中心和企协配合，各部门全面参与，顶层设计项目组170多人历时7个月，坚持“顶层设计、框架统一。分批推进、成果共享。重在实用、持续提升”的原则，通过总结、承继“五位一体”试点的单位经验和风险管理与内部控制体系建设成果，已经完成了“五位一体”协同机制顶层设计，取得了丰硕的成果。顶层设计在理论性、实践性、创新性等方面都有所突破，具体可以归纳为五个方面：

（一）创新了流程管理的业务驱动模式

职能驱动模式的流程管理，注重从业务部门的角度进行流程梳理。因沟通不全面、信息不对称，容易产生流程重复、职责不清、环节冲突或中断、缺失等问题，形成部门壁垒。“五位一体”顶层设计采用了业务驱动模式，即从公司整体上对业务流程架构进行规划和设计，组织业务人员按照统一的工作标准，集中开展业务讨论、流程建模、协同关系梳理等工作。这种工作模式，从方法上消除了流程重复、环节冲突、中断或缺失等问题，理清了流程的责任部门及参与部门，形成了一套架构清晰、覆盖面广、协同性强的流程体系。

（二）建立了动态的流程管理机制

静态的流程管理，重点关注流程梳理环节，流程梳理完成后往往束之高阁，忽略了流程管理是一个动态的全过程管理。顶层设计建立了包括流程规划、流程建模、流程发布、流程执行、流程监控分析、流程优化“六步走”的动态管理模式，能够确保“五位一体”机制不断完善提升。目前，公司通过顶层设计已经完成流程规划、流程建模、流程发布等工作，各单位开展的推广实施工作为流程执行，第五、第六步的流程监控、流程优化等工作正在逐步开展。

（三）统一构建了标准业务流程体系

公司“三集五大”体系建设，实现了对组织机构的规范设置和管理。同时公司不断加强制度建设，基本建成了以通用制度为主，非通用制度为辅的规章制度体系。继上述两项工作后，“五位一体”顶层设计第一次实现了公司层面的业务流程通用和统一，初步形成了一套业务、一套流程、一套制度。公司顶层设计共梳理供电企业业务流程 1300 条，其中通用流程 1076 条，通用比例达到了 82.8%。通用流程普适于公司总部、省公司、地市公司和县公司等各层级，体现了专业化、标准化、集约化的工作要求。通过应用通用流程，能够促进业务工作更规范地开展，确保公司各项管理要求落实到位。

（四）促进了多管理体系的融合

“五位一体”协同机制抓住了流程这个核心载体，将职责、制度、标准、考核等管理要素与流程建立匹配关系，承继了各体系的经验和成果，促进了多管理体系的融合，整合形成了一套全面、动态、实用的管理机制，互相呼应，形成合力，更能适应日益精细化的管理要求，促进企业战略目标的实现。“五位一体”的思路已经成为企业各专业管理体系共同遵循准则，风控体系是按照“五位一体”思路建立的，岗位责任体系和资产全寿命管理体系也是按照“五位一体”思路建立的。

（五）实现了顶层设计与各专业系统的统一

“五位一体”业务流程体系全面揭示了业务的运行框架、运行规律和运行规则，实际上是对公司所有业务进行了一次全面、完整的流程规划，为各专业信息系统的实现提供了业务规划和指导，各专业信息系统又在“五位一体”业务流程基础上进行了操作性的细化，两者根本上是统一的。具体设计“五位一体”业务流程时，与现行各专业信息系统之间建立了基于具体业务的一一映射关系，能够对各专业信息系统的流程合规性和运行效率进行监控分析，实现公司数据资产的整合。

顶层设计构建了“五位一体”协同机制的统一框架，汇总了通用管理要素的建设成果，总结制定了全面推广应用的建设手册，各单位要认真学习领会，结合本单位实际，把顶层设计成果理解好、推广好、应用好。

三、加快推广实施与深化应用工作

目前，“五位一体”协同机制建设已经进入分批推进、成果共享阶段，也是以制度标准和信息系统固化“三集五大”建设成果，解决权责不清、管理交叉等问题，确保“三集五大”体系落地的关键时期，大家要进一步振奋精神，全力以赴，确保年底前基本建成“五位一体”协同机制。

（一）明确目标，落实责任

年底目标和责任分工。基本建成“五位一体”协同机制，确保“三集五大”扎根落地。总部法律部要加快第四批和第五批通用制度颁布，组织相关部门完成通用制度的拆分匹配，并将顶层成果更新到省公司。总部信通部要组织完善“五位一体”管理信息平台，完成流程体系与 SG-ERP 各专业应用系统工作流的比对功能开发。各省公司人资部牵头，财务部、科技部、信通部、法律部、人事部、运监中心和企协配合，组织各部门完成顶层设计成果的梳理，匹配到机构和岗位。各级运营监测（控）中心负责“五位一体”新机制运转的实时监测，业务流程端到端的效能分析，要主动参与新机制建设，提前熟悉并掌握“五位一体”管理工具提升本部门履职能力。总部“五位一体”工作小组要加快制定验收标准，建立巡回督导工作制度，指导各单位做好“五位一体”协同机制顶层设计成果宣贯和建设工作。

2015 年目标和责任分工。全面建成“五位一体”协同机制，实现“三集五大”高效运转。各省公司要结合实际，实现“五位一体”协同机制全业务覆盖。各层级单位要加大“五位一体”协同机制应用培训力度，提高规章制度、标准等管理要素的认知度和执行力，按“三集五大”创新体系的要求建立良好的行为规范。总部各专业部门要依据“五位一体”机制对应的流程、制度、标准和指标，提出所负责业务的监控需求，确保公司党组确定的每一项任务落实到位，并应对其他部门负责的相关业务提出需要共享的信息需求，以及时、准确、便捷地获得信息支撑。运营监测（控）中心要全面开展各业务的流程比对分析，关键环节和重要指标的监测。信通部要组织做好信息支撑工作。

（二）准确定位，统筹协调

“五位一体”协同机制建设是一项系统性、全局性、基础性的工作，涉及各专业、各层级，在机制建设和运行过程中，准确的职能定位十分重要。

公司总部负责“五位一体”协同机制顶层设计，主要包括标准流程及其相关制度、标准、职责、考核体系的建设、运行、监督、考核等工作。

省公司按照“五位一体”协同机制顶层设计要求，针对通用流程进行差异分析并协助总部完善顶层设计，根据自身业务情况完成非通用流程及补充流程建设；组织所属单位建立本单位职责、制度、标准、考核体系要素库，并与流程体系进行匹配；组织开展“五位一体”协同机制建设、运行、监督、考核等工作。

当业务模式、管控要求发生变化时，应由相关专业部门发起，对现行“五位一体”职责、流程、制度、标准、考核等管理要素进行及时补充、修订及废止。各管理要素补充、修订及废止时，发起部门应在“五位一体”协同机制管理信息平台中对要素进行拆解、分析、匹配，模拟运行顺畅后，方可向相关管理部门提出补充、修订及废止申请。

（三）全面宣贯，广泛参与

“五位一体”协同机制是管理工具，更是一种不同于粗放式管理的先进管理理念和优秀企业行为。要改变传统管理习惯的惯性，变“人治”为“法治”，必须加大宣贯力度。各部门、各单位要尽快制定方案，进一步加强对“五位一体”协同机制的宣传培训。要注意总结经验，发现先进典型，通过公司内的媒体平台，积极宣传“五位一体”的管理理念和典型经验，让广大干部员工真正理解“五位一体”的内涵，大力支持“五位一体”的建设，积极参与“五位一体”的应用，具备应用“五位一体”指导工作的能力，只有知行合一，才能按照集约化、扁平化、专业化方向，实现“三集五大”创新体系高质量落地和高效运转。

（四）务期必成，不断优化

公司印发的“五位一体”协同机制建设推广方案，明确了机制建设的思路、目标、方法和计划安排。“五位一体”机制建设规范性指标已经纳入公司年度业绩考核范围，年底前要认真组织开展机制建设验收和考核评价。各部门、各单位要加强领导，精心组织，强化协同，严格执行方案明确的职责分工、任务内容、时间进度要求，“五位一体”协同机制建设务期必成，并要把新机制的运行抓实、抓牢、抓好。

“五位一体”协同机制为企业管理创建了一个高质量决策规划、高效率沟通反馈、发展中自我完善的闭环控制机制。顶层设计成果提供了机制运转的基本框架，以及核心业务的管理蓝图，要全面建成机制并在企业依法治理中高效发挥作用，还需要一个不断积累完善的过程，有赖于各级领导按制度管理、按制度执行，有赖于管理者实事求是、大胆创新，有赖于执行者恪尽职守、爱岗敬业，有赖于各层级充分互动，建立及时发现问题、认真分析问题、积极提出合理化建议，有效解决问题良性生态环境。总部各部门要充分发挥主导作用，加强对省公司推广实施工作的业务指导，定期解答基层单位提出的问题和意见建议，实现顶层设计与基层单位应用的双向互动。省公司要发挥主体责任，结合实际，不断提高“五位一体”的先进性和实用性，深化“五位一体”在专业工作中的广泛应用。

公司副总经理、党组成员栾军在公司2014年调度控制工作会议上的讲话（摘要）

（2014年1月24日）

2013年，各级调度始终把安全放在首位，加强全过程安全风险防控，全力应对自然灾害和恶劣天气，在新能源发展迅猛、电力需求快速增长、电网建设任务繁重情况下，确保了电网安全运行和电力可靠供应，圆满完成十八届三中全会等重大保电任务。深化“大运行”体系建设，推动调控业务转型升级，大力提升调度控制能力，调控工作取得了新成绩。

一、关于大电网安全

近年来，公司坚强智能电网建设取得了重大进展，特高压建设全面推进，各级电网协调发展，智能技术广泛应用，国家电网进入了特大型交直流电网加快发展的新时期，如何管控大电网安全风险是我们面临的现实挑战。刘总在2014年“两会”报告中就确保大电网安全运行工作做了重点部署，这是一项长期任务，要持之以恒做好，当务之急是要进一步提高大电网面临安全问题的认识。

一要强化风险意识。2014年，锦苏、复奉、宾金三大特高压直流都要满功率运行，单回直流最大输送功率将达到800万kW，这在世界上都是前所未有的，对系统的影响是空前的，特别是我们现在处在特高压电网发展初期，网架还在构建过程中，面临的安全风险也是巨大的。2013年7月5日，上海地区一条

● 公司副总经理、党组成员栾军。

500kV 交流线路单相故障引发四回入沪直流同时发生换相失败，林枫直流极Ⅱ、复奉直流双极低端换流器在 7 秒内相继闭锁，减送华东功率 453 万 kW。受端电网单一交流故障就可能引发大容量直流功率失却、跨区交直流系统连锁动作，这超出了我们以前的经验。结合天中直流投产，总部组织对西北电网做了专题分析，发现 750kV 主网稳定性问题、强直弱交问题、局部电网供电可靠性等问题都很突出。公司党组专门开会，听取了"7·5"事件和西北电网的分析报告，公司认为随着特高压网架的形成，交直流系统之间、送受端电网之间相互影响、相互作用在进一步增强，大电网安全运行面临的风险在增加，尤其是过渡期安全矛盾突出，发生稳定破坏和大面积停电事故的风险始终存在，我们对此必须要有清醒的认识，切不可心存侥幸，对大电网稳定问题要严抓、严管、严控，将电网安全稳定措施落到实处，坚决保障大电网安全。

二要强化责任意识。电网调控运行工作责任重大，调度战线的广大干部员工长期奋战在电网运行一线，非常辛苦，做出了很大贡献。调度业务是 24 小时不间断的，这就需要我们心无旁骛、严防死守、履职尽责，多年来调度系统形成了严谨务实的工作作风，对确保电网安全运行起了很大作用。现在电网越来越复杂，安全风险越来越大，需要我们加倍努力，扎扎实实做好本职工作。特别是负责电网运行的公司领导，要牢记使命，以对党和人民、对事业负责任的态度，俯下身子坚守岗位，亲力亲为严格把关，肩负起确保电网安全运行的重任。

三要强化系统观念。大电网运行是一项复杂的系统工程，需要大家共同参与、共同保障电网安全稳定运行。2012 年，公司专门成立了加强电网运行与管理领导小组，下发了工作意见，提出了以电网运行为中心，建立规划、建设、运检、调控、安监和科研等环节职责清晰、高效协同的工作机制，构建全方位的运行管理体系，布置了重点工作任务，目前总体运作情况是好的，但也有一些需要注意的问题。比如说检修计划管理，涉及基建施工、检修技改、启动调试等方方面面，协调不好就会造成重复停电，削弱电网结构，增加电网运行风险，据统计有些 500kV 线路一年停电超过 5 次，最多的达到 8 次，说明我们的工作还有很大提升空间。各单位要严格落实工作意见，分管生产的领导要主动协调，加强专业间的工作衔接，形成管理规范、统筹高效的电网运行管理常态机制。

二、关于"大运行"体系建设

全面推进"大运行"体系建设是今年公司的一项重点工作，2014 年公司"两会"上，国调中心做了专题报告，内容是以"大运行"体系建设为主线，发挥调控中心作用，确保大电网安全运行。我们要正确认识生产力发展与生产关系变革的辩证关系，电网技术进步必然带来生产组织方式的深刻调整，我们只有根据电网发展和调度对象变化，不断地变革组织架构，创新管理方式，才能满足电网发展需要，保障电网安全稳定运行。这些年，我们在调控体系建设方面下了很大功夫，做了大量的研究和探索，形成了"大运行"体系的核心思想，实践证明，这是与电网发展相适应的，必须坚定不移向前推进。

2013 年，公司在充分调研的基础上，对"大运行"体系建设方案做了完善调整，重点在"大运行"体系向地县延伸和各大体系之间横向协同等方面提出了一些新举措。在地调建设方面，总体来看，目前调度体系建设是不平衡的，地县调薄弱的问题比较突出，与加强地区电网和城乡配网建设、分布式电源快速发展的要求是不相适应的，要重点加强地调建设。从整个调控体系看，地调监控总量是最大的，还要实施业务集中统筹和统一专业管理，而过去地调作为一个生产车间，管理职能发挥是不够的，人才队伍建设也相对滞后，要切实做好地县调一体化运作，强化地区电网和城乡配网调控能力。在国分调建设方面，国分调一体化我们已经做了大量工作，随着特高压电网发展，电网一体化特性在增强，国分调一体化运作还要进一步强化，要紧密围绕大电网安全风险管控，加强主网运行方式、调度计划等核心业务的集中统筹，同时，还要统一技术手段、运行规程和运行标准，切实做到一本规程、一级标准。在省调建设方面，省调管理差异是比较大的，和电网一体化运转的要求有一定差距，还要引起我们重视。要强化大电网意识，牢固树立全网一盘棋思想，推进制度标准和业务流程建设，应用先进的管理工具，统一制定、严格执行标准操作程序（SOP），提高省调标准化、精益化管理水平。在专业协同方面，要注重加强大运行体系和其他体系的业务协同，特别要解决好运行方式与规划建设、调度计划与基建检修、配网调度与营销运检、集中监控与设备运维的业务协调，完善优化业务流程，提高电网运行整体绩效。注重发挥调控合一优势，健全制度、完善手段，开展事故情况下停运线路远方试送操作，提高电网应急处置效率。

三、关于清洁能源消纳和“三公”调度工作

随着清洁能源发展、节能环保战略实施和大用户直接交易工作的开展，清洁能源消纳和“三公”调度越来越成为我们工作的重点，要高度重视。

一要充分认识工作的重要性。大力发展清洁能源、推进市场化是国家政策，积极服务清洁能源发展、适应能源结构转型和市场化是公司的责任和义务。当前我国大范围的雾霾天气不断加剧，清洁能源发展引发各界关注，前不久全国人大开展了可再生能源执法检查，运行中弃风、弃水矛盾日益突出，清洁能源消纳问题已经成为公司面临的重大政策风险。网厂分开后，市场主体呈现多元化，政府部门、社会各界和发电企业对“三公”调度工作高度重视，随着市场化改革的逐步深入，外部环境将更加复杂，发电企业对“三公”调度的诉求进一步增加，“三公”调度工作的好坏将直接影响公司改革发展大局。

二要深刻认识工作的复杂性。随着清洁能源总量快速增长，其波动性、随机性对电网运行的影响更加突出。大型核电基地陆续建成投产，热电联产改造规划与电源规划不协调，常规电源调峰能力进一步劣化，加之跨区通道建设相对滞后，系统调峰问题和外送能力不足的问题交织，清洁能源消纳压力进一步增大。随着大用户直购电规模不断扩大，计划电和市场电并存，电网调节空间减小，运行控制难度更大，面临的困难更多，对电网调度运行控制提出新要求。坚持清洁能源优先消纳的原则，进一步优化改进调度工作，将清洁能源纳入方式、计划、运行各个环节，充分利用电网配置能力更大范围消纳，充分利用现有运行空间优先消纳。

三要提高调度工作规范性。公司长期以来高度重视“三公”调度工作，发布了调度交易服务“十项措施”，各级调度按照公司要求，对内严格管理，对外努力做好优质服务工作。但也必须看到，还是存在一些服务质量、与调度对象交往过程中的规范性等问题，要严格依法依规调度，落实差异电量计划，严格控制计划完成率偏差在规定范围；落实“十项措施”，严格执行调控机构人员“五不准”，切实提高调度工作规范性和优质服务水平。

四、关于运行技术和技术服务

随着坚强智能电网建设，电网越来越复杂，智能装备大量应用，要保障这么一个复杂大电网的安全稳定运行，一定要重视技术进步和技术服务，这是我们搞好运行工作的基础。

一要深化大电网理论研究。“7・5”事件说明我们对大电网运行机理的认知还不够，在关系电网安全稳定运行的重点领域，公司部署了一批重大科研专项，要结合特高压电网运行实际，集中力量攻关，尽快攻克制约公司和电网发展的难题。电科院要在以往工作成果的基础上，适应“弱交流、强直流”系统运行环境变化，做全、做细、做准直流模型参数，并结合直流工程实际充分验证，进一步提高交直流互联系统仿真精度。

二要加强智能变电站二次设备的技术管理。年内公司要启动建设50座新一代智能变电站，完成100座变电站智能化改造，推广建设的速度非常快。智能变电站以光缆和软件逻辑代替继电保护二次回路，以二次系统配置文件（SCD文件）描述二次设备连接关系，增加了大量合并单元（MU）、智能终端等新设备，对传统二次专业管理带来了深刻变革。调度首先是要学技术、懂技术，要努力掌握新设备的技术特性；其次是要加强新设备的入网管理，新设备往往需要一个完善的过程，实际运行中MU等设备出了很多问题，公司已经提了要求，要全面整改、严格把关；此外，还要结合运行实际，总结经验，提出技术改进意见，共同促进智能变电站的健康发展。

三要研究清洁能源运行关键技术。清洁能源预测技术还要继续挖掘，要针对随机性，加强数值天气预报应用，做好气象等基础资料积累，提高预测精度。要适应我国清洁能源大规模集中开发、远距离外送的实际，研究确定高低压穿越范围和耐受水平，防止连锁反应引发大电网事故。

四要加强技术支撑服务。“三集五大”方案增加了公司直属科研单位对分部的技术支撑，分部承担了电网运行管理的很多工作，之前对分部的支撑力度不够，要统筹资源、切实落实。在技术支持系统集中运维方面，电科院做了大量工作，南瑞集团也做了配合，2014年还要继续推动。这项工作直接影响自动化系统运行可靠性和应用水平，又涉及安全、信息防护等问题，非常重要，要明确职责界面，建立规章制度和业务流程，落实安全措施，做好人员选配，不断磨合改进，切实发挥作用。

公司总会计师、党组成员李汝革在公司2014年度财务决算会议上的讲话（摘要）

（2014年12月4日）

● 公司总会计师、党组成员李汝革。

一、充分肯定财务工作取得的成绩

2014年以来，公司认真贯彻中央决策部署，以“两个转变”为主线，强化管理、加快发展，安全和服务水平不断提升，电网发展全面提速，经济效益稳步增长。哈郑、溪浙、川藏联网、舟山柔性直流等重要工程建成投运。“四交四直”特高压工程加快推进。“三集五大”体系基本实现纵向贯通、全面覆盖，“五位一体”新机制初步建立。成功收购澳洲项目、港灯电力、意大利能源网公司部分股权。严格落实中央八项规定，认真开展公务用车、办公用房、小型基建和培训机构专项治理。深入开展党的群众路线教育实践活动，强化作风建设。1～11月份，公司完成售电量31 659亿kWh，同比增长2.9%；营业收入18 994亿元，同比增长4.7%；实现利润742亿元，同比增加99亿元，利润增幅位居央企前列。11月末资产总额28 780亿元，较年初增长12%；资产负债率57.01%，与年初基本持平。

2014年，财务工作紧紧围绕公司发展大局，积极应对错综复杂的经营形势，深入推进财务集约化管理，各项工作取得了新的成效。强化预算集约管控，提升经营效益，预计全年实现利润780亿元，主要效益指标再创历史新高，四川、冀北、甘肃公司和许继集团消除累计亏损。开展项目可研经济性与财务合规性评价，推进预算闭环管控。统筹境内外资金市场，1～11月，境内外发行债券950亿元，内部融资733亿元，实现资金运作效益118亿元。深化资本集中运作，开展甘肃、河南农电上划，完成管理学院分立、都城伟业上划等工作。创新电网基建工程投资预算管理，规范工程其他费用管控，开展送变电企业专项整治。全面解决脱硝除尘电价矛盾，推动出台京、津、沪燃气电价疏导政策。争取到国有资本预算支持特高压电网项目资金35亿元。积极配合审计署开展经济责任审计，基本完成公司内控体系建设。

回顾2009年推行财务集约化管理以来，我们开创性地提出“六统一、五集中”工作思路，财务战线广大干部员工按照“深化应用、提升功能、实时管控、精益高效”总要求，努力攻坚克难、开拓创新，全面建立了集中、统一、精益、高效的现代化财务管理体系，公司财务体制机制实现重大转型，经营效益、企业实力和财务管理的标准化、信息化、集成化、集约化水平实现跨越式提升，有力支撑了公司健康发展。

一是坚持价值导向，经营效益和经济实力显著提升。建立健全投资能力管控机制及投资回报挂钩机制，促进需求与能力双向平衡，投入与产出更加匹配。严格成本费用管控，“三公”等消耗性费用持续大幅下降。深入开展经营诊断分析，公司上下成本效益意识明显增强。优化企业负责人业绩考核体系，更加突出效益导向。在宏观经济低迷、中央企业效益增幅下滑的情况下，公司效益水平连创新高。公司连续10年、3个任期获中央企业业绩考核A级，连续4年获得国资委财务绩效评价A级，连续4年蝉联世界500强企业第7名，连续2年被三大国际评级机构授予国家主权级信用等级。

二是深化资源统筹调配，有效促进集团化协调发展。坚持预算“一盘棋”运作，强化目标总控，引导经济资源向重点领域聚集。通过东西帮扶等多种途径，改善内部发展不平衡状况，累计亏损单位从18家减少到7家，减少累计亏损62亿元。加强产融协同运作，产业、金融板块利润占比达40%。完成主辅分离、主多分开、农电上划、科研产业整合、总分部一体化等资产重组近万亿元，公司产权级次压缩到5级。建成集团“资金池”，资金集中度超过99%。推行统一融资，五年来累计发行各类债券4750亿元，实现资金运作收益466亿元。2013年首次发行境外美元债，两年发行利差均创同期中资企业最低。

三是坚持依法从严治企，财务规范化管控持续加强。集中开展财务专项检查，及时消除“出血点”和“发热点”。基本建成全业务、跨层级、端到端的内部控制体系。深入开展在线稽核，全面覆盖省市县各级单位。强化项目与资金一体化管控，初步形成全过程闭环管理链条。全面清理历史遗留担保，基本完成土地权属清理完善工作。推行电网基建工程年度投资预算，严格规范工程费用管理，防范财务风险。

四是积极争取价格财税政策，营造良好经营发展环境。推动国家适时调整销售电价，全面疏导脱硝、除尘电价矛盾，推动建立居民阶梯电价，输配电价水平稳步提高。推动出台风电、光伏、生物质发电等上网标杆电价政策，完善抽水蓄能两部制电价。稳步开展大用户直购电试点。建立电铁还贷标杆电价机制，扩大城乡同价和工商并价范围，优化分时电价政策。新建小区供电工程配套收费扩大至24个省，供电延伸服务收费扩大至15个省。争取到国家完善可再生能源补助政策。争取到电网新建项目“三免三减半”优惠政策。

五是建立政策标准体系和一体化信息平台，财务管理现代化水平不断提升。实现公司会计政策、会计科目和财务信息标准的全面统一。发布了财务通则、34项通用制度和53项操作规程。建立11大类223项财务管控标准流程，实现全业务、全层级的在线应用和实时监测。建立覆盖电网、产业、金融全业务及生产、基建全环节的统一标准成本，年节约成本超过100亿元。会计核算“一本账”、会计报表“一键式”常态化应用。财务信息化基本实现横向集成、纵向贯通，深化与各业务集成应用，逐步消除信息壁垒，集中管控能力持续增强。

财务集约化管理先后获公司科技进步一等奖、“十大管理创新贡献奖”第一名、中电联管理创新成果一等奖及2010~2014五年经典案例一等奖第一名；内控体系建设获中电联管理创新成果一等奖；预算管理获中央企业管理提升活动专项奖第一名；财务决算多次获财政部、国资委表彰；“一键式”报表、电网工程财务管理、基建标准成本研究分别获公司科技进步一等奖。

二、认真研究和把握改革发展的新形势

（一）积极应对经营形势变化，保障公司健康可持续发展

财务处于公司改革发展的前沿，要始终保持“终日乾乾、与时偕行”的心态，对新环境、新要求保持敏锐、因时应变。一是适应经济“新常态”，需要公司经营持续提质增效。习近平总书记在APEC峰会上系统阐述了“新常态”的特点，包括经济从高速增长转为中高速增长，经济结构不断优化升级，从要素、投资驱动转向创新驱动等。“新常态”将对公司经营产生长远影响：从电量看，2012年以来公司售电增速持续回落，2014年1~11月已降至2.9%，电力消费弹性系数仅0.4，为1998年以来最低。从电价看，随着政府简政放权，政府与市场、中央与地方的利益界面调整，电价工作面临新的挑战。“新常态”下，公司必须进一步加强集约化精益化管理，在确保安全可靠供电的基础上，集中资源投入到发展前景好、回报高的重点领域、重点项目，避免大水“漫灌”，加强“喷灌”“滴灌”，追求更高质量的增长。二是支撑电网建设全面提速，需要持续提升融资能力。按照国家大气污染防治行动计划，公司将分三批尽快开工建设“四交四直”及酒泉—湖南特高压直流工程，并加紧启动“五交九直”特高压工程。近期，公司还创新提出构建坚强送端西南电网，规划建设十余条特高压直流线路，实现川藏大规模水电外送。初步预计，未来五年每年电网投资不低于3500亿元，年均融资需求超过2600亿元，中长期融资保障面临较大压力。三是服务新兴业务发展，需要持续提升财务创新能力。目前公司管理境外资产超过1400亿元，覆盖五大洲多个国家和地区；管理金融资产超过5200亿元，覆盖银行、保险、信托、证券、基金、租赁等业务；公司实施“两个替代”战略，促进清洁发展，拓展节能服务，支持分布式电源并网，不断延伸电网服务领域。财务工作需要适应公司商业模式创新，积极研究相应的财务管理模式、资本运作方式、价格收费体系、风险控制策略等。

（二）密切关注和研究改革政策，增强参与改革、推动改革的自觉性和主动性

十八届三中全会以来，财经领域许多重要改革持续推进：深化财税体制改革，修订《中华人民共和国预算法》，改进预算管理制度，加快推进税制改革；完善金融市场体系，加快推进利率市场化，实现证券市场“沪港通”；深化行政审批制度改革，下放项目核准权限；积极发展混合所有制，创新投融资机制，鼓励社会资本参与跨区输电通道等电网建设，推广PPP（政府和社会资本合作）、投资基金等新融资模式。近期，国家还正式启动了深圳输配电价改革试点，印发了中央管理企业负责人薪酬制度改革意见。针对国资国企改革和电力体制改革，国家有关部门也正在征求意见、制定方案。

改革牵一发而动全身，对公司影响重大，意义深

远。要按照公司党组“主动研究、形成意见，主动沟通、达成共识，主动参与、避免被动”的要求，深入研究国资国企、电力体制和电价改革等政策动向，分析影响，制定预案，提出建议，争取支持。近期重点要加强三方面研究：一是关于资本结构。按照十八届三中全会精神，对于关系国民经济命脉的自然垄断行业，需保持国有独资或控股方式，同时积极发展混合所有制经济。推行混合所有制改革，有助于扩大吸收社会资本，弥补发展资金不足，同时对于企业的治理结构、盈利水平、信息披露等将提出更高要求。下一步要研究落实公司已确定的分布式电源并网、电动汽车充换电、抽水蓄能和调峰调频储能项目实行投资开放等混合所有制实现方式；同时要把上市作为发展混合所有制的重要形式，加快推进具备条件的产业、金融企业上市或整体上市，提高国有资本控制力和运营效率。二是关于市场监管。按照深圳改革试点方案，对电网实施准许总收入的监管方式，准许成本、有效资产、电网投资等均受政府严格监管。折旧率、运行维护费、职工薪酬、其他费用等准许成本关键参数需由政府审定；有效资产界定为输配电业务必需的资产，不包括辅业等与主营业务无关的资产；电网投资需政府审核后才能纳入有效资产范围等。这些改革政策对电网企业成本安排、资产管理、投资管理等都提出了更严格、更细致的要求。三是关于信息披露。公司目前按会计准则规定，对电网、产业、金融单位实行一套合并报表，省公司所属供电及相关支撑单位实行统一核算，输配电成本主要按折旧、材料、工资、其他费用等成本属性核算。从改革趋势看，今后要过渡到按监管业务和非监管业务分业核算，并根据监管需要分环节或分电压等级归集输配电成本。这都要求电网企业建立满足会计、税务和电价监管等不同要求的多维信息反映体系，深化精益核算，改进信息披露方式，进一步优化预算管理、业绩考核、资产管理等方式方法。

（三）深入学习贯彻十八届四中全会精神，坚定不移推进依法理财

依法治国与公司经营发展、与财务工作息息相关。财务战线学习贯彻十八届四中全会精神，最根本就是要严格依法理财，建设法治企业。这是公司打造百年老店、实现长治久安的重要基础，是创新发展、推进“两个转变”的重要保障，也是深化财务管理、推动财务转型提升的根本要求。公司是广受关注的自然垄断企业，对依法规范运营要求更高。公司党组高度重视依法治企，近年来通过建章立制、严抓严管，取得了很大成效，但从审计检查情况看，一些“习惯性违章”仍未杜绝，在工程建设、招标采购、关联交易、“三公”消费、财务管理、薪酬福利等方面还存在管控不严的情况，必须警醒自觉。

财务以反映、控制和监督经济活动为基本职能，在依法治企中承担着重要职责。依法理财既是财务工作的根本出发点，也是检验财务工作成效的重要标准。深入推进依法理财，重点要聚焦四个环节：一是牢固树立依法合规理念。经济社会快速发展，外部形势复杂多变，政策法规日益严格，财务人员必须牢记使命责任，增强规范意识，提高政策水平，始终坚持对己对人高标准、严要求。二是坚决整改存在的问题。特别是2014年审计署审计发现的问题，以及历年内外部监督检查尚未整改完毕的问题，务必逐项明确计划，落实责任，限期整改到位；整改结果尽量列入2014年决算。三是完善规章制度和内控流程。“悬衡而知平，设规而知圆。”要在2014年公司基本建成内控体系和通用制度体系的基础上，结合审计整改，分析原因，查补漏洞，完善制度和流程，立好规矩、定好标尺。四是坚持不懈狠抓内控落地执行。“天下之事，不难于立法，而难于法之必行。”规章制度不会自动执行，必须通过有效的内控，使制度变成全员的行为习惯。我们这两年花大力气建成内控体系，绝不能成为摆设，必须下更大的工夫狠抓落地执行，推动财务与业务协同、后端与前端共治、线上与线下联动，消灭“习惯性违章”的土壤，涵养好依法理财的“源头活水”。

（四）针对实时管控薄弱环节，持续深化财务集约化管理和财务信息化建设

通过五年多来的全面建设，财务集约化理念深入人心，制度、标准、流程已相对健全；一体化财务信息平台基本建成，发挥了显著的支撑作用。但从实际情况看，目前财务管控特别是在风险管控方面还存在一些薄弱环节，突出表现在：一是“看不清”，比如有的单位在审计检查中发现物资“虚入虚出”、营销与财务数据不一致、主业与集体企业关联交易不公允、财务报销审批手续不严等问题，上级单位在日常财务监管中未能及时发现；二是“管不严”，比如有的单位小型基建项目违规建设、项目预算超支串项、工程成本支出不实、资金支付进度超前、对私支付不合规、竣工决算滞后、投资效益低下等，上级单位鞭长莫及，缺乏管控手段；三是“防不住”，内控体系实用化程度尚待提高，财务标准流程有待优化，在线稽核还未有效发挥作用，风险预警预防能力需进一步增强。分析原因，关键是实时管控手段不足，对经营活动反映、控制、监督的及时性、有效性不够。《说文解字》解释“控”字为“拉弓绷弦，引而不发”，强调控制的事前性、震慑性和精准性，值得我们思考。

“善学者尽其理，善行者究其难。”我们当前就必须紧紧抓住“实时管控”这个难点，既要坚持财务集约化的理论体系、技术路线和制度保障，又要坚持务实创新的态度，直面困难和问题，以“三个实时”为核心，持续提升财务集约化和信息化水平。一是信息实时反映。通过信息化手段，按照财务制度要求将各类业务信息及时、准确、完整地转化为财务信息，实现财务对业务、上级对下级信息的全方位实时掌握，满足对外披露和对内管理需求。重点是完善信息标准，细化核算规则，深化财务与业务集成；推行原始凭证电子化，应用生物识别技术，落实经济业务真实性合规性责任；加强数据治理，提高信息质量；优化在线分析功能，提高决策支持能力。二是过程实时控制。围绕重要财务事项和资金运动，以预算、工程、资金、电价电费“四个闭环管控”为核心，借助信息系统对关键经济业务进行在线控制，确保业务活动结果符合预定经营目标。重点是强化预算全链条管控，实现从项目储备、预算编制、执行控制到考核评价的闭环在线控制；强化工程全过程管理，实现从投资能力测算、工程项目投资预算、工程标准成本管理到投资绩效评价的闭环在线控制；强化资金全方位管理，实现从资金需求预测、融资规划、支付控制、调度监控到安全预警的闭环在线控制；强化电价电费全环节管理，实现从购售电预测、电价测算、电价执行分析到营销与财务电费核算集成等业务的闭环管控。三是结果实时监督。以财务规范要求为标尺，实时监测前端业务执行结果和财务业务处理流程，对关键控制点进行在线稽核、查证和评价，及时纠偏纠错。重点是完善预警功能、规则和阈值，开展风险预警，发现稽核线索；实施标准流程在线监控，推进内控流程有效运行；结合原始凭证电子化，拓展稽核范围，突出稽核重点，提升在线稽核实用化水平。

三、2015 年财务工作的思路和重点

结合内外部形势和公司党组对财务工作的要求，2015 年公司财务工作的总体思路是：围绕全面完成“十二五”规划和基本建成“一强三优”现代公司目标，坚持“深化应用、提升功能、实时管控、精益高效”十六字总要求，紧紧把握依法理财、改革创新、精益管理三大重点，强化实时反映、实时控制、实时监督，进一步深化细化财务集约化管理，推动公司经营效益、发展质量和财务治理能力再上新台阶，为“两个转变”提供更加坚强有力的财务支持。

重点抓好八个方面工作：

（一）深化全面预算管理，确保实现经营发展目标

坚持“集约、精益、全面、统筹”核心理念，持续推动预算管理从逐级汇总向科学主导、从分散粗放向集约精益、从条块分割向全面统筹、从敞口管理向闭环管理“四个转变”。科学统筹配置资源。落实公司发展战略，加强预调预控，确保实现优秀经营业绩。健全投资回报挂钩机制，强化投入产出约束，避免低效无效投资。编制“十三五”规划，明确效益目标、资源投向和融资规划，为 2020 年全面建成“一强三优”现代公司提供财务保障。严格预算决策与执行。完善预算审批规范，确保所有层级、所有业务收支全部纳入预算。严格落实预算方案，杜绝擅自调整。严格“三公”等费用管控。加强预算执行审核，严格考核兑现。推进项目预算精益管理。健全项目储备审查机制，进一步提高储备质量。划小预算单元，推动基层单位探索按业务环节、资产组等细化预算管理。优化总部审批方式，健全应急项目“绿色通道”。建立统一项目管理平台，全面覆盖各层级、各环节，实现一次录入、全程共享、在线管控。

（二）优化资金集中管理，确保资金供给、配置、使用安全有序

坚持安全性、流动性、效益性并重，拓宽融资渠道、优化资金配置、提高运作效率、加强在线监控，进一步增强资金保障、配置和风险防范能力。完善多元化融资渠道。2015 年初步安排境内发债 1100 亿元，引入年金、保险资金各 100 亿元，探索资产证券化、资产支持票据等新型融资方式。加强境外融资平台建设，维护国际信用评级，择机发行境外债，探索引入境外低成本资金。优化资金配置和运作。建立流动性风险管理机制，进一步优化支付曲线，实现“削峰填谷”。优化资金归集和存款配置办法，营造和谐银企关系。完善内部资金运作机制，加大总部资金运作力度。强化资金安全管控。部署应用资金监控平台，实时监控各级资金收支情况。优化资金支付流程，确保安全高效。严格落实账户管控标准，实现全寿命周期管理。加强党团、社保、工会、协会等特殊资金管控。强化票据、金融衍生品、境外投融资等高风险业务管理。

（三）深化资本集中运作，提高资源配置效率和效益

健全“有投有收、流转有序、管控有力”的产权管理体系，深化重组整合，强化协同运作，加强产权

监管，提升资本活力。优化完善资本布局。推进金融、产业、部分输电项目等领域引入多元投资，发展混合所有制经济。优化调整部分单位资本规模，增强发展能力。完成低效无效投资和无资本纽带企业担保清理，做好培训疗养机构清理整顿和改革发展工作。强化资本协同运作。积极推动具备条件的金融单位上市和产业单位整体上市，稳妥推进电力上市公司重组整合。进一步优化金融业务结构，加强研发、渠道等合作。建立境外项目投资与担保统筹审批机制，提高决策效率。加强资产精益管理。强化控参股企业管理，落实出资人职责。清理账外资产，防范经营风险。优化固定资产分类和折旧政策，深化价值管理与实物管理集成联动。

（四）提升会计集中核算水平，增强实时管控和决策支持能力

以夯实基础为主线，提升集中核算效率和规范化水平；以支持决策、适应改革为核心，搭建管理会计体系；以实时反映、控制和监督为重点，加强财务信息化建设。夯实会计基础工作。优化评价指标和方式，完成第二批会计基础工作规范化评估。融合原始凭证、会计核算、会计政策等管理规范，试点开展会计基础管理平台建设。优化财务报表体系。完善关联交易处理机制，提升“一键式”报表质量和效率。推进法定报表和管理报表分离，简化、固化报表体系。严格决算审核审计，强化会计监督。创新会计管理模式。按照财政部推动管理会计体系建设的要求，研究搭建有国家电网特色的管理会计体系。探索财务共享服务中心建设，创新核算组织形式。深化财务信息化建设。研究 XBRL（可扩展商业报告语言）应用，参与制定行业扩展分类标准。完善财务信息标准，优化系统功能，为财务实时反映、实时控制、实时监督提供技术支持。

（五）深化风险在线监控，保障财务经营依法合规

以依法理财为核心，落实通用制度与标准流程，健全风险管理与内控体系，切实防控经营风险。推进内控体系实用化。优化财务标准流程，以流程为载体保障制度有效执行。开展风险评估和内控评价，将业财融合、物资招标等纳入评价范围。开展财务授权体系建设，规范财权设置。加强财务稽核与审计整改。深化在线稽核，实现实时监测、线索追踪和问题整改闭环管理。开展项目预算、成本控制、工程其他费用等专项稽核。严格落实经济责任审计意见，确保整改到位。做好监事会监督检查配合工作。深化对标与绩效评价。优化资产经营和财务管理对标体系，推广典型经验，促进管理提升。做好国资委绩效评价工作，继续保持优秀水平。

（六）加强工程财务管理，助力国际一流电网建设

以投资预算管理为核心，以完善工程标准成本和电网投资能力模型为重点，以薄弱环节治理为抓手，进一步强化工程全过程财务管控。深化电网基建投资预算管理。进一步提高预算编报质量和效率，确保投资预算与年度预算、投资计划协同衔接。严格预算执行，增强刚性约束。加强基建投资管控。建立特高压工程标准成本，完善标准成本体系。优化电网投资能力模型，提高科学精益水平。加强工程可研财务审查，严格审核把关。试点开展工程投资绩效评价，实现管理闭环。加强工程薄弱环节管理。严格落实公司关于加强工程其他费用、送变电企业等财务管控要求。规范多主体投资的跨区特高压工程财务管理模式。加强工程物资及电源、产业、小型基建、跨区技改等项目财务管理，消除薄弱环节。

（七）积极稳妥推进电价改革，争取价格财税政策支持

以“深化改革、优化政策、强化管理”为主线，积极参与和推进输配电价改革，完善支持电网发展和公司发展的价费、财税政策体系。落实电力和电价改革部署。推荐部分省级电网参与输配电价改革试点，开展输配电价研究测算，争取合理的改革路径、方法和关键参数。加快核定电力用户与发电企业直接交易输配电价标准，推动完善交易规则、解决交叉补贴问题。开展财务管理如何适应电力和电价改革的有关重大问题研究。努力争取电价财税政策。争取疏导电网电价、抽水蓄能、燃气电价等电价矛盾，扩大新建小区供电工程配套费、供电延伸服务收费政策范围，推广一般工商业用户接网工程收费政策。开展跨区跨省输电价格传导机制研究，争取合理确定已投产工程输电价格。争取国有资本预算、财政资金等支持公司发展。落实西藏户表改造等扶持资金。加强电价财税精益管理。规范销售电价分类、两部制电价、小区配套费等管理。加强电价规划，深入分析特高压电网电价需求。推广营财一体化建设。强化财政资金使用管理。开展纳税遵从评估，防范涉税风险。加强电动汽车、节能服务等新兴业务纳税筹划。

（八）加强作风和能力建设，培养高素质的财会干部队伍

从公司层面讲，要更加注重机构和队伍建设。一是健全财务组织机构，积极推动优化岗位设置和人员配备，协调解决部分基层单位缺员缺编等实际困难。

二是加大培训交流力度，开展多样化的业务和管理技能培训，优化财务调考和竞赛制度，不断提高履职能力。三是加强财务智库建设，建立由能源院、经研院、金融单位、领军人才、基层骨干、外部专家等组成的多层次财务智库，加强重大理论和实务研究。

从个人层面讲，要更加注重能力和作风锤炼。公司党组对财务工作寄予很高期望，新形势对财务人员的素质能力提出了更高标准，要求我们当好公司“深化改革的先锋队、经营发展的参谋官、依法理财的守门员”。要特别注重：一是严以修身，把规则融于血脉。财务人员密切接触各类经济业务，面对社会环境变化，务必要头脑清醒、保持定力，“宁静致远、淡泊明志”。既要严于律己，远离法纪“红线”、坚守道德“底线”；又要严以律人，敢抓敢管、坚持原则。二是敢于担当，把责任扛在肩头。习近平总书记指出：“坚持原则、敢于担当是党的干部必须具备的基本素质。担当大小，体现着干部的胸怀、勇气、格调，有多大的担当才能干多大事业。”公司事业发展进入新阶段，财务承担着重要的使命和责任。大家要以“朝受命、夕饮冰”的事业心，“昼无为、夜难寐”的紧迫感，不畏艰辛、不避矛盾，努力尽职尽责，始终尽心尽力，追求尽善尽美。三是勇于创新，把荣誉抛在脑后。国家全面改革创新，电网发展日新月异，财务工作决不能因循守旧、固步自封，财务集约化的路还很长。“自见之谓明，自胜之谓强。”只有善于自我审视、自我批评，在发现问题和解决问题中不断自我超越，才是改革创新之道。当前特别是要深入学习习近平总书记系列重要讲话，切实掌握中央政策精神，认真学习专业前沿理论，以“由零开始”的心态，深入实际、深入基层，务本笃志、勤学多思，推动公司财务集约化管理持续创新和进步。

公司党组成员、中央纪委驻公司纪检组组长潘晓军在公司2014年反腐倡廉建设工作会议上的工作报告（摘要）

（2014年2月24日）

公司党组成员、中央纪委驻公司纪检组组长潘晓军。

一、2013年反腐倡廉建设工作回顾

2013年，公司认真落实党的十八大精神，紧紧围绕推进“两个转变”的中心任务，以“踏石留印、抓铁有痕”的劲头，落实“三严一常”根本措施，推动党风廉政建设和反腐败工作深入开展。加强贯彻落实中央八项规定精神情况的监督检查，严格依法治企，深化协同监督，坚决查纠“四风”问题，健全科学的管控与惩防体系，强化反腐倡廉管理提升，反腐倡廉建设工作取得显著成效，为公司改革发展提供了坚强保障。重点开展了四方面工作。

（一）认真落实中央八项规定精神，坚决查纠“四风”问题

中央颁布八项规定以后，公司党组高度重视，迅速召开党组扩大会、电视电话会，组织集中学习传达。公司董事长、党组书记刘振亚同志亲自研究和部署落实中央八项规定精神、加强作风建设的具体措施，明确要求公司上下始终把贯彻落实中央八项规定精神作为一项重要政治任务来抓。公司党组以一号文件及时印发落实八项规定实施细则，确立了精简会议和文件简报、因公出国（境）管理等8个方面30项具体措施，并多次听取八项规定实施细则执行情况的汇报，解决重大问题。结合党的群众路线教育实践活动，认真开展反对“四风”专项整治工作。通过职代会、个别访谈、设立意见箱等多种渠道，征求群众意见541条，落实整改措施109项。结合制度标准一体化建设，完善会议管理、“三公”经费管理、因公出国（境）管理等方面的规章制度38项，为从源头上治理腐败打下了基础。各单位按照公司党组统一部署，坚决落实中央要求，取得明显成效。公司全年“三公”经费和会议费同比分别下降50%、41.73%。

为保证中央八项规定精神贯彻落实到位，公司党组周密部署、同步开展了监督检查工作，并把八项规定实施细则所涉及的事项，列为依法治企综合专项检查的重点内容。坚持高标准、严要求，全面开展会员卡专项清退工作，实现公司系统全体干部员工“零持有、零报告”。统一立项实施八项规定实施细则落实情况效能监察404项，提出监察建议3129个，作出监

察决定117个。各级纪检监察部门紧盯重点领域和关键时间节点，不断强化执纪监督。在节假日前夕及时下发通知，强调作风建设要求。加强党员领导干部监督，直查快办个别基层党员干部公车私用、违规操办婚礼等违反中央八项规定精神的问题44件，处理41人，给予党政纪处分29人，充分发挥了警示教育作用。

公司纪检组、监察局先后抽查了12个省（市）公司、4个直属单位及所属的二三级企业贯彻落实八项规定实施细则情况，发现并督促整改问题130个。在监督检查中，组织3500名干部员工参与问卷调查，95.26%的调查对象对八项规定实施细则执行情况表示满意。监察局先后向公司党组会、2013年第四季度工作会议及2014年公司“两会”报告了监督检查情况，点名道姓地通报批评了7起典型案例。

（二）坚持依法从严执纪，严惩违规违纪行为

查办信访案件保持高压态势。按照中央对腐败问题“零容忍”、查处腐败案件“无禁区”的要求，公司各级纪检监察部门进一步完善信访举报三级排查工作机制和信访案件协同查办机制，严肃查处违反八项规定实施细则以及在工程建设、招标采购、财务资产、营销服务等重点领域和关键环节的违规违纪行为，及时提出工作建议并督促整改到位。公司纪检组、监察局集中力量，直接查处和督办中央纪委、国资委纪委转办的信访件以及网络舆情反映的问题。

严格责任追究。坚持“严格要求、实事求是，权责一致、惩教结合”的原则，制定并落实《国家电网公司领导干部问责规定》，落实诫勉谈话、责令检查、通报批评等六种问责方式，干部管理和监督力度明显加大。针对落实党风廉政建设责任制、依法治企问题整改、信访案件核查、招标采购投诉举报等重点问题，约谈了22个单位的有关职能部门，督导作用得到有效发挥。公司系统全年共追究相关责任人1587人。其中，针对内外部检查发现的问题，公司总部对9个单位进行通报批评，进一步促进了各级人员遵章守纪、履职尽责和廉洁从业。

廉政风险防控机制初步建立。立足工程建设、营销服务等违规违纪问题多发、易发领域，开展排查分析。修订廉政风险防控模板，完善廉政风险信息库。坚持廉政风险季度排查，从不同层级和维度查找易发腐败的重点领域、关键环节和重点岗位，细化防控措施。全年梳理评估廉政风险87项，及时预警并处置风险55项。落实信访案件维稳责任，及时妥善地处理了16件网络举报问题。

（三）发挥协同监督机制作用，保证公司党组决策落实到位

协同监督机制高效运行。以党风廉政建设责任制为抓手，督促各级党组（党委）落实主体责任，研究解决反腐倡廉建设中的重大问题，反腐倡廉建设责任体系更加健全。各级领导班子成员均在年度党风廉政建设责任制考核大会上报告个人廉洁从业及履行“一岗双责”情况，领导干部授廉政党课43 034次。各单位领导班子及班子成员反腐倡廉建设民主测评满意率分别为97%、95%以上。以“一书两报告”为载体，强化监督的横向协同、纵向贯通。公司系统共召开监督工作联席会议4868次，提出工作建议9115个，落实整改措施10 313项。公司总部协同开展依法治企综合专项检查和主多分开“回头看”等重点工作，加强内外部检查发现问题的分析和梳理，督促少数基层单位整改私设“小金库”等违规违纪问题27个，提出并督促落实工作建议38条，有效促进了依法治企工作。

车辆清理整顿成效明显。按照公司统一部署，巩固主业车辆清理整顿成果，深入开展分部、集体企业和乡镇供电所车辆清理整顿工作。坚持清理整顿与规范管理并重，周密制定工作方案，健全车辆管理制度，严格车辆编制测算和审核，坚决处置超编超标车辆，解决基层供电所车辆缺编问题。建立车辆管理信息平台，推进车载监控终端的安装和使用。先后对17个单位进行现场督导，提出58条整改意见并督促落实。两年来，公司系统压减车辆比例达到16.7%，将7000余台车辆调剂到生产一线，实现了定标准、减数量、控风险、增效益的目标。

纠风和行风建设持续深化。贯彻落实“为民、务实、清廉”要求，各省（区、市）公司围绕规范服务行为、农网涉农收费等方面，开展自查自纠和明察暗访1.4万次，提出建议8237个。公司纪检组、监察局对5个省（市）公司开展行风建设和供电服务暗访，发现问题165个，对暗访中发现问题进行了通报，督促有关单位举一反三，认真整改。组织对客户反映强烈、投诉频繁、严重影响公司形象的服务事件及涉及大型供电企业的客户投诉件直查快办，公司系统共受理属实行风投诉举报1283件，及时办结率100%。加强纠风和行风评价体系建设，初步建成省、市、县三级行风建设内评指标体系，推动了纠风和行风建设工作深入开展。

招标采购监督不断加强。落实中央八项规定精神，积极推动公司总部和省（区、市）公司两级评标基地建设，达到了勤俭节约、规避风险、严格管控的目的。梳理排查招标采购领域风险点，实现管理风险的及时检测、预警与控制。按照优胜劣汰原则，建立招标监督库动态优化机制，强化履职评价工作，公司系统招标采购监督人员达到1500人。在大批次集中规模招标中，选派物资监察人员和评标专家充实现场监督组，使现场监督更有针对性，管控更为有效。公司系统全年完成招标采购监督4920批次，查纠问题217个，提出建议406个，保证了招标采购活动规范开展。

效能监察工作扎实开展。围绕供电服务、库存物资利用等重点，组织实施效能监察1720项，提出监察建议11 807个，作出监察决定281个，完善制度3983项。加强信息化建设，拓展效能监察工作平台功能，实现了项目管理、统计、评审和管控等工作的全流程在线运行。坚持共同参与、互学互励原则，建立总部和省（区、市）公司两级协同管控体系，通过效能监察工作平台提出管控意见985个，推动了效能监察融入业务流程。层层推荐评审出优秀项目150个，丰富典型案例库，精选工程建设、物资采购、供电服务、低压台区线损管理等方面的12个优秀项目，编发《国家电网公司效能监察优秀项目成果集》，达到了共享经验、共同提高的目的。

（四）深入开展反腐倡廉管理提升活动，提高纪检监察工作水平

专项管理提升任务全面落实。按照国资委反腐倡廉管理提升工作部署，制定并落实反腐倡廉管理提升和管理诊断下基层活动方案，督促各单位排查易发多发问题，落实管控措施。建立包含66项定量指标和18项定性指标的诊断指标体系，统一组织开展管理诊断下基层活动。围绕公司党风廉政建设和反腐败工作的热点难点，组织开展惩治和预防腐败体系建设、监督检查发现问题整改、县供电企业及乡镇供电所廉政建设、纪检监察信息化建设等专题调研，加强调研成果应用，为健全反腐倡廉制度体系奠定良好基础。围绕党组重要决策部署贯彻落实等5个目标，创新纪检监察工作方式方法，总结提炼出协同监督、效能监察过程管控、廉政风险防控等反腐倡廉管理提升典型经验，并入选公司典型经验汇编。

廉洁从业教育活动深入开展。围绕理想信念、廉政法规、案例警示等重点内容，完善网络廉政教育平台，利用培训中心等建设反腐倡廉教育基地，创新教育形式，全方位、多层次、多途径深化反腐倡廉教育。公司纪检组、监察局编发警示教育读本《警钟声声（三）》，用身边的事教育身边的人。挖掘和整理具有地域特征的优秀历史廉洁文化典故，出版廉洁教育传承工作实例《廉鉴》。公司系统全年共组织反腐倡廉教育2.7万次，开展廉洁文化“四进”活动0.8万次，党员干部受教育面达到100%。

反腐倡廉制度体系更加健全。完善《国家电网公司党风廉政建设责任制实施办法》等反腐倡廉通用制度14项，编发《“三化三有”特色惩防体系建设工作实务》《协同监督工作手册》，提高了反腐倡廉制度的规范性和可操作性。开展上级纪委负责人同下级党政主要负责人谈话、领导干部任前廉政谈话、诫勉谈话2.72万人次，各级领导干部全部报告了个人有关事项。严格执行纪检组长（纪委书记）定期报告工作制度。其中，公司纪检组、监察局先后听取27个单位纪检组长（纪委书记）报告工作，并当面点评，沟通了信息，促进了工作开展。

回顾过去的一年，公司反腐倡廉建设工作取得了显著成绩。在组织协调反腐倡廉建设工作中，纪检监察干部队伍的能力和素质得到显著提升。公司纪检组、监察局选派49名纪检监察干部参加了中央纪委、监察部举办的培训班，举办了公司纪检监察综合业务和招标监督专题培训班，培训纪检监察干部1000余名，各单位也开展了富有成效的教育培训活动。《中国监察》（杂志）、《中国纪检监察报》、《党风廉政建设》（专刊）先后刊发公司规范职务消费管理、加强效能监察过程管控等方面的经验文章。

在扎实推进公司反腐倡廉建设工作的过程中，我们有以下三点深刻体会。一是公司党组始终如一地贯彻中央反腐倡廉建设要求，落实党组领导反腐倡廉工作的主体责任，构建科学的组织架构和管控体系，践行“干事、干净”廉洁理念，实现反腐倡廉建设与公司改革发展深度融合、有机统一；二是公司党组态度坚决地贯彻落实中央八项规定精神，扎实开展党的群众路线教育实践活动，严肃查纠“四风”问题，形成了奋发有为、健康向上的发展环境；三是公司党组坚持不懈地完善党风廉政建设和反腐败领导体制和工作机制，发挥协同监督作用，以敏锐超前的眼光和坚强有力的手段防范各类风险，高度负责地解决历史遗留问题，开展依法治企综合专项检查、集体企业整合重组、车辆清理整顿等工作，从根本上提高了依法治企、规范经营水平。

在肯定成绩的同时，我们也清醒地看到，公司系统特别是基层单位反腐倡廉建设还存在不足：一是少数领导干部抓党风廉政建设的履职意识不强，落实“一岗双责”不到位；二是还存在“习惯性违章”和“四风”问题，有些问题屡查屡犯，没有从根本上加以解决；三是重点领域、关键岗位人员违法违纪案件仍有发生，基层廉政风险问题依然突出；四是有的纪检监察部门在严格监督、严肃执纪方面存在差距。对于这些问题，我们要高度重视，认真研究解决。

二、2014年反腐倡廉建设工作主要任务

2014年是公司强化改革创新，深化“两个转变”，实现“十二五”发展规划的关键一年。加强反腐倡廉建设，对于保障公司科学协调发展、保持队伍和谐稳定，具有十分重要的意义。反腐倡廉建设总体要求是：深入学习贯彻党的十八大和十八届三中全会精神，落实中央纪委三次全会、中央企业反腐倡廉建设工作会议及公司“两会”部署，围绕全面建成“三集五大”体系、深化“两个转变”中心任务，加强党风廉政建设和反腐败工作组织领导，落实惩治和预防腐败体系规划任务；深入贯彻中央八项规定精神，持之以恒查纠“四风”问题；加大违纪违法案件查办力度，严惩腐败，抓早抓小，强化责任追究；加强党员干部教育，规范权力运行，努力从源头上防治腐败；坚持依法治企，深化协同监督，坚决纠正“习惯性违章”，保障公司持续健康发展。重点做好五方面工作。

（一）学习贯彻十八届三中全会精神，进一步加强对党风廉政建设和反腐败工作的组织领导

加强对反腐倡廉建设的组织领导，落实责任是关键。要认真学习贯彻中央《建立健全惩治和预防腐败体系2013~2017年工作规划》，严格执行公司实施办法，抓好反腐倡廉建设任务的分解与落实。各级党组（党委）要切实担负起党风廉政建设的主体责任，各级纪检组（纪委）要切实担负起监督责任，健全和完善反腐败领导体制和工作机制，推动“一岗双责”全面履行。党组（党委）、纪检组（纪委）以及相关职能部门，要对承担的党风廉政建设责任签字背书，做到守土有责。对于疏于监督而导致重大腐败案件和严重违纪问题发生的单位，实行“一案双查”，既要追究当事人责任，又要追究相关领导责任，并与企业负责人业绩考核、薪酬管理和干部选拔任用挂钩。

各级党组（党委）特别是主要领导是党风廉政建设第一责任人，领导班子成员根据分工对职责范围内的党风廉政建设负领导责任。党组（党委）要按照规定定期向上级纪检组（纪委）报告党风廉政建设责任制落实情况。纪检组（纪委）要细化对下级党组（党委）落实党风廉政建设责任制情况的考核，健全责任分解、检查监督、倒查追究的完整链条，有错必究、有责必问。严格执行下级纪检组（纪委）向上级纪检组（纪委）报告工作制度，并以定期述职、约谈汇报等方式，督促下级纪检组（纪委）履职尽责。纪检组（纪委）要主动作为，善于监督、敢于执纪。纪检组长（纪委书记）要按照公司党组统一要求，切实履行监督职责，特别是加强对所在单位领导班子及班子成员的监督。

（二）落实中央八项规定精神，持之以恒地查纠“四风”问题

贯彻落实中央八项规定精神，是公司党组履行政治责任的重要体现，也是企业持续健康发展的客观需要。纪检组（纪委）要铁面执纪，加强纪律建设，决不允许阳奉阴违行为发生，决不允许上有政策、下有对策现象发生。要通过纪律刚性约束，引导广大党员干部增强政治素养和党纪党规意识，规范言行，以上率下，带头学习、遵守、贯彻、维护党章，带头遵守党纪，带头执行八项规定实施细则。对于打折扣、做选择、搞变通的行为，要依规依纪查处，绝不姑息迁就。

查纠“四风”问题，贵在持之以恒。要认真落实公司总部党的群众路线教育实践活动整改落实方案、反对“四风”专项整治方案和制度建设计划，确保活动成效。各单位要结合第二批党的群众路线教育实践活动，切实转变观念，改进作风，解决基层单位文风会风、“三公”经费管理等方面存在的突出问题。落实“三节约”要求，严格执行公司厉行节约反对浪费实施办法，加强公务活动、公务接待管理，严禁用公款赠送节礼、大吃大喝、高档消费、变相旅游，严禁转移、隐匿和超标准报销招待费。

纪检监察部门要把贯彻落实八项规定实施细则情况的监督检查作为一项重要任务来抓，把日常性监督与阶段性检查结合起来，反复抓、抓反复。对顶风违纪事件，发现一起处理一起，坚决防止反弹。同时，按中央纪委要求，从2014年开始，国有重要骨干企业纪检组（纪委）直接查处或者督办的违反八项规定精神案件，查结后均在中央纪委、监察部网站公开曝光。总部将组织开展八项规定实施细则落实情况的抽查工作，各单位也要认真组织开展自查自纠，有效解决有法不依、有章不循、有令不行、有禁不止的问题。

（三）以零容忍态度惩治腐败，发挥查办信访案件的治本功能

坚持有腐必惩。各级纪检组（纪委）要认真履行

惩治腐败重要职责，强化对下级纪委查办信访案件工作的领导。处置线索和查办案件工作，在向党组（党委）报告的同时，必须向上级纪检组（纪委）报告，坚决杜绝瞒案不报、压案不查、查而不处等问题发生。坚持依法依纪办案，严格执行公司信访案件管理规定，严格执行信访受理和办理程序，严格执行信访案件办理时限和统计报告纪律，并实行重要信访案件核查报告党政纪联签制度，保证工作质量。健全协同查办、交办督办、交叉查办工作机制，形成工作合力。对于公司纪检组、监察局督办的信访件，各单位纪检监察部门要直接组织核查。县供电企业信访件由地（市）公司统一组织核查。

突出办案重点。按照“拟立案、初核、留存、暂存、了结”五类标准，规范管理和处置问题线索，加强调查取证工作，查清主要违规违纪事实。涉嫌犯罪的，要及时移送司法机关。2014 年，要重点查处违反党的纪律，违背或变通执行公司党组决策部署的行为；查处违反八项规定实施细则的行为；查处工程建设、财务资产、招标采购、营销服务等重点领域的违规违纪行为；查处以权谋私、贪污贿赂、失职渎职、违反廉洁自律规定、侵害群众利益的行为。

注重抓早抓小。进一步畅通信访举报渠道，落实三级排查职责，掌握干部员工的思想、工作和生活情况。对发现的苗头性、倾向性问题，要早提醒、早纠正、早查处，及时落实约谈、函询和诫勉谈话等措施。严格落实“一案两报告”制度，加强重大案件的剖析，加强警示教育，发挥震慑作用。下大力气督促有关部门和单位认真整改依法治企综合专项检查、内外部审计发现的问题，并严格追究责任。

（四）加强廉洁从业教育和体制机制建设，从源头上防治腐败

深化廉洁从业教育。统筹推进廉洁文化实体基地与网络基地建设，拓展反腐倡廉教育平台。按照中央纪委和国资委纪委专题教育活动部署，全面开展理想信念和宗旨教育、党风党纪和廉洁从业教育，组织廉洁文化创建和优秀作品评选活动。组织党员干部认真学习《警钟声声（三）》《廉鉴》等反腐倡廉教材，做到自重自省、慎独慎微、慎始慎终。原则上，各单位党组（党委）中心组学习每年至少要安排两次反腐倡廉专题教育。公司纪检组、监察局要加强督导，保证教育效果。

强化权力监督制约。结合“三集五大”体系建设，按照不想腐、不能腐、不敢腐的思路，科学配置权力，健全决策更加科学、执行更加坚决、监督更加有力的权力运行体系。加强对中央和公司党组明令禁止行为的全面梳理，修订相关反腐倡廉制度，把规范权力运行的有关要求体现到企业管理制度的各个方面，划定“防线”“红线”和“底线”，编密编实制度的笼子，给权力涂上防腐剂、戴上紧箍咒。各级党员干部要认真执行《国有企业领导人员廉洁从业若干规定》、公司“三重一大”决策制度等党纪条规，做到有章必循。纪检监察部门要及时跟进反腐倡廉制度执行情况的监督检查。对于决策失误、权力失控、行为失范的党员干部，依据《国家电网公司领导干部问责规定》《国家电网公司员工奖惩规定》，严格追究责任，防止反腐倡廉制度束之高阁，做到违章必究。

细化廉政风险防控。结合公司内控体系建设要求，把重要廉政风险防控嵌入业务流程，落实到重点岗位。开展廉政风险季度排查和外在行为表象研究，制定具有针对性的廉政风险防控措施。加快电子化监察平台建设与应用，建立线上监测与线下监控相结合的廉政风险防控机制。推进管人、管财、管物重要岗位人员的交流轮岗，为防控廉政风险提供制度保障。

（五）全面落实风险管控要求

清理规范小型基建项目和办公用房。坚决贯彻中央要求，停止新建楼堂馆所，严格执行审批程序和办公用房标准。严禁违反规定建设楼堂馆所、搞豪华装修，严禁以任何名义新建、改造、扩建具有接待功能的设施或场所。全面清理领导干部超面积、多处占用办公用房、豪华装修办公用房、配置高档家具等问题。对明显超标违规的，各单位要及早处置。各级领导干部不得占有两处及以上办公用房，不得长期租用宾馆、酒店房间作为办公用房，退休或者调离时应当及时腾退办公用房。严格执行领导干部交流工作规定，严禁超标准装修周转房或者违规占用周转房。

进一步巩固车辆清理整顿成果。全面加装车载信息系统，对车载信息系统安装、车辆租赁情况开展专项监督，加强车辆使用情况的在线管控。开展分层次督导，推动各单位加快完成主业、集体企业和乡镇供电所超编超标车辆处置。严禁变相超编超标配备公务用车，严禁以任何方式换用、借用、占用下属单位或者其他单位和个人的车辆，严禁公车私用。

持续推进效能监察工作。按照简洁高效的原则，进一步优化和固化业务流程，完善《国家电网公司效能监察办法》，统筹开展专项监察和综合监察工作。着眼于电力营销“量、价、费”管理，统一立项实施效能监察，减少“跑、冒、滴、漏”现象，保全企业效益。各单位在做好规定动作的同时，要针对内外部审计、依法治企综合专项检查和信访案件工作反映的突出问题，以及大修技改、成本控制、物资采购等问题易发多发的领域，自主立项实施效能监察，实现效能监察工作全面覆盖。加强效能监察工作季度分析，及时提出管控建议，防止屡查屡犯。坚持结果与过程并重，加强效能监察工作平台的深度应用，建立指标评价体系。在省、市公司层面探索“统一立项、交叉监督”的工作模式，增强发现和解决问题的能力。

切实解决供电服务问题。组织开展纠风和行风建设内部考核评价工作，建立定性分析与定量分析相结合、内部评价和外部评议相结合的动态管控机制。运用纪检监察业务应用系统，加强投诉举报、明察暗访、行风评议等工作的信息化管控。开展常态化明察暗访，严肃处理违反“三个十条”及损害公司利益和品牌形象的事件，督促各单位进一步提高抢修速度，加强停送电管理，拓展电费缴纳方式，加强服务窗口建设。积极参加各级政府组织的民主评议行风和政风行风热线活动，及时解决客户反映的突出问题，继续保持行风评议位居前列。

加强招标采购监督。发挥职能部门专业监督优势，强化主设备材料以及大修技改、零购等全业务招标采购的监督。建设招标监督信息平台，实现监督专家库管理、监督人员选派、现场监督信息反馈等功能。督促各单位全面落实“封闭管理、集中监控、信息安全、全程受控”的要求，加强内部评标基地建设，强化现场管理，推进异地交叉监督，增强现场监督的权威性。建立产业单位及集体企业投标行为监督约束机制，助推企业增强市场竞争力。编发《国家电网公司招标采购监督工作手册》。认真受理投诉举报，开展投诉举报处理“回头看”活动。对反复出现问题的单位，严肃追究责任。对投诉举报较为集中、问题较为突出的单位，进行约谈或现场督导，严肃惩戒违规违纪行为。

三、加强纪检监察队伍建设

各级纪检监察部门和广大纪检监察干部要主动服务公司改革发展大局，保障“一强三优”现代公司建设顺利推进，增强责任感、使命感，奋发有为，忠实履职，积极协助党组（党委）抓好反腐倡廉建设，以党风廉政建设和反腐败工作新成效推动公司新发展。加强纪检监察队伍建设，要做到以下三点。

立足岗位，履职尽责。各级纪检监察部门要认真落实中央纪委转职能、转方式、转作风的要求，明确职责，不越位、不缺位、不错位。既要协助党组（党委）加强党风廉政建设和组织协调反腐败工作，又要督促检查相关部门落实惩治和预防腐败工作任务，深化监督检查，严惩腐败问题。各单位纪检组长（纪委书记）要把主要精力放在抓党风廉政建设上。对协助党组（党委）抓反腐倡廉建设工作不力，导致发生严重违规违纪案件的，要严肃追究纪检组长（纪委书记）责任。对于牵头组织的工作，要主动承担，不推诿回避；对于协调的工作，要积极配合，加强组织协调，不越俎代庖。强化监督责任，查找问题、提出建议、抓好问责，督促各部门和各单位依法办事、规范用权。建立健全纪检监察干部考核评价、述职述廉制度。组织开展协同监督网上经验交流，丰富和推广典型经验，实现纪检监察工作创新成果集约化应用。

坚持原则，敢抓敢管。正人先正己。广大纪检监察干部要认真学习领会党的十八届三中全会精神，坚定理想信念，严格按照党的纪律要求行事，严格依据党的准则自我度量。树立自律意识，自觉接受党组织和职工群众监督，时刻规范言行，带头查纠“四风”问题。在原则面前，立场坚定、勇于负责、敢于担当，发扬“钉钉子”精神，始终心口如一、言行如一、表里如一，做到依法依纪、公平公正。从事纪检监察工作，必须坚决抵制“好人主义”，不怕得罪人。面对违规违纪行为，不能漠视麻木，更不能瞒天过海。该提醒的要提醒，该纠正的要纠正，该发表不同意见的要发表不同意见。对待党员干部和职工群众，要坚持严字当头、爱字垫底，做到宽容包容绝不纵容、爱护保护绝不袒护，树立纪检监察干部忠诚可靠、服务人民、刚正不阿、秉公执纪的良好形象。

加强学习，提升素质。打铁还要自身硬。广大纪检监察干部要增强学习的主动性，熟悉纪检监察工作的特点和规律，把握纪检监察工作的基本原则、方针、政策，学习电网建设、工程管理、财务、营销、法律、审计等领域的业务知识，优化知识结构，提高政策理论水平和业务技能。加强调查研究，了解反腐倡廉建设工作的新情况、新问题，创新思想观念，改进方式方法，坚持在学习、思考、领悟、实践中增强做好本职工作的能力。各单位要加强纪检监察干部教育培养，把敢于坚持原则，综合业务能力强的同志选调到纪检监察工作岗位。深化纪检监察“三基”（基层、基础、基本功）管理，特别是要注重因岗施教，分层级地开展专项业务技能培训。充分发挥纪检监察先进单位、先进集体和先进个人的引领示范作用，营造崇尚学习、争先创优的良好氛围。

公司副总经理、党组成员王敏在公司2014年经济法律工作会暨“三年目标”迎检动员电视电话会议上的讲话（摘要）

（2014年6月12日）

● 公司副总经理、党组成员王敏。

一、公司法制工作“三年目标”建设成效显著

近年来，公司党组认真贯彻党中央、国务院决策部署和国资委工作要求，坚持依法从严管理企业，深化改革，锐意创新，大力推进公司发展方式和电网发展方式转变，“一强三优”现代公司建设不断取得新成绩、新突破。公司经法工作围绕落实国资委法制工作“三年目标”，以服务“两个转变”为核心，以风险防控为重点，以队伍建设为保障，组织体系和工作机制不断完善，法律保障能力持续提升，在公司改革发展中发挥了重要作用。

一是通用制度建设取得重要进展。建设“三集五大”体系是重大的企业内部改革。经过公司上下的艰苦努力，目前体系建设已取得显著成效。通用制度建设关系到“五位一体”机制的有效运行，关系到“三集五大”体系建设成果的巩固和深化。2012年9月，公司部署了制度标准一体化工作，国网法律部作为这项工作的牵头部门，组织制定了通用制度体系框架。各部门发挥制度建设主体作用，全面开展了制度顶层设计和制修订工作。各部门之间通力协作，并广泛征求各单位意见，反复修改完善制度。公司领导组织召开规章制度委员会会议，认真审议、严格把关，较好保证了通用制度建设的进度和质量。截至目前，已发布三批256项通用制度，逐步取代了以往总部（分部）、省、地（市）县多层级制度体系。公司各单位、各层级一方面积极配合总部开展制度建设，另一方面认真组织学习宣贯和制度培训，在实际执行中积累经验、发现问题、反馈建议，形成了通用制度制订、执行、检查、改进的闭环机制。

二是法律风险防控机制不断健全。防范和化解风险是经法工作的生命线。经过多年实践，公司经法工作已经初步形成了一套较为完善的风险防控机制。强化事前防范。跟踪政策、市场和法律环境变化，推动各层级开展了经济法律风险辨识、评估和预控工作。组织专门力量，专题研究国际化、大用户直购电、售电侧放开等领域法律风险。积极参与和推动《中华人民共和国电力法》《中华人民共和国可再生能源法》《电力设施保护条例》《电力安全事故应急处置和调查处理条例》等国家和地方涉电法律法规的制修订工作，公司经营区域内出台涉电地方性法规达到56项。突出事中管控。大力推行合同、招标、授权委托等重要法律文件的规范化、标准化。修编完成统一合同文本205个，2013年以来依法审核合同总额超过2.3万亿元。完善了公司法定代表人授权体系，细化了基本授权事项、审批程序和执行标准，确保了权责明确、严谨规范。总部集中招标100%实现了法律全程保障，确保了招投标工作公开、公平、公正。完善事后救济。发挥法律专业优势，第一时间应对协商、调解、仲裁、诉讼。2013年以来，已处理新发案件1553件、结案560件，为公司避免和挽回直接经济损失超过1.7亿元。

三是法律队伍素质能力显著提升。公司党组始终关心法律队伍建设，在《“三集五大”体系机构设置和人员配置方案》中，明确要求省公司设立独立法律机构，地（市）公司设专职法律岗位。通过培养选拔、公开竞聘、领导兼任等多种途径，充实法律队伍力量，公司各层级专职法律顾问超过1000名，其中具备执业资格的超过80%。在实践中锻炼培养干部，创新实行“双轨制”模式，一方面选派资深法律顾问到基层班子挂职培养，另一方面选拔基层专业管理人员脱产接受法律培训。3年来累计开展法律顾问专业培训3200余人次，法律队伍的专业水平和实际工作能力显著提升。

二、深刻认识经法工作面临的新任务、新要求

依法治企是公司安全、健康、可持续发展的根本保证。当前正是公司深化“两个转变”的战略机遇

期，也是改革发展的攻坚期，面对错综复杂的内外部环境，经法工作面临新的考验。我们要认清形势、统一思想、科学定位、明确目标，准确把握新形势下经法工作的新任务、新要求。

第一，建设“法治中国”对经法工作提出新要求。党的十八大以来，习近平总书记就“法治中国”建设发表了一系列重要讲话。十八届三中全会通过的《关于全面深化改革若干重大问题的决定》，将“推进法治中国建设”作为我国新时期法治建设的新目标和全面深化改革的重要内容。国资委明确提出要立足“五个适应”（适应市场化国际化新形势、适应加快股权多元化改革新挑战、适应国有资本运作新趋势、适应深化企业内部改革新要求、适应打造世界一流企业新需要），深化中央企业法制工作。公司作为关系国家能源安全和国民经济命脉的国有重要骨干企业，肩负着重要的经济责任、政治责任、社会责任，“法治中国”建设和国资委工作部署，对于公司依法治企工作提出了新的目标要求。

第二，转变电网发展方式对经法工作提出新要求。近年来，公司大力实施“一特四大”和电能替代战略，推进电网发展方式转变取得了显著成绩。当前，国家电网已进入特高压工程大规模建设的新时期，“四交四直”工程纳入国家大气污染防治行动计划，即将陆续开工建设，“五交五直”项目前期工作正在加快推进，预计在未来五年内集中投产。同时，区域电网、省级主网和城乡配电网建设改造的任务也很艰巨。电网建设涉及的征地、拆迁、环保等方面的法律保障任务日益繁重。2013年以来，公司党组提出智能电网承载和推动第三次工业革命的战略命题，传统电网的结构、功能、定位正在发生深刻变化，以清洁化为特征的能源结构调整加快推进，新能源、电动汽车和充换电技术日新月异，电子商务、在线服务等增值业务蓬勃发展，这些对公司来说都是前所未有的，也给经法工作带来了一系列新的课题。

第三，转变公司发展方式对经法工作提出新要求。“三集五大”体系建设和国际化发展是转变公司发展方式的核心任务。截至目前，“三集五大”体系已基本建成，下半年将转入评估验收和巩固提升。通用制度建设对于新体系平稳运行和长治久安意义重大，目前通用制度建设进度刚刚过半，制度的通用效应和保障作用还难以充分发挥，加快建设的任务十分艰巨。近年来，国际化业务、金融和直属产业发展态势良好，2013年对公司利润的贡献度达到33%，已成为公司新的价值增长点和创建“两个一流”的重要战略领域。在全球化、信息化条件下，国际化业务、金融和直属产业的市场化程度越来越高，市场竞争日趋激烈，不同市场主体之间的利益关系越来越复杂，由此带来的法律风险明显增多。在这些方面，公司法律保障能力还很不适应，需要认清差距，加强学习，深入研究，尽快提升。

第四，全面深化改革对经法工作提出新要求。纵观世界电力改革历程，立法先行是一条基本规律。我国电力改革不论如何设计和推进，市场化是大方向，要建立开放有序、富有活力的市场体系，法律规则保障是根本、是关键。同时，国资国企改革逐步深化，国有企业分类监管、发展混合所有制经济、完善现代企业制度等，涉及企业产权、体制机制以及运营管理的方方面面。在深化电力和国资国企改革过程中，公司法律部门要深入辨析重大法律权责，做好法律研究、政策解读和风险评估，提供优质高效的法律保障和服务。

第五，反腐倡廉建设对经法工作提出新要求。党的十八大以来，中央对反腐倡廉建设做出了一系列重要部署，提出了更高更严要求，查办了一批腐败案件。从国有企业发生的违法违纪案件情况来看，教训是深刻的，警示我们依法治企必须常抓不懈，反腐倡廉必须警钟长鸣。这些年，公司党组坚持依法经营企业、严格管理企业，在改革发展任务十分繁重的情况下，先后解决了一大批历史遗留问题，防范和化解了风险。但客观地说，公司是“新公司、老家底”，管理基础还不够强，历史遗留问题多，个别干部员工“习惯性违章”甚至是违法违纪现象仍时有发生。面对日趋严格的政府监管和社会监督，办任何事情都要依法合规、干事干净，一旦突破法律法规的底线，对企业、对个人都将造成难以挽回的巨大损失。这对公司全体干部员工的法治意识、纪律观念和经法工作保障能力都提出了更加严格的要求。

总之，公司经法工作面临的形势复杂严峻、任务艰巨繁重。我们要充分认识依法从严治企的重要性和紧迫性，把树立法治思维，建设法治企业，保障法律安全作为经法工作的出发点和落脚点，以扎实有效的工作确保公司安全、健康、可持续发展。树立法治思维，就是要学法、懂法、守法，自觉用法治思维认识、分析、处理问题，在法治的框架内做决策、定制度、干工作，使法治成为每位干部员工特别是各级领导干部的思想自觉、行动自觉。建设法治企业，就是要全面贯彻依法治企的基本方针，加快完善决策机制、管理机制，健全通用制度体系和风险防控体系，让制度标准更加实用管用，让企业运转更加安全高效，让改革发展更加健康和谐，真正做到依法管人、管权、管事、管企业。

建设法治企业是建设“一强三优”现代公司的应有之意，是打造百年老店、实现基业长青的必修课。必须坚持全员参与、全方位覆盖、全过程管控，推动依法治企方针在公司改革发展稳定各项工作中得到有效落实。全员参与，各级领导干部、法律工作者、管理人员和基层一线员工都要切实增强大局意识、责任意识、风险意识，做依法治企的坚定倡导者、推动者、实践者。全方位覆盖，公司总部（分部）、省公司、地（市）县公司，各直属单位及其下属单位都要切实担负起责任，认真落实好公司党组关于依法治企的各项部署和要求，不留死角、不打折扣。全过程管控，要把相关法律法规和制度标准固化到每一项工作流程、每一个具体环节、每一个岗位职责，切实贯彻执行，加强监督检查，严格考核评价，实现闭环管理。

三、下一步重点工作

当前，公司经法工作总的要求是，落实国资委法制工作部署和公司党组依法治企的工作要求，以建设法治企业为目标，以全员普法教育、通用制度建设、风险防范治理和人才队伍建设为工作重点，夯实基础，科学管理，圆满完成“三年目标”检查验收，全面提升经法工作水平，保障公司安全、健康、可持续发展。

一要深化全员普法教育。要按照建设法治企业的要求，把普法教育纳入公司各级领导干部、管理人员、基层一线员工特别是新入职员工的教育培训计划，明确目标、任务和进度安排，加大学习宣贯力度，推进全员学法用法守法，使法治思维深入人心。各级领导干部要重点学习经济、能源、电力法律法规和“三重一大”决策制度，提高依法决策的意识和能力，带头讲法治、守规矩，防止盲目决策、触碰红线。各级管理人员要熟练掌握与管理职责相关的法律知识和法律技能，重点强化执行各项法律法规和公司制度流程的自觉性、严肃性，严格按规定履职尽责，防止各种“习惯性违章”。基层一线员工要结合自身岗位和工作特点，了解掌握基本法律常识，克服麻痹思想、侥幸心理和粗放习惯，坚决杜绝有法不依、有章不循，预防和杜绝违法违规行为。

二要做好“三年目标”验收。2005 年以来，国资委按照“建立机制、发挥作用、完善提升”的工作思路，相继部署了三个法制工作“三年目标”，对提升中央企业法制工作水平发挥了重要作用。当前，第三个“三年目标”将进入检查验收阶段，公司制定了落实检查验收工作方案，将工作细分为五个阶段，明确了任务、标准和进度安排。各单位要对照三个“100%”和两个“80%”等核心目标要求，认真落实方案，开展自查自评，努力改进提升，坚决防止走过场。总部要坚持标准，从严要求，在 8 月底前组织开展好督导复查工作，重点抓好薄弱环节、难点问题的治理。同时，要注意发现和总结好经验好做法，形成典型经验，加强宣传推广，促进各单位相互交流、相互学习、共同提高。

三要加快通用制度建设。要按照刘振亚董事长在二季度工作会上提出的总体要求，科学设计、加快建设并逐步完善公司通用制度体系。要注重顶层设计。尽快完成第三批通用制度发布，加快推进第四批、第五批通用制度建设进度，确保年底前基本形成比较完备的通用制度体系。按照“追求通用、承认差异”的原则，加大制度推行力度，对确需制定差异化条款的，要做好指导、审核和备案工作。要加强学习培训。周密制定培训计划，设计好、组织好通用制度整体宣贯和各专业专题培训。制度制定的牵头部门要编制配套修订说明、实务指南和指导案例，加强工作指导。各单位要建立起到岗到人到流程的应知应会制度名录，严格培训和考核，不合格不上岗。要狠抓制度落地。制度的生命力在于执行。各层级要结合实际工作，逐级逐项细化分解制度条款，将职责明确到具体管理岗位、班组单元和工作流程中的各个环节。增强制度执行的严肃性，一级抓一级，确保令行禁止，防止制度落地虚化弱化。采用自查、互查、抽查等方式，监督检查通用制度在基层的执行情况，定期形成总结分析报告，将执行情况纳入各单位和领导干部业绩考核。要健全长效机制。对通用制度实行前期调研、制订修订、操作执行、意见反馈的全寿命管理，根据基层意见建议做好滚动修编，持续提升通用制度的指导性和实效性。

四要加强法律风险防控和治理。按照“三集五大”体系建设要求，完善经法工作体系，加强法律业务的集约化、专业化管理，实现资源调配、制度标准、工作要求和考核评价“四统一”。各部门、各单位、各层级要针对各自业务范畴和工作职责，对重点流程、重点环节开展法律风险诊断分析，全面梳理排查风险隐患，制定有针对性的整改措施，完善风险防控机制。重点加强对工程建设、物资采购、营销服务、产业金融、国际业务、电子商务、劳动用工、集体企业等方面法律风险的辨识评估和防控治理工作，确保可控在控。建立健全典型案例分析制度、法律责任追溯制度和法律审核意见跟踪评价制度，持续改进提升法律基础管理水平。加强信息化建设，进一步优化合同、案件、制度等核心业务的在线管控、分析和统计功能，充分运用信息化手段提高经法工作的效率和效益。分类梳理需要外部支持的涉法事项，加强与立法、司法、仲裁、律师等有关部门和机构的对口联系沟通，调动各方力量，争取理解和支持，营造经法工作的良好环境。

五要加强法律队伍建设。建设一支团结坚强、素质优良、作风务实的人才队伍，是新形势下推动经法工作不断开创新局面的重要保证。各单位要进一步贯彻落实公司关于加强法律机构和队伍建设的工作要求，优化工作职能，明确工作职责，大力推进法律队伍职业化、专业化建设。进一步加大培训力度，根据各层级、各专业的实际法律需求，开展好专题性、针对性培训。加强专业能力建设，专题开展电力改革、国资国企改革和电网创新发展等领域重大涉法问题研究。持续改善法律队伍的知识结构、年龄结构和能力结构，把综合素质高、法律知识精、协调能力强的人才选拔到经法工作岗位上，充实经法工作力量，为履行经法工作职责、维护公司合法权益提供人才保证。

公司副总经理、党组成员帅军庆在公司2014年迎峰度夏总结电视电话会议上的讲话（摘要）

（2014年9月16日）

一、认真部署，抓好落实，公司顺利完成迎峰度夏任务

2014年迎峰度夏，受经济增速放缓、结构持续优化、气温低于常年等因素影响，用电需求增速放缓，清洁能源消纳压力大，跨区电网持续重载，部分地区遭受灾害，电网运行和抢险救灾承受较大压力。

一是电力供需总体平衡，局部地区出现缺口。6~8月，全国发电量同比增长1.3%，增幅同比下降9.75个百分点。华北、华东、华中、西北4个区域电网和17个省级电网负荷创出新高。受机组环保改造、局部断面受限等因素影响，山东、冀北、河北南网、天津、江苏、福建、河南、陕西等8个省级电网出现供需紧张，公司区域日最大电力缺口457万kW。

二是积极消纳清洁能源，水火发电矛盾突出。向家坝、溪洛渡、锦官等大型水电陆续投产，公司区域新增水电装机526万kW。6~8月，全网全力消纳水电2254亿kWh，同比增长12.7%，其中消纳四川水电

● 公司副总经理、党组成员帅军庆。

762.4亿kWh，同比增长42.6%；消纳风电、光伏电量232亿、54亿kWh，同比分别增长5.1%、184%；火电发电量7055亿kWh，则同比下降4.9%，出现了负增长，水、火发电协调困难。

三是三大直流等跨区通道持续满载，跨区电网运行压力大。迎峰度夏期间，国家电网跨区最大输送电力5717万kW，同比增加27%；特高压复奉、锦苏、宾金三大直流保持满功率运行，同时满送时间超过700小时，跨区输送电量达969亿kWh，同比增长33%。跨区电网资源配置作用进一步增强，同时运行压力巨大。

四是重点水电来水偏多，局地发生洪涝干旱。迎峰度夏期间，公司区域重点水电来水较2013年同期偏多21%，浙江、福建、湖南、江西、重庆等地发生不同程度的洪涝灾害，台风“威马逊”“麦德姆”对福建、浙江、江西等电网造成影响，导致7461个台区、72.8万户客户停电，防汛和抢险救灾任务艰巨。河南、山东、辽宁等9省遭遇干旱，受旱耕地面积超过6778万亩，河南降水量较历年同期偏少6成。

五是部分地区配网薄弱问题仍然突出。近年来，公司加大了配网投入，但东西部之间差距仍较大，部分地区配电网，尤其是县域配网结构还较薄弱，供电能力不强，10kV单辐射线路比例高，分段数偏少，供电灵活性较差，负荷转供能力不强，还存在线路卡脖子、配变过负荷、供电电压低等问题。

面对2014年迎峰度夏形势，公司党组高度重视，认真贯彻国务院和有关部门部署，周密组织迎峰度夏工作。5月27日，公司召开迎峰度夏安全生产电视电话会议，分析研判迎峰度夏形势，部署重点措施，全面做好2014年迎峰度夏工作。

（一）全面加强安全管理，确保电网安全稳定

针对2014年迎峰度夏特点，明确提出以保障电网

安全和电力供应为原则，以不发生大面积停电事故、重大设备事故、人身伤亡事故和局部影响较大停电事件为目标，全面强化安全管理。一是强化风险管控机制。严格执行安全生产月、周、日例会制度，建立各级电网运行风险预警管控机制，强化风险辨识和预警预控措施的闭环落实。迎峰度夏期间，公司累计发布电网运行风险预警2716项，全过程闭环管控，保障了各级电网运行安全。二是开展专项监督检查。认真吸取事故教训，集中整治问题隐患，组织开展三大特高压直流通道隐患排查、变电站直流系统和二次保护隐患排查、西北电网专项安全检查。开展基建分包、施工机具、集体企业专项检查，组织防汛互查，全面落实安全工作要求。三是组织“安全生产月”活动。公司网站、国家电网报开设活动专栏，全系统共17.3万名员工参与安全生产咨询日活动，发放安全用电手册等宣传物品500多万件，组织19.6万人次开展了6150项应急演练。四是强化应急能力建设。编制典型突发事件应急处置卡，明确关键环节和重要措施。制定防恐安保工作方案，梳理重要场所和重点部位防范措施。新疆公司及时有效处置突发事件，保障了员工安全和电网稳定。

（二）加快推进电网建设，提高安全供电能力

加大前期工作力度，加快各级电网建设发展。截至8月底，公司投产110（66）kV及以上交流线路3.4万km、变电容量1.9亿kVA，新增并网装机3606万kW；新建和改造10kV配电线路40 250公里、配电变压器78 147台，消除卡脖子线路3213条、重过载配电变压器24 228台；农网改造升级工程投运35kV及以上输电线路5745km、变电站640座、配电变压器29 831台；无电地区电力建设解决了10万余户、41.3万人用电问题。7月3日，±800kV特高压宾金直流工程按期投运，国家电网跨区送电能力增加至6163万kW，同比增长23%，为缓解西南水电送出压力发挥了重要作用。500kV冀北姜家营扩建、500kV川渝联络线洪板线增容改造、330kV青海甘青断面电磁解环等一大批迎峰度夏重点工程按期投产，显著提升了电网供电能力。

（三）强化电网运行控制，优化电力电量交易

结合负荷变化、水库来水和设备调试，公司各级调度系统动态调整运行方式，保证电网运行结构合理。积极采取措施，强化断面功率和无功电压控制，有效控制短路电流水平，合理预留旋转备用容量。认真制定各类电网事故应急预案，组织开展调度迎峰度夏反事故演习。统筹兼顾燃煤机组环保改造，利用负荷特性差异开展区域互济。优化流域梯级协调，发挥水库调蓄能力，合理安排水火开机方式，充分发挥华东电网备用共享、事故支援以及灵活交易机制，实现西南地区水电持续大发满发和稳定送出。6~8月，国家电力市场完成交易电量2069亿kWh，同比增长17.8%，其中特高压输电交易电量474亿kWh，同比增长123%，跨区消纳水电754亿kWh，同比增长47.9%。

（四）抓好设备运维管理，及时消除缺陷隐患

进一步加强设备运维管理，除常规巡视外，积极采用直升机、无人机、巡检机器人以及成熟带电检测技术，及时发现了大量设备缺陷。开展特高压变电站专项带电检测，累计完成3257台设备36 104项次检测，针对发现的97项缺陷，及时进行消缺处理。开展直流换流站专项隐患排查，针对可能导致直流闭锁的223项问题，全部落实预控措施，宁夏公司提前完成了银东缺陷换流变更换。加强高温大负荷设备巡检，强化带电检测技术应用，加大检测频次，及时处理复龙站极Ⅰ低端换流变阀侧套管法兰漏气、宜宾站极Ⅱ高端多处设备接头发热等36项重大异常。全力做好三大特高压直流运维保障，开展重要输电通道风险评估和防护工作，评估确定62个高风险区段、27个中风险区段，沿线上海、江苏、浙江、安徽、湖北、湖南、江西、四川、重庆9个运维单位，建立通道防护联防联保机制，逐线逐塔落实设备运维责任；湖南公司及时发现并处理了复奉线和锦苏线山火险情；湖北公司在世界上首次采用等电位带电作业方式，更换±800kV复奉线整支复合绝缘子，及时消除了隐患，保障了三大特高压直流长时间满功率运行。2014年以来，公司系统主要设备运维指标进一步提升。

（五）细化需求侧管理，提升优质服务水平

超前开展电力供需平衡预测，推动建立政企联合工作机制，有效落实有序用电方案。召开各级有序用电宣传会议，及时发布电力供需信息，严格执行有序用电每日“零报告”制度。山东、冀北、河北南网等9个省级电网采取有序用电措施，累计29天，没有拉闸限电。积极采取不停电抢修作业，城市配网不停电抢修及消缺4.3万次，同比增加3.1万次。新增城市配网“网格化”抢修驻点194个，平均服务半径降到5.85km。95598抢修话务量同比下降37.4%，回访客户满意率达到98.3%。

（六）迅速开展应急抢修，全力保障抗灾用电

加强灾害预防预警，及时启动应急机制，全力抢修受损设施，抢险救灾中无一人伤亡，做到了安全、科学、高效。浙江、福建、江西公司早动员、早部署、早落实，有效处置台风“麦德姆”对电网造成的影响。针对湖南凤凰古城和浙江丽水城区进水，供电部门主动联系地方政府，及时采取拉停措施，避免了次生灾害。面对旱情，山东、河南、辽宁、陕西等公司积极履行企业社会责任，全力保障抗旱用电需求，累计投入抗旱保电服务队 9430 支、32.8 万人次，资金 5.6 亿元，新增排灌用变压器 1 万多台，提供抗旱发电机 2600 多台。

（七）精心组织保电工作，确保青奥会等安全供电

公司高度重视保电工作，加强组织协调，细化保电方案，抓好督导落实，圆满完成了北京 APEC 高官会、南京青奥会、天津夏季达沃斯论坛、新疆亚欧博览会等重要保电任务。南京青奥会期间，江苏公司制定实施保电方案 530 余项，出动人员 70 716 人次，开展特巡 29 247 次。安徽公司全力参与，投入保电人员 1496 人次。华东分部积极协调，全公司上下齐心协力，实现了“零差错、零闪动、零投诉”目标。

二、清醒认识迎峰度夏暴露出的问题

2014 年迎峰度夏工作已经结束，但必须清醒认识到，公司电网运行和安全管理仍暴露出一些问题，各单位、各部门要深入总结分析，进一步增强风险意识和责任意识，全力抓好整改落实，全面提升电网安全生产水平。

（一）电网安全存在薄弱环节

迎峰度夏期间，公司仍发生了多起电网停电事件。5 月 31 日，冀北公司 220kV 固龙双回线跳闸，造成廊坊地区两座 220kV 变电站全停。6 月 18 日，甘肃变电公司 110kV 嘉汉线、果汉线故障，330kV 嘉峪关站 110kV 母线失压，造成嘉峪关、酒泉部分地区停电。7 月 1 日和 23 日，蒙东公司两次发生 220kV 线路故障，造成兴安及呼伦贝尔岭东地区多座串供的 220kV 变电站停电。8 月 9 日，宁夏公司 330kV 清水河变电站 330kV 清安线故障，线路中开关未跳开，失灵保护未启动，造成清水河变电站全停。这些停电事件的发生，直接诱因是灾害天气和外力破坏，但扩大原因是管理松懈和责任缺位，暴露出个别单位电网安全基础管理薄弱，风险管控机制不闭环，环境隐患整治不到位，防外破工作不扎实；变电站反措落实不到位，隐患排查不彻底，二次设备运行管理重视不够；改扩建工程设备投运组织管理不力，生产准备工作不充分，继电保护装置巡视检查流于形式，人员技能培训不到位等问题。

（二）设备质量问题较为突出

1~8 月，公司系统共发生 330kV 及以上输变电设备质量事件 30 起，其中制造原因 29 起。迎峰度夏期间，先后发生多起设备质量事件。6 月 30 日，青海 750kV 西宁变电站 GIS 母线盆式绝缘子开裂。7 月 18 日，甘肃 750kV 麦积山变电站 GIS 隔离开关内部绝缘传动杆放电击穿破裂；8 月 14 日，该站又发生 1 号主变压器套管顶部接线柱与内部导管之间密封失效进水，导致重瓦斯保护动作跳闸。8 月 23 日，青海 750kV 鱼卡变电站 GIS 隔离开关发生拐臂断裂。以上发生故障的设备，有些 2014 年刚投产不久，暴露出个别供应商产品制造质量不良，装配工艺控制不到位，关键零部件把关不严。此外，在 2014 年夏季电网设备运行中，特高压直流偏磁问题突出，隔直装置研究和整改工作还需要进一步加强。

（三）电网运行环境亟待改善

迎峰度夏期间，公司电网发生多起因用户和外部原因引发的安全事件。7 月 1 日，青海盐湖海纳化工有限公司所属的 330kV 继光变电站 Ⅰ、Ⅱ 母线相继故障，引发部分用户欠压脱扣和低电压保护动作，累计造成 115 万 kW 负荷脱离电网。7 月 15 日，新疆东方希望有色金属有限公司擅自将自备电厂 2 台机组并网运行，严重威胁电网安全，调度部门及时发现并下令解网。针对上述事件，公司组织调查分析，提出对策措施，并专题向国家能源局和地方监管机构汇报。此外，吊车碰线、违章施工、异物短路、山火等造成线路故障时有发生；雷暴、洪涝、台风等灾害天气对电网造成影响，6~8 月，累计造成 330kV 及以上线路跳闸 227 条次，9 座 110kV 变电站、27 座 35kV 变电站、2000 余条 10kV 线路停运。

（四）产业和集体企业安全管理有待加强

公司直属产业和集体企业涉及行业广，安全基础相对薄弱，安全管理难度大。水电站大坝和抽蓄电站基建、煤矿瓦斯、水害、冲击地压，装备制造企业酸洗、镀锌、起重作业，通用航空高空飞行作业、境外机构和施工项目等领域，存在较大风险，容易引发重大事故。部分产业单位安全设施不完善、设备老化，煤矿地质灾害防控措施有待加强。个别集体企业经营范围与实际业务不匹配，安全资质不齐全，安全监督体系不健全，安全管理基础不牢靠。

三、强化责任，落实措施，全面做好安全生产各项工作

当前，电网进入夏秋方式转换期，秋检预试已陆

续展开，重点工程建设进入施工黄金期，年底前农网改造和无电地区电力建设任务集中，公司系统 220kV 及以上秋检项目 8337 项，基建施工现场 2600 多个，现场检修施工人员超过 30 万人，年底前计划投产线路 1.65 万 km、变电容量 7500 万 kVA，占年度任务的 32.7% 和 28.4%，安全生产任务艰巨，事故风险防控难度大。各单位、各部门要清醒认识安全生产面临的形势，周密部署，精心组织，狠抓落实，采取切实有效的措施，全面抓好下阶段安全生产工作。

（一）开展打非治违专项行动

8 月 31 日，十二届全国人大常委会第十六次会议通过了安全生产法修正案，自 2014 年 12 月 1 日起施行。新修改的《中华人民共和国安全生产法》，坚持以人为本，推进安全发展，进一步强化生产经营单位的安全生产主体责任，加大对安全生产违法行为的责任追究力度。国资委印发《中央企业安全生产考核实施细则》，对央企负责人年度经营业绩考核扣分标准作出调整，发生较大及以上生产安全事故，考核扣分比原标准加倍。8 月 2 日昆山铝粉尘爆炸特别重大事故发生后，国家高度重视 2014 年的打非治违工作，国务院安委会办公室专门召开视频会议，部署集中开展“六打六治”打非治违专项行动；国资委、国家能源局分别印发文件，召开视频会议，部署中央企业、电力行业开展打非治违专项行动。公司贯彻国务院和有关部门部署，制定印发了打非治违专项行动实施方案，各单位、各部门要认真抓好贯彻执行，重点打击非法违法、违规违章行为，确保安全生产。

一要强化责任。各级领导要坚守安全生产红线意识，履职尽责，守土有责，按照公司统一部署，围绕安全综合管理、电网安全、电力建设、集体企业等八个方面，以抓责任落实、抓违章治理、抓隐患排查为重点，集中开展打非治违专项行动，进一步规范安全生产秩序，杜绝因非法违法及违章行为造成安全事故。二要结合实际。把开展打非治违专项行动与年度安全工作部署紧密结合，继续开展安全管理提升活动，全面推进 42 项主要内容；紧密结合秋季检修、基建施工等工作，强化专业管理，深化专项整治，逐条落实西北电网安全检查 38 项问题整改，全部完成 7787 项防误闭锁、1690 项地下电力管线隐患治理。三要突出重点。深入开展反违章，强化基建分包管理，防范违章作业、基建工程违规分包；强化产业、集体企业安全管理，坚决纠正安全资质不齐全、实际业务与经营范围不匹配等违法违规现象；强化高风险行业安全管控，严防发生重大安全事故。四要加强督查。贯彻“四不两直”要求，扎实开展安全督查，深入排查安全隐患，集中整治突出问题，切实夯实安全基础。

（二）强化电网运行管理

深化电网运行风险管控，制定发布工作规范，加强风险定级、辨识、预控、应急全过程闭环管理，有效防范电网运行风险。针对下阶段检修停电多、基建配合停电多，要特别加强检修方式下的电网安全管控，必须逐一落实安全防范责任。要加强主网运行方式管控，统筹安排特高压交直流送电方式。强化网源协调管理，全面核查配套电源、直流落点近区机组涉网性能。切实做好浙福特高压交流、川藏联网工程建设施工、生产准备、调试投运等工作，确保安全和质量。加强与气象部门联系，紧密跟踪流域降雨和来水情况，进一步优化水电厂发电安排，确保完成水库汛末蓄水目标，为今冬明春电力电量供应打下基础。密切关注今冬明春宏观经济走势和售电市场形势，提前开展冬季电力供需平衡分析，准确预测电力供需形势，认真编制迎峰度冬方案，积极做好冬季风电消纳准备，克服调峰、送出、消纳等困难，平衡各联络线断面潮流，尽最大可能消纳风电。

（三）强化设备运维管理

全面梳理 2014 年迎峰度夏设备暴露的问题，集中整治缺陷隐患和薄弱环节，尤其要加大设备家族性缺陷消除力度。深入开展二次设备隐患排查，重点消除继电保护、站用电系统、直流系统、通信装置电源、UPS 等存在的隐患。结合设备状态评价结果，合理安排秋检计划，精心组织特高压长南荆线、天中直流年检，抓好特高压皖电东送投产后首检。继续开展重要输电通道综合整治，进一步加强防外破工作，落实线路防雷击、防山火、防树障、防地质灾害、防雨雪冰冻措施，按期完成防污闪、防舞动等专项治理工程，完成覆冰智能预测预警和新一代雷电监测系统建设，年底前完成 55 套融冰装置配置。加强配网建设综合管理，完成 30 个重点城市核心区和 30 个非重点城市配网建设改造、32 家单位配网自动化项目验收，确保 46 家地市公司配电自动化系统实用化。按期完成农网升级改造工程，推广实施春节保电综合措施，解决户均配电容量低、线路“卡脖子”、低电压等问题。加强规划、建设、科研部门协同攻关，研究解决直流偏磁问题。

（四）强化现场安全管控

高度重视人身安全，坚决防止人身事故和误操作事故。要认真开展作业风险辨识和承载力分析，严格执行《安规》和“两票三制”，严格执行防误操作管理规定，切实加大反违章力度，确保现场安全可控在控。各级领导要带头履行岗位职责，亲自研究部署秋检工作，组织开展秋季安全检查，深入一线，及时协调解决存在问题。要加强停电计划管理，结合电网运行安排和基建工程接入，精心编制秋检计划，严格计划刚性执行。要强化施工单位、监理单位、业主项目部安全责任，严肃基建安全施工作业方案编制和审批，细化落实现场安全技术和组织措施，落实到岗到位要求。要进一步加强施工分包管理，严格执行管理人员与分包人员“同进同出作业现场”要求。做好跨越重要输电线路、铁路、高速公路施工作业组织和风险管控。加强水电站机组大修安全质量控制，做好丰满大坝重建施工，浙江仙居和江西洪屏等抽水蓄能电站建设安全管理。加强秋冬季交通、消防安全工作。

（五）落实防恐安保措施

贯彻落实国家有关部门要求，制定防恐安保工作方案，开展有针对性培训和演练，提高防范和应对暴恐事件的意识与能力。要落实重点地区和重要场所安保措施，加强对调度大楼、重要变电站（换流站）、重要输电通道的技防措施和巡视力量，加强安防设施改造治理和运行维护。要加强线路巡视、工程施工、抢修作业等现场安全保卫，强化夜间值班、集中住宿、专人看护、现场留守等安保措施，严防员工遭受暴力恐怖袭击。建立与政府部门防恐安保工作联防联动机制，有效整合各方巡护力量，因地制宜组建专群结合的巡护队伍。要严肃信息报告纪律，强化应急值守，确保事件发生后信息报送传递及时，应急组织指挥到位。

（六）推进全面质量监督管理

一是加强设备全过程质量管控。要进一步落实计划、采购、监造、建设、验收、运维等各环节责任，强化设备全过程质量管控，防止不合格设备投入电网运行。要健全完善质量监督管理网络，深入开展质量监督检查，加大质量事件调查力度，深入剖析原因，严格责任追究，吸取教训，督促整改，彻底扭转质量事件多发的局面。二是推进资产全寿命周期管理体系建设。进一步加强工作督导，及时发现和解决存在问题，确保体系建设工作质量，按期完成年度建设任务。要按照评价验收工作方案和计划，有序推进体系建设评价工作，结合 ISO 55000 国际标准的颁布，充分借鉴国际先进的体系评价方法，以评价促建设，推动公司资产管理水平向领先型迈进。三是全面建成电能质量在线监测系统。目前，公司主站系统和运检、调度系统改造已基本完成。要加快建设进度，突出计划管控，提高建设质量，强化数据分析，加强督导考核，及时改进和完善系统建设。各单位要进一步加强工作组织，细化责任分工，统筹人力物力，攻坚克难，确保实现年内建成投运目标。

（七）做好重要活动保电工作

要组织做好国庆节、十八届四中全会、APEC 会议保电工作，加强专业指导，细化保电方案，完善保电措施，确保万无一失。一是认真制定并严格执行保电方案，担负重要保电任务的华北分部，北京、冀北公司等，要提前做好保电各项准备工作，对保电方案、责任、措施进一步细化落实。二是做好重要活动保电和国庆节期间负荷预测与电力平衡，合理安排电网运行方式和供电方式，加强设备特巡检查，落实优质服务措施，确保重要会议场所、交通枢纽、旅游景点等重点用户的可靠供电。三是认真梳理完善保电应急预案，提前组织应急演练，做好抢修队伍和应急物资准备，保证应急指挥系统畅通，确保突发事件时反应迅速、处置有效。四是加强国庆长假期间施工检修现场安全管理，安排好节日生产值班工作，严格重大事项报告制度。

公司党组成员、工会主席刘广迎在公司班组建设现场经验交流会议上的讲话（摘要）

（2014 年 11 月 20 日）

一、公司班组建设取得显著成效

近年来，公司党组从深化“两个转变”，加快建设“一强三优”现代公司的战略全局出发，高度重视班组建设工作，明确了班组建设的总体目标和工作要求。各单位认真贯彻公司党组工作部署，坚持“以人为本、民主管理、创新引领、和谐发展”的班组建设总体要求，强化组织领导，创新工作思路，健全工作机制，基层管理进一步加强，队伍素质显著提升，在推动公司安全发展、创新发展、和谐发展中发挥了重要作用。

（一）夯实了公司管理基础

进一步突出班组建设工作的重要地位，制定了《关于加强班组建设的实施意见》，提出“班组建设三十条重点要求”，统筹推进班组基础建设、安全建设、技能建设、创新建设、民主建设、思想建设、文化建

● 公司党组成员、工会主席刘广迎。

设、班组长队伍建设。建立健全班组管理标准和制度体系，推动了公司“五位一体”机制在班组落地。开发应用公司班组建设信息化管理系统，优化业务流程，强化过程管控，全面提升工作效率和管理水平，强化了基层和基础管理，促进了公司管理提升。国网山东电力构建班组建设责任、标准、对标、考评“四大体系”，促进班组争先晋位；国网天津电力完成职责、制度、标准、流程、考核“五位一体”机制在班组层面的全面融入；国网冀北电力规范班组的工作界面和职责划分，优化56个工作流程；国网吉林电力组织400个先进班组与薄弱班组“联姻结对”，提高整体工作业绩；国网青海电力完善班组考核办法，突出班组核心业务，优化考评指标；国网新源公司整合班组、明确职责，推动抽水蓄能电厂“运维一体化”建设；国网客服中心将班组建设与专业管理相结合，制订16个管理办法和11个业务流程，有效提升了管理水平。

（二）强化了公司执行力建设

把加强班组建设作为提升公司执行力和管理水平的重要基础性工作来抓，成立了班组建设工作领导小组，明确了工作目标和任务。深入开展“创建先进班组、争当工人先锋号”活动，经过4年的努力，7.9万个班组已有80%进入国网公司达标班组行列，基层执行力明显提升，有力保证了公司各项重大工作部署的贯彻落实。特别是在抗灾救灾、重大保电任务以及重点工程建设等艰巨任务与严峻挑战面前，公司一线员工思想统一、步调一致、行动迅速、冲锋在前、攻坚克难，圆满完成了各项急难险重的任务。国网上海电力组织班组开展“查找身边危险源”活动，发现并消除各类危险源1242条，保证了电网安全运行；国网江苏电力省市两级典型经验库共提炼927个班组建设案例，促进了班组建设水平整体提升；国网四川电力充分发挥“工人先锋突击队”作用，克服重重困难，推进了川藏联网工程建设；中电装备公司在20个海外项目部中推行精细化管理，深挖项目盈利潜力，提升了海外业务竞争力。

（三）激发了基层创新活力

根据《国家电网公司2011~2015年职工技术创新竞赛方案》，大力开展职工技术创新活动，2011~2013年评选出职工技术创新优秀成果201项，其中许多成果获得国家级或省部级表彰。国网山东电力一线工人高森团队自主研发的“架空线路清障检测机器人”，荣获国家科技进步二等奖，作为全国工人创新的杰出代表，登上了国家科技最高领奖台。在第四届全国职工优秀技术创新成果评选表彰的100项成果中，公司有10项成果获奖，占表彰总数的10%。制定公司《关于劳模创新工作室建设的指导意见》，统一规范劳模创新工作室建设，坚持创建工作的高起点和高标准，劳模的集聚效应、辐射效应、品牌效应得到充分发挥。目前，公司共创建1100余个劳模创新工作室，其中，25个工作室正在申报“全国示范性劳模创新工作室”，申报数量居各行业的首位；5个工作室被命名为“全国能源化学系统示范性劳模创新工作室”；76个工作室被命名为“国家电网公司劳模创新工作室示范点”。国网河北电力依托成果转化基地批量生产150余项职工技术创新成果，创造了良好的经济效益；国网黑龙江电力加大劳模创新工作室建设力度，给每个工作室拨付专用资金，给每名领衔人员发放津贴，王长东劳模创新工作室被评为国家级技能大师工作室；南瑞集团基层班组每年申报创新成果100余项，增收节支成效明显；平高集团注重提高创新成果科技含量，职工创新小组连续三年获得中国质量协会优胜奖；山东电工电气重点开展61项合理化建议的应用工作，集中智慧和力量加快推进建成国内领先的电工装备产业集团。

（四）提升了员工队伍素质

全面加强全员培训，组织开展师带徒、班组大讲堂、反事故演习、计算机仿真模拟培训等活动，拓展一线技术和技能人才职业通道，促进了员工岗位成才。2013年，公司全员培训率达到94%，培训班组长10.5万余人次，公司高技能人才比例由2005年的48%上升到2013年的78%。组织班组员工广泛开展技能竞赛、技术比武、技术攻关、岗位练兵、合理化建议征集活动等形式多样的劳动竞赛活动，为班组员工练本领、强素质搭建平台。自2011年公司开展合理化建议集中征集月活动以来，三年共征集了75.6万余条合理化建议，充分体现了广大员工的“主人翁”精神和聪明才智。国网福建电力连续9年举办“海西·电网杯”职业技能竞赛，36名员工被授予福建省“五一劳动奖章”称号；国网湖北电力连续6年举办员工技能运动会，竞赛项目共计136项，参与员工超过25万余人次；国网重庆电力创新班组长培训方式，精心设计课程，打造内容丰富的班组长学习交流平台，三年来累计培训班组长1500余人次；鲁能集团举办四届“员工优秀课堂”竞赛，3.6万余人次参加；许继集团加强班组长互学互帮，开展“一班一特色”创建活动，提升了班组长队伍素质。

（五）促进了公司品牌建设

积极探索新形势下班组建设的特点和规律，走出了一条企业与员工共建共享的发展之路，得到了国务院国资委、全国总工会的充分肯定和高度评价，在中央企业中发挥了示范引领作用，树立了公司良好的品牌形象。2010年，公司在国资委召开的“中央企业红旗班组（科室）先进职工表彰大会”上作了经验介绍。2012年，全总召开班组建设理论与实践研讨会，总结和推广国网公司和国网河北电力班组建设模式和经验。从班组涌现出的“电力雄鹰”吕清森、“爱心使者”韩克勤、“百姓电工”左光满、“工人专家”夏晓宾等一大批先进典型，在全社会产生广泛影响力，成为提升国家电网品牌形象的优秀代表，展现了新时期国家电网班组员工的风采。国网宁夏电力“1285”班组管理体系，由宁夏自治区四个部门联合发文，在全区全面推广。国网安徽电力宿州供电公司输电线路操作工许启金同志2014年被中宣部确定为重大宣传典型。

（六）切实减轻了基层负担

班组负担重是群众路线教育实践活动中基层反映的突出问题。公司党组高度重视，2013年，组织开展班组建设诊断分析工作，实地考察585个班组，对3260个班组进行问卷调查，制定了公司《关于加强班组建设减轻班组负担的指导意见》及30条重点要求，明确了“加强对班组的指导和服务、班组员工队伍建设、班组长队伍建设、班组基础设施建设、班组自主管理，减少信息系统、台账记录、检查评比、文山会海、盲目培训”的工作要求。2014年，公司组织两个调研组开展为期一个月的“驻点”调研，摸清情况，分析原因，提出对策。通过强化科技减负、管理减负、装备减负、素质减负，共清理下线4360套自建信息系统，基层数据重复录入率减少95%；取消不合理考核指标6028项，清理、精简和优化班组台账记录2.3万余个，班组减负工作取得了实实在在的成效。国网山西电力率先实现全部班组信息系统门户账号的单点登录，班组减负满意率达到98%；国网浙江电力规范班组台账管理，严控新增项目，台账数量减少59%；国网湖南电力建立各级干部与班组的联系点379个，深入班组开展技术指导、专业释疑、制度解读1355次；国网江西电力出台减负措施35条，班组检查评比数量同比下降30%；国网蒙东电力加强供电所基础资料管理，推行资料目录、资料格式、资料填写标准要求和存档方式“四统一”，有效减轻了班组负担；国网甘肃电力建立立体化班组减负工作模式，制订减负措施90条，释放了班组活力，提高了工作效率。

（七）推动了和谐企业建设

公司党组高度关心关爱班组员工，不断改善班组学习、工作和生活条件。加强班组民主建设，畅通班组员工诉求表达渠道，落实员工的知情权、参与权和表达权。大力开展“送温暖”活动，组织“送文化下基层”，深入特高压工程和川藏联网工程等施工现场慰问一线班组。各级领导干部深入基层一线和班组，“面对面、心贴心、实打实”地和班组员工谈心交友，倾听真实呼声，切实解决班组和员工实际困难，使班组成为“勤奋工作、快乐生活、健康成长、温暖和谐”的职工小家。国网北京电力拨付400万元专项经费改善班组生产生活条件，惠及800余个班组；国网河南电力编制《班组办公生活设施配置更新方案》，修订《职工劳动保护用品发放标准》，改善班组工作条件，提高员工劳动保护水平；国网辽宁电力关心员工心理健康，组织心理咨询师深入班组、开通热线，提供专业的心理咨询，塑造员工阳光心态；国网陕西电力制定《班组硬件配置标准》，两年投资6000万元对班组硬件设施进行补充和更换；国网新疆电力2014年走访慰问班组、施工现场、供电所1235个，全力做好反恐维稳工作；国网西藏电力慰问高原施工队伍，现场解决基层一线的实际困难。

2005年以来，公司2个班组荣获“全国学习型标兵班组”称号，13个班组荣获“全国学习型优秀班组”称号，109个班组荣获“全国学习型先进班组”称号，381个班组荣获全国“工人先锋号”称号，6个班组荣获“中央企业先进集体”称号。39名班组员工被评为“全国劳动模范”，43名班组员工被评为“中央企业劳动模范”，班组的面貌发生了重大而深刻的变化。

在看到成绩的同时，我们要清醒地认识到当前班组建设中还存在一些问题。主要体现在：班组员工素质还不适应“三集五大”体系建设的要求；班组基础管理工作有待深化；班组减负工作尚未完全落实到位；班组员工思想道德作风纪律建设需要进一步加强。

二、持续推进班组建设，全面开创公司班组建设新局面

当前，是公司全面深化“两个转变”的关键期和攻坚期，特高压电网发展全面提速，“三集五大”体系将全面建成，国际化发展不断实现突破，在新的起点和更高水平上推进“两个转变”面临新的任务，对班组建设工作提出了更高要求。刘振亚董事长对班组建设工作高度重视，多次对基层减负和班组建设工作作出重要指示，要求站在公司发展全局的高度，全面加强班组建设，推动公司又好又快发展。各单位要深刻认识到加强班组建设是一项事关公司科学发展的全局性、基础性、根本性工作，是一项长期的战略性任务，切实增强做好新形势下班组建设工作的紧迫感和责任感，持之以恒、持续推进班组建设，为全面开创班组建设新局面，深入推进“两个转变”不懈努力。

当前和今后一个时期，公司班组建设总的要求是：认真贯彻落实公司党组加强班组建设的决策部署，坚持以人为本、民主管理、创新引领、和谐发展，以抓基层、基础、基本功为重点，以深入开展班组达标创一流活动为载体，大力推进标准化作业、制度化管理、规范化服务、信息化建设，促进公司管理水平提升、员工队伍素质提升、基层执行力提升，实现公司事业与员工事业的共同发展、公司品牌与员工形象的共同提高。

总的目标是：适应公司深入推进“两个转变”，加快建设“一强三优”现代公司的要求，紧紧围绕管理效率、工作效能、员工素质的提升和公司核心价值观的培育，不断提高班组建设水平。把班组长培养成为具有一流职业素养、一流业务技能、一流工作作风、一流岗位业绩的优秀管理者；把班组员工培育成为忠诚企业、勤奋学习、业务精湛、爱岗敬业、严守纪律、敢于创新的优秀劳动者。把公司班组建设成为“规范、安全、高效”的作业单元和“自立、互助、温暖”的职工家园，打造一批一流班组，建设一支一流员工队伍，充分调动和汇集广大员工的积极性和创造力，为建设世界一流电网、国际一流企业奠定坚实的基础。

实现以上目标，任重道远，要注意处理好班组建设管理中的“五个关系”。

一是正确处理“牵头”与“分工”的关系。班组建设涉及公司各方面工作，要进一步理顺各管理层级之间、牵头部门与各职能部门之间、班组行政管理单位与上级业务部门之间在班组建设中的关系，克服“班组建设就是班组的事、就是工会的事”等片面认识。工会作为班组建设牵头部门，要重点抓好统筹协调、统一组织，推动班组建设运行机制协同高效运转。各专业部门和各单位要各司其职，分工负责，避免班组管理“政出多门”。

二是正确处理“加法”和“减法”的关系。加强管理和减轻负担，关键是要把握好“度”。减轻班组负担，必须坚持实事求是，既要做到科学应用管理手段，坚决减掉低效无效的“无用功”。又要做到精益管理、严格管理，对企业有利、对员工有利的班组建设工作，一定要管住管好，高标准、高质量、高效率做好“有用功”，为班组创造更加良好的工作环境和条件。

三是正确处理“重点”和“全面”的关系。对班组建设中存在的突出问题，要集中资源和力量，全力以赴打好“攻坚战”。同时要以点上的突破带动面上的拓展，以点上的突围带动面上的推进，以点上的突出带动面上的深入，认真做好班组建设各项工作，促进班组建设整体工作水平的提高。

四是正确处理“规范”和“创新”的关系。“没有规矩，不成方圆”，创新必须建立在规范的基础上。公司的通用制度、标准、流程和规范员工纪律行为的各项规定、守则，必须落地班组，一贯到底，不打折扣，不搞变通。管理是一门科学，领导是一门艺术。广大干部员工尤其是各级领导要严格执行规范、养成良好的习惯，在实际工作中有秩序地创新班组管理的方法和手段，激发班组员工的创新活力，争创一流工作业绩。

五是正确处理“当前”和“长远”的关系。要注重当前工作与长远规划相结合。根据公司当前的中心任务和重点工作，确立班组建设阶段性的重点工作目标和任务，务求实效。从长远来看班组建设要克服“短平快”心理，避免“表层、表面、表演”。只有常抓不懈，持之以恒，健全完善班组建设长效机制，班组建设工作才能赢得员工的参与，才能取得实实在在的成效。

面对公司班组建设的新形势和新任务，要重点做好以下工作。

（一）加强领导，健全班组建设工作机制

要建立“抓一把手、一把手抓”的常态机制，强化“一把手”推进班组建设工作的责任意识，加强对班组建设工作的领导，定期听取班组建设工作汇报，及时掌握并研究解决班组建设中遇到的问题。要建立“分级管理、层层负责”的运行机制，由公司总部抓部署和推进、省公司和直属单位抓策划和协调、市地级公司抓实施和操作。工会作为牵头部门，要主动承担起班组建设的日常组织和协调工作，专业部门要根据各自职责，加强分类指导，形成合力，整体推进班组建设的各项工作。要建立“统一规范、协同高效”的协同机制，把班组建设的重点放在基层，规范和完善班组建设职责、制度、标准、流程、考核，推进“五位一体”协同机制在基层班组落地。要建立“上情下达，下情上传”的沟通机制，密切管理部门和基层班组的沟通联系，及时了解和掌握班组建设的情况，使班组建设的各项工作部署更加符合基层的实际，提高班组建设的针对性和实效性。国网工会将兼顾到专业、地域、条件和管理水平的差异，选择7个单位的14个班组作为“国网工会班组建设联系点”，促进各单位之间、各联系点之间相互学习、取长补短。

（二）顶层设计，科学规划班组建设工作

班组建设是一项长期任务和系统工程，必须加强顶层设计，充分发挥规划的统领作用。2015年是“十二五”的最后一年。要在全力完成“十二五”班组建设各项工作任务的同时，系统总结“十二五”期间班组建设工作，查找差距，发现短板，解决问题。班组建设是公司各项工作落地的一项基础性工作。班组的基本任务是现场作业，工作目标就是绩效提升。班组建设一定要聚精会神着力提高班组的实战能力，保证班组日常工作有效率，攻坚克难有本领，绩效指标有提升。要深入分析形势任务，认真研究班组建设的规律、员工成长成才的规律，加强总体设计和分类指导，科学谋划班组建设的重点内容和方式方法，明确班组建设的主要目标、基本任务、建设标准等。各单位要结合工作实际，超前研究制定本单位班组建设的总体工作方案，把握班组建设工作的主动权，推动班组建设的不断深入。

（三）与时俱进，实施班组建设再提升工程

2015年，继续深入开展“创建先进班组，争当工人先锋号”活动，加大未达标班组创建力度，确保实现公司95%的班组达到“国家电网公司达标班组”。对已达标班组要加强动态管理，持续改进和提升。“十三五”期间将实施班组建设再提升工程，在执行规章、执行制度，按流程办事的同时，不断的改善、不断的改进，不断地创新班组建设工作。要研究制定建设一流班组工作方案，注重业绩和实效，统一规范一流班组考核标准、严格考核程序，建成一批一流班组，推动班组建设工作再上新台阶。积极学习借鉴先进管理理念、先进管理方法、先进管理手段、先进信息技术，加大公司系统班组建设典型经验的总结推广工作力度，使公司班组建设在建设世界一流电网、国际一流企业中发挥更加重要的作用。

（四）提升素质，建设一流班组员工队伍

要大力实施人才兴企战略，加强班组全员培训工作，加大培训资源优化整合力度，加快人才培养基地建设，改善培训条件，提升培训水平。坚持内涵式发展和外延式发展相结合，拓展班组员工职业发展通道，研究规划各类人才职业发展路径，探索人才评价体系，形成优秀人才脱颖而出的良好机制。积极推广国网山东电力“金种子”成才计划、“班组大讲堂”等班组岗位技能人才培养的新模式，引导员工立足岗位成长成才。要关心和支持班组长的工作，在班组建设和管理中发挥他们更大的作用。加强班组长岗位培训和任职资格培训，不断提升班组带头人的能力和水平。建立后备人才库，形成合理的班组长队伍梯次结构，建设一支优秀的班组长队伍。

（五）创新引领，着力打造劳模创新工作室品牌

劳模创新工作室创建工作，是展现劳模精神、展示劳模技能、发挥劳模作用的重要平台，是公司班组建设工作的重要创新。要把劳模创新工作室创建工作与班组日常建设管理相结合，发挥劳模创新工作室对于班组建设的带动作用，引领班组员工一起进步和成长。统一规划，规范管理，在网上设计建立员工创新成果库和网络展示厅，打造一个相互借鉴、推广和应用创新成果展示的平台，避免重复创新、避免无效创新，高质量、高标准推动劳模创新工作室创建工作。集中宣传一批有影响力的劳模创新工作室，把劳模创新工作室打造成公司班组建设的重要品牌，塑造国家电网品牌的良好形象。

（六）严抓严管，加强班组员工思想道德作风纪律建设

公司班组分布广、人员多、管理难度大，必须下大力气和实功夫，把“依法治企、严抓严管”的要求全面落实到班组管理的全过程。要贯彻落实公司11月13日召开的加强思想道德作风纪律建设、提高依法治企水平电视电话会议精神，以更严的标准和更有力的措施，大力整治突出问题，重点抓好服务窗口和乡镇供电所等生产服务一线班组管理。加强班组员工思想教育，大力弘扬社会主义核心价值观和公司核心价值观，培养班组员工良好的职业道德、社会公德、家庭美德和个人品德。加强公司通用制度的宣贯培训和监督检查，严格执行公司员工守则和员工奖惩规定，增强员工敬畏法纪、遵守规矩的自觉性，强化行为约束。

（七）以人为本，同步推进建功与建家活动

把建功和建家结合起来，促进班组员工立足岗位、建功立业，在工作中获得成就、获得快乐，实现企业与员工的共同发展，是班组建设中非常宝贵的经验。要围绕公司安全生产、电网建设、优质服务、科技进步等重点工作，广泛开展符合班组实际的立功竞赛活动，充分调动班组员工的积极性、主动性和创造性。加大班组“职工小家”建设力度，把班组建设成为“自立、互助、温暖”的职工家园。按照公司《职工民主管理纲要》和《班组自主管理制度》要求，积极推进班务公开，加强民主监督，规范安全作业、日常管理和考核评价等工作，切实增强班组自主管理、自主创新、自主提高的能力。全面落实公司《关于加强班组建设减轻班组负担的指导意见》的要求，切实减轻班组负担。注重人文关怀和心理疏导，保障班组员工的生命安全和职业健康，加大对困难员工的帮扶力度，让员工充分感受企业的温暖和关心。改善班组员工学习、文化、体育、健身条件，推动班组文体活动的蓬勃开展。促进企业文化在班组的落地，以共同愿景为纽带，全力打造“家文化”，让员工乐于在“家园”工作、甘心为“家园”奉献。

【公司重要文件】

中共国家电网公司党组关于加强队伍建设推动企业持续健康发展的意见

（国家电网党〔2014〕1号）

总部各部门党组织、各分部党组，公司各单位党组（党委）：

干部员工队伍是企业发展的力量源泉。深化“两个转变”、创建“两个一流”，关键在于建设一支高素质的干部员工队伍。为进一步加强队伍建设，推动企业持续健康发展，现提出如下意见。

一、充分认识新形势下加强队伍建设的重大意义

近年来，公司党组坚决贯彻党中央、国务院决策部署，切实履行经济责任、政治责任和社会责任，团结带领干部员工，坚韧不拔、砥砺前行，特高压和智能电网建设实现“中国创造”和“中国引领”，“三集五大”体系建设和国际化战略稳步推进，党的建设、企业文化建设和队伍建设持续加强，经受住了抗灾救灾、重点工程、重大保电等严峻考验，用智慧和汗水铸就了国家电网事业的辉煌成就，走出了一条中国特色的电网企业创新发展道路。

推动公司发展再上新台阶、开创新局面，队伍建设面临新要求。一是全面深化改革对解放思想、转变观念提出新要求。党的十八大确立“两个一百年”宏伟目标，十八届三中全会作出全面深化改革一系列重大部署。全体干部员工需要进一步解放思想、转变观念，弘扬“努力超越、追求卓越”的企业精神，把改革创新贯穿公司工作的各个方面。二是深化“两个转变”对队伍能力素质提出新要求。加快建设以特高压电网为骨干网架、各级电网协调发展的坚强智能电网，加快推进“三集五大”体系建设和国际化，亟需进一步提高广大干部员工的专业素质、业务能力和工作水平。三是依法从严治企对规范员工行为方式提出新要求。依法依规是企业持续健康发展的根本保证。随着外部形势的变化和集团化运作的深化，依法治企的要求越来越高。四是深入开展党的群众路线教育实践活动对作风建设提出新要求。中央在全党深入开展党的群众路线教育实践活动，着力解决“四风”问题。广大干部员工要把作风建设摆在更加突出的位置，解决突出问题，务求取得实效。

二、目标要求

加强队伍建设，要深入学习贯彻党的十八大、十八届三中全会精神和习近平总书记系列重要讲话精神，紧紧围绕深化“两个转变”、全面建成“一强三优”现代公司的战略目标，加强思想政治建设、专业能力建设、行为规范建设、作风纪律建设、文化道德建设，培养一支信念坚定、为民服务、求真务实、敢于担当、清正廉洁的干部队伍，打造一支急难险重任务面前勇挑重担，关键时刻靠得住、顶得上，善打硬仗、敢于胜利的员工队伍，推动企业持续健康发展，奋力创建世界一流电网、国际一流企业。

三、主要任务

（一）加强思想政治建设

认真学习贯彻习近平总书记系列重要讲话精神。要作为重要政治任务，纳入党组（党委）中心组学习，利用半年时间对公司处级以上干部进行一次集中

轮训，增强政治意识和大局观念，始终与党中央保持高度一致。坚定理想信念。开展世界观、人生观、价值观教育，端正价值追求。深化“中国梦·国网情”等主题学习，引导干部员工自觉把党的事业、国家利益、企业发展和个人目标统一起来，坚定不移深化“两个转变”，毫不动摇建设“一强三优”现代公司。弘扬改革创新精神。牢固树立进取意识、机遇意识、责任意识，深刻认识国有企业改革形势，准确把握新一轮能源变革趋势，超前思考、深入研究，主动作为，积极应对各种困难和挑战，推动企业持续健康发展。

（二）加强专业能力建设

建设适应坚强智能电网发展的人才队伍。立足坚强智能电网建设实践，加强专业能力培养，组织开展科技攻关，研究掌握大电网运行机理和规律，造就一批独当一面、“一锤定音”的专家型人才。建设适应“三集五大”体系的人才队伍。开展全员教育培训，统一培训计划、课程设置、题库建设、师资管理和人才培养，建设网络大学，提升履职能力。完善各类人才培养遴选、考核评价和薪酬激励机制，畅通各级人才成长通道。建设适应金融和国际业务发展的人才队伍。树立全球视野，加快金融、国际化人才培养选聘，多层次、多渠道选拔引进一批专业基础扎实、管理经验丰富的复合型、紧缺人才。激发工作活力。加强班组建设和技能培训，开展劳动竞赛、技术比武、创新创效，鼓励员工干一行、爱一行、专一行，立足岗位成长成才。关注基层、关心一线，激励干部员工到艰苦环境、到公司事业最需要的地方建功立业、施展才华，实现人生价值。

（三）加强行为规范建设

强化法制意识。教育引导干部员工自觉学法、懂法、守法，敬畏制度、尊重规则，坚决克服法不责众的侥幸心理、从众心理，养成按规矩办事、按制度办事的习惯，着力解决“习惯性违章”，不越法纪“红线”和道德底线。增强执行力。坚决贯彻公司党组决策部署，强化“公转”，杜绝“自转”，坚持原则不动摇、执行标准不降低、落实要求不走样，步调一致、令行禁止。坚持严抓严管。发扬“三吃一担”精神，专心干事，勇于负责，敢于担当，敢于较真碰硬，在大是大非面前旗帜鲜明，对歪风邪气坚决斗争，在关键时刻经得住考验，坚决抓好党组决策部署的贯彻落实。加强制度执行。加快建立健全实用管用、一贯到底的制度体系，着力解决制度落实不力、不严的问题。严格执行《国家电网公司领导干部问责规定》，加大责任追究力度。认真落实《国家电网公司员工奖惩规定》，健全激励约束机制。

（四）加强作风纪律建设

深入推进党的群众路线教育实践活动。严格实施公司整改落实方案、专项整治方案和制度建设计划，巩固活动成果，形成长效机制。坚持分类指导，加强上下联动，扎实开展第二批教育实践活动，着力解决基层突出问题。严格落实中央八项规定精神。全面贯彻中央改进作风各项规定和公司党组实施细则，开展“四风”突出问题专项整治，改进会风文风和检查评比，切实转变工作作风，整治奢侈浪费、厉行勤俭节约，严控小型基建项目，严格“三公”经费管理。改进服务作风。坚持“你用电、我用心”，认真贯彻“三个十条”，遵守公司员工守则和基本礼仪规范，发挥95598业务集中优势，提升优质服务水平。深化国家电网共产党员服务队建设，架起党和人民群众连心桥。

（五）加强文化道德建设

践行核心价值观。落实中央《关于培育和践行社会主义核心价值观的意见》，加强社会公德、职业道德、家庭美德、个人品德建设。弘扬“诚信、责任、创新、奉献”的公司核心价值观和“努力超越、追求卓越”的企业精神，巩固建设“一强三优”现代公司的共同思想基础。坚持典型引领。学习道德模范，开设道德讲堂，发现最美员工，弘扬主旋律，传递正能量，引领新风尚。推动“善小”道德实践融入中心工作。忠诚奉献企业。“企业以员工为本、员工以企业为家”，员工要忠诚企业、感恩事业，爱岗敬业、勤勉奉献，不说损害公司形象的话，不做损害公司利益的事。关心关爱员工。深化民主管理，畅通诉求表达渠道，保障员工合法权益。加强员工思想动态分析，加强人文关怀，为员工发展搭建平台、创造条件。

四、加强组织领导，确保工作落实

加强队伍建设，事关公司全局和长远发展。要持之以恒、常抓不懈，发扬钉钉子精神，踏石留印，抓铁有痕，善做善成。

各部门、各单位要高度重视，加强组织领导，制定切实可行的工作措施。党政主要负责同志要亲自抓、负总责，有关部门密切配合、共同参与，一级抓一级、层层抓落实，形成工作合力。充分发挥工会、共青团组织优势，齐心协力加强队伍建设。

各级领导干部要增强带队伍、干事业、谋发展的能力，主动担负更大的责任、付出更多的精力、接受更严的监督，发挥好示范表率作用。广大党员要模范遵守规章制度，发挥先锋模范作用。公司报刊、网站等内部媒体要加强宣传，开展主题传播，为干事创业形成良好氛围。

公司全体干部员工要与以习近平同志为总书记的党中央保持高度一致，坚决贯彻公司党组决策部署，增强使命感、责任感和紧迫感，在深化“两个转变”中增长才干，在攻坚克难中锤炼意志，以优良的作风推动企业持续健康发展，为服务经济社会发展作出新的贡献。

2014 年 1 月 4 日（印）

国家电网公司关于以改革创新精神深入推进“两个转变”的意见

（国家电网办〔2014〕1 号）

总部各部门、各分部，公司各单位：

党的十八届三中全会对全面深化改革作出重要部署。为贯彻落实全会精神，深入推进“两个转变”，开创公司发展新局面，现提出如下意见。

一、弘扬改革创新精神，深入推进“两个转变”

多年来，公司坚持改革创新，积极推进“两个转变”，努力践行“四个服务”宗旨。大力转变电网发展方式，加快坚强智能电网建设，推动电力和能源发展方式转变，促进了我国能源资源优化配置。特高压和智能电网建设取得重大突破，在世界电网科技领域实现了“中国创造”和“中国引领”。大力转变公司发展方式，全面建设“三集五大”体系，初步建立科学的组织架构和管控体系。大力实施国际化战略，公司可持续发展能力、国际影响力大幅提升。在改革创新实践中，走出了一条中国特色的电网企业创新发展道路。

党的十八届三中全会强调，必须毫不动摇巩固和发展公有制经济，坚持公有制主体地位，发挥国有经济主导作用，不断增强国有经济活力、控制力、影响力；建设统一开放、竞争有序的市场体系，使市场在资源配置中起决定性作用。当前，第三次工业革命正在孕育发展，建设坚强智能电网对于推进能源变革、承载和推动第三次工业革命具有重要意义。新的形势和任务，为深入推进“两个转变”指明了方向。

改革创新将贯穿我国经济社会发展各领域、各方面。发展时不我待，机遇稍纵即逝。公司上下要充分认识不改革就没有出路，不创新就一定落后。要深刻认识公司推进“两个转变”的战略意义，增强进取意识、机遇意识、担当意识。强化战略创新、机制创新、科技创新、商业模式创新，持续推动公司管理变革，引领智能电网加快发展。要继续弘扬“努力超越，追求卓越”的企业精神，奋发有为，永不懈怠，以改革创新精神深入推进“两个转变”，建设“一强三优”现代公司。

二、转变电网发展方式，加快建设世界一流电网

坚持战略引领，统一规划，加快建设网架坚强、广泛互联、高度智能、开放互动的坚强智能电网。以电网发展方式转变促进能源发展方式转变，推动我国能源安全发展、清洁发展、环保发展、友好发展。

加快特高压网架建设。大力实施“一特四大”战略，支持煤电、水电、核电、可再生能源集中开发和大规模外送。以“三华”（华北—华东—华中）同步电网为重点，加快构建特高压骨干网架，力争年内“六交四直”项目核准开工。“十二五”末，建成“两纵两横”特高压交流和 7 回特高压直流工程，实现全国范围资源优化配置。

强化配电网建设。加强配（农）网科学规划，统一技术标准，简化设备型式，推广典型设计，全面建设结构合理、技术先进、灵活可靠、经济高效的现代配电网，更好地适应分布式电源、微电网、电动力车快速发展需要。加大对农村和中西部地区电网建设扶持力度，加快农网改造，着力解决农村电网薄弱和无电人口用电问题，促进新型城镇化和新农村建设。

服务新能源快速发展。集中力量攻克新能源并网、大容量储能等关键技术，加强新能源并网服务，积极推动新能源发展，最大限度消纳新能源。大力实施“电能替代”战略，“以电代煤、以电代油、电从远方来”，提高电气化水平，促进生态环境保护。

提升电网智能化水平。加强科研创新和技术开发，以试点示范为先导，大力推广应用智能技术和智能设备，提升电网各环节的自动化水平，增强电网抵御风险、故障自愈能力，实现电网与各类电源、客户终端的充分互动，促进能源开发、配置、消费方式变革。

推进电力市场建设。电网既是电力输送载体，又是电力市场载体。建设全国统一电力市场，是充分发挥电网优化配置资源作用的内在要求。要加快建设坚强智能电网，以大电网建设促进大市场建设。按照“放开两头、监管中间”的要求，积极推进电力市场技术支持系统建设，加快构建公平开放的市场平台。

遵循电网发展规律，强化电网业务统一管理，保证电力市场安全、可靠、经济、高效运行。

三、转变公司发展方式，加快建设国际一流企业

加快建成管理集中高效、资源集约共享、业务集成贯通、组织机构扁平、工作流程顺畅、制度标准统一、综合保障有力的“三集五大”体系，推进国际一流企业建设。

全面建成“三集五大”体系。深化人财物集约管理，实现各类资源精益配置和高效利用。严格落实建设方案，完善专业建设体系，推动专业管理纵向深化，扎实推进“五位一体”机制建设，强化“五大”体系横向协同和系统集成，促进业务高效运转。以客户需求为导向，加快构建“一口对外”的服务体系，提高优质服务水平。建成功能完备的“三个中心”，实现对电网运行、公司运营、客户服务的全天候监测调控。建立“三集五大”体系成效评估标准，促进企业运营效率效益持续提升。总结实践成果，开展“三集五大”体系建设理论提炼。

大力实施国际化战略。树立全球视野，学习国际经验，充分利用国际国内“两个市场、两种资源”，持续提升公司国际化水平。充分发挥集团优势，以“三电一资”为重点，加快开拓国际市场，强化风险防控，稳健运营海外资产。大力开展国际合作，积极参与国际组织活动和国际标准制定，提升公司国际影响力和软实力。

强化依法从严治企。建设法治企业，完善公司制度标准体系，用制度管人管权管事，形成决策科学、执行有力、监督到位、考核规范的闭环管理。严格落实中央八项规定精神，针对“四风”方面突出问题，制定并落实整改措施。强化执行力建设，着力解决工作标准不高、执行衰减、考核不严等问题。发扬钉钉子的精神，加强重点领域和关键环节管控，加大违规违纪行为问责和惩处力度，着力消除“习惯性违章”。

深入推进集团化运作。深化总（分）部建设，发挥总部战略决策、管理调控、资源配置中心作用，增强总部驾驭复杂局面、解决重大问题的能力。加强集团管控和风险防控，强化“公转”，杜绝“自转”，实现集团整体最优、业务全程最优。大力推进统一制度标准、信息系统、企业文化建设，提高公司规范和协同运作水平。

四、狠抓落实，确保“两个转变”扎实推进

2014年是国家全面深化改革的开局之年，也是公司深入推进“两个转变”的关键一年。公司上下要认清形势，提高认识，扎实推进“两个转变”。

强化组织领导和统筹协调。各部门、各单位要强化组织领导，创新工作方法，明确层级间、专业间的权责关系，形成工作合力，统筹各方面的资源，实现电网发展方式转变和公司发展方式转变协调推进。要将深入推进“两个转变”与群众路线教育实践活动相结合，将顶层设计与尊重基层首创精神相结合，不断将“两个转变”推向更高水平。

强化基层、基础、基本功建设。推进“两个转变”要从全局着眼，从基层、基础、基本功入手，将改革创新与强化管理相结合，筑牢“两个一流”的基础。要持续开展基础性研究，深化对大电网运行和现代企业管理规律的认识与把握。高度重视县公司、乡镇供电所和班组建设，提高基层业务和管理水平。狠抓基本功建设，着力解决横向协同、纵向贯通、资源共享、基础数据治理等重点难点问题，消除管理盲区和薄弱环节，不断夯实创新发展基础。加强人才队伍建设，提升员工能力和素质，支撑保障国际一流企业建设。

强化贯彻落实和监督考核。要按照公司统一决策部署，认真研究制定本单位、本专业深入推进“两个转变”的目标任务与工作安排，严格工作标准，强化计划刚性执行，确保责任落实，细化保障措施，扎实有序向前推进。要加强工作督导和绩效考核，强化日常监督检查，健全激励约束机制，促进各项任务目标全面落实。

深入推进“两个转变”任务艰巨、使命光荣。公司上下要以党的十八届三中全会精神为指导，在公司党组的坚强领导下，继续发扬改革创新精神，努力超越，追求卓越，为公司早日实现“两个一流”努力奋斗。

2014年1月4日（印）

国家电网公司关于进一步做好基层减负工作的意见

（国家电网办〔2014〕1409号）

总部各部门、各分部，各省（自治区、直辖市）电力公司：

强化基层、基础、基本功建设是公司深化“两个转变”的重要基础。根据公司党组决策部署，为进一步做好基层减负工作，使一线员工集中精力做好安全稳定、优质服务等核心工作，保障企业持续健康发展，

在全面深入调查研究基础上，提出如下意见。

一、充分认识进一步做好基层减负工作的重要意义

近年来，公司坚持以人为本，高度重视基层减负，多次组织开展调研，研究部署相关工作，全面实施科技减负、管理减负、装备减负和素质减负，取得了明显成效。一些单位也形成了很好的典型经验和做法。随着“三集五大”体系全面落地，管理制度和流程不断优化，技术装备、信息化全面升级，队伍建设进一步加强，基层班组工作量总体适中，基层员工呈现出积极向上的精神风貌和奋发有为的工作状态，安全稳定、优质服务保持良好局面。但也要看到，基层工作中还存在重复低效工作等局部性、阶段性问题，如材料数据多头重复报送、不合理的评比检查等。解决好这些问题，是党的群众路线教育实践活动的具体要求，是以实际行动取信于职工、坚持全心全意依靠职工办企业的重要举措，是解决管理“两头薄弱”问题、加快建设“一强三优”现代公司的必然要求。

二、建立基层减负长效机制

落实工作责任。减负是一项系统工程，要充分发挥各层级的主观能动性，实现各专业、各部门、各层级联动，发挥协同效应。公司总部要增强服务意识，完善基层调研常态机制，充分倾听基层意见，加强工作协同，科学制定管理要求和考核指标，提高工作计划性和前瞻性。省、地（市）、县公司是基层减负工作的直接责任主体，要不拖不等不靠，不做表面文章，担起责任，主动开展工作，深入了解班组工作状况和员工思想动态，及时发现和分析问题，制定配套制度和实用、管用的措施，积极主动切实加以解决。对于涉及面广、需要公司总部统筹解决的问题，要及时反映并提出意见建议。基层班组要加强标准化建设和规范管理，鼓励支持员工成长成才，加强思想作风建设，调动员工积极性和创造性。

建立长效机制。聚焦基层班组核心职责，坚持顶层设计、过程控制、末端治理，以安全稳定、优质服务为硬约束，以技术进步、管理提效、素质提升为手段，强化组织领导和统筹协调，不断优化工作机制和流程，切实减掉重复低效工作，提升基层工作效率和水平。要遵循诊断成因、确立计划、制定方案、项目实施、评估反馈、持续改进等“六步骤”路径，实现闭环管理，防止基层负担问题反弹、反复。

三、落实近期重点工作措施

（一）切实加强总部（本部）作风建设

1. 精简会议和资料。优化简化固化各类报表，严肃工作纪律，减少班组临时性工作和统计报表。减少评比表彰活动，注重实际效果。加强会议计划管理，精简会议数量，严格控制会期和参会范围。加强发文管理，按照“确有必要、注重实效”的原则，严格把关，没有实质内容、可发可不发的文件一律不发，能够合并的事项尽量合并。继续做好公司一体化电视会议系统建设改造工作，提高电视电话会议比例，减少异地集中开会数量。召开电视电话会议时，可直接开到基层，减少层层贯彻，提高会议效率。（总部各部门、省公司）

2. 优化班组对标管理。按照总量控制、突出重点的原则，加强对标体系顶层设计，精简班组对标指标数量，利用信息化手段实现数据自动采集，增强对标工作的可操作性和实效性。（国网企协、相关部门，省公司）

（二）持续提高信息化建设应用水平

3. 加快推进数据共享和业务融合。结合公司“五位一体”机制建设，加强专业协同和需求统筹，年内形成闭环反馈和评估机制。年内消除数据重复录入问题，按计划完成系统间数据共享与业务融合。强化信息化建设需求统筹和架构管控，建立需求会审机制，优化设计评审，从源头上防止业务功能交叉重复。加快推进公共数据资源池建设，实现一端录入、多方使用。（国网信通部、相关部门，省公司）

4. 提高信息系统实用化水平。加快推进班组信息系统界面整合，构建乡镇供电所及班组一体化信息系统，年内实现乡镇供电所推广应用，2015 年推广到其他班组。优化各专业系统功能，提高操作便捷性和实用性，年内完成重要信息系统的隐患排查和突出问题治理。（国网信通部、相关部门，省公司）

5. 完善信息通信设施。集中更换和增配一批班组计算机，提高一线班组电脑配置水平。在确保安全的前提下，加大移动输入终端设备的配置应用力度。加大通信设施改造和投资力度，提升乡镇供电所、营业厅的通信覆盖率和带宽，实现所有乡镇供电所、营业网点的光纤及数据网全覆盖，实现行政电话、会议电视系统等通信业务的全覆盖。（国网信通部、发展部、后勤部，省公司）

（三）全面加强配电网建设和农网改造

6. 推进配电网标准化。落实公司统一配网建设技术路线和 2015~2017 配网三年整治计划，强化典型设计和标准化建设，重点解决部分区域配网供电能力不强等问题。加快城市电网配电自动化建设，2015 年末实现重点城市配电自动化覆盖率 50% 以上，2017 年实

现其余地市公司配电自动化覆盖率50%以上。(国网运检部、发展部、信通部、国调中心,省公司)

7. 加大农网改造和无电地区电力建设力度。因地制宜提高中低压配电设施的投资比例,提高农网科技含量和自动化水平,加快解决县域电网薄弱、运维抢修工作量大等问题。准确统计公司经营区域农村“低电压”户数,科学制定治理计划。年内解决5个“孤网”运行、36个与主网联系薄弱县域电网问题,解决273万户农村“低电压”问题和20.9万户、85.5万无电人口通电问题。(国网发展部、农电部、运检部、科技部,省公司)

(四)大力加强优质服务工作

8. 优化供电服务总体设计。优化、简化营销服务工作流程,创新供电服务模式,力戒“表面、表层、表演”,提升优质服务水平。研究明确弃管小区供电设施改造投资政策、故障抢修处理流程。(国网营销部、运检部、发展部、财务部、国调中心)

9. 提高95598服务水平。完善投诉举报甄别和统计方法,优化客户满意度回访。研究对噪声环保、恶意欠费等投诉处理方式,执行投诉申诉机制。执行95598业务处理“最终答复”使用规范,适度扩大执行范围。优化国网95598知识库系统功能,提高知识库共享程度。加强结构化标准地址库应用。(国网营销部)

10. 加强营配数据贯通和业务协同。年内实现10kV和部分城市0.4kV营配数据贯通,2015年实现全公司系统0.4kV以上营配数据贯通,提高故障研判和工单合并准确率,实现主、配网设备台账数据和停电时间数据的自动集成。(国网营销部、运检部、安质部、国调中心,省公司)

11. 加快推进智能电能表及采集应用。提高短信平台、手机客户端等应用覆盖率,降低抄表、催费工作强度。继续实施东西帮扶,提高经营困难地区配网和智能表采集装备水平。研究针对计量周期外校开展状态检测的可行性,制定工作措施,提高计量外校工作效率。(国网营销部、发展部、财务部,省公司)

(五)着力提高运维检修效率

12. 积极运用状态检测手段。深入开展设备状态检修,广泛应用成熟检测手段,减少停电检修次数。推广无人机巡线和变电站机器人巡检,减轻一线人员简单重复劳动。加强调控一体化和变电站无人值守业务磨合,进一步提高设备远方遥控比率。推进设备(资产)运维精益管理系统(PMS2.0)建设应用。(国网运检部、国调中心,省公司)

13. 规范配网抢修工作。推广“网格化”配网抢修布点策略,提高配网抢修效率。加强营配末端业务协同,规范故障抢修涉及低压表计更换工作,严格落实公司总部规定。(国网运检部、营销部,省公司)

(六)全面提高人力资源管理水平

14. 优化管理体制机制。年底前基本建成“五位一体”协同机制。研究明确外包业务界面,稳妥开展建设、检修、营销等领域非核心业务外包。试点大班组制,充分发挥班组的规模效应,共享资源提高效率。(国网人资部、相关部门,省公司)

15. 推动解决结构性缺员问题。动态优化部分业务定员标准,适当增加输电运检、配电检修、供电营业等业务定员。加大高校毕业生招聘力度,引导新进毕业生到一线班组、艰苦地区工作。年内建成内部人力资源市场,盘活超员单位人力资源存量。制定主业支援集体企业人员回归计划,分类开展针对性转岗培训,择优充实到缺员岗位。完善人工成本与超缺员数量相挂钩的奖惩机制。加大对条件艰苦、偏远山区基层员工的薪酬分配倾斜力度。综合运用多种方式,统筹提升一线班组人员配置率。(国网人资部,省公司)

16. 加强培训和调考管理。减少一线员工大规模集中脱产培训时间和频次,强化车间、班组现场培训。规范竞赛调考举办次数及层级,随机抽取调考人员,严禁组织长期、大规模集训。完善网络培训机制,加强网络培训。抓好针对性、常态化教育培训,强化过程评价管理,提升员工专业技能和综合素质。(国网人资部、相关部门,省公司)

17. 优化考核评价工作。修订完善全员绩效管理办法,推广应用全员绩效管理信息系统。完善考核指标体系,精简指标数量,突出考核重点,班组的关键绩效考核指标一般不超过8个。(国网人资部、相关部门,省公司)

(七)大力深化和谐班组建设

18. 改善班组工作条件。通过新建、租赁和维修等多种手段,力争2015年解决乡镇供电所营业用房困难。完善供电所生产车辆配置标准,采取购置与租赁相结合的方式,逐步配置和更新生产服务用车,两年内解决供电所用车不足问题。(国网后勤部、农电部、运检部、发展部,省公司)

19. 增强基层班组凝聚力。加强人文关怀,开展员工心理健康辅导,完善班组学习和生活设施,广泛开展文体活动,把班组建设成为温馨和谐的“职工小家”。优先安排一线班组员工带薪休假，做好困难员工帮扶慰问工作。引导激励基层员工大力践行“诚信、责任、创新、奉献”核心价值观，认真履行“四个服务”企业宗旨，以事业统一思想，以工作统一行动，调动一线员工的积极性和创造性。（国网工会、政工部、相关部门，省公司）

总部各部门、各单位要高度重视基层减负工作，认真贯彻落实公司党组决策，坚持“求三实、戒三表”，坚持抓长远和抓近期相结合，进一步查摆问题、细化措施、明确责任，持续做好基层减负工作，确保取得实实在在的成效，为深入推进“两个转变”、加快建设“一强三优”现代公司作出积极贡献。

2014 年 12 月 4 日（印）

国家电网公司关于印发推进电能替代促进雾霾治理行动计划的通知

（国家电网营销〔2014〕492 号）

各省（自治区、直辖市）电力公司，鲁能集团、国网节能公司、中国电科院、国网能源院：

为加快推进“以电代煤、以电代油、电从远方来”电能替代战略，优化能源消费结构，减少城市大气污染，促进雾霾治理，公司制定了《推进电能替代促进雾霾治理行动计划》，现予印发。请各单位充分认识加快实施电能替代的重要意义，加强组织领导，按照深化指标分解落实，采取有力措施，大力推进电能替代工作，确保完成年度目标任务。

2014 年 4 月 28 日（印）

国家电网公司推进电能替代促进雾霾治理行动计划

治理雾霾的重点是降低煤炭消费比重，关键是加快发展特高压电网、实施“一特四大”和电能替代战略，实现能源发展转方式、调结构。实施电能替代战略，就是推进“以电代煤、以电代油、电从远方来”，利用特高压电网将远方高效清洁能源送到东中部地区，大幅减少直燃煤，减少石油依赖，减少城市大气污染。在宏观经济增速减缓，公司售电量增长乏力的形势下，实施电能替代也是公司非常重要的效益增长点。

一、市场潜力和经济性分析

根据市场调查分析，2014~2016 年，公司经营区域内电能替代总潜力超过 1 亿 kVA，可实现替代电量 1530 亿 kWh。从执行现行政策和电价、免收政府性基金及附加、执行边际电价、各地政府预测的天然气价格上涨水平等因素进行经济敏感性分析，结论如下：

（一）以电代煤

以电代煤是把工业锅炉、居民取暖厨炊等用煤改为用电，减少直燃煤排放，重点是电锅炉、热泵、家庭电采暖厨炊、电窑炉应用等。

1. 电锅炉：我国目前的锅炉数量约 62 万台，燃煤工业锅炉约 37 万台，每年消耗煤炭 6 亿多吨。公司经营区域内，能够实施电能替代的燃煤锅炉 4.48 万台、21 万蒸吨。在现行政策和电价条件下，冀北等 6 个公司推广蓄热式电锅炉具有经济性。公司试点示范、社会共同参与，三年内可以推广电锅炉 8500 台、2.56 万蒸吨，增加用电容量 1846 万 kVA、电量 345 亿 kWh。

表 1　推广电锅炉的经济敏感性

敏感性因素	具有经济性的省
1. 执行现行的政策和电价	冀北、山东、福建、辽宁、蒙东、新疆
2. 免收政府性基金及附加	北京、冀北、山东、上海、江苏、福建、河南、湖北、辽宁、蒙东、新疆
3. 执行边际电价	除重庆、吉林、甘肃、青海外的 22 个省
4. 天然气价格上涨	北京、天津、河北、冀北、山东、上海、江苏、浙江、福建、河南、湖北、辽宁、黑龙江、蒙东、新疆

① 边际价格：指发电和电网都不亏损的最低电价，即将替代电量视作增量市场，发电和电网都以“变动成本+微利”方式确定的电价。② 以各地政府主管部门预测的到 2017 年的天然气价格变化趋势为依据。

2. 热泵：广泛应用于宾馆、商厦、写字楼、医院、学校等公共建筑和别墅、居民小区等住宅建筑的供冷（热），具有冷暖兼备、经济高效的特点，发展潜力较大。在现行政策和电价条件下，山东等 9 个省（市）推广地源热泵具有经济性。未来三年，可推广热泵应用 1 亿 m^2，增加用电容量 293 万 kVA、电量 68 亿 kWh。

表 2　　推广热泵的经济敏感性

敏感性因素	具有经济性的省
1. 执行现行的政策和电价	山东、上海、福建、湖北、湖南、江西、辽宁、黑龙江、蒙东
2. 免收政府性基金及附加	对推广热泵的经济性影响不大
3. 执行边际电价	26 个省公司都具有经济性
4. 天然气价格上涨	天津、河北、冀北、山西、山东、上海、江苏、福建、湖北、湖南、河南、江西、四川、辽宁、黑龙江、蒙东、山西、青海

3. 家庭电采暖厨炊：包括没有气源热源地区的电采暖、家庭分散式电采暖、电炊具、大棚供暖应用等。目前条件下，与燃煤燃气相比，虽然经济性较差，但其方便、安全、洁净的特点，对推广应用具有决定性作用。特别在政府强制淘汰燃煤、又无新增气源热源的条件下，分散式电采暖和电炊具的发展潜力是唯一选择，有非常大的潜力，但需要广泛宣传、社会推动。预计三年内，可增加用电容量 4124 万 kVA、电量 311 亿 kWh。

4. 电窑炉：从天津、福建等省已建成的示范项目情况看，电窑炉具有精度高、效率高、稳定性高的特点，在陶瓷、玻璃、金属热处理等行业具有较大市场潜力，需要加大宣传推介力度。据调查统计，未来三年，可在天津、冀北、山东、江苏、江西、福建等省推广电窑炉 383 万 kVA，增加售电量 124 亿 kWh。

5. 冰蓄冷：广泛应用于商业写字楼、商场和城市综合体空调供冷，具有较大市场潜力。由于其具有电力负荷移峰填谷、提高社会能效的作用，得到政府的重视和支持。在现行政策和电价条件下，山东等 7 个省应用冰蓄冷具有经济性。未来三年，推广冰蓄冷可增加用电容量 311 万 kVA、电量 27 亿 kWh。

表 3　　推广冰蓄冷的经济敏感性

敏感性因素	具有经济性的省
1. 执行现行的政策和电价	山东、上海、福建、河南、辽宁、黑龙江、蒙东
2. 免收政府性基金及附加	北京、天津、冀北、山东、上海、福建、湖北、河南、辽宁、黑龙江、蒙东
3. 执行边际电价	北京、天津、河北、山西、山东、上海、浙江、安徽、福建、湖北、湖南、河南、江西、辽宁、黑龙江、蒙东、陕西
4. 天然气价格上涨	北京、天津、河北、冀北、山西、山东、上海、江苏、福建、湖北、湖南、河南、江西、四川、辽宁、黑龙江、蒙东、陕西

（二）以电代油

以电代油是大力发展电动汽车，主动服务轨道交通、农业电排灌，推广港口岸电替代等，减少石油依赖和燃油排放。

1. 电动汽车：根据国家新能源汽车产业发展规划，到 2016 年电动汽车将达到 45.1 万辆，将增加用电容量 947 万 kVA、电量 165 亿 kWh。

2. 轨道交通：由于各级政府对轨道交通建设有专门的发展规划和电价政策，所以轨道交通替代工作主要是做好业扩增容等供电服务，确保按时、可靠供电。根据各地城市轨道交通、电气化铁路发展规划，未来三年，服务轨道交通供电将增加用电容量 2400 万 kVA、增售电量 367 亿 kWh。

3. 农业电排灌：据统计，目前公司经营区域机械动力机井约 200 万眼，对应灌溉面积约 1.53 亿亩，如果全部替代为电力机井，可增加用电容量 400 万 kVA，年增加售电量 109 亿 kWh。

4. 港口岸电：通过为停泊在港口码头的船舶供电，以及应用电动装卸工具，实现电能替代燃油，对供需双方都有利，具有很好环保性和经济性。未来三年，在相关地区可增加用电容量 52 万 kVA、电量 14 亿 kWh。

（三）电从远方来

电从远方来是通过特高压电网，把我国西部、北部富余电力和清洁能源大规模输送到东中部地区，把周边国家的电力大规模输入我国，提高电力供应保障能力，减少大气污染。到 2017 年前，重点在特高压落点的东中部地区（北京、天津、河北、山东、上海、江苏、浙江、福建、湖北、湖南、河南、江西省）实施电能替代，可增加用电需求 7400 万 kVA，占特高压

“三纵三横”送入电力的20%以上，增加用电量930亿kWh，减少终端用能环节的CO_2排放2743万t，减少氮氧化合物排放18万t，减少烟尘排放11万t。

二、电能替代推进策略

电能替代涉及政策、环保、经济利益等一系列问题，与电网企业、电力用户和全社会密切相关。公司应示范引领、争取政策、做好服务，推动社会广泛参与，达到防治污染、拓展市场、扩大售电量的目的。

1. 建立“政府主导、电网推动、社会参与”的工作机制，引导全社会支持和参与电能替代。

政府主导：各级政府将电能替代纳入城市发展规划，出台强制关停燃煤锅炉、淘汰黄标车和老旧汽车等环保政策，配套完善支持电能替代的财税补贴奖励等政策，完善电价政策，以经济手段吸引社会各界积极主动参与电能替代项目建设。

电网推动：公司充分发挥电能供应、节能技术和人才优势，积极推进电能替代试点项目建设，形成示范效应，争取有关支持政策尽快落地，形成各方共赢的项目运作机制，创建社会积极支持、广泛参与的环境氛围，既促进节能环保，又拓展公司售电市场。

社会参与：发挥全社会的积极性和能动性，共同支持和参与电能替代投融资、产品研发、核心技术创新和项目实施等工作，争取在较短时间内扩大电能替代规模，形成规模效益，达到优化用能结构、减少大气污染的目的。

2. 坚持“效益优先、试点先行、突出重点”的原则，在确保盈利的条件下，重点在京津冀鲁、长三角等特高压落点地区和雾霾频发的大中城市，因地制宜推进具有经济性的蓄热式电锅炉、电动力车、热泵、冰蓄冷、港口岸电等替代项目，大力推介家庭电采暖、电炊具应用。对暂时没有电能替代经济性的项目或地区，先行开展试点，积极研究争取扶持政策。

三、电能替代推进计划

综合考虑电能替代的潜力和经济性，在加快试点示范项目的同时，推动社会共同实施具有经济效益的替代项目，2014年完成400亿kWh替代电量，到2016年完成1530亿kWh替代电量。

1. 以电代煤。2014年，试点实施北京马家堡、韩村河电锅炉集中供暖示范项目。试点在电力市场交易平台上，通过大用户直接交易或市场化采购方式实现供应，获得远方清洁电力，引导社会推广蓄热式电锅炉、热泵、冰蓄冷、电窑炉、电采暖厨炊等，增加用电容量2054万kVA，增售电量239亿kWh。2015~2016年，推广集中电采暖和工业电锅炉1.87万蒸吨，推广热泵、冰蓄冷1亿m^2等，增加用电容量4902万kVA，增售电量636亿kWh。

表4　　以电代煤重点任务

单位：万kVA、亿kWh

时间	替代重点任务	增加容量	增售电量
2014年	1. 实施北京马家堡、韩村河电锅炉集中供暖示范项目。推广电锅炉替代燃煤锅炉6879蒸吨	500	100
	2. 推广热泵、冰蓄冷应用4300万m^2	173	30
	3. 实施电窑炉替代燃煤窑炉	94	34
	4. 推广家庭电采暖厨炊等替代	1287	75
2015~2016年	1. 推广集中供暖、工业电锅炉1.87万蒸吨	1347	245
	2. 推广热泵、冰蓄冷应用1亿m^2	431	65
	3. 推广应用电窑炉替代燃煤窑炉	289	90
	4. 推广家庭电采暖厨炊等替代	2836	236

2. 以电代油。2014年，建成充换电站167座、充电桩7000个，推广轨道交通供电、农业电排灌、港口岸电等增加用电容量1135万kVA，增售电量161亿kWh。2015~2016年，建成充换电站1000余座、充电桩6万余个，推轨道交通供电、农业电排灌广、港口岸电等，增加用电容量2665万kVA，增售电量494亿kWh。

表5　　以电代油重点任务

单位：万kVA、亿kWh

时间	替代重点任务	增加容量	增售电量
2014年	建成充换电站167座，充电桩7000个	229	25
	服务电动力车推广应用	790	106
	推广农业电排灌应用	104	28
	推广港口岸电技术应用	12	2

续表

时间	替代重点任务	增加容量	增售电量
2015~2016年	建成充换电站1000余座，充电桩6万个	718	140
	服务电动力车推广应用	1611	261
	推广农业电排灌应用	297	81
	推广港口岸电技术应用	40	12

四、措施保障

（一）明确任务分工

总部组织滚动修改电能替代计划和方案，研究支持政策，制定项目建设验收等标准，落实电能替代项目投资的计划和预算安排，研究和争取电价政策。鲁能集团建设运营公司充换电设施，分批开展与省公司充换电业务的整合。先期完成京津冀鲁、长三角地区8个省级（北京、天津、河北、山东、上海、江苏、浙江、安徽）示范城市电动汽车服务公司组建，加快重点项目建设。国网节能公司建设运营电能替代重点示范项目和公司系统大型电能替代工程。各省公司争取地方政府出台支持政策，调查掌握电能替代项目潜力，组织实施经营区域内有效益的电能替代项目，以及尚未整合的电动汽车充换电业务建设运营。配合鲁能集团和国网节能公司做好当地电能替代项目的实施。中国电科院、国网能源院收集分析国内外电能替代技术信息，加强电能替代技术和政策研究，做好电能替代的技术支撑。

（二）加强协作共同推进电能替代

总部层面加强政策研究与争取，加强统筹策划与指导。各省公司，特别是特高压落点地区的省公司，要把电能替代作为重点工作，有原则、有重点地开展工作，结合实际情况，尽快实施一批有效益的电能替代示范项目；同时，积极争取地方政府支持，为电能替代项目提供良好的供电服务保障，引导和推动社会共同推进电能替代战略。充分发挥公司科研单位技术优势，积极开展电能替代产品、典型应用设计等研究，推动研究成果实用化，保障电能替代项目取得良好的应用效果。

（三）积极争取支持鼓励政策

加强与政府的沟通汇报，努力争取推进电能替代的支持鼓励政策。一是力争政府出台强制关停燃煤锅炉、淘汰老旧汽车的计划和政策，争取地方政府对电能替代项目和配套电网建设给予资本金、土地等方面的政策支持，为实施电能替代营造良好环境；二是大胆创新，积极探索通过市场竞价方式组织冗余发电资源、低谷电量、弃风电量等低价电力资源，支持电能替代项目；三是争取减免替代电量的政府性基金，推动地方政府减免或返还电价中征收的城市公用事业附加费；四是通过调整销售电价，利用电价交叉补贴措施解决购销价格倒挂问题，推动全社会共同分担治理大气污染成本。

（四）大力开展电能替代宣传

持续开展“绿色电能　服务万家——国家电网蓝天行动”，传播通过电能替代防治大气污染、促进雾霾治理的观点及理念，引导社会支持电能替代，主动选择使用电能。加强与政府主管部门、行业协会、电力客户、设备厂商的联系合作。建立与本地报刊、广播、电视、网络等新闻媒体的常态合作机制，全方位加大宣传力度。在中央和地方主要媒体开展持续宣传报道，积极投放公益性广告，充分彰显国家电网公司的责任央企形象。

国家电网公司关于深化“你用电我用心”大力提升优质服务水平的意见

（国家电网营销〔2014〕104号）

各省（自治区、直辖市）电力公司，国家电网公司客户服务中心：

为深入贯彻党的十八届三中全会精神和党的群众路线教育实践活动总体要求，全面落实公司二届五次职代会暨2014年工作会议部署，进一步做好2014年供电服务工作，大力提升优质服务水平，为广大电力客户提供更加优质、高效、便捷的供电服务，现提出以下意见。

一、总体思路和主要目标

总体思路：深入开展党的群众路线教育实践活动，深化“你用电，我用心”，以服务民生为出发点，以群众满意为落脚点，加快推进客户服务中心建设，创新智能互动服务方式，着力提升窗口服务水平，增强供电能力，提升供电品质，加强服务监督，努力实现服务方式便民，服务行为利民，服务结果惠民，为经济发展和建设“一强三优”现代公司作出贡献。

主要目标：确保不发生造成重大社会影响的供电服务质量事件；实现95598全网全业务集中运营；在公司经营区域内全面实现城市地区“十分钟交费圈”和农村地区“村村有交费点”；推广电费交纳、查询、电子账单、通知等互动服务；实现低压居民客户受理次日接电、低压无工程非居民客户受理申请后4个工作日内接电、一般高压客户提交资料种类减少为14种以下，压缩业务办理环节7个；投诉处理及时率100%，抢修到达现场及时率98%以上，95598电话三声接通率98%以上。

二、工作重点

（一）加快95598业务集中，强化95598运营管理

一是全面完成95598全业务集中任务。按照95598全业务上收方案，分四批次实施21家单位系统割接，年底前实现公司系统95598全业务集中运营。国网客服中心要加快实施呼叫平台扩容，合理制定座席人员招聘计划，加大岗前实训力度，满足全业务上收需求。各省公司要按计划完成营销业务应用系统及呼叫平台适应性改造工作，加快实施营配贯通，确保95598全业务上收顺利推进。

二是加强95598服务质量管控。发挥95598全流程管控作用，建立95598供电服务评价体系，加强对服务时限、服务过程、服务质量的监督与评价，提升客户满意度。健全95598工作标准，加强95598座席培训，努力打造一支标准统一、规范高效的服务团队。

三是强化95598运营管理。建立95598服务联动机制，加强95598服务调度，确保客户诉求得到有效疏导和处置。完善用电高峰及恶劣天气等情况下的95598应急服务预案，充分做好95598系统平台、话务梯队建设，确保95598服务热线畅通高效。完善知识库，严格执行95598服务信息报送制度。

四是加强营销信息系统应用和95598服务分析。深化“大营销”体系建设，推进营销信息系统应用，确保省、市、县、供电所系统全覆盖。充分利用大数据挖掘技术，深入分析客户服务中心运营数据，定期召开95598供电服务分析会，查找供电质量、服务行为等方面的隐患和短板，及时了解客户需求，为公司优质服务管理提供全面、客观的决策依据。

（二）强化窗口服务管理，提升窗口服务质量

一是规范窗口服务行为。全面落实员工服务“十个不准”和供电服务规范，严格执行首问负责制和限时办结制，严禁推诿、搪塞客户。统一编制一次性告知书，简化、明确业务办理资料、办理流程等内容，避免客户多次往返。开展第二届供电服务技能竞赛和供电“服务之星”劳动竞赛，提高服务技能。充分发挥共产党员服务队模范带头作用，为弱势群体提供上门服务、业务代办等亲情服务。对电能表校验、电费交纳等关系客户切身利益的业务要公开服务流程，严禁电费估抄、错核、乱收行为，信守服务承诺，做到办事公开透明，结果公正合法。

二是深化窗口便民措施。推广窗口“一柜通”服务模式，实现窗口多业务办理。加大资源整合力度，深化城市地区“十分钟交费圈”、农村地区“村村有交费点”建设，积极推广支付宝、手机客户端、充值卡、商户POS机等新型交费方式，积极引导客户使用自助服务设施，严禁强制客户离柜交费。修订《客户服务手册》，宣传95598电话服务热线。通过网络、电话等方式开展业务预约服务，方便客户办理业务。

三是强化窗口运营管理。加强窗口营业作息时间制度和营业厅人员管理制度执行。完善窗口服务应急管理机制，积极应对业务高峰及突发事件。强化监控视频、自助交费机等设备的运行维护，提高设备完好率。开展班组建设和窗口人员礼仪规范及技能培训，提高服务水平。

（三）创新服务方式，丰富服务内涵

一是打造智能互动新平台。依托智能电网和互联网，利用高级量测、智能控制、高速通信、云计算等技术，构建以客户为导向，以电网、互联网、物联网广泛融合为支撑，电网与客户能量流、信息流、业务流友好互动的智能互动供电服务体系，提供网上咨询、手机交费、微信提醒等智能互动服务，实现供电服务高效便捷、灵活互动、友好开放，满足广大客户多样化、个性化服务需求。

二是推进营销新型业务发展。落实国家节能减排政策，研究拓展电器使用领域，大力推广电能替代项目；开展电动汽车充换电网络与电动汽车用户的互动服务，提供充电服务预约、车载电池预警等增值服务；畅通分布式电源并网服务渠道，简化并网手续，优化业务流程，提高并网效率。

（四）强化协同服务，提高服务效率

一是完善业扩报装协同服务机制。优化业扩流程，统筹业务环节，完善营销一口对外，发展、运检、调度、基建等部门协同运作机制，实行业扩接入工程与电网计划检修、电网建设改造、客户设备停电检修“四联动”和业扩流程“串改并”，缩短业扩报装办理时间。推广重点项目客户经理制，为保障性住房等民生工程开辟“绿色通道”。

二是完善供电抢修协同服务机制。加强95598、抢修、调控、营销等部门间的故障抢修业务协同运作，加快营配贯通实施进度，提高基础数据可用率。故障报修实行“首到必修、修必修好”，做到“出发快捷、抢修迅速、信息畅通、回访及时”。

三是完善客户投诉处理协同服务机制。认真分析

投诉反映的问题，建立相关部门之间“专业管控，各负其责，闭环管理”的客户投诉处理机制，依法合理合规处理客户投诉，不断提高客户诉求处置能力和处理效率，从根源上解决客户投诉反映的问题，全面提升供电服务整体水平。

（五）增强供电能力，提高供电质量

一是加大配电网建设改造力度。通过电网建设和改造，积极解决供电能力和电能质量方面存在的问题。综合考虑城镇化发展、新农村建设的用电需求，着力解决农村“低电压”、公用配变过载、电网“卡脖子”等与人民群众生产、生活息息相关的用电问题。

二是深化电网运行维护管理。开展配网不停电作业，持续提升带电作业化率。强化停电检修计划的刚性管理，实现电网计划检修、建设改造、业扩工程、客户检修停电“四联动”，减少客户停电时间和次数，提高供电可靠性。加强电网设备运行维护，及时消除故障隐患，提升设备健康水平。

三是强化客户安全管理。全面治理供用电安全隐患，努力做到电网责任零隐患、客户责任隐患“服务、通知、报告、督导”四到位。完善电力保障协同机制，加强与政府、用户联动，指导重要用户做好突发停电情况下的应急处置，确保重大节日和活动保电工作“万无一失”。加强需求侧管理，科学合理编制有序用电方案，确保民生用电。

四是加大反窃电力度。研究分析窃电案件特点，研制技术设备，加大计量装置改造力度，推广应用插接式低压计量箱、新型防窃电封印、计量现场服务终端。充分利用信息采集系统远程监控、智能诊断和数据甄别功能，打击高科技隐蔽窃电行为。加大窃电举报奖励力度，加强反窃电宣传。积极争取地方政府支持，严厉打击窃电违法犯罪行为。

（六）强化质量监督，提升服务管理水平

一是完善供电服务指标管理体系。进一步梳理完善窗口服务、95598 服务、业扩报装、抄核收管理、故障抢修等供电服务关键业务指标，完善供电服务指标管理体系，实现供电服务指标管控到位、考核责任落实到位。

二是加强服务过程管控。充分利用营销信息系统管控功能，实现对业扩报装、故障报修等办理时限的预警提醒，提升业务办理速度和质量。利用视频监控系统，有效监督规范营业窗口服务行为。常态开展供电服务明察暗访活动，重点关注窗口和一线服务，发现问题及时通报，制订改进预防措施。

三是丰富监督管理手段。完成供电服务品质评价系统公司总部和省级公司两级部署，开展第三方满意度测评，为科学分析、改进服务提供支撑。开展投诉工单质量核查，剖析客户投诉典型案例并定期通报。对客户投诉集中的业务开展专项分析和治理，并跟踪整改，形成服务短板的闭环管理。

四是加大监督考核力度。建立牵头部门总体策划，专业部门组织实施，管理成效专业考核“三位一体”的供电服务监督运行机制，确保每项供电服务指标分解落实责任部门、责任单位和责任人，形成专业协同、齐抓共管的良好局面。对发现的违反“三个十条”等问题严肃考核。

三、工作要求

（一）各单位要高度重视优质服务工作，建立“一把手”负责制，层层分解目标，逐级落实工作任务，签订“责任状”，确保不发生重大不良服务事件。

（二）各单位要加强优质服务工作的组织领导，周密制定方案计划，于 2 月底前报送国网营销部。每季度，各单位要向总部营销部汇报优质服务进展情况；每月初，21 家单位报告 95598 业务集中进展。

（三）各单位要加大优质服务宣传力度，通过内外部媒体广泛宣传优质服务先进人物和典型事迹，营造浓厚服务氛围，发挥榜样带头作用，引领全员投身供电服务工作，树立公司良好品牌形象。

（四）公司总部将不定期开展优质服务暗访工作，各省公司每季度至少暗访一次，对于工作执行不力、存在违规违纪行为的单位和个人，严肃查处，绝不姑息。

2014 年 1 月 16 日（印）

国家电网公司关于简化业扩手续提高办电效率　深化为民服务的工作意见

（国家电网营销〔2014〕1049 号）

各省（自治区、直辖市）电力公司，国家电网公司客户服务中心：

为深入贯彻党的群众路线教育实践活动精神，践行“你用电我用心”的服务理念，进一步简化业扩手续，优化办电流程，完善服务机制，最大限度地实现供电服务便民、为民、利民，现提出如下工作意见。

一、基本原则和主要目标

（一）基本原则

手续最简、流程最优。实行一次性告知，最大限度减少客户申报资料；精简优化流程，串行改并行。协同运作、一口对外。健全跨部门协同机制，实行分级管理和“一口对外”服务，加快方案编审及电网配套工程建设。全环节量化、全过程管控。统一所有流程环节完成时限和质量要求，并纳入系统进行管控。

（二）主要目标

坚持以客户为导向，全面构建公司统一的“一口对外、流程精简、协同高效、全程管控、智能互动”的供电服务模式，进一步提高办电效率、工作质量和服务水平。

二、主要内容

（一）业务受理阶段

统一业务办理告知书，履行一次性告知义务，维护客户对业务办理以及设计、施工、设备采购的知情权和自主选择权。拓展办电服务渠道，精简申请资料，优化审验时序，推广应用档案电子化、现场申请免填单，杜绝业务系统外流转，减少客户临柜次数，最大程度便捷客户办电申请。

1. 拓展服务渠道

开通 95598 网站、电话、手机客户端等业务办理渠道，推广应用自助服务终端，推行客户资料电子化管理，逐步取消纸质业务单的流转；开展低压居民客户申请免填单服务，实现同一地区可跨营业厅受理办电申请，为客户提供选择多样、方便快捷、智能互动的服务。对于有特殊需求的客户群体，提供办电预约上门服务。

2. 精简申请资料

（1）普通用电客户。低压居民客户提交的申请资料：① 客户有效身份证明（包括身份证、军人证、护照、户口簿或公安机关户籍证明，下同）；② 房屋产权证明（复印件）或其他证明文书（包括房管部门、村委会等有权部门出具的房屋所有权证明，下同）。

低压非居民客户提交的申请资料：① 报装申请单；② 客户有效身份证明（包括营业执照或组织机构代码证）；③ 房屋产权证明（复印件）或其他证明文书。

高压客户提交的申请资料：① 报装申请单；② 客户用电主体证明（包括营业执照或组织机构代码证）；③ 项目批复（核准、备案）文件；④ 房屋产权证明或土地权属证明文件。对于重要、“两高”及其他特殊客户，按照国家要求，加验环评报告等证照资料。

（2）分布式电源客户。自然人客户提交的申请资料：① 报装申请单；② 客户有效身份证明；③ 房屋产权证明（复印件）或其他证明文书；④ 物业出具同意建设分布式电源的证明材料。

法人客户提交的申请资料：① 报装申请单；② 客户有效身份证明（包括营业执照、组织机构代码证和税务登记证）；③ 土地合法性支持性文件；④ 发电项目前期工作及接入系统设计所需资料；⑤ 政府主管部门同意项目开展前期工作的批复（需核准项目）。

（3）充换电设施报装客户。低压客户提交的申请资料：① 客户有效身份证明；② 固定车位产权证明或产权单位许可证明；③ 物业出具同意使用充换电设施的证明材料。

高压客户提交的申请资料：① 报装申请单；② 客户有效身份证明（包括营业执照或组织机构代码证）；③ 固定车位产权证明或产权单位许可证明。

3. 优化审验时序

对于在申请阶段暂不能提供全部报装资料的客户，可在后续环节（合同或协议签订前）补充完善，其中对于需政府核准、暂不能提供批复文件的项目，可先行答复施工用电供电方案，提供项目正式用电前期咨询服务。若前期已提交资料或资质证件尚在有效期内，则无需客户再次提供。

4. 时限要求

所有客户申请均实行当日受理，当日录入营销业务应用系统；在受理申请后，低压客户 1 个工作日，高压客户 2 个工作日内完成现场勘查。

（二）方案编审阶段

加快推进营配贯通实用化应用，提高一次性容量开放权限，提供供电方案标准化模板，优化方案编审流程，实施营销“一口对外”答复方案。

1. 合理确定可开放容量

对于具备营配贯通条件的单位，通过系统集成实时共享可开放容量信息；对于暂时不具备营配贯通条件的，由发展部、运检部定期提供配电网规划方案，以及设备、线路可开放容量信息。0.4kV 业扩项目，直接开放容量。各单位可根据实际情况，确定各级电网的免审批容量标准，原则上不低于 315kVA。

2. 推行供电方案标准化制订

按照电压等级、容量审批权限，编制供电方案标准化模板；加快推进营配贯通，深化营销业务应用、营销 GIS、生产 PMS 等系统集成应用，依托信息技术手段，实现供电方案辅助制定；实行供电方案统一编码（二维码）管理和网上审核会签，通过营销业务应用系统打印方案并答复客户，统一编码和时间戳由系统自动生成，提高供电方案制定效率。

3. 优化供电方案审批流程

（1）对于免审批容量范围内的业扩项目，由营销部（客户服务中心）直接编制方案、答复客户，并报发展、运检、调控部门备案。

（2）对于10（6）kV（超出免审批容量范围的）、35kV业扩项目，若在规划和可开放容量范围内，由营销部（客户服务中心）编制供电方案（含接入系统方案）并组织发展、运检、调控部门网上会签；若超出规划或可开放容量范围，由营销部（客户服务中心）委托经研院（所）编制供电方案（含接入系统方案），以周例会形式进行集中审查。

（3）对于110（66）kV及以上业扩项目，合并接入系统方案和供电方案编审环节。其中，由客户委托具备相应资质的单位编制接入系统可研设计，由发展部委托经研院（所）编制供电方案（含接入系统方案），发展部组织相关部门对供电方案（含接入系统方案）进行集中审查。

4. 费用收取原则

（1）对于分布式电源，其接入系统工程由项目业主负责投资建设；因分布式电源接入引起的公共电网建设和改造，由公司负责投资。

（2）对于电动汽车充换电设施，从产权分界点至公共电网的配套接网工程，由公司负责建设和运行维护，公司不收取接网费用。产权分界点的划分见附件。

（3）其他业扩项目电网配套工程的收费标准，严格按照政府出台文件的规定执行。

5. 时限要求

（1）低压居民客户，受理申请后，次日（法定节假日顺延）完成现场勘查并答复供电方案；对于具备营配贯通条件的，在受理申请时同步答复供电方案。

（2）低压非居民客户，受理申请后，次日（法定节假日顺延）完成现场勘查并答复供电方案。

（3）高压客户，受理申请后，2个工作日完成现场勘查，15个工作日内答复供电方案（双电源30个工作日）。

（4）分布式电源客户，受理申请后，2个工作日内完成现场勘查；第一类项目40个工作日（其中分布式光伏发电单点并网项目20个工作日，多点并网项目30个工作日）、第二类项目60个工作日内答复接入系统方案。

（5）充换电设施客户，受理申请后，低压客户次日（法定节假日顺延）完成现场勘查并答复供电方案；高压客户2个工作日内完成现场勘查，15个工作日内答复供电方案。

（三）工程建设阶段

优化项目计划和物资供应流程，并行实施业扩项目引起的电网配套工程建设。对由公司统一收费的客户工程建设，应按照业扩项目电网配套工程管理要求纳入统一管理。

1. 同步建设业扩项目电网配套工程

按照项目性质，业扩项目电网配套工程分为技改项目和基建项目，在方案确定后，分别由运检部、发展部组织编制项目可研，并履行可研评审、批复手续；运检部、基建部根据职责分工，与客户工程同步建设电网配套工程。

2. 强化物资供应保障

（1）对于10kV及以下业扩项目，由各省设立“业扩配套电网技改项目”和“业扩配套电网基建项目”两个项目包，纳入各省生产技改和电网基建年度计划，实行打捆管理。年初由省公司编入年度招标采购计划，所需物资纳入协议库存管理。在具体项目实施时，由各市、县公司在业扩配套电网项目包资金范围内，按照“分级审批，随报随批”的原则，通过ERP系统由市、县公司直接审批，通过省公司集中组织的协议库存供应物资。年底由各单位提出综合计划及预算调整建议并逐级上报。

（2）对于35kV及以上业扩项目，电网配套工程建设按照公司工程管理要求实施。

3. 优化停电计划安排

完善业扩项目停（送）电计划制订、发布机制，分电压等级确定停（送）电计划报送周期，结合客户工程进度和意向接电时间，合理确定停（送）电时间，其中，35kV及以上业扩项目实行月度计划，10kV及以下业扩项目推广试行周计划管理，强化计划刚性管理。具备条件的单位，推行不停电作业。

4. 时限要求

（1）低压居民客户，在方案答复后，3个工作日内完成电网配套工程建设。

（2）低压非居民客户，在方案答复后，5个工作日内完成电网配套工程建设。

（3）高压客户，在方案答复后，对于10kV业扩项目，在60个工作日内完成电网配套工程建设；对于35kV及以上业扩项目，其电网配套工程按照合理工期实施。

（四）启动送电阶段

并行推进业务流程，提前做好启动送电准备工作，按照验收、装表、送电“三位一体”原则，同步协助客户办结合同签订、费用结算等送电前置手续，客户工程竣工检验合格当日启动送电。

1. 实施业扩流程“串改并”

并行处理营业收费、配表装表、工程检查、合同签订（含调度协议和电费结算协议签订）等环节。客户工程竣工检验同步完成计量表计安装工作。

2. 时限要求

（1）低压居民客户，受理用电申请后，对于具备直接装表条件的，2 个工作日完成送电工作；有电网配套工程的，在工程完工当日送电。

（2）低压非居民客户，受理用电申请后，无电网配套工程的，3 个工作日内送电；有电网配套工程的，在工程完工当日送电。

（3）高压客户，竣工检验合格并办结相关手续后，5 个工作日内送电。

（4）分布式电源客户，受理并网验收及并网调试申请后，以 0.4kV 及以下电压等级接入的分布式电源 10 个工作日内完成并网验收与调试；10kV 及以上分布式电源 20 个工作日完成并网验收与调试，验收调试合格直接并网。

（5）充换电设施客户，在竣工检验合格并办结相关手续后，低压客户在工程完工当日送电；高压客户在 5 个工作日内完成送电工作。

对于客户有特殊要求的，按照与客户约定时间装表接电。

三、特别说明

本意见是在《国家电网公司关于进一步简化业扩报装手续优化流程的意见》（国家电网营销〔2014〕168 号）、《国家电网公司关于印发分布式电源并网服务管理规则的通知》（国家电网营销〔2014〕174 号）和《国家电网公司关于做好电动汽车充换电设施报装服务的通知》（国家电网营销〔2014〕526 号）基础上制定的，执行过程中，如有问题，请及时向国网营销部反映。

附件：1. 业务办理告知书（略）
2. 充换电设施配套接网工程建设投资界面（略）
3. 业务办理时限要求（略）

2014 年 8 月 21 日（印）

国家电网公司关于印发 2014 年“三集五大”体系建设主要任务的通知

（国家电网体改〔2014〕262 号）

总部各部门、各分部，公司各单位：

根据公司二届五次职代会暨 2014 年工作会议关于“三集五大”体系建设的安排部署，公司研究制定了 2014 年“三集五大”体系建设主要任务及清单（见附件），现予以印发。各部门（分部）、各单位要根据工作分工和进度安排，进一步细化任务内容，落实工作责任，明确质量要求，加强过程管控，确保各项建设任务全面落实，“三集五大”体系如期全面建成。

2014 年 2 月 19 日（印）

2014 年“三集五大”体系建设主要任务

一、统筹推进“三集五大”体系建设

严格落实“三集五大”体系建设方案，完成组织机构和人员调整；加强过程管控，强化业务指导和跟踪检查，及时发现和解决问题，确保各项任务全面落实；完成“五位一体”建设，促进各业务衔接有序运转；梳理完善工作流程，推动“三集五大”体系协同高效运转；深化总部分部一体化运作；加强代管、控股及新上划县供电企业规范化管理，加快“三集五大”体系延伸，实现纵向贯通、全面覆盖；推动全资子公司模式县公司逐步调整为分公司；研究制定建设成效评估方法及标准，组织开展建设成效评估；开展最佳实践提炼总结和学习推广；编写“三集五大”体系理论书籍；全面总结“三集五大”体系建设工作；宣传“三集五大”体系建设成果；申报国家级管理创新奖。

二、深化细化人力资源集约化管理

加强人力资源全员、全额、全口径管理，实现各层级、各单位、各类用工和各项收入管理的全覆盖；严格“三定”管理，严控用工总量；严格“三考”管理，实施全员绩效管理，完善量化考核与分类考核，增强激励约束作用；适应“三集五大”体系建设，加强全员培训和人才培养，提高干部员工履职能力；建成内部人力资源市场，盘活人力资源存量，统筹推进结构性超员、缺员并存问题解决。

三、深化细化财力集约化管理

加强全面预算管理，深化资源统筹调配，强化项目资金一体化闭环管控；加强资本集中运作，优化资本布局，加强产权监管，推进资产设备联动；拓展融资渠道，优化资金配置，保障资金安全可靠供应；健全内部控制体系，强化财务稽核监督，有效防范经营风险；优化会计集中核算，强化财务决算监督；提升工程成本标准化管理水平，规范工程其他费用财务管理；积极争取电价财税政策，进一步提升电价财税精益化管理水平。

四、深化细化物力集约化管理

健全物力集约化管理制度，建立业务分析评价和监控预警工作机制；扩大集中采购范围，将技改、大修、零购等全面纳入集中招标，实现两级采购范围全覆盖；完善物资调配信息平台，加强物资合同集中管控和物力资源的统筹调配，建设科学仓储体系；完善物资质量管理网络，加强监造、抽检能力建设，推进物资全寿命周期质量信息应用；建立专业风险防控机制，加强供应链全过程监督检查。

五、建成“大规划”体系

优化完善大规划工作机制和管理制度，推进“大规划”体系全面覆盖各层级和规划全业务领域；加快支撑机构“体系、能力、队伍”建设，建立健全上级指导下级、纵向一体的规划设计体系，持续提升经研院所资质能力和设计能力；加强和提升经研院所管理水平，规范经研院所规划、设计和评审等业务流程和标准；提高地（市）经研所配网规划的研究和编制能力，进一步提升配网规划的质量和水平。

六、建成“大建设”体系

按照管理型、专业型、监理型方向，推进省级送变电施工企业转型；深化经研院所与设计企业、监理单位协同化运作；整合经研院所财务、党群、后勤等公共业务部门，由经研院所统一管理设计企业、监理单位的党群、财务、后勤等业务；合理界定建设主要业务与外委业务界面，逐步引入社会力量承担外委业务；加强基建队伍建设，落实基建“百千万”培训工程。

七、建成“大运行”体系

深化国调分调一体化，推进省级以上标准化建设，深化调度业务转型；深化地（市）调县调一体化，统一地（市）县调控运行专业管理，完成地县调管理制度制定和配网调度范围调整，地调集约上收县调年度方式编制、保护定值审核及分布式电源并网等业务；扩展调控远方操作范围，常态化开展集中监控范围内10kV以上断路器远方单一拉合操作；完成配网故障研判及抢修指挥业务交接，制定《配网抢修指挥业务管理规定》。

八、建成“大检修”体系

推进配网标准化建设改造，提高配电自动化实用化水平；强化县域电网运检业务专业管理，推进“大检修”体系向县域电网的延伸和覆盖；合理界定运检外委业务，逐步引入社会力量承担外委业务；加强各环节各专业技术监督，强化设备投运源头监督管理；完善电网设备状态管控体系，提高设备状态能控在控水平；加快调控与运维业务磨合，加强运维站标准化管理；规范技改大修立项评价、项目储备和工程实施；加快运检装备配置和人才队伍建设，加快运检管理信息系统升级部署和应用提升。

九、建成“大营销”体系

加强“大营销”支撑体系建设，提高支撑机构业务能力；完善“一口对外”服务流程，构建公司系统业扩报装横向融合、纵向贯通、95598电话服务统一的业务流程体系；合理界定营销外委业务，逐步引入社会力量承担外委业务；完成95598全业务集中，构建营、配、调协同机制；充分发挥客户服务中心作用，强化服务质量和客户投诉监督，建立第三方测评常态机制；加快国网客服中心南北基地建设；积极推进“大营销”体系向县公司及乡镇供电所延伸，强化地（市）县营销业务协同化运作。

十、充分发挥运营监测（控）中心作用

建立健全总部、省、地（市）公司三级运营监测（控）中心分级管理、分层负责、纵向贯通、协调联动的一体化运行工作机制；全面实现各级业务、关键流程、核心指标的在线监测、动态预警和及时纠偏；重点开展质量绩效、合法合规监测，提高效率效益，防范经营风险。

十一、加强制度标准体系建设

发布公司“三集五大”管理通则，统领构筑专业领域基本管理制度；构建与“三集五大”体系相适应的新型管理制度体系；完成编制审核发布公司4批通用制度；全面清理现行有效制度标准，对照通用制度，废止相应规章制度和管理标准；完成通用制度差异条款制定批复；建立制度闭环管理机制，督导检查制度有效实施。

十二、完善信息通信系统建设

适应“三集五大”体系建设，完成在运信息系统调整改造；推进SG-ERP建设，打造集约柔性的统一信息平台；推进数据共享和业务融合，实现数据资源集中储存、综合利用；开展“七大五小”信息系统在各类县供电企业的延伸覆盖；全面清理自建信息系统，消除数据重复录入和双轨运行；优化省级及以下骨干通信网及终端通信接入网，加快通信系统建设与覆盖。

十三、强化支撑配套体系建设

安全保障方面，健全安全管控体系，建立隐患排查治理常态机制，强化一线员工安全教育和技能培训；加强应急体系建设，提高应急保障能力和预报预警预控能力；深入推进资产全寿命周期管理，强化规划、设计、建设、运行、检修全过程管控。

科技支撑方面，健全科技创新体系，优化科技资源配置，提升技术创新和支撑服务能力。

企业文化方面，落实中央《关于培育和践行社会主义核心价值观的意见》，深化“五统一”企业文化建设，选树先进典型。

品牌建设方面，整合基层工作力量，加强主题传播和舆情监测，推进全面社会责任管理，营造和谐外部环境，不断提升品牌价值。

审计业务方面，完善审计业务体系建设，完成人力资源管理专项审计等各项工作任务，解决“习惯性违章”等突出问题。

后勤保障方面，完成公司后勤保障体系建设，严格小型基建、房地资产、公务用车等业务管理；清理规范小型基建项目和办公用房；统筹后勤资源管理，提高服务和保障能力。

民主管理方面，完善职代会、厂务公开、合理化建议等民主管理制度，畅通建言献策渠道；加强班组建设，减轻班组负担。

队伍稳定方面，落实队伍稳定责任制，完善应急预案，坚决防止发生大规模群体性事件。

附件：2014年“三集五大”体系建设主要任务清单（略）

国家电网公司关于开展农村“低电压”常态化综合治理工作的通知

（国家电网农〔2014〕450号）

各省（自治区、直辖市）电力公司：

保证农网供电电压质量，是供电企业的责任，事关民生。满足客户用电需求，让客户用好电，是公司深入贯彻党的十八届三中全会精神，全面落实党的群众路线教育实践活动要求的具体体现。近年来，经过农网改造升级，农村“低电压”综合治理，大部分农村居民客户端电压质量得到有效改善，但由于部分地区农村中低压电网薄弱，供电能力及调压能力不足，特别是随着农村居民消费升级，农村用电负荷快速增长，用电高峰期少数农村居民客户端电压低的问题还动态性出现，影响正常生产、生活用电，客户意见很大。各单位对此要高度重视，积极采取措施，开展常态化持续性农村“低电压”综合治理工作。

一、加强电压质量监测

健全农网供电电压质量监测体系。结合公司供电电压自动采集系统建设、用电信息采集系统建设和智能电表应用，统筹安排用户侧电压自动采集，及时准确掌握农网配电变压器及用户用电实时信息。按照公司供电电压自动采集系统建设工作统一部署和要求，升级改造现有电压监测装置，推进调度自动化系统、用电信息采集系统供电电压采集数据接入，逐步实现农网各类电压监测点数据自动采集。

定期开展农村“低电压”情况普查。选取春节（除夕和初一）、迎峰度夏期间高峰时段及农忙时节某个典型日的17:00~20:00时段，对超供电半径和重过载配电台区所带线路的末端用户，采取在线监测与人工手持电压仪表入户测量相结合的方式，组织开展电压情况普测，全面掌握农村“低电压”情况。

开展农村“低电压”情况预判。加强农村用电负荷实时监测，开展农村用电需求与农村经济社会发展相关性分析。根据用电负荷增长趋势、电源支撑、变电站容载比、线路负载率、供电半径、线径以及配电台区户均拥有配电变压器容量等情况，分析研判变电站主变压器、配电变压器和中低压供电线路在高峰负荷期间负荷承载能力，按照可能发生“低电压”情况的严重程度，分轻、重、严重三个等级开展预警。有条件的单位，可充分发挥监测系统的分析功能，实现“低电压”在线预警。

二、加大农村“低电压”治理力度

因地制宜，坚持管理措施与技术措施并重的原则，治理农村“低电压”问题，加快解决农村客户长期“低电压”问题。发挥有载调压变压器的作用，用电高峰时段及时调整母线电压。积极采用调整配电变压器布点、配电变压器增容、调整三相不平衡负荷和配电变压器分接头等措施，运用农村“低电压”综合治理典型措施，及时解决农村现有的“低电压”问题。经过经济技术比较，应用子母变压器、单相变压器、调容变压器、宽幅调压变压器、具有高过载能力配电变压器等，提高配电变压器应对高峰负荷供电能力。当前，要加大对户均配电变压器容量低于0.5kVA/户的台区改造力度，提高供电能力。对于夏季、春节时段性用电高峰，加强用电需求侧管理，引导客户科学用电、错峰用电。

三、科学规划和建设农网，切实提高农村电网供电能力

遵循“统一规划、分步实施、因地制宜、适度超前”的原则，按照公司配电网规划设计技术导则、典型供电模式和典型设计要求，科学规划、建设农村配网，提升配网供电能力。根据供电区域饱和负荷值，确定高中压主干线路供电半径和导线截面，满足负荷中长期发展要求，避免大拆大建和重复改造。按照“小容量、密布点、短半径”的原则，通过延伸10kV线路，缩短低压线路供电半径。对户均拥有配电变压器容量偏低无法满足用电需求的，结合农网改造升级工程实施，采取增加布点、增容改造、以大换小、梯次利用等方式，提高户均拥有配电变压器容量标准。在负荷密度较低、用户分布范围较广、10kV供电线路过长、用户侧供电电压偏低的偏远地区或山区，可采取加装线路调压器、应用单相配电变压器或采用35kV配电化的供电方式。

四、落实农网建设改造资金保障

加大农村“低电压”治理资金投入，在农网建设与改造工程中，优先安排用于解决农村“低电压”的工程，并纳入年度综合计划。要严格按照综合计划确定的项目及投资规模组织实施，不得随意变更项目计划，确保农村“低电压”治理投资计划落实到位。多种渠道筹措资金，加大对农村“低电压”综合治理的投资力度。

五、加强农村“低电压”治理情况督导检查

建立农村“低电压”发现、治理、暗访制度，采取多种形式，调查了解农村“低电压”治理情况和成效。利用监测系统或用电信息采集系统，随时抽查客户供电电压。结合用电检查或普查等工作，检测到户实际电压。高度重视95598客户电压质量投诉电话，对“95598供电电压属实投诉事件”，要逐件研究制定治理措施计划，及时开展综合治理，跟踪落实治理效果，形成农村“低电压”发现一起，治理一起的闭环工作模式。积极开展省、地、县层面农村“低电压”治理工作自查、互查和督查活动，确保经过治理后，农村“低电压”问题不反弹。

六、强化责任考核

建立和完善电压质量管理考核体系，加强组织领导，成立省、地、县公司层面主管领导任组长的农村“低电压”综合治理领导小组，明确发展、运检、营销、农电、基建、调度等各部门职责，落实相关人员责任，加强协调配合，充分发挥专业管理优势，综合治理，统筹推进。完善农村“低电压”治理考核办法，将农村“低电压”治理工作与企业负责人绩效考核相挂钩，加强分层分级考核，确保农村“低电压”治理工作有效落实。

公司将建立农村“低电压”治理情况季度统计分析上报制度。各单位要根据农村“低电压”监测和普查结果，每个季度首月5日前，及时准确上报农村“低电压”综合治理统计分析报表（见附件1）。

为跟踪督导农村“低电压”治理进度，请各单位于4月17日前上报2014年分季度农村“低电压”治理目标计划（见附件2）。

公司将定期通报农村“低电压”治理进度情况。

附件：1. 国家电网公司农村“低电压”综合治理工作季度报表（略）
2. 2014年农村“低电压”综合治理目标季度分解计划表（略）

2014年4月11日（印）

国家电网公司关于印发加强集体企业依法治企工作指导意见的通知

（国家电网产业〔2014〕550号）

国网华北、华东、东北分部，国网北京、天津、河北、冀北、山西、山东、上海、江苏、浙江、安徽、福建、湖北、湖南、河南、江西、四川、重庆、辽宁、吉林、黑龙江、蒙东、陕西、甘肃、青海、宁夏、新疆电力，南瑞集团、国网新源公司、平高集团、英大传媒集团、国网技术学院：

为深入贯彻落实公司党组依法从严治企和加强集体企业规范管理的决策部署，全面提高集体企业依法决策、依法经营、依法管理水平，促进集体企业安全健康发展，公司组织制定了《加强集体企业依法治企工作的指导意见》，现印发给你们，请认真贯彻执行。

2014年5月6日（印）

加强集体企业依法治企工作的指导意见

一、加强集体企业依法治企工作的必要性

长期以来公司系统各级主办单位对集体企业管理比较松散，集体企业基础管理十分薄弱，依法治企水平有待提高。集体企业依法决策制度不健全，企业转让、对外投资、关联交易、资金管控、招投标管理、廉政建设等方面仍存在较多的“出血点”、“发热点”、“风险点”，直接影响了公司的改革发展和安全稳定。全面加强集体企业依法治企工作，夯实法治基础，建立健全长效监管机制，防范经营风险，提升规范管理水平，既是保障集体企业安全健康发展的客观需要，也是适应公司改革发展的必然要求。

二、加强集体企业依法治企工作的指导思想和总体目标

（一）指导思想

深入贯彻落实科学发展观，坚持依法从严治企，以着力解决公司依法治企综合专项检查发现的整改问题为抓手，以源头治理、过程控制、防范风险为重点，健全管控体系，加强制度建设，着力强化薄弱环节，消除潜在风险，规范经营行为，建立健全长效监管机制，全面提升集体企业依法治企工作水平。

（二）总体目标

建立和完善合法化、科学化、规范化的集体企业经营决策机制，建立和完善权责明确、精简高效、保障有力的集体企业管控体系，形成防范和化解集体企业经营决策风险、资产安全风险、廉政建设风险、队伍稳定风险的有效机制，促进集体企业安全健康发展。

三、加强集体企业依法治企工作的主要任务

集体企业依法治企工作涉及集体企业规范管理的各个环节，公司各主办单位要高度重视，系统检查和梳理集体企业在依法治企方面存在的主要问题，制定措施，落实责任，彻底整改，全面强化规范管理，防范化解风险。

（一）建立依法决策管理机制

建立“三重一大”集体决策制度。各集体资产监管委员会负责集体企业重大决策、重要人事任免、重大项目安排和大额资金运作等重要事项的监督管理，并健全集体企业管理监督机制。集体企业负责执行和落实集体资产监督管理委员会的决策。集体企业要建立完善“三重一大”集体决策制度，股东大会（股东会）、董事会和未设董事会的经营班子、职工代表大会、党委等决策机构应依据各自的职责、权限、议事规则和程序，集体讨论决定“三重一大”事项，防止个人或少数人专断，保证决策合法合规和集体企业的保值增值。

严格投资审批程序。各单位要在每年底前提出下一年度的投资项目及年度计划并报总部产业部备案。投资项目应经本级主办单位集体企业资产监督管理委员会审议通过且形成会议纪要，并逐级上报各级单位审议。超过1000万元的项目或股权投资必须报总部产业部备案，报备材料必须完整，在总部同意备案之前，各单位不得实施投资项目，严禁先操作后备案行为。

健全重大决策事项咨询论证机制。公司系统集体企业要积极推进建立重大决策事项事前咨询论证机制，超前研究规避、防范、化解集体企业经营与法律风险。有条件的集体企业可以自行开展相关咨询论证工作，不具备条件的集体企业可以聘请主业或社会法律、投资、资产、土地、财税等专家组成咨询委员会，开展重大决策事项的法律审核、业务咨询、项目论证工作，为依法决策提供重要支撑。

完善重大决策民主监督机制。公司系统集体企业要进一步完善监事会或职代会对重大决策事项的监督机制，推行重大决策事项征求意见、听证、公示制度，扩大职工民主监督范围，对意见的采纳情况及理由应予以公开。对在决策中违反规定，决策失误造成重大损失或严重不良影响的，严格追究责任单位和人员责任。

（二）健全业务规范管理机制

规范集体企业与主业关联交易关系。公司各主办单位要采取有效措施，着力解决在招投标、合同签订、结算付款等环节程序不合规、操作不规范等问题；严格规范主业与集体企业之间的资产互占行为，规范资产租赁程序，监督租赁协议签订、履行和租金支付情况；进一步规范主业与集体企业间的经济利益关系，切实加强与主业关联交易管理，从根本上防范关联交易风险。

规范工程建设和物资采购管理。公司系统集体企业要加强对工程承发包的管理，严格执行国家的法律法规和公司的有关规定，规范履行招投标程序，杜绝围标、串标现象；加强工程分转包管理，严禁向他人转让中标项目或将中标项目肢解后以分包的方式转包给他人，禁止将有资质要求的项目分包给资质水平不符的企业，有效防范经济法律风险，保证工程质量。要建立健全物资管理制度，加强物资采购、物资合同、采购资金、物资配送、物资仓储、废旧物资等全过程

管理；完善集体企业内部物资管理流程，提高物资使用效率，防范各类风险。

规范合同管理。公司系统集体企业要明确合同管理机构，健全集体企业内部合同管理制度，强化合同签订、履行、结算的过程管控；严格履行《中华人民共和国合同法》，加强对设计、施工、销售、采购、借款、维修、保险等方面合同的日常管理，完善内部审批流程；定期或不定期开展合同专项检查，对检查发现的问题及时纠正、限期整改，强化内控与监督制度，防范经济风险。

（三）完善财务资产管理机制

规范预算管理。健全集体企业预算管理体系，明确预算管理权责，分级实施预算管理工作，规范预算编制、审批、备案、执行、调整、考核和评价的工作流程。加强目标管理，各单位要分解下达预算目标，并纳入企业负责人业绩考核；严格控制费用支出，强化预算刚性，没有预算不能支出；加强过程监控，开展预算执行分析，落实重大预算偏差报告制度。

规范财务基础管理。公司系统集体企业要进一步完善财务管理制度，规范设立财务管理机构，合理配置专业人员，落实岗位责任，强化责任管理；严格执行《企业会计准则》，按照《国家电网公司集体企业会计核算细则》，统一会计科目，规范会计核算和财务报告；提升财务信息化建设水平，规范会计档案管理，保证会计资料真实完整；加大往来款项清理力度，减少预收账款、应收账款等总量，降低资产负债率。

规范资金管理。公司系统集体企业要加强资金管理，建立责任监督制度，规范资金审批程序，提高资金使用效率。加强银行账户监管，清理银行账户，不得违规开立和使用银行账户，严禁出租、出借和转让银行账户，严禁公款私存，杜绝设立“小金库”行为；加强大额资金支付管理，严禁超权限审批；加强对其他货币资金、有价证券及备用金的管理，不得进行股票、基金、委托理财等高风险投资和运作；健全担保、融资管理制度，严禁向系统外单位提供担保和借款，清理历史遗留的系统外单位委贷和担保业务；加强网络结算的安全管理，加强印鉴、密钥安全管理，确保支付系统的安全稳定。

规范资产管理。公司系统集体企业要建立健全资产管理制度，规范、完善资产管理程序，确保资产安全完整和保值增值；加强固定资产的价值管理、实物管理和使用保管工作；加强债权、长期投资管理，确保集体企业合法权益；加强土地使用权、各类知识产权等无形资产管理，保证资产权属统一。

规范投资管理。严控涉及新的业务产品和投资行为。防止盲目铺摊子、乱上项目，避免无序发展，新增投资必须符合投资管理办法明确的投资方向和功能定位，投资项目要充分论证，做好投入产出分析和风险评估，编写投资可行性研究报告，确保投资收益、规避投资风险。

（四）健全人力资源管理机制

健全劳动用工管理机制。按照“三全”（全员、全额、全口径）要求，进一步规范统计数据报送范围和内容，实现对各级集体企业各类用工及各项人工成本的全覆盖。增强内部劳动用工管控，加强“三定”（定编、定员、定岗）管理。建立和完善岗位标准，杜绝用工的盲目性与随意性，严把人员入口关。按照国家人社部《劳务派遣暂行规定》要求，全面梳理劳务派遣用工情况，各主办单位要加快清理“非三性”岗位劳务派遣用工，制定实施调整用工方案，逐步降至规定比例。加强用工策略研究，通过业务外包等方式减少低端岗位用工，降低用工成本，规避用工风险。

加强薪酬福利保障规范管理。统一加强人工成本总额管控和规范各项支出管理，建立集体企业人工成本与营业收入、利润、关键指标挂钩机制，完善人工成本管控体系。规范各类人员薪酬福利待遇，不得违规为主业职工发放工资奖金，不得以购买商业保险、购物卡、消费券、实物等方式，变相为主业职工牟取福利；各主办单位对国家有明确政策规定或国家明确由地方政府制定政策规定的福利项目，应严格按照政策规定执行；国家有政策但无具体执行标准的福利项目，应统一明确执行标准；规范福利项目列支渠道，依法合规使用福利费用，缴纳社会保险和住房公积金。

加强职工队伍素质建设。公司系统集体企业要对董事会、监事会成员、经理层等高层管理人员组织开展以业务能力、法律知识、管理水平为内容的素质提升活动；针对重点生产、管理岗位人员的需要，采取脱产、外培、短训、网络远程教育等多种形式加大培训力度，切实提高人员整体素质，保障依法治企有效推进。

（五）完善廉政监察管理机制

各主办单位及集体企业要按照公司部署深入开展党的群众路线教育实践活动。以严字当头的态度和整风的精神，抓好各个环节工作。加强作风建设和反腐倡廉建设，严格执行党风廉政建设责任制，坚决纠正“四风”。领导干部要廉洁从业，自警自律，牢牢把握好世界观、人生观、价值观这个总开关，筑牢拒腐防变的思想道德底线和党纪国法红线。

重点强化“三公”管理，进一步规范公务用车、公务接待、会议、公款参观学习和考察管理。大幅压缩“三公”经费（车辆使用费、业务招待费、会议费和出国人员经费）预算，在2013年基础上压降20%，作为考核指标下达各单位。严格控制“三公”经费支出，规范审批程序，健全报销审批制度，不得超预算、超标准报销费用。建立集体企业车辆管理体系，建立车辆购置计划管理、车辆使用管理、车辆更换和集中采购、车辆运行监控等规范管理流程，杜绝集体企业与主业之间违规车辆占用行为；严格执行国家和公司业务接待规定，控制接待活动标准和费用，不得变相提高标准，杜绝铺张浪费；严格控制会议规模、频次和费用，实行会议计划管理，规范会议支出，不得列支与会议无关的费用；规范公款外出公务活动管理，合理控制成本，不得以学习、培训、考察名义组织旅游等非公外出活动，有效控制出国出境外出活动。

四、建立集体企业依法治企工作的长效机制

依法治企是一项长期的系统性工程，各主办单位要针对公司依法治企综合专项检查中涉及集体企业管理方面的诸多不规范行为，以制度体系为保障，以监督考核为抓手，全面强化风险管控，确保集体企业依法治企工作落实到位。

（一）加强依法治企工作的组织保障

公司各主办单位要建立由主要负责人牵头的集体企业依法治企工作领导协调机制，统一领导本单位集体企业依法治企工作。各主办单位归口管理部门和专业管理部门应按照职责分工研究部署依法治企的具体任务和措施，加强督促指导和监督检查，确保集体企业依法治企工作落到实处。

（二）建立依法治企常态管理机制

公司各主办单位要对去年依法治企综合专项检查中涉及集体企业管理方面的问题彻底整改，并在整改的基础上全面梳理关键风险点，引导集体企业建立依法治企常态管理机制，以治理经营管理中的“习惯性违章”为主要内容，定期对集体企业管理中的关键环节和突出问题组织自查自纠，狠抓责任落实和问题整改，消除风险隐患和薄弱环节，确保依法治企工作有实效、可持续。

（三）建立健全集体企业制度体系

公司各主办单位要在公司总部的统一部署下，指导集体企业建立健全法人治理、经营业务、财务资产、人力资源、安全生产、审计监察、党群组织、企业文化等各方面的企业内部制度体系，突出前瞻性、实用性和可操作性，将国家法律法规和公司相关管理要求高度融合，内化为集体企业的规定、准则，将行之有效的规章制度作为集体企业实行规范管理的重要基础。加大制度执行力度，形成“外监内控”相结合的管控体系，确保集体企业依法合规经营。

（四）完善依法治企工作评价考核机制

公司总部将强化各单位集体企业重点工作、预算指标完成情况以及依法治企工作等业绩指标，列入企业负责人年度绩效考核。各主办单位要加强集体企业依法治企工作评价考核，重点对集体企业“三重一大”事项、内控机制建设、重要业务领域、财务资产管理和人力资源管理等情况实施定期考核，深化考核结果在干部管理、薪酬激励等方面的应用，将集体企业负责人奖惩与其责任、风险和经营业绩挂钩，增强考核激励的导向性。

2014年5月7日（印）

统计资料

国家电网公司经营区域

经营区域	发电设备容量（万 kW）		
	2014 年	2013 年	同比增长（%）
合　计	**96 245.75**	**88 362.24**	**8.92**
华北电网	**20 583.54**	**19 499.41**	**5.56**
北京市	792.23	734.19	7.91
天津市	1136.84	1133.94	0.26
冀北	2394.32	2312.39	3.54
冀南	2775.00	2549.45	8.85
山西省	5767.27	5454.89	5.73
山东省	7717.89	7314.56	5.51
华东电网	**25 009.39**	**23 278.20**	**7.44**
上海市	2162.01	2145.99	0.75
江苏省	8229.08	7531.86	9.26
浙江省	6484.26	6182.80	4.88
安徽省	3933.13	3532.13	11.35
福建省	4200.92	3885.42	8.12
华中电网	**25 529.23**	**23 503.93**	**8.62**
湖北省	5896.11	5787.55	1.88
湖南省	3363.57	3311.48	1.57
河南省	6051.84	5764.71	4.98
江西省	1999.54	1936.73	3.24
四川省	6862.35	5458.84	25.71
重庆市	1355.82	1244.62	8.93
东北电网	**11 340.10**	**10 649.41**	**6.49**
辽宁省	3965.72	3807.01	4.17
吉林省	2517.72	2398.92	4.95
黑龙江省	2392.59	2172.67	10.12
蒙东地区	2344.06	2270.81	3.23
西北电网	**13 672.84**	**11 329.98**	**20.68**
陕西省	2590.33	2494.07	3.86
甘肃省	3489.32	2915.77	19.67
青海省	1710.50	1465.31	16.73
宁夏自治区	2230.76	2000.11	11.53
新疆自治区（主网）	3651.93	2454.73	48.77
西藏自治区	**110.65**	**101.31**	**9.22**

发电生产情况（分地区）

发电量（亿 kWh）		
2014 年	2013 年	同比增长（%）
41 693.88	**38 761.02**	**7.57**
9588.94	**9034.09**	**6.14**
336.32	290.06	15.95
596.96	587.29	1.65
1027.85	1018.14	0.95
1404.94	1297.83	8.25
2625.40	2534.97	3.57
3597.46	3305.80	8.82
12 084.90	**11 408.75**	**5.93**
971.61	973.02	−0.14
4404.94	4158.37	5.93
2940.68	2846.91	3.29
1977.73	1807.84	9.40
1789.94	1622.60	10.31
10 354.49	**9457.76**	**9.48**
2235.16	2245.01	−0.44
1278.13	1215.47	5.16
2811.32	2596.78	8.26
852.00	759.59	12.17
2616.99	2129.49	22.89
560.87	511.42	9.67
4060.32	**3834.27**	**5.90**
1572.61	1487.82	5.70
772.83	713.88	8.26
844.31	841.70	0.31
819.73	790.86	3.65
5581.96	**5004.74**	**11.53**
1252.78	1232.68	1.63
1195.01	1107.04	7.95
591.25	592.02	−0.13
1120.90	1017.01	10.22
1422.02	1055.99	34.66
23.27	**21.41**	**8.66**

国家电网公司经营

经营区域	合计	水电	火电	核电	风电	太阳能	生物质能	地热	潮汐	其他
合　　计	**96 245.75**	**18 536.59**	**69 428.06**	**848.50**	**5958.85**	**1429.12**	**39.91**	**2.72**	**0.39**	**1.63**
华北电网	**20 583.54**	**633.96**	**18 268.86**		**1629.38**	**41.95**	**7.80**			**1.60**
北京市	792.23	101.30	674.93		15.00		1.00			
天津市	1136.84	0.50	1111.90		22.85	1.59				
冀北	2394.32	56.13	1566.03		755.56	15.00				1.60
冀南	2775.00	124.99	2619.83		19.80	10.08	0.30			
山西省	5767.27	243.28	5202.14		315.95	3.50	2.40			
山东省	7717.89	107.76	7094.03		500.22	11.78	4.10			
华东电网	**25 009.39**	**2667.00**	**20 929.39**	**748.50**	**527.95**	**131.75**	**4.42**		**0.39**	
上海市	2162.01		2127.24		31.74	1.53	1.50			
江苏省	8229.08	113.77	7553.11	200.00	256.22	104.56	1.42			
浙江省	6484.26	986.34	4994.75	439.60	44.64	18.03	0.51		0.39	
安徽省	3933.13	281.64	3596.66		49.20	5.00	0.62			
福建省	4200.92	1285.25	2657.63	108.90	146.15	2.63	0.37			
华中电网	**25 529.23**	**11 715.33**	**13 627.09**		**146.18**	**18.72**	**21.91**			
湖北省	5896.11	3615.73	2239.89		35.13	4.83	0.52			
湖南省	3363.57	1400.65	1910.92		33.70	0.10	18.20			
河南省	6051.84	395.01	5627.89		26.93	2.00				
江西省	1999.54	457.42	1503.80		29.85	8.47				
四川省	6862.35	5266.23	1581.85		10.95	3.32				
重庆市	1355.82	580.28	762.73		9.63		3.19			
东北电网	**11 340.10**	**847.11**	**8297.00**	**100.00**	**2080.82**	**9.39**	**5.78**			
辽宁省	3965.72	272.50	3027.53	100.00	563.37	2.33				
吉林省	2517.72	445.35	1693.65		377.43	1.00	0.29			
黑龙江省	2392.59	96.52	1902.78		392.15	1.06	0.09			
蒙东地区	2584.06	32.74	1673.05		747.87	5.00	5.40			
西北电网	**13 672.84**	**2615.16**	**8266.83**		**1574.53**	**1216.30**				**0.03**
陕西省	2590.33	251.47	2273.34		59.20	6.32				
甘肃省	3489.32	755.32	1601.35		702.81	429.84				
青海省	1710.50	1117.61	234.70		10.10	348.06				0.03
宁夏自治区	2230.76	42.59	1731.30		301.79	155.08				
新疆自治区（主网）	3651.93	448.17	2426.14		500.63	277.00				
西藏自治区	**110.65**	**58.03**	**38.89**			**11.01**		**2.72**		

区域发电设备容量

单位：万 kW

其中：6000kW 及以上电厂									
合计	水电	火电	核电	风电	太阳能	生物质能	地热	潮汐	其他
93 744.92	**16 570.05**	**68 931.39**	**848.50**	**5957.46**	**1398.28**	**34.82**	**2.42**	**0.39**	**1.60**
20 501.90	**603.41**	**18 220.77**		**1628.91**	**40.81**	**6.40**			**1.60**
791.28	101.30	673.98		15.00		1.00			
1133.75		1110.35		22.40	1.00				
2388.05	50.76	1565.13		755.56	15.00				1.60
2760.29	114.61	2615.90		19.80	9.98				
5737.49	235.27	5180.36		315.95	3.50	2.40			
7691.06	101.47	7075.05		500.21	11.33	3.00			
23 998.40	**2029.21**	**20 580.43**	**748.50**	**527.79**	**110.26**	**1.82**		**0.39**	
2159.32		2125.41		31.74	0.67	1.50			
8192.57	110.00	7533.39	200.00	256.22	92.95				
5956.89	776.31	4684.02	439.60	44.49	12.10			0.39	
3877.60	237.26	3587.36		49.20	3.46	0.32			
3812.02	905.64	2650.25	108.90	146.15	1.08				
24 388.12	**10 649.32**	**13 560.38**		**146.01**	**11.20**	**21.20**			
5785.86	3512.05	2235.68		35.13	3.00				
3064.01	1110.06	1902.22		33.53		18.20			
6036.32	387.44	5619.95		26.93	2.00				
1783.32	250.26	1500.02		29.85	3.20				
6453.88	4898.17	1541.76		10.95	3.00				
1264.73	491.35	760.75		9.63		3.00			
11 285.57	**805.63**	**8285.23**	**100.00**	**2080.32**	**8.99**	**5.40**			
3944.54	256.82	3022.73	100.00	562.99	2.00				
2498.90	429.22	1691.25		377.43	1.00				
2381.99	90.20	1898.65		392.15	0.99				
2460.15	29.39	1672.60		747.75	5.00	5.40			
13 463.00	**2426.76**	**8245.79**		**1574.42**	**1216.02**				
2546.95	213.55	2268.10		59.20	6.10				
3392.06	658.06	1601.35		702.81	429.84				
1688.97	1096.27	234.60		10.10	348.00				
2230.00	42.23	1730.90		301.79	155.08				
3605.02	416.66	2410.84		500.52	277.00				
107.93	**55.71**	**38.79**			**11.01**		**2.42**		

国家电网公司经营

经营区域	合计	水电	火电	核电	风电	太阳能	生物质能	地热	潮汐	其他
合　　计	**41 693.88**	**6006.15**	**33 874.35**	**650.57**	**1069.87**	**77.74**	**13.76**	**1.36**	**0.07**	
华北电网	**9588.94**	**60.89**	**9220.91**		**300.71**	**2.57**	**3.85**			
北京市	336.32	4.52	328.12		3.15		0.53			
天津市	596.96	0.20	591.19		5.55	0.02				
冀北	1027.85	6.06	879.67		141.48	0.64				
冀南	1404.94	5.95	1395.13		3.35	0.44	0.07			
山西省	2625.40	39.62	2526.08		58.16	0.49	1.05			
山东省	3597.46	4.55	3500.72		89.02	0.97	2.20			
华东电网	**12 084.90**	**637.61**	**10 742.25**	**586.88**	**108.96**	**7.35**	**1.77**		**0.07**	
上海市	971.61		962.85		7.68	0.16	0.93			
江苏省	4404.94	11.56	4173.31	166.87	46.84	5.97	0.40			
浙江省	2940.68	191.11	2392.92	345.91	9.73	0.76	0.18		0.07	
安徽省	1977.73	35.67	1932.87		8.62	0.33	0.25			
福建省	1789.94	399.28	1280.31	74.11	36.10	0.13	0.01			
华中电网	**10 354.49**	**4026.32**	**6298.32**		**22.81**	**0.69**	**6.36**			
湖北省	2235.16	1175.30	1053.92		5.58	0.21	0.15			
湖南省	1278.13	429.73	837.98		5.04	0.03	5.35			
河南省	2811.32	115.48	2690.91		4.91	0.02				
江西省	852.00	123.40	723.11		5.08	0.42				
四川省	2616.99	2023.41	592.76		0.82	0.01				
重庆市	560.87	159.00	399.65		1.38		0.85			
东北电网	**4060.32**	**245.30**	**3377.71**	**63.69**	**371.54**	**0.30**	**1.78**			
辽宁省	1572.61	78.97	1329.47	63.69	100.34	0.16				
吉林省	772.83	124.98	589.87		57.91	0.03	0.05			
黑龙江省	844.31	29.46	745.65		69.16		0.04			
蒙东地区	870.57	11.90	712.72		144.14	0.11	1.69			
西北电网	**5581.96**	**1021.92**	**4228.79**		**265.85**	**65.40**				
陕西省	1252.78	71.11	1174.02		6.83	0.81				
甘肃省	1195.01	355.90	700.98		119.18	18.95				
青海省	591.25	426.64	135.60		0.85	28.16				
宁夏自治区	1120.90	18.88	1030.82		60.74	10.46				
新疆自治区（主网）	1422.02	149.38	1187.37		78.25	7.02				
西藏自治区	**23.27**	**14.11**	**6.36**			**1.44**		**1.36**		

区域发电量（全口径）

单位：亿 kWh

其中：6000kW 及以上电厂									
合计	水电	火电	核电	风电	太阳能	生物质能	地热	潮汐	其他
41 001.46	**5372.05**	**33 819.67**	**650.57**	**1069.74**	**75.55**	**12.55**	**1.24**	**0.07**	
9568.74	**55.95**	**9206.03**		**300.66**	**2.47**	**3.63**			
335.82	4.52	327.62		3.15		0.53			
596.47		590.96		5.51					
1026.40	5.03	879.24		141.48	0.64				
1400.98	4.29	1392.92		3.35	0.42				
2618.37	38.50	2520.17		58.16	0.49	1.05			
3590.71	3.60	3495.12		89.02	0.91	2.05			
11 869.36	**442.33**	**10 724.22**	**586.88**	**108.96**	**5.74**	**1.15**		**0.07**	
970.93		962.25		7.68	0.07	0.93			
4393.92	10.97	4164.18	166.87	46.84	5.06				
2885.40	139.80	2389.58	345.91	9.73	0.30			0.07	
1964.33	25.88	1929.38		8.62	0.23	0.23			
1654.78	265.68	1278.82	74.11	36.10	0.07				
9999.66	**3684.98**	**6285.57**		**22.80**	**0.23**	**6.07**			
2213.76	1155.75	1052.28		5.58	0.15				
1177.64	330.76	836.49		5.04		5.35			
2806.37	111.83	2689.61		4.91	0.02				
788.20	61.65	721.41		5.08	0.06				
2478.94	1891.05	587.07		0.82					
534.75	133.95	398.70		1.38		0.72			
4046.08	**234.28**	**3374.65**	**63.69**	**371.49**	**0.28**	**1.69**			
1567.01	74.51	1328.37	63.69	100.30	0.14				
767.70	120.87	588.90		57.91	0.03				
841.11	27.29	744.66		69.16					
870.26	11.61	712.72		144.13	0.11	1.69			
5495.20	**941.13**	**4222.85**		**265.83**	**65.39**				
1240.36	60.27	1172.46		6.83	0.80				
1140.08	300.98	700.98		119.18	18.95				
584.77	420.22	135.55		0.85	28.16				
1120.85	18.83	1030.82		60.74	10.46				
1409.14	140.84	1183.04		78.23	7.02				
22.42	**13.38**	**6.35**			**1.44**		**1.24**		

经营区域	全社会用电合计	城乡居民生活用电合计	全行业用电合计	第一产业	第二产业	第三产业
合　计	**42 467.51**	**5370.10**	**37 097.41**	**852.23**	**31 217.55**	**5027.63**
华北电网	**10 889.37**	**1174.25**	**9715.12**	**226.38**	**8105.57**	**1383.17**
网损	46.33		46.33		46.33	
北京市	913.11	157.04	756.07	18.57	334.59	402.91
天津市	763.27	75.17	688.10	14.58	549.58	123.94
冀北	1545.97	111.37	1434.60	23.49	1288.71	122.40
冀南	1705.22	230.77	1474.45	53.59	1234.20	186.66
山西省	1832.35	142.95	1689.40	37.83	1496.96	154.61
山东省	4083.12	456.96	3626.17	78.31	3155.20	392.65
华东电网	**13 053.07**	**1757.43**	**11 295.64**	**112.84**	**9511.73**	**1671.06**
上海市	1410.60	205.04	1205.56	7.45	813.27	384.84
江苏省	4956.62	547.08	4409.54	43.40	3844.47	521.67
浙江省	3453.05	440.05	3013.00	24.09	2598.20	390.71
安徽省	1528.07	254.07	1274.00	16.83	1081.84	175.34
福建省	1700.73	311.19	1389.54	21.08	1169.96	198.51
华中电网	**9591.77**	**1600.37**	**7991.40**	**203.86**	**6662.73**	**1124.80**
湖北省	1629.75	271.45	1358.30	21.24	1127.60	209.46
湖南省	1423.09	281.34	1141.75	79.62	886.53	175.61
河南省	2899.18	439.42	2459.76	78.21	2119.98	261.57
江西省	947.11	164.79	782.32	10.75	655.47	116.10
四川省	1948.95	309.14	1639.81	11.74	1397.14	230.93
重庆市	738.53	134.22	604.30	2.31	470.86	131.14
东北电网	**3913.61**	**511.90**	**3401.71**	**84.31**	**2852.01**	**465.39**
辽宁省	2008.46	212.46	1796.01	27.99	1526.31	241.70
吉林省	653.85	98.35	555.50	9.34	449.17	96.98
黑龙江省	845.20	159.29	685.90	36.92	549.31	99.67
蒙东地区	390.96	41.79	349.16	10.06	312.06	27.04
西北电网	**4890.29**	**315.43**	**4574.87**	**224.34**	**3973.88**	**376.64**
陕西省	983.19	152.22	830.97	42.73	630.23	158.01
甘肃省	1073.25	69.07	1004.18	53.24	856.27	94.67
青海省	676.29	19.34	656.95	1.25	634.27	21.43
宁夏自治区	811.18	19.92	791.26	13.80	747.81	29.65
新疆自治区	1341.53	54.89	1286.64	113.32	1100.44	72.88
西藏自治区	**30.65**	**10.73**	**19.93**	**0.49**	**12.88**	**6.55**

区域全社会用电分类 单位：亿 kWh

一、农、林、牧、渔业	二、工业	三、建筑业	四、交通运输、仓储和邮政业	五、信息传输、计算机服务和软件业	六、商业、住宿和餐饮业	七、金融、房地产、商务及居民服务业	八、公共事业及管理组织
852.23	**30 666.96**	**550.60**	**845.13**	**294.40**	**1470.31**	**1058.27**	**1359.52**
226.38	**7974.39**	**131.19**	**269.45**	**71.38**	**371.61**	**305.98**	**364.75**
	46.33						
18.57	311.06	23.52	43.28	24.41	82.36	132.44	120.43
14.58	535.15	14.43	22.77	5.09	35.27	30.80	30.02
23.49	1270.91	17.80	38.71	5.91	33.79	14.45	29.54
53.59	1217.85	16.35	42.38	9.36	67.85	25.00	42.06
37.83	1475.52	21.44	55.78	6.87	30.95	21.52	39.50
78.31	3117.56	37.64	66.54	19.74	121.40	81.77	103.20
112.84	**9345.14**	**166.59**	**175.61**	**106.08**	**495.95**	**416.40**	**477.02**
7.45	799.45	13.82	40.34	17.07	77.82	159.68	89.93
43.40	3794.18	50.29	52.26	33.88	150.74	125.60	159.18
24.09	2545.36	52.84	40.52	29.06	134.67	72.51	113.94
16.83	1057.12	24.71	21.09	10.58	62.17	29.27	52.23
21.08	1145.02	24.94	21.40	15.49	70.54	29.34	61.74
203.86	**6530.05**	**132.68**	**204.56**	**58.82**	**360.61**	**196.88**	**303.93**
21.24	1106.00	21.60	34.81	6.54	79.39	28.61	60.10
79.62	870.17	16.35	37.02	7.62	51.94	27.76	51.26
78.21	2100.16	19.82	61.14	13.55	73.42	45.71	67.76
10.75	641.91	13.56	20.65	9.65	38.41	15.33	32.06
11.74	1354.49	42.65	36.16	14.53	80.46	40.30	59.47
2.31	452.16	18.69	14.78	6.92	36.99	39.17	33.28
84.31	**2794.44**	**57.57**	**77.41**	**35.54**	**149.88**	**82.75**	**119.81**
27.99	1496.11	30.20	43.09	16.18	81.34	43.53	57.56
9.34	438.26	10.91	17.43	8.47	29.83	14.14	27.11
36.92	537.77	11.54	13.43	8.12	28.45	22.16	27.52
10.06	307.14	4.92	3.46	2.79	10.26	2.92	7.61
224.34	**3913.08**	**60.80**	**117.10**	**21.96**	**90.77**	**55.94**	**90.88**
42.73	609.19	21.04	48.53	6.98	39.22	23.58	39.70
53.24	841.37	14.90	38.96	4.57	18.32	15.94	16.89
1.25	627.72	6.55	5.33	1.60	4.99	4.03	5.48
13.80	741.15	6.65	7.70	1.97	9.24	2.84	7.90
113.32	1088.79	11.66	16.58	6.83	19.00	9.56	20.91
0.49	**11.12**	**1.75**	**1.00**	**0.62**	**1.49**	**0.32**	**3.14**

国家电网公司经营

经营区域	用电量（亿 kWh）		
	2014 年	2013 年	同比增长（%）
合　计	**42 467.51**	**39 452.10**	**7.64**
华北电网	**10 889.37**	**10 267.10**	**6.06**
北京市	913.11	874.28	4.44
天津市	763.27	711.88	7.22
冀北	1545.97	1456.96	6.11
冀南	1705.22	1621.03	5.19
山西省	1832.35	1765.78	3.77
山东省	4083.12	3794.55	7.60
华东电网	**13 053.07**	**12 088.31**	**7.98**
上海市	1410.60	1353.45	4.22
江苏省	4956.62	4580.90	8.20
浙江省	3453.05	3210.55	7.55
安徽省	1528.07	1361.10	12.27
福建省	1700.73	1579.50	7.68
华中电网	**9591.77**	**8960.80**	**7.04**
湖北省	1629.75	1507.85	8.08
湖南省	1423.09	1346.51	5.69
河南省	2899.18	2747.75	5.51
江西省	947.11	867.67	9.16
四川省	1948.95	1830.70	6.46
重庆市	738.53	655.16	12.72
东北电网	**3913.61**	**3733.08**	**4.71**
辽宁省	2008.46	1899.88	5.72
吉林省	653.85	637.00	2.64
黑龙江省	845.20	827.91	2.09
蒙东地区	386.78	368.29	5.02
西北电网	**4890.29**	**4290.51**	**13.98**
陕西省	983.19	940.32	4.56
甘肃省	1073.25	994.56	7.91
青海省	676.29	602.23	12.30
宁夏自治区	811.18	741.79	9.35
新疆自治区（主网）	1341.53	1008.19	33.06
西藏自治区	**30.65**	**27.76**	**10.43**

区域用电情况

用电设备容量（万 kW）		
2014 年	2013 年	同比增长（%）
365 489.64	**331 796.84**	**10.15**
94 293.17	**84 104.34**	**12.11**
10 238.18	10 795.15	−5.16
7010.16	6369.26	10.06
15 089.83	9202.59	63.97
9706.88	13 756.23	−29.44
9992.59	9501.25	5.17
42 255.53	34 479.86	22.55
120 215.04	**111 228.34**	**8.08**
11 360.76	11 265.21	0.85
45 362.88	42 038.29	7.91
28 066.60	26 155.44	7.31
20 005.51	17 817.63	12.28
15 419.29	13 951.78	10.52
83 698.72	**77 117.48**	**8.53**
15 870.70	15 030.88	5.59
9803.75	8689.80	12.82
17 417.92	16 011.81	8.78
12 417.40	10 583.76	17.33
19 482.17	18 045.17	7.96
8706.78	8756.05	−0.56
34 812.89	**32 552.40**	**6.94**
17 697.67	16 539.34	7.00
7252.81	6074.05	19.41
6256.83	6782.38	−7.75
3605.58	3156.63	14.22
32 252.37	**26 075.25**	**23.69**
7624.58	7102.60	7.35
8482.58	6301.33	34.62
3520.93	3119.42	12.87
4246.08	3856.97	10.09
8378.21	5694.93	47.12
217.44	**719.03**	**−69.76**

国家电网公司经营

单位名称	电					
	合 计		500kV		±400kV 以下	
	条数	长度	条数	长度	条数	长度
合 计	**13 484**	**42 155**	**2**	**45**	**6**	**268**
华北电网	**3949**	**13 259**		**13**		
国网北京电力	575	1807		13		
国网天津电力	1017	5506				
国网河北电力	296	912				
国网冀北电力	588	387				
国网山西电力	501	569				
国网山东电力	972	4077				
华东电网	**6070**	**21 126**	**2**	**31**	**6**	**268**
国网上海电力	3465	9988	2	31		
国网江苏电力	937	4867				
国网浙江电力	756	4338			6	268
国网安徽电力	685	1132				
国网福建电力	227	802				
华中电网	**2382**	**4663**				
国网湖北电力	277	950				
国网湖南电力	72	410				
国网河南电力	588	1144				
国网江西电力	382	432				
国网四川电力	748	1223				
国网重庆电力	315	504				
东北电网	**363**	**1838**				
国网辽宁电力	134	1127				
国网吉林电力	106	248				
国网黑龙江电力	116	453				
国网蒙东电力	7	11				
西北电网	**718**	**1264**				
国网陕西电力	576	884				
国网甘肃电力	21	72				
国网青海电力	108	86				
国网宁夏电力	3	58				
国网新疆电力	10	164				
国网西藏电力	**2**	**5**				

区域电缆长度

单位：条、km

缆

220kV		110kV		66kV		35kV	
条数	长度	条数	长度	条数	长度	条数	长度
595	**2908**	**4706**	**14 802**	**280**	**1371**	**7895**	**22 762**
231	**1023**	**1193**	**3740**			**2525**	**8482**
68	483	408	1182			99	128
41	270	58	497			918	4739
8	77	91	347			197	489
70	19	235	145			283	223
35	82	160	232			306	255
9	93	241	1337			722	2648
231	**1247**	**1889**	**7339**			**3942**	**12 241**
150	598	560	1486			2753	7872
33	281	460	2592			444	1993
21	224	306	1920			423	1927
15	34	424	773			246	325
12	110	139	568			76	123
107	**504**	**1153**	**2637**			**1122**	**1521**
9	167	140	628			128	155
3	32	63	341			6	37
23	51	263	277			302	816
14	23	155	278			213	131
54	217	299	748			395	259
4	15	233	366			78	123
26	**134**	**28**	**126**	**280**	**1371**	**29**	**208**
14	111			113	872	7	144
12	16			94	232		
	6	28	121	69	263	19	62
			5	4	4	3	2
		443	**959**			**275**	**305**
		357	714			219	170
		7	45			14	27
		70	56			38	30
		3	40				18
		6	104			4	60
			1			**2**	**4**

国家电网公司经营区域

单位名称	合计	交流							
		1000kV	750kV	500kV	330kV	220kV	110kV	66kV	35kV
合　计	**1 268 240**	**3109**	**13 881**	**109 114**	**25 146**	**280 083**	**368 606**	**79 254**	**371 596**
华北电网	**257 503**	**116**		**23 552**		**59 955**	**82 103**		**90 607**
国网北京电力	8965			623		2776	3607		1958
国网天津电力	10 047			768		2665	3248		3365
国网河北电力	49 637			4890		10 293	16 353		17 899
国网冀北电力	39 099			4947		9135	12 658		12 360
国网山西电力	61 394	116		6526		13 769	18 344		22 086
国网山东电力	88 361			5797		21 317	27 893		32 938
华东电网	**259 472**	**2470**		**28 076**		**68 669**	**81 215**		**75 103**
国网上海电力	9418	34		1150		3453	841		3480
国网江苏电力	84 730	13		10 646		25 156	28 553		20 149
国网浙江电力	59 352	1185		7334		15 124	20 071		14 728
国网安徽电力	60 288	896		4257		13 261	16 296		23 225
国网福建电力	45 683	342		4690		11 675	15 454		13 522
华中电网	**361 830**	**523**		**40 046**	**140**	**80 220**	**112 333**	**43**	**121 234**
国网湖北电力	66 581	180		9430		13 281	19 811	43	21 057
国网湖南电力	63 876			3970		13 630	21 638		22 394
国网河南电力	70 156	343		7396	140	16 301	22 059		23 770
国网江西电力	45 122			3422		11 054	13 659		16 536
国网四川电力	87 886			13 058		19 383	26 801		27 548
国网重庆电力	28 210			2770		6572	8365		9928
东北电网	**172 005**			**17 043**		**47 412**	**12 567**	**79 211**	**14 865**
国网辽宁电力	54 854			7265		16 161		31 198	38
国网吉林电力	32 504			2664		10 007		19 789	44
国网黑龙江电力	53 884			4470		13 036	9060	14 520	12 798
国网蒙东电力	30 762			2644		8208	3506	13 704	1984
西北电网	**206 898**		**13 881**	**396**	**25 006**	**21 778**	**76 904**		**65 212**
国网陕西电力	40 436		1872	271	8410		17 697		11 418
国网甘肃电力	58 284		5086		8627	853	20 752		21 615
国网青海电力	28 232		2718		5571		11 571		7155
国网宁夏电力	14 649		610		2398	2256	5647		3521
国网新疆电力	65 296		3597	126		18 668	21 237		21 503
国网西藏电力	**10 532**					**2049**	**3484**		**4576**

架空线路回路长度

单位：km

直　流					其中：供农电用				
±800kV	±660kV	±500kV	±400kV	±400kV以下	合计	220kV	110kV	66kV	35kV
7794	**1336**	**6380**	**1640**	**300**	**296 851**	**5409**	**67 972**	**30 988**	**192 482**
249	**923**				**51 417**	**630**	**11 134**		**39 653**
					1189		619		571
					4003		1712		2291
	202				10 631	548	1235		8848
					9519		229		9290
249	305				7650		1168		6481
	415				18 425	82	6171		12 172
1354		**2284**		**300**	**72 737**	**1336**	**30 133**		**41 268**
106		81		274	1083	114	286		683
65		147			22 188	1222	11 070		9896
412		472		27	21 734		12 226		9508
771		1584			12 132		416		11 716
					15 600		6134		9466
4396		**2895**			**100 121**	**2254**	**19 945**		**77 921**
981		1798			13 113	1055	2409		9649
1387		857			18 202	711	6688		10 802
148					19 536	487	3947		15 103
450					16 142	1	1310		14 830
854		240			25 211		4324		20 888
575					7916		1266		6649
		908			**38 725**	**527**	**1992**	**30 988**	**5219**
		193			10 487			10 470	16
					7250			7247	3
					9807		1048	5295	3464
		715			11 182	527	944	7976	1735
1796	**414**	**294**	**1217**		**32 183**	**663**	**4442**		**27 078**
168	308	294			2486		577		1909
1351					14 035		751		13 284
			1217		2121		125		1996
112	106								
166					13 540	663	2988		9889
			423		**1667**		**326**		**1342**

国家电网公司经营区域

单位名称	合计		1000kV		±800kV		750kV		±660kV		500kV		±500kV	
	条数	长度	条数	长度	条数	长度	条数	长度	条数	长度	条数	长度	条数	长度
合　计	**84 747**	**1 138 839**	**3**	**2292**	**4**	**7794**	**77**	**10 935**	**1**	**1336**	**1550**	**89 635**	**7**	**5462**
华北电网	**21 163**	**231 623**	**1**	**116**		**249**				**923**	**321**	**21 579**		
国网北京电力	994	5444									16	312		
国网天津电力	798	9675									17	768		
国网河北电力	4627	47 075								202	41	4890		
国网冀北电力	2627	34 637									66	4904		
国网山西电力	4667	57 984	1	116		249				305	101	5937		
国网山东电力	7450	76 809								415	80	4769		
华东电网	**21 144**	**209 349**	**2**	**1653**		**1354**					**518**	**20 379**		**1703**
国网上海电力	1318	7318		17		106					50	689		81
国网江苏电力	7374	65 971		13		65					193	7711		147
国网浙江电力	4765	43 872	1	833		412					142	5199		295
国网安徽电力	4360	52 895	1	448		771					69	2990		1180
国网福建电力	3327	39 293		342							64	3789		
华中电网	**24 192**	**339 011**		**523**	**3**	**4396**					**517**	**32 393**	**6**	**2558**
国网湖北电力	3934	65 008		180		981					114	8459	5	1461
国网湖南电力	4142	61 639				1387					50	3970		857
国网河南电力	6032	66 997		343		148					115	5533		
国网江西电力	2533	43 049				450					43	2869		
国网四川电力	5423	77 848			3	854					155	9244	1	240
国网重庆电力	2128	24 470				575					40	2317		
东北电网	**8836**	**151 171**									**188**	**14 888**	**1**	**908**
国网辽宁电力	3120	42 705									86	6076		193
国网吉林电力	1825	26 480									31	2141		
国网黑龙江电力	2772	51 224									34	4026		
国网蒙东电力	1119	30 762									37	2644	1	715
西北电网	**9151**	**197 542**			**1**	**1796**	**77**	**10 935**	**1**	**414**	**6**	**396**		**294**
国网陕西电力	2181	36 838				168	10	979		308	3	271		294
国网甘肃电力	2643	56 277				1351	21	3379						
国网青海电力	987	26 537					15	2566						
国网宁夏电力	842	13 862				112	10	610	1	106				
国网新疆电力	2498	64 027			1	166	21	3401			3	126		
国网西藏电力	**261**	**10 143**												

架空线路条数及杆路长度

单位：条、km

±400kV		±400kV 以下		330kV		220kV		110kV		66kV		35kV	
条数	长度	条数	长度	条数	长度	条数	长度	条数	长度	条数	长度	条数	长度
1	**1031**	**7**	**299**	**538**	**23 886**	**11 514**	**234 904**	**27 995**	**333 354**	**5447**	**67 503**	**37 603**	**360 408**
						2739	**49 838**	**6965**	**72 469**			**11 137**	**86 450**
						192	1388	509	2191			277	1554
						179	2665	263	3122			339	3119
						451	9129	1499	15 123			2636	17 731
						378	7074	927	10 903			1256	11 756
						585	12 179	1499	17 324			2481	21 875
						954	17 403	2268	23 805			4148	30 416
		7	**299**			**3636**	**48 343**	**7683**	**65 266**			**9298**	**70 353**
		6	274			305	1959	119	838			838	3354
						1457	17 078	2895	22 796			2829	18 160
		1	25			844	10 378	1973	13 782			1804	12 949
						538	10 382	1290	14 484			2462	22 639
						492	8546	1406	13 366			1365	13 250
				4	**95**	**3119**	**72 253**	**8992**	**106 695**	**3**	**43**	**11 548**	**120 056**
						525	13 189	1496	19 740	3	43	1791	20 953
						458	12 777	1515	20 506			2119	22 142
				4	95	795	15 805	2275	21 560			2843	23 514
						385	10 083	845	13 159			1260	16 488
						680	15 365	1975	24 826			2609	27 318
						276	5033	886	6904			926	9641
						1449	**41 034**	**605**	**12 114**	**5444**	**67 459**	**1149**	**14 768**
						669	12 716			2363	23 685	2	35
						272	8227			1520	16 068	2	44
						325	11 883	504	8608	843	14 002	1066	12 704
						183	8208	101	3506	718	13 704	79	1984
1	**609**			**534**	**23 791**	**546**	**21 409**	**3679**	**73 589**			**4306**	**64 309**
				188	7347			1063	16 100			917	11 372
				182	8606	38	828	955	20 508			1447	21 605
1	609			105	5440			455	11 152			411	6771
				59	2398	111	2256	379	4993			282	3387
						397	18 324	827	20 836			1249	21 174
	423					**25**	**2027**	**71**	**3221**			**165**	**4472**

单位名称	合计			1000kV			750kV			500kV		
	座数	台数	容量	座数	台数	容量	座数	台数	容量	座数	台数	容量
合　计	**36 437**	**66 904**	**3 532 323 710**	**10**	**19**	**57 000 000**	**28**	**47**	**85 104 000**	**412**	**901**	**723 290 000**
华北电网	**8441**	**16 924**	**875 106 250**	**1**	**2**	**6 000 000**				**92**	**222**	**170 804 000**
国网北京电力	477	1154	84 342 700							4	24	9 600 000
国网天津电力	476	1028	64 513 100							6	14	12 453 000
国网河北电力	1008	2067	116 571 900							16	37	32 751 000
国网冀北电力	1944	3871	154 471 150							15	37	29 250 000
国网山西电力	1292	2558	139 925 250	1	2	6 000 000				18	36	30 500 000
国网山东电力	3244	6246	315 282 150							33	74	56 250 000
华东电网	**8853**	**16 767**	**1 143 623 400**	**7**	**13**	**39 000 000**				**129**	**296**	**251 450 000**
国网上海电力	897	1993	137 048 100	1	2	6 000 000				12	38	35 900 000
国网江苏电力	2900	5217	397 855 150							45	107	86 750 000
国网浙江电力	2070	4147	329 731 150	3	6	18 000 000				36	89	76 650 000
国网安徽电力	1733	3228	140 550 100	2	3	9 000 000				18	31	24 100 000
国网福建电力	1253	2182	138 438 900	1	2	6 000 000				18	31	28 050 000
华中电网	**10 358**	**17 996**	**847 602 900**	**2**	**4**	**12 000 000**				**139**	**262**	**219 509 000**
国网湖北电力	1816	3143	143 759 840	1	2	6 000 000				21	41	35 985 000
国网湖南电力	1675	2772	104 249 300							17	27	21 500 000
国网河南电力	2516	4516	220 846 780	1	2	6 000 000				32	63	54 010 000
国网江西电力	1363	2336	85 378 250							16	25	19 000 000
国网四川电力	2242	3751	204 729 130							42	81	68 500 000
国网重庆电力	746	1478	88 639 600							11	25	20 514 000
东北电网	**4736**	**8015**	**329 457 920**							**52**	**121**	**81 527 000**
国网辽宁电力	1674	3185	174 947 280							22	46	41 304 000
国网吉林电力	991	1615	58 566 600							11	45	17 813 000
国网黑龙江电力	1441	2256	63 530 865							12	17	13 170 000
国网蒙东电力	630	959	32 413 175							7	13	9 240 000
西北电网	**3866**	**6972**	**332 472 100**				**28**	**47**	**85 104 000**			
国网陕西电力	932	1701	81 087 740				5	8	16 800 000			
国网甘肃电力	1173	2248	81 455 360				8	10	19 800 000			
国网青海电力	290	495	40 144 650				3	8	14 400 000			
国网宁夏电力	330	665	50 055 400				2	6	11 400 000			
国网新疆电力	1141	1863	79 728 950				10	15	22 704 000			
国网西藏电力	**183**	**230**	**4 061 140**									

区域公用变压器（交流在运）　　单位：台、kVA

330kV			220kV			110kV			66kV			35kV		
座数	台数	容量	座数	台数	容量	座数	台数	容量	座数	台数	容量	座数	台数	容量
148	334	87 040 000	3636	7185	1 220 048 000	12 590	23 164	999 098 200	3424	5877	106 748 370	16 189	29 377	253 995 140
			905	1939	333 046 000	3127	6189	277 147 600				4316	8572	88 108 650
			73	190	36 010 000	312	776	36 956 500				88	164	1 776 200
			68	157	27 936 000	140	285	13 913 500				262	572	10 210 600
			107	238	42 660 000	311	633	29 259 000				574	1159	11 901 900
			158	326	54 480 000	619	1188	51 171 500				1152	2320	19 569 650
			162	336	52 590 000	498	1001	41 047 100				613	1183	9 788 150
			337	692	119 370 000	1247	2306	104 800 000				1627	3174	34 862 150
			1180	2357	422 765 000	4016	7323	347 238 800				3521	6778	83 169 600
			105	255	50 860 000	144	306	13 640 500				635	1392	30 647 600
			460	874	156 295 000	1582	2652	136 034 500				813	1584	18 775 650
			280	611	112 920 000	1158	2336	109 001 300				593	1105	13 159 850
			176	315	50 970 000	512	894	41 067 000				1025	1985	15 413 100
			159	302	51 720 000	620	1135	47 495 500				455	712	5 173 400
			962	1764	291 548 000	3753	6627	265 134 100	1	1	8000	5501	9338	59 403 800
			158	280	46 452 000	713	1255	46 583 400	1	1	8000	922	1564	8 731 440
			147	251	38 370 000	662	1080	36 858 500				849	1414	7 520 800
			236	445	77 126 000	883	1538	65 212 500				1364	2468	18 498 280
			129	216	32 880 000	418	707	25 716 800				800	1388	7 781 450
			207	395	64 140 000	777	1433	60 157 900				1216	1842	11 931 230
			85	177	32 580 000	300	614	30 605 000				350	662	4 940 600
			446	835	125 833 000	276	441	12 157 400	3423	5876	106 740 370	539	742	3 200 150
			194	400	68 974 000				1455	2734	64 631 780	3	5	37 500
			78	141	19 836 000				899	1426	20 912 600	3	3	5000
			120	207	26 349 000	218	358	9 540 300	618	1013	11 665 740	473	661	2 805 825
			54	87	10 674 000	58	83	2 617 100	451	703	9 530 250	60	73	351 825
148	334	87 040 000	135	276	44 846 000	1379	2522	95 761 700				2176	3793	19 720 400
52	117	29 370 000				464	879	31 247 000				411	697	3 670 740
55	121	31 860 000	7	20	2 610 000	295	537	19 662 000				808	1560	7 523 360
26	62	16 590 000				116	216	8 410 400				145	209	744 250
15	34	9 220 000	33	78	14 010 000	150	299	14 119 000				130	248	1 306 400
			95	178	28 226 000	354	591	22 323 300				682	1079	6 475 650
			8	14	2 010 000	39	62	1 658 600				136	154	392 540

单位名称	合计			±800kV			±660kV		
	座数	台数	容量	座数	台数	容量	座数	台数	容量
合　计	**38**	**313**	**111 720 000**	**8**	**144**	**59 200 000**	**2**	**24**	**8 000 000**
华北电网	**1**	**12**	**4 000 000**				**1**	**12**	**4 000 000**
国网北京电力									
国网天津电力									
国网河北电力									
国网冀北电力									
国网山西电力									
国网山东电力	1	12	4 000 000				1	12	4 000 000
华东电网	**16**	**85**	**32 970 000**	**3**	**56**	**21 600 000**			
国网上海电力	7	34	13 700 000	1	24	6 400 000			
国网江苏电力	2	36	10 200 000	1	24	7 200 000			
国网浙江电力	7	15	9 070 000	1	8	8 000 000			
国网安徽电力									
国网福建电力									
华中电网	**12**	**162**	**48 800 000**	**4**	**80**	**29 600 000**			
国网湖北电力	5	54	13 200 000						
国网湖南电力	1	12	3 000 000						
国网河南电力	2	12	8 000 000	1	8	8 000 000			
国网江西电力									
国网四川电力	4	84	24 600 000	3	72	21 600 000			
国网重庆电力									
东北电网	**4**	**24**	**9 750 000**						
国网辽宁电力	2	10	6 000 000						
国网吉林电力									
国网黑龙江电力	1	2	750 000						
国网蒙东电力	1	12	3 000 000						
西北电网	**4**	**24**	**15 600 000**	**1**	**8**	**8 000 000**	**1**	**12**	**4 000 000**
国网陕西电力	1	2	3 000 000						
国网甘肃电力									
国网青海电力	1	2	600 000						
国网宁夏电力	1	12	4 000 000				1	12	4 000 000
国网新疆电力	1	8	8 000 000	1	8	8 000 000			
国网西藏电力	**1**	**6**	**600 000**						

区域公用变压器（直流） 单位：台、kW

±500kV			±400kV			±400kV 以下		
座数	台数	容量	座数	台数	容量	座数	台数	容量
14	**118**	**40 200 000**	**2**	**8**	**1 200 000**	**12**	**19**	**3 120 000**
3	**16**	**9 000 000**				**10**	**13**	**2 370 000**
2	4	6 000 000				**4**	**6**	**1 300 000**
1	12	3 000 000						
						6	**7**	**1 070 000**
7	**78**	**19 200 000**				**1**	**4**	
5	54	13 200 000						
1	12	3 000 000						
						1	**4**	
1	12	3 000 000						
3	**22**	**9 000 000**				**1**	**2**	**750 000**
2	10	6 000 000						
						1	**2**	**750 000**
1	12	3 000 000						
1	**2**	**3 000 000**	**1**	**2**	**600 000**			
1	2	3 000 000						
			1	2	600 000			
			1	**6**	**600 000**			

国家电网公司经营区域

单位名称	合计			500kV			330kV		
	座数	台数	容量	座数	台数	容量	座数	台数	容量
合　计	**17 294**	**37 736**	**556 447 390**	**1**	**2**	**1 500 000**	**29**	**97**	**11 721 314**
华北电网	**5958**	**13 275**	**171 256 695**						
国网北京电力	41	88	3 220 500						
国网天津电力	759	2070	18 412 323						
国网河北电力	466	987	25 405 535						
国网冀北电力	590	1247	19 488 904						
国网山西电力	1400	2901	46 503 270						
国网山东电力	2702	5982	58 226 163						
华东电网	**5219**	**11 813**	**139 306 599**	**1**	**2**	**1 500 000**			
国网上海电力	745	1585	23 339 295						
国网江苏电力	2147	5406	57 191 515	1	2	1 500 000			
国网浙江电力	901	1823	23 461 841						
国网安徽电力	1196	2574	24 664 848						
国网福建电力	230	425	10 649 100						
华中电网	**2783**	**5925**	**112 428 114**						
国网湖北电力	603	1298	23 949 810						
国网湖南电力	667	1433	19 850 443						
国网河南电力	654	1546	35 165 264						
国网江西电力	198	390	8 095 088						
国网四川电力	372	752	16 759 220						
国网重庆电力	289	506	8 608 289						
东北电网	**1834**	**3367**	**64 379 252**						
国网辽宁电力	878	1636	36 852 904						
国网吉林电力	289	457	7 791 275						
国网黑龙江电力	582	1118	15 785 733						
国网蒙东电力	85	156	3 949 340						
西北电网	**1495**	**3350**	**69 043 980**				**29**	**97**	**11 721 314**
国网陕西电力	315	672	11 333 361				6	20	1 072 000
国网甘肃电力	322	771	20 925 082				10	27	3 486 000
国网青海电力	208	584	14 930 782				10	40	5 810 014
国网宁夏电力	268	697	9 066 310				3	10	1 353 300
国网新疆电力	382	626	12 788 445						
国网西藏电力	**5**	**6**	**32 750**						

企业自备变压器（在运）　　　　单位：台、kVA

220kV			110kV			66kV			35kV		
座数	台数	容量	座数	台数	容量	座数	台数	容量	座数	台数	容量
601	**1560**	**115 545 910**	**3737**	**7287**	**238 726 294**	**1299**	**2279**	**40 749 000**	**11 627**	**26 511**	**148 204 872**
146	**366**	**26 717 647**	**1137**	**2302**	**85 345 470**				**4675**	**10 607**	**59 193 578**
1	4	126 000	16	35	2 829 900				24	49	264 600
20	52	4 188 500	81	167	4 868 200				658	1851	9 355 623
15	33	3 140 750	195	406	18 122 300				256	548	4 142 485
17	62	3 473 000	128	279	10 221 900				445	906	5 794 004
63	128	9 404 897	344	695	23 030 601				993	2078	14 067 772
30	87	6 384 500	373	720	26 272 569				2299	5175	25 569 094
159	**372**	**30 511 500**	**980**	**1773**	**54 379 975**				**4079**	**9666**	**52 915 124**
16	49	5 913 000	56	112	4 220 150				673	1424	13 206 145
58	144	12 948 000	516	920	25 017 025				1572	4340	17 726 490
36	51	2 859 500	136	250	9 003 600				729	1522	11 598 741
21	64	3 983 000	186	345	11 770 100				989	2165	8 911 748
28	64	4 808 000	86	146	4 369 100				116	215	1 472 000
172	**529**	**38 409 925**	**1004**	**1886**	**55 955 730**	**1**	**1**	**2000**	**1606**	**3509**	**18 060 459**
41	103	8 003 000	248	436	12 816 800	1	1	2000	313	758	3 128 010
33	120	7 494 075	192	341	8 387 620				442	972	3 968 748
36	138	11 643 790	227	527	18 030 710				391	881	5 490 764
28	63	2 991 500	66	131	4 256 600				104	196	846 988
24	78	6 416 160	153	271	7 797 250				195	403	2 545 810
10	27	1 861 400	118	180	4 666 750				161	299	2 080 139
85	**181**	**11 341 306**	**74**	**160**	**6 208 200**	**1298**	**2278**	**40 747 000**	**377**	**748**	**6 082 746**
52	113	7 056 361				824	1521	29 686 543	2	2	110 000
17	29	1 201 445				272	428	6 589 830			
11	26	1 502 000	69	142	5 372 300	136	218	3 070 987	366	732	5 840 446
5	13	1 581 500	5	18	835 900	66	111	1 399 640	9	14	132 300
39	**112**	**8 565 532**	**541**	**1165**	**36 811 919**				**886**	**1976**	**11 945 215**
			117	258	7 883 313				192	394	2 378 048
4	37	2 724 532	161	354	12 565 718				147	353	2 148 832
			98	227	7 242 508				100	317	1 878 260
			75	179	4 487 880				190	508	3 225 130
35	75	5 841 000	90	147	4 632 500				257	404	2 314 945
			1	**1**	**25 000**				**4**	**5**	**7750**

国家电网公司换流站换流容量及直流输送能力　　计量单位：kV、万kW

换流站	地址	电压等级	换流站换流容量	直流输送能力
合　计			**8393**	**4820**
一、复奉直流		**800**		**700**
复龙换流站	四川		640	
奉贤换流站	上海		640	
二、银东直流		**660**		**400**
银川换流站	宁夏		400	
胶东换流站	山东		400	
三、呼辽直流		**500**		**300**
穆家换流站	辽宁		300	
伊敏换流站	蒙东		300	
四、葛南直流		**500**		**120**
葛洲坝换流站	湖北		116	
南桥换流站	上海		120	
五、龙政直流		**500**		**300**
龙泉换流站	湖北		300	
政平换流站	江苏		300	
六、江城直流		**500**		**300**
江陵换流站	湖北		300	
鹅城换流站	广东		300	
七、灵宝背靠背		**500/330/220**		**150**
灵宝换流站	河南		222	
八、宜华直流		**500**		**300**
宜都换流站	湖北		300	
华新换流站	上海		300	
九、高岭背靠背		**500**		**150**
高岭换流站	辽宁		300	
十、德宝直流		**500**		**300**
德阳换流站	四川		300	
宝鸡换流站	陕西		300	
十一、林枫直流		**500**		**300**
团林换流站	湖北		300	
枫泾换流站	上海		300	
十二、黑河背靠背		**500**		
黑河换流站	黑龙江		75	
十三、柴拉直流		**400**		**60**
柴达木换流站	青海		70	
拉萨换流站	西藏		70	
十四、锦苏直流		**800**		**720**
锦屏换流站	四川		720	
苏州换流站	江苏		720	

附录A 国家电网公司 2014年内部对标标杆单位

一、省公司指标评价结果

(一) 公司标杆单位

按照2014版对标指标评价方案，公司标杆单位分为综合标杆、业绩（管理）标杆、专业标杆3个层次。管理对标各专业评价结果前五名，为公司“专业标杆”；业绩对标前五名和管理对标前五名，分别为公司“业绩标杆”和“管理标杆”；按权重汇总业绩和管理对标评价得分，前五名为公司“综合标杆”。出现否决条件的单位，只参加“专业标杆”评选。参与对标的单位包括26家省（自治区、直辖市）电力公司，未含国网西藏电力有限公司。

1. 公司综合标杆单位

江苏 浙江 山东 天津 北京

2. 公司业绩标杆单位

江苏 浙江 山东 天津 北京

3. 公司管理标杆单位

江苏 浙江 山东 天津 北京

4. 公司专业标杆单位

安全管理	江苏	浙江	山东	上海	北京
人力管理	江苏	浙江	上海	山东	天津
财力管理	江苏	浙江	山东	北京	上海
物力管理	江苏	上海	山东	天津	浙江
规划管理	江苏	浙江	山东	辽宁	天津
建设管理	江苏	山东	河南	北京	河北
运行管理	浙江	江苏	天津	河北	福建
检修管理	江苏	浙江	山东	湖南	河北
营销管理	江苏	山东	浙江	天津	福建
配套保障	江苏	浙江	山东	福建	北京

(二) 区域标杆单位

将26家省公司按区域分为5个差异化对标组，每组管理对标各专业评价结果第一名，为“区域专业标杆”；每组业绩对标和管理对标第一名，分别为“区域业绩标杆”和“区域管理标杆”；每组综合得分第一名，为“区域综合标杆”。

	华北	华东	华中	东北	西北
区域综合标杆单位	山东	江苏	湖南	吉林	陕西
区域业绩标杆单位	山东	江苏	湖南	吉林	陕西
区域管理标杆单位	山东	江苏	河南	吉林	陕西
区域专业标杆单位					
安全管理	山东	江苏	江西	黑龙江	陕西
人力管理	山东	江苏	河南	辽宁	宁夏
财力管理	山东	江苏	河南	辽宁	陕西
物力管理	山东	江苏	河南	吉林	陕西
规划管理	山东	江苏	河南	辽宁	青海
建设管理	山东	江苏	河南	辽宁	陕西
运行管理	天津	浙江	河南	辽宁	青海
检修管理	山东	江苏	湖南	辽宁	陕西
营销管理	山东	江苏	重庆	辽宁	新疆
配套保障	山东	江苏	湖南	黑龙江	青海

(三) 公司进步单位

为充分发挥对标激励作用，综合评价排名比上年度有提升、且与基础评价排名相比提升幅度最大的2家单位，确定为公司“综合进步单位”；业绩评价排名比上年度有提升、且与基础评价排名相比提升幅度最大的2家单位，确定为公司“业绩进步单位”；管理评价排名与上年度相比提升幅度最大的2家单位，确定为公司“管理进步单位”。

1. 综合进步单位

吉林 冀北

2. 业绩进步单位

重庆 河北

3. 管理进步单位

湖南 湖北

二、大型供电企业指标评价结果

公司对28家大型供电企业2014年业绩对标指标进行评价，前五名为“大型供电企业业绩标杆”；与上年度排名和基础评价排名相比，业绩评价排名提升幅度最大的5家单位，确定为“大型供电企业业绩进步单位”。大型供电企业的管理对标，由各省公司参照公司管理对标体系组织开展。

(一) 大型供电企业业绩标杆单位

苏州 浦东 南京 宁波 杭州

(二) 大型供电企业业绩进步单位

福州 厦门 石家庄 兰州 郑州

附录B 2014年公司企业标准目录

序号	标准号	标准名称
1	Q/GDW 1924—2013	光伏发电站电能质量检测技术规程
2	Q/GDW 1925—2013	光伏发电站功率控制能力检测技术规程
3	Q/GDW 1926—2013	光伏发电站低电压穿越能力检测技术规程
4	Q/GDW 1168—2013	输变电设备状态检修试验规程
5	Q/GDW 1540.4—2013	变电设备在线监测装置检验规范　第4部分：变压器铁心接地电流在线监测装置
6	Q/GDW 1894—2013	变压器铁心电流在线监测装置技术规范
7	Q/GDW 1895—2013	电容型设备介质损耗因数和电容量带电测试技术现场应用导则
8	Q/GDW 1896—2013	SF_6气体分解产物检测技术现场应用导则
9	Q/GDW 1897—2013	互感器校验仪通信协议
10	Q/GDW 1898—2013	绝缘油耐压测试仪检定方法
11	Q/GDW 1899—2013	交流采样测量装置校验规范
12	Q/GDW 1802—2012	电力能效监测系统信息集中与交换终端技术规范
13	Q/GDW 1801.1—2012	电力能效监测系统通信协议　第1部分：主站与能效数据集中器通信协议
14	Q/GDW 1800—2012	电力能效监测系统子站（企业主站）设计规范
15	Q/GDW 1763.1—2012	电力自助缴费终端通用规范　第1部分：技术规范

续表

序号	标准号	标准名称
16	Q/GDW 1763.2—2012	电力自助缴费终端通用规范　第2部分：型式规范
17	Q/GDW 1763.3—2012	电力自助缴费终端通用规范　第3部分：检验技术规范
18	Q/GDW 1763.4—2012	电力自助缴费终端通用规范　第4部分：建设管理规范
19	Q/GDW 1763.5—2012	电力自助缴费终端通用规范　第5部分：运行管理规范
20	Q/GDW 1764.1—2012	电力缴费POS终端通用规范　第1部分：技术规范
21	Q/GDW 1764.2—2012	电力缴费POS终端通用规范　第2部分：型式规范
22	Q/GDW 1764.3—2012	电力缴费POS终端通用规范　第3部分：检验技术规范
23	Q/GDW 1764.4—2012	电力缴费POS终端通用规范　第4部分：建设管理规范
24	Q/GDW 1764.5—2012	电力缴费POS终端通用规范　第5部分：运行管理规范
25	Q/GDW 1206—2013	电能表抽样技术规范
26	Q/GDW 11009—2013	电能计量封印技术规范
27	Q/GDW 1807—2012	终端通信接入网工程典型设计
28	Q/GDW 1930—2013	海量历史/准实时数据管理平台功能规范
29	Q/GDW 1916—2013	电力通信工程专业管理规程
30	Q/GDW 1936—2013	国家电网公司物料主数据分类与编码规范
31	Q/GDW/Z 1938—2013	嵌入式电力测控终端设备的信息安全评测技术指标框架

续表

序号	标 准 号	标 准 名 称
32	Q/GDW/Z 1939—2013	电力无线传感器网络信息安全指南
33	Q/GDW/Z 1855—2013	集中式灾备系统基于存储控制器复制技术的存储复制设计原则与实施
34	Q/GDW 1857—2012	无线传感器网络设备电磁电气基本特性规范
35	Q/GDW 11008—2013	低压计量箱技术规范
36	Q/GDW 1803—2012	电力通信项目后评估管理办法
37	Q/GDW 1871.1—2013	国家电网通信管理系统技术基础 第1部分：资源命名及定义
38	Q/GDW 1871.2—2013	国家电网通信管理系统技术基础 第2部分：公共信息模型
39	Q/GDW 1872.1—2013	国家电网通信管理系统规划设计 第1部分：数据互联
40	Q/GDW 1872.2—2013	国家电网通信管理系统规划设计 第2部分：功能规范
41	Q/GDW 1872.5—2013	国家电网通信管理系统规划设计 第5部分：平台规范
42	Q/GDW 1872.6—2013	国家电网通信管理系统规划设计 第6部分：设备网管北向接口-SDH部分
43	Q/GDW 1872.10—2013	国家电网通信管理系统规划设计 第10部分：终端通信接入网
44	Q/GDW 1872.11—2013	国家电网通信管理系统规划设计 第11部分：动力环境监控
45	Q/GDW 1873.1—2013	国家电网通信管理系统工程建设 第1部分：建设规范
46	Q/GDW 1873.2—2013	国家电网通信管理系统运行维护 第2部分：动力环境监控

续表

序号	标 准 号	标 准 名 称
47	Q/GDW 1915—2013	基于MPLS技术的数据通信网建设规范
48	Q/GDW 1931—2013	海量历史/准实时数据管理平台实时数据库通用接口规范
49	Q/GDW 1932—2013	基于云计算的资源描述和交换管理规范
50	Q/GDW 1933—2013	国家电网公司主数据管理系统技术规范
51	Q/GDW 1934—2013	公司电网项目WBS架构标准化规范
52	Q/GDW 1935—2013	企业门户功能接口技术规范
53	Q/GDW 1937—2013	国家电网公司非国家秘密电子数据销毁、清除和恢复技术要求
54	Q/GDW 1835.1—2013	调度数据网设备测试规范 第1部分：路由器
55	Q/GDW 1869—2012	直流系统用高压复合绝缘子多应力试验
56	Q/GDW 1870—2012	直流系统用高压复合绝缘子人工污秽试验
57	Q/GDW 1880—2013	电动汽车车载充电机检验技术规范
58	Q/GDW 1881—2013	电动汽车充电站及电池更换站监控系统检验技术规范
59	Q/GDW 1882—2013	居民智能家庭网关检验技术规范
60	Q/GDW 1883—2013	智能园区工程验收规范
61	Q/GDW 1884—2013	储能电池组及管理系统技术规范
62	Q/GDW 1885—2013	电池储能系统储能变流器技术条件
63	Q/GDW 1886—2013	电池储能系统集成典型设计规范
64	Q/GDW 1887—2013	电网配置储能系统监控及通信技术规范

续表

序号	标 准 号	标 准 名 称
65	Q/GDW 1888—2013	智能楼宇建设导则
66	Q/GDW 1889—2013	高压直流输电电压源换流器（VSC）阀—电气试验
67	Q/GDW 1866—2012	分散式风电接入电网技术规定
68	Q/GDW 1868—2012	风电场接入系统设计内容深度规定
69	Q/GDW 1867—2012	小型户用光伏发电系统并网技术规定
70	Q/GDW 1157—2013	750kV 电力设备交接试验规程
71	Q/GDW 1969—2013	变电站直流系统绝缘监测装置技术规范
72	Q/GDW 1978—2013	电力金具电晕试验紫外成像检测方法
73	Q/GDW 1901.1—2013	电力直流电源系统用测试设备通用技术条件　第 1 部分：蓄电池电压巡检仪
74	Q/GDW 1901.2—2013	电力直流电源系统用测试设备通用技术条件　第 2 部分：蓄电池容量放电测试仪
75	Q/GDW 1901.3—2013	电力直流电源系统用测试设备通用技术条件　第 3 部分：充电装置特性测试系统
76	Q/GDW 1901.4—2013	电力直流电源系统用测试设备通用技术条件　第 4 部分：直流断路器动作特性测试
77	Q/GDW 1901.5—2013	电力直流电源系统用测试设备通用技术条件　第 5 部分：蓄电池内阻测试仪
78	Q/GDW 1901.6—2013	电力直流电源系统用测试设备通用技术条件　第 6 部分：便携式接地巡测仪
79	Q/GDW 1901.7—2013	电力直流电源系统用测试设备通用技术条件　第 7 部分：蓄电池单体活化仪
80	Q/GDW 1972—2013	分布式光伏并网专用低压断路器技术规范

续表

序号	标 准 号	标 准 名 称
81	Q/GDW 1973—2013	分布式光伏并网专用低压断路器检测规程
82	Q/GDW 1974—2013	分布式光伏专用低压反孤岛装置技术规范
83	Q/GDW 11070—2013	国家电网公司供电企业组织机构规范标准
84	Q/GDW 11147—2013	分布式电源接入配电网设计规范
85	Q/GDW 11148—2013	分布式电源接入系统设计内容深度规定
86	Q/GDW 11149—2013	分布式电源接入配电网经济评估导则
87	Q/GDW 11178—2014	电动汽车充换电设施接入电网技术规范
88	Q/GDW 11019—2013	农网 35kV 配电化技术导则
89	Q/GDW 11020—2013	农村低电压网剩余电流动作保护器配置导则
90	Q/GDW 11049—2013	县域电力通信网建设技术导则
91	Q/GDW 11150—2013	水电站电气设备预防性试验规程
92	Q/GDW 11151.1—2013	水电站水工设施运行维护导则　第 1 部分：水工建筑物
93	Q/GDW 11151.2—2013	水电站水工设施运行维护导则　第 2 部分：水工机电设备
94	Q/GDW 11151.3—2013	水电站水工设施运行维护导则　第 3 部分：大坝安全监测系统
95	Q/GDW 11151.4—2013	水电站水工设施运行维护导则　第 4 部分：水情自动测报系统
96	Q/GDW 11122—2013	750kV 磁控式可控并联电抗器现场试验规范

续表

序号	标 准 号	标 准 名 称
97	Q/GDW 11123.1—2013	750kV 变电站设备复合外绝缘技术规范 第 1 部分：总则
98	Q/GDW 11123.2—2013	750kV 变电站设备复合外绝缘技术规范 第 2 部分：设备规范
99	Q/GDW 11123.3—2013	750kV 变电站设备复合外绝缘技术规范 第 3 部分：复合绝缘子
100	Q/GDW 11124.1—2013	750kV 架空输电线路杆塔复合横担技术规定 第 1 部分：设计技术
101	Q/GDW 11124.2—2013	750kV 架空输电线路杆塔复合横担技术规定 第 2 部分：元件技术
102	Q/GDW 11124.3—2013	750kV 架空输电线路杆塔复合横担技术规定 第 3 部分：试验技术
103	Q/GDW 11124.4—2013	750kV 架空输电线路杆塔复合横担技术规定 第 4 部分：安装工艺
104	Q/GDW 11125—2013	220kV~750kV 变电站噪声控制设计技术导则
105	Q/GDW 11126—2013	500kV~1000kV 变电站站用电源配置导则
106	Q/GDW 11127—2013	1100kV 气体绝缘金属封闭开关设备用盆式绝缘子技术规范
107	Q/GDW 11128—2013	1100kV 串联补偿装置用旁路隔离开关技术规范
108	Q/GDW 11129—2013	1000kV 变电站 A 型柱钢管构架安装施工工艺导则
109	Q/GDW 11130—2013	1000kV 变电站 A 型柱钢管构架安装施工及验收导则
110	Q/GDW 11131—2013	1000kV 变电站 A 型柱钢管构架安装施工质量检验及评定导则

续表

序号	标 准 号	标 准 名 称
111	Q/GDW 11132—2013	特高压瓷绝缘电气设备抗震设计及减震装置安装与维护技术规程
112	Q/GDW 11133—2013	输电线路桩板基础技术导则
113	Q/GDW 11134—2013	输变电工程螺杆桩基础设计技术规定
114	Q/GDW 11135—2013	风积沙地区架空输电线路基础设计规定
115	Q/GDW 11136—2013	输电线路中空夹层钢管混凝土杆塔设计技术规定
116	Q/GDW 11137—2013	输变电工程钢构件热浸镀锌铝镁稀土合金镀层技术条件
117	Q/GDW 11138—2013	输变电钢构件热喷涂锌铝镁稀土合金防腐涂层技术要求
118	Q/GDW 11139—2013	同心绞铝包殷钢芯耐热铝合金绞线
119	Q/GDW 11140—2013	自行式扩底掏挖钻机成孔施工工艺导则
120	Q/GDW 11141—2013	双平臂落地抱杆安装及验收规范
121	Q/GDW 11142—2013	输电线路钢管塔用直缝焊管
122	Q/GDW 11143—2013	输电线路铁塔用焊接材料技术规范
123	Q/GDW 11144—2013	变电站地源热泵系统设计导则
124	Q/GDW 1161—2013	线路保护及辅助装置标准化设计规范
125	Q/GDW 1680.48—2013	智能电网调度技术支持系统 第 4-8 部分：实时监控与预警类应用继电保护定值在线校核及预警
126	Q/GDW 11021—2013	变电站调控数据交互规范
127	Q/GDW 11022—2013	智能电网调度控制系统实用化要求

续表

序号	标 准 号	标 准 名 称
128	Q/GDW 11024—2013	智能变电站继电保护和安全自动装置运行管理导则
129	Q/GDW 11025—2013	1000kV 变电站二次设备抗扰度要求
130	Q/GDW 11026—2013	串联谐振型故障电流限制器控制保护系统技术规范
131	Q/GDW 11047—2013	国家电网调度数据网应用接入规范
132	Q/GDW 11050—2013	智能变电站动态记录装置应用技术规范
133	Q/GDW 11051—2013	智能变电站二次回路性能测试规范
134	Q/GDW 11052—2013	智能变电站就地化保护装置通用技术条件
135	Q/GDW 11053—2013	站域保护控制系统检验规范
136	Q/GDW 11054—2013	智能变电站数字化相位核准技术规范
137	Q/GDW 11055—2013	智能变电站继电保护及安全自动装置运行评价规程
138	Q/GDW 11056. 1—2013	继电保护及安全自动装置检测技术规范　第 1 部分：通用性能测试
139	Q/GDW 11056. 2—2013	继电保护及安全自动装置检测技术规范　第 2 部分：继电保护装置专用功能测试
140	Q/GDW 11056. 3—2013	继电保护及安全自动装置检测技术规范　第 3 部分：安全自动装置专用功能测试
141	Q/GDW 11056. 4—2013	继电保护及安全自动装置检测技术规范　第 4 部分：继电保护装置动态模拟测试
142	Q/GDW 11056. 5—2013	继电保护及安全自动装置检测技术规范　第 5 部分：安全自动装置动态模拟测试
143	Q/GDW 11064—2013	风电场无功补偿装置技术性能和测试规范
144	Q/GDW 11065—2013	新能源优先调度工作规范

续表

序号	标 准 号	标 准 名 称
145	Q/GDW 11068—2013	电力系统通用实时通信服务协议
146	Q/GDW 11069—2013	省级及以上电网继电保护整定计算管理规定
147	Q/GDW 1859—2012	SF_6 气体回收净化处理工作规程
148	Q/GDW 1968—2013	分布式光伏发电并网接口装置技术要求
149	Q/GDW 1922—2013	35kV 智能变电站技术导则
150	Q/GDW 1923—2013	农网智能型低压配电箱检验技术规范
151	Q/GDW 11179. 1—2014	电能表用元器件技术规范　第 1 部分：电解电容器
152	Q/GDW 11179. 2—2014	电能表用元器件技术规范　第 2 部分：电阻器
153	Q/GDW 11179. 3—2014	电能表用元器件技术规范　第 3 部分：压敏电阻器
154	Q/GDW 11179. 4—2014	电能表用元器件技术规范　第 4 部分：光电耦合器
155	Q/GDW 11027—2013	计量配送车专用技术规范
156	Q/GDW 11028—2013	电力互感器现场计量车
157	Q/GDW 11029—2013	电力需求侧管理城市综合试点建设技术导则
158	Q/GDW 11030—2013	电力能效信息集中与交互终端检验标准
159	Q/GDW 11031—2013	电力能效监测终端功能和检验规范
160	Q/GDW 11032—2013	电能服务管理平台建设规范
161	Q/GDW 11033—2013	电能服务管理平台通用要求
162	Q/GDW 11034—2013	电蓄热（冷）项目节约电力测量与验证规范
163	Q/GDW 11035—2013	变压器更换节约电力电量测量与验证规范

续表

序号	标 准 号	标 准 名 称
164	Q/GDW 11036—2013	并联无功补偿装置节约电力电量测量与验证规范
165	Q/GDW 11037—2013	蒸汽压缩循环热泵项目节约电力电量测量与验证规范
166	Q/GDW 11038—2013	电机系统节约电力电量测量与验证规范
167	Q/GDW 11039—2013	电力线路增容改造节约电力电量测量与验证规范
168	Q/GDW 11040—2013	电力需求侧管理项目节约电力电量测量与验证通则
169	Q/GDW 11041—2013	电力用户需求响应节约电力测量与验证规范
170	Q/GDW 11042—2013	电网运行优化节约电力电量测量与验证规范
171	Q/GDW 11043—2013	集中式空气调节系统节约电力电量测量与验证规范
172	Q/GDW 11044—2013	线路升压改造节约电力电量测量与验证规范
173	Q/GDW 11045—2013	余热余压发电项目节约电力电量测量与验证规范
174	Q/GDW 11046—2013	照明系统节电改造项目节约电力电量测量与验证规范
175	Q/GDW 11111—2013	数字化电能表校准规范
176	Q/GDW 11112—2013	避雷器监测装置计量校准规范
177	Q/GDW 11113—2013	高压介损测试仪校准规范
178	Q/GDW 11114—2013	直流互感器校准规范
179	Q/GDW 11115—2013	30Hz～300MHz 高压测量系统校准规范
180	Q/GDW 11116—2013	智能电能表监测装置软件设计技术规范
181	Q/GDW 11117—2013	计量现场手持设备技术规范
182	Q/GDW 1434. 6—2013	国家电网公司安全设施标准　第 6 部分：装备制造业

续表

序号	标 准 号	标 准 名 称
183	Q/GDW 11121—2013	电力缺氧危险作业监测技术规范
184	Q/GDW 1105—2013	800kV 罐式断路器技术标准
185	Q/GDW 1903—2013	输变电设备风险评估导则
186	Q/GDW 1904. 1—2013	输变电设备缺陷用语规范　第 1 部分：变电一次部分
187	Q/GDW 1904. 2—2013	输变电设备缺陷用语规范　第 2 部分：输电部分
188	Q/GDW 1905—2013	输变电设备状态检修辅助决策系统技术导则
189	Q/GDW 1906—2013	输变电一次设备缺陷分类标准
190	Q/GDW 1911—2013	±660kV 直流输电线路带电作业技术导则
191	Q/GDW 1912—2013	1000kV 特高压交流静电防护服装
192	Q/GDW 1913—2013	1000kV 特高压交流非接触式验电器
193	Q/GDW 1950—2013	SF_6 密度表、密度继电器现场校验规范
194	Q/GDW 1952—2013	直流断路器状态检修导则
195	Q/GDW 1953—2013	直流断路器状态评价导则
196	Q/GDW 1954—2013	直流电压分压器状态检修导则
197	Q/GDW 1955—2013	直流电压分压器状态评价导则
198	Q/GDW 1956—2013	直流电流互感器状态检修导则
199	Q/GDW 1957—2013	直流电流互感器状态评价导则
200	Q/GDW 1958—2013	直流开关设备检修导则
201	Q/GDW 1959—2013	换流站交直流滤波器状态评价规范
202	Q/GDW 1960—2013	高压直流输电直流控制保护系统运行规范

续表

序号	标准号	标准名称
203	Q/GDW 1961—2013	高压直流输电直流控制保护系统检修规范
204	Q/GDW 1962—2013	高压直流输电直流转换开关运行规范
205	Q/GDW 1963—2013	高压直流输电直流转换开关检修规范
206	Q/GDW 1964—2013	高压直流输电直流转换开关技术规范
207	Q/GDW 1965—2013	换流变压器、平波电抗器检修导则
208	Q/GDW 1971—2013	气体绝缘金属封闭开关设备现场冲击电压试验导则
209	Q/GDW 11001—2013	750kV 交流输电线路绝缘子串的分布电压
210	Q/GDW 11002—2013	110（66）kV～500kV 交流架空线路用柔性复合相间间隔棒技术条件
211	Q/GDW 11003—2013	高压电气设备紫外检测技术导则
212	Q/GDW 11004—2013	冰区分级标准和冰区分布图绘制规则
213	Q/GDW 11005—2013	风区分级标准和风区分布图绘制规则
214	Q/GDW 11006—2013	舞动区域分级标准和舞动分布图绘制规则
215	Q/GDW 11007—2013	±500kV 直流输电线路用复合外套带串联间隙金属氧化物避雷器技术规范
216	Q/GDW 1917—2013	220kV～1000kV 串补站设计技术规定
217	Q/GDW 1832—2012	1000kV 交流架空输电线路用复合绝缘子技术条件
218	Q/GDW 1103—2012	750kV 系统用油浸式变压器技术规范
219	Q/GDW 1836—2012	1000kV 变电站并联电容器装置技术条件

续表

序号	标准号	标准名称
220	Q/GDW 1837—2012	移动式直流融冰装置交接试验及验收规程
221	Q/GDW 1842—2012	智能变电站状态监测系统技术导则
222	Q/GDW 1843—2012	智能变电站状态监测系统站内接口规范
223	Q/GDW 1844—2012	智能变电站的同步相量测量装置技术规范
224	Q/GDW 1429—2012	智能变电站网络交换机技术规范
225	Q/GDW 1846—2012	1000kV 串联电容器补偿装置技术规范
226	Q/GDW 1847—2012	电子式电流互感器技术规范
227	Q/GDW 1848—2012	电子式电压互感器技术规范
228	Q/GDW 1849—2012	六氟化硫气体绝缘试验变压器技术条件
229	Q/GDW 1852—2012	1000kV 及以下串联电容器补偿装置施工质量检验及评定规程
230	Q/GDW 1853—2012	1000kV 及以下串联电容器补偿装置施工及验收规范
231	Q/GDW 1854—2012	1000kV 及以下串联电容器补偿装置施工工艺导则
232	Q/GDW 1856—2012	变电（换流）站土建工程施工质量评价规程
233	Q/GDW 1183—2012	变电（换流）站土建工程施工质量验收规范
234	Q/GDW 1153—2013	1000kV 架空送电线路施工及验收规范
235	Q/GDW 1163—2013	1000kV 架空送电线路施工质量检验及评定规程
236	Q/GDW 1860—2012	1000kV 架空输电线路铁塔组立施工工艺导则
237	Q/GDW 1920—2013	智能变电站 110kV 保护测控集成装置技术规范

续表

序号	标 准 号	标 准 名 称
238	Q/GDW 1921—2013	智能变电站35kV及以下保护测控计量多功能装置技术规范
239	Q/GDW 1947—2013	500kV无人值班变电站系统调试技术规范
240	Q/GDW 1166.2—2013	国家电网公司输变电工程初步设计内容深度规定 第2部分：110（66）kV智能变电站
241	Q/GDW 1166.8—2013	国家电网公司输变电工程初步设计内容深度规定 第8部分：220kV智能变电站
242	Q/GDW 1166.9—2013	国家电网公司输变电工程初步设计内容深度规定 第9部分：330kV～750kV智能变电站
243	Q/GDW 1381.1—2013	国家电网公司输变电工程施工图设计内容深度规定 第1部分：110（66）kV变电站
244	Q/GDW 1381.5—2013	国家电网公司输变电工程施工图设计内容深度规定 第5部分：220kV变电站
245	Q/GDW 1381.6—2013	国家电网公司输变电工程施工图设计内容深度规定 第6部分：330kV～750kV智能变电站
246	Q/GDW 11190—2014	农网高过载能力配电变压器技术导则
247	Q/GDW 11196—2014	剩余电流动作保护器选型技术原则和检测技术规范
248	Q/GDW 11071.1—2013	110（66）～750kV智能变电站通用一次设备技术要求及接口规范 第1部分：变压器
249	Q/GDW 11071.2—2013	110（66）～750kV智能变电站通用一次设备技术要求及接口规范 第2部分：高压并联电抗器

续表

序号	标 准 号	标 准 名 称
250	Q/GDW 11071.3—2013	110（66）～750kV智能变电站通用一次设备技术要求及接口规范 第3部分：气体绝缘金属封闭开关设备
251	Q/GDW 11071.4—2013	110（66）～750kV智能变电站通用一次设备技术要求及接口规范 第4部分：高压交流断路器
252	Q/GDW 11071.5—2013	110（66）～750kV智能变电站通用一次设备技术要求及接口规范 第5部分：高压交流隔离开关和接地开关
253	Q/GDW 11071.6—2013	110（66）～750kV智能变电站通用一次设备技术要求及接口规范 第6部分：电流互感器
254	Q/GDW 11071.7—2013	110（66）～750kV智能变电站通用一次设备技术要求及接口规范 第7部分：电压互感器
255	Q/GDW 11071.8—2013	110（66）～750kV智能变电站通用一次设备技术要求及接口规范 第8部分：高压并联电容器装置
256	Q/GDW 11071.9—2013	110（66）～750kV智能变电站通用一次设备技术要求及接口规范 第9部分：低压并联电抗器
257	Q/GDW 11071.10—2013	110（66）～750kV智能变电站通用一次设备技术要求及接口规范 第10部分：交流无间隙金属氧化物避雷器
258	Q/GDW 11071.11—2013	110（66）～750kV智能变电站通用一次设备技术要求及接口规范 第11部分：支柱绝缘子
259	Q/GDW 11071.12—2013	110（66）～750kV智能变电站通用一次设备技术要求及接口规范 第12部分：高压开关柜

续表

序号	标 准 号	标 准 名 称
260	Q/GDW 11072.1—2013	110（66）~750kV 智能变电站通用二次设备技术要求及接口规范 第 1 部分：站控层及公用设备
261	Q/GDW 11072.2—2013	110（66）~750kV 智能变电站通用二次设备技术要求及接口规范 第 2 部分：间隔层设备
262	Q/GDW 11072.3—2013	110（66）~750kV 智能变电站通用二次设备技术要求及接口规范 第 3 部分：过程层设备
263	Q/GDW 11186—2014	暗挖电缆隧道设计导则
264	Q/GDW 11187—2014	明挖电缆隧道设计导则
265	Q/GDW 11188—2014	明挖电缆隧道施工工艺导则
266	Q/GDW 11189—2014	架空输电线路施工专用货运索道
267	Q/GDW 1418—2014	架空输电线路工程施工专用货运索道施工工艺导则
268	Q/GDW 1167—2014	交流系统用盘形悬式复合瓷或玻璃绝缘子元件
269	Q/GDW 1307—2014	1000kV 交流系统用无间隙金属氧化物避雷器技术规范
270	Q/GDW 11074—2013	高压开关设备技术监督导则
271	Q/GDW 11075—2013	电流互感器技术监督导则
272	Q/GDW 11076—2013	消弧线圈技术监督导则
273	Q/GDW 11077—2013	干式电抗器技术监督导则
274	Q/GDW 11078—2013	直流电源系统技术监督导则
275	Q/GDW 11079—2013	交流金属氧化物避雷器技术监督导则
276	Q/GDW 11080—2013	架空输电线路技术监督导则
277	Q/GDW 11081—2013	电压互感器技术监督导则
278	Q/GDW 11082—2013	高压并联电容器装置技术监督导则

续表

序号	标 准 号	标 准 名 称
279	Q/GDW 11083—2013	支柱瓷绝缘子技术监督导则
280	Q/GDW 11084—2013	110（66）kV ~ 750kV 油浸式变压器（电抗器）技术监督导则
281	Q/GDW 11162—2014	变电站监控系统图形界面规范
282	Q/GDW 11184—2014	配电自动化规划设计技术导则
283	Q/GDW 11185—2014	配电自动化规划内容深度规定
284	Q/GDW 11180—2014	国家电网公司统一统计指标体系规范
285	Q/GDW 11118—2013	基于无线 APN 虚拟专网的电压监测装置信息安全接入规范
286	Q/GDW 11119—2013	应急通信车技术规范
287	Q/GDW 11120—2013	国家电网公司防火墙安全配置及检测基本技术要求
288	Q/GDW 11163—2014	电动汽车交流充电桩计量技术要求
289	Q/GDW 11164—2014	电动汽车充换电设施工程施工和竣工验收规范
290	Q/GDW 11165—2014	电动汽车非车载充电机直流计量技术要求
291	Q/GDW 11166—2014	电动汽车智能充换电服务网络运营监控系统技术规范
292	Q/GDW 11167—2014	电动汽车充换电设施术语
293	Q/GDW 11168—2014	电动汽车充换电设施规划导则
294	Q/GDW 11169—2014	电动汽车电池箱更换设备通用技术要求
295	Q/GDW 11170—2014	电动汽车充电站电池更换站监控系统与充换电设备通信协议
296	Q/GDW 11171—2014	基于 CAN 总线的电动汽车车载充电机与交流充电桩之间的通信协议

续表

序号	标 准 号	标 准 名 称
297	Q/GDW 11172—2014	电动汽车充换电设施运行管理规范
298	Q/GDW 11173—2014	电动汽车快换电池箱检验试验规范
299	Q/GDW 11174—2014	电动汽车快换电池箱通信协议
300	Q/GDW 11175—2014	电动汽车车载终端与运营监控系统间通信协议
301	Q/GDW 11176—2014	电动汽车车载终端通用技术条件
302	Q/GDW 11177.1—2014	电动汽车充换电服务网络运营监控系统通信规约 第1部分：系统与站级监控系统
303	Q/GDW 11177.2—2014	电动汽车充换电服务网络运营监控系统通信规约 第2部分：系统与离散充电桩
304	Q/GDW 1850—2013	配电自动化系统信息集成规范
305	Q/GDW 1908—2013	直升机电力作业安全工作规程
306	Q/GDW 1909—2013	直升机巡检技术规范
307	Q/GDW 1910—2013	直升机激光扫描输电线路作业技术规范
308	Q/GDW 1966—2013	1000kV 交流特高压变压器局部放电现场测量导则
309	Q/GDW 1967—2013	特高压用无局放调频谐振试验装置技术规范
310	Q/GDW 1979—2013	交流输电线路导线电晕试验方法
311	Q/GDW 11198—2014	分布式电源涉网保护技术规范
312	Q/GDW 11199—2014	分布式电源继电保护和安全自动装置通用技术条件
313	Q/GDW 11200—2014	接入分布式电源的配电网继电保护和安全自动装置技术规范

续表

序号	标 准 号	标 准 名 称
314	Q/GDW 11216—2014	1000kV 变电站初步设计内容深度规定
315	Q/GDW 11217—2014	1000kV 变电站施工图设计内容深度规定
316	Q/GDW 11218—2014	±1100kV 换流变压器交流局部放电现场试验导则
317	Q/GDW 1311—2014	1000kV 交流线路金具电晕及无线电干扰试验方法
318	Q/GDW 11219—2014	气体绝缘金属封闭开关设备的特快速瞬态过电压测量系统通用技术条件
319	Q/GDW 1571—2014	大截面导线压接工艺导则
320	Q/GDW 1389—2014	架空送电线路扩径导线架线施工工艺导则
321	Q/GDW 1465—2014	输电杆塔高强钢焊接质量检验技术条件
322	Q/GDW 1805—2012	通信站用太阳能供电系统技术要求
323	Q/GDW 1845—2013	一单两票服务管理系统功能与技术规范
324	Q/GDW 1927—2013	智能电网移动作业 PDA 终端安全防护规范
325	Q/GDW 1929.1—2013	信息系统应用安全 第1部分：开发指南
326	Q/GDW 1929.2—2013	信息系统应用安全 第2部分：安全设计
327	Q/GDW 1929.3—2013	信息系统应用安全 第3部分：安全编码
328	Q/GDW 1929.4—2013	信息系统应用安全 第4部分：安全需求分析
329	Q/GDW 1929.5—2013	信息系统应用安全 第5部分：代码安全检测
330	Q/GDW 11159—2013	信息系统基础设施改造技术规范
331	Q/GDW 11161—2013	国家电网公司统一密钥管理系统功能与接口及安全策略规范

续表

序号	标 准 号	标 准 名 称
332	Q/GDW 1940—2013	国家电网公司防火墙测试要求
333	Q/GDW 1941—2013	国家电网公司入侵检测系统测试要求
334	Q/GDW 1942—2013	国家电网公司应用系统安全性测试方法
335	Q/GDW 1943—2013	国家电网公司统一应用平台模块技术规范
336	Q/GDW 11191—2014	省级计量中心生产调度平台功能规范
337	Q/GDW 11192—2014	省级计量中心生产调度平台验收规范
338	Q/GDW 11193—2014	省级计量中心生产调度平台运维导则
339	Q/GDW 11194—2014	省级计量中心生产调度平台与四线一库系统接口技术规范
340	Q/GDW 11195—2014	省级计量中心生产调度平台与营销业务应用系统接口规范
341	Q/GDW 11197—2014	用电信息采集终端检测装置技术规范
342	Q/GDW 1575—2014	用电信息采集终端自动化检测系统技术规范
343	Q/GDW 1233—2014	电动汽车非车载充电机通用要求
344	Q/GDW 1234.1—2014	电动汽车充电接口规范 第1部分：通用要求
345	Q/GDW 1234.2—2014	电动汽车充电接口规范 第2部分：交流充电接口
346	Q/GDW 1234.3—2014	电动汽车充电接口规范 第3部分：直流充电接口
347	Q/GDW 1235—2014	电动汽车非车载充电机通信协议
348	Q/GDW 1485—2014	电动汽车交流充电桩技术条件
349	Q/GDW 1591—2014	电动汽车非车载充电机检验技术规范

续表

序号	标 准 号	标 准 名 称
350	Q/GDW 1592—2014	电动汽车交流充电桩检验技术规范
351	Q/GDW 11215—2014	电动汽车电池更换站用电池箱连接器技术规范
352	Q/GDW 11201—2014	IEC 61850 安全稳定控制装置工程应用模型规范
353	Q/GDW 11202.2—2014	智能变电站自动化设备检测规范 第2部分：多功能测控装置
354	Q/GDW 11202.3—2014	智能变电站自动化设备检测规范 第3部分：保护测控集成装置
355	Q/GDW 11202.4—2014	智能变电站自动化设备检测规范 第4部分：工业以太网交换机
356	Q/GDW 11202.5—2014	智能变电站自动化设备检测规范 第5部分：时间同步系统
357	Q/GDW 11203—2014	电网调度控制系统视频联动技术规范
358	Q/GDW 11204—2014	电能量采集终端技术规范
359	Q/GDW 11205—2014	电网调度自动化系统软件通用测试规范
360	Q/GDW 11206—2014	电网调度自动化系统计算机硬件设备检测规范
361	Q/GDW 11207—2014	电力系统告警直传技术规范
362	Q/GDW 11208—2014	电力系统远程浏览技术规范
363	Q/GDW 11249—2014	10kV 配电变压器选型技术原则和检测技术规范
364	Q/GDW 11250—2014	10kV 环网柜选型技术原则和检测技术规范
365	Q/GDW 11251—2014	10kV 电缆分支箱选型技术原则和检测技术规范
366	Q/GDW 11252—2014	10kV 高压开关柜选型技术原则和检测技术规范

续表

序号	标 准 号	标 准 名 称
367	Q/GDW 11253—2014	10kV 柱上开关选型技术原则和检测技术规范
368	Q/GDW 11254—2014	配电网架空导线选型技术原则和检测技术规范
369	Q/GDW 11255—2014	配电网避雷器选型技术原则和检测技术规范
370	Q/GDW 11256—2014	配电网杆塔选型技术原则和检测技术规范
371	Q/GDW 11257—2014	10kV 户外跌落式熔断器选型技术原则和检测技术规范
372	Q/GDW 11258—2014	10kV 电缆及附件选型和检测技术规范
373	Q/GDW 11259—2014	10kV 柱上隔离开关选型技术原则和检测技术规范
374	Q/GDW 11260—2014	10kV 柱上式高压无功补偿装置选型技术原则和检测技术规范
375	Q/GDW 1519—2014	配电网运维规程
376	Q/GDW 11261—2014	配电网检修规程
377	Q/GDW 1512—2014	电力电缆及通道运维规程
378	Q/GDW 11262—2014	电力电缆及通道检修规程
379	Q/GDW 11220—2014	电池储能电站设备及系统交接试验规程
380	Q/GDW 1871. 3—2014	国家电网通信管理系统技术基础　第 3 部分：术语和定义
381	Q/GDW 1871. 4—2014	国家电网通信管理系统技术基础　第 4 部分：指标体系
382	Q/GDW 1872. 4—2014	国家电网通信管理系统规划设计　第 4 部分：告警标准化及处理
383	Q/GDW 1872. 7—2014	国家电网通信管理系统规划设计　第 7 部分：设备网管北向接口-OTN 部分
384	Q/GDW 1872. 13—2014	国家电网通信管理系统规划设计　第 13 部分：互联接口-OMS

续表

序号	标 准 号	标 准 名 称
385	Q/GDW 1873. 2—2014	国家电网通信管理系统工程建设　第 2 部分：验收规范
386	Q/GDW 11181. 1—2014	电网三维模型　第 1 部分：模型分类与编码
387	Q/GDW 11181. 12—2014	电网三维模型　第 12 部分：模型建库
388	Q/GDW 11181. 3—2014	电网三维模型　第 3 部分：输电线路建模
389	Q/GDW 11181. 8—2014	电网三维模型　第 8 部分：输电线路模型检测
390	Q/GDW 11181. 2—2014	电网三维模型　第 2 部分：数据采集与处理
391	Q/GDW 11182—2014	电动汽车智能充换电设备分类及编码
392	Q/GDW 11183—2014	物资分类与物料编码（制造业）规范
393	Q/GDW 11221—2014	低压综合配电箱选型技术原则和检测技术规范
394	Q/GDW 11222—2014	配电网低励磁阻抗变压器接地保护装置技术规范
395	Q/GDW 11223—2014	高压电缆线路状态检测技术规范
396	Q/GDW 11224—2014	电缆线路局部放电带电检测设备技术条件
397	Q/GDW 11225—2014	6kV~110kV 高压并联电容器装置技术规范
398	Q/GDW 11226—2014	带电检测车技术规范
399	Q/GDW 11227—2014	变电运维车技术规范
400	Q/GDW 11228—2014	高电压试验车技术规范
401	Q/GDW 11229—2014	油气检测车技术规范
402	Q/GDW 11230—2014	变电检修车技术规范
403	Q/GDW 11231—2014	输电带电作业工具库房车技术规范
404	Q/GDW 11232—2014	配电带电作业工具库房车技术规范
405	Q/GDW 11233—2014	输电线路巡检车技术规范

续表

序号	标准号	标准名称
406	Q/GDW 11234—2014	配网巡检车技术规范
407	Q/GDW 11235—2014	电力电缆故障测寻车技术规范
408	Q/GDW 11236—2014	配网抢修车技术规范
409	Q/GDW 11237—2014	配网带电作业用绝缘斗臂车技术规范
410	Q/GDW 11238—2014	旁路作业车技术规范
411	Q/GDW 11239—2014	移动箱变车技术规范
412	Q/GDW 11240—2014	电容式电源互感器、耦合电容器检修决策导则
413	Q/GDW 11241—2014	金属氧化物避雷器检修决策导则
414	Q/GDW 11242—2014	交直流穿墙套管检修决策导则
415	Q/GDW 11243—2014	电磁式电压互感器检修决策导则
416	Q/GDW 11244—2014	SF_6 断路器检修决策导则
417	Q/GDW 11245—2014	隔离开关和接地开关检修决策导则
418	Q/GDW 11246—2014	架空输电线路检修决策导则
419	Q/GDW 11247—2014	油浸式变压器（电抗器）检修决策导则
420	Q/GDW 11248—2014	电流互感器检修决策导则
421	Q/GDW 1334—2013	±800kV 特高压直流线路检修规范
422	Q/GDW 1382—2013	配电自动化技术导则
423	Q/GDW 1625—2013	配电自动化建设与改造标准化设计技术规定
424	Q/GDW 11057—2013	变电设备在线监测系统站端监测单元技术规范
425	Q/GDW 11058—2013	变电设备在线监测系统综合监测单元技术规范
426	Q/GDW 11059. 1—2013	气体绝缘金属封闭开关设备局部放电带电测试技术现场应用导则　第 1 部分：超声波法

续表

序号	标准号	标准名称
427	Q/GDW 11059. 2—2013	气体绝缘金属封闭开关设备局部放电带电测试技术现场应用导则　第 2 部分：特高频法
428	Q/GDW 11060—2013	交流金属封闭开关设备暂态地电压局部放电带电测试技术现场应用导则
429	Q/GDW 11062—2013	六氟化硫气体泄漏成像测试技术现场应用导则
430	Q/GDW 11066—2013	水轮发电机组运行维护导则
431	Q/GDW 11067—2013	水轮机检修导则
432	Q/GDW 11073—2013	分布式电源接入配电网系统测试及验收规程
433	Q/GDW 11084—2013	真空断路器开合容性电流老炼试验导则
434	Q/GDW 11086—2013	变电设备不拆引线试验导则
435	Q/GDW 11087—2013	移动式直流融冰装置运行维护规程
436	Q/GDW 11088—2013	固定式直流融冰装置运行维护规程
437	Q/GDW 11089—2013	特高压交直流线路带电作业操作导则
438	Q/GDW 11090—2013	输电线路参数频率特性现场测量导则
439	Q/GDW 11092—2013	直流架空输电线路运行规程
440	Q/GDW 11093—2013	架空输电线路状态监测装置用太阳能电源技术规范
441	Q/GDW 11094—2013	相间间隔棒配套金具技术条件
442	Q/GDW 11095—2013	架空输电线路杆塔基础快速修复技术导则
443	Q/GDW 11096—2013	SF_6 气体分解产物气相色谱分析方法
444	Q/GDW 11097—2013	绝缘油介质损耗测试仪校准规范
445	Q/GDW 1808—2012	智能变电站继电保护通用技术条件

续表

序号	标 准 号	标 准 名 称
446	Q/GDW 1809—2012	智能变电站继电保护检验规程
447	Q/GDW 1810—2012	智能变电站继电保护检验测试规范
448	Q/GDW 1396—2012	IEC 61850 工程继电保护应用模型
449	Q/GDW 1914—2013	继电保护及安全自动装置验收规范
450	Q/GDW 1976—2013	智能变电站动态记录装置技术规范
451	Q/GDW 1988—2013	风电场综合监控系统技术条件
452	Q/GDW 1989—2013	光伏发电站监控系统技术要求
453	Q/GDW 1990—2013	风电机组低电压穿越测试规范
454	Q/GDW 1991—2013	风电机组低电压穿越建模及验证方法
455	Q/GDW 1992—2013	风电机组低电压穿越特性一致性评估技术规范
456	Q/GDW 1993—2013	光伏发电站模型及参数测试规程
457	Q/GDW 1994—2013	光伏发电站建模导则
458	Q/GDW 1995—2013	光伏发电功率预测系统功能规范
459	Q/GDW 1996—2013	光伏发电功率预测气象要素监测技术规范
460	Q/GDW 1997—2013	光伏发电调度运行管理规范
461	Q/GDW 1998—2013	光伏发电站功率预测技术要求
462	Q/GDW 1999—2013	光伏发电站并网验收规范
463	Q/GDW 11010—2013	继电保护信息规范
464	Q/GDW 11011—2013	继电保护设备自动测试接口标准
465	Q/GDW 11012—2013	电力系统新设备启动调度流程

续表

序号	标 准 号	标 准 名 称
466	Q/GDW 1403—2014	国家电网公司供电服务质量标准
467	Q/GDW 1581—2014	国家电网公司供电客户服务提供标准
468	Q/GDW 11271—2014	分布式电源调度运行管理规范
469	Q/GDW 11272—2014	分布式电源孤岛运行控制规范
470	Q/GDW 11273—2014	风电有功功率自动控制技术规范
471	Q/GDW 11274—2014	风电无功电压自动控制技术规范
472	Q/GDW 11209—2014	国家电网公司信息化架构(SG-EA)
473	Q/GDW 11210—2014	国家电网公司统一应用平台界面交互技术规范
474	Q/GDW 11211—2014	公司信息网络 IPv6 地址编码规范
475	Q/GDW/Z 11212—2014	国家电网公司信息系统非功能性需求规范
476	Q/GDW/Z 11213—2014	电力物联网信息通信总体框架
477	Q/GDW/Z 11214—2014	电力物联网传感器信息模型规范
478	Q/GDW 11145—2013	智能变电站标准化现场调试规范
479	Q/GDW 11152—2013	智能变电站模块化建设技术导则
480	Q/GDW 11153—2013	智能变电站顺序控制技术导则
481	Q/GDW 11154—2013	智能变电站预制电缆技术规范
482	Q/GDW 11155—2013	智能变电站预制光缆技术规范
483	Q/GDW 11156—2013	智能变电站二次系统信息模型校验规范
484	Q/GDW 11157—2013	预制舱式二次组合设备技术规范

索 引

2014 年第二季度工作会议……394
2014 年电力供应情况……147
2014 年电力消费情况……147
2014 年电网运行特点……153
2014 年发用电情况……154
2014 年风电运行……156
2014 年工作回顾……10
2014 年光伏运行……156
2014 年国家电网结构变化……152
2014 年计划执行主要特点……81
2014 年水电运行……154
2015 年分地区电力供需形势预测……148
2015 年公司经营区域电力供需形势预测……148
220kV 及以上统调降压变电容量……39
220kV 及以上统调线路长度……40
220kV 及以上新增统调线路长度……40
±660kV 直流架空输电线路带电作业技术和工器具创新及应用……175
750kV GIS 移动冲击装置……300
±800kV 溪洛渡—浙西特高压直流工程（国网华东分部）……207
95598 全网全业务集中建设……32
APEC 会议保电……132
SCADA/EMS 系统……40
SCD 文件解析展示及管理软件研制……267
安徽电网……249
安全大检查和隐患大整改活动……138
安全防护设施评级……138
安全风险管控……127
安全供电……10，37
安全管理提升活动……126
安全管理制度……130
安全培训……131
安全生产策划管控……126
安全稳定优质服务电视电话会议……395
安全隐患专项治理……128
百兆瓦级抽水蓄能机组静止启动变频器……342
班组减负……200
保护管理系统……40
北京电网……219
北京海淀 500kV 输变电工程……79
变电规模（宁夏）……302
变电生产技术改造……135
变电站（换流站）设备隐患排查治理……141
变电站智能巡检机器人验收……135
变电专业精益化管理评价……134
标识规范应用……199
标准工艺……74
标准化工作……174，312
财务集约化……95
财务信息化……96
采算分离式电能表校验方法……267
仓储体系建设……105
产业扶贫……70
城市配电网建设改造……139
充换电技术研究成果……167
充换电设施标准体系……167
充换电设施市场……167
抽水蓄能前期工作……50
抽水蓄能项目前期工作管理……50
储能系统提高间歇式电源接入能力关键技术……279
川藏电力联网工程……75，270
川藏电力联网工程投运仪式……398
川藏联网配套通信工程建设……332
窗口“同质服务”……162
创新招标代理工作机制……347
春节保供电……66
粗、密波复用及超远程传输全光交换组网应用关键技术研究……267
存量资产并购……343
措勤县微电网示范工程……83
大电网控制技术……52
“大检修”体系通用制度……141
“大建设”体系……72
“大建设”体系成效评估……71
“大建设”体系最佳实践案例库……71
大数据研究与应用……178
大型煤电基地开发规模及外送潜力研究……46

"大运行"体系构建 …… 149
党的群众路线教育实践活动 …… 10，34，37
党的群众路线教育实践活动总结大会 …… 396
低碳电力技术 …… 267
地市公司运监中心 …… 109
地县调集约统筹建设 …… 150
第二届职工代表大会第五次会议 …… 21
第二届职工代表大会第五次会议暨2014年工作会议 …… 392
第二批党的群众路线教育实践活动动员大会 …… 394
电动汽车充换电设施建设与运营工作（四川） …… 272
电动汽车与电网互动示范工程 …… 60
电工装备交易平台 …… 106
电缆及通道专业管理 …… 135
电力安全工器具专项隐患排查治理 …… 128
电力大数据研究（江苏） …… 245
电力电子及新材料关键技术研究 …… 173
电力流规模和流向研究 …… 46
电力流优化 …… 46
电力设施安全保护 …… 138
电力设施保护（江苏） …… 244
电力设施保护宣传 …… 138
电力市场交易平台 …… 159
电力无线虚拟专网 …… 179
电力需求侧管理平台 …… 167
电力需求预测 …… 46
电力需求总量及分布研究 …… 46
电能量计量系统 …… 40
电能替代（甘肃） …… 296
电能替代（河北） …… 228
电能替代（河南） …… 262
电能替代（湖北） …… 257
电能替代（吉林） …… 282
电能替代（山东） …… 238
电能替代（山西） …… 234
电能替代（上海） …… 241
电网发展 …… 11，37
电网工程建设 …… 72
电网规划（国网经研院） …… 313
电网开工规模 …… 82
电网投产规模 …… 82
电网项目可研管理 …… 49
电网智能化 …… 29
电源结构和布局 …… 46
电子商务平台 …… 106
调度管理系统 …… 40
调度员培训仿真系统 …… 40
东北电网 …… 211
东海大桥海上风电二期工程 …… 240
动态稳定监测预警系统 …… 40
短期实时交易 …… 215
对口支援项目 …… 198
二次系统改造 …… 136
发电侧购电交易 …… 159
发电改造 …… 136
发电规模（宁夏） …… 302
发电权交易 …… 160，207
法律风险防范体系 …… 123
反腐倡廉建设工作会议 …… 393
防汛检（督）查 …… 143
废旧物资处置管理 …… 105
分布式电源多能互补示范工程 …… 59
风电跨区域供暖用电 …… 212
风电与城市供热联合调度运行示范工程 …… 59
风光储电站 …… 231
风光储输示范工程（二期） …… 59
风险管控体系 …… 126
扶贫管理 …… 69
福建电网 …… 252
福建沿海第二通道500kV输变电工程 …… 78
干部教育培养 …… 86
甘肃电网 …… 293
工程建设技术创新 …… 72
工程造价管控 …… 72
工会换届改选 …… 203
公司使命 …… 41
公司网络大学领导力学院 …… 321
公司宗旨 …… 41
供电服务流程监测 …… 111
供电和消防安全隐患排查 …… 128
供应商关系管理 …… 104
固定资产投资 …… 82
关口计量管理 …… 207
管理创新成果推广项目 …… 116
广域相量测量系统 …… 40
国（分）调一体化运作 …… 150
国际标准制定 …… 188
国际国内对标 …… 117

国际化交流（中电装备公司） …………………… 339
国家电网调度装备 ……………………………… 40
国家电网基本情况 ……………………………… 37
国家级人才推荐 ………………………………… 87
国家级智能电网课题研究 ……………………… 62
国家技术发明奖 ………………………………… 175
国家科学技术进步奖 …………………………… 174
国家能源特高压直流成套设计研发中心 ………… 314
国网智研院欧洲研究院 ………………………… 318
哈尔滨市核心区（A 区）配电网建设 …………… 285
哈密南—郑州±800kV 特高压直流输电
工程 ……………………………………… 28，56
海上风电并网技术研究 ………………………… 59
海外资产运营（国网国际公司） ……………… 343
合同管理“六统一” …………………………… 121
河北南部电网 …………………………………… 227
河南电网 ………………………………………… 261
核心价值观 ………………………………… 19，41
黑龙江电网 ……………………………………… 283
湖北电网 ………………………………………… 255
湖北全口径发电装机容量 ……………………… 255
湖南电网 ………………………………………… 258
华北电网 ………………………………………… 205
华东电网 ………………………………………… 206
华中电网 ………………………………………… 208
淮南—南京—上海 1000kV 特高压交流输变电
工程 ……………………………………… 27，54
环保科技创新 …………………………………… 176
环保宣传 ………………………………………… 176
基建安全风险管理 ……………………………… 132
基建安全管理标准化体系 ……………………… 132
基建安全管理竞赛培训 ………………………… 133
基建安全检查监督 ……………………………… 133
基建安全质量管理 ……………………………… 72
基建队伍建设 …………………………………… 73
基建管理培训 …………………………………… 70
基建“规范管理年”活动 ……………………… 73
基建新技术研究和应用 ………………………… 74
吉林电网 ………………………………………… 281
集控站监控系统 ………………………………… 40
集中采购管控 …………………………………… 102
技术标准管理 …………………………………… 174
技术及设计管理 ………………………………… 73
冀北电网 ………………………………………… 230
坚强智能电网技术创新 ………………………… 29
江苏电网 ………………………………………… 242
江西电网 ………………………………………… 264
教育扶贫 ………………………………………… 70
教育实践活动成效 ……………………………… 35
节能服务体系 …………………………………… 167
节能减排管理规定 ……………………………… 51
节能减排指标 …………………………………… 51
进阶式“金种子”人才培养模式 ……………… 236
经济法律研究 …………………………………… 120
经研院“一体化”协同运作 …………………… 70
经营管理 …………………………………… 11，37
“精益管理年”活动 …………………………… 101
竞赛调考 ………………………………………… 88
境外电网投资 …………………………………… 31
抗灾救灾 ………………………………………… 127
可靠性管理工作水平 …………………………… 129
客户满意度调查 ………………………………… 164
跨区跨省交易运营 ……………………………… 159
跨区送电 ………………………………………… 154
兰新电铁供电工程（青海） …………………… 298
兰州东—天水—宝鸡 750kV 输变电工程 ……… 77
兰（州）新（疆）高铁施工建设（甘肃）……… 294
劳动模范评选表彰管理办法 …………………… 201
劳模创新工作室 ………………………………… 202
雷电定位系统 …………………………………… 40
“两个提升”工程 ……………………………… 69
两个转变 ………………………………………… 19
“两交一直”特高压工程开工动员大会 ……… 398
“量价费损”在线监测 ………………………… 110
辽宁电网 ………………………………………… 277
灵绍工程 ………………………………………… 58
灵州—绍兴±800kV 特高压直流输电工程 ……… 28
领导力产品体系建设 …………………………… 320
领导力理论研究体系 …………………………… 320
蒙东电网 ………………………………………… 287
蒙西—天津南特高压交流工程 ………………… 27
南京青奥会保电 ………………………………… 131
南水北调中线一期工程焦作 35kV 中心开关站
电源引接工程 …………………………………… 261
内部对标 ………………………………………… 117
年中工作会议 …………………………………… 396
宁夏电网 ………………………………………… 302
农村“低电压”综合治理 ……………………… 67

农村用电安全管理 …………………………………… 133
农牧民安居工程 ………………………………………… 84
农网供电质量管理 ……………………………………… 67
农网适用技术研究和推广 ……………………………… 65
农网台区全覆盖改造（湖北）…………………………… 256
农网迎峰度夏抗旱保供电 ……………………………… 66
培训计划管控 …………………………………………… 88
培训教育机构管理 ……………………………………… 89
培训“五统一”管理 …………………………………… 88
配电网建设（福建）…………………………………… 253
配电自动化建设 ……………………………………… 139
配网标准化建设 ……………………………………… 139
配网改造 ……………………………………………… 136
配网抢修指挥业务 …………………………………… 151
配网隐患排查治理 …………………………………… 142
配网装备水平和运检管理指标 ……………………… 139
普法宣传 ……………………………………………… 123
企业负责人业绩考核 …………………………………… 91
企业精神 …………………………………………… 19，41
“强直弱交”混联电网运行特性研究 ……………… 271
抢险抗灾 ……………………………………………… 143
青海电网 ……………………………………………… 297
清洁能源基地开发及外送研究 ………………………… 46
清洁能源消纳 ………………………………… 149，160
全员绩效管理 …………………………………………… 91
人才激励待遇标准 ……………………………………… 87
人才评价考核标准 ……………………………………… 87
人才选拔培养机制 ……………………………………… 87
人工短路试验 ………………………………………… 312
人力资源计划管理体系 ………………………………… 90
柔性直流输电技术 ……………………………………… 52
柔性直流输电示范工程 ………………………………… 61
三个建设 ………………………………………………… 19
三级运监中心全景展示 ……………………………… 112
“三集五大”品牌建设 ……………………………… 199
“三集五大”体系 ………………………………… 11，37
“三集”信息化建设 ………………………………… 177
山东电网 ……………………………………………… 236
山西电网 ……………………………………………… 232
陕西电网 ……………………………………………… 290
上海电网 ……………………………………………… 239
设备健康水平管理 …………………………………… 126
设备（资产）运维精益管理系统（PMS2.0）…… 142
社团组织管理 ………………………………………… 117
社团组织活动 ………………………………………… 118
生产技术改造完成情况 ……………………………… 135
省公司运监中心 ……………………………………… 108
省级及以下数据通信网 ……………………………… 179
施工调试安全隐患排查治理 ………………………… 128
施工分包管控 ………………………………………… 132
“十三五”电网发展规划 ……………………………… 46
适用于低温环境的户外型800kV工频串联谐振
试验装置 ……………………………………………… 285
输变电设备主要运行指标 …………………………… 134
输电规模（宁夏）…………………………………… 302
输电生产技术改造 …………………………………… 135
输电线路“六防”专项工作 ………………………… 134
输电线路舞动防治技术实验室 ……………………… 263
输电线路隐患排查治理 ……………………………… 141
输配电线路 …………………………………………… 128
水调自动化系统 ………………………………………… 40
水库调度管理 ………………………………………… 143
四川电网 ……………………………………………… 269
“四坚”精神 …………………………………………… 85
送变电施工企业转型研究 ……………………………… 70
送文化到基层 ………………………………………… 202
绥中电厂改接工程 ……………………………………… 49
碳晶电采暖技术 ……………………………………… 262
特高压、大电网技术研究 …………………………… 311
特高压等重点工程物资供应 ………………………… 104
特高压电网规划方案经济性研究 ……………………… 47
特高压工程管理 ………………………………………… 72
特高压工程可研设计 …………………………………… 48
特高压换流站属地化运维 …………………………… 135
特高压及跨区电网运检 ……………………………… 134
特高压奖学基金 ……………………………………… 198
特高压交流输电技术 …………………………………… 52
特高压交直流带电作业实用化技术研究
（湖北）……………………………………………… 257
特高压交直流配套工程前期工作 ……………………… 49
特高压配套通信工程福建段建设 …………………… 254
特高压输电技术研究及核心设备研制 ……………… 170
特高压直流工程技术创新 ……………………………… 28
特高压直流输电技术 …………………………………… 52
特高压主题传播 ……………………………………… 196
天津电网 ……………………………………………… 224
调峰电源规划研究 ……………………………………… 47
通信频率同步网 ……………………………………… 179

通用配网物资限时成套配送（浙江） …………… 248
通用设备 …………………………………… 74
通用设计 …………………………………… 73
通用造价 …………………………………… 74
通用制度建设 ……………………………… 71
同业对标 …………………………………… 102
统计标准 …………………………………… 84
统计“一库三中心” ……………………… 84
退役物资再利用（浙江） ………………… 248
网络大学 …………………………………… 88
微电网协调运行示范工程 ………………… 60
温室气体减排 ……………………………… 176
“五大”体系信息系统建设 ……………… 177
“五位一体”标准流程体系 ……………… 26
“五位一体”机制建设（四川） ………… 269
“五位一体”机制流程建设 ……………… 71
“五位一体”建设（甘肃） ……………… 295
“五位一体”协同机制建设（江西） …… 264
“五位一体”协同机制建设（山西） …… 233
“五位一体”协同机制建设（上海） …… 240
“五位一体”信息平台 …………………… 26
物力集约化管理体系建设 ………………… 101
物联网研究与应用 ………………………… 178
物资采购标准 ……………………………… 106
物资抽检及监造 …………………………… 103
物资队伍建设 ……………………………… 101
物资风险管控 ……………………………… 107
物资供应链监测 …………………………… 111
物资供应专业化管理体系 ………………… 348
物资合同精益化管理 ……………………… 105
物资质量管理体系建设 …………………… 103
西北电网 …………………………………… 213
西部电力企业人才培养帮扶 ……………… 87
西藏电网 …………………………………… 306
西藏电网总装机容量 ……………………… 306
锡盟—山东 1000kV 特高压交流输变电
工程 …………………………………… 27，55
溪浙工程 …………………………………… 57
溪浙直流 …………………………………… 247
系统统调装机容量 ………………………… 38
下一代互联网建设 ………………………… 179
厦门岛城市智能电网综合工程 …………… 253
现场培训 …………………………………… 88
项目储备管理 ……………………………… 136
消纳清洁能源 ……………………………… 209
消纳区外直流来电 ………………………… 207
小水电站防汛安全管理 …………………… 133
新建交流变电站智能机器人巡检典型设计 ……… 237
新疆电网 …………………………………… 304
新疆库车—巴音郭楞 750kV 输变电工程 ………… 78
新能源标准体系建设 ……………………… 30
新能源并网工作 …………………………… 30
新能源并网（青海） ……………………… 298
新能源和储能技术研究 …………………… 311
新能源接入（重庆） ……………………… 274
新能源送出工程 …………………………… 29
新通电地区电网运维工作 ………………… 66
新型 220kV 桁架式复合材料杆塔和先进复合芯
导线 …………………………………… 279
新型客户服务体系 ………………………… 32
新一代智能变电站关键技术研究 ………… 63
新一代智能变电站示范工程 ……………… 60
新员工集中培训 …………………………… 88
新增统调变电容量 ………………………… 39
新增统调装机容量 ………………………… 38
信息安全治理 ……………………………… 181
信息化架构总体设计 ……………………… 182
信息化专业管理 …………………………… 34
信息通信标准化建设 ……………………… 181
信息通信调控业务 ………………………… 332
信息通信系统监测 ………………………… 114
行政电话交换网 …………………………… 179
学习贯彻党的十八届四中全会精神暨 2014 年
第四季度工作会议 ………………………… 397
亚信峰会保电 ……………………………… 131
“一口对外”协同机制 …………………… 162
一流配电网建设（江苏） ………………… 243
一强三优 …………………………………… 19
一体化信息平台建设 ……………………… 176
一体化智慧机柜（WBOOX） …………… 286
移动互联研究与应用 ……………………… 178
隐患排查治理 ……………………………… 127
隐患排查治理和监控 ……………………… 128
应急和保电工作（甘肃） ………………… 296
迎峰度夏 …………………………………… 157
营配调贯通工作（上海） ………………… 241
营配调信息集成（福建） ………………… 254
营配调业务一体化提升工程（江苏） …… 245

营配贯通数据采录工作（北京）…………………… 221
营配数据贯通 ………………………………………… 140
营销稽查监控 ………………………………………… 110
营销“五位一体”（江西） ………………………… 266
营业普查（陕西） …………………………………… 292
用电信息采集系统建设 ……………………………… 166
榆横—潍坊特高压交流工程 ……………………… 27
云计算研究与应用 …………………………………… 178
运营菲律宾国家电网公司 …………………………… 186
运营国家电网巴西控股公司 ………………………… 186
运营监测中心建设运行工作（北京） …………… 220
战略目标 ……………………………………………… 41
战略途径 ……………………………………………… 41
战略愿景 ……………………………………………… 41
张家口“三站四线”风电送出工程………………… 230
招标活动法律保障 …………………………………… 122
浙北—福州 1000kV 特高压交流输变电
工程 ………………………………………… 26，53
浙北—福州 1000kV 特高压交流
输电工程投运仪式 ………………………………… 398
浙北—福州特高压交流工程（国网华东分部）… 207
浙江电网 ……………………………………………… 247
知识产权工作 ………………………………………… 175
直流配电系统研究 …………………………………… 61
直升机电力作业 ……………………………………… 345
直升机、无人机、人工协同巡检模式试点 ……… 145
智能电能表更换和采集系统建设（陕西） ……… 292
智能电能表推广和采集系统建设（河北） ……… 228
智能电网创新示范区 ………………………………… 60
智能电网调度控制系统 ……………………………… 40
智能电网关键技术研究及核心设备研制 ………… 171
智能电网技术研究 …………………………………… 311
智能电网示范和推广项目（重庆） ……………… 275
智能电网支撑智慧城市示范工程 ………………… 60
智能机器人巡检 ……………………………………… 135
智能楼宇示范工程 …………………………………… 60
智能输电线路示范工程 ……………………………… 61
智能小区示范工程 …………………………………… 60
智能巡检机器人 ……………………………………… 326
智能用电互动服务新模式 …………………………… 300
中标巴西特高压工程 ………………………………… 186
中长期交易机制 ……………………………………… 160
中国电谷智能电网综合建设工程 ………………… 229
中国电力技术发明奖 ………………………………… 383
中国电力科学技术奖 ………………………………… 175
中国电力科学技术进步奖 …………………………… 379
中国共产主义青年团国家电网公司第二次
代表大会 ………………………………………… 395
中国能源发展四大问题 ……………………………… 15
中国专利奖 …………………………………………… 175
中新天津生态城智能电网 …………………………… 226
重大保电项目改造 …………………………………… 136
重大管理创新示范项目 ……………………………… 116
重大活动保电 ………………………………………… 138
重庆电网 ……………………………………………… 273
重要出访活动 ………………………………………… 187
重要外事会见 ………………………………………… 187
主动配电网关键技术研究与示范 ………………… 222
主网架方案论证 ……………………………………… 46
专项技术服务 ………………………………………… 118
状态检修标准体系 …………………………………… 137
资产全寿命周期管理体系建设 …………………… 130
自动化系统主站系统 ………………………………… 40

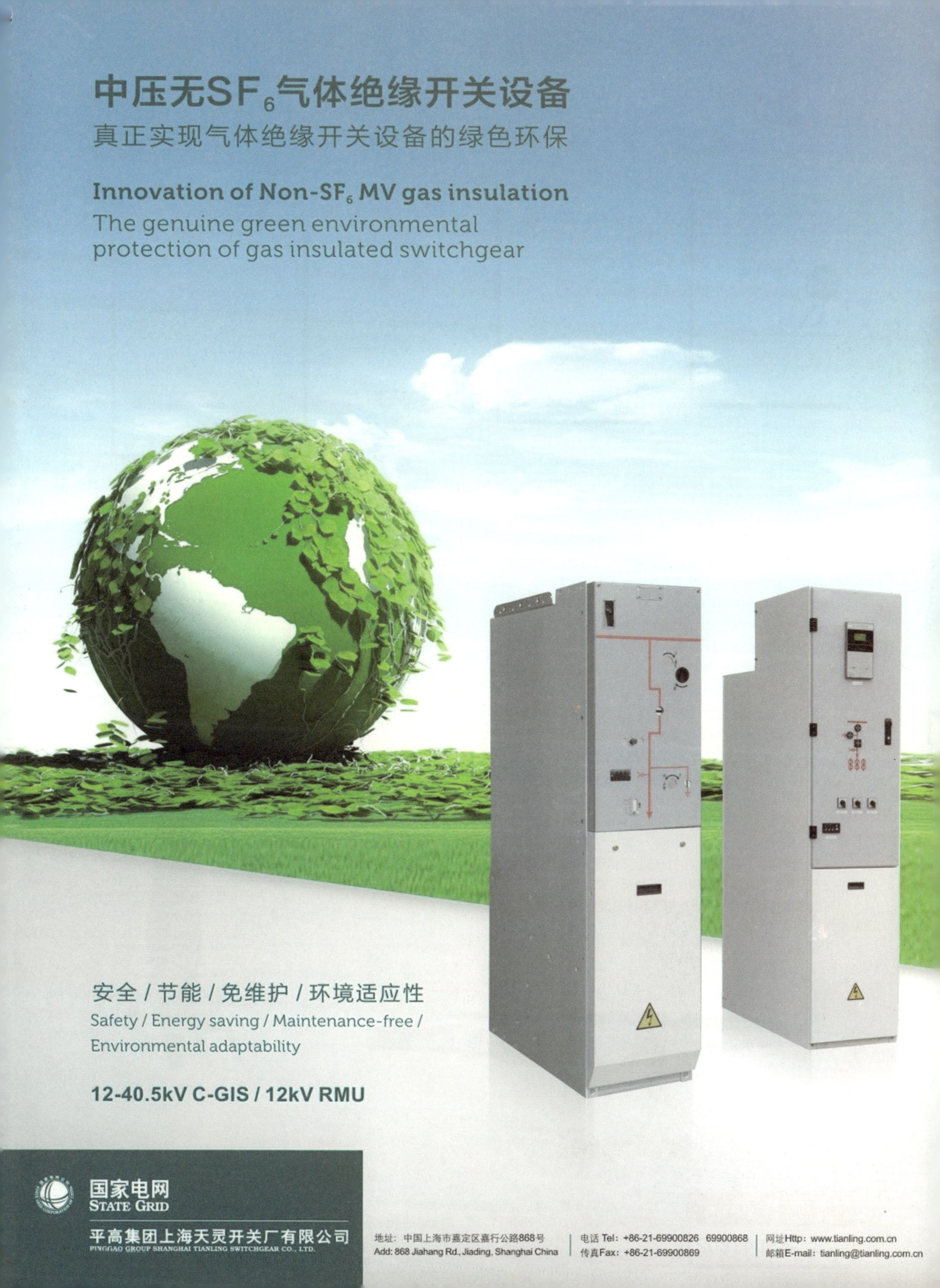
中压无SF_6气体绝缘开关设备
真正实现气体绝缘开关设备的绿色环保
Innovation of Non-SF_6 MV gas insulation
The genuine green environmental
protection of gas insulated switchgear
安全 / 节能 / 免维护 / 环境适应性
Safety / Energy saving / Maintenance-free /
Environmental adaptability
12-40.5kV C-GIS / 12kV RMU
国家电网
STATE GRID
平高集团上海天灵开关厂有限公司
PINGGAO GROUP SHANGHAI TIANLING SWITCHGEAR CO., LTD.
地址：中国上海市嘉定区嘉行公路868号
Add: 868 Jiahang Rd., Jiading, Shanghai China
电话 Tel：+86-21-69900826 69900868
传真Fax：+86-21-69900869
网址Http：www.tianling.com.cn
邮箱E-mail：tianling@tianling.com.cn

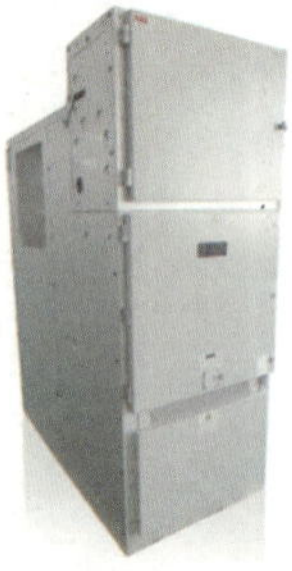

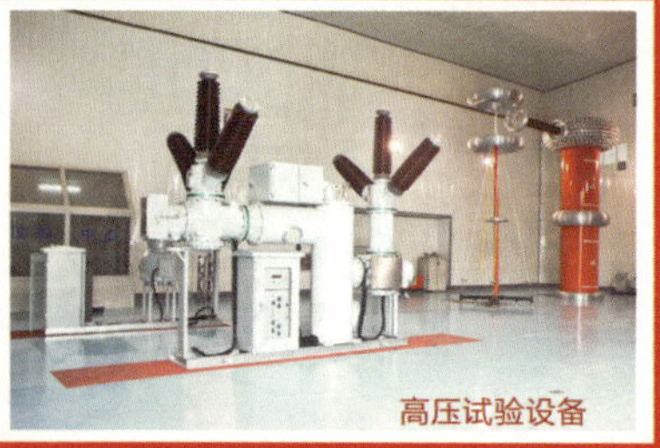

《国家电网公司年鉴》编辑出版人员

责任编辑	张　涛　姜丽敏　王春娟　刘　薇 刘丽平　易　攀　肖　敏　滕　芸 胡　晗
封面设计	王红柳
版式设计	张　娟
责任校对	黄　蓓　闫秀英　常燕昆　陈丽梅 李　娟
出版印制	邹树群